十三行史稿

—— 海上丝绸之路的一部断代史

上册

谭元亨 ◎ 著

中山大学出版社
·广州·

版权所有　翻印必究

图书在版编目（CIP）数据

十三行史稿：海上丝绸之路的一部断代史/谭元亨著． -- 广州：中山大学出版社，2025.3． -- ISBN 978-7-306-08338-8

Ⅰ．F752.949；K296.51

中国国家版本馆 CIP 数据核字第 202537EZ55 号

出 版 人：王天琪
策划编辑：李　文
责任编辑：曹丽云　李　文
封面设计：林绵华
责任校对：徐　晨
责任技编：靳晓虹
出版发行：中山大学出版社
电　　话：编辑部 020-84110776，84113349，84111997，84110779
　　　　　发行部 020-84111998，84111981，84111160
地　　址：广州市新港西路 135 号
邮　　编：510275　传　　真：020-84036565
网　　址：http://www.zsup.com.cn　E-mail：zdcbs@mail.sysu.edu.cn
印 刷 者：佛山市浩文彩色印刷有限公司
规　　格：787mm×1092mm　1/16　54 印张　1271 千字
版次印次：2025 年 3 月第 1 版　2025 年 3 月第 1 次印刷
定　　价：300.00 元（上下册）

如发现本书因印装质量影响阅读，请与出版社发行部联系调换

出 版 说 明

一、本书所用图片，除署名外，主要来自：

中国第一历史档案馆、广州市荔湾区人民政府合编：《清宫广州十三行档案精选》，广东经济出版社2002年版。

中国第一历史档案馆、广州市黄埔区人民政府合编：《明清皇宫黄埔秘档图鉴》（上、下），暨南大学出版社2006年版。

〔英〕詹姆士·奥朗奇编著：《中国通商图：17—19世纪西方人眼中的中国》，何高济译，北京理工大学出版社2008年版。

〔美〕多米尼克·士风·李著：《晚清华洋录：美国传教士、满大人和李家的故事》，李士风译，上海人民出版社2004年版。

二、本书所引文献中的人名，部分是由中文译成英文再转译为中文，故不同文献有所不同。在引用文献时均按照原文献。

三、本书所使用的非法定计量单位和英制单位与我国法定计量单位换算关系如下：

1 英里 = 1609.344 米

1 英尺 = 0.3048 米

1 英寸 = 2.54 厘米

1 里 = 500 米

1 法里 = 4000 米

1 海里 ≈ 1852 米

1 公尺 = 1 米

1 丈 ≈ 3.33 米

1 尺 ≈ 0.33 米

1 磅 = 453.59237 克

1 盎司 = 28.34952 克

1 担 = 50 千克

1 石 = 10 斗 = 100 升

1 斤 = 0.5 千克

内 容 提 要

中国改革开放之初,以霍英东为代表的粤商令世界瞩目;往前追溯,有清末马应彪带头建立的四大百货公司;再往前,则有洋务运动中的唐廷枢、徐润等著名买办;继续上溯,便是全球闻名的广州十三行。无疑,那时是粤商最为辉煌的时期。

从明嘉靖三十六年(1557)中国对外贸易的澳门—广州二元中心的确立,到清咸丰七年(1857)广州十三行被第二次鸦片战争的炮火彻底焚毁,在古代中国与世界大航海时代接轨的300年间,广州十三行经历了从禁海到开海,从禁洋到开洋,从"加一征收"到取消恶税,从"一口通商"到鸦片战争,从"万邦来朝"的朝贡贸易到全球化市场贸易的历史变迁。在此期间,"银钱堆满"的广州十三行成为西方工业革命的"影子银行",推动了世界经济的飞速发展,谱写了海上丝绸之路的华彩乐章。

本书全方位展开有关广州十三行历史的各个层面,从物质、制度到文化、精神,从皇帝、封疆大吏、海关监督到行商,从英、法、美等国官员到外商,从银圆的流入到逆转,等等,予以钩沉、考证,在前人学术研究的基础上,发掘大量的中外史料,提出了一系列学术创见,写成一部广州十三行史。著名史学家吴于廑、张磊称许作者"既有纵考,又有横览;不拘陈说,勇于立言"。本书史论结合,编年史与专题研究相得益彰,力求可读性与学术性双佳。

作者简介

谭元亨，1947年12月30日出生于广东四会大沙镇三界市，祖籍广东顺德龙江南坑村，成长于广州与湖南湘潭。

祖上为广州"十三行"八大家"潘卢伍叶谭左徐杨"的谭家，谭家后来侨居马来西亚彭亨州关丹，上世纪初其祖父返回顺德龙江南坑，1949年出任南顺桑园围围董会副董事长。

谭元亨1968年上山下乡到湖南酃县（今炎陵县）。1963年创作长篇小说《幼苗》，1971年创作长篇小说《山花烂熳》。《山花烂熳》以集体创作的名义改编为花鼓戏《新教师》，旋即又被改编为湘剧《园丁之歌》并拍摄成戏曲电影。

1973年作为《园丁之歌》原作者成为湘潭市京剧团专业编剧，不久因《园丁之歌》被审查下放劳动，1976年8月身陷囹圄，1979年出狱。旋即创作有《一个年代的末页》《抓来的老师》等名作。80年代任湘潭市文联文学专干，湖南省作家协会专业作家，毕业于武汉大学作家班，历任省市青联委员、政协委员、作协副主席等。中国作家协会会员，中国电视艺术家协会会员，国际IRSCL会员。

1990年调回广州，任职广州师范学院，并任儿童文学研究所副所长，1999年调入华南理工大学新闻传播学院，并任客家文化研究所所长。是原广东省人民政府参事，教授、博士生导师，中国新文学学会副会长，广东省客属海外联谊会顾问，广东省广府人海外联谊会副会长，广府学会会长（执行）。是著名的客家学学者，也是"广府学"的创立者，在海内外享有广泛声誉。获大雅风文学奖等国际奖2项，全国"五个一"工程奖、骏马奖、中国图书奖等国家级政府奖 4 项；全国性奖 5 项，长篇电视剧奖及北京十月文学奖多项；"广东省热爱儿童奖章"等各类奖 20 余项；《客家文化史》近获全国第六届高校科学研究优秀成果奖（人文社科）。

已出版文史哲工各类著作逾 200 种，近 5000 万字，主要代表作有理论系列作品《元亨文存》（6 卷）、长篇系列作品《谭元亨文集》第一辑 12 卷及《谭元亨自选集》。理论著作《中国文化史观》《华南两大族群的文化人类学建构》《广府寻根》《客家圣典》《城市建筑美学》等 40 多部。文学著作《客家魂》（三部曲）《后知青·女性三部曲》《开洋》等 40 余种。纪实与史传《无效护照》《潘氏三兄弟》《东方奥斯维辛》《十三行世家》《十三行史稿》（三卷）《无声的虐杀——侵华日军粤港细菌战调查报告》等 30 余种。以及地方历史文化研究合著本"珠三角水利灌溉工程系列作品"《桑园围史话》《甘竹滩史话》《横琴中心沟史话》等。其作品有的被译为英、法、日、朝等多国文字。曾应邀到欧美、亚非十多国作中国文学、客家文化讲演。

除文学创作、理论研究外，还有《客家女》《客家人》《国门十三行》《正道沧桑》《中华民族风情录》等数百部（集）电影、电视作品及若干戏剧艺术作品。另有译作数部。

广州洲头咀海轮巨锚（作者摄）

18世纪的珠江码头

中国古代的海盗船

18 世纪外销瓷上的中国船

18世纪广州十三行商馆玻璃画

18世纪英国东印度公司在澳门的建筑

18世纪澳门南湾风景

18世纪广州黄埔锚地

18世纪广州珠江与十三行商馆

目 录

代序　贸易大国的光荣与挫折 ································· 周牧之 I
自序 ··· I

编前　大航海时代
（明正德十四年至清康熙二十三年，1519—1684）

小引 ·· 3

卷一　浪白澳—澳门—广州"交易会" ····································· 7
　第一章　市舶司、怀远驿与牙行的历史演绎 ······················· 7
　第二章　屯门之役：热兵器替代冷兵器 ····························· 13
　第三章　浪白澳：明代最早的中外交汇的商港 ···················· 25
　第四章　十三行渊源新考 ··· 31
　第五章　十三行："平交易"——自由贸易 ························· 42
　第六章　澳门：十三行外港的形成 ···································· 46
　第七章　广州"交易会"：澳门—广州二元中心的产生 ········ 54

卷二　禁海与朝贡 ··· 64
　第八章　帝国的怯懦与禁海浩劫 ······································· 64
　第九章　精心策划的献媚绝招 ··· 74

上编　开海时期
（清康熙二十三年至乾隆二十二年，1684—1757）

小引 ·· 87

卷三　从开海到禁洋 ·· 92

　　第十章　康熙开海：顺应大航海时代 ·· 92
　　第十一章　活跃在南洋上的中国商船 ·· 99
　　第十二章　法国"安菲特立特号"及中法关系的"蜜月" ···················· 108
　　第十三章　英国"麦士里菲尔德号"与公行 ···································· 117
　　第十四章　早年不同背景的官商："你方唱罢我登场" ······················ 123
　　第十五章　皇商退出：官商的最后"身影" ···································· 128
　　第十六章　行商的民商本质 ·· 133

卷四　从禁洋到开洋 ·· 141

　　第十七章　康熙老矣：颁布"南洋禁航令" ···································· 141
　　第十八章　"夷馆"的建立和规则甫立 ·· 146
　　第十九章　身隐市廛的诗人行商 ·· 152
　　第二十章　"广州制度"与十三行 ·· 156
　　第二十一章　禁洋期间出现的锦纶会馆 ·· 167
　　第二十二章　雍正：从恪守祖制到再度开洋 ···································· 172
　　第二十三章　封疆大吏对清代外贸的作用与影响 ······························ 180

卷五　"统一"税项 ·· 182

　　第二十四章　十三行税制的沿袭与变化 ·· 182
　　第二十五章　广东巡抚与两广总督的互掐 ······································ 186
　　第二十六章　杨文乾"统一"税项 ·· 190
　　第二十七章　抗拒"加一征收"：对朝贡贸易的冲击 ························ 195
　　第二十八章　锲而不舍：大班的再度上诉 ······································ 203

卷六　市场秩序的形成与维护 ·· 210

　　第二十九章　官商勾结，营私舞弊 ·· 210
　　第三十章　告洋状的行商之三次牢狱之灾 ······································ 220
　　第三十一章　"帝国"的面子 ·· 223
　　第三十二章　雍正雷霆出击 ·· 232

卷七　恶税终结 ··· 237

　　第三十三章　乾隆登基后的开放与优惠政策 ···································· 237
　　第三十四章　根本对立的两个商业集团 ·· 245
　　第三十五章　黄埔港口"西洋一景" ·· 248
　　第三十六章　茶叶、丝绸、陶瓷——行销世界的商品 ························ 250

卷八 "禁洋"再议 263

第三十七章 "红溪事件"与"禁洋"之议再起 263
第三十八章 "天子南库" 272
第三十九章 "哥德堡号"的磨难、沉没与"复活" 285
第四十章 十三行第一家族——潘家 292
第四十一章 《红楼梦》《蜃楼志》与十三行 306
第四十二章 海洋文明与行商的族群构成 313

上编结语 十三行：西方工业革命的"影子银行" 320

中编 "一口通商"时期
（清乾隆二十二年至道光十九年，1757—1839）

小引 329

卷九 限关："一口通商" 331

第四十三章 "一口通商"：开放的逆转 331
第四十四章 "否定之否定"：禁—开—限 343
第四十五章 从两广总督到闽浙总督：杨应琚对"限关"的推动 347
第四十六章 行商的承担：不堪重负的自由贸易的近现代转型 351
第四十七章 "天朝体制"下的十三行制度 357
第四十八章 十三行与晋商、徽商的兴衰比较 362

卷十 公行兴废 366

第四十九章 公行组织重新浮出水面 366
第五十章 显与隐：两个"十三行" 372
第五十一章 广州：坐北朝南的地理优势 380

卷十一 金融之战 386

第五十二章 独立与封锁：美国"中国皇后号"与"大土耳其号" 386
第五十三章 "八大家"之杨家最后的闪现 399
第五十四章 乾隆卖官与行商的"顶子" 407
第五十五章 "嫩实兹号"：战祸与鸦片之合谋 414
第五十六章 银圆逆差与鸦片贸易凸现 423
第五十七章 商欠：如履薄冰 428
第五十八章 来自欧亚大陆另一端的祝寿船队 447
第五十九章 诡异的"海王星号"：西方的"治外法权" 462

| 第六十章　铩羽而归的沙俄"希望号" | 470 |
| 第六十一章　17世纪90年代，行商的分化与重组 | 477 |

卷十二　山雨欲来 …… 486
第六十二章　中国的十三行商船 …… 486
第六十三章　行商入祀：不能见容于世 …… 494
第六十四章　儒商花园、家国情怀与士人 …… 507
第六十五章　一"叶"知秋：全身而退 …… 518
第六十六章　文澜书院与行商家族"由商入仕" …… 538
第六十七章　十三行制度生成的岭南文化基因 …… 548
第六十八章　十三行行数及"八大家"考 …… 553

中编结语　"走出去"：广州十三行参与大航海时代的国际贸易、金融的研究 …… 564

下编　鸦片战争时期
（清道光十九年至咸丰九年，1839—1859）

小引 …… 575

卷十三　公司与公行同归于尽 …… 580
第六十九章　焚衣自咎：1822年匪地大火 …… 580
第七十章　大火后清廷行商的"试办"新规 …… 586
第七十一章　历史躲不开的剑与火 …… 597
第七十二章　寿终正寝的东印度公司与十三行的制度"比拼" …… 601
第七十三章　鸦片加炮舰 …… 607
第七十四章　"以茶制夷" …… 620
第七十五章　行商参加抗击外来侵略 …… 641
第七十六章　时人对行商的评价 …… 648
第七十七章　"东方远征军"：南方得不到，上北方要 …… 659

卷十四　历史的沉疴 …… 670
第七十八章　太平洋铁路：行商资金与劳工血汗 …… 670
第七十九章　"王罗号"事件：站不住脚的战争借口 …… 675
第八十章　不堪忍受的屈辱与苦难 …… 683
第八十一章　十三行命运与民俗演变 …… 687

下编结语　穿透历史的创伤与警示 699

编后　后十三行时期
（清咸丰十年至21世纪，1860—21年纪）

小引 709

卷十五　十三行的前世今生 713
  第八十二章　余绪：道台与买办 713
  第八十三章　不仅仅是家族的失忆 723
  第八十四章　十三行后人的文化修养 727
  第八十五章　不堪涕泪说山河 739
  第八十六章　400年后的广交会：十三行的"今生" 759
  第八十七章　十三行的文化资本与广州的城市格局 763
  第八十八章　广州：从十三行到城市博物馆的呼唤 766
  第八十九章　百年十三行研究学术简史 770

终卷结语　重返中国史学的传统 778

广州通商大事记 782

参考文献 812

后记 819

代序　贸易大国的光荣与挫折

周牧之

200年前的中国是全球最大的贸易国和经济体，以茶叶为首的中华物产成为英国人的必需品，导致大量白银从欧洲流入中国，最终引发鸦片战争。更不幸的是，此后中国陷入被列强围攻掠夺的积贫积弱之中。

200年后的今天，中国再一次登上世界最大贸易国的宝座，成为全球上百个国家的第一大贸易伙伴，世界已经离不开"中国制造"。与200年前一样，巨大的贸易顺差也引发了诸如"中美贸易战"之类的反噬。但与两百年前不同的是，今天中国一边开放，一边改革，一边融入世界，正在着力成为适应当前社会经济发展和世界格局巨变的强大国家。

在这个时刻，总结、回顾和反思200年前贸易大国的光荣和挫折，对思考当今中国的发展之路有着切实的现实意义。谭元亨教授所著的《十三行史稿》正是这样一部大作。十三行前后300年，始于葡萄牙人的广州—澳门贸易中心（1557年），终于第二次鸦片战争（1857年），是当时中华贸易大国的标志性存在。《十三行史稿》立意高远，而且"用力甚勤，掘发甚广"。承蒙谭教授的厚爱能以旧作充当代序，实乃荣幸之至。

大航海第一次把世界连为一体，不仅让西方国家发现并殖民了美洲大陆，更使西方国家能够与欧亚大陆富饶的东方直接进行东西贸易，全球格局为之巨变。

大航海虽然让东南亚、印度相继沦为殖民地，但是大规模的东西贸易给中国带来了巨大的出口贸易利益，致使中国鼎盛一时，直到英国向中国大量走私鸦片最终引发鸦片战争，使中国遭受来自西方的致命一击。从此中国国力迅速衰落，列强蜂拥而至，疯狂地榨取中国的社会财富，沉重地打击中国经济，破坏中国的经济社会结构，严重地影响了中国的近代化进程。

一、茶叶：让世界帝国沦为对华贸易赤字大国

东方物产给欧洲带来一个重要的新需求——茶叶。大航海从美洲和亚洲给欧洲带来了玉米、大米、土豆、茶叶等过去欧洲没有的食品和饮料。这些物资引发了欧洲饮食结构的巨变。旺盛的需求使茶叶成为当时最重要的贸易商品。

在茶叶原产地中国，人们很早以前就形成了饮茶的习惯。虽然早在宋代，茶叶就传到了日本，但在大航海时代，茶叶的主要出口地仍然局限在中国。由于茶叶中的成分能够促进肉食消化、补充维生素，茶叶在以肉食为主的欧洲很快流行起来，特别是在英国更是成为国民饮料。

然而由于茶叶的主要生产地限于中国，中国掌握了茶叶贸易的价格决定权，这给18世纪的英国带来了大难题。昂贵的价格使英国需要支付巨额的贵金属用以购买大量茶叶。

为了贩卖毛织品，英国东印度公司的贸易船在17世纪后期就来到了中国。但是与英国人的期待背道而驰，毛织品在中国没能找到销路。相反，中国茶叶在英国引发了旺盛的需求，英国的对华贸易此后得到了空前的发展。

当时英国虽然需要从中国大量进口茶叶、丝绸、棉制品和陶瓷器等物产，但本国产品在中国却找不到销路，英国的对华贸易长期陷入结构性的巨额逆差。对华贸易的巨大赤字使英国与欧洲其他国家一样，每年需要向中国支付大量白银。持续的白银流出最终给英国带来了严重的财政危机，但此时英国人的生活已经离不开茶叶。

生活在蒙古草原和青藏高原的游牧民族生活中同样离不开茶叶，因为茶叶的成分对以肉食为主的游牧民族来说，能够促进消化、补充维生素。因此在中国，茶马贸易一直是维系农耕地带与游牧地带重要的经济纽带。

茶叶最先由荷兰东印度公司于17世纪初贩卖到欧洲，17世纪60年代茶叶出现在伦敦市场并开始上税。像生活在蒙古草原和青藏高原的游牧民族一样，茶叶很快成为以肉食为主的英国人生活中一个不可或缺的产品，饮茶在英国成为一种时尚。

欧洲各国原本大多拥有各自的国民饮料，比如法国、意大利是葡萄酒，德国是啤酒，恰好英国没有自己原本的国民饮料。此外，欧洲各国的水质大多不好，不适合沏茶，而英国的水质比较适合沏茶。种种偶然因素使然，饮茶在英国迅速普及。

由是英国东印度公司开始从中国大量进口茶叶。18世纪50年代从中国出口至欧洲茶叶的总量达10万担左右，到1783年出口总量上升到24万担。其中大部分由英国东印度公司直接进口，或者由其他国家的东印度公司进口，再辗转到英国。

1784年8月英国制定"减税法令"，取消了对茶叶征收的各项附加税，规定只征收12.5%的单一税。欧洲最大消费国对茶叶的减税进一步扩大了茶叶在英国的普及。到1800年，欧洲进口茶叶总量为近30万担，其中英国占比高达77%。鸦片战争前夕的1834—1838年，中国每年出口茶叶的数量更是多达45万担，茶叶成为这一时期世界贸易中最大的单项贸易品目。

饮茶在英国的普及带来了"饮料革命"，改善了英国人的生活品质和健康，但同时也带来了经济上的巨大麻烦。因为茶叶的原产地在中国，虽说在英国已经普及了饮茶文化，但当时没有英国人见到过茶树，更不要说英国的气候不适宜种植茶叶。也就是说，英国把不是自己国家生产的，也不可能在自己国家生产的茶叶，普及成了国民饮料。为此，英国需要向中国长期、大量地购买这个必需品，更要命的是茶叶贸易的价格决定权还掌握在中国人的手中。

在18世纪，英国人除了茶叶以外还需要从中国购买丝绸、瓷器等工业制品，但是在中国能够行销的英国制品只有钟表。然而钟表在中国并没有形成很大的市场，只限于有钱人的奢侈品。因此，中英贸易出现了长时间的、结构性的不平衡，巨额白银源源不断地从英国流向中国，英国不可避免地成为对华贸易的赤字大国。

美洲新大陆流入欧洲的大量白银，曾经导致白银流通过剩，在欧洲造成通货膨胀。

但是对华贸易的巨额赤字,使大量白银持续从欧洲流向中国。到 18 世纪末期,在欧洲甚至造成了因白银短缺,引起财政危机的局面。对华贸易的巨额赤字在 18 世纪成为困扰欧洲,特别是英国的一个重大经济难题。

茶叶贸易的扩大不仅给英国带来了巨额贸易赤字,同时英国还要担心是否能够稳定地从中国进口到茶叶。称霸世界的大英帝国为茶叶贸易着实苦恼。相反,东西贸易给中国带来了国际贸易的扩大和贸易顺差的膨胀。茶叶、纺织品、瓷器的大量出口促进了中国工商业的发展。

当时出口的茶叶主要产自作为红茶生产地的福建省和作为绿茶生产地的安徽省。随着茶叶贸易规模的扩大,这两个茶叶产地的山区不断被开发成茶园,以茶叶为龙头的商品经济也迅速地繁荣发达。受到茶叶出口的刺激,广东地区的茶叶生产也逐渐兴盛。

伴随着茶叶出口的发展,不仅是茶叶的栽培,茶叶的收购、加工、运输等相关行业也得到了迅速的发展。在福建、安徽和广东都出现了大规模的制茶厂,并相继涌现一批资本雄厚的茶商和著名的茶叶品牌。

除了茶叶以外,中国的丝绸出口量也不断增大。乾隆中期,出现了"苏州织机达一万余张,盛泽方圆二十五里之内织机达八千余张,杭州织机达三千余张,湖州织机达四千余张"的盛况。丝绸成为一大出口主力。直到 18 世纪 60 年代以后,由于一些国家采取了限制纺织品进口的政策,中国对欧洲的丝绸出口才有所减少。

中国瓷器对欧洲的出口在这一时期也非常旺盛。致使雍正、乾隆年间,"瓷都"景德镇"窑二三百区,业陶数千户",景气空前。

来自欧洲的旺盛需求给当时的中国带来了相关产业的兴盛和城镇的发达。在这一时期,中国是东西贸易巨大的受益者。

二、朝贡还是条约:国际关系体系的冲突

为终结"三十年战争",1648 年欧洲各国签订了《威斯特伐利亚和约》。此后在欧洲确立了以条约来规范两国或者多国间关系的国际关系体系,也就是所谓国际关系的"条约体系"。

随着从中国进口茶叶的数量增大,英国政府对于没有与中国缔结任何条约来保证茶叶贸易的状况越来越感到不安。1793 年 7 月英国政府派出的乔治·马戛尔尼(George Macartney,1737—1806)使团抵达中国,马戛尔尼使团来华的目的就是与中国签订条约以确保茶叶贸易的稳定。

然而在当时的中国,存在着与条约体系完全不同的对外关系体系,也就是所谓"朝贡体系"。通过朝贡与册封,中国的王朝与周边国家形成了一个宗主国和属国构成的政治经济关系体系。属国的君主向中国定期派遣朝贡使节,献纳朝贡品。对此,中国皇帝回赐朝贡国君主中国物产,同时允许朝贡国与中国进行一定的贸易,这种贸易体制被称为"朝贡贸易"。

以缔结条约为来华目的的马戛尔尼使团被视为对朝贡体系的挑战。与朝贡使节一样,在热河行宫晋见乾隆皇帝时,该使团被要求行"三跪九叩"之礼。由于马戛尔尼拒绝,

使团与清政府之间发生了争执。最后在乾隆皇帝显示的"大度"之下，妥协为允许马戛尔尼向乾隆皇帝行单膝下跪礼，免去叩头礼，马戛尔尼才得以在1793年9月14日实现了晋见。

关于晋见礼仪的争执实际上是条约体系与朝贡体系之间两种不同性质国际关系体系对立的象征。虽然实现了晋见，但马戛尔尼却没有能够达到与中国缔结条约的目的。

1816年英国向中国派遣了第二个使节团，也就是所谓的阿美士德（William Pitt Amherst，1773—1857）使节团。对于阿美士德拒绝向嘉庆皇帝行"三跪九叩"之礼，嘉庆皇帝又没拿出乾隆皇帝般的"大度"，致使阿美士德使节团最终没能够晋见到皇帝，缔结条约就更是无从谈起了。

中英虽然存在着巨大的贸易交往，但由于国际关系体系性质的截然不同，两国之间无法实现正常对话。

三、鸦片中毒的中国与鸦片贸易中毒的英国

英国亚洲贸易的初期主要是从印度进口棉织品，从中国进口茶叶。印度的棉织品和中国的茶叶给英国带来了一场"生活革命"，提高了英国人的生活质量，饮茶和穿棉织服装成为当时英国人新生活模式的象征。然而英国需要为此向中国和印度支付大量白银，棉织品进口同时也给英国的毛织品产业带来了巨大冲击。

为了替代进口棉织品，英国开始在美洲的西印度群岛种植棉花，再将棉花运往本国的曼彻斯特进行工厂化加工。这就是所谓的"产业革命"。

产业革命不仅一举解决了印度棉织品对英国产业的冲击，还使英国一跃成为世界上最大的纺织品出口国，而过去最大的纺织品出口国印度却沦为英国的殖民地。但是产业革命并没有消解英国的对华贸易巨额赤字。英国人为了改变茶叶贸易上所处的不利地位，采取了两个方略：一是通过在殖民地印度栽培鸦片并向中国走私出口，获取暴利，来补偿茶叶贸易的逆差；二是企图在印度等殖民地栽培茶叶，解除从中国进口茶叶的压力。

在爪哇岛很早就有吸食鸦片的习惯，17世纪中叶通过与爪哇岛同样被荷兰人占领的台湾，吸食鸦片的习俗传入福建省和广东省。

从17世纪中叶到18世纪中叶的一个世纪，向中国走私出口鸦片的不是英国人而是葡萄牙人。葡萄牙人从印度西海岸的葡萄牙殖民港果阿将印度中部生产的鸦片运往澳门，再转卖到中国内地。在这一个世纪里，每年大约有200箱的鸦片流入中国，每一箱鸦片约为60公斤，相当于100名鸦片吸食者一年所吸食的鸦片数量，由此可以推算当时中国存在20000人左右的鸦片吸食者，主要集中在以福建和广东为中心的东南沿海地区。

英国东印度公司对印度统治的成本高昂，该公司每年有向英国本国送回大量资金的义务，同时还必须负担英国派遣的军队和行政人员的费用。但是从殖民后的印度向英国出口的主要商品棉花和砂糖都销路不好。因为当时棉花和砂糖已经能够从美国南部、埃及以及西印度群岛进口，而且价格低廉。1820年以后，这些商品在英国的贩卖价格竟低于在印度的采购价格，东印度公司印度商品的出口贸易陷入赤字。

与此相反，该公司的中国贸易却繁盛非常，特别是从中国购买的茶叶在英国能够高

价行销。为此，东印度公司把需要从印度送往本国的资金迂回到中国采购茶叶，再运回英国高价出售，这条路径成为东印度公司增加收入的"黄金通道"。

从18世纪80年代，为了解决对华贸易的巨额赤字和增加印度经营的收益，英国东印度公司开始组织向中国走私印度生产的鸦片。鉴于当时清朝政府禁止鸦片贸易，东印度公司害怕直接走私鸦片会对茶叶贸易产生不良影响，采取了通过散商（country trader）向中国走私出口鸦片的方式。所谓散商，是指从东印度公司获取了在亚洲进行贸易许可的英国和印度的商人，这些商人只能从事好望角和红海以东的贸易，不能进行英国本国与殖民地之间的直接贸易。散商从印度将鸦片和棉花贩卖到中国，虽然赚取了大量白银，但是东印度公司却禁止他们染指茶叶贸易，因此散商手中存有大量的白银。对此，东印度公司的广东财务局在广州对散商签发汇票，散商通过购买东印度公司在广东签发的汇票可以在印度支取现金，免去了携带大量现金的不便。

这里要说明的是，东印度公司广东财务局对散商所签发的汇票只能在印度兑现。对东印度公司而言，利用散商购买汇票的白银可以支付从中国购买茶叶的费用，而茶叶运到英国后又能获利甚丰。走私鸦片的散商变相地为东印度公司的茶叶贸易提供了丰厚的资金。

由此，英国的对华贸易形成了三角贸易体系：由散商从印度向中国走私鸦片，由东印度公司从中国向英国出口茶叶，再从英国向印度倾销棉织品。

对英国而言，鸦片贸易是一个一石二鸟的方略，它既可以弥补对华茶叶贸易产生的巨额赤字，又可以给失去了棉纺工业的印度带来经济上的补偿，减轻殖民印度的成本。但是，鸦片贸易的增大，给中国带来了深刻的社会经济危机。

18世纪末，每年流入中国的鸦片达到4000箱，相当于40万鸦片吸食者的年消费量。但是，马戛尔尼出使中国时，英国外相在给他的训令中明确指示："如果中方要求禁止出口鸦片，接受中国的要求，但是在这种情况下必须开拓在其他地区的鸦片贩卖市场。"这表明当时英国为了确保茶叶贸易的稳定，已经做出了停止向中国走私鸦片的决定。同时也意味着英国不愿意放弃鸦片贸易所带来的利益，在放弃对华走私鸦片后需要寻找新的贩卖市场，而且也认为能够找到400箱规模的替代市场。遗憾的是，中国虽然执拗地要求马戛尔尼向皇帝行"三跪九叩"之礼，却没有提出禁止英国商人向中国走私鸦片的要求，鸦片问题并没有成为当时交涉的议题。

从英国外相的训令可见英国人当时最重视的还是茶叶贸易，当然，4000箱鸦片的出口所带来的利益也不容忽视，如果失去中国这个鸦片市场，就必须开拓其他市场来弥补。然而到19世纪20年代以后，由于这一时期对华鸦片走私的数量大增，中英关系出现了重大转变。中国鸦片走私进口量在1826年达到10000箱，1830年达20000箱，到鸦片战争前夕的1838年竟达到40000箱，相当于400万鸦片吸食者一年的吸食数量。

中国鸦片市场的急剧扩大给英国带来的利益已经远远超过茶叶贸易，而且以每年40000箱的进口量成为一个不可替代的巨大市场。巨大的利益使英国离不开对华鸦片贸易，正因为如此，英国才不惜用武力来捍卫这种在英国本土被禁止的走私贸易。

可以说，19世纪20年代以后，中国社会陷入了严重的鸦片中毒状态，而英国也成为一个已经不能放弃对华鸦片走私的鸦片贸易中毒国家。

美国对中国鸦片贸易的参与使对华鸦片走私更加猖獗。美国在作为英国殖民地的时期，被禁止与中国进行贸易。1783年美国独立以后马上开展了对华贸易。

19世纪20年代，国际金融市场在英国伦敦诞生，出现了美国汇票。所谓美国汇票，是指以美国对英国的棉花出口作为债权发往伦敦的汇票。1830年以后，美国商人将美国汇票带到中国用于购买茶叶，英国散商也通过购买美国汇票获得了向伦敦汇款的手段。

英国散商通过购买美国汇票从东印度公司获得了独立，成为对华贸易的主角。1834年东印度公司的中国贸易独占权被撤销，以散商为主的对华鸦片走私进入更加猖狂的时代。

到1827年前后，走私进口鸦片的价值已经超过了中国茶、丝、布匹等出口的总和，中英的贸易结构发生逆转，大量白银从中国向英国倒流。

四、鸦片战争：中国由盛转衰的节点

基于对鸦片贸易的危机感，清朝政府屡屡实施了禁止鸦片贸易的政策，但却收效不大。中国的禁烟政策可以分成两类：一类是禁止鸦片走私进口的政策，一类是禁止国内的鸦片制造、贩卖、吸食和鸦片馆经营的政策。这两类政策在18世纪末期以后都没有能够起到控制鸦片吸食和走私的作用，其原因在于18世纪长期的通货膨胀所造成的官僚腐败导致清朝政府的行政体制处于崩溃状态。

鸦片在禁烟政策执行者的官僚和军队中盛行，官员和军队人员经营鸦片烟馆的现象严重。实施禁烟政策最前线的广东官员和军队更是阳奉阴违，虽然声称严查鸦片走私贸易，但在收取贿赂的前提下默许了大规模的鸦片走私。走私鸦片需要向当地官员贿赂成为当时在广东的外国人之间的常识。

1837年，清朝政府以强制性手段实施了全面禁止鸦片贸易的措施，禁烟强硬派钦差大臣林则徐没收了贸易商人手中的鸦片，并销毁于广东虎门。

但是此时的英国已经不能失去赖以改善对华贸易结构、能够获取暴利的鸦片贸易了。英国政府为了维护在本国被禁止的鸦片贸易，竟然派遣庞大的舰队远征中国，打响了鸦片战争。在工业革命后实力大增的英国舰队面前，几乎没有真正海军力量的中国不堪一击，英国舰队长驱直入，横扫整个东南沿海，所向无敌。中国在一瞬间被新兴工业国英国所击败。

1842年，在南京，清政府屈辱地签署了近代史上的第一个不平等条约《南京条约》，向英国割让香港，承诺了英国人强要的贸易条件。中国从此被卷入欧美列强的殖民地世界体制，国力迅速衰微，中国在世界生产总值中所占份额从1830年的29.8%迅速下降到1860年的20%、1900年的6.2%。以鸦片战争为界，中国从东西贸易的受益者一举沦落为工业革命的受害者。

由此，中国进入了苦难艰辛的近代历程。到19世纪中叶，英国在印度、斯里兰卡等地栽培茶叶的尝试也获得成功，中国不再是唯一的茶叶出口国。此后，中国茶叶的贸易条件急速恶化，茶叶的出口量也急剧下降。

五、对西方战略的严重缺位

在清朝早期，康熙帝对于如何稳定统治地位提出了"西师"和"南巡"的两大战略。"西师"是指将解除曾经困扰历代王朝的来自西部少数民族的威胁作为王朝的为政要务。为了稳定西藏、新疆和蒙古，康熙、雍正、乾隆三代君主多次挥师出塞，平定叛乱。"南巡"是指全力安抚汉族士人、安定中华经济的中心之地。为此，康熙、乾隆两帝都曾几下江南。

自古以来，如何稳定少数民族地区是中国统治者的一大难题，许多王朝因为少数民族的叛乱、入侵而灭亡。在这一点上清朝应该说是历代王朝中做得最成功者。一方面，基于它本身就是东北部的少数民族，较容易与中原周边少数民族沟通；同时，康、雍、乾三代帝王战争与怀柔交替的"西师"战略也非常奏效，致使清朝成为中国历史上鲜有的一个不需要长城而又疆土辽阔的王朝。另一方面，作为少数民族统治者，清朝在战略上意识到对中原统治的成败取决于能不能得到汉族士人的支持和能不能控制中国经济文化中心的江南地带。康熙的六次"南巡"和乾隆的六次"南巡"对安抚江南精英、笼络人心、稳定和发展经济、沟通南北往来起到了重要的作用。

1784年，乾隆在最后一次"南巡"即将结束时发表的《南巡记》中也强调，继位50年来所做的两件大事就是"西师"和"南巡"。应该说康熙时期制定下来的这两大战略，通过康雍乾三朝具有连续性的实施，为"康乾盛世"营造了稳定的局面。

但是，清朝的统治者却始终没有能够针对西方势力进入东方带来的机会和挑战制定出应对的战略。虽然欧洲贸易给当时的中国带来了巨大的财富，欧洲人的东进在宗教、领土、民族等各种层面上也不断给中国造成了许多的麻烦，但是一直到鸦片战争爆发之前，清朝政府都没有能够认真地正视来自西方的机会与威胁。

相反，英国对中国的侵略却极富谋略性。鸦片战争以后，英国舰队在作战上准确地把握了中国防御上的弱点，避开林则徐守备的广东，北上占领舟山群岛，封锁宁波和长江口，继而再北上天津威逼北京，达到了胁迫清政府免去林则徐职务的目的。此后英国人为了在谈判过程中得到对自己有利的结果，攻陷虎门炮台，相继占领厦门、定海、镇海、宁波和乍浦，再攻掠上海以及长江与大运河交汇点的镇江，彻底瓦解了清朝政府持续战争的意志。

英国之所以能够如此准确地把握中国在政治、经济和地理上的弱点进行有效的攻击，是因为早在1793年马戛尔尼使节团来华时就偷偷测量了从广东到渤海的海域，经由大运河回程时又清楚地把握了大运河作为经济动脉的重要性。继马戛尔尼使节团之后，英国更是不惜余力地搜集关于中国的政治、经济、地理情报，绘制了详细的中国海域图，整理了攻掠据点所需的情报。在开战之前，英国人甚至已经制订了一整套有关战后赔款金额和政治要求的计划。

与此相对照，清朝政府对欧洲的形势以及其在亚洲的贸易实态却严重缺乏了解。林则徐应该是清朝最先认识到西方信息重要性的官员，他曾经让人将1834年在伦敦出版的《地理学百科字典》翻译成《四洲志》，让其好友魏源调查世界形势。魏源后来将收集的信息在鸦片战争后的 1844 年汇集成为《海国图志》出版，该书 1851 年流入日本，对幕府末期的日本政治产生很大的影响。

但是，清醒如林则徐者在当时属于极少数，况且林则徐、魏源等做的西方研究也极其有限。战略缺位和信息不对称使鸦片战争中的中国茫然、被动、挨打和束手无策。

从康熙二十三年（1684）实施"弛海禁"政策到 1840 年鸦片战争爆发，中国在这 156 年中享受了大航海时代东西贸易带来的巨大利益。但是，当时的中国却把"盛世"的功劳统统归功于康熙、雍正、乾隆三位名君的治国有方。

虽然出口带来的工商业发展已经与封建社会制度形成了巨大的反差，但中国既没有认真地对东西贸易进行过研究，也没有采取过促进东西贸易的政策，更没有针对东西贸易带来的中国社会变革进行过任何社会制度和社会思想的改革。

在欧洲各国推行的重商主义政策下所形成的世界经济体系中，享受了巨大利益的中国，不知道世界格局的变化。18 世纪，英国从重商主义走向殖民地经营，进而走向工业革命和帝国主义发展模式，世界格局也随之发生了深刻的变化，而清朝政府对于这一切漠然而无知。

自 1498 年达·伽马（Vasco da Gama，1469—1524）的葡萄牙舰队进入印度洋以后，东方贸易和东方殖民成为西方财富的重要来源，东方事业的成败直接关系到欧洲各国的国运，甚至霸权的兴衰。

1600 年前后，欧洲各国相继成立了东印度公司作为国策公司经略东方。到 1840 年的鸦片战争，欧洲人已经在中国周边的印度和东南亚经营了 340 余年，而当时清朝政府对欧洲的认识却几乎还是一张白纸。

因此，当英国因发展模式发生变化而改变对华政策和行为方式时，清朝的官员们无从应对，鸦片战争的爆发和惨败有着它历史的必然性。

六、变革路径的局限性使中国代价惨重

更可悲的是，鸦片战争后清朝政府仍然没有充分意识到这场战争的真正意义，没有励精改革，构建顺应工商业发展的近代社会体制。

鸦片战争结束时，中国的生产总值占世界的将近 30%，仍然是世界上最大的经济体。自"弛海禁"政策实施一个半世纪以来，东西贸易给中国社会带来了巨大的财富存量，西方列强对中国蚕食的步伐也还有限。可以说 19 世纪中国有足够的社会财富存量和经济实力，以及充裕的时间来进行社会体制变革，鸦片战争更是为改革敲响了警钟。问题在于当时的清朝政府仍然沉醉于过去的辉煌和巨大社会财富存量所带来的殷实之中。因此，虽然两次鸦片战争两度敲响了警钟，但是当时的清朝政府和知识分子却并没有深切地感受到社会改革的迫切性，导致了 19 世纪中国变革路径的局限性。

19 世纪 60 年代，在曾国藩（1811—1872）、李鸿章（1823—1901）、张之洞（1837—1909）等人的倡导下，中国展开了一场以引进西方工业技术和建造近代化军队为核心的洋务运动。

洋务运动积极地引进钢铁、造船、机械、兵器、纺织等产业的西方先进技术，开创

了中国近代工业的基础。洋务运动还修建了一批铁路、公路、电报邮政、港口等交通通信设施，开创了中国近代基础设施建设的先河。一时间，机器局、船政局、招商局、矿务局等各种洋务运动的机构遍及全国。

在军事上，洋务运动创建了以北洋水师和南洋水师为代表的近代化军队。

无论是营造近代工业生产力，还是创建新型的军事力量，洋务运动都成绩卓著。中国建成了当时东亚最大的钢铁厂和造船厂，水师规模也曾雄居东亚第一。然而，洋务运动始终局限在通过强化军事力量，增强抵抗外来列强入侵的体力，维护现存封建社会体制。因此，为了强化中国的军事力量，洋务运动在扩充军备、训练新军、组建水师、兴办造船厂和兵工厂、修筑铁路等方面不遗余力，却从来没有尝试过在社会体制和社会思想上的改革。

张之洞的"中学为体，西学为用"和他的身体力行就是洋务运动的代表性写照。张之洞采取的强国路线是以官营企业兴办军事工业来强化国力、保卫中国的社会机制。在兴办工业的过程中，虽然积极地从海外引进人才、设备和技术，但是拒绝引进工业经济发展所需要的社会思想和机制。结果导致耗巨资兴建的工业企业不仅不能盈利，维持运转都糜费巨大。张之洞的工业化思想长期影响着中国后来的近代化进程，引进工业技术和设备却拒绝营建工业经济所需要的社会机制的强国路线在之后的中国仍然反复出现。

与此相反，既没有殷实的社会财富存量，也没有社会制度优越感的日本却从中国在鸦片战争的惨败中更加深切地感受到迫在眉睫的危机。

因此，当1853年马休·佩里（Matthew Calbraith Perry，1794—1858）率领美国舰队驶入日本浦贺时，日本朝野上下出现的是一片改革呼声，由此引发了"明治维新"。其间虽然爆发了几次内战，但这些内战所争执的都不是改不改革的问题，而是怎么改革，由谁来改革的问题。可以说，无论是德川幕府还是维新人士都明确地认识到改革的迫切性。最终，日本人通过推翻德川幕府迅速地建立了以工商经济为前提的近代社会体制。与清朝政府派往欧美留学的学生主要学习工程和技术相比，日本政府派往欧美的考察团和留学生更着重学习社会体制和社会思想。在明治维新后的近代社会体制下，日本的工商业快速发展，国民素质迅速提高，国力和军事力量迅猛增强。

洋务运动最大的失误在于虽然意识到了西方工业力和军事力的优势，却没有认识到其工业社会的机制的优越性。因此，洋务运动只是局限于引进西方先进的工业技术和军事装备，以此来维护以农业经济为基础的封建社会体制。

1894年甲午战争爆发，洋务运动和明治维新这两条不同的近代化路线进行了一场殊死搏杀。结果中国惨败，宣告洋务运动彻底失败。

认识的局限性使中国为之付出了惨重的代价。没有社会变革和近代社会制度建设支撑的洋务运动，是一个高成本、低效益、扭曲和脆弱的近代化进程。在日本的一击之下，惨淡经营30年的洋务运动全面崩溃，中国近代化的第一次努力被外来暴力所中断。

到1894年甲午战争爆发时，中国的国内生产总值在世界所占份额已经下降到了6%，社会财富存量也消失殆尽。因此，甲午战争战败所造成的震荡远远超过半个世纪以前的鸦片战争，震撼了整个中国社会。

甲午战败之后，中国丧失了改革的体力，帝国主义列强也加速了侵吞中国的步伐，中国陷入长达半个多世纪的社会大动荡时期。

19世纪中国变革路径的局限性，使20世纪的中国陷入被列强围攻的赤贫之中，注定了中国近代化进程的艰辛困苦。

本文出自周牧之著《中国经济论》（人民出版社，2008年），曾经刊载在《书屋》（书屋杂志社，2011年第6期），并入选《2011中国年度随笔》（漓江出版社，2012年）。

周牧之简介：

东京经济大学教授、云河都市研究院院长、经济学博士。历任日本开发构想研究所研究员、日本国际开发中心主任研究员、日本财务省财务综合政策研究所客座研究员、全国政协海外列席委员、哈佛大学客座研究员、麻省理工学院客座教授、中国科学院特聘研究员。兼任对外经济贸易大学客座教授、澳门城市大学特聘教授、日本环境卫生中心客座研究员。主要著作：《步入云时代》（人民出版社，2010年）、《中国经济论——崛起的机制与课题》（人民出版社，2008年）、《中国经济论——高速经济增长的机制和课题》（日文版，日本经济评论社，2007年）、《鼎——托起中国的大城市群》（世界知识出版社，2004年）、《机械电子革命与新国际分工体系——现代世界经济中的亚洲工业化》（日文版，MINERVA书房，1997年，获第13届日本电气通信社会科学奖励奖）。

自 序

一

"文变染乎世情,兴废系乎时序,原始以要终,虽百世可知也。"这是梁朝刘勰在《文心雕龙·时序》篇中所云。

经济史又何尝不是如此?

完成当代经济史类的著作《惊蛰雷1988:中国市场经济理论的超前探索者》之后,笔者着手写这部《十三行史稿》,猛然间想起,作为古典经济学的起源,亚当·斯密的《国富论》(英文直译应当为《国民财富的性质和原因的研究》)酝酿与完成的年份,正好是广州十三行在其历史中极为关键及相对兴盛的时期。十三行有着300年的历史,自1557年出现至1857年被焚毁,其间,以清朝康熙、雍正、乾隆三代,尤其是乾隆时期最为复杂,有开海、开洋、取消"加一征收"的开放举措,也有限关、收缩为"一口通商"的政策,之后更有银圆流入的逆转。亚当·斯密出生的1723年,即雍正元年,是雍正开洋前后;而《国富论》出版的1776年,即乾隆四十一年,是十三行最为显赫之际;及至亚当·斯密去世的1790年,即乾隆五十五年,乾隆皇帝也已进入晚年,大清王朝正由盛转衰。

有人会问,十三行所在的广州远隔英国上万里,与《国富论》有何关系?请别忘记,自1699年英国商船"麦士里菲尔德号"抵达珠江口,到亚当·斯密撰写《国富论》之际,英国超过众多海上强国,跃升为中国的第一大贸易国,中国出口的主打产品——茶叶、丝绸、瓷器已风靡英国,这不可能不对亚当·斯密产生深刻的影响。我们今天重新翻阅《国富论》,不仅可以搜索到数十处"中国"以及"广州"等字眼,还可以读到他对当时中国经济相当精辟的论述,这印证了开篇刘勰的那句话。

"文变"也可以延伸至经济学理论的演变。

无论亚当·斯密当年得到的与中国相关的经济信息如何有限,这位经济学家总是能突破时空的限制,他的经济学理论对当时中国经济的变化绝不会是隔靴搔痒,而是每每切中肯綮。时至今日,中国的经济学家仍不讳言,《国富论》的历史、科学的价值不会过时,尤其是在我们进行以建设社会主义市场经济为目标模式的改革时,绝不可以忽视它的意义与参考价值。

作为经济自由主义的经典,《国富论》对其后上百年的影响显而易见,包括对本史稿涉及的英国东印度公司在自由商人或散商的挑战下,于1833年被剥夺商业职能(即解体)这一事件的影响,而这已是《国富论》问世之后近60年了。

因此,以当时具有划时代意义及科学价值的古典经济学理论,切入远在万里之外的中国广州十三行的研究，同样是不可或缺的。其实，中国改革开放以来，国内不少学者在恶补包括凯恩斯、哈耶克等在内的西方学者的经济学理论，从中看到古典经济学的影子，他们的理论一度风靡中国的经济理论界。正是"兴废系乎时序"！

十三行的历史记忆，正是由当今的改革开放所唤起。

二

然而，如今十三行商馆连废墟都没有了。寻访中，有人告诉我，当时，广州市荔湾区十三行路南边的城启大厦打地基时，深挖到八米后，发现了厚厚的一层瓷器的碎片，这可能是十三行商馆仅存的遗迹了。原来十三行所在的地面上，现在并非废墟、乱草、淤泥，而是一个文化公园，可这个公园与十三行没半点关系。

十三行的历史意象便是那沉埋在八米之下的文化层，那无法再拼回的瓷器碎片。

这只是物象，那么，人呢？

人类的记忆是何等脆弱，所以，才依靠一次又一次的考古发现去重构自己，但重构的未必就真实，未必就是真正的历史，它也可能会把我们引向歧途。

那么，历史是什么？

当我的笔记录并计算着十三行时期的贸易额与经济数据时，当我在思想上与十三行先人严肃地对话时，当我的目光越过大洋上竖起的如鸟翼的风帆向前远眺时，当我的耳朵听到几百年前的风涛、刀剑与枪炮声时，当我的鼻子嗅到冷兵器的铁锈味与热兵器呛人的火药味时……我的灵魂，不仅仅是往下俯视与寻觅历史，同样，也向上寻找光明，寻找更开阔的空间，去锻造历史。

历史应是有良知、有灵魂的，这与王阳明所言几近一致："'多闻，择其善者而从之，多见而识之'，既云'择'，又云'识'，其良知亦未尝不行于其间。"①

王阳明体悟的历史，可谓声情并茂，富于诗意，不仅文笔优美，意境之深远亦让人感慨不已：

> 夜气清明时，无视无听，无思无作，淡然平怀，就是羲皇世界。平旦时，神清气朗，雍雍穆穆，就是尧舜世界。日中以前，礼仪交会，气象秩然，就是三代世界。日中以后，神气渐昏，往来杂扰，就是春秋战国世界。渐渐昏夜，万物寝息，景象寂寥，就是人消物尽世界。②

当然，这里有中国人根深蒂固的历史循环论的影子。只是，他所在的明代时期，却是中国封建社会末世，而近现代的曙光已出现。明代中晚期，市民社会得到蓬勃发展，尤其是东南沿海。这段话更是预言。可见，他是用"心"去感悟历史的。

也许，由于又一个游牧民族入主中原，王阳明认为的一个轮回并没有很快到来。王

---

① 〔明〕王阳明著：《王阳明全集》，中州古籍出版社2016年版，第141页。
② 〔明〕王阳明著：《王阳明全集》，中州古籍出版社2016年版，第141–142页。

阳明这段话出自 16 世纪初叶，而两个多世纪后，即 18 世纪中叶，欧亚大陆另一端的亚当·斯密在其《国富论》中认为：

> 中国是比欧洲任何国家都富裕得多的国家，中国与欧洲的生活资料的价格差别极大。中国的大米比欧洲任何地方的小麦都低廉得多……中国和欧洲之间，劳动的货币价格的差距比生活资料的货币价格的差距更大，因为劳动的真实报酬在欧洲比在中国更高，欧洲大部分地区正处于发展状态，而中国则似乎处于停滞状态。①

又是两个多世纪后，在中国改革开放中，中国经济转型，从计划经济走向市场经济，许多经济学家重新发现与领悟到，《国富论》里提到的市场经济的演进具有我们过去全然没有认识到的划时代意义和科学价值。从一百多年前直到今天，我们都还不能称自己"比欧洲任何国家都富裕得多"，而我们的社会主义市场经济的进程仍需要进一步推动，一如广东经济学界在 20 世纪 80 年代末提出的观点：

> 改革开放中碰到的问题，只能在进一步开放改革中寻求解决，绝不能倒退，倒退是没有出路的……要培育市场，建立市场体系，完善市场机制，从目前的有计划商品经济即半市场经济向社会主义市场经济发展，此外别无他途。②

20 世纪 80 年代，中国刚刚改革开放、解放思想。意大利历史学家贝奈戴托·克罗齐的著作《历史学的理论与实践》曾一度风靡史学界，其中有一段话：

> 一点不假，他们（作者按：指考古学者与档案保管人）有时被嘲笑是由于他们天真地以为，自己已经妥善地把历史锁藏起来，并有开锁的钥匙，能取出这些"资料"来满足人类求知的欲望。但是我们知道，历史就存在于我们大家当中，它的来源就在我们心中，因为只有在我们的内心中才能找到那个把确信转变为真理的熔炉，在那里语言文献学同哲学相结合而产生历史。③

这段话让我想起王阳明的"心学"。虽然各自的文化体系、思维逻辑相距甚远，但在历史学上，二者有异曲同工之妙。

三

中国的传统是"文史哲不分家"。作为中国古代历史著作的典范，《史记》一口气读下来，文采飞扬，历史人物栩栩如生、活灵活现，如鸿门宴、霸王别姬等的描述实在是

---

① 〔英〕亚当·斯密著：《国富论》，唐日松等译，华夏出版社 2005 年版，第 146–147 页。
② 谭元亨著：《惊蛰雷 1988：中国市场经济理论的超前探索者》，西苑出版社 2017 年版，第 244 页。
③ 张文杰等编译：《现代西方历史哲学译文集》，上海译文出版社 1984 年版，第 303 页。

太精彩了。

显然，历史不等于编年史，它们之间是互为补充的。编年史是骨架，没有编年史则无法支撑起整个历史；历史则是有血有肉的，这才生机盎然、光彩照人，否则，无血脉贯通，历史便死气沉沉，形同僵尸。二者其中一个不能从属于另一个，各有自己的逻辑规范或情感；它们是两种不同的精神文化形态，表现形式千差万别。所以，历史学者不仅仅是一位记录员，而且应该是一位文学家、哲学家，甚至是经济学家、思想家、心理学家等。这就是"文史哲不分家"说法的依据所在。历史是有思想、有温度、有色彩、有活力的，当然，更有"太史公云"的见识，这是毋庸置疑的。

如前引王阳明语"既云'择'，又云'识'，其良知亦未尝不行于其间"，只有回到良知，方可找到真正的历史。

历史是过去了，可那只是在时间轴上；历史并没有真正过去，因为它不曾被湮没，而是留存在我们的心中，镶嵌在我们的心里，在万古如斯的黑暗中闪烁出一束又一束的良知之光、智慧之光，让我们清晰地看到周遭的一切，阴晴、风云、雷电以及惊涛骇浪，指引我们做出决策，选择方向。

我心中的十三行瓷器的碎片，便是镶嵌在我心中的闪光的良知与智慧。我要从心中去找回这样一部历史。

无论是美国五卷本的《东印度公司对华贸易编年史（1635—1834）》，还是法国号称300多万字的《中国与西方：18世纪广州的对外贸易（1719—1833）》博士学位论文，无疑均与十三行相关，但它们均不是作为十三行历史来撰写的。前者所记的东印度公司晚于十三行半个世纪方成立，又早于十三行20多年便结束了，其间仅有100多年涉及十三行，而且主要是记述英国东印度公司与十三行的往来，其他国家如葡萄牙、西班牙、荷兰、法国、美国等基本不曾涉及。后者更只局限于18世纪，之前的16、17世纪，之后的19世纪，即十三行存在的时间里，都不曾涉及。虽然这一博士学位论文尚未完全译为中文，但标题已清晰地划出了时间的上下限。它们都不可能用来作为或被称为十三行史。

而且从外国人的这些著作中不可能了解到当时的清朝政府对十三行的管理，包括成立十三行的初衷，以及十三行的起落与兴衰。当然，从皇帝到封疆大吏各自对十三行的真实态度，相互之间的利害关系，国家的对外贸易政策、制度，当时的经济状态，包括金融资本，尤其是在那个大航海时代，这条海上丝绸之路上的华彩乐章，这些著作都不可能有全面的揭示。

历史本就应是"全息摄影"，将各个侧面、各个维度都反映出来。然而，即便是"全息摄影"，也未必可透视到心脏——历史之"心"，而这，是不可以物理的方式探测、解读出来的。

因此，当我们无限地拓展审视十三行的视野之际，同样应该回归我们的良知、我们的内心，才可能让这样一部历史真正地有血有肉，有智慧与良知之光，有哲思，也有文采。

历史记忆的负荷如此沉重，我们能肩负起多少呢？

四

不同的历史有不同的划界。如军事史是以冷兵器与热兵器划界。对于海上丝绸之路史来说,应当有汉魏六朝的南海航路、唐宋的广州"通海夷道",以及明清十三行三大阶段。这些与社会史的划分不一样。

我们这里要写的是海上丝绸之路的一部断代史,那便是十三行史。

撰写完整的广州十三行历史,一直是笔者的宏愿。而如此丰富、厚重的一部历史,尤其是它所承担的古老中国的近代经济转型的重任,这工程太宏大、太艰巨,未免力不从心。但这个宏愿一直在心上,不曾放弃。笔者曾经一再呼吁为广州十三行修史,海外对十三行的研究要比国内多得多,可时至今日,真正组织十三行外文资料的引进与翻译的工作,却鲜有人做;而对十三行的研究真正深入下去、铆足功夫的,并没几个人。这是笔者深感遗憾的。相关新闻倒是很多,也很热闹,如关于对广州金融业的追溯也一直追溯到了十三行。毫无疑问,几千年来,广州乃至广东的经济本位就是商业。从古代海上丝绸之路在这里始发,到十三行在世界大航海时代闪亮登场,这才成就了广州"千年商都"的美名。有人称,鸦片战争原来是一场金融战争,其实,从十三行的形成开始,中西方金融市场便已经形成。清朝康熙、雍正年间,较早的行商黎启官便已经买过西方的期票,这是17世纪末18世纪初的事。而直到20世纪七八十年代改革开放之际,中国人才再次听说"股票""期货"之类的金融名词,这已是300多年后了。

所以,我们早就该有一部"十三行史"了,可我们一直无法真正写出一部"十三行史",我们差点要失落掉这部历史。今天,我们要找回这部历史。广州如今要重振"千年商都"的雄风,重构文化名城的声望,于我们而言,写出这部历史是责无旁贷的。

这里,我不想用"史稿"来搪塞真正的历史表述,我只是想把它作为导入真正的十三行史的一级台阶、一扇门,让人们多少了解十三行究竟是怎么一回事,多少拨开笼罩在十三行上飘忽的迷雾。

仅仅列出以下事实,就足以让人知道十三行有着怎样的经济背景:

明嘉靖年间(1522—1566),也就是十三行刚刚诞生之际,中国的生铁产量就到4.5万吨,居世界第一,而英国在100年后才达到2000吨即0.2万吨。① 这就不难解释,清代当时为何禁止铁锅出口了。

清乾隆十五年(1750)"一口通商"前夕,中国工业总产值占世界的32%,远高过全欧洲的23%,仅国内贸易总额便达4亿两银圆。② 乾隆末期,大清王朝由盛转衰,到了嘉庆二十五年(1820),中国的国内生产总值(GDP)仍占全世界的32.4%③,依旧是世界第一。从金融业而言,在道光十年(1830)英国人用鸦片力图扭转贸易逆差之前,白银是源源不断地从印度、英国、美国流入中国的。据不完全统计,自明嘉靖三十六年

---

① 参见世界银行《中国:社会主义经济的发展主要报告》(出版社不详),1981年,第7页。
② 参见戴逸著《论康雍乾盛世》,2003年2月23日北京图书馆"省部级领导干部历史文化讲座"讲稿。
③ 参见〔英〕Angus Maddison. *Chinese Economic Performance in the Long Run*. Paris: OECD Development, 1998.

(1557)——当时广州已有一年两度的"交易会"——开始,到清道光十年(1830)西方国家的商船到广州进行贸易——主要是与十三行贸易,流入的白银达到5亿两以上。正是在这个意义上,有人把鸦片战争视为扭转贸易逆差的金融战争,西方国家动辄就向中国勒索数以亿计的银两的"赔款"。据统计,这些"赔款"加利息竟有近10亿两白银,是之前200多年流入中国的白银总数的两倍。

毫无疑问,在道光十年(1830)之前,十三行在当时全球贸易中遥遥领先。十三行行商不仅仅是商人、实业家,而且是金融家,他们手中的资本其实早已投入世界的流转之中,在推动贸易全球化上举足轻重、功不可没。

我们今日重提十三行的辉煌,当然不仅仅是怀旧,更是为了把它与未来联系起来,而不拘于现在,重提十三行自是当代史的需要,但更重要的是指向未来。

大约在30年前,笔者曾译过一部历史哲学著作,该书作者提到,一位历史哲学家如同海上的渔夫,是具有在大海中嗅出即将到来的风暴的腥味的能力的,也就是一种预见。当然,历史哲学家不可能很具体地预见某个暴君的死亡会在何年何月,某种发明会出现在哪个城市;可是,从宏观而言,历史大趋势在充分的研究下是足以得出革命怎么会发生、战争怎么会爆发的,等等。熟知历史,方知今日,也能预见未来。自明中叶一年两度的广州"交易会",到400年后1957年的中国进出口商品交易会(即"广交会"),再到今日仍在扩展的广州琶洲会展中心、正热火朝天地建设的"金融城",等等,明清广州十三行的过去或许可以预示20世纪80年代中国改革开放以来广州获得的成功,以及即将取得的发展与繁荣。

而这,正是推出这部《十三行史稿》的初衷:不仅仅是为将来更宏伟的构想做一个铺垫,更是为未来鸣锣开道。

五

正因为这样,这部《十三行史稿》尽可能地拓展我们的视野:放眼全球化贸易,并与整部大航海时代的经济史密切地联系起来,而不拘于广州珠江两岸,包括广州原西城外那一片商馆林立的"旺地",当然,更与从16世纪至今的整个世界联系起来。正如笔者曾在笔记中写下的一段话:

> 从秦汉到明清,广州在上千年的时间里,一直是世界最大的海港,而明清十三行更是欧美海商趋之若鹜的国际巨港。在世界视野中的十三行,自有其不凡的历史格局。
>
> 十三行从一出现,就是世界大航海时代的产物,于16世纪的国际性海洋贸易中应运而生,并推动了18世纪的海洋商业扩张。十三行从来不是被动适应,而是主动积极地引领潮流。试想一下,当时的中国乃世界首富,而中国的资本与财富也为16—18世纪西方的近代化即工业化提供了动力,所以,十三行行商不仅投资产业,而且向企业家转型,否则,无从以如此迅猛的速度积攒起巨大的财富。他们显性的身份是行商,而隐性的身份则是世界金融家,通过"钱生钱",超常规地积累起一

再增值的资本。但十三行行商的悲剧在于，当他们以隐身的银行家身份投资于英国、美国，促成或推动了其工业革命的历史进步之时，他们在自己的国家却无用武之地。

这就是我心中的十三行。就让这一部史稿初步展示十三行的历史丰姿吧！

编前 大航海时代

（明正德十四年至清康熙二十三年，1519—1684）

小 引

从冷兵器过渡到热兵器，被部分学者视为人类社会进入近代的标志。按这一划分，明代中葡两国的屯门之役就成了中国古代与近代的分界。

当然，进入近代的标志性历史元素还可以有其他。例如，世界大航海时代无疑也是中国贡舶贸易转向市舶贸易的历史性转变时期，虽然这个转变较之西方各国要艰难得多、漫长得多，整个明清广州十三行时期都处在这种转变中，而且几经反复，曲折多舛，不是几句话就可以简单概括的。

历史总有种种机缘，我们或许会视之为巧合。1957年，中华人民共和国为打破西方国家的封锁，在广州举办了第一届进出口商品交易会。而恰巧是400年前，即1550年，在广州，与十三行相关，也开始了同样是一年两度"准贩东西洋"的"市集"——今天，人们亦在研究论文中冠之以现代的名称"交易会"。无论这个命名在学术界有着怎样的争议，在历史上，这一"交易会"的存在却是一个不争的事实。也就是说，16世纪中叶，我们已经在大航海时代之初有了一个相对应的贸易基地。而与唐宋时期的古代贸易只面对中亚、南亚不同，这一"交易会"面对的是欧洲文艺复兴时期以来，葡萄牙、西班牙、荷兰、英国、法国相继在海上称霸的近代历史大格局。

据施白蒂的《澳门编年史》称，早在1550年（明嘉靖二十九年），葡萄牙人就与中国人达成协议，在广州举行半年一次的市集，即"交易会"，葡萄牙人实际上获得了与中国人、日本人贸易垄断的权利。[①] 而荷兰档案馆中的《葡萄牙17世纪文献》则记载，葡萄牙人在1555年获准参加广州的市集，进行贸易与纳税。早年日本研究者百濑弘也认为，"广东口岸之巨大的中国贸易商的发达，如后来十三行的萌芽，却是在葡萄牙的贸易之下滋生出来的"[②]。

在西方的文献中，关于16世纪广州"交易会"的记载有不少，如瑞典人安德斯·龙思泰在《早期澳门史》中也提到澳门与广州的交易：

> 中国物产是这么丰富，它可以充足地供应全世界某些货物。汉人将全国各地的货物送到易于脱售的城市或港口。例如以前西班牙人对中国或汉人到马尼拉的贸易，商人习惯送商品到三乡岛，后来送到兰巴卡（作者按：即香山县浪白澳，今广东省珠海市境内），葡萄牙人在那里建立基地已14年。然后又送到澳门和广东的市集，但是商品这么多，葡萄牙人根本买不完。

---

① 参见〔葡〕施白蒂著《澳门编年史》，金国平译，澳门基金会1999年版。
② 〔日〕百濑弘著：《明代中国之外国贸易》，郭有义译，载《食货》1936年第四卷第1期。

从北方或内地来赶集的商人看到商品未售完,以为有利可图,就用自己的船载到马尼拉、暹罗、锡江等地,最后常在海上遭到不幸或损失,特别是遇到海盗,使他们无法继续航行下去。①

荷兰第三任"台湾总督"努易兹在给巴达维亚(今印度尼西亚雅加达)总督的信中亦提到广州的"年集":

> 澳门的葡萄牙人已和中国贸易130年之久,贸易方式经由特殊的付款及送礼,其大使经皇帝特准居住于此,其商船到广东参加每年两次的年集,购买货物。他们也许获得比马尼拉和我们更多的利益,因为长期的居住使他们较知道哪里有好货,还有哪些珍奇异物。他们也有机会可以订货,要求特定长、宽、重和图样的丝制品,因为他们知道什么规格的可获利最高,可在哪里卖,印度或日本或葡萄牙等。②

自然,信中所说的"130年之久"并不准确,也许计算依据不一样,若从1514年葡萄牙人闯入广东沿海屯门算起,则还说得过去。他继续说:

> 1557—1578年,中国商人在澳门进行易货贸易,主要是以丝绸换取外国货物,承担进口货和中国出口货的货税。1578年,葡萄牙人成群前往广州。受议事会郑重委托处理该城市商贸事务的商人,带上4000两作为见面礼,拜见管理本地事务的官员,当船只满载启航时,还要奉上接近两倍于此的数目。这些来客理所当然受到关注。开始时市场每年开放一次,但从1580年起,根据两次不同的季候风,每年开放两次。贸易的经理人,从1月份起采购运往印度和其他地方的货物;从6月份起采购运往日本的货物。每年两个月、三个月,有时是四个月。进口的船货在估价后,以硬币支付税款,到1582年开始,葡萄牙人必须在广州缴纳进口税。③

1624年,荷兰人侵占台湾,随即取代葡萄牙人而掌握在东南亚海上的霸权,之后,葡萄牙人就很少参加广州夏秋两季出口商品交易市集。广州商人在交易之后,每每把货物运往南洋群岛一带销售。④ 而巴达维亚的兴盛,"主要依靠每年随东北季风开来的中国船队所带来的印度尼西亚市场急需的各类商品"⑤。

葡萄牙史学家徐萨斯在《历史上的澳门》中更称:

---

① 转引自厦门大学郑成功历史调查研究组编《郑成功收复台湾史料选编》,福建人民出版社1962年版,第119页。
② 转引自厦门大学郑成功历史调查研究组编《郑成功收复台湾史料选编》,福建人民出版社1962年版,第115页。
③ 转引自厦门大学郑成功历史调查研究组编《郑成功收复台湾史料选编》,福建人民出版社1962年版,第115页。
④ 参见厦门大学郑成功历史调查研究组编《郑成功收复台湾史料选编》,福建人民出版社1962年版,第109页。
⑤ 〔荷〕布鲁斯著:《荷属东印度公司时代的中国与巴达维亚贸易》,载《中国史研究》1988年第3期。

远东与欧洲的贸易为葡萄牙王室所垄断。一支王家船队每年从里斯本起航，通常满载着羊毛织品、大红布料、水晶和玻璃制品、英国造的时钟、佛兰得制造的产品，还有葡萄牙出产的酒。船队用这些产品在各个停靠的港口换取其他产品，船队由果阿去柯钦，以便购买香料和宝石，再从那里驶向满剌加，购买其他品种的香料，再从巽他群岛购买檀香木。然后，船队在澳门将货物卖掉，买进丝绸，再将这些连同剩余的货物一起在日本卖掉，换取金银锭。这是一种能使所投资成2倍或3倍增长的投机买卖。船队在澳门逗留数月后，从澳门带着金银、丝绸、麝香、珍珠、象牙和木雕艺术品、漆器、瓷品回国。葡萄牙国王为自己保留了东方贸易中最大的特权。他给予有功的大臣的最大实惠就是准许他们用一两艘大帆船运来东方商品，卖给里斯本的商人，以获巨大的利润。①

不过，葡萄牙人到广州交易也时断时续。在明隆庆三年（1569），广东官方就奉穆宗的御批，再次禁止外国人进广州，外国商人只能留在澳门贸易。到万历六年（1578），外国人又获准进入广州。及至崇祯四年（1631），广州官方又一次禁止葡萄牙人进入。崇祯十年（1637），广州官府与英国船队发生争执，不分青红皂白地把账算到葡萄牙人头上，致使崇祯十三年（1640），皇帝批准禁令，只允许商人载货到澳门交易。

葡萄牙耶稣会士奥伐罗·塞默多的中文名为曾德昭，他在崇祯中晚期，即1637—1638年，在其所著《大中国志》中称，广州是"中国最开放和最自由的交易地点"，每年两度的年集，"中国大部分最好的商品都由此运往各地"。②

当时的广州八面来风，接纳的不仅仅是葡萄牙一国，还有南洋以及日本、欧洲，包括荷兰、英国等国的客商。

从上文我们不难看出，明代的对外贸易中心始终在澳门、广州之间变换，形成澳门—广州二元中心。及至后来，澳门成为广州十三行的外港，则是历史使然。因此，在澳门历史上，亦留下了不少关于十三行的历史资料，是为大幸；不然，已很难找到十三行的历史记载。

世界大航海时代所催生的广州"交易会"自是十三行的用武之地，其间，促使作为"客纲""客纪"，即与外商打交道的一种官方管控的中介组织形式得以产生，明嘉靖版《广东通志》中有：

> 番商者，诸番夷市舶交易，纲首所领也……至明洪武初，令番商止集舶所，不许入城，通番者有厉禁。正德中，始有夷人私筑室于湾澳者，以便交易；每房一间，更替价至数百金。嘉靖三十五年，海道副使汪柏乃立客纲、客纪，以广人及徽、泉等商为之。
> 岁甲寅（嘉靖三十三年），佛郎机国夷船来泊广东海上，比有周鸾号称客纲，

---

① 〔葡〕徐萨斯著：《历史上的澳门》，黄鸿钊、李保平译，澳门基金会2000年版，第40页。
② 〔葡〕曾德昭著：《大中国志》，何高济译，商务印书馆2012年版。

乃与番夷冒他国名，诳报海道，照例抽分，副使汪柏故许通市。而周鸾等每以小舟诱引番夷，同装番货，市于广东城下，亦尝入城贸易。①

佛郎机国即葡萄牙。这里提到的"以广人及徽、泉等商为之"，恰好与法国人裴化行所说的相印证。裴化行在《天主教十六世纪在华传教志》中称，中国与葡萄牙之间的商业利润，是被原籍属于广州、徽州、泉州三处的十三家商号垄断着。他们不顾民众的反对，一味致力于发展外国人的势力。②

除此两处，我们还可以在西班牙传教士的有关记载中找到"广、徽、泉十三行"等语。

由此可见，十三行出现在明中叶，而非后人认为的清代中叶乾隆二十二年（1757）"一口通商"之际。

因此，从一开始，作为大航海时代"弄潮儿"的十三行，就同样成为中国从古代走向近代的一个重要的标志。这不仅仅因为它的产生、它的通商模式、它与国际贸易的接轨，而且在于它的视野、它的理念，包括它的早早涉及国际金融业，相应或明或隐的制度化规则，等等，虽然它与西方的东印度公司还是有着巨大的差别。

自从宋末元初，大量的珠玑巷移民进入珠江三角洲（简称"珠三角"）后，这里不仅文化鼎盛，而且商业发达。在葡萄牙人到来之前，珠玑巷移民先行抵达江门新会良溪近侧，于是就有了"潮连外海"一说，从而使江门四邑（现使用"五邑"作为统称）成为中国的第一侨乡。而澳门被租借之后，珠三角人更视其为"门口路"，意即就近外出参与世界贸易的地方。所以，在那里，侨墟很早便出现了，如台城的西门墟始建于清康熙二十五年（1686），端芬镇的上泽墟更是建于明代中后期（1580年左右），端芬镇的西廓墟则建于清嘉庆末年（1820）……这些市墟之所以被称为"侨墟"，是因为它们已经不同于传统的市墟。侨者，外出的华人华侨也。这也使市墟的内容（即商品）与传统商品有很大的不同。需要特别强调的是，当时的东南亚已是华商的天下，自宋代至明代业已如此。据郭棐等的《广东通志》（明万历版）卷六九《澳门》中记载，正是明嘉靖三十二年（1553）前后，明朝政府首度允许非朝贡国家葡萄牙在浪白澳、澳门以及中国当时最大的港口——广州进行贸易，自此形成了广州十三行对外贸易的要地，而澳门则成了十三行的外港。③

浪白澳、澳门、广州、十三行、广州"交易会"——沿着这些关键词，我们就不难解读明代十三行的人文历史地理。

---

① 〔清〕阮元主修：《广东通志》（明嘉靖版），大东图书公司1977年版。
② 参见〔法〕裴化行著《天主教十六世纪在华传教志》，萧濬华译，商务印书馆1937年版。
③ 参见〔明〕郭棐、王学曾、袁昌祚撰《广东通志》（明万历版），四库全书刻本影印本。

卷一　浪白澳—澳门—广州"交易会"

第一章　市舶司、怀远驿与牙行的历史演绎

让我们来到十三行诞生的朝代——明王朝。

明王朝之前的元朝，国祚只有100年左右的光景，但是也不可不提。元朝对陆路上的贸易有着巨大的促进作用，可以说，中国四大发明中的三大发明——印刷术、火药与指南针，均是由创立元朝的蒙古的铁骑带到欧洲的。

17世纪英国哲学家弗朗西斯·培根高度评价了这三大发明，他认为：

> 这三大发明首先在文学方面，其次在战争方面，第三在航海方面，改变了整个世界许多事物的面貌和状态，并由此产生无数变化，以致似乎没有任何帝国、任何派别、任何星球，能比这些技术发明对人类事务产生更大的动力和影响。[①]

然而，由于陆上丝绸之路上不少地方的自然条件极其严酷，元代对外贸易的兴旺只是昙花一现，随着元朝近百年统治的结束，陆上贸易也几乎停止。当西方高度评价元朝为它们送去催生文艺复兴的物质武器之际，东方的商业却几乎毁于一旦。但影响更深刻的，是海上贸易。

元朝的铁骑擅长在陆地上纵横驰骋，然而，一遇到大海，就裹足不前了。纵然元朝的船队打败了宋朝几千艘战舰，可它的船队大多是由宋朝的降将统率。一旦元朝统治者在海上扩张，便败绩不断。往东，在日本海上大败；往南，在南中国海上大败；往西，也过不了红海……

元朝的统治者顿时对波涛汹涌的大海恼怒了起来，的确，与一望无际的绿色草原相比，大海太狂傲，太难驯服了，太不把马背上的大可汗放在眼里了，于是，元朝皇帝一怒之下便宣布禁海。

元朝先后颁布了五次禁海令，这是前所未有的！

为何要先后颁布五次禁海令呢？

本来，这海就不是那么好禁的，那么长的海岸线，禁得了这一处，禁不了那一块，况且海上贸易那么兴旺，有那么悠久的历史，哪能一下就禁得住呢？所以，一次不行，

[①] 转引自〔美〕斯塔夫里阿诺斯著《全球通史》，吴象婴、梁赤民译，上海社会科学出版社1988年版，第336页。

就有第二次、第三次……

元世祖至元二十二年（1285），禁"商贾航海者"。

次年，即至元二十三年（1286），再禁。

元成宗大德七年（1303），再"禁商下海"。

元仁宗延祐元年（1314），"仍禁人下藩，官自发船贸易"。

元仁宗延祐七年（1320），再禁海。

到元英宗至治二年（1322），复置广州、泉州、广元（宁波）市舶提举司，才不再禁海。

一次又一次的禁海，导致元代海上贸易乏善可陈，尤其是民间商船赴外洋贸易的情况，没有任何文献记载。其长期禁止民间商船出洋，前期与后期的官船贸易也都被停废，可见元代禁海令对当时广州等地的外贸摧残有多大。

元代几禁几弛，可从当时的广东宣慰使郭昂的诗中读出几许感慨：

客广州有怀（其三）

椰叶飘香集瘴烟，满城寒雨着绵天。
标幡未挂禺山上，石鼓犹鸣莞县边。
蛮草任肥嘶代马，朝风偏喜过番船。
越楼东畔珍珠市，惆怅当时一惘然。①

这是郭昂《客广州有怀》四首中的一首，应是写在广州已遭浩劫，稍有复原之际，故"惆怅当时一惘然"。

十三行产生于明朝还是清朝，学术界一直有争论。有的人把十三行的出现推迟到清康熙二十五年（1686）之后，甚至推至乾隆二十二年（1757），这显然是谬之又谬。这里，我们跟随历史，一一道来。

我们说"大明王朝"，似乎已有几分揶揄的味道。因为，明王朝实在是标志着中国古代社会走下坡路的朝代。唐强宋富，各占一个优势；可明王朝说不上强，更说不上富。它的确一度威名赫赫，尤其是郑和七下西洋宣示中国国威，巨大的皇船几乎就是一座城市，令四海为之瞠目结舌。可片刻间，这个似乎是海洋大国的明朝，竟在大海上"消失"得无影无踪。此后，称雄大海的巨舶，不再是来自东方的中国，而是来自西洋，从古木船变成铁壳船（开始时还不是）。

---

① 陈永正编注：《中国古代海上丝绸之路诗选》，广东旅游出版社2001年版，第103页。

古代木帆船

历史的镜头就此转换。

明朝立国不久,在永乐元年(1403),其首都就被成祖朱棣从南京迁到北京。随着郑和七下西洋的终结,继任的仁宗皇帝就再没有去"经营"海洋,却与宋神宗所说的"笼海商得法"相反,动员劳工去修筑万里长城,好抵御来自大漠的铁骑。一个以海为重的国家,也就开始萎缩了,试图用长城封闭、包裹自己,于是,闭关锁国也就成了国策。修长城是为了"锁国",那么,禁海,则是要"闭关"了。

就这样,"八面来风"统统都给挡了回去,新鲜的空气不再,健康也就不在,明王朝几乎没有过如汉代的"文景之治"、唐代的"贞观之治"的全盛时期。勉强说得上的"仁宣之治",仁宗在位不过10个月,他想让老百姓休养生息,可他一死,汉王便闹叛乱。宣宗在位也就10年。"仁宣之治"总共连11年都不到,便被雨打风吹去,怎可与"文景之治""贞观之治"相比?之后,便有"土木之变"(也称"土木堡之变")、王振乱政、北京保卫战、曹石生乱,而后,更有刘瑾专权、钱江争宠,一个大明王朝,就没几天安稳的日子。帝王不是残暴无道便是糜废无能,一代边关名将袁崇焕最终让皇帝给凌迟处死了,最后,连国家也被断送了……

以诛杀功臣出名的朱元璋,或许是在与陈友谅的百万水军对阵之际就产生了惧水、恐水的毛病,一立国便宣布沿袭元朝的禁海国策,尤其禁止私人出海贸易。而后制定的《大明律》更是规定:凡将牛、马、军需、铁货、铜钱、缎匹、绸绢、丝绵私出外境,货品直属单位及下海者,杖一百;将人口、军器出境下海者,处绞刑。

"片板不得下海",应当是从这个朝代开始的。

可是,广州这边,上千年的海上丝绸之路,又怎么禁绝得了?明的不行,暗的来;大港不行,小码头来……私自下海者屡禁不绝。百姓总不能没了生路。

明洪武三十一年(1398),朱元璋见一禁再禁不灵,又下旨:"严禁广东通番。"

这次禁,可是落到实处:不准造双桅以上的大船前往国外做买卖,更不准造大船卖与外国人。甚至沿海采捕鱼虾，广东商人贩卖米谷，也都一律"不准"。中国的造船业由此一落千丈。

及至几百年后，十三行的巨商潘启官竟对西方来的三桅船惊叹不已，说中国造不出也见不到这样的大船，他不知道，几百年前，中国造的大船要比这三桅船大得多。在郑和下西洋之际，一条船可容纳一两千人之多，西方人望此船兴叹，他们怎么也解决不了稍大一点的船下水时船体发生断裂的问题。

一个封闭、压抑的王朝，自然在人文与科技上也乏善可陈。

十三行，成了紧闭大门的一线缝隙。

明朝禁海，在广东，禁也好，不禁也好，老百姓都得活，要活就要下海。于是，禁，则为海盗；开，则成海商——这成了广东海洋贸易的一条"铁律"。时人有谓："寇与商人是人。市通则寇转为商，市禁则商转为寇。"于是，在王朝变化不定的海上贸易政策中，所有海上船只均"亦商亦盗"，视政策的变化而转换身份，这是颇具戏剧性的。然而，这绝非喜剧，只能是悲剧。

为此，连地方的官员与总兵也"私造大舶，以通番商"。而商人照旧冒险出洋"讨海"，"每得十倍之利"。兵商"勾结"，不仅"多挟大舸入海与夷市"，还每每组织武装船队"走私"，对抗朝廷的禁令。

凭良心说，商人哪想为寇呢？谁不愿意规规矩矩、合理合法地从事商品交易呢？这禁海政策自是"逼商为寇"。于是，沿海一下子涌现出了一批令地方官吏为之胆寒的"海盗"来，如林道干、林凤等。

正是这些"海盗"，迫使明王朝不得不正视"禁愈严，则寇愈盛"的严峻事实，使其在剿抚两无效的情况下，不得不重新考虑开海的问题。纵然这样，明朝的"开海"与真正的对外开放仍有天壤之别。毕竟，朝廷自诩为"天朝上国"，世界当以明王朝为中心，殊不知正是这上百年间，世界已经发生了巨大的变化，尤其是西方，业已走出"千年黑暗王国"的中世纪——其实这有赖于元朝蒙古铁骑带去的中国三大发明：印刷术、火药与指南针。文艺复兴使欧洲寻回了当年古希腊罗马的人文与科技，更走向了一场又一场的革命；同时，资本的原始积累也开始了，它们业已把触角伸向了海洋——这恰好是明王朝腾出来的地方！

哥伦布发现新大陆，仅在郑和下西洋之后不到百年。其实，英国人孟菲斯早几年就证明，郑和比哥伦布更早到达那个新大陆，只是没有宣布这是"发现"罢了。而郑和七下西洋回来后，那帮主张锁国的后儒们把他的所有航海日志及相关文件来了个"斩草除根"，统统烧了个一干二净，为的是杜绝后人步郑和后尘，产生称雄海上、闯荡世界的"妄想"。思想上的倒退与自虐，就这么扼绝了中国海洋上的一丝生机。此举在今日被视为荒诞，可在当时却是"义正词严"，是至高无上的爱国壮举与民族气节！

哥伦布发现美洲新大陆后不久，1497年7月8日，葡萄牙人达·迦马又率领四艘帆船出发了。此行，第一次绕过了好望角，从而完成了历史性的远征，"发现"了印度。

郑和下西洋于明宣德八年（1433）骤然终结。南洋的重要港口，也是明王朝的藩属国满剌加（今马来西亚马六甲），则在1511年遭到葡萄牙侵略者的血洗——洪三泰等人在长篇报告文学《宝安百年》中较为详细地写了这一历史事件。一个撤出，一个侵入，前后连80年都不到，东西方的历史也就来了个逆转。①

早在郑和第一次下西洋，就是明永乐元年（1403），广州恢复设置市舶司，永乐三年（1405）九月，在广州设立招待海外诸番朝贡使的怀远驿。设立怀远驿的用意，旨在沿袭宋朝的体制，虽然宋朝广州商城几重的格局已很难再现了，但如占城（故地在今越南中

明代的广州怀远驿

南部）、暹罗（今泰国）等南洋各国来的蕃商们，还有西洋各国的贡使、商人们，似乎还一如既往地希图在这里捞到好处。其中，贡使希冀庇护，蕃商想做生意。毕竟，历史的"惯性"还在。

《明史·食货志》"市舶"中记录下了怀远驿的诞生：

> 海外诸国入贡，许附载方物与中国贸易。因设市舶司，置提举官以领之，所以通夷情，抑奸商，俾法禁有所施，因以消其衅隙也。洪武，初设于太仓、黄渡，寻罢。复设于宁波、泉州、广州。宁波通日本，泉州通琉球，广州通占城、暹罗、西洋诸国。琉球、占城诸国皆恭顺，任其时至入贡。惟日本叛服不常，故独限其期为十年，人数为二百，舟为二艘。以金叶勘合表文为验，以防诈伪侵轶。后市舶司暂罢，辄复严禁濒海居民及守备将卒私通海外诸国。
>
> 永乐初，西洋剌泥国回回哈只马哈没奇等来朝，附载胡椒与民互市。有司请征其税，帝曰："商税者，国家抑逐末之民，岂以为利？今夷人慕义远来，乃侵其利，所得几何，而亏辱大体多矣。"不听。三年，以诸番贡使益多，乃置驿于福建、浙江、广东三舶司以馆之。福建曰来远。浙江曰安远，广东曰怀远。②

---

① 参见洪三泰、谭元亨、戴胜德著《宝安百年》，作家出版社2007年版。
② 〔清〕陆圻撰：《明史·食货志》，威凤堂集本。

另有文献记载：

十八甫，广州著名商业区，在珠江白鹅潭之侧，可停泊各种大型船舰。广州市舶司对此地情有独钟，选定为牙商活动地点。这有两个原因，一是明初外蕃商船不可直接进入羊城，要先停泊于沿海港湾，其后贸易量增加，政府抽税广增收入，外商纷纷进入广州，势必要有一个交易处所；二是明朝人王圻说："贡舶与市舶一事也。凡外夷贡者，皆设市舶司领之，许带他物，官设牙行与其民贸易，谓之互市，非入贡即不许其互市矣"。设牙行，必要选商品货物装卸方便之所，就近交易，并安置外来蕃商和牙商，十八甫正是理想之地。

十八甫设置怀远驿，建有120间房屋，归属于市舶司，供外来蕃商居住。怀远驿，带有深刻的典型"天朝上国"的烙印，以天威和胸怀招徕远方蕃人，将之安排于驿站（招待所）中，以示恩惠。这一年是1405年，是广州十三行前身诞生之时。怀远驿所在的十八甫是一块风水福地，建有海山楼，称为"极目千里，百越之伟观"。宋代诗人陈去非曾为之赞叹："百尺阑干横海立，一生襟袍与山开。岸边天影随潮入，楼上春容带雨来。"更妙的是："广州有二事可怪：盐步头水，客人所买盐笋，必以此水洒之，经久不析不化；市舶亭水，为番船必取，经年不臭不坏，他水不数日必败，物理不可晓如此。"①

这一记载言明市舶亭即在海山楼下、怀远驿之旁。无疑，取水蕃船便停泊于十八甫江岸，通过牙行牙商做交易。

位于广州市荔湾区康王路的怀远驿纪念坊（作者摄）

---

① 广州岭南文化研究会编：《西关文化》，广东人民出版社2013年版，第350页。

市舶司认可的牙人代官行事，职责虽繁，权限则大，从中所获自是丰厚。凡外洋商船航至，先泊港口，由牙人上船检验各种文件手续和货物，然后上报市舶司，得到批准，方称之为贡船和贡物，许以贸易买卖。牙人得官批准，即评估货物的价格，报官抽取份额，通常抽取十分之二，高时达十分之三。检验外商的牙人随之摇身一变而成牙商，既代官府，又代蕃商，还代华商和民间散商，介绍、撮合各种交易，择日开市。买卖舶货和中国土特产，全由牙商监督管理。

炫目耀眼的金银珠宝的诱惑是难以抵挡的，聚敛巨额财富的贪心促使"蛇吞象"。牙商是否喝过"贪泉"的水并不重要，重要的是他们绝不会对财富无动于衷。一些人采取内外勾结、欺上瞒下的方式从中获利。外洋商船一到，便通知人前往接引，将行俏货物先行交易，往往转移一半，甚至大部分，然后报官，开市时又从中吃取差价；外商欲购中国货物，也由牙人包揽，用小艇送至洋船，并勾结官吏军士共同分肥，"落袋平安"。

牙商侵吞官府外贸收入的现象引起了一名官员的不满，他就是明嘉靖三十五年（1556）担任广东海道副使的汪柏。他制定了一套新的牙行制度以代替市舶司管辖下的官府牙行，让财力雄厚的广帮、徽帮、泉帮商人担任"客纲""客纪"，接手中西商品贸易。初时有13家，俗称"十三行"，此后有36家，仍沿称"十三行"。牙商大显身手，财源广进，富可敌国的牙商和大亨时时处处可闻可见。

第二章　屯门之役：热兵器替代冷兵器

明嘉靖元年（1522），广东宝安的屯门响起了中国热兵器的"第一枪"。

屯门之役，是古老的东方土地上第一次用热兵器替代冷兵器与外敌的交火。

在部分人的眼中，"冷兵器＝古代"，而"热兵器＝近代"。因此，当中国也用上热兵器之际，就标志着中国近代史的曙光已经出现。按此逻辑，首先使用热兵器的屯门之役，就成了中国古代与近代的"节点"。

早在1508年，葡萄牙侵略者塞克拉第一次到达满剌加进行掠夺时，葡萄牙国王就给塞克拉下了一道训令，内中有一项便是指向中国的——因为在满剌加会遇到不少中国商人。

训令中称：

> 你要询问中国人从什么地方来？有多远？什么时候来满剌加或他们做买卖的地方？载运的是什么货物？每年有多少船来？并注意船的形状大小，是不是在同一年返国？他们在满剌加或其他国家有没有代理商或房子？他们是不是富商？是懦夫还是勇士？有的是利器还是铳炮？穿的是什么衣服？是不是躯干雄伟？将要注意关于

他们的一切其他消息。①

问得如此之细致，其用心何在不言而喻。一度称雄海上的葡萄牙人此时自是野心勃勃，睥睨一切：

> 又，他们是基督教徒还是异端？他们的国家是不是一个大国？国王是不是不止一个？在他们之中有没有摩尔人（Moors）或其他不遵奉他们的法律或信仰的人？如果他们不是基督徒，究竟信仰什么？崇拜什么？遵守什么惯例？他们的国家扩张到什么地方？与谁为邻？②

1516年，以安特拉特为首的葡萄牙侵略者又率舰队远征，来到了两年前已竖立有葡萄牙国徽的石柱的屯门，堂而皇之地宣称自己是占领者。

这回，不由得明朝当局不重视了。

时任广东巡海道副使汪𬭎指挥大鹏所城、东莞所城的官兵，在广大民众的配合下，对侵略军发动了猛烈的进攻。志得意满的侵略者虽说有热兵器的优势，却过于轻敌，最终不得不抱头鼠窜，狼狈地逃回到舰只上，仓皇地跑到海上，逃回满刺加。史料记载，这一年的八九月，安特拉特的舰队丢盔弃甲，灰溜溜地返回满刺加。

然而，到了第二年，即1517年，这支舰队竟又公然闯进了珠江口，绕过了东莞、新安（约今深圳市）的舟师，直接开到广州。

只不过船上的葡萄牙人统统都"变脸"了，一色的白布缠头、长袍裹身，俨然伊斯兰信众，并声称为"满刺加的贡使"。在满刺加被葡萄牙人占领之前，该国已宣称皈依伊斯兰教，而且与中国通商的，自唐宋以来，大抵是信奉伊斯兰教的阿拉伯人。尽管欧洲人无论是肤色还是脸型与满刺加人都不一样，可头、身一蒙长袍，别人一下子是看不出真伪来的。

此番长驱直入，理由再正当不过了：作为明王朝的藩属国满刺加的使者前来朝贡，要与中国建立正式的贡舶贸易关系，况且这一回，船舰8艘，其中，4艘为葡萄牙船，4艘为马来船；使者一名叫皮来资，一名叫安特拉特，均自称为"朝贡"而来，一副傲慢的样子。

一路上，除了蒙面假冒之外，还以重金贿赂，令广州的官吏为其开路。当然，这都是满刺加人或在满刺加的中国商人提供的信息。他们还声称船上有葡萄牙国王的使臣佩雷斯，是正儿八经、有头有脸的"贡使"！

---

① 黄启臣著：《澳门是最重要的中西文化交流桥梁——16世纪中叶至19世纪中叶》，香港天马出版有限公司2010年版，第22～23页。原注为 Tien tse Chang, Sino-Portuguese trade from 1514～1644, A sythesis of Portuguese and Chinese sources, pp. 33, 40～41, 65, 77, 90, Leyden, 1934。

② 黄启臣著：《澳门是最重要的中西文化交流桥梁——16世纪中叶至19世纪中叶》，香港天马出版有限公司2010年版，第22～23页。原注为 Tien tse Chang, Sino-Portuguese trade from 1514～1644, A sythesis of Portuguese and Chinese sources, pp. 33, 40～41, 65, 77, 90, Leyden, 1934。

这回可是冠冕堂皇的：前来朝贡，与明王朝建立正式的贸易关系。

既然是"贡使"，官府就把他们安排进了广州的怀远驿——你说广州的官吏昏庸也罢，受贿了也罢，反正，葡萄牙人行骗有术，得了头功。

但是，葡萄牙人深目高鼻，又如何冒充得了东方人？他们很快便被识破。胡宗宪主持、郑若曾编纂的《筹海图编》中引有时任广东佥事、署海道事的顾应祥所追述的此事：

> 正德丁丑（1517）……蓦有大海船二只，直至广州怀远驿，称系佛郎机国进贡。其船主加必丹（作者按：葡文 Capitao 音译，"舰长"之意）。其人皆高鼻深目，以白布缠头……即报总督陈西轩，临广城，以其人不知礼，令于光孝寺习仪三日而后引见。查《大明会典》，无此国人贡，具本参奏，朝廷许之，起送赴部。①

这真是天大的笑话，且上演达三日之久。双方"乌龙对乌龙"，全糊涂得可以。光孝寺是有名的佛教寺庙，其仪式是佛教的，当局却让伊斯兰打扮的人进佛教寺庙行礼，岂不贻笑大方！而葡萄牙人冒充伊斯兰人，却不懂该进的是怀圣寺——伊斯兰教的寺院，竟稀里糊涂地被驱进佛教寺庙去行大礼，真是"天方夜谭"。

可不管怎样，对他们来说只要能蒙混过关，入错了庙也无妨。

于是，假扮正经做了三天斋戒，饥肠辘辘的船员们终于等到了被"引见"。

被识破也罢，装进贡也无妨，佩雷斯终于打通了一个又一个的关节，一直等到1520年，经梅岭北上，到了南京，又于1521年1月到达北京。

一路买通了官吏，连皇帝跟前的弄臣火者亚三，还有宠宦江彬也被买通，竟让武宗皇帝"学葡语以为戏"，对这次违规北上睁一只眼闭一只眼，把佩雷斯当成正式的贡使。

并不是所有的明朝官员都会如此姑息这些阴谋家。还在佩雷斯住在广州花钱打通关节之际，便有御史上疏："满剌加乃敕封之国，而佛郎机敢并之，且瞰我以利，邀求封贡，绝不可许。宜却其使臣，明示顺逆，令还满剌加疆土，方许入贡……"可谓义正词严，有理有据。

可惜，不是人人都这么清醒。

而另一边，葡萄牙侵略者自以为买通了朝廷的官员便可以恣意妄为，于是，1518年，败军之将安特拉特的胞弟西蒙又率其远征舰队，再度来到屯门，强行登陆后不久，猖狂地从事走私活动，希冀一朝暴富。他的继任者卡尔乌公然宣称，他"不愿遵守中国国王的命令，而要和中国开战，杀戮和洗劫那个地方"。

占领了屯门后，他们还想侵占南头城。中国守军不干了，于1519年打响了反击战，坚决把侵略者打退。

无奈之际，葡萄牙人"退泊东莞南头，盖屋树栅，恃火铳以自固"，"每发铳，声如雷"，试图吓住中国军民。

---

① 〔明〕胡宗宪主持，郑若曾编纂：《筹海图编》，明嘉靖四十一年（1562）版，现藏于首都图书馆善本特藏室。

中国军民被吓倒得了么!

虽然葡萄牙人买通了上面的官吏,甚至武宗也"学葡语以为戏",致使朝廷对其之存在和烧杀抢掳的行为持暧昧的态度,但是,以汪铉为代表的爱国军民摩拳擦掌,准备与侵略者决一死战。

尽管对方的热兵器杀伤力那么大,一时三刻不易对付,但机会终于来了。

世宗皇帝继位后,嘉靖元年(1522),曾在武宗皇帝跟前当弄臣的火者亚三与宠宦江彬被皇太后下令处死。于是,没人再替这帮侵略者进谗言了,这一来,"礼部已议绝佛郎机,还其贡使",已是刑部尚书的顾应祥更称要将"其人押回广东,驱之出境去讫"。

碰了一鼻子灰,葡萄牙侵略者却仍不甘心。

明世宗皇帝像

广东地方官员与朝廷官员立即上了奏折:

> 佛郎机非朝贡之国,又侵夺邻封,犷悍违法,挟货通市,假以接济为名,且夷情叵测,屯驻日久,疑有窥伺,宜敕镇巡等官驱逐之……①

于是,上上下下,同仇敌忾,要将入侵者赶出国门。

礼部已议决,与佛郎机断绝关系,把"贡使"押回广州并驱逐出境。驻扎在南头的侵略者立即感到大事不妙,只好紧缩兵力,赶紧退守屯门。屯门的防卫,他们视为固若金汤,赶在中国军民驱逐之前撤守该处,乃万全之策。

---

① 〔明〕胡宗宪主持,〔明〕郑若曾编纂:《筹海图编》,明嘉靖四十一年(1562)版,现藏于首都图书馆善本特藏室。

那边,汪铉的水师已按捺不住了,迅速发兵到屯门海域,下令葡萄牙侵略者退出中国大陆。侵略者自恃有先进的热兵器,竟公然向汪铉的水师发炮,进行轰击。闻名中外的"屯门战役"就这么爆发了。

屯门战役

屯门,这个几乎名不见经传的小地方,终于在中国古代与近代史的交替中,在史册上屹立起来了。

放眼当今的屯门,最醒目的古建筑当是陶氏宗祠,相传是晋代陶潜后人所建,陶氏宗族自然是望族。陶氏宗祠如今虽说业已残破,却仍能看出当日建筑之华美气派。屋顶上有飞檐与瑞兽,使建筑添了几分灵动之气;门前的对联则是"八州世泽,五柳家声",追述的是五柳先生陶潜及其家族的历史。陶潜后人是何时来到屯门的,人们众说纷纭,有说已有上千年,亦有说是几百年。不过,屯门中一个个的"围",如屯子围、青砖围、麒麟围等,这样的名字多少可以说明在屯门居住的是一个怎样的族群,以怎样的文化传统经营着这个地方。陶氏宗祠是清康熙年间所建,三进式,有石刻、木刻及彩瓷浮雕,里面还有乾隆年间为宗祠维修留下的碑记。

附近还有一座583米高的山,唐代称为"屯门山",宋代称为"杯渡山",明清之时,则以"圣山"名之。命名为"圣山"自然大有奥妙,不知与汪铉抗击外侮有没有关系。有一点是可以肯定的,在中国古代,屯门一直是中外海上交通的要道,凡入珠江口进入南粤腹地,必在此停泊,故战略位置非常重要,所以,当时葡萄牙侵略者才赖着不走。

汪铉率明朝军队,包括水师,向占据在屯门并有寨子的侵略者发起了进攻,要把他们赶走。

然而,当猎猎战旗逼近敌寨、群情激愤之际,侵略军却使出了撒手锏,放起了铳——铳以火药为燃料,而火药本就是中国发明的,喜庆或重大活动之日,放铳以显热闹,以表祝贺。

平日,侵略军放铳,其声如雷,大家以为只是虚张声势,干打雷罢了,铳本就是这么回事。可没想到，对方的铳一响，满天的铁籽飞来，能飞到百余丈之远，树木都给打折、摧倒，岩石亦被打碎。人一中弹，不死即伤，浑身是血。冲在前边的人只好赶紧退回到百丈之外。

至于海上，汪铉的水师一到，对方的"蜈蚣船"一下子探出200条桨，飞也似地驶开，躲避了明朝水师的弓矢。而后，又如法炮制，用铳还击。一条船，三四十条铳，飞弹如雨，令明军防不胜防。明军首战告败，不得不撤离战场。

史书上对这初战败北之事亦有记录。顾炎武《天下郡国利病书》载："……海道汪铉以兵逐之，不肯去，反用铳击败我军，由是人望而畏之，不敢近……"①

《殊域周咨录》上则有："……海道宪师汪铉率兵至，（敌）犹据险逆战，以铳击败我军……"②

军队是从失败中吸取教训方才走向胜利的。作为统帅的汪铉，敏锐地察觉到冷兵器是无法与热兵器相抗衡的。他看到，"佛郎机番船用兵挟板，长十丈，阔三丈，两旁架橹四十余枝，周围置铳二十四个，船底尖，两面平，不畏风浪，人立之处，用板捍蔽，不畏矢口。每船二百人撑驾，橹多人众，虽无风可疾走……号'蜈蚣船'"③。

显然，敌方舰只比我方优良得多，而武器就更厉害了："其铳管用铜铸造，大者一千余斤，中者五百余斤……铳弹内用铁，外用铅，大者八斤。其火药制法与中国异，其铳一举放，远可去百余丈，木石犯之皆碎。"④ 木石皆碎，更何况人呢。

侵略者正是恃船坚铳利，才有胆量从几万里海路跑来，占据中国的领土，甚至公然以"国王"自称。

败则败矣，再战，务必有胜券在握。怎么办？

群策群力，宝安的父老乡亲也纷纷出谋划策：主张水攻——派人，当然，一定要水性极佳者，夜间潜入，凿穿其船底，令其战舰一艘艘沉没，没法打仗；主张火攻——当年诸葛亮就是在江面上火烧曹操军队的船只，大败其号称八十万之众的大军；主张水攻火攻相兼——多派些小船，装上柴禾，浇上油脂，冲入敌人的舰阵，来个火烧连营。

然而，这些方法能否奏效很难说，毕竟，敌军守卫严密，要潜入并非易事。

临到汪铉发话了。他说，东莞县（今东莞市）白沙巡检何儒倒是上过佛郎机的船，他发现船上有黑头发、黑眼睛的船工，一问，果然是中国人，名字叫杨三、戴明等。详谈间还了解到，这几位中国人住在葡萄牙的时间已经很久了，对其如何造船、如何铸铳、如何用火药的法子非常了解。汪铉说：如果我们把他们找来，说服他们为我们所用，那我们不是一样也有了铸铳的法子了。用同样威力的火器，不愁打不败这帮佛郎机的强盗。当然，也得附之水攻，方可稳操胜券。

于是，几天后，就有人挑着酒坛，吆喝着向屯门水边走去。那里正是侵略军战舰停

---

① 〔清〕顾炎武著：《天下郡国利病书》，商务印书馆1933年版。
② 〔明〕严从简著，余思黎点校：《殊域周咨录》，中华书局1993年版。
③ 〔明〕严从简著，余思黎点校：《殊域周咨录》，中华书局1993年版。
④ 〔明〕严从简著，余思黎点校：《殊域周咨录》，中华书局1993年版。

泊处。酒坛子一开，酒的香气便弥漫开了，一下子吸引来了不少军士。他们久在异国他乡，水土不服，酒的出现让他们兴奋不已。

卖酒的汉子装着听不懂他们的"鬼话"，于是，船上的几位中国人便被叫来当翻译。

"鬼佬"们一个个捧着酒碗到舱内去了。这边，卖酒的人在船上找了个僻静的角落，找到杨三、戴明几位说起话来。自然是晓之以理，动之以情，同是中国人，岂可让他人践踏祖国的领土！民族大义为重，国家利益至上。都是龙的传人，同为炎黄子孙，岂容外敌欺侮到国人头上来？

于是，卖酒人与他们约好，当天晚上，何大人亲自驾上小艇，把他们接引到岸上。

这一来，铸造炮铳的技师就有了。

汪鋐亲自款待了这几位幡然醒悟的技师，敬上一杯酒：拜托了，如何铸铳，全由你们监制；如何用铳，瞄准敌酋，也全由你们指挥；当然，调配火药，构制炮弹，也全仰仗你们了。以其人之道，还治其人之身，让"鬼佬"知道，中国人是不好惹的！

一下子，铸造厂忙碌了起来，炸药坊也紧张了起来……所有人都一丝不苟地拜师学艺，争取早日把"红夷大炮"造出来。

"既以其人之道，还治其人之身。"其时，汪鋐虽还没说出300年后那句名言"师夷长技以制夷"①，可他已付诸实践了。本来就是先有实践而后才有理论的总结嘛，300年总结出这么一句话，不是那么简单的。

终于，第一支铳造出来了。第一艘舰船也造出来了。

中国第一次有了热兵器，这是具有标志性意义的。有的军事家亦力主近代当从热兵器算起，不无道理。

其时，世宗继位后，下令两广总督驱逐入境外商。葡萄牙人以货物未卖掉为由，抗拒不从。广州当局则抓到了葡萄牙舰队首脑多哥·卡尔文的弟弟瓦斯科·卡尔文及数名商人。多哥欲举兵问"罪"，却被汪鋐的水师团团围在了屯门近海，迫使其七八艘战舰困守屯门。1522年6月，葡萄牙人从满剌加又开来好几艘军舰，准备增兵屯门。

汪鋐闻讯，决计将入侵者早早打败，以绝其后援。水师也早已演习有素，待命开战。

汪鋐亲临前线，先是指挥小艇，冒着敌人的炮火，逼近敌舰。敌舰虽有"蜈蚣船"之称，速度快，可要转弯却没那么容易，一旦升起风帆，更中了我方之计，只见小艇蜂拥而至，敌军顾此失彼，命中率极低。正值盛夏，南风劲吹，风急物燥，是火攻的最佳时刻，我方左冲右突的小艇点火燃烧，一下子便把敌舰引着了火。

小艇奏捷，大舰又上，新造出来的铳炮向敌舰猛烈开火。侵略者被炸得狼奔豕突，嗷嗷乱叫。

这第二战大获全胜，一洗前战败北之辱，不仅攻上了敌舰，而且缴获了敌军大大小小的铳炮二十余管，声势更浩大了。侵略者被打痛了，呼吁休战议和。

休战议和可以，但前提条件是，侵略者一个也不准留在中国的土地上。

葡萄牙人不干了。他们困守在屯门岛上，仗着还有几门火炮，不让中国军民靠近。

---

① 〔清〕魏源著：《海国图志》，岳麓书社1998年版。

满以为还可以等到后援，以此为据点，卷土重来。

为减少牺牲，汪铉决定改变战术，变强攻为围困，不时用远炮轰之，逼使其最后投降。

就这么又对峙了两个月左右。

葡萄牙人毕竟就那么几百个，哪怕船坚炮利，也经不起被轮番轰炸和长时间消耗。中国人的铳炮一落，少不了有死有伤，日子久了，死伤就多了，再挨也挨不下去了。

多哥·卡尔文坐不住了。1522年9月7日，他不得不决定放弃屯门，趁天黑，领着几艘主要的舰只逃跑，扔下了那些被烧、被炸得伤残不堪的"蜈蚣船"。

汪铉率水师乘胜追击，一直追出了珠江口，打得多哥胆战心惊，加快航速，最后逃之夭夭。

明朝官兵从1516年打响驱逐侵略者的第一枪，到1522年，最终将葡萄牙战舰赶出屯门。七年三役，胜利来之不易。

庆功会召开了，四方乡亲来贺，汪铉感慨万端，挥毫作画题诗，写下了《驻节南头，喜乡耆吴溇、郑志锐画攻屯门彝之策，赋之》七律：

> 辚辚车马出城东，揽辔欣逢二老同。
> 万里奔驰筋力在，一生精洁鬼神通。
> 灶出拨卤当秋日，渔艇牵篷向晚风。
> 回首长歌无尽兴，天高海阔月明中。①

人道诗如画，这诗也把画的意境一一写出来了：车马出城、渔艇牵篷，天高海阔，月明长歌——虽说今日已无缘见二老的画，但汪铉的诗展现了当年的豪情壮志。诗中也抒发了汪铉的胸襟，把克敌制胜的奇功归于宝安的父老乡亲，而不是突出他这位指挥官。

关于这次战役，不少史书或文章都有不俗的描写。

如《殊域周咨录》中就有："（此役）举兵驱逐，亦用此铳（为杨三等人监制）取捷，夺获伊铳大小二十余管。"② 宝安南头古城有一关口村，其玄武庙旁边有"汪刘二公祠"，其中"都宪汪公遗爱祠"建于明万历年间。时人陈文辅在其《都宪汪公遗爱祠记》中较详尽地记下了1521—1522年汪铉驱逐葡萄牙侵略者的战绩，文采斐然，颇见功力。其中一段是这么写的：

> 正德改元，忽有不隶贡数恶夷，号为佛郎机者，与诸狡猾凑杂屯门、葵涌等处海澳，设立营寨，大造火铳为攻战具，占据海岛，杀人抢船，势甚猖獗，虎视海隅，志在吞并，图形立石，管辖诸番……（公）招募海舟，指授方略，亲临敌所。番舶大而难动，欲举必赖风帆，时南风急甚，公命剿贼，敝舟多载枯柴燥荻，灌以脂膏，

---

① 〔清〕靳文谟修，邓文蔚纂：《新安县志》（清康熙版），现存于广东省立中山图书馆。
② 〔明〕严从简著，余思黎点校：《殊域周咨录》，中华书局1993年版。

因风纵火，火及敌舟，通被焚溺，众鼓噪而登，遂大胜之。是役也，于正德辛巳出师，嘉靖壬午凯还……①

可惜，这篇碑记只写了火攻，却没有写汪铉让杨三等人造船铸铳一事。是何原因？恐怕还是撰文者观念的问题，似乎不喜"以其人之道还治其人之身"的法子，仍想发扬光大传统冷兵器的威力。要知道，"因风纵火"以却敌，在中国古代战役中屡试不爽。

屯门之战惨败后，葡萄牙人并未善罢甘休，仍试图卷土重来。这边，1522 年 6 月 27 日还在鏖战，那边，7 月间，其舰队长末儿丁·多·灭儿及其两个兄弟又奉其国王之命来到珠江口，伺机寻仇报复。

于是，葡萄牙人败走屯门之后仅仅一年，即 1523 年 9 月，他们又来到香港（当时仍在东莞辖内）大屿山茜草湾，向中国军民寻衅。

当地驻军指挥柯荣、百户王应思即率部抵抗。据史载，此役亦相当激烈，百户王应思英勇献身，血溅南海。中方将士同仇敌忾，奋起杀敌，终于生擒别都卢等 42 人，歼敌 35 人，解救了被掠卖的中国百姓 10 人，还缴获了海盗船 2 艘。最终将入侵者再度驱逐出境。

葡萄牙人仍心有不甘，珠江口未能得逞，竟又到东海上，勾结日本倭寇到处杀人越货，还与海盗占据浙江双屿岛。但不久，也被中国军民赶了出去。

他们在东南沿海得到了教训，用武力是叩不开中国大门的，于是转为行贿，试图用黄金来实现其在中国占据土地的野心。

这里我们宕开一笔。

关于人类文明的模式，不同的史学家有不同的描绘，其中，挑战与应战一说曾风靡一时，在学术界颇有影响。屯门之役亦属于这一模式，来自西方近代文明的挑战，正迫使古老的中国不可以再用陈旧的方式予以应战，否则，非败亡不可。于是，用冷兵器的应战，终于演进为用热兵器的应战。

无论军事学家以冷、热兵器划出古代与近代文明的分界有多么偏颇，但至少说出了区别两个不同时代的重要标志，说出了一个基本的历史事实，总归是有其道理的。

而中国首先出现热兵器，正好在屯门。这是在本土。

虽然屯门之役与满刺加的陷落相距不过十来年，但是，满刺加毕竟只是藩属国，远离中国本土之外，而且满刺加也未能有组织地换上热兵器加以抵抗，因此，认为热兵器和十三行的出现是中国近代史的开端，并非一时的奇想。而就在当年屯门所在的宝安的地域上，后来先后诞生了中国现代两个国际大都市——香港与深圳。

当然，我们还可以追寻到很多很多的例证——

也就是屯门之役 60 年后，在中西方文化交流史上，一位赫赫有名的历史人物，从澳门经十三行到了当时两广总督府所在的肇庆，而后一路北上，到了京城，把西方的科学

---

① 〔明〕陈文辅著：《都宪汪公遗爱祠记》，见广东省东莞市虎门镇志编纂委员会编《虎门镇志》，方志出版社 2016 年版，第 335 页。

技术输入中国——这个人，便是意大利的传教士利玛窦。这是明万历年间。

不少历史学家对万历年情有独钟，认为那是中国历史上的一个相当重要的时期。黄仁宇的《万历十五年》曾令新时期众多大学生及学者为之倾倒。

而当时的徐光启则与利玛窦一道，译过不少科学技术著作，如《几何原本》《泰西水法》《测量法义》《同文算指》等，同时代还有个李之藻，亦与利玛窦一起译有《圜容较义》《浑盖通宪图说》，以及亚里士多德的《逻辑学》（亦译为《名理探》）。

值得关注的是，徐光启对西方政教亦有所研究，他曾向利玛窦请教过西方的政教，甚至想去欧洲认真考察一番，他希望能会通中西，以求超越。他不曾小看科学技术，而是虚心接受西方的各项成果。

明末的启蒙思想也应作为"进入近代"的一个证明，这包括黄宗羲、李贽、顾炎武、颜元、戴震等一批大学者、大思想家及历史学家，他们的"天子庶人，通为一身"论，他们的"为天下之大害者，君而已矣"的观点，还有"道器合一"的思想，等等，都与西学东渐有着密切的关系。

所以，不得不强调另一个"例证"，那便是明末出现的"十三行"。

著名学者曾昭璇是这么认为的：明清以来，自欧洲资本主义国家兴起，中国传统的朝贡贸易制度向"商业行馆贸易形式"转变，明末出现了十三行，"即贸易已转向商业资本经营阶段"。

毫无疑问，这已是一个显著的近代之证明。

记录下这段话，自有百般感慨，倒不全因笔者自己是十三行的后人，要为十三行正名，而是——已不再是只以冷热兵器的交替、启蒙思想的出现、现代都市的萌发为界，还有了社会形态、经济方式的证明：明代中末叶，以屯门之役为开端，开启了中国近代历史的进程。

或许，仅这么一些证明，在他人看来，未必就很充足，况且，未必每一条都合乎"近代"的若干定义。好在历史毕竟是历史，每每反映出真实，无须做任何打扮与粉饰。

给"热兵器+十三行"做这么一个历史的定位，我想，并不会太唐突或冒昧。马克思曾说过："要由单纯分析找出宗教幻想的世俗核心，比之反过来，要由当时现实的生活关系进而阐述它们的天国化形式，是更容易得多的。但是，只有后者才是唯物主义的科学的方法。"①

我以为，关于"近代"，在中国，也当尝试用后者的方法。沿着这一思路，我们有必要对在中国历史上首先出现的热兵器——火铳，或者炮铳，以及后来改称为"夷火炮""红衣大炮"的演进做一番现实的阐述。

这同样是一个并不轻松的故事，却是一个很值得一写的故事，一个绝无浪漫色彩，也没传奇性的铁一样冰冷的现实故事。

当然，它是由汪鋐率先"引进"的！

---

① 中共中央马克思恩格斯列宁斯大林著作编译局编译：《马克思恩格斯选集》第一卷，人民出版社1972年版。

马克思曾经这么评价过热武器："火药把骑士阶层炸得粉碎。"①

或者可以这么阐释，正是用上火药的热武器，把欧洲代表封建势力的骑士阶层炸了个粉碎，才让西方启动了近代化的进程。可见，冷兵器与热兵器，同样是欧洲划分古代与近代的标志。

汪鋐在泱泱神州第一次引进了热武器，对中国走进近代功不可没。

火药本来就是中国人发明的，可惜，我们当时只会用火药来造鞭炮、放焰火，不曾考虑用到军事上。即便偶尔用到军事上，如南宋的"霹雳炮"、火枪，也都不曾全面贯彻到军事活动当中。南宋的火枪本已改进为射击性的金属管状火器，已很接近热兵器了。结果，元朝大军把这一火器带到了欧洲，不到200年，便变得有模有样。葡萄牙人攻打屯门时用的炮铳，即"佛郎机炮"，便是由南宋火器改进的，但已先进多了，有了质的飞跃。

由于汪鋐的引进，宝安乃至广东一跃成为火器生产技术最先进的地区。在屯门之役之后一年，即明嘉靖二年（1523），汪鋐升任大学士，在他的积极推动下，明朝政府大量仿制佛郎机式的大小火铳，用以改善、强化全国的边防军事装备。自然，广东由此产生了一大批铸炮业的工匠，并被调到各个边关。

其时的佛郎机炮已有照门和准星了，为此，明朝皇帝亲自封赐大样佛郎机炮为"大将军"，可见对它的推崇。

而"大将军"最显神威的时候，莫过于在著名爱国将领、民族英雄袁崇焕（他是东莞客家人）当年在北方领导抗击后金的一个又一个的著名战役中。

明万历四十六年（1618），即屯门之役100年后，女真首领努尔哈赤统一女真各部而称"大汗"，以"七大恨"告天，誓师伐明，发动了叛乱，并攻占了抚顺与清河，辽东告急。

北京受到了威胁，神宗皇帝急召徐光启从天津回，命令他训练新兵，好守卫国都。从养病中回来的徐光启立即连连上疏，极力主张购置和仿造西洋的大炮，并设立炮台，否则，"今日之战守而无大小铳炮，犹空手遇虎狼也；有铳而无台，无坚甲利兵，犹手太阿之剑而无柄也"。

惨败的明军也不得不启用熟悉边事的熊廷弼，熊亦"督军士造战车，治火器，浚壕缮城，为守御计。令严法行，数月守备大固"，方才稳定了战局。

但徐光启的上疏，因官僚的昏庸而未能得到重视，直到袁崇焕继冤死的熊廷弼之后出任封疆大臣，这"红夷大炮"方凸显出作用。他敏锐地指出："虏利野战，惟有凭坚城以用大炮一著。"

于是，明天启六年（1626）正月，在努尔哈赤猛攻宁远城时，袁崇焕"司东、北二面西洋炮……则臣家人罗立"。大炮在城上，罗立"素习其法，先装放之，杀贼数人"。

战争之激烈，史书有载："大军进攻，戴盾穴城，矢石不能退。崇焕令闽卒罗立，发

---

① 中共中央马克思恩格斯列宁斯大林著作编译局编译：《马克思恩格斯全集》第四十七卷，人民出版社1979年版，第427页。

西洋巨炮，伤城外军。"① "城中用红夷大炮及一应火器诸物，奋勇焚击。前后伤虏数千。内有头目数人，酋子一人。"② "二十四日，马步、车牌、勾梯、炮箭一拥而至，城上箭如雨，悬牌间如猬。城上铳炮迭发，每用西洋炮，则牌车如拉朽。当其至城，则门角两台攒对横击，然止小炮也，不能远及。故门角两台之间，贼遂凿城高二丈余者三、四处。"③

为了对付努尔哈赤这一"结阵"法，明军即时发明了用火药制成的"万人敌"——即把火药均匀地筛在棉被与芦花垫褥上，然后卷成一捆，浇上油，投向城下的盾车，再用着火的箭射去引爆，从而炸毁逼近的盾车。

"二十六日，仍将城围定，每近则西洋炮击之，贼计无所施。"其间，更有增援部队用"红夷大炮"轰击八旗马队，打得其人仰马翻，血肉横飞。

是役，努尔哈赤中炮负伤，逃回去后，不治身亡。

这是袁崇焕获得大胜的"宁远之战"。而后，还有"宁锦大捷"。

这次，明军不仅能"凭坚城用大炮"，只取守势，而且敢于野战，追杀敌酋。当宁远城外八旗兵席卷而来，一进入射程，袁崇焕便指挥用"红夷大炮"迎头痛击，八旗兵不仅骑兵、步兵溃不成军，连战阵后面的皇太极的大账也被炸毁了。火炮形成了第一道强大的封锁线。

在锦州，驻守的总兵赵率教也如法炮制，令明军用"红夷大炮"、强弩利箭及各种火器射击，使后金军无法逼近城墙跟前，其"结阵"法亦一筹莫展。

这一役，又以后金大败结束。

此两仗充分证明了袁崇焕所力主的"虏利野战，惟有凭坚城以用大炮一著"是何等的正确与英明，可以说，他已深谙近代应用热兵器之道了。

上述引文是从浩如烟海的晚明之各种历史典籍中引摘下来的。坦率地说，历史学家对此用墨并不是很多，找出几段并不容易，这本来也是史家的通病，每每只重人事，而忽视了物事，尤其是忽视了科学技术进步的作用，"见人不见物"。

当然，我们亦不可"见物不见人"。

在袁崇焕连获大捷后，朝廷上却谗言不绝，兼之皇太极又使用了反间计，致使一代英豪竟蒙冤被害。

而"红夷大炮"则反过来为对方所用了。

皇太极即位，血的教训令他重视炮战。他设法夺取了明军的大炮，并全力加以仿造，使铸炮技术超过了明朝。可他们不喜欢"夷"字，这本是汉民族鄙视外族的蔑称，所以，便把自己铸造的"红夷大炮"改名为"红衣大炮"。

清军借红衣大炮一路所向披靡，没了袁崇焕这一劲敌，明城亦为它们的红衣大炮所破，连李自成退守的最后一道天险——潼关，也是这么被攻下的。后来，包括南明政权

---

① 〔清〕张廷玉等撰：《明史》卷二五九《袁崇焕传》，中华书局1974年版。
② 《明熹宗实录》卷六八，天启六年二月甲戌。
③ 《明熹宗实录》卷七〇，天启六年四月辛卯。

的各个重要据点，如杭州、金华、建宁、广州等，都是被它们的红衣大炮所攻陷的。

汪铉若地下有知，不知会怎样地捶胸顿足。

的确，汪铉之后，冷、热兵器的交战，构成了中国走向近代的一部艰涩的、沉重的历史。对这样一部历史，我们忽略得太多，也太久。然而，我们能否利用这一技术的演变来重新审视两个时代——古代与近代的交替？

笔者在欧美讲学时，思维科学家、教育家、时任加拿大阿尔伯塔大学教授哈利·加芬克曾对我说过："铜是专制的金属，而铁则意味着民主。"当时我还不甚了解，只认为炼铜不易，故被垄断在专制者手中；而铸铁好办，权利便到了老百姓这边。

但这一理解未免太简单。

只是，清朝的红衣大炮后来200年一成不变，一直到鸦片战争。

第三章　浪白澳：明代最早的中外交汇的商港

梳理大航海时代海上贸易在东方的历史演进，我们不难看到，早期的冒险家、侵略者是西班牙人与葡萄牙人。西班牙王室支持的意大利航海家哥伦布于1492年往西远航，当他发现美洲新大陆时，以为是印度，所以，那里的地名现在还叫"西印度群岛"。

后来，西班牙人绕过南美洲，经太平洋到达菲律宾，由于罗马教皇亚历山大六世于1493年提出以子午线为西班牙、葡萄牙瓜分殖民地的分界线，这才止步不前，未能到达真正的印度。

而葡萄牙人则是往南远航，于1462年到达塞拉勒窝内，1471年到达赤道，1489年到达刚果，3年后到达好望角。1497—1498年，达·伽马绕过好望角，经印度洋到达卡利卡特（今印度科泽科德），在那里，把丝绸、胡椒等东方名产成批地运回里斯本，极大地激发了葡萄牙人大航海的热情。

进入16世纪，也就是1501年，葡萄牙人进入柯枝（今印度西南部科钦一带）、卡利卡特。1505年，在科伦坡建立了商馆。紧接着，于1510年占领了果阿，再往东进入马六甲海峡，占领了中国的藩属国满剌加。而后，进一步向南中国海、珠江口进发。之后，便与中国爆发了第一次热兵器的交锋——屯门之役。

军事—宗教—商业，是大航海时代的"三重奏"。

宗教上，以最早欲进入中国的传教士沙勿略客死在台山外海的上川岛，未能登上大陆而告一段落。

军事上，屯门兵败后，葡萄牙人仍不甘心，沿东南海岸北上，直至宁波。这一路上，他们以为其热兵器可占优势，于是按欧洲流行的各国之间的海盗劫掠方式，把到达之处视为占领地，如同在屯门一样立下占领标志。这便惹怒了中国人。葡萄牙人商馆建不成，士兵也战死不少，船也给烧掉了不少，最终，又撤回到珠江口南边。

商业上，1523年（明嘉靖二年），葡萄牙一支海军舰队入侵广东新会西草湾失败。1545年（嘉靖二十四年），明朝政府又禁止葡萄牙船驶入宁波港。在这种情势之下，葡萄牙人为打开葡中、葡日的贸易通道，迫切需要在中国找一处地方作为基地，于是来到广东，使用浪白澳为泊口。

其时澳门本身就是香山的一部分，而澳门作为十三行外港之前，珠海已有浪白澳、横琴岛等自明代以来一直作为对西方贸易开放的重要港口，这有大量的史料为证。

明洪武三年（1370），明朝政府在广州设置市舶司，与外国进行贡舶贸易，划定香山南部的浪白澳为外国商船停泊和贸易的港口。刚开始是给来自满剌加及日本的商船停泊的，后来，广东市舶司为防止外国商贾侵扰内地，特定此处为外国船只停泊的地方。

据郭棐等的《广东通志》（明万历版）卷六九《澳门》记载，到16世纪中叶，即明嘉靖年间，明朝政府首度允许非朝贡国家葡萄牙在浪白澳、澳门以及中国当时最大的港口广州进行贸易，自此，形成了广州十三行对外贸易的要地，而澳门则成了十三行的外港。① 广州于十三行地面上的交易已远远超过先前任何一个历史时期，也超过当时世界上任何一个国家的商港。在中国相当强盛的时代里，广州的交易集市自是世界第一。

浪白澳是明清时期中外贸易的一个重要地点。当时，香山的浪白、濠镜、十字门都是外船重要的泊船地点。葡萄牙人侵占澳门以后，直至清道光初年，浪白澳一直为"番舶等候接济"的地方，后来，由于淤泥水浅船不能停泊才停用。

浪白澳又称浪白滘，明清时期属黄梁都。各类史书对浪白澳的记载不少，其中，清初顾祖禹《读史方舆纪要》称："浪白澳在香山澳之南，为番舶等候接济之所。"② 道光初祝淮、黄培芳称："浪白为两口总汇，有汛，隶香山协右营。浪白澳在澳门西迤南九十里，在黄梁都西南六十余里，鸡心洲当其南口，北为连湾，东为文湾，又东与三灶、大林山对峙，为鸡啼门。昔蕃舶薮也，今已淤浅不能停泊。"③

《香山县志》卷一《舆地》中的"山川"中称："文湾山在土城之南六十二里大海中，峰峦秀卓，与连湾山对峙，中界浪白滘海，自成一港湾，拱如门，有鸡心洲收束。其势山横列如城垣，广三十余里，内有村落。明正统间，佛啷叽夷泊居浪白之南水村，欲成澳埠，后为有司所逐。"④

葡萄牙人大多是随商船来到浪白澳的，自然，已侵占了满剌加的葡萄牙人也就顶替了满剌加人在这里留了下来。这从葡萄牙人罗理路的《澳门寻根（文献汇编）》中可以得到证明。

克鲁斯（Gaspard da Cruz）是葡萄牙籍多明我会士，1548年来到东方传教，1554年在马六甲建立了一所会院，随后在柬埔寨待了一年。他听说中国人有皈依基督教的潜质，因此，决定到中国去。1556年，他搭乘一艘中国商船从柬埔寨来到中国海岸，获准访问广州，在这里停留了约一个月。关于他的入城过程，罗理路在《澳门寻根（文献汇编）》中有一段话：

---

① 参见〔明〕郭棐、王学曾、袁昌祚撰《广东通志》（明万历版），四库全书刻本影印本。
② 〔清〕顾祖禹撰：《读史方舆纪要》，中华书局2005年版。
③ 〔清〕祝淮主修，黄培芳撰：《香山县志》（清道光版），台湾学生书局道光七年刻。
④ 〔清〕祝淮主修，黄培芳撰：《香山县志》（清道光版），台湾学生书局道光七年刻。

16 世纪的浪白澳

  他一定是到了浪白澳泊岸,因为在当时,凡是来自麻剌加和日本列岛的葡萄牙船只,都只停泊在浪白澳的。稍后,大概是自 1556 年 12 月至次年 1 月,他同葡萄牙商人一起访问了广州市,在那里停留了约一个月。[1]

  克鲁斯所著的《中国志》中讲到,约 1550 年,中国沿海释放葡萄牙战俘,战俘在被释放后,"漏网的残余者从那里逃到了浪白澳"[2]。日本学者藤田丰八考证后亦指出:"葡人自被逐于宁波之后,先则以浪白澳为根据地,后移香山澳,即濠镜澳。"[3]

  他们之所以逃往浪白澳,自然是明代在这里开放了对西方的贸易,当时的浪白澳成了"唯一之国际贸易港"[4]。葡萄牙人更称浪白澳为 16 世纪的中国"上海",也就是说,它是澳门形成十三行外港之前东西方贸易的枢纽。威廉士在当时的《中国商业指南》中记载:"1542 年葡人始至浪白澳贸易,1554 年来才渐多,1560 年时荷人居浪白者,约有五六百名。"[5] 直到 1582 年,两广总督陈瑞才允许葡萄牙人居澳门,在这之前,浪白澳的葡萄牙人已逾千数。

  葡萄牙人先是在宁波惨败,之后被驱逐,在漳州也无法站稳脚跟,最后仍回到广东,在浪白澳做贸易。这已是明嘉靖二十年(1541)了。但位于澳门西南的浪白澳"阻隔海洋,水土甚恶,难以久驻",于是,他们重金贿赂了广东海道副使汪柏,同意他们按明朝规定的 20% 关税的一半缴纳,便可以在澳门做临时贸易。这是嘉靖三十二年(1553)。借着在浪白澳贸易的经验,澳门的贸易迅速地兴盛起来,也就是同一年,明朝政府允许

---

[1] 〔葡〕罗理路:《澳门寻根(文献汇编)》,陈用仪译,澳门海事博物馆,1997 年版,第 19 页。
[2] 转引自〔美〕马士著《中华帝国对外关系史》,张汇文等译,生活·读书·新知三联书店 1958 年版。
[3] 〔日〕藤田丰八著:《中国南海古代交通丛考》,何健民译,山西人民出版社 2015 年版,第 414 页。
[4] 〔清〕张廷玉等撰:《明史》卷三二五《外国传》六"佛郎机",中华书局 1974 年版。
[5] 〔英〕Wells Williams. *The Chinese Commnercial Guide*, p. 7.

葡萄牙在浪白澳、澳门、广州进行贸易，而在这前一年，因"倭祸起于市舶"，停罢了浙江市舶司，不久，福建市舶司也因同一理由被停罢了，这样一来，"逐革福建、浙江二市舶司，惟存广东市舶司"——虽然这次广州没被视为"一口通商"，但其举措则相类似。

后来，到17世纪，英国人来了，澳门附近的横琴岛成为其商船与战舰的停泊地。

著名的十字门就在澳门与横琴岛之间，故有"十字门开向二洋"的诗句。后来填海造田，把"十"字一横的半截填掉了。

罗理路在《澳门寻根（文献汇编）》中还提到，自苏萨少校与汪柏达成口头协议以来，葡萄牙人"可以到广州访问并在有限期间内居住在该城。临时营地渐渐从上川岛移到了浪白澳，从一岛移到另一岛，但总是越来越靠近广州"①。在中外贸易历史上，在澳门兴起之前，浪白澳已是广东沿海重镇。

在1557年葡萄牙人获准居留澳门之前，浪白澳的市舶司规模是相当可观的，据史料记载，仅驻此岛的士兵就达500人，还有一些水师船只驻扎，作为监督。明嘉靖末年，已经有约600名葡萄牙人在此居住。而这时，广州的市场已经开放，作为十三行的前身，在海珠石周遭展开的东西方贸易已风生水起。所以，嘉靖三十六年（1557）这一年，就被称为十三行的起始。

20世纪20年代的照片上还能看到海珠石（大约位于今广州市海珠桥北岸西），它是明嘉靖年间外国商船的停泊之地

广州市场开放后，最先来到这里的传教士是耶稣会神父巴莱多（Me Lehior Nunez Barreto）。巴莱多是葡萄牙人，1551年被派往东方传教，担任耶稣会日本传教区会长，1554年参加葡印政府派往日本的使节团。已加入耶稣会的平托（Frenao Mendes Pinto）也是其中的成员之一。他们于1555年7月20日来到上川岛，8月3日到达葡萄牙人的临时

---

① 〔葡〕罗理路：《澳门寻根（文献汇编）》，陈用仪译，澳门海事博物馆1997年版，第21页。

栖息地浪白澳。平托说，葡萄牙商船"都在这里互市贸易"。1555年11月23日，巴莱多在浪白澳写了一封致果阿耶稣会士们的书信，信中描述了他从马六甲到广州的行程，介绍了广州的行政机构、司法情况以及社会风貌，并提到了广州的海外贸易：

> 这片国土是如此的富庶，在我们所在的港口就有三万多担胡椒，还有刚从日本开到的一艘船运来的十万克鲁札多的白银。这一切一个月左右全都销光了，这一个月是准许从广州运货到这个上川岛让我们同中国人进行交易的时间，我们出售了这些货物，换来我们向你们那边以及其他地方带去的货物。①

巴莱多信中所说的"我们所在的港口"即浪白澳，"上川岛"应是"浪白澳"之误。他虽然没有明确提及葡萄牙人去广州贸易之事，但很清楚的是，集结在浪白澳的葡萄牙商船带来的货物是销往广州的，它们的回程货物也来自广州市场。

前边提到的克鲁斯，于1557年初返回马六甲。1570年，他的《中国志》一书在欧洲出版。该书除了介绍广州的城市概貌、建筑、衙门、人口、自然景观、社会风情等之外，还特别谈到广州繁荣的商业。他说，广州的河流中停泊着大量船只，每天有几十上百艘船只进港或离港，运送货物到全国各地。广州也有海外贸易，主要是葡萄牙人和暹罗人来此贸易，但与中国人之间的内贸相比，外国人在广州的贸易规模就"显得微不足道"，"差不多等于零，一点都不受重视。因为仅葡人和暹罗人才在中国运送东西，这些东西尽管很多，仍好像没有从中国输出什么似的"。他又说，"葡萄牙运来广州交易的主要商品是胡椒和象牙，而这些并不是中国人日常生活所必需的"。克鲁斯在书中对广州的外贸环境进行了一番描绘，他说："从1554年以来，在中国进行贸易是平静的和没有危险的，打那时起，直到今天，除偶尔有不幸外，没有损失一条船，而从前却损失了许多艘船。"他接着说：

> 自1554年以来，莱昂尼·德·苏萨任少校，和中国人订立条约说我们要向他们纳税，他们则让我们在他们的港口进行贸易。从此后我们便在中国第一港口广州贸易。中国人带着丝绸和麝香上那儿去，这是葡人在中国购买的主要货物。他们在那里有安全的港湾，平安而无危险，也没有人捣乱。因此中国人现在……都乐于跟葡人交易，他们的名声传播中国，以致宫廷的一些大官听说他们的大名，只为看看他们而去广州。②

可见，当时从浪白澳至广州参与"交易会"的营商环境是相当良好与安全的。

浪白澳在澳门西南28海里处，是中国为防止外籍商贾侵扰内地，由广东市舶司特指定为外国船只停泊的地方。但该地并非优良海港，孤岛悬海，水土又十分恶劣，居民极

---

① 〔葡〕罗理路：《澳门寻根（文献汇编）》，陈用仪译，澳门海事博物馆1997年版，第63页。
② 转引自〔英〕C. R. 博克舍编注《16世纪中国南部行纪》，何高济译，中华书局1990年版，第131－132页。

少,很难长驻,葡萄牙人泊船通商并不方便。

1614年葡萄牙人平托所写的《远游记》中说:"我们从上川岛出发,太阳落山的时候抵达浪白澳,其时葡萄牙人与华人在岛上做生意。"① 可见,澳门被占据之后,浪白澳并未失去其港口作用。

在沙勿略死于上川岛之后三四十年,意大利传教士利玛窦终于凭借他的机敏,得以经过澳门进入内地。利玛窦是耶稣会士,在中国活动了28年(1582—1610),晚年在北京以意大利文撰写回忆录,后经比利时籍耶稣会士金尼阁(Nicolas Trigault)增写并译成拉丁文,在欧洲以《基督教远征中国史》的书名出版。书中有一段介绍广州市集的文字:

> 葡萄牙商人已经奠定了一年举行两次集市的习惯,一次是在一月,展销从印度来的船只所携来的货物;另一次是在六月末,销售从日本运来的商品。这些市集不再像从前那样在澳门港或在岛上举行,而是在省城本身之内举行。由于官员的特别允许,葡萄牙人获准溯河而上至广东省壮丽的省会作两天旅行。在这里,他们必须晚间待在他们的船上,白天允许他们在城内的街上进行贸易。……这种公开市场的时间一般规定为两个月,但常常加以延长。②

据他们记载,广州市集每年举行两次,一次从1月开始,另一次从6月开始,每次持续时间为2个月,但因为经常延长,"两次长期的集市要花差不多半年时间"③。

从"根本买不完"来看,商品之多、之丰富,则不难想象。

并不是有了澳门,浪白澳就衰落下去,失去作用了。其实,浪白澳的市舶司到了清代就成为海关,后来,又使用英国人担任海关税务司的工作,这一海关一直延续到民国年间,直到抗日战争爆发才真正消失。从现存的浪白澳税务司建筑的外观、内中的摆设可见,其无疑均为欧陆式设计,美轮美奂,与十三行后期的建筑风格极其相似。依此,浪白澳市舶司至后来的海关存在了5个世纪之久,其在中国南部对外贸易中发挥的作用不可低估。

我们现在可以理出这样一条明清时期对外贸易的线索:浪白澳(含三乡岛乃至横琴岛等珠海属地)—澳门—广州海珠石—十三行。

正是在这个意义上,浪白澳是最早具备近代意义的对外贸易商港。

与浪白澳同时期的珠海的侨墟也渐成规模,目前,尚存的如斗门的侨墟还有很多,这也是一个历史的见证。

美国人斯塔夫里阿诺斯的《全球通史》上的文字亦不无参考意义:

> 1577年(作者按:应是1557年),他们(作者按:指葡萄牙人)又在澳门设立

---

① 〔葡〕费尔南·门德斯·平托著《远游记》,金国平译,澳门基金会等1999年版。
② 〔意〕利玛窦、〔比〕金尼阁著:《利玛窦中国札记》,何高济等译,中华书局1983年版,第144页。
③ 〔意〕利玛窦、〔比〕金尼阁著:《利玛窦中国札记》,何高济等译,中华书局1983年版,第146页。

1900年左右的浪白澳海关税务司公馆

1906年的浪白澳海关

了永久的商业根据地；这时，中国开始直接感受到生气勃勃的新兴欧洲的影响。这些葡萄牙人收购中国的丝织品、木刻品、瓷器、漆器和黄金；同时，作为回报，他们又推销东印度群岛的肉豆蔻、丁香和肉豆蔻干皮，帝汶岛的檀香，爪哇岛的药材和染料，以及印度的肉桂、胡椒和生姜。欧洲货物一样也没卷入；原因很简单，它们在中国没有市场。这些葡萄牙人充当着纯粹是亚洲内部的贸易的运货人和中间人。[①]

第四章　十三行渊源新考

中国传统文化中强调，名不正则言不顺。此语出自《论语·子路》，该篇中亦强调名分若用词不当，务必纠正之："子路曰：'卫君待子而为政，子将奚先？'子曰：'必也

---

① 〔美〕斯塔夫里阿诺斯著：《全球通史》，吴象婴、梁赤民译，上海社会科学院出版社1999年版，第77页。

正名乎！'"

　　正名，就得"循名责实"。被视为改革家的宋代名相王安石强调："询事考言，循名责实。"此语出自其《乞退表》。同时代的文学家苏辙在《河南府进士策问三首》中亦指出，"习其名而未稽其实"，乃不可，一如其兄、大文学家苏轼《答毛滂书》所称："世间唯名实不可欺。"

　　"名正言顺"的观念出自中国思想文化的源头——先秦。庄子在《逍遥游》中认为："名者，实之宾也。"墨子也在《墨子·经说上》中说："所以谓，名也；所谓，实也；名实耦，合也。"

　　名实相符便正名了。这里有深刻的思想，故自古以来，名实之辩，是历代哲学家们所用功的地方，其间有众多的思想闪光点。

　　正是因为这样的传统，几百年来，无论是史学家，还是经济学者，对"十三行"的来源、"十三行"的得名写了不少文章，争论不休，至今可以说尚未有定论。

　　而做一部十三行史，如果连名称也解释不清，也就"名不正，则言不顺"了。

　　本章试图从"十三行"之名的解释，循名责实，探求十三行的历史来源，做科学、合理的阐释，来一个"正名"。

一、地名说

　　对"十三行"的解释，几百年来，可能有上十种之多，各自引经据典，力排众议，以确定自身的认证无可非议。参与争论者，有著名的大学者、史学家，也有崭露头角的新锐。论文林林总总，公说公有理，婆说婆有理，莫衷一是。为此，笔者拟梳理一下这些论辩，尽可能归纳出相近的结论，以找出历史的真相来。

　　根据笔者所掌握的论文——也许还有相当多的遗漏，我们大致可将其分为几种观点。最主要的一种观点认为，"十三行"是一个地名。其依据不仅是广州西关至今还有一条"十三行路"，而且有可以考证的史料。在李国荣、林伟森主编的《清代广州十三行纪略》中，第一章"开海贸易"的注释［4］，用非常肯定的口吻称：

> 十三行是地名。此名明朝便有，但不是因有十三家洋行而得名。据《广东新语》一书，"货语"461条"赎货篇"载：广东琼州府领十三州县，各种推销货物集中于此地，又称十三行货，所以人们将此地称为"十三行"。在清代，对外贸易的机构往往称为"洋行"，而在"十三行"一带开展对外贸易最多，于是人们将"十三行"地名与"洋行"混在一起，称之为"十三洋行"。其实，十三行与洋行的多少并无关系，洋行时多时少，最多时有几十家，有时刚好13家，最少时只有几家。所以说，"十三行"只是地名。当时的十三行地区，在广州西城门外，即北至今天的十三行路，南至今天的西堤马路一带。①

---

① 李国荣、林伟森主编：《清代广州十三行纪略》，广东人民出版社2006年版，第21页。

李国荣为中国第一历史档案馆副馆长,林伟森为十三行所在地广州市荔湾区档案局原局长。而这一主张更登载在诸如"百科全书""历史纪略"这样颇具典籍意义的书本上,为众多学者、专家所认同。

十三行作为地域名也出现在文学作品上。如顺德诗人罗天尺在其《冬夜珠江舟中观火烧十三行》一诗的序中称:"十三行在羊城太平门外,夷商贸易处也。洋货山积,中构番楼,备极华丽。"① 这是清乾隆八年（1743）的事。及至乾隆十五年（1750）,香山人张甄陶在其文《论澳门形势状》中更称:"近日宿冬,夷人住省竟不回澳,即在十三行列屋而居,危楼相望,明树番旗,十字飘扬。"②

以上是中国人的记载。

外国人也有类似的记载。

瑞典教士彼得·奥斯贝克于1751年乘该国"查尔斯王子号"抵广州,在其日后所著的《中国和东印度公司旅行记》中专门提及十三行:

> 商馆是对一批建在河岸边和河桩上的房子的统称,是欧洲商船在此停留时,中国商人出租给他们的……商馆楼只有两层楼高,但非常长,一头伸延到河边,另一头对着的是十三行街。
>
> 十三行大街上有商铺,还有工匠、漆匠和做珠母的。③

法国东印度公司的贡斯当在其所著的《中国18世纪广州对外贸易回忆录》中称:

> 欧洲商行因其挂在高杆上的旗帜而与众不同……建筑这些商行的地方叫做"十三行",该街就被称为"十三行街"。④

类似的写法还有很多,中外皆有,这里就不一一列举了。

---

① 广东省人民政府参事室、广东省人民政府文史研究馆编,刘正刚、钱源初编:《广东海上丝绸之路史料汇编4》清代卷,见《海上丝绸之路研究书系（史料篇）》,广东经济出版社2017年版,第28页。
② 〔清〕张甄陶:《论澳门形势状》,见〔清〕梁廷枏总纂,袁钟仁校注《粤海关志》（校注本）,广东人民出版社2002年版,第540页。
③ 〔瑞典〕彼得·奥斯贝克著:《中国和东印度公司旅行记》,倪文君译,广西师范大学出版社2006年版,第80页。
④ 转引自耿昇《贡斯当与〈中国18世纪广州对外贸易回忆录〉》,载《暨南史学》第二辑,暨南大学出版社2003年版,第369页。

18世纪广州商馆一角

二、商馆数说

还有一种说法也为不少人所接受：十三行乃商馆之数。

这是视"十三"为实数，认为十三行因13家商行而得名。而这也是有演变过程的，似乎也有道理，并且为不少学者所接受。

《广东十三行考》的作者梁嘉彬在1981年为《中华百科全书》写的"十三行"词条中写道：

> 当葡萄牙人入居澳门之前，已有海道副使汪柏立"客纲"、"客纪"准备与葡人交易，以广人及徽、泉等商为之的纪录，盖因输出大宗货为茶、丝、绢布、磁器、漆器之故，不得不以徽州、泉州及广州商人分别经纪其事，当时中国对外贸易已有集中于广州为输出入总口之势。近查萧濬华译《天主教十六世纪在华传教志》……可以看出当时已有十三家商号（行）在广州垄断贸易，葡人在1557年（嘉靖三十六年）入居澳门之前，已经和广州当局及商号有广泛的接触了。这些商号便是后来为世所熟悉的"广州（广东）十三行"。①

这时确定的商号有十三家。

梁嘉彬乃著名历史学家，已为众所熟悉，是广州十三行天宝行第六代梁经国的传人，1937年出版《广东十三行考》时，年仅27岁。

裴化行所著的《天主教十六世纪在华传教志》上具体是这么记载的：明嘉靖年间，

---

① 《中华百科全书》第一册，（台北）中华书局1981年版，第38—39页。

"商业的利益,是被原籍为广州、徽州、泉州三处的十三家商号垄断着"①。

也有人认为,十三行是由三十六行转化而来。

吴仁安于《明代广东三十六行初探》一文里,在探讨明代海外贸易的变化时,对明万历年间(1573—1620)周元暐著《泾林续记》里的一段话加以分析。这段话是:"广属香山为海舶出入噤喉,每一舶至,常持万金,并海外珍异诸物,多有至数万者,先报本县,申达藩司,令市舶提举同县官盘验,各有长例。而额外隐漏,所得不赀,其报官纳税者,不过十之二、三而已。继而三十六行领银,提举悉十而取一,盖安坐而得,无簿书刑杖之劳。"据此,吴认为,明万历年间出现的三十六行,是由官牙转化来的承揽外贸的商业团体,而三十六行之名,"只不过是明代对'各行各业'的一种习俗的称谓",是就其成数而言,由于行商数目长期"在十三家左右",所以,"明末时期人们干脆把它称为'十三行'了"。②

其实,上述文字仅属推理,但"十三行商馆""十三行夷馆"等说法纷纷见诸文字。比如,说某个时段,刚巧就有13家行商,有名有姓有行号;也有列出13家"夷馆",大致也有国名什么的。

一般认为,最早见诸文字的,是在明末清初的岭南学者屈大均的《广东新语》中,尤其是其《广州竹枝词》里"银钱堆满十三行"。而这是写在清康熙开海的1684年之前近20年,那时,并无13家行商,更无13家"夷馆"。屈大均是在经澳门去投奔抗清队伍的时候写下这首竹枝词的,这十三行与十字门同出现在一首词中,是宏观的描述,还是泛指什么?

这就带出了第三种说法,这便是,十三行是一种制度,一种外贸机制的代名词。

三、制度论

康熙开海之际,当时广东巡抚李士桢、两广总督吴兴祚、粤海关监督宜尔格图发布了《分别住行货税》文告,规定国内贸易为"住"税,赴税课司纳税;对外贸易为"行"税,赴海关纳税。因其将国内贸易称为"金丝行",对外贸易称为"洋货行"——也就是十三行,故有"立十三行"之议。

既然"行"为外贸之税,十三行乃洋货行,则在海关纳税。可是在设立海关之前,屈大均诗中已有"十三行",且是在20年前,何以此时又称"立十三行"?此外,"立"又是何意?显然,屈大均诗中的十三行是已存在的商行。那么,吴兴祚等人要重"立"的十三行,其意义则不在具体商行数;亦有人认为,因为开海前做外贸的商行不多,其意是要扩展到13家,这未免就有点牵强了。

进而再议"沿明之习,命曰'十三行'"——这是梁廷枏在《粤海关志》的《行商》一卷中说的,前面是"国朝设关之初,番舶入市者仅二十余柁。至则劳以牛酒,令

---

① 〔法〕裴化行著:《天主教十六世纪在华传教志》,萧濬华译,商务印书馆1937年版。
② 吴仁安著:《明代广东三十六行初探》,载《学术研究》1980年第2期。

《粤海关志》作者梁廷枏（1796—1861）

牙行主之"。外商来了，"得居停'十三行'，余悉守舶，仍明代怀远驿旁建屋居番人制也"。① 认真解读，应理解为这是设立一种外贸的制度，包括"劳以牛酒""牙行主之"，令外商"居停'十三行'"——这是明代沿袭下来的，在"怀远驿旁建屋居番人制也"。

在理解《清史稿·吴留邨条》（吴兴祚号"留邨""留村"）中"郑氏既降，公又奏通商舶，立十三行，诸番商贾，粤东赖以丰庶"② 一语时，其"立"字，应当已不是屈大均诗中所指的为商馆的十三行，而有另一层意义了。

梁嘉彬是这么解读的：十三行原为官设牙行（简称"官行"），后其权力逐渐扩充，乃成包办洋务（贸易与交涉）的团体（初称"洋货行"，后简称"洋行"）。③

这无疑是一种制度性的、功能特指的洋务团体。这种解读，与指称地域之名、商馆数之名相比，应更接近历史的真相。

著名史学家吴晗曾力排众议，认为十三行应为明朝所留下的名称，他在为梁嘉彬《广东十三行考》的评论中写道：

……在粤海关未设之前，外商到粤贸易，地方政府不能不特别组织一个团体来对付，这个团体也许恰好是前明所留三十六行中之十三个行，因即称之为"十三

---

① 〔清〕梁廷枏撰，袁钟仁点校：《粤海关志》，广东人民出版社2014年版，第496页。
② 吴晗：《评梁嘉彬著〈广东十三行考〉》，见梁嘉彬著《广东十三行考》，广东人民出版社1999年版，第409页。
③ 梁嘉彬著：《广东十三行考》，广东人民出版社1999年版，第307页。

行"。这一点琐细的考证,替著者的发现加以强化,也许是著者所愿意接受的吧!①

吴晗这一论断实为不妥。因为,正是明朝中晚期开放海禁,允许商人出洋,也允许外商入广州,贡舶与市舶互动,在市舶司下"官设牙行,与民贸易",又已有"客纪""客纲",使十三行的发生有基础。

吴晗认为,十三行是早期欧洲人东来阶段广州商人中一个新兴的商业资本集团。② 这更扩大了十三行的内涵,进至金融资本的层面上。

《广东新语》的作者屈大均曾参与反清复明,清军破广州,屈遂遁入空门,又弃禅归儒,几度参与郑成功、吴三桂的反清活动,后隐居著书。他的《广东新语·货语》中第一次出现"十三行"之名,不可轻判为清时所作,毕竟他是明、清两朝之人,况且成书时,这一名称已是顺口而出,分明是该名称使用已久。其"黩货"条云:

> 东粤之货,其出于九郡者,曰"广货";出于琼州者,曰"琼货",亦曰"十三行货";出于西南诸番者,曰"洋货"……货物之所以分输入地区管理,乃行会组织的原因。③

屈大均的《广东新语》成书较晚,他的《广州竹枝词》中出现的"银钱堆满十三行"应当更早一些。

笔者在写本书前,参阅了大量史料,又找到了一个颇有意味的旁证:十三行的洋商都被叫作"某官"(亦有转译为"观",外文为qua或quan),如潘启官、卢茂官、叶仁官等。无独有偶,在明代,郑芝龙作为闽粤沿海海上行商的首领,在西方史籍上也被称为尼古拉·一官(Nicolas I quan),而他的叔叔则被称为二官(niquan,粤音)。郑芝龙之子郑成功则是从荷兰人手中收复台湾的民族英雄。可见,十三行洋商的称谓也是"沿明之习"。而这相传是闽商的习惯。

但这并未穷尽十三行的历史含义。尤其是对"沿明之习"的理解,"习"是指一种集团制度的沿袭,也是一种传统,一种习俗或惯例。

我们终于进入一个更深的层次。

四、月港兴衰

这得追溯到"十三行"一词的来源。

显而易见,从三十六行转化为十三行,有点强人就案,缺乏证据,推理也不充分,

---

① 吴晗:《评梁嘉彬著〈广东十三行考〉》,见梁嘉彬著《广东十三行考》,广东人民出版社1999年版,第410页。
② 参见吴晗《评梁嘉彬著〈广东十三行考〉》,见梁嘉彬著《广东十三行考》,广东人民出版社1999年版,第410页。
③ 〔清〕屈大均著:《广东新语·货语》,中华书局1985年版,第432页。

有点虚。毕竟，中国传统所称的诸如"三十六行，行行出状元"，或者"三十六计""一百〇八座次"等，都是有特指的。而十三行仅指商馆、"夷馆"，有些牵强附会。

至于是否特指的地域，前述屈大均《广东新语·货语》中的"东粤之货，其出于九郡者，曰'广货'；出于琼州者，曰'琼货'，亦曰'十三行货'；出于西南诸番者，曰'洋货'"原文，却未必可做出前面《清代广州十三行纪略》的现代文字的"翻译"。

而这个"货"不等于"行"。

那么，"沿明之习"，应当如何往前追溯？

由前述可知，在郑和下西洋之后，明朝实行了相当严厉的海禁。所以，葡萄牙人"租借"澳门之前，一直在福建、浙江沿海一带辗转往复，寻找落脚之处，传教、经商……直到1550年前后，才被赶到浪白澳。也就是说，广州十三行于嘉靖三十六年（1557）形成之前，葡萄牙人已经在闽、浙有了商贸基地。

我们从李远江的文章《海盗末路：开禁的徘徊与错失》中读到，几乎与广州对外贸易合法化的同时，迫于沿海走私贸易泛滥的压力，明代皇帝于嘉靖二十九年（1560）下令有限地开放走私贸易中心——月港。①

近代的月港

月港位于福建省漳州市南部内河，沿河仅十来里便是现在人们熟知的厦门岛。也就是说，在广州对西方贸易合法化之际，早已是走私贸易中心的月港也被"正名"了。当然，这仅是"于通之之中，寓禁之之法"，并没改朝廷防范之初衷。李远江在《海盗末

---

① 参见李远江《海盗末路：开禁的徘徊与错失》，见唐建光主编《大航海时代》，金城出版社2011年版，第92页。

路：开禁的徘徊与错失》一文中称："月港的开放很快就带给明朝丰厚的回报，到1576年，月港的关税收入已超过万两白银，1594年则达到2.9万多两白银，一度被视为'天子南库'。"①

那么，月港是何时成为对外走私贸易中心的呢？

据有关资料介绍，月港位于漳州市龙海市海澄镇，在漳州市东南25千米，龙海市区（石码）东南2千米处，地处九龙江下游，江海汇合，江面开阔，外通海潮，内接山涧。九龙江从海澄港口起，沿南港顺流往东，经厦门岛出海，"其一水中堑，环绕如偃月"，故名"月港"。

海澄月港是明中后期我国东南沿海的主要贸易港，是东南沿海与东西洋的贸易中心和交通中心，在世界贸易史和交通史上都占有一定的地位。月港在明宣德年间（1426—1435）悄然而起。正统至景泰年间（1436—1456），"风回帆转，宝贿填舟，家家赛神，钟鼓响答"②，沿海部分官员"不遵成宪"，默许民间私商贩海。民间私商开始在东南地区一带突破"海禁"，私造巨舰，"岁出诸番贸易"。我国特产丝绸、棉布、瓷器、铁器、糖、果品、纸张等大量商品实贩四方，"以舶主上中之产，转盼逢辰，容致巨万"③。成化至弘治年间（1465—1505），月港"人烟辐辏，商贾咸集"④，成为闽南大都会，有"小苏杭"之称。月港私人外贸海商空前发展，"万商云集，中外驰声"，成为我国对外贸易第一大港。《漳平县志》亦云："以东南溪河由月港溯回而来者，日有番货，则历华口诸隘，以达建延，率皆奸人要射，滋为乱耳。"⑤ 由月港海商与海外商人将货物输出东南亚、日本等国家和地区，海外贸易大大超过福州港和广州港，外商商船连翩而至，仅葡萄牙商船舶港就有13艘之多。嘉靖三十年（1551），在月港设立靖海馆。嘉靖四十五年（1566），置海澄县。隆庆元年（1567），取消海禁，准许福建商人经营东西洋贸易，月港成为合法外贸港口，外贸发展迎来高峰，盛况空前，"四方异客，皆集月港"。

那时的月港，贾肆星列，居民数万家，俨然东南一大都会。

随着月港商船穿梭外洋，漳州地区进入了资本主义的萌芽阶段。月港繁荣时，来自天南地北的上百种商品，包括海外的香料、珠宝、皮货、矿产，源源不断地运抵港口，等待销售。十三行拥挤着各国商人，通事（指翻译）和牙商成为最忙碌的一群人，"番银"被视作当地硬通货。

万历后期至天启年间（17世纪初），明朝转入衰落。而十五六世纪，西方资本主义逐渐形成。欧洲人开拓陆路"丝绸之路"后，沿海商人就串通联结，反对海禁，要求"通番互市"。

2008年，英国牛津大学鲍德林图书馆在清理馆藏时，意外发现了一幅古老的中国航

---

① 李远江：《海盗末路：开禁的徘徊与错失》，见唐建光主编《大航海时代》，金城出版社2011年版，第92页。
② 《海澄县志》（清乾隆版）卷十五《风土》。
③ 《海澄县志》（清乾隆版）卷十五《风土》。
④ 〔清〕胡鼎等主修：《海澄县志》（清康熙版）。
⑤ 〔明〕曾汝檀纂：《漳平县志》卷九《武备志》（明嘉靖版），漳平图书馆1985年重刊本，第4页。

海图。这幅绘制于16世纪末至17世纪初的中国明代绢本彩绘地图,大约在1654年被英国议会负责海外贸易事务的律师约翰·雪尔登(John Selden)从英国东印度公司收购。5年后,由他捐赠给鲍德林图书馆。中国学者经过研究后确认它的成图时间应为明万历年间,即月港开市迎来海外贸易鼎盛的时期,于是将这幅地图命名为《明东西洋航海图》。

《明东西洋航海图》长158厘米、宽96厘米,绘制地域北起西伯利亚,南至印度尼西亚爪哇岛和马鲁古群岛,东达北部的日本群岛和南部的菲律宾群岛,西抵缅甸和南印度。图中标识22条航线,最远处到达忽鲁谟斯(今波斯湾霍尔木兹岛)、阿丹(今红海口亚丁)、法儿国(今阿拉伯半岛东南岸的阿曼佐法儿)。而这些航线的始发地都是漳州月港。

至今,月港古街上还有商行几十家,如豆饼行、米行、药材行等。月港所在的海澄镇里还保留着一些旧地名,如铸鼎巷、鱼市、十三行等。

上边引述的文字,似乎不经意间提到了"十三行"这个词。

显然,月港比1557年广州在海珠石上"准贩东西洋"进行"走私贸易"要早上100多年,即从明宣德年间(1426—1435)开始。而"十三行"一词,在月港时就已经有了。

广州十三行首富潘家,最早也是在月港打拼的。

过去,没有人在意这一点,包括福建方面的学者也没过多地关注——当然有他们的原因。月港所在的龙海市海上丝绸之路文化研究会会长江智猛在其论文《广州十三行潘氏同文行贸易特点与月港关系》中写道,在明代中叶,月港已设有"洋市"。月港的7个街市散布数万商家,分别经营珠宝、棉布、瓷器、丝绸、箍(豆饼)、铸鼎、糖、丝线、鱼、纸、茶、造船等13种行业,至今仍留有"十三行"地名。万历年间,杭州人口不过40万,小小月港竟汇集了20多万人口,留居月港的葡萄牙商人就有500余人。停泊在月港水面的外国船只五颜六色,形态各异,有昆仑船、新罗船、百济船、大食船、波斯船、狮子船、婆罗门船等"番船"、"蛮船"、西域船,简直是世界的船只博览会。①

这里讲的"十三行",是指行业,且列出了13个行业,自是一个出处。也可以这么理解,久而久之,此名带到了广州,也就约定俗成,成为专指与西洋贸易的商行了,而数字13则不是特定要求的,后来,在清廷的奏、谕中,也曾因商行太少,仅4—6个,专门要求补充六七个,达到"十三"之数。那是一种简单的理解,而事实上,当时也没到这个数,纵观十三行300年,真正有十三家行商的记载也很少,少时仅四五家,多时还达到过24家呢。②

直到2015年底的月港研讨会,及2016年月港所在的海澄镇"旧城改造",专家呼吁保护月港的古迹,月港这才逐渐为人所注意。

---

① 参见江智猛《广州十三行潘氏同文行贸易特点与月港关系》,见中国海外交通史研究会、广州市社会科学联合会编《广州十三行与海上丝绸之路》(论文集),2018年,第251页。
② 参见江智猛《广州十三行潘氏同文行贸易特点与月港关系》,见中国海外交通史研究会、广州市社会科学联合会编《广州十三行与海上丝绸之路》(论文集),2018年,第251页。

笔者在采访福州大学《闽商发展论坛》主编苏文菁教授时，苏教授表示，在明清海禁时期，月港是个了不起的港口，它曾是中国唯一一个允许对外贸易的"特区"。明代以前，中国以铜钱为货币，从明代中叶开始一直到1943年，中国的货币则以白银为主，而月港就是一个重要的白银贸易港，也是中外商品交换的重要港口。从漳州月港出发，途经菲律宾马尼拉，跨过整个太平洋到达美洲，这条著名的海上丝绸之路，让中国在传统的东洋、南洋、西洋航线上增加了跨越太平洋的航路，让中国出口商人与欧洲人一同编织影响至今的全球化网络。

正是在明代，中国货币才转为银本位。苏教授的说法是有依据的。于是，笔者向她询问为何月港也有十三行。

她的回答则是，这是闽南人的习惯或传统的说法，凡是经营海货，即进行对外贸易的，皆称之为"十三行"，所以，月港作为对外贸易港口，有十三行就不足为怪了。如同我们传统称"杏坛""梨园"一样，大家都知道指的是什么。

笔者追问道，这么说，月港叫"十三行"的时间比广州十三行还早？这种称谓是早已有之？

她认为，广州十三行刚开始就是以闽商为主，大抵也是从月港、泉州过去的。泉州早衰落，月港既兴，也几起几落，闽商也向外寻找商机。于是，他们就把"十三行"的名字带到了广州。

福建泉州城内的泉州古桥（作者摄）

五、历史之名

重读典籍"我穆庙时除贩夷之律,于是五方之贾,熙熙水国,刳艅艎,分市东西路。其捆载珍奇,故异物不足述,而所贸金钱,岁无虑数十万。公私并赖,其殆天子之南库也"①,以及"富商巨贾,捐亿万,驾艨艟,植参天之高桅,悬迷日之大篷,约千寻之修缆,筑天后之崇宫,建旗鼓之行列,启八窗之玲珑;乃涓吉日,祀阳侯,鸣金鼓,发棹歌,经通浦,历长洲……外域既至,相埠弯舟,重译入国,金币通酋,期日互市,定侩交售……持筹握算,其利十倍,出不盈箧,归必捆载"②,似乎都是写的后来广州十三行的盛况。

然而,不是。我们相信,广州十三行与早先月港的"职能"是一脉相承的,而作为闽南人的传统称呼"十三行",也是自月港至广州承袭而来的。它是专称一个行业、一种职能,即对外贸易特有的机制与行当。其意义则超越地域名、商馆数之名、资本集团之名以及制度名,而是历史之名,是传统的延续。

只有这样,我们方能解释"沿明之习,命曰十三行"。也就是依明代的习俗、规矩,把广州这一特许的对外行业命名为"十三行"。同样,也才可以理解"立十三行"之"立"的意义,包括恢复曾经在明代有过的行业、制度。

正因为闽南人对"十三行"一词习以为常,所以,他们对这一称谓才不大关注。而在广东,却打了那么多的笔墨官司,不知十三行如何起源,如何得名,其意义又在哪里。

这样理解,就名正言顺了。

历史每每湮没很多古迹,还有更多的古意,而这往往是在不经意间。或许,也会在不经意间得以找回。

第五章 十三行:"平交易"——自由贸易

尽管宋亡之厓门一役被称为宋王朝乃至汉民族的"滑铁卢",鼎盛的华夏文明开始走下坡路,宋代发展起来的市舶司制度也出现逆转,朝贡贸易再度定位不移,一个朝气蓬勃的商业社会或市民社会又重回到农耕社会,但历史仍依照自身的规律前行。到明中末叶,即十三行诞生之初,东南沿海的市民社会重新复苏,资本主义萌芽亦已出现。虽说明清易朝,一场浩劫又使南方生灵涂炭,可一旦稍安定,南方的商业贸易又如这里的植被一样,迅速地疯长了起来,转眼间回黄转绿,转眼间绿叶扶疏,转眼间万木葱茏,掩去已有的枯黄、创痕……清康熙年间,人口开始迅速增长,到乾隆逊位之际,一百多年间,人口增至三亿之众,是包括俄国在内的整个欧洲的两倍,而国内的贸易总额也远在欧洲之上。这期间,不独以十三行为代表的粤商称雄于国内,徽商、晋商亦一般声势煊赫。专业化的名镇竞相出现,规模渐显的集市亦处处可见,成为诸商帮转动的落脚地

---

① 〔明〕张燮撰:《东西洋考》(周起元序),中华书局2000年版。
② 〔明〕郑怀魁撰:《海赋》,见《古今图书集成》(职方典)卷一一〇六,中国戏剧出版社2008年版。

与商品的集散地。在广东,我们就可以一口气数出诸如佛山、江门、石龙、新塘、梅菉等名镇,市场形成的专业分工已现端倪。人称广闽一带"商贾如云,货物如雨",绝非夸饰之词。

可以说,正是商品流通的加快,促进了市民社会的再度形成,对传统社会的变革产生了重大的推动作用。然而,中国几千年封建王朝"重农抑商"乃至"强本抑末"的政策对这一变革的抗拒,却又是世界罕有的。不说周朝严禁官员进入圩市,那位以"罢黜百家,独尊儒术"出名,以强权构建封建大一统社会的汉武帝,就明确做出规定,工商不得入仕——虽说当时的商业已相当兴盛。为汉王朝安边立了大功的商人,却有着悲剧性的命运。自古以来,商人集团就从未在中国争取到过任何独立的社会地位。

古希腊的柏拉图视贵族政体发展到财阀政治乃民主政治的前奏,可封建社会的中国却始终在贵族政体前止步不前,无论哪个皇帝皆如此。封建帝王及其代表的利益集团为了防止农民大量逃亡、离开土地,为了巩固其封建统治,不仅不鼓励商品流通,而且实施打击商人与商业资本的政策,所以,商人身居末位,在当时是天经地义的。

因此,十三行行商的命运,从一开始就已经是注定了的。他们不会不明白这一点。

也许,于他们当中不少人而言,这只是一个无奈的选择。所以,一旦有点资本,首选还是去置地,去当土地主。在中国,唯有土地才是最实在的,也是最风光的。大把的金钱只是在流转中,片刻便没了影踪……或者,去买个红顶戴戴,也算是个护身符,至于有没有作用,那就另作他论了。

总而言之,经商每每如履薄冰,说什么也不如土地、官帽靠得住,土地就躺在那里,水火无忧,抢不走,搬不了;官帽意味着权力与威风,自古以来就是凭此可光宗耀祖,腰缠万贯怎比得上乌纱帽呢?人道学而优则仕,从未有学而优则商的。

当然,十三行当中不乏有眼光的商人。

他们"喝过咸水"(出过洋),到过欧美,知道人家"以商立国"是怎么回事,更知道商人在西方的声望与地位……他们也不是没寄望中国有朝一日能挣脱闭关锁国的思维定式,更带来西方先进的文化观念及经济思想,只是,在黑夜如磐的旧中国,又能有何作为?

然而,他们的存在传递着历史进步的信息!

唐宋没有垄断外贸、"一口通商"之举,故无十三行;而清朝被轰开国门,被迫"五口通商"之际,十三行也烟消云散。这明清时期方才出现的十三行,说其是"历史的怪胎"固然刻薄了点,却也不无道理。

如果我们用现成的历史发展理论去套中国近代史的发展,那么就如同用西方经济学去解释当代中国改革开放的经济起飞一样,只会削足适履,最后只能是大跌眼镜。如何阐释十三行这一历史事物也是一样的。

我们不妨来个假设,倘若没有十三行,明朝坚持绝对的禁海(梁启超语),继续闭关锁国下去,而西方正走向文艺复兴、大航海时代,那么,中国将会怎样?宋朝的商业社会被扼制,科技文化走下坡路,围攻郑和的腐儒们占了上风,萎缩的国土加上羸弱的国力……结果不堪设想。

当我们把冷兵器与热兵器的交替视为中国近代史的开始，屯门之役的历史地位则显而易见。那么，十三行呢？

可以说，十三行正是大航海时代催生的产物，是对封建社会绝对禁海的一个冲击，也就成了紧闭国门的一道缝隙，而从这道缝隙中吹进来的，当然是一个正在进步的世界的新鲜气息！

正是在这个意义上，十三行同样成为中国走进近代的一个重要的标志。它的意义与作用并不亚于屯门之役。

也正是十三行，把明代的粤、闽海商聚集到一起，从而不再为封建制度下的贡舶贸易所严格限制及支配，而是积极地、相当主动地、直接地参与了其时世界上正在掀起的大航海时代的浪潮，进行海上贸易活动，从而具有了相对的自由商人的性质：他们熟悉国际市场运作，极大地拓展了商贸活动的范围。与此同时，启蒙思想、人文主义、平等观念等具有近代意识的无形财富，也正是这时渗入中国的——我们可以从后文看到。同样，中国的东西也对西方产生影响，有的甚至成为西方走出中世纪的推动力。

且看粤、闽两省海商商贸的兴盛——

明代中叶成化—弘治年间（1465—1505）的福建海商已不与从前一样，受着贡舶贸易的支配，仅做被动的、消极的经济活动，而是积极地直接参与海上贸易的活动，并以自由商人的姿态出现，大大地扩大了活动范围。成弘之际，豪门巨室间有乘巨舰进行海外贸易者。

《闽书》亦云："湖海大姓私造舰，岁出诸番市易，因相剽杀。"①

明朝人张燮的话，很能道出实情。他说："市舶之设，始于唐宋，大率夷人入市中国，中国而商于夷，未有如今日之伙也。"②

在明代嘉靖年间的历史文献中，我们常可以读到如下记载：

> 方物之珍，家贮户峙。而东连日本，西接暹罗，南通佛郎、彭亨诸国。其民无不曳绣蹑珠者。
>
> 男不耕作，而食必粱肉；女不蚕织，而衣皆绣绮……
>
> 南澳在漳、潮二州海岛中，四面阻水，可三百里。潮则通柘林，漳则通玄钟，历代居民率致巨富。③

上边提到的"彭亨"，是今马来西亚最大的一个州属。晚清第二次鸦片战争导致十三行遭焚毁之后，广州十三行之一的谭家最后下了南洋，在彭亨重新创业，开锡矿，割橡胶，办实业，一直维持到日本法西斯入侵东南亚之际。

假若没有改朝换代的大劫，十三行仅在明朝就不知有多辉煌。

---

① 〔明〕何乔远撰：《闽书》，福建人民出版社1994年版。
② 〔明〕张燮撰：《东西洋考》，中华书局2000年版。
③ 转引自傅衣凌著《明清时代商人及商业资本》，人民出版社2007年版。

尽管明代十三行的资料大部分散佚，我们只能从西方的文献中找出一鳞半爪，但是，我们完全可以得出结论：明代十三行其形制上已带有较强烈的自由商人的色彩，尤其是明代后期，由于私人海商贸易的强劲推动，濒临十三行的澳门口岸更是"聚海杂番、广通贸易，至万余人"①。其时，明后期的市舶司就难以维持明前期因禁海"呈现变态"的市舶司身兼海关及外贸双重职能的状况，仅保留对进出口商品进行检验及征收关税的职能。这样一来，具有自由贸易色彩的"平交易"便占了上风。

所谓"平交易"，是指对外商与中国商人的贸易活动的管理。过去，这种管理由官方的市舶司来主持，"平交易"则由外贸市场居间贸易的牙人代替，于是，市舶贸易不得不"官设牙行，与民贸易"，从官商走向民商，从官控走向市场调控，这一来，明代的十三行代替市舶司提举主持海贸与代理税收，所以，在周元暐《泾林续记》中有：

> 粤中惟广州各县悉富庶，次则潮州，又次则肇……广属香山（澳门），为海舶出入喉，每一船至，常持万金，并海外珍异诸物，多有至数万者。先报本县，申达藩司，令市舶提举同县官盘验，各有长例。而额外隐漏，所得不赀，其报官纳税者，不过十之二、三而已……继而三十六行领银，提举悉十而取一，盖安坐而得，无簿书刑杖之劳……②

牙行成了中外商人互市贸易的中介，且脱离了依附市舶的地位，并取代了其管理职能。明嘉靖三十四年（1555），葡萄牙商人来广州交易，已发现"商业的利源被原籍属于广州、徽州、泉州三处的十三家商号垄断着"③。

有一部专著专门提到最早被派往中国的葡萄牙"大使"佩雷斯——屯门之役正是因他而起，之前，他被江彬带往北京，见过明朝正德皇帝："当（外夷）帆船到达后，通知于广东的地方官。广东的评价者就来估价货物。然而他们（评价者）是和中国批发商人一起评价货物价格的。他们征收的税很高：胡椒20%，漆木不少于50%，其他商品10%。整船还要交纳一种固定的吨位税。然而，佩雷斯并不认为过高的生税率与马六甲商人的货物在中国赚取大量利润有关。按照他的意思，并不存在勒索。评价者或本身就是商人，或为商人的联手。显然，他们是为自身利益以及政府利益而活动。他们是税的接受者，然而他们自己也买胡椒，那是属于能自由贸易的货物。这种起着半官方作用的评价者带来那些马来人必须购回的一定数量的合适货物。同时他们供给马六甲舰队粮食。据佩雷斯的记载，商有诓骗。然而，商人从大陆运输商品和粮食到船舶停泊处的利润，不是微不足道的，而是徘徊在30%～50%。在这中国评价商人与马六甲半官方商人固定价格委员会之间，一定存在着某种协定。"

从中可以看出中国"评价商人"与"批发商人"各自的作用。

---

① 〔清〕张廷玉等撰：《明史》卷三二五《外国传》六"佛郎机"，中华书局1974年版。
② 周元暐著：《泾林续记》，学识斋出版社1968年版。
③ 〔法〕裴化行著：《天主教十六世纪在华传教志》，萧濬华译，商务印书馆1936年版。

中国近代史的开端，如以屯门之役及十三行出现为标志，并不晚于世界其他地方。事实上，当时西方传入的科学技术亦已为朝廷及社会所重视，生产力新的革命因素也有了萌芽，广商、徽商、闽商更有了自由经济发展的可能方向。假如没有一个更落后的民族入主中原，中国也会如宋代末期有可能渐渐进入资本主义社会，而海商（不仅仅是十三行）的资本则是资本的原始积累，大有可为。然而，历史并不如人愿，一如马克思在《中国革命和欧洲革命》中所说：

> 毫无疑问，17世纪末竞相与中国通商的欧洲各国彼此间的剧烈纷争，有力地助长了满族人实行排外的政策。可是，更主要的原因是，这个新的王朝害怕外国人会支持一大部分中国人在中国被鞑靼人征服以后大约最初半个世纪里所怀抱的不满情绪。出于此种考虑，它那时禁止外国人同中国人有任何来往，要来往只有通过离北京和产茶区很远的一个城市广州。外国人要做生意，只限同领有政府特许执照从事外贸的行商进行交易。这是为了阻止它的其余臣民同它所仇视的外国人发生任何联系。①

这样一来，清代重建的十三行便只为这种发展留下一个"气孔"。

第六章　澳门：十三行外港的形成

近古史上的海上丝绸之路，说一千，道一万，都离不开澳门。

如果把十三行作为其中的一个历史阶段，那么，澳门的历史地位就更突出了。所以，人们都认为，澳门应是十三行的外港；而且可以说，没有澳门，就没有十三行。

在经济史的意义上，朝贡体制向市场或平等互市的转换，是古代史与近代史的分水岭。几乎是在屯门之役发生的同一时期，明朝政府允许非朝贡贸易国家的船舶进入广东贸易，这就与明朝政府先前确定的"有贡舶即有互市，非入贡即不许其互市"②的朝贡贸易原则完全不同。于是，广东私舶入海以及在广东各地与番商进行的贸易便由此兴盛起来，加上地方官员的极力辩白与维护，广东更出现了"番舶不绝于海徼，蛮夷杂沓于州城"③的繁荣昌盛的外贸盛况。

作为海上丝绸之路断代史中的十三行，澳门应当是它的"前奏曲"。先有浪白澳、澳门，才有广州十三行，而且，澳门不仅仅是十三行的外港。澳门在海上丝绸之路上的意义，绝不止于催生了十三行。包括利玛窦等一批传教士自澳门进入中国，带来了西方的人文思想与科学文化，而中国也由此向西方传输了中国的古典文化艺术。更重要的是，让中国与世界大航海时代得以对接。无论是欧洲，还是中国，都重新认识了自己在这个

---

① 中共中央马克思恩格斯列宁斯大林著作编译局编译：《马克思恩格斯选集》第一卷，人民出版社1972年版。
② 〔明〕郑若曾：《开互市辨》，见《古今图书集成》（食货典）卷二三一。
③ 《明武宗实录》卷一四九。

世界中的位置——大航海时代,终于将整个世界联结为一体。

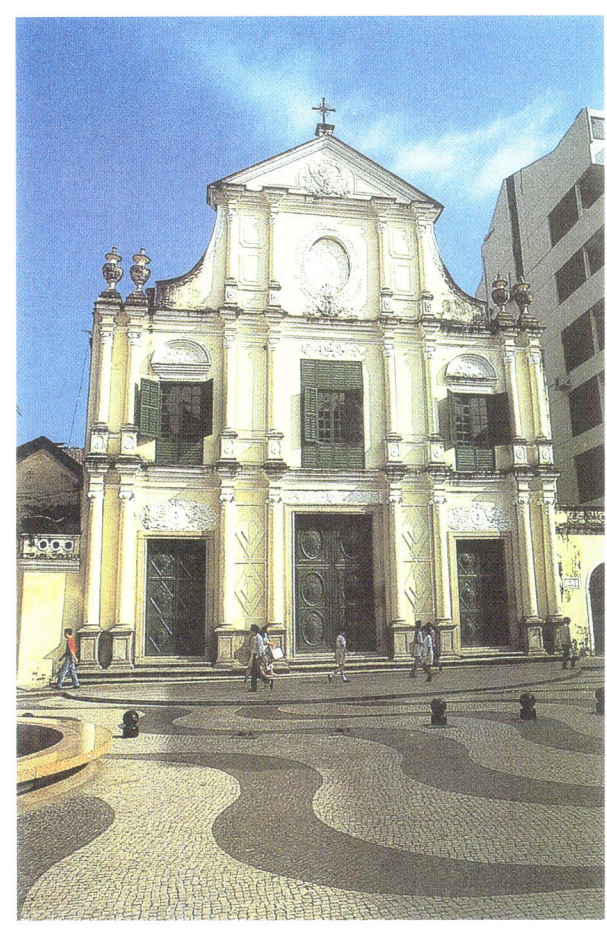

澳门玫瑰圣母堂(Sao Domingos Church)
(它是澳门最美丽的巴洛克风格教堂,由西班牙多明我会建于17世纪。吴志虎供稿)

在这个意义上,不论当日进入珠江口的葡萄牙侵略者如何狂妄、浅薄,我们还是要承认,正是他们率先发起了海洋航行——而这恰巧是明代中国在海洋上全面退缩,郑和下西洋背负了无数的骂名、戛然而止之际。

仅仅100年后,经葡萄牙亨利王子改造的中国指南针,把他们引向了大西洋、印度洋,一直进入东方的香料群岛,最后到了南洋,来到中国的珠江口。

纵然亨利王子的帆船与郑和的宝舶相比是小巫见大巫,无论是从体量还是从数量而言,前者不足后者的十分之一,但前者的目的是征服世界,后者则只是炫耀一下自己的"威风和怀远",而最后的结果则是一个俨然庞然大物的帝国崩溃在几杆桅帆之下,古老的"义"败于现实的"利"。

同样是航海,目的与实质相去甚远。

建于 1596 年的澳门风信堂（St. Lawrence Church）

在南北朝与隋唐时期，广东的对外贸易也是称雄于世界的。其时的海上丝绸之路已连接到南亚、中东乃至非洲东岸。而欧洲尚处于被称为"千年黑暗王国"的中世纪，禁欲主义累及经济领域、人文领域与科学领域，商业同样被累及。其时，世界唯一的贸易中心就在中国，在广州。这才有广州刺史"城门一过，但得三千万"的富裕。到了宋代，东南沿海地区经济之发达，市民、城市之滋育，亦为世界之首。可到了明代，宋明理学盛行，皇权至上，反复的禁海令使市民社会得不到正常的发育。随着大航海时代与中国相衔接，广州的十三行就有着不同于既往以朝贡贸易为主的对外贸易的全新意义以及历史走向了。中国海上丝绸之路揭开了新篇章。澳门是起点，十三行的 300 年历程是海上丝绸之路的展开部分。

打开地图，珠江入海口的"八门入海"是何等的气势，似乎是专门为对外贸易而设。堵了这个口，却堵不了那个口。当年的粤海关遍布各个入海口。而最大的入海口，是如今坐北面南的广州，已有几千年的历史；位于入海口东部的，则是深圳、香港；西部的，便是珠海、澳门。澳门最先获得古代中国有限度地允许外商来华贸易的机遇，成为葡萄牙人在远东的居留地。

如今，几大自由贸易区如前海、横琴分别在深圳与珠海，广州也有南沙区加入。

澳门的外文得名也颇有意思。被写入正史，也较为文雅的说法是，葡萄牙人之所以称澳门为"马交"，是因为他们当初来到这个小岛上，见有一座妈祖阁，问及地名，当地人称之为"妈阁"，于是，谐音也就成了"马交"。澳门因妈祖庙而得了外文名 Macao，倒也不俗，毕竟妈祖（又称"天后娘娘"）是大海中每每救人于危难时的神祇。不过，在民间，却有不同的版本。广州人说，当葡萄牙人登岸问地名时，岛上说粤语的人则反问了一句"乜嘢"，即"什么玩意"的意思；而客家人说的也差不离，反问的是"脉个",同样是"什么"的意思。

不管怎么解释,"Macao"就这么叫下来了。

澳门处于珠江最大的入海口的西端,当初与陆地是不相接壤的。随着珠江口大量的泥沙淤积,小岛与大陆之间就堆积成了一道沙堤,于是,澳门岛也就成了陆连岛了。《澳门记略·澳门志略》中是这么记载的:

> 出南门不数里为莲花茎,即所谓一径可达者。前山、澳山对峙于海南北,茎以一沙堤亘其间,径十里,广五六丈。茎尽处有山拔起,跗萼连蜷,曰莲花山,茎从山而名也。①

澳门岛本似莲花状,与陆地一径相接,于是也被称为"莲花茎"。有了连接的沙堤,孤岛也就变成半岛,在珠江入海口处与香港岛遥遥相对。

16世纪的澳门南湾

而其"十字门",则出自其间的岛屿分布,留下东西、南北两条水道交叉,形成了一个"十"字。有人以为是传教士来后才有"十字门"之称,其实大谬也,这十字门与宗教无关,古已有之。笔者曾在横琴岛上寻找这十字门,但见"十"字一横的一半已经被填掉了。可海面依旧风起云涌,气象万千,让人血脉偾张。

葡萄牙人在浪白澳与澳门的贸易已形成了一年两次的市集。传教士利玛窦在其《利玛窦中国札记》中对此有明确的记录。

利玛窦死后,一些保守的士大夫开始打击天主教。明万历四十四年(1616),南京礼部侍郎沈㴶联合礼科给事中晏文辉等人发动"南京教案"。在南京和北京传教的谢务禄

---

① 〔清〕印光任、张汝霖、祝淮等编纂:《澳门记略·澳门志略》,国家图书馆出版社2010年版。

(Alvaro de Semedo)等四位耶稣会士被捕,被勒令西归。他们首先被遣送到广州,在此羁押8个月之久,然后被送到澳门。"教案"平息后,谢务禄改名曾德昭,仍入内地传教。1636年,他回罗马报告会务,在途中完成了研究中国的书稿《大中国志》,书中有一大段关于广州"交易会"的叙述:

> 葡萄牙人每年两次带着货物来到那座也叫广东(Canton)的城市(尽管它原名是广州府)。它距澳门有105英里……它方圆足有15英里,客商云集,因此它的人口则比许多其他城市多。中国大部分最好的商品都由此处运往各地,因为它是中国最开放和最自由的交易地点。且不说6个邻国的土著和异邦人运走的各种货物,仅葡萄牙人运往印度、日本和马尼拉的货物,每年就约有5300箱各类丝绸,每箱装100匹真丝,如天鹅绒花缎(velvet damask)和缎子、轻料如半花缎(half-damasks)、彩色单层线缎,还有250块金子,及每块重12盎司的2200块金锭;有7皮切(Pichi)麝香,重量超过35亚洛瓦(Arrova),每亚洛瓦重25磅,每6盎司合1磅。此外有小珍珠、糖、瓷盘、中国木、大黄,及几种奇特的镀金器皿,还有其他不太重要的东西,即使长篇开列也不能尽举其名。①

拉斯·科尔特斯神父也是被羁押者之一,因被带往省城广州受审而有机会几次进入广州,并在城内做了详细观察。他后来把这段遇险经历写成了《中国游记》,书中有大量涉及明末广州市集的文字。他说:

> 中国广东省还出口大量商品。葡萄牙人在广州集市上采购到这些商品后,再经过他们入居的澳门岛而销往日本诸岛和东印度。中国广州府和潮州府的人,同样也将其出口商品运往国外,特别是通过广州港和福建厦门湾东北的安海(Anay)。……中国朝廷、京师和其他地区的人,也由于那里的交通方便,而汇聚于那里经商。有人信誓旦旦地声称,那里每年能出口300船货物,它们均属于一个良好港口的中国小船,装满了菲律宾、马鲁古、大小爪哇、交趾支那、占城、柬埔寨、北大年(Patane)、暹罗、丁机宜(Andriguri)和南洋群岛许多地区出口的商品。②

十三行的出现,正是在这个时候。

梁嘉彬提到,"又寻到西班牙传教士的有关记载称,1556年葡人入市之初,有十三商馆(行)与之贸易,其中广人五行,泉人五行,徽人三行,共十三行等语"③,所以,后来的《粤海关志》才有"国朝(指清朝)设关之初……令牙行主之,沿明之习,命曰

---

① 〔葡〕曾德昭著:《大中国志》,何高济译,商务印书馆1998年版,第10—11页。
② 转引自耿昇《明末西班牙传教士笔下的广东口岸》,见《中法文化交流史》,云南人民出版社2013年版,第474页。
③ 梁嘉彬著:《广东十三行考》,广东人民出版社1999年版。

十三行"。

由此可见，十三行的出现与成型，与在澳门的葡萄牙人进入广州的对外市集是密切相关的。

当时的市集在夏、冬两季定期举行，市集的地点则在珠江中的海珠岛——现在它已与北岸连在了一起，距后来大规模兴建的十三行"夷馆"所在地仅咫尺之遥。《顺德县志》（清咸丰版）中有"仅闽商聚食于粤以澳为利者，亦不下万人"[①]。当然，顺德籍的十三行行商亦为数不少。

所以，历史上，珠江三角洲的商家一直视澳门为"门口路"，意即澳门就在自己的家门口，从澳门出去，就是走的"门口路"，从此处通往世界。一如新会的潮连岛上有个最长的码头，俗称"潮连外海"。

对澳门外贸的考证，可以说也强化了十三行发生于明代这一论断，推翻了十三行仅清代才有的说法。

当年，大航海时代开始，业已从海洋上退缩的大明王朝，见识也"萎缩"了，故海上变幻"大王旗"之际，亦一般麻木不仁。

1575年，两位西班牙传教士从马尼拉来到广州，以"使节"的名义要求通商。在此4年前，西班牙已经把菲律宾"征服"，使其成为殖民地。这次两人来，据史料记载，"曾被送往水兴谒见总督"。不过，得到获准的只是"朝贡"，而非互市，而且是因为西班牙在菲律宾的占领者曾协助明朝政府围剿过以林凤为首的海盗。西班牙人亦未能涉足广东，因为葡萄牙人不想让他们分一杯羹，所以，他们只能在福建漳州一带"朝贡"。这样，西班牙人比葡萄牙人晚了60年才与中国通商，把从墨西哥掠夺来的大量白银换取中国的瓷器、丝绸等。由于大量白银"流到中国商人手里，流到中国广东、福建一带"，以致中国人日后只承认西班牙银圆，其他国家的商人只能靠换西班牙银圆来互市，从而形成与中国交易的"银本位"。

继葡萄牙、西班牙之后，1601年，荷兰商船第一次驶来广州。但葡萄牙人不愿有人分享其通商之利，与清廷"共拒之"，荷兰人也只好上福建了，没能在当时中国最大的商埠——广州实现通商的目的。

此后，荷兰人又分别于1604年和1622年两次诉诸武力，强占我国澎湖，劫夺海船，掠俘华人令其修筑堡垒，甚至送往爪哇为奴。"后又侵占夺台湾地，筑室耕田，久留不去。"荷兰人在侵占台湾期间，曾于1653年再次遣使至广州，请求通商。但复为葡萄牙人所阻，故不得不以台、澎为其经济侵略中国的根据地。直到1661年，才被中国的民族英雄郑成功驱逐出去。1688年，清政府因荷兰人曾协助清军攻取台湾，故一度允许其在闽、粤海口通商。1793年，荷兰人开始在广州设立商馆，成为"十三夷行"中的一员。

而英国商船亦不甘落后，它们早在1576年便设法打通到中国的航路。这一年及其后的两年，一支由伦敦商人装备，由一位海盗亦即航海家马丁·弗洛比谢尔所率的探险队一而再再而三，一连三次试图找到通往中国的航道。由于当时仍在海上称雄的葡、荷等

[①] 〔清〕郭汝诚修，冯奉初等纂：《顺德县志》（清咸丰版），清咸丰六年刻本。

国的封锁与阻挠，均遭遇失败。直到1588年，英国海军在英吉利海峡一举击溃了西班牙的"无敌舰队"，一跃而成为海上霸主，这才使其打通中国航道的梦想得以实现。

1600年，英国东印度公司成立。

1635年，该公司的商船"伦敦号"被葡萄牙人雇用，装载货物，首次抵达中国，并在澳门停留了3个月。同年12月，在英王查理一世的特许下，葛廷联会（一译"科腾商团"）组织了一支装备齐全、武器精良的远征舰队，以威代尔为舰队司令、蒙太尼为总商，到东方进行冒险活动。这支舰队由4艘军舰即"龙号""森尼号""凯瑟琳号""殖民者号"和2艘轻帆船即"安娜号""发现号"组成，1636年4月，从英国启航，取道卧亚、拔奇尔、阿郐及满剌加等地，向中国进发。1637年6月，这支舰队中的3艘军舰（"龙号""森尼号""凯瑟琳号"）及轻帆船"安娜号"抵达澳门附近的横琴岛。澳门的葡萄牙人惊恐万状，多方发难。但威代尔一边佯将舰队泊定横琴岛，以迷惑葡萄牙人，一边却暗使"安娜号"轻帆船探寻进入广州的珠江水道，并偷偷溜过虎门，深入到离广州城约15海里的头道滩。沿途探暗礁，测水位，做标记，绘海图。同年8月12日，威代尔引领整个舰队强行驶入珠江，进犯广州。当英舰驶到虎门附近的亚娘鞋时，与中国军队发生了冲突。

于是，继明正德年间中葡第一次热兵器交火之后，热兵器的交锋又一次在珠江上发生了。

对于中国而言，这次炮战由于防备上欠周到，指挥又失措，加上武器不及英方，炮台最终失陷，35门大小炮全被英军掳走。尽管这样，由于中国军民的顽强抵抗，英国的舰只也遭重创。只是英国人仍仗恃火力的优势，继续横行在珠江口，大肆掳夺民船，试图以此要挟明朝政府与其通商。

明朝政府提出，除非归还掠走的船只、火炮，否则无以谈判。这时，威代尔才不得不归还船与炮，并派出三位代表到广州谈判通商事宜。但明朝政府不买账，什么也没谈成，后来还是由葡萄牙人从中斡旋，英国人这才在澳门装上一些货物，回国交差。中英的第一次商贸接触就此告终。

显然，双方的思维方式大不一样，明朝政府是让"夷人进贡"，而英国人则要求互市通商，这又怎么能谈得到一起呢？一个刚从海洋退缩到内陆，丢了满剌加也不吭一声，另一个正走向海洋，志得意满——可以说，从一开始，中英间的冲突便埋下了伏笔。

《明史》卷三二五《外国传》"和兰"有这样一段记载：明崇祯十年（1637），"驾四舶，由虎跳门薄广州，声言求市。其酋招摇市上，奸民视之若金穴，盖大姓有为之主者。当道鉴濠镜事，议驱斥，或从中挠之。会总督张镜心初至，力持不可，乃遁去。已为奸民李叶荣所诱，交通总兵陈谦为居停出入。事露，叶荣下吏，谦自请调用以避祸"①。国内外资料相印证表明，这里所说的"驾四舶"显然为威代尔所率领的最后抵达广州河面的3艘军舰及1轻帆船。而"奸民李叶荣"可能是精通葡萄牙语的中国翻译。

奇怪的是，明明是英国人威代尔一伙所干的，而明朝的史官却将它载入和兰（即荷兰）

---

① 〔清〕张廷玉等撰：《明史》卷三二五《外国传》六"和兰"，中华书局1974版。

传内。

至于《明史》为什么把英国人的所为写进荷兰传中,这可能是当朝人耳目闭塞,自以为是"中央之国",其他为何国则不甚了了,分不清荷兰与英国,统统为"佛郎机"或"和兰",一概是"红毛番"。

尽管明代夏、冬两季的大规模集市是在广州进行,也可以说是在十三行进行的,但是,作为外国的相关机构,包括各国先后成立的东印度公司的办事处,则主要是在澳门,而不是在广州。因为广州在非贸易季节里是不允许外国人滞留的,这个制度一直延续到清朝,所以,多个国家的东印度公司的办事处首先是设在澳门,如荷兰、法国。这些国家的主要业务也都放在了澳门。

十三行之所以在广州城西门外,即当日的广州城墙外边,也是因为夷人非经批准是不得入城的。连外商的休闲之地也有专门的规定,如海幢寺、花地,也是在城外。

马士的《东印度公司对华贸易编年史(1635—1834年)》(以下简称《编年史》)中提到,清代最早来广州贸易的英国"麦士里菲尔德号",首先是在"望见澳门炮台"距离两里处下锚的。当时葡萄牙人与中国官员同时来迎接,而贸易谈判也先在澳门进行。它到达时间为1699年(清康熙三十八年)8月26日,9月2日则有行商来接洽;9月7日,海关监督从广州过来;9月8日,依惯例丈量船只,确定收费的等级;直到9月14日,才启程上广州,于19日到达,大班立即被海关监督接见,之后才开始了正式的贸易。也就是说,进广州之前,他们在澳门守候、丈量,花了约20天时间。①

在正常的贸易中,澳门成了十三行的外港,唯有先上澳门"报到",方可以上广州十三行,这是约定俗成的。而重大的决策,包括处理问题,大多仍在澳门。

17世纪英国东印度公司的大班在澳门的住宅

---

① 参见〔美〕马士著《东印度公司对华贸易编年史(1635—1834年)》第一、二卷,中国海关史研究中心组译,区宗华译,中山大学出版社1991年版,第136页。

据马士的《编年史》第一、二卷有关资料统计，1635—1700年的60余年间，到广东的英国船只仅12艘，且绝大多数仅至澳门。1699年到来的"麦士里菲尔德号"为单层船，仅250吨。经多方张罗后，它从广州装载上等茶叶160担（价值4109两银）、生丝69.5担（价值9536.8两）、一批丝织品（价值13075.9两银），然后离穗前往舟山、宁波等地。是年，英国东印度公司在广州设立了商馆，成为"十三夷行"中的一员。①

第七章 广州"交易会"：澳门—广州二元中心的产生

平心而论，真正催生十三行的，不是别人，而是前面提到的葡萄牙人。

达·伽马发现通往印度的新航线后，1509年，葡萄牙人作为海上称雄的第一霸主便到了马来半岛，到了明王朝的藩属国满剌加，两年后，便血洗了这个地方，这个国家的王宫就成了入侵者花天酒地的"夜总会"……纵然明王朝已称满剌加"内属"中国，作为明"朝廷之臣"，禁止别国"无相侵越"，可这回，却对葡萄牙人不起作用，因为明朝皇帝得到禀报称"葡总督态度和善，遇中国商人甚优"，从而一任侵略者蹂躏这个国家。

满剌加扼马六甲海峡的咽喉，西方任何要进入南中国海，进入东亚及太平洋的船只，都不能不通过这个地方，其战略意义，在科技高度发达的今天，也同样不可低估。然而，当时自视为"天朝上国"、世界中心的明王朝，志得意满地等候"万邦来朝"之际，可曾意识到这一点？

没有。因为，郑和七下西洋后，明王朝便没有了开拓海洋的意识了。所以，满剌加的陷落，明朝皇帝才无动于衷，更不会感到受威胁。葡萄牙侵略者也就更胆大妄为了！他们可是迫不及待了！

博克瑟著有《佛郎机之东来》一书，对此有如下说法：

> 对于葡萄牙人来说，与中国的贸易是非常宝贵的，不经过一场斗争就让他们放弃这一新兴的、前途无量的市场是绝对办不到的。故而在随后三十年内，佛郎机继续游弋于中国沿海，他们有时在地方官员的默许下进行贸易，有时完全不把地方官员放在眼里。由于最初是在广东相当严厉地执行那道明王朝禁止其贸易的诏令，葡萄牙人便将自己的注意力转移向北面的沿海省份——福建与浙江，他们在那些隐蔽、无名的诸岛屿及港湾内越冬。在那些暂时的居留地中，最繁盛的要数宁波附近的双屿港，以及位于庞大的厦门湾南端的浯屿和月港……从中国载籍中可以清楚地看到，1521—1551年间频繁出没于中国沿海的那些葡萄牙走私商人得到了急于要与其交易的中国各阶层人士的广泛同情和支持。②

---

① 〔美〕马士著《东印度公司对华贸易编年史（1635—1834年）》第一、二卷，中国海关史研究中心组、区宗华译，中山大学出版社1991年版，第136页。

② 〔英〕博克瑟著《佛郎机之东来》，章巽译，见《中外关系史译丛》（第4辑），上海译文出版社1988年版。

自然，有人会认为这是西方的观点，但不妨客观一点看，其所陈述的事实基本上是可信的。不过，这次再上京要求发给贡舶贸易勘合，最终却失败了。

由于葡萄牙人过于狂妄自大、目空一切，在被驱返后不久，明嘉靖八年（1529），两广巡抚林富考虑到广东千年商埠的历史，禁海导致民生艰难，特奏请皇上，要求除佛郎机之外，正式恢复贡舶贸易。

葡萄牙侵略者到东海，与海盗共占浙江双屿岛，进行海上贸易，由于屡屡犯规，最后也被驱赶出来了。他们转了一大圈，感到珠江口仍是最理想的"锚地"，于是又转回来了，窥伺良机。嘉靖三十五年（1556），海道副使汪柏在"官设牙行，与民贸易"的基础上，又设立了"客纲"（官设牙行）、"客纪"（牙行买办），由广东商人及徽州、泉州的商人担任，承担外国商人与中国商人之间商品价格的议定，另外，还代替广东地方官收取入口税的事务。

倒是葡萄牙人敏感，认为有机可乘了，况且他们海上霸主身份已逐渐受到西班牙、荷兰等国正在兴起的海上贸易的挑战。于是，硬的不行，便来软的，他们很快便与汪柏勾搭上了，左一轮，右一轮，银子花得不冤，汪柏终于"徇贿许之"，允许他们混入屯门对面的澳门，他们便以晾渔网、卸货物为由，赖在那里不走了。

嘉靖三十六年（1557）这个年份，是经不少历史学家考证所确认下来的。一些文献曾以嘉靖三十二年（1553）为界限，其依据出自《广东通志》（明万历版）以下的文字："嘉靖三十二年（1553），舶夷趋濠镜者，托言舟触风涛缝裂，水湿贡物，愿借地晾晒，海道副使汪柏徇贿许之。时仅蓬垒数十间，后工商牟奸利者，始渐运砖瓦木石为屋，若聚落然。"① 而葡萄牙人宾陀却说："在葡人经中国官兵数度屠逐后，只余浪白一处尚可互市，但至1557年葡以惯用之贿赂方法，遂博得中国政府允许其筑庐濠镜地以曝晒及存贮货物云。"显然，后者是准确的，一如梁嘉彬在《明史稿佛郎机传考主证》一文中指出的：

> 葡人入居澳门，外籍多主1557年说……当亦无误。大抵嘉靖三十二年汪柏任副使时，葡人已有借地曝物之请，然汪柏未即允之；至三十三年中国官吏封闭大门（Tamao）一港，而集中外国贸易于浪白澳；至三十五年汪柏乃立"客纲"（官设牙行）、"客纪"（牙行买办），准备与葡人交易；至三十六年朝廷因采香使王健言，责广东抚按设法收采龙涎香并酌定海舶入澳抽分事宜，其时汪柏已任按察使，而葡人又纳贿赂，汪柏遂允葡人之请也。近年来研究早期中葡关系史的万明对此也有详细考证，她说："嘉靖三十二年葡人入居澳门之说，虽然流传至今，具有相当大的影响，但却是站不住脚的"；"国外近年研究澳门史的专著多已采用1557年之说"。②

自1557年始，近千名葡萄牙人、几千名黑奴，加以四千名华商及百姓，便陆续定居

---

① 〔明〕郭棐、王学曾、袁昌祚撰：《广东通志》（明万历版），四库全书刻本影印本。
② 梁嘉彬：《明史稿佛郎机传考主证》，载《文史学研究所月刊》1935年第二卷第三、四期合刊。

在澳门了。一位牧师于1570年在信中说:"当时岛上已有一座茅草屋顶的教堂,不到12年,葡萄牙人就在'该大陆的一个名为澳门的岬角上建起了一个非常大的居留地,内有三座教堂,一所为穷人治病的医院,……现在,它已成了一个拥有5000余名基督教徒的居留地'。"

1902年香港出版的《历史上的澳门》说,起初葡萄牙人并不向中国官府交纳地租,而是每年给汪柏贿银500两,1572年(明隆庆六年)或1573年(明万历元年),出于一件偶然的事件,葡萄牙人开始向明朝地方政府交纳濠镜(澳门)居留地的地租。原来葡萄牙商船在抽税的同时,向海道副使汪柏私相授受500两银子的"地租"——其实是以地租为名的贿赂,由于事情的败露,海道副使汪柏只得宣称把这笔地租银送交国库,从此贿赂变成地租。万历年间的《广东赋役全书》把这笔地租记录在案,表明中国政府已正式允准葡萄牙人在濠镜(澳门)租地居留。

1580年,澳门人口逾2万,并且很快成为"东方第一商埠"。澳门—广州二元中心就这么产生了。

从欧式房屋阳台看澳门海湾
(油画,画师不详,约1841年,马丁·格里高利美术馆供稿)

这一时期的澳门,几乎独占中国外贸转口的市场。《早期澳门史》中,作者龙思泰认为:

> 葡萄牙人在印度殖民,策划将整个贸易掌握在自己手中,他们达到了目的,在近一个多世纪的时期中,独自享有许多亚洲港口与里斯本之间的通商利益。他们在澳门的不毛之地定居下来,在七八十年的时期中,独占着中国市场。①

---

① 〔瑞典〕龙思泰著:《早期澳门史》,吴义雄等译,东方出版社1997年版。

面对澳门的旺市，加上沿海"海禁愈严，则寇愈盛"，明嘉靖之后，隆庆元年，即1567年，明朝政府开始取消"海禁"，准许与东、西二洋易市及贩卖商品。及至明万历年初（1573年前后）又做出规定，可以发给商人出洋"引票"，并征收"引税"。这回，还特地宣布，外国商舶来到广东可以进入广州了。

这一开禁，通海者"十倍于昔"。

沿海的民间贸易在海上有了飞速的发展，商人们集资造船，有财力者更独资造船，身兼商人与船主二任，出航南洋，甚至定居他国。

而明代中兴之臣张居正的"一条鞭法"也相对促进了海上贸易。"一条鞭法"把赋税与徭役全部折纳为银两，即赋税货币化、银纳化，如无大量流通的白银则不可。海上贸易恰好把欧美大量白银吸纳入中国，相关海洋贸易史的专家们研究认定，1572—1821年的250年间，约有2亿比索（西班牙银圆）流入了中国。

开禁以后，要展开描写广州外贸的盛况，也许不是笔者的笔力所逮。不过，当年有不少著名的诗人、文学家，以其生花妙笔，记录下了当时的历史场景。

这里分别选取明朝初、中、晚期三个时期的诗人及其作品"以诗证史"，以飨读者。

第一位是元末明初诗人孙蕡（1334—1389）。

> 孙蕡，字仲衍，广东顺德人。性警敏，书无所不窥。诗文援笔立就，词采烂然。负节概，不妄交游。何真据岭南，开府辟士，与王佐、赵介、李德、黄哲并受礼遇，称五先生。……洪武三年，始行科举，蕡与其选，授工部织染局使，迁虹县主簿。……居一年，召为翰林典籍，与修《洪武正韵》。九年，遣祭祀四川。居久之，出为平原主簿。坐累逮系，俾筑京师望都门城垣。蕡讴吟为粤声，主者以奏。召见，命诵所歌诗，语皆忠爱，乃释之。十五年，起为苏州经历，复坐累戍辽东。已，大治蓝玉党，蕡尝为玉题画，遂论死。临刑，作诗长讴而逝。……蕡所著，有《通鉴前编纲目》、《孝经集善》、《理学训蒙》及《西庵集》、《和陶集》，多佚不传。番禺赵纯称其究极天人性命之理，为一时儒宗云。①

蕡去世后，诸书散佚，今存《西庵集》九卷等行于世。为"南园五先生"之一。他的《广州歌》写在洪武三十一年（1398）"严禁广东通番"令之前：

> 广南富庶天下闻，四时风气长如春。
> 长城百雉白云里，城下一带春江水。
> 少年行乐随处佳，城南南畔更繁华。
> 朱帘十里映杨柳，帘栊上下开户牖。
> 闽姬越女颜如花，蛮歌野曲声咿哑。
> 峨峨大舶映云日，贾客千家万家室。

---

① 〔清〕张廷玉等撰：《明史》卷二八五《文苑传一》，中华书局1974年版。

> 春风列屋艳神仙，夜月满江闻管弦。
> 良辰吉日天气好，翡翠明珠照烟岛。
> 乱鸣鼍鼓竞龙舟，争赌金钗斗百草。
> 游冶流连望所归，千门灯火烂相辉。
> 游人过处锦成阵，公子醉时花满堤。
> 扶留叶青蚬灰白，盆盯槟榔邀上客。
> 丹荔枇杷火齐山，素馨茉莉天香国。
> 别来风物不堪论，寥落秋花对酒尊。
> 回首旧游歌舞地，西风斜日淡黄昏。①

诗中第一句写道："广南富庶天下闻。"广南，宋太祖开宝四年（971），平南汉后，复置"岭南道"，后来改为"广南道"，继而改"道"为"路"；宋至道三年（997），分广南路为东、西两路，广东就是"广南东路"的简称（今广东省名的来由，道、路都是当时的行政单位）。广州是广南东路府衙驻地，所以先有一句概写，是为歌颂广州做铺垫的。

诗接下来详细描写了当时广州的风土人情。这里气候宜人："四时风气长如春。"又有美丽的城市风景："长城百雉白云里，城下一带春江水。"当时的风尚非常开放，一派富庶、游乐的气象："朱帘十里映杨柳，帘栊上下开户牖。闽姬越女颜如花，蛮歌野曲声咿哑。"

这种富庶与繁荣，来源于商业的发展。诗中写道："峨峨大舶映云日，贾客千家万家室。"广州，今天人们称它是海上丝绸之路的起点，由这两句诗中的"大舶""贾客"可见一斑。

由于商业的发展，市民阶层也富裕起来了。诗中提及的"城南南畔"，即当时广州的商业中心、消费中心玉带濠一带。这里宋代已有开发，明代时命名为"玉带濠"。由于方便水上运货，故成了商品云集之地及商人聚会之所。濠上画船连绵、濠畔建筑豪华，一时成了富商们纸醉金迷之地。濠畔街最盛之时，"香珠犀象如山，花鸟如海，番夷辐辏，日费数千万金。饮食之盛，歌舞之多，过于秦淮数倍"②。南京秦淮河的繁盛天下闻名，而广州玉带濠竟"过于秦淮数倍"，可知其盛。市民的生活，诗中有很好的写照："乱鸣鼍鼓竞龙舟，争赌金钗斗百草。游冶流连望所归，千门灯火烂相辉。游人过处锦成阵，公子醉时花满堤。"

玉带濠畔不但酒楼妓馆众多、商铺云集，更有不少外省商人建造的会馆，如浙绍会馆、山陕会馆、湖广会馆、金陵会馆、四川会馆等，可见各地都有不少商人到此经商，广州是全国商业中心之一。广州自秦设南海郡以来，至元末明初，古城千年，商业发达，

---

① 〔明〕孙蕡、欧大任等著，梁守中、郑力民点校：《南园前五先生诗·南园后五先生诗》，中山大学出版社1990年版，第48—49页。

② 〔清〕屈大均著：《广东新语·舟语》，中华书局1985年版。

诗句所写显然真实。

第二位是韩上桂，明万历二十二年（1594）举人，明天启初任国子监博士。这里选取他的《广州行呈方伯胡公》诗一首：

> 逾岭以南多高山，形势大类函谷关。
> 天生列嶂真奇绝，苍梧大庾如连环。
> 连环翠削芙蓉片，千山万水开乡县。
> 析木津通牛女躔，牂牁道绕南溪甸。
> 广州地势沃且平，石羊永奠桑麻成。
> 春风早到尉佗郭，旭日朝看陆贾城。
> 陆贾城中十万家，尉佗郭里七香车。
> 间阎扑地流清吹，观阁连天带彩霞。
> 彩霞下湛胥江浒，紫气远薄东南土。
> 当年左蠹竞繁华，至今越秀盘歌舞。
> 烟市繁华宛洛同，如花越女何丰茸。
> 扶留嚼后唇如血，茉莉妆残髻转慵。
> 二月斗春草，惜芳人美好。
> 五月竞龙舟，靓服盼中流。
> 东连浴日观，西上弄珠楼。
> 看花问虞苑，沉钓引金牛。
> 丹荔黄橙珍果错，蔗浆蜜饵银盘络。
> 西樵茗煮碧云泉，罗浮春动红螺杓。
> 江边鼓吹何喧阗，商航贾舶相往旋。
> 珊瑚玳瑁倾都市，象齿文犀错绮筵。
> 合浦明珠连乘照，日南火布经宵然。
> 别有声名照寰宇，人物中州堪比数。
> 张崔玮节耀星辰，丘梁瑰业雄终古。
> 悲歌慷慨眇燕齐，委佩从容袭邹鲁。
> 郁水神州岂偶然，乡里衣冠不乏贤。
> 投笔岂无定远志，请缨还拟终军年。
> 愚生僻处东南隅，因攀八桂滞番禺。
> 勿言泽国无奇士，原附鹏飞达汉衢。①

这正是广州1573年进一步开禁后的写照，极尽繁华。

另外两位是晚明人，黎遂球（1602—1646）与王邦畿（1618—1668）。前者为明天

---

① 陈永正编注：《中国古代海上丝绸之路诗选》，广东旅游出版社2001年版，第163－165页。

启年间的举人,后者为明崇祯副贡生,两人均为番禺人,均经历了明亡之惨痛。黎遂球的《春望篇》写道:

> 天南多淑气,海国四时花。
> 芳草侵朝雾,香云变晚霞。
> 鳌光摇雉堞,蚌影互渔家。
> 况复当春望,遥晴到碧纱。
> 晴风散叶杨垂线,晴日落花泥掠燕。
> 翡翠梁间栖复飞,蝴蝶帘前去还恋。
> 佳人粉气热朝眠,公子炉烟阑夜宴。
> 珊瑚宝树挂罗衣,鹦鹉金龙传漏箭。
> 木棉红映晓山开,百万人家旭翠堆。
> 花田雨过昌华苑,锦石云依朝汉台。
> 赵尉已尘迹,刘王余艳灰。
> 楚水啼湘竹,秦关折岭梅。
> 当时豪雄递骑虎,削壁悬流割疆土。
> 阁气沉香布雨云,桥光彩烛迎歌舞。
> 宝髻穿珠仙凤妆,玉腕烹龙岛夷脯。
> 宫阙遥连五岭高,烟花尚识三城古。
> 三城隐隐接三山,五岭迢迢云水间。
> 娇娥匀脸蔷薇露,贾客归心黄木湾。
> 鲛绡斗账裸寒玉,龙须片席袤憨鬘。
> 槟榔甘送合欢舌,茉莉结作同心环。
> 同心复同里,白皙少年子。
> 荔枝花并蒂,榕木根连理。
> 箫吹沸龙涎,画桡移蜃市。
> 金屏列雀开,彩树千星蕊。
> 雀屏兰舫酣丝竹,彩夺化工生簇簇。
> 回营柳院出秋千,仙观花街群鞠蹴。
> 百兽鱼龙迎锦陈,万户绮罗结霞麓。
> 油壁通宵秉烛游,青骢绕郭挥鞭逐。
> 青骢油壁过参差,玉册珠守遍相嬉。
> 不饥愿化仙羊石,鸷利齐祝海神旗。
> 任是中原苦争战,从来此地无疮痍。
> 犀通象贿等闲视,薏苡明珠谁复知。
> 量珠应军牒,货贿迁农业。
> 秋针刺垄塍,布谷催锄扦。

波斯碧眼胡，昆仑紫髯使。
奇珍运氍毹，异宝挂席拾。
陶公八翼折无能，陆子千金良足称。
争雄据险昔所叹，海藏山街容易凭。
铜柱长铭汉贼灭，金鉴还扶唐祚兴。
曲江风度诛胡得，昌黎文章徙鳄曾。
伤时莫洒三忠泪，庙食南园五贤地。
石衔精卫向厓门，血湿杜鹃留贡颡。
杀气满浮云，讹言惑边燧。
乘桴圣人勇，蹈海节士志。
我所思兮在罗浮，菖蒲朱草蒙丹丘。
安期驾鹤朝金阙，玉女攀花待石楼。
采药长生都且少，好色不死醉无忧。
为问神仙东海树，何似使君南陌头。
云霞彩鸾腹，日月烛龙目。
卢师与三笑，蓬莱堪几宿。
更坐金台莲，还裁水田服。
祥乳嗣曹溪，劫火留阿育。
谁将浩劫三生判，且论九十三春半。
南迁唐相授楞严，北去梁僧徒壁观。
问天倘信炼石功，对酒肯作表亭叹。
已见游丝佛地回，复看流水飞英乱。
春草芳，春望长。
山眉宛映相如壁，牡蛎遥连宋玉墙。
王侯将相名有分，鸦蛮鹅管随飞觞。
缀幕悬明月，倾尊典鹔鹴。
二十四番任狼借，三万六千犹可偿。①

黎遂球为卫国，死志已定，明崇祯皇帝死后，1645 年征拜参军，监督广东兵赴赣，城破战死。"春望亦不复矣。"

王邦畿有《海市歌》：

虹霓驾海海市开，海人骑马海市来。
白玉楼阁黄金台，以宝易宝不易财。
骊龙之珠大于斗，透彻光芒悬马首。

---

① 陈永正编注：《中国古代海上丝绸之路诗选》，广东旅游出版社 2001 年版，第 170 – 172 页。

> 若将海宝掷人间，小者亦能亡桀纣。
> 海市市人非世人，东风皎洁梨花春。
> 海市人服非世服，龙文象眼鲛绡幅。
> 海市人事非世事，至宝不妨轻相示。
> 市翁之老不知年，提篮直立海市前。
> 篮中鸡子如日紫，要换市姑真龙子。
> 龙子入海云雨兴，九州之大无炎蒸。①

黎诗以史胜文，而王诗以文胜史，似为幻景，实为明末广东海上贸易之最后的繁荣。再来看《五山志林》中的记述：

> 却洋舶馈，黎元柱，槎涌人，举正德丙子贤书，知祁阳县，分校得士六人。后休老于家，日给不足，六人中有巡按粤东者，悉其艰苦。洋舶有例金百余，巡按谕以得公书准开舶，商人具礼求公，公与书而却其馈。巡按闻益重之。后子民雍亦举隆庆丁卯贤书，廉吏报也。②

这里面透露的历史信息不少。如洋舶的例金相当丰厚，而且须"具礼求"之，且为洋舶拟书，也没有被称为"汉奸"之忧虑，等等。可见明正德年间广东口岸开放的程度。

有明一代留下十三行的资料甚少，这是令人扼腕的，这与明清之交的浩劫应是分不开的。不过，诗词方面还是有不少可读的，尤其是著名戏曲家汤显祖在明万历年间被贬至广东，任徐闻典史，更留下不少脍炙人口的诗篇。

广州城二首（之一）
临江喧万井，立地涌千艘。
气脉雄如此，由来是广州。③

他应是看到了广州城十三行的盛况。

看番禺人入真腊
槟榔舶上问郎行，笑指贞蒲十日程。
不用他乡起离思，总无莺燕杜鹃声。④

---

① 陈永正编注：《中国古代海上丝绸之路诗选》，广东旅游出版社2001年版，第174页。
② 转引自吴绮等撰，林子雄点校《清代广东笔记五种》，广东人民出版社2006年版，第120页。
③ 陈永正编注：《中国古代海上丝绸之路诗选》，广东旅游出版社2001年版，第154页。
④ 陈永正编注：《中国古代海上丝绸之路诗选》，广东旅游出版社2001年版，第158页。

端州逢西域两生破佛立义偶成（之一）
二子西来迹已奇，黄金作使更何疑。
自言天竺原无佛，说与莲花教主知。①

当时，商人（利民）金多，故疑为由炼金术而来。凭此，亦可解释，明清二朝为何只收外国人的银子而不要黄金。

前边我们已经讲到，在中国，冷兵器与热兵器的更替，是从中葡战争开始的，就发生在离澳门不远的珠江口上。

而前面所写澳门与十三行的关系，其实就是十三行与世界大航海时代的对接——而这，都是中国进入近代的重要标志。

过去，中国近代史划线是从鸦片战争开始的，但是，如果按上述标准的话，则可以从明代热兵器交锋、十三行发生算起。当然，从1557年至1856年近300年间，中国近代化的进程可谓一波三折，推进艰难，反复无常。

但是，不管怎样，珠江三角洲的人们一直把澳门视为"门口路"，从广义来说，是我们出门走向世界的"门口路"。进而言之，澳门所在的香山，即今日包括珠海、中山乃至江门，即"珠中江"经济区，均可以被称为中国走向近现代的第一站、第一港，而中国的"第一侨乡"，就在这个地方。近日考察侨圩，我们惊讶地发现，不少地方的格局竟与当年的十三行差不多，尤其是建筑风格，它们早的出自明代，晚的则出自民国。而广州十三行则在鸦片战争中就被战火毁于一旦，不复存在了。

而从走向世界、走向近现代而言，广州、澳门及十三行更功不可没，这不仅仅是对经济而言。众所周知，以利玛窦为代表的传教士，他们不单是传教，而且带来了西方先进的科学技术。如法国路易十四派来的传教团，其实包含其科学院众多的科学家、学者，他们给中国带来了丰富的自然科学，包括数理方面的知识，甚至参与了制定历法、绘制地图、制造机械，以及代表中国与俄国谈判。与此同时，西方的人文主义、启蒙思潮也通过澳门，通过十三行，尤其是十三行行商，逐步传入中国。如果没有十三行，就没有后来的洋务运动、戊戌变法。历史是无法割断的，澳门、十三行沿袭下来，正是一部中国史的近代进程。

因此，我们应当确定澳门的桥梁作用，从而确认十三行的历史意义与作用，方可深究广州、澳门及十三行之间的有机联系，从中发现更有价值的东西。

---
① 陈永正编注：《中国古代海上丝绸之路诗选》，广东旅游出版社2001年版，第160页。

卷二　禁海与朝贡

第八章　帝国的怯懦与禁海浩劫

"流亡八载，饥死过半，界之复也，复田而不复海"是怎样的一种景象？是什么导致元、明、清三朝的统治者反复执行"禁海"，以实现其"片板不得入海，一贼不得登岸"的愚昧政策？

在宋代及之前，中国的海洋是敞开的，汉武帝派出的第一支朝廷的船队是由黄门驿长所主持的。黄门，即与皇帝的关系最密切的供应部门，一般由宦官担任，相当于皇帝的内务部门、大内总管之类。这也是中国海上丝绸之路有史以来由文献记载下来的第一支船队。到了唐代，更有"广州通海夷道"。五代年间，南汉国的皇帝相传有"海上的血统"，故对海上贸易情有独钟。不仅南方的所有口岸是开放的，皇帝还亲自设宴款待来自中东、南亚各方的海商，鼓励海上贸易，以致南汉国被视为"金玉帝国"，连离宫数量都以千百计，宫殿的宝顶均是金铸的，而下面的沟渠则用珍珠铺就，其兴王府外的离宫备极奢华，融皇家园林与商家园林于一体。屈大均在《广东新语》中称"三城之地，成为离宫苑囿"，人称岭南园林则于此起步。

及至宋代，重用王安石、实行变法的宋神宗一直力求富国强兵，改变"积贫积弱"的局面，他在北方用兵失败，可在南方用商是成功的，使东方、江南迅速富裕了起来。其中，他认为南汉国最为成功的经验便在于"笼海商得法"，于是大力发展海上贸易。由于陆上丝绸之路因战争而阻塞，所以，他愈加重视海上丝绸之路的运营，广州首设市舶司，而后又设杭州、明州（宁波）、泉州等市舶司。在其治理期间，广州的市舶司一直称雄东南各口岸，虽说仍没有跳出朝贡体制，但也使互市更为发达了。宋代沿袭唐代、南汉的传统，每年都由市舶的官员专门宴请外商，以表示友好并鼓励贸易。

所谓"唐强宋富"，与海上贸易是分不开的。加上南方大兴水利，稻谷产量激增，宋代人口也突破了1亿，是唐代的两倍还多。广东，即当时的广南东路，最为富裕，各市舶司中，"唯广最盛"。外国商人一般是大量聚居于广州，且可以在广州添置产业，与当地人通婚，甚至可以改为汉姓，包括宗教信仰、民族习俗、建筑形制等，都不受干预。

然而，当元兵南下，把宋代"三大发明"，即印刷术、火药、指南针带往西方之际，却在中国实行了严酷的海禁政策。

元代一共实施了五次以上的海禁。这个"马背上得天下"的民族，在海上却每每受挫。往东两次征伐日本，折戟而归；往南也一样，在南洋一再败绩；往西打到里海，也是铩羽而归。于是，对大海产生了天然的恐惧。

到了明代，更是反复地禁海。

笔者同意不少学者的分析，郑和下西洋其实就是海禁政策的产物，本已网开一面的互市，重返官方垄断的贡舶贸易，从而杜绝了民间的对外互市，正如朱明皇帝所称"商税者，抑逐末之民，岂以为利，今夷人慕义远来，乃侵其利，所得几何，而亏辱大体多矣"。把外商说成是"慕义远来"，一说到"利"便"亏辱大体"，有损"帝国"颜面，这是怎样的思维方式？

明朝的海禁终于"逼商为盗"。所以，后人有云，开海，则海盗变成海商；禁海，则海商被逼为海盗。严酷的海禁，令中国海上的巨商不是破产，便是远走他乡。

明弘治十三年（1500），朝廷宣布，凡是建造双桅以上的帆船者，即可被处死——这一政策，一直延续到清代中期，鸦片战争前后。

嘉靖四年（1525），明王朝销毁了所有的海舶，通缉船主。

嘉靖二十六年（1547），食古不化的浙江巡抚朱纨竟一次处死了所有96位出海的船夫，他自命为清官，最终"以死明志"。

…………

于是，元明以降，别说官员亲自出面宴请外国海商了，外商连在广州居住也不可能，官员更不得直接与外商接触，否则乌纱帽不保。他们只能通过中介，即牙商，方可以间接与外商打交道，不然动辄得咎。

到了清朝，由于郑成功的海上"金厦帝国"一度严重威胁到清王朝的存亡，空前的海禁在中国历史上留下最惨痛的一页。

明代禁海，可十三行建立之后，也不曾只允许"一口通商"，故明中后叶，类似宋代的商品社会复又出现，资本主义也开始萌芽，冒出了尖尖角。可清兵一横扫东南沿海，已有的历史进步又扫荡殆尽，这便埋下了"一口通商"的伏笔，更让十三行的作用凸显出来。

要深究其间的意义，不可跳过这段历史。

而笔者曾在十多年前写《宝安百年》一书时，深入到这一段惨绝人寰的血史当中：十三行，不仅仅是"银钱堆满"。

清朝政府从一立国便立下了禁海的宗旨，这一来，历史的反复在所难免，更何况一次又一次血腥的屠城，把东南沿海的市集、工商业几乎摧毁殆尽，自然不需要海上贸易了，海商也就被视为海盗，私商更是成了逆贼。

于是，一个个"禁海令"下达了。

清顺治四年（1647），在广东实行海禁，不允许中国海商出海贸易，只允许外国"贡使"（其实大多有海商相随），"悉从正道，直达京师"。

顺治十二年（1655），清廷进一步向沿海各省颁布了禁海令。

翌年，即顺治十三年（1656），顺治皇帝正式敕谕：自今以后，各督抚镇，若饬沿海一带文武各官，严禁商民船只私自出海，有将一切粮食货物与逆贼者，或地方官察出，或被人告发，即将贸易之人，不论官民，俱行奏闻正法，货物入官……处处严防，不许片帆入口、一贼登岸。① 明确禁止浙、闽、粤及江南（当时的提法，概指现在的江苏省）、山东、天津等地"商民船只私自出海"贸易，也就是将海禁扩大到几乎整个中国的海岸线上。而在广东，凡是"无号票引及私制二桅以上大船"的出海贸易，全部被禁止了，更包括禁止了外国商船来华贸易，"不许片帆入口"。

顺治十八年（1661），因为郑成功屡次从海上支援南方的义军，为了切断海上与陆上反清义军的联系，清廷更发布了"迁界令"，令沿海居民一律内迁50里，其范围从山东一直到广东。内迁50里，为的是"以绝接济台湾之患"，害怕郑成功卷土重来。一时间，近万里海疆渔船断绝，农田荒芜，民生凋敝，人烟渺无，饿殍塞道……

一下子，广东便出现了数百万名难民，几近全省一半，他们被迫背井离乡，生计无着，或捐妻鬻子，"或合家饮毒，或尽帑投河"，一时间，尸横遍野、田园尽毁，凡是不愿走的（规定只有三日，"尽夷其地，空其人民"）更被残酷杀害，杀头破胸，无所不用其极。

广东经历了历史上一场空前的大灾难。一如时人上书痛诉：

  伐南山之竹，写恨无穷；
  绘监门之图，形容难尽。

不难想象，其时的海上贸易还能剩下什么。

康熙元年（1662）二月，清王朝下令命广东沿海24个州县，钦州、合浦、石城、遂溪、海康、徐闻、吴川、茂名、电白、阳江、恩平、开平、新宁、新会、香山、东莞、新安、归善、海丰、惠来、潮阳、揭阳、澄海、饶平，自西至东这些县的居民，一律内迁50里。这50里界外，不准居住，民房被拆得一干二净，不准下田种地，更不准出海捕鱼，违者，一律格杀勿论。

禁海、迁界，不仅摧毁了明代建立的近代海上贸易以及商品经济，更让百姓没了活路，一时间，哀鸿遍野、尸横道路。不妨录一段明末清初大学者屈大均的记载：

  岁壬寅（1662年，即康熙元年）二月，忽有迁民之令。满洲科尔坤、介山二大人者，亲行边缴，令滨海民悉徙地五十里，以绝接济台湾之患。于是麾兵析界，期三日尽夷其地，空其人民。弃赀携累，仓促奔逃，野处露栖，死亡载道者，以数十万计。

  其丁壮者去为兵，老弱者辗转沟壑，或合家饮毒，或尽帑投河。有司视如蝼蚁，无安插之思；亲戚视如泥沙，无周全之遗……民既尽迁，于是毁屋以作长城，掘坟墓而为深堑，五里一墩，十里一台，东起大虎门，西讫防城，地方三千余里，以为大界。民有阑出咫尺者，执而诛戮，而民之以误出墙外死者，又不知几何矣！自有

---

① 参见谭元亨著《宝安百年》，作家出版社2007年版，第44页。

粤东以来，生灵之祸，莫惨于此！①

人间惨剧，恐莫过于此。

现居香港新界的旺族代表之一邓氏在其族谱中，亦有当年"迁界"的记录：

> 插旗定界，拆房屋，驱民迁归界内。设墩台、凿界堑，置兵禁守，杜民出入，越界者解官处死，归界者粮空绝生。祖孙相承之世业，一旦摈之而猿啼；死生世守之墓宅，一朝舍之而鹤唳。家家宿露在鸠形，初移一次，尚有余粟，再移之后，曾几晏然。②

康熙三年（1664）三月，朝廷又以"时以迁民窃出鱼盐，恐其仍通海舶"，再度下令往内续迁30里，加上之前的50里，一共为80里，以致本非濒海的县也被划在了里面，如"粤东"的顺德、番禺、南海、海阳（古潮州府辖内）等地也要内迁。

这里说的"粤东"，不同于今日的粤东指的是广东东部，而是指整个广东，解读不一样。如吴川今日算是粤西，但当日亦在粤东之范围内。其"人民十死八九"，遂溪县"仅存粮六百石"，新安新界"迁移之民，十存二三"，新会则"仅存一半"……

官逼民反，番禺市桥疍民周玉、李荣起兵反清，扬帆出海，发动起义。而后，惠州碣石卫总兵苏利也发动了抗迁起义。海南汉、黎民亦一同起义。

虽然起义最后都被镇压下去，伤亡数以万计，但也宣示了濒海百姓对迁海的反抗。

当时仍有活跃在南方的反清复明势力。郑成功还于顺治十六年（1659）挥军团团围住江宁（今江苏南京），令清廷惊恐万状。第二年，郑成功成功收复了台湾，逼使当时的海上霸主荷兰侵略者投降。

纵然"迁海令"造成沿海人间惨剧，广州的对外贸易也奄奄一息，但是，由于历史的原因，广州这个千年商都与世界大港的入口与出口贸易并不曾完全被禁绝。海外贸易仍有非法与合法两类途经。

澳门本已让葡萄牙人"租居"，明清易朝，清顺治四年（1647），两广总督佟养甲疏请"通商裕国"，"仍照故明崇祯十三年禁其入省（即进入广州）之例，止令商人载货下澳贸易"，得到了清廷允准，在澳门设立官员管理贡舶贸易与非对外朝贡贸易。

康熙元年（1662）迁界后，澳门自然被免迁，却被划在界外，"内地商民不许至粤"，澳门也就没了生意。直到康熙十八年（1679），朝廷才允许于广东和澳门进行"旱路贸易"。

康熙二年（1663），荷兰国助剿海逆，并请贸易，奏旨着二年贸易一次。康熙三年（1664），规定，凡外国进贡，顺带货物，贡使愿自出夫力，带来京城贸易者，如欲在彼处贸易，该替抚委员监视，勿使滋扰。康熙五年（1666），根据圣旨，荷兰国既准八年一

---

① 〔清〕屈大均著：《广东新语·地语》"迁海"，中华书局1985年版。
② 转引自萧国健著《清初迁海前后香港之社会变迁》，（台北）商务印书馆1986年版，第110页。

贡，其二年贸易永久被停止。

这一来，葡萄牙人做不成生意，荷兰人也没戏了，八年一贡等于不做。

不过，私下里，当广东还为藩王主政时，康熙十三年（1674），尚可喜亦不顾朝廷的管束，当苏禄国王森列柏遣使三人来广州请受藩封时，尚可喜仍大模大样地颁给其驼纽银印，"一时称荣"。这一来，南洋诸国贡使便成群结队来到广州，"夷利"为之大开。

而澳门附近的十字门则一直是广东等地商人的大规模走私的据点，未曾禁绝。

从明崇祯十七年（1644），思宗皇帝吊死在煤山，到清康熙二十三年（1684），康熙皇帝平定台湾，废除"迁界令"，"惟海禁如旧"，前后总共40年，加上后来延续的海禁，南中国的海上贸易可以说有半个多世纪几乎完全中断了。所以，对前期十三行的记录也都很难找到。

明思宗皇帝像

这半个多世纪，是南方血腥的时期。

虽说没有"嘉定十日""扬州屠城"那么广为人知，可清兵在广东的杀戮十分残暴。毕竟，同江南一样，这里也出现过两个南明政权，而且永历朝支撑了37年。

"南明三忠"陈邦彦、张家玉与陈子壮在珠三角奋起抵抗，新安西乡被攻破后，"男女数万人，无一降者"，俱被屠杀。

顺治七年（1650），又有"广州屠城"，南明官兵阵亡6000人，城内数万人亦丧生。

…………

在神州大地上，中古与近代蒙受最多的历史灾难，却又每每奋起抗争，并较早吸取西方及世界先进文化与科学技术的，南方人当是其中最为突出的。正如前面写到的袁崇焕，他用"红夷大炮"阻挡了努尔哈赤狂傲的骑兵，却也是他，被明朝皇帝处以磔刑，千刀万剐。

来到海边的南方人，又注定要比留在山里的同胞们承受更多的磨难。他们好不容易在沿海地区扎下了根，建立了自己的家，屋后的风水林也已枝繁叶茂了，可清朝政府却不顾他们的死活，说迁就迁。于是，花上百年长成的树，辛辛苦苦建好的屋，辟出的田园，也就毁于一旦。

那时节，真是叫天天不应，叫地地不灵。

然而，哪怕十口人只留下一口，哪怕大树的主干被狂风吹倒，只要根还在那里，也还会长出新枝。尽管瘢痕累累，尽管血泪斑斑，但生命是永远剥夺不了的奇迹！

当年一度被叫作"新安"的宝安区域内，被迁的地界居然达到近70%，包括作为县治所在的南头也被迁走了。为此，康熙五年至八年，即1666—1669年，新安都不可能作为一个县而存在——人口太少，以致再度并入了东莞。如今的香港东北自沙头角至西北的新田、米埔以南地区，当时也全部迁界一空，只丁不留，包括邻近的岛屿，也全都空无一人，长满了蒿草，一片荒芜。

"越界者解官处死，归界者粮空绝生"，老百姓没了活路，唯有奋起反抗。新安县抚目袁四都率众多士卒、百姓发起了抗迁起义。难民们追随他到了已迁移一空的官富、沥源等地，建立了义军的主寨，他们不断向四方进击，打得清兵鬼哭狼嚎。最后，广东提督不得不派重兵镇压。袁四都喋血战场，义军也全军覆没了。

由于反抗不断，加上迁移的百姓"死丧频闻"，统治者为政权的稳固，不得不面对现实，提出"展界复乡"。

"复界"，是在众多地方官员的呼吁之下，且禁海直接影响清王朝赋税收入的情况下发生的。

当年，地方名士胡日乾就上书广东巡抚王来任，上书中字字看来皆是血：

> 鸠形鹄面，尽是富豪之家；鼠吾啸燐青，半作舍冤之鬼。
> 伐南山之竹，写恨无穷；绘监门之图，形容难尽。①

靳文谟主持修纂的《新安县志》载：

> 康熙七年正月，巡抚王（王来任）疏奏乞展界。奉旨特差大人勘展边界，设兵守海。会同平南王（尚可喜）、总督周（周有德）行边，士民欢呼载道，皆远迎之。十月，总督周上疏，请先展界，而后设防。是时，迁民归志甚急，闻疏盖喜。康熙八年正月，展界许民归禁，民踊而归，如获再生。②

王来任，正黄旗汉军，由都郎保荐，康熙四年（1665）擢广东巡抚，到任之日，即疏陈东省六大害：一曰差徭折色，二曰民船征税，三曰官员采买，四曰藩府私抽，五曰

---

① 〔清〕王来任：《展界复乡疏》，见《新安县志》（清嘉庆版）。
② 〔清〕靳文谟修，邓文蔚纂：《新安县志》（清康熙版），现存于广东省立中山图书馆。

州县匿盗，六曰营役擅杀。可谓字字见血。

> 疏凡万言，皆洞切民瘼者。奉旨允行。一时强藩豪吏为之敛手。未几，台逆盗边，海禁令行。粤东失业者尤众，公腾章力争，谓粤地海多于山，民以海为命，概禁其出入，是迫之为盗，非计之得也。前后五疏，咸格于部议。粤人称为王青天。康熙七年上遗疏，他再次力陈迁海扰民之事，略云："流离之民，各无栖止，死丧频仍，欲民生不困苦，其可得乎？公有遗疏，惟请弛海禁，以苏民命云。"
>
> 会廷臣亦以为言，诏如所请。沿海万户，无不立庙尸祝之者，今东、顺、香、新四邑遗祠尚多。①

及至清康熙七年（1668）九月，已在病危中的王来任上疏请求朝廷"复界"：

> 臣思设兵原以杜卫封疆而资战守，今避海寇侵掠，虑百姓而资盗粮，不见安攘上策，乃缩地迁民，其弃门户而守堂奥，臣未之前闻也。臣抚粤二年有余，亦未闻海寇大逆侵掠之事。所有者仍是内地被迁逃遁之民相聚为盗。今若展其边界，即此盗亦卖刀买犊耳。②

"复界"的呼吁终于得到已掌权的康熙谕允。是年十一月，朝廷派大员会同平南王尚可喜、两广总督周有德等巡视，"一面设兵防守，一面安插迁民"。第二年二月，终允许广东在康熙三年的迁界区复界，也就是仅恢复后来继续内迁的30里，而沿海已内迁的50里还是禁区。故复界后新界跃头乡仍记载有：

> 新安偏邑，鱼盐为利，海界不复，渡海不通，究竟同归于尽云尔。③

而"复界"后，禁海仍在继续。"复田不复海"，这复界的意义何在？

这一年，王来任以讹误罢职。广民潘世祥等百余人诣阙请留，既至而公卒，痛哭于鼓楼大街公宅前而还。

此后，朝廷渐有复界之议。展界后，新安县也就撤而复置了。

王来任是以生命来为广东百姓喊冤的。

在广州西关荷溪之西，广州的老百姓建了一座祠，专门祭祀广东巡抚王来任。遗爱碑奉毁，祠亦成废圮。居人称其地曰"都堂园云"。

时人樊封有七绝《王都堂祠》一首：

---

① 〔清〕靳文谟修，邓文蔚纂：《新安县志》（清康熙版），现存于广东省立中山图书馆。
② 〔清〕王来任：《展界复乡疏》，见《新安县志》（清嘉庆版）。
③ 〔清〕王来任：《展界复乡疏》，见《新安县志》（清嘉庆版）。

万口欢呼积痼裁，十洲深庆贾琮来。
老神遗疏无他语，特请天恩海禁开。①

请记住这位在开海前十多年为人民鼓与呼的好官——王来任。

诗中提到的贾琮，是东汉汉灵帝时人，字孟坚，东昌府区人，为交州刺史。初时任京兆令，为政清廉。汉灵帝中平元年（184），正当交趾驻军造反之际，受任交州刺史。上任后，即查明驻军造反原因，采取紧急措施：减轻赋税，招抚难民，惩办贪官，选任良吏。整顿一年，交趾安定，百姓乐业。他在任 3 年，交趾成为全国最安定的州郡。后灵帝调他入朝任议郎。黄巾起义失败后，州县贪官乘机加重赋税，汉灵帝选贤用能以正时弊，贾琮又受任冀州刺史。刺史新上任，大多在所乘的车上挂着布帷，他赴任时则命人揭起。他认为，作为刺史应远视广听，察辨美恶，怎能挂着帷子自掩耳目呢？他的这一举动当时被传为佳话。灵帝逝世后，他又出任度辽将军，鞠躬尽瘁，死而后已，死于任上。以贾琮比喻王来任，可见王来任在老百姓的口碑中之好。

有一篇《复界记》这么写道：

> 村之迁移也，拆房屋、荒田地、流亡八载，饿死过半。界之复也，复田也不复海，无片瓦，无寸木盖茅屋……新安邑抵大洋，无渡海通济，载运货物，麦粟百物皆贵，惟谷特贱，以其无通济也。②

如此之困厄、艰苦，白手起家，谁可担当？

在历经 23 年的迁界暴政中，复业丁口 31300 人（应是最后存活的人丁数），此外，究竟有多少人不复归——死亡，或者失踪，无从考。

明清的几度禁海，无疑是对中国近代进程的一个冷酷的挑战，而沿海百姓却直面了这一挑战，再度来到了海边。这也是近代文明对蒙昧野蛮的一个全面的应战，为中国的近代、现代的历史未雨绸缪，包括为今日深圳特区的开放早早埋下了伏笔。

沿海迁界中的这么一支族群队伍，应当是近代文明的生力军。而千年漂泊的命运，使这支生力军能从容应付各种不测与灾难打击。

我们不妨看看，在禁海之后，宝安竟然"冒出"众多铭刻了历史的建筑。最早的是大鹏所城。《新安县志》中云：

> 大鹏所城，在县东一百二十里大鹏岭之麓……与东莞所城同年（洪武二十七年）奏设，广州左卫千户张斌开筑，内外砌以砖石。沿海所城，大鹏为最。③

---

① 陈永正编注：《中国古代海上丝绸之路诗选》，广东旅游出版社 2001 年版，第 378 页。
② 温焕泰：《复界记》，载香港新界粉岭龙须头温氏族谱。
③〔清〕靳文谟修，邓文蔚纂：《新安县志》（清康熙版），现存于广东省立中山图书馆。

另有文字记载，该所城"周围三百二十七丈六尺，高一丈八尺，广六尺，下广一丈四尺，门楼敌楼各四，警铺十六，雉堞六百五十四，东西南三面环水濠，周三百九十八丈，阔一丈五尺，深一丈"。

大鹏所城

大鹏所城近景

在清代，城堡式的围楼作为建筑的一朵奇葩，纷纷涌现在南方的大地上，随便就可以列出十几座。每一座，都在向世人诉说着其诞生的历史、建筑者的意愿，以及那个时代的审美观念，一任人去触摸、感受与品味。

建筑是一部写在大地上的历史画卷。

不妨依年代列出几例：

香港锦田的泰康围建成于明代中叶，存在年代为明成化年间（1465—1487）。

香港永隆围建成于清康熙年间，存在年代为康熙元年至雍正十三年（1662—1735），1735年是雍正末年。

香港吉庆围与永隆围几乎同年始建，但早14年落成。

香港勤龙围建成于乾隆九年（1744）。

以上提及的现位于香港特别行政区范围内的建筑，均很早就被列入古迹保护名录。

现位于深圳的新乔世居为碉堡式围楼，建成于乾隆十八年（1753）。

香港荃湾三栋屋建成于乾隆五十一年（1786）。

赫赫有名、现正修葺为客家博物馆的深圳大万世居，建成于乾隆五十六（1791）。

深圳丰田世居建成于嘉庆四年（1799）。

深圳正埔岭围龙屋建成于嘉庆五年（1800）前后。

深圳鹤湖新居建成于嘉庆二十二年（1817）。

深圳吉坑世居建成于道光四年（1824）。

深圳大田世居建成于道光五年（1825）。

深圳龙田世居建成于道光十七年（1837）。深圳龙田世居的黄氏家族在坑梓镇上，一代又一代，总共建了十多座巨大的围堡。资金何来？原来，黄氏家族是在十三行做白胡椒生意的。

香港曾氏山厦围建成于道光二十七年（1847）。

深圳盘龙世居、梅冈世居等均建成于同治年间（1862—1874）。

…………

以上列举的围屋大多建成于鸦片战争之前。

可以说，这种聚族而居，并具有防卫功能的碉堡式围楼，正是沿海人民在面对当时的情势下奋起自卫的举措。

上面只是简单地列出这些建筑的名称与建成的年代。然而，我们一旦踏入这些历史建筑之中，就会感受到巨大的震撼力，感佩这么一种文化，感受到当时的压力。

较早建成的深圳大万世居，其规模与体量都是令人惊叹的。这是一座三堂、二横二枕杠、内外二围楼、八碉堡、一望楼的大型客家碉堡式民居，如果将屋前的围坪、半月池算进去，则占地面积达22680平方米，其中建筑面积达到15000平方米。这里（即今深圳市坪山新区大万村）的曾家先祖是在清康熙年间，也就是复界之后迁入的，仅仅两代人便有了这么大的一份家业。

笔者多次到访大万世居。在沿海的大屋里，它的规模算得上数一数二的，与之并列的还有鹤湖新居，其年代稍晚了一点。大万世居正面的围墙有上百米，颇有气势。内中单元房有 200 间或更多，相传的 199 间许是取的吉祥数。位于中轴上的三堂端义公祠，其封檐板、梁架木构件雕刻与彩绘为形态各异的动物、花鸟图案，刀工细腻、栩栩如生，是相当有价值的木雕艺术精品。

审视大万世居上的雕刻、彩绘，尤其是品赏端义公祠中的十多幅堂联，可以感受到这户自称为孔子传人曾参的后裔，是如何珍重自身的历史，又是如何希望后人为祖上增光的，慎终思远，追根溯源，为的是光宗耀祖、忠恕为本、仁爱处世、崇文重教的文化传统。由此可见，汉族人是以古训为然，没有鉴古，又怎可铸今呢？曾氏的一代代传人在这样的文化氛围中成长起来，民族意识、爱国思想就是这么形成并生长的。

因此，让人赞叹的，不仅仅是这可容纳千人的围屋，更是这个民族无处不在的文化氛围，聚族而居为的不仅仅是自卫，更在于凝聚更大的面对历史挑战的力量！

也许，再坚固的建筑也会化为尘土，可它留下的，却是永远不可摧毁的精神力量。试想一下，如此体量巨大的建筑，集聚的岂止是人力、财力！

第九章　精心策划的献媚绝招

我们不妨把目光投向明清时期的外部世界，看看在这十三行时兴时衰、此起彼落的几个世纪里，中国之外的欧美世界究竟发生了什么。

1520 年，德国人马丁·路德发起的宗教改革在有力推进中。

1524 年，德国农民战争爆发。

1534 年，英国通过《至尊法案》，摆脱了罗马教廷的控制。

1566 年，尼德兰资产阶级革命开始。

1580 年，西班牙吞并葡萄牙，成为海上霸主。

1588 年，西班牙"无敌舰队"远征英国失败。

1600 年，英国东印度公司成立。

1602 年，荷兰东印度公司成立。

1604 年，法国东印度公司成立。

1620 年，英国"五月花号"船开往北美。

1624 年，荷兰侵占中国台湾。

1640 年，葡萄牙恢复独立。

1640 年，英国资产阶级革命开始。

1641 年，荷兰占领马六甲。

1649 年，英国查理一世上断头台。

1651 年，英国颁发《航海条例》。

1661 年，英国夺取印度孟买。

1664 年，法国成立新东印度公司。

1679 年，英国通过《人身保护法》。

1669—1701 年，牛顿发现经典力学、万有引力定律。

1646—1716 年，莱布尼兹创立微积分、二进位法。

1688 年，英国发生"光荣革命"。

1689 年，英国通过《权利法案》。

1746—1754 年，富兰克林建立电学理论。

1757 年，英军占领孟加拉。

1760 年，英国产业革命。

1765 年，英国人哈格里夫斯发明珍妮纺纱机。

1775 年，美国独立战争开始。

1776 年，美国发表《独立宣言》。

1776 年，英国人亚当·斯密的《国富论》问世。

1776 年，瓦特发明蒸汽机。

1789 年，法国革命，巴黎人民攻占巴士底狱。

1789 年，美国发表《人权法案》。

1789 年，法国发表《人权宣言》。

1793 年，法国路易十六被处死。

1794 年，法国颁布《1793 年宪法》。

1804 年，法国《拿破仑法典》颁布。

1808—1814 年，西班牙资产阶级革命。

1817—1831 年，意大利烧炭党人起义。

1820 年，葡萄牙革命。

1832 年，英国第一次国会改革。

1836—1858 年，英国宪章运动。

这只是粗略引摘下来的，大多偏重于政治变革方面。但我们亦可以看到，革命此起彼伏，封建王朝亦几度复辟；海上霸主几度易位，西班牙、荷兰先后称雄，英国、法国后来居上。技术革命则只引录了几大项，没有那么细致，只提及珍妮纺纱机与瓦特蒸汽机。至于科学家、思想家，则罕有涉及。这毕竟只是一个参照系。

而在这 300 年间，中国的近代化进程则缓慢得多，艰涩得多。

欧洲各国相继将封建帝王送上断头台，这边，明朝思宗皇帝也吊死在煤山，但清王朝还是帝王统治，虽然明末的思想家早已喊了摧毁君主专制的口号。

欧洲传教士将望远镜、地图引入中国，却只被当作"小慧"，连"红夷大炮"在中国也几乎在 300 年间一成未变……当然，明末总算有了"十三行"，给闭关锁国的东方帝国留下一个可怜的"气眼"。而郑成功收复台湾，赶走荷兰侵略者，却还是"红夷大炮"之功，是"以其人之道还治其人之身"。这才有鸦片战争之际，魏源变"以夷制夷"的传统规则为"师夷长技以制夷"，把汪铉 300 年前的实践上升为理论并成为一个号召，从而开始加速中国的近代发展。

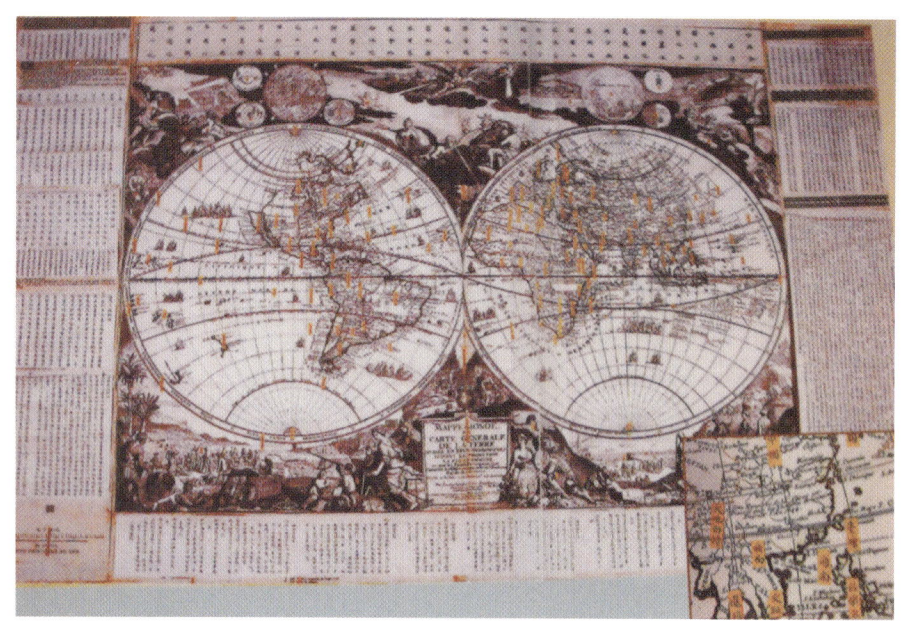

17世纪外国传教士带到中国的世界地图

这300年较之鸦片战争之后的100年,其历史的推进固然不尽如人意,但是,我们无权责备这300年间做出努力的思想者与实践家,毕竟他们所面对的封建势力太强大了,这种强大,我们迄今仍不难感受到,何况那时呢?我们所走过的历史,不可能"从头再来",延续着未曾断裂的文明,是荣耀却也是负重,简单的对比总归触及不到问题之实质,要思考的还有很多很多……历史的演变并非一往无前,好比一条大江,不仅要穿过峡谷,越过险滩,还会有回流、有曲折;要一泻千里,那也是要突破重重山隘、险关才行。我们有什么理由去奢望中国近代史的进程不会有反复、有逆转呢?

如果没有这些,历史也就不成为历史了。

中国近代史的复杂性,同样表现在南方这片土地上。明朝固然腐朽,但是,东南沿海的近代化依旧坚定不移地往前推进,社会经济的长足发展,尤其是手工业生产的高度发展,推动了商品贸易,尤其是外贸的发展。丝织业、麻织业、陶瓷业以及其他行业都对市镇的兴起产生极大的推动作用。珠三角不少城镇均是"客商聚集,交易数以百万计",或者"商贾辐辏,廛市星罗"。朝贡体制也受到猛烈冲击,明嘉靖八年(1529),也就是屯门之役后7年,两广巡抚林富奏准除葡萄牙外,恢复贡舶贸易。嘉靖三十五年(1556),又设立"客纲""客纪",由粤商、徽商、泉州商人充任,承担在外商与中国商人之间议定价格,并代替地方官收取入口税的事务。明代"十三行"就是这么形成的。前文提及"十三行"只是个大背景,现已明晰。所以,有人以为"十三行"是清代才立,显然是错误的。

明隆庆元年(1567),明朝政府被迫开始取消海禁——这主要是广东私商乃至"海盗"(所谓"开则商,禁则盗")斗争的结果,并没有外寇的武力压迫。万历初,又规定发给商人出洋"引票",并征收"引税"。

开禁之后,通海的船只迅速发展到"十倍于昔"。广东民间海上贸易有了极大的增长。中小商人集资造船出海,有的更独资造船,成为舶主,与各国互通有无,他们甚至定居到东南亚各国,受到当地人欢迎。如暹罗"国人礼华人甚挚,倍于他夷"。此外,三佛齐(约在今印度尼西亚苏门答腊)、爪哇、吕宋、浡泥(今印度尼西亚加里曼丹)亦有不少华商。

凭此,不难解释,明末清初,清兵南下,为何在东南沿海遭到最猛烈的反抗,这不仅仅是汉族被军事压迫到了南方,更在于,他们捍卫的是东南沿海各省走向近代化的丰富的成果,捍卫的是历史的进步!

清兵过后,东南沿海满目疮痍,3000万亡魂日夜哀歌,要重回当年的盛景,又得要个七八代人辛勤建设……

从上面内容我们不难发现,葡萄牙海上称雄的日子已经过去,相继而起的则是西班牙、荷兰、英国、瑞典等。中国脱离世界外贸史这半个世纪中,欧洲各国已经重排过"座次",大海上同样在"变幻大王旗"。而清初的浩劫,不仅摧残了明代业已恢复并有所成长的市民社会,或者流行术语所称的资本主义萌芽(这是显而易见的,明朝一代,不仅在江南即江浙一带市民社会一度复兴,就是在广州,商人也渐渐有了自己的地位,千年商埠,能不滋养出新经济力量与阶级么?),与此同时,清初严酷的"文字狱"更大大地扼杀了明末业已兴起的启蒙主义思潮——这一断裂,比经济的停滞倒退更久,从明末清初黄宗羲"为天下之大害,帝王也",到清中后期龚自珍"我劝天公重抖擞",从思想上来说,已有200年的黑暗,这期间,则是所谓的"康乾盛世"。而关于这一"盛世"的阐释,倒是可以从龚自珍《乙丙之际箸议》"戮其能忧心、能愤心、能思虑心、能作为心、能有廉耻心、能无渣滓心。又非一日而戮之,乃以渐,或三岁而戮之,十年而戮之,百年而戮之"可见一二,这便是"盛世"的真相,一个戮心的盛世。

在"地理大发现"之际,大清国的财力仍高踞世界各国之上。

自从明万历五年(1577)葡萄牙买通澳门守将王绰代为向明王朝请求,终被允许以每年515两银子租下了澳门,有了"合法"的居住权,到明清易朝之际,葡萄牙人审时度势,乖巧地向清政府表示,愿意"投诚"归顺清王朝,广东巡抚李栖凤即向朝廷奏报:

> 西洋彝人托处粤元香山濠镜澳,来往贸易,轮饷养兵,考之故籍,实百余年于此矣。迄今省会既平,诸郡归附,洋彝相率投诚,此固诸人之恭顺,实由我皇上德教覃敷、遐迩咸服,以故洋人莫不畏威怀德,愿为太平之民。①

马屁拍得顺治皇帝很舒服:瞧,连夷人都服我大清王朝了。于是御笔一挥,写上:"这远人归顺知道了。"②

---

① 中国第一历史档案馆馆藏:《广东巡抚李栖凤题本》,清顺治八年闰二月十三日。
② 中国第一历史档案馆馆藏:《广东巡抚李栖凤题本》,清顺治八年闰二月十三日。

其实，广东巡抚李栖凤在奏折中称"考之故籍，实百余年于此"一语，未必真实，报告是顺治八年（1651）打的，葡萄牙人到澳门"晾渔网"，是1557年，相距还未到100年。不过，凭此，澳门却在"禁海""迁界"中继续进行它的转口贸易。康熙二年（1663），因为禁海，市舶司每年损失税银2.2万两，兵部坐不住了，兵部尚书明安达等奏报，请求朝廷批准外国商人在澳门贸易，以税充军饷。批是批准了，不过，却强调一句"只限澳门"。康熙三年（1664），清廷以"迁民窃出鱼盐，恐仍通海舶"为由，令沿海内迁50里后，又加码令再内迁30里。这一来，连人口稠密、工商业发达的南（海）、番（禺）、顺（德）等县的部分区域都得内迁，一下子近百万难民无家可归，流离失所。澳门纵然因是"化外之区"得以幸免，但也没有明末时的繁荣气象了，至于沿海众多口岸，更化作一片废墟。

到了康熙十七年（1678），清王朝终于恢复了广东与澳门的陆路贸易，澳门的港市也就有所复原；不过，水路贸易仍在禁止之列，但不少有官府要人为后台的商人公开走水路直接贸易。于是，澳门旁边的十字门水道成了走私船只聚集的海面，这些商人与外来的葡萄牙、西班牙、荷兰等国商人私下里做交易，一时间颇为兴旺。官府自然也睁一只眼闭一只眼。

广东商人之所以敢于与澳门外商进行水上贸易，与当时镇守广东的平南王尚可喜的态度有关。尽管早在清顺治八年（1651），赖在澳门的葡萄牙人认为明王朝大势已去，赶紧向清王朝表示归顺，并得到顺治皇帝的首肯，但广东的局势波诡云谲，变化多端。顺治七年（1650），广州屠城。顺治十年（1653）、十一年（1654），南明李定国几度从广西进军广东，大军直下广州南翼新会，可因遭遇瘟疫，未及与郑成功援粤大军会合，功败垂成。及至康熙年间，"三藩"拥兵自重，镇守广东的平南王尚可喜及他的儿子尚之信又形成割据之势，不仅"广东督、抚、提、镇，俱听可喜节制。遴补将吏，调遣兵马，均得便宜从事"，尚之信更气势汹汹，怒骂盐驿道佥事李毓栋："尔甫来此，事事与我违拗，我一刀砍尔，上亦无奈我何。"他这一段话表示，清廷的禁海令在广东未必能贯彻到底，事实上，为了割据一方，尚之信仍沿袭历朝广东"笼海商之法"，专门组织了一批商人，号曰"王商"，即"藩王之商"、广东的王府商人，从事对外贸易走私，从而为地方政府牟取巨利。

其时，海禁搞得非常"蝎虎"（方言，"厉害"的意思），沿海田园荒芜，农居被焚毁，至于商人，也不得与"效忠"了的澳门通航。但是，王商有尚家父子为后台，却能一手遮天，频频与澳门的外商做生意，这几等于垄断"海禁"了，他人不能做，可他们可以做。这一来，商业资本成几何级数飙升，更何况他们精通与外商打交道的业务，赚得更多了。

那时，广东王府的贸易总管沈上达更胆大包天，组织庞大的船队，直接开出十字门，到南洋各地进行贸易。这与全国沿海地带形成极大的反差——"片板不得下海"，连渔船也无影无踪，独有澳门一口，却有巨舶出没。

后来，李士桢在《抚粤政略》中感叹：

  自康熙元年奉文禁海，外番舡只不至，即有沈上达等勾结党棍，打造海舡，私通外洋，一次可得四五万两，一年之中，十舡往回，可得利银四五十万两，其获利甚大也。①

  至于澳门的葡萄牙人，自是"有奶便是娘"，只要有利可图，"三藩"割据，他们当然与尚可喜、尚之信及其王商相交甚洽，并不以清王朝为然。

  自然，康熙皇帝对尚氏所称的"上亦无奈我何"之狂妄不会无动于衷。而且，"三藩"与清王朝的中央政权之间的冲突日益凸显，康熙皇帝亲政后，下决心要"削藩"。正好尚可喜假惺惺上疏要求归老辽东，请以其子尚之信袭爵留镇广东，康熙以此契机，允许他退休，但不准尚之信袭爵，还"令其尽撤藩兵回籍"。这下子，弄得另外"二藩"，即吴三桂、耿精忠不安了。康熙十二年（1673），吴三桂发动叛乱，第二年，耿精忠也在福建发动了叛乱。

  康熙试图稳住尚可喜，令其留守广东。然而，这也只拖了一年多，康熙十五年（1676）二月，尚之信也归附了吴三桂，宣布叛乱，"易帜改服"。

  随着吴三桂被消灭，陕西提督王辅臣、福建耿精忠相继投降，尚之信感到不妙，迫于形势，于康熙十六年（1677）六月也不得不"归降"清廷了。

  由于平叛战争尚未结束，最后撤藩的时机还没有成熟，康熙皇帝没有立马处置这位反复无常的藩王尚之信，仍旧令他"袭封平南亲王"，照旧理事。

  不过，这时澳门的葡萄牙人却坐不住了，因为这位广州的藩王已经是靠不住了，当初已向清廷"效忠"，后来却又同藩王的王商打得火热，万一怪罪下来，日后的贸易只怕也就办不成了。自1511—1678年的一个多世纪中，中国海上贸易的几起几落，他们是看在眼里的，感到这一回若处理不当，势必后患无穷，必须有大动作才行。他们绞尽脑汁，终于出了一招！

  他们对中国文化还是有所了解的，知道中国人历来对狻猊是颇为敬畏的。于是，1678年（康熙十七年），他们把在非洲莫桑比克捕捉到的一头狮子送到印度的果阿，而后，用船载抵澳门，再由本比·白垒拉率团，从广州出发北上，要向年轻的康熙皇帝进贡这头狮子。若讨得年轻皇帝的欢心，那他们在澳门的利益便可以得到保证了。

  于是，狮子一路北上，出大庾岭，直奔京城。是年八月，这头"贡狮"终于顺利抵达北京，至于一路的颠簸都不在话下。

  一个王朝，得到了狻猊，在中国自是吉祥的征兆，也是国家强盛的表现。此时，"三藩"既平，河清海晏，来了一头祥兽，自是大大满足了年轻的康熙皇帝的好奇心与虚荣心。于是，他召集群臣与文人学士，一道来观赏这头"贡狮"。

  这应算是十三行又一次起死回生中发生的盛事。

  皇帝开了口，要求在场的臣子们都得作赋吟诗，以记录下这一辉煌的历史时刻，表明万邦来朝，这"天朝上国"可谓威风赫赫，蒸蒸日上，躬逢盛世。

---

① 〔清〕李士桢撰：《抚粤政略》卷十《议覆粤东增豁税饷疏》，旧刊本复印本。

金碧辉煌的宫殿中，群臣毕至，一派喜气洋洋的景象。那解运"贡狮"来的使者，长发披肩，长髯飘拂，蛮衣裹身，似披的氍毹，恭恭敬敬地立在殿前，身上的征尘仿佛还不曾拂尽。狮子在笼中，仍不失其威风凛凛的气势，不时吼叫一两声，令观赏者为之惊呼。

在场的大臣个个捻着胡须，或仰视，或俯首，口中念念有词。皇帝下了御旨，不写出一首好诗，那可是逃不了"欺君之罪"。于是，陈廷敬、叶方霭、张英、高士奇、陈梦雷、王鸿绪、严我斯、刘德新、许贺来、顾景星、李澄中、毛奇龄、尤侗、宋祖昱、田雯等人，一一都拿出了歌吟之作，大赞皇恩浩荡，无所不该。自然，均很得皇帝欢心，命全部刻录了下来，传至后世。

这里且录下一首，是曾任内阁中书，历官刑部、户部侍郎的进士田雯所写的，诗题名为《贡狮子应制》，从中不难看到贡狮进殿之际的盛况：

> 南轴狻猊贡，雕题瘴海来。
> 金刚夸异质，乌弋岂凡胎。
> 宛足腾僬洞，斑文映斗魁。
> 枭阳真挺拔，岭表郁崔嵬。
> 尾掉风生箐，山鸣昼起雷。
> 熊罴须早避，兕象莫相猜。
> 月照犛鞄馆，秋离戏马台。
> 岂同甘玃貉，未肯学驽骀。
> 北望遵王会，南荒历劫灰。
> 楼艎浮万斛，飓浪簸千堆。
> 使者须髯古，蛮衣毹屩裁。
> 绮钱盘翡翠，椎结冒毰毸。
> 俯首螭坳下，呼嵩鹤禁隈。
> 表须重译上，宴许膳夫陪。
> 甲账传银瓮，仙茎赐露杯。
> 乐浪偕馆舍，日浴共徘徊。
> 报谒鸡人唱，辞朝驿骑催。
> 天连溟渤阔，客泛斗牛回。
> 紫舌车书集，洪炉雨露该。
> 驺虞游上苑，牺象镂云罍。
> 喘问三春犊，祥征八尺骙。
> 虞人勤护惜，爱此不群材。①

---

① 陈永正编注：《中国古代海上丝绸之路诗选》，广东旅游出版社2001年版，第238－239页。

康熙皇帝在龙颜大悦之际，亲口答应了葡萄牙使团的要求，允许澳门商人"在旱路界口贸易"，从而恢复了澳门与广州的陆路贸易，十三行也就再度兴旺了起来。

不过，贡狮"晋京"之日，尚之信的死期也就不远了。一年半之后，康熙皇帝下令逮捕尚之信，不久，即赐死于广州。康熙二十年（1681），平定"三藩之乱"的战争终告胜利。

又一年，康熙下令撤除藩府，将尚之信的兵归广东将军统辖，与此同时，沈上达家亦被抄没，其财产近百万两银，仅次于藩王。不过，"将军商人"也由此而起，与未受牵连的"王商"相抗衡，演绎了清初十三行诸多类商人角逐的一出出闹剧。

葡萄牙人、荷兰人由于占了先机，尽管其贸易的规模远不及后来的英、法两国商人，但是，他们延续与助长的私人贸易，包括其间澳门界口的"旱路贸易"，多少对推动清廷之后的对外贸易产生了相对积极的影响。

台湾被清廷收复，郑克塽投降，来自海外及藩镇作乱的威胁都已消除之后，国家经济的恢复就成为施政的首要目标。

历史被推进到了又一个关键的时刻。十三行，再度面临一个新的节点。于是，"沿明之习"、重立"十三行"便被提到了议事日程上。

几年后，康熙二十三年（1684），即在收复台湾之后一年的一月，浙江秀水人、顺治十五年（1658）的进士杜臻由京城派往广东，以钦差的身份宣布开豁迁海之禁，还民以地，使民复兴。他还特地与另一些大员如吴兴祚等去巡视了一番澳门，对澳门兴旺的贸易艳羡不已，为此，特写下一首七言诗《香山澳》：

> 香山之南路险巇，层峦叠嶂号熊罴。
> 濠镜直临大海岸，蟠根一茎如仙芝。
> 西洋道士识风水，梯航万里居于斯。
> 火烧水运经营惨，雕墙竣宇开通衢。
> 堂高百尺尤突兀，丹青神像俨须眉。
> 金碧荧煌五彩合，珠帘绣柱围蛟螭。
> 风琴自鸣天籁发，歌声呜呜弹朱丝。
> 白头老人发垂耳，娇童彩袖拂冰肌。
> 红花满座延上客，青鸟衔桃杯玻璃。
> 扶杖穿屐迎道左，稽首厥角语温咿。
> 自言慕义来中夏，天朝雨露真无私。
> 世世沐浴圣人化，坚守臣节誓不移。
> 我闻此言甚欣喜，揽辔停骖重慰之。
> 如今宇内歌清晏，男耕妇织相熙熙。
> 薄海内外无远迩，同仁一视恩膏施。

还归寄语西洋国，百千万祀作藩篱。①

后面十行，与其说是用以慰藉澳门的"白头老人"，不如说是让北京的皇帝看，以证明葡萄牙人"归顺"后，如何"坚守臣节"的，故皇帝无须为此忧虑。

诗中对海上贸易的盛况描写应当不虚，因为从外国的典籍上也同样可看出在澳门的葡萄牙人是如何赚得盆满钵满的。

在广州十三行于清初萎靡不振之际，澳门也就发挥了它独特的作用。因此，在清朝"沿明之习"，重建十三行之际，澳门不可不被重视。

不过，外商是不理解"严华夷之大防"的政策的。

而在宋代，甚至再往前推溯，南汉国、隋唐乃至汉魏六朝，外商是可以随意出入广州的，南汉国的君主甚至会设盛大的国宴款待外国商人。可到了明代，狭隘、保守的观念占了上风，偌大一个海洋帝国萎缩为一个农业之国了。如果没保留住澳门让外商居住，闭关锁国将会更甚。澳门成为中国走向近现代的"门口路"。

广州始终是中国对外贸易的第一大港，这是几百年所未曾动摇的，这又与澳门这个"外港"分不开。澳门的开埠，保证了广州在这之前已形成的一年两季的"交易会"对外贸易规模的拓展，这有当年外商的记录为证。在《西方澳门史料选萃（15—16世纪）》一书中有：

> 为了满足我的愿望，当葡萄牙人去购买发往印度的货物的广州交易会或集市的时间来临时，我把我的现金交给了代表们。从澳门市民中选出四五人，任命他们以大家的名义去购货，以便货物价格不出现变化。代表们乘中国人的船被送往广州，携带着想花或可以动用的钱，一般是相当于 250000 至 300000 埃斯库多的雷阿尔或来自于日本及印度的银锭。这些船名叫龙头划，类同日本的黑船，以桨航行（但日本船大得多，类似我们的大帆船，但更加舒适）。葡萄牙人不得离开这些船只。只有白天允许他们上岸行走，入广州城观看货物，商定价格。定价称作"拍板"。之后，可以这一价格购买各人欲购的货物，但在商人代表订立合同前，任何人不得采购。入夜后，所有人返回龙头划船上进食休眠。一边购货一边根据葡人的需要将其以龙头划船运至来自印度的大舶或澳门。
>
> 澳门岛及城由葡萄牙人和华人共居。他们同广东人有贸易。华人从那里携货来并在此购货。葡人不能航行至那里，只有从印度有船来澳门才可以。在此情况下，由官员或澳门的总管来丈量，即量取船的长宽并据此计算关税的多少。完后，可随意装购任何数量的任何货物，而无须再付分文。允许推选一个葡萄牙人，代表大家航行去广东，可随意选购货物，但必须在城外过夜，否则严惩不贷。②

---

① 陈永正编注：《中国古代海上丝绸之路诗选》，广东旅游出版社 2001 年版，第 192 页。
② 金国平编译：《西方澳门史料选萃（15—16 世纪）》，广东人民出版社 2005 年版，第 272 – 273 页。

还有如下记载：

> 为了双方和好，各自得益，我从此处（澳门）的长者、故人及其他人那里仔细询问到过去和现在的事情。我得到的情况如下：首先，大约104年前，葡萄牙人开始与华人贸易。这在1518年左右……起初的37年，部分时间在上川，部分时间在其他港口，一直缴纳常规的船税。这段时间之后，在浪白滘交易。1555年，被获准前往参加广州的交易会进行贸易和纳税。时至今日，已经67年。1557年，中国国王的执法官迁往澳门港。65年来，给了他们地方居住。从此，每年两次前往广州缴纳船税和为印度与日本的贸易参加交易会并向国王缴纳本城每年的500两地租银。从那时起至今，我们一直缴租。①

而这，是其他三大口岸所不具备的。

当然，更重要的原因，还在于十三行的"成长"。

我们常说，一切历史都是思想史。研究十三行，不能不深入到十三行行商的商品意识、市场理念当中，深入到他们对大航海时代国际贸易的可能的全面认识当中。在这个意义上，十三行行商中的佼佼者从一开始便是国际性的大商人、大金融家、大航运家，只是由于种种原因，他们的身份一直被遮蔽了下来。

当朝廷"准贩东西洋"，允许东洋（日本）与西洋（欧洲）到广州参与交易集市之后，这才真正拥有今天意义上的世界性的交易会，即近代的会展业。正是明嘉靖年间，广东放开了对外贸易，沿袭宋代的市舶司制度，"令民博买"，征收商业税，获取高额利润。到了嘉靖末年，广州更举办夏、秋两季世界性的商品交易集市，允许东、西洋的商品到这里汇展。这一来，广州"交易集市"的范围已超出了欧洲的商品交易会，也超出了在葡萄牙到来之前的集市的规模，也就是说与近现代的会展趋于一致。

第一，它具备了真正的世界性，为了区别于欧洲安特卫普交易集市仅仅是欧洲范围内的"国际性"，笔者使用了"世界性"这样一个词，它不仅包含欧洲、东洋（日本），还包括南洋。"十字门开向二洋"，屈大均诗词中的"二洋"所包含的范围，比过去任何一个时代都大得多。

第二，它的规模在世界上无可比拟。当时的广州已成为贸易全球化的中心市场，远远比欧洲任何一个商港都大得多。嘉靖三十二年（1553）前后，明朝政府首度允许非朝贡国家在广州进行贸易，自此，形成了广州十三行为对外贸易的要地。广州于十三行地面上的展销，也就远远超过任何一个历史时期，也超过任何一个世界商港。在中国相当强盛的时代里，广州的交易集市自是世界第一。

第三，它定期举行。如今的广交会是一年两季，为春交会、秋交会，时间的间隔比较合理；而明代，在广州的交易集市是夏、秋两季举行。尽管有所不同，但都是定期举行。明清的两季是以季候风来定的，因为那时的主要贸易运输工具只有大帆船，不似今

---

① 金国平编译：《西方澳门史料选萃（15—16世纪）》，广东人民出版社2005年版，第273页。

天有全天候的海陆空工具。一到秋冬季,东北风一来,来自西洋的船只立即就得借信风返航了。而这种全球性的、定期举行的大规模集市,在时间上已经不同于自然经济状态下的市圩,后者一般是十天半个月一次,周期远没有这么长,这也为商品的筹集与运输提供了较充裕的时间。

第四,进出口商品种类极度丰富。除了国内各地的商品,还有来自东洋的货物,以及来自南洋与西洋的商品,经过交易,各自又转贩到不同的地方,可以说,其吸引力是从来未有过的。这里,我们无须开出商品名目。

从1557年明嘉靖年间广州十三行的出现,到明亡清立,即1644年——广州陷落为1647年,但抵抗到1661年,也就是说,十三行在明代有差不多100年的时间,具有相当丰富的经济、文化内容,更何况,明中后期,东南沿海的商品经济已相当发达,市舶贸易规模前所未有,被不少国内外的研究者视为"前资本主义时期"。所以,十三行应有非常出色的表现。明代笔记中"却洋舶馈",寥寥数语已透出不少商业繁荣、市场规划形成诸方面的信息。

在此期间,利玛窦经香港,过十三行至两广总督府所在的肇庆,再北上,为明朝政府所赏识,则是重大的历史事件。利玛窦在其《利玛窦中国札记》中写道,他一到澳门,就发现中国的缫丝业已具有很大的规模,称:"他们也用丝掺以棉织成一种大马士革式的料子,他们的其他纺织品也在欧洲找到一个现成的市场,他们所要的价钱大约是我们西方所付同类产品的三分之一或四分之一。"①

可见,当时十三行的丝绸贸易在大航海时代开启之际已是何等繁忙与昌盛!利玛窦到京,更推动了徐光启等人学习、了解欧洲发达的文化科学。《明史》中就有"东来者大都聪明特达之士,意专行教,不求利禄"一语。

按理,明代的十三行商人无论是在对外贸易,还是在文化交流上,都有着丰富的展现。可惜,明亡清兴导致的文化的断裂,明代十三行100年的历史记录所见却不多了,虽然英国人认为明代时巴达维亚贸易乃"中国海上贸易的一个重要分支",却语焉不详。

无疑,明清易帜,清军的铁蹄也切断了明末商品经济正常发展的轨迹,随之而来的是清初近半个世纪的"禁海"与新王朝对思想文化的禁锢。

现在,该言归正传了。

---

① 〔意〕利玛窦、〔比〕金尼阁著:《利玛窦中国札记》,何高济、王遵仲、李申译,中华书局1983年版,第13-14页。

上编 开海时期

(清康熙二十三年至乾隆二十二年,1684—1757)

小 引

长期以来，对十三行的研究，学者们都注目于"一口通商"之后的十三行，尤其集中在19世纪后期的十三行。著名学者、十三行后裔梁嘉彬的名著《广东十三行考》便是如此，这么多年来，关于十三行的潘家、伍家以及梁家等的研究著作、论文同样如此，关于公行、行佣、口岸制度的研究也大抵如此。

一般认为，十三行后期的资料，由于距我们所处的年代相对要近一些，所以，留存下来的也较多，做起研究来自然信手拈来，这是一个重要的原因。包括外国的史料记载也多集中于这一个历史时期，加上美国18世纪后期才独立，其对档案的保存也是自其独立之后。所以，大量的中外研究成果都集中在19世纪之后。

而且，在这个历史时期，十三行本身的制度也已经相对稳定下来，以致有人认为十三行是"一口通商"之后才建立的，如公行正式恢复于清乾隆三十四年（1769），11年后撤销，但没过几年又重建了，而且一直延续到鸦片战争时期，与十三行"同归于尽"。由于制度稳定，行商虽然走马灯似地更换，但最终出现了诸如潘、卢、伍家几大行商，他们富甲天下，经商故事精彩纷呈，辉映了整个世界，如潘启官受到瑞典国王接见，伍家投资美国的太平洋铁路，等等。乃至鸦片战争时期，无论毁誉，行商都充当了一个无可替代的角色。这些，不能不引起研究者们高度的关注。

这样一个历史时期，既有炫目的历史礼花，也有深不可测的历史黑洞；既有向后人炫耀的功绩，也有让有志者扼腕的沉痛。学者们对这样一个历史时期行注目礼无可厚非。

这一时期寄托了整个20世纪中国人几乎一致的反思与觉悟，凭此，无论是在中国还是外国，关于这方面的表述也大多趋于一致。许多人还记得，20世纪80年代中国改革开放之初，法国学者佩雷菲特所著的《停滞的帝国——两个世界的撞击》一书译介到中国时，在中国高校曾引起广泛的反响。该书"译者的话"中的一段，可代表当时整个学界的心态与认识：

> 闭关锁国只能导致文明与国家的衰退，无力抵御帝国主义列强的侵略。记取这一历史教训也可使我们今天更坚定地走改革开放的道路。①

可在这之前呢？

从康熙二十三年（1684）至乾隆二十二年（1757）这73年间，从康熙开海禁至

---

① 〔法〕阿兰·佩雷菲特著：《停滞的帝国——两个世界的撞击》，王国卿、毛凤支、谷炘等译，生活·读书·新知三联书店1993年版，第3页。

"一口通商"，中国经历了三个皇帝：康熙、雍正、乾隆。这一时期是大清国走向鼎盛的历史时期。这一时期与"一口通商"的80多年不相上下。

如果说，后80多年，大清王朝已经做出历史的选择，十三行的命运已经注定，那么，前70多年，大清王朝是怎样进行选择的？十三行又是处于怎样的变数之中的呢？

诚然，这个时期相距我们要远一些，且处于变动的岁月中，其留存下来的史料要难找得多，引起人们的关注度自然要低一些，做研究的难度也就相对大一些——然而，这并不是忽视这段历史的充分的理由，因为其具备的挑战性也大得多！

关键在于，研究这段历史时期十三行的意义何在？尤其是对今天的警策如何？换句话说，它的现实意义怎样方可凸显出来？

这也是本书把重点落到这样一个历史时期的十三行的理由。

当我们涉足这一历史时期之际，无论资料多寡，都面临一个重大的挑战，尤其是进一步深入下去，甚至会对既往已形成的定见，或者某些历史的结论，进行前所未有的颠覆，我们看到的，是与过去已在头脑中产生的图景完全不同的一幕，似乎混乱却又鲜活，似乎困厄却又自由。

也许只是巧合，在康熙决定解除海禁的前几年，即1681年，与康熙同时期的法国君主、有"太阳王"之称的路易十四，在法国科学院派人到世界各地去考察其地理并绘制航海地图时，已在酝酿如何与中国皇帝联系的事了。也真巧，正是康熙宣布开海贸易的时期，即1685年，"太阳王"也派出了法国第一个科学传教团到中国，这个使团由日后在中国赫赫有名的神父洪若翰以及白晋、张诚、刘应、柏应理、李明所组成，他们都"入乡随俗"，起了中国名字。这一年的3月，他们带着"太阳王"授予的测量仪器从法国布雷斯特出发。两年后，他们先抵达宁波，再过半年，奉康熙之命，到了北京。其中，张诚、白晋就留在了康熙身边，成了康熙的老师。

可以说，康熙在东方也同样具有堪比"太阳王"的辉煌。他与路易十四一样，都是冲龄即位，而且，全凭自己的雄才大略与过人的智慧，建立了中央集权的统治，使国家走向了鼎盛。这边，是康熙盛世；那边，法国成为欧洲的强国与科技文化中心，甚至向东方派出了一批科学家。

回顾这一段历史，我们发现，清初、中期，中国与法国的关系要密切得多，法国甚至比英国更早在澳门设立了贸易办事处，当然，到中国的法国神甫兼科学家、技工、画匠的人数在各国中也一直占首位，上面提到的张诚还参与了中俄划界的谈判，甚至代表中国出使俄国。

而康熙一直在努力学习西方的科学技术，以及人文学科，如哲学等，他完全接受了"地圆说"。他接受科学，但对传教则始终保持警惕。与此同时，白晋在1693年（康熙三十二年）离京返回法国，给"太阳王"带去了康熙的礼品，其中包括中国的一些经典与科学著作（共49卷）。很快，不少著作被译成了法文，有的成了反对神学、推动启蒙思想的武器。

正如法国当代学者所说，"在18世纪，大家实际上是目击了一场信息的反向流动，主要是欧洲向中国学习"①,"发现和认识中国,对于18世纪欧洲哲学的发展起到决定性的作用,而正是这种哲学为法国大革命做了思想准备"②。"己所不欲,勿施于人"甚至被写在了法国大革命的旗帜上。

而中国的"开明君主制",对法国的大思想家如伏尔泰等亦不无影响。笔者所著的长篇历史小说《开洋——国门十三行》③中就专门写了一位醉心于"开明君主制"的十三行的法国商办主任。

平心而论,此时的中国,无论是在经济上还是在文化上,都有很多方面领先世界;而对外开放的态势,也并不是后人所认为的那样保守。忽略这些,认为此刻的中国已经僵化、保守、坐井观天,实在是与事实相去甚远。

本来,通向世界的这一历史之门,已然洞开。

因此,这一编,我们选择了1684—1757年这70多年十三行的历史——被大多数史学家所忽略的历史。

在法国人认可的"开明君主制"下,中国这70多年的一步步开放,有不少可圈可点的地方,从康熙、雍正、乾隆三位帝王诸多关于开海、免税以及与十三行相关的御批及所采取的一系列政策而言莫不如此。

同样,在大清各级官吏中,为民请命,拼死要求开放海禁、洋禁,以及免除各种缴送、税项的,亦不乏其人。他们关心民疾,关注国计民生,加上受中国传统的儒家学说的引导,出于公心,敢于犯颜直谏,令人感奋。

尤其应突出的是走在开海贸易前列的十三行行商。早期,他们自然褪不去官商的色彩,但随着与国际商贸相衔接,加上国家政策的相应调整,他们很快向民商,向自由商人靠拢,而且,也正由于他们的努力与抗争,对外贸易才一步一步褪去朝贡的色彩,最后形成真正的通市,即市场经济。

仅这么简单点上几句,就已经很明白了,在这70多年间,中国曾面临许多机遇,有可能与正逐渐成熟的国际贸易的准则相适应;有可能更多地引进西方先进的科学技术,从而不再忧虑"岭门开后少坚城";有可能在梯度的开放中,接受西方的启蒙主义、人文主义思潮——行商中已不乏这类先见者,有可能在清中晚期不至于发生逆转,走向腐败与衰亡。当然,历史没有这么多的"可能",已发生的一切均已无法改变了。

那么,这70多年中,我们曾有过怎样的机遇?同样,行商或者相关官员有过怎样的抗争?而其间我们得到了什么,又失去了什么?为何在一路畅行之际,突然进入了另一扇门,令已进行得相当到位的开放最后发生了逆转?

这些问题,哪怕在今天,在我们的改革开放已进行了40年之际,仍是那么振聋发聩,我们尚须进一步开放的内容还有很多,不仅仅到加入WTO为止。因此,选择这70

---

① 〔法〕詹嘉玲:《18世纪中国和法国的科学领域的接触》,载《清史研究》1996年第2期,第56—60页。
② 〔法〕谢和耐语,转引自张芝联、成德崇主编《中英通使二百周年学术讨论会论文集》,中国社会科学出版社1996年版,第122页。
③ 谭元亨著:《开洋——国门十三行》,人民文学出版社2011年版。

多年进行深度研究，对今天而言，有着更现实、更重大的意义。我们应当有更明白、更直接的历史之镜。

在这70多年中，于朝廷层面而言，似乎也有两条历史的逻辑线。

一条线是从康熙开海、接受法国科学使团、制造热武器为开端；而后是雍正废除"南洋禁航令"，雷霆出击，严惩中外不法商人与官员勾结、破坏正常贸易的罪行；及至乾隆，便是废除"加一征收"，取消缴送，给予外贸优惠政策，乃至设法完善除广州之外的其他几大海关的制度与政策——如果照此发展下去，大清中期，其开放的格局也就能得以完成，尤其是边关热武器的使用与提高，也就不会在日后被英军几千支枪打得国不成国。

而另一条线则是康熙开海后，晚年听信地方官员的谗言，又颁布了"南洋禁航令"，对外来宗教的政策也从宽容到"禁教"并祸及科学技术之引进。而后，雍正开洋后，却默许广东巡抚杨文乾再度使用朝贡制度的"加一征收"手段以对付日趋频繁的西方商船的到来；到乾隆二十二年（1757）的"一口通商"，"防夷五条"等日趋严厉的对外限制，终于在乾隆中晚年，整个大清国由盛转衰。

至于官员，有力促康熙开海贸易的，也有以种种借口延宕乃至反对开海的，有向雍正申明禁洋之弊端的，也有于海关巧立名目、设立繁多税种的，当然，更有在乾隆"一口通商"决定中发挥极其恶劣作用的——这期间，杨宗仁之于康熙，杨文乾之于雍正，杨应琚之于乾隆，这杨家三代人对广东封疆大吏的承袭所造成的恶果恐怕三言两语难以说得清。

但我们更应该把目光投向十三行行商。

毋庸置疑，商人、第三阶级等，在那样一个时代，均具有革命性的因素，这无须多加阐释了。在世界大航海时代，十三行行商这批经营大规模的外贸业的历史骄子，秉承传统的"通商裕国"的理念，求新求变，与国际市场交融在一起，且带来了全球先进的文化思想，其作用再怎么高估也不为过。

而在十三行中，从早期的皇商、王商、总督商人、将军商人，渐渐演变为有相对独立身份乃至独立人格的，具有自由商人色彩的民商，可以说这是一个相当艰巨的演变过程，毕竟，他们是在封建大一统的制度下生存、经商的，不能不受到种种制约。而这一演变过程，恰好就在这70多年当中，尤其是中期，那些坚持公平、公正的交易原则，不仅敢于与官商勾结者抗争，更敢于告"洋状"，揭发外商的不法行为的行商，担着极大的风险，有的倾家荡产，被籍没流放，有的甚至几度入狱。然而，正是他们的抗争与牺牲，表现出一种可以超越那个时代与环境的思想，为后来十三行行商成为真正的民商扫清了障碍，为他们摆脱或屏蔽官府，到世界各国去经营其商业、金融业打下了宝贵的基础。

应当说，对于行商整体而言，他们并没有另一条历史的逻辑走向——还原为封建体制下的官商，他们只能义无反顾地向前，哪怕十三行被毁灭了，也仍在坚持其近现代商人、实业家的身份与原则，为日后的洋务运动、戊戌变法及辛亥革命廓清了道路。

正是他们，创造了机遇，抓住了机遇，在无论怎么艰难厥绝的时刻，仍矢志不移，走着自己的必由之路！

这也是十三行的灵魂所在。

因此，把研究的重心放在行商身上，抓住这 70 多年波诡云谲的历史变化，我们应当有更多的发现与感悟！

卷三　从开海到禁洋

第十章　康熙开海：顺应大航海时代

清康熙二十三、二十四年（1684、1685），对自山东至广东漫长的海岸线上内迁了80里的老百姓来说，无疑是一段悲喜交加的日子——这两年，他们在离乡背井20余年后，终于能重返家园了，这是他们望眼欲穿、终于盼到的喜事。可又悲从中来，今日能重返故园的人，恐怕为数不多了，十之六七在流离失所之际，死的死，散的散，不复得见了，20余年，许多人熬不到解禁的那一天，就撒手人寰。据史料记载，不少沿海村落，真正返迁回来的，也就只有一两成。这是怎样的一场惨绝人寰的血腥浩劫！当重新踏上返乡的路途之际，携老将雏，每个人的眼里，都是一片凄怆与茫然。

而回到故乡，哪里还有往日的田园？哪里还有记忆中的家园？田园早已荒芜，20多年不曾耕种，已满目蒿莱；家也荡然无存。当日为强迫人民迁出，官府能拆则拆，不能拆的，则一把火烧了个精光，不由你不走。

清王朝出于自身利益而颁发了禁海令，但清朝立国之初，尚需借助割据的藩王维持地方秩序，广东则由尚氏父子——平南王尚可喜、尚之信所盘踞。他们却有自己的算盘，尤其是面临巨大的商业利益时，不可能不为之心动。

1653年，暹罗、荷兰的商船先后到达广州、虎门，提出互市要求，并找到盐课提举白万举当说客，获准在明代留下的市舶怀远驿做生意。由于能从中获得巨大利益，如前所述，尚氏父子便让王府参将沈上达主持这一违禁的"王商贸易"，"得利银四五十万两，其获利甚大也"①。以致后来康熙也认为"向虽严海禁，其私自贸易者，何尝断绝"，而且愈做愈大。后来尚氏父子败亡，朝廷查抄沈上达家产，竟有近百万两白银，不比藩王逊色多少。

---

① 〔清〕李士桢撰：《抚粤政略》卷十《议覆粤东增豁税饷疏》，旧刊本复印本。

清宫画师绘制的清圣祖皇帝像

"王商"的出现与消失，正是十三行起死回生之际。也就是说，康熙开海，令"沿明之习，立十三行"之际，十三行开始了由隐至显的进程。

十三行终得复兴。康熙开海第二年，叶氏家族"春江水暖鸭先知"，第一家从福建来到了广州，后来成为十三行四大家之一。

家已不成家，于是，也有人至死不愿归去，在外谋生好了，谁知道哪天又突然一道御旨，还得迁出。清朝这40年间，反反复复的事情还少么？人们信不过。

这时，广州城里出现了一番热闹景象。在明朝曾被叫作"十三行"的地方，已经在大兴土木了。场面十分红火，挖地基的挖地基，夯土的夯土，砌墙的砌墙，运木的运木，上梁的上梁……平日少见的商人也纷纷乘轿前来，察看这片热土，高谈阔论，急切却有条理，而且个个喜笑颜开，仿佛又有大笔银圆进账。

他们在干什么？好事者很快便打听出个究竟来了。

原来，自从钦差大臣杜臻来宣布开豁迁海之禁、还民之地后，康熙皇帝又派内阁大学士石柱等人到粤闽沿海考察，为开海贸易、设立海关筹划。明代留下来的怀远驿是专门用以接待外国贡使的，如用来迎候外国商人则师出无名；更何况按清代礼部贡典，欧洲的商人典上无名，又没有金叶文书，所以，绝对不可以官方规格来接待，正所谓"华夷有别"，上下有限，祖宗确认留下来的伦理秩序是万万改变不得的。因此，当政者称，只能让外国商人到洋行商人的行栈中住，或者将行栈租给他们，方可解决这礼制上的问题。

大人一发话，行商立即心领神会，无论如何，这是一大商机，既可以收租金，又可以与外国商人做好买卖，何乐而不为呢？

这一来，过去的十三行便成了首选之地。

也许是因为官方所允，自然少不了官方干预，所以，这赶建起的房屋几乎都是一个模式，不会有什么讲究了，诸如高度、阶梯、进深等。这让外商们丈二和尚摸不着头脑，怎么不同的主人，建的却是同样的房子？不会内中有诈吧？

云里雾里也好，心生疑窦也罢，可还是得住进去。

于是，凡来广州经商的外国人，也就住进了这分不清彼此的房子，并把这些房子统称为"商馆"。可中国人不这么叫，而是叫它们"夷馆"，以显示自身正统。

商馆很快便建成了，这里坐北朝南，面向珠江，由东至西沿江排列，倒是一道不俗的风景线。

当沿海居民陆续重返故园，尤其是南方，偌大一片家园，历经40年的战乱，正是百废待兴之际。国家要办大事，没有税收是不行的。广东素有"天子南库"的美誉，但财源来自海上，所以，杜臻考察一番之后，内阁大学士石柱一行又来了，且明确地为开海贸易、设立海关做准备。康熙为此于二十三年（1684）六月初五发出谕令："海洋贸易，实有益于生民，但创收税课若不定例，恐为商贾累。当照关差例，差部院贤能司官前往酌定则例，此事著写与大学士等商酌。"① 一个月后，七月十一日，康熙皇帝更主持召开了内阁大臣会议，正式做出开海贸易、设立海关的决定。

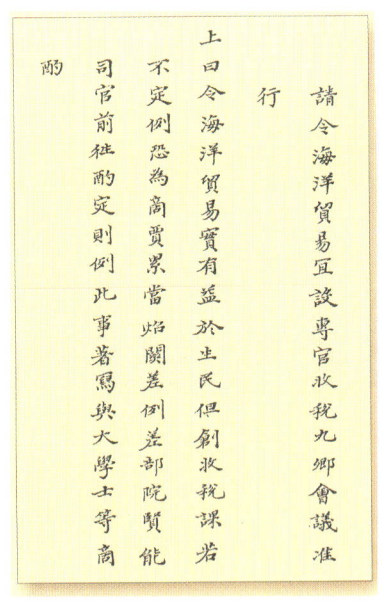

康熙"开海"御批

---

① 参见中国第一历史档案馆馆藏《内阁起居注》，康熙二十三年（1684）。

考察归来的石柱自然要在会上表明自己的立场。原来，他下到地方后，却为地方官吏所包围，耳里灌满了不可开海、不可设立海关的种种议论，更何况在地方，大宴小宴上，官吏们喝得天昏地暗，哪会把国家利益放在心上？其实，地方官吏并不是真的反对开海，他们早就开海了，且私下控制了出海走私，赚得脑满肠肥，可也导致国家的税收大量流失，所以，名义上的禁海，实际上的开海，于他们正好暗度陈仓，中饱私囊。而一旦正式开海、收税，他们的利益也就遭到重大损失。这一来，石柱回到北京，自然站到了他们这一边。殊不知目光敏锐的康熙却明察秋毫，把他的一条条不得开海的理由反驳得体无完肤。

于是，就有了下面一篇《内阁起居注》的奇文：

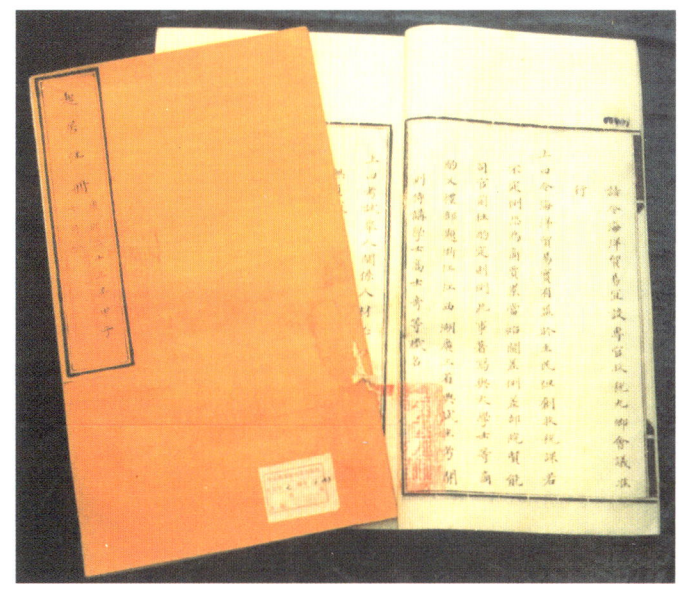

内阁起居注

康熙皇帝问大学士石柱："尔曾到广东几府？"

石柱回答："臣曾到肇庆、高州、廉州、雷州、琼州、广州、惠州、潮州等府，自潮州入福建境。臣奉命往开海界，闽、粤两省沿海居民纷纷群集，焚香跪迎。皆云，我等离去旧土二十余年，毫无归故乡之望矣，幸皇上神灵威德，削平寇盗，海不扬波，我等众民得还故土，保有室家，各安耕获，乐其生业。不特此生仰戴皇仁，我等子孙亦世世沐皇上洪恩无尽矣。皆拥聚马前稽首欢呼，沿途陆续不绝。"

康熙皇帝接着问："百姓乐于沿海居住者，原因可以海上贸易捕鱼之故。尔等明知其故，海上贸易何以不议准行？"

石柱回答："海上贸易自明季以来，原未曾开，故议不准行。"

康熙皇帝非常不满石柱的回答，对石柱讲："先因海寇，故海禁未开为是。今海寇既已投诚，更何所待！"

石柱辩解道:"据彼处总督、巡抚、提督云,台湾、金门、厦门等处虽设官兵防守,但系新得之地,应俟一二年后,相其机宜,然后再开。"

对石柱的辩解,康熙皇帝一针见血地指出:"边疆大臣当以国计民生为念,今虽禁海,其私自贸易者何尝断绝?今议海上贸易不行者,皆由总督、巡抚自图便利故也。"①

最后一段话一针见血,指出了问题的关键,令石柱无言以对。

于是,第二年,即康熙二十四年(1685),清政府正式宣布开海贸易,设粤、闽、浙、江四海关。

> 粤海关设专职监督一人。粤海关建关初年,关务由两广总督吴兴祚兼管,后改为吏部郎中宜尔格图出任首任监督。之后此职多为满人担任,其地位与行省的督抚大员相等,不用听督抚节制,直接向皇帝和户部负责。粤海关下辖省城大关、澳门总口、乌坝总口、庵埠总口、梅菉总口、海安总口、海口总口等7个总关口,其中以省城大关和澳门总口最为重要。各大总口下辖的小关共70个。其中虎门口和黄埔口则隶属省城大关口,是最重要的关口。在每一关口中,又设税官、夷务所、买办馆、永靖营等机构。税官的职能是征收外商的船钞、规礼及其他有关税款;夷务所主要职能是办理外商船只进出手续,以及其他贸易事项;买办馆主要职能是为外商提供后勤服务;永靖营是清政府派驻港口的兵营,执行防卫任务。粤海关当时设在广州城外的次固镇,地点约在今天起义路与泰康路交界处。②

自此,中国终于算是有了海关。

循名责实,海关设立后,则把对外贸易的管理机构海关,与对外贸易的机构洋货行(后统称为"洋行")分离开来,这样,传统的"贡市不分"的贡舶贸易,就向近代模式转变。而康熙二十四年(1685)四月广东巡抚李士桢发布的《分别住行货税》文告,则更具体化了,把国内商人与从事外贸的商人、国内税收与海关税收更明确地划分开来。其内容是针对开设粤海关之后形势的变化而做出的新规定:

> 第一,内地各省商人"来广省本地兴贩,一切落地货物,分为住税报单,皆投金丝行,赴税课司纳税;其外洋贩来货物,及出海贸易货物,分为行税报单,皆投洋货行……赴(海)关部纳税"。这就是说,进一步明确地把国内商业税收和海关税收分开,即是把常关贸易和海关贸易分开。在此以前,清廷依明制"设关所多处",但统称为关。常关与海关之名乃自此时起。
>
> 第二,把经营国内商业的商人和从事国外贸易的商人严格划分开来,分别"设立金丝行、洋货行两项货店"。在这里,也是第一次真正地把广东洋货行商人从一般商人队伍中分离出来,并使洋货行商成为一种专门的行业。

---

① 徐尚定标点:《康熙起居注》标点全本(第3册),东方出版社2014年版,第70页。
② 李国荣、林伟森主编:《清代广州十三行纪略》,广东人民出版社2006年版,第10页。

第三，鼓励"身家殷实之人"承充洋货行商。①

这一文告，可以说推动了广东洋行商人成为一个新兴的商业资本集团，并在十三行的对外贸易中，逐渐形成一个相当特殊的行商制度，有别于明代广商的发展。研究者梁方仲认为，这一制度在初建时有以下几个主要的内容和特点：

（1）充当经营对外贸易的洋行商人要身家殷实，而又以自愿承充为条件。

（2）洋货行承商的办法，是经商人自愿呈明广东地方官府批准，并领取官府发给的行贴，然后才能开业。

（3）在广州和佛山原来经营商业的"商民、牙行人等"，有愿转业承充洋商的，在当时招商时可自由选择，或换牌呈明官府承充亦可。

（4）洋货行商人对粤海关承担的义务，是负责把外洋进出口货税在洋船出口时亲自缴至海关，禁止税收人员从中勒索。②

可见，当时的洋货行是向官府登记承充的商人，和封建官府保持着极密切的联系，是具有一种特有的社会身份的商人，一般也称他们为"官商"。

是否"官商"，笔者以为，尚未可完全定论，日后演变的轨迹可以另作别论。

总之，搅动了中国十八九世纪的一个巨大的商人集团，就在这样的政治、经济的大背景下，走上了历史舞台。

时任两广总督的吴兴祚陪同钦差大臣至澳门，宣布开放广州、澳门的海外贸易。他写下诗一首：

抵香山，舍舟从陆，经翠微村、前山寨、官闸至濠镜澳，遍观炮台及诸形胜，薄暮留宿

参差在马赴朝霞，山势逶迤路转赊。
徐行缓辔一回首，城郭依稀塔影斜。
马蹄踏碎草头露，岩壑微茫几重雾。
断桥东向晓鸡啼，烟起山根变苍素。
岭外云深抹翠微，翠微村外落花飞。
负贩纷纷多估客，辛苦言从澳里归。
前山寨接官闸口，鬼子来迎群稽首。
自从逆寇逞任澜，芜草凉烟断行走。
天威赫赫靖妖氛，海宇忻然瞻庆云。
年来花柳无春色，春色于今倍十分。
回环岛屿如鳞次，昔日腴田荆棘敝。
从兹万姓乐升平，老幼扶携返村肆。

---

① 梁方仲：《广州文史资料选辑》第一辑，政协广州市委员会文史研究会内刊，1960年。
② 梁方仲：《广州文史资料选辑》第一辑，政协广州市委员会文史研究会内刊，1960年。

烟锁双城峙炮台，神威八面一时开。
声惊百里撼山岳，始信鲸鲵不敢来。
蛮乡别是一风景，楼危海岸波披影。
落日千家打暮钟，令人不觉发深省。
南望萧疏十字门，青山双画两眉痕。
波斯未至珊瑚杳，维舟空载月黄昏。
黄昏月上乌桕树，绳床瓦枕留客住。
明日还看九里香，春风春雨宁相妒。①

——录自《留村诗钞》

海禁初开，广州十三行便立刻如南方的树木，一有微风细雨，便立即破土、拔节劲发，迅速生长为茂盛的大树。因反清复明失败而隐居的大学者屈大均按捺不住，写下了《广州竹枝词》七首，其中有几首便写到了这一变化：

洋船争出是官商，十字门开向二洋。
五丝八丝广缎好，银钱堆满十三行。②

另外还有一首，题为《南海神祠作》：

波罗花落蛮娘拾，狮子洋开估舶能。
汉代楼船零落尽，何时重见伏波功。③

这些诗，真实地记录了开海后的情状及诗人的无限感慨。而另一位同是反清复明的志士陈恭尹，隐居后亦留下诗作，第一次写到了粤海关。诗名为《铙歌》，其七为：

粤海关开海舶过，渔人生计只渔蓑。
从今不用愁饥馁，鱼课承恩减已多。④

诗可证史，一点不假。《澳门记略·澳门志略》中也将海关写得颇为明晰：

康熙二十四年，设粤海关监督，以内务府员外、郎中出领其事。其后或以侵墨败，敕巡抚监之，迩年改归总督。所至有贺兰（即荷兰）、英吉利、瑞国（即瑞

---

① 陈永正编注：《中国古代海上丝绸之路诗选》，广东旅游出版社2001年版，第222-223页。
② 〔清〕屈大均著：《广东新语·货语》，中华书局1985年版。
③ 陈永正编注：《中国古代海上丝绸之路诗选》，广东旅游出版社2001年版，第201页。
④ 陈永正编注：《中国古代海上丝绸之路诗选》，广东旅游出版社2001年版，第220页。

典)、琏国(即丹麦),皆红毛也;若弗郎西、若吕宋,皆佛郎机也。岁以二十余舵为率,至则劳以牛酒,牙行主之,命曰:"十三行",皆为重楼崇台。舶长曰大班,次曰二班,得居停十三行,余悉守舶,即明于驿旁建屋一百二十间以居蕃人之遗制也。①

蔚为奇观的"夷馆",在这些年间也渐渐完善了起来,外国人在《航海日志》中写道,所有"夷馆"的格局大致一样。他们猜想,当年广州城外,势必专门有一家建筑行统一设计了这种模式,又统一加以营造,所以,无论何时所建,都一个标准:它拥有一个独立的庭院,进门便有一大照壁,挡住从外边投入的视线,这自是中国传统格局。大门的一侧建有一个门房,在门房的门口挂着一个大灯笼,当然是竹篾编的。绕过照壁,可以看到"夷馆"里面。左右为两栋平行的两层建筑,两楼之间则为长条石板铺出来的方形院落,有自己的排水系统。走过院子,正面应是主楼,造得很是讲究,外墙用的是青砖、龙骨砖,龙骨砖中有木棍做的芯子,应为岭南俗称的空心龙骨砖;屋顶上的瓦片与西洋的相差无几。室内是清一色的木板地。令外商叹为观止的是,楼上,面向江面伸出一个不小的阳台,阳台下方的石柱更是直接打入水中……要知道,在西方,这种"有风景"的楼宇,价格自是不菲,他们工余之际,享乐是至高无上的,关于这点,中国人也想到了。

不过,设立粤海关之际,来广州的外国商舶并没有几艘,且大多在澳门互市,所以,康熙所期待的税饷也收得不多,设在十三行的行户也没有几家。

开海,最早闻风而动的还是中国的商船。

第十一章 活跃在南洋上的中国商船

广州黄埔古港如今风平浪静,只见一些渔船停泊在大榕树下,渔民们怡然自得,在那里下棋、打牌。就近的古村俨然,有名的"左垣家塾"及梁氏大祠堂依旧不减当日的气象。人们每每历数在十三行八大家"潘卢伍叶谭左徐杨"中排行第六的左家的荣耀,除梁经国(左家)为十三行行商外,梁家后人不少成为爱国志士、著名学者,一直延续到今天。如果没有梁嘉彬的名著《广东十三行考》,国内对十三行的研究只怕还在黑暗中摸索,对比起外国的研究,应惭愧得无地自容。

徜徉在古港,走在古树与古宅之间,看沿岸榕树葳蕤,江中碧波荡漾,亦每每纳罕:就这么一个小港湾,十三行时代的中后期,何以有多至5000艘的外商多桅巨舶在此停泊,把数以千万两计的银圆运来,购买丝绸、茶叶与陶瓷?来来去去,周转往复,是何等浩大的气象!

---

① 〔清〕印光任、张汝霖、祝淮等编纂:《澳门记略·澳门志略》,国家图书馆出版社2010年版,第19页。

明代"福船"

诚然,泥沙的冲积,让当日开阔的江面已经缩窄了一半多,本可停泊数千吨远洋轮的港湾,也变浅了。沧海桑田,在历史中也只是瞬间。

倒是那5000艘洋舶大多有名,在外国的编年史、航海志上,可以一一查出各自的名号。最出名的有英国的"麦士里菲尔德号"、法国的"凯撒号"、美国的"中国皇后号"、瑞典的"哥德堡号"等,每一艘船都有自己的历史。而上述这几艘,更开创了各自所在国的新的历史,可谓声名显赫!

十七八世纪外商的多桅船

只是,每到这个时候,人们总会问,此时,中国的船呢?

或许,十三行时代的中国商船,自有其神勇与辉煌!

著名学者屈大均在其被称为"广东大百科全书"的《广东新语》中,就引用了他自己写的那首脍炙人口的七言诗:"洋船争出是官商,十字门开向二洋。"这里说的是"洋船",还有"官商"。他写这首诗的时候,是康熙开海,即1685年前后,那时,行商亦被称为"洋商"。那么,这里的"洋船"可否指做洋货生意的中国船呢?诚然,在康熙五十六年(1717)颁发"南洋禁航令",不允许中国商船下南洋之前,中国商船下南洋的规模是声势浩大的。"商民尤为踊跃,每一洋船回,各带二三千石(暹罗米)不等。"显然,这里的洋船便是指出海的中国商船。不过,在《广东新语》卷十八《舟语》中,第三条为"洋舶",细读下来,讲的大多是贺兰、佛郎机:

> 尝有贺兰国舶至闽,有客往观之,谓其舶崇如山岳,有楼橹百十重,上悬五色幡帜,环飞庐皆置木偶以疑远,内则含伏大佛郎机百位,外则包裹牛革数重,月以丹漆涂塈一周以为固,梯以藤结而上下。客登,则番人从雀室探其首,眼皆碧绿,发黄而面黳,以手相援,见之惊犹魖魅。登未及半,则施放火器,黄雾蔽人,咫尺渺不相见,声如丛雷,轰闻足底。译人云:"此吾国所以敬客,愿毋恐。"其人无事皆细绒大笠,著红褐长裥,金纽连绵至地,或持骨朵,或负手闲行,自晨至暮不息。帆绳交结如网罗,或皆在其上坐卧。帆以布,凡七张之,绳以棕细藤,窗牖以玻璃嵌之。舱以辟支缎铺之。凡十数重。酒以葡萄以香舂,器以宝玉椀,高倾以泻注成贯珠为礼。瓜蔬味皆酸脆碧色。笔管以木为之,如冠簪而细小。有一卷长二丈余,

绘画山川，有番字识其下。考之皆五虎门内水深浅处，其心故不可测也。

贺兰舶亦尝至广州，予得登焉。舶腹凡数重，缒之而下，有甜水井、菜畦。水柜水垢浊，以沙矾滤之复清。悬釜而炊。张锦绷白毡而卧，名曰软床。人各以柔韦韬手，食则脱之。食皆以苏合油煎烙，曼头牛臑，皆度色如金黄乃食。其刀可屈信如蛟蛇，左右盘拿，类古之鱼肠剑。然时鼓弄铜琴铜弦，拍手弹肩，对舞以娱客，似有礼者。①

这里的"佛郎机"，指的是船上设的炮位。至于"官商"，研究者证实，在康熙平"三藩"之前，垄断十三行商贸的有皇商、王（即藩王尚之信之类）商、将军商人、总督商人、巡抚商人等，他们有的是直接参与经商，有的则派出代理人。直到"三藩"被平定之后，这些有官方背景的商人才退出了十三行，十三行经商者则是以自身的实力进入行商的行列，尽管他们与官方仍有千丝万缕的联系，但他们的身份已不再是官商了，哪怕花钱买了"红顶子"也是徒劳。

屈大均毕竟生活在十三行时代的早期，他留下的文字，应是那个时代最真实的记录，我们不妨在《广东新语·舟语》中进一步搜索。

在《舟语》的头条"操舟"中，有如下的记载：

越人善用舟。刘安云："越舲蜀艇，不能无水而浮。"又云："汤武，圣主也，而不能与越人乘舲舟而浮于江湖。"又云："九嶷之南，陆事少而水事众。"九嶷之南，盖越也。又云："越地幽昧而多水险，其人皆习水斗。"而左思云："篙工楫师，选自闽、禺。"禺，番禺也。《山海经》云：番禺始为舟。②

"番禺始为舟"，也就是说，中国的造船史，是从番禺开始的。

我们再往下看：

粤人善操舟，故有"铁船纸人，纸船铁人"之语。盖下海风涛多险，其船厚重，多以铁力木为之，船底从一木以为梁，而舱艎横数木以为担，有梁担则骨干坚强，食水可深，风涛不能掀簸，任载重大，故曰"铁船"。船既厚重，则惟风涛所运，人力不费，小船一人一桨，大船两三人一橹，扬篷而行，虽孱弱亦可利涉，故曰"纸人"。篷者船之司命，其巨舰篷，每当逆风挂之，一横一直而驰，名曰"扣篷"。谚所谓"广州大艨艟，使得两头风，输一篷，赢一篷"也。横行曰"输"，直行曰"赢"。篷，帆也。以蒲席为之，亦曰篗也。或以木叶为之，曰"帆叶"也。每舰有二篷，风正曰"八字"。八字风在后则正，在前则横。故又有"后八字风，扬篷当中；前八字风，勾篷西东"之语。其或舟子撮唇为吹竹叶声，及鸣金鼓以召风，

---

① 〔清〕屈大均著：《广东新语·舟语》，中华书局1985年版。
② 〔清〕屈大均著：《广东新语·舟语》，中华书局1985年版。

风至，二篷参差如飞鸟展翅，左右相当，其形亦如八字。是皆铁船乃胜任。①

这里有"广州大艨艟"出现，而且有了"铁船"，可见广州造船业已相当发达。
然而，在其后的"战船"中，我们却读到：

> 广之蒙冲战舰胜于闽艚。其巨者曰"横江大哨"，自六橹至十六橹，皆有二桅，桅上有大小望斗云棚。望斗者，古所谓"爵室"也，居中候望，若鸟雀之警示也。云棚者，古所谓"飞庐"也。望斗深广各数尺，中容三四人，网以藤，包以牛革。衣以绛色布帛，旁关一门出入，每战则班首立其中。班首者，一舟之性命所系，能倒上船桅，于望斗中以镖箭四面击射。势便，或衔刀挟盾，飞越敌舰，斩其帆樯；或同疍人没水凿船。而乘间腾跃上船杀敌；或抱敌人入水淹溺之，其便捷多此类。舰旁有芘篱，夹以松板，遍以藤，蒙以犀咒绵被。左右架佛郎机炮、磁炮、九龙信炮、蒺藜锡炮、霹子炮、神炮数重，及火砖、灰砖、烟球之属。尾梢作叉竿连棒，又有箐竹楼橹以隐蔽，又或周身皆炮，旋转回环，首尾相为运用，其捷莫当，此戈船之最精者也。②

纵然文中对"战船"的神威描绘不少，有佛郎机炮、磁炮什么的，可是，一看前面"皆有二桅"，马上心里就凉了一大截。

为什么呢？

因为，从明代开始实施禁海，"两桅"便是标志。

很难想象，郑和七下西洋之后，明朝的统治者竟会愚昧到全面从大海上后撤，不惜焚毁全部的航海日志，拆掉近万吨的宝船，甚至沿海实行"三光"政策，清空海边几十里，以"饿死海盗"，结果是适得其反。而海盗之猖獗，又让明朝更加强化海禁。明弘治十三年（1500），距郑和最后一次下西洋才半个世纪，皇帝就下令，建造两桅以上帆船者便须立即处死。到嘉靖四年（1525），所有的海船均被销毁，而且把船主都抓了起来。及至嘉靖二十六年（1547），浙江巡抚朱纨治理海禁，一次就处死了所有有船的96名船夫。

从此，"两桅"就成了加在中国沿海百姓头上的一道魔咒。

清"沿明之习"，后又一再"诏如顺治十八年例，迁界守边"③，概不批准任何请求放宽海禁的奏请，不许民间建造两桅以上海船，后虽允许打造两桅船，但有着种种限制，民间使用的渔船和商船严格限制在五百石以下，仍旧只能有两桅。

及至康熙开海，对于船只的限制仍没有放开，还是在两桅之下。

于是，从西方来的船越来越大，对应的，中国船反而越来越小了。

---

① 〔清〕屈大均著：《广东新语·舟语》，中华书局1985年版。
② 〔清〕屈大均著：《广东新语·舟语》，中华书局1985年版。
③ 王钟翰点校：《清史列传》卷八〇《郑芝龙传》，中华书局1987年版。

尽管这样，统治者还是放不下心来。

我们再回过头来看屈大均的《广东新语·舟语》。在第三条"洋舶"之后，从第四条到第十二条分别是"藤埠船""洋船桅""船帆""泷船""疍家艇""大洲龙船""龙船""诸舫""梦香船"。内中"洋船桅"一条，我们惊叹于其"巨者一桅费千余金""桅大者合两人抱"，这是外商的。而"船帆"条中，则是"广州船帆，多以通草席缝之"，只能在内河或小风小浪的内港中航行。① 仅是祭祀、游玩、娱乐所用，别的则无须提起。

18世纪的中国帆船

行文至此，十三行中的中国商船到底是什么样的，恐怕读者仍是一头雾水。

为何整个十三行都没有留下中国商船的名字，哪怕是其中一艘的名字，或者模样？行商们不是富可敌国么？他们的生意不是做到了全世界么？瑞典皇宫里的油画，有国王接见潘启官的场景。英国的蜡像馆里，更有叶家人吉荐的蜡像。甚至欧洲的银币上，也铸有行商的头像。曾被视为世界首富的伍家，也有人到过欧美，而据史料记载，比他们早几十上百年，已有中国商人到过。没有他们，黄埔港上5000艘外商的巨舶能挣得满载而归？没有他们，西方的工业革命能有足够的资本支撑么？整个世界，都是他们的商品，整个世界，他们都建立起巨大的金融网络！可为什么就找不到他们的商船，不知道他们商船的名号？即便到达南洋的华人也比西方侵略者早得多、多得多。

史料记载，行商谭康官曾九下南洋；而潘启官年轻时，也曾四下南洋。南洋遍布了十三行行商的足迹，却找不到十三行行商的商船。难道每年数艘出洋的"中国制造"的船都沉没了，被肢解了，回者寥寥？——这在雍正五年（1727）"开洋"时已被证明纯属谎言，是地方官员忽悠皇帝的。

---

① 〔清〕屈大均著：《广东新语·舟语》，中华书局1985年版。

尽管元明开始禁海，但民间的造船业仍是在曲折中发展。随着康熙开海，造船业开始复兴，虽然在国内受到限制，只能造两桅船，可是，到了海外，这个限制恐怕也就无人在乎了。

暹罗、吕宋岛、婆罗洲（今印度尼西亚加里曼丹）、苏禄等地原始森林密布，加之气候的优势，那里的树木高耸入云，木材比比皆是，材质令人叹绝——南洋归来的人，无人不称：暹罗"从海口到国城，溪长二千四百里"，"夹岸大树茂林"，最适合做能经大风大浪的商舶；婆罗洲的坤甸出产的坤甸木质地坚硬如铁；还有吕宋的"树木约四千二百种，高约五十丈，便于建船、屋"……这些文字出自魏源《海国图志》、陈伦炯《海国见闻录》等，这能不让行商趋之若鹜吗？

就这样，行商们纷纷外出，带上能工巧匠，到暹罗等地去造船，造大船。而造船的技术也迅速得到提高。

1830年，有一位叫谷慈拉夫的金发碧眼的外国人，亲眼见到一些来自中国的船只，上面带着各式工匠——全为造船业的技术工人，往南洋疾驰。他写道："在赴暹罗途中，他们沿越南海岸一带砍伐木材，再于抵达曼谷时另外添购一些，然后用这些木料制造帆船，两个月便能建造一只。所有的篷帆、绳索、铁锚以及其他工件，均一一亲手制成。"① 自然，造船需要的诸如油、麻、钉之类的材料，大多可就地取材，有的则事先有所准备。

在南洋，没了"两桅、五百石"的限制，船造得也大了，每每载重量7000～10000石，桅也有3～5杆的。中国造船业本就很发达，祖辈留下来的造船技术在这里也得了充分的发挥，西方一直没有的技术诸如水密舱、平衡舵、减摇龙骨等，中国人却已是轻车熟路了，在当时更是在世界上领先了好多年。

1819年，新加坡开埠。为了让狮城成为一个自由贸易港，吸引来自全世界的商船，时任行政长官莱佛士就把招徕中国商船当作开埠的头等大事。

一位英国人写道："第一艘帆船抵达时，每每在圣诞节之前一点点，此刻，人们都在焦急地等候，马来亚的舟楫面朝东方期待着这艘帆船的出现，整个华人社区满是喧嚣……"

引录这些只是为了证明，十三行时代，航行在南洋的中国商船是何等的威风，何等的举世瞩目！

然而，在中国自己的历史记录中，为何却几乎找不到相关记录呢？

每位行商，他们只是"坐商"，坐等那5000艘外国商船来做生意吗？他们就没有自己的海船？他们上南洋也不是坐自己的商船吗？诚然，到欧洲，如英国、法国，到斯堪的纳维亚半岛，他们不得不坐外商的船。不过，这些外商的船，其真正主人、大股东，却有可能是行商。

早在康熙四十三年（1704），行商黎启官，又叫黎安官，便称一艘外商的船属于他的

---

① 谷慈拉夫：《中国海船航行记》，见祝慈寿《中国古代工业史》，学林出版社1988年版，第927页。

商号:"商人黎安官……说,在'柔佛被劫'的帆船,是属于他的商号的……"①

可见,康熙年间,在金融业、航运业上,十三行行商已瞒着官府经营着大生意了。哪怕禁洋,十三行的两桅商船出不去,海洋上还有是他们的挂着外国商号的帆船。这一事件发生在"一口通商"之前50多年,早期的十三行行商尽管为闭关锁国政策所掣肘,但并不妨碍他们走向世界参与国际间贸易,甚至出资经营他国商船,建立以广州为中心的国际关系网络,成为角逐于海上贸易的隐形投资者。

有资料披露,18世纪,广州商人已经经营了广州与欧洲间货运的帆船贸易。至乾隆二十八年(1763),广州帆船所承担的广州对外贸易货运量已占总量的30%,约与英国的货运量相当,另40%由各国来广州的货船分担。其中,瑞典对广州帆船的情况有详细记载,从其对18世纪50—70年代广州帆船贸易的档案记录可知,以广州为基地的帆船少则27艘,多则达35艘,有各国商人投资于这些贸易中,也有许多十三行商人投资经营其中。另有资料表明,至少有9家贸易商行及广州的13位商人为这35艘帆船出资,可见当时有一二十位澳门和广州的商人经营东南亚的帆船贸易,为其提供资金及服务。

这些中国帆船贸易商常常与行商有一定的联系。事实上,在18世纪60年代,这些帆船出资人中有许多本身就是行商。他们经海关监督批准与外国人进行贸易。行商潘启官、颜瑛舍(时英)、陈捷官以及其他商人均积极为贸易活动出资。

可以说,他们曾拥有过整个世界。

可他们的船呢?

其实,郑和下西洋的"宝船",比西洋巨舶不知要大多少倍!

据《明史》记载:"宝船六十三号,大者长四十四丈四尺,阔一十八丈,中者长三十七丈,阔一十五丈。"依今日尺寸,则为长133米多、宽56米,装备有16~20桅,排水量超过8000吨,应当是世界上第一艘万吨级巨轮,轮不到西方国家占鳌头。

而每次编队出洋,都有260多艘船,大型宝船就超过69艘。拥有27000人的巨大船队,可谓规模空前,仅医生就配备了180人。船上更有当时世界上最先进的武器装备。

只是,如此巨大的船队,却不是与外国人做生意的。其目的,一是宣示国威以"怀柔远人",二是剿灭海盗。当然,还有一个直接的目的,明成祖朱棣怀疑惠帝逃亡海外,对他的皇位构成威胁,故派大规模船队出海追杀之。

往前追溯,在宋代,中国海船被称为"客舟"。史载,"客舟长十余丈,深三丈,阔二丈五尺,可载二千斛粟,以整木巨枋制成。甲板宽平,底座如刀……每船二桅,大桅高十丈……"而"客舟"的海船更被称为"神舟",它的体量是"客舟"的多倍。曾夸南汉国"笼海商得法",支持王安石变法的宋神宗,造了一艘"万斛神舟",更为巨大。

外商称中国海船"舟如巨室……中积一年粮,养豕、酿酒其中",船上的舱室超过100间,顺风时可扬起10面巨帆。

再往前,自广州始发的唐代通海夷道,更是万帆竞发。

---

① 〔美〕马士著:《东印度公司对华贸易编年史(1635—1834年)》第一、二卷,中国海关史研究中心组译,区宗华译,中山大学出版社1991年版,第136页。

唐咸亨二年（671），跨海访日的唐将军郭务悰所率的舰队有47艘大型海船，随访人数达2000人。

之前，隋炀帝的"龙船"也已是"高四十五尺，阔五十尺，长二百尺"。

在汉代，中国已有了帆船，而且"楼船"已蔚为大观，高达十余丈。西汉汉武帝自徐闻、合浦派出了第一支船队驶往南洋，直至印度洋。

在先秦，一如屈大均在《广东新语》中所说，史有"越人造大舟，溺人三千"的记录。

早在战国时期，《吕氏春秋》中就记载："如秦者，立而至，有车也；适粤者，坐而至，有舟也。"一个"立"，一个"坐"，一个"车"，一个"舟"，便有着文化上的重大差异。

"番禺始为舟"的光荣历史，自然与十三行对外贸易的繁荣有着很深的渊源。

从先秦的"舟"，到两汉的"楼船"，从隋唐的"龙船"，到宋代的"神舟"，再到明朝的"宝船"，可为何到了清代十三行，却找不到船的踪影了呢？

分明有数千艘中国商船在南洋上乘风破浪行驶！它们寂寂无闻，是因为历史使之"隐形"了吗？是的，是历史，更是盘踞在正史上的帝王将相。一道"两桅，五百石"的魔咒，使活跃在南洋上的数千艘中国商船，成了史书上的"幽灵船"，得不到正名与彰显。

所以，时至今日，我们只能在外国人的纸草画中寻觅它们的踪影——而且，大多是两桅的帆船，载重量并不大，无法与西洋巨舶相比。

但十三行富可敌国的奇迹，却少不了船的功劳。

这些双桅船，一种是给画上了大大的一对眼睛，因而被称为"大眼鸡船"，倒是挺醒目的。这自然是沿袭古人"番禺始为舟"留下的传统，下海，势必要历险，海中的怪物、恶兽不少，所以，古人下海，身上都有鳞状的文身，那么，船上也得有一对大大的眼睛，用来吓退海中的凶猛怪物。时至今日，我们在广东沿海偶尔还能见到画上大眼睛的渔船，恍惚间，它们就似海上的一条美丽的大鱼，出没在风涛中，引人遐想。

还有一种，把船头涂得红红的，被称为"红头船"。它们大多来自粤东（指整个广东），尤其是潮汕地区。红头并不是装饰，也不是为防御，而是当年清政府规定："江南用青油漆饰，白色勾字；浙江用白油漆饰，绿色勾字；福建用绿油漆饰，红色勾字；广东用红油漆饰，青色勾字。"于是，沿海就有青头船、白头船、绿头船与红头船。连船的颜色也得钦定，皇帝也太操心了点。不过，到了珠江三角洲，这一规定就不是很管用了，传统的"大眼鸡船"还是压过了皇上钦定的红头船。这自是另一种历史。也有在红头船上画上大眼睛的。

这便是我们今天所能找到的十三行时期中国商船的"留影"，我们寻找十三行行商自己的商船，也算是有了答案。

也许，每一艘船也都有过自己的名字，但在皇权显赫之际，这些名字也就只能在暗地里传递，最终也就被湮没了。唯余下它们的共名："大眼鸡船"或"红头船"。

当我们历数外国5000艘商船各自的名字之际，我们该多么为中国商船这唯一的共名而感到悲哀啊!

黄埔古港,曾笼罩在怎样的"苍狗"之中?为何不见了昔日的帆影?

十七八世纪广东商船的共名:"大眼鸡船"或"红头船"

第十二章　法国"安菲特立特号"及中法关系的"蜜月"

其实,早在1666年,即法国在广州建商馆之前约40年,法国就曾组织东印度公司开展对华贸易,可惜的是,其所派出的商船在途中遇到暴风雨沉没了。

大航海时代,先后在海上称霸的西方各国,无一不是抱着寻找殖民地、开发"金矿"类的物质资源,乃至进行物资掠夺的原始目的的。葡萄牙人一进入珠江口,便要立凯旋柱以示占领;荷兰人侵占了我国台湾;英国人也用罪恶的鸦片作为侵略战争的开端——所以,有人认为,正是这种以开发、占领及掠夺而开启的经济利益之争或者说利益驱动,才是那个时代真正的题中之意。英国及其他西欧国家正进入资产阶级革命、工业革命时代,物质利益成为它们所关注的焦点,它们与中国往来完全是从自身经济利益出发,两种不同文化及思维方式的碰撞,容易产生"错位"。而文化交流与传播、价值观念的影响等,则是伴生的。

然而,在中国人,尤其是十三行商人看来,法国人却没有英国人那么锱铢必较,早在康熙年间,法兰西国王路易十四在两国商业往来尚无收益之际,便向中国派来了一个庞大的科学、传教团队,为中国带来法国很多科学技术和文化,两国之间更注重精神文化上的交流。他们曾极力推荐中国的"开明专制"与道德治国,其国王还专门建了座陶瓷屋。

法兰西国王路易十四像

法国人在同清廷官员打交道时，达成一种"体面的妥协"，即脱帽聆听皇帝的旨意，身体略为前躬，但不跪在地上，然后再用法国的方式行礼。

供皇帝御览的《皇清职贡图》中的法国人

其实，在英国商船"麦士里菲尔德号"开入广州的前一年，即1698年，法国开往中国的第一艘商船"安菲特立特号"初航已来到广州。这意味着，随着葡萄牙人海上称雄时代成为过去，西方列强中最有实力的英、法两国差不多同时到中国并与十三行正式开始了贸易。

总而言之，康熙三十八年（1699），17世纪的最后一年，是清代十三行贸易的一个重大转折点，广东海上贸易由此兴盛，而十三行亦由此形成与壮大。这自然与海上贸易主角的更替、清朝政府管理上的灵活相关。

马士的《编年史》中称，通商之初，某商人包揽法舶，某商人包揽荷兰商舶，某商人为总督、巡抚或粮道所任命，各有其背景，各有其熟客。开始，来者无多，所以行口亦少。到康熙末年，一年有20余艘商船到来，行口也增到20家左右。后来，一家不可专揽某一船全部货物，当平均分配，有一舶对数行，亦有一行对数舶，不再一律了。

当法国的"安菲特立特号"商船到来时，为了欢迎法国商船，以及随商船而来的路易十四的使者洛克，粤海关对法国船应缴的关税给予豁免，以示优待，而且允许法国人在广州设立夷（商）馆。然而，就是这艘"安菲特立特号"，竟在广州狠狠地"教训"了英国商船"麦士里菲尔德号"的船长，只差没把船长及手下统统打个头破血流。

起因是英国商船"麦士里菲尔德号"驶经"安菲特立特号"时，不曾按海上的惯例表示致意便扬长而去，而且还停泊在仅一枪射程之内。法国人认为它太无礼了，船长下令派出军官与水手上岸把在岸上散步的英国船船长及3位随从包围起来，痛殴一顿，以致英国人要向海关请求保护，从而酿成了一次严重的外交事件。

法国神父马若瑟则写下了颇为优美的文章《安菲特立特号船远航中国记》，似乎与那样紧张的暴力事件一点关系也没有。

我们不妨欣赏几段：

> 当进入广州河（珠江）的时候，我就开始看到中国的真实面貌了。在胜似绿色草原一般的稻田两旁，有无数的灌渠，小木船往返如梭，甚至遮盖住了水面，犹如在草上飞驰一般。在远处便是被丛林覆盖的山丘，沿着山谷修造有良田，如同巴黎杜勒伊利官的花园一般。在这幅画面上又增添了许多村庄，到处是一派田园风光。风景如此变幻多端，以至于使我不放过任何欣赏的机会，甚至遗憾走得太快了。我们最终于11月6日至7日夜间进入了广州市，自巴黎出发之后共航行八个月之久。我下榻于由皇帝垫资经营的一家馆驿或公馆之中。白晋神父在法国已向德·拉·洛克和其他法国官员介绍过这类设施，中国人称之为"公馆"，那里只招待朝廷的使臣。
>
> 广州市要比巴黎大，其人口至少也和巴黎相差无几。街道狭窄，铺有坚硬的大石块，但并不完全是石铺路面。这里的人们以轿子代替了巴黎的马车，而且租金也很便宜，因为中国基本无法使用马车。……更确切地说，在广州也有一些风景宜人的地方，如那些按照民族风格建造的相当美观壮丽的凯旋门。如果从农村出来，从旧城到新城，那也会看到许多城门。令人感到惊奇的是所有街道的两端都有大门，夜间闭门的时间比城门稍晚一些。一旦夜幕降临，所有的人都必须回归自己的住宅区。这一治安管理法避免了许多事端，即使在最大的城市内，夜间也非常安宁，犹

如一户之家一般。

官吏们的官邸有一种难以形容的怪貌,在到达他们去办理政务或接待来客的公堂之前,要穿过一套又一套的院子。当他们出巡时,仪仗非常隆重。例如,总督(一般是管理两省的官吏)出巡时至少要有 100 多人簇拥。即使有这样多前呼后拥的侍从,也丝毫不显得混乱,因为每个人都有自己的固定位置。有一部分人走在总督前面,穿戴着各种标志的五颜六色的服装,有时大部分兵勇都步行,官吏位于这一仪仗的中心,坐在一个高高的装饰豪华的轿子中,有六个人或八个人抬着。这类出行队伍常常会堵塞整条街道。一般民众立于两旁,出于恭维心情,一直等到大队经过才敢离开。

……我还需要补充一点,在广东河上有一座漂流浮城,把大量船只串联起来而形成了一条条街道。每一只船上都有一个家庭休养生息,完全如同正常的住宅一样,也分成了派作日常生活不同用场的小房间。那些居住在这些浮动陋舍中的居民,清晨起床后就去捕鱼或耕种稻田,这里每年收获三次。①

这是叙述首航的文章,还有第二次航行的见闻如下:

从肇庆出发一直到广州,我们在河流的沿岸只会看到一些较大的村落,它们相距如此之近,以至于使人怀疑它们本来就为一体。我们由此便可以开始形成对中国美好风景的看法。我们从右边经过了江门,那里也是一座著名的城市,长达 5 法里之多。该城共有 200 多座方塔,每逢战祸四起的时候,那里便住满了兵勇以保护居民。我们经过了佛山城的一侧,这座城并不算太大,但却有 100 万居民。仅在这里的河中就停泊着 5000 只船,它们和西方最大的船几乎一样长,每只船上都居住着一个家庭,而且还是包括子孙数代同堂的整个家庭。我尚未计算那些渔船和穿梭于河流两岸的小舟,因为在这些大河中,从来不会有桥。在原野上和村庄附近的小高地中,又有许多坟茔墓地,它们都是一些土丘,坟头上放有一只骨灰盒。我不相信许多人都是这样安葬的。因为这样一来,死者与活者都要占据一块地方。

我们终于在 11 月 25 日来到广州。这里实际上并不是一座城市,而是一个世界,因为在那里可以看到各个民族的人士。这座城的方位本身就得天独厚:一条大江流经本城,而这条江又通过运河流到了几个不同的省。人们认为广州比巴黎还要幅员辽阔。那里的房舍外表并不太美观,最为富丽堂皇的建筑是耶稣会士杜天受在两三年前所修造的教堂。

那些不信基督教的人也抱怨说,这位外国人在自己家中和塔中的所作所为,完全是对中国人的一种侮辱。但广州总督却是一位贤良的执法官,他对此仅回答说:"你们怎么会希望本总督令人去拆毁广州的一座为天主修造的教堂呢?因为皇帝陛下

---

① 转引自〔法〕布罗斯著《安菲特立特号船远航中国记》,见〔法〕布罗斯著、耿昇译《发现中国》,山东画报出版社 2002 年版,第 168—170 页。

在北京自己的皇宫中也修造了一座更为漂亮的教堂。"事实上,我们获悉中国皇帝确实越来越支持传教事业。在他派遣洪若翰会士返法征募新会士之前,便赐给了传教士们一块宽敞的地盘,位于皇帝的皇宫大内之中,以便在那里为天主营造一座教堂。从此之后,皇帝便不断向他们提供银钱和大理石料,以迅速破土动工。中国皇帝还亲自前往视察,然后与我们一起举行宗教仪轨,……薄贤士会士是一位手艺精湛的建筑师,他指挥完成了全部工程。我们希望在中国各省中很快再建起几个教堂,并且还让中国皇帝承担建筑费用,因为在最后一次视察中,他已经答应向洪若翰会士供应修建四座教堂的一切所需。当全部工程竣工之后,他还答应再提供修建新教堂的物资。我们祝愿欧洲的所有王子都能以他为楷模仿效之,使荣誉与宗教珠联璧合为一体,也能出资在不信基督的地区修造某些教堂。①

这些文字充满了对中国、对沿途景观的温情感受(外商把莲花塔、琶洲塔、赤岗塔视为进入广州的三大桅杆,又称之为中途塔)。

十七八世纪从黄埔往广州城区沿途风光

---

① 转引自〔法〕布罗斯著《安菲特立特号船远航中国记》,见〔法〕布罗斯著、耿昇译《发现中国》,山东画报出版社 2002 年版,第 182–183 页。

位于广州市番禺区的莲花塔

位于广州市海珠区的琶洲塔

位于广州市海珠区的赤岗塔

　　因为是首航,不似荷兰人、英国人到来已有些时日了,所以,法国人担心此行弄不好要赔本,却没料到,还能以最佳的价格出售了法国几家皇家作坊制作的玻璃,那可是装满了好几个舱位呢;同时,还采购了不少中国的商品,结果,居然达到50%的赢利。

　　可惜,第二次航行就没这么走运了。

　　"安菲特立特号"首航后,法国人采取了比英国人要明智得多的办法,留下他们的代理人在澳门度过无交易的季节,以掌握各种动态,尤其是商品价格。他们大量采购的是白铜、瓷器、茶叶、生丝及丝织品。

18世纪广州的法国商馆

法国留在澳门、广州的代理人是迪韦拉埃,他与十三行行商谭康官建立了牢固的友谊。

谭康官主要是经营景德镇瓷器的,这些瓷器在法国大受欢迎。在"一口通商"之前,谭家历康熙、雍正至乾隆前期,与黎、陈等家是十三行中的大户,谭康官还一度出任十三行行商的商总——只是公行在康熙晚年只维持不到一年便因外商的抵制而告终,直到几十年后才重组。而在这期间,谭康官应当是与法国做陶瓷、丝绸生意的最主要的行商。他的家乡顺德是生丝的原产地,有"一船蚕丝去,一船白银回"的美誉。

据史料统计,丝绸一项在法国的货舱中一直占有明显的优势。

瓷器也是如此。

至于茶叶,1756—1762年,法国与英国持平;1790年,法国比英国少;1793—1798年,法国则超过英国80%;及至1815—1825年,法国更是英国的7倍——其时英国大量走私鸦片到中国;到1826—1832年,英、法两国从广州进口的茶叶都达到6109担,平分秋色。

谭康官还把迪韦拉埃从一件株连事件中救了出来。当时,法国水手的一支枪走了火,打中一位中国人,后不治。迪韦拉埃"背了锅"。这在马士的《编年史》中有记载:

12月22日。昨天这个案件在一个下级法庭开审,法国主任迪韦拉埃被传出席,并命令下跪,如不服从,即将他监禁,他服从了,在审问时对他诸多侮辱。未有宣判,另候通知,而被监禁这样久的那个人仍然关在监狱。

12月26日。迪韦拉埃躲在法国馆内,但对外则说他是在黄埔的本地船上。因为怕再被官员强迫去询问关于那个被杀的中国人的事情。据说,他们索银10000两了结此案。

1月4日。昨天法国主任迪韦拉埃再度到番禺县,听审关于那个意外被杀的中国人的案件,听审了几个小时后,下令将他严密监禁。几位主要商人整夜都在该处,但不准和他见面谈话。法国馆和他们船上的买办被用刑,强迫他们供认迪韦拉埃是凶手。据说他本人也被威胁,如不招认,同样用刑。

1月6日。法国主任今天被释放,听说是通过总督的胥吏的,他昨天到广州,现住在唐康官(作者按:本书中称为"谭康官",后同)家中。①

及至乾隆二十四年(1759),"一口通商"已成定局,无以挽回了,但法国大班德莫蒂贡、旦欣、米切尔等仍以异乎寻常的姿态,呈上了一份"万言书",力陈海关层层勒索的种种恶习,恳请两广总督以民生为念,以国计为上,改善与各国的通商关系。其言辞恳切,可谓苦口婆心。他们之所以这么做,恐怕是与自康熙以来法国人与清朝廷所建立的友好关系分不开。

---

① 〔美〕马士著:《东印度公司对华贸易编年史(1635~1834年)》第一、二卷,中国海关史研究中心组译,区宗华译,中山大学出版社1991年版,第251页。

本来，皇上怀柔远人，沿明之习，交易成功便许以"牛酒"为赏赉。可到了粤海关监督李永标这里，"牛酒"俱为家人关吏"欺匿分肥"，还得让通事出银子买回来，通事哑巴吃黄连，有苦说不出。

"万言书"中还提到，雍正十年（1732），当时的海关监督祖秉圭"不行治禁，任其索取"，在来往澳门之间设置层层关卡，明的暗的，诛求不已。这在过去则是没有的，故被鄂弥达参了一本，祖秉圭完蛋了，"其弊遂除"。可没料到，"日久法弛，勒索复行"，让外国商人几乎是无利可图。

"万言书"提出，"保商"制度宜"裁除免滋累"，让外商"择主交易"，无论卖与未卖，应由大班自行输税才是。而船规银两也"恳恩转奏豁免"。尤其是对"借办贡物名色，需一索十之恶习，宜加严禁"——借给皇上办贡品，十倍勒索，弄得行商血本无归，"目睹行商之如此吃亏，狼狈负债者实多，势必拖欠我各夷人之资本"。

"万言书"列举了层层叠叠的关卡、部门、港口、巡馆等的敲诈勒索，以及官吏对商人动辄百般辱骂、关上个十多天以获取赎金的恶行，本来一天点验四艇，每艇四百担，可李永标上任后，一天只验二艇，一艇二三百担。上午迟迟不到，下午日头西斜即收秤回关，但每天照收一日之规礼，中饱私囊。

"万言书"称，过去"行商、夷商、通事时得进见，询问时弊，遇有冤情，遂为伸理"，而现在"兹任吏书家人互相交结，窃权舞弊，无所不至，欲求一见而不可得"，显然内中有鬼。

"万言书"最后称：

> 夫夷等虽生外国，亦有纪纲法度礼义廉耻，即天朝圣贤之书，历代治体，本国书院中皆存藏翻译传诵以相学习，岂肯甘行下贱哉？若论贸易之地，莫善于粤……各夷船历年来粤，携带银两货物不下三四百万两，其为通商裕课有益于国计民生……伏乞大人俯察舆情，严除积弊……倘蒙奏闻，更沐高厚之恩于生生世世矣。①

当然，这已无法改变"一口通商"的"天意"了。而且，由于英、法两国宣战，法国商人不久后也撤离了广州、澳门，无法进言了。

法国人亦翻译了不少中国的古典著作。1697年，法国耶稣会士白晋从中国回到法国，向法国国王进呈了数十册包括《诗经》《尚书》《春秋》《礼记》《易经》等中国典籍，成了双方交往中的佳话。白晋还专门研究了《易经》，并呈以求指导。

在整个十三行贸易往来中，法国人开始得并不晚。到1784年（乾隆四十九年）之后，才逐渐被美国人赶上。

所以，法国人对十三行的研究资料，无疑有较大的参考价值。

---

① 梁嘉彬著：《广东十三行考》，广东人民出版社1999年版，第131页。

第十三章　英国"麦士里菲尔德号"与公行

我们从英国东印度公司的船只对华贸易年表中,可以查出"麦士里菲尔德号"商船来到中国的次数。

第一次是 1699 年,到广州,带来了 45928 两银圆,做成了 32086 镑的生意。第二年还去了浙江舟山。

第二次是 1702 年,仅去了舟山。

差不多 20 年之后,即 1721 年,它再度来到广州,投资将近翻番,为 85487 两银圆,做了 21493 镑的生意。

1724 年第三次到广州,投资额为 175000 两银圆,做了 50369 镑的生意。

1728 年第四次到广州,"投资额"一栏未填写。

而后,再也没见到有关它的记录了。

"麦士里菲尔德号"首航广州,亲历了十三行中各种皇商、王商、将军商人、总督商人、巡抚商人走马灯似的更替,与"大官商",也就是"王商"洪顺官打交道,发现中国商人已开始有了去掉官商色彩的纯粹商人的特点,即"商才与信用"。

据马士的《编年史》第一卷有关资料统计,1635—1700 年的 60 余年之间,到广东的英国船只仅有 12 艘,且绝大多数仅至澳门。英国船只第二次进广州港是在 1699 年(康熙三十八年),便是这艘"麦士里菲尔德号",单层船,仅 250 吨。经多方张罗后,它从广州装载上等茶叶 160 担(价值 4109 两银圆)、生丝 69.5 担(价值 9536.8 两银圆),以及一批丝织品(价值 13075.9 两银圆),然后离开广州前往舟山、宁波等地。是年,英国东印度公司在广州设立了商馆,成为"十三夷行"中的一员。

18 世纪英国东印度公司船队

康熙三十三年（1694），有一艘400吨的英国船驶来，可驶入清廷规定的范围之后，却因海关税过于苛刻，而且海关还要强征船的丈量费、进贡礼物等，弄得英国商人苦不堪言，结果，没做成多少生意，几乎是无功而返。

直到5年后，即康熙三十八年（1699），英国船"麦士里菲尔德号"驶来，由于有王商洪顺官从中协调，才终于打开了中英贸易的路子。可洪顺官却在这次贸易中弄得灰头土脸，"赔了夫人又折兵"。

这位洪顺官，应是清代十三行中被写进历史的第一位行商。当时还没有行商之名，他正式的"职名"则为王商，即平南王尚可喜在位时所倚重的商人。关于这位王商的来历，我们留待后面一章再详尽追溯。

"麦士里菲尔德号"先到达广州的外港，也就是澳门，大班道格拉斯立即拜会了洪顺官。洪顺官是专程从广州赶来的，他消息灵通得很，两人洽谈了有关业务，洪顺官让道格拉斯知晓当时广州贸易的有关规则。而这时，另一位商人施美亚出现了，他是依附于总督的，被视为"总督商人"。总督自是地方上一言九鼎的人物，道格拉斯当然不敢怠慢，也专程做了拜访。反正，做生意，免不了要多谈几家，再做出选择。

过了近20天，即9月14日，海关官员丈量完船货之后，终于允许道格拉斯将船驶进广州了。与道格拉斯接洽的中国官员满口承诺，为英国商人贸易降低关税，并且尽力提供诸多方便。道格拉斯自是踌躇满志。

只是，到了广州，情况就复杂起来了。在澳门，只来了王商与总督商人各一位；而在广州，各类商人闻讯而来。当然，小小的私商是不敢来的，他们也无法挨上边，连分一杯羹都别想。来的都是有背景、有权势的，诸如将军商人、抚院商人，在外贸场上，他们也是各领风骚三五年，此消彼长。

道格拉斯先是欢喜，毕竟，洽谈的商人多了，讨价还价的余地也就大了，商人嘛，利润是重中之重，一船的布匹，换回更高价值的丝绸、瓷器，回去就发大财了。可是，往后洽谈却发现，愈有权势的，愈是漫天要价，在中国，价格竟与权势挂钩，你不买有权势者的高价商品，只怕会付出更高的代价。

但这位大班只按他在国际贸易中的规则办事，首选的便是可靠、适中与公平。最后，他还是觉得最早洽谈的洪顺官的价格算是比较公道的。于是，洪顺官与道格拉斯的贸易合同终于正式签订了。然而，两人没想到，彼此的厄运便从签订之时开始了。

一听说合同签下了，将军商人与其他有背景的商人心有不甘，陆续来到洪顺官处，先是说上几句好话，诸如利益均沾，你不可以一人独专，占尽了好处，应该让大家都有一份，皆大欢喜，也就相安无事了。

可洪顺官偏听不出弦外之音，这合同是我一家签下的，当然由一家执行，岂容他人置喙，有本事，你们去把合同拿下来！

"你不要敬酒不吃吃罚酒！"来人一个个悻悻而去。

10月27日，一群如狼似虎的衙吏冲进了洪顺官的商行，镣铐声哐当直响，不由分说，便将洪顺官带到了当时的两广总督府所在地肇庆，去面见总督大人。

总督大人自是怒斥洪顺官这位"过气王商"，居然仍敢霸占外贸生意，"你比得上当年王商沈上达么？尚之信被赐死，他近百万两银圆的家产还不是全被抄没了?！沈上达的船队有多大，自己还开到南洋做生意，还不是被抄了！赚得昏了头！你小心点！"一声令下，把洪顺官押下了大牢。

没办法，洪顺官只好让家人各处打点，"有钱能使鬼推磨"，总督大人终于称"不管了"，洪顺官总算被放出来，回到广州。

合同是废不了的，洪顺官也就如约去"麦士里菲尔德号"上验货。

这一验，却发现，随船运来的布匹，有的已损坏了，有的质量差，有的尺码不足，有的色泽不好，与合同上所称的有差距……洪顺官当即提出，合同必须修改。道格拉斯无话可说，同意对有问题的布匹做折价处理。双方重新达成协议，原定由洪顺官缴交的税款，先由道格拉斯缴付，由洪顺官担保偿还。

交易似乎已可以顺利进行了，虽然各类有背景的商人仍通过不同的渠道施加压力，要求参与这一桩大买卖之中，好赚上一笔，但洪顺官只是虚与委蛇。

可他万万没想到，交易尚未完成，12月16日，一艘商船从马尼拉开来，载满了西班牙银圆——当时，清朝政府只认银圆为交易用货币——而这些银圆，是用来投资生丝、熟丝的。

这一来，丝的价格立即就涨上去了。也就是说，道格拉斯所签下的购丝的价格相比之下则低了，洪顺官自然要亏本。

祸不单行。

紧接着，又有一艘从厦门转来的船，运来了大批的英国布匹，这批布匹比广州的价格竟低了三成。这一来，洪顺官原定购下的布匹，所付的价又高了许多。

付出的高了，收入的低了，洪顺官两边都是一个"赔"，这样一来，他只有破产这条路可走了。

这时，洪顺官思考再三，为了避免最终破产的后果，终于答应与将军商人、总督商人、抚院商人合作，几家一同与"麦士里菲尔德号"开展交易。

洪顺官提出，务必向道格拉斯索回2万两白银，将货先退回。道格拉斯考虑后，答应了下来。可将军商人、总督商人、抚院商人经一番琢磨，却又不干了，硬是强迫道格拉斯修改合同，把价格降下来。

这一折腾，便已过年了。

直到第二年的3月，总督，再加上巡抚，均参与审理这一贸易案，经过两个多月的审理，终于做出决定，花6500两纹银，将道格拉斯的半数绒布买下。

道格拉斯也同意了，双方签了字。

然而，洪顺官，加上将军商人、总督商人、抚院商人一道，总共才拿出了5000两纹银。

道格拉斯坚决不干：做贸易，讲的是信用，6500两就是6500两，分文不能少。

欠外国人的钱，对"天朝上国"来说实在是太没面子的事情了。于是，海关监督下令，将道格拉斯的通事，还有洪顺官二人投进监狱——看上去是各打五十大板，只是不敢惹道格拉斯，把罪过加在通事头上，谁知道你是怎么翻译的？而洪顺官则叫苦不迭，本当分摊到其他几位商人头上的纹银，怎么叫我一个人来担当……

可海关监督是不敢去惹将军商人、总督商人、抚院商人的，况且这些人一开口就把自己撇清了：从头到尾都是洪顺官揽的事，与我们何干？

这洪顺官虽为王商，可"王"已不在，怎么也硬不起来了，唯有任人宰割了。他也深知，与外商打交道，不可不讲信用，所欠的1500两纹银，赖是赖不了的。其他几位商人可以赖，可他却赖不了。更何况他再度被投进了大狱。

没办法，只好让家人找找生意场上可以帮得上忙的朋友，变卖加借贷，七拼八凑，好不容易凑够了1500两纹银。

这边，道格拉斯收足了银子，也就于7月18日离开了广州，上别的商港去了。

道格拉斯走了，当官的面子有了，这才把洪顺官从牢里放了出来。

尽管同"麦士里菲尔德号"做成了一笔生意，可洪顺官却把家底都掏空了。王商的历史也从此不再了。

而1721年"麦士里菲尔德号"第二次来到广州时，对由广东巡抚杨宗仁、海关监督力撑的公行的"无疾而终"发挥了重要作用。

从深层次看，中国行商所依据的仍是集体原则，共进退，从而均价格，免竞争，一致对外，与传统的平均主义观相一致。固然，一般强调诚信，抵制垄断，一视同仁，公开公平，而这只在圈子内如此，对圈外则一致排外。于是，在成立"公行"，订立十三条约规后，海关方面即下令：凡在公行之外的"闲散商人"都不得涉足外贸，凡做瓷器贸易的须纳20%的货价给公行，茶叶更高至40%——表面的公平带来更大的不公平。这显然是不合乎自由贸易之原则的。

于是，这一行规立即受到了严重的挑战。挑战者，就是1721年第二次来到广州的英国船"麦士里菲尔德号"。

此时，十三条行规刚制定出来没几个月。英国这条船抵达广州黄埔后，粤海关向英国商人发出通知，告知不得与非公行的其他商人做交易。与此同时，英国商行大班亦得知，非公行的其他商人如做瓷器生意须向公行交纳20%的货价，茶叶更是达40%，这些商人纷纷向大班诉苦。大班很清楚，这一来，瓷器、茶叶价格势必上扬，买方深受其害。

马士的《编年史》中记载：

> 1721年7月22日，"麦士里菲尔德号"抵达黄埔，比其它三只船早到12天。
>
> "我们在此知道皇帝特命一位钦差大臣陪送一位大主教嘉乐（作者按：或译为'使节'）到此，他是去年从罗马来北京朝廷的，现在返回澳门转往里斯本。"
>
> 他们获悉新公行的背后实力是海关监督和提督，同时，"海关监督已出布告，禁止全部低级商人，或不是公行的商人与外人来往或贸易；海关监督负责强制这些商人，如作瓷器贸易者，缴付新公行20%，他们中间作茶叶贸易者，缴付40%。这个非常的暴行使所有非公行的商人都请求我们（这是他们唯一的希望）解除他们的痛

苦"。这种情况使大班手里握有有利的武器。①

于是，当海关人员要上船丈量以确定税额时，大班立即予以阻止，声称，如果不停止公行这一制度的话，生意就不做了。

大班之所以敢这么做，是得到了消息，说皇帝的钦差大臣已经到广州，海关监督打算请这位钦差大臣到船上一趟，挑一些欧洲才有的奇珍异宝呈送给皇帝，而大班一旦停止贸易，他这如意算盘就打不成了，讨好皇帝的事也就泡了汤；况且，牛皮已吹出去了，钦差大臣天天催问何时上船选贡品，这又如何应对是好？何况这么大一艘船跑掉了，更是白白掉了一大笔税收，划不来。

面对外商的抵制，公行的发起者杨宗仁心中自然是急得犹如热锅上的蚂蚁，皇上派他来是寄予厚望的，是希望他可以安定广州的商贸，可是这一来，反而将事态弄复杂了，影响税收，大大失算，不好向皇上交代。

权衡利弊，海关监督只好于1721年7月30日召集公行的首脑们开会，商讨变通的办法。最后，公行不得不做出决定，退一步，让其他商人（非公行商人）一同参加瓷器与茶叶生意，当然，得有条件限制。

"麦士里菲尔德号"终于达到了目的，推行其自由贸易的原则了。而公行制定的行规，也就成了一纸空文。

马士的《编年史》记载：

> 26日，海关监督送信来，说他愿意丈量船只。大班回答说，他们准备遵守各项既定法律和法令，但他们一定要"坚持享有他（作者按：指海关监督）的前任所赐予的和外商贸易的特权，特别是他一定要取消他发出的限制民人和我们贸易的布告；另出布告宣布恢复我们和民人所有的全部特权和权利"。
>
> 在这些事未履行之前，他们拒绝与本口岸的当局有任何接触。
>
> 两天后，海关胥吏［Pay de Casas（管事）］劝诱"此处所有商人"，恳求他们到黄埔丈量船只。大班的主要武器是海关监督打算请钦差到船上，以便挑选一些欧洲出产的珍奇物品送呈皇帝，他不敢让皇帝的直接代表知道这个有利的对外贸易的进行受到遏制，但他们拒绝让船只受丈量。
>
> 翌日，中国商人金少（Comshew）和吉荐（Cudgin）两人通知他们，"假如我们（作者按：指大班）能够推翻公行，他们答应帮助我们进行，他们一定将茶叶价钱适当降低。他们告诉我们说，此事一定要向总督请求，否则不会成功；同时一定首先要通过他的胥吏，他们答应今晚介绍我们和胥吏会面。"
>
> 当天晚上，他们会见总督的代理人，并申述他们有必要停止对广州的贸易，除非想办法"将公行取消"。

---

① 〔美〕马士著：《东印度公司对华贸易编年史（1635—1834年）》第一、二卷，中国海关史研究中心组译，区宗华译，中山大学出版社1991年版，第164页。

大班报告说，海关监督几次向他们威胁，他们不予理会。翌日，即 7 月 30 日，"总督召集主要商人去见他，并严厉地对他们说，他们现在所采取的办法一定会使此处的贸易得到坏的结果；他命令他们去找大家商量，如果他们不能决定解散他们的集团，他一定用办法强制他们。"

总督是一位重要官员，不能等闲视之，而"被召集的公行商人考虑到总督的叱责，这使他们非常害怕。公行一些主要商人允许金少和吉荐参加他们的茶叶生意，他们是靠它来组成公行的，这个主要部分既失优势，也就是公行的手段已被毁坏。"

各事顺利解决，8 月 1 日，大班随同钦差、海关监督及其他官员到黄埔，并丈量船只。"大臣对那些少见的事物好奇发问，他对这些东西十分困惑"；大班并把几件珍奇物品送给他。其他船只分别于 8 月 3 日及 5 日到达，贸易进行不受阻碍。"麦士里菲尔德号"载茶叶 2623 箱，"莫里斯号"（Morice）载茶叶 2313 箱，11 月 6 日出发；"弗兰西斯号"（Frances）载茶叶 2587 箱，而"卡多根号"（Cadogan）载茶叶 3154 箱，12 月 17 日出发；四船都载有瓷器。①

文中提到的"吉荐"，即十三行八大家"潘卢伍叶谭左徐杨"中的叶家，这位吉荐的蜡像后来还出现在英国蜡像馆中，可见其当日的风光。

这一来，订立的"公行条约"便失效了，甚至连公行也都在无形中停止了。

对于公行，英国东印度公司一直存有戒心。几年之后，即 1725 年 12 月 24 日，"汤姆森号"开往广州时，东印度公司还给大班写信，称：

我们希望他们不再试图恢复（公行）；假如他们已经恢复或一定这样做，而你们又适在该地，你们必须尽力用最有效的办法进行反对。②

"麦士里菲尔德号"打开了中英贸易的局面，这次，又无形中摧毁了刚设立的公行制度，其功过非三言两语可以评说。这不仅仅是商业原则的碰撞，更是两种制度与文化的碰撞，很难以功过是非来评说。

无疑，在当时的历史背景下，中英之间的贸易代表了东、西方之间的沟通和交流，英国业已取代葡萄牙、西班牙、荷兰，成为海洋贸易的霸主。平心而论，当日中国的贸易制度是相当滞后的，甚至比宋明时期的对外贸易还要落后，贡舶贸易与市舶贸易毕竟不是同一回事。这一来，我们更需要向别人多学一点东西，不可以"天朝上国"倨傲。正是在这一背景下，十三行的聚散、起落、盛衰，始终处于一种未可自我把握的境地，同时受到内、外两方面的挤压，它的存在本就是一个"奇迹"，不可以一定之规来度量、

---

① 〔美〕马士著：《东印度公司对华贸易编年史（1635—1834 年）》第一、二卷，中国海关史研究中心组译，区宗华译，中山大学出版社 1991 年版，第 164～165 页。

② 〔美〕马士著：《东印度公司对华贸易编年史（1635—1834 年）》第一、二卷，中国海关史研究中心组译，区宗华译，中山大学出版社 1991 年版，第 167 页。

评估。

不管怎样,英国主导了当时的东、西方贸易,这是历史中的一个关键"节点"。

只是,当年的"麦士里菲尔德号"的大班及船员们没有想到,在杨宗仁手中兴起而又很快终结的公行,在其孙子杨应琚出任闽浙总督,上奏"一口通商"而得到乾隆皇帝批准后,公行不久就在广州"咸鱼翻身"了。虽然没过多久又被撤销了,可不久又恢复了,一直延续到鸦片战争。

1833年,英国东印度公司对华贸易垄断权终止。在西方商人的眼中,公行就是与东印度公司对接的组织,它实施垄断,有害于自由贸易。于是,再度一致要求:"既然我们的东印度公司撤销了,那你们的公行也一样应该同时撤销。"当然,清朝政府是没有予以理会的。

其实,公行与东印度公司并非同一性质的机构,东印度公司本身是股份制的,但公行不是,它是封建统治下的一个"怪胎"。

当鸦片战争结束后,英国人提出的条件中就有一条:撤销公行。

其实不用提出来,十三行在一场大火中被烧得乌焦巴弓,一切都荡然无存,公行也就于无形中消失了。

"麦士里菲尔德号"对抗公行的经历,就这么留在了十三行史上。

第十四章 早年不同背景的官商:"你方唱罢我登场"

在康熙下达废除"禁海令"(1684),并于康熙二十四年(1685)正式下令"开海贸易"之前,无论是贡舶贸易还是澳门的陆路贸易,都是依明代奉行的市舶提举司制度。粤海关是在开海后才设立的。而在这之前,广东在清初则一直是藩镇割据,为平南王尚可喜及其长子尚之信所据。康熙十五年(1676),尚之信响应吴三桂叛乱后,曾宣布"开界",允许迁界的老百姓尽归原籍复业。但第二年,尚之信投降,又恢复"迁界"。直到开海前夕,才重新复界。其时,尚之信已于康熙十九年(1680)被赐死。但尚藩统治广东长达31年〔自顺治七年至康熙二十年(1650—1681)〕,可谓盘根错节,所以,对广东外贸的影响一时并未断绝。

康熙二十五年(1686),对外贸易的十三行得以恢复,而尚藩割据之下的王商,在此刻自是最具商业实力的。据马士的《编年史》记载,1699年9月2日,有一位商人直接从广州来到"麦士里菲尔德号"船上,这便是前面提及的洪顺官,他以前曾经与外商做过交易,结果满意。

> 这个商人从前是"王商"(King's Merchant),又和荷兰人做过几年交易。这位商人"和我们商谈我们的业务,提出包购我们的船货,他供给我们前所未有的最好商品品种,出最高的买价,索最低的卖价";他还答应劝说海关监督减低要索。而且他又能讲葡萄牙话,因此,双方都避免了用一般通事必然要发生的危险。

9月5日,道格拉斯第一次上岸,并到处作正式拜访,在其拜访中有一位是

>"总督商人,名叫施美亚(Shemea),他的主人是广东及其他省的总督"。……
>
>9月7日,海关监督从广州来到。有很多理由可以相信他是海关监督本人,而不是海关的某一个高级官吏,因为也常常用海关监督这个官衔去称呼这些官吏。海关监督是一位非常重要的官员,他的品级和总督相等,如在1843年,他经手的税收约超过1000万两;他肯亲自来澳门,就表示广州的政策有显著的变化,表示即使是满洲人(海关监督经常是满洲人),也已经知道鼓励贸易比之阻塞它更为有利。
>
>在同一天里,道格拉斯宴请"将军的商人",还有其他商人作陪,他们将价钱作比较;"他们的价钱很高,特别是我们最需求的生丝。"
>
>我们在上面讲的三种特权"商人",王商、总督商人和将军商人等,各人都分别有他们的"主人"的势力做后台。在东京是国王和王子亲自进行贸易,在广州的权贵则指定商人代表他们的权力。①

这是康熙三十八年(1699)的事,距离开海已有10多年了。也就是说,新的总督、将军,已经扶植起自己的商人,与王商平分秋色,而王商则余威尚在。

所谓"王商",是平南王尚可喜主政岭南之际,让其部下私充盐商,据要冲立设商铺。直至康熙十九年(1680),尚之信之乱被平复,这一设置方被革除。但"王商"之名却沿袭了下来,凡原为平南王任命的,仍继续被叫作"王商"。而为总督任命的,为"总督商人",因为后起,其在广东商人中的势力渐渐超过王商;为将军所任命的,为"将军商人";为巡抚所任命的,则称"抚院商人"。可见,各大势力集团都要在商贸上分一杯羹。而商人们各有各的背景,包括失势的王商,也找到了北京方面的靠山。除了这"四大商人"外,其他私商都不敢擅自与外商交易,利益上的划分一目了然。当时,还有粮道一方,也想在其间染指。

这一现状是意味深长的,也许,在开海之初也是难以避免的。权力高于一切,钱权交易,那也得等到下一阶段。最后,方可以用钱买"红顶子"(指官位)来保护交易。

下面马士的《编年史》中的一段,记载的是开海之后,英国商船"麦士里菲尔德号"最早来到广州时的经历,这对于英国日后成为广州十三行第一大外贸对象不无意义:

>"麦士里菲尔德号"的突出新奇的经验是有"大官商"的存在。我们见到第一位是洪顺官,他是王商,他曾是"在广州王未降为副王之前的王商"。他曾拥有巨额财富,但他是代表被放逐的王的,所以受到损失;道格拉斯注意到其他商人都很尊重他,而他不仅有力量反击其他商人的诡计,甚至高级官吏的诡计他也敢反对。在当时与英国贸易的所有中国人中,只有洪顺官一人可以和后来的行商相比,很多外国观察者对于他兼有惊人的商才和信用表示赞美。当市场对他不利,他已受到严重损失并有破产危险时,他仍能象正常的事业家一样来保卫自己。除他之外,还有

---

① 〔美〕马士著:《东印度公司对华贸易编年史(1635—1834年)》第一、二卷,中国海关史研究中心组译,区宗华译,中山大学出版社1991年版,第86—87页。

一位总督的商人施美亚,他代表两广总督,有总督做他的后台,他"可算是广州最大的商人";将军的商人,同样是代表满洲军的,在满洲人的统治下,将军当时的品级和权力是与文职的总督平行的;另外还有代表抚院的,即广东省的巡抚。当这种商人插手到任何事业时,他们的后台就支持他们去支配其他人——甚至在他们的本国人中间,"没有人敢和这些大官商竞争,因为他们的主人为了自己的利益经常维护他们的欺诈行为"。在不同的时期,每位高级官吏都强迫道格拉斯允许他的商人参加洪顺官的合约买卖。有一个时期,"粮道,一位大官"加入并"提出我们可以得到出发证,假如我们向他上呈的话",换句话说,假如他们会送给他一笔可观的礼物的话;在另一个时期,总督、巡抚和满洲将军开动法律机器进行侵占道格拉斯的利益。有一点必须注意的是,无论怎样:不管是减价或津贴的一切要求,还是诈取道格拉斯的一切企图,原来的合约始终没有废止;与洪顺官本人、答允参加合约的那三位商人及取去一部分绒布的海关监督等人的一切商量,他们争论的要点都是以合约所订的价格和条件做基础的。

道格拉斯在广州所做的全部交易,除了与那四位享有官吏保护的"大官商"外,他和其他商人做交易一次成就都得不到,虽然他们都很想参加交易,却"不敢破例"去冒犯那些大人物。①

但王商毕竟气数已尽,最终退出了十三行的历史舞台。在上一章,概述了洪顺官破产的过程。洪顺官在此次与英国商人的贸易中一败涂地。

有退出的,也有进入的。在这开海之初,官商的大角逐波澜迭起,毕竟,广州是当时全世界最大的贸易口岸,哪怕是100多年后,道光年间,中国的GDP仍占全世界的近1/3——而这时大清国早已开始走下坡路了,所以,全盛期间,应当比1/3还多。来广州做外贸,是西方国家生意人的首选,有多少外商因此发家致富!而在封建权力至上的中国,拥有特权的官方,没有谁不对这一块肥肉流长涎的。于是,各种角力也就一一登场了。

马士的《编年史》中的记载还是意味深长的。他先是写了厦门的"太爷":

太爷(皇帝儿子的商人)去年曾经到过此处,现在他到此处已几天;此人从皇帝的儿子处承包对英国贸易的特权,他向城中商人索取百分之几才准许贸易,二三个著名的商人去找人商量解决百分比的问题,在此事未解决前,他们的货物没有价钱。②

---

① 〔美〕马士著:《东印度公司对华贸易编年史(1635—1834年)》第一、二卷,中国海关史研究中心组译,区宗华译,中山大学出版社1991年版,第99-100页。
② 〔美〕马士著:《东印度公司对华贸易编年史(1635—1834年)》第一、二卷,中国海关史研究中心组译,区宗华译,中山大学出版社1991年版,第129页。

而后，才写到了"广州的皇帝，1704"，并记下：

> 广州兴起一个新怪物，名叫皇商，他付给朝廷42000两银，获得欧洲人贸易的独占权，因此，没有一个中国人敢于干预他，除非他认为有价值，才准加入合伙。①

对于皇商也要分一杯羹，行商也给予了证实：

> 关于我们曾经听说过有一位皇商的事，这的确是真的；他从前是广州的盐商，因瞒皇上盐税，被逐出省外，但未没收他的全部财产，他设法进见皇太子，据说用了42000两，取得包揽广州所有对欧洲贸易的特权，排除其他商人，如事先没有取得特别准许，任何人都禁止干预他；但皇帝是不知道这件事的。这位皇商既无货物资金，又无赊购的信用。他是海关监督的公开敌手，因为对他不能象对待其他商人那样进行额外的征赋，他只按皇上关税率交税。因此，可以希望这个新怪物加入贸易，本季度或许不会对我们有害。②

海关与皇商各有各的一套，让一般商人无所适从：

> 8月27日，海关监督发给准许自由贸易的执照。9月9日三艘船卸货完毕；而11日"两位海关官员和盐官[皇商]来商馆视察货物的开包。"没有讲生意，亦没有卖出货物。当时已经和广州商人黎安官、严浦秀、安官、喜官（Hiqua）及平官（作者按：应为丙官，即十三行"八大家"排名第八的杨岑龚）等商议；但"他们渴望瞒着海关监督和皇商签订合约，前者会勒索钱财，而后者则由于有委令就会给他们麻烦，官员们现在还没有提出如何利用皇商的方法。"③

最后则达成"妥协"：

> 18日，"海关监督到肇庆见总督，23日从该地返回，总督认为皇商确实不能应付各船的交易，结果他判决由于那些商人从皇商手里取走贸易权，为了尊重他的专利权起见，应付给他相当的补偿；数目多少由他们之间共同解决。"
>
> 黎安官告诉大班们说，那些已订约的商人付给皇商5000两，作为对"肯特号"、"伊顿号"和"斯特雷特姆号"贸易的代价；而他"试图甜言蜜语去引诱他们付给

---

① 〔美〕马士著：《东印度公司对华贸易编年史（1635—1834年）》第一、二卷，中国海关史研究中心组译，区宗华译，中山大学出版社1991年版，第135页。
② 〔美〕马士著：《东印度公司对华贸易编年史（1635—1834年）》第一、二卷，中国海关史研究中心组译，区宗华译，中山大学出版社1991年版，第136页。
③ 〔美〕马士著：《东印度公司对华贸易编年史（1635—1834年）》第一、二卷，中国海关史研究中心组译，区宗华译，中山大学出版社1991年版，第137页。

半数，但他们坚决拒绝这样做。"这是听到关于皇商的最后一件事。①

已渐成气候的行商们也联合起来与皇商抗争：

> 黎安官和他的合伙人势力强大，没有他们就难以做任何买卖，结果，他们就不象从前那样谦卑，但在中国人方面来说，他们是极其信实的人；假如他们愿意，他们可以使船只不受海关监督的一切困扰。今年他们勇敢地向那个名叫皇商的新怪物进行攻击，因为后者有他的委令，要向那些商人收取5%才准许和我们贸易；但由于妥善的应付和海关监督的帮助，虽然商人们被迫付给他一笔款项，但我们本季的贸易不致受到太大的损害。在厦门的这些皇商得势，就破坏了本季度该口岸的贸易。②

广州的胜利与厦门的失败，在一定程度上证明了广州的商业传统、市场规则较之厦门要强大一些，足以同权力进行角逐，所以，皇商无法在广州的外贸中站住脚，最后退出了。在这个意义上，与皇权或皇室的关系，在广州未必就是具有决定性的东西。这也说明，为何康熙开海之后，尽管设了粤、闽、浙、江四大海关，但能正常运作，且最让外商感到做生意较公平、合理、自由的地方，是广州。

从上面的追叙与引文中我们不难看到，在这个阶段中，尽管不同背景的官商走马灯似地上台下台，控制了十三行，但是，已经有了诸如黎安官之类的一般商人出现在十三行了。他们不仅顶替了诸如皇商之类炙手可热的角色，在王商逐渐退出之际渐渐抬头，而且在督商、军商的夹缝中求得生存，把生意做大。这期间，英国商人是这么评估的：

> 广州直到17世纪最后几年还是排斥英国人的——部分原因是由于葡萄牙人为了保护他们的垄断而施行的诡计；另外，无疑的是由于威得尔的强行进入，终于受辱被逐的印象所致；但主要的原因，是满洲人占领这个富有而重要的市场，有一个时期还处于不稳定的状态，所以军事当局不敢冒险给有商业才能的广州人以自由活动的余地。③

这里强调了"有商业才能的广州人"，进一步说明了"大班一致表示宁愿选择广州"。虽然为了抓住做生意的机会，这些商人仍不得不与官府、官商发生紧密联系，诸如黎安官，有称：

---

① 〔美〕马士著：《东印度公司对华贸易编年史（1635—1834年）》第一、二卷，中国海关史研究中心组译，区宗华译，中山大学出版社1991年版，第139页。
② 〔美〕马士著：《东印度公司对华贸易编年史（1635—1834年）》第一、二卷，中国海关史研究中心组译，区宗华译，中山大学出版社1991年版，第142~143页。
③ 〔美〕马士著：《东印度公司对华贸易编年史（1635—1834年）》第一、二卷，中国海关史研究中心组译，区宗华译，中山大学出版社1991年版，第145页。

> 有一项消息使他们（中国商人）恐慌，就是厦门的老安官确已从北京出来，并做了皇子的商人，带有大量资金收购茶叶和瓷器。①

但黎安官后来表明，他只是在变换利用各种关系而已。

而当时的广州还有另一阶层存在，这便是入主中原的满族人。满族人到了广东，不管出身如何，也是见官大三级，是拥有特权的。他们也许不是真正的官，但一旦冠以"旗人"，就是"官"了，英文史料里写的商人如"Mandarean Quiqua"，也就被译成"官商葵官"。可见，这也是当时十三行行商不可忽略的重要组成部分。

雍正六年（1728），杨文乾作为汉族的官员，为了进京洗清自己贪墨的罪名，也得带上葵官这位旗人商贾来为自己辩白，这也证明这样的"官商"在十三行中所处的地位及显而易见的力量。

不过，在马士的《编年史》中，这个时期，即雍正五六年间（1727—1728），上述的督商、军商、抚商均不见了，更不用说王商、皇商了。

这里，再说明一下"官"这个字。外文资料中，它被写作 qua、quan、quin 等。梁嘉彬在《广东十三行考》中说："十三行商人在外人记录中亦咸称某'官'（Quan，qua，quin）或某'秀'（Shaw，例如，Cumshaw，Kewshan 等）；乾隆以前行商尚多如此称呼，及后则概以'官'（qua）称之矣。"② 不过，他未曾得知，郑芝龙也被称为"尼古拉·一官"，郑成功为"郑二官"，应是沿袭明代，其时早已称呼开了。这里说明，"官"（qua）的说法，如陈寿官、谭康官等，只是习惯上的一种尊称，就好像现在"大佬"之类的称呼，其与官商无关，不等于真正的官员，不可以把伍浩官、潘启官都当成官员与官商，这已是很明白的了。而给朝廷的文件里，"官"则一律变成"观"，成了"陈寿观""谭康观"，可见有避讳。

第十五章　皇商退出：官商的最后"身影"

当时，试图在中国南海上称雄的，已不是葡萄牙了，先是荷兰，随后是英国取而代之。荷兰人因被郑成功打败，被赶出台湾，所以请清政府攻台，自己也来出力，并以此居功，要加入与中国的贡舶贸易。可在澳门的葡萄牙人不买账，清廷也以历来贡使名单中无荷兰之名为由，作了"八年一贡"的规定，让荷兰人很失望。不过，在开海禁之前，荷兰人已与平南王尚可喜搭上了关系，与活跃于广东的王商有贸易往来。

在各种争夺中，可与后来著名行商相提并论的王商洪顺官浮出了水面，当然，前面提到他的沉浮，亦可视为十三行行商的"前奏曲"，颇有启迪作用。

这位洪顺官的称呼是从外文转译来的。他应是清代十三行中被写进历史的第一位行

---

① 〔美〕马士著：《东印度公司对华贸易编年史（1635—1834 年）》第一、二卷，中国海关史研究中心组译，区宗华译，中山大学出版社 1991 年版，第 158 页。

② 梁嘉彬著：《广东十三行考》，广东人民出版社 1999 年版，第 45 页。

商,马士的《编年史》中便有这位洪顺官的记录。故梁嘉彬称:

> 康熙三十八年与英船贸易之中国商人名 Hunshunquin 者,不止为中国当时最有魄力之商人,且以前曾膺 The King of Canton's Merchant("王商")之任。其后,王之势力虽渐凌替,而 Hunshunquin 犹有北京之势力为后盾,凡荷兰来华贸易,类彼一人主之。彼能制胜与其竞争之一切商人,左右广东之高级官吏。其惊人之商业组织,其明敏,其信用之卓绝,咸使外人啧啧称羡,认彼为可与异日公行行商并驾齐驱之惟一人物。①

法国商船"安菲特立特号"来到中国之后,康熙三十八年(1699),英国商船"麦士里菲尔德号"驶来,由于有洪顺官从中协调,终于打开了中英贸易的局面。

洪姓在广东不那么简单,这之后的洪秀全不用说了。之前,宋代有一位洪适,"绍兴十二年(1142),与弟遵同举博学宏词科,累官至同中书门下平章事,兼枢密使,罢为观文殿大学士"②。他在广东的名山大川,如英德南山等,留下不少题壁。留有《盘洲集》。巧合的是,他有《海山楼》一诗,写的正是宋代"准海关"的情景,诗中有"楼前箫鼓声相和,戢戢归樯排几柂。须信官廉蚌蛤回,望中山积皆奇货";另一首《沈香浦》更有"炎区万国侈奇香,捆载归来有巨舫"之句。③ 不知后来的这位洪顺官是否他的后人,但对海贸的执着,恐二洪如出一辙。

倒是清史上无洪顺官的资料,读二十四史,发现很少给商贾留篇幅。哪怕近代的地方志,要发掘商人的史料,也找不到多少痕迹。"士农工商商为末",有谁在意给商人记上几笔呢? 反而是在外国人的日志中,我们还可以寻到一鳞半爪,譬如这位洪顺官的影子。

本来,康熙削藩,于康熙十九年(1680)收拾了尚之信,并"赐死",作为当年倚仗尚之信的王商,应该说是失势的。然而,在尚之信当政年间,由于朝廷的禁海,一般商人不得出航,而尚氏父子一手组织的王商,即广东王府商人,反而有了垄断外贸的机会,他们利用贡舶贸易,大行走私之道——平心而论,在禁海之际,走私是不得已而为之,不可一律否定。这一来,他们积蓄财富的速度也就急剧加快,与外商打交道的本领也同样"看涨"。

这位洪顺官在尚之信被赐死后,应是善于权变,找到京城里的权贵,在政局变化中仍站稳了脚跟,没被抄没。这也是不得已而为之。这一来,他既有巨额的财富,又有丰富的外贸经验,连总督商人、将军商人、抚院商人有时也不得不让他几分,毕竟人家"手眼通天",就算较量几番,还是得退让下来。

这洪顺官是个什么模样,无从得知,然而,他斡旋于几类商人当中,又在官府与外

---

① 梁嘉彬著:《广东十三行考》,广东人民出版社1999年版,第71页。
② 陈永正编注:《中国古代海上丝绸之路诗选》,广东旅游出版社2001年版,第77页。
③ 陈永正编注:《中国古代海上丝绸之路诗选》,广东旅游出版社2001年版,第77页。

商中拥有较高的信誉，显然绝非平庸之辈。财富是一回事，信用又是一回事，在以农耕文化为主的华夏大地，商人被视为巧取豪夺、重利轻义的阶层，无法与信义挂钩。但洪顺官"惊人的商才与信用"，分明是受西方文化重契约、重然诺的影响，是正在蜕变中的一类新人——这么说，并非溢美之词。洪顺官在后来的通商历史的记载中不见了踪影。他的归宿如何，无人知晓。

然而，他以他的家底赔空，以他的一败涂地，为十三行贸易的复兴写下了不可磨灭的一笔。可以说，十三行的兴盛，从此开始。梁嘉彬在《广东十三行考》中公正地指出："自英船 Macelefield（即'麦士里菲尔德号'）至粤，广东海洋贸易日盛，而牙行商人之权势亦随之日长。"毕竟，康熙二十三年（1684）、二十四年（1685）宣布开海贸易以来，每年来的外舶也就几艘，直到洪顺官与英国商船做成这一桩生意的康熙三十八年（1699），外舶才增至十几、几十艘，成倍上涨。

从道格拉斯对洪顺官的评价可以看到，他很看重这位过气王商在当中发挥的积极作用，也许，这正符合他们的商业原则，所以，他们视洪顺官为一位有独立人格、独立意志的真正的商人，与后来的行商相媲美。

不久后发生的皇商事件，更能让人领会道格拉斯称赞洪顺官的因由。

那是康熙四十三年（1704），也就是"麦士里菲尔德号"离开广州 5 年之后发生的事件。

由于英国商船在对华贸易的这 5 年间尝到了不少甜头，这回，英国东印度公司"斯特雷特姆号"等一共 4 艘货船到了南中国海面，泊至广州之外港澳门，正准备到广州交易。

可澳门当地的行商黎安官告诉英国商船上的大班，两年前，广州、厦门两个口岸都出现了一大"怪物"，这怪物号称"皇商"，垄断了所有欧洲对华的贸易。①

黎安官晓知这位皇商的底细。原来，此人原为盐商。在中国，自古以来，盐均为专卖，禁止私营，所以，盐商不仅是专商，而且是官商。由于有垄断利益，盐官都"富得流油"，他们穷奢极欲，挥霍无度，欺行霸市，横行无忌，什么坏事都干。来广州的这位盐商就是因为欺瞒朝廷、中饱盐税，被赶出了广东。可这家伙能够上下行贿，买通了权贵要人，拿出了 42000 两银子拉拢皇太子，从而取得了对欧洲人贸易的包揽特权。其实，朝廷并不知道这些，而他自己也没有任何存货，更没什么订购合同，还是用他盐商的那一套，纯粹仗势欺人，自以为有皇太子作后台，有恃无恐，连海关监督都没放在眼里。由于他只交关税，不让海关进行定额征赋，所以，海关监督也是一肚子怨气，只是一时找不到机会发泄。

英国商人习惯了自己的交易原则，自是不愿与这位皇商打交道，于是，私下里秘密与五位广州商人黎安官、亨秀、安官、喜官与平（丙）官签订了贸易协议。由于这五位商人深知海关监督与皇商的矛盾，所以，早早疏通了监督，做好了准备。

---

① 参见〔美〕马士著《东印度公司对华贸易编年史（1635—1834 年）》第一、二卷，中国海关史研究中心组译，区宗华译，中山大学出版社1991年版，第 135 页。

皇商得知，当然不愿意了，他本已垄断了的权力，岂容他人染指。于是，一纸状纸，告到了总督那里。

这边，五位商人则予以了反诉，称皇商本身资金不足，信用不好，根本没资格与外商交易。而英国商人也坚持他们的贸易原则，认为不可以让皇商一人专揽贸易权，并且坚持不与这位皇商做交易。

总督受理了这一案子。

经总督派人调查，广州商人的反诉有理有据，件件属实，而皇商则理屈词穷，虚作声势。这一查下来，皇商感到很是不妙。但总督也不敢太得罪这位有来头的人物。

皇商感到再僵持下去对自己不利，于是不得不做出让步。最后达成妥协。

总督允许广州商人付给皇商一定的补偿，从而正当地与英国商人进行贸易。于是，在得到了5000两"补偿金"后，皇商放弃了他企图独霸的与"斯特雷特姆号"的贸易。①

自从皇商到达广州的通商口岸，每每遭到中外各方的共同抵制，而皇商并不会经营，只是以势压人，可行商也不买账，而后，则是以权做交易，谁给皇商一笔钱，就可以换得临时外贸经营权。

皇商尽管有诸多皇亲贵族大力支持，却大势已去。据英国东印度公司档案记载："（公元1704）'皇商'发现他自己不得不允许其他商人分润他的垄断，但是他却要求对每艘商船征收一笔5000两银子款项作为这种让步的代价，这笔款项自然是贸易上的一种负担，并且是直接取偿于外商的。"②

康熙四十七年（1708），康熙皇帝诏令初废皇太子。

皇商到达广州的那几年，正是康熙废立太子前斗争最激烈的时间，皇商的铩羽而去，恐怕与上层变动不无关系。

到了康熙末年，十三行外贸被市场这只看不见的手所左右，权力相对黯然失色。

十三行行商在广州西关陆续建成一批西洋式的联排别墅，出租给外国商人当旅馆，称为"十三行夷馆"，成为当时十三行主要收入来源之一。

据英国商船大班洛克耶的航海日记所写，"我所见的黎安官是一位非常诚实的商人，安官、平官二位，也同样是中国商人实诚者"，这说明，行商多诚实，而诸如皇商之类倚仗权势，多为不诚实之徒，在商业上难以与之打交道。

然而，在旧中国的对外贸易中，权力的干预、掺揉，乃至权钱交易屡见不鲜，这在一个皇权至上的专制主义国家是无法改变或根治得了的。尽管早期的行商凭借自己的实力、智慧，争取到了贸易的机会，并且发展起来，可付出的代价却是非常沉重的，洪顺官便是一例。

而官场上的权力再分配仍在不断进行，总督商人、巡抚商人、将军商人、粮道商人

---

① 参见〔美〕马士著《东印度公司对华贸易编年史（1635—1834年）》第一、二卷，中国海关史研究中心组译，区宗华译，中山大学出版社1991年版，第136～141页。

② 〔美〕马士著：《中华帝国对外关系史》第一卷，张汇文等译，上海书店出版社2006年版。

的势力与威焰在粤海关此起彼伏、迭为兴替。有阮元《广东通志》卷一八〇《经政略》为证:

> 康熙二十四年,开禁南洋,始设粤关监督。雍正二年,改归巡抚。七年,复设监督。八年八月,归总督。九月,归广州城守;并设副监督。十三年,专归副监督。乾隆七年,归督军粮道。八年,又放监督。是年四月,归将军。十年,归巡抚。十二年,归总督。嗣后专设监督,仍归督抚稽查。①

如此走马灯式的更换,可见各方想争夺海关这块"肥肉"的欲望有多强,而各方有背景的总督商人、巡抚商人等,相互争斗又是多么激烈。官商也罢,半官商也罢,对商业发展的影响,其负面作用不可低估。

但不管怎样,十三行是旺起来了。

17 世纪的广州十三行及珠江景色
(德国原驻广州总领事 Harald Richter 先生提供)

清僧人成鹫的《送高二尹伴贡入京十首》其二曰:

> 江上大郎连二郎,江干蕃舶并官航。

---

① 〔清〕阮元主修,梁中民点校:《广东通志》卷一八〇《经政略》,广东人民出版社 2011 年版。

> 远人不用夸奇货，馆伴明珠在锦囊。①

写的应是康熙开海后的事。稍后，有王时宪的《广州竹枝》：

> 珠江南口出南洋，洋里常多白底舡，
> 远在澳门装货到，最繁华是十三行。②

也不知洪顺官后来看到这片繁华景象没有？然而，他的出现，他的所作所为，他最后的命运，对于日后十三行行商（后来统称为"洋商"）们来说，也是一个警示和谶语：何以还有那么多十三行行商"前仆后继"地破产、坐牢、被流放，乃至自杀？

他们是商人，商人"无利不起早"，可他们又不仅仅是商人，压在他们肩上的历史，不知有多沉重。

第十六章　行商的民商本质

研究明清经济史的人，从来不能绕开"广州十三行"。因为这一名称包含的不仅是中国对外商贸的一个创造性奇迹，更是一个商人团体在对外贸易中所遭受的种种辛酸与苦难，尤其是身份认同的困窘。他们从海港边的自由商人到成为影响世界的商业团体，从小小的十三行步入国际舞台，所有的一切对于当时刚开启"闭关锁国"之门的清廷而言都是不可想象的，但他们的确做到了。一直以来，学界都把广东十三行商人定位为官商，认为他们既然被授予顶戴花翎，就应该谓之"官商"。清初屈大均的诗"洋船争出是官商，十字门开向二洋"中的"官商"指的便是十三行行商，诗中描述的正是当年十三行流光溢彩的商业繁华情景。这里应特别指出的是，屈大均写此诗时，正是开海初年，各色官商走马灯一样在十三行表演之际。但笔者认为，对行商们的性质定位，其实不能依靠表面的官衔职位，更重要的是要考察他们所代表的利益立场，以及在商业活动中的情感归属。

所谓"官商"，在《现代汉语词典》中，一解释为"旧时指官办商业，也指从事这种商业的人"，一解释为"现指有官僚作风的国有商业部门或这些部门的人员"。显然，通常意义上把十三行行商定位为"官商"是以第一种解释为标准的。根据史料记载，十三行行商虽然大多数捐了所谓的官衔，但其实他们都是有名无实的"官"，其职责主要就是捐纳皇粮，呈贡珍宝，满足朝廷永无餍足的物质要求。一身官服反而给他们带来了无尽的麻烦甚至灾难。可以说，他们从来不曾代表朝廷的利益与意志，相反，在很多史实中我们都可以看出，他们有着深刻的反抗精神，有着自己的商业原则与独立思想，在商贸活动的过程中展现出来的是各个商行家族不同的商业理念，而不是盲目地与朝廷站

---

① 陈永正编注：《中国古代海上丝绸之路诗选》，广东旅游出版社 2001 年版，第 240 页。
② 陈永正编注：《中国古代海上丝绸之路诗选》，广东旅游出版社 2001 年版，第 259 页。

在统一利益战线上。而更关键的一点是，他们大多在域外有频繁的商业活动，如投资铁路、购买债券等，并且与外商书信往来、觐见他国的国王，等等，这些都是在清廷不知道的情况下进行的，不可能将其归纳为所谓的"官办商业"。还有许多方面都表明，十三行行商们并非像传统观念中的那样是官方利益的代言人，他们是介乎官商与民商之间的商业团体，但本质上更偏向于民商。以下，笔者将从几方面展开论述与分析。

一、十三行"帝国"：从自由商人开始

熟悉十三行商贸发展史的人都知道，"十三行"这个作为广东沿海商人团体统一称谓的名词不是从一开始就有的。所谓的十三行行商，其实刚开始时只是作为自由商人贸易者出现在广东商业舞台上。在清廷开启了广州这扇外贸"大门"以后，许多有着敏锐的商业眼光与冒险精神的商人开始聚焦于这块弹丸之地。他们在这里参与海上经贸往来，进行内陆货物与外洋商品的贸易，从中赚取高额利润。很明显，这时候的他们其实就是自由运作的中介商，无所谓归附于哪个利益集团。到后来，从来没有管理外贸经验的清廷发现单凭粤海关其实很难把广东的外贸经营规整起来，于是，就利用"以官制商、以商制夷"的利益链条，把广州一些大的外贸中介商整合起来，组成商业团体，并对之进行统一管理，借他们与外商的贸易关系把对外贸易纳入自己的控制范围之内。这样，用现在的话来说，清廷就实现了以最少的资源达到效益最大化的目的了。

所以，十三行的"商业帝国"其实是从自由商人开始的，行商们最初就是以自由商人的认知投入这场对外的商业竞赛中的。因此，在商海角逐多年的他们有着自己的商业理念与经营原则，他们的思想是相对独立的，从各自不同的经历中得出对外贸易的不同经验和认识，并以此指导其商业往来活动。这点我们可以在很多行商家族的训示或家教传统中得以印证。就像十三行"四大家族"（潘、卢、伍、叶）中的潘家与伍家，其处事风格就有着世袭式的明显差异。潘家处事谨慎，从来不打没把握的仗，不做为高额利润而立于危墙之下的事情。"在潘有度担任行商的时候，有许多新兴的商人来到广州口岸，他们是美国商人和从事中国与印度之间贸易的港脚商人。与这些商人做生意，往往要冒很大的风险，许多行商因此倒闭。潘有度的合伙人名单上几乎看不到这些商人的名字，他谨守其父留下的传统，只与英国东印度公司以及瑞典、丹麦等国的商人做生意。"[①] 与之不同的是，以伍秉鉴为代表的伍家行商则处处表现出一种冒险的锐气，他们乐于与这些"港脚商人"交易往来，"美国人在广州最大的商号，先有铂金斯洋行，接着有旗昌洋行，它们与伍秉鉴均有密切的生意往来"[②]。在对待"港脚商人"的态度上，我们已不难看出潘家和伍家在商业理念上的差异。而这种种不同折射出来的，不仅仅是他们家族世袭经营思想的差异，更有由自由商人身份沿袭而来的认知差别。由于刚开始时大家都只是作为经济自由个体进行各项对外贸易，他们的经营行为肯定是带有自我理解性质的，个性尤其明显。而这样的个性延续下来，便体现在成为大行商以后贸易手段

---

① 周湘著：《广州外洋行商人》，广东人民出版社2002年版，第54页。
② 周湘著：《广州外洋行商人》，广东人民出版社2002年版，第58页。

方式的不同中。

自由商人的身份让十三行行商在百年对外商贸中保持着一种自由意识,即便在朝廷与外商的双重压迫下,他们仍然以自己的商业原则为标准,处处表现出自己对商业经济的理解,这或者可以说是一种沿袭的习惯了。

二、域外建交:投资与往来

十三行是广州西关的一个弹丸之地,但十三行行商绝对不是坐井观天的鼠目之辈;相反,落脚于十三行的这些行商有着非凡的国际视野。根据史料记载,十三行行商在清代那个思想禁锢的大环境下,已经自觉地进行世界范围的商贸往来,有着极为频繁的国际活动。也就是说,他们并不是被动地坐在港口等待外国船只前来,而是积极主动地融入华夏大地之外的整个世界。"以行商为代表的广州豪商,已如同其印度、美国商人伙伴一样,成为国际性的商人。华商以输出中国的茶叶、棉、丝、糖等商品,而同各国的商人联结在一起,同时利用他们的关系在亚洲以外的地区营运其商业资本。"[1] 当然,这样的活动是不可能被当时仍自诩为"天朝上国"的清廷所允许的。在朝廷看来,这样的活动无异于通敌叛国,而且也不符合"天朝"的身份——高高在上的清帝国怎么需要远到域外进行贸易呢?因此,行商们在境外的各种活动实际上是瞒着朝廷进行的,而这一点,也正是他们民商性质的有力证明。

当时的十三行行商与外国商人有着密切的私交,这已经不是什么特别的事情。行商们在一个世界聚焦的激烈竞争环境下要取得生存的一席之地,必须要有过人的经营之道。而他们之所以能获得外国商人的信赖,当然与他们的精明干练、具国际视野有密切关联,更重要的是,他们注重把商业拓展与情感沟通相互联结。他们的商业发展并不是单纯的利益活动,而是建立在与外商互信交流的基础之上的,这也为他们拓殖域外投资建设打下了坚实的基础。这里面有许多流传广泛的例子。如现在很多书中都记载的关于伍秉鉴与美国波士顿一商人之间的债务纠葛便是一例。根据资料记载,这名波士顿商人因欠伍秉鉴 7.2 万两银圆无力偿还而一直难以回国,伍知道以后,当面把借条撕掉,让对方随时可以回到故乡。[2] 还有书中记录到,伍秉鉴在与一位美国商人合作时,有一次由于该美商没有执行伍的商贸指示而赔了钱,当时他也主动要求自己负责亏损部分,但伍只是要求其以后经营要多加小心,便自己承担了这些滞销品的损失[3],可见其商业往来中的诚信真挚。同文行的潘启官还曾将自己的画像送给瑞典东印度公司的董事尼科拉斯·萨文格瑞[4],该画像如今仍珍藏于瑞典博物馆。当然,像这样的事例还有很多,当时的各大商行都有相关的事件记载。梁嘉彬先生的《广东十三行考》有专门一节记录行商与外商友好关系的相关事例,其总结评价曰:"其后友谊益厚,互相敬重,大班时设宴款待中国官吏

---

[1] 叶显恩:《世界商业扩张时代的广州贸易(1750—1840年)》,载《广东社会科学》2005年第2期。
[2] 参见刘正刚著《话说粤商》,中华工商联合出版社2008年版,第54页。
[3] 参见李国荣主编,覃波、李炳编著《帝国商行:广州十三行》,九州出版社2007年版,第112页。
[4] 参见朱小丹主编《中国广州:中瑞海上贸易的门户》,广州出版社2002年版,第36页。

及行商。"① 十三行行商就是用这样的经营之道,与各国的商人们建立起平等友好的关系。对他们而言,很多时候,商业的顺利是难以与友好的私人关系相脱节的。而所有的这些交往都是在政府名义之外的,也就是说,与行商们头上的顶戴花翎毫无关系。很多外国商人甚至不知道他们的商业伙伴头顶上还有官衔,因为这对他们之间的结交与贸易几乎不起作用。而行商们也绝少用官名震慑外国商人,当然,这也是由于十三行行商有官之名而无实权,但更重要的是,他们不屑于用这样的方法、途径去沟通贸易,因为在他们的理解中,这样的行径是不可能把生意做长久的。

当然,除了与外国商人的私交以外,行商们还积极地建构域外的金融关系,进行了大规模的投资建设活动。在这里,笔者把他们的域外商业活动分为两大部分:投资建设和域外商业运作。

(一) 投资建设

十三行行商在岭南人冒险拼搏的民系性格影响下,表现出与徽商、晋商等许许多多中国杰出商系所不同的特征品质。他们不但善于商业买卖运作,更有着非凡的胆量,常涉足前人未尝踏足之境地。例如域外投资建设就是其中一种。关于这一项,伍秉鉴可以说是佼佼者。他利用手中的大量资金储备在境外进行着前人不敢想象的投资——"伍秉鉴曾投资于美国的保险业,买有美国的证券。他的儿子伍绍荣颇有其父风范,曾向美国的铁路建设投下火辣辣的资金……怡和行成了一个名副其实的跨国财团。"② 而他的义子约翰·穆瑞·福布斯亦带着他的资金在美国做代理,"成为横跨北美大陆的泛美大铁路的最大承建商"③。保险业在今天的中国其实仍未被普遍接受,可想而知在闭关锁国的清朝时期是一个如何新鲜而陌生的行业,但他们竟敢把钱投进去。除了这些以外,还有些行商在国外进行教育项目的建设。在清光绪三十四年(1908)二月初五,梁庆桂亲自赴美,在那边的一年里"兴教劝学备尝艰辛,打下了北美华侨兴办中国学校的基础"④。同时,瑞典的资料记载,当时瑞典以广州为基地的帆船至少有27只,多则达35只,而至少有9家贸易商行及广州的13位中国商人为这35只帆船出资。其中,潘启官、颜时瑛、陈捷官等皆曾积极投资于外国船只。⑤ 从这林林总总的资料中我们可以看到,行商们在境外积极投资其实不是个别例子,可以说,这是这个商业圈的"集体活动"。而他们的域外投资建设正是他们民商性质很好的证明。在当时清廷看来,行商们的境外投资无疑是对国家的背叛,是以资金流通的经济形式进行卖国,是不会被准许的。但正因为他们是民商,具有自由商人性质,不是每时每刻都自觉为朝廷服务,不是官方代言人,所以,他们才会无处不发挥着作为一名商人的本性,投资建设,追逐利益最大化。

---

① 梁嘉彬著:《广东十三行考》,广东人民出版社1999年版,第360页。
② 李国荣主编,覃波、李炳编著:《帝国商行:广州十三行》,九州出版社2007年版,第117页。
③ 李国荣主编,覃波、李炳编著:《帝国商行:广州十三行》,九州出版社2007年版,第117页。
④ 黄启臣、梁承邺编著:《广东十三行之一:梁经国天宝行史迹》,广东高等教育出版社2003年版,第62页。
⑤ 参见潘刚儿、黄启臣、陈国栋编著《广州十三行之一:潘同文(孚)行》,华南理工大学出版社2006年版,第64页。

（二）域外商业运作

十三行行商在外国当然不仅仅是投资建设，根据现有的资料我们可以看到，他们在域外曾经有许多独立自由的商业运作，而其中有很多还是极具开拓精神的，比如他们曾在国外卖广告、购买外国债券、投资外行，连普鲁士的银币上也有行商的头像，可见当时十三行行商在境外自由商贸活动的积极和频繁。

在瑞典哥德堡市博物馆里，就藏有一张1770年绘作的画卷，画中生动地记录了一个中国商人到瑞典经商的情景。而这个商人，根据考据，正是十三行商里赫赫有名的潘振承。① 潘振承是为数不多的曾经到欧洲进行贸易的十三行商人，而他的很多商业举措在当时是极具开拓创新意义的。"早在1753年，潘振承已经与东印度公司发生贸易往来，在18世纪70年代开始投资于瑞典东印度公司。"② 作为经常参与国际商圈活动的行商，潘振承更是第一个接受外国汇票作为支付手段的，比汇票在华普遍使用足足早了50年。他能超前地接受这些新事物，其实也是因为十三行行商与国际商贸活动的频繁接触。在19世纪初，美国的报纸就登出了广彩瓷的广告——"广州瓷商亚兴官，敬请转告美国商人和船长，现在一批精美瓷器，风格高雅，价格合理，一旦订货，即可成交"③。在大洋彼岸"卖广告"，其实正是因为十三行行商将贸易做到了那片土地上，他们在国外的自由商贸活动，使其有"卖广告"的必要。十三行行商在域外积极的商贸活动使中国的这个商团在海外有着极高的知名度。在18世纪中期，普鲁士国王就曾经颁布命令铸造一批特殊的银圆，银圆一面刻有普鲁士国王弗里德里希二世的头像，而另一面则是十三行商人经商的情景再现。④ 以外国人像作钱币面，这在国际上也是极少有的事情，可见当时十三行行商在国际上的影响力。而从某种程度上看，这一切都可以印证十三行行商商贸活动的民商性质。正因为他们是民商，才可以"破格"地在国外进行频繁的商贸活动，才可以在清政府的允许之外进行各种经贸往来。

除了广告、债券、贷款等新式商贸活动外，行商们在境外最常进行的还是私人贸易。所谓私人贸易，就是不经过清政府，而是行商私下与外商进行的贸易。这里面，茶叶、丝绸、画卷、药材等买卖占了绝大多数。"1842年4月24日……在印度和英国经销中国的丝和肉桂，之后把其在伦敦经销丝的收入归还到加尔各答的东印度公司账单中"⑤，这种私人域外贸易在当时并不是罕见的事情，行商们在国外投资，把赚取的资金注入自己在国外有股份的公司，也有一些是把银圆直接运回中国，因为当时白银是中国社会的一种主流的支付货币。如潘启官就利用在境外出售的瑞典的金属、木材原料，换取加的斯的西班牙银圆，然后把这些银圆运回广州⑥，以这种国际商业循环运作赚取资金。这种民

---

① 参见黄爱东西著《老广州，屐声帆影》，江苏美术出版社1999年版，第221页。
② 叶显恩：《世界商业扩张时代的广州贸易（1750—1840年）》，载《广东社会科学》2005年第2期。
③ 谭元亨著：《海国商道——来自十三行后裔的历史报告》，人民出版社2014年版。
④ 参见程存洁《250年前普鲁士商船首航广州》，载《广州日报》2003年8月7日第8版。
⑤ 〔美〕穆素洁：《全球扩张时代中国海上贸易的新网络（1750—1850）》，载《广东社会科学》2001年第6期。
⑥ 参见叶显恩《世界商业扩张时代的广州贸易（1750—1840年）》，载《广东社会科学》2005年第2期。

间私人交易占据了十三行域外贸易的最主要部分，也成为最常见的贸易形式。当然，那时候十三行行商的经济活动不仅仅局限在与国外民间商人的往来，更有着与外国政府交往的历史。他们以私人商人的身份去争取自己的合法经济权益，而不是以清政府官商的身份与别国政府往来。在历史资料中就记载了丽泉行的潘长耀曾于1814年2月10日写信给美国当时的总统麦迪逊，申诉美国商人欠他100万美元之事。为了此事，他在美国多番交涉，多次上诉至美国法院。为了这宗官司，他负债累累，最终拖垮了丽泉行。① 从这件事上可以很明显地看出，行商是以中国的思维方式处理国际贸易事宜的，而在外国，总统怎么会处理这些民事纠纷呢？但在另一方面也表明了十三行行商在国外的商业活动都是以个人的身份进行的，他们有理有节地维护着自己的合法权利，没有以清廷给予的红顶朝服、官员身份为掩护，更没有以政府的立场处理各种涉外经济事务。

十三行行商在域外的这些投资建设和私人交往，其实都表明了他们在境外经济活动中的自由商人身份，在这种商贸活动中，利润的最大化才是根本的道理，所谓的官衔职位，在当时只是朝廷勒索行商的借口与安抚，并没有产生多人的作用。行商们也从来不会以这顶官帽作为经济往来的利益考虑点，即便在鸦片战争时期，我们看到他们思考的更多的是家国，而不是朝廷。

三、红顶商人：官衔下的意志与抗衡

十三行行商的民商本质，说到根本，其实是因为他们与官府的意志相逆。我们通常所说的"官商"，是由政府派遣的商人代表，或者说是通过商贸活动为政府稳固经济根基、增加国库收入的商人，无论如何，其属性里最根本的一点是，他们都代表着朝廷的意志指向，他们与朝廷的利益是一致的，是同一利益链条的延伸。

十三行行商在中国经济史上是一个独特的商业团体，他们以自由港口贸易起家，是在形成一定商业规模以后才受到清廷青睐而对之圈定的。所谓的"天子南库"，表达的是朝廷对他们的重视，但更重要的是，说明了对于朝廷而言，这个商圈的最重要作用就是赚取利益，可以说只是一个工具。实际上，我们翻查历史资料也可以看出，一顶官帽、一身朝服，并没有为十三行行商带来多大的权力，只是增加捐钱纳粮的义务和责任而已。因此，朝廷与行商的关系是矛盾的，行商们屡屡表现出对官员敲诈勒索的不满，但忌惮于朝廷的势力又只能默默承受，这也是后来大家都不愿做商首的缘由。"商首"二字看上去虽然风光体面，但内行人都知道，那意味着要直接与官府交涉，也意味着要处理数不清的矛盾——朝廷与外商的、朝廷与行商的，无时不处于矛盾的风口浪尖上。根据清政府的规定，行商们不仅要在国家物资短缺时期（如自然灾害等）负责捐献，在平时也要进行所谓的"常贡"，还要捐军饷，这些林林总总的名目压得行商们喘不过气，导致后来十三行出现大批行商破产的现象。在现存的一些清宫档案中，我们随处可以看到当时行商们的困难与无奈，恳请朝廷恩赐分期交付的现象时有发生。如乾隆五十二年（1787）广东募兵增防，当时两广总督孙士毅在奏章中就写道："商等凑捐军需二十万

---

① 参见刘正刚著《话说粤商》，中华工商联合出版社2008年版，第64页。

两,在藩库借支,分年缴还,荷蒙恩准。"① 实际上,以当时十三行的商贸收入看,这些钱不可能需要恳求分期上缴的,问题就在于当时朝廷的索取太过于频繁,行商们根本应接不暇,再加上当时实行的行商连坐政策,一个商行倒闭,其拖欠款项需要其他商行共同负担,这个恶性循环就越来越严重,终致整个十三行被拖垮。如嘉庆三年(1798)朝廷火速征收60万两税银,行商一时间难以筹集,于是与粤海关监督协商,海关答应先征银30万两,其余的一个月内还清。而嘉庆六年(1801),朝廷又要求各行捐25万两,同文行更是最少要捐50万两。② 这样的事例比比皆是,朝廷无餍足的索取令十三行行商屡屡陷入险地。资金的缺乏造成行商们运作困难,最终因为拖欠银两而无法维持,只能倒闭,有些行商更被充军塞外。可见,行商和朝廷之间其实有着很深的利益矛盾,行商们对这样的索取极为厌烦,但又不能反抗,只能默默承受。所以,他们不可能是朝廷利益的代言人;相反,我们往往在资料中看到的是行商们的反抗,虽然无力,但也表现出他们的抗争与不满。

正如在呢绒行用(同"佣",即佣金)事件上,当时的粤海关监督佶山为了增加收入,要求对向来不收取行用的绒布全部重新收取行用,行商们怨声载道,潘有度更站出来提出反对,认为"绒布类一向无利可图,且经常有15%～25%的损失,所以从前征得前任监督的同意,不收取行用以免增加洋商的损失"。他所提出的理由句句在理,让佶山无法辩驳,于是呢绒增加行用的要求便无法继续进行了。这次事件可以说是行商们胜利了,但这种斗争结果可以说是少之又少的,而且后续还麻烦不断。在嘉庆六年(1801)的捐银中,佶山特别要求潘有度捐纳50万两,比其他行商多一倍,但潘提出反对,只答应捐出10万两。由于此事,当年海关就对294种货物增加了关税。这一举措无疑让当时已经开始走向滑坡的十三行雪上加霜,官商之间的矛盾愈加激化。梁嘉彬在《广东十三行考》里曾以"懦弱"二字概括当时行商们对苛勒的反抗状态。但从某种程度上说,这里的"懦弱",其实是行商们处于朝廷与外国势力夹缝中艰难生存的必然。他们要继续经营就必须懂得这一张一弛之道,不然就会被逐出商行,甚至招来杀身之祸。即便如此,在这样的生存威胁下,我们仍不难找到行商们反抗朝廷无理索取的事例,可见行商们不但与朝廷有着不同的利益立场,更具有反抗意识。他们有着自己的商业理念,有着独特的对商贸的理解,顶着来自各方的苛刻与压迫,用自己的经济哲学筹划着自己的商业王国。红顶商人看似风光,看似是政府的代言人,实际上,在他们的官衔下,更多的是作为民间自由商人的意志与反抗,是与朝廷利益不能并轨的商业运行轨道。

十三行行商在对外商贸上的杰出才能,为往后许许多多中国人在外经商建立了良好的信誉基础。用现代的话来说,十三行已经在很大程度上成为中国对外贸易的品牌了,"很多老外都有着浓厚的'十三行'情结"③。这种情结的缔造,从来不是因为行商们的

---

① 中国第一历史档案馆、广州市荔湾区人民政府合编:《清宫广州十三行档案精选》,广东经济出版社2002年版,第145页。
② 参见李国荣、林伟森主编《清代广州十三行纪略》,广东人民出版社2006年版,第72页。
③ 杨宏烈编著:《广州泛十三行商埠文化遗址开发研究》,华南理工大学出版社2006年版,第16页。

官衔职位，只是因为他们的职业素养及国际视野。他们与洋人的私人交情，或者名目众多的境外商业运作，一直都是以民间商人的身份进行的，独立地应付那特殊的岁月给予他们的考验与挑战。所谓的"官商"，只是历史判断造成的误会而已。

因此，我们完全可以说，康雍年间，十三行行商已基本完成向民商的转变。

清朝前、中期，十三行在反复的禁海—开海—禁洋—开洋到"一口通商"之际，其性质也从宋、明，尤其是明代的十三行行商的历史进行了演变，即从官商到半官半民商，最后成为具有自由商人性质的民商。民族工商业在蒙受几乎是空前的民族屈辱之际，亦几起几落，经历了难以想象的劫难，尤其是在摆脱封建官商的印记方面，付出了重大的代价。随着公行的废除、鸦片战争对十三行的彻底摧毁，中国的民族工商业浴火重生，迎来了一次凤凰涅槃，从洋务运动，到实业救国、科学救国、教育救国……

十三行行商从官商到民商的演变，是一面值得时常拂拭的镜子——"以史为镜，可以知兴替。"中国工商业的发展关乎民族的命运，在这一意义上，对十三行行商的性质、演绎、命运的研究，也是对中国商人的整体的研究，对中国民族工商业兴衰的研究。当今，中国改革开放40年了，中国的民营企业几乎是从零开始，发展到今日，如在广东，它又一次占据了经济的半壁江山，其今后的发展与命运，同样是值得我们认真关注的。这正是对十三行进行研究的现实意义所在。明代广州类似"交易会"的每年两次的外贸集市，与我们今天一年两次的"广交会"有着异曲同工之妙；而广东的外贸能始终在全国独占鳌头，正是因为有着2000年海上丝绸之路的历史底蕴，同样也因为有着几百年的广州十三行的历史底气。十三行在中国外贸史上是独一无二的，十三行行商在中国工商业史上也是出类拔萃的。十三行的兴盛标志着对既往经济格局的一次巨大的突破，并且影响到了今天，乃至未来。

卷四　从禁洋到开洋

第十七章　康熙老矣：颁布"南洋禁航令"

前面我们曾追问：每位行商，他们果真只是"坐商"，坐等那 5000 艘外国商船来做生意么？他们就没有自己的海船？他们去南洋也不是坐自己的商船么？

为什么会有这样的追问呢？因为偌大一个南中国海，曾一度找不到中国的商船。

康熙"开海"，无疑是顺乎民心的一大壮举。于是，在康熙三十九年（1700），即 18 世纪来临之际，西方两大强国——英国、法国的商船几乎同时在清廷宣布"开海"之后来到了中国，来到了广州十三行。

我们不妨简单梳理一下，开海之后中国的海外贸易是如何启动的。

在西方各国中，荷兰是"首请通市"的国家，依仗的是其协助清军打过郑成功而"获宠"。荷兰在康熙二十五年（1686）为了扩大对华贸易，第三次向中国派出了使节。据《清实录》载，是年十月，其使节提出"请定进贡限期五年一次"，从而改变了禁海期间名存实亡的"八年一次"，抢了先机，进入了广州与福建。①

康熙更赐荷兰国王敕谕一道，曰："朕惟柔远能迩，盛代之嘉谟；修职献琛，藩臣之大节。输诚匪懈，宠赉宜颁。尔荷兰国王耀汉连氏·甘勃氏属在遐方，克抒丹悃，遣使赍表纳贡，忠荩之忱，良可嘉尚。用是降敕奖谕，并赐王文绮、白金等物。王其祇承，益励忠贞，以副朕眷。钦哉。"②

也就是这一年的二月，粤海关监督伊尔格图上奏，请将"西洋诸国商船税十分止取其二"。部议准行。"丈抽船只，装载回国，或因风水不顺，飘至他省，查验印票，即便放行。"③ 也就是说不再额外加税了。

随着 18 世纪的到来，英国的来华商船数量迅速超过了其他几个国家，跃升到第一位。

在"麦士里菲尔德号"之后，英国商船还有"温特沃斯号""海津号""舰队号""哈利法克斯号"分别于 1700—1703 年到了广州。而在 1704 年，则一下子来了 4 艘："西德尼号""斯特雷特姆号""肯特号""伊顿号"。当时中国开放了四大口岸，因此，英国商船还去了厦门、舟山。

---

① 参见《清实录》第 5 册《圣祖仁皇帝实录》卷一二七，康熙二十五年七月己酉。
② 梁方仲：《广州文史资料选辑》第一辑，政协广州市委员会文史研究会内刊 1960 年。
③ 薛军编著：《中华商法简史》，中国商业出版社 1989 年版，第 251 页。

自 1711 年开始,英国商船几乎就全部只开到广州,每年都有四五艘。当然,法国的、荷兰的也来了不少。其中,法国还在广州及澳门率先设立了办事处,处理商船的各项业务。

也就是这一时期,十三行行商的商船纷纷出海,从福建、广东开往巴达维亚的商船与日俱增。据不完全统计,刚刚开海的那一年,福建、广东开往巴达维亚的就有十余艘;1691—1700 年,平均每年都有十一二艘;1711—1720 年,平均每年增加到近 14 艘,加上法国、荷兰的商船,则超过了 20 艘;其后,更激增到数十艘之多。

18 世纪大洋上的商船

开海三十余年,四大口岸与西方的贸易风生水起,康熙四十六年(1707),朝廷还取消了顺治沿袭明制所颁布的不许民间私自造双桅、多桅海船之禁令,成规模的舰队可以直下南洋、东洋,发展大型船队的法律障碍得以消除。广东大批海船下南洋,颇为壮观,十三行对外贸易体制也逐渐得以健全,中外商人均从中获得了巨大的利润。

本来,东西方互通有无,船只彼此往来,是再正常不过了的,可仅过了 10 年,康熙五十六年(1717),一下子就禁洋了:只允许人家来,不允许自己的国民出去。

地方官吏的顽固,对开海所持的抗拒态度,对开海 30 年后已步入晚年的康熙终于产生了影响。他在南巡经过苏州时问船厂事宜,船厂人员回答,"每年造船出海贸易者,多至千余",但回来的仅有一半。这对他的影响甚巨,并指出"回来者不过十之五六,其余悉卖在海外""海外有吕宋(今菲律宾马尼拉)、噶喇吧(今印度尼西亚雅加达)两处地方。噶喇吧乃红毛国(指荷兰)泊船之所,吕宋乃西洋(指西班牙)泊船之所。彼处藏匿盗贼甚多。内地之民希图获利,往往于船上载米带去,并卖船而回。甚至有留在彼处之人，不可不预为措置"①。加之与罗马教廷的矛盾冲突，康熙体会到西方教会势力的骄横，觉察到西力东渐的潜在威胁。因此，不久，他不仅颁布了"禁教令"，禁止西方传教士在中国的传教活动，而且为国人敲响了警钟。他为此忧心忡忡，称"海外如西洋等国，千百年后，中国恐受其累。此朕逆料之言……国家承平日久，务须安不忘危"②。

皇商在十三行的出现，意味着皇太子加快了抢班夺权的步伐。广州是"天子南库"，朝廷的经济命脉，皇太子要篡权，就得早早过问这里的事务。康熙十四年（1675），康熙着手册立太子，效仿汉族人立嫡长子为皇太子，这也是任何一个皇帝在世之际最大的政事，所谓"垂万年之统""系四海之心"。

然而，皇太子既立，权势煊赫，围绕着他转的人就多了，树敌也就多了。久而久之，康熙发现，皇太子已迫不及待要登基，外巡时，竟一到夜晚就围着自己的帐篷转。这让康熙警觉了，及时制止了可能发生的政变，一如他所说的："朕未卜今日被鸩，明日遇害，昼夜戒慎不宁。"③

这一来，屡发牢骚称"古今天下，岂有四十年太子乎"的皇太子终于被废了，康熙一锤定音：如果让其当政，"必至败坏我国家，戕贼我万民而后已"④。

无疑，派皇商去十三行，正是皇太子阴谋的一部分，其后皇商的销声匿迹，也与皇太子被废有关。

康熙晚年，疑心重了。废立太子，只是其中的一个表现。

早年智擒鳌拜、削平三藩、统一台湾、开海贸易的康熙皇帝，可谓意气风发、壮志凌云，把清王朝带进了盛世。然而，在晚年废立太子及诸多政治、经济问题的处理上，竟变得昏聩。于是，开海30多年之后，又开始了10年的禁洋。

明明知道开海贸易有利于国计民生，为何30年后，又禁止自己的老百姓出洋贸易呢？这是一种什么逻辑在起作用？

一部由皮埃尔·阿考斯与皮埃尔·朗契尼克著的《病夫治国》有一段话：

> 医学也是事实的见证，有助于铸造历史。评价在位的君王，总是看他们赐予的恩惠和造成的不幸。一种特殊的神秘变化凝固了他们的形象。他们似乎是一种享有特权的人物，年龄的增长和身体的衰弱从来也奈何不了他们。有人向善良的人民解释说，对于权力的追逐调动了一些非凡的人物，使他们具有不同寻常的品质。这也许是真的。人们很少想到，那些敢于攫取权力的人毕竟也是可以受到伤害的。如何否认他们的健康有朝一日将会影响他们的行为呢？如何否认这些行为将要影响他们要做出的某些具体的决定呢？疾病总是既结束了罪恶又结束了美德。⑤

---

① 《清圣祖实录》卷二七〇，康熙五十五年十月壬子。
② 《清圣祖实录》卷二七〇，康熙五十五年十月壬子。
③ 《清圣祖实录》卷二三四，康熙四十年戊子九月。
④ 《清圣祖实录》卷二五三。
⑤ 〔法〕皮埃尔·阿考斯、〔瑞士〕皮埃尔·朗契尼克著：《病夫治国》，何逸之译，新华出版社1981年版，第2页。

或许，这可解释好大喜功、晚年仍坚持南巡的康熙，何以到了南方突然颁布了一个"南洋禁航令"。

康熙不仅下令禁止各省的船只下南洋做生意，而且严防定居南洋的华商重返国内。一时间，东南沿海怨声载道、百业凋零、民不聊生，由于暹罗米无法运来，更造成饿殍遍野，饥民号啕……似乎又重现开海前的惨状。

康熙晚年的这一举措，还与一"清官"相关。

这要从江苏巡抚张伯行说起。

张伯行（1651—1725）乃河南仪封（今河南兰考）人，其之清廉，可从他自我标榜的两副对联说起：

　　一丝一粒，我之名节。
　　一厘一毫，民之脂膏。

以及：

　　宽一分，民受赐不止一分。
　　取一文，我为人不值一文。①

话是这么说，此时，他盯上了其辖内沿海声名赫赫的大海商张元隆。

张元隆何许人也？据史料记载，他"声名甚者，家拥厚资，东西两洋，南北各省，倾财结纳……党援甚众"，他腰缠万贯，"立意要造洋船百艘，以百家姓为号……往来东西洋及关东等处"。②他的船队有数十艘，年年出发往东洋日本及南洋各处。也许，由于是在江浙，比在闽广要惹人注目得多，要知道，造一艘洋船需银圆七八千两，百艘需多少银圆？应当近百万两。其实，与十三行黎安官等相比，这也不算什么。也许是他太高调、太张扬了，故引火烧身。他的弟弟张令涛是当时两江总督的女婿。

自命清廉的张伯行之所以不依不饶地要查海商张元隆及其弟张令涛，目标自然是指向其直接上司两江总督。于是，督抚这一互参案就搅动了东西洋。康熙四十九年（1710），张伯行查办张元隆的船只屡遭海盗劫掠案件时，在无意中发现其水手"假名冒籍"，终年于海上走私；而张元隆则凭借张令涛的权势，利用水师战船贩卖稻米，违背了战船只可运赈灾物资与异地调剂粮食供应的规定，发了一笔财。

其实，贩卖稻米者，不独张元隆一家，法不责众，一般官员也就睁一只眼闭一只眼了。可到了张伯行这里，这却与海盗无异，于是，一份奏折直达朝廷。可惜，康熙并未批复。张伯行认为是自己做得还不到位，索性把张元隆及其手下的船主统统抓了起来，严刑拷打，以获得更大、更多的线索，抓到更有力的证据。

---

① 唐博：《大海商案：帝国命运由此逆转》，见唐建光《大航海时代》，金城出版社2011年版，第125页。
② 唐博：《大海商案：帝国命运由此逆转》，见唐建光《大航海时代》，金城出版社2011年版，第122页。

就这样，张伯行一下子把张元隆连同 12 位船主活活打死，到头来却什么证据也没得到。

张伯行意犹未尽，反而怀疑张元隆死得蹊跷，进一步下令搜捕更多的商行及船主，以找到更多新的线索。这一来，连布政司牟钦元也被怀疑上了，认为逃逸的张令涛就藏在布政司衙门。于是，张伯行竟然派人包围了布政司，谁知一无所得。这下子，事情闹得更大了，牟钦元怒斥张伯行丧心病狂，到处栽赃，诬人清白，草菅人命，当以命抵命。张伯行却恶人先告状，向康熙皇帝弹劾牟钦元。

事情已闹得不可收拾，康熙不得不派遣赫寿——刚继任不久的两江总督前往调查。结果，地方高官没有一个说张伯行的好话，而所告张令涛、张元隆与海贼交结并无实据，张令涛更没隐藏在牟钦元府上，而是在这之前已是经湖广到了福建。

康熙为慎重起见，再度派出吏部尚书张鹏翮等赴江南复审。张鹏翮与张伯行一样同有"清官"的美誉，可此刻，他却无法认同张伯行的做法，认为其借抓海贼的名来"欺诳皇上"。

张伯行最后被革职，却仍不服，觉得自己所做的一切，无非是"为绥靖海洋起见，愈欲防微杜渐，张元隆虽报身故而其多党众，造船出洋，人人可以冒名，处处皆能领照。且张令涛之在藩幕……纵非通洋，亦系豪恶，臣为地方大吏，焉能置之不究？"[①]

这已是强词夺理，认为自己罗织构陷、强人就案是有"崇高"之"绥靖海洋"的使命感。

张伯行虽负了十几条人命，却仅是调离江苏了事，而他奏折中称"米粮贩往福建、广东内地犹可，若卖与外洋海贼，关系不小"，应严禁稻米出口，极大地震动了晚年的康熙。

康熙因为不懂经济学，认为当时白银大量内流，造成米价上涨，是因为大米流出海外所致，而大米外流，是海商串通海外反清势力的证明。于是，老眼昏花的康熙终于下达了禁洋令，并称"海外有吕宋、噶喇吧等处常留汉人，自明代以来有之，此即海贼之渊薮也"。

不过，他禁的只是南洋，而非东洋。张元隆的商业船队去的主要是日本。正可谓城门失火，殃及池鱼，最终受害的是下南洋的十三行行商。

号称"大海商"的张元隆，较之十三行行商，其财富也许只是小巫见大巫，他"百艘洋船"的宏图大略，终告灰飞烟灭。这也可说明，其后十三行行商的巨大资本，为何只在"影子银行"中若隐若现，不为当局者所知；屈大均诗中的"银钱堆满十三行"，又会招来怎样的巨祸——要知道，这句诗，正是出自康熙开海时期。十三行行商后来同样被"禁洋"，于是，海商也被疑为海盗了。

可叹当时九卿议者，没一个身历海疆，没一个熟悉情况的；而当地官员及士子了解情况的，又没办法直陈朝廷，什么话也说不上。南海之禁，就这么开始了。

南洋禁航令不像清初那样全面禁海，而是有所区别，对内对外不同。中国商船禁航

---

① 唐博：《大海商案：帝国命运由此逆转》，见唐建光《大航海时代》，金城出版社 2011 年版，第 128 页。

南洋，但东洋照旧；外国商船来华不禁，但要严加防范。其真正的目的，不是断绝中外贸易，而是禁止中国商民前往"红毛""西洋人"占据的噶喇吧和吕宋，严防汉人在海外聚集，与西洋人相勾结倾覆清朝统治。正如清人所说，"设禁之意，特恐吾民作奸勾夷，以窥中土"①。康熙作为一个满族统治者，始终对汉人存有猜忌。他曾明确说过："朕临御多年，每以汉人为难治，以其不能一心之故。"②他对西方夷人也处处防范并且担忧受其威胁。为了大清王朝的长治久安，才有了南洋禁航令。康熙自以为他是深谋远虑，但实际上他的政令严重破坏了沿海百姓的生计，阻碍了中外贸易的顺利进行，对国内社会经济的发展造成极大影响，不仅不能解除西方的威胁，反而削弱了自己。

康熙开海30年后的这次逆转，应当是历史反复震荡之必然。

其实，哪怕是在已有启蒙意识、思想开明的文化人中，同样摆脱不了这种传统的观念，如著名学者、诗人屈大均虽然写过讴歌十三行的名篇，但他一样摆脱不了忧虑，且早在康熙颁发南洋禁航令之前二三十年，便写有"洋舶通时多富室，岭门开后少坚城"（《长寿院外眺望作》）的诗句。我们不可能要求他有百年后"师夷长技以制夷"的思想，但亦可看出当年哪怕是开明的知识分子，也仍未思考如何学习西方技艺，只恪守"中学为体"的宗旨。

诸如石柱一类的官员，康雍乾三朝可谓比比皆是。但是，能清醒地看到沿海百姓民生者，亦有人在。

禁航令颁布后，东南沿海民生凋敝。潮人中的名学者、担任过地方官员的蓝鼎元，在南洋禁航令颁布之际，便痛心地指出："闽粤人稠地狭，田园不足耕，望洋谋生十居五六……南洋未禁之先，闽广家给人足。游手无赖，亦为欲富所驱，尽入番岛，鲜有在家饥寒、窃劫为非之患。既禁之后，百货不通，民生日蹙。居者苦艺能之罔用，行者叹致远之无方。……沿海居民，富者贫，穷者困。"③这段话，一是指出禁洋之不合民情，二是列陈封疆大吏不遗余力实施禁洋所造成的后果。

第十八章 "夷馆"的建立和规则甫立

康熙五十五年（1716），已经进入18世纪，离"麦士里菲尔德号"第一次成功地在十三行实现中英贸易有十多年了。这是一个开端，更是一个重要的"节点"，这一年，英国商人根据东印度公司的指令，在广州十三行租下了"夷馆"，正式开设英国的商馆，作为对华活动的重要基地。

商馆机构从一开始就已齐备，设有主席、司库、出口货物与入口货物的主管，而且由这4个职位上的人组成了特别委员会。

英国广州商馆的成立，是中英贸易进入一个新阶段的标志。从1716年开始，一直到

---

① 《重纂福建通志》（清道光版）卷七八《海防》。
② 《清圣祖实录》卷二七〇，康熙五十五年十月壬子。
③ 〔清〕蓝鼎元：《论南洋事宜书》，见《皇朝经世文编》卷八三《兵政》。

第二次鸦片战争中火烧商馆的1856年为止，其间140年，在广州十三行，中英贸易始终占据了主要地位。这与英国在这些年间成为海上霸主、殖民帝国是密切相关的。

这一年，英国在广州设立商馆的契机是，曾在80年前来过广州的英国商船"马尔巴勒号""苏珊娜号""长裕号"二度前来。而此度重来，与80年前的遭遇则是截然不同。

80年前，葡萄牙海上霸权正衰落，荷兰、英国则是后起之秀，取而代之。衰落中的葡萄牙为了与荷兰相抗衡，其驻印度总督主动授予英国东印度公司在葡萄牙远东地区贸易的权利。可英国商人并不服从这个"过气"海上霸主的摆布，这令新任的葡印总督比洛达·西里瓦十分恼怒，于是，一纸命令下达，不许所有的葡萄牙远东公司与英商做贸易。

如前所述，1636年，英国舰队，包括上述3艘商船，首次来到澳门。而澳门的葡萄牙人则奉命拒绝英国商船上的人员登陆，这一来，财大气粗的英国商人迫不及待地下令让船队直上广州，不再通过葡萄牙人接洽对华贸易了。而当时明朝官方只认佛郎机，于是便下令开炮拦截，英国商船立即开炮还击——因为一路上要提防海盗，所以，商船上的炮火配置相当完备，很快便把装备相当落后的中国炮台攻陷了。双方从此有了过节。明朝政府发出声明：英国人永远不得在中国海面上出现。

直到明清改朝换代，英国商船才试探性地与沿海口岸接触。康熙皇帝于康熙二十四年（1685）宣布开放四个口岸之际，英国商人正式启动对华贸易。怯于以前的教训，英国商船大多只到厦门口岸进行贸易。广东关税高，加上有葡萄牙人从中作梗，尽管1699年"麦士里菲尔德号"有一次成功的在广州通商的经验，但此后十多年，英国商船未能再来广州。而1715年在厦门的贸易爆发的英商与中国人的武装冲突，令英商再度把目光投向了广州。

冲突起因是中国商人欠了英国商人2600两银圆的货款不愿还，反而勾结当地官员，设法赖账，要将英国商船"安尼号"赶出厦门港。英国商人不干了，他们把一艘要开往巴达维亚载货的中国帆船扣了下来当作人质，以此逼中方发还欠款。这边，中国水师受命，派船去夺回被扣下的中国货船，从而与"安尼号"发生炮战，打了个昏天黑地。

这一事件发生后，英国东印度公司下令，所有驶往中国的船，全部转向广东口岸进行贸易。

于是，第二年，也就是1716年，前述3艘英国商船重抵广州。这回，它们得到了清王朝粤海关监督的热情欢迎。前朝之事后朝犯不着计较，另一个口岸出了事，正好有利于广东的进出口贸易，何乐而不为呢？

于是，"苏珊娜号"的大班出面，正式与粤海关监督签订了六项协议：①英国商船大班可以与海关监督相见；②英国商馆前张贴自由交易布告，不得骚扰；③英国商船可以随意任免通事、买办及其他类似之仆役；④英国商船大班进入海关时不得被阻；⑤英国商船可储存海军军需品，而不需任何课税；⑥海关不得延误船需出口关单。

以上六条，对开放贸易无疑是非常有利的。尽管当时在广州，十三行中的凌官与安官实际上独揽了整个外贸，可"苏珊娜号"仍可以与另一行商寿官（Suqua，亦称 Cumshaw）签订一个瓷器贸易的合同。

英文文本则是这样的：

所有下列普通权利是已经赐予的，即：①我们可以随时与他谈话，不用等候；②我们门前应张贴许可自由贸易的谕帖，禁止侮辱；③我们可随意任免我们的通事、买办及其他此类仆役；④海关船艇不得拦阻"苏姗娜号"大班们和船长往返商船，他们乘坐的小艇将悬挂旗帜；⑤我们有置备各种海军军备的自由，免征关税或其他课征；⑥我们请领出口执照时，不能稽延或骚扰。

为了防止琐碎的烦扰，第四条是很必要的，但它包含相当程度的相互信任与了解。

年洛克耶曾提出各船小艇的密箱盛白银，从船上运往商馆，再将黄金运回船上，以便不受官吏的注意；在以后的时期，大班的"写字台"不受检查就成为必要了。

对比一下中方与英方不同文本的六条协议，颇有意思。

第一条，英方的有"可以随时与他（指海关监督）谈话，不用等候"，但中方只是"可以相见"。

第二条，英方用词是"禁止侮辱"，而中方为"不得骚扰"，理解角度不一样。

第三条，英方的与中方的基本一致。

第四条，英方的规定很具体，具体到船只问题，是悬挂旗帜等细节。

第五条，英方的和中方的基本相似，但英方用的是"置备"一词，中方是"储存"。

第六条，英方强调的是"不得稽延或骚扰"，而中方仅是"不得延误"。

英方的"正式协约"是由"苏姗娜号"主任大班尼什正式造访海关监督时签下的。

这六项协议传出去，外商奔走相告，广州口岸即时兴盛起来，这一年，便有20艘外船停泊在广州黄埔、澳门，其中有6艘法国船，海关自是笑逐颜开。由于当时中国银钱缺乏，英国商人甚至放债给行商。

不过，英国商人对凌官与安官垄断外贸是不满的，因为这不符合自由贸易的法则，因此一直期望这二官取消其独揽外国贸易的做法。4年后，即1720年的8月，凌官突然去世，未等英国商人提出，这一垄断便似乎给打破了，人亡则事废，往后的交易就好办多了。

康熙开海后，不管还有什么问题，西方列国已纷纷在十三行设立商馆。列举如下：

康熙三十八年（1699），法国率先在广州设立办事处。

康熙五十五年（1716），英国东印度公司在广州设立商馆。

雍正五年（1727），荷兰在广州设立商馆。

雍正六年（1728），法国在广州设立商馆。

雍正九年（1731），丹麦在广州设立商馆。

雍正十年（1732），瑞典在广州设立商馆。

乾隆五十一年（1786），美国领事山茂召到达广州，建立商馆。

还有其他国家的商人也到广州。据《华事夷言》云："十三间夷馆近在河边，计有七百忽地，内住英吉利、弥利坚、佛兰西、领脉、绥林、荷兰、巴西、欧色特厘阿、俄罗斯、普鲁社、大吕宋、布路牙等国之人。"①

乾隆年间（1736—1795），广州的外国商馆行区约占地5.1万平方米。马礼逊所作文字简图显示，当时的外国商馆由东到西依次是：怡和行（或小溪行）、集义行（荷兰行）、宝和行（或英国行）、丰泰行（或周周行）、隆顺行（或老英行）、瑞行（或瑞典行）、帝国行（或孖鹰行）、宝顺行、广源行（或美洲行）、中和行（或明官行）、法兰西行、西班牙行、德兴行（或丹麦行）。

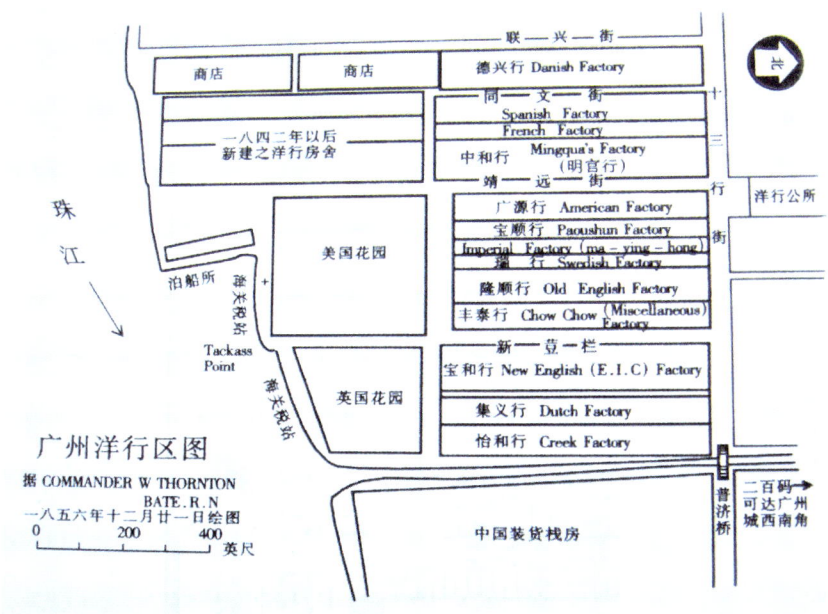

（此图由王尔敏译，"普济桥"应为"迥澜桥"，王氏错译）

19世纪初中叶十三行商馆区地图

（图片来源：杨宏烈编著《广州泛十三行商埠文化遗址开发研究》，华南理工大学出版社2006年版，第46页）

此外，美国人亨特所著的《广州"番鬼"录 1825—1844——缔约前"番鬼"在广州的情形》② 中，"十三夷馆"的原名和另译名分别是：

丹麦馆	Danish Factory	黄旗行
西班牙馆	Spanish Factory	大吕宋行
法国馆	French Factory	高公行
章官行	Chunqua' Hong	东生行

---

① 〔清〕林则徐主持编译：《华事夷言》，石印本。
② 〔美〕威廉·C. 亨特著：《广州"番鬼"录 1825—1844——缔约前"番鬼"在广州的情形》，冯树铁译，广东人民出版社1992年版。

美国馆	American Factory	广源行
宝顺馆	Paou-shun Factory	宝顺行
帝国馆	Imperial Factory	鹰行
瑞典馆	Swedish Factory	瑞行
旧英国馆	Old English Factory	隆顺行
炒炒馆	Chow-Chow Factory	丰泰行
新英国馆	New English Factory	宝和行
荷兰馆	Dutch Factory	集义行
小溪馆	Creek Factory	义和行

由此可见，外国商馆云集广州，已成清代海上丝绸之路上的一大景观。

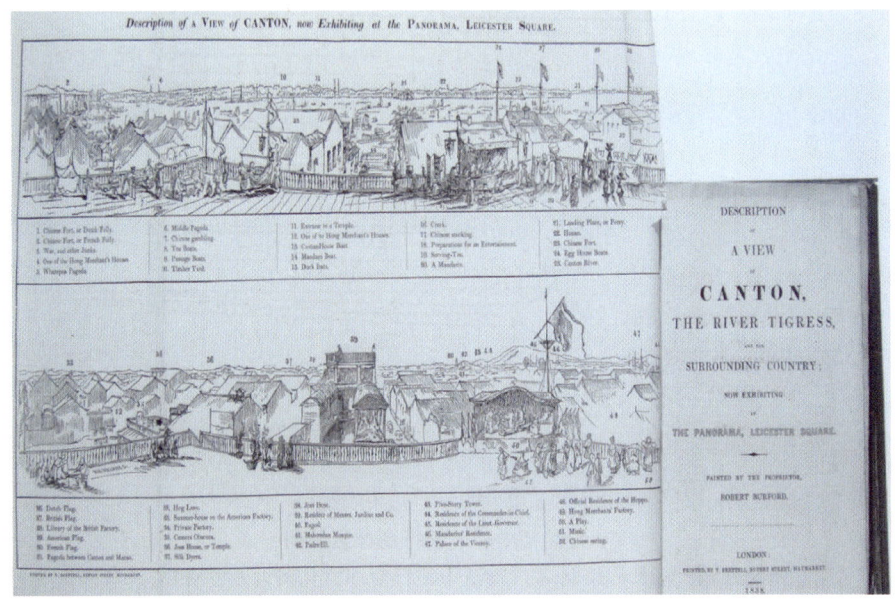

18世纪"十三行夷馆"分布图

18世纪广州"十三行夷馆"画

当日"十三行夷馆"所在地之一的广州市越秀区怡和街今貌

短短几年，广州口岸便盛衰起落了几回。1716年，英国商馆设立，粤海关监督与"苏珊娜号"大班签约，令广州口岸盛极一时。可1721年，"麦士里菲尔德号"挑战公行后，广州海关索取的"规礼"节节上升，每船通事索费250两白银，买办150两，船只丈量费3250两，后减到2962两，税费则由最初的3%上升到4%，再增至6%。虽说税费相对于国际上的而言不算高，可索取的"规礼"却是个无底洞，令外商叫苦不迭，于是，来贸易的船只锐减，行商没了生意可做。到1723年，商行的经济大多陷入困窘的境地，能够支撑下来的，也就那么几家了。

巡抚兼海关监督乃至其家人永无餍止的索求，海关旗员的额外加派，各关另设的私簿征收，令商民苦不堪言。加上种种限制，再冒出一位官，于雍正二年（1724）依仗抚院，纳24000两银于巡抚，包揽这一年全年对西洋的贸易，使英大班与其他商人均难以对付，于是，行商纷纷前往厦门，在那里另组行馆，广州的贸易便一落千丈。马士的《编年史》中记录了一段："（1723年）苏官、郭洛及另外几位商人从厦门到达此地（广州），我按例去迎候，他们告之，二人已在厦门建了一座大行馆，以便去那里居住，因为他们再也不能忍受此地官员的勒索，希望英国人也到那里，他们说，那里不仅商人，也包括所有官员都很希望这样，并保证我们会得到极好的待遇。"①

1716—1729年，前后不过十三四个年头，当初颇以国家及人格尊严为然的英国商船大班尼什升为主任之后，一下子就蜕变为营私舞弊、中饱私囊的"贪官污吏"之类，居然与他们早年看不惯的欺行霸市的奸商及贪官同流合污了。

此后，尼什与"苏珊娜号"一样，再也没在广州或澳门出现过了。

第十九章　身隐市廛的诗人行商

在珠江三角洲，农民"洗脚上田"、官员"弃仕从商"是早就有的传统。宋代桑园围的修建，早使南海、顺德的农业，特别是蚕桑业走上了商品化的道路。当然，整个南方，由于海上丝绸之路上千年的影响，人们的市场意识早早地发育了起来。

广东在明代有"中原诗风"的复兴。其中最引人注目的为元末明初的"南园五子"，为首的诗人孙蕡为顺德人，《明史》称他"书无所不窥，诗文援笔立就，词采灿然"，为"岭南明诗之首"。大学者陈白沙（即陈献章）称道："吾邑以文行诲后进，百余年来，秝坡一人而已。"

其后约200年，又有"南园后五子"，为首的诗人欧大任（1516—1595）也是顺德人，其咏史诗沉郁深厚，如：

镇海楼同惟敬作
一望河山感慨中，苍苍平楚入长空。

---

① 〔美〕马士著：《东印度公司对华贸易编年史（1635—1834年）》第一、二卷，中国海关史研究中心组译，区宗华译，中山大学出版社1991年版。

石门北去通秦塞,肆水南来绕汉宫。
虚槛松声沉暝壑,极天秋色送征鸿。
朔南尽是尧封地,愁听樵苏说霸功。①

"南国后五子"中的黎民表(1515—1581)对明朝廷在海上掠夺行商的行为其为义愤:

仆穷居方丈之室,睹时事有郁抑于中者,欲默则不能,欲言则不可,因作五歌以遣意,冀轺轩之使有闻焉(其三)

沉香浦前恶气起,玄甲朱裳附如蚁。
红旗五丈画蚩尤,海艚掠尽行商死。②
…………

十三行的谭家在清初出了位诗人谭湘。谭湘,顺德(龙江)里海东头人,谭氏入里海先祖之一。著有《蒿园诗集》。谭湘出入于市廛之中,从事工商业,主要是瓷器业。在他的诗中,更有"南园风雅久凋零"一语,其时,离明中后叶"南园后五子"应不远。只是诗人未必如状元般风光,如他不留下《蒿园诗集》,只怕史志上也无名,更何况他是从事商业呢?

顺德历史上文武状元共有4位,其中文状元3位,占全省9位文状元的三分之一,可见顺德的文化底蕴并不薄。广东位于边陲,不如内地那么好报考,大多是明清年间才榜上有名的。顺德4位文武状元中有3位在甘竹滩左、右滩。

谭家没有中状元的,进士却还是有的,族谱中有"谭师孔,字所愿,明万历元年癸西举人,二年甲戌乙榜进士,龙安府丞,十四年归善教谕",仅此寥寥几句。

自然,商贾是不得入谱的。有科名录、名贤录,乃至烈女录——龙江古籍亦有"贞女桥"——却不会有商贾录,哪怕你富可敌国;也有艺文录。

谭氏入粤的先人为谭宏轶,在广州市越华路曾建有宏轶书舍,如今史志上尚可考。后有谭湘迁入顺德(龙江)里海东头。从谭湘的诗文中可见此时正是朝代更迭的动乱年间。他的诗既隐含对前朝的怀念,又有对当朝的无奈;既"不堪回首问江东",又希冀"江山有命归真主";既感慨"南园风雅久凋零",又叹"今古不殊文酒地"。

时人评述如下:

澄秋(作者按:谭湘字澄秋)身隐市廛,性耽风雅,虽日与百工交处,而其品

---

① 〔明〕孙蕡、〔明〕欧大任等著,梁守中、郑力民总校:《南园前五先生诗·南园后五先生诗》,中山大学出版社1990年版,第269页。
② 陈永正编注:《中国古代海上丝绸之路诗选》,广东旅游出版社2001年版,第148页。

格岸然，所谓珠不埋于歧路，兰不异于当门也。①

梁崇简云：

> 澄秋诗豪壮清丽，滔滔如松风洒落千岩万壑。读之扑去面尘三半，虽天分过人，要必有傲然于名利，涉而不流，以自取快于胸中者，于其诗信之矣。②

谭湘留下的诗不少，有《蒿园诗集》，其简介仅"甘竹东头人"五个字。"蒿园"者，可品味出当年战乱时田园荒芜之意。不妨录下几首。③

待 雁
独立重翘首，天高风更哀。
叶从今日落，书已昨宵裁。
南北几时到，关山万里开。
苏卿倍惆怅，头白未归来。

暮春雅集义修社事
南园风雅久凋零，落落朋侪散晓星。
户闭十年春梦破，莺传三月柳条青。
韶光似客看流水，山色宜人列翠屏。
今古不殊文酒地，坐花吟醉拟兰亭。

项 羽
彭城人去霸图空，汗血徒劳百战功。
三尺定谁分楚汉，八千怜尔负英雄。
关中夕照连秋草，垓下悲歌起暮风。
豪气自知能盖世，不堪回首问江东。

读项羽本纪
成败英雄定论难，剑光灯影一边寒。
江山有命归真主，文字何心罪史官。
计失自贻酬璧日，夜行翻怪沐猴冠。
深怜逐鹿徒称霸，垓下悲歌夕照残。

---

① 谭耀华主编：《谭氏志》中册，（香港）谭氏宗亲会1962年。
② 谭耀华主编：《谭氏志》中册，（香港）谭氏宗亲会1962年。
③ 以下诗文皆出自谭耀华《谭氏志》中册，（香港）谭氏宗亲会1962年。

方正学先生
不屈当时事可嗟,孝陵宫树暝归鸦。
千秋十族生泉壤,一代孤忠死国家。
去影河山余木末,劫灰今古冷尘沙。
成仁此日真无愧,血溅荒台散雨花。

落 叶
深秋尽辞树,飘泊竟何之?
满地月明处,空山风起时。
寺僧添茗火,宫女记新诗。
莫遣随流去,人间恐未知。

百花坟
风流艳骨可人怜,朝化香魂暮化烟。
十载一生春梦晓,百花三月奈愁天。
杜鹃有恨宁啼血,蛱蝶多情未了缘。
莫怨衣来俦侣寡,粤城西望素馨田。

鹦鹉洲
落落晴川水自流,不堪词赋写离忧。
文章一代还憎命,芳草千年尚抱愁。
山色楼如秦故土,夕阳烟树汉时秋。
何须挝鼓伴狂甚,归去平原忆旧游。

麦饭亭
南宫旧是中兴地,落落荒亭客思悠。
风雨孤村犹昨日,君臣一饭已千秋。
铁衣官舍寒曾炙,沱水天心冻不流。
独立无言当大树,将军勋业至今留。

祭 诗
此夕奚囊债又消,呕心翻笑为谁招。
离骚只自悲南国,风雅何人继六朝。
身外虚名仍草草,镜中白发任萧萧。
厌听里巷催年鼓,万斛悉空酒一瓢。

谭湘还有《子陵台》一诗,令人读毕沉吟良久:

> 云移碧树走滩声，台峙中流独钓名。
> 五夜星辰疑太史，一竿烟水老先生。
> 芦花两岸浮孤月，锦秀高峰逼太清。
> 汉代只今成底事，滔滔千载故人情。

他凭吊的，自是当日遭遇厄运之汉民族。这些诗，与"南园后五子"的风格多少有些接近。

从诗文中可知，谭家在广州期间，已于市廛中"与百工交处"从事工商业了。

第二十章 "广州制度"与十三行

明朝禁海期间，主要以贡舶贸易为主，商舶贸易被视为走私。葡萄牙侵略澳门之后，大大刺激了商舶贸易的发展，到明后期，商舶贸易发展到了高潮。明朝对外贸易仍然沿用唐宋以来的市舶制度，市舶司隶属广东布政司。市舶司下设牙行，带有半官商性质，专门负责评估货价、介绍买卖，协助官府征税和管理外商。到了清朝，广州十三行成为清政府特许的具有半官半商性质的对外贸易垄断组织。清政府利用广州的行商来管理外贸，并形成了一系列的十三行制度。

历史事实表明，清初在广州"一口通商"之前，有很长一段时间实行的是"四口通商"，对外经济政策比较开放，贸易比较繁荣。随着西方工业革命的发展，英国东印度公司渴望扩大对华贸易的份额，急于打开中国内地的大门。而乾隆认为海防安全重于一切，防范比通商重要，因此，下令只留广州为外贸通商口岸，并通过十三行制度来加紧控制。"一口通商"之后，中西商贸往来全部聚集在广州十三行，英国东印度公司的对华贸易扩张计划屡屡受挫，英国人在不断反对十三行制度、试图推翻十三行制度的同时，一直在沉默中积蓄着力量，直至鸦片战争，英国侵略者用炮舰逼迫清政府"五口通商"为止，十三行制度也相应终止。

"广州制度"这一提法出自外商之口，是外商对广州整体实行的对外贸易各项制度的一个概括。而十三行制度则是当局"以商制夷"而形成的一系列与外商打交道的规范。在这个意义上，十三行制度便是广州制度的核心部分。也可以认为，十三行制度有广义的与狭义的分别。

广义上说，十三行制度可以追溯至中国古代社会"士农工商，商为末位"这样一种延续了上千年的等级制度。在周代，有官员不可出现在市场的严格规定；而到了唐宋，尤其是期间的五代时期，南汉国却可以设国宴款待外国商人，宋代则有"笼海商得法"（宋神宗语）；但到了明清，官员与外国人则断然不可接触，对外国人如防瘟疫一般，这才最终推出了"以官制商，以商制夷"的管理体制。几千年间，几经反复，发人深思。广义的制度是在国家层面上，有成文的，也有不成文的，甚至有的不可考。

狭义上说，十三行制度是指十三行这样一个外贸组织所缔结的"行规"，这些"行规"与广义的制度不一样，大多成文可考，如1720年的"十三条"。"十三条"确立的行商垄断地位亦不断受到挑战。如在"商欠"问题上,帝国的"面子"显然大于市场的公平,使这一制度呈现出更复杂的一面。

(1)"以官制商":十三行制度与官府息息相关的。十三行行商是中国经济史上一个具有特色的商业团体,他们以自由港口贸易起家,形成一定商业规模后才受到清廷青睐,后者又通过一系列的制度对之加以限制和利用。所谓"天子南库"足以说明朝廷对其之重视,而且这种重视是建立在谋取利益的基础之上的,可以说这才是清廷对其真正用意之所在,将其定位为清廷的利益工具也不为过。而十三行行商在被冠以"官商"之后,对外贸易的筹码更加多了。虽说获得了垄断权力,但维持各种关系所需的费用之高让行商们苦不堪言,但行商又忌惮于朝廷的权力不得不逆来顺受,只得去冒更大的险来维持贸易。因此,朝廷与行商的关系是极其矛盾的。

清政府不断地对公行实行特殊政策,公行享受着政府给予的特惠政策,政府成了行商们的靠山、后台。乾隆十九年(1754),清政府进一步规定将洋船税、贡银、各种手续费等统一由行商负责,重新禁止非行商团体参与对外贸易,即所谓的十三行"保商制度"。由此,十三行总揽一切对外贸易;向清政府承担缴纳洋船进出口货税的责任;外商需要的其他物品,由洋行统一负责购买;外商违法,洋行要负连带责任。[①]

之后,清政府对广州十三行实行特殊的政策——"总商制",即在行商中选择身家殷实、居心公正的人来管理洋行的事务,带领商人与外商贸易。这样一来,公行不仅垄断广州进出口的具体业务,进口商品由行商承购,内地出口货物也由其代销,并且负责划定进出口货物的价格及向海关缴纳进出口关税,即所谓的"承保税饷"[②]。这对公行与政府之间的关系产生了直接影响。自从在公行中实行"承保税饷"制度后,行商又统一保税款的缴纳和解决财务纠纷事务,即所谓的"保税制度"。行商还代表政府管理外商的活动,负责办理对外商的一切交涉事宜。诸如官府的命令、文书皆由行商向外商传达;外商的要求和书信等,亦由行商向官府转递。这样,十三行行商成了清政府与外商之间的正式媒介,兼有商务和外交的双重职责。[③]

由此,清政府希望通过各种特殊政策把中外商人联成一个利害与共的团体,最终达到"以官制商,以商制夷"的目的。而这样的对外体系和行商制度所构成的清代广州的涉外通商政策的背后便是:十三行行商们不能掌握自己的命运去发展自由贸易,而成为清政府维护其统治的工具,十三行这个半官半商的外贸垄断组织从此就只能在"官"和"洋"的夹缝中求生存。

(2)"以商制夷":十三行制度与外商密切相关。明中叶以后,欧美各国先后到中国经商贸易。清乾隆二十二年(1757)以后,清政府限定广州为唯一的对外贸易口岸,这

---

① 参见李国荣、林伟森主编《清代广州十三行纪略》,广东人民出版社2006年版,第47页。
② 广州历史文化名城研究会、广州市荔湾区地方志编纂委员会编:《广州十三行沧桑》,广东省地图出版社2001年版,第29页。
③ 参见广州历史文化名城研究会、广州市荔湾区地方志编纂委员会编《广州十三行沧桑》,广东省地图出版社2001年版,第30页。

时期，清朝的海上贸易对象主要是以对广州贸易为主的英、美、法三国，清朝的海上贸易实际就是广州的十三行贸易。① 《粤海关志》载："至（乾隆）二十五年（1760），洋行立公行，专办夷船货税，谓之外洋行；另设本港行，专管暹罗贡使，及贸易纳饷之事；又改海南行为福潮行，输报本省潮州及福建民人诸货税，是为外洋行与本港、福潮分办之始。"② 设立公行（亦名"官行"）专门办理西洋货税，使对外贸易、朝贡贸易和国内贸易诸事务分别开来，广州十三行专对外商的性质突显出来。由于广州"一口通商"地位确立，其时，洋船云集，进口洋货在此卸卖及转运至各地，加上各省货物出口也须经广州，使粤海关税收额大幅增长。③

随着对外贸易的发展，十三行行商与外商交往的机会增多，两者之间的关系也复杂多样。

第一，十三行行商在大航海时代就开始了海外贸易，对国际商贸规律有较深的了解。因此，在对外贸易中，由于外商对中国的情况和中国的语言文字不熟悉，行商首先成为外商与清政府、外商与国内其他商人沟通的"桥梁"，这种地位之重要性是其他商人无法取代的。

第二，外商不了解中国的情况，不知道清廷对行商的控制与盘剥，还以为在中国办事，只要有行商就可以"搞定"了，所以，也想和行商搞好关系，利用行商赚取利润。贸易期间，行商与外商建立了友好关系。从由于水手惹祸，地方官员追究法国办事处主任迪韦拉埃责任的处理，到"最后，乾隆宣布废除'番银加一征收'的恶税后，更是由谭康官通过这位迪韦拉埃向全体外商宣布"④ 这一过程可以看出，十三行中重要行商之一谭康官与法国办事处主任关系密切，从而对双方处理相关事务提供了便利。

第三，行商在对外贸易中代办一切与外商交涉的事务并代替政府对外商在广州的活动行使监督的权力与义务；同时，由于清廷以及粤海关等的官吏对行商敲诈勒索，致使部分行商凭借对外商监督管理的特权，与外商一起进行非法贸易，从中获取非法收入。

第四，随着清廷对行商经济上盘剥的日益加重，行商运营资本日渐短缺。一些行商利用对外商的管理之便，开始向外商借贷资本以维持对外贸易的正常运营。章文钦曾在他的关于行商商欠问题的研究中提出，木帆船贸易时代，外商将进口货交给行商销售，代纳税饷，至季度结束时清算账款。行商若不能按时出售而欠账和欠饷，欠饷需用现银缴纳，现银短缺的行商势必挪用货款，或向外商借债，逐年积欠，翻利作本，欠账数额越来越大。而行商除缴纳税饷外，还需大量现银维持内地丝、茶供应，满足官府勒索和自身奢豪的生活，加上国内流通领域没有足够的货币，他们只能向外商借债，年利率高达12%～20%。中国的高利率也诱使资本雄厚的外商纷纷向行商放债取利。到后来，许

---

① 参见广州历史文化名城研究会、广州市荔湾区地方志编纂委员会编《广州十三行沧桑》，广东省地图出版社2001年版，第44页。
② 〔清〕梁廷柟总纂，袁钟仁校注：《粤海关志》（校注本）卷二五《行商》，广东人民出版社2002年版。
③ 参见高淑娟著《近代化起点论：中日两国封建社会末期对外经济政策比较》，中国社会科学出版社2004年版，第141页。
④ 谭元亨著：《国门十三行——从开放到限关的逆转》，华南理工大学出版社2011年版，第31页。

多行商因资金不足而屈从于外商,或者因为欠外商债务而破产。

第五,行商在与外商进行经济交往的过程中,不但形成了先进的经济贸易思想,而且促进了中西文化的交流与结合。如以谭康官为代表的行商提出,开放、公平的竞争才是与大航海时代相接轨的贸易理念,他们反对官商勾结,主张避免价格垄断、操纵行市等。这被后来国外的研究者认为其"开放建议远远超出了他所处的朝代"①。在十三行时期,广州的"广彩瓷"将中国的传统工艺与西方消费者的审美情趣相结合,促进了行商和外商瓷器贸易的飞速发展,行商们纷纷从中获利。行商们通过外商了解到一定的西洋文化,同时将中国的文化带到西方,促进了中西方的文化交流。

综上所述,十三行行商与外商之间除了贸易往来,还有着密切的关系甚至良好的友谊。他们除了在商业中的交往,在经济上也曾相互支持,虽然最终是以谋利为目的的资本交易。中外商人们在中西方文化的交流,乃至世界文化艺术的交流与发展方面做出了巨大贡献。

18世纪广州商馆区风貌
(油画,威廉·丹尼尔作)

十三行行商在权衡利益与自由的过程中,一面迎合朝廷政策,一面追求自由贸易,冒险进行着海外生意。正是由于他们的反抗与抗争,清政府为维护集权统治与经济上的权衡,几次设立与撤销十三行制度。

---

① 谭元亨著:《国门十三行——从开放到限关的逆转》,华南理工大学出版社2011年版,第20页。

1720年11月26日，广州十三行的行商举行隆重的仪典，在祖坛前杀鸡歃血为盟，共同缔结十三条行规：

（一）华夷商民，同属食毛践土，应一体仰戴皇仁，誓图报称。
（二）为使公私利益界划清楚起见，爰立行规，共相遵守。
（三）华夷商民一视同仁，倘夷商得买贱卖贵，则行商必致亏折，且恐发生鱼目混珠之弊，故各行商与夷商相聚一堂，共同议价，其有单独行为者应受处罚。
（四）他处或他省商人来省与夷商交易时，本行应与之协订货价，俾得卖价公道；有自行订定货价或暗中购入货物者罚。
（五）货价既经协议妥帖之后，货物应力求道地，有以劣货欺瞒夷商者应受处罚。
（六）为防止私贩起见，凡落货夷船时均须填册；有故意规避或手续不清者应受惩罚。
（七）手工业品如扇、漆器、刺绣、国画之类，得由普通商家任意经营贩卖之。
（八）瓷器有待特别鉴定者（按似指古瓷），任何人得自行贩卖，但卖者无论赢亏，均须以卖价百分之三十纳交本行。
（九）绿茶净量应从实呈报，违者处罚。
（十）自夷船卸货及缔订装货合同时，均须先期交款，以后并须将余款交清，违者处罚。
（十一）夷船欲专择某商交易时，该商得承受此船货物之一半，但其他一半须归本行同仁摊分之；有独揽全船之货物者处罚。
（十二）行商中对于公行负责最重及担任经费最大者，许其在外洋贸易占一全股，次者占半股，其余则占一股之四分之一。
（十三）头等行，即占一全股者，凡五，二等者五，三等六；新入公行者，应纳银一千两作为公共开支经费，并列入三等行内。①

从这十三条行规来看，公行设定的目的和宗旨显而易见。
（1）十三行制度中明确规定了"华夷商民"，即行内成员和行外商人都应自动进贡，从而确定清政府是十三行一切贸易的权威。"仰戴皇仁"则说明一切行动听从朝廷指挥，不可违抗；"誓图报称"自有"回报"之意，对十三行来说，其贸易垄断地位受到朝廷的保护，自然在收益上要感恩，因此，在收益分配上，朝廷是占有很大份额的。
（2）十三行制度中明确规定了中外商人进行贸易时要坚持公平、诚信的总原则。如第三、第五条就体现了市场公平交易的原则。
（3）十三行制度所规定的监督约束机制，在实现其规范管理作用的同时，也体现了十三行行商充当外商与清政府、外商与行外商人贸易的居间者的买办性。如第四、第五

---

① 梁嘉彬：《广东十三行考》，广东人民出版社1999年版，第84—87页。

条规定，行商充当国内商人与外商交易的沟通和监督的经纪人，要求保持商业信誉，实质上是保护外商的利益，同时也体现了中国传统儒商诚信的品质。再如，第六、第十条规定，行商须严格把关，控制外商交易的规范进行。

（4）十三行制度明文规定了行商的垄断贸易范围和权力。例如，利润高的商品都由行商经销，从而保证了行商在对外贸易中的垄断地位和利益最大化。这在当时是不符合自由贸易发展的，必定会引起行外商人和外商的不满与反对。

（5）十三行制度在保证行商垄断地位的同时，也顾及了行外商人的利益以维持正常的商业秩序，并且规定了有效的内在平衡机制，使得行内商人利益分配标准化，以维护公行团体协作。如第七条限定了非公行商人所经营商品的范围，给予了散商运营机会，维护了商界平衡。再如，第十一、第十二、第十三条的规定维护了行内商人权利与义务的平衡，有利于保持内在稳定。

总之，十三行制度规定了清政府对行外商人和行内商人至高无上的统治，划定了非公行商人的经营范围，确立了行商在对外贸易中的垄断地位，以及公行内部行商等级的划分，从而为外贸管理提供了约束规范；同时，行商也成为代表清廷的"经济外交官"，完全在清政府的管理之下。

其实，1720年十三条行规形成的背景并不是那么简单。

这一年，康熙开海已30多年，而在这之前3年，即1717年，晚年的康熙受大臣的"忽悠"，竟下达了"南洋禁航令"，允许外商进来，却不允许本国商人出海。

而在开海之初，垄断对外贸易的则基本是有背景的商人，如总督商人、将军商人、王商等走马灯似地登台，各领风骚三五年。这在马士的《编年史》上有记录，可见这些官商们势力有多大，气焰有多高。直到1699—1700年，最后一位王商洪顺官退出，这一"走马灯"才停止旋转。

但封建王朝一旦涉及皇位继承时，动荡往往免不了。

于是，康熙四十三年（1704），外商船的大班发现，广州兴起一个"新怪物"——皇商。

其实，这位皇商是皇太子的人，皇商勒索了行商一笔钱后，皇太子被褫夺了继承权，皇位继承出现动荡，无形中反而帮了行商的忙，折腾几年，没有背景、只靠实力的行商终于开始占上风，而各国来华商船的数量，由于海关的规则日渐明确，也一年比一年多了。"南洋禁航令"断了行商一条生财之道，他们就不得不更重视广州口岸的贸易，以及运作中的他律与自律了。

但公行成立并没多久就"无疾而终"了。

摧垮公行的，首先是来自外国的商人，他们凭着自由商人的敏感，反对这种商业上的垄断，因为这让他们失去选择与讨价还价的自由。而十三行外的散商与外商则一拍即合，于是联手向总督施压，外商甚至称除非想办法"将公行取消"，否则，他们就不到广州贸易了。

值得注意的是，鼓励外商反对公行的，主角是后来成为十三行"八大家"之一的叶家的先人吉荐，他还承诺茶叶为此可以降价。

总督终于被说服了：

"总督召集主要商人去见他，并严厉地对他们说，他们现在所采取的办法一定会使此处的贸易得到坏的结果；他命令他们去找大家商量，如果他们不能决定解散他们的集团，他一定用办法强制他们。"

总督是一位重要官员，不能等闲视之，而"被召集的公行商人考虑到总督的叱责，这使他们非常害怕，公行一些主要商人允许金少和吉荐参加他们的茶叶生意，他们是靠它来组成公行的，这个主要部分既失优势，也就是公行的手段已被毁坏。"①

及至5年之后：

1725年12月24日，在"汤森号"开往广州时，(东印度公司)董事部给该船大班的训令写道："几年来中国人企图在广州成立一个组合，为了这个联合的目的，并决定了一个纲领草案：它意味着要按他们所定的价格售货给欧洲人；不论出卖者是谁，都要将所售出货物的利润分一部分给组合成员。但下一年大班向我们报告说，他们之间意见不一致；经大班向省当局申诉这个不平后，因此它就解散了。我们希望他们不再试图恢复；假如他们已经恢复或一定这样做，而你们又适在该地，你们必须尽力用最有效的办法进行反对：让商人，如有必要还要让海关监督及官员们知道，给你们的命令是确定不准向任何特别指定的人购货的。"②

可见外商们视公行为多大的威胁！

一个有政府背景的经济团体的存在往往体现着统治者的利益，在很大程度上取决于最高统治者的决策。十三行行商根本没有独立的经济和政治利益，没有追求自由贸易的权利，只是听命或依附于清朝政府的对外贸易的管理工具。

十三行制度下行商的地位远不及得到英国国王特许的英国东印度公司。英国东印度公司自成立至17世纪后期，英国政府对公司大力支持，不断颁布特许状，扩大公司的政治和经济特权。17世纪七八十年代，英国国王查理二世授予东印度公司"对东方所有英国人的司法裁判权以及维护其防御区并扩充其防卫军队的权力"③，之后，公司陆续得到政治上对他国宣战及占领权，司法上设立海事法庭、处罚公司成员及在当地制定法律权，军事上在殖民地建立军队权，商业上严禁无特许权者进入公司独占经营范围等更多贸易

---

① 〔美〕马士著：《东印度公司对华贸易编年史（1635—1834年）》第一、二卷，中国海关史研究中心组译，区宗华译，中山大学出版社1991年版，第165页。
② 〔美〕马士著：《东印度公司对华贸易编年史（1635—1834年）》第一、二卷，中国海关史研究中心组译，区宗华译，中山大学出版社1991年版，第167页。
③ 潘毅：《英国东印度公司的起源及性质》，载《凯里学院学报》2008年第1期，第97-100页。

外的特权。由此，英国东印度公司成为商、政、军、法四合为一的组织，而不是单纯的商业组织。可想而知，有英国国王的背后支持，东印度公司就可以积聚力量来击败国际竞争对手，而不用承担任何费用和风险。中国十三行与之相似的是，十三行的背后是清朝政府，十三行仰仗着清政府的庇护，垄断着广州的对外贸易；不同的是，清政府并不像英国统治者那样看重对外贸易所带来的经济和物质利益，在对外贸易的认识上更多的是从自己的经济利益、政权稳固、海防安全角度出发的。这就决定了清代广州十三行摆脱不了其作为清廷工具的本质。

十三行发展曲折。对于公行的设立与撤销，与英国东印度公司相对照，我们大致可以按时间理出这样一条线索：英国东印度公司成立（1600）—公行创立（1720）—撤销公行（1721）—厦门另组公行（1724）—设立商总（1728）—确立保商制度（1754）—潘启官重组公行（1760）—撤销公行（1771）—重组公行（1775）—英国东印度公司对华贸易垄断权终止（1833）—十三行走到终点（1857）—英国东印度公司解散（1874）。

十三行制度的沿革大致可以分为十三行制度萌芽、发展、完善及衰落等阶段。

十三行制度沿革纪略

年代	发展阶段	内容
1720	设立公行	共同缔结十三条行规
1721	废除公行	英国商人反对"不得与行外商人交易"的制度规定，公行制度夭折
1724	重组公行	因广州捐税极多，行商转至福建厦门重组公行
1728	设立商总制度	政府支持"以官制商，以商制夷"方针
1750	商总制度开始形成	政府规定外商所缴费用，由"官府选择的殷实富户承保"缴纳
1754	官方确立保商制度	政府进一步规定将洋船税、贡银、各种手续费等，统一由行商负责，重新禁止非行商团体参与对外贸易
1760	重设公行	重新设立公行，专办"夷船"事务
1771	撤销公行	洋行行商负担过多，内部不协调，外国商人反对，公行被两广总督下令撤销
1775	重组公行	规定行商专揽茶、丝各大宗生意，而扇、象牙、刺绣及其他小宗生意，则由公行之外的散商办理；外船驶入广东时，凡入口税及出口税均须经行商之手，并须由行商保证
1813	公行改革	出台推选洋行总领新制。在行商中选一至二人总领洋行事务，率领众洋行与外商贸易，货物价格由其确定。总领洋行事务之人成为总商，要由各商行联名保结
1828	重申保商制度	政府重新界定，行外商人只准与外国人交易8种商品，其余交易只限于行商

续上表

年代	发展阶段	内容
1829	增设章程	政府增设《查禁纹银偷漏及鸦片分销章程》
1830	推行试办制	因行商骤减，官府降低进入标准，允许新行商减少入行资金
1837	废除试办制	上谕：仍复旧例，以司限制
1842	废除公行	鸦片战争后，"五口通商"代替"一口通商"，公行废除
1857	遭战火焚毁	十三行商馆区遭战火彻底烧毁

从时间上看，公行的设立远远晚于英国东印度公司，在其几经设、撤的过程中，伴随着英国东印度公司与散商的联合反对与阻挠，直至英国东印度公司对华贸易权终止。最后，随着二次鸦片战争及中英《南京条约》明文要求取消十三行，十三行及英国东印度公司先后解体。从这里可见，十三行与英国东印度公司是两个相对立存在的组织。

在近年来的研究中，关注的多是十三行的官商性质与民商性质，而探讨清代广州十三行制度特点的则较少。下面从国际贸易特点、儒商特点和买办特点三方面来分析十三行制度的特点。

（1）无论是从社会、经济方面还是从国际环境方面来看，十三行同英国东印度公司相比都处于相对滞后的状况。西方各国国家统治者和商业资产阶级纷纷要求建立商业垄断公司，控制对本国有利的据点和地区。英国东印度公司从一开始就是以牟利为目的而形成的商业团体，而且西欧各国重商主义流行。中国却是重农抑商，为了保护海防的安全以及清除郑成功的抗清势力而实行"海禁政策"，严重削弱了中国海商的国际竞争力。

（2）十三行行商具有商人精神，由于受到"儒家义利观"的约束，而缺乏西方商人追求利益的无限欲望和冲动。十三行制度从另一个侧面体现了儒商重义轻利的商业道德观与商业伦理观。中国固有的传统价值观念与资本主义世界为了获取巨额商业利益而积极展开殖民活动和商业活动是不同的，也导致十三行制度与英国东印度公司制度有明显的不同。

（3）十三行制度具有明显的买办特点。为防止贸易混乱，清廷出台了一系列的条例并通过行商来规范外商在华行为。十三行时期，从公行制度本身可以看出，公行商人在充当清廷管理外商的媒介的同时，也充当了外商事务代理人的角色，在"保商制度"中将买办制度化。这不仅是应外商方便之需，也是应清廷维护统治之需。随着十三行制度日趋完善，清廷对外商的管束愈加严厉，而行商权力从原先代办夷馆内外商事宜，发展到全权代理外商在中国与官吏交涉的一切事务，他们买办的权利范围更加大了。有人认为，至19世纪末，买办终于成为外国资本主义对中国进行经济侵略和渗透的工具，扮演了可耻的角色。[①] 当然，对此，笔者未必苟同。十三行制度的买办性是随着对外贸易的发

---

① 参见张海鹏、张海瀛主编《中国十大商帮》，黄山书社1993年版，第239页。

展,随着清廷维护统治的需要而逐渐附加上去的。

在此,我们不妨对十三行制度的功能加以分析。

在外贸管理领域的诸多政策中,除了对货物的管理外,最为重要的就是对人的管理,这是不可否认的。清代广州十三行制度就是对半官半商行会性质的十三行行商和到本国进行贸易活动的外国商人进行管理而设立的制度。当然,一种制度对社会、经济、文化的作用都会有正功能和负功能之分,十三行制度也不例外。

十三行制度的几度设废,对清末外贸发展带来了巨大影响。其正面功能不容置疑,促进了国内与国外的经济、文化交流,起到了沟通中国与西方文化交流的桥梁作用,不断的贸易顺差增强了国家实力,为维护官方管理政策、维护正常的对外贸易起到了稳定作用。

(1) 十三行制度具有自生功能。十三行制度从设立之日起就具有极强的自生功能,这也是后来公行不断被设、撤的一个重要原因。这一点我们从1720年公行设立的十三条规定的具体内容可以看出。

首先,十三行制度体现了其特有的内在平衡机制。公行成员在与外商交易中处于平等地位,不可"吃独食",有利于维护公行内部团结,保证公行的可持续发展。在保证公行垄断对外贸易权利的同时,对公行成员进行了内部等级划分,明确承担责任与享受利益是成正比的。① 这样,十三行制度的内部平衡机制就建立起来了。其次,十三行制度体现了其特有的自我保护机制。①十三行制度将中外商人全部纳入清廷的管辖范围,算是确立了一个"保护神",公行可以倚仗清廷的政治权力来维持其对外贸易的垄断地位。②十三行制度规定了对外贸易中要坚持公平、诚信的商业原则。规范十三行的商业运作可以避免恶意抬高物价,抹黑"天朝脸面",同时也可以保护公行高价运作的可持续性。③从制度上确立了公行的商业监督权力,从经济上保证了公行费用的来源。

(2) 十三行制度对正常贸易具有维护作用。广州十三行设立的本身就是为了维持正常的对外贸易往来。随着对外贸易的发展,十三行制度成为清廷维护社会治安、维护国内安定、维护对外贸易的重要手段。

公行制度设立以前,商人们明争暗斗,想取得外贸的垄断地位,这样,"鹬蚌相争,渔翁得利",让外商得利,而中国商人的利益受损。清廷清楚地认识到要想控制外商,先要控制与他们交易的外贸商人,因而,通过"官—商—夷",即"以官制商"来达到"以商制夷"的目的。这样一来,十三行制度就成为清廷控制行商和限制外商的商业条文。

十三行行商具有管理监督的身份,是规范商人行为的真正的监督员。要求价格公道,要求对外贸易中商人坚守公平、诚信的商业道德规范,有利于正常对外贸易的可持续发展。十三行制度规定了行商的垄断权,也给非公行商人划定了经商范围,这样大家各行其道,互不干涉,行内、行外商人都有经商并从中获利的权利。行商在对外贸易中的垄断是由内部各行商所得利益与其所负责任大小成正比的平衡机制来稳定的。

---

① 参见谭元亨主编《十三行新论》,中国评论学术出版社2009年版,第13页。

（3）十三行制度对官方政策具有稳定作用。十三行是由清初的政府机构——广东市舶提举司的职能转变而来的。康熙二十三年（1684）以前，广州对外贸易由市舶司负责管理，市舶司总管一切与海外贸易有关的事务，除了征税、官买、主持贸易、维持外贸秩序、送往迎来等之外，还有许多琐碎的事情必须办理。到"四口通商"之际，建江、浙、闽、粤四海关，外贸经营制度向海关制度转变，海关职责比市舶司有所简化，从事征解关税和行政管理。当时的粤海关并不直接与外商打交道，只是从行商手中收取关税以及奏报税额，解送税银。另外，粤海关担负外贸行政管理的任务，但到后来则越来越多地交给十三行行商，令其参与完成。即官府不限制规模，不制定价格，也不规定进出口商品的来路与流向，所有外贸经营都由官府精心挑选的十三行行商负起主要责任。十三行行商承担了实际上的贸易管理工作。①

费正清在《剑桥中国晚清史》中概括其时广州贸易的特点为："从1760年到1834年，中国对欧贸易所遵循的广州制度，其实质是等级服从：首先，外商服从持特许证的中国垄断商，后者总称为'公行'；其次，公行成员服从清廷委任的广州海关监督。"②

而十三行制度也避免不了负面功能，其在历史"眼光"下也有缺陷。

（1）从经济角度来看，十三行制度虽然保证了公行行商的贸易垄断地位，创造了一个又一个富可敌国的行商巨贾，但是，这一制度也限制了更多的商业者参与其中，对行外商人规定的交易的种类都是一些利润小、需求偏少的商品，而利润大、需求量大的瓷器、生丝、茶叶等，行外商人无从染指，这样就限制了国内贸易的发展。十三行行商的巨额财富其实是建立在对其他商业者不公平竞争的基础之上，与自由贸易的商业原则相抵触。另外，十三行制度规定行商不得欠债，欠债者往往被抄家、充军发配，而欠款由公行其他行商共同分担；但对外商欠行商货款的处置却没有规定。这样，在流动性与投机性极强的外商面前完全置行商利益于不顾，这是导致一些行商破产的主要原因。

（2）从政治角度来看，十三行行商对政府天然的依附性、对外商的买办性，构成了其政治主张上的软弱性与滞后性。在其贸易伙伴英国商人看来，其政治地位极低，政治要求几乎不能得到主张。这是由十三行制度所决定的。在欧洲重商主义得到迅猛发展的同时，清政府一方面通过十三行增加政府税收及满足其他需要，另一方面为防止外商进入引起社会秩序混乱，危及朝廷统治，不断出台相关政策，通过十三行加强对外商的管理。这就致使十三行制度下的行商不能将其全部精力用于贸易拓展上，而是周旋于清政府与外商之间的各种政治、经济关系的处理，使清朝闭关锁国政策变相地加强，限制了自由竞争的资本主义在中国的发展。

（3）从社会文化角度来看，十三行制度下的商业文明对社会的影响显然要比西方的重商主义文明对社会的影响小得多。十三行行商在保守政府的压迫下艰难经营，在成功

---

① 参见高淑娟著《近代化起点论：中日两国封建社会末期对外经济政策比较》，中国社会科学出版社2004年版，第120页。

② 转引自高淑娟著《近代化起点论：中日两国封建社会末期对外经济政策比较》，中国社会科学出版社2004年版，第119页。

后往往不能将所得到的利润投入到扩大规模、增加生产方面，而是投入到捐官买爵、买田置地上，将希望寄托在下一代身上，以提高其政治地位，稳固其经济基础。十三行制度下的中外文化交流虽然将西方的绘画、造船、医学等实用技术传入中国，但没有对西方的政治思想进行考察和了解，束缚了在开放贸易中十三行行商自由思想的发展，客观上也没有起到引发国内思想启蒙的作用。

总而言之，十三行制度固然促进了贸易发展、社会稳定，但毋庸讳言，在朝廷闭关锁国的思想下，十三行制度对平等自由的商业思想起到较大的钳制作用，无论是从政治、经济还是社会、文化角度，都影响了商业文明的自由发展，最终在故步自封中随着鸦片战争的爆发而走向毁灭。

第二十一章　禁洋期间出现的锦纶会馆[①]

雍正元年（1723），在广州，紧挨着十三行的西北部，一个延续至今有300年历史的行业会馆——锦纶会馆得以创建，其所在的街名其时为西来新街。锦纶者，顾名思义，乃丝绸也。十三行时期，正是全球大航海时代兴盛之际，而自广州下南洋，走西亚，上欧洲，则是自古以来的海上丝绸之路。锦纶会馆的建立，是中国丝绸外贸发展史上的一件重要事件。

意味深长的是，锦纶会馆拜的祖师爷，乃汉代通西域的博望侯张骞。张骞通西域，走的是陆路，与南方的帆船贸易似乎没有什么干系，为何在这里会被尊为海上丝绸之路的祖师？又为什么会在雍正元年在锦纶会馆建成之际被"隆重推出"？

其原因可分为两重，一重是远古，一重是当日。

先说古代。建馆时所立的碑文是一个解释。《锦纶祖师碑记》云：

> 郡城之西隅业蚕织者，宁仅数百家？从前助金修建关帝庙于西来胜地，以为春秋报赛及萃聚众心之所。迨后生聚日众，技业振兴，爰于癸卯之岁，集众金金题助金，构堂于关帝庙之左，以事奉仙槎神汉博望张侯焉。盖蚕织之事，虽肇端于黄帝之世，然机杼之巧、花样之新，实因侯于元狩年间乘槎至天河，得支机石，遂擅天孙之巧，于是创制立法，传之后人，至今咸蒙其利。赖兹构堂崇奉，实食德报本，不忘所自之舆情也。征予言以记其事，予不禁为之喜，曰："即此可观世道之隆焉。"[②]

先是讲当时"郡城之西隅"丝绸业之繁荣，是在十三行一侧。为何会尊张骞为师？无疑，文中尊师最大的依据是一则神话。被尊为祖师，当然属神仙之列，"乘槎至天河，

---

① 本章参考如下文献：〔西晋〕张华《博物志》；锦纶会馆馆存《锦纶祖师碑记》〔立于清雍正九年（1731）〕；《重修碑记》；《界石碑记》；《重建锦纶行会碑记》〔立于清道光五年（1825）〕。

② 锦纶会馆馆存：《锦纶祖师碑记》，立于清雍正九年（1731）。

得支机石,遂擅天孙之巧,于是创制立法,传之后人,至今咸蒙其利"。这是一则美丽的传说,说的是汉武帝派张骞寻找大河之源,张骞驾木筏直上天河,遇一仙女赠送一块石头。返回后,张骞把石头给会占卜的严君平看,严君平马上就认出,这是天上织女用来支撑织机之石,遂"创制立法",把织造之术传于后人,从而让丝织业发达起来。

这一传说,最早出现在西晋张华著的《博物志》上,到锦纶会馆立碑,已过了近15个世纪了。

其实,张骞出使西域时,在中亚的大月氏看到盛产于中国南部的众多物产,如蜀布、邛竹杖与枸酱等。一追问,原来这些物产是从一个名叫"身毒"的国家买来的,"身毒"就是今日的印度。再查问才得知,"身毒"是通过海路从广东运去的。张骞回国后,即向汉武帝禀报,派黄门驿长(即皇室内务官员)率船队从广东的徐闻、合浦出发,过南海,入印度洋,最后抵达南亚、西亚,乃至东非——这被后人称为"海上丝绸之路"。也就是说,他在打通陆上丝绸之路后,又倡言打通了海上丝绸之路。

他为中国的丝绸走向世界立下了奇功,虽然那时还无"丝绸之路"一说。所以,锦纶会馆立碑尊他为"祖师",不仅是铭记他的功绩,把他升格为神,更重要的是,企冀他保佑今后丝绸业的兴盛,尤其是海上丝绸贸易的一帆风顺。

只是,为何此刻尤需这位祖师爷的保佑呢?这得从雍正元年(1723)海上贸易的形势说起。

毫无疑问,正如碑文中所称,紧挨广州西关十三行的"蚕织者,宁仅数百家?""迨后生聚日众,技业振兴,爰于癸卯之岁,集众金金题助金",于是,拜祭起祖师,以图丝绸业更上一层楼。

早在明中叶,广州已有丝缎行、什色缎行、元青缎行、花局缎行、绸绫行、机纱行、斗纱行等,其时城区内编织工场更超过2.5万家,到雍正元年,仅西关的织机就已有上万台,丝织工更是数以万计。这个数量已很惊人。清初,广州虽说备受战火摧残,但发展速度还是很快的,毕竟底子厚实,技术更没失传,一有机会,就"见风日长,抽枝长叶"。

尤其是自康熙二十三年(1684)"开海",到雍正元年这40年间,广东得风气之先,海上贸易突飞猛进,很快便超过了明朝的兴盛时期。康熙开海第二年便设立了粤海关,为了加强对海上贸易的管理,官府便将商行分为金丝行与洋货行,后者则主导进出口的外贸经营。吴兴祚提出恢复十三行,不少丝绸商人达到"自身殷实"的条件进入了十三行,获得政府发给的对外贸易的行帖(执照)。

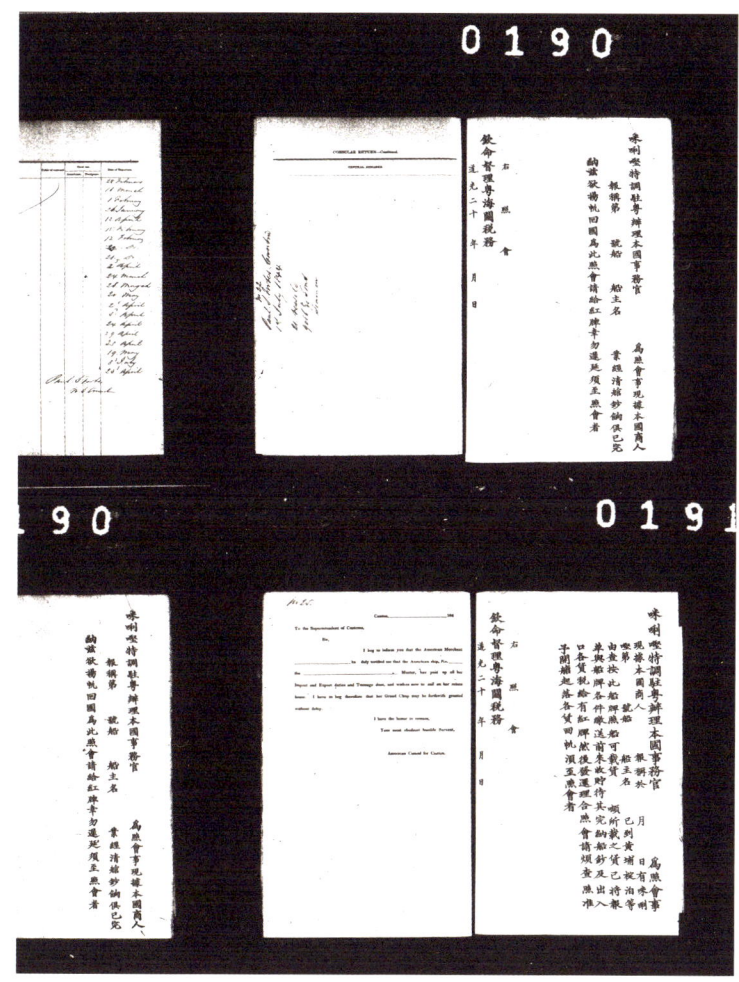

清道光年间的海关执照

明朝中叶,广州对外贸易的对象仅限于葡萄牙、西班牙、荷兰,到了清朝康熙年间,法国、英国等也来了,而它们的经营资本要大得多,胃口也大得多,远不是明代外商可比的。因此,西关的丝行、纺织工场的规模之大与明代更不可同日而语。

与此同时,珠江三角洲的桑基鱼塘愈加发达,为日后的缫丝业的发展打下了坚实的基础,并促使农民"洗脚上田";官员沿袭明代"弃仕经商"的传统,对丝绸业予以了极大的推动。只凭一句民谚就可知珠江三角洲的蚕桑业、丝绸交易是何等繁荣:"一船蚕丝去,一船白银回。"

而且,仅珠江三角洲的供货已经远远不够了。于是,远自江浙一带的丝绸,溯长江,入赣水,再陆行经过梅关古道,下浈水,走北江,大批大批地运进广州,显示了强劲的势头。

自然,来自英、法、荷等国的大班们,每每都满载而归。

而中国商人,无论是行商还是散商,也大多驾着自己的大眼鸡船、红头船,借助信风下南洋,直达巴达维亚、吕宋——无论是丝绸,还是茶叶、瓷器,在南洋出手,价格自然高于广州数倍,所以,每年下南洋的中国商船都数以千计,甚至过万。

然而,康熙五十六年(1717)颁布"南洋禁航令"后,不说中国商船的南洋贸易所遭到多大的损失,仅以暹罗米为例,沿海的广东、福建本身产米远远不够供应,大多靠暹罗米的运入补足,一旦暹罗米进不来,沿海粮食就奇缺,造成饥荒。而且仅丝绸、茶叶、瓷器三大样商品,中国商人就无从获得广州至巴达维亚的差价,而让西方商人独占了。因此,这期间,不少外商中的散户也就不耗费太长的时间回欧洲,而只在广州与南洋之间往返赚取巨大利润。

禁洋对中国商人的损害年复一年,肥了外商,亏了自己。怎么办?

丝绸商人一方面乞求"祖师"张骞保佑,另一方面也要自保。自保,就得有自己的行会团体。

于是,在禁洋7年之后,即雍正元年(1723),作为丝绸商人的行会——锦纶会馆得以成立,目的自是在于保护自身的利益。

此时,距开海已有30多年,丝商们的经济实力大增,财富积累也成几何级数增长,他们足以凭借自己的组织,抗衡来自方方面面的压榨与剥夺。由于出口规模扩大,广东成为中国当时最大的丝织品出口地,唯有大批量的生产方式,方能满足十三行对丝织品的需求,这便推动了家庭手工业向近代批量生产方式的转变,引领了全国,尤其是江浙地区的蚕桑、丝织的家庭手工业的转型。这种批量生产的流程是先"放机",也就是丝商把原料发放给"揽头"雇工织造,待成品出来后予以销售。其程序为:丝商"放机"→"揽头"分包→工人织造→由"揽头"收回成品→交还丝商出售。其间,形成了"机户出资,机工出力"的雇佣关系、契约关系。

早在明嘉靖年间,顺德的龙山就已生产出了有名的丝织品,如"玉阶""柳叶"等,并迅速影响里海、龙江及整个县域。产品经由1557年以来的十三行或一年两季的广州交易市集销往海外。到锦纶会馆成立时,广州的机行(丝织业)工人人数已过万,全盛期更达到三四万,主要分布在上西关、下九甫、十三行一线,其后,因下西关的机行被租为店铺,丝行渐渐往上西关集中。

锦纶会馆创立之初,丝织品的生产大致分为五个行业。

第一个为"蟒袍行",又名"朝蟒行",乃丝织行业中最古老的一行,成品有龙、凤、虎等花样,是朝廷缝制文武百官服之专供,不再分小行。

第二个为"十八行",包括洋货三行、金彩三行、干纱三行、杂色三行、洋八丝三行、绫绸三行,"八丝缎"便属于此行。

第三个为"十一行",即"八丝"加上"三丝"为十一行。主要有官、宁、线、平,均是贡品;牛郎四纱,即洋庄干纱,天青、元青、品蓝,即杂色三行,均为寿袍料;洋八五六丝、洋货、洋巾等。因此,该行工人除了会"八丝"技术外,还必须会"三丝"技术。

第四个为金彩行,其本来属"十八行",后因业务发达,遂被分拆出来。有花八丝,指越南货；洋货，即孟买货。还有单彩、三彩、四彩、五彩、贡锦、直口、斜口。

第五个是广纱行，又名线纱行，有肇纱、旧广纱、新广纱、三纱。①

康熙禁洋造成对国内商人，尤其是行商出海经商的阻拦，实际上形成对中国商人的巨大不公。锦纶会馆的成立，无形中是一种对不公的抵制，让丝商抱成团，规范行规，共同对付让外商"吃水太深"的禁洋制度。

当然，这仅仅是丝织业的行会，但丝织品毕竟是十三行三大主打产品之一，而且是出口最为稳定的产品，它的贸易自然也会影响到其他两大产品。只要所有的行业都起来进一步抱团，中国商人就能自保。

锦纶会馆成立时，禁洋的后果日趋严重。新的皇帝登基，也不可能一下子改变先帝定下来的规矩，及至雍正二年（1724），雍正皇帝仍认为"海禁宁严毋宽，余无善策"。

锦纶会馆创立 4 年之后，也就是雍正五年（1727），在各方的合力下，当然包括地方官员上折、文员上书，也包括来自民间的声音，还少不了十三行行商、丝商的声音，励精图治的雍正皇帝终于宣布"开洋"，允许中国商人重新下南洋了。

而禁洋长达 11 年之久。

长期以来，几乎所有研究者都忽略了这样一个时间节点，或者说，不曾意识到禁洋与锦纶会馆成立之间的必然联系，忽视了历史大背景，单纯地阐述锦纶会馆与丝织业发展的关系。

其实，如果没有禁洋，丝商们何以搬出祖师张骞，乞求其庇护？又何以组建行会抱团，力求自保？因此，应该把形势的演变与行业的发展有机地结合起来研究锦纶会馆成立的历史意义与作用。

不妨比较一下，自 20 世纪 80 年代中国改革开放至今，这短短的 40 年，中国一跃成为世界第二大经济体，其间，东南沿海省份，包括广东，贡献甚巨。凭此，我们也能知道，康熙开海 30 多年，在东南沿海，尤其是广东，对外贸易的发展是何等之迅速，这里就包含丝绸这一重要的外贸产品。康熙年间，中国是世界第一大经济体。在如此迅猛、巨大的发展中，突然发生禁洋这样的曲折，主导开放、主打外贸的中国商人，能不自发地起来自保，以维护国内外正常的贸易秩序么？就 18 世纪而言，仅英国东印度公司每年从广州运走的绸缎就达数十万匹，最高一年达到 65 万匹，很是惊人。

锦纶会馆成立的历史背景及重大意义便显现出来。

锦纶会馆自创立后，几经修缮，颇具规模。及至道光五年（1825），即约 100 年之后，有碑志记载了其之始创与多次重修过程：

> 锦纶会馆创自雍正元年，及至乾隆甲申年，买邓氏房屋贰间建立。迨至道光乙酉年，再复添建西厅及后座。其后墙外留通天渠，前面踊道宽广至于照壁，四周本会馆自留墙外滴水七寸。诚恐日久被人占盖，故特此题明，以使邻里相安也。②

---

① 参见刘永连《丝绸外销与广州外贸制度及其演变》，载《中国社会经济史研究》2010 年第 4 期。
② 锦纶会馆馆存：《重建锦纶行会碑记》，立于清道光五年（1825）。

由于会馆机制的"与时俱进",它成为延续近300年仍保存完好的行业会馆。当年,广州作为岭南的中心,中国外贸的枢纽,海上丝绸之路的东方大港,曾兴建四大行业会馆,除锦纶会馆外,还有梨园会馆、钟表会馆、八和会馆,当日红极一时。历史兴衰与行业起落有时候实在是太密切了。当其他三大会馆都沉没于历史与时代的浪涛中,销声匿迹,不再显赫,独有锦纶会馆一直保留至今,并因2001年8月旧城改造对它采取平移工程而再度令世人瞩目。而丝绸至今仍是国家外贸的一大产品。

因此,一部中国海上丝绸之路史,尤其是十三行史,断不可忽略锦纶会馆,甚至可以说,十三行在鸦片战争期间被火烧之后,锦纶会馆是极少的留存至今的与十三行相关的历史文物。它见证了历史,而它自身也是历史。

锦纶会馆不仅是一部中国丝绸史、丝绸文化史,也是一部外贸史、制度史、经济史。

本章仅仅揭示出不应忽略的锦纶会馆创始的重要时间节点或历史背景。而日后三百年丝绸业之兴旺,应是从这里再度开始,并超越前朝。

·第二十二章 雍正:从恪守祖制到再度开洋

明隆庆元年(1567),开始取消海禁,允许与东、西二洋通商。到万历年初,又规定向商人发放出洋的"引票",且征收"引税"以将其合法化,这虽然与宋代之通海不可同日而语,但外国商船不仅只停在澳门,而且可以进入广州。

康熙禁洋期间,福建一带连遭灾荒,其地狭人稠,百姓没有别的出路,相继上山为匪,下山为盗,一时间,匪情不断,盗案迭起,社会动乱不已。这一来,开禁的呼声日高。更有些耿介的官员把问题说得愈发严重,令刚登基的雍正感到不安:祖制不好改。不过,康熙当年也一改早年的禁海令,开放了海上贸易,因时而异,因地制宜,以达到河清海晏。

雍正皇帝继位后,在前期依然严格执行海禁,后因考虑沿海百姓的确生活疾苦,于雍正五年(1727)开放洋禁,允许民人往南洋贸易。雍正对当时的鸦片贸易也较为重视,他对鸦片的政策是:贩卖毒品,严惩不贷;严格区分药用鸦片与毒品鸦片烟,毒品严禁,药用不干涉,且照顾小本商人的正当利益。

对待西欧来的使者,雍正也以礼相待。他虽竭力反对天主教等在中国民间的传播(这其中一部分原因也在于封建皇帝思想的保守),但对天主教并无恶意。雍正五年(1727),博尔都噶尔(今葡萄牙)使臣麦德乐来京。雍正对他的优待使他深为感激,甚至于雍正寿辰之时,在天主教堂做祈祷,为之祝寿。雍正还选了一些有才能的传教士在宫中研制外国仪器和烧制材料。马戛尔尼当年来华,有一部分原因是雍正在伏尔泰笔下的"开明"为欧洲人所共知,使他们对中国皇帝(当时是乾隆)和对华通商充满了美好的幻想。

清世宗皇帝像

作为一个封建国家的皇帝，雍正虽然开放洋禁，让南方沿海一部分人民恢复了康熙末年被剥夺的土地及谋生手段，促进了中国与南洋地区的经济文化交流，但同时，也不可避免地具有其局限性。

另外，废除贱籍、废除腰斩也是他的一个功绩。

他在位短短的13年所做出的改革，比他父亲康熙所做的改革还要多。可以说雍正是一个改革型的皇帝。

雍正勤于政务，大力清除康熙统治后期的各种积弊，取得一定成效，对清代的发展有一定的贡献。但他统治严酷，猜忌多疑，刻薄寡恩，从而得罪了很多官僚阶级，这是他性格的弱点；同时，也正是因为他的严厉统治和超乎寻常的努力，大清国逐渐走向鼎盛，为"康乾盛世"起了承前启后的作用。

雍正登基后，整饬训治，敢下铁腕，他心中要的便是"河清海晏"。吏治清廉，百姓自会守法；吏治不清，上梁不正下梁歪，乱子就出来了。刚登基时，雍正自不敢改康熙的禁洋令，并一再下令严加防范。雍正二年（1724）十月二十九日关于暂停五谷进口的上谕如下：

广东巡抚年希尧奏暹罗国运米并进谷种等项，上谕内阁：暹罗国王不惮险远，进献稻种、果树等物，最为恭顺，殊属可嘉，应加奖赉。其运来米石，令地方官照粤省现在时价速行发卖，不许行户任意低昂，如贱买贵卖，甚非朕体恤小国之意。嗣后且令暂停，俟有需米之处，候旨遵行。其压船随带货物，一概免征税银。来船梢目徐宽等九十六名，虽系广东、福建、江西等省民人，然住居该国历经数代，各有亲属，实难勒令迁归，著照所请，免令回籍，仍在该国居住，以示宽大之典。①

同时也认为："海禁宁严毋宽，余无善策。"一律未予允准。

雍正三年（1725），朝廷令官员巡视台湾平暴之后的情况，准备对台抚恤。巡视回来的监察御史禅济布等具表呈奏，称请皇上赐匾，一奉于天后原籍康熙敕建之间，一悬于厦门镇祠中，一悬于台湾府祠中。

同年十月，蓝廷珍督师奉旨上京，"面奏神功灵验，请乞赐赠匾联"。

及至翌年（1726）五月十一日，雍正题匾"神昭海表"四字。而后复制三份，分别悬于湄洲、厦门以及台湾三地。

雍正四年（1726）雍正题匾"神昭海表"（作者摄于厦门）

无论这一题匾与一年后，即雍正五年（1727）的开洋是否有直接的关系，但至少，雍正重新考虑沿海的民生了。

---

① 中国第一历史档案馆、广州市荔湾区人民政府合编：《清宫广州十三行档案精选》，广东经济出版社2002年版，第60页。

雍正思考再三，于雍正五年（1727）写下了上谕：

> 兵部议覆：福建总督高其倬疏言，闽省福、兴、漳、泉、汀五府地狭人稠。自平定台湾以来，生齿日增，本地所产，不敷食用。惟开洋一途，藉贸易之赢余，佐耕耘之不足，贫富均有裨益。从前暂议禁止，或虑盗米出洋。查外国皆产米之地，不藉资于中国，且洋盗多在沿海直洋，而商船皆在横洋，道路并不相同。又虑有逗漏消息之处，现今外国之船许至中国，广东之船许至外国，彼来此往，历年守法安静；又虑有私贩船料之事，外国船大，中国船小，所有板片桅柁，不足资彼处之用。应请复开洋禁，以惠商民。并令出洋之船，酌量带米回闽，实为便益。应如所请，令该督详立规条，严加防范。从之。①

出于政治敏感和谨慎，谕令中有这样一句："令该督详立规条，严加防范。从之。"雍正皇帝终于发现，南洋禁航令是地方官员忽悠皇帝的结果，且暹罗大米亦源源不断地供应沿海地区，以解粮荒，于是宣布"开洋"。

事实上，雍正在决定解除禁海令时也是经过一番挣扎的。毕竟老祖宗留下来的指令是禁海，这违反祖制的做法，自然是需要经过一番思想斗争及要经受各方压力的。沿海的官员却不断上疏，历数禁航的弊端与开禁的好处，要求放航南海，以救民生。在雍正解除禁海令这件事上，不少官员发挥了积极的作用，其中之一便是高其倬。

高其倬，汉军镶黄旗人。他常年在基层观察，并将自己调查的结果及对开海的看法上报雍正，指出开海是顺应时代的要求，且也是社会的需求。引文如下：

> 四年，疏言："福、兴、漳、泉、汀五府地狭人稠，无田可耕，民且去而为盗。出海贸易，富者为船主、为商人，贫者为头舵、为水手，一舟养百人，且得余利归赡家属。曩者设禁例，如虑盗米出洋，则外洋皆产米地；如虑漏消息，今广东估舟许出外国，何独严于福建？如虑私贩船料，中国船小，外国得之不足资其用。臣愚请弛禁便。"②

由于高其倬的上疏，雍正恍然大悟，终于解除了南洋禁航令。时任广东布政使的常赉也上了奏折，要求广东与福建一同开禁，以补"禁耘之不足"。毕竟，广东下南洋的船只要比福建多得多。雍正也立时批准了。这一来，下南洋的中国船只与来自西方的商船也就愈来愈多了。

康熙、雍正至乾隆初期是"康乾盛世"。这一时期的清朝在对外贸易上开始呈现一定的开放态势。从康熙年间解除海禁到"四口通商"的形成，都表现出清廷统治者的开明气象。康熙顺应社会时代发展需求，及时调整政策，解除禁令，开海贸易，是值得肯

---

① 《清世宗实录》，雍正五年三月十四日。
② 赵尔巽等撰：《清史稿》卷三四《列传》"高其倬"条，中华书局1977年版。

定的。然而，需引起注意的是，这一政策虽然具有"恤商裕课"的思想，但其根本目的不在于经济的发展，而是出于政治统治的需要，"向令开海贸易，谓于闽粤边海民生有益，若此二省民用充阜，财货流通，各省俱有裨益。且出海贸易，非贫民所能，富商大贾，懋迁有无，薄征其税，不致累民，可充闽粤兵饷，以免腹里省分转输协济之劳。腹里省分钱粮有余，小民又获安养。故令开海贸易"①。不难看出，康熙所做的一切是为了"安民"以保住江山，这种"开放"是一种狭隘的保守性的"开放"，而并非当今经济全球化时代以经济发展为目标的"开放"。

尽管如此，清廷统治者的确放宽了贸易，这便吸引了西欧各国商人来华经商，倘若按照这种趋势发展下去，中国则会成为一个经济贸易大国；可是事实却背道而驰。清廷统治者不愿与这些非朝贡的西欧国家进行正式的官方交往，因为在清朝人的"世界模型"里，皇帝是天子，大清国是"天朝上国"，朝鲜等周边国家是藩属国或朝贡国，藩属国以外的国家，包括英国等西方国家，则是"化外远夷各邦"。只不过由于深受儒家传统思想"虽之夷狄，不可弃也"的影响，同时为了保持"天朝上国"的形象，清廷统治者视这些外国来者为"仰慕天朝，倾心向化"，便礼遇之，准许他们来华通商贸易。但这仅仅是为了表达对"夷狄"的恩惠，是出于"怀柔远人"，"我国家经费有常，不资商榷，不贪为宝，无取珍奇，惟推柔远之怀，为便民之举，衡之前代，原不可同日而语"。②

18 世纪的茶叶船

---

① 《清圣祖实录》卷一一六。
② 〔清〕梁廷枏总纂，袁钟仁校注：《粤海关志》（校注本）卷二，广东人民出版社2002年版，第13页。

马士的《编年史》中，一开始就讲到最早的行商黎安官与外商的关系，尤其是在海外贸易的情状。外商都以为，十三行行商黎安官及其合伙人等都有权有势有靠山。自然，他们并不了解中国当时的体制：

> 黎安官和他的合伙人势力强大，没有他们就难以做任何买卖，结果，他们就不象从前那样谦卑，但在中国人方面来说，他们是极其信实的人；假如他们愿意，他们可使船只不受海关监督的一切困扰。①

引文中提到的合伙人是谭康官。很快，《编年史》上便提到黎、谭合伙投资茶叶等项目了。

在谭湘之前，谭家的瓷器经营已相当兴旺，开禁之后，通海的更"十倍于昔"。在1702年的一份外文资料中，有一位Hunqua（康官）与当时的安官、连官一道，曾在澳门外岛（应是浪白澳）用丝绸换日本铜。10多年后，安官、连官消失了，而Hunqua还在，从族谱上看，该辈的谭康官正出现在这一阶段。

出现在马士的《编年史》第一卷中30多次的唐康官（Ton Hungqua），即本书中的谭康官，则已是在雍正、乾隆年间，而Young Hungqua，即年轻的康官，应是在乾隆及其后的年代。早期的黎安官、寿官等大多是从事瓷器与茶叶贸易。谭家最早出现在马士的《编年史》中的是这样一段：

> 大班与葵官（Quiqua）订约购茶叶1000担，另外又和唐官［Tonqua（秀官的合伙人）］订约500担茶叶及他们其余的全部投资。他们的全部投资如下：
>
> | | 两 |
> |---|---:|
> | 茶叶，武夷，1500担，每担23 | 34500 |
> | 水银，152担，每担42 | 6384 |
> | 银朱，150担，每担42 | 6300 |
> | 白铜，2000担，每担6 | 12000 |
> | 糖，1500担，每担2.80 | 4200 |
> | 冰糖，1500担，每担5.80 | 8700 |
> | 干姜，500担，每担2 | 1000 |
> | 明矾，300担，每担1.40 | 420 |
> | 生丝，60担，每担142 | 8520 |
> | 丝织品，2850匹 | 17552 |
> | 黄金，30个元宝，每个元宝重十两，价银100两银圆 | 3000 |
> | | 102576 |

---

① ［美］马士著：《东印度公司对华贸易编年史（1635—1834年）》第一、二卷，中国海关史研究中心组译，区宗华译，中山大学出版社1991年版，第142页。

这艘490吨的船，实载重舱货360吨及另有毛重100吨的茶叶约750箱。①

　　这是1723年5月"沃波尔号"的记录。

　　这一段时间，应当是第一个公行无疾而终，另由商总作为官方代理人统管之际。而明末清初的"揽头"或"揽首"的称谓亦不复存在了。

　　雍正五年（1727）的贸易季度到了，各国的联合公司派了一艘叫"奥古斯塔斯王子号"的商船来到珠江口，停泊在鸡颈洋面，这是离澳门不远的一个停泊地，既不受葡萄牙人管，也不受中国人管。当时接洽的行商秀官，对该船大班提出从陆路或水路上厦门交易，并签订运送丝织品到厦门的合约的提议断然予以了拒绝。

　　当时，该船的托里阿诺大班认为，除了秀官外，谭康官是最好的一位，因此，不妨与谭康官打交道。

　　他们劝说谭康官同去厦门，因为他们得到"秘密命令"，如在广州受到勒索，这一年就上厦门。但谭康官告诉他们，英国人已久不至厦门了，装运、办手续会有不少困难，还是不去的好。后来，大班找了一位刚刚从厦门调来的官商，谁知这位官商也拒绝了，并说，你们不可以再劝诱任何一位行商同去厦门，因为他们如今已经不再受前任巡抚兼海关监督的敲诈勒索了。

　　此时的粤海关监督由广东巡抚杨文乾兼任，在处理外事上与大班相处不甚投机。好在此时他回老家"丁忧"了，代理巡抚要温和一些，并提出要见大班。本来大班借口上厦门不去见他，后来还是去了，受到"很好的礼遇"，双方经过一番争论，权衡上厦门的利弊，终于决定留在广州。几天后，外轮从鸡颈洋面启航，进入广州黄埔。刚开始，没有行商前来接洽。后来，行商经过协商，由寿官出面接洽。

　　马士的《编年史》中记录道：

　　　　他提出的价钱很高；但由于恐怕两艘奥斯坦德船到后，价格会上涨，6月27日和他签订购买茶和丝的合约，120天内交货，"付清关税及所有一切费用"。同时又和唐康官、官商葵官、廷官（Tinqua）、秉记（Pinkey）及先官（Sinqua）等签订茶和丝的合约。在每个合约中，按交易额的大小，售给他们一定数量的毛织品，价格是划一的，"他付还我们缴付海关的毛织品关税款额，除搬运到我们商馆的运费外，不再缴纳其它费用。"大班在这个期间有这个结论，由中国商人去对付中国官吏，比他们自己去对付更为适宜。②

　　最后，由谭康官出面，让外商支付这笔款项。自然，外商未必了解官府对行商的

---

① 〔美〕马士著：《东印度公司对华贸易编年史（1635—1834年）》第一、二卷，中国海关史研究中心组译，区宗华译，中山大学出版社1991年版，第174-175页。
② 〔美〕马士著：《东印度公司对华贸易编年史（1635—1834年）》第一、二卷，中国海关史研究中心组译，区宗华译，中山大学出版社1991年版，第184页。

"最后通牒"。

  大班的另一件事便是忙于购买及包装用来垫舱的瓷器,他们购入的货物——经常是由售货人包缴关税及费用的——包扎压舱的白铜,并将西米填塞瓷器空隙等。
  我们在这艘船第一次见到明确提出关于"1950 两"的问题,它是未来的百年内磋商和讨论的特别事项:"我们在这一天内同时交付通事 1950 两,由唐康官担保,当作我们的船送给道员(Toyen)、总督及其它大官员的规礼;按照现行的惯例,它已被视为和船钞相同的课征。"
  这是在已缴的法定船钞费 1320 两后,又再缴纳的。①

这 1950 两的礼银,被谭康官这么一解释,似乎也"市场化"了,成了与"船钞相同的课征",所以不得不交付。

但礼银者,是"天朝上国"视为"上贡",维护其礼仪、脸面所必需的;在外商而言,自然难以理解,所以一直心存疑惑,成了日后近百年纷争的内容。

可以看出,谭康官的作用已日益凸显。

雍正六年(1728),经过雍正一再整顿,广州、宁波分别设立了商总。商总最早是由浙江总督奏请的,他在奏折中称:

  各洋商贸易,不宜遽行禁绝,且从前止颁夷人倭照,我天朝并未有定到彼作何管束稽查之法。今拟会同江南督抚诸臣,于各商中择身家最殷实者数人,立为商总,凡由内地往贩之船,责令伊等保结,方许给以关牌县照,置货验放。各船人货,即着商总不时稽查,如有夹带违禁货物,及到彼通同作奸者,令商总首报,于出入口岸处所密拿,倘商总徇隐,一体连坐,庶几事有责成,可杜前弊。②

  雍正六年(1728)八月六日,广东总督到肇庆后,外船的大班先行提出要求,要确认他们的各种权利。十八日,总督发出了告示,表示答应他们的请求,"但附带若干不情语句。而彼等所得任与各商贸易之自由尤加限制,由各行行商中选任一殷实可信之人作为总商,此因中国政府防贫小商家欺骗外人之故"③。外商日志如是说。

这便是商总的起因。

这商总,是由各行商所举荐,由粤海关监督正式批准,负责管理对外贸易、评定货价的殷实商人——没有相应的财力,是担当不了的。此外,商总还得负责对外的管理,

---

 ① 〔美〕马士著:《东印度公司对华贸易编年史(1635~1834 年)》第一、二卷,中国海关史研究中心组译,区宗华译,中山大学出版社 1991 年版,第 185 页。
 ② 梁嘉彬著:《广东十三行考》,广东人民出版社 1999 年版,第 110 页。
 ③ 〔美〕马士著:《东印度公司对华贸易编年史(1635—1834 年)》第一、二卷,中国海关史研究中心组译,区宗华译,中山大学出版社 1991 年版,第 188 页。

对违反中国制度的外商及其事件,须及时向官府通报。如果外商违禁、犯规,商总就要负连带责任。

这一商总制度较之 8 年前的公行制度各有侧重,其可行性要更大一些,也更实际一些,可以说,是广州十三行对外贸易制度的又一次趋求完善的努力。于是,行商们推举出陈寿官、谭康官、廷官与黎启官组成了十三行的商总。

有例可循,有规可循,无论是行商还是外商,都避免了一些制度不健全的状况下的困扰,于是,广州的外洋贸易又一次走向了繁盛。

第二十三章　封疆大吏对清代外贸的作用与影响

正是在这一禁一开之间,封疆大吏一个个粉墨登场,诸如孔毓珣、鄂弥达、杨文乾等。在这梳理之中,杨宗仁及其儿子杨文乾、孙子杨应琚一一浮出水面。

杨宗仁是康熙五十三年(1714)授浙江按察使,丁父忧归。康熙五十六年(1717)"南洋禁航令"下达后,他于五十七年(1718)起任广西按察使,署巡抚,后升广东巡抚,一直任至雍正元年(1723),雍正三年(1725)病逝于湖广总督任上,被视为康、雍二朝的能臣,在平叛、抚边、肃贪上,深得两朝帝王的嘉许。作为出身汉军正白旗人,能得此宠荣,实为不易。让他担任封疆大臣,可见皇帝对他信任之至。在《清史稿》中,我们可多次见到"如所请""上深嘉之""所言皆是,勉之"等对他的嘉许之词。杨宗仁于雍正元年(1723)四月上疏,雍正谕曰:"览尔所奏,朕深嘉悦!在他人犹听其言而观其行,至于尔则信而不疑,斯乃全楚地方否报而泰之机也。"可见雍正对他高度信任。他死后,旨"敬慎持躬,廉能供职,效力年久,懋著勤劳。自简任总督以来,洁己奉公,孤介端方,始终一节",后人"准袭二次"。① 于是,也就有了儿子杨文乾、孙子杨应琚的世袭。

杨宗仁的儿子、孙子的职位甚至同样达到了总督一级。然而,这反而更可怕了,因为其执政风格、价值观也被承袭了下来。

《清史稿》中称杨宗仁"孤介端方,始终一节"。雍正亦为其制象赞,谓"廉洁如冰,耿介如石",夸他能"士当审其所当为,严其所不可为",其驭属吏宽于忠厚,处理事务安上全下,使上下各称其职。

正是如此,在他任广东巡抚期间,贯彻南洋禁航令自是不打折扣的,但广东官场也未必因他得到肃清。史料称,官场之腐败,广东是最为突出的,雍正即位后即指出,广东"官常中举劾,百无一公""目今合计直省地方之淳浇,广东为第一难治"②。而杨宗仁此时则被调任湖广总督。

广东临海,南洋再禁也很难禁绝,杨宗仁如何严酷也势难贯彻到底,蓝鼎元在《论南洋事宜书》中直陈:"禁南海,有害而无利,但能使沿海居民富者贫,贫者困,驱工

---

① 赵尔巽等撰:《清史稿》卷三四《列传》"杨宗仁"条,中华书局 1977 年版。
② 〔清〕鄂尔泰:《雍正朱批谕旨》第三册,北京图书馆出版社 2008 年版,第 14 页。

商为游手,驱游手为盗贼耳。"他认为,"疑洋商卖船与番,或载米接济异域,恐将来为中国患。又虑洋船盗劫,请禁艘舶出洋,以省盗案"乃是"坐井观天之见。自谓经国远猷,居然入告。乃当时九卿议者,既未身历海疆,无能熟悉情形。土人下士知情形者,又不能自达朝宁,故此事始终莫言,而南洋之禁起焉"。①

处于这一禁航令中的杨宗仁,则告起广东的状:"广东亏空见正严饬追完……倘敢徇纵,本官治罪,上司从重议处,庶上下皆知儆惕。地方有不得已事,当以督抚等所得公项抵补,不敷,则济以公捐,必不使课帑虚县。"②这一奏折,则从侧面反映了这位巡抚是如何卖力的。

杨宗仁是康熙五十七年(1718)就任广东巡抚的,当年一位大员是这么上疏推荐他的:"老成练达,有守有才,边俗番情,素所熟习。"康熙见此上疏,立即就想到了广东,自从开海禁以来,广东固然为皇库收得了不少的税银,而且还引进了不少"外夷"的人才,尤其是法兰西的画师、精通天文历算、善修钟表的技师,还有医学精湛的医师,这不能不引起康熙的重视。有一位"能员"镇守南方,是再理想不过、放心不过了。于是,杨宗仁便在广东走马上任了。

在杨宗仁上任后不久,公行便建立了起来,且订立了严谨的行规,免得商人乱定价、争份额、闹排斥,甚至以假乱真,以解除对外贸易之混乱,保证对外贸易的公平。

然而,这一行规立即受到了严重的挑战。如前所述,挑战者,就是1721年第二次来到中国广州的英船"麦士里菲尔德号"。

清统治者在开放海外贸易的同时,也积极想方设法对外商进行管制。康熙二十五年(1686),清政府在广州商行中设立洋货行,但这次尝试很快便终止了,此次公行成立的第一年便"无疾而终"了。

杨宗仁没能成功地将公行进行下去。平心而论,杨宗仁作为一个恪尽职守、砥节矢公的"功臣""能臣",他对康熙、雍正二朝的海洋政策能产生多大影响,显然不值一谈。但是,正是他留给其后代的自以为"正统"的理念,尤其是"华夷之辨",在其子孙的观念中种下了深深的根系,在日后则疯长了出来,对雍正、乾隆的开放政策起到了相当恶劣的影响,使开放走向了"限关",从而使清朝与世界进入相对隔离的境况,对外来文化,尤其是西方科技采取一种蔑视的态度,夜郎自大,错失了与世界同步进步、接轨的机会。

---

① 〔清〕蓝鼎元撰:《论南洋事宜书》,见《皇朝经世文编》卷八三《兵政》。
② 赵尔巽等撰:《清史稿》卷三四《列传》"杨宗仁"条,中华书局1977年版。

卷五 "统一"税项

第二十四章 十三行税制的沿袭与变化

当中国还在经受着封建专制集权统治，经济上实施保守政策，逐渐走向闭关自守的时候，欧洲却是截然不同的状态，西方世界国家逐渐由封建国家向资本主义国家过渡，在加上大航海的影响，开始实行其资本主义殖民地扩张。

大航海时代源于15世纪的海上探险，原本是一项危险而耗资巨大的工程。最初作为一种贵族活动受到一些欧洲王室成员的倡导。但是当探险队将他们发现的第一块陆地据为己有时，海上探险就与殖民扩张紧密地联系在了一起，成为了有利可图的大事业。尽管这个大航海时代最终在欧洲各国因瓜分殖民地不均而进行的连年不断的混战中结束，却开启了人类文明的新纪元。在此之后，人类不仅更正了自己对于自身生存环境的认识，确立了现代世界在地理上的基本框架。

大航海时代，又被称作地理大发现，指在15—17世纪，世界各地尤其是欧洲发起的广泛跨洋活动与地理学上的重大突破。这些远洋活动促进了地球上各大洲之间的沟通，并随之形成了众多新的贸易路线。伴随着新航路的开辟，东西方之间的文化、贸易交流大量增加，殖民主义与自由贸易主义开始抬头。欧洲则在这个时期快速发展并奠定了超过亚洲繁荣的基础。人们不仅在这个时代中发现了新的大陆，增长了大量的地理知识，也极大促进了欧洲的海外贸易，并成为欧洲资本主义兴起的重要环节之一。而新航路对世界各大洲在数百年后的发展也产生的久远的影响，对除欧洲以外的国家和民族而言，地理大发现带来的影响也是复杂而矛盾的。

虽然说，中国政府官员满足于现状，极力维护封建统治，视世界发展于不顾，但是直接与外商打交道的十三行行商们，却锐意进取、求新求变。而他们与贪墨、守旧的官员之间的斗争，亦可歌可泣，这也最终使得十三行成为闻名世界的一大商群，而绝非某些人描绘下的勾心斗角、结党营私、尔虞我诈才得以发展起来。这本来就是一个常识，任何一位能够成气候的民族工商业家，靠的只能是诚信，恪守商业道德与平等交换的原则，绝非鸡鸣狗盗之徒凭蝇营鼠窃发迹。可是在封建主义专制时代，行商的这种特性与封建时代的特质相冲，这就注定行商本身就是一个革命的因素，是旧制度的掘墓人之一。正如马克思在其巨著《资本论》第3卷中说到的那样："商人对于以前一切都停滞不变，可以说由于世袭而停滞不变的社会来说，是一个革命的要素……现在商人来到了这个世界，他应当是这个世界发生变化的起点……他象他的所有同时代人一样，本质上是共同体的成员。

毫无疑问，在大航海时代初期我国具有足够的航海技术、造船能力和军事力量。1405—1433年，郑和船队七下西洋就是明证。

郑和本姓马，名三保，1371年出生在中国云南的一个回族家庭里，原先信奉伊斯兰教，后来改信佛教。1405年，郑和受明成祖朱棣的委派，出使西洋。这里的"西洋"是指现在文莱以西的南洋各地及印度洋沿岸一带。郑和的船队规模庞大，其中最大的宝船长约151.8米，宽约61.6米，排水量3000吨以上，共有60多艘，可称是当时的"海上巨无霸"。此外还有运马的马船、运粮的粮船、作战的战船等，各种船只多达数百艘。首次出海时，整个远航船队有人员2.7万多人。28年间，郑和七下西洋，访问了30多个国家和地区，最远到达非洲东北沿海（今天的索马里）和非洲中部沿海（今天的肯尼亚）。每到一处，郑和都以明朝和平使节的身分，向当地的国王或首领赠送礼品，表达建立邦交、友好通商的诚意，并邀请他们访问中国。这是以实力为背景的和平外交行动，收效甚大。但我国从未想过利用自身强大的力量去谋取东南亚、印度或非洲，当时明朝统治者只要周围邻国口头上向我国表示臣服就心满意足了。

但是想到郑和船队只是昙花一现，后来明清两朝再也没有类似的远航，而"禁海令"倒是下了不少，近代中国闭关自守、衰朽没落的命运恐怕还是很难改变！由此可见，中国近代的悲惨结局最终是自己的选择。

正是这样内外两别的背景环境，为在官员，行商和外商之间产生的"混乱"提供了一个舞台。

当时，清廷对于与洋商贸易是遵从自身的原则，就算与外商进行贸易往来也完全按照自己的意愿进行，而并非遵从国际贸易原则，并对行商与外商之间的贸易多加干涉，导致行商与官员形成矛盾冲突，谭康官便与海关监督之间发生多次纠纷。而另一方面，行商很早就与外商有业务往来，他们早已熟悉贸易原则。再加上，清廷曾明确地划分过"朝贡"与"通市"两大类国家。将英、法、荷等西欧国家视为"市舶"。那么，与这些西欧国家之间的贸易，则是互市，是市舶贸易，因此，行商一直坚持国际上公平贸易的原则与外商来往，自然是不能接受有违信用、非法操控价格、收取回扣等行为。

正是有了这么多与洋商大班接触的机会，使得十三行接触到大量西方近代思想，从而促使他们较早形成近代先进的贸易思想。然而又因处于一种复杂矛盾状态下，处于农耕文化与海洋文化的二者冲击中，处于封建传统与近代开放的博弈中，使得具有先进经济贸易思想的早期十三行行商在进行中外经贸活动中必然会与不法外洋大班和海关监督之间产生矛盾冲突，而这些矛盾冲突又十分形象地论证了当时清廷表现出的一种处于社会转折期的"混乱"状况。

这便是谭康官敢于揭露首官（即寿官）与法扎克利舞弊行为，敢于争取减免10%缴送的依据。

正是在这么一个复杂的大背景下，保守思想与开放意识，封建专制意志与近代国际贸易原则的相互角逐、博弈，为雍乾初期行商与外商之间的"贸易混乱"的发生创造了环境。这些将在本书的后面进行具体论述。

从清政府的海禁政策中，我们完全可以看到，当时中国的商品经济要想得到很好的发展是很难实现的。禁海令是清政府自给自足小农经济的社会基础和封建专制日益加强的反映，它通过一种自我封闭和摧残，最终导致闭关锁国。统治者从以农为本的思路出发，对工商业充满了恐惧，亦很少考虑沿海居民出海贸易的需求。清朝正值世界贸易迅猛发展时期，而禁海令则严重隔阻了中外之间的商品、文化交流以及国内工商业的正常发展，严重破坏了沿海经济，也造成了民众长期生活在一种闭目塞听、孤陋寡闻的状态之中，为近代中国贫穷落后埋下了悲惨的祸根，其教训是极为深刻的。

此外，国内国际两种截然不同的时代背景，让我们找到了十三行行商与洋商及清政府官员之间发生"混乱"的可能性。清政府为了维护自身的政治统治，自然在推行任何一项政策上都是首先考虑自身的利益，因此，才会有即便是开海，也是畏首畏尾，带着许多附加条件的不完全式的开海，而中国开海所引来的西方各国的外商，则以他们的西式思维思考，全然不顾中国皇帝言行举止背后的真正意义，就想到然的认为"眼见为实"，这自然与他们的直线性思维有关，而不像中国的螺旋形的思考模式。可是正是这样的中西方两种不同的思维模式产生了种种误解。而对于这一切，行商自然是明白人。十三行商人作为中国人，在中国的土地上接受着中国封建专制统治，虽然对其腐朽落后的一面及其反感，可是又没有办法，要生活下去，就必须按照游戏规则办事；当然这一切都是与商业生意无关的领域，当涉及商业活动之后，则发生了一定的变化。

行商当时作为唯一与外商进行打交道的中国商人，或多或少对西方的那一套规则谙熟于心。且不少行商也十分赞同国际平等自由的经济贸易原则，大多很自觉地遵循（这可以从已有的有关十三行行商的专著中发现，比如说写潘家、伍家的相关论述中，不少研究者都提到这些行商都是正直诚信之人，且是"走向世界的商人"。

然而，清政府却不似行商们这般有这种超前的世界化的意识，小农意识始终是主角，因此，即便是进行"开放"也是有诸多限制的，这其中就包括了深深影响行商与外商之间进行经贸往来的赋税。其中最为引起争议的便是那1950两"船钞"和10%的加一征收税。这些税收在当时有一个雅名，被称为"规礼"。

康熙四十七年（1708）广东粤海关税率从4%增加到6%。表面上看，当时广东粤海关的税率低于西欧各国，但是除税之外还要附加许多费用。这些费用通称为"规礼"。

对此，清政府认为这是其他国家外商来华进行经济的贸易的必需朝贡。自古以来，中国都以天朝自居，中国统治者缺少一种人类学的他者眼光，民族中心主义是主角，因此，在中国统治者的眼中，中国要高于其他地区民族，而周边的其他民族都必须要向中国朝贡。诚然在很长的一段时期内，中国周边的亚洲地区国家的确是经常派使臣前来朝贡，为中国皇帝带来许多礼物。

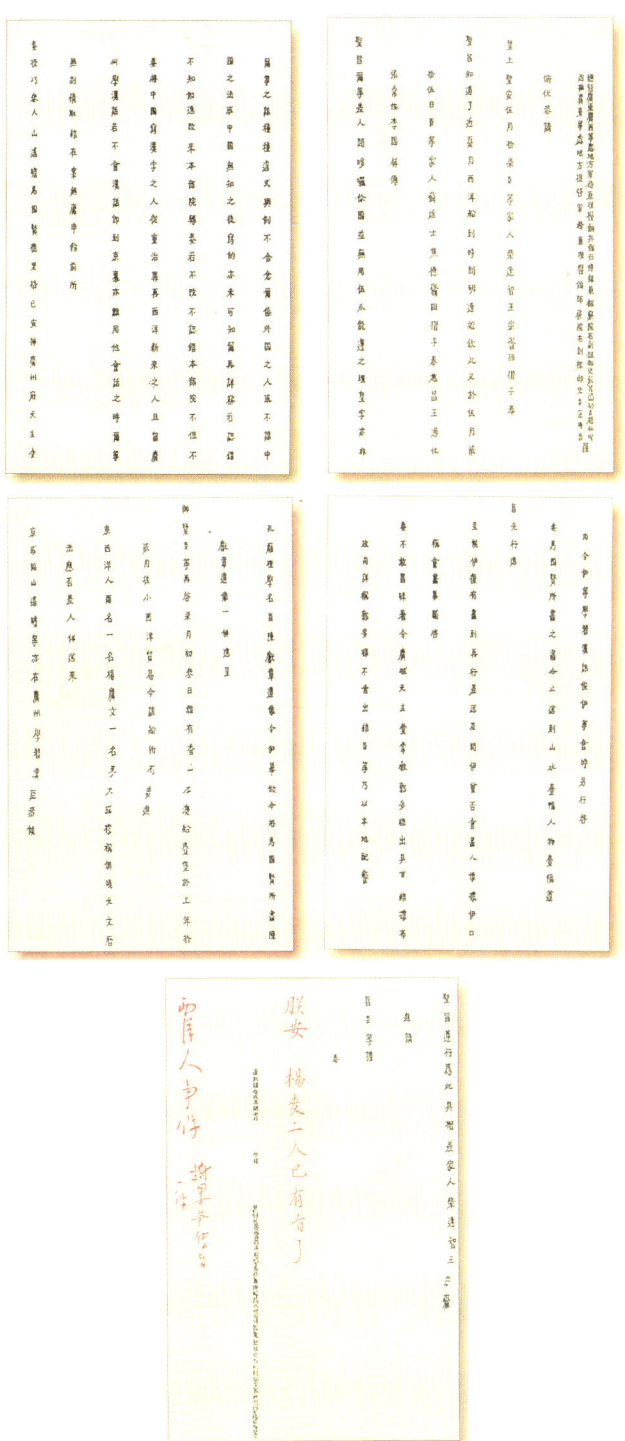

两广总督赵弘灿等关于西洋人恭进画像并洋船带有进京效力人的奏折
康熙四十九年闰七月十四日（1710 年 9 约 7 日）【宫中朱批奏折】

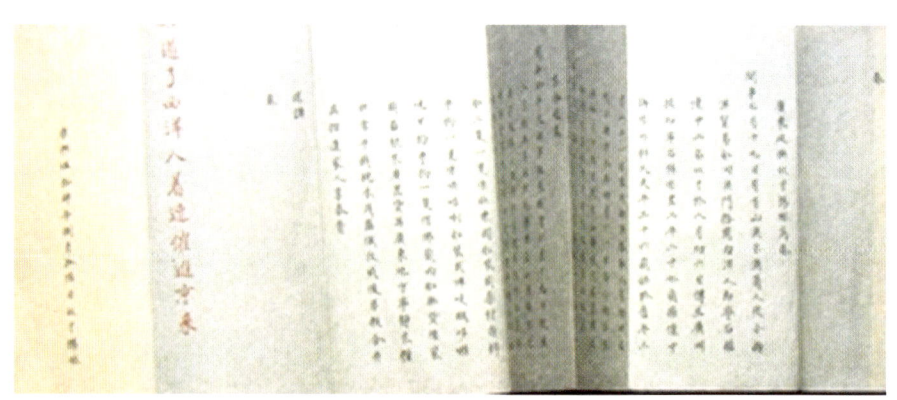

奏折：康熙五十年郎世宁到广州

相比之下，中国还停留在封建思潮中，这也便是为何西方外商来到中国贸易，对中国政府的赋税感到特别反感的原因。这一相对他们而言苛刻的条件，自然影响到他们在中国的贸易。然而，中国对于他们来说是一个非常容易牟利的市场，为了不影响他们的经济贸易，所以不得不做些妥协，可是这些"妥协"不是平静的，而是伴随着抗争。

根据相关资料考察，我们发现，这段围绕抗争赋税的斗争足足持续了七八十年之久，也就是说，十三行行商存在于中国中外史上最为活跃的时期，也就是外商不断抗争赋税的阶段。抗争赋税时间之所以如此漫长，自然与其发生的时代环境背景有着密切的联系，这其中不仅牵涉外商和行商，也包含了外商与清政府官员，行商与官员之间的角逐斗争。而在这段斗争史中，杨氏家族发挥着重要作用，他们分别是杨宗仁、杨文乾和杨应琚。

第二十五章　广东巡抚与两广总督的互掐

杨宗仁没有成功将"公行"进行下去，而他的儿子杨文乾却继承了他的事业，不但设置了商总，而且达到了通过利用行商限制外商的目的。不仅为清政府捞得大量税收，同时又在一定程度上有效地限制外商在华的经贸活动，让其不会对中国造成政治威胁。

杨文乾（？—1730）字元统，汉军正白旗人，清朝官吏，杨宗仁之子。以监生效力永定河工。康熙五十三年，授山东曹州知州，迁东昌知府。举卓异，迁陕西榆林道。

雍正元年，加按察使衔，命侍宗仁任所。三年，宗仁病有间，入谢。上问湖广四镇营制及设镇始末，文乾具以对，上嘉其详审，擢河南布政使。未几，迁广东巡抚，入谢，赐孔雀翎、冠服、鞍马。宗仁卒，命在任守制。广东省城多盗，文乾令编保甲，以满洲兵与民连居，会将军编察，疏闻，上嘉之。广东岁歉米贵，文乾令吏诣广西买谷平粜。满洲兵阎尚义等群聚掠谷，文乾令捕治。将军李枚庇兵，文乾请遣大臣按治。上命侍郎塞楞额、阿克敦往勘，枚及尚义等论罪如律。

文乾莅政精勤，多所釐正。疏言："广东民纳粮多用老户，臣令改立的名，杜诡寄、飞洒诸弊，民以为便。丁银随粮办者十四五，余令布政使确核，尽归地粮。"得旨嘉奖。又疏言："广东地狭人众，现存仓谷一百六十馀万石，为民食久远计，应加贮二百馀万石，择地建仓贮谷。"下廷议，令于海阳、潮阳、程乡、饶平、海丰、琼山加贮谷三十四万石，从之。又疏言："广东公使银岁六七万，取诸火耗。臣为裁省，岁计需四万馀。拟以民间置产推粮易户例纳公费及屯粮陋规两项充用。州县火耗，每两加一，实计一钱三四分有奇，十之五六留充州县养廉，十之七八为督抚以下各官养廉。"上谕之曰："但务得中为是。民不可令骄慢，属吏亦不可令窘乏。天下事惟贵平，当彻始终筹画，慎毋轻举。"
　　五年，乞假葬父。福建巡抚常赉劾文乾征粤海关税，设专行六，得银二十馀万；又疏劾文乾匿粤海关羡馀银五万馀，纵绸缎出洋，得银万馀，番银加一扣收，得银四万馀，选洋船奇巧之物入署，令专行代偿，又银二万馀，又以银交盐商营运。上严谕文乾，令愧悔痛改。寻以福建仓库亏空，命文乾与浙江观风整俗使许容等往按，而移常赉署广东巡抚。文乾令分路察核官亏民欠，分别追纳，不敷，责前巡抚毛文铨偿补。上奖文乾秉公无瞻顾。文乾疏言："福建府、州、县各官都计八十员，前后劾罢五十馀员。新补各官，守仓库有馀，理繁剧不足。请选熟谙民事者，诣福建补繁要州县。"上为敕各督抚各选谨慎敏练之吏咨送福建。
　　文乾强干善折狱。初知曹州，有妇告夫为人杀者。文乾视其屦白，问曰："若夫死，若预知之乎？"曰："今旦乃知之。"曰："然则汝何办白屦之夙也？"妇乃服以奸杀夫。五人者同宿，其一失金，讼其四，文乾令坐於庭，视久之，曰："吾已得盗金者，非盗听去。"一人欲起，执之，果盗金者。曹民有伪称朱六太子者，挟妖术惑愚民，朝命侍郎勒什布、汤右曾按治。檄至，文乾秘之，密捕得送京师。在东昌，请运粮馈军出西宁，先期至，以是受知于世宗。然颇与同官多龃龉。赴广东，途中疏劾布政使朱绂倚总督孔毓珣有连，亏帑三万馀。毓珣疏先入，上命文乾毋听属吏离间。既上官，疏言盗案尘积，请概为速结。上谕曰："孔毓珣缉捕盗贼甚尽力。彼擒之，汝纵之，恐汝不能当此论。纵虎归山，岂为仁政？宜加意斟酌。"在福建，毓珣入觐，上命侍郎阿克敦署两广总督。文乾疏言盗劫龙门营军器，阿克敦令从宽结案；将军标兵窝盗，将军石礼哈袒兵，谓告者诬良。既，上命常赉还福建，而以阿克敦署广东巡抚。
　　六年，文乾还广东，劾阿克敦勒索暹罗商船规礼，布政使官达纵幕客纳贿，皆夺官。命文乾与毓珣会鞫，未及讯，文乾卒，赐祭葬。

杨文乾上任，便告上了两广总督孔毓珣。参了上司孔毓珣一个折子，说他亏空公帑三万馀银两。谁知，皇帝却告诉他，孔毓珣对此事已交代过了。"尔等封疆大吏，惟宜一心一德，以和为主，切毋听信属员离间之言，以致好恶参差。"

第一个奏折没参准，他又来了一个，称孔毓珣所查盗案，已堆满了灰尘不予了结，狱中人满为患，是否将积案一并了结，以示宽大为怀。没想到皇帝却反驳他："孔毓珣缉捕盗贼，甚为尽力。彼擒之，汝纵之，恐汝难当此论。纵虎归山，岂为仁政，非积阴功，乃大坏德行事也。若不加意斟酌，万万不可。"

直到第三份奏折，他才揣摸准了圣上的用心，这回，他提出在广州实行编保甲制，以确保地方治安，圣上当即大加赞赏："此见甚好"。

总算奏准了一个。

而"商总"制，实行保商的方法，正是从编保甲制而来的，进而将1950两银子统一起来，再来个"番银加一征收"，也都是出自同一思路，他寻思，这自会更让圣上称许，知道他与父亲一样，同是能臣。

可没想到，不仅上上下下的官员，群起而攻之，而内内外外的商人，行商与外商，也都抗拒不办，状纸直达朝庭，直斥他以此谋私利，贪墨银两三十多万。

冤乎？

两广总督孔毓珣自然首当其冲，专门奏报杨文乾收取洋船包银情形：

雍正六年七月十八日（1728年8月23日）[宫中朱批奏折]

两广总督臣孔毓珣谨奏为奏明事窃广东粤海关征收税课，每年俱以洋船之多，寡定税课之充裕。今年五六月间，前抚臣杨文乾任内，到有英吉利国大洋船二只，小洋船一只，系海味药材胡椒檀香啤吱等项货物，并带有置货银两，尚闻有船停泊外洋观望，但不知确数，臣接署印务，仰体圣仁广示招徕以裕国课，于七月十三日，报有弥罗国正副贡船各一只，已经入口，带有藤木乌木等项压舱货物，于七月十六日，又闻有英吉利国商船一只，将进入口尚未进港除弥罗国贡船照例俟布政使查详到日具题外，臣闻前抚臣杨文乾于彝船税例规礼之外，又于洋行另有所取，今臣署印问之管关委官与海关书役，俱云不知详细，臣传洋行密问，据称以臣平日诚实相待，不敢欺骗，此事实属有之，但并非规礼，上年署抚院常赉阿克敦即无此，项臣询其杨抚院是如何收取，据称货物上正税之外，有按彝船大小带来货物银两多寡，而估船者每只行家或包银一万，或包银八千六千三千不等，系行家现缴，即听其自行卖货或有抚臣杨文乾与洋行另有交往，则加一抽收，俟货物上船缴送者，其银俱系番钱九一二成色，行中自赴抚院衙门充公外，人并不知道，今大人署印我们俱情愿帮助公用，照依彝船每只大小估送但恳求不可并入羡余，以致成例等语，臣思此项银两既出自行家情愿，似可顺伊缴送于钱粮有益，至于彝船之来，全凭行家招致，今伊等不愿并入羡余，臣请将来收起尽数解进内库。皇上充为赏赐之用，似可不必倾销致有折耗，或臣仍行倾销，足色解进，恭请圣示。臣受恩深重，不敢丝毫欺隐自私，合光奏明。谨奏。

且引用《清史稿》中孔毓珣条：

孔毓珣（？—1730）字东美，山东曲阜人，清朝大臣。孔子六十七世孙。父恩洪，福建按察使。康熙二十三年，上幸曲阜释奠，毓珣以诸生陪祀，赐恩贡生。二十九年，授湖广武昌通判。举卓异，迁江南徐州知州。徐州民敝於丁赋，毓珣在官七年，拊循多惠政。三十九年，河道总督张鹏翮以毓珣熟於河务，荐授邳睢同知。四十三年，迁山西平阳知府，未上，改云南顺宁。四十六年，调开化，以母忧去官。五十年，服终，除四川龙安。毓珣历守边郡，皆因俗为治，弊去其太甚，边民安之。再举卓异。五十五年，迁湖广上荆南道。筑堤捍江，民号曰孔公堤。五十六年，迁广西按察使。广西地瘠民悍，瑶、僮为民害。灵川僮酋廖三屡出焚掠，毓珣白巡抚陈元龙，遣兵捕得置诸法，诸苗詟服。五十七年，授四川布政使。西藏方用兵，毓珣转饷出察木多，不以劳民。重筑灌江口堰，四川民尤德之。六十一年，擢广西巡抚。

雍正元年，加授总督。广西提镇标空粮，毓珣饬募补。疏言："各官俸不足自赡，请於定例外量加亲丁名粮。"上命酌中为之。广西诸州县旧有常平仓，毓珣议："春耕借於民，秋收还仓，年丰加息，歉免息，荒缓至次年还本。日久谷多，分贮四乡，建社仓，择里中信实者为司出入。"又言："地多盗，瑶、僮杂处，保甲不能遍立。诸乡多有团练，令选诚干者充乡勇，得盗者赏，怠惰者罚。"又言："广西边远，盐商多滞运，民忧淡食。请发藩库银六万，官为运销。行有赢馀，本还藩库，并可量减盐价。"并从之。柳州僮莫贵凤出掠马平、柳城、永福诸县，毓珣遣兵捕治，毁其寨，置贵凤於法。来宾僮覃扶成等出掠，未伤人，毓珣令予杖荷校，满日，充抚标兵，散其党类。疏闻，上嘉其宽严两得。

二年，授两广总督。上谕之曰："广东武备废弛，劫掠公行，举劾官吏，百无一公，尔当尽心料理。"毓珣疏请釐定盐政，灶丁盐价、船户水脚增十之一，并免埠商羡馀；设潮州运同、盐运司经历。大金、蕉木两山产矿砂，东隶开建、连山，西隶贺县、怀集。旧制，怀集汛属浔州协，毓珣请改属梧州协，贺县、开建、连山并增兵设汛。广东香山澳西洋商舶，毓珣请以二十五艘为限。皆下部议行。潮州田少米贵，民赖常平仓谷以济。毓珣请提镇各营贮谷借兵，散饷时买还，概免加息，上特允之。三年，加兵部尚书衔。

四年，毓珣请入觐，上以毓珣习河事，令详勘黄、运诸河水势，协同齐苏勒酌议。毓珣疏言："宿迁县西，黄河与中河相近，旧有汰黄坝。运河水大，引清水刷黄，黄河水大，引黄水济运。旧时黄水入中河不过十之一二，今河南岸沙涨，逼水北行，水流甚急。齐苏勒议收小汰黄坝口以束水势。臣详勘南岸涨沙曲处，宜濬引河以避此险。仍俟齐苏勒相度定议。"又陈江南水利，言："吴淞、刘河、七浦、白茆诸闸，宜令管闸官役随潮启闭。江苏地形四高中下，宜令力劝筑区立圩。滨河诸地民占为田庐，其无甚害者，姑从民便，馀宜严禁。支河小港，宜令於农隙深濬，即取土培圩。"并敕部议行。又言："道经宿州灵璧，见沟洫不通，积雨成潦，请饬安徽巡抚疏濬。"上嘉毓珣实陈。

五年，还广东，巡抚杨文乾劾署巡抚阿克敦、布政使官达，上命通政使留保等往按。毓珣失察，当下吏议，上命宽之。寻调江南河道总督。上以天然坝泄水，虑溢浸民田，命毓珣相度筑堤束水归湖。毓珣疏言："天然南、北二坝分泄水势，年年开放，堤口残缺。当如上指筑堤束水，请於南岸王家庵至赵家庄筑新堤一道。旧堤尾距湖尚二十馀里，请於南岸马家圩至应家集、北岸周家圩至李艮桥，各筑新堤一道，并将南北旧堤加培高广，庶两堤夹束湍流，无患旁溢。"上又以高家堰为蓄清敌黄关键，发帑百万，命毓珣筹画。毓珣疏言："高家堰石堤，自武家墩至黄庄，地高工固，惟侯二门等四坝，及小黄庄至山盱古沟东坝，当一律加高。"又言："各堤加培高广，宜视地势缓急、旧堤厚薄，分年修增，期三年而毕。嗣后仍按年以次加培。"又请修筑宿迁钞关前、桃源沈家庄河堤，瓜洲由闸上游濬越河一道，并建草坝束水。诸疏入，并报可。毓珣积瘁遘疾，上赐以药饵，命其子刑部郎中传熹偕御医驰驿往视。未至，毓珣卒，赐祭葬，谥温僖。

以上内容，是笔者在查阅《清史稿》过程中发现的相关文献材料。从材料中不难看到，各个总督虽然都是奉皇命在负责海关，监督外贸，但同时又出于私利，知道海关监督的位置是个肥缺，都希望能在此位上有所作为，故而钩心斗角，而这便是争端不断发生的一个重要因素之一。

第二十六章　杨文乾"统一"税项

杨文乾既是广东巡抚同时又兼任海关监督。当是为前两广总督杨宗仁的荫庇才得以上任的，毕竟，杨宗仁是康熙之重臣，父亲死了，儿子上来，也显示朝廷对重臣之后的关怀。为了支持朝廷中央财源，他统一了税项。可是这一举措却引起无数反对声。

雍正皇朝以惩治贪赃舞弊和横征暴敛者而著称。雍正皇帝严令广东巡抚杨文乾整顿粤海关税务，将"缴官公费需索商民陋规银一万余两情由查出革除"。将"规礼"额定为1950两。并将"船钞""货钞"以外的各式各样官礼、规礼等收费统统报出归公入账。而在此之前，除了"船钞""货钞"要报出归公外，各口岸的索礼银均归官吏私人所有。雍正皇帝此举目的是严惩海关腐败，但将"规礼"大幅削减，却使地方收入大为降低，对此地方官吏反响极大。

奏
廣東巡撫臣年希堯謹
奏本年叁月初玖日臣齋摺承差回廣臣接到摺
匣內奉
發花番巴貳塊花小絨貳塊據臣齋摺承差口稱太
監傳
諭旨令臣照式購尋恭
進欽此臣即於省城各洋行并澳門彝人貨店照式
遍尋不得據各行商回稱從前洋船曾有帶來
花番巴花小絨今柒捌年不見此貨來廣等語
臣惟覓尋得舊存番巴貳疋壹係元青色壹係
大紅色其花樣顏色與奏
頒原式不合敬先恭
進俟本年洋船到來如帶有合式者臣即另齋恭
進理合具摺奏明謹
奏
雍正叁年肆月 初柒 日

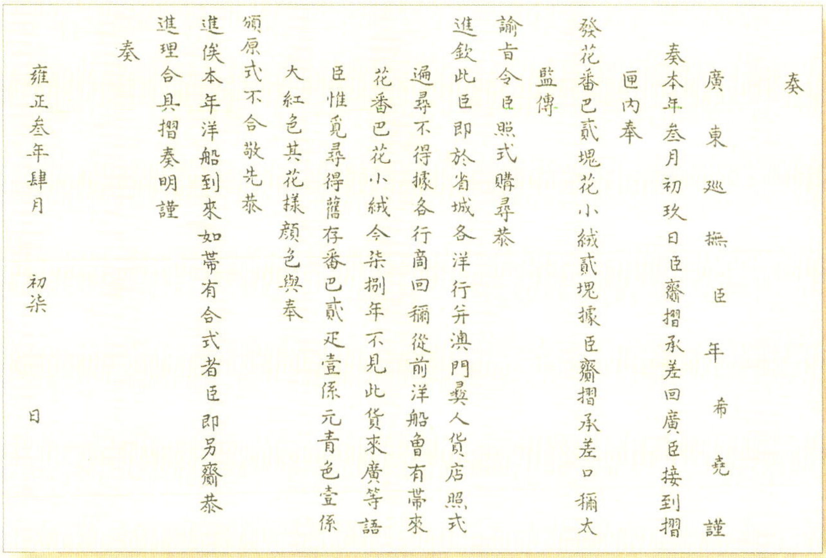

雍正三年四月初七奏折

经过整顿后，各国商船又纷纷云集广州十三行。广州港贸易又再繁盛，但是地方收入却没有明显增加，广东巡抚杨文乾为增加收入，决定按贸易总额再增加10%的附加税，名为“缴送”。对此，外商强烈抗争，并且以停止贸易作威胁。

一下子便引起官员与外商反弹，生意没做便加一征收，正是杨大人之过，认为不可继续。常赉（？—1746），纳喇氏，满洲镶白旗人，镇安将军玛奇子，清朝将领。事世宗雍邸。雍正元年，授工部员外郎，迁郎中。二年，调户部。三年，授广东布政使。四年，擢福建巡抚。

福建巡抚常赉举报关于前任广东巡抚杨文乾经手征办粤海关税务情形的奏折，获得雍正皇帝朱批“知道了”，并要他继续举报。于是，常赉在雍正五年十月二十五日（1727年12月7日）再次奏报：

［宫中朱批奏折］

奏福建巡抚臣常赉跪奏，为遵上曰覆奏，仰祈鉴事：竊照粤海关税一项，先以传言未信，复经确访得实，缮摺具奏奉硃批知道了所获之利即此四万三千，还是先言二十余万之数，除此洋商贸易之外，杨文乾尚有见小处没有据实奏闻，不可加减钦此，伏思臣之一身，生自微贱并无亲族得为依倚又乏满洲汉军相为维持，且赋性鲁钝不谙实务，仰蒙皇上天恩豢养训诫时加不两年间，委以巡抚重任，是臣之身皇上生之，臣之名皇上成之，即肝脑涂地捐躯报效，尚不足于万一。今以臣之所知，奉上曰覆奏不为据，实确陈敢少加减有负圣恩，实为天地之所不容矣，谨详细陈之，查粤海关税定额四万有零。雍正四年，据杨文乾报称，连溢羡九万余两，臣细加查访，因经手书办俱令回籍，其细数未得尽知，总数实有十五万零，彝人带来银内，

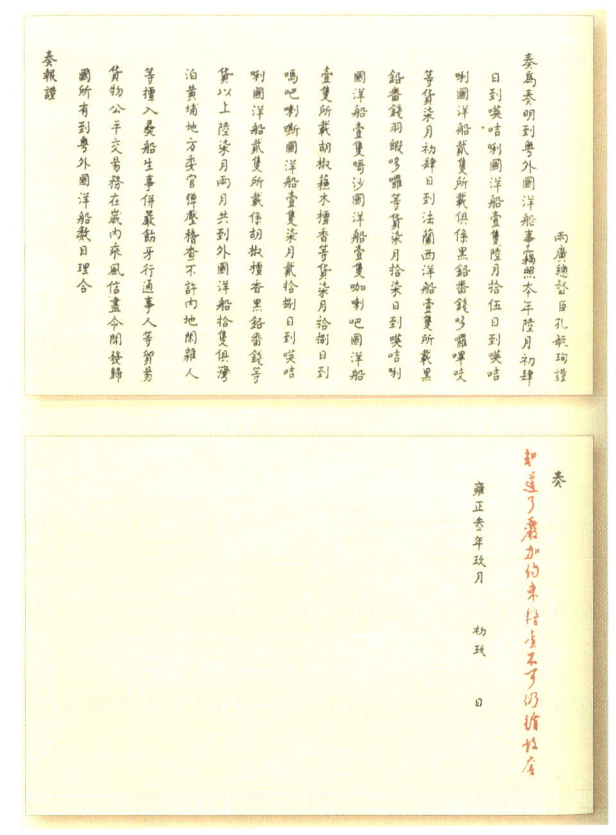

雍正三年九月初九日奏折

每两抽银三分九厘为之分头，计得银二万余两，此系粤海关旧例，再红黄颜色绸缎，例禁出洋杨文乾令其置买每缎一疋得银七钱，线绸五钱绸疋及线每斤四钱，约计得银万两，又洋船所载多半皆属番银，于起船时勿论其是否置货，先以每两加一抽分，得银四万三千两，此系杨文乾例外之求，复以进上物件洋船开舱时，拣选奇巧，统归署内，并不发价专行代偿约置银二万余两，又将银一万九千二百两，再查专行数家内，有或为推病者，有或为远避者，盖因杨文乾进京时，传各行吩咐今年计要八月回，粤彝人带来银两不能细查，总以洋船所置货物，湖丝一担扣银二十两，茶叶扣银五两，瓷器等货扣银二两，按担计银回汇缴此杨文乾之见小处也至，人言湖广武昌之汉口山东之东昌各有生业，虽传闻不啻一口但未确访得实不敢妄奏，谨此奏闻伏惟睿鉴谨奏。

雍正五年十月二十五日

广东巡抚杨文乾言福建仓库亏空，皇上命文乾清理，即移常赉署广东巡抚。疏言："广东地卑苦，夏秋潦涨，广州、肇庆二府尤甚。请以广州通判管南海、三水堤工，肇庆通判管高要、高明、四会堤工，岁冬督堤长修筑，定保固赏罚。水涨护防，仍以鸭埠？

诸税充用。"寻赴福建。六年，调云南。常赉在广东，盗窃奏折匣锁钥，令工私制；将军标兵匿盗，徇不治；电白、从化盗发，隐不奏；又与将军石礼哈等讦文乾。上谕曰："常赉朕藩邸微员，以其谨慎，擢至巡抚。乃盗失折匣钥匿不奏，尚得谓无欺乎？且与石礼哈等党同伐异，其罪不可贷！夺官，赴广东待鞫。"

这又是一位与杨文乾"不和"的官员。

杨文乾将总商的设置视为自己管理外洋贸易的一大杰作。同时，也是为其父亲杨宗仁当年设置的"公行"硬是被外洋大班搅得无法运作只好作罢的一个报复。

为了防止当年的局面出现，也实现父亲当年的遗愿，杨文乾把"公行"变相化为"商总"制度，其行规亦有所不同，同时，更吸收了财大气粗的陈寿官参与，从而减少了行外商人反抗的力度，总而言之，他杨文乾是用尽了心思，上下左右都考虑周全，这才出台了这么个商总。

谭康官固然是老公行成员，进入商总，自是顺理成章，但并不是谁就可以轻易进入商总的，这多少带有他杨文乾恩赐的成分。至于陈寿官，虽与杨宗仁有过龃龉，可杨文乾来后，多少学乖了，上上下下做了打点，杨文乾耳边亦有人说他不少好话，考虑到他的财力与影响，权衡再三，杨文乾也就不计前嫌，把他吸收进来。

为了不重蹈覆辙，让商总不似当年的公行般"胎死腹中"，杨文乾想尽办法，实行"商总"制，而这种实行保商的方法，正是从编保甲制而来的，进而将1950两银子统一起来，再来个"番银加一征收"，也都是出自同一思路，他寻思，这自会更让圣上称许，知道他与父亲一样，同是能臣。

可没想到，不仅上上下下的官员群起而攻之，而内内外外的商人，行商与外商，也都抗拒不办，状纸直达天庭，直斥他以此谋私利，贪墨银两三十多万。

雍正皇帝倒是听了他的一番申辩，称他本人绝对不曾动用公帑一分一厘，至于外夷番银，不属公帑，不应等量齐观。

这无疑是不打自招。

"令六专行先缴，又发银两数万两于他处买丝绸、茶叶等物，"旷如川行，勒全买光，方许各行买货，所以商船稀少。

常赉：番银不论是否买货，先加一扣收，得很几万两

圣上盛怒，斥之："从来操守一事，实难得其人。在杨文乾自以为不关国计民生，设法巧取，名实兼收，不知人之耳目，如何能欺，所谓弄巧成拙，若不悔改，立见名实俱败矣。"

原来，常赉的状纸中就有一条，他杨文乾是"番银不论是否买货，先加一扣收，得银四万两"，自是进了自己的腰包。

只是皇帝并没松口，仍来了个"寻谕"：

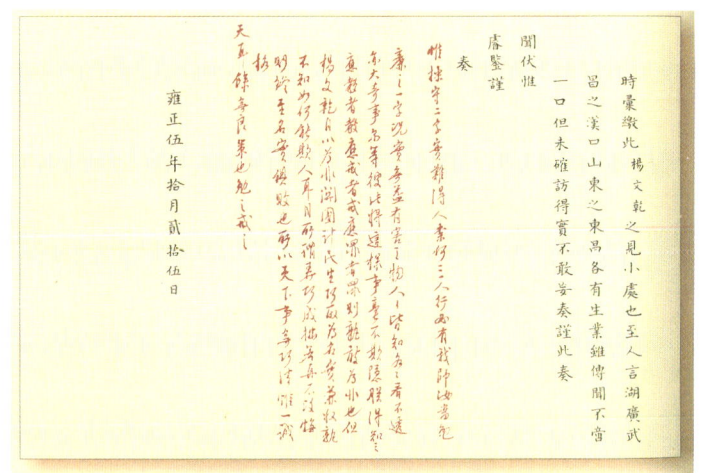

雍正痛斥杨文乾"立见名实俱败"的寻谕

"洋行一事,确凿可据,汝意以为巧取暗夺,名实兼收,殊不知人之耳目难瞒。但一图利,谁肯甘服汝?既巧获而居清官之名,属员亦必令有巧利方可禁其婪取,否则虽令不从,此干系属员生效尤之心。至于百姓,汝曾奏朕:'粤人惟利是视,身命皆视为次。'汝一徇利,则百姓孰肯服汝而从耶?为督抚大吏者,既失属员百姓之心,而欲令地方就理,岂可得乎?汝若不深自愧悔,痛改前非,必至噬脐不及矣。"

对此,杨文乾着实受了惊吓,从此留下了心病,畏心风,直至其死去。

心惊胆战了好些日子,却不见上头怕人下来查案,杨文乾再回过头来,重读圣上的寻谕,却又找到了一线宽慰。

其实,圣上并没把话说绝,要的只是"痛改",有"愧悔"之心便行……写了这么长,自是苦口婆心,否则,几句话下来,撤职、查办、监斩候,不就了结了么?

显然,圣上也有恻隐之心。毕竟他们杨家可是清朝的衷将大臣,是有功劳的。

而这恻隐之心,当是对父亲杨宗仁的一份痛惜之情而起。毕竟,父亲为圣上立下了汗马功劳,当荫庇至子孙——本也有"准袭二次"圣旨。记得,父亲讲过,圣上还是有怜惜之情,一位功臣过世后,其后人犯下了重罪,最终,也还是从宽处理了,没有被杀头,对自己,看来也是这样。

雍正皇帝像

第二十七章 抗拒"加一征收":对朝贡贸易的冲击

由于长期进行海上贸易,与外洋大班打交道,谭康官早早便对国际自由公平贸易原则谙熟于心,并且十分欣赏,也一直将这一原则运用到自己的生意交往中。

因此,他对杨文乾推行的加一征收自是抗拒。

而杨文乾的继任,从二品的年轻官员祖秉圭,却更有恃无恐,不仅与陈寿官勾结,还与不法英商加扎拉利、尼什勾结,抬高茶价,从中牟取暴利,谙熟行规的谭康官,告不上官府,便告到了东印度公司。西方贸易制度不允许加扎拉利、尼什的不法勾当,举行了听证,将二人驱逐了商界。并通知大班们,不再与陈寿官做生意。

祖秉圭得知,再度把谭康官抓了起来,迫使他分出部分份额给陈寿官,才把他放了出来。但在雍正九年(1731),谭康官的执照被粤海关吊销。

历史记录下了——

取消10%的"规送",以及"1950两"银元问题,正如马士的《编年史》中所说的,是"未来百年商权的特别事项"——这是在雍正六年(1728)说起的。那么,在清廷禁绝官员与外商接触的规定下,只有行商作为中间人才能涉及此项。而行商中,又务必是总商或有影响力的行商才行。而黎安官或寿官,在后一段时间内经营不善,甚至被流放与藉没,出面的机会愈来愈少。

我们是否可以理解,所谓1950两银元,固然有各层官吏的份额(这是有清单的),但更是一种"贡舶贸易"的恶俗,即向各级官员"进贡"。行商与外商,在这上面当有基本一致的立场,应该是平等的市场交易,所以,致使谭康官一度入狱。早期的抗争虽未能得到结果,但也反映行商的市场意识已很强了。

但谭康官频繁在这类事项中出现,说明他在行商中的地位已很重要,这一时期是否任过总商,待考。显然,他们一方面不得不服从皇权的专制,另一方面,亦对西方带来的市场观念不乏了解,并且倾向之。

梁嘉彬在《广东十三行考》中把大背景予以概括,那就是雍正六年(1728)名为"缴送"的10%税,由行商代交。当年,总督又因"哈里森号"不肯丈量并交纳1950两礼银,下令三天内交清,否到,将全体行商革退。

而马士的《编年史》则有详尽记载:

> 1728年,法国商船"凯撒号"到来。他们决定将"凯撒号"停泊虎门外,等候大班和巡抚兼海关监督讲妥条件;效法1724年法国的先例,在未和任何商人见面及进入商馆之前,他们亲自去见他,并送给他一份要求他们特权的文件:
>
> "用这样一种办法,我们就可以避免使通事因和他交谈而受累,他们面对这样一些可怕的大官们,是不敢将我们真实的情绪向他们谈的,因为怕被认为是他们教唆我们,根据同一理由,在我们没有见他之前,我们认为接近任何商人都是不妥当的,否则我们就会使他们因为我们的缘故而陷于困难,其结果一定要付出很大的代价。"

描绘珠江景色的法国铜版画

文件内容所要求的特权是和上一年相同的,在6月22日:"抚院把他的谕帖送交我们,寿官说它很宽容而包括一切。"

除了两个不大重要的条款外,大班得到希望的结果,便住进"法国馆",他们向康官(Honqua)交付租金,按季是400两——这个数目现在是通常的;另外他们又租赁相连的行馆一部分,租金370两。

由于当时的巡抚兼海关监督(即杨文乾)的去世,总督兼任巡抚后,下了新的告示，要求行商：

> "选出殷实可信之人为总行商，如此，则小商贩即不能再事欺骗外人，而破坏他们的商业。"

告示以警告作结束：

> "总而言之，尔等外国人慎重选择商人，不能随便听信各色人等，因恐陷于坏人之手，忍受损失，致后悔莫及。"

总督立即行使他的三种职权，他指派一位总爷（Chungya）做海关头目，"是一位约二十八岁的青年，具有很好的性格。" 12日大班接到通知：

> "寿官和吉荐向总爷提供10%或更多些，去和'森德兰号'及'哈里森号'做买卖，他几次派人要康官和廷官付同样数目，去和'麦士里菲尔德号'及'凯撒号'做买卖，但他的要求迄未生效。"

8月14日，"哈里森号"到达黄埔，但"森德兰号"仍未有消息。大班将"哈里森号"的丈量推延，等候有关问题的解决。其中有两项是关系密切的，他们向行外商人购入瓷器，官吏要用他认识的商人名义运送，而大班坚持用他们自己的名义去运送的权利；以及"10%"的问题。

> "康官来通知我们，他在今天下午被总督传见，总爷告诉该官员说，超过6%的10%，通常是由欧洲人按他们的总资金额缴付的（两年前曾确实缴给抚院）。所以他坚持说这是皇上课征的权利，如果已经有过这个税，他可以肯定它是不变的，他会把它定为法令，以便全部缴入皇上的财库，而企图取消它，是永远不会成功的。"

康官规避答复总督的问题，但直截了当告诉他，"一定负责缴第一批的两艘船的10%。"他和其他商人都处于恐慌状态，迫切希望向官吏隐瞒他们和大班交易的数额。

> "我们不肯丈量'哈里森号'，致使［总督］今天早晨派人通知全体商人说，这件事是他们引起的，并向他们威胁说，如果三天内不完成它，他一定将他们全体鞭笞。"

他们的商人受到这样的压迫，大班不得不答应丈量船只。

总爷借辞要他们把瓷器用一位商人的名义运送，大班决定说什么也不运，而坚持要亲自往见总督。

"我们之间的争执很剧烈,致使此处的全部商人非常害怕,并请求我们交运,这不过是少量的,但我们拒绝,告诉他们说,我们必须先往见总督。"

但外商未必想到,这会给行商造成怎么可怕的后果,会直接导致与之联系的谭康官银铛入狱。

他们起草一份呈总督备忘录,由一位法国神父译成中文;但过了十六天都找不到送呈的机会。于是,他们采取更加大胆的办法,9月16日,三艘公司船、一艘法国船及两艘从孟买和马德拉斯来的散商船的大班,全体共十一人前往城门口,既没有带通事,也没有通知商人。他们在城门口受到阻拦,但这十一人决定持剑冲过只有一位卫兵的岗哨(翌日,他因失职被严加鞭笞),夺路步行到总督驻广州的衙门,现在该处是罗马天主教堂。他们一直冲入内院都没有受到阻拦,静候总督接见他们。总督办完他的事后,又进早餐。

"不久,我们见到总爷及全体通事进来,他们都非常惊慌。总爷问我们到此做什么,我们答称来此要和总督谈话,决定在回去之前要见他。他便到总督处去。……约一个半小时后,通知我们和总爷及我们的通事一起进去,客套几句后,戈弗雷将本月1日我们拟就的一份草稿交给通事,通事把它交给总爷,总爷呈给总督。他看了一遍,我们的通事告诉我们,我们一定要和负责的商人交易,而由他们交关税,这样我们就不会被任何小人所累。"

戈弗雷恳求交易自由,希望拥有与各种商人交易的自由,及他们自由运送的权利。

"他没有做任何答复就遣送我们,但在我们离开之前,我们将他第一次到来时,我们写给他的信件副本交给他;而我们仍然希望他暇时再详细阅读一下,短期内会发布另一个对我们有利的告示,这就是我们权力内可能做到的最后努力;当时我们就决定不再装货或卸货,我们要等候这件事的结局如何。"

当天晚上,通事"看来很烦恼",告诉他们说,总督要知道是谁替他们把信件译成中文的,但他未得到满意的答复。

三天后,总督传见商人及通事,要将他们和大班交易的账目告诉他,"总数多少,对这个问题,他们只做了一个不确实的回复。"

显然,大班们去见总督,结果适得其反——这一结果,对习惯"中国模式"思维的人而言,却是不言而喻的。因为总督面子尽失,其权力受到了挑战,势必招至加倍的报复。

他们不敢贸然对外国人下手,于是,行商便成了其渲泄愤恨的最好对象——而这么做,又是"有法可依"的。

于是,他们并不以哈里森号拒绝丈量,以及大班拒交1950两"礼银"为借口,而另外找别的"正当理由"。

这便是10%税,其名为"缴送"。

而这一"缴送",则须由行商们代交的。

偏偏谭康官称,与外商尚未完成交易,何来10%的税呢,这应是交易之后才能提取的,否则,10%的比例怎么算得出来。这一说,总督没轴了。

但是,对本国人,对本国的行商,总督是犯不上去解释什么道理的,况且你谭康官是行商之首,带头抗税,不抓你抓谁?于是,总督让下边的人捏造一个莫须有的罪名,就把谭康官抓了起来。

外商货轮进入广州港时,都要进行例行检查。丈量船只,检查货物,通过"安检"后,方可入内与行商进行贸易。然而,随着加一征收税的统一,6%的加一征收上涨为10%,这使得几乎全部外商都对此感到不满,于是乎,法国、英国、荷兰等外商船只都只是停留在鸡颈洋面观望,以此来表达他们的强烈抵制情绪。

前面提到,洋船不愿进入黄埔港,反而将船停泊在鸡颈洋面,虽然与康熙五十九年(1720)公行成立之时,洋商为了反对公行这种经济贸易垄断行为所采取的抵抗形式一样,但是这次并非是为了反对官方成立的商总,其实际是表示对这番银加一征收的不满。"加一征收",讲的是,任何一艘船,无论大小,凡是所带的白银,一律按百分之十上缴给海关……也就是说,与丈量无关了。过去,康熙四十七年,粤海关这一附加税,立的是百分之六,这已令夷商很是不满了,因为他们来中国,可交易的货物并不多,所带的,大部分,甚至全部是银元,这从明朝开始便是这样,明朝之所以对澳门网开一面,睁一只眼闭一只眼,任由葡萄牙夷人以"晒鱼网"为由把个小岛盘踞住,为的是让国外银洋大量流入,以弥补国库的不足。明清易主,经济形势也仍旧如此,向中国流入的银洋也就有增无减。

粤海关检查站

而现在，又由6%上升到10%，增加了三分之二且不说，问题在于，这是对外船所带来的全部银元加一征收。也就是说，无论你这银元有没有买东西，反正，你先交上个一成，才给你去做生意。夷商报关，一分一毫是不会疏漏的，瞒报对于商家是不屑为之，有违其经商之道的诚信，所以，带了多少银元，无论是用于商务，还是私人，都会一五一十报清楚的。这一来，"加一征收"的金额数量便巨大了，一条夷船，少的，带有十万银元左右，多的，则十几二十万。这回，仅一次就来了六条船，随后，还陆续有好几条船到，生意没做，就得白白上缴个十多万银元给海关，而每条船的"船钞"还不算在内。

所以，洋大班们怎么也想不通。且在他们看来，这10%的加一征收并非是清朝当今皇帝的真正旨意，因为凭以前的经验，他们大都认为清朝的统治者还是比较开明的，从康熙时期的做法就可以看出。尤其是法国商人这种想法更为深。法国大班认为当今皇帝，应也与康熙一般有魄力。他们觉得应该按照康熙二十四年（1685）的上谕，分清藩属国的概行征税，与通市国的税其货物，二者是不可以相混淆的。藩属国受大清的恩庇，受惠颇多，而西方各国则不一样，当自由平等交易。

对于外商的这般理解，谭康官等行商自然明白他们也是不同意不分青红皂白地将藩属国和西方各国混为一谈的。其实，对于这一层的考虑，清统治者心中明了，但是天高皇帝远，地方上的官吏常常是"上有政策，下有对策"，只要事情进展不至于太糟糕，然后可以跟上头有个交代，那么就不管其中是否真正按照上头的旨意执行了。而且现在杨文乾这样统一税收，被冠以美名，可以理直气壮地说是为了国家朝廷的利益，因此，旁边人也难得插口。可是这种没置货就先抽税的行径，的确是霸道了一些。

此外，为了能更好的在清政府官员与外商之间生存，行商自然少不了多多关注上面的旨意。谭康官就曾反复琢磨康熙三十七年（1698）的上谕，发现皇上很严厉地谴责广东海关收税人员，说他们对商船实行的概行征税，实质上是竭泽而渔，吓得商船都不敢来了，税也收不成了。这么做，有损于大清泱泱大国的威望，甚觉失体，所以，才下令减税。这也说明圣祖怀柔远人，可谓无微不至，同时，对裕国通商，兴旺对外贸易，抱有很殷切的期望。可是，下面的官员却少有皇上的这种远见，常常只从自身小私小利出发，往往将好事转化成坏事。

为了显示抗争的决心，外商们就索性将船停在外洋，拒不靠泊，黄埔、澳门都不靠，这样清政府官员也拿他们没办法，要丈量船只，更是办不到。外商们抱定一个宗旨，你不改变，我们不干，大不了走人，上别的口岸去。且不论外商这般做法是否理智，但是从当时情况来看，这也是他们的不二选择。

外国商船不靠岸，船钞收不到，加一征收也搞不成，这海关的税就成了大问题。总督大伤脑筋了，但是问题却始终是要解决的。然而按律条，官员是不宜与夷商打交道的，这时，惟有行商出面了。毕竟设立了商总就是为了形成一个"官——商——洋"的关系链，商是中间的桥梁，自然出了问题，官便会借助商寻找解决方法。

为了不至于影响到广州经济贸易的正常运行，谭康官便主动答应调查此事，于是便和法国大班联系，了解情况，因为这段时间，谭康官主要是和法国商人打交道，相互往来甚好。而陈寿官则与英国大班接触较为密切。

然而，在处理这一问题上，行商之间存在着分歧，这主要表现在谭康官和陈寿官之间。这两家是当时行商中主要的实力派。陈寿官认为这回的事情与上回反抗公行的性质不一样，这一次，清政府准许下南洋经营，只不过加了税收。也许皇上本身并没有意说要加至10%那么多，但是底下的官员（如之前的杨文乾）擅自主张，自认为十分了解皇帝开洋的本意，是为了增加国库，那么他现在将税收提高到10%自是从这一点出发，这样一来，就算以后出了什么差错，上面也不会怎么怪罪于他，毕竟他是尽心尽力在为国家办事。因此，陈寿官在这件事上不赞同谭康官的看法。

谭康官觉得，清廷早就分清了，暹罗、朝鲜、琉球，那是作为藩属国，与这些国家的贸易属于朝贡贸易，这加一征收没什么可说的。而英吉利、法兰西，属于通市（市舶贸易），那就必须讲公平买卖，有来有往，这加一征收，就不合规矩了，既不合人家的规矩，自然外商会反抗。而这种无理的征收，也不合乎行商自身经商原则，哪有没有进行交易，就要提前把税给交了的道理。

尽管，谭康官已经将矛盾冲突的本质分析得很清楚，明眼人都看得出来，这回的加一征收税，堪称是官员的巧取抢夺，因为，要是最后外商不能将赋税交上的话，那么这个烂摊子就得让行商来承担。

然而谭康官所担心的还不仅仅是这一层面，他更担心的是要是这加一征收成了惯例，以后把所有通市都当成朝贡，这一来，朝廷被误导，不再有通市的区分，行商今后的贸易就更不好做了，其实，康熙皇帝与雍正皇帝也没把法国当藩属国，康熙皇帝与路易十四，更神交数十载，康熙皇帝还让法国来的白晋、张诚教授算术、几何，连同俄罗斯谈判，也是让他们出面，说服对方不要图谋我们黑龙江的领土，白晋在圣祖三十五年回国，更带回康熙皇帝赠与中国的经典49卷……因此，加一征收看起来简单，收起来容易，但只怕后患无穷，弄不好，又要回到禁海的旧路。

可见对于此事的看法，陈寿官与谭康官存在极大的分歧。客观地分析不难看出，谭康官是从整体上对世界贸易进行把握，他深知外商的办事规律，同时以一种长远的眼光出发，所追求的是中国对外经济的持续发展。而陈寿官则仅仅是从自身利益出发，更看重私利。而这一特点，才会有后来陈寿官与外洋大班舞弊的官商勾结的行为，这将在后面再论述。

其实，将船停在外洋，是外商与清朝官方博弈的常用方法。早在康熙年间，抵制"公行"时，外商们就已经采用了此办法，由于当时反对的是官商的垄断现象，其出发点是为了更公平地进行对华贸易，且清官员发现垄断经济之后并没有达到他们预期的想法。本以为通过垄断可以推动更多的与外商的经济往来，但是实际上反而遏制了其发展，前来贸易的外商人数不是增加而是递减，不利于清廷本身税收收入，而垄断对于中国本身的经济发展也没有什么好处，于是乎，公行几乎是屡设屡废。

然而，这次事态的发展与抵制公行时不一样。当时已定商总，行商已经正式成为清政府官员间接管制外商的工具，因此，要是外商始终不愿上缴税收，那么就交由行商代缴，这是早已是官员心中的既定计策，他们相信行商总会有办法帮助交上这笔款。

9月24日，总督命令将康官逮捕，并监禁在他的衙门内。当然，为首的一抓，下边就得服服帖帖了，行商们不仅代外商支付了"加一征收"（即10%税），而且须拿出更多的钱，集体把人保释出来，12天后，备受摧残的谭康官总算走出了牢房。

总督这一股怨气，才算有所舒缓。

借口其他理由，但"真正的原因，是他敢于拒绝缴付10%。"

10月4日，大班记载：

> "赤官（Chequa）藉口官员对欧洲商船出口货物征收10%，或类似这样的税，因而不肯签订合约。我们不知道10%的结果如何，但我们必须服从命令，只得清理我们的商馆准备堆放茶叶。"

当天，他们将瓷器150箱运送给"麦士里菲尔德号"，100箱给"凯撒号"，他们又命令将"哈里森号"的铅运来——这样就承认在运送问题上的失败。

从以上这一段记载中，我们不难看到，对于官员的敲诈勒索，行商与外商都深受其害。以至酿成了一个外商冲击衙门的事件。而最终谭康官被总督逮捕，关在总督府内，全体商人不得不集体去为他保释。

而这次抗争，就此宣布失败。

笔者在之前的《国门十三行——从开放到限关的逆转》中说：

> 谭康官的雄心抱负，并非像控告他的人所说的那样他想尝试垄断一切，仅仅是为了其个人利益。一如上面所探讨的，关于他的对于中国国内和国外贸易事务的开放思想，他直接对腐败现象的反抗，以及他愿意牺牲自己的行商地位推进中国对外贸易事态的发展，对于他所做的一切如果是出于个人利益的话，那是不符合逻辑的。他的这些举动在别人看来似乎更应当称为愚蠢与自我毁灭，因这会使他的贸易业务与自由处于风险中。

他很强烈地感受到：首先，经济贸易需要更好地管理、指导和引导；第二，经济贸易上税收、贸易限制等等需要适当减少，从而对每个人都更加公平；第三，地方官员和外国公司要担负更多责任和义务去预防、制止各种腐败现象产生。很难说他是过于天真，还是有意的挑战？所以，笔者最后说：

> 谭康官的显赫与最后的消失，当是中国对外开放逆转为"一口通商"前最为轰动，也最为迷惘、最值得探究的历史事件。

第二十八章　锲而不舍：大班的再度上诉

后来，一如马士的《编年史》中引用的大班向董事会的报告：

"此处现在有一个集团，由四位商人自己组成，坚持除了以他们的名义外，任何人不得运送货物；但这主要是对欧洲船只而言；曾经有很长一段时期坚持要我们的金银缴税10%，但由于我们声明决心宁可忍受任何损失，也不会对这种勒索屈服，它被取消了。前面所说的商人是寿官、谭康官、廷官及启官（Coiqua）等，他们是经常和英国人及其他欧洲人有交易来往的，现在他们联合起来，并有海关监督及其他官员支持。"

这里说的"启官"，不是后来著名的潘启官，据梁嘉彬《广东十三行考》，他当是顺德籍的黎光华之父，为资元行行商，亦为前边提到的黎安官。

外商以为自己胜利了，10%的税被取消了，只是他们并未了解，这10%的税银，却已转嫁到了中国行商头上。官员们如愿以偿，焉得不"支持"呢。但是，事情远远没有完结，1950两"礼银"的问题仍在延续。

几年后，即1730年，一位大班作出如下评价：

"寿官是近几年来广州商人中最受重视的人，他能够按时打发任何数目的船只出发。因为他的景况良好，被许为一位有能力和才干的商人。但他做生意经常是苛刻的。"

"其次是廷官，现在景况虽然很坏，有人怀疑他负债甚巨，我们担心这是真的。"

"谭康官（Ton Honqua）和启官过去两年里曾完成巨额的合约，所以……没有理由去怀疑他们的能力和行为。"

"上面所述的商人，是现时广州商人中仅有的具有相当信用的人，这的确是很大的不幸，这里不会有更多具有良好景况、名望和信用的人。"

纵然西方在商业交往中恪守诚信，但是也不排除有不法商人与中方交往时钻空子，实施舞弊，从中谋取非法所得。谭康官就面临过这种不平等的竞争。由于深谙西方的游戏规则，他大胆向东印度公司揭露一位商人的舞弊行为，并承诺可以出庭宣誓作证。对于一位行商而言，这不仅仅是利益问题，也同样承担着风险，因为，在当时清政府眼中这无疑有"通夷"之嫌。所以，当外商一方因他正义的举动给予奖赏时，他也只能请对方用"秘密办法"送来，不能让人知道。而他为这事，则已被官府整苦了。

1731年，谭康官又一次被捕。正是因揭露法扎克利交易舞弊一事。

妨碍取得有效的结果，不知是否由于管理会内部的分裂，抑或证据性质仅依赖作证者更希望对公司、法扎克利、寿官、现任大班或其中某些人予以打击。

怀疑法扎克利于寿官签订1729年及1730年的主要合约有串同舞弊的后果,于是董事部命令在1731年时不要与秀官打交道,另找谭康官和陈官。但大班首先要取得贸易自由的谕帖,特别是自运货物及免除10%;在未解决之前,他们的船只碇泊口外。

尼什留在广州过冬期间,证实商人已把售给他的货物税10%缴付;7月2日,管理会在广州成立后,他们请十四位商人开会。他们一致承认在戈弗雷的那一年(1728年)、法扎克利的那一年(1729年)以及尼什的那一年(1730年)全体商人已经缴付;至于前两年,即萨维奇的那一年(1726年)和托里阿诺的那一年(1727年),他们的说法不一致;有的说是缴付的,有的说没有缴付。有的说萨维奇的那一年是送了礼金的,但数目不是10%,差不多全体(商人)认为,在托里阿诺的那一年没有缴付。

海关监督的谕帖很不明确,而且没有提及关于大班要求中的两项特别要求;所以他们将船延搁"入口"。但到了7月17日,他们获悉有荷兰船三艘、法国船两艘、丹麦船一艘已到达澳门。他们立即与谭康官和陈官签订合约,并命令船只开入黄埔,放弃向海关监督施加压力的全部企图。

米德尔顿和韦塞尔两人坚持说,给尼什的训令只包括供应绿茶,只承认松萝茶一项。

瑞典东印度公司约翰·钱伯斯大班夫妇

大班接受的训令要投资黄金60000英镑,而他们发觉每93成色的10两元宝,最低限度价格在94成色银105两以上。他们用这个价格订约购入1000两元宝;但价格继续上涨,他们授权四位船长按照公司执照,准许每人自己选择购买黄金2500英镑。四位船长都接受了这个办法。管理会中有一位地位较低的大班,要求同样权利,购入2000镑,但管理会投票否决。该年大量需求黄金,可能是由于他们自己的及四艘散商船,另外还有三艘其它国籍船只的需求,共计7000两元宝;船长后来购入每个元宝为110两,而公司购入为112和115两——是当时纪录上前所未有的最高价格。

预付货款已成为该时期的定例,这是预付给商人到内地搜购茶和丝的货款。10月17日,即他们订约后的三个月、首批两艘船启碇两个月之前、最后两艘船启碇三个月之前,主要订约人谭康官和陈官的账户，仍然是：

借方：预付款 257080 两。
货方：交来货品，93267 两。
差额，163813 两。

在同一天又预付给他们 37511 两。

很快，大班便同谭康官，陈官签订了合约，因为这是上面要他们这么做的。

由于寿官与法扎克利有串谋之嫌，所以认为他诚信有问题，没有找他了。

谁知，这却给谭康官惹来了麻烦。

不久，海关方面来人，通过能事（即翻译）问，大班是否已按合约将货物运上了船。大班说，已经运送上去了。

东印度公司第一任委员

结果，通事称，上司已经下了令，要通知大班们，今年不准谭康官把任何货物运送上船，更不准与他们有贸易往来。

而谭康官也联系不上了，显然出了事。

大班们估计是寿官从中作梗，他们立即命令船只不要开过穿鼻洋，留在公海上，以免被扣。同时，他们把寿官请来，请他念及过去的交情，帮助解释他们与行商和海关监督之间产生的误会。当然，光说说还不行，还请了有过合约的另外三位商人参与，与寿官签了约，把谭康官的份额出一部分。

10 天之后，谭康官终于再出现在大班面前并告诉他们，他与海关监督见过面了，互相之间的分歧也都解决了。不过，这一段时间内，他被南海县关押了五天，同几年前一样，为同一件事关了十天——这同一件事，无非还是 10% 的缴送问题。

直到这一年，碇泊黄埔的船只，还常常得到在公开市场购买船上的供应物品及选择买办的自由，但在 8 月 25 日，一个船长写道：

"我被剥夺了以往的权利，不准我到处购买船上的伙食，而且把我的买办带走，另派一个给我，他随意给我东西，而价钱却非常贵。"

这种勒索逐渐发展成为一个有组织的制度，由买办出钱购买供应船上物品的权力，而按照他自己的价钱收费。有一位船长提出抵制这种勒索的唯一办法："我被逼得用自己腌制的伙食来对付。"大班申诉并抗议，但无效果。

这是针对官商勾结、从中渔利一事而发起的抗争。

由于长年从事海上贸易，谭康官当是谙熟国际商务的行规，10% 的"缴送"于法无依，大班们自然是不能接受的，哪怕转嫁到了行商头上。而谭康官则力图扭转这一局面，也就不能不蒙受种种打击。面对清廷及海关官吏们种种敲诈勒索，你不可能任人宰割，逆来顺受，哪怕反抗招至更大的打击报复，你也不能不咬牙挺住。

这种抗争，当一直待续下去。

这需要的，是一种历史的勇气。

可是，行商们无时不处在如临深渊、如履薄冰的险境之中。一方面，他们务必随时应付官方各种各样的敲诈勒索的借口，另一方面，他们也不能不说服外商遵守中国在专制主义统治下形成的陈规陋习。

大班继续用秘密办法将他们的一部分（或者是第五部分）白银从黄埔运来，但9月28日，"谭康官和陈官希望那个我们不要再用我们的驳船秘密运银，因为关吏已有几次在这个秘密地方搜出白银。"

米德尔顿和韦塞尔在管理会最后提出的抗议，就是反对将剩余资金锁在保险箱交存谭康官处，而要求将这些资金作为存款存在谭康官处，每月可以收回利息1%。

第二年，董事部交商船带来感谢谭康官揭发法扎克利罪恶的忠诚行为。交接这封表彰信的仪式只能秘密进行：

大班从贴胸的口袋里，掏出一卷类似于文件的纸笺，极为郑重地把文件展开，清清喉咙，大声地说："现在，由我代替业已过世的阿诺特大班，宣布英吉利东印度公司对今天应邀前来我船的两位中国公司的商人，予以表彰与奖励。"

他把商行说成是公司。

为了表示他们的敬意，他们送给他英国茶碟及家具，另外还有一些优质绒布等礼物。他又送给董事部第二封信，可能经由阿巴斯诺特之手，同样控告尼什在1730年执行公司业务时的行为；董事部亦发出训令调查这个控告，但时间太迟，未能在1732年进行。另一控告，是根据他们自己人米德尔顿的报告，就是他将1731年航运的剩余资金留下，取不到利息，这是不可饶恕的违反规定的行为。

大班宣读公司的信件中，表彰谭康官、陈芳庭两人高贵而坚定的商业操守，夸他们是最有诚信的商界杰出人士，尤其是直率地揭露法扎克利的卑下行经，显示出正直与正义感，堪为国际贸易中出色的表率。谭康官为扭转这种商业运作中的不正常的局面，更蒙受种种打击，遭到不法官员的敲诈勒索，付出沉重的代价，但也显示一位正直、诚信商人的可贵的勇气。

对于外国送来的礼物，谭康官心中自然是十分喜欢，可是面对当时紧张严峻的形势，他亦十分警惕，因为他已经成为官员的追捕对象，因此现在对于谭康官来说越低调越好。

而且对于他来说，最为重要的并不是外商送给他多么精美的礼物。他更为关心的是存在与中外经济活动之间的违反规则的行为是否会得到客观的应有处理，今后的贸活动是否还可以正常地继续进行。因为，只有在健康的环境下，才能为良好的中外经济交往提供保障。

米德尔顿和韦塞尔留下一封信给他们的继任者，写道：

"请允许我们推荐谭康官和陈官，一如公司介绍给我们的一样，我们确证他们对于我们尊敬的雇主交托的任务，是用高度负责的态度［去完成］的。"

如此直截了当，简明扼要，却字字句句都十分到位，这当是西方人行事的风格吧。要在中国，要写一封推荐信，绝对不会这么简单，是必铺垫半天，最后才切入主旨；有的，更拐弯抹角，末了，还不得要领。

陈芳观也读了一遍，才交还给了这位新的首席大班。

另一方面，尼什则报告他们出卖的茶叶是劣货，而他们又需大量的预付款，但他没有表示意见。

"如果我现在不完全相信米德尔顿和韦塞尔，已经或一定向你报告大量关于我们的事务的话，而你一定会对谭康官的信用盛誉的信赖，更超过他们的实际所应有的。"

谭康官和陈官是同一商号的合伙人，董事部曾特别向尼什及现在的管理会推荐。特纳到广州后的第一步工作，就是试图和他们两位来往。但他获悉由于海关监督的憎恨，谭康官正处于困境，由于害怕，已逃到别的地方去了。在三个星期都找不到他们两人便再要求取回保险箱的存银，直至9月11日才成功。陈官在整个季度里都没有出现；但9月26日，海关监督暂停职务，而两天后，谭康官亲自来到商馆。董事部的礼物直至12月18日才送给他，即使是这样，当时他还要求，"这碟子如果我们方便的话，请用秘密办法送去。"

这一段，更清清楚楚地揭示出了谭康官等行商的艰难处境，连得到的奖励，也只能秘密地送上。一旦被公开，会是怎样的后果，可想而知。

但谭康官的日子愈加难过了。

10%的课征、1950两的规礼银，是始终困扰行商与外商的问题，尽管行商，尤其是谭康官不断向官府交涉，非但得不到解决，还要受到官府的责难乃至惩罚，与此同时，外商也不敢与他签约了，贸易本身也受到重大损失。

雍正年间，因为外商关于10%的银元税一直得不到解决，海关监督拒绝接见，除非船只先开入黄埔，于是他命令船只开入。会面时，他要求免除勒索；但他只收到一份象他的前任一样的普通谕帖，这是前任经过艰苦斗争，才勉强有这个结果的。于是，他与廷官和启官签订初步合约，后来又与其他商人签订，但没有与寿官、谭康官和陈官签订。

不过，他关于海关监督干涉其控诉寿官一案，却终于有了转机，雍正皇帝严厉斥责了这一干涉，令总督和巡抚撤销了海关监督的职务。

9月26日，总督和巡抚收到停止海关监督职务的上谕。这可能是由于海关监督干涉谭康官控诉寿官一案。这件事的直接后果，就是谭康官的再次公开露面；而该年和瑞典人"大量交易"，没有和英国人交易。不久寿官下狱；海关监督被革职，暂由布政使代理。

当时在埠的全体大班,包括英国的、荷兰的、法国的、奥斯坦德和瑞典的大班,一致认为事态在好转,于是同意送呈一份联合请愿书,全面陈述所有外商的意愿,其条款如下:

1. 我们希望将皇上税率公布。
2. 我们知道,我们多年来所缴付的6%的附加税,是未经皇上认许的,如果是事实,我们将不再缴付。
3. 近四年来,我们被强迫缴付10%的课征,我们深信是未经皇上认许的,因此,希望将其取消。
4. 我们的买办,被迫缴付巨额款项领取执照,以致我们付出高价购办伙食。因此,希望他今后免费领取执照。
5. 每船缴纳规礼银1950两,为数过巨,我们相信,这是未经皇上认许的,因此,希望免予缴纳。

这位布政使兼代理海关监督不无恳切的作出答复,但他无权处理此事。

这次抗议亦不了了之。不过,这一努力并未结束,为日后的转机埋下了伏笔。

我们已经得知,无论谭康官,还是潘启官等,他们绝非"坐商",而是早早扬帆出航,到过南洋甚至西洋的。在瑞典还有国王接见十三行行商的油画,这绝非凭空虚构,及至到了潘有度,他所写的《西洋杂咏》二十首,也可说明他对西方文化已有了较深入的认识,正如其第一首诗:

> 忠信论交第一关，
> 万缗千镒尽奢悭。
> 聊知言诺如山重，
> 太古纯风羡百蛮。

可见他是认可西洋的文明，并认可商业交往中的诚信。

也正是自谭康官开始的一脉相承的现代商业理念、市场平等意识，这才有了开海、开洋至取消加一征收的梯度开放，这也是合乎历史逻辑的进程。

所以，即便发生限关即"一口通商"的逆转，但行商的市场意识并不曾被逆转，于是，在"一口通商"前已经形成的行商们的市场运作，也仍旧照常规进行，这也就确保了后期十三行的兴盛发展。

卷六 市场秩序的形成与维护

第二十九章 官商勾结，营私舞弊

　　总的来说，17—18世纪中外之间进行的经济贸易中，外商均秉持自由贸易原则，他们不仅这样要求自己，同时也希望贸易对方同样遵守。可是，不能不提到的一点是，商人毕竟有商人的习性，那便是以利为上，尤其是西方世界已经渐渐进入资本主义社会，更加看重利润。这是正常的。对于谭康官来说，他更遵循"君子爱财，取之有道"，那便是要通过正当的渠道获得钱财，而非通过一些卑劣的行径。然而，每个人的价值观和人生观不同，谭康官自己这般想，并不意味着其他的行商或外商都如此想。我们在研究这段历史时，发现了一些行商与外商舞弊经营的行为，以及行商与官府勾结渔利的行径。

　　我们先简要地叙述一下这些违反国际公平、自由贸易准则的故事。

一、陈寿官串通法扎克利私拿茶叶回扣之舞弊事件

　　上文提到，陈寿官与谭康官一样是当时影响力比较大的行商之一，甚至在某种程度上，可以说他视谭康官为其竞争对手。

　　雍正八年（1730），谭康官和英国东印度公司的外洋船签下了很大的一单茶叶合同，当他将茶叶备齐找大班接收时，却遭到拒绝。谭康官后来经过调查发现，与他签合同的大班法扎克利私下又与陈寿官签订了茶叶合同，原因是寿官给予更多的回扣。对于法扎克利为追逐更高的私人回扣而背信弃义的行为，谭康官心中十分不满，可是当时谭康官不能向海关监督告状，因为寿官与海关监督早已官商勾结多年，且谭康官由于没有"孝敬"海关监督而被撤去了商总头衔。于是，谭康官将此事控告到英国东印度公司。由于谭康官此举有助于维护自由贸易原则，自然得到英国东印度公司的认可与支持。后来，英国东印度公司为了感谢谭康官的举报行为，还特意给他送来嘉奖礼物。雍正九年（1731），谭康官已经由于"通夷"告状一事而被拘留了一段时间，为了避免再起是非，谭康官让英国东印度公司将礼物以秘密的方式送来。为了保护自身安全，谭康官的合伙人陈芳官曾逃难到惠州，遇上被海关监督衙门革退的书办，通过书办获得了海关监督贪污的账册，这成为海关监督后来被皇帝查办的有利证据。

　　马士的《编年史》中记载：

> 　　另一不幸事件，是董事部训令管理会调查关于法扎克利在1729年工作时被控告各事。那年值得注意的是付出高价茶叶一事，其中大部分是向秀官购买的。而他的

两位敌手唐康官和陈官（Chinqua。作者按：即陈芳官）则直接写信给董事部，控告法扎克利付出的信用款，比应付给商人的多。董事部发出的训令，按日后我们所知在广州的情况，是特别有趣的。应将有关商人召集起来，并向他们提出一些问题，问他们是否愿意在英伦派来（日后）的誓证委员面前宣誓作证，如失败，他们能否在自己的审判官面前宣誓作证，象在委员面前宣誓一样。管理会内的双方经过一些争论后，召集了商人，但没有见到采取进一步办法的记载；有关此事的材料，只见于日后送给董事部的报告书中。

……

怀疑法扎克利与秀官签订1729年及1730年的主要合约有串通舞弊的后果，于是董事部命令在1731年时不要与秀官打交道，另找唐康官和陈官。但大班首先要取得贸易自由的谕帖，特别是自运货物及免除10%；在未解决之前，他们的船只碇泊口外。

…………

海关监督的谕帖很不明确，而且没有提及关于大班要求中的两项特别要求；所以他们将船延搁"入口"。但到了7月17日，他们获悉有荷兰船三艘、法国船两艘、丹麦船一艘已到达澳门；他们立即与唐康官和陈官签订合约，并命令船只开入黄埔，放弃向海关监督施加压力的全部企图。合约包括：

生丝，600担，每担155两。

白铜，800担，每担6.5两。

茶叶，松萝，1400担，每担16两。

茶叶，武夷，4000担，每担17两（没有铅条和木箱）。

较好茶叶（工夫和白毫），400担，共计银14000两。

丝织品，15600匹，共计银77000两。

另外还有尼什在春季时已订合约的：

茶叶，松萝，4600担，每担15两。

茶叶，武夷，1000担，每担15两。

较好茶叶，700担，共计银21000两。

丝织品，4000匹，共计银18550两。

…………

预付货款已成为该时期的定例，这是预付给商人到内地搜购茶和丝的货款。10月17日，即他们订约后的三个月，在首批的两艘船启碇两个月之前，最后的两艘船启碇三个月之前，主要订约人唐康官和陈官的账户，仍然是：

借方：预付款257080两。　　　贷方：交来货品，93267两。

差额，163813两。

在同一天又预付给他们 37511 两。①

马士的《编年史》还记载:

大班继续用秘密办法将他们的一部分(或者是第五部分)白银从黄埔运来;但 9 月 28 日,"唐康官和陈官希望我们不要再用我们的驳船秘密运银,因为关吏已有几次在这个秘密地方搜出白银。"

"哈特福德号"、"麦士里菲尔德号"、"凯撒号"和"哈里森号"的总账目:

		两
借方:白银,227 箱(908000 元)计		655479
铅,117 吨,每担银 3.30 两计		6498
长厄尔绒,992 匹,每匹银 6.30 两计		6248
得胜酒(Palm Wine),未售出的,等		1264
上年剩余资金		106878
收唐康官及陈官金和丝短期放款利息		2052
		778419

	两	两
贷方:各船长购买黄金的白银 10 箱		29801
"麦士里菲尔德号"投资	181172	
"凯撒号"投资	172027	
"哈特福德号"投资	183674	
"哈里森号"投资	184252	
		721125
交唐康官存保险箱余款		25842
米德尔顿和韦塞尔账款		1651
		778419

米德尔顿和韦塞尔在管理会的最后一个抗议,就是反对将剩余资金 25842 两锁在保险箱交存唐康官处,而要将它作为存款存在唐康官处,每月可以收回利息 1%。②

---

① 〔美〕马士著:《东印度公司对华贸易编年史(1635—1834 年)》第一、二卷,中国海关史研究中心组译,区宗华译,中山大学出版社 1991 年版,第 201 – 203 页。

② 〔美〕马士著:《东印度公司对华贸易编年史(1635—1834 年)》第一、二卷,中国海关史研究中心组译,区宗华译,中山大学出版社 1991 年版,第 205 – 206 页。

从这一借贷记录我们可获得不少信息。

很快，大班便同谭康官、陈芳官签订了合约，因为这是上面要他们这么做的。由于寿官与法扎克利有串谋之嫌，所以认为寿官诚信有问题，没有找他了。谁知，这却给谭康官惹来了麻烦。

不久，海关方面来人，通过通事问，大班是否已按合约将货物运上了船。大班说，已经运送上去了。结果，通事称，上司已经下了令，要通知大班们，今年不准谭康官把任何货物运送上船，更不准与他有贸易往来。

而谭康官也联系不上了，显然出了事。

大班们估计是寿官从中作梗，他们立即命令船只不要开过穿鼻洋，而留在公海上，以免被扣。同时，把寿官请来，请他念及过去的交往，帮助解释他们与行商和海关监督之间产生的误会。当然，光说说还不行，还请了有过合约的另外三位商人参与，与寿官签了约，把谭康官的份额让出一部分。

十天之后，谭康官终于再出现在大班面前，并告诉他们，他与海关监督见过面了，互相之间的分歧也都解决了。不过，这一段时间内，他被关押在南海县（今佛山市南海区）五天，同几年前一样，当时为同一件事被关了十天——这同一件事，无非还是10%的缴送问题。

谭康官两次出事说明了什么？

马士的《编年史》上是这么认为的：

> 这是后来中国商人联合一气，在海关监督的严格控制下紧密合作的一个先兆；但现在的事例，不过是秀官个人与海关监督之间的勾结，目的只是要求答应参与唐康官合约的一份而已。
>
> 直到这一年，碇泊黄埔的船只，还常常得到在公开市场购买船上的供应物品及选择买办的自由；但在8月25日，各个船长写道："我被剥夺了以往的权利，不准我到处购买船上的伙食，而且把我的买办带走，另派一个给我，他随意给我东西，而价钱却非常贵。"
>
> 这种勒索逐渐发展成为一个完全有组织的制度，由买办出钱购买供应船上物品的权力，而按照他自己的价钱收费。有一位船长提出抵制这种勒索的唯一办法："我被逼得用自己腌制的伙食来对付。"大班申诉并抗议，但无效果。[①]

这是针对官商勾结、从中渔利一事而发起的抗争。

10%的缴送于法无依，大班们自然是不能接受的，哪怕转嫁到了行商头上。而谭康官则力图扭转这一局面，也就遭受了种种打击。面对朝廷及海关官吏们的种种敲诈勒索，他不可能任人宰割、逆来顺受，哪怕反抗会招致更大的打击报复。

---

① 〔美〕马士著：《东印度公司对华贸易编年史（1635—1834年）》第一、二卷，中国海关史研究中心组译，区宗华译，中山大学出版社1991年版，第204页。

这种抗争一直持续下去。这需要的是一种勇气。

可是，行商们无时不处在如临深渊、如履薄冰的险境之中。一方面，他们务必随时应付官方各种各样的敲诈勒索的借口；另一方面，他们也不得不说服外商遵守中国在专制主义统治下形成的陈规陋习。

对于商人来说，获取最大的利益是其终极目的。而当时清廷对对外贸易设置了很多关卡，要想在这种障碍重重的环境下很好地与外洋大班经济往来，自然要与朝廷官员处理好关系，因此，需要去巴结官员；而官员也希望能和行商交往，方便其搜刮各种好处，无偿地获得钱财和珍宝财物，不仅可以丰富自己的腰包，同时可以用来讨好、巴结皇上，进而有利于自己的仕途。行商和海关监督心中"各怀鬼胎"，互相需要对方，便自然地勾结在一起。但是他们图谋私利的勾当破坏了自由贸易原则，只会阻碍中外经济贸易正常发展。还是如孟德斯鸠所云："处于进出口贸易与海关之间的国家，应该不偏不倚，尽量使二者不发生矛盾和抵触，从而使人们享有贸易的自由。"可见，官商勾结、行商与外商之间的舞弊行为是全然不利于产生自由贸易市场的。

二、官商勾结——祖秉圭庇护陈寿官

粤海关监督被视为肥缺，杨氏家族之后，又有不少大员担任此职，其中一位名叫祖秉圭。祖秉圭不似杨文乾是名门之后，得允准袭，却有当朝不可忽视的血统：他是满族人出身，是汉军镶黄旗的包衣奴才。所谓包衣奴才，便是满族人高官府第中的家人。

别看这"奴才"二字如今不好听，可却是当时多少人求之不得的头衔，连给皇上写折子，能署上"奴才"二字，便表示蒙受圣恩。这些包衣奴才，在府内是家人，是奴才，可一出去，便威风八面，每每可代表主子发号施令。主子官大了，首先想到的便是这些奴才，把他们外放出去当官。清朝近300年，有多少威名赫赫的封疆大吏，甚至官及一品的大员，是来自包衣奴才。当年大将军年羹尧是包衣奴才；雍正初年，广东巡抚兼海关监督年希尧也是。这两人是亲兄弟，均为雍正的私家包衣奴才，算是皇帝的大舅子。所以，这回粤海关又来个包衣奴才，自是顺理成章——肥水不流外人田嘛。

几年前，祖秉圭尚是府中的年轻家人。说起来，他在那时的满族青年中算是有见识、有才干的，加上有包衣奴才这个背景，可以说是前程无量的。不到两年，便迅速得到提拔，四品、三品、从二品，安徽按察使、布政使、巡抚，升六级才用了三四年时间，之后则是贵州巡抚、广西巡抚，成了名副其实的封疆大吏。在任何一个时代，如此春风得意的大臣，恐怕也难有几个。显然，皇帝是在刻意栽培他。八旗子弟多是不争气的，能出这么一个"能干"的，能不"万千宠爱于一身"么？

这祖秉圭自然也会处事做人，频频上折子以示谢主隆恩。不妨列举两份祖秉圭关于尽心竭力解送贡物、银两上京的折子，看他是怎么表忠心的：

> 广东海关革职留任监督、奴才祖秉圭谨奏：为恭报洋船到粤事，奴才荷蒙圣恩，命管理广东海关税务。仰赖我皇上仁恩远播海外，各国群齐所产，争来贸易。自六月十八日起至今，有英吉利、法兰西、河兰等国洋船陆续已到八支，闻接踵而至者

尚有谷帆。一应钱粮，现在照例催征。奴才敬备外洋方物六种，恭缮另折。进呈玻璃镜，今年无甚大者，奴才仅得一面镜，身宽二尺八寸，长四尺三寸，现在备整架坐齐即行恭进。仰祈睿鉴，谨奏。奴才祖秉圭不胜惶恐战栗之至。

雍正七年闰七月二十九日①

雍正十年

广东海关监督监察御史奴才祖秉圭谨奏：为恭报关税银两事，窃奴才奉旨管理广东海关税务，自雍正九年三月十二日起，至本年三月十一日，又系一年期满，共收税钞正银一十四万二千六百四十一两五钱四分九，耗银二万七千六百三十五两一钱四分五，行家缴送银两五万八百四十两，头银一万九千二百七十四两九钱八分一，洋船规礼银一万九百四十八两九钱，役担规银二万五千三百七十三两二钱二，又书役家人节省银三万二千三百九十四两二分，共收银三十万九千一百七两钱一分六。内照例解交广东布政司库，充当正额银四万三千五百六十四两。又支制役工食银一百八十六两，又支民壮工食银二百两，又部料考核季报帮辅庶吉士等银一千四百九十九两，又解银进京水陆脚价添平食等项费银一万四千九百三十八两二钱二分。除以上支用外，解部银二十四万八千二十两六钱八分六。现在移咨抚臣，差解员管解遣，赴部交纳。所有收解清数，理折奏闻……②

雍正也是循循善诱，要他知恩图报，要他不要蹈悖者的旧辙。先是批道："受破格知遇之恩，当思出色之报，天经地义。君臣之分且莫论，即受常人惠，负恩尤招恶报，何况国恩乎？今已用你按察司员，竭力勉为之。少有悖恩放纵，祸不旋踵。"这后面一句，既是语重心长，也是警钟长鸣。而后，又批："年羹尧、傅鼐朕尚执法不惜，何况你等乎？勉之！慎之！真诚做好官之外，余无良法。"③

这几句御批，当可凸显雍正治吏的风格，祖秉圭自当铭刻在心，丝毫不得懈怠；否则，雍正亦毫不留情。

所以，在一般官员待不了两年便要出事的海关监督的位上，他却多待了几年，也算是难能可贵了。

此番，一到位，他断不可授人以柄，令这番"夷务"出什么纰漏，而是为皇帝广开财源才是。

陈寿官见祖秉圭似乎来头很大，为官也颇为练达，觉得与他攀上个关系，不失为一个明智的选择。于是，他有意无意地在祖秉圭面前表示，这次由行商代缴"番银加一征收"，他交出的份额最大。这话可谓一箭双雕，首先，说明他在行商中财力第一，不可轻

---

① 中国第一历史档案馆、广州市荔湾区人民政府合编：《清宫广州十三行档案精选》，广东经济出版社2002年版，第76页。
② 《清世宗实录》卷五一，华文书局1969年版。
③ 《清世宗实录》卷五一，华文书局1969年版。

觑；其次，则证明他拥护由行商代缴这一新办法，给了这位新的海关大人大大的面子。虽然他在内心对"加一征收"恨得咬牙切齿，过去与杨文乾不和也是因此而起。识时务者为俊杰，与祖秉圭攀上关系，往后有形无形的利益，未必抵不上这个"加一征收"，放长线钓大鱼，海关从来是只可"顺毛捋"的。

陈寿官与祖秉圭建立关系后，自然可以得到一些官方的庇护。这也是为何当谭康官得知自己的茶叶生意被陈寿官无理占去后，没有直接向本国政府官员状告，反而求助于国外的相关组织。因为谭康官深知就算他向本国政府官员投诉，也是白费力气，他深知权力的力量。

然而，祖秉圭也不是人见人爱的主，自然也有不少人打他的小报告。其中便有一件控告他私自扣下普济堂款的事件。

有一年，海关收入的银两可谓破天荒的多，上上下下都笑逐颜开，夸他祖大人能干，既收了银子，又哄得洋人"团团转"。尤其是上送的贡品，陈寿官尽心竭力，办得齐全，应也会让皇帝龙颜大悦，况且交结上作为首富的陈寿官，往后有什么短缺，也就是一句话的事。这是多好的势头、多美的差使，难怪内务府那些人要争，如果不是自己使出浑身的解数，斗垮了众多的对手，还来不了呢。正当祖秉圭欢喜地想着皇帝该怎么奖励他的时候，等来的却是皇帝一番劈头盖脸的叱责。皇帝竟亲自批示（图6-1）：

> 将祖秉圭厉色羞辱之，传旨与他。观此一事，祖秉圭负朕之念毫未改悔也，着他小心保首领为要。①

这可是要砍脑袋的警告！当然，正式的处理是革职留任。他到底犯了什么事，被人告上了恶状？

事到临头，他才知道，原来，海关收取了20多万税银后，其中有一项，须专门拨出一部分，用于广州所设的普济堂。这普济堂是雍正二年（1724）由李侍尧提出，朝廷批准而设立的，专门收养、救助城中的孤寡老人。这祖秉圭是当过巡抚的，可从没听说收养孤寡老人的事须海关来办，这牛头不对马嘴嘛，应由专门的部门来管，而广东又不是没这样的机构，于是，大笔一挥，拒不拨款，自以为名正言顺："养济孤贫事隶有司，非本监督所能示夺。"②

这本也没错。可他偏偏忘了，早在康熙朝，皇帝以苍生为念，反复强调当以国计民生为重，尤其是为了显示哀悯众生的胸怀，敬老尊贤，皇恩普降，因此，李侍尧兼管海关税务时，觉得拨出银两赈济孤寡老人，正合圣意，故特呈报立普济堂并得到批准。

这有相关文献记载：

> 署广东巡抚臣傅泰谨奏为请旨事：窃查雍正二年五月内钦奉上谕设立普济堂，

---

① 中国第一历史档案馆馆藏：《宫中朱批奏折，雍正七年十月二十八日署广东巡抚傅泰奏折》。
② 中国第一历史档案馆馆藏：《宫中朱批奏折，雍正七年十月二十八日署广东巡抚傅泰奏折》。

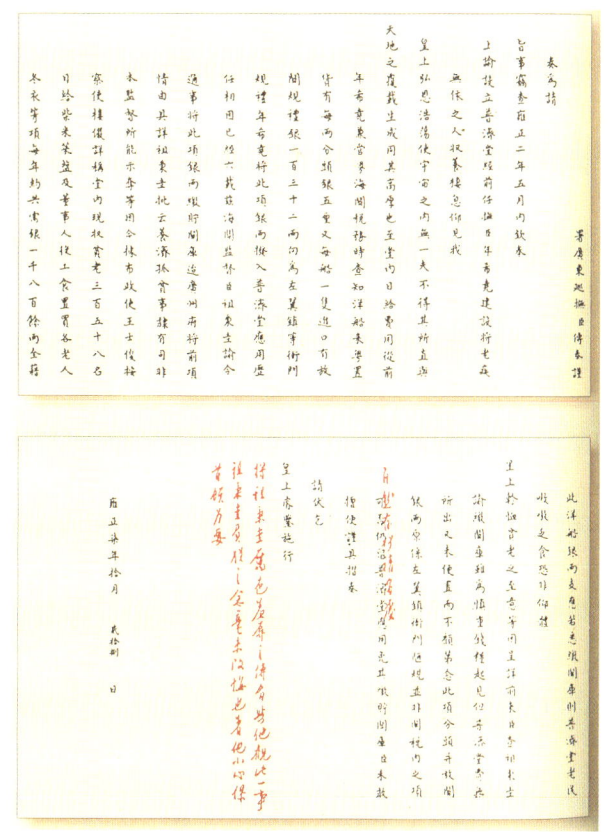

广东巡抚傅泰关于放关规礼银两仍留普济堂应用免交官库的奏折
[雍正七年十月二十八日（1729年12月28日）]

经前任抚臣年希尧建议将老疾无依之人收养栖息，仰见我皇上弘恩浩荡，使宇宙之内无一夫不得其所，直与天地之覆载生成同其高厚也。至堂内日给费用，从前年希尧兼营粤海关税务时，查知洋船来粤置货，有每两分头银五厘，又每船一支进口，有放关规礼银一百三十二两，向为左翼镇等衙门规礼，年希尧将此项银两拨入普济堂应用，历任相因已经六载。兹海关监督臣祖秉圭谕令通事将此项银两缴贮关库，迨广州府将前项情由具详，祖秉圭批云"养济孤贫事隶有司，非本监督所能示夺"等因，今据布政使王士俊、按察使楼俨详称堂内现收贫老三百五十八名，月给柴米菜盐及董事人役工食、置买各老人冬衣等项每年约共需银一千八百余两，全借此洋船银两支应，若悉缴关库，则普济堂老民嗷嗷乏食，恐非仰体。

皇上轸恤贫老之至，意等同呈详前来，臣查祖秉圭谕缴关库，虽为慎重钱粮起见，但普济堂实无所出又未便置而不顾旧念，此项分头并放关银两原系左翼镇衙门陋规，并非关税内之项，可否仍留普济堂应用，免其缴贮关库，臣未敢擅便，谨具折奏，请伏乞皇上睿鉴施行。

雍正七年十月二十八日①

从上面这个奏折可见，祖秉圭的做法明显受到不少官员的反对。然而，由于祖秉圭是皇上钦点的官员，且由于其在海关位置上的确为充实国库做出了巨大的贡献，因此，对他的处置，皇上还是网开一面的。

至于普济堂银两出处，并没有祖秉圭所认为的不合规矩……他这么一搞，岂不与皇帝普济众生的慈悲情怀相悖，皇帝能不雷霆大怒么！

不管上奏折的人有何用心，可断了孤寡老人的粮，这可是十恶不赦、毫无人性的事情，可见祖秉圭太官僚化、太讲分工规则，而没有想那么多，恐怕也是麻木之故——官场可以麻木，但不可逾线，这在他则是经验太少了。当然，多了这笔开支，他自己又少了多少入私囊，这又是另外一回事。

好在只是"革职留任"，没另派人取代他的位子，皇帝多少还是手下留情，应是贡品讨得皇帝的欢心起了作用。

祖秉圭一下子学乖了。整个冬天，他都深居简出，托病不见人，不过，打发了好几拨人上京城。毕竟是"自家人"，皇宫中有不少可以为他说得上话的人。对于那些对他这个职位虎视眈眈的，当然更要防范……

总而言之，这番功夫没有白费。先是传来皇帝没有改换海关监督的意思，仍在察看他祖秉圭的表现的消息。而不利于他的密折，似乎没有再出现了，大概那些觊觎他官位的人也认为他已被打趴下了，在等皇帝换人，此刻不可造次。

没多久，圣恩终于降临了。祖秉圭官复原职了。

看来，皇帝对他还是够关照的，上回他丢了广西巡抚的顶子，却很快又得了海关监督，依旧是从二品大员；这回对他更是手下留情，只是革职留任，没叫他卷铺盖走人，而且，才过了个冬，便春风吹又生了。

皇帝惦记着这一年度的贸易季节呢。不出几个月，外洋的商舶便又会接踵而来，由于上年的礼遇，这年的外洋商舶势必有增无减。

祖秉圭再度雄心勃勃，这个贸易季节，一定要收到超过30万两才过瘾！才不在乎拨给普济堂的零头呢。

可是，行商谭康官、陈芳官却要将陈寿官、广东官府与外商勾结，一起违规牟利的行为告到英国东印度公司，还将出庭誓证。

前面已经提到过，由于陈寿官已经与官府勾结，谭康官他们要想将官商勾结之事告到清政府官员那里是没有任何意义的，并且还有可能因此招来杀身之祸。而那时最保险的办法莫过于向负责对华贸易的英国东印度公司举报，这样，可以通过外方先整顿一下外商来控制中外经济贸易的局面。然而，当谭康官真正实施起来的时候，还是困难重重的。首先是距离太远，告状的信寄出去了好几个月却一直收不到消息，如泥牛入海。为保险起见，第二次则是一式多份，通过不同渠道投送，终得成功。

---

① 中国第一历史档案馆馆藏：《宫中朱批奏折，雍正七年十月二十八日署广东巡抚傅泰奏折》。

这边清政府官员得到风声，得知谭康官与外国公司通信、告状，于是立马采取措施，要整治谭康官。

而另一边，英国东印度公司管理外商大班的负责人收到谭康官的举报信之后，非常钦佩谭康官的勇气，更是欣赏其诚信的品质。出于西方人的文化传统，在检举某事或是作证的时候，都必须手拿圣经发誓。由于谭康官身在中国，于是英国东印度公司便派人前往中国找谭康官发誓作证。

欧洲那边的主任们也收到了谭康官的信件。在信中，谭康官揭露了总督大人和荷兰商人格理贝尔（Grebel）之间发生的事情。他明确要求外国公司的主任积极地帮助解决在中国发生的这些贸易问题。

外国公司主任们立马给他写了回信。结果，他获得了巨大的贸易额。

然而，格理贝尔并不希望中国商人与欧洲总部之间发生联系，但是他和其他荷兰董事对于谭康官之前给予他们的热情招待很是感激。1731年，当他们到达广州港时，谭康官为他们提供了临时宿舍。作为答谢，这两艘荷兰商船给他带来了两箱法国红葡萄酒。在荷兰的书册上记载着每只船上装载着价值100两银圆的红酒，总数是200两。荷兰人还带来了两面大镜子作为礼物送给谭康官。但是他们在运送过程中遇上收费人员，当收费人员得知这些东西是送给谭康官的，礼物就被没收了（很有可能是得到总督大人的吩咐）。

在谭康官等人的努力下，外商法扎克利、海关监督祖秉圭、行商寿官等人都得到应有的惩罚，谭康官的行为维护、捍卫了国际公平和自由贸易原则。尤其值得指出的是，雍正严厉惩处了祖秉圭与寿官，是因为他们违反了清廷的原则。雍正怀疑他们以户部的名义进行贸易，而户部是不得参与贸易的，它只有监督与指导的职责——这是中国自古以来防止官商勾结的一项政治举措，尽管官商勾结难以扼制。进一步而言，对海外贸易，雍正更是高度关注和警惕，不允许有人操控外贸从而影响朝廷收入。一个口岸被垄断或操控，势必影响日后的竞争，从而令外贸迅速萎缩。

假若清政府不过多地干预行商与外商之间的贸易活动，行商们就不会成为官府用来制衡外商的棋子。然而，这一切都只能是我们的假设。

对于发生在谭康官身上的这些官司、纠纷，其他学者同样予以了关注，澳门大学教授范岱克先生在其出版的著作中便对这一事件进行了论述。由于语言上的差异，范岱克教授文中所写的人物名称与笔者所研究的"谭康官"这一名称不一样，但是他和笔者所关注的问题和事实是一致的。下面是对范岱克教授文中部分内容的中文翻译——

谭康官的事情依然悬而未决，他再次试图清理这些不利于他的控诉。他和陈芳官在1732年的贸易季度中一直保持低调。他还发现了一个秘密手段：向总督、巡抚或抚院寻求帮助，将他的案子向朝廷反映。这些官员同意了他的请愿，并将其呈上朝廷。谭康官还请他的兄弟将他的案子告诉皇帝。这一举动最终导致了针对陈寿官和祖秉圭的调查。

谭康官向广州高级官员申述的行为是一个冒险的做法，很容易引火上身和产生更多的麻烦。但是正如他寄给荷兰董事的信中所提到的（在总督以死刑相威胁之后），为了澄清自己，他愿意冒一切风险。短短的时间内，他的努力有了一定的成效。1732年9月

25日从朝廷传来政令，命令广东总督［雍正十二年（1734）后更号"两广总督"］将海关监督祖秉圭和行商陈寿官关押起来，原因是他们进行了非法贸易。祖秉圭被传唤回北京交代他的行径；谭康官获得自由，并被允许继续进行对外贸易。

科林·坎贝尔进一步阐述了这一混乱事件——

谭康官控诉法扎克利违背了两人之间的茶叶合同，终止从谭康官处购买茶叶，反倒从寿官那以更加低廉的价格购买；但是实际上是以与谭康官同样的价钱进行交易。谭康官控诉法扎克利、寿官和海关监督祖秉圭从中牟取差价。而由于这些串通，谭康官失去了他的贸易。

谭康官给荷兰主任写信，指责荷兰当局类似的违反合同的行为。除了告知东印度公司这些混乱外，他还建议他们可以像法国人那样常年派遣一个代理在中国，建一个办事处，为来年生意进行采购。他指出，法国代理人 Mr. Pribel 先生在淡季所购货物少了20%~25%，这比他本人的工资开销和余留要多出很多。

祖秉圭发现了谭康官寄往欧洲的信函，而这使谭康官陷入险境。祖秉圭向皇帝呈上一份密函解释发生的事情。他指控谭康官想通过与国外公司直接联系的方式秘密垄断贸易，而他有权力制止谭康官以后的贸易发展。下面摘录的信息展示出祖秉圭1729年已经开始禁止谭康官的贸易：

> 1731年7月19日：17日清晨所有商人被召唤至总督府，官方的 Quiqua 派遣他的合伙人，谭康官也派遣另一个人代表他前往，因为他自从1729年以来已经有两年的时间没有出现了。总督给予他们极大的信任，并委托他们做好与欧洲商人直接的贸易。但是当看到（谭康官派遣的）人时，总督并不认识此人，于是问他是谁，来人回答他是代表谭康官前来的，总督于是告诉他他再次没有任何生意，并且说谭康官并不是一个适合的与欧洲人进行贸易往来的商人。①

在事先并没有任何商讨的情况下，笔者与澳门大学的学者不约而同地都对这段历史时期围绕谭康官发生的中外经济纠纷事件产生了兴趣。可见，这些混乱、纠纷自有其研究价值，研究这些事件，我们不仅能够对十三行了解得更为完整、全面，而且能够很好地了解十三行所处的时代环境、中西方文化碰撞的样貌，这对于我们分析当下中国与世界经济贸易的关系、中国经济发展等方面都有着积极的借鉴作用。

第三十章　告洋状的行商之三次牢狱之灾

外商日志中有商总谭康官三次入狱的记载。

商总谭康官第一次入狱便是因为拒缴10%的"加一征收"。我们在外国大班的日志中发现了相关的文献记载：

---

① 〔美〕范岱克：《大班日志》（英文），敖叶湘琼译（未刊稿）。

1728 年 9 月 25 日

谭康官近年来一直身缠官司,他昨晚被官府抓捕,然后手戴镣铐地被押回他的居所,并且像犯人那样被整晚囚禁起来。事实上,康官之所以被抓是因为他早前勇敢地拒绝缴纳 10% 的 "加一征收" 税。

商总谭康官第二次入狱是因为揭露外商法扎克利与行商寿官交易舞弊案。外国大班的日志记载此事说:

1731 年 7 月 29 日

谭康官已经被海关拘留两天,并且还在南海县拘留了三天,关于他被拘留的原因众说纷纭。我们已经知道海关监督告诉谭康官,说他绝对不是与欧洲大班进行贸易的适合人选,尽管他已经与我们签订了合同。其他人说由谭康官所负责的清廷官员妻子家那边所欠的一笔债款是导致他被南海县衙拘留的原因,他与英格兰和荷兰通信是一件非常大的罪名,广东督抚和总督为此进行商讨,关于这个的最后结果并没有公布于众。尼什(Naish)先生后来听闻谭康官从南海县衙里释放出来,并且现在正在他的商行中,于是便派人前去找他。谭康官来了之后说道,海关的确曾经努力阻止他与我们进行今年的贸易往来,但这是因为他不愿认同某些官员的任意诉讼行为。

行商谭康官(此时其 "商总" 身份已被免)第三次入狱的记载如下:

1732 年 6 月 27 日

令我们感到奇怪的是谭康官和陈芳官都没有来拜访我们,据询问其他行商,我们得知是由于谭康官和海关监督之间的关系发生了变故,导致谭康官害怕来国外,害怕他的位置被取代。这件事让我们感到极大的不安,因为作为商人,我们十分需要依赖这些行商。

9 月 26 日

今早,一个行商前来通知我们昨天朝廷派来一位官员直接去找总督和督抚,他所带来的指令是替换海关监督并且指派了另一名官员接管这一职务。据说这一指令昨天晚上就已经对海关监督执行。Seuqua, Pinky 以及 Cuqua(Houta 行)等人被招来,并由于一些与海关监督相关的事件被抓入狱,而对于这些事情的真相我们目前并不了解。我们被告知,海关监督骗取了朝廷大量的关税,为了填满上报的关税,在他任职海关监督期间,利用行商为他缴付了几乎全部的海关关税,而且持续很长一段时期,而在那一时期这些行商都是海关监督当时所器重的。海关发生的事却让他们十分惊愕。海关监督完全没有想到,本来他有十分把握的官司竟然会出现变故。四天之前他还从朝廷派来的官员那得到命令,以一种十分恶毒的方式将谭康官驱逐。

但是现在的命令却与之前相反，谭康官可以继续留在当地，而海关监督却被发现犯法，并有指控他的证据事实，他的敌人却成为他的审判官，海关监督已没什么期盼。总督和督抚于是指派 Conchefu 担任新一届海关监督，据说他是一个很好的人。

以上的外商日志告诉我们一个事实，那便是，谭康官的确是三次被捕入狱。但是，由于谭家在当地有一定的影响力，所以清政府官员也不敢把他怎么样，最终还是将其释放。而谭康官的牢狱之苦也不是没有"成果"的，那便是通过其努力，最终官商勾结的陈寿官和祖秉圭都得到了应有的惩罚。

原来，这段时期，谭康官的合伙人陈芳官为了保全自身，曾逃难到惠州，遇上被海关监督衙门革退的书办，通过书办获得了海关监督贪污的账册，这成为谭康官日后逃离苦难的救命稻草，也是海关监督的"丧钟"。

谭康官的合伙人向荷兰大班解释了为何谭会入狱。有三大理由：①谭康官被指控想减少 10% 的"加一征收"税；②谭康官曾和英国及其他外国商人沟通，劝说他们将船停泊在珠江三角洲较低处，不要再往上游前进（可能是为了给总督以压力，促使取消 10% 的"加一征收"税）；③谭康官给英国和荷兰东印度公司写信，这在朝廷看来是大逆不道的，并且被视为想垄断贸易。除了以上这些指控外，英国大班们被告知导致谭康官 1731 年 7 月入狱还有一个原因，是与他有关系的某官员的妻子那方欠皇家银子。各方说法有出入。

通过考察谭康官的言行及审阅外国商人对其的评论，我们大概可以推断出他想做什么。很明显，他想将中外贸易带入一个公平、公开的环境。他希望外商继续坚持银两税率自由，从而可以帮助广州港的经济贸易保持竞争力；还希望当外国公司董事及中国地方官员没有尽到责任时，中国商人可以自由地与外国公司主任联系，同时后者也能与中国更高级政要进行直接的联系。总之，谭康官进行了一场个人的运动，希望揭露和根除各种贸易腐败现象，希望中国国内和国外的贸易都能形成一种透明、公开的方式。

当我们评估谭康官所期望的这些目标并与那些针对他的指控进行比较时，我们需要知道的是，他是广州资格最老的行商之一，他已有多年的对外贸易经验。他曾与葡萄牙商人进行贸易 20 多年，在 18 世纪 20 年代还与荷兰、英国商人及东印度公司等进行贸易往来，很有可能与法国人也有贸易经历。谭康官对与东南亚的经济贸易也非常熟悉，并且曾经在巴达维亚进行贸易。

然而，在官员的眼中，谭康官仅仅是一个地位低下的商人，他是没有权力向总督提意见的，尤其是在没有经过请示的情况下。他也没有权力向广州之外的更高一级的中国官员申诉，只有当他与地方官员关系好的时候才能这么做。同时，他没有权力给国外董事主任写信。他的想法和做法与在广东经济贸易中长期形成的贿赂、纵容现象背道而驰。

毫无疑问，谭康官已经尝试远离那些在中国国内和国际经济贸易中存在的不公平。他当然也注意到了外国人在广东和澳门所支付的低利率。这可以作为理解他愿意提供英国商人留给他的钱每月百分之一的利率（与外国人支付的一样）的原因，而其他中国人仍支付百分之二的贷款利率。在谭康官看来，所有这些都是为了促进贸易；可是在政府官员的眼中，他的行为是在向权威挑战。

当然，谭康官对这些事情有不同的解释。他声称由于他给东印度公司写信，格理贝尔就故意要求总督禁止与他的贸易。根据他的说辞，格理贝尔不想广东商人直接与外国主任交流，这种自由将会阻碍格理贝尔在进行贸易时获取私利。

如果我们从另一个角度来分析谭康官的不妥协行为，可以看出，行商的行为有损清政府官员的权力和外国商人的私利。清政府官员不愿意让中国商人个体自行管理自己的商业贸易或推行各种倡议实现变革，尽管这样会带来好的结果。这种个人的实力和影响力被视为对官僚体制权力和等级的威胁。另外，外国人也不希望中国商人享有和他们一样的自由，因为这将会对他们的贸易利益带来不利影响。一个外国公司很可能在中国取得中国公司所没有的优势和好处。减少收费和税收非常有利于经济发展，但是赋予中国商人这种与外国公司协商的自由将会威胁到它们获取最大利润。

当外国人认为中国商人欺骗了他们或诈骗了他们，他们的官员常常向广东官员进行指控；但是他们不希望中国商人拥有同样的自由，可以随意地向欧洲公司高层寄发通告揭发他们在广州的行为。如果这种行为被允许的话，将极大地阻碍他们在中国进行个人的经济贸易。考虑所有因素，他们还是尽可能地压制和限制中国商人的这种行为。

此外，如果允许中国商人直接进入欧洲市场，可与当地的代理人进行书信沟通，这种互动方式将可能导致中国商人用自己的商船装载货物直接进入国外市场，这将威胁到所有的东印度公司。如果广东商人被允许拥有和外商一样的自由权力，他们为什么不直接与外国公司进行贸易？难以想象像谭康官这样有野心的人不会尝试直接与外国公司进行贸易。

第三十一章　"帝国"的面子

瑞典是稍晚些与大清王朝进行海上贸易的欧洲国家。当时，瑞典人据以远涉重洋来到中国的航船，是其时乃至当代人都熟悉不过的三桅海盗船。

且莫以为"海盗"二字有什么贬义，瑞典人并不讳言祖上的海盗"出身"，那是他们海上王国的一种荣耀。商店里，大大小小的海盗"公仔"，大的有真人一样的尺寸，小的则可托在手心，其价格可不菲。

雍正年间，瑞典商船开始了开往中国的"处女航"。

第一艘来到中国的瑞典商船是"腓特烈国王号"。它是在1732年8月底来到中国的。这是一次迟来的造访，更是一次迟来的商业之旅。

本来，在100多年前，欧洲不少国家的东印度公司已经在与亚洲的贸易中挣了个盆满钵满，那时，瑞典也已是一个海上强国，波罗的海上几乎所有的重要港口都在它的控制之下。所以，还在1620年，专门从事波罗的海贸易的荷兰商人便已经向瑞典国王进言，在瑞典的西部海岸完全可以建成阿姆斯特丹式的海港城市——这里指的是哥德堡，这一来，瑞典的船队便能从哥德堡起航，进入北海，打入整个欧洲市场。凭借当年的实力，瑞典的东印度公司计划当即可拟就，并且可迅速成为商航中又一劲旅。然而，当瑞典拟就建立东印度公司的特许状时，一场大战把这一宏伟计划延宕了。

原来，沙俄彼得大帝、丹麦国王、波兰国王等对瑞典的强大感到很不安，更何况瑞典还侵占了这些国家的部分领土，波罗的海几近成为瑞典的内海。于是，1700年，他们趁刚即位的瑞典国王卡尔十二世还年轻（1697年即位，1700年时年仅18岁），发动了"大北方战争"，又称为"第二次北方战争"。

刚开始，他们都不是卡尔十二世的对手。一万人的瑞典军队打垮了三四万人的彼得大帝军队，令彼得大帝弃阵而逃；后来，瑞典军队又攻下了华沙，另立波兰国王，令其退出反瑞典同盟；之后，卡尔十二世率领七万瑞典精兵，开始远征莫斯科。

然而，严冬来临，瑞典军队几乎如100年后的拿破仑大军一样，败于大自然及茫茫荒野。最后，卡尔十二世只领着不到一千名士兵逃到奥斯曼帝国。后来，他又用15天时间，骑马横跨欧洲，从奥斯曼帝国奇迹般地杀回瑞典，重整旗鼓，再下战书。可惜，天不假年，1718年，他在与挪威的一次战斗中弹身亡，年仅36岁。随后，一系列不平等条约使瑞典失去大量领土，也失去了作为欧洲强国的地位。

在战争当中，瑞典就想开展东印度贸易。及至战败，国家财政十分困难，这事又一次被提到议事日程上。

瑞典虽败，财政拮据，但其造船技术一如既往，非常高超，并不因战败而稍逊一等，更何况其远洋航海的技能不在他国之下，在海上的威风绝不比英、法、荷兰等国差。于是，1731年，瑞典东印度公司正式成立。此时，中国正值雍正年间，开海贸易已有了不少起色。虽然从1620年到1731年，瑞典建立东印度公司被拖延了100多年，但是有失亦有得，通过这么一个世纪的时间差，它可以借助别国成功的经验，吸取人家失败的教训，使这一宏伟的贸易往来少走弯路，进入良性循环，避免损失。凭借海上贸易获得的丰厚利润，瑞典因战败而遭重创的经济得以复兴，整个国家的元气在短时间内得以恢复。

由此可见，"腓特烈国王号"初航中国负有何等重大的历史使命！

为此，瑞典选择了曾在英国东印度公司商船上服务的大副坎贝尔担任"腓特烈国王号"的大班，也就是船长。坎贝尔曾经到过广州。按照该国第一次特许状的规定，瑞典东印度公司的船只应以哥德堡为进出口港，而到达的目的地则是广州。所以，两城之间的贸易来往代表了两个国家的商业联系。

坎贝尔身兼二任，一是"腓特烈国王号"的大班，负责全盘的商业运作；二是被瑞典国王任命为全权代表，负责瑞典与清廷的外交联系。也就是说，商贸与外交并重。只是那时的清王朝自视为"天朝上国"，把外邦往来视为"朝贡"，根本没有平等观念，更谈不上建立国与国的外交关系，所以，坎贝尔这一外交使节的身份形同虚设。

坎贝尔是个有心人，毕竟是首航，须向瑞典东印度公司及瑞典国王有个交代，所以，这一路上，他倒是十分勤勉，天天写航海日志，把在海上及广州的所遇、所见、所闻，均做了较为详尽的记录。这一日记一直被保存下来，并广为人知，是难得的一份史料。

"腓特烈国王号"开往中国时，也是充满艰险。因为欧洲各国之间，或战或和，时敌时友，一不小心，擦枪走火，就可能在海上打了起来。为了做生意，"腓特烈国王号"在前往西班牙西南部海港加的斯时，悬挂的是英国国旗而未挂瑞典国旗。坎贝尔曾在英国东印度公司工作过,冒充英国船倒也不难。此外,它还隐瞒了商船身份,冒充英国战船,这样便可以逃税。这一路上,经过不同海域,就挂不同的国旗。在好望角一带,挂的是荷兰旗。这其实也是一个公开的秘密,几乎所有商船都这么做,所以,船上除了英、法、荷、瑞典国旗外,还有别的什么国家的国旗也不足为怪。就算是英国船,过英国殖民地的海域也不挂英国旗,因为这样可以避免本国公司的监管。

1740年前后的瑞典船只

因为瑞典商船从未到过广州,而坎贝尔曾是英国船上的人,曾来过广州,于是,船进入珠江口后,索性悬挂上英国国旗——这毕竟是中国人所熟悉的。这一来,也未受什么阻拦,顺顺当当靠岸了。

他们停靠在虎门附近的珠江水面,坎贝尔率八名人高马大、金发碧眼的瑞典军官向天上鸣枪八响,以示欢迎粤海关虎门口的官吏按例上船检查。坎贝尔在日记中写道:

> 28日星期天下午,从虎门关口驶来一条官船,船上的海关胥役登上了我们的船进行检查。他们在两天之前,已经在关上见到了我们,并且派人去广州,向大官报告我们的到来,这些人回头就来检查我们的大船,记录了我们船上的船员、大炮、刀剑、火药和火枪的数量。我们用茶和酒招待了他们,并送给他们四瓶酒,为此他们很是感谢。①

---

① 〔瑞典〕坎贝尔:《航海日记》,瑞典哥德堡大学图书馆:瑞典东印度公司档案,H22:3C。

检查毕，又鸣枪八响，欢送官员们下船。

此行来之不易，临近澳门便遇上了台风，好不容易在惊涛中保住了性命，才泊至澳门。坎贝尔在虎门口交验后，未等大船上黄埔抛锚，便乘舢板连夜出发赶到广州。这一行责任重大，他务必抢在别的商船之前找到一位信誉好的商人充当买办，帮外船把商品运上岸并放入仓库，并为船上的成员提供食品。而这一切，都围绕一个最终目的：找好买家，用尽量合适的价格，签下购货合同——只要一签，便大功告成。不过，这却是说来容易办起来难的事情。

坎贝尔是首席大班，依第三大班莫德福的意见，应当找十三行中的广顺行，行商为陈寿官，因为广顺行实力最雄厚。可坎贝尔立即予以否决，因为英国东印度公司一下子来了4条大船，早就盯上广顺行作保了，摊不上瑞典的这条小船。坎贝尔推介了他6年前来广州时熟悉的两家，一是陈汀官的崇义行，一是张族官的裕源行。尤其是后者，是他的老朋友，而且诚信度很高。可是，裕源行规模不大，且不靠江边，运货太不便利了，这一提议又被否决。最终，选择了陈汀官的崇义行，其规模不小，又靠江边，行里有便利的驳口。"一个本性不错的人"，坎贝尔这么评价陈汀官。

在陈汀官的崇义行，坎贝尔租下了一个"夷馆"，这样，就可堂而皇之地接待来客了。他们中午到达，下午便在"夷馆"里迎客，可见效率之高。来访的，当然大多是坎贝尔的熟人，各条大船的大班们，他们互通信息，也互相使绊子，都是生意场上的人，说半句留半句，半真半假，姑妄听之好了。

陈汀官办事利索，第二天便向海关申报，第三天则领着坎贝尔一干人等前去觐见海关监督大人、二品大员祖秉圭。

尽管坎贝尔对自己的官方身份"特命全权大使"很是得意，可海关监督却不理他这一套，只谈商务上的事情，承诺对瑞典这一"蓝旗国"的贸易权益一视同仁，并祝其生意兴隆，财源滚滚，还送上几块丝绸作礼。祖秉圭本就对瑞典一无所知，也不愿知道，反正是"外夷"就是了，而坎贝尔对中国这种"朝贡"定位也所知无几，两人自是"鸡同鸭讲"，虚与委蛇罢了。

翌日，便是例行的丈量船只的仪式，这是沿袭了明代"丈抽"的古法，是从明隆庆五年（1571）开始实施的。丈量船的宽度与长度后，二者相乘，再除以十，依此得出的数值来确定船为几等，并按等次来征收洋船的固定税，这税名则叫作"船钞"。

"腓特烈国王号"丈量后，被列为二等，即中等（所有船只分为三等）。因此，其"船钞"为纹银880两。陈汀官作为保商，负责为该条船缴纳这一固定税，丈量完后，中方则按古仪"飨以牛酒"，代表皇上表示慰问。

到此，算是所有手续都办妥了。

而后的日子便正式投入到生意上了：一是寻找买家，把带来的货物卖出；二是购买所需要的中国货物，好再满载而归。这中国货物，当然是茶叶、瓷器与丝绸这三大样主货，这些货物在欧洲都很畅销，一本万利，走一趟便发大财了。

瑞典船上只有呢绒布，而这在中国并没多大销路。不过，白银却有好几吨，可用来购货。这白银均为西班牙银币，有11万枚，价值纹银8万多两。当时在中国流通的只有这种银圆，所以，船务必在西班牙加的斯港停留上几十天，为的是兑换这种可以同中国人做交易的银圆。

几乎没人要的呢绒布，坎贝尔用尽手段，加上夸口，用搭卖等方式，终于统统推销出去了，而且利润非常可观。

在交易期间，张族官，还有财大气粗的陈寿官，竟都因犯案下了大牢，可见十三行的行商并不好做。坎贝尔对自己最终选择了陈汀官，到最后"功德圆满"完成了全部交易很是得意，拼命吹嘘自己很有眼力。在日记中，他写道，自己向十多位行商订购过货物，为日后选择可靠的贸易伙伴打下了稳定的基础。

"腓特烈国王号"在广州前后待了4个月，直到第二年的1月16日才离开广州返航。这时，船上有151箱及180捆瓷器，共计近50万件；红、绿茶2183箱，另外还有100件半箱装、6件小箱装、23件篮装、46件筒装及422件罐装或盒装茶叶；丝织品23355件、棉织品633件。除此以外，还有青漆家具、珍珠母、人参、墙纸、朱砂、桌布、纽扣、藤索等；自然，还有用来"压舱"的生锌，即白铜60多吨，回去也能大大地赚取利润。

瑞典"腓特烈国王号"在广州待的4个月时间内，与十三行行商打交道，漫天要价、落地还钱的事少不了，姑且不去说它。倒是这从夏秋至冬日的4个月期间，外商在广州惹的是非，有一件"大事"不可不提。

这一事件，不仅坎贝尔在日记中做了记载，马士的《编年史》中也有记载，至于清王朝，更以此大做文章，以证明"外夷"的不开化。

这一年是雍正十年（1732），对于中国的科举制度而言，这是至关紧要的一年，即三年一试的秋闱。所谓"秋闱"，便是秋天的科举考试。考试的地方叫作试院，又名"棘闱"。何谓"棘闱"呢？科举考试所在的试院为了防止作弊，在围墙上插满了荆棘，谁想爬墙偷传文章，势必落个满身刺的下场，所以，称为"棘闱"，又叫作"棘院"，可见当日科举考试也是很严格的。本来嘛，考生一生的仕途，或从这里开始，或在这里寂灭，非同小可。

三年一试的秋闱，对于清廷而言自然是大事，不得有任何差错，更不能容忍任何骚扰。可万万没料到，这一年参加秋闱的考生竟被洋人们的枪炮声吓得魂飞魄散。

说来也巧，省城广州的棘闱，就设在黄埔附近的江边。考试的这天，老老少少的秀才们早已规规矩矩赶到了试院，满腹经纶正待下笔倾泻而出，忽地"砰砰，砰砰砰"的巨响骤然而起，而且连绵不绝，把秀才们吓得心惊肉跳，连手上的笔也给震落到了地上。

出什么事了？反正，文章是写不了了，这一辈子的前程，只怕也让这乍响的枪声给毁了。士子们惊魂未定，面如土色，只差没抱头鼠窜了。

当时当地倒未发生什么战乱，也没出什么事，只是黄埔港口停泊着的外国商轮上，水手们闲极无聊，向天放枪以寻欢作乐，不过是闹着玩罢了，却不知惹下了大祸，让偌大一个国家的考场上的考生心惊胆战，令这"国之重器"成了儿戏。

说起来，也不好怪这些水手们。本来他们到世界上任何一个港口，都可以登岸，去逛大街，去酗酒，去狎妓，可到了广州，除了大班能上岸去谈生意外，他们只被允许在船上及港口附近走动，港口附近的黄埔村只有一家很小的酒铺，中国酒的供应倒也没断过，这恐怕就成了水手们唯一的乐趣。这酒一喝多了，麻烦也就来了，整天朝天放枪，以此找乐子。船上枪、炮俱全，是因为珠江口上海盗出没无常，所以官府也没敢收走他们的这些武器，免得出事，丢了清廷的面子。

枪一响，事情就闹到海关监督那里了。秋闱是国家大事，海关监督不敢懈怠，立即告知十三行行商，让他们通告洋人大班，不得再在船上放枪作乐。不少商船上的水手倒还听话，可有的商船，大班之间有矛盾，自顾不暇，下面的军官水手也就十分放肆，照旧放枪，哪管为他们作保的行商苦苦哀求，边放枪，还要喧闹，吆喝不断，把试院弄得无法开考了。

于是，主持乡试的考官就把状纸送到了总督衙门。

广东总督鄂弥达收到状纸，自是唯海关监督是问，本来，这两个人就结怨颇深，总督早就具名严参海关监督祖秉圭贪污海关税银，这下子更有小辫子可抓，严斥海关监督"对外夷教化不力"。这位接待过坎贝尔、风度翩翩的海关监督，自是气不打一处来，先是找到陈汀官好一顿臭骂，紧接着，又下令所有为瑞典"夷馆"服务的中国人统统撤走，旋即派兵把"夷馆"团团围住。

对外国人动手使不得，气就撒在了通事身上：谁叫你没翻译好，弄得红毛鬼子不懂规矩，捅出这么大的篓子？！可怜的通事被抓到黄埔港系锚之地，戴上木枷，跪地示众，而且给狠狠地打了一顿屁股——这当然是"国粹"，只可用在国人身上。

不过，跪在锚地示众，却是给外国军官水手一个警告：下回，你们再放枪作乐，小心也被这般对待。杀鸡儆猴呗。至于有效没效，则另当别论。陈汀官也给吓了个半死：没把他照此办理，算是海关监督给足了面子。

这件事，成了传扬中外的新闻。

然而，并不可以为这事处理了，便万事大吉了。也许，正是这一事件触发了更大的问题，不久之后，海关监督祖秉圭也没能保住乌纱帽，与他过从甚密的几位行商如陈寿官等，也锒铛入狱。状纸满天飞，不独飞到朝廷，也飞到了东印度公司。

清初、中期，谭家在十三行中的地位不可等闲视之。至于陈寿官，当年在广州从化就有良田3000万亩。当陈寿官生意"执笠"（即粤语"破产"的意思）后，这土地村庄一并卖给了后来相当出名的行商潘振成。

陈寿官是很识相的，海关监督祖秉圭要什么，他就给什么。祖秉圭上京打点，所有贡品及礼物大多由他来承办，所以，二人关系很不错。至于崇义行的陈汀官与资元行的黎开官，虽说与祖秉圭没这么亲密，但也不敢拂海关监督面子，所以彼此间也没什么过节。

在雍正皇帝尚未批复海关监督贪污海关税银奏折之际，又发生洋人向天鸣枪寻欢作乐、惊动秋闱的重大政治事件，更够让祖秉圭胆战心惊的了。

皇帝本有意栽培祖秉圭，可一连接到总督密折及广东几位封疆大吏的联名奏折，也就坐不住了，顿时雷霆震怒，上谕广东总督鄂弥达将祖秉圭捉拿归案。

9月25日，秋闱被惊事件后一周，圣旨到了广州，祖秉圭被缉拿到大牢里了。第二天，广顺行的陈寿官、裕源行的张族官也逃不了干系，一道给抓进了大牢。

先解释为何外国商船的水手要待在远离广州城的黄埔港,只能到附近村庄酒铺饮酒解闷、开枪作乐。

对于有数千年文明的泱泱大国,中国当日海纳百川、八面来风,外国人来华,住在广州,本来是不成问题的。可到了明清二朝,这不是问题的问题,却成了大问题,甚至连皇帝都伤透了脑筋,得直接做出"朱批",而且还得反复几次。

明代有怀远驿,一度视外舶为"贡舶",自是以外交礼仪待之。而到了清代,情况有了变化,怀远驿对外舶"退避三舍",须十三行出面,官方断不可与外国商人打交道,否则便有损国体,有"华夷之分"才能保住朝廷的脸面。愈是走下坡路就愈要面子,所以,不成问题的事就派生出诸多大问题。

唐代,仅广州就住着上十万的外国人,他们来中国经商、传教,甚至成家立业,从响坟到光塔,那时的外国人一度风光无限,有谁担心他们会伤风败俗呢?

可此际,才几条船,一班水手,却不是待在澳门,便得住在船上,顶多在黄埔村的尺寸之地偷杯,连放上几枪,都成了了不得的大事。真可谓"外事无小事"。

朝廷对乘坐"夷船"来华的外国传教士又是如何处置的呢?雍正二年(1724),由于外国传教士在福建生事,清朝政府便下了一道命令,把全国各城市的外国传教士全部清理到澳门。自然,外国人不干了,有中国名字的洋人戴进贤上书雍正皇帝请求网开一面,容许各国传教士留居在广东省城广州的商馆里。

对此,雍正皇帝朱批道:

> 朕自即位以来,诸政悉遵圣祖皇帝宪章旧典,与天下兴利除弊。今令尔等往住澳门一事,皆由福建省住居西洋人在地方生事惑众,朕因封疆大臣之请、庭议之奏施行。政者公事也,朕岂可以移恩惠尔等,以废国家之舆论乎。今尔等既哀恳乞求,朕亦只可谕广东督抚暂不催迁,令地方大吏确议再定。①

当时的广东总督孔毓珣等大吏赶紧商议,同意在广州安置西洋人。孔毓珣奏称:

> ……查各省居住西洋人,先经闽浙督臣满保题准,有通晓技艺、愿赴京效力者送京,此外一概送赴澳门安插。嗣经西洋人戴进贤等奏恳宽免逐回澳门,发臣等查议。臣思西洋人在中国,未闻犯法生事,于吏治民生原无大害。然历法、算法各技艺,民间俱无所用,别为一教,原非中国圣人之道,愚民轻信误听,究非长远之计。经臣议将各省送到之西洋人,暂令在广州省城天主堂居住,不许出外行教,亦不许百姓入教;遇有各本国洋船到粤,陆续搭回;此外各府、州、县天主堂尽行改为公所,不许潜往居住;业会同将军、抚、提诸臣具题。其澳门居住之西洋人与行教之西洋人不同,居住二百年,日久人众,无地可驱,守法纳税,亦称良善。惟伊等贩

---

① 中国第一历史档案馆、广州市荔湾区人民政府合编:《清宫广州十三行档案精选》,广东经济出版社2002年版,第59页。

西洋人戴进贤关于请求允许传教士留居广州商馆的奏折

洋船只，每从外国造驾回粤，连前共二十五只，恐将来船只日多，呼引族类来此谋利，则人数益众。臣拟将现存船只编列字号，作为定数，不许添造，并不许再带外国之人容留居住；亦经具疏请旨此安插两种西洋人是否妥协伏候圣裁。再，外来洋船向俱泊于近省黄埔地方，来回输纳关税。臣思外洋远来贸易，宜使其怀德畏威，臣饬令洋船到日，止许正商数人与行客公平交易，其余水手人等俱在船上等候，不得登岸……①

这一来，十三行也就住下了传教士，但限制了他们的传教活动，只保证其人身安全。至于水手，仍旧上不了岸，只能留在船上。

可到了雍正十年（1732），即外国船上的水手开枪作乐、惊扰秋闱这一年，传教士再也不能继续住在十三行了。

时任广东总督鄂弥达上奏道：自孔毓珣奏准西洋人入住十三行后，他们并不安分，招党聚众，恐生事端，因此，特奏请先将外国传教士驱往澳门，等有该国船到再驱逐回国；同时，重申外商不能带货物潜到省城内交易，各关口要严格盘查，禁止传教士及闲杂人等到十三行，杜绝其蛊惑人心、败坏风俗、潜生事端。

雍正皇帝批准了这一奏折。

第二年，即雍正十一年（1733），皇帝任命广州左翼副都统毛克明兼任粤海关监督，负责海关税务征收和稽查货物等事务。其时，副都统衙门在广州旧城内，而粤海关衙门在新城里。商行的船只则泊在西城外。为了便于征税，毛克明便将副都统衙门移到粤海关衙门内。

由于发生了"秋闱事件"，鄂弥达认为，外国船只过去是泊在虎门口外的，自康熙二十五年（1686）则移进黄埔，从而"迫近省城，一任夷商揭帆直入，早晚试炮，毫无顾忌，未免骇人听闻"，要求"饬令仍在虎门海口湾泊"。

别说外商反对，行商也不干。

毛克明虽说是一介武官，可收不到税，也不干了。于是，他一方面严禁外国水手在广州内河放炮，另一方面亦奏请雍正皇帝，称：澳门已租给葡萄牙人了，如果其他外国人杂居澳门，引发事端就不好办了；而十字门属外洋，外国商船来往怎么监督？他们勾结内地奸商走私漏税，又怎么稽查？而现在黄埔尚有左翼镇标水师营驻防，对外商就近稽查禁约则更为方便，为了不影响税收，故请奏允许外国商船湾泊黄埔，作为广州贸易的外港。

然而，雍正皇帝朱批义正词严地驳斥道：

---

① 中国第一历史档案馆、广州市荔湾区人民政府合编：《清宫广州十三行档案精选》，广东经济出版社2002年版，第63页。

汝所陈不便，皆税务钱粮之不便，未念及地方永远之便与不便也。①

显然，雍正皇帝是从大处着眼，从道统着眼，从"华夷之分"着眼，延续康熙五十九年（1720）禁止中国人信外教的严厉做法，进而贻患到了对外贸易上。

出身汉军正蓝旗，历任兵部笔帖式、参领、佐领和城守副将，完全是行伍出身的军人毛克明，见此朱批，只怕内心极为不安。他本就年迈体弱，很少管理关务，这次上奏又被严厉斥责，不出两年，就一命呜呼了。

于是，关于外洋商船能不能在黄埔停泊，便一直在争议之中，年复一年。你争你的，我泊我的，外国商船则只顾在黄埔停泊，除非你派兵来拦截——却也不见有谁派兵来拦。

第三十二章　雍正雷霆出击

回过头来，再说雍正十年（1732）外国水手放枪作乐、惊扰秋闱事件的后续故事。这故事竟然与前文所说的谭康官第三次入狱事件相交织。原因是"夷人"放枪惊扰秋闱事件之后，广东总督鄂弥达立即向雍正呈上奏折，参劾粤海关监督祖秉圭玩忽职守，放任"夷人"骚扰乡试。

而祖秉圭恶人先告状，上折子给雍正，诬陷谭康官的合伙人陈芳官操纵行市。雍正下令驱逐陈芳官，而谭康官又一次入狱。幸而其弟弟谭康举在京城，加上广东总督鄂弥达、副将毛克明等也即时上了折子，一款一款地揭露了祖秉圭贪墨的事实。

副将毛克明的奏折更切中要害：

> 广东广州城守副将降一级留任奴才毛克明谨奏，为密行奏闻，仰祈圣鉴事：窃奴才仰荷皇恩，简任副将，赴粤三载，一切营伍巡防，事无巨细，咸遵圣训，靡不竭尽心力。幸赖圣主德威远播，四境清宁而习气渐除，兵民安堵。此皆职分应为，纵殚驽骀，均不足以仰酬高厚于万一。惟奴才远处海疆，凡有见闻，已确宁固，同属旗员徇私时，愿隐忍不言，有违训旨，甘蹈罪愆。今粤海关监督、臣祖秉圭者，行事欺诈大员、圣恩所有事迹，谨为我皇上陈之：查雍正九年，共到外洋船一十八只，本港船二十余只。一时省会喝彩，齐称通海以来，从未有如此之盛，实由皇上声教，以致遐迩感格，向风归化。奴才同城观睹，弥深忭跃。又据各商民人等争传，今年税课正义约得数十万两，迨于雍正十年闰五月内奉署机臣杨永斌牌行拨兵护送。雍正九年三月起至雍正十年三月，分赢余及分担耗现与各行缴送番钱并节省等四项，仅共银二十四万八千六百二十两零，奴才甚觉诧异。但海关衙署与副将衙门同驻新城，相隔甚近，随细加察访，得之众商口说，约可得正税银三十余万两赢余等银在外，尚有库税等八房各书吏规银三万余两，再高、雷、惠、潮、琼州等府，以及澳

---

① 中国第一历史档案馆、广州市黄埔区人民政府合编：《明清皇宫黄埔秘档图鉴》，暨南大学出版社 2006 年版，第 57 页。

门各守口书吏等规银三万余两，又巧立内总管各色周年收规银一万余两。至省城本关总巡馆、东西两炮台、黄埔、虎门、佛山等税口及各房小书现银，难得细数。再每船必需粤省买办一名，每名批承充手本银一百五六十两不等，共银二千两有零。以上税课杂项细数，俱系值年库书范九锡、小书梁大成经理外，又有向各行私收，不登印簿，不填印票。如湖丝每百斤征税银五两四钱，另收分头银一十四两，有客只记准单。又澳门番人来省贸易物上纳税银外，客身按名批给手本，每一人索取番钱八个以至十个不等，出口又收三个。①

毛克明列举了祖秉圭如何巧立名目，设立各种苛捐杂税，从中贪墨之后，更明确提到：

洋行共有壹拾柒家，惟闽人陈汀官、陈寿官、黎关官叁行，任其垄断，霸占生理。内有陆行系陈汀官等亲族。所闻现在共有玖行，其余卖货行尚有数拾余家，倘非钻营汀官等门下，丝毫不能销售。凡卖货物于洋商，必先尽玖行卖完，方准别家交易。若非监督纵容，伊等焉敢强霸？是官渔商利，把持行市，致令商怨沸腾，众口交谪。事关欺昧罔利，理合据情密奏。②

于是，雍正恍然大悟，立即下旨，把祖秉圭、陈寿官抓了起来，最后判了祖秉圭"斩监候"，在乾隆二年（1737）被处死。陈芳官饱受摧残，第二年也死了。

毛克明在祖秉圭倒台后曾一度接任海关监督之职，据后人考证，除他之外，所有海关监督没有一个不贪墨的。而毛克明没有身陷其中，一是他为武将，与文官有别；二是他在任时间短，且没多久便因病身亡，也许还来不及贪点什么。而接任的郑伍赛，一开始大班对他的评价似乎还不错，且有祖秉圭的前车之鉴，但是，没出两年，亦照贪不误，应是"常在水边走，哪有不湿鞋"之故。

雍正出击，迅雷不及掩耳，也许是毛克明的奏折指出了要害。

雍正严办此事的行为，无论是从朝廷收入考虑，还是对官员的严格要求，对当时的外贸均是有利的，"河清海晏"推动了进一步的开放，这才会有乾隆登基后宣布取消"加一征收"。

谨引雍正朱批：

雍正十年七月十四日奉
前日祖秉圭具折奏，有洋行商人陈芳观把持，包揽生事，不法署督臣暗中袒护等语，朕料鄂弥达必无袒护商棍之事，只降谕旨令该署督将陈芳观解回原籍收管。今览鄂弥达、杨永斌恭奏祖秉圭欺隐婪赃九款，是祖秉圭前日之折奏乃己身劣绩败

---

① 江书才主编：《雍正朝汉文朱批奏折汇编》第二十二册，江苏古籍出版社1989年版，第933页。
② 江书才主编：《雍正朝汉文朱批奏折汇编》第二十二册，江苏古籍出版社1989年版，第934页。

露，探知督抚纠恭而为先发制人之计，甚属巧诈可恶，祖秉圭深负朕恩，著革职交与该督抚，将所恭各款严审。具奏陈芳观暂停遣解，俟审明再定。其关税事务，著该督抚委员暂行署理。①

雍正十一年（1733）十月，刑部等接到雍正皇帝谕旨："祖秉圭依拟应斩监候，将应追银两限两年交完。倘逾限不完，著请旨即在广东正法。"乾隆二年（1737）七月，刑部等向乾隆皇帝上奏请示，称：原任粤海关监督祖秉圭侵欺各项银共一十四万余两，奉雍正十一年十月谕旨，今届二年限满，仅追银二万余两，尚未完银一十二万两有零。祖秉圭应即在广东正法。其未完银果否家产尽绝，仍令该督该旗确查，送部核办。乾隆皇帝颁下谕旨："祖秉圭改为应斩，着监候秋后处决，余依议。"②

我们不难理解，在雍正取消南洋禁航令，并认为康熙当年南洋禁航所批准的奏折中，是官员欺上罔下，明明是外洋运米过来（如从暹罗），偏偏说成是中国的大米流失到外边，明明中国船小，外国船大，却说中国船料益于外国船只——小船料怎能用在大船上呢？这回，差点又被祖秉圭瞒骗了，而且，雍正怀疑，早年曾经经商的祖秉圭，是否成了食利者，官商勾结，官渔商利，成了大贪？广东海关的贪墨早已不是新闻了，但这回雍正采取迅雷不及掩耳的措施，思虑的问题可能更多一些。

要维护开海以来的良好局面，官与商之间就应当有个法度，官府可以通过缴送、纳税取得利益，维持国计，但绝不可以直接插手商人的贸易之中。这一条，中国自周朝便已很明确，官员连出现在墟市都有杀身之祸，更何况直接去做生意呢？祖秉圭无疑是犯了大忌，就算是皇亲国戚也于法难容。

而要吸引外商，让海上贸易兴盛起来，就得充分调动各大行商的积极性，而这就得公平交易，鼓励平等竞争，才可能做到公道；否则，人家见你官商勾结，欺行霸市，以后谁还敢来？那开海还有什么意义？弄不好，又得重回禁海的老路，国计不成，民生凋敝，大清的江山还怎么保住？

因此，雍正年间，在南海开航之后这短短的几年间，杨文乾、祖秉圭相继倒台，行商，尤其是谭康官几次入狱，于外商看来似乎是一种"混乱"，因为不知就里，而事实上，则是如何为开海建立正常的经济秩序，尤其是如何通过规则的制定，为开海举措保驾护航而发生的一系列相当严峻的、具有原则性及前瞻性的斗争。在这场明争暗斗中，谭康官不仅被剥夺了商总一职，还三度身陷囹圄，差点流亡不归，他的合伙人陈芳官最终断送了性命。但最后峰回路转，谭康官赢得了宝贵的胜利，也奠定了其后几十年甚至上百年十三行在对外贸易中的基本地位。所以，从雍正五年（1727）到10年后的乾隆元年（1736），从南洋开航到取消"加一征收"，清中期的开放态势显然是良好的与积极的。

梁嘉彬在《广东十三行考》中提到，自康熙六十年（1721）"麦士里菲尔德号"再

---

① 江书才主编：《雍正朝汉文朱批奏折汇编》第二十二册，江苏古籍出版社1989年版，第934页。
② 《清实录·高宗》第九册卷四七。

至粤以来，广州海关需索层出不穷：每只洋船，通事索费250两、买办索费150两，皆不能减少；而船只丈量费用则需3250两，其后亦不过减至2962两。由是行商困苦之情不觉流露。① 广东贸易，初有所谓"百分三"之税，后有所谓"百分四"之税附加于正税外，外商俱曾反对；其后再增至"百分六"，而反对愈甚；直至雍正六年（1728），更增设"百分十"之税，遂惹起外商强烈抗争。是年冬季广东贸易的情形，英国大班记载云："此地有号称'四大商'者坚持欧洲商船——除与彼等外——不得与其他商人贸易，并必须纳'百分十'之税。经大班等强硬反对，调停结果，允由行商代垫该项税金。此四大商为 Suqua、Ton Hunqua、Tinqua、Coiqua，皆与英商及他国商人早有交易，且彼此联合，并有粤海关监督及其他大吏为之后援。"②

对于谭康官和他的敌手寿官，大班们认为他们两人被官员及其属吏敲骨吸髓，早已被榨干了，况且现在两人都被排斥于市场之外。

东印度公司的文件写道：

> 大班等候并希望秀官获释，故直至他们快要离开的几天内，才进行调查尼什在1730年交易的行为。他们首先向那些与他们有来往的每个商人请求，并用各种办法劝诱他们，将秀官和尼什订约时的价格作证；但没有一个肯承认知道这个问题。然后他们向提出这个控诉的唐康官查询，但当"我们向他查询时，他说他对此事毫无所知。"后来，他们去找秀官的合伙人唐官及他的账房陈官（Chinqua）；但"陈官用英语答复我们说，他们不知道关于尼什和秀官两人之间所订的价格，因为所有账本都在秀官手里，所以甚至唐官本人也不知道，除了秀官以外，没有人能够给我们一个真实和满意的账目。"后来经过一些困难，用了惯用的方法，唐官得入监狱探望秀官，并报告说，"从他口里得不到什么，他说由于长期监禁，他很不适，不愿意谈生意。"③

内中的复杂性，外商自是无法理解，而事态发展的扑朔迷离，连行商也未曾把握得住。往后几年，谭、陈二家均不见踪迹。

雍正十三年（1735），雍正皇帝龙驭宾天。外商也一道哀悼。

雍正十三年（1735）十一月初一，广东按察使白映棠上奏，禀报关于广州商馆西洋人跪哭雍正皇帝龙驭宾天的奏折：

> 钦惟大行皇帝，圣德神功光被四表，深仁厚泽祜冒万方，当遗诏颁到粤东各府、

---

① 参见梁嘉彬著《广东十三行考》，广东人民出版社1999年版。
② 〔美〕马士著：《东印度公司对华贸易编年史（1635—1834年）》第一、二卷，中国海关史研究中心组译，区宗华译，中山大学出版社1991年版，第204页。
③ 〔美〕马士著：《东印度公司对华贸易编年史（1635—1834年）》第一、二卷，中国海关史研究中心组译，区宗华译，中山大学出版社1991年版，第216-217页。

州、县，绅士军民无不痛切，恳诚或就本管衙门或择洁净寺宇恭奉龙牌，举哀成服，即至僻壤穷乡，田夫野老亦皆感泣失声呼号擗踊。奴才以为，此犹臣民分谊之所当然。乃有暹罗国进贡陪臣正抵广州，一闻龙驭宾天之信，即在驿馆内穿孝三日，早晚跪哭，悲切之声，闻于道路。其洋商番贾来广贸易寓居城外者，一时皆长跪哀鸣，悲动城市。又有贺兰国商船二只、英吉利国商船二只、法兰西国商船一只、瑞国商船一只，湾泊番禺县黄埔地方，各夷商亦俱在船穿孝举哀三日。再香山县属之澳门岛，原系番人贸易之所，设有理事夷目。今于遗诏誊黄到日，该夷目齐集各头人议行西洋丧礼，即放炮一昼夜，打鼓传街，令大小夷人俱服孝。二十七日，澳内燃点油灯，每日齐赴三巴寺，诵咒礼拜。奴才见在粤各夷人感激哀痛之情皆出于中心，自然毫无勉强，且致诚尽礼，不约而同，仰见大行皇帝至德感孚，存神过化，日月同照临之下，凡有血气者，莫不顶戴天恩，深入肌髓。所以殊方异域之人，咸切思敬思哀之感。奴才不敢壅于上闻，理合缮折具奏，伏祈皇上睿鉴。谨奏。①

  这位清朝大员所称在粤各外商番贾"长跪哀鸣"雍正皇帝的悼念情景，有几分真实？
  外商会从雍正之死中预感到什么吗？

---

① 中国第一历史档案馆、广州市荔湾区人民政府合编：《清宫广州十三行档案精选》，广东经济出版社2002年版，第86－87页。

卷七　恶税终结

第三十三章　乾隆登基后的开放与优惠政策

雍正十年（1732），广东总督和广东巡抚收到停止海关监督职务的上谕。这便是前述的海关监督由于干涉谭康官控诉寿官一事而被革职一案。这件事使得谭康官再次公开露面。该年，他和瑞典人"大量交易"，没有和英国人交易。而寿官下狱，海关监督被革职，暂由布政使代理。

当时在埠的全体大班，一致认为事态在好转，于是送呈一份联合请愿书，全面陈述所有外商的意愿。

但，这次请愿也不了了之。

到了 1736 年，25 岁的乾隆皇帝登基了，事情终于有了转机。

清高宗皇帝像

皇帝登基，都会有新的变化。作为"康乾盛世"的中兴者，乾隆皇帝自是雄心勃勃，要显示继承先祖的盛世气象。他自小对海外奇珍异宝入迷，对海上贸易颇为关注，决心革除陈规陋习，展示"天朝上国"的气度。

外商是这样评价他的：

> 这个新的统治者，当时是 25 岁，"是一位大天才、学者，他的坚强意志，正适合于对付危及中亚细亚大部分地区的困难。"晚年时，曾宽宏大量地接待马戛尔尼勋爵（Lord Macartney），不必采用其他藩属国贡使必须遵奉的卑下礼节。而现在，他正处于精力旺盛的青年期。他既然是君主，当然可以不必等候官僚的谏议，对省的现存行政制度，迅速地执行一种公正的改革决定。①

外商也估计到，当皇帝专制的不可抗拒力碰上根深蒂固的有经验的官僚政治时，不可抗拒力便被阻挡，而终究会归于失败。②

总督当时正准备赴京朝贺皇帝，而这项工作所需的款项，要比平常进奉的更多。因为能否保住位置或升官，是以他进贡皇帝及朝中大臣的礼物多寡来决定的。英国大班初时似乎不曾预料到这次朝贺与金钱的关系，到了后来才认识到。外国商船的大班们也准备送呈一份请愿书，联合草拟禀帖的内容，主要是申诉不合理的 10% 的货物从价税、船钞之外附加的 1950 两规礼银。8 月 11 日，禀帖由当日在广州的英、法、荷大班联名签署。③ 这也是他们早几年向雍正皇帝请愿的内容。

在谭康官等行商的努力下，乾隆登基之际，当时在朝廷身居要职的张廷玉、李绂等名臣上书，要求取消"加一征收"等恶税。乾隆刚上台，为表现自己"怀柔远人"的胸怀，允了。

据史料记载，此次是由朝廷中六位重臣联名上奏，外商的请愿方上达朝廷。这六位重臣均是大清当时最高一级的大官，他们是：大学士张廷玉，户部尚书兼内务总管海望，步军统领托时，左侍郎申珠浑，左侍郎、大学士李绂，左侍郎赵殿最。④ 他们不仅可以随时向皇上面陈，还掌管了内务部、国库等重要部门。正是因为他们上奏，新的天子才高度重视，方有如此大的影响，从此改变了海关税收的局势。

---

① 〔美〕马士著：《东印度公司对华贸易编年史（1635—1834 年）》第一、二卷，中国海关史研究中心组译，区宗华译，中山大学出版社 1991 年版，第 246–247 页。

② 参见〔美〕马士著《东印度公司对华贸易编年史（1635—1834 年）》第一、二卷，中国海关史研究中心组译，区宗华译，中山大学出版社 1991 年版，第 247 页。

③ 参见〔美〕马士著《东印度公司对华贸易编年史（1635—1834 年）》第一、二卷，中国海关史研究中心组译，区宗华译，中山大学出版社 1991 年版，第 247 页。

④ 参见中国第一历史档案馆、广州市荔湾区人民政府合编《清宫广州十三行档案精选》，广东经济出版社 2002 年版，第 90 页。

张廷玉

李绂

奏折写道：

> 臣等因前任业已奏报归公，是以遵循照收解部，但既收正税又缴规礼未免重叠，似应敬请邀恩悉予减免。以上各项，每年约共免银八九万两不等。[①]

内阁折腾了近半年，直至十月初四日，乾隆皇帝终于做出决定，废除其父雍正所增加的全部额外税，而且下令，出入口关税不得超过其祖父康熙所定的税率。到了当年十一月三十日，"商人从北京的邸报上知道，由于总督奏议，皇上钦准将不再征收10%，亦不用缴1950两规礼银。圣旨不日即可颁发"[②]。

果然，四天后，圣旨正式到了：

> 朕闻外洋红毛夹板船到广时，泊于黄埔地方，起其所带炮位，然后交易，俟交易事竣，再行给还。至输税之法，每船按梁头征银二千两左右，再照则抽其货物之税，此向来之例也。乃近来夷人所带炮位，听其安放船中，而于额税之外，将伊所携置货现银另抽加一之税，名曰"缴送"，亦与旧例不符。朕思从前洋船到广，既有起炮之例，此时仍当遵行，何得改易？至于加添"缴送"银两，尤非朕嘉惠远人之意。著该督查照旧例按数裁减，并将朕旨宣谕各夷人知之。[③]

而经英国人译出，则"白话"化了：

> 上谕。

---

① 中国第一历史档案馆、广州市荔湾区人民政府合编：《清宫广州十三行档案精选》，广东经济出版社2002年版，第90页。

②

③ 中国第一历史档案馆、广州市荔湾区人民政府合编：《清宫广州十三行档案精选》，广东经济出版社2002年版，第91页。

内阁大臣请取消"加一征收"的奏折
［乾隆元年（1736）四月二十日］

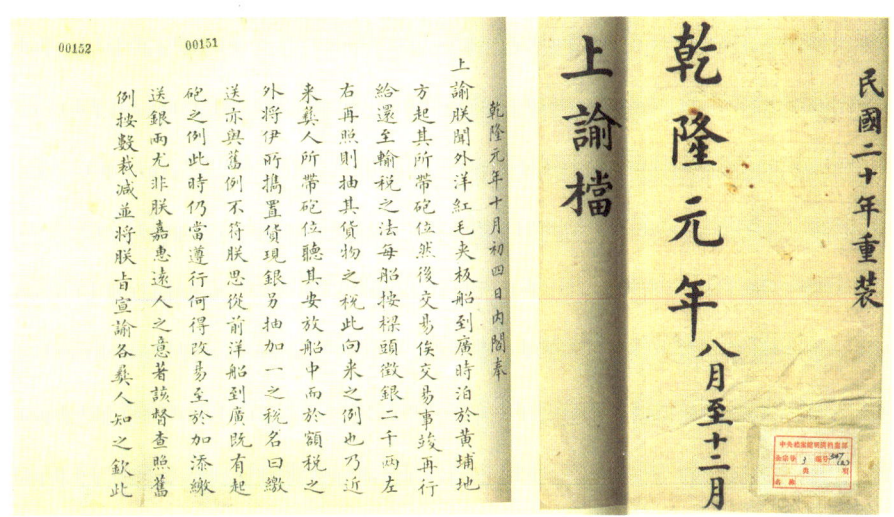

乾隆元年（1736）皇帝关于减免税谕旨

英吉利及其他欧洲人等一应船只到广州时，其火药、炮位及各项武器例应交给官员，然后准予交易订约。待交易完毕，船只开行，再将其交还。至征税之法，丈量各船，每船征银二千两左右，再照例征其出入口货税。乃近年以来，不知何故，欧洲人将其火药、炮位及各项武器仍留船上，而别征货税10%，作为自愿送礼。此事与向例不符。朕思从前欧洲各船到达黄埔，既有交出火药、炮位及各项武器之例，今特谕令，其后欧洲各船到达黄埔，仍应将其交出。至向外国人征收10%作为礼物，尤非朕意，为此特谕，著该总督于到达广州时，与巡抚、监督会商办理。①

比较一下亦有点意思。

在广州，正是由谭康官向外商宣布这一圣旨，外商得知消息无不欢欣雀跃。抵制"加一征收"有好些年了，年年失败，现在，终于峰回路转了。但谭康官、陈寿官两败俱伤，陈寿官最后退出行商，其位置由羽毛初丰的潘振承接替。

法国主任在向各国转达这一圣旨时说，为获得这个上谕，谭康官功不可没。有可能是他的在国子监的弟弟康举得到了几位颇有才识的官员，如当过广西巡抚的李绂的赏识，进而联络上这些重臣。而且，这些重臣有的互相之间矛盾很深，却为这件事走到了一起，共同署名，可见不容易。也正因为这样，才让皇帝更加信服。

毫无疑义，所减免的并不是皇帝，即朝廷规定的苛捐杂税，而是实际上形同勒索的10%送礼，这对于吸引外商来中国贸易，改变对外贸易史，无疑是一大激励的举措。但是，若在雍正皇帝在位时提出来，其风险是可想而知的。而刚登基的乾隆皇帝在显示其"怀柔远人"的胸怀之际，行商及外商的这一努力就水到渠成了。所以，时任两广总督

---

① 〔美〕马士著：《东印度公司对华贸易编年史（1635—1834年）》第一、二卷，中国海关史研究中心组译，区宗华译，中山大学出版社1991年版，第248页。

杨永斌特向乾隆呈报:"皇上特旨裁减,仰见圣主怀柔德意无远,弗[法]国夷商仰沐恩波,无不欢欣踊跃,叩首焚香,实出中心之感戴。"

不知乾隆皇帝是否意识到,取消自宋代甚至更早中国便已有的"加一征收",对国家来说无疑是一个极为重大的对外开放的举措,是对外商极为优惠的外贸政策。当然,如果说,康熙当年要的是"国计民生",雍正更强调"河清海晏",而后来作为"十全老人"的乾隆,讲的则是"怀柔远人"。当乾隆登基,执行这一开放政策时,大清尚是全世界最强盛的国家,比在工业革命中起步的英国乃至整个欧洲还要强,其GDP直到乾隆晚年仍占全世界的三分之一。如果他能沿着这一方向走下去,坚定不移地对外开放,那么,中国的发展则完全不一样。

自康熙二十三年(1684)解除海禁,决定开海贸易,雍正五年(1727)又撤销南洋禁航令,开洋面向西方,乾隆元年(1736)更取消"加一征收"之"缴送",对外商实行优惠的政策,可以说,清中叶梯度开放的格局已经形成。

然而,到乾隆二十二年(1757),在实行梯度开放73年后,清政府的开放政策却发生了巨大的逆转,从"开洋"变成了"限关",从"多口通商"变成了"一口通商"。以致历史学家们认为,如果没有这一逆转,继续开放,推进自由贸易,可能就没有80多年后的鸦片战争了。

当然,这是后话,暂且按下不表。

尽管圣旨说得很明白,可海关监督固执地声称,这个突然的变动,本季不能适用,只能在下年实行。他要大班缴付船钞的金额及1950两的规礼银,而对商人征收全年贸易额的10%。翌年将会全部改善,而外国贸易者,必将获得特殊的照顾。

海关监督日后是一个非常重要的职位,总督对他的管辖权极小;但在乾隆元年(1736),总督仍保有后来才丧失的财政管理权。他已经将海关监督的利益削减,而海关监督无疑已察觉到面临的斗争。外国大班对此毫无所知,他们把这种逐步增加的勒索,只当作纯属是海关监督为了个人利益而进行的掠夺。他们把上谕当作公正的法律,这是他们有权接受的皇帝的赏赐,他们必须向皇帝谢恩。他们想寻找一种比表示尊敬的礼物更加"伟大"的方式,来对这位全能的皇帝表示感激。但他们指出,船只要交出军火不是旧例,因此,他们请求将来可以不需要这样做。

就在这段时间,他们感受到一种不愉快。法国主任迪韦拉埃召集全体大班开会,并通知各人说:

> 是谭康官(作者按:他此时又出现了)设法叫总督获得皇上谕旨废除10%的税。因此,唐康官说,我们既然在这个谕旨上得到这样大的好处,就必须对为此事出力的胥吏给予一些答谢,各人对这一点似乎都同意。但问及怎样办时,他说他和胥吏在北京花了一大笔钱,而他已为他们付出了一些钱。他曾经同意给他们(作者按:指胥吏)30000两银,他和商人负责15000两,他相信欧洲人一定愿意拿出余下的15000两,今年停泊黄埔的欧洲船共10艘,每艘只不过摊还1500两,但每船明年可以节省2000两。他又通知各人,他已另外拟就一封信是关于6%的税、规礼

及枪炮、军械搬上岸等问题的,送呈总督。由于他明天就去见总督,他希望立即将款付给他。当询问他所要求的款项数额,能否获得他刚刚提及的各项利益时,他说30000两只是已废除10%的费用,至于其它各项,就另外要钱了。他的索费过巨,没有人同意缴付,唐康官对这一点似乎大怒,会议解散。①

由谭康官出面,转达的自是总督的意愿。显然,虽说有圣旨,但各级官员并不愿一下子放弃所有的既得利益,仍在锱铢必较,这本是官场中的惯例或恶习,不在圣旨实施前狠狠敲上一笔,又怎甘心?

谭康官的"似乎大怒",则是不得已而为之。其实,从内心而言,他并不愿为总督的敲诈充当这一尴尬的角色。

其时,法国尚是君主制,对中国的政治内情有较正确的了解,所以不反对将钱送缴;但英国人和荷兰人无疑有些天真,只期望获得全部公平,既不谈金钱上的好处,也没有实际缴付。12月8日,英国人在一次会议上通过如下决定:

> 无论如何,不能将这样的款项交付或委托唐康官,但写一封信感谢总督的仁政是适当的,并向他申陈从前欧洲人贸易的情况,请他再施恩惠,利用他在朝廷上的威信,奏请皇上对欧洲人施行德政,废除6%的税和规礼,尤其是废除他们未贸易前就要将船上军械及军火交出的规定。②

为了实行此事,英国人草拟信件,请迪韦拉埃译成中文;但谭康官干脆拒绝实行此事,"因为他担保给予胥吏15000两,除非我们全体欧洲人付给他这笔款,使他能够履行诺言"③。

12月27日,法国主任决定交他的份额3000两;但英国人和荷兰人仍迟疑不决,直至1737年1月7日,他们才决定交付,英国人6000两,荷兰人3000两。关于这件事的记载如下:

> 如果下次再有要求东印度公司〔英国〕船只抵达此地时,将炮及军火交出,则上述的6000两由唐康官偿还大班。④

---

① 〔美〕马士著:《东印度公司对华贸易编年史(1635—1834年)》第一、二卷,中国海关史研究中心组译,区宗华译,中山大学出版社1991年版,第249页。
② 〔美〕马士著:《东印度公司对华贸易编年史(1635—1834年)》第一、二卷,中国海关史研究中心组译,区宗华译,中山大学出版社1991年版,第250页。
③ 〔美〕马士著:《东印度公司对华贸易编年史(1635—1834年)》第一、二卷,中国海关史研究中心组译,区宗华译,中山大学出版社1991年版,第250页。
④ 〔美〕马士著:《东印度公司对华贸易编年史(1635—1834年)》第一、二卷,中国海关史研究中心组译,区宗华译,中山大学出版社1991年版,第250页。

而外商给本年管理会的汇报是这么写的：

> 我们乐于通知你们，去年12月1日，皇上在此公布律令废除10%的税，这个成就是由于欧洲人向总督申述的一个备忘录，由唐康官亲自向他及其胥吏请求的，唐康官要求每船交出1500两，以酬劳胥吏及其他人在朝廷上为此事所付出的费用和辛苦；但由于律令上包含有命令我们将军火交出这一条，我们答应只有在这种条件下才肯付款，即唐康官或者下一年为我们在律令上取得特准，取消这一条，否则就要将公司船只所交的款偿还……他还说，他自信可以用同样办法，取消6%及1950两规礼的绝大部分，但必须保证付给办理此事的人的花费及酬劳，他又说，给我们自由进入和合理要求的大门已经敞开，应该用小费就能保持得住，我们不能设想朝廷的大臣会替我们白干的。[①]

所有这样美妙的景象，得以实现的很少。谭康官已收到废除交出军火这一条的款项，但没有上呈要求。10%已取消，但"哈里森号"的大班记载，它的减免似乎没有降低货物的价格。"萨斯克斯号"和"温切斯特号"订购的武夷茶每担为13两银，但这是其他船只还没有到埠以前签订的合约，而他们的丝织品是老价钱。至于他们其余的奢望：

> 我们要求减免的6%及1950两的规礼，但他〔海关监督〕向我们说，由于皇帝上一年已取消10%，现在再向他有任何请求，都是不合时宜的。[②]

我们不难看到谭康官在其中所发挥的作用，同时，也可以看出他在行商中的名望与地位。

可以说，从康熙末年，经雍正，至乾隆初年，谭康官在十三行中举足轻重，甚至是这三四十年间最主要的行商之一，其重要性并不亚于后来先后担任过商总的潘、卢、伍等人。潘家是在乾隆中期渐成气候的，并成为历乾、嘉、道时期的主要行首；而在他之前，则应是谭康官，亦历康、雍、乾三位皇帝时期。由于后期资料多，好考证，潘、卢、伍的作用很是突出，而可惜，前中期的则疏漏不少，务必尽力补上；否则，这样一部历史就很难说是完整的。

自取消"加一征收"开始，来到十三行的外国商船由每年不到10艘，很快上升到十几艘，甚至20艘或更多，国际贸易的规则更为行商所把握。

乾隆年间，平均每年到达中国的西洋船只大大超过了雍正年间。乾隆元年至六年（1736—1741），西方国家来广州的船只共76艘，其中英国29艘、法国16艘、荷兰15

[①] 〔美〕马士著：《东印度公司对华贸易编年史（1635—1834年）》第一、二卷，中国海关史研究中心组译，区宗华译，中山大学出版社1991年版，第257-258页。

[②] 〔美〕马士著：《东印度公司对华贸易编年史（1635—1834年）》第一、二卷，中国海关史研究中心组译，区宗华译，中山大学出版社1991年版，第258页。

艘、瑞典 9 艘、丹麦 7 艘。而乾隆十五年至二十一年（1750—1756）共 154 艘，年平均 22 艘，几乎翻了一倍。

乾隆七年（1742），十三行第一大家——潘家的潘启官脱颖而出。

第三十四章　根本对立的两个商业集团

从外文资料中我们获得谭康官五下巴达维亚的历史讯息，这与黎安官几乎在同时称在外洋的国外沉船中有他很大一部分股份遭损失的讯息联系起来，我们不难判断，在诸如王商、皇商、总督商人、将军商人、抚院商人中，皇商以及在外文资料中出现的满族商人葵官（或为魁官）等名副其实的官商逐渐退出十三行的外贸舞台后，黎安官、陈寿官、谭康官三大家应当是清代康熙末年、雍正朝至乾隆前期十三行的主要代表。黎家是在"一口通商"（1757 年）之际被籍没的，谭康官在 1744 年后仍出现在英国商人的日志中，而在雍正十年（1732）遭到惩处的陈寿官在其时将商行交给了潘启官，之后销声匿迹。然后则开始了潘、卢、伍新三大家的发迹史。

五下巴达维亚，应当发生在康熙晚年颁布南洋禁航令的前后。应该说，禁航令对以南洋贸易为生计的广东、福建的行商与船家而言，造成的损失是无法估计的，但是，这一禁航令也不是完全禁得了的，诸如谭康官之类的广东行商不惜冒险，设法冲破重重封锁，照样下南洋进行贸易。一如粤东（指整个广东，非今日"粤东"之概念）两大民系的名言：广府人"顶硬上"，潮州人"爱拼才会赢"，他们都是"海洋之子"，海洋方是他们安身立命的最好的舞台。

乾隆元年（1736），当谭康官出面转达了新皇帝关于免除"加一征收"、1950 两规礼银的恶税之后，法国、荷兰等国大班都感恩不尽，只有英国商人提出，务必撤销外船靠岸前须拆除炮位交予海关，离岸再复还的规定，他们方付这次致谢各级官员为免税而花掉的活动经费 6000 两银。其实，所有人都心照不宣，这一规定几乎从来就不曾执行过，海关每每向上忽悠，称已经拆卸掉炮位了，可事实上一动也没动。英国商人这么提出来，无非是想赖掉 6000 两银的酬金罢了。

可没想到，谭康官竟一口应承了下来。而且，第二年，乾隆果然取消了这一规定。

不少研究论文认为清廷后来重新走向限关、锁国，正是忧虑外国的军事威胁。但这一事件说明，并不是这么回事。事实上，直到鸦片战争前夕，清廷仍认为自己的军队天下无敌，怎可能在 100 年前就这么"深谋远虑"了呢？不撤炮位便是一个证明。

只是，谭康官果然就那么"手眼通天"么？好在我们在当时的奏折中找到了广东巡抚后又升任两广总督的鄂弥达的折子："粤省自设海关以来，外洋舡支进黄埔口湾泊并未起炮，而闽省亦未起大炮，查黄埔地方外接狮子大洋，现省虎门将统左右两营，各横档南山二炮，以及大小虎门各要隘俱有水师舡支弹压……防范严密，夷商俱畏威怀德，甚为恭顺，并未生事端，况夷性多疑，若起炮，恐其心有不安，似应仍照前免令起贮，以示圣朝宽大优容之至意，臣仍不时稽查，如稍有不安，即另行具奏料理。"

乾隆二年（1737）三月十九日朱批："据杨永斌奏折，朕揣其意，亦以起炮为难行，

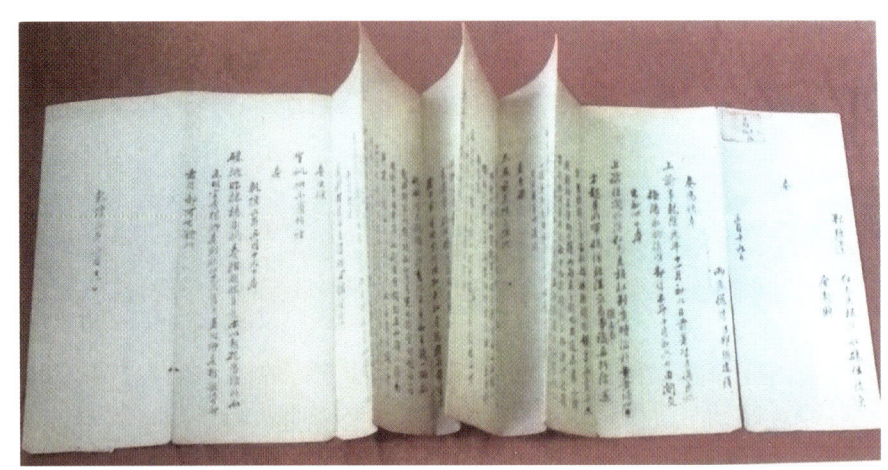

两广总督鄂弥达关于免起进口英商船只炮位并裁减缴送税银的奏折
[乾隆二年二月十六日（1737 年 3 月 16 日）军机处录副奏折]

而未明言。今据卿奏，则朕所见不差矣。着照卿奏行，应咨部者，咨部可也。"①

两广总督鄂弥达覆奏："查向例夷船到厦贸易，进口之日，将所带军火炮械一概收贮公所，俟贸易事竣，再行给还。惟炮位系做就在船，难以移动，请照从前，免令起贮。得旨。"②

鄂弥达与谭康官是什么关系已经难以查找了，让谭康官向外商宣布乾隆废除"加一征收"的人，上一层应当是鄂弥达。而鄂弥达则一直是祖秉圭的"克星"，这从雍正十年（1732）的惊天大案中不难看出。当时的雍正暂时为祖秉圭所蒙蔽时，仍认为鄂弥达不会有问题，后来，正是由于鄂弥达、杨永斌、毛克明的几个奏折，雍正才恍然大悟，严惩了祖秉圭。

我们似乎可以认为，陈寿官的"后台"是祖秉圭，而谭康官、陈芳官也一样有"后台"，那便是鄂弥达。

但是，我们从中可以看出一个重大的差别，这个"后台"并非如王商督商那样有直接的隶属关系，最多只是利益上的勾结而已；但是，这两个对立的商业集团还是有根本不同。陈、祖一伙，是官商勾结、欺行霸市，而谭、鄂等人，则坚持的是公平公正的原则，反对市场垄断，无论对行商还是外商均是如此。这一点上，国外的评述应是比较客观的。

我们不妨先一读《清史稿》中关于鄂弥达的相关内容：

---

① 以上所引奏折与朱批由广州市荔湾区档案馆提供，为中国第一历史档案馆公布之清宫所藏有关广州十三行商贸的档案。

② 中国第一历史档案馆、广州市荔湾区人民政府合编：《清宫广州十三行档案精选》，广东经济出版社 2002 年版，第 94 页。

鄂弥达（？～1761），鄂济氏，满洲正白旗人。初授户部笔帖式。雍正元年，授吏部主事。累迁郎中。五年，命同广东巡抚杨文乾等如福建察仓库。六年，擢贵州布政使。八年，迁广东巡抚。疏言："鸟枪例有禁，琼州民恃枪御盗，请户得藏一，多者罪之。"梧州民陈美伦等谋乱，捕治如法。十年，署广东总督。疏言："总督旧驻肇庆，所以控制两粤。今专督广东，应请移驻广州。"饶平武举余貌等谋乱，捕治如法。寻实授总督。安南民邓文武等遇风入铜鼓角海面，鄂弥达畀以资，送归国，国王以伽南、沉香诸物为谢，却之，疏闻，上奖其得体。先后疏请移设将吏。又疏请于三水西南镇建仓贮谷，并以米贵，会城设局平粜。又请升程乡县为直隶州，名曰嘉应。皆报可。十三年，命兼辖广西，仍驻肇庆。贵州台拱苗乱，鄂弥达发兵令左江总兵王无党率以赴援，复发兵驻黔、粤界，上谕奖之。

乾隆元年，高宗命近盐场贫民贩盐毋禁。鄂弥达疏言："广东按察使白映棠未遵旨分别，老幼男妇发票，称四十斤以下不许缉捕，致奸徒借口，成群贩私。"上奖鄂弥达洞悉政体，解映棠任。寻奏："广东盐由场配运省河及潮州广济桥转兑各埠，请令到埠先完饷银，开仓后缴盐价。"下部议行。御史薛韫条奏广西团练乡勇，并设瑶童义学，下鄂弥达议。二年，奏言："团练乡勇，不若训练土司兵，于边疆有益。瑶童义学，韶、连等属已有成效，应如韫所奏。"寻又疏言："惠、潮、嘉应三府州民多请州县给票，移家入川。臣饬州县不得滥给，并遣吏于界上察验。"又疏言："贵州新辟苗疆，总督张广泗奏设屯军垦田。臣以今苗畏威安贴，将来生齿渐繁，地少人多，必致生怨。又恐屯军虐苗激变，请撤屯军于附近防守，其田仍给苗民。"上谕曰："所见甚正。广泗首尾承办此事，持之甚力，朕则以为终非长策也。"

四年，调川陕总督。……五年，两广总督为马尔泰劾知府袁安煜放债病民，并及鄂弥达纵仆占煤山事。上解鄂弥达任，召诣京师。寻授兵部侍郎。六年，授宁古塔将军，调荆州。九年，授湖广总督。疏言："武、汉滨江城郭民田，赖有堤以障。请于武昌荞麦湾增筑大堤，安陆沙洋大堤增筑月堤，襄阳老龙石堤加备岁修银。"十一年，上以鄂弥达不称封疆，召诣京师。十五年，授吏部侍郎。十六年，授镶蓝旗汉军都统。二十年，授刑部尚书，署直隶总督。二十一年，兼管吏部尚书、协办大学士。二十二年，加太子太保。二十六年，卒，予白金二千治丧，赐祭葬，谥文恭。[①]

经受了多次磨难后的谭康官明显地表现出对清廷封建专制统治的反感，表现出对海关监督狐假虎威、作威作福姿态的鄙视。他利用外商大班间接性地惩戒了海关监督一番。他告诉外商，在海关监督面前是不需要进行三跪九叩之礼的，那仅是见皇上时才需要的。外商们并不懂得其中的蹊跷，也就相信了谭康官的话，后来外商大班见到海关监督便不再行跪拜之礼。这也许对外商来说不是一件什么大不了的事情，可是对于清朝的官员来说却不只是礼仪的问题，跪拜"既是一个政治姿态符号，也是一种文化界限"。

---

① 赵尔巽等撰：《清史稿》卷三四《列传》"鄂弥达"条，中华书局1977年版。

外商大班不跪拜，使海关监督颜面无存，政治地位受到侵犯。从这件小事更可以隐约看到中西方两种不同文化体制的冲撞。谭康官虽然是大清国的国民，但是受到西方思想影响而产生一种近代进步的民主思想，至少在谭康官让外商大班不要对海关监督行跪拜礼时，是没有"华夷之分"的观念存在的。而这两种文化思想的碰撞在后来英国使者马戛尔尼用单膝跪拜代替磕头拜见乾隆皇帝时所引起的"礼仪风波"表现得更加明显。

外商对当时的行商是这么评价的：

> 听说唐官是富有的，但我们不认为他是最有商业才能的。
> 廷官对我们很忠实……我们对他有好评，如果他做了什么坏事，我们相信他的罪过是由于不得已，而不是由于他的坏主意。
> 我们和老衮官（Old Quinqua）交易，他往常对我们都很好。
> 启官在丝织品方面是超越其他所有商人的……在这种货品上，我们相信他是很忠实的。[1]

显然，外商对他们的诚信是有着不俗评价的。

谭康官不仅恪守商业诚信，对无辜的法国主管也努力加以保护。这也从旁说明，为何法国人愿意接受行商的提议，而英国人等则每每固执地依他们自己的"原则"办事。

在谭氏族谱上，我们找到了谭康泰、谭康举二位的名字，同是谭氏入粤的一脉。可惜的是，谭氏族人始终恪守旧的传统，"商不入谱"，故族谱对他们的商业成就只字未提，仅在民间口头流传的故事中，有不少精彩的细节。

第三十五章 黄埔港口"西洋一景"

接替毛克明任海关监督的郑伍赛，连同广东巡抚杨永斌一同上了奏折，公布严防外船勾结内地商民走私漏税的八项措施：①严令虎门对进出船只一律严查，以杜绝走私途径；②禁止黄埔深井村村民盖篷寮与外国人买卖食物；③禁止外商私雇中国仆人，如查出，连行商一并追究；④鼓励士兵查拿走私夹带船只；⑤不准省城商馆区湾泊小艇，以防引诱走私；⑥凡运货到黄埔装货，押船人役在外商卸货之前先验明船舱，随后将货箱堆实，不许留舱隙；⑦严令洋商管束各"夷船"，禁止水手上岸放枪打弹、惊扰居民；⑧地主官员如串通"夷商"走私，即行严处。

细读这八项，严则严矣，可却以"严令"的方式默许了"黄埔装货"，也就是外国商船停泊黄埔。

朝廷不知是装糊涂，还是没看出来，却也批准了这一奏折。看上去，停泊黄埔虽说未曾"合法化"，却已既成事实。

---

[1] 〔美〕马士著：《东印度公司对华贸易编年史（1635—1834年）》第一、二卷，中国海关史研究中心组译，区宗华译，中山大学出版社1991年版，第227页。

凭此，不难看出，这个"垂直领导"的封建专制政权，从中央到地方，尤其是到广东，也难免有诸多的脱节。上有政策，下有对策。说归说，做归做，各有各的调，也各有各的为难之处。

　　直到乾隆六年（1741），广东巡抚黄安见这么争下去毫无意义了，索性向乾隆皇帝奏明，这事就这样了。这回，皇帝算是开通了，最终明确同意让外洋商船继续停泊黄埔。

　　"继续"二字，妙哉。

　　不过，尽管得到了御准，但这一事件并不曾也不会真正了结。"继续"只是承认了既有事实，至于后来的变化，那就难说了。

　　由于海上霸权易主，西班牙于1581—1640年一度吞并葡萄牙60年，英国、荷兰更是先后称雄于东南亚，而1746年之后，葡萄牙国王竟然颁布了不许英、荷、法等国商人入住澳门且在澳门贸易的禁令。

　　这边，清朝政府不少人尚处心积虑地要把这些洋人赶到澳门，这下子来了个针尖对麦芒，这些洋人反而被从澳门赶往了广州——所有来广东贸易并需留下来处理事务的外国商人，全都悄悄地从澳门潜入了广州，而且在十三行"列屋居住"。

　　待清廷当局察觉，住下的外商已经难以计数了。

　　这让清廷恐慌不安，本来，于朝廷而言，广州是南方政治、军事、经济的中心；而澳门则已租给了葡萄牙，也就归其管理了。所以，让外国人住在澳门，不仅省心，而且安全得多；如住在广州，往后的麻烦可少不了。于是，广东当局下了一个正式的公函，以"天朝上国"的威势，通知澳门当局：经中国官府特许的外国商人可以在澳门居住。这不由澳门当局不"奉旨"。

　　尽管如此，"麻烦"果然还是出了，且这"麻烦"不那么简单。

　　乾隆十六年（1751）五月十日晚上，一艘外国商船开进了广州，要在十三行进行贸易。广州人一看船上的旗帜，便称"荷兰鬼"来了。

　　这回，"荷兰鬼"来得不简单。平日，商船西来，历好望角的惊涛骇浪，跨印度洋的万里长波，过南中国海的明屿暗礁，一般只有男人才消受得了，当水手的，也都是清一色的汉子。对于"华夷之大防"的清廷而言，自是犯不着再来个"男女之大防"。

　　却没料到，这条船竟载来了三位金发碧眼的"鬼妹"。不知这些"鬼妹"是大班的眷属，还是半途上船的某些人的相好，总之，衣着打扮称得上"花枝招展"，一举手一投足，绝无"话莫高声、笑莫露齿"的禁忌。这在中国人看来，实在是太放肆、太怪诞、太不可思议了。

　　三位女子与大班们在广州上岸后，竟住进了瑞丰洋行。

　　来了三位"鬼妹"的消息立时不胫而走。自有那市井好色之徒添油加醋，说得绘声绘色，以致引发了饱学之士的义愤：这还了得！"鬼妹"竟登上我"天朝上国"的领地，到处招摇，实在是有伤风化。尚开此先例，便不可收拾，国将不国。

　　清廷对旗人甚少约束，可对汉人则处处严加管制，这回，对"外夷"更是不能掉以轻心。于是，当局发现有三位"鬼妹"上岸后，便如临大敌，立即通知荷兰的商船，务必将三名妇女速遣返回国。而且专门发出通告：为杜绝将来再有此类事件发生，嗣后

"夷船"到澳,先行检查,如有妇女,即令就澳而居;否则,进口之后,"夷人"船货一并驱回。

好呀,你要带女人进来,我就连人带货统统给赶回去!

过去,能否带妇女到中国通商口岸居住,并没有做出过任何规定。可这一次之后,外国商人到十三行交易货物,船上的随行妇女就只能滞留在澳门,或者留在船上不下来。这也算是"禁泊黄埔"主张者的一个小胜利吧,船禁不了,男人禁不了,女人可以给禁了!

十三行的"西洋景",这也算是一绝。

第三十六章　茶叶、丝绸、陶瓷——行销世界的商品

应该说,18世纪中叶到19世纪中叶是世界市场大规模发展的时期,所以,乾隆的"一口通商"就把世界市场大发展的机会集中到了广州,到了十三行。于是,中国的茶叶、丝绸、还有陶瓷,成了全世界最走俏的商品。

早在17世纪,中国的茶叶、阿拉伯的咖啡几乎同时进入英国,成为皇家的上品。中国的茶叶作为礼品赠送给英国女王,其芬芳、清爽、柔和与隽永,迷倒了整个皇室,咖啡也只能屈居第二了。

18世纪广州城码头人们在给帆船装载茶叶

茶叶几乎成为一个神话,征服了英国的贵族,但其价格也高得令人咋舌,以致有"掷银三块,饮茶一盅"一说。由此可见,茶叶从中国运到英伦三岛的利润有多大。在英国,不仅皇室贵族享用茶,整个国家上上下下,每个家庭,都得用10%的收入来购置茶叶。饮茶,成了那个年代的时尚。至于茶叶质量,则要求十分严苛,一度分为21个等级及价格。由于十三行行商中不少人的祖籍是福建,福建的名茶自是上品,所以,十三

行以茶叶贸易为主,也就不难理解了。

潘家留存至今的茶叶箱(作者拍摄)

老天爷也"青睐"茶叶出口这事。

每年五六月新茶上市,正好西南季候风就把外舶"吹"到了广州口岸;到七八月,福建等地茶叶便运到了十三行货栈;及至九至十月,海上东北季候风起,外舶则装得满满的,扬帆返航。天时、地利,加上物品的成熟季节,真称得上是天公作美。故西洋人有云:这似乎是中国的龙与我们的上帝特意做了协调。

英国人对茶叶质量的要求非常苛刻。乾隆四十八年(1783),英国东印度公司董事部返回1781年已运至英国的质量差的1402箱福建武夷山茶时,潘启官也不得不如数赔偿。他们这么写道:

> 在通知潘启官"皇家亨利号"载来退回茶叶的数量时,他似乎非常惊讶和烦恼,他知道已运到黄埔的不下680箱,另外还有一些,总数会达到1402箱。我们知道这些包装损坏得很厉害,号码完全脱掉,我们要求他按照邮船"狐狸号"带来的那账单的总数收回他的份额。他似乎很不乐意,并说因为这件事太大,要求我们让他考虑一下如何处理,几个星期过去了,我们仍没有得到一个满意的答复。后来,他获得海关监督的准许(我们相信,是经过一些困难的)免税起货。但难以确定哪些茶叶是他的字号的;有些箱子已完全毁坏,茶叶分别放在桶子、篮子、袋里等等,全部在这种状态下,就完全无法辨认。由于其余运来他的茶叶多少不能确定,而我们急于要把这件头痛的事解决,我们竭力说服他不要等候全部运到,先行承受预知

的数量清账，后来他答应今年先付10000两，其余下年清付。①

此事件尽管潘启官的损失不菲，但他的商业信誉得到了大大的提高，其家族之所以在商业上百年不衰，这不能不说是一个最重要的因素。

而名闻天下的中国丝绸，在西方更是抢手货，是十三行外贸中仅次于茶叶的行销商品。

蚕室

乾隆初年，十三行贸易中，丝绸始终是官方控制海上贸易的一大筹码。"一口通商"之后，生丝的生产基地江浙一带走私出洋随即严重起来，导致生丝价格剧升。朝廷认为这是丝货出口所造成的，于是下达了严禁生丝出口的规定。可规定下达之日，当年的生丝早已装船待发，时任两广总督李侍尧不得不赶紧上奏，获得乾隆批准，这一禁令才在广州"缓期一年执行"。

然而，禁生丝出口后，江浙丝价非但未降，还引发了一系列问题：出口粗丝滞销积压，广州出口贸易额大幅下跌；洋货则上扬，市场白银短缺。各国纷纷向清廷请求开放丝货贸易。乾隆二十七年（1762），乾隆网开一面，允许每船配买土丝5000斤、二蚕湖丝3000斤，以示皇上加惠"外夷"。而瑞典还有更大的优惠，因为有瑞典商人棉是旦等通过两广总督苏昌向清廷专门呈请：

> 夷等，仰沐皇上洪恩，怜恤远人，准配买丝斤带回，不但夷等得有活计，即国中妇女都可作针指度日。皇恩浩荡，欢喜感激之至。但夷等外洋各国尚有不能织造匹头之处，向系采买丝斤，即在内地觅匠，织成绸缎，带回服用。今不能自织之国

---

① 〔美〕马士著：《东印度公司对华贸易编年史（1635—1834年）》第一、二卷，中国海关史研究中心组译，区宗华译，中山大学出版社1991年版，第410-411页。

度，虽买有丝斤，不敢织缎带回，服用无资。夷等同属天朝属国，就是小厮一样，今情愿少带丝斤，织些缎匹带回，更欢喜感谢不尽。①

两广总督苏昌的意见是，可准许瑞典商人购买绸缎成品2000斤，但要用2500斤丝来抵，最终从每船8000斤丝的贸易额内扣除。乾隆皇帝批准了苏昌的这一奏请。

这位瑞典商人棉是旦的呈请倒是摸准了乾隆的心理。

欲禁不禁，丝绸贸易终于在夹缝中撑出了一个局面。那时，在广州，织造工场的工人有17000余名，织机虽然简陋，但产量可观，产品也相当精美。连英国东印度公司的商人也夸赞道："十三行的丝织品太好了，他们花费了不少心血，按照欧洲的式样织造丝绸。"无与伦比的品质、精湛的技艺，令中国丝绸在欧洲大行其道。

十三行另一行俏的商品，不用猜，大家都知道，那便是瓷器，连"中国"的英文China，本意也是瓷器。自古以来，瓷器便是中国的一大象征。

早在元代，据说意大利威尼斯人马可·波罗便在中国见识过陶瓷，并询问过陶瓷的烧制过程。在他离去后100多年，即明代中叶，中国的大陶瓷时代才真正繁荣起来。请注意，这时期正好是十三行形成之际，且陶瓷几乎与十三行对外贸易相结缘——虽说陶瓷在清朝嘉庆、道光年间已走向衰微，但这是由于工业革命后，欧洲人开始自己制造瓷器，业已在中国争夺瓷器市场了。

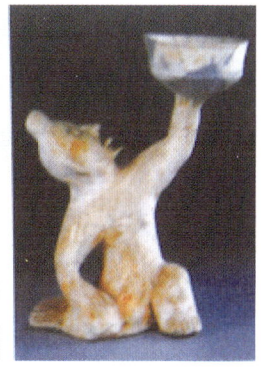

18世纪陶瓷舶来品

在这近400年间，中国陶瓷在海外是怎样的命运？而它的命运与十三行，与西方对中国的认知又怎样密切相关？

所以，在学术界，一直有人主张以"海上陶瓷之路"取代"海上丝绸之路"之名，一是为了免去因袭"陆上丝绸之路"之嫌；二是当年海上陶瓷贸易远远大于丝绸贸易，陶瓷的名气绝不亚于丝绸。只是"海上丝绸之路"先提出来，占了先机，约定俗成，就这么叫下来了。但是，陶瓷确实一度代表了中国绚烂的文化。

---

① 中国第一历史档案馆馆藏：《宫中朱批奏折，乾隆二十七年十月二十七日两广总督苏昌等奏折》。

1987年广东阳江水域"南海一号"沉船的发现，令文物界欣喜万分，同时又陷入了苦思。那是一条北宋年间的沉船，据估计，船中仅瓷器就有近十万件，当然还有别的珍品。从打捞上来的几百件瓷器看，这些瓷器薄如蝉翼，透若青玉，光泽柔和，玲珑剔透，美轮美奂，与今天的瓷器相比毫不逊色，甚至今天也绝少有这样的精品，真是"此物只应天上有"矣。所以，把阳江的海上丝绸之路博物馆定名为"海上敦煌"，实至名归。

一条船上的陶瓷器皿就如此之多，况且这还算不上大船。自唐代"通海夷道"形成，商船不再沿北部湾的海岸线行驶，而直接走南海辽阔的水面，这时，该又有怎样巨大的贸易量！自唐至宋，南海航线上的船只只怕不会亚于当年的地中海⋯⋯

南海上的这条"通海夷道"已有上千年的历史，还会继续延伸下去。

现存于广州珠江之畔的光塔，唐代"通海夷道"的历史见证

那些精美绝伦的瓷器，更是中国古代灿烂文明的缩影！整个南海就是一个聚宝盆，几千年来，沉船应是不可计数。大海与沉沙掩埋的，应是一部经济史、工艺史。而今天，我们又该怎样"打捞"出这样一部几近被人遗忘的历史呢？

当然，我们打捞的不仅仅是文物，还有已失却的精神文明、非物质文化遗产——包括十三行兴衰留下的历史遗训。

或许，可以乾隆五十八年（1793）为界，即以马戛尔尼率领为乾隆皇帝祝寿的船队来中国这一事件为历史分界线,这是陶瓷贸易达到鼎盛的时期。在这之前,中国文化几乎为西方所一致推崇,甚至成了它们反对神权、改革制度的先进武器。而陶瓷则对其生活方式、文化艺术等均产生了深刻的影响。西方人曾认为,如果没有受到中国这类手工艺术的强烈影响,法国乃至欧洲的其他国家也就不会有巴洛克及洛可可艺术。这无疑是溢美之词,可也道出了一个基本的历史事实。利奇温在《十八世纪中国与欧洲文化的接触》一书中就说道:

> 在十七世纪中瓷器仍被视为一种新奇的珍玩之时,只有少数大宫廷中(在马德里 Madrid 或凡尔赛 Versailles)才有比较大量瓷器的陈列,但等到快至新世纪之时,也许由于瓷器大量的供给,也许由于个人趣味的要求,瓷器遂成为普通家庭用品,特别是在热饮(包括饮茶)成为社会流行风尚后。当时迫切需要适当的茶具,到始创饮茶的国家去寻求范型,岂不是十分自然的事情?但中日二国所用茶杯是没有柄的,所以特造有柄的杯供给欧洲人应用。此外还常订造白瓷,运入欧洲,然后按照购者的特殊兴趣,加以彩绘。
>
> 与瓷器这种用于日常生活的同时,装潢摆设的用途仍继续流行。这使人想到"强者奥古斯都"(Augustus the Sueng)的"印度乐院"(Indian Pleasure-house)的奇妙的设计。据华坎·巴斯(Waeken Barth)说,其中所创设的许多新奇物品,是在意大利和其他地方所从来不曾见过的。"墙壁"、天花板和窗的凹处都是用瓷镶的。①

他更是如数家珍一般,列出了各大宫殿有代表性的瓷器收藏清单。他是这么说的:

> 各大罗柯柯(作者按:现一般译为"洛可可")式宫殿的中国物品室内所藏瓷器之多,无从一一缕述,充其量只能举出若干有代表性的例子,如香勃隆(Schonbrunn)的路易堡(Ludwigsburg)宫、慕尼黑(Munich)旧王宫的镜室(为 1729 年被大火烧毁的最丰富的收藏室之一)、安斯巴哈宫(Ansbach)的镜室及"骑士瓷室"。柏林的蒙彼朱(Monbijou)宫(后改为霍亨索伦博物院 Hohenzallem Museum)尚存有一本旧指南书,记载当时所藏关于中国文物饰物珍品……这里只举登记目录作为例证。目录中提到下面的藏品:"……六、悬有中国画的音乐室。……十、铁蹄 Fre-a-coheval 室(因其为马蹄形,故名):四壁皆嵌木为饰,各室挂有中国风格的图画。……十二、一陈列室,有中国趣味的黄色雕花木框的悬挂物(一般指内藏字画——译者)
>
> 在花园之中的一层建筑物,经现在作寡的腓特烈皇后所扩充修饰,有许多优美的房间,大部分已重新装饰,布置得十分雅致。……四、一房有玫瑰色的悬挂物,上有中国山水画,分为各组。……九、悬挂中国画的房子一间。……十一、中国式黑漆的房子一间。……二十、王后寝室,有中国丝织品悬挂物,壁龛作宝蓝色并镀

---

① 〔德〕利奇温著:《十八世纪中国与欧洲文化的接触》,朱杰勤译,商务出版社 1962 年版。

金。……二十三、悬挂中国字画、刺绣的房子一间。二十四、瓷器陈列室，有精雕的紫漆木器。室内陈列大批华瓷，日本及柏林瓷器亦分列于窗拱之上。……二十七、有玻璃镜镶的中国字画。……三十四及三十五、富有中国风格而雕刻精致的悬挂品的陈列室。"此外，特别值得一提的还有蒙彼朱宫的诸室，国王因为他母亲聊罗赛亚（Sophia Dorothea）孀居，命令在室内陈列各种珍贵的瓷器。①

以上我们仅引用了两段文字，从中不难看出，中国的瓷器在欧洲上流社会已形成一种时尚，深深地嵌入人们的生活方式之中，不仅仅是装饰、收藏，而且是饮食、起居。他们认为，当时的中国，无疑是一个多彩的令人眼花缭乱的理想的国度；否则，怎么可以有如此高超绝伦的艺术呢？正是从艺术风格着眼，同时上升到哲学的高度，陶瓷几乎成了中国的"神器"。

在同一本书中，利奇温是这么写的：

> 罗柯柯艺术风格和古代中国文化的契合，其秘密即在于这种纤细入微的情调。罗柯柯时代对于中国的概念，主要不是通过文字而来的。以淡色的瓷器、色彩飘逸的闪光丝绸的美化的表现形式，在温文尔雅的十八世纪欧洲社会之前，揭露了一个他们乐观地早已梦寐以求的幸福生活的前景。这个文雅轻快的社会，能在北方的孔子的严谨的政治道德中得到点什么呢？奇妙的长江流域位于中国的南部，是道教的玄妙之花争妍斗艳的地方，也是佛教禅宗发出像茶叶的芬香使人们的精神陶醉沉湎于其中的地方。闪现于江西瓷器的绚烂彩色、福建丝绸的雾绡轻裾背后的南部中国的柔和多变的文化，激发了欧洲社会的喜爱和羡慕。欧洲社会本身正在孕育一种高度发展的深邃的文化，它没有自觉到和这种事物的内在联系。②

生活在这个时代的大哲学家、大数学家莱布尼茨也从哲学上归结了中国一度处于先进状态的文明。他认为：

> 中国的版图很大，不比文明的欧洲小，在人口与治国方面，还远超欧洲。中国具有（在某方面令人钦佩的）公共道德，并与哲学理论尤其自然神学相贯通，又因历史悠久而令人羡慕。它很早就成立，大约已有三千年之久，比希腊罗马的哲学都早。虽然希腊哲学是我们所拥有的在《圣经》外的最早著述，但与他们相比，我们只是后来者，方才脱离野蛮状态。若是因为如此古老的学说给我们的最初印象与普通的经院哲学的理念有所不合，所以我们要谴责它的话，那真是愚蠢、狂妄的事！再者，除非有一场大革命，要摧毁这套学说也不容易。因此，尽力给它正当的解释是合理的事。但愿我们拥有更完整的记载与更多的从中国经典中正确地抄录下来的

---

① 〔德〕利奇温著：《十八世纪中国与欧洲文化的接触》，朱杰勤译，商务出版社1962年版。
② 〔德〕利奇温著：《十八世纪中国与欧洲文化的接触》，朱杰勤译，商务出版社1962年版。

讨论事物原则的述言。①

可以说，中国陶瓷对洛可可艺术风格的发生至少是起到一个催化的作用。哲学家脑海里设想的东西，洛可可艺术家则以巧妙的线条表现出来——因洛可可艺术是直线的，两者都是只表现了潜在的可能性，而没有任何明确的结论。甚至颜色亦失去了巴洛克时代着色的稳固明晰，洛可可时代爱好淡色和没有强烈显色的由浓而渐褪为淡。采用纤细轻淡色调的瓷器便成为洛可可艺术的典型材料。洛可可开创了西方艺术的一个新时代。

处于启蒙时期的西方，对舶来品倒是不曾心怀芥蒂，而是敞开胸怀加以容纳、吸收与改造，虽说当时亦有贸易保护主义，但艺术与思想是国界所阻挡不了的。洛可可时代就这么走向了全盛期，以致歌德也曾对中国画风格的作品感慨赋诗，把瓷器用于亭子，用于塔顶甚至整个建筑，对于他来说，是何等的赏心悦目！

在那个时代，在西方人的思想里，瓷器与中国确实是分不开的。后来发现的一种光亮白洁且具有可塑性的瓷土，就被称为中国黏土（China-clay）。

当时与瓷器并列而为欧洲人所推崇的中国的事物，还有被视为"第五大发明"的中国科举制度。仅举一例：在1693年，勃兰登堡-普鲁士就采用了中国这一文官选拔制度来选拔人才。

由于瓷器在海上贸易中自明中叶至清康乾年间始终占有最大的份额，这对中国的瓷器制造业的推动自然毋庸置疑。我们回过头来再看看中国关于这方面的历史记载。

到18世纪热饮成为西方社会的生活习惯，瓷器逐渐取代西方人惯用的金属饮具，成为普通家庭的日用品。欧洲从中国广东等地输入的中国瓷器主要有瓶、盂、罐、盒、炉、壶、碗、杯、盘等，还有各种人物和鸟兽的瓷像，特别是佛像。《陶雅》称："洋商喜购瓷佛，大小素彩，层出不穷。"② 广东商人为满足国外市场的需要，还到江西景德镇去订造素身瓷器（即白瓷坯），运到广州河南（指珠江南岸片区），再由广州的绘瓷手根据欧洲人的风俗习惯并参考西洋画本，以西洋画法绘彩于素瓷上，加釉烧成三彩或五彩，名曰"广彩"，然后再运往欧洲销售。刘子芬的《竹园陶说》指出：

> 海通之初，西商之来中国者，先至澳门，后则径趋广州。清代中叶，海舶云集，商务繁盛。欧土重华瓷，我商人投其所好，乃于景德镇烧造白瓷，运至粤垣，另雇工匠，依照西洋画法加以彩绘，于珠江南岸之河南，开炉烘染，制成彩瓷，然后售之西商。盖其器购自景德镇，彩绘则粤之河南厂所加者也。故有河南彩广彩等名称。此种瓷器，始于乾隆，盛于嘉道。③

这些在广东加工后再输入欧洲的瓷又称为"洋器"。蓝浦著的《景德镇陶录》卷二

---

① 秦家懿编译：《德国哲学家论中国》，生活·读书·新知三联书店1993年版，第72页。
② 〔清〕寂园叟撰，杜斌校注：《陶雅》，山东画报出版社2010年版。
③ 〔清〕刘子芬：《竹园陶说·广窑》，石印本，1925年。

《洋器》中载："洋器专售外洋者，商多粤人。贩去与西人载市，式多奇巧，岁无定样。"① 说明瓷器的式样和款式每年都会有所不同。与此同时，广窑为适应国际市场，最早开始仿造西方瓷器。

18 世纪的纹章瓷

广彩在欧美各国深受消费者的青睐，特别是受到各国君主和上流社会人士的酷爱。法国国王路易十四令其首相马扎兰创办中国公司，派人到广州订造有法国甲胄纹的广彩，运回法国后，放在凡尔赛宫设专室陈列展览。英国女王玛丽二世也醉心于广彩，购买广

18 世纪出口的广彩瓷

---

① 〔清〕蓝浦原著，郑廷桂补辑：《景德镇陶录》卷二《洋器》。

彩后在宫内陈列展览。法国名作家雨果收集了大量的广彩。附属于十三行的瓷器作坊，集中在珠江南岸，广州人称那里为"河南"。乾隆二十四年（1759），北美人希基来此考察，见有一百余个加工场，各自技艺与颜料配方都秘不传外，说是祖上留下来的。

除了青花瓷这一名贵产品外，彩绘师还根据外商提供的图样，在素胎瓷上仿制欧洲式样与题材的作品，而且仿制得非常成功。正是这一中西合璧的工艺，催生了名扬天下的广彩瓷。

19世纪广州河南十三行的货仓区

19世纪广州河南庙宇码头和入口
（今广州市海珠区海幢寺临江处）

位于广州市海珠区的海幢寺（作者摄）

18世纪，外商在十三行定购瓷器的热潮一波高过一波。景德瓷的典雅、广彩瓷的多姿，与西方消费者的审美情趣一拍即合。中国瓷器在西方被视为富有与地位高贵的象征，同时，为其餐具带来了革命化的演变！

19世纪初，连美国的报纸都登出了广彩瓷的广告："广州瓷商亚兴官，敬请转告美国商人和船长，现有一批精美瓷器，风格高雅，价格合理，一旦订货，即可成交。"广告做到了大洋彼岸，可见瓷商具有怎样超前的国际市场意识。

据外商记载，十三行经营瓷器贸易从康熙五十五年（1716）开始便有记载，雍正六年（1728），瓷器仍是仅次于茶叶的第二大商品。雍正十年（1732），仅以"温德姆号"为例，丝织品购款为2898两银子，瓷器为2725两，茶叶为2330两，三者几乎平分秋色，其后亦各有起落。但到了乾隆末期，瓷器几乎已经完全退出十三行的对外贸易了，因为欧洲已经逐步掌握了烧瓷的技术。

笔者的祖先便是十三行经营瓷器的行商。经过相互影响、相互协调与适应，经营瓷器的十三行行商谭世经（德官）脱颖而出。乾隆年间至嘉庆初年，谭世经经营"披云堂"。谭世经过世后，家产一分为四，继续从事瓷器贸易的是"毅兰堂"。当年留存下来的瓷器，大多烧上了堂号乃至人名，这才让我们后人多少有些了解。

谭官经营的是景德镇著名的青花瓷。当年，从景德镇运送素胎瓷，溯赣江而下，入章江，再过梅岭，走梅关古道，而后下浈江，顺流而下，走北江，到广州或者顺德。

笔者老家顺德龙江，北边是北江水道，西南边则是西江水道。顺德出了不少十三行商人，这与这个地方商品经济较早兴起相关。这里自宋代始，大兴水利，"桑园围"闻名天下，桑基鱼塘在明清时最为兴盛，故有"一船蚕丝去，一船白银回"的民谚。

谭家的瓷器贸易自康熙年间至乾隆末年，延续了100年之久，传了几代人。同时，谭家亦有做茶叶、丝绸的外贸，这不难在马士的《编年史》中看到。

谭家从谭湘"出入于市廛中"经营瓷业的明末清初，到谭康官、谭世经，也是几进几出十三行。谭康官之后，有天官、赤官、德官；赤官于乾隆三十五年（1770）去世。到了道光年间，有民谣"潘卢伍叶，谭左徐杨，龙凤虎豹，江淮河汉"，谭家仍在列。而后，道光二年（1822），家乡传"火烧十三行，里海毅兰行，一夜冒清光"，当然，这仅仅是在十三行。我们从龙江里海留存的青花瓷上仍可见"谭世经，披云堂"及"乾隆""嘉庆"等字样。

谭家清嘉庆二年（1797）烧制的香炉，
有"披云堂""谭世经"等字样，2012年被盗

从17世纪到20世纪，谭家一直住在行商聚居的广州的龙溪新约，与潘家为世交。龙溪新约没有被火烧。谭家另一脉谭敬为清末收藏家，闻名京城，谭同庆是上海大企业家，二人均是咸丰七年（1857）后出去的谭家人，都一直称祖上为十三行行商。

以下为顺德龙江里海关于十三行的一则传说。

清道光年间，一位白发苍苍的老人敲着碟子，拖着埕，在十三行街上来回地走。没人理他，大家都以为他神经不正常。只有街尾梁家，即左垣公家人见他走得满头大汗，便好心请他进屋喝一碗水。谁知他接过碗，却把水往地上一泼，长叹一声，走了。是夜，十三行大火，只剩下梁家没被烧着，都说是那位老人泼水之处，火不曾至。人们这才恍悟，老人是暗示大家"打迭（碟）行程（埕）"赶快走人，因为大祸将至矣。

民间传说中包含的训诫意义已不在分析的范围了。关于族谱的内容，我们将有进一步的发掘。

左垣家塾(梁家)

卷八 "禁洋"再议

第三十七章 "红溪事件"与"禁洋"之议再起

中国人"下南洋"的历史可以追溯到汉魏六朝时期,其时,史料中已有中国人在南洋经商的纪录,这是拓殖南洋的开始。及至宋末至明代中期,则是南洋华人的鼎盛之时,这从郑和七下西洋之际,对南洋巡视的所见所闻中可以看出。随着明朝禁海,中国突然从大洋上撤出,遂使欧洲人得以不受制约地开启大航海时代。以1510年左右最早称霸于海上的葡萄牙人攻下大明的藩属国满剌加,并进犯到珠江口为标志,是南洋华人与西方侵略者发生接触的时期。西方侵略者葡萄牙、西班牙、荷兰等国,先是利用华人为中介进行市场贸易,之后则取而代之,把南洋变成它们的势力范围,华人处境就此每况愈下。

荷兰人在16世纪下半叶摆脱了西班牙人的统治,新兴的资产阶级迅速崛起,其造船业更成了世界第一,于是,继葡萄牙、西班牙之后,荷兰成为海上霸主。16世纪最后几年,即1595～1596年,荷兰人的船开到了爪哇西部的万丹,而17世纪的第一年,即1601年,第一次到达澳门,《明史》上有记载,称其为"和兰",翔实可靠。第二年,即1602年,荷兰东印度公司正式成立。1615年,荷兰人在海上打败了西班牙、葡萄牙的舰队,占领了香料群岛(又称东印度群岛,今马来群岛的大部分岛屿)。

在《大清一统志》与《皇清职贡图》上,清朝将"和兰"正名为"荷兰",也有写作"贺兰"的,视其为入贡国。

1641年,荷兰人攻下了马六甲。

明清易朝。巴达维亚的资料上记载,1644年这一年,"中国第一批商船载来4000人,自此每年都有一二只船来巴,唯载来的人数不多",显然,这4000之众乃明朝之遗民,他们不愿臣服于清廷而出海谋生。

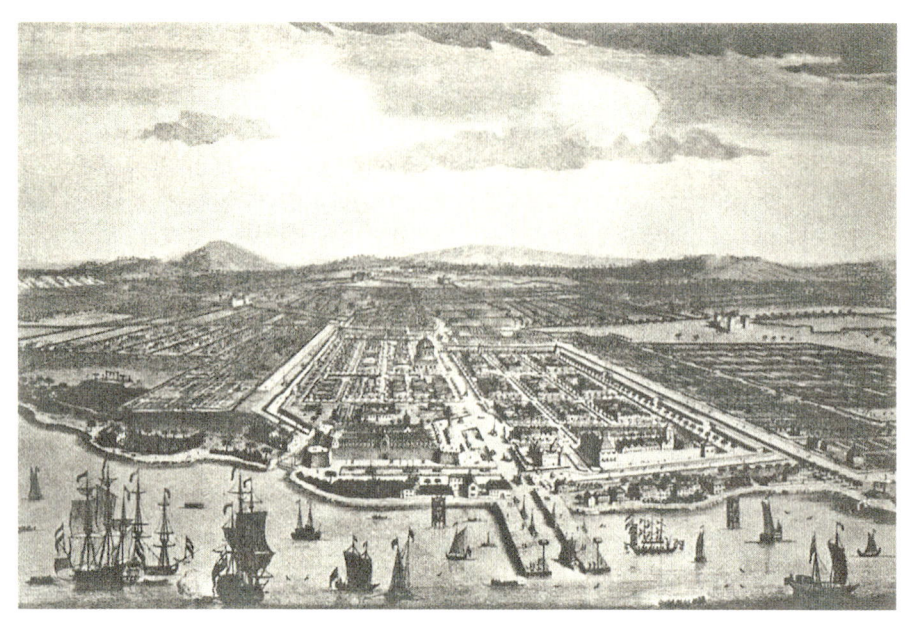

17 世纪的巴达维亚

而荷兰人正式向清廷进贡则是在顺治十二年（1655）。进贡的物品有多罗绒、西洋布、琥珀、镜、金刀、鸟枪、长枪、玻璃杯、酒、蔷薇露等。

于是，顺治皇帝隆旨，认为其"历代以来，声教不及，乃能缅怀德化，效慕尊亲"，其"赴阙来朝，虔修职贡，地逾万里，怀忠抱义，朕甚嘉之"，"着八年一次来朝，员役不过百人，止令二十人到京。所携货物，在馆交易，不得于广东海上私自货卖"。① 然而，荷兰人经商心切，岂等得了8年？于是每隔一两年就来一次。后来8年改作5年，可他们依然我行我素。

16世纪末荷兰船第一次到万丹时，万丹早已有了唐人街。不久，荷兰东印度公司首次将中国茶叶引入欧洲。

直到18世纪的1729年，荷兰东印度公司的船终于不经巴达维亚，而直航广州。这自然是有商业上的考量的，仅以茶叶为例，如往返经巴达维亚，得多花上百日，对茶叶的品质就造成很大损害，不新鲜就卖不起价了。所以，其领导层"十七绅士"便决议直航广州，其后贸易量占总额的70%左右，主导了整个欧洲对华的贸易。

荷兰人进入南洋诸岛之初，与居住在当地的华人相安无事。他们利用巴达维亚的中国商人发展了其市场贸易，而荷兰女王十七世也称赞中国人的创业精神，欢迎中国人在那里经商、创业。但到了1690年，则开始限制中国人入境。到了1706、1717年，更发展到禁止中国人入境。原因不难找到，华人勤奋，当地已出现了不少华人富户，成了他

---

① 〔清〕梁廷枏撰，骆宝善、刘路生点校：《海国四说》，中华书局1993年版，第204－205页。

们商业竞争的对手。而一般华人百姓又被视为负担,甚至被当成危险分子。仇富与嫌贫,本就是相通的。这些华人中,有水手、渔夫、猎人,更有有技术的能工巧匠,包括铁匠、木工、园丁、泥匠瓦、织工等。这都让侵略者心存嫉恨。因此,1720年以降,荷兰侵略者便以种种借口抓捕华人,并将他们流放到锡兰与好望角,当时锡兰正爆发15年的抗爆起义,荷兰侵略者就让华人去当炮灰,服苦役。华人每每是以居住证手续不全或过期为罪名被抓。而后,荷兰更赤裸裸地宣称,有用者可留,无用者遣送锡兰。及至1739年,荷兰更下令"若见服乌衫袴者,俱皆擒拿"。其时,华人一般习惯于穿黑色的衣服,于是"著乌"也成了罪名。

在荷兰人到来之前,或来到此处之后的前几十年,他们与华人、土著皆相安无事;在充分利用完华人后,荷兰人终于变脸了。

而十三行行商的商船每年都带着不少商品来到巴达维亚,行商们也期望在这里设立货栈等商业据点,并在这里与荷兰商人建立良好的业务关系。所以,1729年,荷兰东印度公司的商船Dove号首航广州,便得到行商热情的款待,而后,更让荷兰大班在广州租下临时商馆,并且介绍他们与海关及地方官员打交道。

然而,自"俱皆擒拿"着黑衣者即华人的命令一下,矛盾愈加激化,巴达维亚成了火药库。而被押解去锡兰的华人也有逃生回来的,更让华人得知,被遣送者十之八九死于非命。

掌握军权的范·因霍夫是1740年4月从锡兰至巴达维亚的,其来意是要把更多的中国人抓去锡兰。1740年10月,荷兰人哄骗巴达维亚城里的华人勿外出,结果把全城的华人赶尽杀绝,并放火烧掉了华人的居住区……大屠杀就是这么开始的。荷兰侵略者竟鼓励土著"砍一华人头,赏二Dnkaton(时用货币)",被吊死、打死、烧死、溺死的华人有上万之多——而这仅仅是当局所统计的数字,显然被大大压缩了。

虽然荷兰一方后来反省,认为当时的总督华庚尼贪婪、狂妄、无知,且没有远见,造成大惨案,并于日后把他逮捕并处死,但事件的本身并没有那么简单。

当时,巴达维亚有华人8万,1742年,即大屠杀两年之后,抵达该地的商船大班记录说:巴达维亚没有一个中国人。

这就是震惊全世界的"红溪惨案"。据说被杀的华人流的血把一条小溪的溪水都染红了,一说是把一条名为"红溪"的溪水都染红了。

在马士的《编年史》中有记录:

> 在这一年(作者按:即1742年)的记录里,又有关于荷兰船保商的材料。广州接到消息,说荷兰当局在爪哇残酷虐待住在该岛的中国人,并大量"屠杀"他们,因此,在1742年的记录里记载说,"没有一个中国人在巴达维亚。"①

---

① 〔美〕马士著:《东印度公司对华贸易编年史(1635—1834年)》第一、二卷,中国海关史研究中心组译,区宗华译,中山大学出版社1991年版,第280页。

瑞典的"哥德堡号"于1743年10月到万丹后,也被荷兰侵略者警告,要对其付诸军事行动,于是被迫滞留达5个月之久,才得到补给开往广州。

按照一个国家正常的逻辑、做法,此时清政府应当采取的立场是,严厉谴责制造"红溪惨案"的荷兰侵略者,保护在巴达维亚的中国侨民,以断绝与荷方的贸易为惩罚,并且要求荷兰侵略者赔偿华人的损失。

然而,荷兰侵略者制造的这个巨大惨案,在清廷内引发的却是在今天看来匪夷所思的争论:是"全面禁洋"还是"暂停巴达维亚贸易",而且,一时间,"禁洋"之议甚嚣尘上。

闽浙总督策楞、广东布政使王恕上奏朝廷,重新祭起了康熙晚年的"南洋禁航令",认为先帝是圣明的,再不禁洋,后患无穷。朝廷官员当中,无论是开明还是保守,俱有"洋舶通时多富室,岭门开后少坚城"的军事上的忧虑;同时,对多年在外的侨民更心存戒备,怕他们会颠覆政权。

策楞等人的奏折居然指责海外华侨贪恋不归、自弃化外,今多人被戕,事属可伤,实则自作之孽,请旨禁止南洋贸易,摒绝不通,使之畏惧。显然,策楞等人始终认为,禁洋与国体攸关。

策楞究竟是何许人也?面对"红溪惨案",竟然不斥责屠杀者,反而怪罪被杀的同胞"自作之孽"!经查,此人曾在兵部、闽浙、广东出任要职,一度担任广东海关监督。《清史稿》中是这么介绍他的:

> 策楞,钮祜禄氏,满洲镶黄旗人,尹德长子。乾隆初,为御前侍卫。二年秋,永定河决,上出帑命策楞如卢沟桥赈灾民。累迁为广州将军,授两广总督。广东巡抚托庸劾布政使唐绥祖贿私,下策楞勘谳。策楞雪绥祖枉,上嘉其秉公。寻加太子少傅,移两江总督。其弟讷亲承父爵进为一等公,以征金川失律坐谴。十三年十月,命策楞袭爵,仍为二等公,复移川陕总督。旋以川、陕辖地广,析置二督,策楞专领四川。时大学士傅恒代讷亲为经略,命策楞参赞军务。傅恒受金川降,班师行赏,策楞加太子太保。①

然而,以广东的御史李清芳为一方,是坚决反对重新禁洋的。他们认为,在荷兰侵略者的血腥屠杀后,亦应采取惩罚措施,暂停与巴达维亚的贸易,却不能因噎废食,把整个南洋都禁了,因为南洋还有越南、马来亚、菲律宾等。

"广东道监察御史李清芳奏言,商人往东洋者十之一,南洋者十之九。江、浙、闽、广税银多出于此,一加禁遏,则四省海关税额,必至于缺,每年统计不下数十万,其有损于国帑,一也;大凡民间贸易,皆先时而买,及时而卖,预为蓄积,流通不穷。今若一旦禁止,商旅必至大困,二也";"又内地贩往外洋之物,多系茶叶、橘柚、瓷器、水银等货,易其朱提而还,禁之则内地所出土产杂物多置无用,而每岁少白金数百万两,

---

① 赵尔巽等撰:《清史稿》卷三一四《列传》"策楞"条,中华书局1977年版。

一二年后东南必至空匮,三也;又每年出洋商船不下数百艘,每船中为商人、为头舵、为水手者几及百人,统计数十万众,皆不食本地米粮,若一概禁止,则此数十万人不惟糊口之计、家室之资一时不能舍旧图新,因转而待哺,内地米价必加增长,四也"。① 故"应暂停噶喇巴贸易,俟其哀求,然后再往,至南洋各道,不宜尽禁"②。

《清史稿》中对李清芳则是这么写的:

> 李清芳(1700—1768),字同侯,福建安溪感化里(今福建安溪湖头镇)人。大学士李光地从孙。雍正元年(1723)举人,乾隆元年(1736)登进士,次年授编修,参修《大清一统志》。不久,授广东道监察御史。清芳刚直敢言,有关国计民生的事无不奏陈。乾隆六年(1741),淮、扬一带水灾,户部所定施赈的新条例比旧例大减。清芳上疏说,乾隆元年以来的施赈条例,灾民分为"极贫""次贫""又次贫"三等,灾民列在"又次贫"者最多。新条例却把"又次贫"裁去,且仅给赈一两个月,还把灾民日给米三盒的规定减为二盒半,所减实在太多,灾民难沾实惠。又户部新议定:遭风、冰雹及夏天遭水灾均不准赈。既然成灾者不视为灾伤,那么隐匿灾情也就难免了。他认为应遵乾隆元年(1736)以来的旧条例施赈。乾隆采纳他的建议,使灾民受惠。当时一些朝臣议论要豁免浒关米豆税以减轻民众负担,税务官却奏请征收船料税作为补偿。清芳上疏说:如果这样办,免征米豆税是使商人受惠,而原本无税的船户反而吃亏。由于清芳上疏,此议未付诸实施。清芳重视发展商品贸易,曾奏请开放对南洋的禁运,以惠商旅而利国库。当时台湾米较便宜,而商船载米有限额,清芳奏请放宽赴台载米的限额以资内地。他还奏请放宽边防禁令,在锦州置仓买米,以接济通仓;奏请买监生改捐金为纳粟,以充实库存;建议平粜必须减价,买补必照时价,不得任意高下其价以病民;等等。乾隆八年(1743),吏部报请各部长官保荐御史参加考试。清芳反对保荐,上疏说:国家设置御史,目的是让皇上的耳目不受遮蔽,这就需要公正、有骨气、不依傍权势的人,才能尽其职责。如果人选由长官保荐,就会出现受禄公朝、拜恩私室的情况。从前宋代宰相晏殊曾推荐范仲淹当校理,此后,范仲淹在一次会议上据理力争,遭到晏殊责怪,范仲淹说:这正是报答您对我的赏识啊!朱熹曾品评北宋诸臣,赞美范仲淹为一代之首。清芳说他觉得像范仲淹这类的人太少,而像晏殊的人颇多。恳请敕令吏部把合格人选上报,由皇上亲自考试任用,这样才较符合设立言官的本意。乾隆采纳清芳的建议。不久,清芳调任刑部给事中。乾隆十二年(1747),清芳典试广东,复由詹事迁内阁学士。乾隆二十年(1755),晋升兵部右侍郎,不久转左侍郎。乾隆二十二年(1757),因一个九卿会议中的错误,降二级留任;两年后,以其父年

---

① 戴逸、李文海主编:《清通鉴》第 8 册,世宗雍正十三年起至高宗乾隆十五年止,卷九八,山西人民出版社 1999 年版,第 3364 页。
② 〔清〕梁廷枏总纂,袁钟仁校注:《粤海关志》(校注本)卷二四《市舶》,广东人民出版社 2002 年版,第 473 – 474 页。

老，命其原品休致，回籍侍养。李清芳身为言官，屡有奏议，虽有对有否，但尽了言责。乾隆二十四年（1759），清芳年届60，乞养归家。乾隆三十三年（1768）病逝。①

且说回"红溪惨案"。惨案发生后，朝廷上关于禁洋与否的争议相持不下，皇上如何裁断？

乾隆皇帝倒也没有轻易下结论，而是把议案交给了广禄、福彭等议政大臣讨论。"将禁止商贩于沿海贸易，商民生计有无关碍，一并交与闽、浙、江、广督抚逐一详查议奏。"②

力主再度禁洋的一派自是振振有词，而且有法律依据。按大清律例第二百二十五条：凡官员兵民私海贸易，及迁海岛居住耕种，均以通贼论处斩；又州县同谋，或知情隐匿，亦将处斩。

法律虽然是立清之初为防范流亡海外的明朝遗臣卷土重来而定下的，但一直延续下来，至"红溪惨案"发生已有近百年之久了。其间，康熙晚年至雍正五年（1727），又实施了禁洋令，统治者的防患意识并不曾消弭，他们惧怕大规模的海洋贸易会带来种种有害的影响，从而直接威胁与动摇整个大清的社会根基与国家体制——这一思想一直持续了几百年。拒外的思想，更延伸到海外的侨民。

在这次争论中，身为皇室宗亲的两江总督德沛称："是番性虽残，亦知畏惧，彼既有悔心之萌，宜以自新之路，况其所害者，原系彼地土生，实与番民无异，南洋商贩仍听经营为便。"

作为福建地方的宿老蔡新也认为："南洋事诚不法，然汉商本皆违禁，久居其地，自弃化外，名虽汉人，实与彼番种无殊，揆之国体，实无大伤"，"所杀戮者，皆彼地汉种，自外圣华者也，圣期又何责焉"。

因此，主禁一方更把矛头指向了海外的"天朝弃民"，不让他们回国。康熙五十六年（1717）禁洋之际，便曾下文规定，三年不回国的，则永远不准回来了。

而另一方，在主张开洋的同时，也来了个折中，提出暂停及限制的方案，而其立足点则是"国民生计"，通过海洋贸易增加国家的税饷，以维持朝廷庞大的开支。

两广总督庆复力主坚持"开洋"：

> 南洋贸易商贾，各挟资本，子母营利，粤东一省，舵水万人，皆食外域米粮，各谋生计。今若遽议禁止南洋贸易，内港之商船固至失业，外来之洋舣亦皆阻绝。信如御史李清芳所称，内地土产杂物多至壅滞，民间每岁少此夷镪流通，必多困乏，游手贫民，俱皆待哺，内地生计维艰，虽各省关税缺额，每岁不过数十万金，苟于商民生计有益，我皇上子惠元元，每颁蠲赈，动辄数十百万，该御史所称税额有缺

---

① 参见赵尔巽等撰《清史稿》卷三一四《列传》"李清芳"条，中华书局1977年版。
② 李国荣、林伟森主编：《清代广州十三行纪略》，广东人民出版社2006年版，第43页。

之处，何屑计此盈亏。但损岁额之常，兼致商民之困，就粤省而论，于商民衣食生计实有大碍。①

还有：

> 南洋照旧贸易，毋庸禁止。②

朝廷最终没有接受策楞"请禁南洋商贩"之议，策楞也退而主张部分海禁，即"限关"。

而此时，荷兰在巴达维亚的大屠杀终使其经济瘫痪，海洋贸易严重受损，不得不抛出华庚尼作为替罪羊，免掉其巴达维亚总督之职，并逮捕。

马士的《编年史》中记载：

> 7月28日。海关监督命令商人通知荷兰大班，他们的船要停留在澳门，亦可获得安全，但他不能给他们来广州的执照，亦不能答应保证他们不会受到此处群众的侮辱，因为他们对于亲朋在巴达维亚所受的待遇是愤慨的，他可以派他的胥吏前往丈量他们的船只，如果他们认为适当，他们可以在该处随便买卖。
>
> 7月29日。澳门市向抚院请求，不要将荷兰船留在该处，因为他们装备成战斗的样子，恐怕会攻击他们。因此，抚院派出全体行商并向他们表示，他同意上述各船可以开入内河，并碇泊在二道滩以下。
>
> 二位委员及二名通事将巡抚的命令通知大班，他们答复说，他们不愿冒险进入虎门以内，只希望留在澳门。
>
> 8月8日。今天三位商人带抚院的口信到澳门，去通知荷兰大班，假如他们不将船只驶入内河，便不准他们在澳门附近贸易。
>
> 8月13日。商人从澳门回来报告说，荷兰人不愿冒险将船驶入虎门，假如不准他们在澳门贸易，愿意在季候风适宜时，将他们的货物运回巴达维亚。
>
> 8月26日。今天抚院发出布告，严禁任何人等与荷兰人交易，由于他们没有接纳他的邀请，将船驶入内河。
>
> 9月3日。今天早上，抚院召集几位商人去见他，命令他们到澳门，再叫荷兰人将船驶入内河。
>
> 9月13日。将抚院的口信传给荷兰大班后，几位商人从澳门回来，大班们最后

---

① 中山市档案局（馆）、中国第一历史档案馆合编：《香山明清档案汇编》，上海古籍出版社2006年版，第709页。

② 卢经、陈燕平编选，中国第一历史档案馆编：《乾隆年间议禁南洋贸易史料》。

认为接受他的邀请是妥当的,他们现在从澳门起程,并命令他们的船只尽快驶到黄埔。①

中国首次认真试行用禁止贸易来管控外国人的规定就这样宣布结束了,这次事故的暴风雨算是过去了。"1742年7月19日。昨天荷兰的主任得到海关监督的保证,对待他们和从前对待他们的国家一样,因此,他命令他的船只驶到黄埔"②。

巡抚或者因荷兰人问题被激起,或者不满意海关的软弱措施,表现出限制全部欧洲人特权的倾向。

大班们的记录中称,海关以"此处群众"因"红溪惨案"引起愤怒为理由,停发了荷兰商船进广州的执照,但只是一年之后,也就是惨案发生之后的第三年,荷兰船又可以与其他国家商船享受同等待遇了。

而海关则借此机会,强化了对外国商船的检查、计量等管理措施。也就是说,"暂停"荷兰商船的执照仅于1741年7月至1742年7月执行,而荷兰对巴达维亚华人的镇压持续到了1743年。

真正的牺牲品是中国侨民。

荷兰使节是1741年4月8日赴广东的,10月6日见到广东巡抚,假惺惺地表示听从广东巡抚"不得再加伤害中国侨民"的训诫,而后,到下一年度的贸易季节,他们则得以重返十三行"夷馆"了。

而乾隆皇帝的回复是:

天朝弃民,背弃祖宗庐基,出洋谋利,朝廷概不问云。③

"天朝弃民"——《大清律例》就是这么认定的。

这边,因大屠杀被迫逃离侨居地回国的侨民,却在国门前不得而入,被视为"弃民",甚至被视为"海盗围城"引起清廷恐慌,派兵"严防死守",不放一人入境。

策楞的下场与后来提出"一口通商"的杨应琚的下场几乎没有两样,杨应琚因谎报军情而被斩,策楞同样因谎报军情被免职逮捕,并押返,只是在押送途中遇到准噶尔兵被杀了;否则,押返后是否也得砍头也未可知。当时,他被派往新疆平叛。史载:

二十一年二月,策楞闻台吉诺尔布等已得阿睦尔撒纳,腾章奏捷,上告于陵庙。进策楞一等公,赐双眼孔雀翎、宝石帽顶、四团龙补服。三月,策楞复疏言前奏非

---

① 〔美〕马士著:《东印度公司对华贸易编年史(1635—1834年)》第一、二卷,中国海关史研究中心组译,区宗华译,中山大学出版社1991年版,第280-281页。
② 〔美〕马士著:《东印度公司对华贸易编年史(1635—1834年)》第一、二卷,中国海关史研究中心组译,区宗华译,中山大学出版社1991年版,第281页。
③ 李长傅:《南洋华侨史》,商务印书馆1934年版,第32页。

实,上命停封赏,严促进兵逐捕。是月,复克伊犁,阿睦尔撒纳走哈萨克。四月,命大学士傅恒视师,逮策楞及参赞大臣玉保。旋得策楞奏,方督兵压哈萨克境,令擒阿睦尔撒纳以献。上乃令傅恒还京师。时达尔党阿出西路,哈达哈出北路,与策楞合军以进,师久次,不得阿睦尔撒纳踪迹。九月,达尔党阿、哈达哈引兵还屯哈萨克。十一月,复命逮策楞、玉保槛送京师,途遇准噶尔兵,为所戕。①

李清芳因错降二级,告老还乡,郁郁而终。

荷兰东印度公司反而受"红溪事件"影响最大,自食其果。该东印度公司号称"海上马车夫",被称为十七八世纪世界最大的贸易组织。17世纪全球海洋上的2万艘商船中,有1.5万艘属这家公司,平均每年能从亚洲获得163万荷兰盾的收入。但在"红溪事件"之后,却变成年年亏损。②

其派往巴达维亚船只的数量急剧下降。1710年,该公司派往巴达维亚的船只有231艘,1740—1750年仅140艘,而且此后还在不断下降。③

没有华人的合作,荷兰东印度公司原本利润丰厚的业务变成了赤字。之后,公司一个接一个地放弃了在波斯湾、南印度、斯里兰卡和马来半岛的殖民地。1781年,这些殖民地几乎全部落入英国东印度公司之手。1800年,早已资不抵债的荷兰东印度公司破产倒闭,"海上马车夫"的帝国梦想就此结束。④

而这次"禁洋"之议再起,最终导致乾隆皇帝宣布"限关",即"一口通商"——在面对全球大航海时代迅猛发展,印度与南洋已成为西方一个又一个海上霸主鱼肉的殖民地的时候,清廷仍以"天朝上国"自居,不思进取,只求苟安,又夜郎自大,无视世界,限关锁国,诚属可悲。

可以说,这次"禁洋"之议再起,正是清政府从梯度开放的"开洋"向"限关"之间的过渡,其后果显而易见,教训无疑是深刻的。

所谓"开放",更重要的是思想上或思维方式的开放。很难想象,一个不视老百姓为衣食父母、不把民众视为政权支柱的封建极权统治者,会充分信任民众,尊重民众。"子民们"在遭到外侮时,不仅不去保护他们,反而斥之为"弃民"。也就是说,统治者根本没有把民众的利益视为最大的利益,所谓的"国计民生"完全是另一重含义。民众或老百姓并非开放的主人或对象,"天朝上国"仍一如既往地自以为是、目空一切。"红溪惨案"发生之后,清廷借"禁"与"限"之争,在原有的行商制度基础上,建立了严苛的保商制,使"以官制商,以商制夷"的对外贸易管理体制进一步得以"规范"或强

---

① 赵尔巽等撰:《清史稿》卷三一四《列传》"策楞"条,中华书局1977年版。
② 参见〔荷〕费莫·西蒙·伽士特拉著《荷兰东印度公司》,倪文君译,东方出版中心2011年版,第155—156页。
③ 参见〔荷〕费莫·西蒙·伽士特拉著《荷兰东印度公司》,倪文君译,东方出版中心2011年版,第135—136页。
④ 参见〔荷〕费莫·西蒙·伽士特拉著《荷兰东印度公司》,倪文君译,东方出版中心2011年版,第65—69页。

化；又严禁非行商参与对外贸易；及至乾隆二十二年（1757），最终实行了"一口通商"，直至百年后才被打破。

关于"红溪惨案"，后人的研究已不少，但对于"子民"如何成了"弃民"，尤其是引发了"禁洋"与"限关"之争，最终导致"一口通商"在清代中期的历史转折意义上的深入研究，却远远不到位，因此，在十三行史中，有必要专门辟出一章来研究这一点，以期引发学界关注。

第三十八章 "天子南库"

十三行出现在广州，乃历史使然。我们不妨先来说一下广州。

广州得名于三国之东吴，在这之前，在两广交界之处，就已经有西汉时期统领南方九郡的刺史部广信。广信得名于汉武帝"初开粤地，宜广布恩信"的圣旨，位于广西梧州与广东封开交界处。而当时的广州则是含当今广东、广西大部分地区。

广州的地位从来就不是南方的"帝都"或行政、军事的中心。汉代400年，这个中心在广信；三国、两晋、南北朝到唐宋，则一直在粤北。五言律诗的始创者阴铿，盛唐宰相、诗人张九龄，皆出自粤北。直到宋末，珠玑巷移民大规模南下，华南的文化中心才移到广州。然而，甚至到了明清，两广总督府不是在梧州（原广信旧地。今属广西），便是在肇庆，而十三行时期则基本上是在梧州与肇庆。尽管南越、南汉的古都为番禺兴王府，即今广州，但也未能形成完整的中国古都以中轴线代表皇权的格局。近代，陈济棠尝试以"南天王"的身份为广州找中轴线，把城区旧地拆得七零八落，却也敌不过历史，所谓的中轴线也没法拉直。

显然，自古以来，广州就有其自身的城市格局，那便是商业贸易自然形成的经济格局，它只是商业城邦。中古时代的蕃坊，近古的海珠石商埠，直到广州十三行的出现，广州"千年商都"的称号当之无愧。它只是因商品交换之便而服从"第二自然"的自由发展，而与权力架构不相干。它的形成，与西方的佛罗伦萨、米兰、威尼斯、罗马等财富集聚的商业城市有异曲同工之妙。是自古以来的商业兴盛造就了广州，催生了广州——从一开始，广州就具备了海洋与商业城市的基本因素，而非农业与权力城市的格局。因此，十三行出现在广州就不难理解，它融入世界，成为最早的具有中国现代色彩的商业之翘楚。

自秦统一中国，广州绝大部分年份未成为南方的行政权力中心，这是它的大幸。正因此，广州才能孕育出被誉为"世界首富"的十三行行商。

所以，广府的经济文化从一开始便带有一定程度的商业特征。据考，广东迄今发现的青铜文化遗址有300多处，其年代一般比中原地区的要晚；但其商业文化早于中原很多年。例如，南越王墓中出土的文物银盒、香料、金花泡饰、非洲象牙及其他汉墓出土的串珠等舶来品，都可以说明南越国时广州已与外国有贸易关系。《战国策》中楚王有一段话："黄金、珠玑、犀、象出于楚，客人无求于晋国。"而这些，均产于岭南，说明番禺早在秦汉时期甚至之前便成为南方珍奇特产集散的商业都会。古巴比伦史料有记载，在公元前 425 年，即我国的战国时代，古巴比伦人已到达中国南海。其时，中国丝绸也由海路输入古希腊。可见，古番禺的海洋文化特征——商业文明已经很显著了。

自古以来，广府区域一直被视为"天子南库"。封建中央政权几乎每个朝代都少不了从这里调集银两，这也证明，尽管在政治、文化上，这里被视为"蛮夷之地"，可在经济上，却不能不被重视。只是由于封建体制，这里的经济力量长期以来不能受到朝廷的重视，只是"蛰伏"着，积累着，到了一定的历史时期，才争得"发言权"。

古籍载，商周时，岭南已向中原"进贡"，岭南、岭北也有某种程度的商品交换。春秋战国时，岭南的夔纹陶的出现，就是为了适应商品交换之需。广东东周墓出土的质地优良的青铜器产于长江流域的中原地区，应是商品交换所得。先秦时期，岭南的特产已为中原人所喜爱，象牙、翡翠、珠玑等物产使番禺成为全国闻名的都会。据司马迁的《史记》记载，番禺是当时全国九大都会之一。

秦统一岭南前，岭南的土著居民日常交易处于以物易物的原始商业状态。秦统一岭南后，开凿的灵渠便利了岭南到中原、关中的水上交通，促进了商业贸易。南越国时期，岭南已开始进入金属货币时代，实行统一度量衡及货币制度，促进了南越国的商业发展。南越国与中原友好交往，与西南、东越、夜郎等地区保持密切的商业贸易关系，使商业贸易额大增。半两钱已流通于南越国，虽然货币经济尚不算发达，但不影响南越人与邻国的商业往来。

汉武帝平定南越前，已注意到番禺对外贸易的好处。平定南越后，即派使者带船队沿着民间开辟的航道从事官方对外贸易。船队从番禺上货后，经徐闻、合浦出海，到达马来半岛、缅甸、印度半岛南部，直到锡兰（今斯里兰卡）岛。这标志着海上丝绸之路的初步形成。自汉以后，以番禺为起点的海上丝绸之路上的东西方贸易不断发展，历久不衰，在世界文明史上占有重要地位。据《汉书》记载，番禺是"犀、毒冒、象、银、珠玑、铜、果布"云集的都会。犀指犀角；毒冒即玳瑁，玳瑁壳是装饰品；象指象牙；珠玑指珍珠，圆者为珠，形状不规则者为玑；果布，有人解释为水果与葛布（故标点成"果、布"），也有人认为是名贵香料"龙脑香"，因马来语龙脑香（Kapar Barus）音"果布婆律"，时人音译简称"果布"。这些货物中有些是番禺的土特产，有些是进口商品。在《汉书·地理志》上也有"南海航路"的记载。这些都足以证明海上丝绸之路已以广府文化区域作为起点，番禺的工商业已相当发达，制陶业、铸铜业已成规模，造船业更是全国之最，并有了从这里开始的海外交通。史载，粤西南的徐闻、合浦已是商港，故时谚曰"欲拔贫，诣徐闻"①，合浦更有"合浦珠还"一说。从这些地方出发的商船规模不小，携带大批"黄金杂缯"（缯，即丝绸），去换回"明珠、璧流离、奇石异物"。商船到过 7 个海国，主要目的地为黄支国，最终到达已程不国②；而印度、东罗马帝国也有使臣从海路来中国。广信之贾，名噪一时。

早在西晋初，便有"大秦国（即东罗马帝国）奉献珍秀来经于（广）州，众宝既

---

① 〔宋〕王象之：《舆地纪胜》，四川大学出版社 2005 年版。
② 关于黄支国及已程不国，史学界有几种说法，一说为今印度东海岸与斯里兰卡，一说为西亚与东非。

丽，火布尤奇"①。南朝未设外贸专门机构，只由广州刺史和南海郡太守兼管，"州郡以半价就市，又买而即卖，其利数倍，历政以为常"②，"广州刺史但经城门一过，便得三千万"③。日本学者藤田丰八在《宋代之市舶司与市舶条例》中介绍广东秦汉时的物产时也说："交广之珍异，似为其本地出，然此不过对中土而言的结果，多数珍品实由海上贸易获得的。"④

东汉桓帝延熹九年（166），大秦国（即罗马帝国）使者沿海路经交趾部到中国朝贡，这是史载首次经岭南海路的朝贡贸易。汉末时，番禺已取代徐闻、合浦成为主要外贸港口。吴、晋时，南海航行技术已大有进步，深海航行大有条件，因此，出海航道也有所改变。南海周边国家的船只自马六甲海峡以东，经南沙群岛，穿过西沙群岛，再经海南岛以东海域到达广州的各港口。这些港口中以番禺最为优越，因为番禺港在珠江口，腹地广阔，而且从马六甲海峡走海路到番禺为直线，所以，到晋代时，番禺的主要外贸口岸地位已经确立。汉初，自徐闻、合浦或日南（汉郡。在今越南中部）出发，到都元国（约在今印度尼西亚苏门答腊岛北部）需历时5个月；但晋代僧人法显从耶婆提国（今印度尼西亚爪哇岛）乘船回国，船上人说50天便可到广州。因此，在晋代，往返于南洋群岛与番禺的中外商船大增，而少走交州诸港了。这时，从番禺出口的有各种丝织品与陶瓷器，进口的有珍珠、犀角、珊瑚、象牙、琥珀、璧琉璃、水晶、水银、金、沉香、吉贝（又称"爪哇木棉"）、郁金、苏合、兜鍪等。

晋代中原纷乱，西北陆上丝绸之路受阻，于是海上丝绸之路对中国外贸更为重要。当时广州的造船业发展迅速，所造的有橹、棹、桅、帆、舵、锚等船的部件，海船有4～7帆，能做远洋航行。还有的吸收外国先进技术，以椰索联木为舟，受到外商的欢迎。

两晋、南朝时，广州的外贸分为朝贡贸易和市舶贸易两种形式。前者为官方的贡赐贸易（外商使者进贡给皇帝，皇帝回赐货物），后者是中外商人间的贸易。那时与广州往来贸易的海外国家主要有：扶南（包括今柬埔寨和泰国东南部）、天竺（今印度）、林邑（在今越南中部）、占婆（在今越南南部）、大秦、狮子国（今斯里兰卡）、顿逊（今泰国或缅甸）、罽宾（今克什米尔）、盘盘（约在今泰国南部）、狼牙修（在今泰国南部，一说在马来半岛）、丹丹（今马来半岛吉兰丹）、婆利（今印度尼西亚巴厘岛）、波斯（今伊朗）等。其中狮子国的船最大，扶南的船最多。这段时间，中国对海外贸易还没有专门管理机构，管理大权落在地方官府手中。

隋朝虽然只有38年，但也推行了促进南海郡外贸的措施。东南亚有十多个国家来贸易，中原也有不少商人到广州做生意而发达。隋大业三年（607），朝廷招募能通使外国者，屯田主事常骏、虞都主事王君政应募，带队携5000段丝绸出使赤土国（今马来西亚吉打）。他们从番禺登船出海，到达赤土国，回国后著有《赤土国记》一书。以后，真

---

① 〔唐〕欧阳询著：汪绍楹校：《艺文类聚》，上海古籍出版社1998年版。火布，即火浣布，指石棉布。
② 〔隋〕姚察、〔唐〕姚思廉撰：《梁书·王僧孺传》。
③ 〔南梁〕萧子显撰：《南齐书·王琨传》。
④ 〔日〕藤田丰八著：《宋代之市舶司与市舶条例》，魏重庆译，商务印书馆1936年版。

腊（今柬埔寨）、丹丹、盘盘等国也曾派使臣来隋做朝贡贸易，皆以番禺为主要进出口岸。隋朝与西亚、欧洲一些国家也有友好往来，为以后唐代的海外贸易发展打下了良好基础。

到了唐代，广州不仅是我国主要进出口口岸，而且成了世界著名的港市。由于唐代经济文化空前繁荣，广州对外贸易也得到前所未有的巨大发展，与贸易伙伴阿拉伯、波斯、天竺以及南海诸国的海运更是兴盛，来往船只空前的多。

在唐代，广州的内港码头是坡山和兰湖。坡山码头即今广州市越秀区惠福西路坡山巷附近，明清时称为"坡山古渡"，码头北面是供外商居住的蕃坊。兰湖码头在今广州市越秀区流花公园附近。兰湖是羊城古代天然湖泊之一，与城内驷马涌相通，湖畔有象岗，是理想的避风塘。兰湖码头是唐代广州城西的重要码头，北江、西江来广州的船只多在此登岸。唐代大中年间，广州刺史在码头建"余慕亭"。

在唐代，广州的对外贸易总的来说成果辉煌，但也有起伏。天宝（742）以前是外贸的第一个高潮。天宝初，鉴真和尚从海南到广州番禺，见城中有狮子、大食（指古阿拉伯帝国。泛指今中东和西亚国家）、骨唐（指今南海周边国家）、白蛮和赤蛮（白蛮、赤蛮是古代中原人对西南诸族的泛称）等国商人往来，又见珠江中有不少婆罗洲（今加里曼丹）、昆仑（指今我国南海周边诸国）等国的船舶，其舶深六七丈，载运来的香药、珍宝在港口堆积如山。但天宝十五年至贞元八年（756—792），广州外贸一度萧条，此因受"安史之乱"的影响，而岭南也曾有动乱。如广德元年（763）十二月，广州发生市舶使吕太一之乱，长达3年，致使外贸顿减，外国商船每年来广州的只有四五艘。大历四年（769），李勉出任广州刺史兼岭南节度使，稳定了政局，又采取灵活措施吸引外商，几年间外贸回升，来贸易的外国商船大增。李勉离任后，岭南又于大历八年（773）爆发哥舒晃之乱。朝廷派路嗣恭率军平乱，不少商人涉及乱事被杀，又使外贸走下坡。从贞元九年至天祐四年（793—907），广州外贸再盛，其外贸收入成为朝廷财政一大来源。贞元中，岭南节度使王虔休兼任市舶使，力革前弊，使外商来广州贸易者倍增。长庆初（821），工部尚书郑权任岭南节度使时，外国货物大量输入，流通全国。大中初（847），中宫李敬实为广州都监兼市舶使，外商纷至，进口货物充斥街头。大中末（859），集贤学士萧仿出任岭南节度使，以清廉闻名，又使外贸大盛，连京城也充斥着岭南的货物。乾符六年（879）正月到闰十月，黄巢起义军占据岭南，广州的外商遭杀戮，外贸大受影响。但到景福二年（893），外贸再兴盛，当时广州外国商贾云集，据称不下12万人（一说20万人）。

其时，广州便划出了一块地方，专给来自波斯湾、东南亚的外商居住，这个地方便叫蕃坊。许多人后来也融合于汉民族了。据史学家考证，这里不仅融合有波斯人、印度人、阿拉伯人，而且有黑人、白人等，也融合了当年的"五胡"等。

这种融合，更是海洋文化的一个组成部分，没有山川的闭锁，大海本身就是开放的，广纳百川。海洋文化的根本特征在于其商业性，因为海上贸易互通有无。世界各国均强调海洋文化的商业性，而古希腊与近代欧洲由于拥有地中海得天独厚的地理优势，海上贸易才有了极大的繁荣。可以说，唐代文化多少也是得益于当时海洋文化的影响，才走向鼎盛的,这是无法说成农业文化或渔业文化的,即使渔业自身已包含交换的商业意味在内。

对海洋文化的接纳,唐代统治者也是颇有胸怀的——当然,这也与经济利益息息相关。唐代朝廷特别注意广州的吏治,把其任命与外贸的兴衰联系在一起,"若岭南帅得其人,则一边尽治……外国之货日至……故选帅常重于他镇"①。如岭南节度使李勉到任,由于"勉既廉洁,又不暴征"②,其任内到达的外轮增加了10倍。不要小看这一事实,它证明,商贸的兴衰,与吏治的好坏直接相关,也影响了一种文化的变迁。

唐代广州的远洋航线是空前的。贞元年间,掌管商使往来的鸿胪卿贾耽搜集资料,写下《皇华四达记》《海内华夷图》等书。《皇华四达记》里的《广州通海夷道》详细记述了海上丝绸之路的路线,确凿地证明了唐代的外贸中心是广州。

广州"通海夷道"从广州出海到非洲东部的三兰国(今坦桑尼亚达累斯萨拉姆一带),途经东南亚、波斯湾、东非、地中海沿岸等100多个国家和地区,是当时世界上最长的国际航线。这一"世界纪录"保持了七八百年,直到16世纪中叶才为欧洲人开辟的东方航道所打破。

唐代时,一些西方学者也记录了从波斯湾前来广州的航线,大体与贾耽所记相同。当时外国人称广州为"广府"。如在《中国印度见闻录》中苏莱曼称:"广府是船舶的商埠,是阿拉伯货物和中国货物的集散地。"③

唐代的进出口商品比前代有了结构性的变化,日常用品和原材料成为贸易的主要商品。出口货物中,**丝绸**仍是主要的,产自国内各地的品种丰富、质地优良的丝织品,如绫、绸、缎、绮、纱、绢、缣、帛等品种,在海外大受欢迎。广府的丝绸也大量进入国际市场。例如,日本至今尚保存着我国唐代的"广东锦"。瓷器也是大量出口的货物。唐瓷在器物造型、釉彩光泽等方面均超过前代,不但有日常用品,而且有贵重的工艺美术品。南方的越州(今浙江绍兴)和洪州(今江西南昌)是中国瓷器的主要产地,景德镇的瓷器有"假玉器"之称,北方的"唐三彩"更独具美术工艺特色,为国际市场最受欢迎的商品之一,这些产品均运到广州再出口。唐代阿拉伯地理学家伊本·法基写的《地理志》把中国陶瓷、中国丝、中国灯列为三大名牌。此外,出口商品还有茶叶、铁器、宝剑、麝香、马鞍、貂皮、肉桂、高良姜等。

在唐代,广州对外贸易有三大伙伴:东南亚的室利佛逝(在今印度尼西亚苏门答腊地区)、南亚的天竺、阿拉伯的大食。此外,常来广州贸易的有林邑、真腊、诃陵(约今印度尼西亚爪哇岛)、骠国(今缅甸)、狮子国、拂菻(古东罗马帝国)、丹丹、盘盘、堕和罗(约在今泰国中部)、陀洹(在今缅甸境内)、婆利、罗越(今马来半岛柔佛一带)、尼婆罗(今尼泊尔)、罽宾等,还有唐代以前未见记载的哥罗舍分(在今泰国境内)、甘毕(在今印度尼西亚苏门答腊)、修罗分(在今泰国境内)、弥臣(骠国属国,

---

① 〔唐〕韩愈:《送郑尚书序》,见《昌黎先生文集》。
② 〔宋〕宋祁、欧阳修、范镇等撰:《新唐书·李勉传》。
③ 穆根来、汶江、黄倬汉译:《中国印度见闻录》,中华书局1983年版。

在今缅甸境内)、多摩长(在今马来半岛境内)等。由此可见,唐代广州海外交通繁盛,广州人接触各国人与外国货物也多。

唐代从广州进口的货物比前代大量增加。如有从天竺进口的琉璃、消石、胡椒、白豆蔻、蜜草、郁金香、干姜、天竺桂、乳香、干陀木皮、补骨脂、宝石等,从拂菻进口的玉、水银、金刚石、矾石、玻璃、木香、肉豆蔻、迷迭香、兜纳香、蜜香、降真香、苏合香、阿勃勒、芜荑、阿魏、抱香履等,从波斯进口的瑜石、石绿、硫黄、白矾、黄矾、琥珀、胡黄连、缩砂密、破故纸(又名"补骨脂")、螺子黛、青黛、莳萝、偏桃(巴旦杏)、阿日诨子、无花果、石蜜、波斯枣、没药(又名"末药")、芦荟、耶悉茗、安息香、诃黎勒、无石子、乌木等,从室利佛逝进口的象牙、犀角、玳瑁、珠玑、龙脑香、珊瑚、丁香、波棱菜、降真香、槟榔等,从大食国进口的玛瑙、火油、番石榴、蔷薇水、金颜香、栀子花、押不芦、珍珠、象牙、龙涎香、大食刀等。

与此同时,由于唐代家养奴仆成风,一些外商为赚大钱,竟将非洲、马来半岛、南洋等地的一些土著人运到广州贩卖,或再转售至内地,使之成为富贵人家的奴仆,时称"昆仑奴"。唐代诗人张籍有诗《昆仑儿》云:

> 昆仑家住海中州,蛮客将来汉地游。
> 言语解教秦吉了,波涛初过郁林洲。
> 金环欲落曾穿耳,螺髻长卷不裹头。
> 自爱肌肤黑如漆,行时半脱木绵裘。

来往广州—大食的航线,是唐代海上丝绸之路的主航线。走这条航线,不计停留时间约需百日,一般要两年才能往返一次。于是,来广州的大食商人就必须在广州逗留较长一段时间。因此,广州便为外侨建起蕃坊,专供他们集中居住。这当中也有故事。

唐武则天光宅元年(684)七月,一群来广州做生意的外国商人、船员(时称"贾胡""蕃商""蕃客")不堪官府压榨过甚,直闯广州都督府,杀死都督路元睿及其手下十余人,然后上船出海而逃。唐肃宗乾元元年(758),一群来自大食、波斯等国的商人冲入广州城内劫仓库、烧房舍后,出海逃遁。这两次动乱说明,对外国侨民缺乏必要的管理便会产生社会问题。

唐肃宗时发生外商动乱事件以后,广州官府便在城西划出一片地方,建起名为"蕃坊"的住宅区,规定来广州贸易的外国人只能住在这里面。蕃坊范围在坡山码头北面,约为今广州市中山路以南、惠福路以北、解放路以西、人民路以东,中心在光塔街一带。外侨在蕃坊内可保持其风俗习惯、宗教信仰,所以,伊斯兰教、祆教、摩尼教、景教都在蕃坊中传播,而以伊斯兰教占主导地位(因阿拉伯人最多)。官府给蕃坊以自治权力,其管理机构为蕃坊司,最高负责人叫蕃长(俗称"蕃酋""蕃客大首领"),由外商选出后报官府备案。

以后,蕃坊一带逐渐成为城西商业区,一些外国人在广州定居开店做生意,置田买屋,甚至与广州当地人通婚。伊斯兰信众在蕃坊建的怀圣寺、光塔至今尚存,成为如今广州的文物保护点及旅游点。在唐代，不少中国人经广州出国，这当中有避战乱的、经商的、传教的，他们侨居海外，艰苦创业，成为华侨的先驱。华侨在外国至今仍自称或被称为"唐人"，就是源于此。

在唐代，朝廷首先设专管海路对外贸易的官员，这就是设于广州的市舶使。此职约在显庆六年（661）或稍前始设，是皇帝派出的高级官员，地位较高，有时也以岭南最高长官兼任。开元以后，宦官势力渐大，故有时派宦官充任市舶使。市舶使的官衙称为市舶使院，有唐代王虔休的《进岭南王馆市舶使院图表》为证。市舶使接待外宾的驿馆称为"岭南王馆"，又称为"海阳馆"，位于广州城南。

市舶使的职能是代表朝廷总管东南海路的外交与外贸。外交方面，凡有海路来的外国使团上京进贡，必先在广州停留，只请使臣带两位随员入京，其余随员留在广州的海阳馆。管理外贸方面，各国商船来到广州，市舶使主管登记其货物，检查有无违禁品，收税后始准外商在广州交易或入其他城市交易。

宋代是广府经济文化中兴时期。唐代之前，广府的中心地带——珠江三角洲的垦殖有待扩展。宋代由于人口大量南移，珠江三角洲的垦辟得到了长足的发展，成为农商并旺的地方，广州城的繁华超过唐代，广州城西的蕃坊番汉杂处就有几万家。在黄埔一带，番舶的避风港"延袤十余里、阔数丈，人称鹿步滘"①，外贸大为增加，"华人诣大食至三佛齐修船，转移货物，远贾辐辏，故号最盛"②。有了不少"住唐"的外国人，也有了长期"住番"的中国人，后者的后裔便成了当地的"土生唐人"。

宋代对外商制定了一系列优惠政策，从而促进了广州外贸业的繁荣与发达。宋初曾遣内侍持敕书、金帛分头招致番舶，"来远人，通远物"为既定政策，价格要公平，不能令外商亏损；市舶司年年在来运驿盛宴迎送外商，准许对违法的市舶官员越级投诉；以官衔授予招徕舶货抽解累计在5万贯以上的"纲首"。

宋代与广州往来贸易的国家和地区见诸记载的有50多个，范围包括今东南亚、南亚、波斯湾、东非等地，有些国家名不见于前代。其中关系密切的首推大食，其次为阇婆（今印度尼西亚爪哇岛）、三佛齐（今印度尼西亚苏门答腊岛）、占城，还有真腊、罗斛（约在今泰国中部）、登流眉（约在今泰国南部）、蒲巴（约在今缅甸中部）、渤泥（今文莱）、汪辇国（约在今印度科罗曼德尔海岸一带）、单马锡（今新加坡）、勿期里（今埃及）、狮子国等。

那时广州的中外友谊佳话不少，天庆观的重修便是突出一例。广州天庆观的前身是唐代的开元寺，宋仁宗皇祐四年（1052），侬智高起义反宋，攻占广州时，焚毁天庆观。英宗治平年间（1064—1067），三佛齐商人来广州贸易，见天庆观只剩废墟，惋惜不已，回国后向首领地华伽罗报告。治平四年（1067）起，地华伽罗三次派人来广州出资并主持天庆观复建工程；元丰二年（1079），天庆观重建落成后，又捐资购地出租，供天庆观作经费。后来，地华伽罗被宋朝封为保顺慕化大将军。天庆观后来改称为"玄妙观"，

---

① 〔清〕陈昌齐总纂：《道光广东通志》卷二九〇。
② 〔宋〕朱彧撰：《萍洲可谈》。

遗址在今广州市越秀区海珠北路祝寿巷内。据说苏东坡曾到观中建井，有"琪林苏井"一景曾入明代"羊城八景"之中。

在宋代，居广州的外商比唐代更多，有些成了大富之家，对广州公益事业也有贡献。如大食国商人辛押陀罗居广州数十年，家财数百万缗①，广州建州学时，他曾捐助过学舍与学田。

广州的市舶司等机构不但保护外国来的贡使、商人，对出事故或发生困难的商船，乃至流亡广州的外国人，也给予关照与安置。当时广州官府在西湖（南汉时的药洲，位于今广州市越秀区教育路，南方剧院北侧）南面设来远驿安置外国人，在外国商船抵达广州后或离开广州前，皆设宴招待。北宋嘉祐年间（1056—1063），经略魏炎特建海山楼，海舶初来，检查货物后，便在该楼设"阅货之宴"，招待外商与船员；海舶离开广州前，又设饯行之宴。海山楼在今广州市越秀区北京南路东横街口附近。那时，珠江江面开阔，今太平沙一带是江上的沙洲，登楼览胜，极目千里，心旷神怡。可惜海山楼在元初已被毁，只留下宋代文人洪适一首《海山楼》供后人怀古。

到了元代，外贸业更加发达。如当时来华的摩洛哥旅行家伊本·白图特写道："秦克兰（广州）者，世界大城市之一也。市场优美，为世界各大城市所不及。"②

元代对外政策更为完备，也更为宽松：对舶货禁榷不多，政府收入主要靠抽解，初时"其货以十分取一，粗者十五分取一"③，税率较南宋时低；还开办官本贸易，由政府备船，出资本，募商人"入蕃"贩运；再则鼓励私舶贸易，把舶商及艄工分列户籍，免除全家差役。

在元代，广州的外贸地位逊于泉州，但到广州的外商的国别比前代更多。元《大德南海志》记述，与广州有使臣、贸易来往的国家和地区共有140多个，包括今之越南、缅甸、泰国、马来西亚、菲律宾、印度尼西亚、孟加拉、印度、斯里兰卡、伊朗、伊拉克、阿曼、沙特阿拉伯、埃及、土耳其、索马里、西班牙、摩洛哥等。进口货物有宝物、布匹、香货、药物、诸木、皮货、牛蹄角、杂物等8类70余种，其中香料、药物居多。出口货物有农副产品、陶瓷器、纺织品、金属和金属制品、日用品等类。④

元代时，广州仍是商业繁盛的都会，由于交通与商业的发展，广州城南横渡珠江的船艇已有固定码头，每日有水上居民（称为"疍民"）往来摆渡，人们把这些小艇称为"横水渡"。而航程较远的内河客货船不但起讫都有固定码头，而且有基本固定的航班，这类渡船时称"长河渡"，也称"长行渡"。元代时，长河渡有来往于广州至新会、肇庆、四会、龙江、马宁、惠州、东莞、石湾、佛山、官山等地的几十条线路；广州范围的南海县（今佛山市南海区）有横水渡头46处，番禺县（今广州市番禺区）有横水渡

---

① 缗：古代量词。一缗即一串铜钱，一般每串为一千文。
② 〔摩洛哥〕伊本·白图特：《游记》，见张星烺编注，朱杰勤校订《中西交通史料汇编》第二册，中华书局1977年版。
③ 〔明〕宋濂等撰：《元史·食货志》。
④ 参见〔元〕陈大震、吕桂孙撰《大德南海志》。

头33处。由此可见当时广州水上交通的发达,也可推断当时珠江三角洲一带商业的兴盛。

到了明代,广东的商品经济显示出了极大的活力。尤其是农业商品性生产推动了农副产品的加工业,以生产商品为目的的手工业更发达了,交通运输业也随之兴旺起来。这一来,广东的对外贸易亦获得很大的推动,整个广东的经济文化因此呈现出全新的格局。长期作为对外贸易口岸的广州,在明代更显示出它在城乡间、海内外的枢纽作用,有力地推进了广东经济社会的发展。

广州,"天下商贾聚焉",其商业文化尤为发达。虽然明代初期一再禁止民间入海"通番",把对外贸易限制在海禁政策范围之内的朝贡贸易,但还是无法阻止私人贸易,最后,也不得不开海禁了。官员们不得不承认,"诸番利中国货物,益互市通商,来往不绝"①。当然,其间亦几经曲折,海禁时,连地方官吏与总兵也"私造大舶,以通番商"②,商人也成了"海盗","寇与商同是人,市通则寇转为商,市禁则商转为寇"③,其队伍之大,连官兵亦无可奈何。

> 有个"却金亭"的故事,可见海禁时广州官府仍重视外贸。明正德年间,还是海禁之时,一次暹罗商人奈治鸦看的商船因台风影响,被逼停泊到东莞,因为他带着本国朝廷的"文引"(作者按:相当于介绍函),便去见主管当地外贸事宜的番禺知县李恺,要求在当地进行贸易。本来当时朝廷只准朝贡贸易不准私商贸易,但地方官员决定征税后允许他们贸易,并严禁有关人员勒索商人的财物。暹罗商人深为感激,向李恺赠送百金以表谢意,但李恺坚决不受。商人更加感动,遂捐百金在东莞建亭一座,名为"却金亭",留下佳话一宗。④

明开海禁之后,通海者"十倍于昔"⑤。广州还每年举行两次集市交易:一次是春天的一月,另一次是夏天的六月末,期限为两个月;但每每延长,可见商业兴旺的程度。广州的商业更加繁荣了。

在明代,广东便有了资本主义萌芽,只是由于明清交替的几十年战乱受到了摧残,直到战乱甫息,才又重新发展起来。所以,清初,矿冶业、铸造业、陶瓷业、纺织业、制糖业、茶业均非常显著地形成了规模,行业有了内部分工、计件工资,有了不同于封建宗法关系的雇佣关系。

明清易朝,先是政治与军事的原因而禁海。朝廷与郑成功在沿海打了几十年的仗,之后,开海还是禁海这一争议,即便在所谓的"康乾盛世",也始终未停止过。之所以

---

① 印鸾章:《明鉴》卷三,上海书店1984年版。
② 〔清〕张廷玉等撰:《明史》"孙锐传",中华书局1974年版。
③ 〔明〕谢杰:《虔台倭纂》上卷,《倭原二》,复印本。
④ 龚伯洪编著:《广府文化源流》,广东高等教育出版社1999版,第53页。
⑤ 〔明〕丁元荐:《西山日记》卷上,复印本。

后来留下广州"一口通商"这一棋盘上的"活眼",乃是这一争议的双方做出妥协的产物。十三行正是在这历史的夹缝里,忽盛忽衰,忽荣忽辱。行商中的显赫者固然富可敌国,却难免忽而败灭,镣铐加身,流放边陲,或一命归天。政局的无情甚于大海上倏忽而至的飓风,防不胜防,纵然有好的舵手,也无济于事。

自明嘉靖元年到清道光二十年(1522—1840),期间及之后广州十三行兴衰300年(1557—1857)间,广州始终是中国合法的对外贸易大港。明嘉靖元年,"逐革福建、浙江二市舶司,惟存广东市舶司"①,这应当是明代的"一口通商",在清代"一口通商"之前200多年发生的,前后呼应。因此,"印度到漳州沿海最大的商业中心,全国水陆分两路的大量货物都卸在广州"②。

19世纪广州十三行商馆江边及快艇"火花号"(Spark)
(油画,约1855年,美国麻省萨勒姆皮伯第·伊赛克斯博物馆提供)

如下的数据并不完整:

从清康熙二十三年(1684)至乾隆二十二年(1757)的73年间,也就是从开海到限关期间,来广州贸易的欧洲各国商船大约有300艘;到道光十八年(1838),欧美船只增加到5000多艘,其原因与"一口通商",即只允许外国商船到广州贸易有关,更与西方发生工业革命、经济高速发展有关。

正因为这样,在西方人眼中,"在实践中经过种种修正"的"广州制度"颇受欢迎,广州无愧于全球贸易第一大港的称号。在鸦片贸易造成银圆逆转之前,自十三行始(1557年)至英国东印度公司终结对华贸易(1833年),西方到中国进行贸易而流入中国的白银达5亿两以上,期间,由于欧洲白银不足,还专门上银产地美洲墨西哥去铸印。

---

① 〔清〕张廷玉等撰:《明史》卷七五《职官四》,中华书局1974版。
② 〔清〕梁廷枏撰,袁钟仁点校:《粤海关志》卷二四,广东人民出版社2014年版。

18世纪,西方各国经历资本的原始积累,在海洋上的扩张亦告一段落,各自的势力范围及殖民地已大体确定,只余下外表仍威风凛凛、内囊却早已虚空的一个东方大国——大清王朝。那边厢,正处于上升时期,向巅峰发展;而这边厢,却在走下坡路,从巅峰上急速下滑,哪怕当时的势头比人家还高。据统计,当时,大清帝国的财富仍居世界第一,却难逃衰败的命运。各国列强正虎视眈眈,觊觎这块"肥肉"。

康熙五十四年(1715),意大利画师郎世宁来华,住十三行,不久被广东巡抚杨琳举荐到京城,成为康熙、雍正、乾隆三朝的宫廷御用画师。其《羊城夜市图》是他第一次到达广州时留下的对中国南方风情的深刻印象。

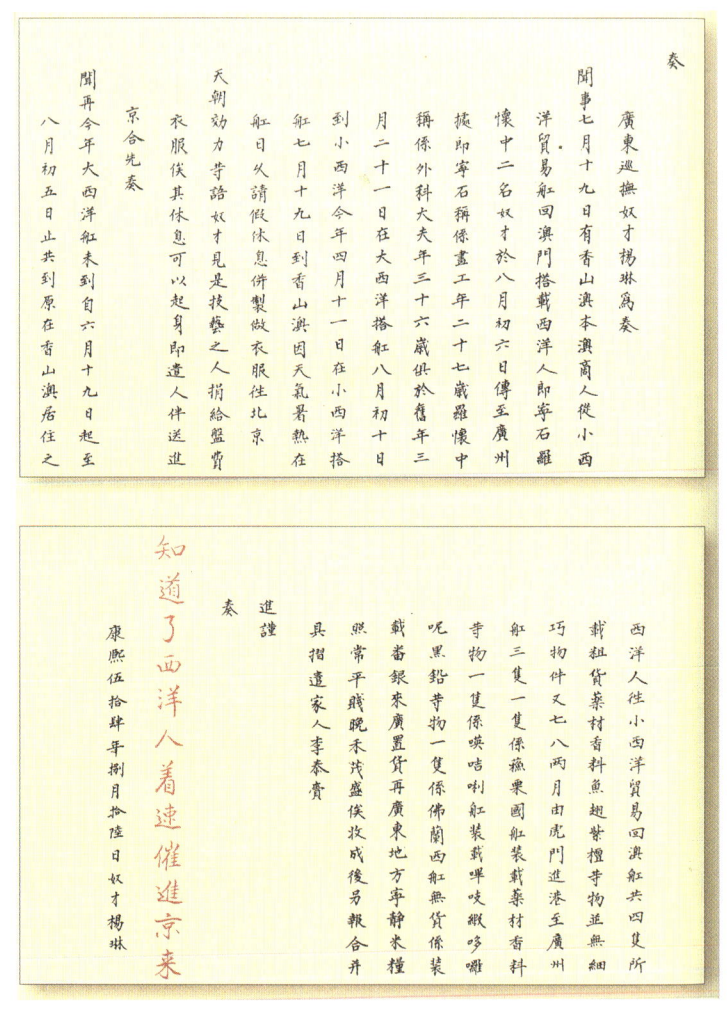

杨琳关于举荐郎宁石(即郎世宁)到北京效力的奏折
[康熙五十四年八月十六日(1715年9月13日)]

意大利画师郎世宁《羊城夜市图》（局部）

清王朝以"天朝上国"自居，对世界格局的演变所知甚少，对完成资产阶级革命的欧洲各国的殖民主义野心更是不甚了解；对周边的印度、南洋各国已为列强所瓜分的事实也稀里糊涂。人家早已以此为基地，企图向中国渗透。而清政府所关心的，却仍然是"华夷之分"、礼仪之争，认为这才是一个正统政权的名分、稳固国家体制的根本。殊不知，经济是一切的基础，经济的衰退才是致命的。于是，后来才闹出关于西方人跪拜仪式的诸多"笑话"。

既然要"严华夷之大防"，禁海就成为最简单不过的做法。可一禁，清王朝奢侈的费用从何而来？宫殿中的奇珍异宝又从何而来？何况海洋贸易是国家税饷的重要来源，是少不得的，要是全部禁了，被誉为"天子南库"的广东就再没有什么东西可向朝廷进贡了。

正是出于这一矛盾的心态，乾隆在登基之际（1736年），一方面，减免粤海关税费，力求活跃海上贸易；另一方面，则考虑实施"一口通商"，以限代禁，好控制局面。

尽管广东地方官员，尤其是粤海关的官员，为保证地方上的收入，哪怕是对"上谕"也都阳奉阴违，但是新皇帝削减"缴送"税银，对外商来说毕竟是一个利好消息，所以，乾隆元年（1736）之后，来到广州的外国商船及商品都在增长。在乾隆五年（1740）之前，报解之数均不过24万两至二十五六万两；至乾隆六年（1741），始增至29.6万两；乾隆七年（1742），又增至31万两，增加幅度约三成，很是可观。

广州"天子南库"之美誉更甚。

广州这个"天子南库"与就近的"壮县"是分不开的。

十三行行商以南（即南海）、番（即番禺）、顺（即顺德），即广府中心区域的商人为主。自古以来，这个区域便是商埠旺地，"忧贫"而非"忧道"，为中原地区的人所诟病。而宋元易朝，明清交替，这里的反抗却比中原地区更为强烈。可见，"道"亦为其所忧，且不惜捐上血肉之躯。故十三行商人一般有血性、通文理，而非唯利是图者。

南，南海也，作为十三行行商而成为当时世界巨富的伍秉鉴便是这里人。番，番禺也，十三行行商中排行之首的潘启官便是落籍于此。当然，他的原籍在福建，"出身"当是福建海商。顺，顺德也，十三行行商当中，顺德人占有相当大的比重，其中，又以顺德龙江最多。龙江乡志上有此记载，民谚中也有"十三行馆，龙江商号"之说。除十三行之外，龙江人经营钱庄也是有名的，上海、香港的钱庄老板中也少不了他们的身影。

当然，除南、番、顺外，十三行行商亦有不少来自中山、五邑。行商当中甚至也有客家人，其中骆姓便是粤东的客家人。描述十三行的小说《蜃楼志》的作者庾岭劳人，也应是客家人。十三行起落沉浮，进进出出的行商当以数百计，如今的资料尚不全，疏漏自是不少。

顺德如今便是南粤"壮县"，多年来一直雄踞全国百强县（区）之榜首，人们熟知的美的、格兰仕、科龙等品牌电器便出在顺德。"顺德制造，中国骄傲"——这是改革开放后评选出的顺德形象名句。顺德的制造业虽说在20世纪30—70年代一度落后，但在19世纪末20世纪初独占中国制造业鳌头。当时，全国共有大型工矿企业116家，其中，广东有38家，36家在顺德。当时上海、天津两地产业工人人数之和为50000多人，可一个顺德就有60000多人,超过两市之总和。除制造业外,顺德的银行业也是独领风骚,其金融业乃全国之冠,业务遍及南洋乃至全世界,非山西票号可比。当时说的"广东银行",其实便是顺德银行。改革开放之初,顺德一跃成为"广东四小龙"之首,应是有其厚积薄发之故。长期形成的商品意识、市场观念,正是顺德人拥有的无形的财富,一旦有了机会,便会如"猛龙过江",成一方气候。当然,"广东四小龙"之另外三个城市,即中山、南海、东莞,亦各有优势。

顺德有厚重的历史:

一是海洋商业文明。这可以说在珠江三角洲历史悠久。在宋代,中国本就是一个海洋大国,而宋代的市民社会也相当成熟,商品经济十分活跃。可惜元、清二朝一次又一次地破坏了正在发展中的商业文明;但积蓄在民间的海洋意识、商品观念无法根除,一有机会,便顺风勃发了起来。所以,清末民初,顺德就成为商品经济相当发达的地区之一。

二是民族情怀。且不说在抗元、反清斗争中,顺德涌现了多少民族志士,这里只说顺德的工业,涌现了众多的民族品牌,这与华侨在海外深深地为当时的祖国积弱挨打而忧虑有关。他们之所以到国内兴实业,便是要抗衡帝国主义列强对中国的掠夺。"实业救国"的主张,正是为振兴中华,强国富民。因此,民族工商业在顺德的影响力巨大!尽管它们一直以来受到帝国主义列强和清代国内官僚资本的双重夹击与盘剥,却顽强地生存了下来!

第三十九章 "哥德堡号"的磨难、沉没与"复活"

来自瑞典的"哥德堡号"在十三行的历史上是赫赫有名的,这倒不是因为它大、载货量多,即便在瑞典东印度公司所有的船中,它也排不上老大,更没法与英国等国的商船相比。

它出名的原因有二:一是它的罹难。它第三次到广州返回瑞典时,历万里波涛安然无恙,却在小河沟里翻了船,沉没在离哥德堡仅一公里的近海,留下了无数的"海底宝藏"让后人发掘。二是250年后,仿造的"哥德堡号"重走海上丝绸之路,再度来到广州原十三行等旧地,再续瑞中海上丝绸之路的佳话,引起了方方面面的关注与轰动,广州还举行了盛大的欢迎仪式,十三行的后人们扶老携幼,登上这艘名船,一睹祖先们出售给瑞典商人的名贵瓷器、茶叶等。

"哥德堡号"在18世纪曾三次来广州:第一次是1739年(乾隆四年)1月至第二年的6月;第二次是1741年(乾隆六年)2月至第二年的7月;第三次是1743年(乾隆八年)3月至第三年(1745年)9月,这次是灾难之旅,也是最后一次来广州。

瑞典东印度公司的广州之行共有129次。"哥德堡号"来广州的这几年,正是乾隆初年海上贸易节节攀升的黄金时段,而瑞典则处于战后复苏中,双方各有所求。在1736年之前,瑞典东印度公司用的船大多是外国造的,其海运商船不到500艘;到1770年的短短35年间,瑞典的造船场数目一下子增加到7个,海运商船也猛增到900艘。船的吨位

1741年的瑞典"哥德堡号"商船

则从第一艘出航时的400吨级,迅速发展到类似"哥德堡号"这种有3层夹板、吨位1300多吨的规模,成为当时称得上世界先进水平的远洋帆船。

18世纪的"哥德堡号"

"哥德堡号"是瑞典人自己制造的,造船的特位诺瓦造船厂就在瑞典首都斯德哥尔摩。该船总长58.5米,水面高度47米,排水量833吨;18面帆共计1800平方米。及至260年后重到中国广州的仿"哥德堡号",有几个数字与"哥德堡号"是完全一致的:船总长58.5米,桅高47米;而船帆面积为1960平方米。

1743年3月14日,在莫伦船长指挥下,"哥德堡号"从瑞典哥德堡市出发,这是它第三次出发前往中国广州。没多久便在挪威附近遇上风暴,而且一个接着一个,有的水手撑不住,生了病,有两位最终死了。直到4月9日,船才开出挪威—英国水域,天气好了,船顺利绕过苏格兰和爱尔兰岛,进入大西洋。4月17日,"哥德堡号"抵达第一个停泊的港口——西班牙加的斯。在那里,他们务必把船上的货物换成西班牙银圆,就如前面说过的,中国人只认白银;而西班牙的银价又比欧洲其他市场的价格便宜得多,所以,这一站是至关重要的。

半个多月后,即5月6日,银圆充足了,"哥德堡号"又起锚了,这回,要直奔非洲的好望角。途中,"哥德堡号"还与海盗相遇,直至升上瑞典国旗,海盗们才掉头转向,溜了。6月28日,到了闻名的好望角。7月2日,从南非开普敦港边上开了过去,一路上不曾停靠任何港口,横渡印度洋,于8月28日抵达爪哇岛。

休整半个月后,9月12日,便向南中国海进发。但一路上淫雨不断,水手一个接一个地病倒了,食物、淡水又不足,只好于10月4日折返,17日重新抵达爪哇,在爪哇万丹停泊。

爪哇当时是荷兰殖民地,就在"哥德堡号"到达之前,荷兰侵略者推行排华政策,并于1740年制造了"红溪惨岸"。华侨不得不拿起武器进行自卫,转战中爪哇,并与当地人民联合反抗,一直坚持到1743年。

所以,荷兰侵略者如惊弓之鸟,拒绝任何国家的船只进入巴达维亚港,更是对这艘要去中国的瑞典船戒心重重。"哥德堡号"要求停泊,荷兰人又是警告,又是质问,说要有什么不轨,势必付诸军事行动……几经反复,直至第二年(1744年)1月10日,"哥德堡号"才在巴达维亚港口泊下。

这一停,就停了5个月,直至5月28日,"哥德堡号"才再次出发上广州。南中国海竟又让它行驶了3个多月,终于在这一年的9月8日,"哥德堡号"开进了广州的黄埔港。这一路上的艰辛,几乎难以形诸笔端。

到达广州后,瑞典人陆续与十三行各家商行理顺关系,到11月初,大班塔布图开始将大批的商品运上码头,又将购来的瓷器吊进底舱。这可是一箱箱珍贵的青花瓷,瓷器重,又不怕海水腐蚀,所以放在底舱可当压舱物。专门经营景德镇瓷器的谭官自然少不了有一份交易。这是除了茶叶之外最大的一宗货了。瓷器在欧洲市场很受欢迎,除了茶具外,花瓶、花碗、花碟等各式餐具、器皿都是精美的艺术品。而来自景德镇的青花瓷在欧洲的销路最广。

到月底,"哥德堡号"应当是满载了。可离港的许可证迟迟办不下来。清政府官员,尤其是海关上的,腐败是出了名的,不得不打点一下,赶紧启航;否则,就赶不上返航的季候风了。万般无奈之下,大班也只好"出出血",与船长莫伦准备了一大笔计划外的"礼金"送出去，于是，船很快便被放行了。

1745年1月11日，"哥德堡号"终于离开了广州，扬起了风帆，要回国了。对于十三行行商的讲信用，他们很是感佩；而对于清廷官吏们的贪墨，他们更加有切身感受。好在一切都结束了，现在，船上装了大约700吨中国货物，其中有茶叶370吨、瓷器约100吨，计50万~70万件，其余200多吨则是中国的丝绸、藤器、珍珠母等，这要到哥德堡市场拍卖的话，可以值西班牙银圆200万~250万。

对他们而言，此行应当是赚得盆满钵满。

早些年，也就是"腓特烈国王号"的处女航，第一批从中国运返的商品货物，拍卖之后的收入高达瑞典币90万旧克朗，而国家所收的关税却只有一点点，才2000克朗，海关税率仅有2.2‰。有人甚至说，瑞典东印度公司一艘商船赚到的利润，竟相当于当时其国家一年的国内生产总值，东印度公司的发展带动了哥德堡乃至整个瑞典的发展。当时的哥德堡的人口数不到一万，对华海上贸易刺激了工业的发展，不仅造船厂，连各类采矿厂、加工厂、制造厂也都纷纷建立起来，哥德堡迅速成为那个时代瑞典的商业与运输业最繁荣的城市，也成了北欧的重要口岸。瑞典在外贸带动下，迅速城市化、工业化，在几十年间，成为欧洲一个经济上中等发达的国家。

回去的时间比来时短得多，仅仅用了8个月，200来天，仅为来时时间的尾数，那是整整18个月呀。而且，回去时一路上顺风顺水，穿越南中国海，横渡印度洋，绕过好望角，6月抵达大西洋阿森松岛补给淡水和养料。9月6日，便进入英国多佛港，再次做了补给。

1745年9月12日，哥德堡市众多市民一大早便来到了港口岸边，等候早已传来满载而归捷报的"哥德堡号"进港。

可又有谁会料到，历经风暴、闯过暗礁、战胜重疾乃至海盗的这艘传奇的商船，在最后一刻，离岸仅900来米的时候，竟鬼使神差地驶入了汉尼巴丹礁石区，待发现时为时已晚，"哥德堡号"连同它满载的价值连城的商品，连同无数瑞典人美好的梦想，一同沉没在阴森森的海底。

虽说所有的船员都被营救了出来，可是，那满载着足以与整个国家财政相当的财富的船，却不是那个年代的潜水技术所能拯救得了的。在"哥德堡号"沉没之后两年，瑞典人便开始设法打捞，但所捞起的只是几门火炮以及少量的瓷器制品。半个世纪后，即1800年，他们再次做出努力，可在冷冰冰的海水中，他们所得的仍少之又少。又过了一个世纪，至1906年，瑞典第三次发起这条宝船的打捞，可惜的是，那时的技术水平仍有限，能打捞上来的商品亦为数不多。

而仅沉船后第二年打捞起的少量丝绸与瓷器，就足以让东印度公司的股东们把本钱收回，并赚到了利润，赚得盆满钵满矣，那么，如果大规模打捞成功，业已成为古董的货物，又该是何等巨大的一笔财富！

瑞典东印度公司成立于1731年，终止于1806年（1813年正式关闭），期间往亚洲的航次有135个，而其中到中国的就有132个。这段时间，瑞典社会正处于工业化和产业化的进程当中，来自东印度公司的相当大的利润转化成工业化的资本，使瑞典的工厂迅速兴办、扩张起来;与此同时,经济发展造就了一批商业巨头,他们为回报社会,建立了不少医院与大学,促进了社会的近代化。1731—1806年长达75年的中瑞贸易总值高达数千万两白银,成为瑞典经济发展的资本。换句话说,中瑞贸易成为瑞典近代化的催化剂。

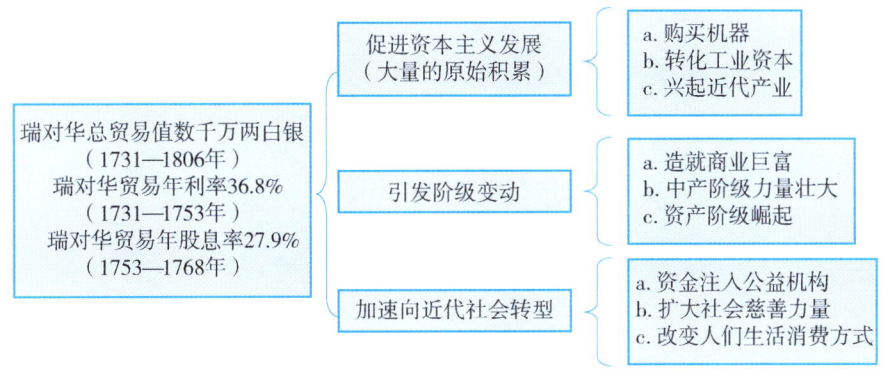

中瑞贸易对瑞典工业化与近代化的强大推动

[资料来源:综合马士《东印度公司对华贸易编年史(1635—1834年)》(第一、二卷)、阿海《那条瑞典船的故事》、蔡鸿生《论清代瑞典纪事及广州瑞行商务》、默尔纳《瑞典东印度公司与中国》等的相关资料]

粗略估计,18世纪60年代早期,外国帆船贸易几乎占广州贸易总量的30%。

瑞典对与广州进行帆船贸易的情况有详细记载。瑞典的数据表明,从18世纪60年代到70年代早期,以广州为基地的帆船少则有27艘,多则有35艘。在瑞典的资料中,18世纪经常出入广州的帆船,其名可考者实有37艘。这个数字包括前面提到的不以广州为基地的帆船。

中国帆船贸易商常常与行商有一定的联系。事实上,在18世纪60年代,这些帆船出资人中本身就有许多行商,他们经海关监督的批准与外国人进行贸易。行商潘启官、颜瑛舍(时英)、陈捷官以及其他商人积极为贸易活动出资。

如前面瑞典的资料表明,至少有9家贸易商行及广州的13位商人为这37艘帆船出资,其中的31艘帆船由7位不同的中国行商经营,占了六分之五强,而全部37艘都有行商出资。当时有不下20位来自澳门和广州的商人经营帆船贸易,为其提供资金及服务。①

---

① 参见潘刚儿、黄启臣、陈国栋编著《广州十三行之一:潘同文(孚)行》,华南理工大学出版社2006年版,第64页。

广州十三行瑞行图

感谢瑞典方面留下具体的资料。

几番风雨，几度春秋。

进入21世纪，已是十三行消失的一个半世纪之后，瑞典仿造了一艘260年前到过广州的商船——"哥德堡号"，于2006年夏天，再度访问广州。

仿造的"哥德堡号"桅杆高高竖立，有坚实的木质船体，数不清的绳缆，还有炮孔、船舷、尾舵……

新"哥德堡号"从北欧出发，出斯卡格拉克海峡，过北海，进入大西洋，再沿原来"哥德堡号""哥德堡Ⅱ号"的航线，到西班牙加的斯，前往巴西北部的累西腓，然后横跨大西洋，抵达南非开普敦，绕过好望角，开往澳大利亚的弗里曼特尔，再经过雅加达，经历300多天、16000海里的漫漫长途，最后来到它的先辈多次到过的广州。

这是2006年7月18日，在中瑞两国庆祝"哥德堡号"重临广州的庆典上，瑞典国王卡尔十六世古斯塔与西尔维娅王后踏上铺着红地毯的广州土地。

仿造的"哥德堡号"在广州停留了很长的时间，举办了很多活动。

广州方面，为迎接万里之遥而来的尊贵的客人，特地举办了一个海上丝绸之路展览，除了历史图片与照片外，还有众多的历史文物。自然，青花瓷是少不了的。

举办方早早来到顺德龙江里海，找到了谭家的后人。就在谭家祖居楼上，他们看到上百年前烧制的印有"乾隆""嘉庆"字样的青花瓷,以及玉石等。来人从中挑选了 10 多件,有各种碟、碗、壶、盘等瓷器,拿去展出。谭家人欣然应允。

来人还拍下了祠堂里的青花瓷香炉,上面也清晰地烧印有"嘉庆二年""谭世经"的字样,当然,这可拿不动,太大太重了。然而,这幅彩色照片在报纸上刊登后不久,香炉竟被盗贼偷走了,谁想到会有人把主意打到香炉上呢。

展览馆里,这些青花瓷引来了远方客人的啧啧赞叹。

只是,展品归还后,也不知所终了。

笔者作为十三行的后人,自然很关心展出的这些瑞典打捞出的 18 世纪的中国瓷器。只可惜,所有展品都被很严格地保护起来,放在玻璃橱柜展出;否则,真想拿起来看看,验证一下,在青花瓷器展品的侧面或底部,是否有像十三行的谭家在青花瓷上烧制的"乾隆××年"、"嘉庆××年""披云堂"或"谭世经"等字样。

只有瓷器方可保存这么久,而且色泽丝毫不褪,就似刚出炉时一样。在"哥德堡号"1906 年 3 月被打捞上岸时,这艘沉船上最完整的物品是瓷器,有上百件。器皿中保留的部分茶叶色味尚在,仍然可以放心饮用。笔者在瑞典时,就有朋友向笔者展示过。青花瓷光鲜如昔,几近透明。透过这瓷器,应当可进一步发掘出十三行曾经有过的辉煌,以及屈辱。

200 多年后,仿造的"哥德堡号"重访广州,其意义已有不少人阐释过了,但是,大多未到位。瑞典没有参与对中国的鸦片贸易,这是所有人关注到的;而其实,当时两国之间的友谊远比中国其他西方国家深厚得多。

在"哥德堡号"沉没 6 年之后,即 1751 年,一艘名叫"海尔德马尔森号"的荷兰船也遭遇灭顶之灾,沉入大海之中,船上的 80 名船员葬身鱼腹,仅 32 人获救。

这艘船不是开到其家门口才沉没的,而是开过南中国海,在新加坡海峡中触礁沉没的。正是这艘荷兰船曾带了三位"鬼妹"在广州上岸,引发大清当局一阵恐慌,以致下了驱逐令。

这次海难令荷兰东印度公司倾家荡产,损失了价值 80 万荷兰盾的货物。海牙国家档案馆中,迄今仍保存着这艘船的清单:总共有 147 块金条或元宝、203 箱共 239000 件精美的瓷器、687000 磅茶叶,还有不少纺织品、漆器、苏木、沉香木,等等。这回,应是赔上了老本。自然,最后的打捞也只能是在 200 多年之后,几乎与"哥德堡号"的打捞同时进行,也同样令世界瞩目。

只是,当日清廷那么严厉地严禁"鬼妹"登陆,是发自何种心态?甚至后来沉船事故也有人算到她们的头上。仅仅是"华夷之大防"被触犯后,更有"男女之大防"被挑战吗?

其实,在中国东南沿海,自宋代始,便有一个"妈祖"的传说。在这个传说中,主人公便是一位叫林默的女子。人们在大海中遭遇狂风巨浪,面临不测之际,正是这位女子奇迹般地出现,将航船引导出险境。从此,妈祖便成了茫茫大海中救人脱难的神仙。在东南沿海,妈祖庙几乎无处不在,人们出海前都要给她烧上三炷香,求她保佑平安。在这里,女子非但不是祸水,反而是救星。

自从康熙皇帝摧毁了郑氏父子的"金厦基地"之后,中国巨大的船队从此便在世界的大洋上销声匿迹了,虽说还有若干商船出海,但体量已今非昔比。这一来,妈祖的神话只在民间流传,本来嘛,这一神话就与郑氏父子的航海事业息息相关。

之后,不出几年,"五口通商"就只剩下"一口通商"!

但在这之前,十三行早已成为西方世界的"影子银行"。

第四十章 十三行第一家族——潘家

远在欧亚大陆的另一端,波罗的海之滨的瑞典哥德堡市,有一栋颇有沧桑感的历史建筑,那便是瑞典东印度公司旧址。还在二三百年之前,瑞典东印度公司就专门和中国做了很久的生意。现在这里是哥德堡的历史博物馆,馆中占很大一部分的,正是关于瑞典东印度公司的图片与实物展览。让今天来到这里的中国人惊叹的是,博物馆中,有一幅很大的玻璃画肖像,画面上是个三品顶戴的中国大官。瑞典历史学家法兰斯莫在其《东印度公司:人物、探险和经济梦想》一书中,非常肯定地认为这是中国大官商人潘启官(POAN KEY-QUA),是最早到过哥德堡的中国人。而且还想象,潘启官穿着这套五彩缤纷的官服在哥德堡的大街上行走会引起什么样的轰动。

根据考证,这位穿着清朝官服的中国商人,正是十三行行商里赫赫有名的潘振承。潘振承,又名潘启,是第一代潘启官。潘振承是为数不多的曾经到欧洲进行贸易的十三行行商,而他的很多商业举措在当时也是极具开拓创新意义的。"早在1753年,潘振承已经与东印度公司发生贸易往来,在18世纪70年代开始投资于瑞典东印度公司。"番禺龙溪乡的《潘氏族谱》中记载了这位堪称百年外贸世家之第一人的经历。

潘振承

潘振承家族的远祖潘节祖籍为河南省光州固始。唐仪凤二年（677），潘节随从卫翼府左郎将陈元光任校尉到福建，遂居漳州龙溪乡。其后传人一支，分迁泉州府同安县积善里明盛乡白尾阳堡栖栅社。从潘节起计算，传至17世。潘振承来粤经商，即为入粤之始祖。其族谱记载：

> 启，又讳振承，字逊贤，号文岩。乃璞斋公长子……生于清圣祖康熙五十三年甲午六月十二日辰时（1714年7月23日），终于清高宗乾隆五十三年丁未十二月初三丑时（1788年1月10日），享寿七十四岁……按公家贫好义，由闽到粤，往吕宋国贸易，往返三次，夷语深通，遂寄居广东省，在陈姓洋行中经理事务。陈商喜公诚实，委任全权。迨至数年，陈氏获利荣归，公乃请旨开张同文洋行，"同"者，取本县同安之义；"文"者，取本山文圃之意，示不忘本也。公……于清高宗乾隆四十一的丙申（1776）在广州府城外对海地名河南乌龙岗下运粮河之西，置余地一段，界至海边，背山面水，建祠开基，坐卯向西，兼辛巳线，书匾额曰能敬堂，建漱珠桥、环珠桥、跃龙桥，定名龙溪乡。在户部注册，报称富户，是为能敬堂入粤始祖。①

至今，龙溪人仍尊他为能敬堂的入粤始祖。不过，论今日的潘家，应当是广府人了；而论从闽入粤者，则是潮汕人与客家人。其中，河南光州固始均为这两大民系发祥的重要节点。而广府人主要是从广信发祥，沿西江进入或经南雄珠玑巷南下，亦不排除从别的路径入粤。粤商一直为中国商人中的佼佼者。

潘振承的少年时代是在贫困中度过的，从族谱中看，他的前几代无人入仕途，也无人参加科举考试。一位美国学者考证说，他仅14岁便当了雇工，靠卖苦力为生。潘振承的次子潘有为曾在家世诗中言及父亲童年的艰辛：

> 有父弱冠称茕孤，家无宿舂升斗贮。
> 风飱露寝为饥躯，海腥扑面蜃气粗。②

寥寥二十八字，足以道出潘振承早年谋生之不易。他到了十三行，先是在陈姓洋行经理事务，由于工作勤勉，业务精通——毕竟"由闽到粤，往吕宋国三次"，很得行主的信任，行主于是"委任全权"，把商行的全部业务交给他打理。正是在这种打理中，他积累了从事外贸的丰富经验，同时，也筹到了足够的资金，从而自立门户，正式开设

---

① 潘刚儿、黄启臣、陈国栋编著：《广州十三行之一：潘同文（孚）行》，华南理工大学出版社2006年版，第1—2页。
② 潘刚儿、黄启臣、陈国栋编著：《广州十三行之一：潘同文（孚）行》，华南理工大学出版社2006年版，第2页。

了自己的商行，取名为"同文行"。他"一岁一度航归墟，乃获操赢而置余"①。最后，定居于广州。

选择在广州定居，他自是瞄准了十三行的商机，毕竟，当时全国最发达的外贸市场是在广州，其他地方时开时禁，包括同安附近的厦门也是如此；而他在外航线上往来多次，出海到过吕宋，谙熟这方面的业务，觉得自己在其中亦大有可为。终于由一雇工为他人经营到自立门户，一步一步，凭借自己的目光与才干走上人生的巅峰。

潘家后人潘刚儿说："潘振承创业道路十分坎坷，布满荆棘，他饱尝了开拓者的艰辛。有学者认为他出海到吕宋获得职业生涯'第一桶金'，如果所指的是金钱积攒，这就显得有点偏颇。事实上，直到18世纪40年代中期，他的资金依然非常短缺。据他的次子有为的诗记载，当时他与兄弟仍是同盖一条破被子。正确地说，他获得'第一桶金'，乃是他漂洋三次到吕宋，丰富了他的阅历，见识广博了，历经与西班牙人贸易的经验和磨砺，沉淀、积聚起从事外贸的基础素质，强化了他求生的智慧与胆识，迅速地提升能力，增强勇气和自信，形成百折不挠、自强不息的创业观。他创业之时，适逢乾隆盛世，社会稳定，全国性的市场形成，经济发展，而西方资本东进，寻求新的市场。清政府希望通过海洋贸易增添国家税饷。潘振承对这种商业发展的外部大环境变动有透彻的了解，以机敏睿智的眼光审时度势，把握机遇，自身又具有敢闯敢拼，敢于开拓，刻苦勤劳和务实的精神，从不气馁。因之，随后他能脱颖而出，成就大业。"

同文行开张，应是在乾隆七年（1742）之后，因为1742年，正是他所在商行的陈姓行商病逝，在陈姓后人决定是否仍留用他之际，他自己提出承充行商的要求，这样才有同文行的出现。创业之初，家里人还得"日课女红夜仍织"来补贴家用，儿子的衣着仍是"身披败絮两辀烘"，十分节俭。档案中记载同文行的第一单生意是与英国东印度公司做的，贸易额还不小：

> 1753年……英国公司船6艘载运的生丝1192担，每担175两（银圆），订约时预付160两（银圆），110天至130天内交货，这个合约是与潘启官（Puankhequa）签订的。同时又与他签订丝织品1900匹和南京布1500匹的合约。茶叶合约是和几位商人签订的。②

1752年，英国东印度公司购买中国生丝总量为2074担（184560磅）。比对以上记录可见，1753年，潘振承售出的生丝超过了东印度公司购买生丝总量的一半，显示他已有较大的资本投入到世界市场。

自此，潘振承的贸易额节节攀升。

---

① 潘刚儿、黄启臣、陈国栋编著：《广州十三行之一：潘同文（孚）行》，华南理工大学出版社2006年版，第3页。

② 潘刚儿、黄启臣、陈国栋编著：《广州十三行之一：潘同文（孚）行》，华南理工大学出版社2006年版，第6页。

近代大学者梁启超在《地理与文明之关系》中曾说："海也者，能发人进取之雄心……彼航海者，其所求固在利也，但求之之始，却不可不先置利害于度外，以性命财产为孤注，冒万险而一掷之。故久于海上者，能使其精神日益勇猛，日益高尚，此古来濒海之民所以比于陆居者活气较胜，进取较锐。"

潘振承就这么锐意进取，一步一步走向了世界。

到了乾隆皇帝上谕"一口通商"的那几年，潘家的同文行已经承包了英国商船的"瓦伦丁号""牛津号""诺福克号""亨利王子号""不列颠国王号""皮特号""奥古斯塔狐狸号"等众多船只的贸易，可见他的声誉与信用之高。因此，由他发起恢复公行制度以由行商垄断西洋贸易，自是有一番谋划，且又正中官府海关下怀。当然，也不排除官府海关本来就有这一意愿，让他出头表示"民意"。

显然，潘振承的本意并没有得到实现，借公行垄断西洋贸易非但未能让行商获得更大收益，反而使其日益陷入困境，官府的钳制无以复加。为了夺回行商原来相对自由的境地，同时，亦摆脱充任商总后一连串的烦恼，于是，他从领头倡议复组公行，来了个一百八十度的大转弯，竟致力于取消公行。

1760—1770 年，经过 10 多年的磕磕碰碰，"公行"终于又一次被撤销了。据史料记载：

> 乾隆三十五年（1770），因各洋商潘振承等复行具禀，公办夷船，众志分歧，渐至推诿，于公无补。经前督臣李侍尧会同前监督臣德魁示禁，裁撤公行名目，众商皆分行各办。
>
> 1771 年，董事部获悉，大班热望解散公行的工作已成功，这是 2 月 13 日由总督的布告实现的。潘启官为这件事花了十万两，公司偿还给他。
>
> 公行的行商们自然是惨受敲诈，1771 年已经发现其中有很多家破产，此外还拖欠了应付给官方的款项；于是公行被解散。据说这是为了外商们的利益而作的；潘喜官（Puanhequa。作者按：即潘启官）损失了十万两银子，但这笔款项由东印度公司偿还给他。①

在十三行中艰难维持数十年的潘家，便有一句话可体味出其中的悲凉："宁为一只狗，不当洋商首。"

但潘振承有远大的抱负，一如潘刚儿所说，他勇立潮头，引领潮流，胆识过人，时人称之为"过江龙"。他是一个具有典型的岭南经商风格与气派、刻画时代特征的新一代商人，敢于为达到自己的目标而去冒一定的风险，知变、敢变、善变、善决断。同时，他不是冒进主义者。潘振承清醒地明白社会经济与全球经济发展的大趋势，意识到西方的崛起和"天朝"贸易体制的落后，把同文行的商业经营模式向适应市场经济转变。潘振承客观地分析了中国传统的家族经营商业与西方各国东印度公司股份制经营的差距，

---

① 〔美〕马士著：《中华帝国对外关系史》第一卷，张汇文等译，上海书店出版社 2000 年版，第 76–77 页。

组织以自己为核心的合作团队，以扩大出口和销售能力；又冒着被认为与外商"勾结"的危险，敢为人先，冲破禁闭牢笼，毅然参与跨国经营。美国学者穆素洁（Sushetma Mazumdar）指出，潘振承曾投资瑞典东印度公司。18世纪中叶，瑞典企业大亨极为珍视对中国的贸易，将瑞典的金属、柏油、木材运到西班牙加的斯销售，以换取在中国广州购物所必须支付的西班牙银圆。潘振承曾投资参与瑞典大亨撒革廉（Nikias Sahlgren）在西班牙加的斯的贸易。正是由于思想开放，开展国际合作，跨国投资，他得以在世界商业舞台上大展身手。他以变求存，只要符合社会经济发展规律的，就大胆去干，他取得的成功是闯出来的。①

1763年，英、法两国结束7年战争，签署了《巴黎和约》，两国的经济从此复苏。潘振承很快嗅到了外贸市场复苏的迹象，此时，他手头也宽裕了不少。等到瑞典商船再度来到广州之际，他提出要对方清偿以前的全部欠款。瑞典人一时拿不出这么多钱来，瑞典东印度公司董事萨文格瑞只好亲自去找潘振承谈判，请求宽限。潘振承了解到瑞典东印度公司是股份公司，知道股份公司有债转股的先例，债权人可以选择把债权转为公司股权，于是当即表示，鉴于该公司长期拖欠他的商行的货款，一时难以偿还，决定选择债转股。在瑞典，没有法律能阻止债权人选择债转股。

就这样，潘振承成为瑞典东印度公司的股东，进入公司董事会。亚洲企业参股欧洲企业，这是有史以来的第一次。此举不是为了恶意兼并贸易伙伴，正相反，潘振承希望借此减轻瑞典东印度公司的资金压力，提升其在世界市场上的竞争力，并增加自己的综合实力与投资多样性，实现双赢。

而后，经营头脑超前的潘振承登上一艘瑞典商船，毅然西去，原来他是要到哥德堡去参加瑞典东印度公司的股东大会。

身为瑞典东印度公司的大股东，这的确是他的权力，瑞典人没法阻止，也不会阻止。但是，擅自出国在清朝是大逆不道的，不可容忍，何况潘振承像许多洋行商人一样，捐了个红顶子，也算是个官，一经发现，肯定是要受到严惩的。

但潘振承还是毅然决然地去了。近一年后，他顺利地抵达哥德堡，受到瑞典朝野的热烈欢迎。此行让他大长见识，大开眼界，也让他对贸易伙伴的上下游产业链和运营前景有了更准确的估量。只因为这是一次非法的出访，潘振承后来对此讳莫如深，以致于很长时间内除了他的家人之外，中国没人知道有这么回事。唯有瑞典博物馆收藏的几幅画像能证明，这位同文洋行老板兼瑞典东印度公司的大股东曾经"到此一游"。

---

① 参见谭元亨主编《十三行新论》，中国评论学术出版社2009年版，第75-76页。

1770 年，十三行行商潘振承乘瑞典东印度公司商船到达瑞典哥德堡市

我们在马士的《编年史》中还可以找到如下一个典型范例，说明潘振承是如何采用以汇票支付货款的方式结算的：

> 潘启官通知管委会，他需付给几个人一笔相当巨额的款项，而这笔款是用公司的汇票汇往英伦的，但他恐怕在 12 天或 14 天内难以筹得此款。如此，则本季度便无法将款汇往伦敦，因此他提出一个对他和公司都有利的办法。这个办法是，假如我们愿意签订购生丝合约，他准备接受。如果我们肯签发董事部的汇票，他可将汇票上的款项作为合约付定金的一部分。无论如何，上述款项在本季度公司是不会收到现款的，即使没收到现款，亦不过是先收而后支付，因为董事部每年必须订购生丝运回国……他的提议得到照顾。①

这一事件发生的时间是 1772 年 3 月 3 日，基本可以对应于行商于 1760 年至 1770 年间经营或出资瑞典 30 多艘商船的时间段。接下来做一个简单的估算。来到广州十三行的瑞典的船只占的比例很小，有的年份更是空白。如 1739 年，英国 7 艘，法国 3 艘，荷兰 3 艘，丹麦、瑞典各 1 艘；1753 年，英国 10 艘、法国 5 艘、荷兰 6 艘、瑞典 3 艘、丹麦 2 艘——这是从史料中随机抽取的年份，不少年份没有统计数据。行商经营或参股的外商船只显然不止瑞典一家，以船只数量推算，他国的则不知要翻上几番。

而上述引文讲的是行商与英国东印度公司的信贷、金融关系，其中提到巨额款项、汇往英国的汇票、合约及合约预订金等。汇到英国的款项是给什么人？当然不是给中国人的。其用途又是什么？虽然没有说明，但毋庸置疑，这已属融资范畴了。这笔巨款有多大，从下文大致可得知：其中，一笔生丝为 500 担，预付定银为每担 250 两，总数为12.5 万两；另一笔为 700 担，定银为每担 260 两，总共为 18.2 万两。仅此两笔，就达到了 30 多万两银子，其他尚未知。我们从另一行商瑛秀的预付定银亦可知，仅一项就达 40

---

① 〔美〕马士著：《东印度公司对华贸易编年史（1635—1834 年）》第一、二卷，中国海关史研究中心组译，区宗华译，中山大学出版社 1991 年版，第 584 页。

多万两银子。而 1772 年，潘家的资产并未达到顶峰状态。可见，仅在此期间，潘家在英国、瑞典流转的资金就已达数百万两银子。

如果没有金融投资，仅靠茶叶、丝绸、瓷器三大商品的销售与部分行用的积累，很难想象，到 1800 年，潘、卢、伍、叶"四大家"的资产能够高达数千万两银子。

《粤海关志》记载，行商"承揽夷货，动辄数十万两，承保税饷，自数万两至十余万两不等，责成綦重，非实在殷实诚信之一，不克胜任"①。潘振承笃守"重言诺、重契约"，将其作为基本的营销理念，以此打造强势品牌。1768 年，英国东印度公司一职员写道："和我们在整个贸易过程中，潘启官从未有过掺杂欺骗行为，他的作为都是诚实的。"又将潘振承和与他们打交道的其他中国商人比较后认为："启官是一位最可信赖的商人。"

乾隆四十八年（1783），同文行退赔在 1781 年已运到伦敦又返回的废茶达 1402 箱，价值超过 1 万两银圆，其中还有未经确定是否是从同文行销出的茶叶。货物的退赔使潘振承在经济上蒙受损失，但这种对商品实行"终身服务"的诚意既保住了商户的信誉，又为商户增添了一笔巨大的无形的诚信资产，赢得了客户的好感。自此，行商退赔废茶成为惯例。

1797—1798 年的贸易季度，英国东印度公司职员对潘有度（潘振承四子，亦称"潘启官二世"，潘氏一家三代都被称为"潘启官"）所销茶叶有如下的评论："由于潘启官的茶叶平均品质高于其他商人，我们必须指出在与他的契约中经常规定，如果验货时他的工夫茶被认定较优，他应得到相符的价钱。而我们也不得不承认，在本季的整体比较上，它们值得我们所给予的特别看待。"潘正炜（潘有度之子）所经营的同孚行茶叶在市场上获得良好的口碑，享誉国内外。法国拉罗谢尔城奥比尼-贝尔浓博物馆如今还藏有一幅以通草纸绘制的以中国茶叶箱为主题的外销水彩画，作画时间在 19 世纪二三十年代，茶叶箱上标有"同孚名茶"四个醒目的大字。

200 多年后的今天，瑞典哥德堡历史博物馆展示着潘振承的大幅水彩画像，潘振承成了两国人民世代友谊的使者。当年，潘振承将自己的画像送给瑞典东印度公司的董事尼科拉斯·萨文格瑞。2006 年 7 月，瑞典仿古船"哥德堡号"沿着丝绸之路古航道远航访穗时，其宣传画栏上就展示有潘振承的画像，旁边写着"瑞典东印度公司的大班经常求助于通议大夫潘启官，他同茶叶商关系密切"。瑞典人没有忘记潘启官。英国东印度公司职员也曾在 1771 年记载，"他在最重要的事务上都与大班有密切的联系"。

潘刚儿指出：根据历史的记载，大多数十三行行商只有二三十年（经营）的寿命。他们破产的主要原因是投入资本无多，而外贸所需要周转资金较大，经营不慎易落入资金周转不灵的困境。通常，行商仅与英国东印度公司买卖茶叶，风险极小，一般有利可图。行商如果周转不灵，一种可能是花费太大（讲究奢华，官员的勒索和硬性摊派、贡银、捐输、捐纳报效等折腾），入不敷出；也可能该商与英国东印度公司从事茶叶-毛料（毛料是英国商人唯一作为可交换的货物，它在中国是滞销的）以外的交易，或者与公

---

① 〔清〕梁廷枏总纂，袁钟仁校注：《粤海关志》（校注本），广东人民出版社 2002 年版。

"潘启官二世"潘有度

司以外的一些商人做亏本生意，不得不借债度日，加上海关不允许商人自由退出外贸行业，只得拆东墙补西墙，结果债务累积，无法偿还，终栽于放高利贷者（主要是聚居孟买的巴斯商人、侨居孟买的英籍商人、印度商人、港脚商人）和美国的赖账者之手。而潘氏商行由于资金充裕，可以严格选择贸易伙伴，他们既不寻求利润高、风险大的交易，也不允许外国商人欠债，历来在行商中欠外债最少，有也只是贸易往来的短期债务。①

潘家一百年来三代人一直经营着洋行，打破了"富不过三代"的宿命。

只是潘家几近历清代十三行始终，也就三代，一直到鸦片战争时期。前文提到的伍家及其怡和行与潘家一样，也一直维持到十三行的终结。这两家之所以能"有始有终"，与其掌门人的商业才干分不开。潘家在1820年时，财产据说有1000万银圆（墨西哥银圆，1墨西哥银圆＝0.72两白银）；而伍家在1834年，自行估价有2600万银圆的家产。两家的资本集聚，在当时的整个世界都算是顶尖级的。潘有度是潘启官一世（即潘振承）的儿子，而且也是他洋行事业的继承人，在潘振承过世后，潘有度因资历、名望不足，故"商总"一职让蔡世文接过去了。但蔡世文干了不到10年，便寻了短见，而潘有度则在这些年间名望上升，便又顺理成章当上了商总。

当时名重一时的大诗人张维屏（1780—1859）曾写过他的简历：

---

① 参见潘刚儿、黄启臣、陈国栋编著《广州十三行之一：潘同文（孚）行》，华南理工大学出版社2006年版，第6页。

今广州市海珠区潘家祠路牌

> 潘有度,字容谷,番禺人,官盐运使司衔。容谷之父曰潘启官。夷人到粤必先见潘启官。启官卒,容谷承父业,夷仍以启官称之。盖自乾隆四十年至嘉庆二十年,夷事皆潘商父子经理。潘商(有度)殁而伍商(秉鉴)继之。①

其中,"盖自乾隆四十年至嘉庆二十年,夷事皆潘商父子经理"一语,可见其父子两代人在广东经营"夷事"方面起着多么重要的作用。

潘有度有一位堂兄,在十三行开有自己的洋行,这便是丽泉行。他是潘长耀,人称"昆水官"。他是嘉庆元年(1796)在粤海关监督胁迫下取得洋行执照的。他于道光三年(1823)去世,丽泉行旋即破产,经营不到30年。

由此可见,作为潘启官二世,潘有度在其父亲去世之后至接任商总之间的近10年,经过历练,加上家族渊源,对从事商贸已逐渐显出其卓越才华,他的同文行更是在各商行倒闭的高潮中站稳了脚跟。只是出任商总并非他的意愿,但蔡世文之死把他推到了风口浪尖上。在这之前,他虽然也免不了要参与解决广州外贸的若干难题,包括追讨与分担破产行商的债务,但这些并不是他的职责所在,所以构不成持续的压力。可一当上商总,事情就不一样了,他不仅要到各级官府,诸如粤海关、督、抚等衙门听候训示,还得处理政府不愿出面,却又是政府与外商交涉的事宜,另外,还要处理所有行商之间种种的利害冲突,费时费力不说,还得花银两去打点当事人,毫无疑问,这"冤大头"只能是他当了。

还是在石中和破产之前的几年,英国人马戛尔尼出使中国时,就对潘启官和石鲸官(即石中和)有自己的观察,他写道:

---

① 杨宏烈编著:《广州泛十三行商埠文化遗址开发研究》,华南理工大学出版社2006年版,第68页。

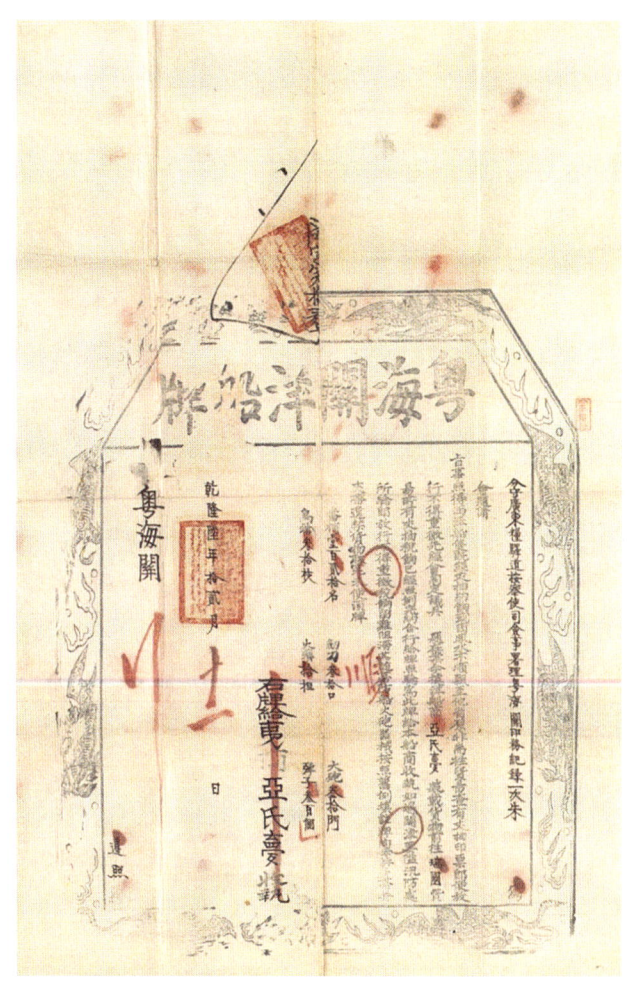

粤海关行船执照

我与此间的主要洋商有过一些谈话。潘启官为主要洋商之一，是一个精明有概念的人物。从重要性的观点来说，石鲸官排名居次，但从富有程度来看，则毫不逊色，后者较年轻，个性较率直。对我而言，他表现得对英国十分尊重，而且毫无保留地宣示愿意尝试交易任何我们商馆要他去尝试的新事物……潘启官在他帽子上头戴了一个白色半透明顶子，而石鲸官则戴着一个水晶顶子，（其代表的官衔）比潘启官的高了一级。但我很快就知道其中的缘故。潘启官比较审慎，而石鲸官则较爱炫耀。石鲸官告诉我说他（潘启官）还有一个蓝顶子，可是他在家与家人在一起的时候虽然常戴它，却从不戴出门，以免衙门里的官老爷因此而找上门，而且以此为借口向他索贿，想当然地假定一个曾经付出万两银子以取得这种荣耀的人当然拿得出来。①

当然，马戛尔尼还是没看准潘、石谁富谁弱，石中和在马戛尔尼回国后一年便破产且瘐死狱中了。不过，从中也可以看出潘有度处事之低调。关于顶子问题，其时，白色透明顶子为砗磲顶子，为六品官；水晶顶子为五品；蓝顶子应为青金石顶子，四品官衔，亦可能是蓝宝石顶子，三品官衔。当然，他们远没有后来的"红顶商人"风光，那已是二品了。不过，花钱买的官衔，恐怕连洋鬼子也哄不了，而对于正式的官吏来说更是笑料，一点用处也没有。这说明了行商们的心态，战战兢兢，想有个"护身符"却又不得其所。

但潘有度的低调、谨慎并不能挡住官吏们的敲诈勒索，尤其是当上了商总之后，更是躲也躲不了。所以，当上商总没几年，他便受不了了，于是，广州商界中便传出他要歇业的消息。这一歇业，自然就当不成商总了。

这是嘉庆三年（1798），潘有度上任才两年，却从英国大班那里得到通知，说朝廷要火速征收60万两税银，用来充各省的军需开支。这事令行商们一片惊慌。显然，先通知英国大班，这一情形不同寻常，粤海关葫芦里卖的什么药，谁也揣摩不透。更何况日常缴交欠饷是七、八月间，此后行商大多两手空空，一时间到哪去征集这么大的款项呢？

万般无奈之际，潘有度代表行商，费尽心机，自然也少不了打点，与粤海关监督协商，海关监督最后同意，先征一半，即30万两银子，一个月内再交10万两，余下的20万两则在生意较兴旺时再缴清。

40万两也不是个小数目，苦煞了行商们。

这边一传出潘有度要歇业的消息，海关方面立即做了应对，增补了卢观恒，即广利行的卢茂官，与潘一起担任商总。然而，尽管有人来同时任商总，潘有度仍辞不掉商总这一职务，而且还添了更大的烦扰。

这烦扰来自海关。

嘉庆四年（1799）九月十一日，粤海关监督易人，新上任的是一位名叫佶山的贪官！

此人贪得无厌，在历史上是出了名的。他刚上任之际，就跟潘有度产生了矛盾。本来，自1780年清偿张天球、颜时瑛的外债之后，绒布类一向是不收行用的，可佶山一来便要求潘有度专门为绒布类商品免收行用做出说明。其用意很明显，就是要让政府与官员"增加收入"，加重行商的支付力度，扩大收取行用的对象。潘有度从行商实际出发，一五一十地把清单列清楚，证明绒布类历来无利可图，而且每每要损失15%～25%，行商是为做成别的生意才勉强接收绒布的，所以，过去海关监督了解情况后，同意对绒布类不收取行用以免累加行商的损失。

潘有度证据充分，理由充足，令佶山一时无计可施，这一事件便拖下来了，不说沿用惯例，也不说不加收行用。

---

① 〔法〕阿兰·佩雷菲特著：《停滞的帝国——两个世界的撞击》，王国卿、毛凤支、谷炘等译，生活·读书·新知三联书店1993年版，第507页。

而这时，更大的问题出现了。

佶山上任的第三年，即嘉庆六年（1801），天子脚下，北京城一带，永定河骤发洪水，酿成大灾，于是，朝廷下命令让全国都来捐款赈灾。

过去，赈灾的事，十三行行商自是义不容辞，而且朝廷对此也很是满意，不时有嘉奖。可以说，行商差不多年年都没少捐过。

可这一年，佶山却趁机"狮子大开口"，要求全体行商捐25万两银子。他还特地点名，其中，潘有度同文行的份额是5万两。

潘有度一听便明白了，这佶山是成心找茬，让同文行"放血"。因为按照过去的惯例，这种捐输，是按各行商应征收的行用比例来分摊的，这么多个行商，说什么潘家也摊不到20%，根本出不到5万两这个数。作为商总，他不应当这"冤大头"。

可佶山一听说他不服气，马上变本加厉，把潘有度叫来，声色俱厉，称："你潘有度的财力我不是不知道，同文行的商业规模我更是清楚，相比之下，这5万两算什么，太少了，没想到你还这么不识相。好吧，5万两你嫌多，我给你个数，依照你的财力，拿出50万两！"

他居然让潘有度单独捐50万两。

潘有度当然不干了，凭什么？！

佶山却威胁道："如果你不照办，我马上就给皇上上折子，罪名嘛，你心里明白，抗拒赈灾，为富不仁，到时，抄家、充公、充军，你一样都少不了，你看着办吧。"

面对如此巨大的压力，潘有度赶紧召集族人商议。毕竟同文行是父亲留下来的，7个兄弟都有一份。没办法，只好退一步，你本来要5万两，这已是不公了，可我们还加一倍，做到仁至义尽，给10万两。到此为止，绝不增加。潘有度就这么答复了佶山。

佶山本要50万两，却只收到10万两，当然不满意，立即表示：不行，50万，一文都不能少。而且通过海关，一再施加压力。

潘有度却不吃这一套，他与亲友、同行反复商量，最后仍以捐款10万两为限。而且，立即送了10万两银子到粤海关的银库。

佶山这下子感到自己的面子丢尽了，本玩弄于股掌之上的行商，居然与自己讨价还价，拒不服从，这还了得？！恼羞成怒的佶山于是使出了最后也是最毒辣的一招，果然于嘉庆六年（1801）十月十八日向嘉庆皇帝拜发奏折。

好在潘有度已有防备，这么多年来，他与各级官员打交道多了，所谓"鸟有鸟道，蛇有蛇道"，他也有自己的路子，况且佶山的做法，广州的官员也深不以为然，他们都知道，潘有度及其同文行经营几十年，从未有过什么不法的行为。总督、巡抚都明白地表示了不满。广东粮道也亲自到粤海关游说此事，劝佶山不要做得太过分了。

佶山感到了不妙，于是，三天之后，他派人半路拦截了送折子的差人，收回了奏折。

佶山这般贪婪，没准有人已早早奏上了一本。这事发生不到一个月，即这一年的十一月十七日，他便被免掉了粤海关监督一职。

东印度公司在记录中特地记载了佶山离任的情景，他们从未见过任何一个官员离任时如此冷清，居然没有一位广州官员上码头为他送行，这与平日的官场礼节实在是反差太大了。

无疑,潘有度的抗争胜利了。

正是在这种跌宕、反复、推搡之中,担任公行头头的潘有度凭借他出色的才干,尤其是商业头脑,在十三行中脱颖而出,成为十三行数百年间一位名重一时的人物。

还应该提起的是,18世纪六七十年代,潘振承等十三行行商奉旨将由京都宫廷画家、洋人郎世宁等四人绘制的《乾隆西域武功图》(即《乾隆平定西域得胜图》)的组画共16幅先后运到法国,订制精美的雕刻铜版作底板,制成名贵的铜版画。此事主要承办者为同文行,由法国名匠担任制作,经过8年的交涉与努力,终于将制成的铜版画及印纸送到北京,"高宗见之,甚为嘉许"。这是中西艺术交流史上的一件大事。

潘振承作为一位儒商,崇文兴学,颇看重商儒结合,他捐资当时广州三大学府之一的越华书院和闽南第一学府华圃书院。梁恭辰在《北东园笔录》中称,潘振承捐资"修华圃书院及紫阳祠,增餐钱,供远来学者,他义举多称是"。华圃书院内设三圣堂、紫阳祠、栖贤楼。紫阳即宋代理学家朱熹,他曾在华圃书院讲学。潘振承的崇文兴学对后代文化素质的提升产生深远的影响。潘有度、潘正炜也捐助文澜书院、番禺学宫,资助广州闽商组织、福建商会"湄州会馆"。18—19世纪,潘氏家族文才辈出,其中,通过清代科举考试授翰林者4人,举人6人,被收入近编《广东历史人物辞典》者多达20人,他们分别为诗人、书法家、文学家、画家、鉴藏家、教育家等。其中,潘有为是广东鉴藏界的魁首;潘正炜论画著作享有传世盛名;潘飞声是诗人,是广东近代文学史中维新时期的代表人物。

应该强调的是,外国人当年编写的《中国丛报》(Chinese Repository)中记载,1781年,英国人把一批鸦片卖给中国商人先官,"他极望行商老前辈潘启官也参加一份,但潘不愿意,因为鸦片老早就是禁止买卖的物品,如果参加,就会给他的仇人可乘之机"。潘振承以商业道德标准判断处事,在义利面前做出正确的识别,洁身自好,拒绝歪门邪道取得的"灰色财富",保持了良好的人格形象。

以下是潘家第二代行商潘有度在1814年闻知英、法两国休战,海上贸易再度中兴时写下的两首诗:

西洋杂咏(二十首之十九)

术传星学管中窥,风定银河月满池。
忽吐光芒生两孔,圭形三尺最称奇。
(注:夜用外洋观星镜,照见一星圭形,长三尺,头尾各穿一孔)

二十

廿年角胜日论兵(注:外洋争战,廿载未靖),望断避方结好盟。

海水不扬依化日,玉门春到自输平。①

的确,此前几年,英国东印度公司来广州的商船才 10 艘左右,可到 1815 年,一下子便增加到约 30 艘;而美国的商船也由几艘增加到约 20 艘;其他国家的商船也纷至沓来,故有"玉门春到"的欣喜。

如果说,前一首诗是对"夷之长技"的啧啧赞叹、称奇,那么,后一首诗则是对全球大航海时代"海不扬波",重展海上贸易的宏图的企望。

曾有人认为,包括这两首诗在内的《西洋杂咏》二十首的创作年代,还不是中国人"放眼看世界"的自觉时代,这一判断未免太武断了。其实,写诗之日,离虎门销烟还有不到 30 年的时间,而距十三行行商参与外国商船的大股份已有 100 年之久。也就是十三行行商接受西方文艺复兴思潮以来,尤其是大航海时代以来,包括进入全球市场经济、银币流通的大网络时代的先进理念,也已相当长的时间了。他们有的瞒着朝廷和官府出使西洋,有的更将巨额资金投入西方工业化中的新兴产业——这些,如果没有远见,没有"放眼看世界",会发生么?只可惜,在当时"士农工商商为末",特别是"官本位"的中国,十三行行商又有多少话语权,又能产生多大的影响呢?

潘有度自乾隆五十三年(1788)接办行务,于嘉庆二十年(1815)退出,至嘉庆二十五年(1820)去世,其"洋务"生涯长达四分之一个世纪。

十三行八大家之首、称雄近百年、几乎在整个清代主持了十三行发展的潘家,其第三代传人,即潘启官三世潘正炜,更是爱国商人的代表。鸦片战争时期,他在抗御外来侵略的斗争中挺身而出,为挽救民族做出了卓越的贡献。1836 年,潘正炜与其他行商一起出资加强广东珠江口虎门炮台的建设。在 1839 年鸦片战争时期,他从新加坡购买英国利物浦工厂生产的新型大炮来加强珠江口的海防,支持林则徐、关天培领导的抗英运动,成为"师夷长技以制夷"的先行者。1841 年,他又率先捐资 26 万元作为抗英军饷,为广州行商捐助抗英军饷(总额 200 万元)的八分之一。1842 年,潘正炜独资购买了吕宋夹板战船一艘,捐作创建清政府海军之用。1847 年,潘正炜领导广州河南地区及城郊 48 乡士绅、百姓抵抗英军欲租借洲头咀土地的行为,并赢得胜利。这次"反租地运动"是第一次鸦片战争后中国人民第一次有组织的对侵略者的自发抗争,获得林则徐的赞扬,清廷给予其"毁家纾难"的美誉。1849 年,他又带头筹款支持广州人民抵抗英国侵略者入侵广州城的斗争。

潘正炜于 1849 年抵抗英国人入侵广州城后的第二年去世,享年 69 岁。

时至今日,我们重提民间金融,要激活民间资本,可这些,十三行时代的行商们早已做过了,我们还能说行商们没早早地与国际市场接轨么?因此,当我们重温十三行的对外贸易历史,重新深入到十三行八大家各自的历史当中,我们对那样一个千帆竞发、百舸争流的时代,对中国历史悠久的海外贸易,尤其是对其间的弄潮儿——行商,自会

---

① 潘刚儿、黄启臣、陈国栋编著:《广州十三行之一:潘同文(孚)行》,华南理工大学出版社 2006 年版,第 175 页。

有更深刻的理解、更震撼的发现，他们无疑是真正的"开眼看世界"的第一代！

第四十一章 《红楼梦》《蜃楼志》与十三行

十三行这个"影子银行"银圆的流入，再对各国的投资，都是空前的；与此同时，西方的启蒙主义思潮、先进的科学技术也是通过十三行曲折传入中国，对其间中国的文学艺术不无影响，也为之后的洋务运动、戊戌变法做了铺垫。可惜，关于这一点却鲜见研究文章。

从唐代的通海夷道到宋代市舶司的建立，古代中国的海上对外贸易始终走在世界前列；而当时，西方陷于中世纪的"千年黑暗王国"之中。因此，一直到十七八世纪，在海上称雄的就是中国。人们甚至把广州城视为一艘巨大的海船，屈大均于《广东新语》中称"会城如大舶"，把花塔、光塔视为樯桅。可以说，海洋文明在华夏古国的南方已经相当辉煌了。

英国商人威廉·希克在1768年称："珠江上船舶运行忙碌的情景，就像伦敦桥下的泰晤士河。不同的是，河面上的帆船形式不一，还有大帆船。在外国人眼里，再没有比排列在珠江上长达几英里的帆船更为壮观的了。"发达的内外商业贸易，需要有一股雄厚的商业资本来承担商品交流的任务，于是，早期是大批富商大贾的产生，后期是商业资本家的形成。

著名文史学者吴晗在《评梁嘉彬著〈广东十三行考〉》一文中更明确指出：

> 从16世纪初期开始，跟着新航路的发现，欧洲人到东方来了。航海术的日渐进步，使东西两半球的关系日趋密切。国际的商业的发展，使中国不能不自动开门，放弃了以前的锁国政策，和世界各国发生外交的，政治的，文化的关系。中国沿海一带商人的活动也从东亚（包括日本和南洋群岛）而发展为世界的了。广州是当时最大最主要最繁盛的商港，广州商人因为历史的和地理的关系，在国际贸易中占最有利而重要的地位，内中最有名的是"十三行"，一个新兴的商业集团。①

诞生于明嘉靖年间，约公元1557年，而毁于第二次鸦片战争，即1857年的十三行，雄踞于中国外贸史300年，期间不仅历朝代更迭，外侮日渐，更经历了内部经营方式的历史性演变，展示了中国由古代向近代的社会形态的深刻转型。因此，如何深入研究十三行的贸易制度乃至商人性质，是切入中国社会转型的重要突破口。那么，在关于十三行行商形象塑造的文学作品中，我们能否清晰地看到这种历史进程？正如科林伍德所云：一切历史都是思想史。体现在这些十三行行商身上的思想转变，应具象地反映了自古代向近代演进的历史真相。

---

① 吴晗：《评梁嘉彬著〈广东十三行考〉》，见梁嘉彬著《广东十三行考》，广东人民出版社1999年版，第406-407页。

时至今日，关于十三行行商的性质，人们仍大多沿用当日屈大均关于十三行的名句"洋船争出是官商"，视其为"官商"，甚至有人将其升格为"国商"。在近年间的关于十三行的研究中，十三行行商是否为官商的问题，引起了激烈的争论。有人仍以"国商"为荣，认为把行商论证为民商是不可接受的，是一种贬抑或矮化。这也说明在历史研究领域中僵化的思维仍大有市场。

好在文学作品给予了形象的论证。特别是十三行期间出现的相关作品——《红楼梦》《蜃楼志》。

十三行兴盛期间，正是清朝著名文学家曹雪芹撰写的长篇小说《红楼梦》① 问世的岁月。

关于十三行与《红楼梦》问世之间的关系，当代红学研究专家胡德平在《百年红学与百家争鸣》一文中称：

> 广东十三行与曹雪芹家的姻亲李士桢有密切关系，如果能作为时代背景与《红楼梦》结合起来，那么对于曹雪芹所处的时代，对书中所说的洋货，对海外贸易就会产生更深刻的理解。②

他是第一个提出十三行与《红楼梦》有密切关系的人。

文中，胡德平还指出：

> 《红楼梦》中对商人的描写，也是跨学科中的一个领域。从冷子兴开始，一直写了那么多的商人，薛蟠是皇商，倪二、蒋玉菡、柳湘莲是民间商人。商家与官家是猫鼠同眠的关系，就是一个很好的话题。③

胡德平在这里提出两条：一是《红楼梦》的大背景应与十三行分不开，书中出现那么多的洋货，均来自十三行；而十三行的贸易对当时康乾盛世产生怎样的影响，包括对官场及社会格局起到怎样的作用，颇值得深入研究。二是对十三行时期的官商关系，尤其是对商人的认识，正是通过书中对商人的描写而体现出来，传统的"士农工商"的排序显然已发生动摇。其时，粤商中，民商十之有三，官商十之有七，十三行行商亦官亦商，而且有一个演变过程，即由皇商、王商、总督商人、将军商人，渐渐演化为半官半商，乃至纯粹民商。这在《红楼梦》中又是如何表现的呢？胡德平点出了皇商与民商两种类型的商人。④

曹雪芹的祖上是康熙的宠臣，曹雪芹的舅祖李士桢曾任广东巡抚，管理对外贸易的

---

① 以下对《红楼梦》中文字的引用均见〔清〕曹雪芹、高鹗著《红楼梦》，人民文学出版社1981年版。
② 胡德平：《百年红学与百家争鸣》，载《文艺报》2013年12月13日第3版。
③ 胡德平：《百年红学与百家争鸣》，载《文艺报》2013年12月13日第3版。
④ 胡德平：《百年红学与百家争鸣》，载《文艺报》2013年12月13日第3版。

十三行，直接经营皇帝和宫中进口的吃穿用物品。

而经考证，曹雪芹所处的时代是康熙末年，历雍正13年再进入乾隆时期。

《红楼梦》的主题是爱情，而另一个侧面，曹雪芹也写了一个世界贸易的大航海时代，如果从这里深入下去，那么，对《红楼梦》历史价值的认识就有新的拓展。

毛泽东称《红楼梦》是一部"百科全书"。那么，从经济史、对外贸易史等学科切入来研究《红楼梦》，具体从十三行的角度研究《红楼梦》，则不可轻视。《红楼梦》的历史背景正是康熙二十三年（1684）"开海"之后。

值得关注的是，期间，正是曹雪芹祖上的姻亲李士桢担任广东巡抚，而且在康熙开海年间，即康熙二十三年（1684），亲自选定"有郁葱佳气聚焉，卜云既吉"之处重建了明代已毁的广东贡院。今天，位于广州市的广东省立中山图书馆中的明远楼，便是该贡院的一部分。在任职期间，李士桢作为广东巡抚，直接管理对外贸易的十三行，直到雍正年间，这一职位才不兼任海关监督。因此，《红楼梦》中出现的众多西洋或其他国家的"稀罕物件"，当与作者的这位舅老爷分不开。

读过《红楼梦》的人都知道贾府被抄过家。第一百〇五回有一张抄没物品的清单，总共70多品类，其中绸缎呢绒、皮毛衣料约占70%。曹雪芹的先辈为江宁织造，对此不难理解。而绸缎呢绒、皮毛衣料是十三行进出口的主打商品。

全书中的洋货几乎就是十三行舶来品的展示。如第三回中，荣禧堂王夫人房内大炕上的猩红洋毯、凤姐的翡翠撒花洋绉裙、宝玉的石青起花八团倭缎排穗褂；第六回中，凤姐的大红洋绉银鼠皮裙；第二十八回中，蒋玉菡赠给宝玉，后落到袭人处的茜香国汗巾；第四十、五十九回中，凤姐用以包裹银箸、黛玉用以包裹匙箸的洋巾；第四十九回中，宝玉的哆罗呢狐狸皮袄、宝钗的莲青斗纹锦上添花洋线番耙丝鹤氅、宝琴的凫靥裘、李纨的哆罗呢对襟褂子；第五十二回中，宝玉的荔枝色哆罗呢箭袖、俄罗斯国出品的雀金裘氅衣；第九十二回中，凤姐的大红洋绉裙、冯紫英拿来推销的鲛绡账；第一百〇五回中，抄家时没收的洋灰皮、洋呢、哔叽、姑绒、天鹅绒等；其他还有西洋的自行船、葡萄酒、雪花洋糖、洋布手巾、金怀表、波斯国的玩器；等等。

第五十二回，除了写到西洋鼻烟盒"里面是个西洋珐琅的黄发赤身女子，两肋又有肉翅"，晴雯贴了名叫"依佛娜"的西洋头痛膏外，宝琴还专门讲起"我八岁时节，跟我父亲到西海沿子上买洋货，谁知有个真真国的女孩子，才十五岁，那脸面就和那西洋画儿上的美人一样……满头戴的都是珊瑚、猫儿眼、祖母绿这些宝石，身上穿着金丝织的锁子甲洋锦袄袖"，她还向外国女孩求了一首诗：

　　昨夜朱楼梦，今宵水国吟。
　　岛云蒸大海，岚气接丛林。
　　月本无今古，情缘自浅深。
　　汉南春历历，焉得不关心。

外国女子能写出如此工整的五言律诗，可见对中国文化下的功夫，中外文化交流之

"蜜月",亦可以从诗作中看出端倪。

如果仅仅从物质上探讨《红楼梦》中的十三行背景,显然是形而下的;从《红楼梦》中对商人的描写,我们可以看出曹雪芹的一片苦心。

在他的笔下,皇商、官商均恶浊、丑陋、不堪入目,作者毫不留情地写出了他们粗俗、罪恶的一面,最典型的莫过于薛蟠之流。薛蟠被称为"呆霸王",一位真正的纨绔子弟,开口就恶臭逼人,只会吃喝嫖赌,并不懂经营,还强抢弱女,草菅人命。在书中,葫芦僧向贾雨村献上了一份"护官符","皆是本地大族名宦之家俗谚口碑",内中就有薛家:"丰年好大雪,珍珠如土金如铁。"其在四大家族中排行第四,前三家,大多讲的是权势、高位,而薛家则是经营"真金白银"。

显然,作者对皇商、官商是持否定态度的。

《红楼梦》中出现的也不乏民商,民商也就是民间的商人,他们与官商泾渭分明,清浊分明,作者对他们予以了莫大的同情、由衷的欣赏,把他们写得清爽、善良,颇有正气,且有情有义,是为情种,如蒋玉菡、柳湘莲、倪二等。蒋玉菡与薛蟠各自作的"女儿曲"对比鲜明,一个高雅,一个粗俗,作者显然是有意为之。柳湘莲曾为薛蟠的商帮打跑了劫匪,颇为仗义;却因尤三姐的殉情遁入空门,令人动容。而薛蟠为非作歹,到处惹事,甚至闹出人命。作者的倾向性不言而喻。

这一描写与史实是相符的。当年,把清代早期十三行搅得乌烟瘴气的,正是开海前后的官商,包括藩王的"王商"、将军的"军商"、总督的"督商"们。马士的《编年史》仅做客观记录,也把那位"皇太子商人"在十三行如何气焰逼人、颐指气使描述得十分真切。当然,马士并不了解中国历史,不知道皇太子后来失宠被废,只知"皇太子商人"突然之间销声匿迹,颇感庆幸。同时,马士也记录了王商洪顺官如何一度风生水起、财大气粗,却因藩王尚氏父子退出历史舞台而黯然收官,不知所终。

这之后,则是如蒋玉菡、柳湘莲一类民间商人成为十三行真正的主角,一直持续3个世纪,在十三行之后演变为买办资本家、民族工商业的顶梁柱。他们不仅经世致用,而且文章诗赋亦好生了得。

我们放开视野,亦可找到几乎是同时代的另一部白话长篇小说《蜃楼志》①。一个"梦",一个"志",各有寄托;梦是虚幻,志又如何呢?

在中国文学史上,茅盾《子夜》之前,只有一部小说刻画过工商业主的形象,就是24回的《蜃楼志》。毕竟,在古代中国,商人归于末流,不为文学家所关注,就算写及,也只如白居易诗中的"商人重利轻离别",无情无义。可是,就是这部小说,第一次正面描写了洋商——这里的"洋商"指的是与外国商人打交道的行商,而非"洋人商贾"。

作者姓甚名谁、生卒何年,均无可考,料是在商海中沉浮的广东人。该书序言中云:"劳人生长于粤东,熟悉琐事,所撰《蜃楼志》一书,不过本地风光,绝非空中楼阁。"笔者以为,"蜃楼"可作二解,一是指海上贸易之兴旺,应当如此前《海市歌》,看似海市蜃楼,却是一实百虚;二是指洋商强国富国之志愿,最终仍归于海市蜃楼,南柯一梦。

---

① 以下对《蜃楼志》中文字的引用均见〔清〕庾岭劳人著《蜃楼志》,吉林文史出版社2006年版。

在第一章的题头诗中有关于"裕国通商"的宏愿,很显然,"志"正在此。"裕国通商"绝非虚幻,完全是实实在在的,也许,这便是"志"。但可惜,"志"之前却是"蜃楼",加了这么一个虚无缥缈的定语,"志"也就如同幻梦了。作者想说的也许正是如此:一腔热血壮志,到头来仅是南柯一梦而已。

《蜃楼志》约完成于清乾嘉年间,所以,也有人认为它是假托前朝嘉靖年间,以避文字狱。不过,说十三行是明清二朝沿袭下来的,对于一个沉滞的帝国来说,这相隔一二百年说有什么不同,并没什么意义。书中称"海关贸易,内商涌集,外舶纷来""一切货物,都是鬼子船载来,听凭行家报税发卖。三江四湖及各省客商是粤中绝大的生意",说是写明嘉靖年间还是清乾嘉年间,也都大致不差。该书是十三行时期出现的。应该说,《蜃楼志》中提供了那个时代演变的积极信息。

《蜃楼志》写的正是十三行,它是中国古代小说史上仅有的一部描写十三行行商的长篇小说。可以说,它在文学史上拉开了中国近代史的序幕,拉开了中国近古小说的序幕。

部分学者把冷热兵器的交替视为古代与近代的分界,那么,我们也可以把文学作品中主角的置换,即从才子佳人、帝王将相转变为市廛工商,视为文学创作中近代思想的转换与觉醒。

《蜃楼志》以十三行行商为主角,并从粤海关与十三行关系的视角展开小说的情节,不仅独到,而且饶有新意。全书一开头便揭示出海洋贸易日益兴旺,形成了巨大的资本积累,行商成了中国的"第三等级",大企业家、金融家或资本家,其资本的积累完全不同于封建制度下的大地主、大官僚——可以把同时代的十三行伍家与和珅相比较。当外国资金流入时,一如小说所写,"花边番钱(银圆)整屋堆砌,取用时都用箩装袋捆"。

然而,这边,主人公十三行商总苏万魁满怀"裕国通商"的宏愿;那边,海关监督赫广大却千方百计地敲诈勒索,诬其"蠹国肥家,瞒官舞弊",一次就敲诈了苏万魁一千行商30万两银子,来个"落袋平安"。书中写到,开海禁后,广州成为全国最大的外贸口岸。巨大的资本积累催生了中国最早的商业资本家,他们不同于封建形态的土财主,完全是新型的资本拥有者,他们更有自己的认识与理想,该书第二回的题头诗"裕国通商古货源,东南泉府列藩垣"便足以证明。事实上,在面临外侮之际,十三行行商不惜毁家纾难,购军舰、水雷等,其家国情怀充分地体现了出来。当年,著名诗人、学者谭莹便称赞他们乃"庭榜玉诏,帝称忠义之家;臣本布衣,身系兴亡之局"[①]。

行商苏万魁完全是靠自己经商发达的,他无疑是中国文学作品中第一位近代转型的买办资本家,然而,他最终未能完成这一转型。虽然他在经商中不乏智慧,成为广州十三行的"绝顶富翁",他的财富之巨,"花边番银(银圆)整屋堆砌",让人联想到史上关于十三行发生大火之后,银液流出几里长,形成长链,坚不可破的记载。

只是,他的遭遇与因官商勾结、同流合污而自毁的一些行商不同,是遭到贪官的重

---

① 见谭莹所撰伍秉鉴之碑文。

重盘剥，最终辞去商总职务，其结果就如海关的题诗所控告的：

> 新来关部本姓赫，既爱花边又贪色。
> 送了银子献阿姑，十三洋行只剩七。

洋行纷纷倒闭，海关仍榨取未已。赫广大动辄抄家，籍没行商的洋货。苏万魁不得不辞去商总的职务，把钱花在了捐纳官职、置田造屋上，从被歧视的行商蜕变为土地主，未能完成向大资本家、企业家或工商业家的转变——经济历史倒退的大悲剧由此上演。他失去了"裕国通商"的志向。显然，就他个人而言，思想上是倒退的。

虽然书中对封建社会官场的黑暗腐败进行了无情的揭露，可面对这一现状，却无法找到出路。

书中苏万魁这个艺术形象，对研究历史，研究十三行，却不无启迪意义。作为行商，一位新兴的阶级的代表人物，他的悲剧证明在封建势力的重重压迫下，这个新兴阶级又不得不倒退回去，"服从"了这个社会的"大道理"。他的软弱，他的不幸，皆证明这个新兴阶级在这个历史阶段的孱弱无援，这也是中国社会的无奈。

苏万魁的结局也成了后来很多十三行商人的最后选择——弃商从政，弃商从文。他们的后代许多到最后竟无半点的从商意识。

《蜃楼志》是小说，自然不可以当信史，但它至少可以说明，作者之所以假托明代嘉靖年间，是因为那时的确已经有了十三行，不为读者所疑。

太上皇乾隆死后，嘉庆第一件事就是抄和珅的家。在籍没的物品中，竟有大自鸣钟19座、小自鸣钟19座、洋表100余个。赫广大之流索要那么多钟表，无非是进贡给了和珅等王公贵族。当时就有句民谚："和珅跌倒，嘉庆吃饱。"

《汉书·地理志》具引《礼记·王制》曰："高山大川异制，民生其间者异俗。"说明一方水土养一方人，特定的区域是滋养特定人文性格的重要源泉。哲学人类学认为：人创造人。这主要是通过人所创造的文化来实现的。人不仅是文化的建设者，也为文化所建设，换言之，"人塑造了文化之后，每一种文化反过来又塑造着人；所以，人通过塑造文化而间接塑造自己"①。因此，生活在不同地域的人及其性格特质自然会受到当地文化的深刻影响；而反过来，这些人物也作用于当地地域文化的形成。正因为有不同的地域特色，才使塑造的人物独具魅力，脱颖而出。《蜃楼志》是针对岭南地区的人或事进行描写创作的，因此，在对该作品进行解读时，我们不难体会到一股浓郁的岭南文化特色。而且，作为海洋文化一支的岭南文化，自然少不了海洋特性。海洋文化是开放的，不画地为牢，容易萌发越过地域、走向四方的观念，敢于冒险，勇于开拓，博大宽广，崇商重利，富有创新精神。正是海洋文化孕育了近代的中国首富集团——广州十三行行商，他们成为国际性的商人，而不同于传统的中国商人，其经营理念也不同。广州十三行的商业网络不仅越过传统的南海水域伸展到欧美各地，而且与国际的贸易网络相交织，

---

① 〔德〕米夏埃尔·兰德曼著：《哲学人类学》，张乐天译，上海译文出版社1988年版，第209页。

行商甚至已经直接投资于欧美各国。

《蜃楼志》作者的真名实姓与生平均无可考，但书写者熟悉广州之风土人情与十三行内情，一般人难以办到。郑振铎为《蜃楼志》抱屈，称"名作之显晦，真是也有幸与不幸之分的"，称此书"无意于讽刺，而官场之鬼蜮毕现；无心于漫骂，而世人之情伪皆显"。①

《蜃楼志》刊印于清嘉庆九年（1804），其时正是十三行仍兴旺之际，书中主人公苏万魁为十三行商总，可谓风光一时，但最后仍被敲诈勒索，受惊而死。其子苏吉士后来有了感悟，认为"我父亲一生原来都受了银钱之累"，因而不再从商，最终成了贾宝玉式的玩世不恭的人物。他当然不会有贾宝玉的深刻，却不乏警世的意义。而这部与十三行同时代的作品也仿佛是一道符咒，最终落在了十三行的后人头上。

著名书评人戴不凡在《小说见闻录》中感慨道：

> 就我所看过的小说来说，自乾隆后期历嘉、道、咸、同以至于光绪中叶这一百多年间，的确没有一部能超过它的。如以"九品"评之，在小说中这该是一部"中上"甚或"上下"之作。②

《蜃楼志》刊印后不到半个世纪，声名显赫的十三行也就在广州的地面上"灰飞烟灭"了。小说预示并印证了十三行的历史命运，而当年"富可敌国"的十三行行商们想凭借自己的经济实力，"赎城"，造军舰，重返历史上强盛的时代，到头来也只能为"蜃楼之志"，不再有"虎豹龙凤，江淮河汉"的豪气！

从这句民间流行的俗谚中追本溯源，我们仍能管窥十三行当年的辉煌。而从俗谚的演变，我们更可以看到封建势力之顽固与可怕；同样，也可以看到当时那部中国近代史的曲折。从俗谚称行商为"虎豹龙凤，江淮河汉"到小说最后的一场"蜃楼之志"，十三行行商的历史命运亦给今天的我们深刻而绵长的启示。

从成书时间来看，《红楼梦》应是在清朝雍乾年间，而《蜃楼志》则在乾嘉年间，二者相距的时间也就几十年。显而易见，《红楼梦》的思想高度远远超过了《蜃楼志》，艺术上更有高下之分，一如鲁迅所云："自有《红楼梦》出来以后，传统的思想和写法都打破了。"③ 迄今，人们对《红楼梦》中显现的启蒙思想，反对封建礼教，包括男女平等，对封建末世的批判等，其源于何处，仍不清楚，有待进一步深挖。

长期以来，人们几乎没有把《红楼梦》的时代背景与十三行联系起来，也几乎没有与当时的反映十三行状况的长篇小说《蜃楼志》挂上钩，二"楼"之间究竟有什么关联？一"志"一"梦"，内中有何玄机？时至今日，又有《开洋——国门十三行》等正面描写十三行的长篇小说。我们该怎么探究其间的"文脉"？

---

① 郑振铎：《中国文学研究》，转引自陈永正《岭南文学史》，广东高等教育出版社1993年版，第493页。
② 戴不凡：《小说见闻录》，浙江人民出版社1980年版，第277页。
③ 鲁迅：《中国小说的历史的变迁》，见《鲁迅全集》第8卷，人民文学出版社1973年版，第350页。

其实，无论是《红楼梦》中的蒋玉菡、柳湘莲，《蜃楼志》中的苏万魁，还是《开洋——国门十三行》中的谭康官，都是民商的代表。毫无疑义，这些民间商人身上都寄托着作者深切的同情与理解，甚至寄寓着理想与希望，只是有的尚未显示出其可能的出路，有的则已彰显了行商的业绩以及未来的走向。这些人物身上展现了十三行时期民商的真实面貌及其人格魅力。

笔者曾在《十三行新论》中做了充分的论证并指出：

> 十三行商人在对外商贸建交上的杰出才能，为往后许许多多中国人在外经商建立了良好的信誉基础。用现代的术语来说，"十三行"已经在很大程度上成为中国对外贸易的品牌了，"很多老外都有着浓厚的'十三行'情结"（杨宏烈《广州泛十三行商埠文化遗址开发研究》）。这种情结的缔造，从来不是因为行商们的官衔职位，只是因为他们的行业素质及国际视野。他们与洋人的私人交情，或是名目众多的境外商业运作，一直都是以民间商人的身份进行的。而从他们与清廷的关系分析，也可以看到行商与朝廷的利益矛盾，他们从一开始就不是同一利益链条上的伙伴，在更多时候他们是处于矛盾关系两端的对立体。所谓的官商，只是历史判断在这个商业群体身上造成的误会而已，他们更多的是以民间商人的身份参与着种种对外贸易，也独立地应付着那特殊的岁月给予他们的考验与挑战。①

如果说《蜃楼志》中行商苏万魁退出十三行是一曲历史的挽歌，那么《红楼梦》更是在十三行背景下成功地展现了那个时代中国与世界在物质与精神上的交流。当然，对此尚待更多的发掘与深化；但从文学上读懂这部经济史、外贸史，无疑是很有意思的。

正是在这个意义上，我们不仅可以读出作为"百科全书"的《红楼梦》中的经济史、外贸史，而且可以进一步了解启蒙主义的影响及该书反对封建礼教的历史诉求。结合几部与十三行相关的著作，我们更可以看到在皇商、王商等官商在十三行的隐退而民商在十三行的彰显并成为世界巨富这一转换中，市场经济这只"无形的手"所发挥的历史性作用，这对于今日的改革开放、进一步完善社会主义市场经济不无裨益。

第四十二章　海洋文明与行商的族群构成

十三行行商是官商还是民商？这一问题的实质在于探究行商究竟是一直承袭封建的商业体制，还是正向近代带有资本主义色彩的工商业及市场机制转型。当然，后一种"转型"，并不是说从清康熙年间开始，不到半个世纪，十三行行商就完成从官商向民商的完全转变。事实上，这里所说的"转型"概念，指的不是已经完成的过程，而是正在进行的过程，即仅指行商的艰难蜕变依然在进行中，因为无论是之前还是之后的行商，都还得花银两去买标志着官职的"顶子"。

---

① 谭元亨主编：《十三行新论》，中国评论学术出版社2009年版，第71页。

颇有意味的是，清廷驻广东的最高军事统领机构——将军衙门，恰巧是在康熙开海（1684）之前几年，即康熙二十年（1681）专为广州驻防八旗兵而设置，并作为驻粤八旗将军统领所在地。其衙门原址为昔日平南王尚可喜之子尚之信王府的一部分。从时间上看，将军商人在设立此衙门之际，便介入十三行的商业活动，早在开海之前就开始了，所以，才有将军商人一度活跃于十三行。屈大均写"洋船争出是官商"一诗，是在开海之前，以驻广州的将军为后台的将军商人便作为官商而早早介入对外贸易了。

无论是在康熙开海之前还是之后，亦无论是否为官方所支持或管控，生意终归是要做的。海洋贸易的传统在广东仿佛是与生俱来的，这与生活环境、历史变迁密切相关。所以，在开始辨析行商究竟是官商还是民商之前，需要更向前一步，探究其族群构成。

作为整体，可以将行商称为"海洋文明的族群"。

中华民族多元一体的格局，对中华文化多元一体的构成所起到的作用是显而易见的。民族本身就是文化的载体。在我们认同中华文化的共性之际，还需要对现象做更深层的分析，亦即辨异。这是研究的深化及对认同的深层次的肯定。而辨异则立足于"多元"之上，关注多元与一体的关系。

一般来说，从大的区域上辨异，我们大致可以看到中华文化的三大色块。当中最大的一个色块，自然是黄土地上的农业文化，它以中原地区为突出代表，可谓农耕文化区；长城以北、阳关以西，则是绿色的大漠与草原的游牧文化区；而东南沿海一带则是蔚蓝色的，即海洋文化区。当然，这三大色块并不是截然划开的，各大色块交接之处，自然会出现边缘模糊的状况。无疑，农耕文化的色块是最浓重的，无论是其面积、人口、自然资源乃至文明程度，都有着显而易见的强势，而这一色块上的文化模式是以小农经济或自给自足型的自然经济为基础，以儒家正统观念为主导而逐渐形成的，并且相当稳固。

中国古代的文化冲突，其主调恐怕是游牧文化与农耕文化的相互碰撞——长城便是这一历史的产物，少数民族南下、清兵入关，均是剽悍的游牧民族长驱直入，横扫天下。但到后来，他们仍不得不以中原文化为尊，于是，便有 2000 年的"武力南下、文化北伐"的中国文化演变的大格局，武力南下者也被厚重的中原文化融合了，有的甚至丧失了自己的族属及名称，消失于大汉民族当中。毕竟，游牧民族的文化相对滞后一些，武力是不可以征服强势文化的；相反，文化却可以化解武力。

正是这两种文化的冲突，造成中华文化的跌宕起伏，乃至循环往复。

这种局面直到另一个色块的文化有了发言权，才真正有了改变，这便是海洋文化区域的崛起，也是晚清重臣李鸿章所惊呼的"三千年来未有之变局"。

而这一变局的引发，则与十三行的发生相关。

明清期间，十三行持续 300 年之久，对中国文化三大色块格局的影响再怎么高估也不为过。它无疑强化了其中蓝色的海洋文化板块，自经济至政治，对日后清朝爆发的太平天国起义的作用不言而喻。这已有大量史料为证，包括太平天国后期文献《资政新篇》。太平天国运动首先在南方发难，直逼中州，虽功败垂成，但在改变 3000 年中国文化格局上先声夺人。随后的"康梁变法"、辛亥革命均可称在南方爆发或因南方而爆发，最终改变历史。由先进文化——真正的先进文化来担负起民族文化再造的历史责任，虽然对某些人来说，这一格局还不算很清晰，并可以因其不清晰而予以否认，但历史之大变局在中国已经不可逆转。

于是，原先绿（游牧区草原）、黄（黄土地）交互的色彩让位于黄、蓝（海洋）交互的色彩，虽然这蓝色的浓淡仍不确定。

这便是中华文化在大的色块上的交互：先是绿、黄为主，而后则应是黄、蓝为主；作为边缘的绿、蓝，先后都往中心浸润。到当代，后者的蓝也由昔日的隐性、弱势，向显性、强势改变，发生根本的变化。

大的反差如此，具体到各个区域呢？游牧文化区有新疆、内蒙古等较纯粹的游牧文化区，以及东北、陇、宁等半牧半农文化区；农业文化区以黄河中下游地区为主，还有长江中下游地区，本身呈现出多个层次；海洋文化区包含吴越、闽台与岭南三大子文化区。

处于其边缘地带的吴越文化区应算是半海半农的文化区域，因为那里的海洋文化区与农业文化区几乎没有阻隔，况且历史上从中原迁移过来的族群一直占有优势，所以，连当地的学者也自称为"海洋农业文化"，实际上是想将海洋文化与农业文化二者糅合起来。显然，这跟当地的实际状况是相吻合的，甚至可以认为，农业文化的比重还大一些。

到闽台文化区，至少其海洋文化与农业文化是并重的，平分秋色，所以，闽台人"义利并重""学商并举"，可见其人生观、价值观处于海洋文化与农业文化二者平衡之中。明代及清初的早期十三行行商当中，不少人是从福建漳州、泉州来到广州的。确切地说，包括"十三行"这一闽南人的习惯称谓，也是从闽南月港传到广州的。在明代十三行出现之前，漳州、泉州衰落后，月港兴起，闽南人的海洋贸易一直方兴未艾。这也可以说明为何在后来的十三行行商中，闽南人所占的比重会那么大。在十三行族群构成当中，闽南人无疑名列前茅，晚清十三行的"四大家"潘、卢、伍、叶当中，除了卢家，其余的祖上均为闽南人。

再往南，就是岭南或具体到两广的广府文化区。这里的情况与其他地区迥异。这里，黄色的农业文化色彩已淡化很多，其主调是湛蓝色，即海洋商业文明占主导地位。所以，近代中国的"大变局"全在此启动。

李鸿章所惊呼的"三千年来未有之变局"，在晚清历史上演变为洋务运动、戊戌变法、辛亥革命。在此三大运动中登上历史舞台而成为主角者，主要来自蓝色海洋文化区，尤其是其中的广府文化区的志士仁人，这是众所周知的。

至于清代十三行"八大家"当中可查出籍贯为广东者，除了前述的卢家之外，还有四家，为：谭、左（梁）、徐、杨。

由于十三行就在广州城西，所以，广东商人，或曰粤商，在整个十三行中占有的比重是最大的。前后进出行商行列者计有400余人，迄今有名有姓可考者不到100人，其中顺德一地约有10人，谭、黎、关三家均有几代人是十三行行商。

这不奇怪。

岭南，主要是广府，在海洋文化区所包括的三个子区域中，它的海洋文化色彩是最为浓厚的。当然,即便是在岭南地区,同样也存在文化的差异,这便是潮汕文化与客家文化。潮汕文化实际上属于闽台文化;客家文化作为最典型的移民文化,是从中原文化的板块位移下来,形成的一个个"文化岛"(姑且借用一下"方言岛"的用法),其根仍属中原文化,但亦受到海洋文化相当大的影响。所以,从总体上来说,岭南的海洋文化特征是最为典型的,即具备商业文明与海外移民这两大特征。这应得益于南岭。从文化区域的视角来看,恐怕很难有比南岭造成的阻隔而造成内陆与沿海文化质态更大的差异——于吴越,并无高山大岭之隔;于闽台,武夷山也不如南岭的阻隔作用大。至于长城之外的游牧文化与农业文化的差异,恐怕就更模糊了。这也许正是岭南之福、广府之福,在封建大一统的钳制下,能留有较大的自由度,正可谓"山高皇帝远"。岭南的海洋文化色彩之所以较吴越、闽台为强,无疑与南岭的阻隔作用有很大的关系。

也正因为南岭的阻隔,岭南对中原的影响在交通不发达的过去才那么微弱,几乎引不起朝廷的关注;而在要钱、要珍宝,尤其是要十三行的洋货时,帝王官员们才想起这里乃"天子南库"。这是幸运还是不幸,姑且不予评说,但也说明,作为中华文化一部分的海洋文化的文明成分,在相当长的历史时期内是处于一种蛰伏状态或隐性地位。它存在着,但没产生多大影响,更别说产生辐射。当然,不能否认它的存在,如果没有长期的蛰伏,它是不会在相应的气候下勃发起来的。只是它对于整个中华文化格局而言,暂时处于弱势。但没弱,就不会有强,强须由弱转化而来。正如近代中国思想家梁启超所言:广东人对内呈弱势,对外却充满竞争力。善于在大海中当弄潮儿,却每每"望山兴叹"。换句话说,对于封建大一统的帝制,海洋文化暂时只取守势,但在海上丝绸之路上如鱼得水,屡创奇功。所以,弱势与强势,是相对而言的;显性与隐性,同样也是相对的。在世界上众多的典籍中,广州作为国际贸易的一个中心,被描写得相当精彩。如果它对中原早早表现出自身的强势,那中国或许不至于在近代如此落后而挨打。

因此,十三行能在广州发展,而不能在泉州、月港发展,与广府人这样一个族群是分不开的。

广府民系作为岭南文化的代表,其民系最突出的特征自然是商品意识较诸其他民系显得超前,这本来也是海洋文明最显著的特征。无视这一点,也就等于无视东方早在古代便有海洋文明的传统。笔者不赞成将东方海洋文明局限在渔业文化传统之中,海洋文明的内核只能是商业文明,离开商业文明便无从谈海洋文明。商业文明与农业文明各自是海洋文明与内陆文明的不同内容。回溯历史,可以清晰地看到,尽管齐鲁之地亦濒临大海,渔业也极早发展起来,但是,北方海域远航之出名,是秦始皇、汉武帝为寻找三大神山的长生不老药而派船外出,是为其皇权服务的,是官方的、政治性的;而在南方海域,虽说如汉武帝等也曾组织大规模船队出洋,其目的却是商业性的,况且在更多情况下,南方海域发生的是民间的、自发性的对外贸易。二者有根本的不同。

广府民系自古以来便受海洋文明的滋润,与中原地区,甚至与北方海域有相当的不同。北方海域常常被打上农业文化的烙印,一度禁海正是为了抑商重农——这是统治者的既定政策。本来,海洋是商品交换、文化交流的极其重要的通道,海洋文明本身就具有浓烈的开放色彩——这在南方海域可以得到证明,广府民系也是如此。但统治者将这种开放视为异端,坚持"以海为田",将海洋视为农业的基地,反对民间海外贸易,甚至连海洋产品也被纳入官营范围,而非"以海为商",所以,到明清二朝,朝廷强化"海禁"政策,最后只余广州"一口通商",逼迫民间贸易采取走私的形式。

可以说,朝廷集权政府历来将对外贸易,包括海洋贸易,视作政治行为,即所谓"朝贡"与"怀柔",而不当作经济行为,以致漏失大量关税,造成走私猖獗。而在广府区域,由于这种政治弱化,才有外贸的传统。恐怕从广府民系的早期就已经形成这种观念:一切物品均以商品的形态出现,挣脱自给自足的自然经济"樊篱"。无论是从事渔猎还是贸易,抑或手工业作坊,广府人都较早地察觉,必须通过商品交换才能换取生活必需品以及扩大再生产的生产资料,这样便卷入商品经济的大循环中,产生愈来愈强烈的商品经济意识。自古以来,"走广"便成为经商的代名词,而粤商——广府商人更是在全国商人中最负盛名。加上后来的"一口通商",广府人长期保持的商业贸易历史得以发扬光大。在他处受抑之际,此处却得天独厚,这一来,商品交换的价值观念便深深地渗透到广府区域的每一个角落,更有力地排斥传统社会的"礼义"观念,"贵义贱利"很难在广府人中找到市场,而约束商品交换的"礼节"更被市场规律所取代。

这一来,不仅商业发展起来,"洗脚上田"的人多了,连"弃仕从商""弃官从商"的人也日趋增多,尤其是近代,这些现象更多。"仕"与"官",权力或名声,不再是最高的价值标准。所以,广府人的经济头脑堪称一流,其思维方式与中原地区的人们也大相径庭,以致被一些人斥为"重利轻义""人情淡薄",乃至"唯利是图"。

到此,或许会有人问,广东客家作为另一个族群,也可以列入海洋文化族群的系列吗?他们不是来自另一块板的农耕成员么?

且不说客家商人也是粤商中的佼佼者,后来更出了张弼士等近代著名大商家,当今梅州市梅县松口还立着"印度洋之路——中国移民纪念碑";只说清朝末期的《漳州府志》中就记载"乱民从倭者,集梅岭,且万家""其在浙省为贼,还梅岭则民也,奈何毕歼之"。①

所谓"乱民从倭者",无非是被逼由海商变成海盗的人。这些人聚集在梅岭,此地就是客家人的属地。明朝抗清将领郑成功的军队当中,客家人占了三分之一,其副手刘国轩就是客家人。乍看去,梅岭为山,不与海为邻,其实,从宏观的角度看,梅岭亦属东南沿海地区。福建的闽西地区,即武夷山之东,同样可看成沿海范围。所以,客家人一样为海洋文化所浸润,也就不足为怪。

十三行几百位行商中,同样少不了客家人,迄今能查到的有骆姓行商。而深圳有一个坑梓镇,黄姓居多,属客家人,人称"坑梓黄"。坑梓的黄家围堡围楼之多、之大,令人惊叹,最有名的是龙田世居。"白胡椒事件"便是发生在黄家。

---

① 〔清〕吴联薰增纂:《漳州府志》卷四六《纪遗》。

深圳龙岗坑梓黄龙田世居

如果不是祖上资本巨大,如何能一代代建成十多个巨大的围堡?其所需的资金难以估量。

相传黄家在十三行做生意时,一日,老家中的老太爷想吃白胡椒,便发话让人从广州带白胡椒回来。不知是传话的人传错了,还是听话的人听错了,传到广州,黄家商人竟然将十三行的所有白胡椒全买下,囤积起来。没想到,第二年,市场上的白胡椒断货,一下子价格飙升,黄家就此赚了个盆满钵满。

传说归传说,现实讲的是商业眼光,对买卖时机的把握。

十三行行商族群的基本构成至此基本清晰,他们均为东南沿海的广府人、闽南人(包括潮汕人)以及客家人。曾有研究者提及还有徽商,其依据是行商叶家为江西婺源人;但叶家已被证实为闽人,所以,十三行不包括徽商。

最后来说"三千年来未有之变局"。

3000年曾有过的变局是什么?那便是上文提到的少数民族武力南下,汉族儒家文化北伐。

可是,当李鸿章说这话时,情况却大不一样了。

这回并不是"胡人"再度重来发生战乱什么的,而只是汉族人做生意罢了,李鸿章犯不着这么大惊小怪吧?可是,他看到的已不是什么民族的问题,而是整个"中华帝统"能否延续下去的问题!

海洋商业文明带来的是全新的平等,不是"一人之下人人匍匐"。早在此前几百年,广州十三行就有人提出改所谓的"贡舶贸易"为公平的商品交易,这在事实上已对皇权提出了挑战。

海洋文化的实质和表现与以往3000年间的文化是如此的不同,3000年不改的历史走向势必要有根本的"变局",难怪李鸿章惊呼。

广府文化作为中华民族文化三大色块中的蓝色主调,从"隐性"走向"显性",由弱势变为强势——这是历史的大变动所赋予的。它注定要在中华文化的大格局中脱颖而出，虽说它早已名播海外，在海上丝绸之路上搏击风浪已久！

挟海洋文明与世界先进文化的长风，它可以大展拳脚，有了用武之地，蕴积在其深处的众多特质就可以充分地展示出来，一时间是何等的壮丽辉煌。

从十三行行商族群构成分析，海洋文化依赖的正是这个族群自古以来积蓄的历史潜力。他们是当之无愧的海洋族群。

正是海洋族群，才带来近代中国这"三千年来未有之变局"。

上编结语　十三行：西方工业革命的"影子银行"

一、十三行的产生同步于世界大航海时代

十三行，从明嘉靖年间（约1557年）开始，到清代第二次鸦片战争时期为止，在中国的历史上存在了整整300年，这个判断如今可以说已经形成了共识，不再把清设立粤海关（1685年），甚至迟至"一口通商"（1757年）开始实施当作十三行的起始了。这样就把对十三行的研究往前推了一二百年。这对于拓展十三行的研究无疑是有重大意义的。

从全球来看便能轻易勘破这样一个"偶合"：十三行的产生和发轫与西方世界的大航海时代是同步的。海洋以其神秘的牵引力，用帆船将地球的东西方连接起来，几百年来，奏响了一支波澜壮阔、跌宕起伏的"中西海贸变奏曲"。只有建立如此联系，我们才可能真正揭示出十三行对于刚刚启动大航海时代的整个世界，尤其是西方资产阶级革命或工业革命，起到怎样重大的推动作用。

我们已然接受了以下的史实：

北美殖民地因反对英国殖民者而爆发了"独立战争"，为了打破英国人的经济封锁，特地向中国派出了"中国皇后号"商船进行贸易并大获成功，自此开启中美贸易。换句话说，十三行在经济上对美国独立是做出了贡献的。但仅止于此么？

21世纪初，瑞典的仿古船"哥德堡号"重访广州，人们赞美过去那100年间的中瑞贸易，但鲜有人了解到，与中瑞两国源远流长的友谊相称的历史事实是：那百年间的中瑞贸易称得上是瑞典近代化与工业化的催化剂。

面对英、法等主要海洋贸易强国，行商常常艰难地周旋于海洋商业规则与清帝国落后的外交思想中，一不留神便落得倾家荡产，是以十三行盛衰无常、不能自已。不过，也有这样一群行商，他们悦纳西方先进的贸易制度与手段，审时度势，善于转换自身角色；他们积极角逐于海洋世界，将触角实实在在地伸向欧美大陆上，与西方的工业革命发展如影随形。

如果说十三行的产生同步于世界大航海时代，那么，一系列的关于十三行的问题便由此而来：十三行的对外贸易在多大程度上推动了明清政府向银本位的转换？当大量的银圆在全世界流转时，十三行的金融资本对欧洲市民社会的发育、成熟起到了怎样的作用？为何西方的银圆上会有行商的头像？十三行行商又是如何在这样一个巨大的国际市场上运作的？当时的行商被列为世界首富，他们的财富占当时世界流转资金的比例有多大？十三行行商的巨额财富是怎么积累起来的，仅仅是靠对外贸易中销售茶叶、丝绸与陶瓷，哪怕累加上作为"中介费"的只占交易总额很小百分数的"行用"？

进一步追问,十三行行商究竟是官商还是民商?无疑,入行前是百分之百的民商;积攒足够的资本入行后,当他们瞒着官府成为外国商船的大股东,投资诸如美国太平洋铁路这样被视为世界工业奇迹的大项目之际,他们的身份有可能是官商么?这是十三行行商身份之谜。

所谓的"广州制度"对十三行行商又意味着什么?如果没有乾隆二十二年(1757)"一口通商"的逆转,当年开放的四大海关会不会推动中国经济的长足发展?既然欧洲以及美洲的资产阶级革命与当时的可称为"第三等级"的行商有着密切的关系,为何银圆流量巨大的来自中国的金融资本却对中国自身的变革毫无作用?

这许多的谜团有待于诸多研究者共同探索。本书在此抛砖引玉简论一二。

二、突破想象的广州帆船贸易

所谓突破想象,是相对于传统认知:在明清"时开时禁、以禁为主"的海外贸易政策下,中国的海外贸易已远不复唐宋时期的繁华,加之清康熙年间曾颁布关于"严格限制中国商人制造海船并下海"的禁令①,使广东、福建沿海的造船业及海上贸易一蹶不振。这种说法也对也不对。闭关锁国政策遏制了清代中国的造船业,使得中国沿海地区海上贸易零零星星不成规模,这在许多专论中有论及,本书不赘述。不过,恰恰有一批身负足额资本并有着"红顶子"身份的广州商人利用身家与身份之便,很早便投身国际海洋贸易,享誉世界。

我们做一个简单的估算。

如乾隆四年(1739),外国来华的商船共14艘;乾隆十八年(1753),外国来华的商船共24艘。

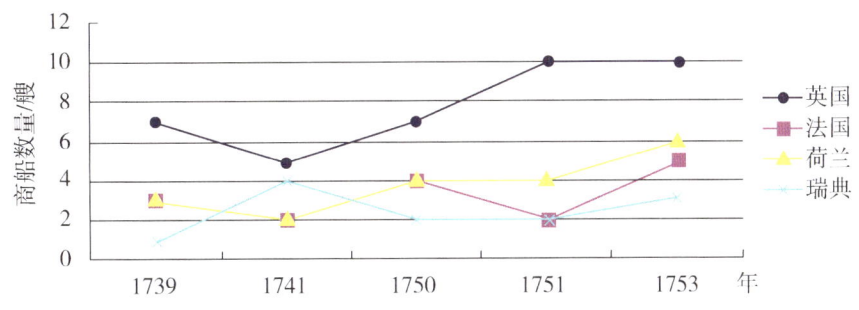

确知年份的来华外国商船数量对比

[资料来源:综合〔美〕马士著《东印度公司对华贸易编年史(1635—1834年)》第一、二卷(中国海关史研究中心组译,区宗华译,中山大学出版社1991年版)第276、283、293页以及作者计算。确知年份具体指前文关注的时间段,为自18世纪上半叶至18世纪六七十年代。]

---

① 参见《光绪大典清会事例》卷一二〇,第4页。康熙二十三年(1684)议准。

而早期的十三行商人并不满足于年均二三十余艘西洋商船的造访，他们同时主动经营南洋贸易，并在一些主要的贸易点，如巴达维亚、马尼拉等地同西洋商人交易。

康熙年间，在金融业、航运业上，十三行行商已瞒着官府经营着大生意了。也就是说，"影子银行"已经有了，十三行行商已熟知期票使用等国际金融操作。

早期的十三行商人尽管为闭关锁国政策所掣肘，但这并不妨碍他们走向世界参与国际贸易，甚至出资经营他国商船，建立以广州为中心的国际关系网络，成为角逐于海上贸易的隐形投资者。

三、金融资本流转世界，广州商人赢得信誉

如前所述，十三行行商早已投资外商商船，甚至直接经营外商商船了。他们不仅仅经营十三行三大商品（茶叶、丝绸、陶瓷），而且早早就在做世界性的投资，融入整个大航海时代的金融运作之中。这就可以理解，西方铸造的银圆上为何会印上十三行行商的头像；在瑞典，还有国王接见行商的画像；叶氏家族巨富吉荪的真人塑像会出现在美国的皮博迪·艾塞克斯博物馆里。

从十三行出现之初（可以追溯到明代中叶嘉靖年间）至康熙开海，广州十三行行商已经在国际贸易中建立了良好的商业信誉。正如瑞典斯德哥尔摩大学历史系海洋研究中心的丽莎·赫尔曼在《广州贸易的社会关系》一文中强调的：

> 当贸易变得越错综复杂，这（指信用）也变得越困难，但也越重要。（当时在广州）贸易远非原始的实物贸易，资金和货物必须分开交付，（其过程）历时几个月或者好几年——没有信用（支撑），一切将不可能（进行）。①

关于当时金融资本流转，我们期待法国路易·德尔米尼博士300多万字的论文《中国与西方：18世纪广州的对外贸易（1719—1833年）》的译介。从耿昇阅读后的简单介绍便可以得知，该论文在第二卷第四章《金币与兑票》、第五章《贸易区与中国的债务》两章中，讲到金属货币的供应、大宗借兑与期票，还有向公行的借贷、空头汇票与中国贸易等内容；同时，也提到英国在乾隆登基（1736年）取消"加一征收"后，如何确定其对华贸易的首席地位，又在1764年清廷降低进口关税后，进一步强化了这一优势。②瑞典东印度公司成立于1731年，中瑞双方在1731～1806年长达75年的贸易中，总贸易额高达数千万两白银，这更成为瑞典经济发展的资本。换句话说，中瑞贸易成为瑞典近代化的催化剂。

美国杜克大学历史系的穆素洁教授曾在题为《全球扩张时代中国海上贸易的新网络

---

① 转引自赵春晨、冷东主编《广州十三行与清代中外关系》，世界图书出版公司2012年版，第201页。
② 耿昇：《17—18世纪在广州的法国商人、外交官与十三行行商》，见《广州十三行文献研究暨博物馆建设学术研讨会论文集》，2015年。

（1750—1850）》的讲稿中，颇为宏观地展示了十三行中期至后期的对外贸易。① 该论文认为，与一般论断相比，甚至在 19 世纪五六十年代之前，商业的利益更容易横跨国界与海洋。而 1757 年，即"一口通商"实施之际的广州对外贸易，比在 1700 年时增长了 5 倍。穆素洁认为，直至 19 世纪初中国商人才迅速成为国际商人的观点值得商榷，因为早在此前的 100 多年，如前所引述的黎安官就经营英国的商船，而后潘启官更对英国、瑞典等国有了大量的投资，双方很早便遇到期货交易体系中资产货币互换的问题。

穆素洁认为，南、北美洲开始涉足与中国的贸易后，美国的许多财富是由该贸易带来的，包括耶鲁大学的投资者伊莱休·耶鲁（Elihu Yale）的财富，是在马德拉斯以外进行贸易积攒的。由于鸦片贸易的发展，金融市场发生变动，来自中国的大量硬币在西印度增殖。这里的"西印度"是指美洲大陆及岛屿。18 世纪末，正值美国独立战争爆发，英国殖民者对新独立的美国实施了经济制裁。而为了打破英帝国的封锁，美国先后派出"中国皇后号""大土耳其号""联坚号""哥伦比亚号""试验号"等商船来到广州，从 1784 年的 1 艘，到 1789 年增加到 15 艘——这也印证了穆素洁的论断。也就是这个时候，十三行中的伍家迅速积聚起财富，并于 1792 年被批准成为行商，证明伍家已拥有相当的资产。正如穆素洁在讲稿中指出的：

> 1750 年代，作为国际贸易的转折点，伍氏绝不是与欧洲人和美国人有长距离贸易联系的唯一中国商人。其他一些商人也拥有如此的商业网络，例如潘振承（1714—1788）就曾多次到马尼拉。他具有在西班牙人和英国人中间工作的知识。在 18 世纪 70 年代，潘振承除了与东印度公司贸易外，还投资于瑞典的东印度公司的贸易。……到十九世纪初，潘长耀（1759—1823）还利用美国货船自行负责贩运货物。珀金斯（Perkins）在波士顿的商行和公司，同许多中国商人有非常密切的伙伴关系，通过名为叶盛的一位中国商人而开展他们的大量的丝货贸易，该商人借此而积聚了相当多的财富。中国和外国商人都遇到期货交易体系中资产货币互换的问题。许多美国商人因营运的需要而向中国人大量借钱。潘长耀于 1815 年写信给麦迪逊总统，抱怨美国商人欠他 1000000 美元还没有清还。美国商人把硬币带到中国，这有助于扩展国际的金融市场。据估计，在 1784 年《望厦条约》签订期间，约有 15 亿美元到 18 亿美元的银币输入中国。到了十九世纪初数十年，中国商人迅速成为国际商人。如同他们的印度和美国伙伴一样，中国商人以输出中国的茶叶、棉、丝、鸦片、糖和银等商品，而同国际商人联结在一起，同时，能够利用他们的关系在亚洲以外周围地区调动他们的资金。②

---

① 〔美〕穆素洁：《全球扩张时代中国海上贸易的新网络（1750—1850）》，载《广东社会科学》2001 年第 6 期。

② 〔美〕穆素洁：《全球扩张时代中国海上贸易的新网络（1750—1850）》，载《广东社会科学》2001 年第 6 期，第 82 页。

认真审读这一段文字，参照当时的历史背景，我们不难看出，十三行的商品与投资对在独立之后困难重重的美国是多大的支持！不仅为美国克服了立国之初的经济危机，也为其后经济、文化的发展，财富的积累发挥了重大的作用。

我们不妨梳理一下清代十三行行商在金融上的运作，当然，仅在有限的资料基础之上。1702年，黎启官（大部分研究论文，以及中央电视台的专题片《帝国商行》都误为潘启官，其实出生于1714年的潘启官于1740年才进入十三行）便已拥有英国商船"舰队号"的期票。1704年沉没的外国商船让他损失了上万两白银，也就是说，他在该船投资不菲。及至"一口通商"前后，我们从大班的日记中可看出，泰和行的颜家很被看好，一直定期投资开往东南亚的商船，包括外国商船。瑞典人自1731年首航中国，至1806年，其近80%的商船均为潘家出资。因此，1770年，瑞典国王专门接见远航而来的潘启官，不仅仅是基于礼仪，更是出于对商业合作伙伴的尊重。1752年，普鲁士商船来广州，便带着印有中国行商像的银币。至于史载1774年潘家与东印度公司的汇票交易，已不是新鲜事。再早些时候，英国的蜡像馆就有叶家行商的蜡像，叶家在十三行中几进几出，最后一次进出是1792—1804年。正是由于有一个多世纪参与国外金融运作的历史与经验，才有19世纪中叶伍家大规模投资美国太平洋铁路的壮举。因此，外国研究者认为，雍正十年（1732）在广州发生的贸易事件，以谭康官为一方的行商坚持国际公平自由贸易的原则，未免过于"超前"，彼时中国并没有做好准备。

四、投资欧美国家建设，行商向近代企业家转型

早期的十三行商人主要是以资本与经营的方式涉足中西海上贸易，而中后期的行商佼佼者已经将触角直接伸到欧美大陆上，是欧美主要国家资本主义发展的直接参与者与见证者。

中国和瑞典的关系"从来没有像1731—1806年瑞典东印度公司时期那样密切和重要"。这并不仅仅指两国简单的贸易往来与文化交流。事实上，此段时期，正是由于中瑞间贸易日深的缘故，瑞典国家从经济、政治到社会、文化各方面均发生了显著的变化。

稍晚的怡和行及其伍氏家族成员尤以其卓越的经商战略与才华在彼时的国际贸易舞台上占据了重要地位。其投资视野在当时已走在时代前列，东南亚地区以及英国、美国等国都留下了伍氏商业的足迹，涉及实业注资与金融投机等领域，俨然今日的跨国公司。比如，被视为西方"七大工业奇迹"之一的美国太平洋铁路，伍家投资仅年息便达20多万两，那么，则不难想象，他整个的投资当在200万两以上。对此，史载："名（伍）崇曜者，富益盛。偶旗昌洋行之西人乏资，伍氏以巨万金畀之，得利数倍。西人将计所盈与伍氏，伍既巨富，不欲多得，乃曰：'姑留汝所。'西人乃为置上海地，及檀香山铁路，而岁计其入畀伍氏。"[①]

根据穆素洁的研究，随着西方国家在东南亚以及印度洋地区的贸易扩张，伍氏已经十分娴熟地辗转于这些地区的金融市场，通过提供巨额信用贷款赚取利息，随后又以利

---

① 梁嘉彬著：《广东十三行考》，广东人民出版社2009年版，第258页。

润投资实业，19世纪早期，美国的一些公司便是在伍氏的支持下迅速发展起来并能后来居上、与英国国际贸易公司竞争的。其中，旗昌洋行与伍秉鉴建立了密切与相互信任的长期合作关系，以致伍秉鉴曾就如何处置伍家在美基金以及如何保障基金安全运作等事项与旗昌洋行的福布斯兄弟进行商议和郑重嘱托。可以说，十三行的商品贸易与投资对于独立之后困难重重的美国具有重要的意义，不仅帮助它克服了立国之初的经济危机，也为其后经济、文化的发展，财富的积累，发挥了重大的作用。

无疑，十三行从一出现就是世界大航海时代的产物，于16世纪的国际性海洋贸易中应运而生，并推动了18世纪的海洋商业扩张。十三行从来不是被动适应，而是主动积极地引领潮流。试想一下，当日的中国乃世界首富，而中国的资本与财富在16—18世纪为西方的近代化即工业化提供了动力，所以，十三行行商不仅已投资产业，并且已向企业家转型；否则，无法以如此迅猛的速度积攒起巨大的财富。他们显性的身份是行商，而隐性的身份则是世界的金融家，通过"钱生钱"，超常规地积累起一再增殖的资本。

不难看到，十三行之后，至现代以前，无论后来的买办还是民族工商业家，都没有，也不可能超过十三行行商的财富。粤商在十三行时达到全盛期。

五、结语

让我们再回到十三行之谜：

十三行行商当时有多富？他们何以能如此迅速地积累起自身的财富？他们又是如何进入世界经济大循环中的？

可以毫不夸张地说，十三行不仅是中国的，更是世界的，是当日世界一个巨大的流动银行！

遗憾的是，我们在自己的国度也找不到多少有关十三行的记录，如同郑和七下西洋，所有的航海日志都被付之一炬一样。如今我们可从国外的资料中寻找，可外国人当时所热衷记录的，未必是行商行状，只有若干蛛丝马迹供我们摸索。

1620年，英国哲学家弗朗西斯·培根称，中国的三大发明改变了世界文化、战争与航海的格局。用今人的话说，是印刷术催生了"文艺复兴"，火药轰毁了欧洲"千年黑暗王国"的中世纪，指南针开启了大航海时代。那么，难道不正是十三行的巨额"热钱"促成了西方工业革命的进步吗？

但十三行行商的悲剧在于，当他们以"隐身"的银行家身份投资于英国、美国，促成或推动了其工业革命的进步时，他们在自己的国家却无用武之地，除了被敲诈、勒索外，甚至难以引进大量的先进工业技术——尽管他们也努力过，引进了包括现代武器如兵舰、水雷、洋枪洋炮之类，却无力挽回中国封建社会的颓败、沦落，更打不破清政府闭关锁国的既定国策。

而更为悲剧是，当他们为英国的工业革命出资之际，英国却因银圆外流，竟用最不道德的手段，以贩卖鸦片来完成银圆外流的逆转，哪怕它把鸦片战争美化为贸易战争，也改变不了侵略者的险恶用心。

美国人一直津津乐道"中国皇后号""大土耳其号"在海洋贸易上的胜算，更以当年的太平洋铁路这一工业奇迹为荣。但是，在使用了伍家巨大的投资，并由中国劳工完成了这一铁路最艰苦的路段的修建，使东西两方铁路接轨之后，也就是连接美国东西两岸的大铁路贯通后不久的1882年，美国即签署了《排华法》15条，而且从1882年至1913年，美国国会通过的排华法令竟达15个。当年有记者称，这条横跨大西洋与太平洋两侧的铁路，每根枕木下都有一名中国苦力的冤魂在呻吟。用中方的投资、雇中国的苦力完成了为美国人享用的工业奇迹，却还出台一个个排华法令，让人情何以堪？

我们当然也要反躬自问，当初何以落了个被动挨打的局面？因此，进一步深化十三行的研究，破解一个个十三行之谜，包括本书提出的十三行金融业问题，刻不容缓。纵然广东的经济学家早在1988年便"超前"地提出了金融改革，[①] 但过了20多年后才开始尝试有限度地逐步开放。资本形同洪水，一旦溢出，便难以约束。半个世纪前的香港就有"水浸银行"这样一个形象的成语，概因"银行"与"堤岸"在英文中是同一个词。200年前清代十三行"影子银行"的发展与没落的历史，对今日金融业的开放改革不无借鉴作用，不少过程与细节都能引发深思并给人以启迪，从而对于避开"水浸银行"可能造成的危机有很好的参考借鉴作用。

---

① 参见谭元亨著《惊蛰雷1988：中国市场经济的超前探索者》，西苑出版社2017年版。

中编 "一口通商"时期

（清乾隆二十二年至道光十九年，1757—1839）

小　引

禁海—开洋—限关。

这里的禁海，是指内外皆禁，不许进也不许出；开洋，是指允许外国商船进来，却不许中国自己的商船出洋；限关，则是限制对外开放之海关数量，具体为只允许"一口通商"。而这种演变，不可以单纯用经济史逻辑来解释。

因此，清乾隆二十二年（1757）至道光十九年（1839）"一口通商"的这82年，是广州十三行存在的300年中最引人深思的一段。

乾隆二十二年（1757），"一口通商"禁限令颁发。我们先不看"一口通商"禁限令为何而来，而看看这一年世界发生了什么。

1756年，英国与其他国家为一方，与法国爆发了"七年战争"。英、法两国之间的战争主要发生在海上以及北美、中美、西非海岸与印度等地。1761年，英国消灭了法国在印度的势力。1763年，英、法双方签订《巴黎和约》，确定了英国在战争中获得的殖民地。从此，英国继葡萄牙、西班牙、荷兰之后，成为海上霸主。

1757年，英国在印度发动了殖民战争——普拉西战役。在这一年之前，英国东印度公司已经在孟加拉设立了150个贸易站与15个大商馆，可见其对印度当时这个最富裕的东部省份的重视程度。但英国人并不仅仅着意于经商，而是有更大的野心，除了设立商馆外，还在加尔各答城修建了炮台之类的军事建筑，并且支持当地密谋篡权的封建主。毫无疑问，较之在中国经营的连广州城也进不了的英国东印度公司的大班们，它的殖民政策有着更早、更大的筹划，而这自然引起了孟加拉年轻的纳瓦布（总督）西拉杰-乌德·达乌拉的警觉与忧虑。1756年4月，西拉杰下令东印度公司加尔各答总督拆除其非法修筑的炮台，因为这里窝藏了纳瓦布的政敌。结果遭到了拒绝。6月，西拉杰指挥军队攻下了加尔各答。

1757年1月，有"大盗克莱武上校"之称的英国军官罗伯特·克莱武上校，率3000名英军——其中2200名印度雇佣军、800名欧洲军——从马德拉斯杀了过来，重新占领了加尔各答。虽说西拉杰有1.8万名骑兵与5万名步兵，但克莱武深知对方的弱点，从而利用矛盾，各个击破。在孟加拉，已出现了一批富裕的土著商人，他们对当地的经济颇有影响力，且起到动摇政权的作用，正是这些商人中一名叫"活跃的塞斯"的人，收买了孟加拉印度总司令米尔·贾法尔。正当双方进入鏖战、亟须投入主力之际，这位拥兵自重的贾法尔却按兵不动。主力不至，西拉杰又指挥失当，印军阵脚大乱，结果，7万人不敌3000人，最终溃败。英军仅损失了72人（一说65人）便赢得了英军殖民印度的关键一战。而贾法尔取代了纳瓦布，也就是英国人的"提线木偶"。英国人从而逐步占领了孟加拉广大地区，而后近百年，英国人征服了整个印度次大陆。一位印度史学家称，普拉西战役是"一笔交易，不是一场战斗"①。

普拉西战役硝烟甫定，"大盗克莱武上校"便抢劫孟加拉国库，所获得的财富相当于500万英镑。仅克莱武一人就从纳瓦布宝库中劫走20万英镑的财物。他俨然以功臣自居，回到英国，在下议院讲坛上厚颜无耻地宣称："富裕的城市在我的脚下，雄伟的国家为我所统辖，堆满金银珍宝的宝库向我开了门。但我只拿了二十万英镑。迄今，我还惊奇我自己的朴素作风。"②

这一战役，成为印度沦为英国殖民地的开端，更留下了鸦片倾销的后患。

十来年后，英国进一步占领了孟加拉，当时的孟加拉是鸦片的产地，英国人发现鸦片可以卖得大价钱，本小利大，奇货可居，能扭转对华贸易所造成的银圆逆差的被动局面。英属印度殖民政府更给予了英国东印度公司独占鸦片的专卖权。这是1773年。自此，英国输入中国的鸦片逐年增加。到1782年，英国竟用战船"嫩实兹号"装载1600箱鸦片东行，其中，把200箱偷运进了广州，拉开了大规模向中国倾销鸦片的序幕，开始扭转对华贸易的逆差。

1757年，当英军向印度发动殖民战争，最终将印度纳入其殖民地之际，中国却来了个"一口通商"。

二者自然不会有什么关联。但是，印度是在普拉西一役被打败的。而中国呢？这"一口通商"，在某种意义上，却是"不战而败"。

因为实行了"一口通商"政策，中国发生从开放走向限关的逆转，不能及时、有效地与正在走向贸易自由、科学发达、人文昌盛的世界接轨，反而日渐夜郎自大，故步自封，最终在80年后的鸦片战争中败在了西方列强手下。而1757年，英国人尚不敢动侵略中国的念头，我们却已注定了"不战而败"，而且是败在鸦片之下。

1757年这一年发生的印度普拉西战役与中国实行的"一口通商"政策，令东方的两大文明古国同时遭遇了不幸。

---

① 〔美〕斯塔夫里阿诺斯著：《全球通史》，吴象婴、梁赤民译，上海社会科学院出版社1999年版，第438—439页。

② 王荣堂、姜德昌主编：《世界近代史》（上册），吉林人民出版社1980年版，第118页。

卷九　限关："一口通商"

第四十三章　"一口通商"：开放的逆转

乾隆二十年（1755）间，发生了一件不仅影响了整个十三行运作，而且影响了清朝整个对外贸易政策制定的重大案件。这个案件，史家称之为"乾隆朝外洋通商案"。

一

如今，这个案件，无论中外，留下的记录都很多，而且众说纷纭，各执一端。如何拨开历史的迷雾，还其本来面目，历史学家已做了不少工作，这一工作仍将继续下去。

在这之前一年，即乾隆十九年（1754），清朝政府下令：今后，凡外船的船税、贡银，行商与通事（即翻译）的手续费，出口货税，朝廷搜罗的奇珍异品（即采办官用物品）之类的业务，统一由十三行行商来负责。这一规定正式确立了十三行的保商制度。

这一年的七月二十九日，两广总督召集在广州的各国商船的大班开会，宣布了十三行的保商制度：由十三行总揽一切对外贸易；向清政府承担洋船进口货税的责任；外商所需的其他用品，由洋行统一负责购买；如果外商违法，洋行要负连带责任。而后，更严令重申，凡是不在十三行行商团体之内的生意人，一律不得参与对外贸易。

这一来，行商的地位得到了巩固。而这一保商制度，也就使行商兼有商务与外交的双重性质。清廷恪守不与商人打交道的"祖训"，既保住了面子，更守住了"泱泱大国"的地位，拒绝一切外交活动：我只接受进贡，做贡舶贸易，不可与我谈外交、平等之类。

这些规定自然令外商联想到30年前的公行制度，当时，由于英船大班以停止贸易来要挟，终于使其成了一纸空文，没法贯彻下去。而现在，似乎是"旧事重提"，外商势必存有戒心，尤其是这些规定执行起来对他们有诸多约束与限制。

加上其时十三行的垄断，广东府衙中的大小官员都利用此机会加大盘剥与勒索，令外商扩大市场的希望化为乌有。

矛盾在进一步激化。

这边，英国的产业革命正在启动，急于拓展在中国的市场，加快资本的积累。正在崛起的资产阶级又怎会在清廷老朽的约束下善罢甘休呢？在15世纪末到16世纪初的地理大发现之后，世界市场一天天地拓展，西方的工场手工业已远远不能满足市场的需要，于是，技术革命便被推到了前台，机器生产也就开始了。长期的资本积累为机器生产的发展提供了大批劳动力与巨额的货币资本，而业已完成的资产阶级革命更扫除了束缚这一产业革命的一个又一个的障碍。就在"乾隆朝外洋通商案"发生之后的1762年，英国亦发生了一起被称为"威尔克斯案"的事件，但二者的结果则大相径庭。威尔克斯是英国一位激进派的记者、下议院议员，主张国会改革、宗教宽容与北美独立，后被捕入狱，由此引发英国一场民主运动，发生了支持他的游行示威。他最终被宣告无罪，并被重新选举进下议院，后当选为伦敦市市长。

而在东方，面对十三行的垄断以及广东各级官吏的敲诈勒索，英国商人想扩大市场的愿望受阻，于是，洪任辉等人试图越过广东，直接到茶叶与丝绸的产地——浙江、福建进行贸易。他们开始"闯关"了。

根据史料，关于此事，乾隆二十年（1755）各地有报：

> 据护理浙海关事宁绍台道罗源浩禀称："本年（作者按：即乾隆二十年）四月二十三日，有红毛国商船一只收泊定海县地方。据定海县知县庄纶渭赴船验明粤海关牌照，查点商梢共五十八名，护船炮械十四件，番银二万余两。询据通事禀称，我叫洪任，是红毛国人，商人叫喀利生（按英公司因洪任能通汉语，使其借名通事），上年正月在本国出洋，于六月内到广东，卖了货，闻得宁波交易公平，领了粤海关照，要到宁买蚕丝、茶叶等物。随于四月二十九日派拨兵役，护送到宁波府，住歇李元祚洋行，现在招商买卖"等情，前来。臣等伏查红毛国商船久不到浙贸易，今慕化远来，自应加意体恤，以副我皇上柔远至意。除饬令该道派拨员役小心防护，并严谕商铺人等公平交易，其应征税课照则征收，据实报解外，理合会折奏闻，伏乞皇上睿鉴。谨奏。（五月六日朱批"览"）①

浙江定海总兵陈鸣夏亦有折子：

> ……再定海一隅，收泊东西洋艘，昔年创立红毛馆子定海衙头，嗣聚泊广东澳门、福建厦门，迄今数十年，该番船不至，馆亦圮废。今年四月到有红毛番船一只，船主哈利生，六月又到有一只，船主甲等葛。其货物俱装运郡城贸易，番商就宁赁屋居住，番船仍泊定港，臣派拨官兵日夕小心防护，以仰副国家柔远之至意。……②

两广总督杨应琚的折子称：

> ……伏查广东香山县属之澳门，向有西洋人附居，其人皆循番族之旧，不留发辫，亦不事耕耘，惟在各洋往来贸易，并制造西洋器皿，以资养赡。是以雍正二年间经前督臣孔毓珣题明，准其将现在番船二十五只编列号数，著为定额。迨后因节年损坏，除未经修复外，现在只剩十二只，俱有字号暨船户姓名。本年前往浙江宁波贸易之番船一只，即系澳门原编二十三号，夷商华猫殊之船。缘有红毛国夷商

---

① 梁嘉彬著：《广东十三行考》，广东人民出版社 1999 年版，第 116 页。
② 梁嘉彬著：《广东十三行考》，广东人民出版社 1999 年版，第 116—117 页。

洪任,往返粤东贸易年久,携带银两,与同国夷商霞里笋等雇搭华猫殊之船出外贸易,于本年正月内具呈粤海关给有印照,于三月二十四日开行。……①

乾隆二十四年(1759),又有《新柱奏复内地有无奸徒勾引夷商现在查办折》云:

……兹据洪任辉(按即洪任)前在途次向朝铨所供,熟识宁波做买卖之郭姓、李姓、辛姓三人,复又供明郭姓名郭四观,李姓名李受观,辛姓名辛文观,其人已故,其弟现在,俱系福建人,在宁波开洋行生理等语。……②

浙江定海总兵罗英笏的折子云:

……兹于本年(按即乾隆二十四年)六月初一日,据臣标中营游击李雄禀,据随巡外洋汛把总谢恩报称:五月三十日巡至四礁洋面,望见夷人小船一只扬帆前来,当率兵船飞追至双屿岛抛泊,随诣该船查验,系夷人小船,船身长七丈,梁头一丈四尺,夷商、舵水手共十二名,内黑鬼一名,携带防护枪炮。据夷商洪任称,系英吉利国船,五月间,由广东空船出口,货物银钱俱在后面大船上,欲往宁波贸易,现在谕令回棹等情到臣。臣星飞委员前往宣谕皇恩柔远至意,明切化导,令其仍回广东贸易,不得在此停泊,旋据该委员回禀,据夷商洪任口称,回广东生意不好,意欲仍来浙江交易,故坐小船先来探信,其大船在后,今既不准在浙交易,自当开往广东等语。随该夷船即行起碇,于初一日申刻开行回棹。……③

洪任辉"闯关"不成,也就只有告状了。
闽浙总督杨廷璋奏道:

闽浙总督臣杨廷璋谨奏,为恭折奏明事:窃照虹毛番商洪任驾船到浙,投递呈词,业经臣恭折具奏,并将原呈附呈圣鉴。折内声明先于六月十九日,差弁传调守备陈兆龙到闽查讯,及行镇道等官密访,有无奸牙勾串情事。缘闽浙相距遥远,定海又隔越海洋,风水稽阻,至闰六月二十六日,甫据陈兆龙到闽,臣随亲加细讯,据称:本年(按即乾隆二十四年)五月三十日申刻,在洋巡哨,瞭见大洋有船前来,随驾兵船迎往,认系番舶,即于双岐港(按即双屿岛)喝令抛碇,施放号炮,各汛千总把兵船陆续俱到,因同上番船查看,内只番商洪任带有黑鬼一名,番人十名,并随身炮械,并无货物,及内地民人。据云:五月内由广东开船,欲赴宁波贸易,银货俱在后船等语。随将该船拦阻,不许往宁,一面差小哨驰报总镇,初一日

---

① 梁嘉彬著:《广东十三行考》,广东人民出版社1999年版,第117页。
② 梁嘉彬著:《广东十三行考》,广东人民出版社1999年版,第118页。
③ 梁嘉彬著:《广东十三行考》,广东人民出版社1999年版,第120页。

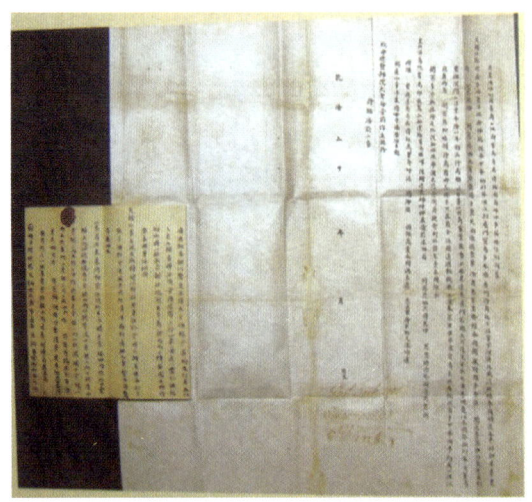

洪任辉1759年7月18日的告状文
（中国第一历史档案馆馆藏）

午刻，总兵罗英笏差委守备娄全，定海县亦委沈澳巡检高云蔚驾船俱至双岐港，谕令开行回广。洪任见势不能留，随称要去不难，但我有呈词一纸，要众位收去，我即开船，否则仍须赴浙投递，即出呈词给看。因询尔系番人，何来汉字呈词。据复系从别处写就带来。众人原不允其接收，而洪任坚欲将呈递交方去，彼时急图番船迅速回棹，见理谕不遵，因随口允其接收。洪任等随即一面起碇，一面将呈留下，扬帆而去。备弁等亦随即开船押护前进，至初三日押至南韭山外，已出浙境，方将兵船收回，于初四日到汛，将呈禀缴。此系文武员弁六七人耳闻目击之事，实无别情等语。……①

东南沿海留不成，洪任辉便一直往北驶去，开到大清国首都就近的天津。于是，便又有了《直隶总督方观承奏英吉利商人洪任来津投呈折》，云：

……据天津道那亲阿、天津府灵毓禀称："六月二十七日，据大沽营游击赵之瑛移称：六月二十四日，海口炮台以外，有三桅小洋船一只停泊，随即往查。船内西洋人十二名，内有稍知官话者一名洪任口称：人船俱是英吉利国的，因有负屈之事，特来呈诉，将我送到文官处就明白了等语。查其船内并无货物，惟船面设有铜炮二位，铁炮一位，除将炮位收贮海口炮台，令该船暂泊海口，派拨弁兵看守外，合将洪任并该船番字执照一张，专差押送查讯等语。随问据西洋人洪任，即呈内之洪任辉，供称：我一行十二人，跟役三名，水手八名，我系英吉利国四品官，向在广东

---

① 梁嘉彬著：《广东十三行考》，广东人民出版社1999年版，第120～121页。

澳门做买卖，因行商黎光华欠我本银五万余两，不还，曾在关差衙门告过状，不准；又在总督衙门告状，也不准；又曾到浙江宁波海口呈诉，也不准；今奉本国公班衙派我来天津，要上京师申冤等语。及再诘问，惟称我只会眼前这几句官话，其余都写在呈子上了。除将洪任辉并其跟役二名暂行安置在津候示，合即禀报"等情。臣查洪任辉乃外洋英吉利国之人，阅其呈词及所开条，疑有关内地需索贻累情事，虽系一面之词，但既据远涉重洋，口称欲赴京师申诉，小国微番，若非实有屈抑，何敢列款渎呈。所有洪任辉原呈并款单一纸，又该国番字执照一纸，理合固封奏闻。应否将洪任辉并其跟役二名，由内部委员伴送赴广，敕下该督抚衙门将呈内各款逐一质讯明确，据实具奏，伏候圣训。……（朱批"已有旨了"）①

这回，告到了皇帝门下，总算是告准了。

清政府最终受理了这位英商的投诉。

二

这位洪任辉，虽说是"红毛国"人，金发碧眼，却能说一口流利的普通话、粤语，乃至其他地方的土话。他此番有这般"壮举"，不屈不挠，其实是东印度公司一手策划的，事关大英帝国的商业利益。他告粤海关贪污，目的是想在中国多开几个口岸，让厦门、宁波，甚至津沽，都能让英国商船开进去做贸易。可他也太不了解中国了。

一个专制极权的国家，任何"投诉"或者"批判"，只能是适得其反，让其更专制、更极权、更封闭，而不会因此网开一面，显示宽容与大度。于是，洪任辉的"投诉"是被允了，可处理的结果，则是他及东印度公司始料未及的。

乾隆二十三（1757）的圣旨先是称：

> 向来洋船俱由广东收口，经粤海关稽察征税，其浙省之宁波不过偶然一至。近年奸牙勾串渔利，洋船至宁波者甚多，将来番舶云集，留住日久，将又成粤省之澳门矣，于海疆重地，风土民俗均有关系。是以更定章程，视粤稍重，则洋商无所利而不来，以示限制，意并不在增税也。将此明白晓谕知之。②

原来，圣意并非高深莫测，这里一眼就可以看透，乾隆的目的，是通过增加宁波关税，迫使洋商只在广东贸易，因为广东利多，浙江税多。可是，外商对此并不以为然，只要贸易额大，税虽说多了点，但赢利亦不见得少，更何况粤海关暗中的勒索未必就少。所以，乾隆皇帝抵制外船用的这一招，并没有收到成效。

乾隆连续发了不少相关圣旨，谨选取部分如下。

---

① 梁嘉彬著：《广东十三行考》，广东人民出版社1999年版，第122－123页。
② 中国第一历史档案馆、广州市荔湾区人民政府合编：《清宫广州十三行档案精选》，广东经济出版社2002年版，第102页。

乾隆二十一年（1756）闰九月初十日，乾隆关于洋船赴浙加重收税以使商船俱归粤海关贸易的谕旨：

> 据杨应琚奏，粤海关自六月以来，共到洋船十四只。向来洋船至广东者甚多，今岁特为稀少，查前次喀尔吉善等两次奏有红毛船至宁波收口，曾经降旨饬禁，并令查明勾引之船户、牙行、通事人等，严加惩治。今思小人惟利是视，广省海关设有监督专员，而宁波税额较轻，稽查亦未能严密，恐将来赴浙之洋船日众，则宁波又多一洋人市集之所，日久虑生他弊。着喀尔吉善会同杨应琚，照广省海关现行则例，再为酌量加重，俾至浙者获利甚微，庶商船仍俱归澳门一带，而小人不得勾串滋事，且于稽查亦便。其广东洋商至浙省勾引夷商者，亦着两省关会严加治罪。喀尔吉善、杨应琚着即遵谕行。钦此。①

乾隆二十二年（1757）正月初八日，乾隆关于浙江海关增加税收以使番商无利可图自行回广东贸易的上谕：

> 喀尔吉善等会奏浙海关更定洋船税则一折，已交部议奏矣。洋船向例悉抵广东澳门收口，历久相安，浙省宁波虽有海关，与广省迥异，且浙民习俗易嚣，洋商错处，必致滋事。若不立法杜绝，恐将来到浙者众，宁波又成一洋船市集之所。内地海疆关系紧要，原其致此之由，皆因小人贪利，避重就轻，兼有奸牙勾串之故。但使浙省税额重于广东，令番商无利可图，自必仍归广东贸易，此不禁自除之道，初非借以加赋也。前降谕旨甚明，喀尔吉善等俱未见及此，伊等身任封疆，皆当深体此意，并时加察访，如有奸民串通勾引，即行严拿治罪。若云劝谕开导，冀其不来，则以法绳之尚恐其捍法渔利，岂劝谕所能止耶？着将此传谕喀尔吉善知之，钦此。②

而乾隆二十二年（1757）六月二十二日，浙江巡抚杨廷璋上了关于增加税收后英国商船仍到浙江贸易的奏折：

> 浙江巡抚臣杨廷璋谨奏，为奏闻事：窃照红毛番船向俱收泊广东贸易，久不远来浙省，自乾隆二十年，忽有红毛船一只驶至宁波，因交易获利，二十一年遂连来二只，……六月初八日，据署中军游击李国均禀报，本月初七日有红毛英吉利番船一只驶至定海之峯头洋停泊。随诣船查询，本船名呷嘑哈，仍系上年来浙之通事洪任同番商无呛咪哎并通船水手一百七名，带有货物、番钱并防身器械，来浙贸易等

---

① 中国第一历史档案馆、广州市荔湾区人民政府合编：《清宫广州十三行档案精选》，广东经济出版社 2002 年版，第 98 页。

② 中国第一历史档案馆、广州市荔湾区人民政府合编：《清宫广州十三行档案精选》，广东经济出版社 2002 年版，第 99 页。

情,并据该地方文武具报相同,臣随移行定海镇臣罗英笏、宁绍台道范清洪并咨会提臣派委文武官弁,选拔兵役,查照上届章程,严密巡查弹压,伏查粤省海关向为外番贸易市舶,设有监督,稽查周密,十三洋行世业克牙番情熟谙,交易颇属相宜。浙省既非市舶,宁波地亦狭隘,并无殷实牙行,惟思勾串渔利,防范稍疏,难免滋事,但番商等既已来浙又不便强之使去,臣现在密饬宁绍台道委员携带税则规条,前赴定海,会同该地文武,向番商等传示谕以新定税则较前加重,若番商等因税重无利,不愿在浙交易,甘心回棹,则竟听其开行;若仍欲在浙贸易,惟有令其按照新定则例如数纳税。一面督令牙商迅速公平交易,克期速竣,以便乘风回国,毋许逗留。并查禁牙棍奸徒串通诈骗滋事。仍密行体察该番等情形,果否踊跃完税,抑系勉强从事,如仍属忻然乐从,则是课税虽重犹有利益,不能禁其不来,将来自当另筹善策为之禁绝。倘此次情涉勉强,则是因风不顺,难以即归,不得已而留浙贸易,来岁定不复再至,容俟该番商定有行止,酌量分别办理再行。具奏,理合先将番船到浙及现在饬办缘由恭折奏明,伏乞奏。(朱批"知道了")①

当时,乾隆皇帝把时任两广总督的杨应琚调去任闽浙总督。乾隆的用意恐怕在于,如到宁波的外舶多了,当地官员应付起来没经验,而杨应琚在广东熟悉外贸的行情、体制,应当可以对宁波的外贸加以制度化,更定章程,"意并不在增税也"。

然而,刚从两广总督调任闽浙总督的杨应琚却上了一份奏折,力陈在浙海关通商之弊,认为应当把外洋商船集中到广州为宜。乾隆皇帝看了他的折子,终于打消了扩大开放口岸的念头,认为杨"所奏甚是",并且最后做了只允许广州"一口通商"的决断。

圣旨提到,该督(即杨应琚)前任两广总督时,兼管关务,深悉当地情形,凡番船至广,即严饬行户善为料理,并无尔等不便之处。此番商所素知。今经调任闽浙,在粤在浙,均所管辖,原无分彼此,但此地向来非洋船聚集之所,将来只许在广东收泊交易,不得再赴宁波,如或再来,令原船返棹至广,不得入浙江海口,令粤海关传谕番商等知悉。

乾隆二十二年(1757)十一月初十日,乾隆发了关于洋船只许在广东收泊不得再赴浙省贸易的上谕:

> 据杨应琚奏浙海关贸易番船应仍令收泊粤东一折,所见甚是。已有旨传谕杨应琚,令以己意晓谕番商,将来只许在广东收泊交易,不得再赴宁波,如或再来,必押令原舡返棹至广,不准入浙江海口。如此办理,则来浙番舡永远禁绝,不特浙省海防得以肃清,且与粤民生计并赣韶等关均有裨益,着传谕李侍尧,俟杨应琚行文与彼时,即将杨应琚咨文令其行文该国番商,遍谕番商,嗣后口岸定于广东,不得

---

① 中国第一历史档案馆、广州市荔湾区人民政府合编:《清宫广州十三行档案精选》,广东经济出版社2002年版,第103-104页。

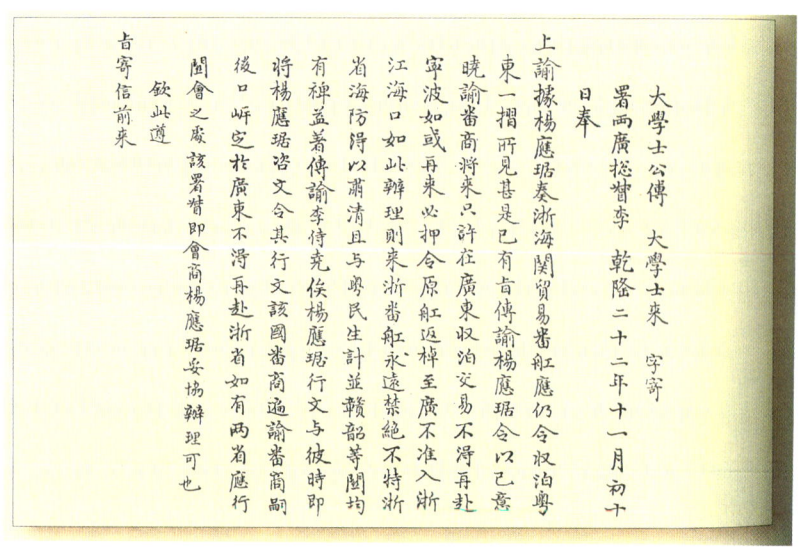

乾隆二十二年"将来只许在广东收泊交易",即"一口通商"圣旨
[乾隆二十二年(1757)十一月初十日]

再赴浙省,如有两省应行关会之处,该署督即会商杨应琚妥协办理可也,钦此。①

这便是"一口通商"的上谕。

乾隆这一圣旨却是批在时任闽浙总督杨应琚的奏折上,认为其所言甚是。

就这样,大清国的海洋贸易,只余下广州一个口岸通商了!

而洪任辉案一直审理到乾隆二十四年(1759)方宣告结案。

被他投诉的粤海关监督李永标不能不被革职。因为让"夷人"告到朝廷,是很丢面子的事情,所以皇帝才雷霆震怒,著即革职查办。《新柱等奏将李永标革职并查封任所资财折》云:

臣新柱、朝铨、李侍尧等奏为请旨事:臣等钦遵谕旨会审英吉利番人洪任辉呈控粤海关监督李永标等一案,臣新柱于七月初三日抵粤,随传旨将李永标解任,一面提集应质要犯,一面提取库簿案卷,逐一跟查。臣朝铨于七月十九日带同洪任辉到粤,即于二十日公同集犯严审,讯据李永标所供,家人、书役得收陋规之处,伊毫无知觉。其余各款供吐游移,坚未承认。臣等思勒索外番陋规,国体攸系,非寻常失察犯赃可比,应请旨将李永标革职,按款严行究拟。再李永标任内资财,应否先行查封之处(朱批"自然"),相应一并请旨遵行,伏乞皇上圣鉴。谨奏。(乾隆

---

① 中国第一历史档案馆、广州市荔湾区人民政府合编:《清宫广州十三行档案精选》,广东经济出版社2002年版,第107页。

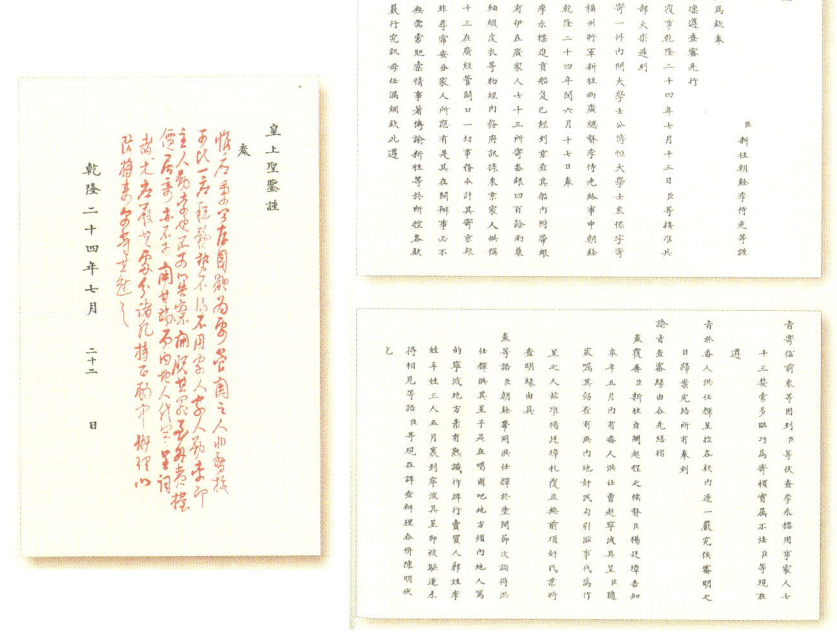

福州将军新柱、两广总督李侍尧关于李永标案件审结的奏折
［乾隆二十四年七月二十二日（1759年9月13日）宫中朱批奏折］

二十四年八月九日，奉朱批，依议，钦此）①

时任两广总督李侍尧是这么上奏的：

> 两广总督臣李侍尧谨奏：为敬陈防范外夷规条仰祈睿鉴事。窃惟……英吉利夷商洪任辉等屡次抗违禁令，必欲前往宁波开港，旋因不遂所欲，坐驾洋艘直达天津，名虽呈控海关陋弊，实则假公济私，妄冀邀恩格外，臣细察根源，总由于内地奸民教唆引诱，行商、通事不加管束稽查所致。查夷人远处海外，本与中国语音不通，向之来广留贩，惟借谙晓夷语之行商、通事为之交易，近如夷商洪任辉于内地土音官话无不通晓，甚而汉字文义亦能明晰；此外夷商中，如洪任辉之通晓语言文义者，亦尚有数人。设非汉奸潜滋教诱，焉能熟悉？如奸民刘亚匾（按 Morse 书卷五页八三称之为 Loupingchou）始则教授夷人读书，图骗财物，继则主谋唆讼，代作控词（按当时外商购买中国书籍如《诗经》、《字汇》、《说文》等籍者甚多，请参考 Morse 书卷五）。由此类推，将无处不可以勾结教诱，实于地方大有关系，兹蒙圣明洞烛，将刘亚匾即行正法，洪任辉在澳门圈禁三年（按此点可参见《国朝柔远记》

---

① 梁嘉彬著：《广东十三行考》，广东人民出版社1999年版，第123－124页。

及 Morse 书卷五），满日逐回本国，俾奸徒知所惊惧，外夷共仰德威，此诚我皇上睿谋深远，肃清中外至意。惟臣访查内地民人勾引外夷作奸犯科，事端不一，总缘利其所有，遂尔百般阿谀，惟图诓骗取财，罔顾身蹈法纪。伏思夷人远处化外，前赴内地贸易，除买卖货物之外，原可毋庸与民人往来交接；与其惩创于事后，似不若防范于未萌。臣检查旧案旧任兼关督抚诸臣所定稽查管束夷人条约非不周密，第因系在外通行文檄，并非定例，愚民畏法之心，不胜其谋利之心，行商人等亦各视为故套，漫不遵守，地方官惟图息事宁人，每多置之膜外，以致饬行未久，旋即废弛，非奏请永定章程，并严查参条例，终难禁遏，兹臣择其简便易行者数条，酌参管见，敬为皇上陈之。①

李侍尧提出的这几条，很快便被乾隆皇帝所批准了。条例名为《防范外夷规条》：①禁止外商在广东过冬；②外人到广东只能居住在行商馆内，并由行商负责管束稽查；③禁止内地商人向外商借资本，禁止外商雇请汉人役使；④禁止外商雇人传递信息；⑤外船停泊之地，派兵守卫。

不久，清政府又向外商颁布了九条禁令：

（一）外洋战舰不得驶进虎门水道；（二）妇女不得携入夷馆，一切凶械火器亦不许携带来省；（三）公行不得负欠外商债务；（四）外人不得雇用汉人婢仆；（五）外人不得乘轿；（六）外人不得乘船游河；（七）外人不得申诉大府，事无大小有需申诉者亦必经行商转递；（八）在公行所有之夷馆内寓居之外人须受行商管束，购买货物须经行商之手，尔后外人不得随时自由出入，以免与汉奸结交私货；（九）通商时期过后，外商不得在省住冬，即在通商期间内，如货物购齐及已卖清，便须随同原船回国，否则（即间有因洋货一时难于变卖，未能收清原本，不得已留住粤东者）亦须前往澳门居住。②

洪任辉的官司，就这么了结了。

他先是赢了，到底是把广东海关监督李永标告倒了。而后则是输了，不仅他输了，连他的后台东印度公司也输了。他落了个勾结内地奸民、违反大清通商律的罪名，被清政府圈禁在澳门三年，而后，则被驱逐回国。至于那位代作呈词的四川人刘亚匾就更倒霉，以"为夷商谋咬"之罪而丢了脑袋，行刑前还被示众。

东印度公司本想打开中国北方的口岸，可到最后，连南方的口岸都没能保住，只剩下一个广州。有生意不做，这对于已有发达商业头脑的英国人来说，实在是觉得难以理解。

---

① 梁嘉彬著：《广东十三行考》，广东人民出版社 1999 年版，第 133—134 页。
② 梁嘉彬著：《广东十三行考》，广东人民出版社 1999 年版，第 101 页。

三

　　而自命通晓中国多种方言的洪任辉，对当时的大清国、对中国文化传统，毕竟还是一窍不通，因此，他真正想达到的目的非但没有达到，反而被圈禁。这个庞大的帝国固守着自己的一套思维模式，别说此时的洪任辉，就是半个世纪后前来的马戛尔尼，也一样格格不入。一个自命为"天朝上国"的帝王，自高自大、目空一切，以为"朕即天下"，又如何容得下几艘小商船在南方找麻烦呢？

　　也正是这种自大，把当时仍可在世界上称雄的大国引向了最后的崩溃，十三行这一个"气孔"，也不可能救回其从开局便走向惨败的结局。富足却"病态"的王朝是不会有出路的，相反，富足只会加速它的崩溃。

　　"一口通商"对十三行而言是福是祸，却是一言难尽。没有这"一口通商"，十三行在之后的80年间，其繁荣也是可以测度的，毕竟，在"一口通商"之前，中国外贸的80%是在广州十三行进行的。增加20%，成为100%的垄断，富可谓富矣，却是一种畸形的富足与繁荣。

　　不过，在80多年的"一口通商"中，十三行出尽了风头也受尽了侮辱，风光一时也倒霉透顶，既是清廷的银库也是清廷的乞儿。

　　在这80多年里，十三行出了不仅是中国也是世界的首号富商，也同样在这80多年里，数以百计的十三行商人被籍没抄家、充军流放乃至投缳自杀，哪怕你是公行的首领，哪怕你富可敌国！

　　这次"一口通商"无疑是动了真格的，沿海各地的禁海措施不可谓不严密，谁叫你洪任辉斗胆"闯关"，这可是提醒了沿海的防卫，以后，一只苍蝇也休想再混进来。

　　这一来，中国与西方的所有商业贸易都集中到了广州一地，集中到了十三行。而从来不与"夷人"谈什么外交的清政府，就把文化交流，乃至对外事务管理的责任，也加在了十三行行商的身上，哪怕是有名无分。

　　十三行从此独揽中国外贸80多年。

　　时人也许会以"特区"比喻之，不过，它怎么也承受不了"特区"这一美誉。因为，今日的特区是改革开放的产物，有了特区作为窗口，中国的开放日益扩大，最后，全中国也自然而然"特区化"了。所以，特区的实质是开放。而十三行承担"一口通商"，却是清廷闭关锁国政策的必然结果，它不是开放的象征，而是封闭的后果。

　　为了防止大清国"风化"，不得不关紧门户，不让任何外面的空气流入；而另一面，为了清廷上层的骄奢淫逸、花天酒地，又千方百计保住某一孔道。广东自古以来一方面被视为"蛮夷之地"，另一方面又被当作"天子南库"，被诛求无已——十三行这一畸形的商行，就这么存活了下来。在北京故宫位于慈宁宫对面的清内务府中，我们不难查出，皇家宫廷的开支，乃至奇珍异宝之类，大部分来自广东，来自粤海关……没有粤海关年年的巨额税收，皇家内务府的日子就不好过了。为此，历任粤海关的最高官员——海关监督，均是由皇家内务府的亲信出任的，一般情况下是扳不倒的，就算出了问题，也都不会轻易被革职，冷处理一阵，没准还官加一级。说到底，他们大多是皇帝的心腹，深

18世纪广州十三行商馆玻璃画

知皇帝的好恶,对地方督抚不怎么会放在眼里。所以,历任海关监督,除了那位短命的、军人出身的毛克明因在任太短而无贪墨之外,可以说,没有一位是清廉的。

无论如何,粤海关的税收及财务收入与宫廷的命脉是息息相关的。因此,别的口岸可以封,独独粤海关是封不了的,否则谁来给宫廷供应世间难觅的稀奇玩意儿呢?这不是"开放",而是独专!

所以,乾隆皇帝尤为重视粤海关的利益,广州的"外情"。更何况,广州的洋行制度自明以来已经自成一体,而经商人才更比别处要多、要强,较之其他一度开放过的海关,这一优势显而易见。他的上谕中亦有提到,广东地窄人稠,沿海居民大多靠洋船为生,不仅有那十几家行商。要是连粤海关也封了,不独宫廷失去财源,也会激起广东民变,这也是他所考虑的。

可以说,"一口通商"是康熙、雍正、乾隆三朝皇帝几经反复,精心思量,最后才实施的。

尽管第一大贸易国英国从一开始就坚决反对,但一时也对这个大清国无可奈何,头两年,船来得少了,但后来,利益所驱,照旧趋之若鹜,尤其是为了扭转贸易逆差,更是包藏祸心。

第四十四章 "否定之否定"：禁—开—限

从乾隆元年（1736）取消恶税，全面开放，对外商实行优惠政策，一直延续到了乾隆二十二年（1757）。这一年，号称"中国通"的英国人洪任辉，头脑发热，驶船直达天津，告广东海关贪墨，要朝廷多开几个口岸。乾隆开始还让浙闽方面制定好外贸政策，谁知，杨文乾的儿子杨应琚，从两广总督调去当浙闽总督，说不宜再多开口岸，反而应减少，只留广州"一口通商"便可以了。结果，开放由此发生逆转，从开洋变成了"限关"。

一

可以说，从康熙开海到"一口通商"这70多年间，尤其是自雍正五年（1727）开洋、乾隆元年（1736）取消"加一征收"的恶税，中国当时"对外开放"呈现的态势分明是积极的、可喜的，其中，有不少可圈可点的精彩内容。可惜，对十三行的诸多研究，偏偏忽略了这一段历史时期，忽略了这段最为精彩也最为复杂，最为深刻也最为迷惘的政治、经济与文化诸方面的内容，从而对其间态势上、政策上的进一步开放缺少到位的、真切的探讨与研究。也正因为对这一段历史的研究的缺失，使得对"一口通商"的逆转，以及"一口通商"之后整个中国对外贸易的曲折发展的研究失去了必要的、合乎逻辑的历史依据，对其来龙去脉的梳理也同样发生了主观认识上的错误。这一来，对整个十三行历史的把握也就有了严重的误解与错位。

其一，对十三行历史的主角——行商的认识，一些研究不是以康熙至乾隆初期为基点，而是以嘉道年间作背景。虽然前后有其一脉相承的地方，但早年的行商是可以出洋至南洋与西欧的，而且可以有相对公开的商船直航南洋，不少商船的投资者正是行商。所以，到了后期，潘启官曾感叹，自己不如祖先，能出洋到达瑞国（瑞典），甚至发出惊叹，中国怎么造不出大船——殊不知早年中国的大船比他所见的欧洲大船还大得多。尤其是在雍正十年（1732），广州外贸发生诸多"混乱"，以谭康官为首的行商坚持的理念，正是与当时大航海时代相接轨的，他们主张开放的、公平的竞争，反对官渔私利、官商勾结，避免价格垄断、操纵行市，等等。以致被后来的研究者视为其"开放建议远远超出了他们所处的朝代"，如果他们所坚持的理念不因种种原因而被压制，也可能就不至于有自18世纪下半叶逐渐拉开的中西方的距离。遗憾的是，反而是中国的一些研究者，指责谭康官的合伙人陈芳官有违"行商自律"而被抛弃，丝毫不同情他们抗拒"加一征收"而入狱的一系列悲惨遭遇，从而令谭康官这位在清代十三行初期有着卓著声望与贡献的重要行商的史迹变得黯淡与模糊。

其二，对当时西方国家与清朝的关系，这些研究也不曾有清晰的认识。18世纪，当时的中国之强盛在欧洲之上。英国工业革命刚刚起步，法国在路易十四统治下称雄欧洲大陆。由于启蒙主义的思潮涌现，法国的思想文化亦有不俗的表现，伏尔泰、孟德斯鸠等思想家相继涌现，而中国的"开明专制"亦为其所称道，为此，不难理解"己所不欲，勿施于人"为何会写在18世纪末法国大革命的旗帜上。康、雍、乾三帝与路易十四、路易十六的交往相当紧密，以致路易十六被送上断头台，会令乾隆兔死狐悲。美国研究者何伟亚认为，当马戛尔尼来为乾隆祝寿时，他所看到的皇宫中西方的先进技艺并不比他带来的少。而由于我们未能较准确地"重建"当年中西关系的历史，方步入种种误区，只简单地认为西方早已比我们先进，也缺乏对包括行商在内的真正的历史作用的全面认识。

其三，对康、雍、乾三帝的认识亦不全面。康熙为何开海后又发布了南洋禁航令？雍正取消了南洋禁航令后，在广东海关问题迭出之际，又为何数度出手，惩治了一批舞弊的官员？乾隆分明在政策上完善了开洋措施，为何又来了个逆转，在20年后只余广州"一口通商"？说康熙开海，出于"国计民生"，雍正惩腐，方可"河清海晏"、航路畅通，而乾隆为"怀柔远人"放宽政策，取消"番银加一征收"恶税，就足以解释康、雍、乾三代的整个海洋政策的曲折与反复么？雍正在取消南洋禁航令前，亦犹豫多年，一直认为"海禁宁严毋宽，余无善策"，而后，却出其不意，雷霆出击惩治海关监督祖秉圭、行商陈寿官与外商法扎克利相勾结，操控外贸的不法行为——二者之间，又有着怎样的逻辑联系？至于乾隆，对英国商人洪任辉要上京告状的行为反应之激烈，又是出于怎样的考虑？关于这些疑问的研究还不到位。

其四，对这段时期内官员们各自的表现认识不足。高其倬对促成南洋开禁起到什么作用？杨文乾几起几落，几返几离，被人告得"畏风心烦"而死，却始终坚持贪墨洋银不属公帑，是何心理？祖秉圭恶人先告状，令谭康官与陈芳官"消失"，为何案情一下子竟被扭转了过来？在这些事件中，"你方唱罢我登场"，如常赉、鄂弥达、毛克明、官达、阿克敦、杨永斌、唐英等众多官员利用"秘籍"相互告状，他们对开洋的态度，对税制的认识，与行商的关系又是如何？种种，认识不足。

二

100多年来，学者们对乾隆实施"一口通商"之利弊可谓争论不休。尤其是近40年里，不同观点的文章称得上汗牛充栋，多方观点之对立，从未有过，各执一词，谁也没法说服谁。赞者有，更比之于今天的改革开放，尤其是特区政策；贬者认为，这无非是"禁关"的一个变种，改不了"天朝上国"的定向思维，乾隆朝的由盛到衰，与之不无干系；折中者则认为，这是一个无奈之举，是洪任辉惹的祸，引起了乾隆皇帝的过分解读与猜疑，毕竟中西方所处的历史时期完全不一样——有历史的时间差。

而在这里，笔者根据对中西方的对比，在俯瞰巨大的历史时空下提出，针对洪任辉要求的"野心"，乾隆的"一口通商"埋下了80年之后鸦片战争失败的伏笔，也就是说，是不战而败，80年前的决策，注定了之后的失败。

在此之前，乾隆为了处理浙海关的问题，把谙熟粤海关运作的杨应琚从两广总督调至闽浙总督。而杨应琚到达浙海关之后的奏折，却不把重点放在通商贸易上，而大讲外国的商船是怎么高大，又是怎么便捷，倏忽而来，倏忽而去，特别是船上均装有炮位、机械，威力不小，它们云集于中国的商港，威胁着清军水师。杨应琚的这一折子，无疑触动了乾隆敏感的神经。

长于邀功的杨应琚，却又把自己曾主政的广东海防吹嘘了一番。毫无疑问，自明代十三行始，虎门要塞是外舶进入广州水道的必经之道，这里有"巨链横陈江面"，颇有"金锁铜关"的气势，更是珠江口处的天险。凭险据守，自是万无一失，而且水道曲折，水底情况复杂，大船很容易搁浅。从入海口到虎门，再到黄埔，进入广州，上百公里的航道两侧，布满了各式炮台，虎门不说，临近广州城区，后来更有巨大的"浩官炮台"——由十三行中后期行商伍浩官捐造，每个炮台群都相当可观。如此严密的设防，似乎入侵者再"舰坚炮利"也难以撼动。所以，才有上谕称："虎门、黄埔在在设有官兵，较宁波可以扬帆直至者，形势亦异。闽浙向非洋船聚集之所，海防即宜肃清。"① 珠江口的地理形势，较长江口，以及钱江口、宁波、定海等有利。宁波离海近，更无险可据，外舶每每片刻便长驱直入。而广州珠江口不仅有险可守，而且布防已久，足可以抗御外人入侵，应是高枕无忧。

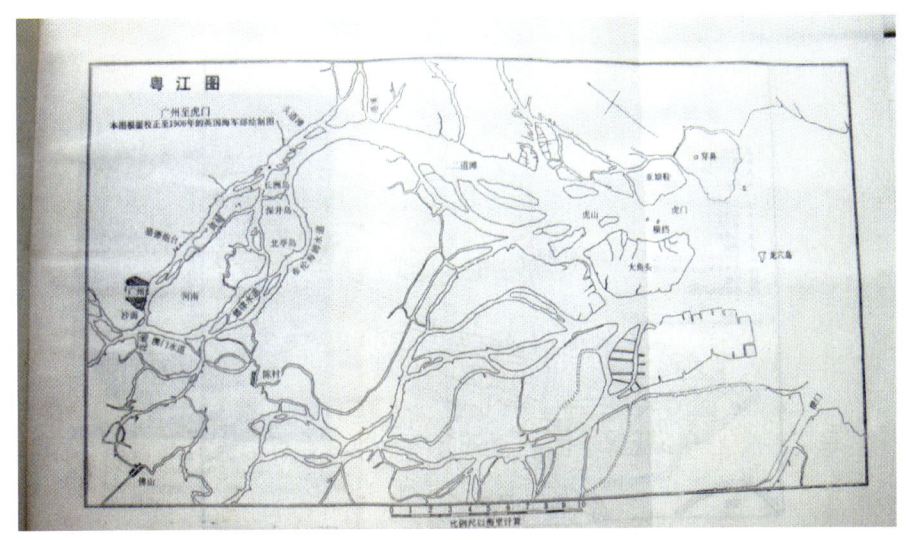

近代粤江图

后来的事实证明，不管是虎门、黄埔，还是琶洲的炮台，几乎都不堪一击。这些炮台，来犯者攻下后才发现它们是几百年前葡萄牙人刚到中国时所用的类型，可人家的大炮已进化了不知多少代了。其实，当年清军缴获明军的"红夷大炮"，用"失蜡法"改造为"红衣大炮"，一路炮声隆隆，直指中原。可是打下了中原后便不思进取，不仅对改造大炮失去了兴致，还痴迷于骑马射箭，重回冷兵器时代，就算是乾隆同样夜郎自大。这一来，军队的战斗力也就可想而知了。

不过，我们说的"不战而败"，并非军事上的胜败。

---

① 梁嘉彬著：《广东十三行考》，广东人民出版社1999年版，第92页。

  "一口通商"的决策，绝非一个洪任辉便可以促成的，它实际上是一个制度的产物，一种思维定式的产物，是延续禁海—禁洋—"加一征收"这样一种"收"的历史逻辑及思维模式的必然产物。

  当然，"一口通商"也绝非一位"能吏"杨应琚的几份奏折所能促成。在杨应琚的背后，制度的因素如何凸显，便体现在"准袭三代"上了。杨宗仁、杨文乾、杨应琚祖孙三人，对广东，乃至对当时整个中国开放政策造成的负面影响，直至发生逆转，无疑起到极其恶劣的作用。而这一作用的产生，在于清朝的世袭制度——由于康熙认为杨宗仁是能臣，有功，"准袭三代"，因此，杨文乾、杨应琚两位"高干子孙"得以承袭其在广东的职位，他们一次又一次地遏制对外开放，最终杨应琚造成了"限关"即"一口通商"的局面。广东的史籍不乏对杨文乾的溢美之词，甚至他提出的"加一征收"，也被视为"改革措施"。果真如此么？现在已不言而喻了。从"加一征收"到"一口通商"，杨文乾、杨应琚父子罪不可逭，两人最后落个恶死，亦罪有应得。

  当然，用人制度的世袭，也仅仅是一个方面。军事上的妄自尊大，用人上的世袭宠信，遗患百年。但问题的症结并不在此。

  从朝贡贸易能否向市舶或市场贸易演进，才是关键。

三

  我们不难看到，从开海、第二次鸦片战争失败、洋务运动兴起，一直到改朝换代，中国的市场转换是多么艰难，多么漫长。本来，从南宋的市民社会蓬勃发展，到明末的工商业勃兴、资本主义萌芽，中国东南沿海的市场或商品意识已经有所发育了。甚至可以说，当康熙区分出朝贡国家与互市国家时，他已经多少感觉到或承认市场经济的存在。当然，他也只是区别出贡舶贸易与市舶贸易的不同，依旧不忘自身的"天朝上国"，其他国家当"八方来朝"，向大清进贡。雍正也好，乾隆也罢，更多的只是被动地接受市舶贸易，甚至只是视之为朝贡贸易的一种或是补充，最有力的证据莫过于马戛尔尼向乾隆进献西方各种先进的科技产品，乾隆却把热气球当作玩物，且只可以在承德避暑山庄升空，免得在北京扰民。此外，为答谢他的祝寿，乾隆竟沿袭回馈朝贡者的惯例，"飨以牛酒"，结果，赏赐的牛太多了，强行赶上船不行，导致码头、道路上成百上千头牛在流浪。这种"朝贡""独大"的心理，直到后来的嘉庆、道光仍改不掉。如果不是这样，哪怕开明一点点，逐渐接受来自先进国家的科学技术、国家治理制度，也不至于后来如此一败涂地。然而，80年后的失败，这个"天朝上国"总结的教训也还是不到位，只强调"师夷长技以制夷""中学为体，西学为用"，仍无法挽回日薄西山的王朝。

  "一口通商"的根本，就是拒绝真正的、全面的开放。而这，也就注定无法抵御正处于扩张期、上升期的西方国家的经济乃至军事上的侵略。没过多长时间，英国奸商以鸦片逆转了银圆的流入，而且开始了大规模的倾销，动摇了这个长期以来GDP居世界首位的大清国。有人还认为"一口通商"加强了广州的地位，对广州是一大幸事。这就大谬特谬了。覆巢之下安有完卵，后来，广州不同样被侵略、被伤害么？而且，"一口通商"之后不久，乾隆便开了卖官鬻爵的口子，财政开始吃紧，大贪官和珅也乘势而起……这一段历史，如不放在更大的历史格局中看，是足以被迷惑的。

这一来，"不战而败"之说就不再惊世骇俗了。

一如学界所认同的，作为行商，较之帝王乃至封疆大吏，他们对大航海时代推进的市场经济的认识，无论如何都要超前得多。例如，谭康官在面对中国官商勾结，尤其是官吏贪墨，投诉无门之际，向西方的贸易公司投诉，说明他作为一个国际商人，谙熟行规，试图将这一贸易做得更公平、公开与公正，这也是一个正直商人的本能。所以，他才不惜铤而走险，告了"洋状"。

如果海关真能做到公平、公开，而皇帝在对外开放上有更开阔的视野，那么，乾隆二十二（1757）的逆转也许就不会发生了。

洪任辉案是中国对外贸易的一大转折点。

乾隆去世后仅40年，英国的炮舰就从长江口长驱直入，最终逼使清朝政府签订了耻辱的城下之盟——中英《南京条约》，清政府不得不答应"五口通商"。

"四口通商"—"一口通商"—"五口通商"，是一个"否定之否定"，但与禁—开—限的性质完全不同。

直到这里，我们方才真正认识到，要把握住十三行史的脉络，要真切了解清朝从禁海到开洋，又从开洋至限关的政策演变的大起大落，无疑须抓住并了解这个历史时期，可以说，这才是整个十三行研究的枢纽。

这是开始，也是终结；这是过去，亦为未来。

第四十五章　从两广总督到闽浙总督：
　　　　　杨应琚对"限关"的推动

"加一征收"引起的动荡，连年不断，外商的抗拒、上诉也不断送达朝廷。直到乾隆元年（1736），行商、地方官员终于说动朝廷上诸位大员，如大学士张廷玉、乾隆登基后被平反的左侍郎李绂、内务大总管海望等人联名上奏，此时乾隆刚登基，亦想笼络民心、怀柔远人，于是，便下旨，认为"加一征收"、缴送"与旧例不符"，予以取消。杨文乾的恶税政策也算到头了。

他的儿子杨应琚却因雍正对杨宗仁有"准袭"圣旨而青云直上，其官职更超过了杨宗仁、杨文乾在广东的级别，当上了两广总督，后又调任闽浙总督。

马士的《东印度公司对华贸易编年史（1635—1834年）》（以下简称《编年史》）记载，在杨应琚到任闽浙总督前，浙江方面已经对外商让步，同意其在浙贸易，并对新来的两广总督抱以希望：

> 有几个在1756年和我们交易过的商人对大班说，浙江省官员如驻杭州的巡抚，道爷，宁波海关的官员和舟山的民政官员等，都愿意让步；8月11日，道爷到达此处，"知县……告诉我们说，道爷非常愿意尽其权限所能，使我们满意。这一突然的转机，是因四天前已有消息透露，总督因病退职，因此他们对他的戒惧已经消除。"

总督不是称病退职的,不久,他真的因病去世。9月27日,大班获悉继任的人是从广州调来的两广总督。①

但杨应琚一到,形势却不妙了:

新任总督于11月25日到达宁波,一个星期后,即12月2日,道爷本人通知大班:"总督觉得奇怪,有什么理由使我们的船宁愿来宁波,而不到广州去,广州才是适合欧洲人贸易的口岸,在那里是易于搜购我们所需的货品的。宁波只是限于接纳日本和朝鲜来船的口岸。他认为,当我们只准中国帆船到巴达维亚和婆罗洲,而不准到别的地方去时,我们是没有理由希望随意到中国任何口岸进行贸易的。他说,皇上之所以提高此间的税率,并不是为了收入着想,不过是要我们到广州去贸易。从前的欧洲来船,每艘收入船钞3500两,后来把它降低了,那是只以广州一口为限,它是不适于其它口岸的。由于我们的货物转到此地销售,逃避缴付广州两个关卡的货物来往税,致使皇上的税收受到损失。因此,如果我们打算明年再来,那是不会被接纳的。他要求我们画押具结,声明我们并无这种打算。他又命令,在我们离开时,不准将货物或其它物品留下,以免我们借口再来。他要知道,我们什么时候离开。"大班除了驳斥关于不准中国帆船到英国属地或其它英国控制下各地的说法外,并声明他们无权签署不再来的具结。同一天的黄昏,答复总督:

我们公司来此贸易的动机,是因近五六年驶往广州的外国船只甚多,致使该处各种货物售价腾贵,以致我们的贸易盈利极少,甚至无利可图。公司初时曾考虑减少派往中国的船数,其后忆及前时曾在宁波有过贸易,因此认为有必要将船只分别派往广州和宁波。不如此,便无法派出通常数目的船只,公司知道在此处更易搜购绿茶和生丝,而且购入的代价会低一些……

公司现在还未知道,皇上今年在此处已订有新的课税额和船钞费等。他们明年一定会再派船来的。不过当知道我们的货物要缴付如此高的税额时,我们相信他们一定会减少来中国船只的数目。

总督对于将来的声明是坚决的,并准大班按已签订的合约交易,据已让步的办法获利;并下令要他们在1758年1月7日之前,必须离开宁波。到了这一天,他们要求道爷稍为延期;但他说,他很乐意答应我们的请求;不过总督一定会命令我们在这天离开宁波的,他的命令必须服从,所以他无法允许我们在岸上多留一夜。又说,他认为我们希望下年再来此贸易,是一种空想,因为总督已下令将船钞定为3500两,货税比今年的提高一倍,这些规定是写在折子上,他将折子给我们。……他又说,如果我们想继续做交易,一定要付此处的行佣,即全部进出口货价的3%。……我们把道爷给的折子仔细阅读,船钞一项为3500两(规礼银1950两除外),生

---

① 〔美〕马士著:《东印度公司对华贸易编年史(1635—1834年)》第四、五卷,中国海关史研究中心组译,区宗华译,中山大学出版社1991年版,第473页。

丝、茶叶和瓷器的税率，比广州高达四倍。

今天（17日），舟山全部官员都到船上来，通知我们明年不可再来，因总督已下令不准再接纳我们，又命令不准替任何来船转呈。我们猜想总督这项特别措施，是坚决终止我们在此进行贸易。①

而且新任闽浙总督断然下了命令：

总督与海关监督经过深思熟虑的结果，认为英船现已离埠返回欧洲，而布朗特与洪任辉亦已抵达澳门。本官宪知照并命令知县督同书吏及有关人等，前往澳门港口查察上述两人，并将通知抄本交与彼辈及全体外国人等，俾彼等知悉，以后所有来船，必须驶来广州口岸，并在该处选择行商，进行正常贸易。皇帝陛下宽仁厚泽以待外国人，谕我等重新训诫每一行商，办事公平，不得只知厚利，妄行欺诈，使其船只不致借口前往浙省口岸，如有船只驶往，定使离开，必致坐失时机并招致种种不便，则后悔毋及。汝等必须向每一外商索取甘结，以上彼辈顺从此令。

现本官宪交与洪任辉书信一件，彼于返回欧洲后，通知全体外商，今后来船，一律不准驶往浙省口岸，该处完全禁止前往。为证实彼等之顺从命令，尔等须令每一外商出具甘结，否则咎由自取，后果堪虞。②

毋庸置疑，此时，杨应琚已经上折子给皇上了，而且同时采取了禁关的严厉措施。乾隆允了他的折子，"一口通商"由此定局。

当我们冷静地去分析其间的一波三折，不难看到，乾隆当初还是想进一步开放的，但帝王之尊容不得他人说三道四，"夷人"居然闯到天子脚下告状，这还了得？最后，还会说连皇上都听了他的，这就更不得了啦！那就反过来，进一步禁了——于是，大好的开洋局面就此逆转。

尽管是由于皇上的尊严不可亵渎，但是，杨应琚的折子起到的作用亦不言而喻。杨文乾的这位次子，因其祖父杨宗仁死时获得圣上"准袭三代"得获荫庇，当上了两广总督继又调去任闽浙总督，在继承其父"加一征收"之恶税后，又给开洋插上了致命的一刀。

不过，他的下场比他父亲还惨。

正所谓江山易改，本性难移。后来在平叛过程中，他屡屡谎报军情，明明打了败仗，却说凯旋。皇上终于察觉了，一开始只是免了职，让他戴罪立功。谁知道他怙恶不悛，本性难改，又一次重犯，以致边庭动乱，皇上盛怒之下，判了他"立斩"。

---

① 〔美〕马士著：《东印度公司对华贸易编年史（1635—1834年）》第四、五卷，中国海关史研究中心组译，区宗华译，中山大学出版社1991年版，第476－477页。
② 〔美〕马士著：《东印度公司对华贸易编年史（1635～1834年）》第四、五卷，中国海关史研究中心组译，区宗华译，中山大学出版社1991年版，第477－478页。

杨氏三代，就这么完结了。

乾隆二十三年（1758）九月，已在闽浙总督任上的杨应琚得意地对皇上报告：外洋各国到广州贸易商船内，红毛英吉利国船已先到四只。据沿海营县禀称，现今并无红毛英吉利国商船驾至浙省。

乾隆在此奏折上朱批："甚好，知道了。"

随后，清政府加紧了对开放的广州口岸进行控制。是年，乾隆批准新任两广总督李侍尧制定的《防范外夷规条》。

乾隆二十五年（1760），曾在杨宗仁治下创立的公行终于得到了恢复，此次延续了10年，到乾隆三十五年（1770）才又被撤销。但又过了5年，到乾隆四十年（1775），公行再度重组，一直维持到鸦片战争期间。

清代，从禁海到开海，从禁洋到开洋，从开放到限关"一口通商"，均与当时的历史形势、国计民生息息相关，当然，更与皇帝的审时度势、谋划决策分不开。但是，具体到沿海的开放与禁限，与朝廷所用的封疆大吏不无关系。清朝的海洋政策虽然有它必然的一面，但也有众多偶然的因素，而这些因素当中便包括封疆大吏的作用。我们从大量的史实、史料中不难看出，在清前、中期几番开与禁的过程中，封疆大吏的个人主张——当然源自他的教养、价值观与世界观——发挥了或小或大的作用，甚至起到推动作用或出乎意料的反作用，乃至逆转。例如，康熙开海之后，为何突然又颁布南洋禁航令？又如，乾隆本准备让宁波等海关拓展外贸，为何一下子来了个"一口通商"？这里面，波诡云谲，不是三言两语说得清道得明的，但是，当时封疆大吏所起的作用每每至关重要。

清代皇帝对封疆大吏的驾驭，正是庞大的国家机器中重要的一个环节，要做到上行下效，不发生脱节，就要看在位皇帝的驾驭能力如何。从中央到边疆的枢纽，所谓山高皇帝远，如果用人不慎，便会失去控制。物色既能贯彻自身意图、忠贞不渝，又能够独当一面、不唯唯诺诺的能臣，不是哪位皇帝都能做得好的，也不是哪位皇帝都能自始至终做好的。

皇帝的意志自然是最高旨意，但是，皇帝的意志也不会那么轻易地表述出来。尤其是治理一个大国，皇帝的个人素养、魅力固然重要，对整个国家的命运、兴衰起到关键作用，然而，随着世界的开放，与整个国际形势的联系越来越紧密，这样的个人意志也就遭到或大或小的制约。而下面的官吏在不同形势下发挥的作用也就有所不同了。

正是在一禁一开之间，封疆大吏一个个粉墨登场。

诚然，他们当中不乏高其倬、常赉、蓝鼎元、鄂弥达等深知民生、力推开放的官员，但是，也有诸如石柱、杨氏三代人、李侍尧等一大批食古不化的官员，他们对天子的决策发挥了重要的影响。自然，这也是几千年封建专制根深蒂固所产生的必然后果，这些食古不化的官员对外来先进文化视而不见并且极力抗拒，看不到自身日趋落伍与残败的趋势，这样一批官员，能不让清朝这艘"破船"加速沉没吗？

因此，研究十三行在清代前、中期的梯度开放与最后的逆转，在众多的历史人物之中，我们不可能，也无法绕开杨宗仁、杨文乾、杨应琚这祖孙三人，在某种意义上，厘清了这一门三代人的历史行迹，我们对这一重要时期的历史走向的把握就更准确了。

第四十六章　行商的承担：不堪重负的自由贸易的近现代转型

研究十三行史，不要简单看待乾隆二十二年（1757）。

从世界的视角而言，这一年，英国殖民者攻占了孟加拉，尤其是那里的鸦片生产地，埋下了80年后鸦片战争的伏笔。这一年，印度的普拉西战役是其重要的分水岭。

在这之前，可以说，印度之于英国，只是商业性的公司运作的对象，就像东印度公司对华贸易一样。而在这之后，印度则成为英国的殖民地，是大英帝国的东方部分或"海外省"，并由英国派出其任命的统治印度的"总督"，英国成为这片殖民地完全的统治者。这可以说是其整个殖民世界的范本。

用当今西方史学家的观点来表述则是："对孟加拉的占领是一个分水岭，英国自此从一个通过本国移民管理殖民地的国家转变为一个统治着其他民族的政权。英国人必须理解这意味着什么以及平衡帝国中央与边疆的各自需求。"①

而悍然发动侵占孟加拉的战争的英国"大盗克莱武"就认为，除了"公司"的名字，这家公司——东印度公司，"几乎就是一个帝国，它统治着那些富裕、人口众多、物产丰盛的国家"，"那些"无疑包括两个最大的陆地国家，即中国与印度。也正是在中国与印度，其"生意"愈做愈大。

拥有这些巨额财富的关键在于，东印度公司从一个在两块大陆间运输、销售货物的贸易公司转变成一股扩张势力，毒品交易和敲诈勒索进行得十分顺畅。印度种植园里的鸦片越种越多，它们为英国人购买中国的丝绸、瓷器，以及最重要的茶叶提供了资金。于是，中国的出口激增，官方的数字显示，茶叶出口从1711年的14.2万磅增加到8年后的15万磅，这不包括走私的数量。与西方人对奢侈品的上瘾相对应的，是中国人对鸦片的上瘾。

两相比较，孟加拉的鸦片基地被侵占，中国其后深受鸦片的毒害，而英国人则得到丝绸、瓷器与茶叶，并从与两大陆地的交易中获得了史无前例的暴利。而这，是以1757年为标志、为转折的。

也就是在乾隆二十二年（1757）这一年，中国实施了限关的"一口通商"。从历史长远的视角看，中国已在这一年"不战而败"，"一口通商"决定了之后鸦片战争的败局。

可惜，当日的清政府根本看不到这一点。对于大航海时代，对于世界市场，对于已经形成的国际自由贸易，中国仿佛是一下子给裹挟进去的，一点思想准备也没有。

从物质层面而言，中国当时完全具备了参与国际自由贸易的基础或条件。换句话说，商品流通乃是贸易全球化运转的基础，而中国已具备了强大的商品生产制造能力和规模。

从明中叶嘉靖三十六年（1557）十三行创立初始，到十三行开始走下坡路的清嘉庆

---

① 〔英〕彼得·弗兰科潘著：《丝绸之路》，邵旭东等译，浙江大学出版社2016年版。

二十五年（1820），在这260多年间，中国是世界经济最发达的国家，远远把其他国家抛在后头。乾隆二十二年（1757）"一口通商"前后，中国工业总产值占全世界总量的32%。这一比例维持到嘉庆二十五年（1820），而整个欧洲这一比例最高才达到23%。保罗·肯尼迪在《大国的兴衰》中称，在此之前，"所有的文明没一个国家的文明比中国更先进和更优越"①。

在乾隆二十二年（1757）这一年，流入中国的白银占了世界的一半以上。而当时颇具商业城市意味的、世界上10个拥有50万人口以上的城市，中国就占了一半，广州更是西方望尘莫及的世界第一大商港。

然而，逆转则在这乾隆二十二年（1757）前后发生了。

西方思想家意味深长地说过，铜是一种"专制的金属"，而铁却是一种"民主的金属"。我们就以铁来说吧。

中国早在汉代就掌握了球墨铸铁技术（后失传）。在明清年间，政府严禁铁的出口，铁锅也不行！

在十三行初创的明嘉靖年间（1522—1566），中国的生铁产量达到4.5万吨，居世界第一。而直到1740年，英国的生铁产量才达到1.7万吨；但100年后，即1840年，则达到140万吨。英国超越中国便发生在"一口通商"期间，也是英国的工业革命发生时期，尤其是1760年之后；到了1850年，达到225万吨；鸦片战争后的1860年，则达到380万吨，已把中国远远抛在了后头。

到光绪二十六年（1900），中国的生铁生产已100%控制在英国人手上，其间中国生铁产量只有25890吨。

此消彼长。铁这一"民主的金属"揭示了历史的转折。

白银流入的逆转，也发生在此期间。

清康熙四十二年（1703），还严禁开矿。

然而，你禁了铁锅出口，人家外国的炼铁技术却突飞猛进，以致用坚船利炮打开了泱泱大国的海防。

可见，充足的物质准备未必就足以应付全球市场及世界的自由贸易。闭关锁国或限关的后果是显而易见的。

进而从制度层面看，作为"天朝上国"，历来认为外国只有朝贡的份，清朝廷只承认贡舶贸易，因此，不可能出台任何市场贸易制度，尽管康熙年间已把贡舶贸易与市舶贸易区别开来。

而一度被西方人认为最好的"广州制度"，无非是"天朝上国"为维护自己的面子而制定的政策，只苛求中国行商集体赔付外商的债务（商欠），却从来不维护本国的行商及其利益，行商告洋状也成了"里通外国"，导致行商纷纷破产。

至于十三行的公行制度，其与东印度公司几乎是不可比拟的。东印度公司实行的是股份制的现代模式，而公行则成了英国人在中英《南京条约》中要求务必撤销的一个重

---

① 〔美〕保罗·肯尼迪著，蒋葆英等译：《大国的兴衰》，中国经济出版社1989年版，第4页。

要条款。

可以说，在制度层面，清廷的"以官制商，以商制夷"这一持续了几百年的外贸制度，是一种沿袭上千年封建传统的产物，根本不可能适应大航海时代世界自由贸易的历史发展潮流，最后只能在强权的炮火下崩溃。

当然，如果上升到国家制度的层面，我们这边是2000年的封建帝国专制，而英国已经历了资产阶级的"光荣革命"以及工业革命。一个已经很落后的极权体制，是很难与一个正在上升的资本主义制度相比较的。制度不同，话语也就不同了，两者之间的对话最后就变成弓箭与炮弹的较量了。

再从思想文化层面看，这个层面上显著的是华夏文化、儒家思想，当然也包括清廷本身的游牧文化的遗存。思想文化的践行者就是人，而承载与体现的，自然是上至皇帝，下至布衣百姓，而中间，则是各级官吏。于十三行而言，便是皇帝—封疆大吏、海关官员（每每由总督、巡抚兼任海关监督）—行商。理清其间的关系，方可揭示其思想文化的根源。

先说说皇帝。

当年，景德镇瓷器上要绘上龙的图腾，而且都是由皇帝钦定的。

康熙钦定的龙是出水蛟龙，冲天一啸，气势非凡，很有自信。也正是康熙，于康熙二十三年（1684）宣布开海贸易，冲破了明清以来的禁海制度，开创了对外贸易新局面。

雍正钦定的龙颇为威严，有一股凌厉之气，励精图治，令心思不正的人望而生畏。雍正对贪婪、奸诈决不宽容。开洋后，他对官渔商利、欺行霸市的恶行雷霆出击，决不手下留情。

而乾隆钦定的龙颇自傲、自恃，这与"十全老人"的自诩是分不开的，他自称"怀柔天下"，其实始终是居高临下，容不得他人对他的才能、品格有任何挑战。

在三位皇帝的御批中，"国计民生"几乎不离口。康熙始终忧虑百年之后，中国会受到外侮——不幸被言中；雍正要的是"河清海晏"；乾隆则是要"怀柔远人"。

至于封疆大吏，我们已介绍了多位，这里选出一位，是在"红溪事件"前后任两广总督的庆复，他坚决反对策楞等要求再度禁洋的主张，也算是比较开明的，我们找到了他的相关奏折。

庆复是针对"福督策楞"的关于暂停与噶喇吧（即巴达维亚。今印度尼西亚雅加达）贸易的条款提出他的主张的："沿海贸易，商民生计有无关碍。"

整个奏折，首先讲的是"国计民生"："伏念广东一省，地窄民稠，环临大海，小民生计艰难，全赖海洋贸易养赡资生……"包括"租借"澳门的西洋人："男妇不止万丁，此辈无田可耕，……就粤而论，籍外来洋船以资生计，约计数十万人。"所以请求皇上恪守"怀柔远人"的信诺："粤省每年洋船进口米，米价顿平，于民食不无小补"，"圣主怀柔无外之至意，请将南洋照旧贸易，毋庸禁止。即噶喇吧一处，洋面相通……尤当示以宽大。"

这自然是符合圣意的。而在外交上，他力主："兹以噶喇吧番目戕害汉人，署闽督策楞恐番性贪婪，再有扰及商船，请禁南洋贸易……适值粤商林桓泰等四船在吧回棹，臣即传询，所言与策楞所奏约略相同……"不过，林桓泰此番去，贺兰（荷兰）国王将"夷目更换，临行又再三安慰"。凭此，"有贺兰商船二只到粤……照常贸易"。也就是说，继续与荷兰正常贸易，以体现乾隆上台后的"怀柔远人"的胸怀。

最后，庆复认为："在天朝本应正法之人，其在外洋生事被害，咎由自取。"并重申，对于出海的中国商人，则"逾二年至以后始归，不复听其出洋；逾三四年，永远不许复出海口"。显然，把这些出海滞归者始终视为"天朝弃民"，国家不仅不管，而且还要加以惩罚。①

据统计，到乾隆二十二年（1757）"一口通商"之时，中国每年出海贸易的商船有90～110艘，到道光十年（1830），增加了一倍多，有220多艘，且船的吨位不小，每艘可载60～80人与大量的货物。

并不是所有中国出海商船当年就能回来，迟个两三年回来的不少，而且在吕宋（今菲律宾）、噶喇吧，中国许多行商设有自己的货栈，来来往往，这么多年，总数逾万，外出者更是数以十万计。出了事不让回国，意味着什么？

我们从庆复的奏折中不难看出三条理念：①不"禁"洋，只是为"小民生计艰难，全赖海洋贸易养赡资生"，而非开放贸易的格局；②为了"怀柔远人"，竟对屠杀上万华人的国家不予任何惩罚——仅仅是通知荷兰人在海口多等几天，但马上因其简单的"安慰"便又放行了，国家、人民的平等无从谈起；③"天朝弃民"观，不是鼓励自己的国民自由出洋交易，相反，对他们赶尽杀绝，这与第二条是一致的。这便是相对开明的封疆大吏的思维，可以代表这个层面的官员的观念。

以上内容体现的三个关键词为：开放——不仅仅是港口的开放，更重要的是观念的开放，但从皇帝到官员并无这一观念；平等——"天朝上国"自不会视自身与"外夷"平等，事实上，把自己的百姓置于更加不平等的可悲境地；自由——贸易的自由与市场的平等交易是分不开的，而本国国民参与自由贸易的自由都得不到保障。

一个不把敢于出洋贸易的本国商人视为富国、开源的功臣，而任"外夷"对他们进行剿杀、剥夺的朝廷，面临大航海时代时又能有怎样的思想准备、制度准备呢？

整个中国，在帝国体制下，就仅有十三行行商在承担着这个不堪重负的自由贸易近现代转型的责任。先行者的艰难、抗争乃至牺牲，就只能以一系列的悲剧予以呈现，而他们却仍然前仆后继。

"红溪惨案"中殒命的中国海商不过是其中一部分，这是他们无法避开的命运。

康、雍、乾三朝在拥有巨大的外贸商品资源的同时，在制度上、思想观念上并不能与国际自由贸易接轨。

而作为"上情下达"的封疆大吏，他们所考虑的绝不是对外贸易的平等互利，更不懂得国际自由贸易的基本准则。

无权无势的行商，他们有的或许很有钱，但随时可能被剥夺殆尽，变得一无所有，

---

① 参见广东省人民政府参事室、广东省人民政府文史研究馆编，刘正刚、钱源初编《广东海上丝绸之路史料汇编·4·清代卷》，广东经济出版社2017版，第197-198页。

甚至被流放、籍没、杀头。但他们当中不乏有识之士。

《蜃楼志》的作者在书中道出十三行行商们的主旨是"裕国通商",希望自己的国家富裕起来,强大起来。而在整个十三行史上,行商不仅与贪墨的海关官吏抗争,也从内心蔑视皇权或极权。他们把自己的金融网络遍布于全世界,而这却是朝廷所不允许的,所以,他们只能是"影子银行"。他们当中更产生了一代启蒙思想家、经济学家,如著名的买办郑观应,他直言"官不仅不可护商,而只能病商",但这已是在十三行终结之后了。唯有他们,早已有了厕身于自由贸易的准备。

但整个中国呢?

前面的论述已为我们展现了雍正年间至乾隆初期行商与外商之间"贸易混乱"形成的全貌。这些"混乱"非常明显地表现出一种开放的态势,对垄断与贪墨一次又一次的抵制与粉碎。如果照这样的趋势发展下去,中国开放的格局显然会大有不同。然而,每当开放出现突破时,却往往被清廷统治者实行的限制政策所扼制,正如英国使者马戛尔尼所说:"这条中国龙时而安详地展开它的身躯,时而因不安而缩成一团。……治与乱的无休止的循环组成了一部不变的历史。"① 也正是由于清廷这种保守的、不彻底的开放,注定让中国走上限关锁国的道路。

另一方面,正由于中国表现出来的开放态势使得外商产生错觉,认为清廷统治者是开明的君主,因此打算让皇帝下令开放更多的中国贸易港口。外商们看到清廷统治者所做的一些开放政策,便不加分析地以他们那种重视经济发展的角度去揣测清廷统治者的想法,可是他们怎会知道这仅是皇帝为了表示"怀柔远人"的政治外交手段,其背后的真正用意在于维护中国封建专制统治。

雍乾时期,西方国家进入近代资本主义社会,它们必须通过不断扩大商品贸易来生存和发展。"资产阶级,由于一切生产工具的迅速改进,由于交通的极其便利,把一切民族甚至最野蛮的民族都卷到文明中来了。……它迫使一切民族——如果它们不想灭亡的话——采用资产阶级的生产方式;它迫使它们在自己那里推行所谓文明制度,即变成资产者。一句话,它按照自己的面貌为自己创造出一个世界。"② 然而,西方国家的变革并没能影响中国,甚至法国国王路易十六之死也没能改变清廷统治者的封建专制思想,反而让乾隆产生进一步加强对民众专制统治的想法。之所以会形成这样的差别,很大程度上在于欧洲封建社会中教会神权是最高权力,皇帝仅是"世俗之剑"的持有者;而在中国,皇权则是至高无上的。虽然中国的统治方式曾受到法国启蒙思想家伏尔泰的认可,但是伏尔泰并没有看到中国统治的实质:虽然也是封建的专制体制,但是是由现实的人来统治,而不是虚拟无形的神。在经历了14—16世纪的文艺复兴及宗教改革运动之后,欧洲封建教会退出主导地位,近代资本主义社会顺利地发展起来。可是中国的情况与之

---

① 〔法〕阿兰·佩雷菲特著:《停滞的帝国——两个世界的撞击》,王国卿等译,生活·读书·新知三联书店1993年版,第40页。

② 〔德〕马克思、恩格斯:《共产党宣言》,见中共中央马克思恩格斯列宁斯大林著作编译局编译《马克思恩格斯选集》第一卷,人民出版社1976年版,第255页。

相反,"中国的皇权自秦始皇之后一直在加强"①。这种专制思想已经无形地扎根于统治者心中。

总之,以谭康官为代表的雍正年间至乾隆初期的十三行行商为坚持国际公平自由贸易原则,与外商之间的"贸易混乱",与海关监督之间的矛盾冲突,以及清廷统治者处理这些"混乱"时所做出的一些开明政策或多或少地反映出清廷的开放姿态,但是当这种开放触及清廷封建专制统治的安全时,统治者就只能牺牲行商的利益来保全其封建统治。这也就是为何当英吉利大班洪任辉想请求进一步开放中国通商口岸时,反而造成限关锁国的结果。那一时期出现的历史逆转现象尽管在现在看来是违背时代发展规律的,是不利于国家发展的,而且由这逆转导致的恶果后来也一一得到证明,但是,值得注意的是,在当时封建专制社会的历史环境下,它是必然会发生的。此外,还需注意,雍正年间至乾隆初期,十三行是作为一个进步因素而存在的,那一时期的开放态势在很大程度上是通过十三行表现出来的,尽管最终没能阻止历史逆转,但是十三行在一定程度上、在一定范围内还是积极地推进了中国的发展。哪怕在"一口通商"的限关锁国政策下,十三行行商的商业行为,乃至他们有意无意地把世界先进的启蒙思想、人文主义引进来,都说明了对于封建帝制而言,商人无论如何都是"一个革命的要素"。

康熙、雍正年间至乾隆初期七八十年的时间里,中国对外经济的发展几经波折。禁海—开海—"一口通商"限关的形成,中国并没有走上开放的道路,反而是逐渐关闭自己的门户。然而,这种求自保的态度,最终还是逃不过被外国的坚船利炮轰炸的结局,鸦片战争让中国被动地打开大门,而伴随着这被动的开放,是惨痛的代价。历史已经向我们证明:自守是不合时代发展的。

17—18世纪的西方国家正由封建主义向资本主义过渡。而中国的生产力发展受到严重阻碍,清政府又实行闭关锁国的政策,造成中国未能与时俱进,从而落伍于世界潮流,与西欧形成明显差别。主要表现在:在政治上,西欧已进入资本主义社会或资产阶级革命时代,其君主制在很大程度上是建立在与资产阶级联盟的基础上的,对历史发展主要起推动作用;清朝则是君主专制强化并达到顶峰的时期,成为历史进步的严重阻碍。在经济上,西欧各国对资本主义经济实行扶植和保护的重商主义政策;清朝实行重农抑商政策,资本主义萌芽发展缓慢,经济难以发展。在思想上,西方的文艺复兴和宗教改革为资本主义发展注入了精神动力,解除了思想枷锁;而清朝专制制度的加强遏制了思想的进步。在对外政策上,西欧在地理大发现后,迅速走向世界,进行海外扩张,进行资本原始积累;而清朝对外推行闭关锁国政策,限制海外贸易。

当今世界经济逐渐全球化,展现出与17—18世纪一般的特点,而且这种趋势愈演愈烈。然而,与以往不同的是,中国已不是从前,当下的中国正积极主动地打开国门,进行改革开放,而且改革开放40多年的成果也证实了这一开放政策的正确性。

此外,其时的"混乱"还带给我们更多的对于当代中国应对经济全球化发展的思考。"全球化"(globalization)一词是概念,也是人类社会发展的一种现象、过程。"全

---

① 李景屏:《乾隆六十年(1795)》,华艺出版社2009年版,第24页。

球化"目前有诸多定义,一般意义上的"全球化"是指全球联系不断增强,人类的生活在全球规模的基础上发展,并且人类的全球意识崛起。国与国之间在政治、经济贸易上互相依存。十六七世纪,西方资本主义国家不断向外寻找市场发展本国经济,其在性质上带有侵略性,但它也是一种全球性的行为,在一定程度上影响了世界的发展。而当时处于封建末期的中国,清廷坚守着自身的专制统治,没有积极地对外开放,阻碍了发展,最终导致被动开放。这对于中国而言是深刻的教训。经济发展是当今世界发展的核心,世界再一次出现全球化发展的态势,只不过,与以前相比,现在是在以"和平"与"发展"为时代主题的背景下进行的。中国没有继续走历史的老路,而是与时俱进、积极主动地开放门户,积极面对全球化的挑战,迎接机遇。历史的教训已经让中国人民深刻地认识到,要想有所发展,不能故步自封地求自保,而应当是更加勇敢地迎接挑战,因为,挑战的另一面往往就是机遇,要是因为害怕挑战,害怕失去已有的东西,不主动面对,那么就很有可能错过机遇,导致发展受阻,反而会令传统无法继续传承下去。

而十三行行商承担得了自由贸易近现代转型的重任吗?

第四十七章 "天朝体制"下的十三行制度

17 世纪后期,大清帝国进入了康熙盛世,为了振兴沿海地区长期凋敝的经济,清政府实行开海通商政策。康熙二十四年(1685),清政府在东南沿海创立粤海、闽海、浙海、江海四大海关,作为外国商船来华贸易的指定地点。正是这些海关的建立,加上清朝海疆政策的历史性转变,使得沿海居民可以出海谋生,海洋贸易空前发达,对外贸易空前发展。但是由于长期的封闭,清政府并没有一个专门的外贸机构来处理外贸事务。为适应对外贸易发展的需要,康熙二十五年(1686)春,广东官府招募较有实力的商家,代表官府与外商进行交易,并代粤海关征收关税,因此,商贸垄断组织——广州十三行重新建立起来。[①] 康熙五十九年(1720),16 家势力最大的行商订立公行行规,垄断对外贸易,十三行进一步发展而成一种共同组织——公行。乾隆十九年(1754),十三行在原有的行商制度基础上建立了保商制,最终形成了一个"以官制商、以商制夷"的贸易管理体制。

我们可以从国家层面梳理出如下所示的进程。

清康乾时期贸易体制进程

年代	年号	内容
1684—1685 年	康熙二十三年至二十四年	开海,"四口通商"
1717 年	康熙五十六年	颁布南洋禁航令
1727 年	雍正五年	废除南洋禁航令,宣布开洋

---

① 参见李国荣主编,覃波、李炳编著《帝国商行:广州十三行》,九州出版社 2007 年版,第 4—6 页。

续上表

年代	年号	内容
1728 年	雍正六年	设立商总制度，加一征收
1736 年	乾隆元年	废除加一征收
1741 年	乾隆六年	"禁洋"之议再起
1754 年	乾隆十九年	设立保商制度
1757 年	乾隆二十二年	"一口通商"

这条线索是以开—禁—限的逻辑走向展开的，也就是说，"一口通商"作为限关，是开与禁之间的折中的选择。于是，"天朝体制"下的官商博弈也就开始了。

在"四口通商"时期，清朝十三行发挥外贸管理重要作用的同时，其官商性质的商人行会身份始终没变。清政府不断地对公行实行特殊政策，公行享受着政府给予的特惠政策。政府成了行商们的靠山、后台，行商成了清政府与外国商人之间的正式媒介。为了经营外贸，广东官府还实行了一套特有的行商制度。行商既代表政府管理外商的活动，又负责办理对外商的一切交涉事宜，兼有商务和外交的双重职责。朝廷管理与十三行制度之间有着千丝万缕的联系，朝廷管理下的行商为了保护其商业上的独有地位，取得商业上的发展，在历史上写下了可歌可泣的一页。

一方面，朝廷在经济上不得不依靠行商。清廷管理体制下的十三行制度鲜明地体现了中国朝廷文化的特征之一——朝廷凭借至高无上的权力，通过制度上的控制来谋求经济上的支持。当然这种支持是由官府以各种名目强加在商人身上的，商人只能"慷慨解囊"，因为商人都清楚地知道，官无大小，都是受命于朝廷而大权在握，所以得罪不得。

清代广州十三行是清廷闭关政策下对外贸易管理的重要组织。十三行制度确立以后，行商正式成为清廷经济利益的维护者。

而另一方面，朝廷在政治上却严格限制行商。

中国曾是高度集权大一统的封建帝国，讲求"仁政"，而仁政以"不与民争利"的经济政策为道德准则。中国传统文化倡导统治者不与民争利。正如孔子所说："放于利而行，多怨。"董仲舒也指出"与民争利"的危害，主张政府官员有俸禄可用就不应经营农工商业，"不与民争利"，这样才有利于那些政府官员之外的人得以谋生。但实际上并非如此。中国封建统治者多是为谋取自身的经济利益而不会去设身处地为民、为商人着想的。这一点在制定十三行制度的清朝统治者身上更是显露无遗。

行商之所以受到清廷政治上的压迫，与清政府一直以来的经济政策有着深刻的关联。中国作为一个农业国，清朝封建政府采取"重本抑末"的传统政策，虽说其目的是为了保护小农经济，防止"舍本逐末"，但是"抑商政策"使中国传统的优秀手工业生产得不到应有的发展。封建朝廷、地方势力和官府官吏等政治经济统治力量强大，而商人的社会地位低下，往往必须求得封建特权和封建官僚的庇护才能有所发展。清代前期，最富有的商人是盐商等皇商，他们替封建权贵聚敛财富，自己只是从中分得很小的一部分。

十三行制度下的行商为了取得政治地位的提升，往往不惜重金捐官买爵，进而亦官亦商，以应对官府的盘剥，甚至官商勾结。

十三行行商一方面代官府处理对外贸易事务，代表清廷管理外商，另一方面又是外商的代言人，外商犯罪要株连中国保商。① 因而，整个商人阶层都在委曲求全，谨慎小心地从事着商业活动，否则就容易招来横祸，倾家荡产。

十三行行商在十三行制度下，没有独立的政治、经济地位，只能借助于清政府的权威来保持自身在对外贸易中的垄断地位。但是，在清廷利益面前，一切都要为之让步。为了朝廷脸面，十三行行商要委曲求全，牺牲自己的经济利益；为了海防的安全，他们勇于担当约束外商在华行为的重任。可以说，十三行制度下的行商是完全被清廷控制的，没有自由权利的。

清朝政府制定政策关注的重点是对外贸易中所有从事贸易的人。以朝贡贸易为政策基点的中国对外贸易至清代"一口通商"时期，清廷的这一政策重心相同。"四口通商"时期建立起来的贸易管理体系所形成的粤海关管理制度和十三行垄断贸易是对外贸商人进行管理成熟的典型表现。广州"一口通商"时期，清政府在对外关系方面的注意力不再是防范海上经商的国内商人，而是防范并严格管制前来贸易的外商。

十三行时期，清廷根据新的情况又陆续颁布了许多条例，如《防范外夷规条》等，整个贸易政策体系的重心凸显无遗。《防范外夷规条》是针对来华的西方贸易商人的部门性专项法规。它是针对中国与西方诸国关系日趋紧张、英商无视朝廷规定恣意妄为，不得已而采取的从严措施，其对外商的限制性规定十分具体，维护国家主权、海防安全的性质最为突出。

与东印度公司相比，制度上对十三行行商的限制莫过于抹杀了中国商人追求自由贸易的权利。东印度公司发展至 17 世纪中期，已经稳定、成熟，基本上是一个有限责任股份公司的商业组织。其最高层管理人员都有着 15 年以上丰富的贸易、管理经验，是从基层经营人员里选拔出来的，可见其人事制度的科学合理性。② 与清朝政府选择家底殷实的富商做十三行总商而没有科学合理的人事管理制度形成鲜明的对比。

清廷的过度勒索，致使十三行行商们资金周转困难，只得靠向外商借贷来维持贸易，引发了行商欠债问题。1786 年，行商颜时瑛、张天球借英国商人银两未能及时归还，英商又利滚利，两位行商债台高筑，最后被查抄家产，发配新疆伊犁。两位行商的财产被官府查抄后，除扣完官饷外，全部作还债之用，不足部分由两位行商的担保人潘文岩等分作 10 年还清。③ 行商破产给外商造成的损失都由其他行商来分担偿还，而外商欠行商的债不还的事情屡屡发生，清廷却不予理会。这样内外夹击，行商们的处境可想而知。

如前所述，洪任辉事件是引发"一口通商"的逆转的主要原因之一，他居然跑到天

---

① 参见高淑娟主编《近代化起点论：中日两国封建社会末期对外经济政策比较》，中国社会科学出版社 2004 年版，第 122 页。
② 参见潘毅《英国东印度公司的起源及性质》，载《凯里学院学报》2008 年第 1 期。
③ 参见李国荣、林伟森主编《清代广州十三行纪略》，广东人民出版社 2006 年版，第 60 页。

子脚下告御状，而其所告的内容，最重要的莫过于行商的欠债，也就是后来研究者最为关注的商欠问题，其中一条是，已故行商黎光华拖欠了东印度公司的货款达5万两。有法国商人更称商欠已高达9万余两。

乾隆皇帝接到洪任辉的诉状，一锤定音，"事涉外夷，关系国体"，一下子就把商欠提升到了"国体"的高度。

而外商欠行商的债务，海关、抚督不受理，他们只关心行商缴关税、还欠饷。后来，有行商上美国告到其总统那里，说美国商人欠他很大一笔债务，人家总统也不管，说归法院管，让他们诉诸法律。

显然，这正是两种制度的不同所造成的。

外国研究者每每以"帝国的面子"来进行阐释，而"面子"一词，固然含有尊严的意义在内，但是，又不仅限于尊严，在某种程度上，过度讲求则已呈病态，一如民谚"死要面子活受罪"。一个封建极权统治的"帝国的面子"被损，在统治者看来，其后果很严重。也正是因此，黎光华死了还不了债，结果不仅仅让行商们分摊了黎家的全部债务，偿还了全部对外商的欠款，而且其儿子也被流放。当然，其在福建的家产被查抄，"生前所欠各夷馆的银数，按股匀摊，以示平允"。

且不论这些商欠形成的原因——如为应付海关的勒索而不得不向外商借支，外商也趁机提高利息，等等；对商欠的处理方式对行商来说也颇为严苛：只问责、追索欠资的行商，而不追究外国商人的欠资与高息。时任两广总督李侍尧指出："近年狡黠夷商，多有将所余赀本盈千累万，雇请内地熟谙经营之人，立约承领，出省贩货，冀获重利。即本地开张行店之人，亦有向夷商借领本银纳息生理者。"①

迄今，仍有人津津乐道当年外商称赞广州制度是世界上最好的制度，他没看到，清廷为维护"帝国的面子"，不惜以牺牲行商的利益为代价，甚至以最残酷的手段保证外商的资本不受侵犯——无论这资本是否因外商高利贷而致畸高。

但愈是这样，商欠的问题愈严重——鸦片战争索偿的商欠达300万两白银，内中大多为烟价，而所谓"赎城费"的600万两白银也同样是烟价，却由未卷入鸦片交易的行商偿还，因此夸赞广州制度"最好"，这是一个主要原因。

这也是国家制度对于广州制度的"型铸"。

尽管行商的"影子银行"已参与世界的工业革命之中，行商谙熟西方先进的金融运作的模式，但是，没有法制的保证，在清廷的意志下只能是一败涂地，因为，清廷的逻辑与市场截然不同。

极权统治下的信用只对皇帝一人而言，唯上而下。

外商正是抓住这个"国体"，况且也无法律途径可循，有行商欠账不还就告，一告即立竿见影；不行，则以炮艇相逼——把商人的钱向清政府宣称为"国家财产"，提升到中国人所认为的"最高价值"上。十三行八大家之首的潘家也"享受"过这一"待

---

① 广东省人民政府参事室、广东省人民政府文史研究馆编，刘正刚、钱源初编：《广东海上丝绸之路史料汇编·4·清代卷》，广东经济出版社2017年版，第122页。

遇",欠了8万两,加上其他行商所欠,英国驻印度海军司令爱德华·弗隆则派出战船"海马号"向他下达通牒,通过广东官员上呈北京,要求赔偿。①

在传统的"士农工商商为末"的大环境下,十三行行商的地位对于明清两朝政府而言是颇为尴尬的。亚当·斯密在《国富论》中说,对农业、制造业、出口商品而言:

> 当任何一个国家的资本不足以同时投入在这三种用途上时,如果将大部分用在农业上,它所推动的生产性劳动将是比较大的,它所增加的社会土地和劳动年产值也将是比较大的。除了农业之外,投入制造业的资本所推动的生产性劳动量最大,所增加的年产品的价值也最大。投入出口商品的资本是三者中效果最小的。②

除了"士"之外,这里"农工商"的排序显而易见。

对十三行而言,清政府是谈不上投资的,反而是从中索取,乃至勒索,故亚当·斯密亦认为:"据说古代埃及人从不注意对外贸易;众所周知,近代中国人极为轻视国外贸易,不以法律正当保护国外贸易。"③

亚当·斯密写下这一段文字时,正值十三行贸易极为兴盛,而且与英国东印度公司的贸易在"一口通商"后20年几达顶峰之际,他为何会产生这样的看法?不仅仅是因为"加一征收"名义上被废除了但实际上变本加厉,也不仅仅因为引发"一口通商"的英国大班洪任辉在澳门被"圈禁",更因为其间陆续爆发的行商们的"商欠"等问题,以及公行的几废几立之变化,关心经济的他对这些自然有所了解。

广州制度及其主体十三行制度从形成到终止,历经300年(从1557年形成广州—澳门二元中心算起),可以说,没有哪个制度会呈现出如此复杂、如此多变及如此漫长的历程。

一般说来,十三行的演进代表了中国从朝贡制度向市场贸易制度的转变,从闭关锁国到开放门户的转变,更重要的是,代表了中国经济从古代的自然经济向近代的市场经济的转变。当然,直到十三行结束,这些转变并不曾最后完成。

十三行设立的初衷是什么?自然是为朝廷掌控对外贸易,或者说是朝贡贸易。当时,朝廷为了显示"八方来朝"的威风,不惜以数倍的货物"赏赐"进贡的国家,大有居高临下、安抚远夷的"气度"。所以,早期葡萄牙、荷兰才不顾几年一贡的规定,能来则来,好获得加倍的利润。朝廷赏赐不计本钱,可人家是以赚钱为目的,可见双方"计算"的方式不一样。明嘉靖年间,广州"准贩东西洋"的"交易会"就是这样"各取所需"的。到了清康熙年间,又分出贡舶贸易与市舶贸易,如泰国等来的为贡舶,而西洋来的则被视为市舶,这也可以算作最早的"双轨制"了,允许二者并存,这是对外的。

---

① 参见〔清〕梁廷枏总纂,袁钟仁校注《粤海关志》(校注本)卷二五《行商》、卷二六《夷商》,广东人民出版社2002年版。
② 〔英〕亚当·斯密著:《国富论》,唐日松等译,华夏出版社2015年版,第165－166页。
③ 〔英〕亚当·斯密著:《国富论》,唐日松等译,华夏出版社2015年版,第166页。

于内，则是"士农工商商为末"，出国经商者更成了"奸民"，所以才有"禁洋令"，不允许本国商人出洋或从外洋回来。这是十三行制度的思想基础。乾隆在回复马戛尔尼拜寿函的时候，称"中华物产丰富，无所不有，原不仰赖别国货物"，拒不恢复"一口通商"时关闭的口岸，更不允许新开口岸，仍视外商为"朝贡"，本着"薄来厚往"的原则，赏赐多几倍的礼品，更一口回绝对方要求，依据便是"与天朝体制不合，断不可行"。

可见，从朝贡贸易向市舶贸易转换，其时还有漫长的路要走，最大的障碍便是朝廷的"天朝体制"，这就是本质所在。制度的实施也就有了更多的不确定性，而且几乎谈不上达到其预期效果，如对商欠一次又一次的规定，非但不能扼制商欠的发生，相反，愈演愈烈，直到不可收拾。正因为缺乏科学的考量，尤其是法制社会的公平、公正与公开，制度本身的缺陷也就显而易见了。

统治阶级思想上的顽固不化，正是这一制度的死结。"商欠"与"帝国的面子"构成了行商制度致命的症结。于是，在内外压力下，这一制度唯有走向崩溃。

第四十八章　十三行与晋商、徽商的兴衰比较

同属中国十大商帮的晋商，在中国商界存在了500多年，因经营票号业务适应了商品经济发展，迎来了良好声誉。与十三行一样，其兴盛及衰亡同样与清廷有着密切的关系，朝廷渗透在其商业经营活动的方方面面。不同的是，十三行行商的对外贸易是面向整个西方国家的海上贸易，而晋商所进行的是与以俄罗斯为主的国家的陆路贸易。在清廷制定的一系列十三行制度的限制下，十三行成为清廷外交和商务往来的工具，虽然不少商行终因"商欠"而倒闭，但面对朝廷的压榨和勒索，其也有积极应对的一面。晋商由于其经营票号的特殊性，加之所处时代与十三行行商不同，与官府联系密切的同时，也为其衰败埋下了一颗定时炸弹——其命运随清廷兴盛而盛，随清廷衰亡而亡。

明清时期，商品经济的发展促使官商结合，官僚以权力取得商人经济上的支持，商人以财富取得官府的保护成为"官商""皇商"。尤其是票号产生后，由于太平天国运动和捻军起义造成交通阻隔，清政府的税款、军饷转运与调拨发生困难，票号便承担起此重任，并为官府提供借垫协办各饷、筹措偿还外债及推销国内股票的服务。甲午战争后，票号还承担了一些省份的汇款、承汇商款及清政府向四国银行借款与还息的办理，与清政府的关系日渐密切，进而成为清政府的财政支柱与财务办理机构。

同时，票号与清政府有着很多的机缘。20世纪初"庚子之变"时，慈禧太后出逃，在山西得到大德通票号的救助，由此票号深得朝廷信任，开始经营各省解缴中央的全部款项，《辛丑条约》中赔付给各国的款项也由票号汇结。通过票号，晋商与朝廷官僚的联系愈密，不仅在经济上取得了丰厚的利润，在政治上也获得了更多的保障，社会地位迅速提高。

正是由于晋商与清廷有着密切的联系，才赢得了票号的黄金发展期，但也因此晋商交易对象单一，获利渠道狭窄，存亡风险走向两个极端：社会稳定，风险最小，获利巨

大；社会变迁，风险升至最大，可能赔上全部资产。

首先，票号的存款来源主要是朝廷和权贵，这与社会安定与否有着直接联系。社会安定时，因票号资本丰厚，即使借款或透支都不成问题，而且所收公款不予付息，获利为最大；反之，社会动荡之时，大量甚至全部存款被取走，或借款成为死账，导致很多票号倒闭。随着清廷对国内农民起义的镇压，社会动荡，工商业遭到严重破坏，晋商的资本无存；而外国资本主义的入侵，同样使晋商在各地的产业遭受严重破坏与掠夺，雪上加霜的是，外商还抢走了晋商的对外贸易。遭受破坏又失去了存款来源的晋商奄奄一息，无从发展了。

其次，票号对政府一贯的突出表现，使之成为清廷经济索取的重要来源。鸦片战争后清廷面临巨额赔款，国库空虚，需要更多的捐输、捐纳，于是要求山西绅商捐200余万两白银。在镇压太平天国运动期间，清廷向全国商人推行捐借政策。咸丰三年（1853），全国捐银424.7916万两，其中山西捐银159.93万余两，占总额的37.65%，位居各省之首。这种捐输一直持续到咸丰五年（1855），山西绅商共捐银303万两，欠下17万余两，实在无力再交。清廷的压榨使他们无力应对，在捐输政策下，晋商走向没落。

与十三行相比，二者均是清廷经济的重要来源之一；但因经商方式和范围不同，受官府的影响程度也不同。十三行与外商贸易是直接进行的，清政府只是通过十三行制度来掌控十三行，并不能直接影响其贸易。因此，行商可以通过变换经营策略来逃避官府的敲诈，但在清廷的敲诈勒索下，许多行商最终因"商欠"而无法振作。而晋商所经营的票号主要是直接与清政府官僚进行，虽没有制度上的限制，却离不开官僚，否则就没有了经济来源。由于过度依赖官府，加之战争爆发造成的损失惨重，随着清廷的飘摇，晋商也销声匿迹了。

毫无疑问，中国封建朝廷下的商人命运的兴衰，与朝廷的命运紧密相连。清廷闭关锁国、"怀柔远人"的政策不会"帮"商，只会"病"商。

兴盛于明清时期的徽商是中国传统十大商帮之典型代表。在中国商界有400年历史的徽商有着深厚的传统文化底蕴，在封建朝廷文化下折射出儒商经营的特色。徽商以其宗族势力展开商业竞争，建立商业垄断，借助宗族势力投靠封建政权，演绎了其历史上辉煌的一页。但最终受封建小农意识所限，忽略了时代发展中市场行情的变化，没有及时应对时代发展而改变其经营政策，在清政府和外国资本主义的挤压下走向衰败。

与同属十大商帮的粤商一样，徽商也是封建朝廷经济之重要来源，在官商勾结中谋取利益。但主要经营盐业的徽商在朝廷政策下与十三行行商有着截然不同的遭遇。

明清时代，徽商已有将其商业资本投向生产领域的迹象，但大多"本重而利微，折阅者多，亦外强中干矣"①，表明商业资本发展艰难。当时徽商正处于封建小农经济向资本主义过渡的时期，封建势力相当强大，徽商投资的主要趋势是向大地主、官僚靠拢，其生活奢侈浪费，徽商商业资本在统治者所奉行的重农抑商政策和专权制度的挤压下艰

---

① 张海鹏、张海瀛主编：《中国十大商帮》，黄山书社1993年版，第470页。

难发展。

徽商同样受到官府的欺压。为了改变这种状况，徽商利用其得天独厚的条件，借助其宗族势力投靠封建政权，以求得自身的发展。徽州因其深厚的文化底蕴，入仕途者众，为徽商联络封建政治势力提供了优越条件，加之徽商大多具有相当的文化素养，儒贾结合，也利于他们与官府交往。在专营商品的经营上，徽商充分发挥他们与封建政治势力结合的优势。在盐成为世袭专卖品之后，全国各帮商人竞相争取食盐的专卖权。此时，就要看谁与官府关系密切。徽人历来有重视培养宗族子弟的业儒传统，徽州各宗族普遍重视文化教育，这对徽商素质提供了保证，宗族势力又为徽商提供有力的政治支持，这些都利于徽商以强大的政治靠山和自身"亦贾亦儒"的素质挤进官商的行列，享有商业上的垄断。这是徽商在与官府的关系中和十三行表现出的不同的一面。

与官府联合经商给徽商提供了商业上的垄断。一方面，可以赚取丰厚的利润；另一方面，这样的结合使得徽商的经营道路变窄，一旦政府不支持，后果不堪设想，这一点与晋商有着相似之处。如道光十二年（1832），清廷整顿盐业，实行票盐法，使大商人失去了垄断权，徽州盐商的致富渠道被堵，渐渐走向衰落。再者，商人与官府形成钱权关系也容易被卷入政治斗争的漩涡中，以"富可敌国"的徽商胡雪岩最为典型，他正是李鸿章与左宗棠争夺政治权力的牺牲品，同时又受到外商的强力竞争和排挤，而根深蒂固的封建商业经营方式使他跟不上世界市场行情的变化。光绪八至九年（1882—1883），在国际生丝市场萧条的情况下，生丝价格大跌，他却为了挽回对市场的垄断，以高价大量收购，最终导致损失惨重，从此衰败。

在封建政治势力提供政治保障的情况下，徽商的兴衰与封建王朝的兴衰便紧紧联系在一起了；同时，徽商的封建性使其商业经营跟不上时代发展的潮流，最终随着清王朝的日益衰败而衰落。

在清廷一系列制度的限制下，十三行成为清廷外交和商务往来的工具，其衰败与晋商、徽商有着相同的根源：商人必须寻求政治上的支持才能发展，依附于清廷，受清廷经济盘剥，必然与清廷同盛衰。不同的是，十三行与徽商都是依靠官府的政治支持取得垄断，而晋商不仅依靠官府的政治权利，还依赖朝廷的物资经济，这种过度的依附性决定了其命运必然与清廷的命运紧紧相连，走向衰败成为必然。

不过，十三行虽然终结了，不少行商却因为与"夷行"的关系，"摇身一变"成为买办，这是后话了。

亚当·斯密在《国富论》中表达了他对中国贸易的看法：

> 中国的政策，就特别爱护农业。在欧洲，大部分地方的工匠的境遇优于农业劳动者，而在中国，据说农业劳动者的境遇却优于技工。在中国，每个人都很想占有若干土地，或是拥有所有权，或是租地。租借条件据说很适度，对于租借人又有充分保证。中国人不重视国外贸易。当俄国公使兰杰来北京请求通商时，北京的官吏以惯常的口吻对他说："你们乞食般的贸易！"除对日本，中国人很少或完全没有由自己或用自己船只经营国外贸易。允许外国船只出入的海港，亦不过一两个。所以，

在中国，国外贸易就被局限在狭窄的范围，要是本国船只或外国船只能比较自由地经营国外贸易，这种范围当然就会大得多。

制造品常常是体积小价值大，能以比大部分原生产物更小的费用由一国运至他国，所以在所有国家，它们都是国外贸易的主要支柱。而且在幅员不像中国那么广大而国内贸易不像中国那么有利的国家，制造业亦常需要国外贸易来支持。设无广阔的国外市场，那在幅员不大仅能提供狭小国内市场的国家，或在国内各省间交通不方便而国内某地生产物不能畅销国内各地的国家，制造业就没有好好发展的可能。必须记住，制造业的完善，完全依赖分工，而制造业所能实行的分工程度，又必然受市场范围的支配，这是我们曾经说过的。中国幅员是那么广大，居民是那么多，气候各种各样，因此各地方有各种各样的产物，各省间的水运交通，大部分又是极其便利，所以单单广大国内市场，就够支持很大的制造业，并且容许很可观的分工程度。就面积而言，中国的国内市场，也许并不小于全欧洲各国的市场。假如能在国内市场之外，再加上世界其余各地的国外市场，那么更广大的国外贸易，必能大大增加中国制造品，大大改进其制造业的生产力。如果这种国外贸易，有大部分由中国经营，则尤有这种结果。通过更广泛的航行，中国人自会学得外国所用各种机械的使用术与建造术，以及世界其他各国技术上、产业上其他各种改良。但是在今日中国的情况下，他们除了模仿他们的邻国日本以外，却几乎没有机会模仿其他外国的先例，来改良他们自己。

古埃及和印度政府的政策，似亦比较有利于农业，比较不利于其他一切职业。①

亚欧大陆两端相距万里，亚当·斯密的视角与见解，不无参考意义。

---

① 〔英〕亚当·斯密著：《国富论》，唐日松等译，华夏出版社2005年版，第650－651页。

卷十　公行兴废

第四十九章　公行组织重新浮出水面

"一口通商"对广州格外"开恩",所以不曾妨碍十三行的红火。

下面的数字可力证。

乾隆元年（1736）,粤海关正税为白银43564两。

乾隆五十六年（1791）,即"一口通商"之后,粤海关正税为白银1127562两。

嘉庆十年（1805）,粤海关正税为1641971两。

也就是说,70年间,粤海关正税增加了40多倍,这不能不说是一个惊人的数字。对于已经"坐吃山空"的大清国来说,至少,皇帝的花销就不用愁了。这是一个闭关锁国的封建国家唯一的"外财",少不得。

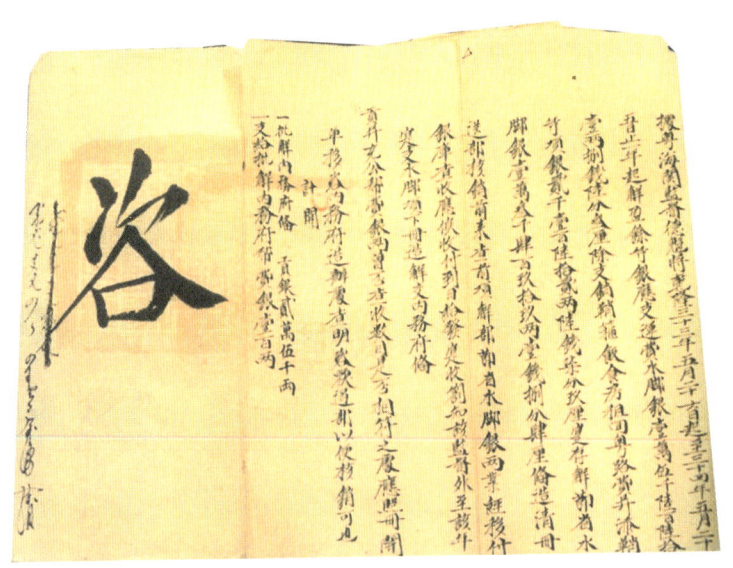

户部为粤海关监督德魁筹备贡品银两事致内务府的咨文
[乾隆三十六年（1771）五月]

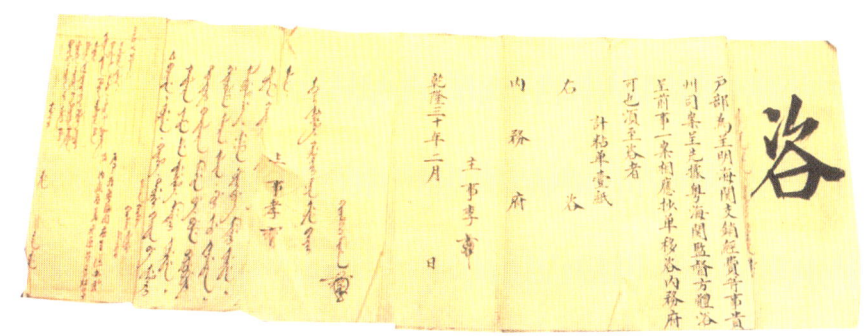

户部为粤海关办理贡品及内廷应差匠役所需银两数目事
致内务府的咨文（满汉合璧）
[乾隆三十年（1765）二月]

在马士的《编年史》第五卷中，作者在北京美国使馆找到了广州公司的"记录副本"，里面有"诺曼顿号"的账单。在该卷1750年的记录中，先后增加了谭天官、谭秀官、谭赤官的相关内容，从名字第一次出现的地方我们可以发现，其中的谭天官（Ton Teinqua）与1736年"诺曼顿号"账单中的谭天官应为同一人。

"诺曼顿号"的账单颇有意思，账目很完备，而且清楚。把它撮要提出，可以说明该时期贸易的一般特点，马士的《编年史》中亦列出了：

资金的账目如下：

	发票价值	售得
	两	两
银圆，139520盎司	115497	115497
铅，2000英担	4708	6255
长厄尔绒，100匹	598	900
外运商品费用	1113	
	121916	122652

大班从商人处购入回程投资如下：

	两
少启官（Young Khiqua）：茶叶、瓷器、南京布、黄金	50348
德少和西蒙（Texia & Simon）：茶叶、黄金、西米	38317
厦门菩萨（Amoy Joss）：茶叶、瓷器	9265
老葵官（Old Quiqua）：茶叶	4653
黎安官：茶叶、瓷器	3513
费利克斯（Felix）：茶叶	254
田官和球官（Teunqua & Gowqua）：茶叶、瓷器	486

葵官：瓷器 653
添官（Timqua）：瓷器 389
先官：瓷器 53
条官（Tuqua）：瓷器、西米 592
万有义（Manuel）：瓷器 416
卢官（Rowqua）：茶叶、瓷器 1422
罗宾（Robim）：瓷器 216
铁籽（Tequa）：瓷器 186
秀官：瓷器、西米 1065
秉记：茶叶、瓷器、西米 1540
唐(作者按：即本书中的"谭"姓。后同) 天官（Ton Tienqua）：茶叶 678

在近几年来，曾经与唐康官和秀官签订主要合约，但前者的名字没有在这个表上出现；而从秀官处只购入瓷器和西米，这些货物是不需预付款项的。

构成回程投资的商品账目如下：

	两
黄金，2276 两重，93 成色	25561
瓷器，285 箱	8097
西米，183 担	634
茶叶：武夷，1446 担	21375
工夫，298 担	6869
白毫，50 担	1220
色种，29 担	1434
瓜片，195 担	4773
贡熙，390 担	19163
贡熙，细茶，24 担	1317
贡熙，二级，393 担	10192
松萝，482 担	10646
南京布，2560 匹	896
广州布，2010 匹	2894
各种织物	39
广州商品费用	6042
	121152

加上存放在唐康官处的 1500 两，这个结算账户就与售得的款平衡。①

这份账单上出现了 20 位行商的名字，这恐怕与乾隆皇帝登基，活跃海贸是分不开的。不过，这也是谭康官最后一次出现在史料中。没有关于他去世的外文记录，后来的谭赤官于 1870 年去世却留下了文字记录。

而新提到的减免规礼银 1950 两的事，应与十多年前谭康官争取减免 10% 的礼银有关联：

保商唐天官（Ton Tienqua）代我们申请离港执照时，他乘机提醒海关监督，他曾应允减低规礼银 1950 两。为使这次的减免能够成功，我们事先答应馈赠书吏现银 200 两，其他礼物 140 两。因此，保商觉得不难完成他的任务。这个地方，什么都是买卖关系的。

此次的减免是没有先例的，海关监督吩咐要严守秘密，以免其他欧洲人效尤。而当大班要谒见海关监督以表示感谢时，他推说公事忙，避而不见。②

1754 年，则是谭赤官（Ton Chetqua）充当英国商船保商的事：

按例，粤省每年向皇帝进贡珍奇物品三次。购买此项物品的价款，由朝廷按年拨付银 50000 两，后来减为 30000 两。此项价款一半用于到北京的长途运输费用，剩下的一半是不足以购办各种珍奇物品的。这件头痛的差事，总督固然不愿负担，而海关监督（他的职责是提供这些珍奇物品）也不愿自己拿钱补上，因此，就把负担转嫁到被承保的商船上。

8 月 7 日，海关监督指定四个行商［唐赤官（Ton Chetqua）、潘启官、昭少（Suesia）和昭官（Teunqua）］为英船的保商。翌日，他们提出辞职，但未成功。不过海关监督宣称：

四位行商求见海关监督，要求不做英船的保商。但海关监督拒不接见，四位行商坚持明天早上再往辞掉保商职责。③

关于征收税款的责任，将由全体行商负责，而不要四人单独负责。如此，就算结束了 1754 年贸易季度英国大班反对保商制度的争端。

1755 年，又有这样的记录：

---

① 〔美〕马士著：《东印度公司对华贸易编年史（1635—1834 年）》第一、二卷，中国海关史研究中心组译，区宗华译，中山大学出版社 1991 年版，第 252–254 页。
② 〔美〕马士著：《东印度公司对华贸易编年史（1635—1834 年）》第四、五卷，中国海关史研究中心组译，区宗华译，中山大学出版社 1991 年版，第 422 页。
③ 〔美〕马士著：《东印度公司对华贸易编年史（1635—1834 年）》第四、五卷，中国海关史研究中心组译，区宗华译，中山大学出版社 1991 年版，第 430 页。

因为1754年大班的努力已经失败，保商制度仍然实施；行商不得不勉强承担这项责任。

我们请秀官、廷官和求官为"乔治王子号"的保商。秀官在事前，就先行决定武夷茶每担的价格为18两银子，我们告诉他，如果提出这样的条件，我们就不敢打扰他了。

[8月9日] 我们请田官为"乔治王子号"的保商，他立即接受。

同一天，帕尔默指定松官［Tsonqua（Tsouqua）］做通事，并租唐秀官（Ton Suqua）的隆兴行（Long-hing Hong）为商馆，租银800两。①

这里出现的是谭秀官（Ton Suqua），不过，租借商馆一事，在谭康官时已发生过，可见谭家早就从事这一租借业务。而马士的《编年史》中亦有注"秀官即赤官"。

也就是在"一口通商"的大背景下，公行组织又一次浮出了水面。史籍中是这么记载的：

乾隆间，有闽人潘启者，熟于洋商贸易事，条陈商办官办得失。总督李侍尧请于朝，置户部总商，每岁保税保征，除旧额外，正款可加四十余万，平羡银余可收百万。奏入，许之。

....

乾隆二十五年，洋商潘振成（作者按：即潘振承）等九家呈请设立"公行"，专办夷船，批司议准。嗣后外洋行商始不兼办本港之事。其时查有集义、丰晋、达丰、文德等行，专办本港事务，并无禀定设立案据。其海南行八家，改为福潮行七家。②

从上面的文字中可以看出，清廷首次将与西方的贸易从整个的对外贸易中划分出来，"外洋行"则成为清政府首次正式批准的公行组织。行商的初衷一如往昔，试图垄断利润较大的西洋贸易，排挤其他的散商。

外舶多了，行商本只想办挣钱多的西洋货税，好落个又轻松又好赚的生意。可清廷早已意识到，公行只能成为其手中的工具，通过公行，清廷既能在与西洋贸易中获取巨大的利益，又可以强化控制行商手中的商业资本，令他们终身为王朝的政治与经济卖命，可谓一箭双雕。因此，清廷借机令公行制度化，从而完善了朝廷对外贸的管理体系。

关于公行的性质，过去有不少争议，有人认为这是一种外贸体制，有利于对外贸易，是积数十年外贸经验而制定出来的，对经济上的相对开放不无裨益。其依据是，在这之后，外舶来十三行的船只数几乎成倍增长。在设立公行之前，乾隆十九年（1754），到港

---

① 〔美〕马士著：《东印度公司对华贸易编年史（1635—1834年）》第四、五卷，中国海关史研究中心组译，区宗华译，中山大学出版社1991年版，第436页。

② 〔清〕梁廷枏撰，袁钟仁点校：《粤海关志》卷二五《行商》，广东人民出版社2014年版，第491、496页。

洋船27艘，税银仅52万两；在设立公行之后，乾隆五十五年（1790），到港洋船增至83艘，税银达到110万两；及至道光二十年（1840），到港洋船更多达一年200艘，税银达到180万两。十三行成了清政府滚滚而来的财源。

可仔细辨析，就不是那么一回事了。

大英帝国的海上扩张已是既定方针，虽说公行制度给它们带来了不少麻烦，可它们在不断地向这一制度的挑战中也强化了自身的适应能力，所以，这一制度阻碍不了它们的东方之梦，更何况后期的鸦片贸易占了上风。所以，光看数字还不能完全说明问题。

说到底，公行制度的实质，是闭关锁国政策的工具，实际上隔断了中国与外国的政治、经济联系，是清廷"以官制商、以商制夷"策略的产物，朝廷利用公行作为中介，让十三行行商充当政府与外商对话的传话者。

最早有反应的当然是外商。他们猛烈地抨击公行，称它是"一个有限制的交易媒介，毫无效率可言"。

而十三行行商也发现，自己倡议成立的这个组织成了一个"紧箍咒"，使自己陷入清政府的严密控制之中，从而身不由己。公行成立前，行商多少还有一点自由空间，而此时，则被压迫得一点空间也没有了。这种商业的"保甲"制度，使十三行的经营被严苛的封建体制所统治与限制，要积聚商业资本，更是大不如前。

本来，商业城邦在西方是天然的反封建的基地，而在中国，十三行反而成了封建帝国苟延残喘的"输氧管道"，这实在是匪夷所思。因此，从一开始，外商便设法予以抵制。

在马士的《编年史》中，我们可以一窥公行的作用：

> 现在可以明确地说，公行（后来就正式采用这个名称）已经牢固地确立，并保有全部的特权；但它是在海关监督控制之下，作为从对外贸易抽剥巨额财源的工具，首先为了海关监督的利益，广州的官吏和北京朝廷通过它亦间接地获得利益。①

于是，近3个月的抵制开始了，这也是马士的《编年史》中所记载的：

（1760年）洛克伍德的管理会于2月7日开始办公，至5月才与人签订合约。3月24日，他们记载：

"我们仍不能签订任何合约，行商很少到来，我们希望尽量拖延，以便阻止行商在前几个月已打算组织公行的企图。我们认为如果高级官员不给他们以强有力的赞助，他们是不能坚持他们的计划的……而我们有充分的力量说服瑞典商人和我们采取同样的行动，拖延订约时间。我们有希望能够得到有利的条件。"

大班进行分化行商的工作。一个月之后，他们通知赤官，如果他们中的两人或

---

① 〔美〕马士著：《东印度公司对华贸易编年史（1635—1834年）》第四、五卷，中国海关史研究中心组译，区宗华译，中山大学出版社1991年版，第404页。

三人到来，可以和他们分别签订合约，而且，"这样就可以阻止公行的成立，我们的绝大部分生意就不会被他们所垄断。他说他没有赞成要这样做，他还愿意破坏这个计划，他答应通知瑞泰同来。"

5月1日，他们记载，行商仍坚持，并拒绝个别签订合约。瑞典商人的情况和他们一样，仍未做任何交易。2日，行商在价格方面表示一些小小的让步，"他们知道我们在茶叶方面不肯出高价"。但到了4日，我们和其他行商交谈，发觉不能指望得到比潘启官所提出的价钱更便宜。而贸易季节又快到来，我们请行商（逐个）到来，和他们签订合约。

5月4日与潘启官、廷官和王三爷，5日与赤官、瑞泰、石康官、田官、杨第爷（Yongtiye）、志官（Geequa）和福泰，6日与周官等签订合约。正如上面记载所指出的，全部行商的各种茶叶价格都是相同的。7月23日，我们还发觉"有害的公行"仍然存在，我们不惜任何牺牲进行反抗。当其他国家的商船驶到时，他们亦采取联合行动。①

这种"碰撞"中，赢家未必是行商，因为，"黄雀"在后，真正"通吃"的是海关，是清政府。其实，此前，乾隆皇帝就办理了第一件商欠案，那是因洪任辉告御状而引发的。

第五十章 显与隐：两个"十三行"

乾隆二十三年（1758），十三行行商、顺德人黎光华去世时欠下了进口税饷5万余两，不能完纳，英国商船大班洪任辉告御状，乾隆则下令查抄变卖了黎光华在广州与福建的家产，予以抵债，不足的数额由其他行商与地方"按股匀还"，令行商叫苦不迭。

若干年后，公行制度历经反复又再度巩固之际，乾隆四十二年（1777），英国东印度公司管理会又一状告到了海关，称这一年有应收款74542两未到账，涉及六位十三行行商，其中丰进行倪宏文欠银11762两无法偿还，粤海关代还了11216两，乾隆又御笔一挥，将倪宏文抄家革职，流放到伊犁。

这是清宫档案中的又一个"第一"：第一个由皇帝亲自批准抄家、革职、流放的十三行行商。

3年后，即乾隆四十五年（1780），又发生泰和行颜时瑛欠外商款1383976元（合996463两白银）、裕源行张天球欠外商款452418元（合335740两白银）的商欠事件，之后，这两个行商相继"执笠"（粤语"倒闭"之意）。

于是，刑部会奏言：

---

① 〔美〕马士著：《东印度公司对华贸易编年史（1635—1834年）》第四、五卷，中国海关史研究中心组译，区宗华译，中山大学出版社1991年版，第505页。

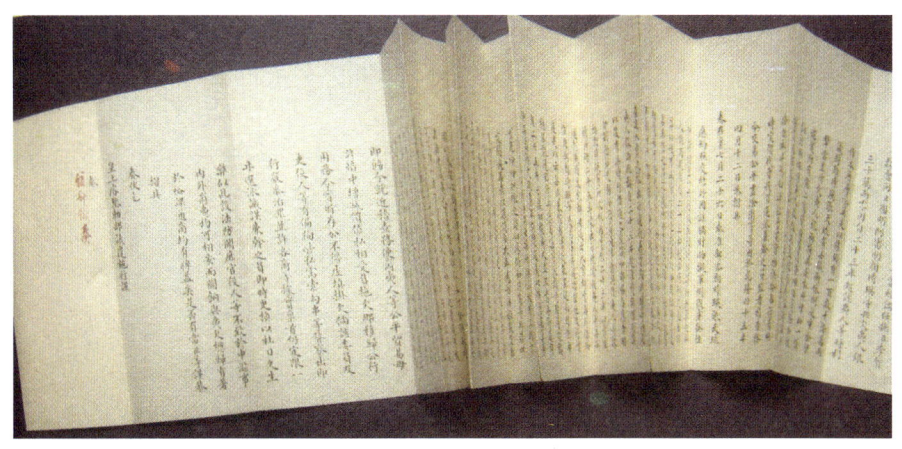

查办颜时瑛等欠"夷商"银两的奏折
[乾隆四十五年（1780）]

广东巡抚李湖等奏称广东行商颜时瑛等，借欠夷商银两，分别扣缴给还一折。奉朱批……查例载：交结外国，诓骗财物，发远边充军等语。今行商颜时瑛、张天球明知借欠奉有例禁，乃不将每年所得行用余利，撙节归还，任夷人加利滚算，显存诓骗之心，应如该抚等所奏，颜时瑛、张天球均应……革去职衔，发往伊犁当差……所有泰和、裕源行两商资财、房屋，交地方官悉行查明变估，除扣缴应完饷钞外，俱付夷人收领。其余银两，着落联名具保商人潘文岩等分作十年清还，庶各行商人不能私借夷债，并不敢混保匪人。而放债之夷人，既免追银入官，且原本之外，多得一倍，益感天朝宽大之仁。①

而潘家成了"冤大头"。如史料所载：

此案联名具保商人共六家，他们共同禀称：他们和颜时瑛、张天球"谊属行友，今伊等负欠夷人银两，力不能偿，商等情愿遵照定限，十年代为完缴，每年应完银六万余两。商等共同酌议，各行与夷人交易，所得行用，原系行中火家（注：古代兵制，十人为一伙，引申为伙计）口养赡之需，今情愿将各行每年所得行用，尽数归入公行，存贮公柜，先尽代赔夷欠及公费，所有余剩，再行按股均分，交回各行，以为行中火足之用。"②

---

① 〔清〕梁廷枏总纂，袁钟仁校注：《粤海关志》（校注本）卷二五《行商》，广东人民出版社2002年版，第492页。

② 〔清〕梁廷枏总纂，袁钟仁校注：《粤海关志》（校注本）卷二五《行商》，广东人民出版社2002年版，第492页。

连潘家自己也欠上了。当然,这也是因为贸易的发展,外商不再在做完交易、结清账目后即同船只一道离去,而是建立来往存款账户,由英国东印度公司的管理会代理,交易一完,船即可离去,款项便由管理会来收。因此,欠款也不足为奇,日后大多可以还上,公行也起到调节、缓冲的作用。

从史料上看,到了后来,公行已是不堪重负,公行的头头最后也成了"冤大头"。

而早年的隆兴行有大量的瓷器贸易的记录。在"乔治王子号"与行商瓷器结算账款中,有秀官的记录:

绘有广州商馆图案的水果酒碗

秀官	装箱号		两	两
26 箱,内装				
10236 只浅碟、青花瓷	1	单价	0.033	337.788
200 套餐具,每套盘 3,碟 12	2	单价	1.000	200
4188 只水盘,青花瓷	3	单价	0.014	58.632
742 只咖啡杯,青花瓷	4	单价	0.010	7.400
				603.820
		扣除 2%		12.070
				591.750①

而同年粤海关监督关于对欧洲人贸易的命令中,亦提到"行商保商启官、蔡昭官、赤官、蔡康官、瑞泰及潘启官"送呈的禀帖。而总督与海关监督联合公布的禁止来领执照之铺户对外贸易令中,亦同样按顺序提到这 6 位行商。

1759 年,赤官仍以瓷器交换铅。虽然尽量掩饰物物交换制,但记录上仍时有出现:

2 月 9 日。赤官通过托里阿诺向我们买铅,每担银 3 两,条件是以瓷器交换。这

---

① 〔美〕马士著:《东印度公司对华贸易编年史(1635—1834 年)》第四、五卷,中国海关史研究中心组译,区宗华译,中山大学出版社 1991 年版,第 555 页。

个价钱比其他商人出的价钱高。最近的铅价每担不超过2.9两,我们决定接受他提供的办法。

5月2日。我们售给他[赤官]1677担铅,每担价银3两,计共5031两,同意换回瓷器及约150担旧的松萝茶,每担价银8两。这种茶叶先前没敢购入,恐怕它会受西南季候风的潮湿的影响。但现在可以避免而直接运出,所以购入。①

在该季度里,铅的正常付现价钱每担银2.6两。

1760年,有如下记录:

8月9日,租赤官的商馆一座,订白银650两。
12月12日,付澳门房屋及赤官的广州商馆租银共794两。②

到1768年,关于赤官有如下记录:

从伦敦直接来的两艘商船所载货物的种类是令人满意的,但他们对于数量过多表示不满。其理由之一,可能是由于石琼官和瑛秀今年拒绝按过去惯例承销四分之一的货物,他们责备我们没有按照他们的条件同他们签订生丝合约。但潘启官答应承销半数,假如赤官肯承销其余的半数的话,幸而他们很快就答应了,承销如此大量的货物,是对我们尊敬的雇主的极大关照。

值得注意的是,出售毛织品所得价款,只能抵补船上交货的主要成本,而运费、保险费、利息和利润等是得不到抵补的。上项收入仅敷供应本季所需资金的六分之一,仅等于今年新的白银和货物供应量的三分之一。本季度末,赤官负累过重,因而欠公司债款189500两,无力清偿,要求延期,为了使事情不发生困难,管理会向他购买冬茶,以备下季之用。

  价值共   20561 两
    订购新茶(武夷8000担,绿茶3400担)
      共计银 186600 两
  上项货物应预付定银   88800
    付给他租入商馆的租金   950
                         110311 两
  余下仍欠   79189 两

---

① 〔美〕马士著:《东印度公司对华贸易编年史(1635—1834年)》第四、五卷,中国海关史研究中心组译,区宗华译,中山大学出版社1991年版,第555页。
② 〔美〕马士著:《东印度公司对华贸易编年史(1635—1834年)》第四、五卷,中国海关史研究中心组译,区宗华译,中山大学出版社1991年版,第555页。

这笔余下欠款，赤官付还现款 40000 两，其余欠数，签署债券。①

大班记载与这种方式有关的丝织品合约时说：

我们故意与赤官订购大部分的丝织品的理由，是因为他曾经大量承销我们的毛织品。②

这一问题可与上述关于赤官的债务方面联系起来去理解。赤官为了处理他的债务，还同意承销 1769 年运来毛织品的 1/8；其余 5/8，由四位行商分别承销，作为 1769 年 2 月订购武夷茶 9000 担和松萝茶 2600 担价款的一部分。③

……下午我们邀请潘启官，通过他来探听其他行商的意图，他说自从今天上午他和瑛秀离开我们以后，他们有过激烈的争论，他们告诉启官，这是由于我们坚持以前提出的价钱，而不肯减低。假如他仍然中立，他们会使我们接受他们的条件的。不过他们知道谁也不能解决此事。但他很慷慨地提出，假如我们能够说服赤官承销以前已答应过的半数，则他就承销余下的部分。不仅如此，他甚至进一步宣称，如果赤官不能履行诺言，而只承销 1/4，他再一次把全部承担下来，分配给他的集团的人去承销。

9 月 4 日。今天早上，我们拜访赤官，问他是否仍决定承销本季度毛织品的半数，他再一次答应，我们到启官处通知赤官的声明，他亦同意承销其余的一半。因此，我们把毛织品卖给潘启官和赤官，每人各一半［按照上一季度的价钱］。④

而到了 1771 年，毛织品则按如下比例处理：

潘启官	1/4	周官	1/8
瑛秀	1/4	文官	1/8
赤官	1/8⑤		

---

① 〔美〕马士著：《东印度公司对华贸易编年史（1635—1834 年）》第四、五卷，中国海关史研究中心组译，区宗华译，中山大学出版社 1991 年版，第 555－556 页。
② 〔美〕马士著：《东印度公司对华贸易编年史（1635—1834 年）》第四、五卷，中国海关史研究中心组译，区宗华译，中山大学出版社 1991 年版，第 557 页。
③ 参见〔美〕马士著《东印度公司对华贸易编年史（1635—1834 年）》第四、五卷，中国海关史研究中心组译，区宗华译，中山大学出版社 1991 年版，第 557 页。
④ 〔美〕马士著：《东印度公司对华贸易编年史（1635—1834 年）》第四、五卷，中国海关史研究中心组译，区宗华译，中山大学出版社 1991 年版，第 563－564 页。
⑤ 〔美〕马士著：《东印度公司对华贸易编年史（1635—1834 年）》第四、五卷，中国海关史研究中心组译，区宗华译，中山大学出版社 1991 年版，第 574 页。

从中可以看出，潘家的实力已迅速跃升到了第一位，越过了谭、蔡等家。而"行商赤官于1770年去世。我们不断地催促另一位行商怀官清偿公司债款"。

在马士的《编年史》中，赤官与外轮的关系可从其担任保商的表格中看出，其中有"格拉顿号""诺福克号""诺森伯兰号"，这是1764年。而后，在1768年，则有"格罗夫纳号""帕西菲克号""霍森唐号"。当然，这只是其中两年的记录。

这仅是从马士的《编年史》中查找到的有关的记录，从中可以看到，笔者的家乡顺德流传的故事——谭家以经营瓷器为主，向外商租借商馆，自康熙至道光年间，始终是十三行中的重要行商，"潘卢伍叶，谭左徐杨"的排序应不虚。后来，瓷器业不景气，加上1822年的一场大火（图10-5），谭家后来的退出则无可挽回。

道光二年（1822）的十三行大火

在顺德龙江，关于火烧十三行之后谭家的传说还有很多，诸如大火后，谭家的人回到乡下，继续做瓷器，并用了很多的牛去踩瓷泥，但到后来，牛又被土匪全部抢走了……最后，只好出走南洋，在彭亨州关丹开锡矿、种橡胶，直至20世纪40年代新加坡沦陷，大部分人饿死在围城之际。

正是在这种起跌、反复、推搡之中，担任公行头头的潘启官凭借他出色的才干，尤其是商业头脑，在十三行中脱颖而出，成为十三行数百年间一位名重一时的人物。

十三行的巨商们——潘、卢、伍、叶、谭、左、徐、杨，几乎每家的发迹，都有一个非常传奇故事。而这些传奇故事，每每是其家族精神的展示，一代代地往下流传。

这位潘振承，一直流传至今的十三行头号人物，其传奇有二：一是往返吕宋三次，见过飓风，九死一生，正所谓大难不死，必有后福；二是家贫而好义，微时在别人的洋行中经理事务，老板一走数年，他打理得非常到位，老板回来了，账目一文不差，获得利益一文不少，老板过世后，他便自己去开洋行——同文行。

潘家祖籍是福建。福建人在海上经商是出了名的。16世纪中叶，在屯门之役中，葡萄牙人在广州吃了败仗，便主要跑到附近的福建经商，所以，福建的造船业也很发达。这从郑芝龙建立的"金厦王国"（金门、厦门）可见端倪。闽人自古传下一句格言"爱拼才会赢"，便是在海上获得的。没闯过大海的人，没法懂得这一格言之分量。

别看大海平日一碧万顷，风和日丽，披着柔和美丽的蔚蓝色的面纱，可一翻脸，却比任何自然灾害更为残酷，怒涛连天，猛扑过来，多大的船艨都会似蛋壳一样瞬间化作齑粉，那种狂暴，那种无情，没领教过的人是无法想象的。

潘振承在南海上却领教过多回了，飓风狂浪过后，大海上漂浮的尸体、断桅、折桨，种种，他应是司空见惯。那些年月，一次飓风扫荡几十号商船，溺毙上万名渔民、水手，沉没价值连城的货物，等等，都是寻常事。昨天一船货还价值数千万，今天一场风，则分文尽失，与大海的豪赌，无时无刻不在进行。

因此，有人说，闯海与经商，都须有一样的坚强意志，否则，均无以胜任。其实，在那个时代，凡经大商，无不与闯海相联系。海商之所以成为商人中的佼佼者，正是大海赋予他们良好的素质，让他们有敢于搏击的勇气与豪情，以及在灾难面前百折不挠的坚强意志。在大海上，你没有任何退路，只有以死相拼，没准还能拼出一条血路来；否则，你将万劫不复！

很难想象潘振承在南海中曾有过的九死一生的经历，但他最后都挺了过来，是胜利者，这是确定无疑的。正是凭着这一"前史"，他走向了波诡云谲的十三行。

潘振承本想借公行获得更大收益，不料反而日益陷入了困境，官府的钳制无以复加。为了争回行商原来相对自由的境地，同时，亦摆脱充任商总后一连串的烦恼，他从领头倡议复组公行，来了个一百八十度的大转弯，竟致力于取消公行。

乾隆三十五年（1770），经过10年的磕磕碰碰，公行终于又一次被撤销了。

据史料记载：

> 乾隆三十五年，因各洋商潘振承等复行具禀，公办夷船，众志分歧，渐至推诿，于公无补。经前督臣李侍尧会同前监督臣德魁示禁，裁撤"公行"名目，众商皆分行各办。①

很显然，于公行内部而言，其成员负债的事一件接一件，其他未负债者不堪分担，内部难以协调。这一来，公行本身便不利于那些资本雄厚的行商们作自由商业竞争，积累商业资本。一如潘振承，这位早早进入世界商业大市场的商人，势必严重地感觉到由清政府控制的这一封建行会制度对自己的约束，无法大展拳脚、促进商业发展，所以，其立场迅速发生转变。至于公行外的商人，也对公行垄断十分痛恨。这一来，于内，公行"站"不住，于外，各国商人亦一再抵制，这次公行的恢复维持了10年，又不得不草草收场了。

---

① 〔清〕梁廷枏总纂，袁钟仁校注：《粤海关志》（校注本）卷二五《行商》，广东人民出版社2002年版，第492页。

当然，清政府并没有就此罢休，随着专制极权的加剧，一有机会，公行还会重新粉墨登场。此乃后话。

潘振承废公行，得到公行内外一片欢呼，从此，他成了官方认可的"首席商人"，而外商也认他为"行商中的巨头"。

在管理上，潘振承也颇费心机，设法应付官府的敲诈勒索，同时，为避免行商一个接一个地破产，他牵头发起并与众行商一同筹措了叫作"万用"（也叫"行用"）的互助保险基金，用来偿还洋商的欠饷及所欠的外债。在费正清、刘广京编的《剑桥中国晚清史》中，对此有过一番具体的描述：

> 行商为了保护他们自己，于1775年（另一说为1776年）建立一种秘密基金（即后来英国东印度公司所称"公所基金"，公所即行会，具体称公行），公所的每个成员要把他贸易利润的十分之一交作基金，在必要时用来应付官吏的勒索。到1780年公所基金始公开并正式规定向外国进口货征收百分之三的规礼，这是一笔附加税，名义上是要保证行商能偿还外商的欠款。①

一个"十分之一"，一个"百分之三"，这一制度，既保证了政府税收，又减轻了政府对欠外债商人受控于外商而成"汉奸"之忧虑；而外商债权人回收债款又能得到保证；中国商人则因有此基金保险而不至于经济上"火烧眉毛"。一石三鸟，政府、行商、外商均有所得，也难为潘振承的这份苦心了。

不过，周旋在官府、行商与外商三者之间，稍有不慎，便会大祸临头。好在潘振承每每凭借多年经验，化解了一个又一个的危机。然而，他殚精竭虑，疲于应对，最后落个身心俱损。所以，他去世之后，追随他经商十几年的儿子潘有度，说什么也不肯接任商总这一职位。

在公行、总商废与兴的反反复复之中，不知内情的人都会感到十分的奇怪：一下子，外商与行商联合起来反对公行制度；一下子，行商又自发组成总商，从而恢复公行；一下子，都想当商总；一下子，宁可舍十万银子，也非要把商总辞掉，全身而退……

而十三行行商的身份也十分微妙。一方面，同外商"勾结"，与海关分庭抗礼，拒绝官府的苛求勒索，要解散公行；另一方面，又同官府站在一起，借公行垄断贸易，却冒充"民意"。

其实，这一描述，非此即彼，未免也太简单化了。乍一看，岂不是十三行反十三行了么？

在外商看来，十三行的民商身份，与他们作为自由商人的利益是相一致的，一般要谋求其最大的商业利益，所以，他们是以民商的身份去反对公行的；而在官府看来，公行是为维护帝国的脸面及商业利益而设置的，公行才是真正的十三行，因此，十三行行

---

① 〔美〕费正清、刘广京编：《剑桥中国晚清史》，中国社会科学院历史研究所编译室译，中国社会科学出版社1985年版，第175页。

商务必与官府保持一致，以官督的十三行去对抗另一个潜在的、不服从其意志的十三行。

于是，就存在两个"十三行"。

一个是在国际贸易中，对当时的行规及操作已非常熟练，多少也受外国经商准则影响，甚至对外国习俗亦有所了解——如潘有度诗中称许的"然诺如山重""娶妻不立妾""慈善制度"等，希望以此为参照，实现自由贸易并推动资本国际化（伍家就是这么做的）的十三行。

一个则是"天朝"至上，实行国家垄断，并代表官府与外商打交道，以维护官府的体面、礼仪以及最大的利益为目的而设置的公行制度，亦即行商制度下的十三行。这个"十三行"，是官商，是贡舶贸易的化身。

这两个"十三行"有时并存于一个行商的身上或头脑中。"十三行"反"十三行"，也就成为一个无可化解的悖论，却又是毋庸置疑的事实。

十三行行商，从其个人而言，无疑更接近于自由商人；可从整体而言，加上商总的委任，他们又不得不成为官府的代表或中介。

"十三行"反"十三行"应有更深刻的历史内容，相信读者在了解到其最后的命运之际会有更多的感悟。

第五十一章　广州：坐北朝南的地理优势

选择在广州实行"一口通商"，首先考虑的应是广州与大清政府统治中心的距离，必须确保足够远，对皇帝不构成威胁；这也是"山高皇帝远"的另一解释。江海关、浙海关、闽海关均在长江入海口以南，这本来就是一道心理防线，偏偏洪任辉还想往北再开放几个口岸，结果，适得其反，连江海关、浙海关、闽海关都给关闭了。

朝廷的思维与外商的思维反向而行。

广州就这样"因祸得福"。

其实，乾隆未必意识到，广州在南中国海无疑有坐北朝南的地理优势，来自西方的商品，当时只能经过南中国海进入中国；而广州输出的商品，如陶瓷、茶叶等，要运往西方，同样得经过南中国海，经印度洋，绕过好望角，到欧洲，以及后来的美国。

从康熙五十五年（1716）开始，中国与西方国家瓷器贸易便有记载；雍正六年（1728），瓷器是仅次于茶叶的第二大商品；雍正十年（1732），仅以"温德姆号"为例，丝织品购款为2898两银圆，瓷器为2725两银圆，茶叶为2330两银圆，三者几乎平分秋色。后来亦各有起落。但到了乾隆末期，瓷器几乎完全退出了十三行的对外贸易，因为欧洲已经逐步掌握了烧瓷的技术。

从广州的陶瓷史中我们亦可知，清朝年间，广彩在广州有不少金山庄、洋庄、南洋庄，各自专门销往美洲、欧洲及东南亚地区，最大的瓷庄叫"德隆兴"，其作坊主称为"揽首"，有36家，彩瓷工有数百人之多。

谭家的瓷器贸易自康熙年间至乾隆末年亦延续了100年之久，传几代人；同时，谭家亦有做茶叶、丝绸的外贸，这在马士的《编年史》中也能找到。

近代珠江水道

18世纪出口美国的广彩（摄于美国波士顿）

谭湘生于"市廛"，"日与百工交处"。其时，庶人及农、工、商等聚居地谓之"廛"。看来，他也从事陶瓷业，其后人谭世经（出现在乾隆年间）亦从景德镇取来白瓷泥，在广州烧制青花瓷外销。如此推断，谭湘早在康熙年间就在十三行经营瓷器外销了，而此时，瓷器在欧洲正成为时尚，洛可可时代的审美品位正因中国瓷器而发生改变。

只是谭家族谱上并未注明他的商贾身份，只把他列入"艺文录"中，俨然一文人。

其实,谭家本来也是书香世家,从商本不辱斯文,但是,传统轻商观念还是反映在了族谱中。

他的《题梨花白燕图》当是题在瓷瓶上,不妨一读:

满院梨花雪片铺,恍疑身世在冰壶。
洗庄掠雨垂珠箔,带日裁上云书图。
粉黛三千夸独立,碧栏十二影同孤。
谁家玉树歌新曲,得似昭阳姊妹无。①

笔者在欧洲多国徜徉,每每见到中国古瓷,难免想起祖先的业绩,想起顺德老家留存的瓷器上题有"乾隆×年制""嘉庆×年制"等字样,及谭世经等人的留名。有人认为,海上丝绸之路当正名为"海上陶瓷之路",自不无道理,但几百年间已约定俗成,也没必要去计较。不过,明清至今能留存下来的,主要还是瓷器,至于丝绸、茶叶,则已不多了,因为后两者比较容易损耗,不易保存。

谭康官是18世纪初活跃于十三行的行商,及至18世纪末则是谭德官,即谭世经,史料上,乾隆五十五年(1790)有不少关于他的记录,其蓝顶花翎更承袭了三代,族谱记录得很清楚。

乾隆年间与嘉庆初年,谭世经经营披云堂,谭世经过世后,其家业一分为四,继续从事瓷器贸易的是毅兰堂。

位于顺德龙江的谭氏大宗祠

茶叶是十三行最大宗的商品。来自福建的潘家主打的武夷茶是一种适应西方人口味

---

① 谭耀华主编:《谭氏志》,香港谭氏宗亲会1962年版。

的茶，18世纪已取代生丝成为中国最大宗的出口商品，每年为中国带来1000多万两银圆贸易值的收益，占英国从中国输入货物贸易额的一半以上。这使地方经济与全球市场发生联系，支持了地方经济的发展。

茶叶的提神、醒脑的功能为英国的皇室、贵族们所着迷，他们甚至把茶叶视为包治百病的灵丹妙药，并有上至女王下至整个社会对茶叶疯狂着迷的种种故事与传说。在中国外贸的三大主打产品中，茶叶是第一位的，而瓷器到十八九世纪则已低迷。17世纪初，即明末之际，荷兰人率先把茶叶带到欧洲，而到了17世纪下半叶，即清康熙年间，英国人则从亚洲进口茶叶，而后，茶叶的进口量几乎是见风日长。起初，茶叶是英国皇室与贵族的奢侈品，消费有限，但到了1720年之后，即雍正、乾隆年间，茶叶便在英国迅速普及，成为英国社会生活中相当重要的物品。茶叶，就这么征服了英国。1775—1833年的58年间，英国东印度公司从中国购进的茶叶达到1400万担，多的一年，甚至超过40万担，少的一年，也有12万担，平均每年为25万担。数量之巨，可见其白银的付出有多大。仅以1792年为例，这一年，英国为购买茶叶付出了403.77万两白银。其他欧洲国家也是如此，如瑞典东印度公司在1750—1793年就从广州购走了茶叶29.25万担，占瑞典从中国购买货物的9成以上。"哥德堡号"满载而归，快抵岸时触礁沉没，船上就有茶叶370吨。及至两个半世纪之后，从哥德堡近海打捞上来一箱茶叶，重50公斤，为优质白毫茶，由于包装特别严密，加上海底淤泥的保护，茶叶的青绿色与香味几乎依旧。[①] 美国也不甘落后，19世纪伊始，就从广州运回茶叶2.8万担，1820年为4万担，1840年更达到15万担。

据保守统计，1817—1832年，广州口岸出口总值为3.2亿元，茶叶就有近2亿元，占比超过60%。

英国东印度公司对华贸易专利权于1833年被英国政府取消，100多年里一直被东印度公司当作禁脔的茶叶贸易，开放给了全体英国人，于是，茶叶贸易量激增，1838—1839年的茶叶贸易量达到了4022万磅，为东印度公司1785年1508万磅的近三倍，为1796年2075万磅的近两倍。

必须指出的是，1796年之前，由于茶叶的大量进口，伦敦茶叶价格大跌，从而把荷兰、葡萄牙、法国挤了出去，英国自始逐步垄断了广州的对外茶叶出口。而茶叶的利润至少是300%，这为英国带来了巨大的收入——东印度公司的利润绝大部分来自茶叶。

随着1757年英国对印度实施殖民化，一如当日的"大盗克莱武"所称，其东印度公司已由一个商业强权的机构演变为拥有军事强权以及领土强权的对外扩张的"政府"，这一来，东印度公司凭借其军事侵略手段，积累起了雄厚的商业资本。在中国，1790年前后，东印度公司也开始了其强权的控制，并且开始显露了其侵略领土的野心。

对于茶叶，英国东印度公司进一步掌握了贸易的主动权，这是从清海关、行商手中攫取的。东印度公司先是控制了茶叶贸易份额的分配权，进而操纵了茶叶的价格，进一步，便是取得对行商的认可权。而后，则利用茶叶贸易预付合同制，扶植小行商，从而

[①] 参见黄森章、郭德焱著《哥德堡号重圆中国梦》，广东教育出版社2006年版，第64页。

强化了行商对其的依赖关系，进而达到控制贸易对方——行商以获得更大利润的目的，这导致行商不断因"商欠"破产而不得不重组的后果，最终，东印度公司利用"广州制度"达到确保其利益，尤其是厚利的目的。

由于对华贸易是当时的英国对外贸易的重头戏，而且是其商业利润的最大一部分——这部分主要来自茶叶贸易，茶叶之于英国社会、经济的重要性是显而易见的。

从大量的赞美茶叶的诗文中我们不难看到茶叶是如何自上而下地对英国社会的消费结构和生活习俗产生重大影响的。1644年，正是清朝立国之时，由于东印度公司的宣传，茶叶逐渐在英国流行。1657年，伦敦有了第一家茶馆。不到150年，进口到英国的茶叶量便超过了曾在英国最受欢迎的咖啡量，使英国的进口商品结构发生了变化。

由于茶叶在英国越来越受欢迎，制糖业也相应地得以迅速发展——英国人习惯饮茶加糖。茶叶推动了海洋贸易，造船业也得到长足的发展。因此，研究者认为，如果没有茶叶，大英帝国及其工业化就不会出现。可以说，当茶叶成为英国人生活中的必需品，其消费量之大，对国家财政的影响举足轻重，而由于对外贸易的巨大利润，国家的税收同样迅速增长，支撑了大英帝国的财政，更支撑了正在迅猛发展的英国工业。如果没有了常规性的茶叶供应，英国许多企业就会倒闭——这并非夸大之词。

当然，得出这一结论，我们还有更有力的支撑，那便是十三行当时作为世界的"影子银行"所发挥的作用，尤其是十三行中后期的期票交易的盛行。

1820年，英国政府的茶业税为300万英镑，占国库总收入的1/6，1833年则超过了330万英镑，1836年更达到了460万英镑——仅从这一组数据就不难得知，茶叶贸易为英国带来的财富是何等之大，对英国的工业化的促进又是何等之重要。

茶叶被誉为"绿色黄金"，其提神、解乏的功能促成了英国人所谓的"勤勉革命"。而在茶叶贸易正常进行的18世纪，中国在世界市场上正是凭此占有巨大的份额，并拥有相对于西方占据优势的生产能力、技术与工作效率，具有无可比拟的竞争力与出口领先地位，这才出现白银在外贸中的顺差。

然而，为何在18世纪末会出现"欧兴亚衰"的逆转？

无论是茶叶、丝绸还是瓷器，它们所代表的都是中国文化柔性的一面，是祥和、温馨、美好，没有血腥味，更没有魔鬼的心计。然而，对于中国最大的贸易国英国来说，这却造成其贸易收支的不平衡。英国东印度公司声称：对广州的整个生意没有哪一年是不亏的。为了换取茶叶、丝绸与陶瓷，英国东印度公司每年需要运送大批白银到中国，仅从广州一地流入中国的白银平均每年便有100万～400万两。而十三行之所以出现在广州，正是对南洋有坐北朝南的优势，尤其是大航海时代，欧洲的商船从西洋而来，势必取道南洋。十七八世纪，白银就这么大量运进中国。

为了扭转这一逆差，一种魔鬼的货物登陆中国了，这便是——鸦片！

英国人占领孟加拉鸦片基地后，以鸦片作为对中国茶叶的"回报"。

茶叶是健康饮料、"绿色黄金"，是吉祥、和平的象征。

而鸦片是黑色毒品，是摧残人的健康的邪恶之剑，更是战争与杀戮！

由于鸦片逐渐进入，最后形成规模效应，英国于1805年完成了其对华贸易逆差的终结并出现巨大的顺差。而更可怕的是，鸦片严重戕害了中国人的健康，从而制造出了受西方人蔑视的所谓"东亚病夫"。他们进一步以战争索取鸦片的赔款，动辄数亿、数十亿，把一个国家巨大的国库掠夺一空。

鸦片，改写了一部海洋贸易的历史。

广州，这个坐北朝南的贸易港口，也将发生贸易大逆转。

十三行史稿

—— 海上丝绸之路的一部断代史

下册

谭元亨 ◎ 著

中山大学出版社
·广州·

卷十一　金融之战

第五十二章　独立与封锁：美国"中国皇后号"与"大土耳其号"

乾隆四十年（1775），尽管英国东印度公司一如既往地反对再度重组公行，但是，欧洲其他各国外商与公司之外的英国散商却一直不与该公司合作。清政府在总督、各位重臣，乃至洋行商人的支持下，终于又一次恢复了公行，而这次恢复之后，一直到19世纪中叶十三行最后消失，几近80年，都不曾撤销。显然，清廷意识到这一制度与官方利益不可分割，所以才不再反复、忽撤忽建。这也是大清国外贸政策的历史使然。

公行重组，规定由公行专揽茶、丝、瓷器各大宗贸易，至于扇、象牙、刺绣及其他小宗贸易，则可由公行之外的散商办理。自此，外商货税全由公行承揽，也就是说，中国官方与外商的一切交涉，包括来往文件，都得以公行为枢纽。行商对外商负有连带责任；同时，外商购买中国货物，也得由公行代办，中国行商对所购货物征收3%的费用。这表明，清政府对外商的管束愈加严厉，行商的权力也愈加强化。十三行行商制度就这么日趋完善。

是年及其后的日子，粤海关在广州及近郊各地到处张贴布告，重申保商制度不可更改与侵害，布告命令：

> 凡欧洲人的船只到埠时，通事必须将各项输入货品售给保商的组织，而保商即承保该船。
>
> 他们必须从保商处购入回航货物；如去年的散装商船离埠时几乎是空船，不向保商而向小商人购货，而这种小商人不将他托交的税饷缴付，致令税收受损失。
>
> 现在勒令通事和行商必须向大班指明，如果他们的买卖不经保商，则禁止将任何物品带上岸，亦不准将船停泊黄埔，将被驱离境。
>
> 假如有任何船只在季度末期离开而没有向保商购妥全部舱货者，政府决定将行商及通事惩处。①

斡旋于官府与外商之间，一直充当商总的潘启官，其间可谓惶惶不可终日。1777

---

① 〔美〕马士著：《东印度公司对华贸易编年史（1635—1834年）》第一、二卷，中国海关史研究中心组译，区宗华译，中山大学出版社1991年版，第336页。

年,英国东印度公司的档案中说他"为了摆脱贪婪的权贵掌握,而保存他自己和家庭,近来他的支付,远非他的力量所能承担"。为此,潘启官向各方呼吁,并采取了一些对策,但最后的结果表明,他只是"再一次推延了广州重建商人行会的时间;这种组织实际上只不过是政府管理贸易的机构"。①

无论怎样,公行最后还是重建了,而这次则不再有撤销的可能了。纵然如此,十三行行商还是在夹缝中求生存,运用他们已谙熟的国际贸易的行规,运用市场规则,参与到国际竞争之中。

仅以潘启官为例,外商也认为其重然诺、有信用。1768年,外商有职员记述道:

> 9月11日。今天早上,潘启官到商馆通知我们,他将他全部的利息作为棉花的预付订金。公行曾把棉花的价钱定为每担10两,但不能成功,于是他提议要把本季度运到的棉花全部定购,每担银11两。他还说,他无法将我们的铅的价钱提高,因来货太多,他劝我们以每担4两的价格出售……我们对启官必须有公正的看法,他和我们在整个贸易的过程中,他的作为都是诚实的。②

1775年,又有如下记述:

> 这时我们见到一种新现象……即我们已经发现高级商人,他们善于经营,坚持要获得好的价钱,但当价钱已达到极限时,他们立即让步,尊重他们的对手大班,而大班亦尊重他们。从这个时期起,双方不断冲突,但在整个过程又是亲密的朋友。③

潘家人对西方资本主义市场发展之际商人重契约关系等亦颇为感佩,潘启官曾说:"华夷互市,以拉手为定,无爽约,即盈千累万皆然。既拉手,名为'奢忌悭'。"④ 他认为这是"太古纯风",意指为中华自古的优良传统。行商重义,见利思义,自是儒商传统,这曾使西方经济学家甚为困惑。韦伯曾经对和外国人做生意的中国行商的信誉卓著大惑不解,以为或是行商垄断对外贸易地位稳固所致。他进一步推论,"如果行商的诚实是真的,那一定也是受到了外国文化的影响"。这种不惜往侵略者脸上贴金的话,在其他西方学者的论述中比比皆是,例如,德国地理学家李希霍芬在谈到广东人有大商业、大

---

① 〔美〕马士著:《东印度公司对华贸易编年史(1635—1834年)》第一、二卷,中国海关史研究中心组译,区宗华译,中山大学出版社1991年版,第345页。
② 〔美〕马士著:《东印度公司对华贸易编年史(1635—1834年)》第四、五卷,中国海关史研究中心组译,区宗华译,中山大学出版社1991年版,第564页。
③ 〔美〕马士著:《东印度公司对华贸易编年史(1635—1834年)》第四、五卷,中国海关史研究中心组译,区宗华译,中山大学出版社1991年版,第574页。
④ 〔美〕马士著:《东印度公司对华贸易编年史(1635—1834年)》第一、二卷,中国海关史研究中心组译,区宗华译,中山大学出版社1991年版,第328-329页。

交通业的才能，甚至其美术情趣、企业精神都高于其他地方人时，也加上一句："说不定他们是西方侵略者的后裔"，云云。

当然，儒商的传统并不曾让他们故步自封，不去接受西方的先进思想。前面已提到，行商已使用东印度公司的期票，且挂着外商旗号的船有些是属于行商商号的，而这事官方则一无所知。可见，十三行行商早已在投资外商的商船，甚至直接经营外商商船了。

他们不仅仅经营十三行三大商品（茶叶、丝绸、陶瓷），而且早已在做世界性的投资，融入整个大航海时代的金融运作之中。

范岱克在《广州—澳门日志，1763》的序言中说：

> 比如，在（1760）8月底和9月初，我们看到来自巴达维亚的Swebing号商船以及来自交趾支那的Ecktay和Samkongbing号均已到埠。从其他记录上我们得知颜享舍是这3艘船的定期资助者。由于这些进口货物会极大地影响其他贸易的赢利状况，所以行商每年都密切关注其动向。所有这些事例都揭示了船运贸易与其他对外贸易密切而又复杂的关系，行商在这两种贸易中都有生意，本年度的日志有助于我们更好地了解其生意的复杂性。
>
> 年度日志里关于锡的话题揭示了东南亚市场与中国市场的密切关系。荷兰人在锡的贸易中与来自巴邻旁（巨港）和交趾支那的锡竞争。就锡、胡椒粉以及其他商品而言，整个区域（从东南亚到华南）就像一个大型联合体，一个地方供给价格的变化会直接影响到另一个地方的需求，使价格上下波动。因此，在分析广州的商贸时除了上述提到的因素外，还有市场外部的影响也需要考虑。①

正文还有：

> 1月19日：得知今天瑞典人的两艘船运走了760件丝绸织物，以及25大捆生丝。傍晚时，他们来与我们告别，准备晚间登船启程。
>
> 陈捷官说潘文岩一直通过澳门与马尼拉做生意，很可能随意找人制作了一些丝绸织物，现在又把这些东西卖给瑞典人，以补偿他们长期逗留在这里的亏损。②

正如瑞典斯德哥尔摩大学历史系海洋研究中心的丽莎·赫尔曼在《广州贸易的社会关系》一文中强调的：

> 当贸易变得越错综复杂，这（指信用）也变得越困难，但也越重要。（当时在

---

① 〔美〕范岱克：《广州—澳门日志，1763》，章远荣译，见谭元亨主编《十三行新论》，中国评论学术出版社2009年版，第260–269页。

② 〔美〕范岱克：《广州—澳门日志，1763》，章远荣译，见谭元亨主编《十三行新论》，中国评论学术出版社2009年版，第260–269页。

广州贸易）远非原始的实物贸易，资金和货物必须分开交付，（其过程）历时几个月或者好几年——没有信用（支撑），一切将不可能（进行）。①

前面，我们曾引用过马士的《编年史》中的一个典型范例，说明潘启官是如何采用以汇票支付货款的方式结算的。这是乾隆三十七年（1772），他把西方使用的外商金融汇划结算的方法引入同文行的经营运作之中，使资金迅速流转，安全兑现，从而在同行中凸显优势。而当时其他商行只知道以白银作为支付货币。可见，由于十三行成为唯一"开放"的机构，行商们在外来先进文化、科学技术的影响下，有了更开阔的视野，他们在中西方交流中发挥了积极的作用。

而乾隆三十七年（1772），潘家的资产尚未达到顶峰。在此期间，潘家在英国、瑞典流转的资金就已达数百万两银子。

此期间，中国GDP居世界前列，后走了一段下坡路，到道光年间，仍占世界的32.8%，可见中国当时在世界流转的"热钱"之规模。所以，中国被视为一个"伟大、富饶、豪华、庄严的大国，供应着整个世界的重要商品"。即便在明末清初大战乱之际，屈大均也在《广东新语》中称，广州贸易"遍于山海之间……远而东西二洋"。

到了嘉庆五年（1800），每年在广州流转的银子达到数千万两。如果没有金融投资，潘、卢、伍、叶"四大家"的资产是不可能高达数千万两银子的，仅靠"三大件"的销售与部分行用，是无法有这样的积累的。

嘉庆八年（1803）年，即叶家退出十三行的前一年，英国商人欠中国商人达80万两银子，其中仅欠叶仁官的就有约30万两。

以上事实仅仅是一鳞半爪，难以概括全貌，但是，可以肯定地说，英国商人从与中国贸易中获得的利润，以及十三行行商在英国的"热钱"，对当时英国的产业革命即工业革命发挥了极大的作用。

"东学西进"，从西方洛可可风格的滥觞可以看出来；而"西学东渐"，我们仅从十三行行商的发展就可深刻地体会到。

在十三行之后，粤商在晋商、徽商式微下仍孤军独进。

这边，公行重组，那边，法国东印度公司却结束了。1769年8月13日，法国政府宣布收回法国东印度公司的垄断贸易权，将贸易向全体法国人开放。经过6年的清理、交流，该公司处理完在广州贸易的最后事务，正式宣布结业。法国东印度公司主任蒂英莱秉乘"雅姆号"离开广州回国。

乾隆四十二年（1777），十三行行商向广东巡抚提交禀帖，要求在外商居住的十三行"夷馆"范围内，开辟一条商业街，在街的两边设立各类小铺，以方便外国商人就近采买所需的零星杂物，免得他们到处滋事。这条街的路段由商行派人把守，所有外国人均不许越出范围之外，而其他闲杂人等也不许混入街中。当局自然认同这一理念，批准建新街。

---

① 转引自赵春晨、冷东主编《广州十三行与清代中外关系》，世界图书出版公司2014年版，第201页。

从此,十三行"夷馆"附近的商务就更加繁忙。

我们从清代外销画中可以看到十三行同文街的景观。街上,是熙熙攘攘的行人,可以看到有打洋伞的,也有戴斗笠的,戴斗笠者长辫清晰可辨。铺面都是当时时兴的格局,不少人在聚集、探问。

1760 年前后的广州十三行雄壮场景

当时,广州是世界第一大商港,这里的"热钱"无疑大多集中在十三行行商手中,但他们无法在国内投资,只能悄悄地投向欧美,而这"热钱"支撑的正是起飞中的西方经济——这是世界之幸,却是中国之不幸。

乾隆四十九年(1784),对于十三行行商来说,是一个不寻常的年份。这一年,行商在重重盘剥下,已经萎缩到只剩下 4 家。

是年四月,海关颁布了招商事宜,力图恢复到 13 家。而后陆续进入十三行的,则有后来称为"八大家"的卢、伍、叶、梁、杨 5 家。除了叶家是几进几出外,其余 4 家均为后起之秀。

此时,又一宗大的贸易来到了中国。来的,是业已独立的美国。

其时,中国人还分不清英国人与美国人,因为用的是同一种语言,唯有从旗帜上加以区分。后来他们才得知,来的是"花旗"的美国,而非"米字旗"的英国。而美国人来中国却是被英国人逼出来的。

1773 年,英国下议院针对东印度公司通过了《东印度公司管理法案》等三部法律。

第一部为《东印度公司救济法案》,宣布英国政府不再通过法律手段追索东印度公司拖欠英国政府的 140 万英镑的税费,而是将这笔款项转为英格兰银行对东印度公司的低息贷款。即政府按年息 4% 贷款 140 万英镑给东印度公司,以助其渡过难关。

第二部为《东印度公司管理法案》，规定东印度公司董事会直接向英政府负责，进行全面改组，公司在印度的领导集团被接纳入英国政系，称为"大英帝国印度总督府"。东印度公司孟加拉总督改任，英国政府有权控制东印度公司在印度占领的土地，在印度设立总督、参议会和最高法院，向英王负责。英国委任印度总督，设立印度参议会和印度最高法院，在印度推行英国法律。

第三部为《茶叶法案》，给予东印度公司在北美销售茶叶的垄断权，公司经伦敦市场销往北美的茶叶不再上缴125%的高额茶叶税，仅按北美普通商品税率纳税（每磅茶叶3便士），使东印度公司在北美销售茶叶的成本下降了一大半；同时，允许东印度公司在北美开设茶叶专卖店，无须再与北美本地的茶叶代理商合作，杜绝了"中间商吃差价"现象，削减了流通成本。这样一来，北美的茶叶零售价暴跌，英国的北美殖民地就成为东印度公司的中国茶叶倾销地。取消了英格兰的茶叶进口税，但保留了北美殖民地的税。该法案仅以一票的微弱优势在英国下议院被通过，可见其争议性。

美国人闹独立，英国人自然要报复。一场独立战争，英殖民者先胜后败，1781年，华盛顿指挥大陆军连战告捷，10月，英军在弗吉尼亚的约克敦宣布投降，战争结束。1783年9月，英、美两国签订了《美英巴黎和约》，英国正式承认美国独立。可英国立即又以美国已独立为由，宣布取消了美国在英帝国范围内所享有的一切贸易优惠，禁止美国船只进入英国的主要海外市场。

华盛顿画像

这对于新生的美国而言，在经济上无疑是一大封锁。美利坚合众国立时面临财政上的极大困窘。英国人认为，打仗打不赢你，经济上，你休想跳出我的手心。

这时，美国市场上却传开了，有一位叫雷雅德的人早年到过广州，居然把一块只花了 6 便士买来的海獭皮，在那里卖出了 100 美元的好价钱。

美利坚合众国政府为打破英国的经济封锁，走出财政困境，向这位到过广州的水手认真地做了询问，得知广州是一大都市，富裕得不得了，那里可是有无限的商机。1783年12月，美国波士顿商人西尔斯便派出了一艘名为"智慧女神号"的商船，满载着人参开往中国，因为他们得知，中国人很看重人参，可以卖到好价钱。卖出后，又可以换取中国的商品，运回美国，再赚一笔。然而，当商船越过大西洋，途经好望角时，却被英国东印度公司拦截，人参被悉数收购，中国之行半途而废。

就在这个时候，美国大陆会议最高财政监督莫里斯紧锣密鼓地筹措一次更大的中国商旅。莫里斯是一位既有政治头脑又有商业头脑的财政要员，在独立战争期间，他独揽了华盛顿大陆军队中的所有军火生意，并倚此大大地发了财。紧接着，他又组建了北美第一家私人商业银行。

美国的传统与中国不一样，它是"以商立国"，商人位于国家等级的"宝塔"尖上。美国第30任总统柯立芝甚至说过，"美国的国务就是商务"（American business is business）。所以，今天我们从美国的任何一个政治行为中都可以嗅出商业气味来。而中国恰恰相反，自古以来，商人是卑微的，为士人所不屑。不过，这回，不屑于商人的清政府，却大大地帮了美国商人的忙，帮这个刚独立的国家渡过了财政难关。

莫里斯当时意识到，要解决国家的经济困境，莫过于与当时全世界最富裕的国家——中国打交道，肯定可以大大地赚一笔，以敷国用。于是，他充分利用自身"亦官亦商"的特殊身份，采取集股的方式，联合纽约商界的头面人物投资12万美元，购置了一艘商船以及人参、皮货等在中国可以赚大钱的货物。

这是一条非常精美、工巧的木制帆船，上面配置了各种新式的航海设备，以确保这次首航的成功。

船该起个什么名字呢？他们对中国文化了解得太少了，满以为在中国，皇后可是个至尊的人物，如同西方一样，"女士优先"，所以，起了一个不伦不类的名字——"中国皇后号"。

美国18世纪的船模（摄自美国塞勒姆镇）

美国"中国皇后号"商船

刻有美国"中国皇后号"商船画的硬币

不管怎样,这艘排水量才 360 吨的商船,承载着莫里斯为国家解困与众多投资商发财的美梦,尤其是他们共同对中国的美好幻想,于 1784 年 2 月 22 日从纽约港扬帆出航了。

为了确保这次中国之旅万无一失,莫里斯殚精竭虑,做了精心的安排。他聘任了有丰富航海经验的格林为"中国皇后号"船长,又邀请了人际关系颇佳的山茂召作为商务代理人。对于一个新生的国家而言,这艘载重才 40 多吨货物的木帆船出航,却是轰动全国的大事。由于莫里斯出面,加上国家急于拓展对华贸易从而打破英国禁运,联邦政府也就一路给予了种种方便。出发前约一个月,纽约州州长乔治·克林顿发给了"中国皇后号"两份证件:一是出入港许可证,一是航海护照。几天后,大陆会议又给了"中国皇后号"航海证书,证书上加盖了这个新生国家——美利坚合众国的国印。

有趣的是,美国官员们想得天花乱坠,以为"中国皇后号"必定会接触中国各种官员以及各类重要人物,所以,在国家颁发的这些航海证书上,空前绝后地写上了各种头衔:君主、皇帝、国王、亲王、公爵、伯爵、勋爵、市长、议员,还有一切有名的城市与地方的法官、军官判事、监督等。

好在这一切都用不上,不然,够让通事伤透脑筋了。

至于出航日期 2 月 22 日,那也是很有讲究的,按中国人的话来说,这应是"黄道吉日"——华盛顿总统的生日。

"中国皇后号"上共有 43 位人员,装有人参 473 担、毛皮 2600 张、羽纱 1270 匹、胡椒 26 担、铅 476 担、棉花 300 多担。美国人已摸清了商业信息,相信这些货物在中国会大受欢迎。

"中国皇后号"开出纽约港,横渡大西洋,绕道好望角,这回,没遇上英国东印度公司的船,一直驶过印度洋。

其他国家的商船对这艘新生国家的商船都还十分宽容和厚待,没有让它受到什么刁难。是年8月23日,"中国皇后号"到达澳门,而后从珠江口开进,28日,终于顺利抵达它梦想的商业大都会——广州,在黄埔港下了锚。

而今的黄埔村,已把当日的古码头重新修复了。想当年,这里是一个何等繁华的古港,曾目睹了多少个世纪各国商船的到来!如英国的"麦士里菲尔德号"、法国的"安菲特立特号"、瑞典的"哥德堡号",还有这艘不期而至的"中国皇后号"。古港湾、古码头、古树、古碑,今日的黄埔村作为旅游胜地,引起了后人诸多遐想。

"中国皇后号"虽说没能用上"国印"与中国朝廷的官员们打上交道,但它载来的货物果然很对中国人的脾胃,很快便被十三行行商们包揽一空。而后,美国人所需要的红茶、绿茶、瓷器、丝绸、棉布、肉桂等物资也很顺利地采购到手了。

此行,各国商人对他们都很友好,十三行这些"亦官亦商"的行商们也对他们表现出了极大热忱,令他们很受鼓舞。4个月后,当年的12月28日,"中国皇后号"启程回国。

此行,美国方一共获得了3万美元的暴利——当时这是个了不得的大数字。投资12万美元,而货物本身的价值并没有几万,"中国皇后号"船的花费就占了相当大的比例,这是固定资产,日后还可以多次往返于中美两国。

"中国皇后号"的成功引发了美国的"中国热"。看到这么大的赢利,大批商船争先恐后地开往中国。第二年,美国马萨诸塞州又有一条"大土耳其号"商船直航中国。

美国历史学家休斯写道:"在美国每一条小河上的每一个小村庄,连只可乘坐5人的帆船都在准备出发到中国装茶。"仅就可查到的资料统计,1784—1790年,来华贸易的美国船只达28艘。而据杜勒斯估计,1790年全美进口货物中,有1/7来自中国。

美国塞勒姆镇留存至今的18世纪从中国进口的瓷器

在这之后约40年里,美国开往广州与十三行交易的船只达到了1140艘,仅次于英国,平均每年有近30艘,为解决美国建国初期的困厄起到了重大的作用。

当年,"中国皇后号"首航成功,美国国会立即做出表示:与中国贸易可能会开辟一条美国财富的巨大发展道路。

这不是可能,而是很快成为现实。

纽约众多报纸也发表了关于这次航行的长篇报告,一时热卖不已。全国更掀起了到中国旅行的热潮,美国人的"一切谈话,都是以与中国贸易为主题"。

1786年,即"中国皇后号"回国后的第二年,美国国会便任命山茂召为美国驻广州领事,且制定了许多有利于贸易的政策。

很快,美国对广州的贸易仅次于当时的海上霸主——英国。

广州十三行美国商馆花园

广州十三行美国商馆花园里德圣公会教堂

那时的中国，尤其是广州，在美国人眼中真是"金山银山"，他们的"金山梦"不在其未开发的西部，而是在中国。关于中国商人豪爽、大度、富有的传说不胫而走，如今在史料上还可读到不少。

道光年间，一位年轻的美国商人福布斯来到中国，他才16岁，身上一文不名。开始，他以贩卖茶叶为生，由于恪守诚信，当时一位十三行行商收他当干儿子。8年后，他回到美国，口袋里多了50万墨西哥银圆，他将这笔钱投资到铁路上，一下子成为横跨北美大陆的泛美大铁路的最大承建商。

墨西哥银圆

另一位美国波士顿商人与十三行的伍浩官合作一笔生意，因经营不善，欠了伍浩官7.2万两银圆。他一直没有能力偿还这笔巨款，所以，也就一直无法返回美国。伍浩官得知，马上叫人把他的借据找出来，对这位波士顿商人说："You are I No. 1 old friend, you belong honest man, only go no chance."（你是我最好的老朋友，人挺实诚，只是运气不好）评毕，伍浩官撕掉了借据，继续说："Just now have set tea counter, all finished; you go."（现在债务一笔勾销，你回国去吧）①

这一段话很快便成为外国商人中广泛流传的名言，因为这纯粹是"广式英语"，语法完全是中国化的。

7.2万两银圆在当时可是一笔巨额财富，"中国皇后号"须航行中国两次才能挣回这么多钱。这一名言令伍浩官的豪爽名声在美国流传达半个多世纪之久。直到当今，美国人评出的世界历史上的五大富豪，伍浩官亦名列其中。

连美国内战中的著名将军，后来当上美国总统的格兰特，在一次环游世界归来后，有人问他此行最深刻的印象是什么，他不假思索地回答：是一位中国小贩与犹太人抢做

---

① 参见〔美〕威廉·C. 亨特著《广州"番鬼"录 1825—1844——缔约前"番鬼"在广州的情形》，冯树铁译，广东人民出版社1993年版，第53页。

买卖，居然把犹太人赶跑了。

犹太人会做生意，很有耐性，这是全世界出了名的，可是，一个犹太人却败给一个中国小贩，可见中国人的经商能力及耐性了得。尽管历史上的中国有轻商的传统，但在中国南方，由于海上丝绸之路的滋养，自古以来，尤其是宋、明、清几朝，南方的商业文明有了长足的发展，所以，十三行行商在皇朝统治下，在与西方贸易中仍能生存、发展，甚至成为世界首富，这绝不是没有原因的。

直到今天，以中国南方人，主要是广东华侨为主体形成的世界华资集团，应当是唯一可以与犹太商团相抗衡的力量。没有他们，中国招商引资就不会那么顺利。当时引进的外资，百分之八十以上是华资。

"中国皇后号"首航中国之后的半个世纪里，中国人在美国人的印象中是美好、富有而勤俭的，连格兰特总统在19世纪中叶时也这么说。

美国人一直津津乐道"中国皇后号""大土耳其号"在海洋贸易上的胜算，更以当年的太平洋铁路这一工业奇迹为荣。但是，在使用了伍家巨大的投资，并由中国劳工完成了这一铁路最艰难的路段，使东西两方工程得以接轨之后，也就是连接美国东西两岸的大铁路贯通后不久，1882年，美国即签署了"排华法"，而且从1882—1913年，美国国会通过的排华法令竟达15个之多。

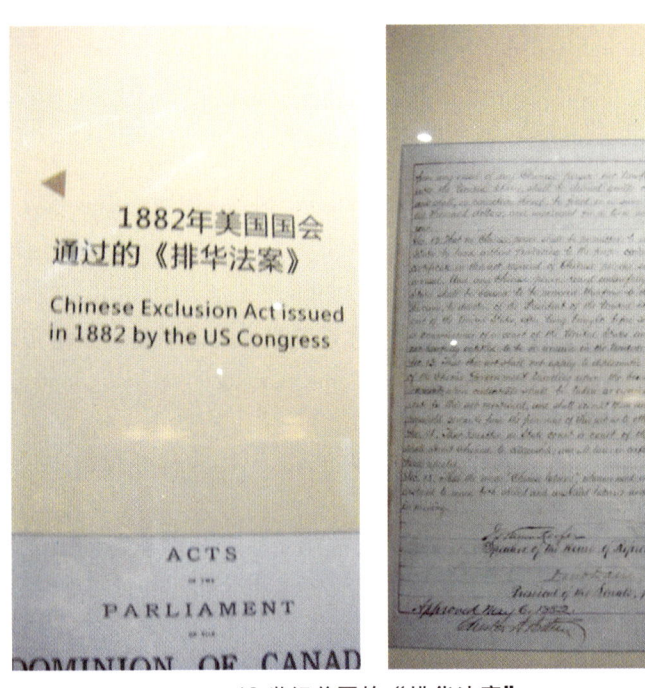

19世纪美国的"排华法案"

当年有记者称，这条横跨大西洋与太平洋两侧的铁路，每根枕木下都有一名中国劳工的冤魂在呻吟。用中方的投资、雇中国的苦力完成为美国人享用的工业奇迹，却还出

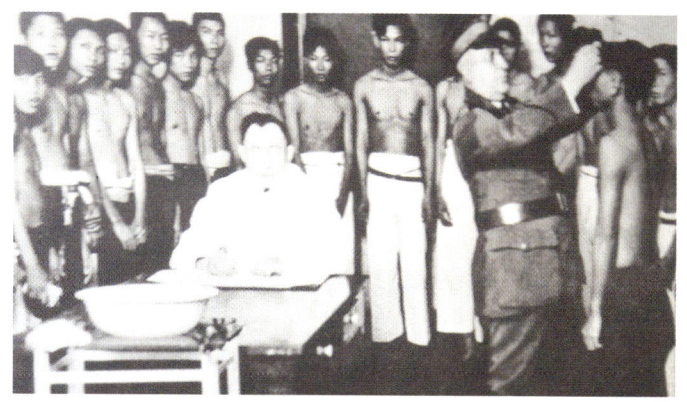

19 世纪华人在美国入境遭到检查

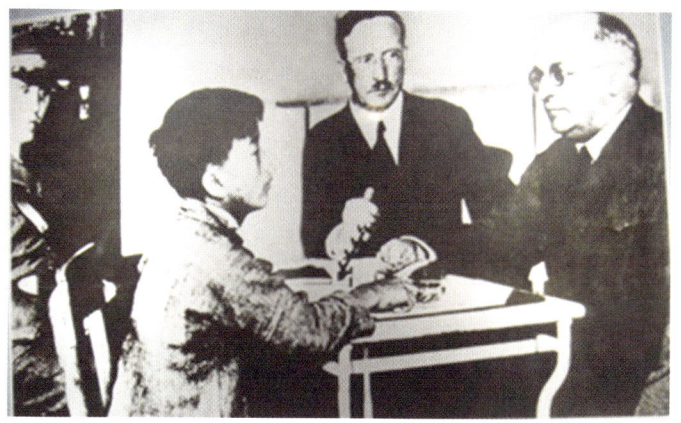

19 世纪美国的移民审查

台一个个排华法案,让人情何以堪?

我们当然也要反躬自问,何以落了个被动挨打的局面?这期间究竟发生了什么?这是美国人,同样也是中国人应该深思的。

及至 1900 年八国联军侵华,包括美国在内的列强向中国索要的"赔款"高达 45000 万两,连本带息,则为 982238150 两,此即"庚子赔款"。

第五十三章 "八大家"之杨家最后的闪现

十三行"八大家"排名第八的便是杨家。

前面的七大家大多有迹可循,即便是徐家,其主角徐润事实上也是十三行行商的后人。他的伯父徐钰亭是十三行的买办,而他们与著名的宝顺洋行也有密切的关系,在第二次鸦片战争期间十三行被毁于一旦之前,徐家还是相当显赫的。道光年间的民谣把徐家列入"八大家"之一,自然说明徐家与一般的小行商有别,这不是随便列入的。

时至今日,十三行被毁一百多年之后,前面七大家的后人都可以查考,有些人还不时相聚，只是杨家始终不知何处，成为历史之谜。

难道所有的典籍中都寻不到蛛丝马迹？

关于杨家，如今只能查到乾隆五十二年（1787）行商名单上有"杨岑龚"的名字，其事迹则一时查考不出。在范岱克的《广州—澳门日志，1763》中杨岑龚出现了3次，均是关于和外商签约出售瓷器之事。马士的《编年史》中杨岑龚也出现多次。他应是著名的陶瓷商人，史料待考。

《广州—澳门日志，1763》中记载：

> Yang Cengong 杨岑龚，别名 Yang Bingguan 杨丙观。
>
> 10月20日：瓷器商 Suchin 和杨岑龚告诉我，他们的瓷器已经到货，明天就可以包装。
>
> 于是，我马上去找我们的商人，催促他们包装武夷茶。根据自身的情况，他们三家提出明天开始称皮重。
>
> 10月22日：在 Suchin 和杨岑龚处包装了一批瓷器。
>
> 10月24日：发送了三艘舢板前往 Sloten 号，一艘前往 Hui te Bijweg 号。
>
> 在 Suchin 和杨岑龚处包装了一批瓷器。
>
> 10月25日：将以上提到的箱子全部包装，一切顺利。
>
> 在 Suchin 和杨岑龚处包装了一批瓷器。①

这上面仅仅是一年间的记录。但至少已经证明，其时的杨家已跻身于十三行的对外贸易当中，而且已有了相当的实力。

仅从乾隆二十七年至五十二年（1762—1787），杨岑龚就有25年活跃在十三行对外贸易中。

后来说的"潘卢伍叶"四家，此时伍家还不曾崭露头角；卢家也直到30年后才被批准为行商；而蔡文官等，很显然，只能算在小行商之列；潘家经过10多年努力才自立门户，发展得很迅速，叶家数十年前已名声在外，这两家是大行商。而在雍正年间的黎、谭、陈三家中，黎家已经被抄家、流放了，谭、陈两家也几起几落。那么，杨家即便不算大行商，也在"六小"之列。

从范岱克的《广州—澳门日志，1763》中获知，杨岑龚在十三行中被称为"杨丙观"。那我们就在史料中找"丙观"或者"丙官"吧。

笔者积多年翻译的经验，认为中文的丙（bǐng），一般不会译为英文中的 bin，因为字母 b 的发音在英文中相当重，所以，中文拼音 b 的发音，只相当于字母 p 的发音，"丙观"在英文中应记录为 pinqua。

于是，我们在马士的《编年史》终于找到了这位 pinqua。很可惜，这部《编年史》中，有关1754—1774年这20年的记录有缺漏，虽然后来在第五卷中尽可能做了弥补，

---

① 转引自章远荣译《"一口通商"前后的十三行》，华南理工大学出版社2019年。

但仍是不全,有 2 年无记录,7 年有函件而无日志,6 年有日志而无函件。所以,尽管在范岱克的《广州—澳门日志,1763》中,杨岑龚于 1763 年里多次出现,而在马士的《编年史》里,1754—1774 年的 20 年间了无痕迹。

还好,在马士的《编年史》中记录较完整的 1775 年之后,八大家中神秘的这位终于出现了。这是在 1782 年。

马士的《编年史》中记载,(1782 年)本季度开始时,行商已减至 4 家。海关监督企图增加至标准数额的 13 家。4 月,海关公布了招商申请,广州商人大多想逃避这种繁杂苛刻的"荣誉",但在 8 月间,终于增派了五位行商:先官、祚官(Geowqua)、丙官(Pinqua,区宗华译本译为"平官")、思官(Seequa)和麟秀(Lunshan)。

这五位行商的名字重新由英文转译为中文,免不了有误,有待进一步考证,但丙官则无误。

马士的《编年史》又称:"海关监督要求原任的行商(这时已有潘家、伍家了)做新行商的联保人;他们严加拒绝。后来要新行商五人联保,他们同意了。浩官拒承充行商,被迫担任盐商。"①

之后,丙官便多次出现在马士的《编年史》上了。

从 1763—1782 年,又是 20 年,我们难以判断杨岑龚这位丙官究竟在十三行中充当怎样的角色,是否销声匿迹,而后又东山再起;而 1788 年中方的记载中,他的名字仍赫然在目。

马士的《编年史》中记载了 1784 年丙官与"沃波尔号"的茶叶交易。在潘启官、石鲸官之后,丙官的分配比例是:毛织品 2 份,武夷茶 4000 担,松萝、七溪茶 1000 担。

马士的《编年史》中还记载:从前大班有时不易说服行商去做他们船只的保商,丙官现在似乎轮流负责。

> ……派丙官为"恒河号"(Ganges)保商,这回轮到他做。
> 中国债权人共有二十位,主要人物如下:
> 潘启官　　270702 两
> 石琼官　　184901 两
> 周官　　　191652 两
> 祚官　　　176767 两
> 丙官　　　122727 两
> 浩官　　　72514 两②

---

① 〔美〕马士著:《东印度公司对华贸易编年史(1635—1834 年)》第一、二卷,中国海关史研究中心组译,区宗华译,中山大学出版社 1991 年版,第 404 页。

② 〔美〕马士著:《东印度公司对华贸易编年史(1635—1834 年)》第一、二卷,中国海关史研究中心组译,区宗华译,中山大学出版社 1991 年版,第 439 页。

丙官的保费为潘家的一半，却比伍家多了5万两，可见他在当时行商中的地位与实力。又记载，1787年，"丙官对日本式铜每担出价17两，黄铜成品每担16两。他说圆筒式的无销路"①。

马士的《编年史》还记载，1788年，海关勒令行商共同赔偿被盗的损失，其中，潘启官、周官、文官、丙官、浩官各分担500两银圆。

到了1792年，马士的《编年史》中记载，行商的数目减少为六位，以文官为公行的首领；潘启官（潘振承已于1788年去世，由潘有度继承）、周官与石鲸官则袭用其父之名，其余两人为祚官和丙官。上述六人中，丙官于1791年陷于困境。而这一年的新行商为茂官、仁官、赤泰、沛官、鹏官和德官。②

不难发现，除了潘家外，后来排名跃居前几位的卢（茂官）、伍（沛官）、叶（仁官）终于出现了。

其实，叶家与谭家一样，进进出出十三行已多回了，卢家、伍家则是第一次充当行商。

马士的《编年史》中，在记下"丙官于1791年陷入困境"之后，便再也没有杨家的任何信息了。这至少说明，丙官杨岑龚在十三行出现的最后年限最早可能为1791年。

如果按马士《编年史》上的记录，杨岑龚最后一次充当行商的时间便是1782—1791年，也就10年时间。之前他的信息也都查找不全。不过，仅按马士的《编年史》上关于丙官做生意的记载，无论是从时间长短，还是生意的大小，他都不足以成为"八大家"中的一家。

显然，马士的《编年史》主要是讲英国东印度公司的贸易史，对于法国、荷兰、西班牙等其他国家，只是偶尔提及而已。

那么，丙官在这10年间，主要与哪些国家做生意呢？

1782年，这个年份并不简单。这一年，英国人瓦特发明了联动式蒸汽机，给英国的工业革命加速。也就是这一年，英国战舰"嫩实兹号"等携3000箱鸦片冒险东行，拉开了大规模鸦片走私的序幕。

第二年，即1783年，英、美两国签订了《美英巴黎和约》，英国承认美国独立，美国独立战争胜利结束。于是，也就有了美国"中国皇后号"首航中国的重大事件。

那么，丙官与"中国皇后号"有生意往来么？

终于，我们在福斯特·史密斯著的《中国皇后号》一书中，再度与丙官"相遇"了。在该书第十二章"学会和中国行商做生意"中，专门有一节提到：

> 1771年行商商会曾被解散过，1782年，即"中国皇后号"到达中国的两年前，

---

① 〔美〕马士著：《东印度公司对华贸易编年史（1635—1834年）》第一、二卷，中国海关史研究中心组译，区宗华译，中山大学出版社1991年版，第457页。

② 参见〔美〕马士著《东印度公司对华贸易编年史（1635—1834年）》第一、二卷，中国海关史研究中心组译，区宗华译，中山大学出版社1991年版，第514页。

又重新组建。1782年8月,在现有的7名行商中,有3人是朝廷新指派的——Geowqua(源顺行伍姓行商之商名——译者)、Pinqua(Lung-ho行杨姓行商之商名——译者)和Sinqua(丰泰行吴姓行商之商名,为吴昭平之父——译者),另外4人——Chowqua(源泉行陈姓行商之商名——译者)、文官(Munqua,即万和行行商蔡世文——译者)、石琼官(Shy Kinqua,即而益行石姓行商,为石中和之父——译者)和潘启官(Puankhequa,即同文行行商潘振成——译者)——则已经与外国人打了很久的交道。①

Geowqua前译作"祚官";Pinqua前译作"平官";Chowqua前译作"周官",应为陈安官;Munqua为蔡文官;Kinqua为石鲸官;Puankhequa为潘启官。②

这里的Pinqua(Lung-ho行杨姓行商),正是丙官杨岑龚。

当然,最后被指定的保商为潘启官,但其余6家也都参与了"中国皇后号"的贸易。

但马士的《编年史》中提到新增的行商为5人,而非这里所说的3人。

然而,无论是5人还是3人,当中都有丙官。

我们还进一步得知,正是"中国皇后号"的大班山茂召把丙官介绍了后来从美国来的"大土耳其号",让丙官也成为"大土耳其号"的代理保商。

也就是说,丙官的经济实力当时已不容小觑,同时,也证明了丙官在十三行中曾有过的历史影响。其被列入十三行"八大家"之一,应是实至名归。

毕竟,在那个年代,能名列十三行"八大家",无论是经济实力还是社会影响力,都绝非等闲之辈。十三行中,前前后后成为行商的有数百名之多。有的不曾进入"八大家",但财富和实力、在行内的地位亦不可小觑。如曾当过行首的蔡文官;康熙年间的"启官"——黎家第一位行商,曾被误认为是潘启官,早在17世纪就已挂了外国商船的名字到西方做生意了。还可以列举很多。无论如何,哪怕在"八大家"中殿后,杨家也必定是一代巨富。

《"大土耳其号"航海日志》记录:

1785年12月3日从塞勒姆驶出,1786年2月23日到达好望角(开普敦)。

1786年3月17日从好望角驶出,同年4月22日抵达法兰西岛(毛里求斯,又译为毛里西亚)。

1786年7月1日从法兰西岛开出,9月抵达广州。

1787年1月从广州开出,3月抵达好望角。

1787年3月从好望角开出,5月22日抵达塞勒姆。

我们在"大土耳其号"的日志中也发现了丙官的名字。

---

① 〔美〕菲利普·查德威克·福斯特·史密斯编著:《中国皇后号》,《广州日报》国际新闻部、法律室译,广州出版社2007年版,第174页。

② 参见〔美〕菲利普·查德威克·福斯特·史密斯编著《中国皇后号》,《广州日报》国际新闻部、法律室译,广州出版社2007年版,第174页。

王睿在《"大土耳其"号向广州——十三行与早期中美关系研究》一文中,很详尽地介绍了杨丙官与山茂召及"大土耳其号"大班的交往:

> 当"大土耳其"号开往黄埔港时,在船队前列,韦斯特惊奇地发现两艘悬挂美国国旗的船只,他让引水将"大土耳其"号领到旁边。船只靠近时,韦斯特通过小型望远镜,认出其中一艘是一年前在桌湾相遇的纽约"中国皇后"号,另一艘也是来自纽约的"希望"号。"大土耳其"号于是在旁边下碇。它是第三艘到达中国的美国商船。"大土耳其"号一落锚,"中国皇后"号和"希望"号的拜访者就坐船前来。韦斯特从他们那里了解到,新近被任命为美国驻华领事的山茂召,就是乘坐"希望"号前来的。山茂召既已到广州,又对当地关税问题了解较多,韦斯特和范斯于是决定向他请教相关问题。他们租了一条舢板,沿河前进,最后在商馆区登陆。看到标志美国领事馆成立的美国国旗在一幢建筑物前飘扬时,他们感到非常高兴。山茂召欢迎他们的到来,并在租来的一间外国商馆接待"大土耳其"号的客人。他详细介绍了广州贸易的独特方式,并告诉韦斯特船长、范斯和萨皮尔,在贸易之前,他们必须指定一位行商作为"大土耳其"号的代理。山茂召推荐之前有过交往的丙官,经双方会晤,丙官同意充任"大土耳其"号的代理,并推荐了一名买办,负责安排商船驻停黄埔期间的补给。"大土耳其"号还通过丙官雇请了一位通事,负责办理海关及货运事宜。
>
> 船只开舱前,必须经过丈量,缴纳"规礼和船钞"。粤海关监督会亲临这一仪式现场。韦斯特船长闻讯,立即返回黄埔,做好迎接海关监督的准备。次日早晨,"大土耳其"号的甲板已用砂石打磨干净,黄铜器皿也擦得铮亮,总之,船上的一切都焕然一新。美国国旗高高飘扬,德比公司的旗也升上主桅。船员们配发周日才能穿上的最好制服,乘务员则把点心备好。临近正午,由十名桨手划行,上面飘着不计其数的三角旗和大清国龙旗的海关监督船只沿河驶近,围行"大土耳其"号几周。步行桥放下,身着华丽丝织官袍的海关监督登上"大土耳其"号。随行的是丙官及扈从人员。①

这里特地指出,是山茂召向"大土耳其号"推荐之前其有过交往的丙官。

丈量完成之后,文章写到,"税费一经核算清楚,丙官就与海关监督签订了一个支付担保协定,监督开具一份'开舱'准许状,这意味着'大土耳其'号可以自由卸货了"。同时,具体列出了丙官与之做的生意:

> 可以肯定的是,他卖给丙官的黑檀及其他物品价值12325美元。扣除法兰西岛包船的租金、范斯的债务以及海关的入港费用外,萨皮尔所剩无几,根本没法购买

---

① 王睿:《"大土耳其"号向广州——十三行与早期中美关系研究》,见广州市社科联等主编《"广州十三行文献研究暨博物馆建设"学术研讨会论文集》,2013年,第259-375页。

预计的茶货。因此被迫放弃"大土耳其"号从广州到波士顿的续租合约。在山茂召及同伴兰德尔的斡旋下,经过多次协调,萨皮尔最终决定向丙官赊账 10039 美元,其中 3800 美元用来支付从法兰西岛到广州的租金,5739 美元还给范斯先生的借款,余下的 500 美元是离开法兰西岛的住宿费用。根据原来的合约,他同意支付总计 3500 美元的粤海关税款。在付完范斯的欠款后,他仅剩 2000 美元,而韦斯特船长的"大土耳其"号在广州却一分钱没花。(1786 年)9 月 26 日,丙官同意"以本季丹麦与荷兰公司的价格",为"大土耳其"号置办 10039 美元的武夷山茶货。丙官商量,将这笔钱投在其他品种茶叶以及广州的瓷器、肉桂等商品上,丙官答应 60 天后的 12 月 1 日,将整批货搬上"大土耳其"号。①

丙官与船长的礼尚往来,也写得颇细腻:

> 1786 年的最后一天,最后一箱茶叶装上"大土耳其"号,木匠开始封闭底舱。
> 启航的各项准备工作正在进行,中桅升起,挂上风帆,帆具各部件均从岸上堤房拿到船上,妥善放在船上指定的地方,买办带来航海所需的各类物品。范斯、韦斯特与丙官的生意已经完成,准备离开夷馆。出发当天,他们去和丙官告别。丙官以常规礼仪接待了他们,饮茶环节结束后,他让仆人拿出一个大瓷碗,作为客人居留广州的纪念品,这个瓷碗绘制精美,碗心绘着满帆的"大土耳其"号,船上悬挂两面旗子,文字显示"大土耳其号在广州,1786 年"。然后,韦斯特船长让通事向粤海关申请"大土耳其"号的离港执照。这份文件在货物装好后发给他们,证明所有手续都已办妥,所有税费均已缴齐。换句话说,这相当于现代海关的出入境许可证。一切手续办妥,"大土耳其"号升桅挂帆,准备返航。买办前来道别,按惯例给船长和船员带来礼物,其中包括荔枝、橘子、坛姜及其他美味佳肴。分送完毕,又转身回到舢板船上,在一根竹竿上点燃炮竹,保佑船只一帆风顺。"大土耳其"号回以炮礼,正式开航。至虎门关口,海关人员检查船牌,通关放行。经过澳门,引水下至一只等待的舢板,这是"大土耳其"号看见的最后一个天国象征。奇妙的广州、黄埔之旅已成追忆。船员们结束漫长的旅途,正式踏上返程之旅。②

无疑,"大土耳其号"是满载而归。而从上面的描述可以看出,丙官又有着怎样的大行商气派!

就这样,我们从多个文献资料中,尽可能地把所有能查考到的有关丙官的史料找了出来。

---

① 王睿:《"大土耳其"号向广州——十三行与早期中美关系研究》,见广州市社科联等主编《"广州十三行文献研究暨博物馆建设"学术研讨会论文集》,2013 年,第 259 – 375 页。
② 王睿:《"大土耳其"号向广州——十三行与早期中美关系研究》,见广州市社科联等主编《"广州十三行文献研究暨博物馆建设"学术研讨会论文集》,2013 年,第 259 – 375 页。

但正如王睿在文末所说的：

> 代理"大土耳其"号的丙官或丙观，即隆和行的杨岑龚，他在1782—1793年间担任行商。在此以前，作为最大的瓷器商之一，他曾通过广源行销售货物。前述赠给"大土耳其"号的大碗，既表现了瓷商身份，又说明绘制精美渊源有自。[1]

这段印证了范岱克在《广州—澳门日志，1763》中所述，杨岑龚出现的3次记录均是向外商签约出售瓷器。

> 梁嘉彬所引马士《东印度公司对华贸易编年史（1635—1834年）》卷2载1783年Seunqua（义丰行蔡昭复）破产事云："……根据海关监督之令，Seunqua已被迫将其最后剩下之财产荷兰馆（Dutch Factory）出卖，以缴付皇上税捐，因此，彼已被视为完全破产。新行商之一Pinqua（丙官），用一万六千两将其承购。"到1784年，十年赔偿期限到了，蔡昭复却无资金。监督将此情况密告皇帝，建议将其所欠荷兰东印度公司的30500两债务平摊给谭家的Tsjoqua、文官、丙观和钊官。四人同意在4年之内分期赔付给荷兰东印度公司。1786年8月22日，Chowqua、文官、钊官和丙官签订互保声明，将义丰行破产后剩下原来供给荷兰人的商品用以抵扣欠款。1787年，北京朝廷要求广州商人分担300000两的国家预算经费。1791年，丙官负债日多，第二年就无能为力了。他虽然一度富有，但在官府勒索和外商钳制的双重重压下不堪重负，商馆终于在1792年倒闭，债务又分摊给了其他行商。[2]

这段文字也印证了马士的《编年史》中称丙官在1791年已陷入困境的记载。

在大班的英文日记中，早在1760年前后，丙官已是著名的瓷器商。也就是说，他在十三行辉煌了三四十年。

从这些片段中我们多少可以看到杨家在十三行中曾有过的辉煌。至少，1750—1792年这近半个世纪中，杨家经商的业绩一直为人所称颂，否则，也不会在他退出之后多年，仍会有"潘卢伍叶，谭左徐杨，龙凤虎豹，江淮河汉"的民谚传诵。

正是"大土耳其号"把杨家人杨岑龚"引"出来了，他是"大土耳其号"的保商。尽管在已查到的历史材料中，这个名字的出现就那么极少的几次，引不起关注，甚至有人认为他未必就是"八大家"中的杨家，同姓的人太多了。直到"大土耳其号"的记录中，他的行商名"杨丙观"出现，再回过头来查现成资料，这才发现，由于翻译的原因，每每把他错过了。

---

[1] 王睿：《"大土耳其"号向广州——十三行与早期中美关系研究》，见广州市社科联等主编《"广州十三行文献研究暨博物馆建设"学术研讨会论文集》，2013年，第259-375页。

[2] 王睿：《"大土耳其"号向广州——十三行与早期中美关系研究》，见广州市社科联等主编《"广州十三行文献研究暨博物馆建设"学术研讨会论文集》，2013年，第259-375页。

在马士的《编年史》中搜索英文原文，我们便能发现，这位"丙观"的名字，由于译成英文再译回中文，却成了"平官"。虽说《编年史》正文中"平官"出现不多，可在1775—1804年来广州的东印度公司船只记录表上，则持续出现了十数年，仅仅是成为英国公司船只的保商就有十多次，而他主要是美国商船的保商。

我们大致搜索了一下——

1783年，"平官"首次出现在"船只记录表"上，这应是他成为行商后不久，他是英国商船"库特将军号"（吨位755，下同）的保商。1784年，则是"恒河号"（758）、"庞斯博恩号"（758）的保商。1785年，所任保商的有"沃伦号"、"黑斯廷号"（755）、"贝尔蒙特号"（758）。1786年，则有"斯托蒙特号"（723）、"皮戈特号"（758）、"庞斯博恩号"（758）、"皇家主教号"（720）。

几年间，仅对英国商船而言，他已从1艘商船的保商，升为4艘商船的保商。

1787年，有"多佛尔号"（700）、"了望塔号"（986）、"兰斯多恩号"（574）。

1788年，有"博达姆号"（1021）、"休斯爵士上将号"（967）。

1789年，有"诺丁汉号"（1152）、忒提斯号"（804）、"皮特号"（775）。

1790年，有"瑟洛勋爵号"（805）、"了望塔号"（986）、"海王星号"（809）。[①]

然而，到1791年后，"平官"的名字就再没出现了。

仅8年间，他就当了20艘东印度公司商船的保商。那么，其他国家或公司的呢？目前尚未能统计，但美国的应是最多的。他与伍家的浩官在这一时间段内无疑是最活跃的。

这8年间，杨岑龚，即丙观、平官，在十三行中是何等的辉煌！——而在8年前，如果他的财富达不到一定的等级，是无论如何也进不了行商的行列的。

而在他光芒四射之际，沛官——即后来被美国人评为世界首富的伍家，才刚刚在十三行行商行列中出现；"八大家"中的卢家（茂官）也一样；而叶家（仁官）在他之后约10年全身而退；谭家则在30年后的大火中隐身；左家（梁经官）这个时候甚至还不曾出现。

同是与美国人做生意，伍家做得风生水起，一直做到半个多世纪后投资建设横跨美洲大陆、连接太平洋与大西洋的太平洋铁路，资产高达2600万银洋，是当时的世界首富。

而杨家竟几乎是一下子"人间蒸发"，以致后来几乎找不到他们留下的影踪。

两相比较，后人慨叹人事之兴替、商业之沉浮，是何等的无常。且记住杨家，这"八大家"中排名第八者曾经的辉煌。

第五十四章 乾隆卖官与行商的"顶子"

在讨论行商的本质是官商还是民商之际，我们追述并探究了康熙开海之初，进入十

[①] 参见〔美〕马士著《东印度公司对华贸易编年史（1635—1834年）》第一、二卷，中国海关史研究中心组译，区宗华译，中山大学出版社1991年版，第403-500页。

三行的商人成分的历史性变化。一开始，十三行商人无疑是官商，由具有不同背景的商人走马灯似地出现在十三行。

然而，随着洪顺官的退出，十三行"官商"色彩便黯淡下去了。外国大班的记录中，也视洪顺官为最后一位王商。

而在王商之后，成为行商不再凭背景，而是凭自身的实力。这也是当局从官商沉浮中吸取的教训，若非殷实的商人，是不够资格拿到行商"执照"的。显然，以财力为基准而非以权力为标准，是市场经济的规律在发挥作用。尽管这需要一个过程，其间也避免不了官商勾结、欺行霸市的问题发生，但是，官是官，商是商，则已经相对分明了。商人进入十三行，靠的只能是业已积累起的资本。而进入十三行之前，这些商人的财富当然不会是通过当官商挣来的，换句话说，在这之前，他们只能是民商，是以民商的身份进入十三行的。正因为这一历史的演进，我们得到的结论是，十三行行商的本质是民商。

但是，随着时间的推移，我们发现，行商在半个多世纪之后，竟然又陆续拿到了某些官位的"顶子"——可认为是"官帽"，而且，官帽愈戴愈"大"，由六品的砗磲、五品的水晶，渐渐变成三品的蓝宝石、二品的珊瑚，之后，更有"红顶商人"之类。这是否意味着，行商也成了官员，由民商转变成官商了？

"顶子"问题，显然把十三行行商的本质是官商还是民商的讨论重新提了出来。

这是在怎样的历史背景下发生的？商人戴上了"顶子"，又意味着什么？是官府要给十三行行商加"顶子"，强化"以官制商，以商制夷"的体制，还是商人本身需要一个"顶子"保护自己？

为维持广东的外贸，官方在广州实施了其特有的行商制度。让人感叹的是，无论是唐代、五代之际的南汉，还是宋代，广东当局都是把外商视为座上宾，要设国宴、官府宴予以接待，以表明对外商来广东做生意的热烈欢迎。宋神宗曾称赞南汉"笼海商得法"，继续其海商的政策。这本已形成惯例，一连几度改朝换代都不受影响。

然而，元代实施了"禁海"。明代更是变本加厉，对外商由欢迎变为防范，虽说有过郑和七下西洋的辉煌，却戛然而止，全面退出了海洋。广东远离朝廷，又因为对海洋一直是开放的，要禁也难，况且朝廷历来视广东为"财薮之地"，对国家财政影响甚巨，也就不得不网开一面。所以，哪怕只余下一个口岸，也只能是广东。

令人扼腕的是，明清二朝，恰逢全球进入大航海时代，经济长足发展；而朝廷偏偏以"天朝"自居，反其道而行之，与大航海时代脱轨，失去了与世界同步发展的一次大机会。

正是在这样的背景下，清朝推出了行商制度。首先是不允许官员直接与"夷商"发生接触，所以，无论是对外商以示欢迎的国宴还是官府宴，统统取消，官员与"夷商"彼此得完全"划清界限"。可又得对外贸进行管理，该怎么做呢？只能依靠居中的中国商人。几经反复，行商制度就这么产生了。当然，争取成为行商，势必因为有相当大的经济利益的诱惑，否则，也不会有约400位商人进进出出，先后成为行商了。

刚开始，无论是康熙年间，还是雍正年间，洋商，也就是行商，是不曾有什么官衔的。我们在中外文献的记载中也找不到相关的"任命"表述。

而到了乾隆时期，这一状况便发生了变化。

最令人关注的是，1793年——这已是乾隆晚年了，英国派出马戛尔尼勋爵，带上一支船队来中国为乾隆皇帝祝贺大寿。返程经过广州，当局按惯例派出十三行行商接待时，外文资料中就显示，潘启官（潘有度）已经有了个蓝宝石顶子，而石鲸官则是个水晶顶子。

这分明显示，在这之前，行商已有了"官衔"，可以向外商证实自己的官方身份——他们当然是官方的代表。

是他们不愿意在与外商打交道中，明明代表官方，却没有官方的正式身份，这才在乾隆年间设法"正名"？还是官府主动给予这样一个虚衔，让他们在对外交往中多少有点面子？

在官本位的封建时代的中国，哪怕是个七品芝麻官，也会觉得自己高人一等，行商想有个顶子，也是理所当然。但在康雍年间，这事恐怕不大好办，尤其是雍正，对官商勾结很是防范。到了乾隆年间，则渐渐成惯例了。

乾隆年间，财政负担日益沉重，捐纳被正式纳入国家经常性财政收支计划，分为两种：一种是遇事临时开捐的"暂行事例"，即所谓"大捐"；另一种是比较固定的"现行常例"，即所谓"常例捐"。捐纳买官的机会就更多了，能够通过捐纳获得的官职范围也大大扩大，文官可捐至道、府、郎中，武官可捐至游击，且明言"京官中、行、评、博以下，外官同知、通判以下，如所请行"，也就是说这些官职都可以捐纳。

大开捐纳买官之门的同时，朝廷还开出了明确的官职价位，以下是乾隆三十九年（1774）部分官职的价目表，皇家出品，明码标价，各取所需，绝无欺诈。

清乾隆年间部分官职价目

官职	品级	价格/两银圆
道员	四品	16400
知府	从四品	13300
郎中	五品	9600
同知	五品	6820
主事	六品	4620
知县	七品	4620
县丞	八品	980

这个价目表只开到四品，往上，则更多了。

但是，早期买官，想买大点的，也还是不那么容易，皇帝开始也不会那么大方。

据《广州十三行之一：潘同文（孚）行》一书中称：洋商捐纳官衔是以权钱交易作

为手段来到达稳固其外贸商人地位的目的,潘振承曾通过捐纳获得候选司马正指挥的官衔(六品官),并加三品顶戴。① 潘振承获得官衔的时间在乾隆三十五年至四十五年(1770—1780),也就是乾隆中期。他于乾隆五十三年(1788)去世。

同时期的谭世经,即德官,其家族族谱上记载的是"诰封奉直大夫"(从五品),这是文职,同是加三品顶戴,所以留下的画像中是戴蓝宝石顶珠。而石鲸官的则是水晶顶珠。自然,这均是闲职。其他人大抵如此。

德官谭世经像
(图片来源:笔者家藏之《家谱》十七世谭世经)

按清廷礼仪,一品用红宝石顶珠,二品用珊瑚,三品用蓝宝石,四品用青金石,五品用水晶,六品用砗磲,七品用素金,八品用阴纹镂花金,九品用阳纹镂花金。无顶珠者无官品。另一为凉帽,无檐,喇叭式,初期扁而大,后期小而高,用藤、篾席编织,外裹绫罗,多为白色,也有湖色、黄色,上缀红缨顶珠。

---

① 参见潘刚儿、黄启臣、陈国栋编著《广州十三行之一:潘同文(孚)行》,华南理工大学出版社2006年版,第26页。

红宝石顶珠

蓝宝石顶珠

所以,这才有马戛尔尼来华时,行商佩戴顶珠的细节。

然而,顶子的价格不是一成不变的。嘉庆之后,清朝所面临的各种危机越加严重,为了广开财源,捐纳制度"全面放开"。买官的越来越多,捐纳出身的官员比例越来越大,一度超过科举"正途",达到百分之六十以上。

与之相呼应的,是官职价位的大幅度跳水。道理很简单,物以稀为贵,官帽也不例外。能买到的官多了,也就不值钱了。

后来逐渐"规范化"了,没有潘启官"候选司马正指挥"之类的武职,全是文职了,诸如资政大夫、通议大夫、中议大夫、中宪大夫、朝议大夫、奉政大夫、奉直大夫,等等,由二品至从五品。

到潘正炜,则"诰授中宪大夫,御赐花翎"。

更有意思的是,在马士的《编年史》中,1807 年,有四位行商参与对"海王星号"水手的审讯,他们分别是潘启官二世(即潘有度)、卢茂官、伍浩官与昆水官。书中记录：

> 坐在当中桌子的三人，他们的帽子上都镶有透明蓝顶子，表示三品；他们的胸前补子的绣绘看不清楚，但两位广州府的品级，必然是绣蓝孔雀，而军民府的则是一只豹子；如果为暗蓝顶子，则表示为四品，文官图徽为野鹅，武官为虎。旁边三位全是水晶顶子，表示为五品，其补子（文官）为白雉鸡。这几位是审判官。
> …………
> 这四位都戴着红珊瑚顶子，表示二品，其补子为金色雉鸡。这是表明他们的品级比审判官高，但审判官的职位是经考试并正式任命的。而行商的品衔是用钱，用很多的钱买来的。①

这是一幅画图上的"注解"，画图"现在悬挂于伦敦皇家亚洲学会演讲大厅里"。这四位行商正式出现在官方的场合中，所以务必"正衣冠"，戴上红珊瑚顶子，以证明他们是"官员"。反而正式的官员顶戴上仅是"透明蓝顶子"，似乎比他们的级别还低，所以书中对红顶子行商特地说明了几句，分明是一种讽喻。这四位行商中，潘、卢、伍是"四大家"中的前三位，而叶仁官则排不进前几。叶仁官在此三年前已全身而退了。不过，叶家无意商场，却在官场上颇为得意，叶家恐怕是在清代十三行里待的时间最长的，从17世纪末，一直到19世纪初，几进几出，最后还是去当正儿八经的二品大官去了，显然，他家在乎顶子。后边会有章节专门写到叶家。

连昆水官这样的小行商也有红珊瑚顶子，可见进入19世纪，"顶子"的价格已经一跌再跌。嘉庆继位后，承袭了其父乾隆以卖官的方式聚财，官位也贱卖了。法国人圣·克鲁瓦于1807—1808年在广州，他记录的十三行当时有12家，所有行商都是有顶子的，只是红、蓝、白各不一样。如此算来，十三行中后期有顶子的行商不下百人，乾隆开启的这一发财之道，收入不可谓不丰矣。

及至咸丰、同治、光绪时期，这"顶子"就愈来愈不值钱了。所以，行商们在乎不在乎顶子，也看各人所好。

"八大家"的谭家历史也长久。谭家是透明蓝顶子，由谭世经始，同样袭三代，族谱记录得很清晰。谭世经出生于乾隆三年（1738），逝世于嘉庆三年（1798），诰封奉直大夫，加三品顶戴，之后又袭了两代，其儿子谭曜石亦诰授奉直大夫，其侄孙谭紫庭同样诰授奉直大夫。

范岱克在考证十三行行商上颇下功夫，对于民谚中的"潘卢伍叶，谭左徐扬"予以了认可，但他认为谭家充当行商应是在早期，在"一口通商"之前，倒是判断有误。

本书引证了王睿的论文，说义丰行于乾隆五十一年（1786）濒临破产，债务分摊给谭家、文官、杨家与钊官。而杨丙官的商行也于乾隆五十七年（1792）倒闭，债务再度

---

① 〔美〕马士著：《东印度公司对华贸易编年史（1635—1834年）》第三卷，中国海关史研究中心组译，区宗华译，中山大学出版社1991年版，第48-49页。

分摊。其间，谭世经（德官）还是相当有实力的。而此时，正是乾隆"卖顶子"方兴未艾之时。

所谓"八大行商"，应是嘉道年间的说法，其时，恰好这八姓行商都在，叶姓刚刚退出，但长久在十三行经营的叶、谭二家的影响都在。所以，这不会是"一口通商"前的民谚，之前尚无卢、伍、左（梁）三家。另外，当补充的是，Tan 在新加坡英汉辞典中有译为"陈"的，其为闽南语的发音而非粤语，粤语中 Tan、Tham、Than 均为"谭"。范夫人为台湾人，说闽南话，这就不难解释他把 Tan 全当成"陈"了。只是陈姓行商在"一口通商"后已不再多见，甚至销声匿迹了。

中国人的谱牒，一直看重的是官位、顶子，"学而优则仕"，却鲜见商务的记载。官重于商或大于商。十三行行商的族谱同样受此影响，否则，400 多位行商，为何不少行商的后人已一无所知？

当然，官的"贬值"，也有另一重意义。

十三行消失之后不到半个世纪，即光绪二十六年（1900），大清国已处于风雨飘摇之中，官价成了如下表所示的这样。

清光绪二十六年（1900）部分官职价目

官职	品级	价格/两银圆
道员	四品	4723
知府	从四品	3830
郎中	五品	2073
同知	五品	1474
主事	六品	1128
知县	七品	999
县丞	八品	210

与乾隆年间的价格相比较，四品由 16400 两银子掉到了 4723 两，连尾数都不足。五品也从 9600 两降到 2073 两，仅余约 1/5。其他官职的价格也是"大跳水"。

一个政府，堕落到大肆卖官位，且愈卖愈贱，到最后，自己也不值钱了，离轰然倒塌已不远了！

行商与顶子的关系，让人们对历史有更多的思考。不仅仅是名与实、权与钱、头衔与地位、官与商的关系，还有很多。谁说行商是中国历史产生的"怪胎"呢？存在即合理，它也是历史逻辑的必然产物。

到此，"顶子"的意义应当很明白了。

首先，它无法改变行商的真正身份，包括社会地位。加了"顶子"，并没有人把他们视为"官"，当然也就不是官商了。

其次，它也改变不了行商的级别，他们依旧是见官矮三级，你二品顶戴也好，三品顶戴也罢,人家五品、六品照旧比你的官真得多、大得多,要训就训,说抓就抓。借顶子级别亦不能自我保护。平日,他们当中的大多数也绝少戴上顶子,更不用说招摇过市了,这毕竟是虚的,恐怕他们内心对此也并不以为然。当然,特别的场合才不得不狐假虎威,如在"海王星号"的审判现场,居然一下子出现了4个"红珊瑚"顶子。这显然是官方要求的,很无稽,也很无奈,更是无用。

可见,在乾隆中期出现的行商买顶子的事情,只是与国库拮据、乾隆开启买官卖官的交易相关,并非清廷将行商"提升"为官。结论只有一个:加上"红顶子",行商依旧是民商,其本质改变不了,不可以有任何妄想与奢望。

对于这一点,当年的行商当然比今天的我们要明白。

第五十五章 "嫩实兹号":战祸与鸦片之合谋

纵然在商言商,都为滚滚的利益而来,但其中仍不乏诚信,不乏友情,不乏豪爽,也不乏宽厚。互惠互利,平等交易,仍然是这条商道,或曰"海上丝绸之路"上的主调,这本来也是人类生活在这个蔚蓝色的星球上的一条"红线"。互通有无,物畅其流,促进了市场的兴旺发达,同时也促进了社会的发展,所以,才有亚当·斯密的《国富论》,它为市场经济鸣锣开道,成为西方古典经济学的翘楚。然而,在完成《国富论》之后不久,他又全力投入到《道德情操论》的修订中。他的这部传世之作,第六版出版于他1790年去世之前不久。于是,他拥有了著名经济学家与著名伦理学家两大盛名。他的《国富论》出版于1776年。他为何在出版《国富论》后,致力于反复修改他的《道德情操论》呢?人们在积累自身财富之际,其情操会受到怎样的影响?是好?是坏?

英国经济学家
亚当·斯密像

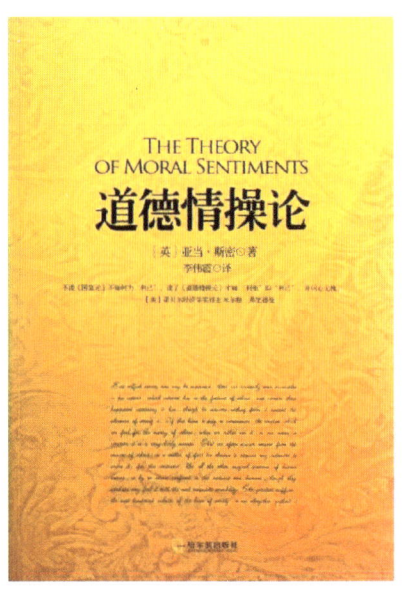

亚当·斯密《道德情操论》
中译本书影

显然，这包含了这位经济学家深深的担忧。

在他生前最后一版的《道德情操论》中，在论及"良知的影响与威望"时，他专门楔入了一个颇有深意的思维实验。他假设"中华大帝国"在一次大地震中被彻底摧毁，普通的欧洲人将做何反应？他是这么写的：

> 那种可能落到他头上的最小的灾难会引起他某种更为现实的不安。如果明天要失去一个小指，他今晚就会睡不着觉；但是，假若他从来没有见到过中国的亿万同胞，他就会在知道了他们毁灭的消息后怀着绝对的安全感呼呼大睡，亿万人的毁灭同他自己微不足道的不幸相比，显然是更加无足轻重的事情。因此，为了不让他的这种微不足道的不幸发生，一个有人性的人如果从来没有见到过亿万同胞，就情愿牺牲他们的生命吗？①

这段话说明，一个人的道德责任情感是有"空间距离"的，而这一"空间距离"会造成道德情操怎样的缺失？

在大航海时代，应如何与更广阔的世界里的生命建立起不仅仅是物质上，而且是情感上的联系——这正是亚当·斯密所要提出的重大命题。

"各人自扫门前雪，休管他人瓦上霜"——在东方，也有如此露骨的利己主义，但这绝对不是主流的儒家学说。"二人为仁"。仁，意味着人与人之间的关系，守望相助，恪守信义。那么，在西方呢？尤其是十三行时期的西方呢？

在亚当·斯密一再修订他的《道德情操论》期间的1782年，一条英国船来到了珠江口，来到了澳门，来到了广州。

这条船，演绎出其与众不同的故事，一个亚当·斯密深深忧虑的故事。这条船是军舰，叫"嫩实兹号"。

这一年，是英国人第一次用军舰向中国大规模倾销鸦片的一年。

对于历史而言，其根本的转折每每不是表面上的惊涛骇浪，而可能是当初不为人所察觉的无声无息的潜流。

军舰、鸦片——这两大关键词，对日后的中国意味着什么，是显而易见的。可当日，"嫩实兹号"进入南中国海，开到珠江口，却是波澜不惊，不怎么引起人们的关注。

人们每每津津乐道的是，10年后，马戛尔尼勋爵乘"狮子号"率祝寿团队不远万里来到中国时的风光。此后200多年的时间里，则出版了一部又一部的历史研究专著，深挖东西方的制度、文化之间的冲突，称英国人自此重新认识了中国：一条庞然大物的巨船，用不了多久就会倾覆。

人们还会把目光投向嘉庆年间阿美士德的使团来到北京，因礼仪问题（不肯下跪）遭到皇帝的拒绝，铩羽而归，从而埋下了战争的种子。

但是，很少人把"嫩实兹号"的出现视为历史的根本转折点。

---

① 〔英〕亚当·斯密著：《道德情操论》，蒋自强、钦北愚、朱钟棣等译，商务印书馆1997年版，第165页。

我们回到上一个时间节点：1757年。

印度是东印度公司的商船从欧洲驶往中国的最大一个中转站，1757年无疑是其一个更为重要的历史节点。这个节点最大的历史背景，便是英国与法国的"七年战争"。这一战争从1756年到1763年，在欧洲打了足足7年，而战争的范围则几乎遍及世界，先是在北美，而后是在印度，甚至在中国的海面。在北美，法国人败绩；在印度，英国人完胜。本来，法属印度总督杜布雷善于训练印度土著人，在土著王公中有较大的影响，其殖民地更辽阔，战斗力是英国人的两倍。然而，战前杜布雷被召回国，而英国军队则由克莱武这样一位嗜血的军人所率领，在得知英法战争开始后，克莱武迅速率兵入侵孟加拉，在这一年，即1757年打胜了"普拉西战役"。并一直打到1761年，实现对印度的全面殖民，法国人彻底退出。战争中，法国商船也一度退出中国。针对"一口通商"，法国商船的大班甚至给中国皇帝写了上万言的劝谕信。

如前所述，1757年，英国以武力征服了印度。而在同一年，中国实行"一口通商"的限关令。

英国史学家J.R.格林称：

> 七年战争是世界历史上的一个转折点，也是我国历史上的一个转折点。到现时为止，欧洲国家的相对重要性已从它们在欧洲范围内的属地获得。但是，从战争结束起，英国较其周围国家重要还是不重要，已无关紧要。英国不再仅仅是一个欧洲强国，不再仅仅是德国、俄国或法国的对手。①

他不无骄傲地得出结论：

> 正如英国自己的海上帝国声称它是北美洲的霸主和印度未来的霸主那样，英国突然远远胜过那些由于其位置仅在一块大陆内，注定要在以后的世界历史中处于较低微的地位的国家。②

英国从此成为"日不落帝国"。

而对孟加拉的占领，则给了利欲熏心的殖民者更大的刺激——那是开遍了罂粟花的土地。

就在"普拉西战役"大胜之后几年，英国东印度公司的高级职员（当年，克莱武从戎之前也是这个身份）华生上校正式提出了一个计划。这个计划便是，在孟加拉大面积种植鸦片，然后卖给中国人，用来换取茶叶。

---

① 转引自〔美〕斯塔夫里阿诺斯著《全球通史》，吴象婴、梁赤民译，上海社会科学院出版社1999年版，第184页。

② 转引自〔美〕斯塔夫里阿诺斯著《全球通史》，吴象婴、梁赤民译，上海社会科学院出版社1999年版，第184页。

1773年（乾隆三十八年），这个鸦片换茶叶的计划得到英国方面的批准并且开始了实施。当然，鸦片是不可以进入英国本土的。

就这样，一个罪恶的计划真正开始了对历史的改变。改变的，不仅仅是经济史，而且是军事史、政治史。

如前所述，中英贸易中，英国过去一直是用白银来换取中国茶叶的。从1750年左右算起，白银占英国东印度公司对华输出货价的90%。所以，英国人在与中国贸易中的逆差是惊人的。1765—1766年度，该公司对华出口商品值是从中国输入的三分之一不到。1775—1776年度，也不到四成。巨大的贸易逆差让英国人惊呼白银向中国大量流失。

而对于英国来说，唯一能扭转这一逆差的"法宝"就是鸦片。因为一箱鸦片从印度运往中国，从25印度货币涨到150印度货币，可以获得5倍的利润。

在华生上校的计划获批后仅仅10年，英国军舰"嫩实兹号"便冒天下之大不韪，向中国大规模倾销鸦片了。

"嫩实兹号"驶进中国之前，乾隆已感到日益严重的鸦片走私对中国的巨大威胁，不得不重申早在雍正七年（1729）就已颁布的严禁买卖鸦片的谕令，并禁止包括烟具在内的货物的输入与贩卖。

乾隆十二年（1747），鸦片出口只占英国货品的12%，可到了18世纪末，则已占到了一半甚至一半以上。所以，当"嫩实兹号"和另一船"贝特西号"载着3000箱鸦片来到中国时，禁烟令形同虚设，根本无法阻遏从印度过来的毒品。英国的奸商用行贿就轻而易举地打破了海关的封锁，后来，更明目张胆地在伶仃洋岛上建立走私鸦片的基地，让清廷海关防不胜防。愈禁，鸦片就愈有利润，走私就愈甚；禁得愈狠，鸦片进入中国的灰色收入空间就愈大，官员愈挣个盆满钵满。马士在《中华帝国对外关系史》中承认：

> 禁烟法令甚严，但送给主管官员金钱后，鸦片买卖却可公开进行。①

于是，银圆不再流入中国，反而出现逆转，流出中国了。

历史上记载：乾隆四十年至嘉庆二年（1775—1797），中国平均每年进口鸦片1814箱；嘉庆三年至四年（1798—1799），平均每年为4113箱；1800年，更达到4570箱。就这样，鸦片不仅换走了中国的茶叶、丝绸，也为英国夺回了银圆。

嘉庆主政后的嘉庆五年（1800），对于英商咄咄逼人的关于开放通商口岸的要求，嘉庆曾问过大臣孙玉庭："英国是否富强？"

孙玉庭曰："彼国大于西洋诸国，故强。但强由于富，富则由于中国。"

"何故？"

"彼国贸易至广东，其货物易换茶叶回国，转卖于附近西洋各小国，故富，因而能强。西洋诸国之需茶叶，亦犹北边外之需大黄，我若禁茶出洋，由彼穷且病，又安

---

① 〔美〕马士著：《中华帝国对外关系史》第一卷，张汇文、姚曾廙、杨志信等译，上海书店出版社2000年版，第209页。

能强?"

嘉庆听大臣这么回答,很是满意。

诚然,没有十三行巨大的贸易额,加上行商们的"影子银行",英国的工业革命是不可能有强大的资本支撑并迅猛发展的;但皇帝与大臣们并不知道这些。

美国的"独立战争"使欧洲的格局发生了变化。

1778年2月6日,《美法同盟条约》在巴黎签订。其时,法国大革命山雨欲来,法国自是对美国独立战争抱有异乎寻常的关切,况且,英国是法国的"宿敌"。于是,在条约中约定,法国务必保护美国的自由、独立和主权,而美国则应保障法国在北美魁北克领地不可侵犯;法国可以占有西印度群岛的英国领地,而美国则可取得英国在北美的领地和百慕大群岛……条约这么一签,法国与英国也就处于战争状态了。

乾隆四十七年(1782)这一年,在澳门的英国东印度公司管委会本以为有13艘船开来广州,可实际上只来了4艘,显然是受到战争的影响。而瑞典、丹麦等国却来了8艘。

那艘叫"嫩实兹号"的英国船正穿越马六甲海峡。

海峡风平浪静,阳光下波光粼粼,如撒开一片片碎金,分外诱人,却无人知晓这里隐藏着罪恶。本来,"嫩实兹号"在孟加拉靠岸之际,它还是名副其实的战舰,它的主人便是军人——沃森中校,而船长里查森同样是军人,船上的炮位一望而知。不过,当它离开加尔各答时,由于装了沉甸甸的商品,吃水线已升了好几英尺,这时,它变成亦军亦商的舰船了。军舰走私,在那些年头并不足为怪,不过,这回走私的"商品"却非同小可,是鸦片。

谁都知道,此时的大清国,自雍正年间便已严禁鸦片了。它为何要铤而走险?

原来,自从美国闹独立后,法国人亦站出来支持美国,战争不仅在美国本土进行,而且打到了大洋上面。法国军舰与英国战舰也打了起来。

战争造成了英国银根紧缺。而能大把大把来钱的,唯有鸦片。

本来,东印度公司在1773年之前还在阻止针对中国的鸦片贸易,因为这种非法贸易影响了正当的茶叶贸易。"绅士"风度、自诩充满理想主义思想的英国新任印度总督哈斯廷斯一度还说,鸦片是毒品,不是生活必需品,不应该被允许。可不到10年,便允许"嫩实兹号"与"贝特西号"携带3000箱鸦片从他那里出发了。

就在"嫩实兹号"从孟加拉再度出发之前,单桅船"贝特西号"已于稍早前出发,船上有1466箱鸦片,总价值为72万卢比。而"嫩实兹号"则有1601箱鸦片,比"贝特西号"多100多箱,总价值为82.5万卢比。两船都已开好了发票。也就是说,两条船上没有多少现金。

时任孟买总督马戛尔尼勋爵——就是后来向乾隆皇帝祝寿的"祝寿团"团长——给两船即将抵达目的地的东印度公司广州管委会写了封信,说:"我们缺乏现款的苦恼,有增无减,因此,我们此处的供应,甚至想用最渺茫的希望来安慰你们,也不可能。"[①]

---

① 〔美〕马士著:《东印度公司对华贸易编年史(1635—1834年)》第一、二卷,中国海关史研究中心组译,区宗华译,中山大学出版社1991年版,第398页。

当然，把这两条船上的鸦片卖掉，就有155万卢比了。

只是出师不利，"贝特西号"刚驶过马六甲海峡，沿途仅卖出不到6万银圆的鸦片，大部分还得运到广州。就在出海峡之际，在廖内群岛遇上了法国人。

英、法两国此时处在战争状态，"贝特西号"船长格迪斯便赶紧下令开炮。谁知，对方不是商船，也非战舰，而是海盗船。一场恶战后，"贝特西号"乖乖地被法国人俘获了。不过，格迪斯把59600元保住了，他抱着这笔钱，最后逃到了广州，交给了管委会。

"贝特西号"是前车之鉴。"嫩实兹号"接到命令，不可以再沿马来半岛行驶了，须沿爪哇岛东行，从东线经菲律宾再上中国大陆这边。

为了防止被法国人抢劫，"嫩实兹号"落下了米字旗，换上了法国旗，法国海盗该不会抢劫自己国家的船吧。况且"嫩实兹号"船体是用铜皮包裹起来的，与一般的英国商船稍有不同，至于炮位多了一些，那也是因为处于战争状态，商船也要加强防卫嘛，再挂上异国的旗帜，则更难辨认了。总之，保证鸦片不遭到劫掠才是第一要紧的，不可以轻易开战。

"嫩实兹号"就这么战战兢兢地开到了爪哇岛的东边。

此时，正值季候风从东南方向刮来，风帆涨满，可以北上了。

北上，则是菲律宾的沿岸。

沃森与里查森商量，赶紧把法国旗换下来，升起了西班牙旗。菲律宾是西班牙的殖民地，自1565年为西班牙殖民者占领，已有200多年了，挂上西班牙旗，应当可保无虞。而1779年，即三年前，西班牙也向英国宣战了。

沿岸行驶，若遇上飓风，可以及时开进港湾。

一路上，没有遇到海盗拦截。

"嫩实兹号"最终离开了菲律宾海岸，向西北方向行驶，越过南中国海，直奔澳门。

这是1782年的7月21日，"嫩实兹号"终于抵达了十三行的外港——澳门。

如果加上"贝特西号"上的1466箱鸦片，两船的鸦片总量便超过了3000箱，这是有史以来英国人第一次大规模向远东，主要是向中国倾销鸦片。如此大规模地倾销鸦片，说明英国人开始不惜冒险向禁鸦片的中国挑战了。从其后的文件与往来信件中可看出，他们已心怀叵测，也心存侥幸：一方面，冒天下之大不韪；另一方面，亦胆战心惊、小心翼翼。

这成为历史的一个转折点。作为战船走私鸦片的"嫩实兹号"，成了这一罪恶的重要开端。

正因为做贼心虚，在"嫩实兹号"抵达澳门后不久，法国领事沃克兰去世，"嫩实兹号"还派去一艘驳船和一位职员，上法国馆吊唁，船上还专门鸣炮致哀。

英、法两国不是开战了么？何以英舰还派人去吊唁呢？其内在的意思无非是说明，我并非军舰，不代表国家，所以是非敌对状态，作为商船，还应和平友好。

这却是做给中国人看的。因为，中国人是不允许战舰过来的，时刻在防范"夷人"的进犯。更何况船上还有1600箱鸦片，这是中国的违禁品。"嫩实兹号"要赖在澳门，设法把鸦片卖掉,就不能不多方周旋。

但鸦片怎么卖,更是一个大难题,毕竟这在中国是违禁品;在澳门呢,当地的商人谁敢接货?所以,大笔的生意是做不成的,而散商、小商家,过去已有长期赊欠的习惯,且每箱只卖得210两银圆。

其时,东印度公司大总督"创造了一种使在中国的管理会感到困惑的商业方法。他借入1000000卢比……为了抵补这项借款,他将加尔各答出售的鸦片收回,以公司的账目装运……交1601箱发票价值为825023通用卢比,由沃森中校的私人战船'嫩实兹号'运出"①。

早在"嫩实兹号"抵达澳门时,里查森便清清楚楚地算了一笔账——这回做的可是亏本买卖:从加尔各答出发,扣除运费、船长及水手费用,再加上战时津贴16%,就去掉相当大的一笔;到达广州后,交船钞、商馆费用及引水员与通事的报酬,又去掉了一大笔。而以长期赊欠的方式售出,每箱仅卖210两银圆,折算下来,亏本18.7%,即54627两。

但亏本也得做,不在于一回,而在长远——这才有往后半个世纪间,鸦片终于在中国泛滥的结果。

"嫩实兹号"的鸦片生意在澳门做得非常艰难。

没有人能了解这背后的运作。总之,过了相当长的一段时间,海关突然批准了一位"新行商"先官。这自然是由于英国人已经打通了官方的关节。本来,在这一年,受战争的影响,加上十三行生意不景气,十三行行商只剩下四位了。官方在此刻迅速增设新行商,其资格是怎么审查的,其财力有没有达到标准,一概不得而知。我们唯一知道的是,1782—1783年,先官出现在马士的《编年史》上,并记录下他欠了一大笔债,却独有鸦片的货款全部付清。两年后,这位先官人间蒸发,再也不见了踪影。

那么,这个先官是为何而来,又为何而去呢?

恰恰是这两年,"嫩实兹号"始终在澳门、广州黄埔以及整个南中国海沿岸辗转往复,力图将所有的鸦片销完。

马士的《编年史》中关于1783年的记录有:

> 前"嫩实兹号"售给先官的鸦片(作者按:这是200箱),1400箱已运往马来各口岸;但其中有500箱再运回澳门。②

对这一记录,有如下说明:"这是在马来各口岸无法售出的。因为从孟加拉开来澳门的全部船只大量运来这种货品。我们不能认为行商先官去年的交易是很顺利的。……他

---

① 〔美〕马士著:《东印度公司对华贸易编年史(1635—1834年)》第一、二卷,中国海关史研究中心组译,区宗华译,中山大学出版社1991年版,第398页。

② 〔美〕马士著:《东印度公司对华贸易编年史(1635—1834年)》第一、二卷,中国海关史研究中心组译,区宗华译,中山大学出版社1991年版,第411页。

曾经说过，准备本季度就和我们清账，他提起上季运往海峡用罐装好存放该处的鸦片，由于在廖内被劫，遭受巨大损失（70000元）。"①

记录中，大班向董事部的报告亦提及1783年的第二次航程："散商船'嫩实兹号'于9月29日到达，载有私人商号的鸦片。"②

作为一艘军舰，"嫩实兹号"在澳门停泊，大清海关不可能不知情，就算瞒，也瞒不了几天，再狡辩称其为商船也无济于事。而一艘军舰久停澳门意味着什么？这可是令大清当局疑惑了。你要真是商船，为什么不上广州黄埔港，与十三行的商馆建立关系呢？

就在清当局在澳门准备查询之际，"嫩实兹号"终于启航，开往黄埔。这自然是先官的主意，老行商们也认为该这么做。

到了黄埔，就得按商船入境办理全部手续了。于是，海关便派人丈量了这一艘挂名商船的军舰。

程序很严谨，每个步骤都不差，丈量过了，船舱也查过了，当然，船钞也一分不少地交齐了，总算是过关了。

沃森与里查森心中很是庆幸，1600箱鸦片并没有被"发现"。当然，他们认为，这是先官的功劳，把海关的关节打通了，丈量船只的差官对某些舱位睁一只眼闭一只眼，也就算是验过了。

不过，差官们对船上的印度人倒是打量了好一阵，但什么也没说。

然而，进了广州港，鸦片是不可能销售出去的，在广州报了个到，还是得回到澳门，再设法销售鸦片。于是，把先官的200箱鸦片卸载并付了税费，船可以离开了。

可是，海关来了个后发制人。这时，海关严正地指出，你"嫩实兹号"到了黄埔后，并没有装上运走的货物，更何况，船上还有印度兵，所以，不能当商船对待，而战船是不可轻易出港的。

这下子，沃森也好，里查森也好，都慌了。

按商船对待，出境时没载货，也就不能再征收任何税了，而依大清律令，战舰是不可以进入黄埔港的，如以此理由扣押，那船上的1400箱鸦片就岌岌可危了——要是有人透露了消息，这下场只怕比"贝特西号"更惨。本来，就算全部销完，也得赔个5万多两，这如被没收、销毁，便是赔好几十万了！

先官当然心中有数，但他推给做了保商的老行商，让他们给海关监督送上几千两银子试试。

谁知，官至二品的海关监督李质颖对这几千两银子却不屑一顾："谁让你们当保商的？""把战舰保成商船，这玩笑开大了吧？"

没办法，只好大放血了。最后，交了2万两银子，总算放行了。这2万两银子，算是

---

① 〔美〕马士著：《东印度公司对华贸易编年史（1635—1834年）》第一、二卷，中国海关史研究中心组译，区宗华译，中山大学出版社1991年版，第411页。
② 〔美〕马士著：《东印度公司对华贸易编年史（1635—1834年）》第一、二卷，中国海关史研究中心组译，区宗华译，中山大学出版社1991年版，第411页。

礼银。

于是,"嫩实兹号"载着余下的1400箱鸦片,拿上"出口执照",又回到了澳门,并且在南中国海沿岸转圈。

对英国人来说,这是一次试探,一次冒险,表面似乎是不成功的,亏了本,被勒索,还费了周折。但这实际上是非常成功的倾销鸦片的"前哨战",一次"火力侦察"。①

马士的《编年史》记录下了这第一次以相当规模的方式向中国倾销鸦片的丑陋事实,尽管写得吞吞吐吐、似是而非,但明眼人一眼就可以看个明白。

鸦片是违禁的。已再一次有明确的公告。大总督沃伦·哈斯廷斯和最高管理会在他们所写的忠告函件内称:

我们认为有必要注意的是,"嫩实兹号"是作为一艘武装船进入中国内河的,不得报告带有鸦片,这是禁止买卖的。

广州管理会亦熟知把它作为一艘战船看待,带它驶入黄埔,照例交付船钞。虽然鸦片是违禁的,现在它由英国散商船及悬挂其它旗帜的船不断输入。管理会在各个时间里报告:

先官和散商船的各个指挥大量交易鸦片。

当最高管理会决定采取运送鸦片到中国这一措施时,我们认为应当禁止澳门船的船主们购买这样大量的鸦片;在该市的鸦片,除已售出者外,最少尚有1200箱。

中国政府是严禁鸦片输入的,而这个事业对我们是一件新的工作,因此,我们必须采取极其谨慎的措施。由于这种东西经常在澳门交易,我们决定将船在该处停留几天……但先官认为,该船停留在澳门会引起查询,以致惹起不便……潘启官也认为,该船应驶入黄埔,以免被怀疑。

没有一位广州的行商是与鸦片有关的——各人是"不论在什么方式下,都不愿意利用他的名字去做这件事。"大班唯一交易的商人,是先官——并不是由于他住在澳门,因为他在该处亦同样受到象在广州一样多的官吏的支配;只是由于他惯于做鸦片买卖,他早已用各种办法将这种买卖的关节打通。因此,全船的舱货只能按他所提出的条件售出。由于私商存货的竞争,他在广州和澳门附近只能售去200箱,其余的1400箱则运送到从东京至马来半岛的沿岸出售。

先官是一位新行商,但在"嫩实兹号"抵达时,他仍未受到指派,或者由于他不是该船的保商,所以就能够避免用行商的名义和该船的鸦片发生关系。同时,指派该船的保商亦采取一种不同寻常的办法,即由四位老资格的有清偿能力的行商,联同做该船的保商。虽然该船的舱货很神秘,但不能设想不会知道它所载的是鸦片;这是可以肯定的,在广州或附近的所有官吏已经很熟悉这种事实。该船将私商货品及运往广州的200箱鸦片起卸完毕,船长里查森申请发给出口执照,以便将船驶往

---

① 〔美〕马士著:《东印度公司对华贸易编年史(1635—1834年)》第一、二卷,中国海关史研究中心组译,区宗华译,中山大学出版社1991年版,第429页。

澳门以外碇泊，并把其余的1400箱卸下。海关监督借口该船没有装运出口货物，向保商索取礼银20000两。后来，在12月12日，保商"向海关监督保证负责缴清全部的关税及礼银20000两，海关监督遂颁发出口执照"。

这是值得注意的，如果鸦片真的是违禁品，海关监督就不会向它征税，可能他已承认这个事实的存在；而20000两就等于或者补偿输入本地消费的200箱每箱100两的关税，如以整船的舱货计，则每箱为12.50两。①

仔细研读上述文字，不难看到，其间开创了几项恶劣的先例：

首先，英国是用鸦片来缓解英方的银圆大量流出而产生的逆差，而这成为此后60多年间鸦片走私屡禁不绝的根本原因。

其次，英国是用战舰来走私鸦片，在征收了战船的礼银后，便来了个明修栈道、暗度陈仓，把鸦片运送进了广州。如果是商船的话，还得报货物等，一查验便露馅了。

最后，仅两年后，英、法两国便私下里媾和了，银根紧缺缓解了。可是，英方显然从走私鸦片中尝到了甜头，并得到了启发，鸦片向中国倾销愈演愈烈，一直到鸦片战争爆发——这是不能不特别指出的。

第五十六章　银圆逆差与鸦片贸易凸现

亚当·斯密说过："当社会财富增长时，对白银的需求有两个层面的动力，一是作为货币促进商品的流通；二是作为奢侈品的标志。"

这两个层面，对从铜钱到银圆转换的中国而言，显然都是具备的，或许，还应补充一条：清朝时，也就是十三行期间，南方如广东等若干省份，在征收地丁钱粮时，只认西班牙银圆。在这个意义上，流入中国的银圆更具有进入近代的标志，而非奢侈的标志，甚至是一种货币制度的转变，加快了市场的流通。

在1500年前，中国的白银很少用在纳税与商贸上，之前一直是用铜钱支付的。宋代始，有了纸钞。元代则是纸钞与铜钱同时使用。直到明代，尤其是十三行出现前后，银圆方大量使用起来。而较早使银圆大量使用的，应是月港时期日本银圆的流入。1540年，日本开始向中国出口白银②，嗣后，更用白银交换丝绸、瓷器、古币、衣服、绘画和书法作品、书籍、药物、漆器等。而日本商人到东南亚等地贸易用的也是白银，所以，日本白银也通过这些地方输入中国，连葡萄牙人也一度用日本白银与中国人做生意。及至清初，日本禁止出口白银，但这时，十三行重立，拉美国家的白银则通过欧洲国家越来越多地输入中国，最后则成巨量，购入茶叶、丝绸、瓷器等主要货品。另外，中国白银相对于黄金的价格比欧洲高得多。18世纪上半叶，黄金与白银在中国的比价几乎在

---

① 〔美〕马士著：《东印度公司对华贸易编年史（1635—1834年）》第一、二卷，中国海关史研究中心组译，区宗华译，中山大学出版社1991年版，第400-401页。

② 参见〔日〕斯波义信《16、17世纪对中国海洋贸易的白银需求》，第46页。

1∶10 至 1∶11 之间，而英国的比价则为 1∶15。因此，十三行兴盛的乾隆四十一年（1776），经济学家亚当·斯密认为，同等单位的白银，在中国比在欧洲可以挣到更多的黄金："在比任何欧洲国家都富裕的中国，贵金属的价值比在欧洲任何地方都高得多。"①

关于白银与黄金的比率，很能说明商人为何会"逐利而行"："（白银）能在印度购买或支配更多的劳动和商品，而且把白银运往那里比运黄金更有利可图，因为在中国及印度的大部分其他市场，纯银与纯金的比率仅为十比一，最多是十二比一，而在欧洲则是十四或十五比一。在中国及印度的大部分其他市场，十盎司或最多十三盎司就可以买到一盎司黄金，而在欧洲则需要十四或十五盎司。所以，开往印度的大部分欧洲船只所载的货物中，白银一般是最有价值的物品之一……正是通过白银，在很大程度上，世界上这些遥远地区才彼此联系起来。"②

白银的大量流入，使清朝政府对白银的依赖日趋增强，以致到 18 世纪初，白银在整个大清国范围内已经普遍使用。然而，也就是这时，白银的流入因鸦片战争开始而发生了逆转，这便是有人认为鸦片战争也是金融之战的原因。

英国作家格林堡所著的《鸦片战争前中英通商史》中称：十三行时期，"广州对外商业中所流通的硬币是西班牙银圆"，这与前述广东等东南沿海省份征收地丁钱粮时，只认西班牙银圆是相吻合的。直到 1823 年（道光三年），即墨西哥独立之后两年，另铸"鹰洋"银币，才发生变化。

所以，研究者全汉昇认为，"自 16 世纪中叶至殖民时期终了前夕（1810 年），美洲共约产银计十万吨"，内中"约三分之一强，由美洲经太平洋运往菲律宾，及经大西洋运往欧洲，再转运至亚洲，而其中大部分最终流入中国"③，按这样计算，流入中国的白银约有 3 万吨。

而另一位研究者韩琦认为，在 1500—1800 年间，流入中国的白银总计有 5.1 万～7.7 万吨。④ 这个数字大约是上述数字的两倍。

在如此大量的银圆流入中国，银本位业已牢固之际，朝廷对白银的依赖自不待言，一旦发生逆转，后果则不堪设想。当时的清廷不是没看到这一点，在银圆流入发生逆转之际，嘉庆十九年（1814）正月二十五日，户部左侍郎苏楞额就上过奏折："近年以来，竟有夷商贿赂洋行商人，借护回夷兵盘算为名，将内地银两络绎偷运，每年约计竟至百数十万两之多"，这让他极为忧虑，提出，"金铁铜铅不准出洋，而银两虽无专条禁止，然同为金属，且用项繁多，亦应一并禁绝"。⑤

纵然如此，他并未意识到金融上的严重危害，尤其是无法阻遏西方通过鸦片又把大量的银圆从中国攫取走的态势。而这是通过行政命令也制止不了的"市场行为"。清廷

---

① 〔英〕亚当·斯密著：《国富论》，唐日松等译，华夏出版社 2005 年版，第 204 页。
② 〔英〕亚当·斯密著：《国富论》，唐日松等译，华夏出版社 2005 年版，第 179 页。
③ 全汉昇：《明清间美洲白银输入中国的估计》，见《"中央研究院"历史语研究》1930 年版，第 3-4 页。
④ 参见韩琦《美洲白银与早期中国经济的发展》，载《历史教学问题》2005 年第 2 期。
⑤ 苏楞额奏，见《文献丛编》第 9 辑，故宫博物院所集刊第六十六本，第三分册。

的金融体系发生了严重的动摇。

《白银资本》一书的作者弗兰克认为,19世纪前的200多年,世界白银流入中国的大约有6万吨,占了这个时期世界白银总产量的一半。请留意,19世纪前的200多年,正是澳门开埠、广州贸易集市上东西方贸易日盛之时,更是十三行开始的16世纪中叶,也是本书确定的十三行建立的1557年前后。

国内学者也确认,以人丁税、实物税整合而以银缴纳的"一条鞭法",使明王朝在16世纪中叶开始广泛使用白银。

美国人韩书瑞、罗友枝也在其著作《十八世纪中国社会》中证明,在16世纪到1826年之间,有大约9亿两银圆流入中国,至少是清代所用白银数量的一半,银的供应量增加了两倍,直接推动了商品化的发展。① 从16世纪起,中国的经济节奏开始直接受到世界经济的影响,并与世界其他地区的经济联系在一起。在17世纪中叶以及19世纪20年代,这种相互依赖的情况对中国不利,但在这一个半世纪中,对外贸易对清朝鼎盛时的繁荣和发展有贡献。

这里统计的时间段与弗兰克的不同,计量也不一样,但白银流入是不争的事实。而他们没说明白的是,白银大量流入中国的"影子银行",对"相互依赖"的另一方——其他国家,主要是欧洲,又起到怎样的作用。巨大的贸易量带来的是更巨大的利润。

在同一部著作中,作者对鸦片的到来引起的金融层面的后果描绘得更为具体:

> 1828年后,贸易平衡转而对中国不利,白银开始大量外流,数量不断增加。有人估计,在1827年至1849年间的20多年中白银的出口可能占到以前125年中流入中国的西班牙银圆总量的半数。与货币供应大增的18世纪正好形成鲜明对比,这一时期出现了货币供应不足,突然发生通货紧缩。②

在台湾著名学者林满红的著作《银线——19世纪的中国与世界》中,作者更指出:

> 在拉美独立运动爆发后,怡和洋行和许多西班牙商人放弃了该地区的白银贸易,并转而开始从事鸦片贸易。西方国家开始不再向东方国家供给白银的1808年,也是中国市场上的银钱比价涨至官订比价之上的那一年,并且至少从1809年开始,中国官员也注意到了白银的外流,1814年时,西方国家向东方国家供给的白银数量急剧下降,而这一年也是伦敦海关首次报道白银从中国流向印度的一年。只是,加上中国与其他国家的贸易收支,直到1827年以后,中国才长期面临全国性贸易赤字。③

显然,从流入到流出的逆转,并不是一两年间实现得了的。先是流入的减少,这经

---

① 参见〔美〕韩书瑞、罗友枝著《十八世纪中国社会》,陈仲丹译,江苏人民出版社2009年版,第232页。
② 〔美〕韩书瑞、罗友枝著:《十八世纪中国社会》,陈仲丹译,江苏人民出版社2009年版,第232页。
③ 林满红著:《银线——19世纪的中国与世界》,詹庆华等译,江苏人民出版社2011年版,第265-266页。

历了约30年时间，大致可以从"嫩实兹号"第一次大规模向中国贩卖鸦片开始，远的甚至可以从1757年英国殖民者占领孟加拉鸦片生产基地算起。但结果是仅20年就把125年间流入中国的白银总量转成了流出，白银1年的流出量是过去6年的流入量。有人说，英国的白银流入是因，鸦片输出是果，其实，打着"贸易自由"旗号的利欲熏心与贪婪，才是最终极的原因，罪恶由此而来。

1721—1800年，中国的白银流入为1.73亿两，而鸦片大规模倾销的1808—1856年，中国的白银流出大约为3.68亿两，是过去80年流入的2倍多。鸦片战争是一场金融战争，一场赤裸裸的可耻的金融掠夺。

早在雍正七年（1729），以严刑峻法著称的雍正皇帝便颁布了一项法令，禁止鸦片买卖。法令中的惩戒，是对非法提供鸦片者处以100棍，并戴上枷锁，游街示众。但当时朝廷并未意识到鸦片的真正危害，其主要目的是针对高价出售鸦片以牟取暴利者，却没有惩罚吸鸦片的人，也没有对鸦片的进口进行限制。

那时，英国人还没有以鸦片作为经营的主要货品。

及至18世纪中叶，中国与英国的贸易有了迅猛的发展，英国人钟情的茶叶、丝绸、瓷器的货运量激增，大量白银流入了中国，英国人有点吃不消了，煞费苦心想扭转其贸易逆差的局面。于是，鸦片贸易开始了。

乾隆三十八年（1773），在雍正禁鸦片买卖的40多年之后，鸦片买卖公然猖獗了起来。也就是在这一年，英国殖民者在其北美殖民地遭遇了"波士顿倾茶事件案"。当局通过《救济东印度公司条例》，规定该公司拥有垄断茶叶的运销权，严禁老百姓购买私茶。于是，纽约、费城、查尔斯顿人民奋起反抗，拒绝卸运茶叶。萨姆尔·亚当斯与保罗·得维利等人即领导组成了波士顿茶党，他们化装成印第安人，于深夜把东印度公司三艘茶船上的42箱茶叶倒入海中。英国殖民者恼羞成怒，封锁了港口，并制定所谓的《强制法令》予以报复。由此引发了更大规模的反抗。这也成为美国独立战争的导火线。

如热锅上的蚂蚁的英国殖民者，在垄断茶叶贸易上碰了壁，牟取暴利的风光不再，于是到处设法寻求出路。

终于，他们捞到了一条救命稻草——贩卖鸦片。

这是本小而利大的货品，在英国人看来，用它来扭转对华贸易的逆差，是最好的货品！

乾隆四十六年（1781），英国东印度公司在广州的管理会人员向两广总督写了一封信，请求两广总督，要他设法从澳门葡萄牙人那里获得一个保证，以改善英国商人在澳门的地位。信中暗示，要把与澳门隔珠江口相望的香港作为英国商人专门贸易的地方：

> 该地一旦掌握在富有进取心的民族手里，他们必然知道如何尽力扩展该地的优越条件；我们想像它会成为一个繁荣的地方，为任何东方口岸所不及。[①]

[①] 〔美〕马士著：《东印度公司对华贸易编年史（1635—1834年）》第一、二卷，中国海关史研究中心组译，区宗华译，中山大学出版社1991年版，第391页。

可以说，英国人觊觎香港的野心，正是同鸦片贸易相联系的。那些年间，由于中国禁止鸦片买卖，而他们又急于扩大这一罪恶的买卖以扭转贸易逆差，脱离广州十三行，另找去处，自是最好的办法。后来，他们也承认：

> 对于这个根据地（香港）的要求，我们是很久在筹谋的了。在18世纪，因为在贸易上发生了很多困难，商人们就建议在中国的口岸占据一个海岛，作为克服这些困难的必要手段。①

如此迫不及待，与国际形势是分不开的。美国"波士顿倾茶事件案"发生后的第二年，英属北美十三个殖民地的代表召开了著名的"大陆会议"，商讨反英的方法、步骤，通过了同英国断绝贸易关系的决定，制定了《权利宣言》等。1775年，更在莱克星顿发生抗英武装斗争；5月，又在费城召开第二届大陆会议，建立军队，任命华盛顿为大陆军总司令，通过了以武力对抗英国的宣言。1776年7月4日通过《独立宣言》，宣布脱离英国，成立美利坚合众国。

而英国在南印度第二次迈索尔战争中也一度处境不妙，所以，1782年，英国仅有4艘商船到广州口岸贸易。

在战争状态下，英国东印度公司为了弥补因战争影响而造成的财库银根奇紧的局面，公然冒天下之大不韪，竟派出一艘战舰偷运鸦片到中国，可见其祸心。

是年（1782年）7月21日，"嫩实兹号"到达澳门。于是，就发生了上文讲述的一幕。②

由于清政府严禁鸦片，该船大班设法贿赂海关当局，于是，海关监督在拿到了2万两"礼银"之后，"嫩实兹号"把200箱鸦片运到了广州，绕过了十三行发售了出去。而在澳门，更留下了1400箱鸦片，通过各种渠道转运到了内地各地出售。

就这样，1600箱鸦片倾销在了中国。

这仅仅是鸦片贸易的一个开端，而后，则是成千上万箱鸦片的倾销。

至19世纪初，每年平均进入中国的鸦片在4000箱以上，中国白银开始大量流出。有资料统计，英国政府每年向中国倾销鸦片的收入，足以支付英国海军舰队的全部经费开支。

嘉庆四年（1799），清政府对此发出了强烈谴责，但已无济于事。白银大量倒流，历史也就此逆转。

回到上一章亚当·斯密这位经济学家的深深的担忧。但是，他担忧的仅仅是一个人的道德责任感有"空间距离"，而这"空间距离"会造成道德情操缺失么？

---

① 〔美〕马士著：《东印度公司对华贸易编年史（1635—1834年）》第一、二卷，中国海关史研究中心组译，区宗华译，中山大学出版社1991年版，第391页。

② 参见〔美〕马士著《东印度公司对华贸易编年史（1635—1834年）》第一、二卷，中国海关史研究中心组译，区宗华译，中山大学出版社1991年版，第399页。

第五十七章　商欠：如履薄冰

尽管对外贸易搞得十分风光，黄埔港的外舶络绎不绝，海关监督一个个被喂得脑满肠肥，朝廷的"贡银"也节节上升，同文街更是车水马龙、人气旺盛，但是，在十三行行商那边，却是另外一番凄凉的景象，自杀的自杀、流放的流放、逃逸的逃逸……大多惶惶不可终日。

"商欠"问题引发朝廷关注，当是在乾隆年间"一口通商"实施的前后，首当其冲的乃是清前中期几大家之一的黎家，即资元行的黎光华，其拖欠东印度公司5万余两、法商9万余两，是洪仁辉呈禀控追的内容之一。乾隆震怒，下令查抄黎家，抵偿商欠，其余"按股匀还，以示公允"。这是有史记录、有案可稽的清廷处理的第一件商欠案。

在乾隆登基时，即1736年，广东从事外贸的大小商人已有数十万之多，有行商，亦有行外商人，即十三行街区内大大小小的洋货铺商及与行商生意相关的职业人。这些人，与外国大班有深浅不一的关系。商欠起因之一，是因为英、法等国银行长期以来已制度化、规模化，存入银行的本金，其利息也不曾超过5%，所以，大班在广州做完生意，尚有不曾用掉的银圆，如带回去，利息低，还有海上的风险，不如留在广州放贷。因此，早在康熙五十五年（1716）"开海"之后30年，外商就开始把银圆留下，向行商放债获利，而后，渐趋活跃、普遍并形成规模。行商也乐于用贷款在国内置货，准备来年的海事交易。这对双方都不无好处，银圆流转也就加快了，利息也就多了。所以，外商留下的银圆或有意的放贷，年息一般可达到12%～20%，远超过英行、法行的3～5倍，高的达到40%，更达10倍之多。

然而，外商在市场，信用、借贷所具备的条件，以及成熟的资本市场、利润、积累有明显的优势——毕竟欧美市场机制已趋向成熟，中国自身还只是从贡舶向市舶转移，劣势明显，加上管理部门不按市场规律办事，这一来，行商的被动可想而知。

当然，还有其他原因。

就这样，二三十年后，乾隆登基，尤其是实施"一口通商"前夕，这种本来良性的循环，开始弊端百出了。乾隆二十年（1755），流弊日趋严重，终于引发了广州当局的严重关注。几年后，两广总督李侍尧在奏疏中称：

> 近年狡黠夷商，多有将所余资本盈千盈万，雇请内陆熟谙经营之人，立约承领，出省贩货，冀获重利。即本地开张行店之人，亦有向夷商借领本银纳息生理者。[1]

以致对放贷的外商，"献媚逢迎，无所不至"。[2]

于是，两广总督与海关监督当年即联名告示，禁止所有洋货行铺商与外商直接交易，

---

[1] 何平：《广州十三行担保制度与美国存款保险制度的创立》，载《学术研究》2020年第7期。
[2] 许地山：《达衷集》，商务印书馆1931年版，卷下，第127－128页。

一切归由行商负责。行外商人只得暗地里与外商进行非法交易，屡禁不止。

及至乾隆四十二年（1777），更出现：

> 赊欠夷商货价盈千累万者，如此大宗货物，皆系该行商司事，伙伴藉与夷商熟悉，遂以自开洋行货铺为名，任意赊取。①

屡禁不止，清廷只好于乾隆四十五年（1780）再做规定，铺商只可与外商经营八种小商品。

后来又补充规定，商铺务必由行商作保。

这仍就禁不住。

于是，商欠的数额越来越大，清廷的面子搁不住了。

欠的主要是英商，但法、荷、西、葡的也有。

这里，务必点出来的是，乾隆中期，尤其是1770年前后，国库开始虚空，入不敷出。为了填补虚空，乾隆不得不违反祖训，开始了卖官鬻爵，尤其是向十三行行商出卖顶子，按"职位"定价——尽管这只是有职无权，仍得见官低三级，但你不买也得买。

行商就这么在双重挤压下，步履维艰。

乾隆四十四年（1779），爆发了群体性的商欠危机，令行商几近崩溃，不得不重组。当时八大行商中，四家欠下英商的381万元，几年间增加3倍以上。中期最大的行商泰和行的颜时瑛成了冤大头，欠135万元，另一家为44万元。两家行商均被发往了伊犁充军。而潘家也不得不具保分10年还清加倍的商欠，以保存帝国的面子。

后来，鸦片战争中的中英《南京条约》就包括规定偿还商欠300万元。

梁廷枏所著的《粤海关志》与十三行的关系恐怕是最大的。显然，海关与行商、夷商不可分割。直到今天，我们有些研究著作仍旧把与夷生打交道的十三行商人称为"洋商"，这在当时也是这么叫的，但在《粤海关志》中，却沿用的是另一个名称"行商"，这当然更准确，不易产生歧义，因为"洋商"很容易被误以为是经商的洋人，而在当时，却是称呼经营洋货的中国商人，因此如今使用"行商"一词更被认可，已约定俗成。梁廷枏在《粤海关志》中使用这个词，无疑是有所考虑的。当然，行文中还免不了用"洋商"之名。只是，在"行商"的条目下所做的介绍、阐释，却让人别有所思。

行商对如何融入世界市场，接受世界的经济理念乃至人文观念，无疑是有所贡献、有所超前的，代表了历史前进的动力，应予肯定乃至赞赏。

但在《粤海关志》中"行商"这一条目下，绝大部分写的是"商欠"问题，即商行如何借洋钱、欠洋债，一个个落得抄家、充军、流放乃至瘐死狱中的下场。正面的内容很是缺失。

难道梁廷枏有偏见，或者对行商缺乏了解？诸如潘家成为瑞典商船的大股东，伍家是美国旗昌行最大的出资人，他不会一无所知吧？这让人怀疑。

---

① 许地山：《达衷集》，商务印书馆1931年版，卷下，第147页。

或许，这部《粤海关志》，因为是"志"，必由官方钦定，要客观，不带任何色彩。而行商则是被治的对象，说好话就犯规了。

总而言之，纵观《粤海关志》"行商"全篇，从黎家商欠开始被藉没，到蔡家作为商总不得不自杀，从而引爆当时的商欠危机高潮，一直到嘉道年间终止，都有序地加以了概括。

不妨依该条目一一列举。

《粤海关志》完成于鸦片战争之前，后来的商欠问题也就不曾列入，之前的商欠也不可能全部列入，只把引起朝廷严重关注，并做了严厉处置的列上。但总的脉络还是清晰的，这里就按上面的时间顺序陈列如下：

"行商"中列第一位的是倪宏文。

乾隆四十二年（1777）三月，东监倪宏文赊欠英吉利国夷商货银 12000 余两。

倪宏文终被流放新疆伊犁。

乾隆四十五年（1780）七月，刑部令奏言颜时瑛欠夷商银两，获朱批。

颜家的商欠及流放伊犁，前已叙，不赘述。

乾隆四十九年（1784）九月，商总蔡昭复欠 166000 两，有朱批。蔡后自尽，已有记述，不赘述。

乾隆五十六年（1791），行商吴昭平商欠案发，亦有朱批，不赘述。

乾隆六十年（1795）七月，行商石中和商欠，其变卖抵还后，仍欠 598000 两。圣谕：嗣后洋商欠夷人货价，每年结算不得过十余万两。

之后"行商"条目中，是以行商众多群体的商欠集中阐述，但是嘉庆、道光年间，被点名众多案，称已"积习难返"。

为改变行商数目骤减的局面，改为行长准入"试办"方式，不少小行商由此出现，但大多一两年间又退出了，如易元昌、罗福泰、容有光等，连保住十三家也难——此是后话，下卷再说。

从上述乾隆四十二年（1777）至乾隆六十年（1795）的 20 年间，行商的商欠总爆发，引发皇帝的震怒，时间上可谓意味深长。

外商之所以在十三行交易的休歇期间，即春、秋两季交易会外的时间，愿意或者诱导行商们接受他们借出的银元，无疑是利益驱动。

其实，欧洲各国，特别是英国，其银行资本已大量吸收了社会资金，连码头工人也入股、买股票，而其信用制度也相当牢靠，所以，货币市场资金充足，利息也就降了下来。唯有降低利息，银行才有利可图。

19 世纪上半叶，英行的利率平均为 3.5%～4%，很少升到 5%。超过这个比率，便是高利率了。

而到了印度，则为 6%～12%，这已远高于英国本土。

来到中国，他们就可以以 12%～20%，乃至 40% 的利率，放贷给中国行商及其他商人，如行外商人、盐商等。

英国银行 3.5%～4% 的利息，与放贷给中国行商获得 12%～20% 乃至 40% 的利息，相差 3 倍到 5 倍，最高竟达 10 倍之多，商人唯利是图的本性被激发出来，加上清朝政府为顾及自己的面子，严罚商欠的行商，回收得到保证，外商更是趋之若鹜，甚至强行塞钱给行商。而利率若滚雪球一样越滚越大，焉有不崩溃之理。

于是，在"一口通商"前只是个案的商欠问题，到"一口通商"之后 20～30 年间，终于出现大规模的群体性爆发，连商总也非例外，一直延续到了鸦片战争前夕。

我们不妨再一次梳理这一段历史：

1757 年，英军向印度发动殖民战争，最终占领孟加拉的鸦片产地。

同年，乾隆"一口通商"禁限令颁发。1759 年，严处第一个商欠案，黎氏行商被抄家、流放。

1773 年，印度的英国殖民政策给予了东印度公司独占鸦片的专卖权。

1770—1780 年，行商商欠问题大爆发，先是颜氏行商，随后泰来行、丰泰行吴氏等近 10 家行商因商欠破产。

1780 年，乾隆向行商卖"顶子"。

1782 年，英舰"嫩实兹号"，装载数以千箱计的鸦片至中国。

1790 年，行商连续爆雷破产，宜官、陈官、鲸官等抓的抓，死的死，最后连当时的商总蔡世文也未能幸免，吞鸦片自杀。

1793 年，因勋爵马戛尔尼率祝寿船队来中国，借此探听虚实，行前发给清朝政府的公函，已暗藏展示实力、威逼中国的杀机。

银圆发生逆转，中国由顺差转为逆差，鸦片大规模走私进入。

随手拈来，便是一串，这里仅找几个例子。

康雍乾年间，黎启官无疑是一大行商，这是十三行于清早期年间可考证的；叶家也是，但早期记录却大多稀缺。

而在乾隆年间，几乎是乾隆登基前后，又一大行商走上了十三行的舞台，且持续近半个世纪，堪可与后来的"八大行商"相媲美。这便是颜亮洲家族。关于颜氏，前面我们已有所提及。

颜亮洲，在商界用名为颜德舍，其进入十三行时间已不可考，陈国栋关于清前朝的十三行文章中，也只含混地记录为"1760 年之前"，而 1760 年之前的 30 年，颜家已在商界崭露头角了。国外资料显示，在 1734—1739 年间，颜德舍已是丹麦商船 30%～45% 采购量的提供者，1736 年，也就是乾隆元年，他已成为东印度公司的主要供应商。及至 1744—1750 年，丹麦在中国的采购量 15%～50% 都为颜德舍一家所垄断。

颜亮洲出生于 1698 年，这是从颜氏族谱上查出来的，所以他参与经商时已经 30 多岁近 40 岁了。一进入十三行便出手不凡，被视为商界老手，而且很快被推荐为十三行行首。

颜德舍创立的商行为泰和行，据史料记载，该行结业于 1780 年，如从 1734 年算起则有 46 年，但相关材料显示，他于 1728 年甚至更早便涉足外贸了，这么算来，这个家族在十三行的时间有半个多世纪。泰和行的创立还在潘家的同文行之前，而同文行的建立显然是在 1744 年之后，比泰和行迟很多年，可以明确的是，潘家是 1740 年后才到广州的，入行更在这之后。

那时的首位是黎家，之后便是颜家了。潘家还没出现；谭家、陈家因雍正十年（173）的事件，退出或成为行外商人；叶家进进出出，不见多少记载。可见颜家在那几十年间显赫一时。

颜家自然也是儒商，家学深厚，相传是颜回之后。明代由福建晋江安平（现为安海）迁到广东省城西关，"省城颜氏"一度声名遐迩。颜亮洲是迁入后的第四代，颜氏族谱中有"公少有至性，闻母言刻苦自励，纫衣苴履朝（韭）暮盐以薪代蜡，午夜诵读与机轧声相也"。说的是他治学及孝顺，后来考取了贡生，而立之年则开始从商。

马士的《编年史》卷一中，对颜德舍十分推崇，记有如下文字：

> 此处商人虽多，但其财富或操守足以信赖的很少。我们必须承认，我们不得不信赖一个德舍，把公司的花绒布给他保管，以备交还你们去出售。这些货物，今年的价钱很低，甚至没人肯买。我们认为这位德舍在偿付欠债方面的德行，比之我们所知的别的中国人更为守信，另外在其他账款方面，他也比此处其他行商更合格，他用自己的款项将较多的货物运来广州，这种办法就会把他的交易建立于更稳妥的基础上，而其他商人则先订约，然后靠机会去找货源。①

这是1738年贸易季上的记载。

当时的行商还只是黎家、谭家、陈家等。颜德舍已脱颖而出，赢得了非常良好的信誉。

《颜氏家谱》中也记有他成为十三行行首的事实：

> 公习计然书会，奉榷部檄募十三家与蕃汉通市，公及投笔侧身其间，时则有若陈监州、叶比部，皆公同事，然尤推公为领袖云……十余年拥巨赀成巨室，称城西甲乙之家焉。

显然，他是众望所归的。

在马士的《编年史》中，颜德舍的排名甚至排在黎家、陈家、叶家之前，当是潘家出现前的首富。颜家后人的文章写"泰和行在行商排名中稳居前列，紧随潘家同文行之后"，显然，在时间上发生错位，因为颜德舍在时，潘家不曾出现或刚刚出现，不会排在颜家之前。只是到了1760—1780年间，潘家顺风顺水，成了老大；而颜家则时运不济，才落到了后边。但颜家经营达半个多世纪，尤其是前30年，无疑在十三行中具有举足轻重的地位。②

---

① 〔美〕马士著：《东印度公司对华贸易编年史（1635—1834年）》第一、二卷，中国海关史研究中心组译，区宗华译，中山大学出版社1991年版，第291页。

② 参见中国海交会、广州社科联编《广州十三行与海上丝绸之路》，2018年版。

从相关记载可得知，颜德舍先是与丹麦打交道，后来，也拓展到了英、荷等国，信誉卓著，而且经济实力不可小觑。

由于颜家兴旺正是清代十三行的中期，所以，颜家与潘家、伍家、叶家、谭家乃至梁家，都是姻亲，相互通婚的子女及孙辈，多的一家有十几位，少的也有五六位。叶家上林的三位儿子，其母亲则是颜家女，从后边叶家专章中"颜氏大夫人"云云可以看出来，当为门当户对吧。

而后来颜家出了事，也是作为姻亲的潘家收拾残局，承担沉重的赔偿。

颜亮洲，即德舍，于1751年过世，享年55岁。

之后，颜家经历了颜时瑞时期、颜时瑛时期，时瑞英年早逝，后期主要是颜时瑛。

颜时瑛把泰和行坚持到了1780年，期间一度兴盛，但终因商欠事件执笠，被抄家、充军流放，这在文后将详说。

之后，颜家不再经商，回到了仕途。时瑛的侄子颜（惇）格于1790年考上进士，官至刑部主事。除了仕途，更有不少诗书存世，无愧为书香世家。

另一例，丰顺行吴昭平，则由于高价购买港脚商人的货物，迅速破产。

这是乾隆四十九年（1784）左右发生的一个重大变化——出现"港脚商人"。在十八九世纪，英国将当时亚洲境内的区间贸易称为 country trade，而从事这一区间贸易的商人也就被称为 country traders，中国方面则把他们叫作"港脚商人"。他们以印度为基地，从事中、印之间的贸易。"港脚商人"实际分为两部分，一部分是留居印度的欧洲人，以英国人为主，他们是独立于东印度公司之外的，也被视为"私商"；另一部分则为印度本地商人，主要为亚美尼亚人及波斯裔人。其时，英方为了防止白银大量外流出现逆差，禁止了白银出口。所以，东印度公司鼓励港脚商人运印度物产到中国，以售价交给其在广州办事处的人员支付购买中国产品的货款，而广州办事处则开立在印度或伦敦兑现的汇票给港脚商人。东印度公司给他们的条件十分优厚，于是，大量的印度棉花便输入中国，鸦片则后来居上。

吴昭平就是因为揭买港脚商人货价25万元，久久不得清还，被发遣伊犁以示训戒。他的欠款由各行商分五年按六次摊还。

乾隆五十六年（1791）军机处录副奏折称：

> ……并据行商蔡世文等跪称：洋商吴昭平经理不善，以致拖欠夷货价银至二十八万余两之多。仰荷圣主宽仁，仅予发谴，不加重治其罪。商等俱系原保，理应如数立时赔还，惟因数多力薄，恳准分限缴给。今沐天恩，先行拨项给发，商等得以从容分缴。臣等当饬照限分别缴还归款。……

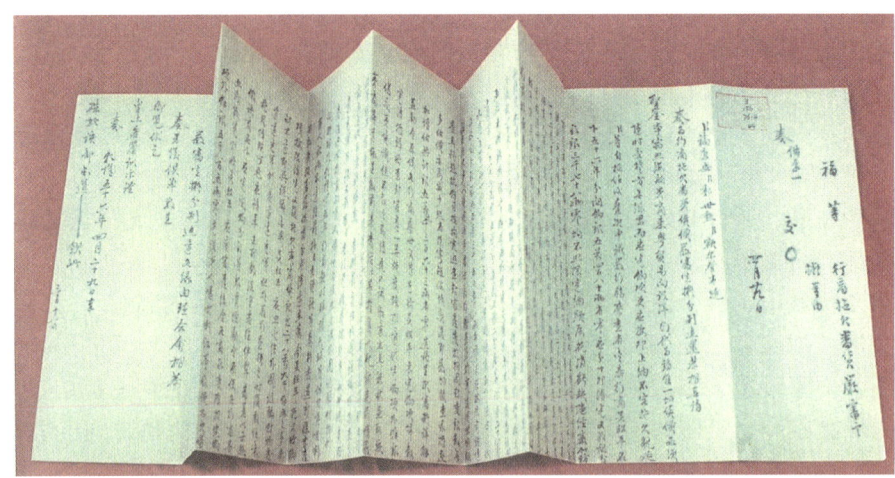

关于拟将行商拖欠英商货银追还的奏折
[乾隆五十六年（1791）四月二十九日]

朝廷震怒，乾隆直接下给粤海关监督：

> 行商吴昭平揭买夷商货价久未清还，情殊可恶，应照拟发遣。所欠银两，虽将估变家产余银先给夷商收领，不敷之数各商分限代还清。但内地商人拖欠夷商银两，若不即为清欠，转致贻笑外夷。着福康安等即将关税盈余银两照所欠先给夷商收领，再令各商分限缴还归款。粤海关监督不能早为清厘，亦难辞咎。所有五十四年以后监督等俱着查明，咨送议处。

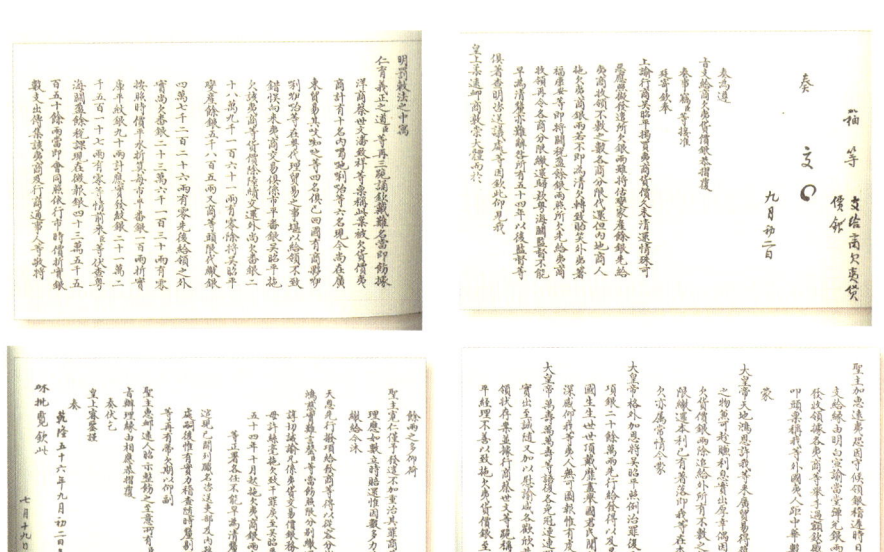

关于审议广州十三行行商拖欠英商货银的奏折
[乾隆五十六年（1791）九月初二日]

乾隆五十八年（1793），又有先官商欠发生，于是，"行用"出面，清偿先官欠欧洲人的 4 万多两银子。

乾隆六十年（1795），而益行行商石中和拖欠外货价银，除变卖家产抵还外，还欠 598000 两。由于潘文岩的同文行在其开业时曾作过担保，所以，粤海关监督舒玺要求潘有度在内的五位行商，包括蔡世文、伍国钊、卢观恒及伍秉钧出面清理。先是税饷，石中和的行伙与亲友被迫拿出 20 万两，其中与石中和兄长合作过的叶仁官（叶上林）就被逼拿出了 5 万两。而后便是"夷债"。石中和、石怀连兄弟设法拿出相当于 75% 货款的钱给了茶商，茶商将茶叶交给了东印度公司，还欠 15 万两，于是又将房地契交茶商抵付。而潘有度等人本是计划用而益行的房地产抵付夷债的，这样这笔夷债便会转移到他们头上。与此同时，外国债权人也知道房地契的事，拿不到钱，便告官了。这一来，石家两兄弟也就被捕了。他们只得又用相当于 10 万两银子的黄金赎回了房地契。但事情闹大了，粤海关监督只好将整个案子上报朝廷。石怀连被流放伊犁，石中和锒铛入狱。八家行商则分摊了 9 万多债务。

在这之前，按年资排名还在潘有度之前的源泉行陈文扩也已经破产了。

而更严重，创伤至巨的，则是总商蔡世文（文官）的骤然自杀。

本来，公行一直为潘家所左右，但乾隆五十二年（1787），潘启官（文岩）死，儿子潘有度继任，但资望尚不足，海关则任万和行蔡世文为总商，称之为"文官"，任职自乾隆五十三年（1788）至嘉庆元年（1796）。

乾隆六十年（1795）时，粤海关监督舒玺亦奏报皇上：英王雅治进乾隆物品多件，由行商蔡世文代进。可没到一年，这位显赫一时的总商便吞鸦片自杀了。

其实，这一总商并不好当，从前边就可以看出，丰顺行破产，而益行破产，少不了要分摊到各个行商，由于这种"赔累过甚"，他承当不了。他总共欠债 50 万两，其中欠英国公司 128000 多两，欠欧洲散商 10 万两，其余 27 万多两则是欠中国各铺店的。他一死，债务先是由各行商联保追还，可到了第二年，他的家属已相继逃亡了。

为了送礼给官吏，为了清缴皇上税款，还有连带的"赔累"，他什么都没有了。英国人说他：为了清偿这笔债务，他既无留下什么财产，至今又未有什么安排计划，他的房屋和田地已经出售或抵押，以清缴皇上税款。

本来，海关是责成其兄弟思官解决问题的，公行与文官的旧合伙人茂官亦商量了解决办法，可到最后，什么人也找不到了，债务落到了茂官（广利行）的头上，总商则由潘有度接任。

担任总商，实在是如履薄冰、如临深渊。蔡世文当总商之前，即乾隆五十年前后，就曾被查处过，那是穆腾额接任粤海关监督之际，由于外商投诉多，加上官饷收不齐，于是立案查处行商们欠夷商款项及欠官饷的问题。一查，蔡世文、吴昭平则欠债潜逃了。其中，欠官饷 4900 余两，欠外商 191800 两。粤海关立即把他们的产业房屋等变价出售，以清偿欠饷。所欠外商 191800 两，核查已归还了 25764 两，仍欠 166036 两，则由其他行商按连环保结定例代为清还。还算蔡世文家底殷实，不仅清还了债务，几年后，又被粤海关任命为总商。

然而，他最终难逃一劫，只好一死了之。

人们会问，行商为何会欠外商的钱，而且数额这么巨大？

在平日买卖中，人相熟了，先进货后付款，只要有信用，这都很正常。况且，行商对信用，如前边所述，是非常看重的，而且一旦破产，整个行商都得代为偿还债务。为此，外商是不怕中国商人欠钱的，而且他们深知，中国政府是容不得行商欠他们的钱的，这太有损中国的脸面，凡欠者，还了钱后还得受重罚。但是，问题还不在这。外商之所以乐意借钱给行商，甚至千方百计要把钱让行商来借，内中却另有原因。对他们来说，唯利是图天经地义。他们若是在英国，在欧洲或殖民地放债，利息很少，而中国不一样，利息相当高，钱借出去，有很高的利息，而且有绝对的保障，又何乐而不为呢？坐收渔利，且不担风险，这种好事上哪去找？

不过，光这些因素，还不足以令行商形成一家接一家的破产高潮。

史学家们对蔡世文不寻别的自尽方式，而是吞鸦片而死，颇不以为然。然而，我们只要追溯行商破产高潮的大背景，则不难看到一个更深层的原因。

在前边已提及，这一期间，本是外边的白银大量流入中国，以换取茶叶、丝绸与陶瓷。可1773年，英国占了鸦片产地孟加拉后，英商发现鸦片奇货可居，本小利大，从此，对中国输入的鸦片迅速增加，到蔡世文自杀之际，平均每年输入已达4000箱以上，白银的流入开始发生逆转。虽然中国政府严禁鸦片，可外商利用走私渠道，加上贿赂海关，每每畅通无阻，如前提及的"嫩实兹号"，一船就运了1600箱，而那还是在1782年，离英占孟加拉不到10年。日后鸦片量之巨便可想而知了。而外币贸易不仅在十三行中进行，而且日益扩展至广州、佛山等地民间，连禁也无法禁。

广州西南景：十三行，约1785年

与笔者同是十三行后人，也是研究十三行的前辈梁嘉彬在《广东十三行考》中是这么分析的，除"鸦片"一条现在比他所在时代查得更明白外，其余当大致相近：

行商频年破产者屡出之原因，由于政府之苛索及其本身生活之浪费；前已言及。然详细分析之，则亦有其难告人之隐者在：（一）由于行商只图外人多交货物，于临时定价任意高下，致有亏本借贷诸弊。（二）由于外人届回国时，将售卖未尽货物作价留与行商代售，售出银两，言明年月几分起息，行商贪图货物，不用现银，辄为应允，而外人回国后，则又贪图高利，往往有言定一年而托故迟至二三两年后始来者；其本银改按年起利，利银又复作本起利，以致本利辗转相积，商人因循负累，久而无偿。（三）由于欧西各国放债利息甚微，而广州利息甚高，外商视为最不易得之利息，在行商视之则犹以为低微，故欧人乐于放债。（四）由于广东巡抚及粤海关监督每年呈进贡品，俱令行商采办物件，赔垫价值，积习相沿，行商遂形苦累。（五）由于中国政府对于行商一面固备加诸般苛捐杂税，及勒令代办进贡品物，一面复绝端禁止行商借债，行商有私借外债以维血本者，外人更利用行商此种弱点，要挟行商利上加利，以及诸般苛索，行商敢怒不敢言，驯至行商确已至不可收拾地步，外商始明白呈禀中国政府，勒令行商清偿债务。（六）由于行商系属连带负责，每有一行倒闭，即须连累通行，以致旧债未清，新债复至；且多有受意外赔累者。

这也是作为"帝国商行"——十三行的悲剧所在。

顺德的十三行行商应还有不少，梁著中亦提到几位，不妨照录。

福隆行英文商名为 Manhop，于嘉庆九年（1804）与西成行（Exchin）同时成立，此时邓兆祥亏饷潜逃，复由黎颜裕结保、关成发接办福隆行务，故西成行与福隆行当有密切关系，或西成及福隆两行在成立之始即互相结保亦未可知。嘉庆二十年（1815），Exchin（黎颜裕）身故，粤海关监督许其弟 Pakqua 接理行务，Pakqua 仍沿称 Exchin，即黎光远。至道光二年（1822）Pakqua 已欠债甚巨，至八年（1828）遂因破产被充军伊犁，与《粤海关志》卷一五所载"道光四年以后，各洋行内有丽泉、西成、同泰、福隆等行节次倒闭"相吻合。

黎光远发遣伊犁事，据《道光外交史料》第二册"两广总督李鸿宾等奏审办拖欠饷项并积欠夷账之洋商折"：

……窃西成行洋商黎光远因办理行务不善，积欠饷项未完，经前督臣阮元会同前任监督将该黎光远饬发南海县押追，并查抄家产备抵。嗣据查出该商尚有积欠夷账银两，又经前督臣阮元等一并行县照例究办。兹据审明议拟，由府司解勘前来，臣等亲提研鞫。缘黎光远籍隶顺德县，嘉庆十九年以黎柏华名字，捐纳监生，加捐州同职衔，因屡次捐输，议叙给予道员职衔。该商于嘉庆二十年（1815）接项伊兄黎韵（颜）裕原充西成外洋行，与各国夷人交易货物。向来每遇夷船到粤，将货物议定价值，起存行内报税发卖。该商办理不善，递年亏折，积至道光五年共欠进口关饷及捐输河工各款银一十四万九千七百六十九两零，又陆续积欠港脚、花旗各国夷人货价银共四十七万七千二百一十六两零；经先后查出饬县究办，除查抄家产估变备抵外，尚欠饷项及夷账，自道光五年起，分限五年代为清还，具有代还限状，各夷人见欠饷有著，均皆乐从……据黎光远供称，实因连年生意不顺，以致拖欠，并非有心负累，案无遁饰。查例载'交结外国互相买卖，诓骗财物者发边充军'等语，又历办行商颜时瑛等拖欠饷项夷账各案，均照交结外国诓骗财物例从重改发伊犁当差。今黎光远积欠饷项及夷账至六十万余两，无力完缴，自应查照历办例案回拟。……云云，可资参证，因录之。

与此同时，福隆行的顺德行商关成发也破产了，仍如书上所载：

福隆行至道光九年（1829）倒闭。据清故宫大高殿档案，道光九年十月初三日李鸿宾奏："……窃广东福隆行商人关成发因经理行务不善，拖欠税饷未完，经臣李鸿宾会前任督臣延隆交该商关成发饬发南海县押追，并查抄家产……缘关成发籍隶顺德县，嘉庆十四年以关怀书名字由监生捐纳布政司理问职衔……嘉庆十六年有福隆行邓光祥亏饷逃匿，饬拿未获，行务空悬，经已故洋商卢观恒等以关成发在行多年，夷情熟悉，禀请接充福隆行商。……该商经理不善，递年亏折，积至道光八年（按即1828年）共欠饷银三十四万三百一十一两零，又陆续积欠英吉利等国各夷人货价银一百零九万九千三百二十一元零……

查史料，福隆行在倒闭前，还经理过暹罗贡使事务，这是自嘉庆五年（1800）始，该贡使事务便开始由十三行行商轮流料理。

十三行的顺德商人还有很多，在开拓中国对外贸易中贡献不小，可他们大多如履薄冰，不是破产就是入狱，不是被罚就是充军，命运诚属可哀。

因此，在十三行中艰难维持数十年的潘家，便有一句话可体味出其中的悲凉：宁为一只狗，不当洋商首。

在潘启官之前的谭康官，只怕也少不了同样的感慨！

欠的外债还有数字可查，是多少就多少，可谓"心中有数"，然而，官饷却是个无底洞，说要就要，要多少就是多少，一压下来，没准就会闹个六神无主，不知如何应对。而且名目繁多，除常年税饷外，还有贡价，即献给朝廷的礼品；军需，什么地方打仗、剿匪，少不了要军费；再有河工，无论是黄河决堤还是什么地方水灾，都少不了。此外，前山寨子与澳门军费也是不能少的；哪儿闹饥荒，赈灾款更是火烧眉毛；轮到皇帝祝寿，哪位大员的好日子，银两少不了似水一样泻出去……这些，如公益、赈灾，那是理所应当，可有的是巧立名目，你便防不胜防都不得不掏腰包。

大的"行用"，不妨拈出几例。

乾隆五十七年（1792），西藏发生叛乱，朝廷出兵。于是，便要行商蔡世文、潘致祥、石中和、陈钧华、杨岑龚、任国钊、许永清、卢观恒、叶上林等人要捐款30万，另要盐商捐30万，一共60万，充当朝廷的军饷。可当时，无论行商还是盐商都手头拮据，一时拿不出这么多，只好要求粤海关先行将捐款垫付，这60万则分6年捐完。

为此，广东巡抚郭世勋还专门上了一份奏折，说是行商、盐商自愿捐款，乾隆皇帝还颁旨批准了。可这是硬性的摊派，行商们打断了牙齿也只能和血吞到肚里。没几年，石中和便因欠饷押入大牢，最后死在里边，总商蔡世文也一死了之。

没过几年，华北水灾，又要75万两。而在这前一年，即嘉庆五年（1800），粤海关佶山奏请，朝廷下旨，撤销本港行。而所有本港行拖欠的债务，则由各行商先行垫还；本港行的商务，则由各外洋行兼办，由外洋行推举两个洋行轮流办理，逐年扣还商欠，每两年为一值。自这一年开始，依次为潘同文、卢广利、伍恰和、叶义成、刘东生、倪达成、郑会隆、潘丽泉，周而复始，轮流办理。这里，用的是姓加上行名。

限制日严，行商们可谓度日如年。

《广东十三行考》中列举了自1807年至1816年共10年的"行用"，其中，有几年高达60万两，少的也有20万两，常年为40万两左右，可见数量之巨。

嘉庆十二年（1807年）	两
贡价（献给朝廷礼品）	55000
军需（四川、陕西军费）	41666
河工（黄河决堤）	37500
剿匪	60000
嘉庆十三年（1808年）	
贡价	55000
军需（四川及陕西）	41666
军需（澳门）	10000
剿匪	20000
河工（黄河决堤）	150000
嘉庆十四（1809年）	
贡价	55000
皇上万寿庆典	120000
河工（黄河）	52500
剿匪	149800
河防	20000
前山寨和澳门军费	10000
万成行（Ynewqua 章文钦按应作 Lyqua）破产：	两
未付捐税	53800
未付行佣	17900
欠粮道	2000
欠外国人债务	84200

嘉庆十五年（1810 年）
　　贡价　　　　　　　　　　　　　　　　55000
　　军需　　　　　　　　　　　　　　　　41600
　　前山寨和澳门军费　　　　　　　　　　43300
　　剿匪　　　　　　　　　　　　　　　　50000
　　欠外国债权人债款　　　　　　　　　 128800

嘉庆十六年（1811 年）
　　贡价　　　　　　　　　　　　　　　　55000
　　军需　　　　　　　　　　　　　　　　41600
　　前山寨和澳门军费　　　　　　　　　　43300
　　剿匪　　　　　　　　　　　　　　　　30000
　　欠外国债款　　　　　　　　　　　　 398100

嘉庆十七年（1812 年）
　　贡价（朝廷）　　　　　　　　　　　　55000
　　军需（军队）　　　　　　　　　　　　41600
　　河工（黄河）　　　　　　　　　　　　60000
　　前山寨和澳门军费　　　　　　　　　　33000
　　剿匪　　　　　　　　　　　　　　　　30000
　　欠外国债款　　　　　　　　　　　　 146400

嘉庆十八年（1813 年）
　　贡价（朝廷）　　　　　　　　　　　　55000
　　河工（黄河）　　　　　　　　　　　　73500
　　欠外国债务　　　　　　　　　　　　 145500

嘉庆十九年（1814 年）
　　贡价（朝廷）　　　　　　　　　　　　55000
　　河工（黄河）　　　　　　　　　　　　60000
　　山东饥荒　　　　　　　　　　　　　　30000
　　欠外国债务　　　　　　　　　　　　 145500

嘉庆二十年（1815 年）
　　贡价（朝廷）　　　　　　　　　　　　55000
　　河工（黄河）　　　　　　　　　　　　60000
　　山东饥荒　　　　　　　　　　　　　　30000
　　欠外国债务　　　　　　　　　　　　 145000

嘉庆二十一年（1816年）
　　贡价（朝廷）　　　　　　　　　　　　　　　　55000
　　河工（黄河）　　　　　　　　　　　　　　　　60000
　　山东饥荒　　　　　　　　　　　　　　　　　　30000
　　虎门炮台，第一次分期付款　　　　　　　　　　 5325
　　欠外国债务　　　　　　　　　　　　　　　　 145000
　　　　　　　　　　　　　　　　　　　　　　　 295325

这些仅仅是记录在案的，没被记下来的怎知有多少呢？

在这破产高潮中，潘启官二世，即潘有度，亦叫潘致祥（这是他登记在官册上的名字），却屹立不倒，成为例外。

十三行厚实的行商实际上并不多，研究者发现，绝大部分行商均在开业后一二十年间便"执笠"。包括笔者所在的谭家，也仅历乾隆、嘉庆二朝，就两三代人，到道光二年（1822），一场大火便一扫而光了。现仅有的物证都找不到康熙年代的。所谓"富不过三代"，在中国是有规律可循的。就是潘家，几近历清代十三行始终，也就只有三代，一直到鸦片战争。与潘家同是例外的，还有前文提到的伍家的怡和行，也一直维持到十三行终结。这两家之所以能"有始有终"，恐怕与他们的商业才干是分不开的。潘家在1820年时，财产据说有1000万银元（墨西哥银元，1墨西哥银元=0.72两白银），而伍家在1834年，自行估价有2600万银元的家产。两家的资本集聚，在当时的整个世界都是算顶尖级的。因为潘家后人与笔者有旧，这里所能涉及的资料也最为丰富。

潘启官一世前边已经写了，潘有度是他的儿子，也是他洋行事业的继承人，在一世过世时，潘有度因资历、名望不足，故"总商"一职让蔡世文接过去了。但蔡世文干了不到10年，便寻了短路，而潘有度则在这些年间名望上升，便又顺理成章当上了总商。

张维屏（1780—1859年）

当时名重一时的大诗人张维屏（1780—1859 年）曾写过他的简历：

> 潘有度，字容谷，番禺人，官盐运使司衔。容谷之父曰潘启官。夷人到粤必先见潘启官。启官卒，容谷承父业，夷仍以启官称之。盖自乾隆四十年至嘉庆二十年，夷事皆潘商父子经理。潘商（有度）殁而伍商（秉鉴）继之。

其中，"盖自乾隆四十年至嘉庆二十年，夷事皆潘商父子经理"一语，可见其父子两代人在广东经营"夷事"有多么重要的作用。

潘有度有一位堂兄，在十三行开有自己的洋行，这便是丽泉行。这位堂兄叫潘长耀，人称昆水官。他是在 1796 年在粤海关监督胁迫下取得的洋行执照。他在道光三年（1823）去世，丽泉行旋即破产，经营不到 30 年。

十三行行商昆水官家的庭院（约 1841 年）

十三行行商昆水官家的花院（约 1841 年）

由此可见，作为潘启官二世，潘有度在父亲去世之后至接任总商之间的近10年，经过历练，加上家族渊源，对从事行商已经渐显出其经商的卓越才华，他的同文行更在各行倒闭的高潮中站稳了脚跟。只是出任总商并非他的意愿，但蔡世文之死把他推到了风口浪尖上。在这之前，他虽然也免不了参与广州外贸的若干难题，包括追讨与分担破产行商的债务，但这并不是他的职责所在，所以构成不了持续的压力。可一当上总商，事情就不一样了，不仅要到各级政府部门，诸如粤海关、督、抚等衙门听候训示，还得处理政府不愿出面，却又是政府与外商的交涉，还要处理所有行商之间种种的利害冲突，费时费力不说，还得花出银两去打点当事人，毫无疑义，这"冤大头"他是当定了。

还是在石中和破产之前几年，英国马戛尔尼出使中国时，就对潘启官和石鲸官有自己的观察，并写了出来：

> 我与此间的主要洋商有过一些谈话。潘启官为主要洋商之一，是一个精明有概念的人物。从重要性的观点来说，石鲸官排名居次，但从富有程度来看，则毫不逊色，后者较年轻，个性较率直。对我而言，他表现得对英国十分尊重，而且毫无保留地宣示地愿意尝试交易任何我们商馆要他去尝试的新事。……潘启官在他帽子上头戴了一个白色半透明顶子，而石鲸官则戴着一个水晶顶子，（其代表的官衔）比潘启官的高了一级。但我很快就知道其中的缘故。潘启官比较审慎，而石鲸官则较爱炫耀。石鲸官告诉我说他（潘启官）还有一个蓝顶子，可是他在家与家人在一起的时候虽然常戴它，却从不戴出门，以免衙门里的官老爷因此而找上门，而且以此为借口向他索贿，想当然地假定一个曾经付出万两银子……以取得这种荣耀的人当然拿得出来。

当然，他还是没看准潘、石谁富谁弱，因为石中和在马戛尔尼回国后一年便破产且虞死狱中了。不过，这从中也可以看到潘启官处事之低调。关于顶子问题，其时，白色透明顶子为车磲顶子，为六品官；水晶顶子则为五品；蓝顶子当为青金石顶子，四品官衔，亦可能是蓝宝石顶子，三品官衔。当然，他们远没有后来的"红顶商人"风光，那已是二品了。不过，花钱买的"官衔"，恐怕连洋鬼子也哄不了，而对于正式的官吏来说，这更是笑料，一点用处也没有。这也说明行商们的心态，战战兢兢，想有个"护身符"却又不得其所。

但潘有度的低调、谨慎，并不能挡住官吏们的敲诈勒索，尤其是当上了商总之后，更是躲也躲不了。所以，当上商总没几年，他便受不了，于是，广州商界中便传出了他要歇业的消息。这一歇业，自然就当不成商总了。

这是嘉庆三年（1798），潘有度上任才两年，却从英国大班那里得到通知，说朝廷要火速征收60万两税银，用来充各省的军需开支。这事令行商们一片惊慌。显然，先通知英国大班，这一姿态不同寻常，粤海关葫芦里卖的什么药，谁也难以揣测。

更何况平日缴交欠饷是七八月份，行商大多已两手空空，一时向哪去征集这么大的款项呢？

万般无奈之际，潘启官代表行商，费尽心机，自然也少不了打点，与粤海关监督协商，海关最后答应：先征一半，即30万两银子，一个月内再交10万，余下的20万两，则在生意较旺时再缴清。

40万也不是个小数，苦煞了行商们。

而这边一传出潘启官要歇业，海关方面就作了应对，增补了卢观恒，即广利行的卢茂官为商总，与他一起担任公行这一工作。然而，尽管有了人同时任商总，潘启官照样辞不掉商总这一职务，而且还添上了更大的烦扰。

这烦扰来自海关。

1799年9月11日，粤海关监督易人，上任的便是那位名叫佶山的贪官！

此人贪得无厌，在历史上是出了名的。早在他刚上任之际，就跟潘有度产生矛盾。本来，自1780年清偿张天球、颜时瑛的外债以来，绒布类一向不收行用的，可佶山一来便要求潘有度专门为绒布类商品免收行用作出说明。其用意很明显，就是要让政府与官员"增加收入"，加重行商的支付力度，扩大收取行用的对象。潘有度从行商实际出发，一五一十地把清单列清楚，证明绒布类历来无利可图，而且每每要损失个15%～25%，行商是为做成别的生意才勉强接收绒布的。所以过去海关监督了解情况后，同意对绒布不收取行用以免累加行商的损失。潘有度证据充分，理由充足，令佶山一时无计可施，这一事件便拖下来了，不说沿用惯例，也不说不加收行用。

而这时，更大的问题出现了。

佶山上任的第三年，即嘉庆六年（1801），北京城一带永定河骤发洪水，酿成大灾，于是，朝廷下了命令，让全国都来捐款赈灾。

过去，赈灾的事，十三行行商当是义不容辞，而且朝廷对此也很是满意，不时有嘉奖。可以说差不多年年都没少过。

可这一年，佶山却趁机"狮子大开口"，要求全体行商捐输25万两银子。他还特地点明，潘有度同文行的份额是5万两。

潘有度一听便明白了，这佶山是成心找岔，让同文行"放血"。因为按照过去的惯例，这种捐输是按各行商应征收的行用比例来分摊的，这么多个行商，说什么潘家也摊不到20%，根本出不到5万这个数。他作为商总，不应当这号"冤大头"。

可佶山一听说他不服气，马上变本加厉，把潘有度叫来，声色俱厉地称："你潘有度的财力我不是不知道，同文行的商业规模我更是清楚，相比之下，这5万两算什么，太少了。没想到你还这么不识相，好吧，5万你嫌多，我给你个数，依照你的财力，拿出个50万！"

他居然让潘有度单独捐输50万。

潘有度当然不干了，你凭什么？

佶山却威胁道："如果你不照办，我马上就给皇上上折子，罪名嘛，你心里明白，抗拒赈灾，为富不仁，到时抄家、充公、充军，你一样都少不了，你看着办吧。"

面对如此巨大的压力，潘有度赶紧召集族人商议。毕竟同文是父亲留下来的，七个兄弟都有一份。

没办法，只好退一步，你本来要5万，已是不公了，可我们还加一倍，做到仁至义尽，给10万。到此为止，绝不增加。潘有度就这么答复了佶山。

佶山本要50万，却只给10万，当然不满意，立即便表示：不行，50万，一文不能少。而且通过海关，一再施加压力。

潘有度却不吃这一套，他与亲友、同行反复商量，最后仍以捐款10万两为限。而且，立即解送了10万两银子上粤海关的银库。

佶山这下子感到自己的面子丢尽了，本玩弄于股掌之上的行商，居然与他讨价还价，拒不服从，这还了得？

恼羞成怒的佶山，于是使出了最后，也是最毒辣的一招，果然于1801年10月18日，向嘉庆皇帝拜发奏折。

好在潘有度防了一手，这么多年来，他与各级官员打交道多了，所谓"鸟有鸟道，蛇有蛇道"，他也有自己的路子，况且佶山的做法，广州的官员也深不以为然，他们都知道，潘有度、同文行，经营这么几十年，从未有过什么不法的问题。

总督、巡抚都明白地表示了不满。

广东粮道也亲自找上了粤海关，游说此事，劝他不要做得太过分了。

佶山感到了不妙，于是三天之后，他派人半途拦截了送折子的差人，收回了奏折。

佶山这般贪婪，没准已有人早早奏上了一本，这事发生不到一个月，这一年的11月17日，他便被免掉了粤海关监督一职。

英国东印度公司在记录中，特地记载了佶山离任的情景，他们从未见过任何一个官员离任时如此冷清，居然没一位广州官员上码头为他送行，这与平日的官场礼节实在是反差太大了。

无疑，潘有度的抗争胜利了。

不到一个月，新上任的粤海关监督三义助上任，把潘有度的10万两捐款退了回来，而且还与总督共同决定不再要求行商增加对已有应收行用之外的其他商品（含绒布）收取行用。

据研究者的统计，不算明朝的100余年，仅在清代康熙令"立十三行，延明之习"始的100余年里，出出进进十三行的行商就有300～400家。时间长的逾百年，短的仅有几个月，大部分也就三五年间，有全身而退的，也有被抄家、流放或瘐死狱中的。

延续百年的没几家。

众所周知的也就是潘家。从1740年起，到鸦片战争，刚刚100年，一度是行商之首，同时也是首富，后来才被伍家超过。但从乾隆后期起，潘家的日子并不好过，一度入不敷出，故才说出"宁为一只狗，不做行商首"的名言。

而历史记载最清晰的就是叶家。康熙开海，招募行商，仅一年，他们家便自闽入粤，谱牒上为乙卯年。自此，叶家历、叶静园——这是入粤始祖，范岱克译为"吉荐"，其实这是闽语——之后百年间，延续了四代人，按顺序是叶隆官、叶义官、叶朝官，最后一位是叶仁官，即叶廷勋。他于1804年全身而退。这样一来，自1686年至1804年，叶家在十三行中惨淡经营的118年，看上去十分平稳，不曾大起大落，但内中心酸亦难与人言,从没成为首富,也不曾垫尾,在 118 年风风雨雨中站住脚跟,也必有过人之处,退出后的"转型",也还是相当成功的。

再一个,应是谭家,不是平稳绵延 100 年,而是进进出出、起起落落 100 年。谭湘的诗"出入于市廛之中",应是明清易朝之际,十三行处于似有似无状态。谭康官跨康雍两朝,最鼎盛的应是德官谭世经,买了蓝顶子,可惜仅袭三代。直到 1830 年,谭家才在十三行最后一闪,也许只一两年时间,谭家排在叶家之后、梁家之前,当与依托南顺桑园围相关,外文资料中,顺德行商最多,也最为活跃。

百年行商,也就此三家,均列在"八大家"当中。

早期黎、陈两家,陈家毁于雍正十年(1732)那场颠过来又倒过去的让雍正明察的大官司中。黎家也风光了半个世纪,1757 年,洪仁辉北上闯至皇城根下,告倒了李永标,黎家也终被抄家,从此销声匿迹。

中期的颜、杨两家,一时也很显赫,颜家船队在南中国海上,无海盗敢碰。颜家在"一口通商"之后不久跌落尘埃,但与各家关系仍在继续,颜家"旺女不旺丁",与伍家、潘家、谭家、叶家联姻,颜大夫人可是颇有名气的。杨家也一直持续到了美国"大土耳其号"到达,早期一直于潘家当英、美商船的包商,但终悄然退出,不复在十三行出现。

而伍家、梁家(左垣公)则是后起之秀,直到 18 世纪下半叶才出现,虽然百年不到,但是后来居上。至于十三行终结后,他们仍有不少出色的表现,但已非行商身份了。

民谚所说的"八大家",当是 18 世纪末嘉庆年间形成的。当时,潘家仍是"排头兵";卢家、伍家势头正旺;叶家是 1804 年才退出十三行的,平平稳稳过渡,弃商为仕;谭家、黎家都在强势中;杨家则是 1790 年,即嘉庆初年才隐没的;徐家徐延亭、徐钰亭是买办,一直到十三行消失后转战到上海开埠。

民谚可以透露更多的信息,包括时势的变化,经济的起落,乃至整个世界格局的演进。

对于全球化的市场,十三行行商,或者说作为粤商的翘楚,自然比其他商人,包括晋商、徽商、浙商等,更早地谙熟市场规律,相当时间内,可谓如鱼得水,游弋于大清王朝的统治与世界的大市场之中,这才出现作为世界首富的潘家、伍家,其与各国商人的交往的深度,不比今日差,甚至有不少过人之处。

当然,大清时期的十三行,也发生了多次大动荡、大分化、大改组,能自始至终站稳脚跟的屈指可数。尤其是乾隆中后期,朝廷不得不卖官鬻爵,以填补日趋空虚的国库,十三行行商更是深受其害——并不是买了顶子就有了免死金牌或护身符,反而加深了危机感。

这正是那个时期行商被置于惊涛骇浪中的主要原因。

由于官府的株求无已,行商的资金链一次又一次断裂,这才不得不把目光转向外商。于是,十三行行商的商欠问题便接踵而至。

欠了外商的资金,这对于官府而言,则是有损大清的面子,他们认为,行商是代表官方与外商打交道,做生意的当然得为大清长脸,没想到还被打脸。

于是，面子事大，金钱事小，官方对商欠的行商便不惜加以重罚，关押、流放、抄家等等都用上了，有的行商还死于狱中。

而作为行商整体的代表——公行，就必须代有商欠的行商偿还全部债务。

危机也就转嫁到所有行商，当然，殷实点，与发生商欠的行商关系密切的，便首当其冲。

如此便形成了恶性循环，加剧了危机。

当然，对于"商欠"的研究仍在深化中，但这显然是最根本的原因：大清王朝的经济危机。

第五十八章　来自欧亚大陆另一端的祝寿船队

就在潘启官周旋于官府、海关、行商以及外国商人之间，殚精竭虑地要构建一个多少与近代商业接轨的商业体制之际，英国竟派出了一个巨大的"祝寿使团"来到中国，而且绕过广州，直接上了北京，用他们的话说，要改变广州，必须避开广州，要在广州得到什么，必须慑服北京，"谈判地点不应是广州，而是北京"。

这是在1793年，这个使团历10个月的颠簸，于这一年的6月终于来到中国。不过，他们的这一观念，在当时并没有得到落实。但是，不到半个世纪，在1840年的鸦片战争中，这一念想成了他们所极力要落实的，并最终获得巨大的成功。

理解这一段话不是那么简单，这不仅指他们意识到清政府的专制主义，是"北京说了算"，也不仅指广州的商业贸易已具有近代色彩，想借助北京占更大便宜没那么容易。

先说说使团的特使马戛尔尼。他有着丰富的外交经验，担任过英国驻俄国的公使、爱尔兰大臣、加勒比海总督、马德拉斯总督，而此时的身份是"勋爵"。英国人以为，以传统封建帝制的等级来考量，这"勋爵"的身份自会令清朝皇帝格外重视。所以，他们没有在通常的，也是唯一的口岸——广州登陆，而是直上北京，履行外交使命，认为解决了这一问题，广州的事就好办了。

可是他们失算了，他们的种种意愿，尤其是开辟新的口岸，获得一块居留地，并向北京派出真正意义上的大使——常驻使节的意愿，从一开始，就被中国插在他们船首上的"英吉利贡使"长幡弄得模糊起来。尽管英王乔治三世致乾隆的信写得那么客气：

……践祚以后，除随时注意保障自己本土的和平和安全，促进自己臣民的幸福、智慧和道德而外，并在可能范围内设法促使全人类同受其惠。在这种崇高精神的指导下，英国的军事威力虽然远及世界各方，但在取得胜利之后，英王陛下对于战败的敌人也在最公平的条件下给以同享和平的幸福。除了在一切方面超越前代增进自己臣民的繁荣幸福外，陛下也曾几次派遣本国最优秀学者组织远航旅行，作地理上的发现和探讨。此种举动绝非谋求扩充本国已经足以满足一切需要的非常广大的领土，亦非谋求获取国外财富，甚至并非谋求有益本国臣民的对外商业。陛下志在研究各地的出产，向落后地方交流技术及生活福利的知识，增进整个人类世界的知识水平。陛下常常派遣船只载动物及植物种子至荒瘠地区帮助当地人民。此外，对于一切具有古老文明国家的物质和精神生活，陛下更是注意探询研究以资借镜。贵国广土众民在皇帝陛下统治下，国家兴盛，为周围各国所景仰。英国现在正与世界各国和平共处，因此英王陛下认为现在适逢其时来谋求中英两大文明帝国之间的友好往来。①

可他们到了北京，参观了圆明园——60年后，这个举世闻名的"万园之园"竟毁在英法联军的烧抢掠夺中——然后，上了热河的避暑山庄，见到82岁高龄的乾隆皇帝，并递交了英王的书信。得到的反馈是3个月前这支祝寿使团尚未到达北京时，乾隆皇帝就已拟好的"回信"：

乾隆在避暑山庄设宴接待英国马戛尔尼使团

乾隆五十八年八月己卯赐英吉利国王敕书曰：咨尔国王远在重洋，倾心向化，特遣使恭赉表章航海来庭，叩祝万寿，并备进方物，用将忱悃。朕披阅表文，词意肫恳，具见尔国王恭顺之诚，深为嘉纳。

至尔国王表内恳请派一尔国之人住居天朝，照管尔国买卖一节，此则与天朝体制不和，断不可行。向来西洋各国有愿来天朝当差之人，原准其来京。但既来之后，即遵用天朝服色，安置堂内，永远不准复回本国。此系天朝定制，想尔国王亦所知悉。今尔国王欲派一尔国之人住在京城，既不能若来京当差之西洋人，在京居住不归本国，又不可听其往来，常通消息，实属无益之事。且天朝所管地方至为广远，凡外藩使臣到京，驿馆供给，行止出入，俱有一定体制，从无听其自便之例。今尔国若留人在京，言语不通，服饰殊制，无地可以安置。若必似来京当差之西洋人，

---

① 〔英〕斯当东（George Staunton）著，叶笃义译：《英使谒见乾隆纪实》，上海书店出版社1997年版，第40－41页。此文可与〔美〕马士著《东印度公司对华贸易编年史（1635—1834年）》第一、二卷第559－560页的转译对比。

令其一律改易服饰，天朝亦从不肯强人以所难。设天朝欲差人常住尔国，亦岂尔国所能遵行。凡西洋诸国甚多，非止尔一国，若俱似尔国王恳请派人留京，岂能一一听许，是此事断断难行。岂能因尔国王一人之请，以致更张天朝百余年的法度。

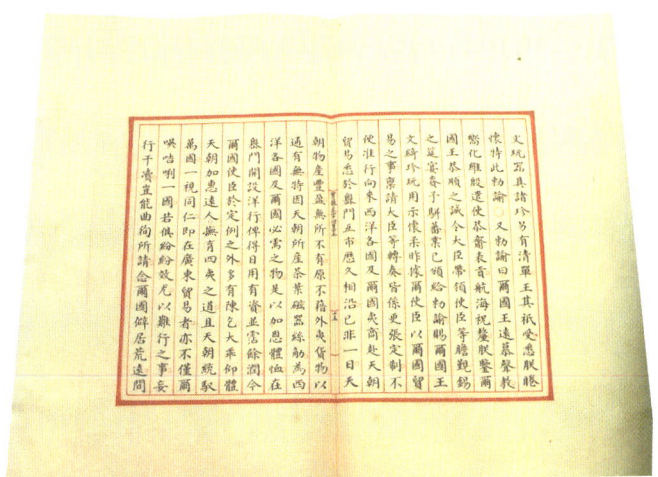

乾隆皇帝为在浙江等口通商贸易断不可行事致英国国王的敕谕
［乾隆五十八年（1793）八月十九日］

　　据尔使臣以尔国贸易之事，禀请大臣转奏，皆更张定制，不便准行。向来西洋各国及尔国夷商赴天朝贸易，悉于澳门互市，历久相沿，已非一日。天朝物产丰盈，无所不有，原不藉外夷货物以通有无。特因天朝所产茶叶、瓷器、丝巾为西洋各国及尔国必需之物，是以加恩体恤，在澳门开设洋行，俾得日用有资，并沾余润。今尔国使臣于定例之外，多有陈乞，大乖仰体天朝加惠远人抚育四夷之道。……除广东澳门地方仍准照旧交易外，所有尔使臣恳请向浙江宁波、珠山及直隶天津地方泊船贸易之处皆不可行。

　　又据尔使臣称，尔国买卖人要在天朝京城另立一行收贮货物发卖，仿照俄罗斯之例一节，更断不可行。京城为万方拱极之区，体制森严，法令整肃，从无外藩人等在京城开设货行之事。……天朝疆界严明，从不许外藩人等稍有越境挽杂，是尔国欲在京城立行之事必不可行。

　　又据尔使臣称，欲求相近珠山地方小海岛一处，商人到彼即在该处停歇以便收存货物一节。尔国欲在珠山海岛地方居住，原为发卖货物而起，今珠山地方既无洋行又无通事，尔国船只又不在彼停泊。尔国要此海岛地方亦属无用。天朝尺土俱归版籍，疆址森然。……且天朝亦无此体制，此事尤不便准行。

　　又据称，拨给广东省城小地方一处居住尔国夷商，或准令澳门居住之人出入自便一节。向来西洋各国夷商居住澳门贸易，划定住址地界，不得逾越尺寸。其赴洋行发货夷商亦不得擅入省城，原以杜民夷之争论，立中外之大防。……核之事宜，自应仍照定例,在澳门居住,方为妥善。①

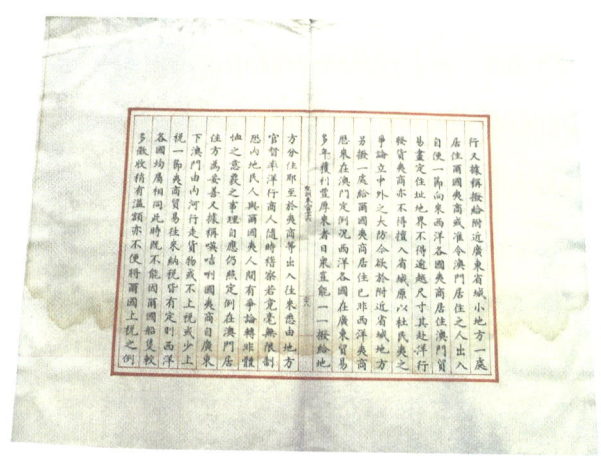

乾隆皇帝为只准在粤贸易事给英国国王的敕谕
[乾隆五十八年（1793）八月十九日]

皇帝早已事先拒绝了他们的一切要求。

紧接着,他们便得到通知,10月7日,使团务必离开北京,以致马戛尔尼的随身男仆安德逊感叹道:"我们进北京时像乞丐,居留北京时像罪犯,离开北京时像小偷。"

就这样,这支庞大的使团竟从内陆长途跋涉,经梅关古道进入广州,以得到皇帝召见后的身份,去压服广州的官员来接待。这样,一路上可以蒙受"皇恩浩荡",轿子也有得坐了,要知道,曾经广州的外商坐轿子可是惹起了不小的风波,现在可不一样,这是得到皇上"恩准"了的。

1793年,马戛尔尼的船队进入扬子江

---

① 〔英〕斯当东（George Staunton）著:《英使谒见乾隆纪实》,叶笃义译,上海书店出版社1997年版,第558—562页。此文可与〔美〕马士著《东印度公司对华贸易编年史（1635—1834年）》第一、二卷第559～560页的转译对比。

法国作家阿兰·佩雷菲特于 1989 年出版的洋洋 50 万言的研究著作《停滞的帝国——两个世界的撞击》(以下简称《停滞的帝国》)中写到这个使团在十三行受到的礼遇，倒是很逼真，我们不妨复述部分：

广州（1793 年 12 月 19—23 日）

12 月 19 日早晨，使团上了皇家平底大船顺着珠江南下。两个半小时后，英国人在一个名叫河南的小岛下船。在那里，为他们准备了一所公馆。总督长麟、巡抚郭世勋、海关总监苏楞额及本地的主要官员，身着朝服，站在铺有地毯的平台后面迎接。随后，所有人走进一间大厅，里面有两行排成半圆形的扶手椅。马戛尔尼就是这样绘声绘色地描写那次隆重欢迎的；两个世纪之后，"贵客"代表团在中国受到的接待仍然同这一模一样。

别这么性急，英国绅士！您忘了一个准备仪式，而小斯当东却在日记中把它透露给我们了："我们在一个帐篷下通过，来到一间陈设漂亮的大厅。大厅深处有一御座。我们在那里受到 Suntoo 及其他大官的欢迎。他们对着御座行三跪九叩礼，感谢皇帝赐予他们一次舒适而又顺利的旅行。我们模仿他们也行了礼。"

疑问又产生了。因为当时在场人之一，海关总监苏楞额在 1816 年断言，他看见过勋爵在广州叩头。那么，模仿什么呢？托马斯没有明指。久而久之，英国人会不会屈从于天朝的习俗？还是继续满足于"英国式的叩头"——行单腿下跪一次的礼节？这里省几个字却给后来人添了麻烦。

为了拒绝向皇帝行叩头礼，马戛尔尼经过了那么多的周折。现在马戛尔尼会同意对空御座叩头，那是不可思议的。可是英国人又再次面临不利的处境：集体仪式。最大的可能是他们跟着做，就像在热河，他们在人群中第一次见到皇帝时那样。可能他们是单腿下跪，略微低头致意，但是随着天朝的节拍，三长三短。这是"得体的礼节"，也是马戛尔尼和皇帝都不愿意接受而又接受了的一种折衷做法。

仪式后，我们和中国官吏退到一间又大又漂亮的大厅里。马戛尔尼直接把我们引到这间大厅，而对那段如此难走的弯路却只字不提。

中国官员们在英国人对面坐下。谈话进行一小时，谈的主要是旅途见闻和"狮子"号抵达广州的事。总督让这艘英国船进入黄埔港，这是对军舰少有的照顾。①

接着是看戏：

"一个颇有名气的戏班特意从南京赶来"。主人准备了"丰盛的中国饭"，还为客人备了礼品。总督"主持了仪式"。他对英国人给以"最高待遇"。这使广州的中国人为之瞠目，因为他们从未见过外国人受到这般尊重。从此，他们便不能再怀疑

---

① 〔法〕阿兰·佩雷菲特著：《停滞的帝国——两个世界的撞击》，王国卿、毛凤支、谷炘等译，生活·读书·新知三联书店 1993 年版，第 491-495 页。

皇帝的政府对使团的重视了。特别是我们无法怀疑马戛尔尼也在设法使自己相信这一事实。因为，晚上小斯当东在他那可怕的小本本上又记上了："我们每人都按身份坐下。总督请我们喝茶和奶。寒暄几句后，他起身，在几个大官的陪同下，把我们带到他让人为我们准备的一栋房子里，更确切地说，是一座宫殿里。他呆了几分钟，然后所有的人都走了"。

"茶和奶"，"寒暄几句"，"几分钟"。多亏了托马斯，我们才知道是在他们的新住地，在总督及其副手们未出席的情况下请他们吃饭："总督给我们送来一席丰盛的中国式晚餐"，接着是演戏："他让人在我们住所的一个院子里搭了舞台，在台上整天不断地演中国戏为我们解闷"。

使团的住所是一座中国式的宫殿，由若干个大庭院组成。……里面有玻璃窗和壁炉。即便是在热带，12月份生上火，马戛尔尼也感到舒适。还有池塘、花坛、对比明显的树以及花丛。①

这应该是行商的花园。恰好在住所的对面，河的对岸，就是英国代理商行。马戛尔尼一行本来是可以住在那里的，但是：

18世纪的伍家花园

中国人的原则决不能让特使与商人住在同一栋房子里。在这一点上，只好入乡随俗了。

---

① 〔法〕阿兰·佩雷菲特著：《停滞的帝国——两个世界的撞击》，王国卿、毛凤支、谷炘等译，生活·读书·新知三联书店1993年版，第491－495页。

……………
第二天大清早,勋爵推开窗户:舞台正对着他的卧室,戏已经演了。演员接到命令,只要使团住着,他们就得连续演下去。马戛尔尼十分恼火。他设法免除了戏班的这份差使,演员被辞退。巴罗报告说:"我们的中国陪同对此十分惊讶。他们的结论是英国人不喜欢高雅的戏剧"。

小斯当东说第二场戏不像第一场戏是总督赐的,而是海关监督安排的。但孩子并没有因此而受到感动:"监督不在位已有两个月,但他已表现得比前任更贪婪。他毫无理由地向一名中国商人勒索20万两。尽管皇帝有旨,他还企图对我们的商船征税"。……这件事使使团的最后希望也化作了泡影。

巴罗说得更明确:"'印度斯坦'号因携带过礼品而免征税;然而公行的商人已交纳了3万两银子的税款。他们要求海关监督归还这些银两,但他只交出1.1万两,说原来就交了这点钱。从中可以看出,进入皇帝国库的税收只是很少的一部分"。这件事本身就说明了问题:3万两银子中有1.9万两由他人征收。对国库来说,就这一笔税就损失了三分之二。

就这样,坚持事实的东印度公司的专员们使马戛尔尼渐渐失去了信心。当提及"中国官吏敢于敲诈勒索"时,巴罗援引其中一个说的话,乾隆本人也不否认会有这种意想不到的训人话。"你们来这里干吧?我们把你们国内不产的珍贵茶叶给了你们,而你们却把我们毫不需要的你们厂里的产品来作交换。你们还不满足吗?既然你们不喜欢我们的习俗,为什么你们又老来我国?我们又没有请你们来!……如果你们循规蹈矩,我们还是以礼相待。请尊重我们的殷勤好客,别指望改造我们"。

这就是中国的声音!这也许是自古至今一个民族在感到自身受到威胁时发出的激烈言论。[①]

在欧洲人看来,广州是"中国的门户",是一个整体。英国人发现这个整体是复杂的。广州离海的距离并不比巴黎到塞纳河的距离来得近。称它为"中国的门户",那是对已经穿越了几道大门的人而说的。

首先要经过澳门。由于河道多暗礁,船只绕道那里很危险,要出高价聘请领航员和开货物通行单。接着要绕过虎门,这是一个由两个要塞防卫的海峡。还要借助先后三次涨潮通过浅滩上的三个危险的"沙洲"。这之后,才能抵达黄埔岛。欧洲的船不能越过这个海岛。这是刁难吗?不是,我们遇到的一名法国人说:"中国的大帆船可以逆流而上直至广州,而欧洲的船吃水太深。"最后从黄埔到广州,要征收通行税三次,每处都对小艇要仔细检查一番,然后方能到达代理行。

英国、法国、荷兰、西班牙和瑞典的代理行都集中在河的北岸,从旗杆顶上悬

---

① 〔法〕阿兰·佩雷菲特著:《停滞的帝国——两个世界的撞击》,王国卿、毛凤支、谷炘等译,生活·读书·新知三联书店1993年版,第495–498页。

挂的旗帜可以辨认。英国代理行前是一排上面有顶棚的长廊，亦称游廊，所有的代理行都只有一层，但很宽敞且陈设典雅，为英国的风格。

在这些代理行的四周形成了一个占地很大的中国市场，主要是店铺和手工作坊。①

应当说，这便是十三行及其所在的西关了！

在《停滞的帝国》的第 74 章，作者对十三行做了更细致的描写，以致他们认为"广州已不再完全是中国了"。这个结论当然不对，但也可看出当日广州相对的开放程度，这也说明早在 18 世纪，广州在中国作为唯一口岸的意义，以及当时的历史风貌。

12 月 22 日，今天我们摆渡到对岸的英国代理行去，这条河要比泰晤士河宽得多，代理行的建筑确实非常漂亮。我们逛了附近几家大店铺，令我惊讶的是商店的名字，甚至他们所卖商品的名字都用罗马字写在每家店铺的门上。更令我惊讶的是：大部分商人都能用英语交谈。他们的英语还相当不错。我们看到一家很大的瓷器店，品种之多不亚于任何一家英国瓷器店。街道很窄，两旁商店林立，没有住家，很象威尼斯的梅斯利亚区。

广州已不再完全是中国了。今天在那里仍然可以看到许许多多用罗马字写的招牌；在那里，常常可以听到人们说英语。这些现实已有很长的历史了。

12 月 24 日，我们再次过河。在众多的店铺中，我们参观了一间画室和一家泥人店。我们在画室观赏了几幅画着船的油画。这些油画或运用英国手法，或运用中国手法绘制。我们还欣赏了几幅极美的玻璃画。在泥人店里，我们看到许多用粘土捏成的泥人儿。它们像大玩具洋娃娃，脸上着色，身穿衣裳。有人告诉我们，在衣服里面，泥人儿的身体象它们的脸和手一样逼真。孩子除了手和脸就看不到别的了：中国的廉耻禁止赤身裸体，即使是玩具娃娃也不例外。我们还发现"在英国见到过的，头能转动的瓷娃娃"。

托马斯和家庭教师一路闲逛。这位先生也给我们留下了他对广州这个"集市"的印象："他们把所有在欧洲制造的产品模仿到了以假乱真的程度：从各种家具、工具、银餐具等器皿直至箱包。所有这些仿制品的工艺与英国制造的一样好，而价格要便宜得多。"在欧洲市场上出现过仿造中国的假古物，现在轮到中国来仿造欧洲的新产品了。

这一仿造工业大有发展前途……"中国裁缝简直可与伦敦的相媲美，但价格要低一半。"由于许多丝、棉织品在原地生产，因此"没有一个地方穿衣服能比广州更便宜了"。现在价格没有变；但想穿英国的面料和裁剪式样的衣服，那么最好到香港去买。

---

① 〔法〕阿兰·佩雷菲特著：《停滞的帝国——两个世界的撞击》，王国卿、毛凤支、谷炘等译，生活·读书·新知三联书店 1993 年版，第 495－498 页。

>............
>另一个有关语言的信息：当时就有人说一种英－葡语混杂起来的洋泾浜语。①

在马戛尔尼著、刘半农译的《1793 乾隆英使觐见记》，斯当东的《出使中国记》以及佩雷菲特的《停滞的中国》中，不仅写到十三行旖旎的园林风光，也写到与十三行商人的交往。

而这个时期内，最出色的行商仍是潘启官，尽管当时的总商由蔡世文所担任。笔者以为，这些资料应是历史上对十三行商人一次最形象也是最有意味的直观描述，尽管英国人的叙述多少有点隔靴搔痒、不得要领，但亦不失为一个角度不同且相当客观的"留影"。不仅今天我们对十三行商人仍感到有某种神秘感，就是当时的英国人也是一样的。

《停滞的中国》里有专门的一章写了广州商人。尽管写的是 200 多年前的所见所闻，以及那时候的若干观念，但到了今天，仍一样让我们为之深思——毕竟，传统中国的"无商不奸"影响至深，漫天要价、落地还价的陋习未改。

这一章是这么记述的：

>……斯当东和马戛尔尼却在设法了解他们的大老板——公行的一些大名鼎鼎的商人。他们都是些什么人呢？
>……1793 年，中央帝国已经实行同样的体制；在天朝的官僚体制严密监视下，由少数几个人负责与夷商的贸易……在广州，则由公行的行商负责。
>还是这些与外国人交往的贸易经纪人，在 19 世纪被称为"买办"，这词来自葡萄牙语的"买主"一词。……
>马戛尔尼会见这些商人。"我与潘启官交谈过，他是那些最有权势的行商之一，为人奸诈、狡猾。章官，论权力不如他大，但比他有钱。他更年轻，也更坦率。"至少当章官声称"已完全作好准备与代理行发展商务来往"时，马戛尔尼是这样评价的。在潘启官的问题上，勋爵似乎陷入了我们的瑞士见证人夏尔·德·贡斯当所批评的天真幼稚的状态。
>这些人都属于受人歧视的商人阶层，却都有官衔。英国人对此感到惊诧。②

这里，外商通过自己的眼光，评价了启官、章官的人品与"顶子"，以及商人对"红顶子"心存的戒心，颇有意味。

再说这些商人的顶子并"不给他们带来任何权力"。严格地说，这些官衔的标

---

① 〔法〕阿兰·佩雷菲特著：《停滞的帝国——两个世界的撞击》，王国卿、毛凤支、谷炘等译，生活·读书·新知三联书店 1993 年版，第 501－503 页。
② 〔法〕阿兰·佩雷菲特著：《停滞的帝国——两个世界的撞击》，王国卿、毛凤支、谷炘等译，生活·读书·新知三联书店 1993 年版，第 506 页。

志不是卖的,而是在北京一些有影响的要人因为收了商人的礼物"觉得不好意思而把顶子作为荣誉称号授予他们的"。……

　　正当伏尔泰称道通过考试选拔官吏的好处时,贪官与富商之间就象黑手党那样有着一种真正的勾结关系。获利最多的行业——盐业和外贸——常常是出租的。盐政和海关官员要经常受到勒索并交付赎金。在地方行政机构供职的官员绝大多数是汉人,但在公行的人员配备上——也就是说在对外关系方面,因为战备上太重要—— 一般都安排的是满洲人、蒙古人或是入了旗的汉人,有时甚至是皇亲国戚。

　　那些靠了血统或靠了墨水上去的特权人物到了任期满了的时候,也要给大臣送礼以便连任或提升;他们同时也是让他们腰包里装满银两的商人的玩具……捐官、买顶珠翎子、渎职以及前资本主义经济阶段的其它特征与马克思·韦伯所称的世袭主义完全吻合;公私不分。……

　　在同行商交谈时,马戛尔尼估计,东印度公司意竭力想在中国的中部和北部开设商埠是非常正确的:"公行的商人们从未去过首都,对于北京就象对威斯敏斯特一样,知之甚少。只有用强制手段或出于强烈的利害动机才能使他们离开故乡。"然而,英国的呢绒并不是在中国的这个热带地区销路最好。

　　公行的业务范围不超过南京,它把从欧洲买来的大量商品往那里发送,再从那里购进大批运往欧洲的货物。事实上,"南京是最大的商业中心";"左右中国市场的人"都云集在那里。马戛尔尼希望在舟山和宁波开设商埠是有道理的,它们可以打开南京的大门。现在,他猜到为什么获准在那里开设商埠如此困难的原因。因为,这不仅与惯例相佐,而且还会对广州的商人和官吏构成威胁:他们是唯一与西方贸易有利害关系的中国人。他们给南方提供一个有限的出口市场,而不供应北方。……

　　因此,广州的公行不但不能发展贸易,而且只能限制贸易。此外,它依赖一群官吏而生存,没有各级官吏的同意,它绝不敢主动做任何事。它不象西方自由商人的行会组织,就如广州官衙也不象任何欧洲的自由城市的政府一样。……

　　马戛尔尼推测,如果在中国有一个政治上强大、经济上有影响的商人阶层,那么中英间的困难将会少得多。皇室档案给我们从反面提供了一个确凿的证据:政府看到"奸商"自发地与夷商接洽就感到害怕。①

不管马戛尔尼对"南方不知北方"的这一阐解如何有歧误,甚至牛头不对马嘴,对中国政治的理解又如何隔靴搔痒,言不及义,可毕竟提供了一个参照,一个至今仍可以使用的参照。

　　见过了十三行商人,也参观了十三行商人的"行宫"——在珠江南岸的庭院——之后,英国人亦迫切地想了解,作为南方大都会的广州,与他们曾到过的北方的皇城北京

---

① 〔法〕阿兰·佩雷菲特著:《停滞的帝国——两个世界的撞击》,王国卿、毛凤支、谷炘等译,生活·读书·新知三联书店1993年版,第506-508页。

之间，究竟有着怎样的差距？

针对广州当局关于开放的许诺，马戛尔尼得出了一个"广州，一座半开放的城市"之结论。

不过，他对许诺（相应产生的告示。是针对他所提出的开放要求：不要多次征税，英国商船可直驶黄埔港，英国人可买地扩大代理行，雇工不需要特别准许等）所做的判断是：

> 就实质而言，那只是些"连篇空话"。第一个告示规定了粗暴对待榨取夷人钱财者所要服的刑，它是针对一些"卖白酒给水手的小人物的"。第二个告示是针对向欧洲人敲诈勒索的官吏的。应该指出的是，这两个告示丝毫没有改变以往的习惯。①

马戛尔尼在日记中写道，东印度公司的先生们被圈在广州城外的代理行里不能进城。因此，能跑遍这个大城市是很自豪的；欧洲人虽然对其知之不多，但一提起它就像谈起一座熟悉的城市一样。

人们"都很忙碌"：他们忙于"制作缎子鞋""编织草帽""鼻梁上架着眼镜锻造金属"。"街道很窄，都是石板路面。在街上既看不到二轮马车，除了我的仆人骑的之外，也看不到马。"广州只是个大市场，而从军事观点来看："城墙完好"，但"没有一门炮"。②

马戛尔尼发现，在广州，英国人和中国人之间的关系十分奇怪。是否长麟的告示一实施，一切都能解决了呢？在它们颁布后，一些外国人仍然遭到小额的敲诈勒索。当然，肇事者受到了惩罚。但马戛尔尼并不认为这是个解决办法。"更多的事取决于我们，它们比那些告示和惩罚更能保护我们。"

马戛尔尼一直在试着同中国人对话。但自12月22日始，没有进行过一次认真的谈话。马戛尔尼决定在当局下逐客令前就到澳门去：

> 他善于辞令，知道怎么说话："因为不想过多打扰中国人，又怕总督以为特使对他在中国的逗留不满意"，他以健康状况不佳为托词。

长麟抓住了机会。"一致同意"把返程的日期定在第二天，1月8日。在起锚前，马戛尔尼作了最后尝试：他邀请总督于翌日晨来英国人馆舍共进早餐。他想借此机会，把东印度公司的专员介绍给巡抚和海关总监。总督接受了邀请，但毫不掩饰他的惊讶：这些商人难道有那么重要吗？马戛尔尼尽量向他解释英国商人与其它国家商人间的巨大差异，但无济于事："中国人永远不会明白这一点的"。

---

① 〔法〕阿兰·佩雷菲特著：《停滞的帝国——两个世界的撞击》，王国卿、毛凤支、谷炘等译，生活·读书·新知三联书店1993年版，第514页。

②

> ……
> 英国商人在广州的名声很坏,因而勋爵要使中国人理解他们的优越地位就更为困难了。
>
> ……
> 对于英国人,"商人"一词本身就代表他们的智慧,他们是文明的先锋。中国人对此不能理解。当商人不是英国人时,马戛尔尼与中国人一样也蔑视他们。这倒也不假。①

作为"士农工商"之末的中国商人,包括富甲天下的潘启官、伍浩官这些十三行行商,与被视为高高地站在宝塔尖上的英国商人,的确是无法比较的,"官本位"的近代中国,令中国商人也一般为外国人,包括外国商人所蔑视。这是清朝的痼疾之一。

一切都结束了,包括使团向清政府提出的七项具体要求也遭到拒绝:

> (一)开放宁波、舟山、天津、广州为贸易口岸;(二)允许英国商人仿照俄国在北京设一行栈,以收贮发卖货物;(三)允许英商在舟山附近一岛屿存货及居住;(四)允许选择广州城附近一地方作英商居留地,并允许澳门英商自由出入广东;(五)允许英国商船出入广州与澳门水道,并能减免货物课税;(六)允许广东及其他贸易港公布税率,不得随意乱收杂费;(七)允许英国教士到中国传教。②

然而,他们并不是一无所获。

这支在后世被频繁提起、被重构的马戛尔尼勋爵到中国为乾隆祝寿的著名团队,在受到乾隆接见后,一路南下——走的不是海路,而是陆路,经大运河从京城到达江南,似乎一路上见到的都是中华土地肥沃、颇为富裕的地带,而后进入鄱阳湖,再溯赣江而下,进入赣南及粤北的山区。从赣江至北江,则有一段不短的陆路,爬山上梅关古道,再下山,到北江上游浈江,才又换上船顺流而下。

尽管大清的官员遮掩的技巧颇有水平,可马戛尔尼一行人还是看到了当时世界第一富裕的大国——大清王朝的另一面。《停滞的帝国》里有如下描述:

> 中国官员强迫一大批人来作拉船溯江而行的苦差使,但给的报酬很少……
> 中国人没有休息日,他们的繁重劳动不允许中断。
> 除了饥荒年代,中国人能够勉强生存。但是,他们的活动不利于任何发展,这样的经济起飞不了。

---

① 〔法〕阿兰·佩雷菲特著:《停滞的帝国——两个世界的撞击》,王国卿、毛凤支、谷炘等译,生活·读书·新知三联书店1993年版,第515—518页。

② 〔美〕马士著:《东印度公司对华贸易编年史(1635—1834年)》第一、二卷,中国海关史研究中心组译,区宗华译,中山大学出版社1991年版,第544页。

妇女常常像牲口一样把犁架在身上……①

回过头来，看以前留下的文字，包括亚当·斯密对中国人工资的认识与关切，不能不为之感叹：

> 长期以来，中国一直是最富的国家之一，是世界上土地最肥沃、耕种得最好、人们最勤劳和人口最多的国家之一。但是，它似乎长期处于停滞状态。五百多年前访问过中国的马可·波罗所描述的关于其农业、工业和人口众多的情况，与当今的旅行家们所描述的情况几乎完全一致。也许早在马可·波罗时代以前，中国就已经达到了充分富裕的程度。在许多其他方面，旅行家们的记载虽有不同，而在这一点上却是一致的：在中国，劳动工资很低，人们感到养活一家人很难。如果农民在地里劳动一整天，到晚上能够赚到买少量大米的钱，那他们也就心满意足了。技工的生活状况可能就更加糟糕。他们不像欧洲的工人那样，悠闲地待在自己的作坊里，等待顾客上门；他们是背着工作所需的工具，不断地沿街四处奔走，叫卖自己的服务，好像是在乞求工作。中国最下层人民的贫困，远远超过了欧洲最贫穷国家人民的贫困状况。……可是，虽然中国或许是处于停滞状态，却似乎并没有倒退。没有哪一个城市为自己的居民所遗弃。它的土地一旦被耕种过，就没有任其荒芜下去。因此，每年必须继续完成同样多或差不多的劳动，从而指定用于维持劳动的基金必然不会有明显的减少。所以，最底层的劳动者，尽管他们的生活资料十分匮乏，他们也一定能想方设法维持自己的种族，以保持其正常的人数不变。②

亚当·斯密的表述未必完全准确，这已不是经济学那么简单的问题了。

而马戛尔尼团队的结论则是："英国靠着它的创业精神已成为世界上航海、贸易和政治的第一强国。"③ 这是马戛尔尼使团从中国归来后的认识。这也许已在亚当·斯密的预言中，当然他无法预见之后鸦片流入中国引发的战争。

"停滞"只是不前进，但中国的 GDP 从当时占世界的 1/3，一下子跌落到 1/10，乃至 1/20，这在世界史上，是不可以用单纯的经济学理论来解释的。

马戛尔尼归国时预言道："如果中国禁止英国人贸易或给他们造成重大的损失，那么只需几艘三桅战舰就能摧毁其海岸舰队，并制止他们从海南岛至北直隶湾的航运。"④ 可以说，他沿途已进行了军事刺探，并非口出狂言。

---

① 〔法〕阿兰·佩雷菲特著：《停滞的帝国——两个世界的撞击》，王国卿、毛凤支、谷炘等译，生活·读书·新知三联书店1993年版，第523页。
② 〔英〕亚当·斯密著：《国富论》，唐日松等译，华夏出版社2015年版，第62-63页。
③ 〔法〕阿兰·佩雷菲特著：《停滞的帝国——两个世界的撞击》，王国卿、毛凤支、谷炘等译，生活·读书·新知三联书店1993年版，第523页。
④ 〔法〕阿兰·佩雷菲特著：《停滞的帝国——两个世界的撞击》，王国卿、毛凤支、谷炘等译，生活·读书·新知三联书店1993年版，第523页。

而不管英国人进攻与否,"中华帝国只是一艘破败不堪的旧船,只是幸运地有了几位谨慎的船长才使它在近150年期间没有沉没。它那巨大的躯壳令周围的邻国见了害怕。假如来了个无能之辈掌舵,那船上的纪律与安全就都完了"。船"将不会立刻沉没。它将象一个残骸那样到处漂流,然后在海岸上撞得粉碎",但"它将永远不能修复"。①

在这之后100多年,这艘"帝国之船"的确尚无可修复的迹象,但"永远不能修复"一语中所包含着的殖民者的野心,却是不难看出来的。

而亚当·斯密还不至于这么认为,他说的只是"欧洲大部分地区正处于发展状态,而中国则似乎处于停滞状态"②。

颇有讽刺意味的是,马戛尔尼到来之日,正是所谓"康乾盛世"。在马戛尔尼觐见乾隆皇帝前后,这位自命为"盛世之君"的乾隆爷,还举行了两次"千叟宴",一次是乾隆五十年(1785),于乾宁宫,另一次是乾隆六十年(1795),于宁寿宫与皇极殿。乾隆六十年举行的"千叟宴"摆了五六百桌,全是山珍海味、名酒佳肴。应邀赴宴的花甲老人有5000多名,其中更有逾百岁的老翁,他们入席与皇帝共宴,皇帝更赐酒赐诗,高潮迭起。其时,乾隆爷也84岁高龄了,仍老当益壮,神采奕奕。

无疑,于清朝而言,这是展示其盛世的一幕,意义非常重大;然而,其揭示的,却应是另一重意义。

就在这"盛世"之际,马戛尔尼的祝寿船队路过珠江口时,《停滞的帝国》一书所记载的,却是另一番景象:

> ……"狮子"号通过两个守卫"虎门"的要塞。马戛尔尼估计后说:"防御很薄弱。大多数开口处没有炮,在少数几处有炮的地方,最大的炮的直径只有6英寸。"只要涨潮和顺风,任何一艘军舰"可以毫无困难地从相距约一英里的两个要塞中通过"。
>
> ……只要说明一点就足以使这条用牛羊的肠膜吹大的龙泄了气。与"狮子"号交叉而过的武装船上装满了士兵。但并没有鸣礼炮。原因就不言而喻了:炮孔里没有炮。这些炮孔都是在船舷上画的逼真画。这难道不是中国本身的形象吗?马戛尔尼思忖。"破败不堪的旧军舰,它只能靠着庞大的躯壳使人敬畏了……"
>
> ……巴瑞托上尉(由马戛尔尼派遣)乘"豺狼"号察看了地处澳门和香港间的岛屿。他的报告指出,伶仃和香港适合殖民。……勋爵的另一个预言也将实现:守卫虎门的两个要塞在鸦片战争中将被"六门舷侧炮"摧毁。③

---

① 〔法〕阿兰·佩雷菲特著:《停滞的帝国——两个世界的撞击》,王国卿、毛凤支、谷炘等译,生活·读书·新知三联书店1993年版,第523页。

② 〔英〕亚当·斯密著:《国富论》,唐日松等译,华夏出版社2015版,第166页。

③ 〔法〕阿兰·佩雷菲特著:《停滞的帝国——两个世界的撞击》,王国卿、毛凤支、谷炘等译,生活·读书·新知三联书店1993年版,第520-522页。

20多年之后，即1816年，英国再度派出一个使团，由勋爵阿美士德所率领，他们曾偷偷到宝安的区域，返回英国后，即向政府递交了一份报告，称：从各方面来看，无论出口入口，香港水陆环绕的地形，都是世界上无与伦比的良港。可是，该怎么获得这一良港呢？

一场世界历史上最龌龊、最卑劣的贸易战由此开始了，那便是鸦片贸易。

从1813年，即阿美士德使团到中国的前三年，至1833年，即鸦片战争爆发之前七年，中国的茶叶出口只增加了一倍，可进口到中国的鸦片数量却翻了四番。

马克思已敏感地意识到这一问题的严重性，他在《鸦片贸易史》一文中认为，1834年，"在鸦片贸易史上，标志着一个时代"，这翻了四番的鸦片，发生了质的变化，成为对中国的一次不曾宣战的秘密战争。一如马克思所说：

> 中国人在道义上抵制的直接后果是英国人腐蚀中国当局、海关职员和一般的官员。浸透了天朝的整个官僚体系和破坏了宗法制度支柱的营私舞弊行为，同鸦片烟箱一起从停泊在黄埔的英国趸船上偷偷运进了天朝。①

他在这篇文章中还指出，"在1837年（英国）就已将价值2500万美元的39000箱鸦片顺利地偷运入中国"②。

如此巨大的鸦片偷运，造成了怎样的可怕后果！连英国水手也觉得，中国各城市的鸦片馆就像英国的杜松子酒店那么普遍，各阶层"上至骄奢淫逸的官吏，下至干苦力的，经常不顾禁令出没于鸦片馆"。这样的一个国家，会衰弱成什么样子！

这是一场不见血却吸尽人的骨髓的最为卑鄙的偷运，最终成为一场血腥的战争！

乾隆五十九年（1794）三月，马戛尔尼使团终于离开澳门，朝着伶仃岛与香港岛驶去，而后经南中国海归国。波涛中的香港岛忽隐忽现，马戛尔尼已摸准了那里的行情。

不过，朝廷是这么说的：

> 贡使于十二月初七日风顺放洋回国。因奉有恩旨，允许再来进贡，其欢欣感激之忱，形于词色，益加恭谨。仰见我皇上抚驭外夷，德威远播，凡国在重洋及岛，无不效悃献琛。现在该使臣等启程回国之时，即预为下届贡忱之计，似此倾心向化，实为从古所未有。③

而英国方面则认为："新近派往中国的使团，向一个对英国人几乎一无所知的民族出

---

① 中共中央马克思恩格斯列宁斯大林著作编译局编译：《马克思恩格斯选集》第一卷，人民出版社1972年版，第26页。
② 中共中央马克思恩格斯列宁斯大林著作编译局编译：《马克思恩格斯选集》第一卷，人民出版社1972年版，第27页。
③ 〔法〕阿兰·佩雷菲特著：《停滞的帝国——两个世界的撞击》，王国卿、毛凤支、谷炘等译，生活·读书·新知三联书店1993年版，第537页。

色地显示了英国的尊严,为未来奠定了获取巨大利益的基础。"①

东方与西方两个不同的国家,用两种截然不同的语言对这一事件的结局做了不同的评价。但历史很快就以无情的事实证明,英国是如何"为未来奠定了获取巨大利益的基础"的。

如前所述,20年之后,1816年,英国派出阿美士德到中国,同马戛尔尼一样,没在广东停留,未等清廷同意,就直上天津、北京。

他们到了北京后,便向清朝政府提出,给予英国贸易的特殊利益:英大班有与中国商人贸易来往的自由;中国官员不得随意侵犯"夷馆","夷馆"人员可雇用中国仆役;禁止中国官吏对英国商人轻蔑傲慢无礼的举动;清政府允许英国派员进驻北京。嘉庆皇帝本想要召见阿美士德,按例要他行三跪九叩的拜见礼节,但阿美士德非常傲慢,回答说:"我平生只对上帝和女人下跪,可惜当时中国当朝的不是女人。"并托病以不能行动为由拒绝入宫参见中国皇帝。嘉庆皇帝下旨,立即将阿美士德驱逐出境。

据史料记载,当时皇帝午夜突然要接见阿美士德,阿美士德借口疲劳,衣冠不整,时间又太晚,并因拒绝"三跪九叩"等等,不去觐见。这下子,龙颜大怒:这等未开化的夷人,岂可对天朝上国无礼?!

于是,找了个借口,下了诏书:

> 朕传旨开殿,召见来使。和世泰初次奏称不能快走,俟至门时再请。二次奏称正使病泄,少缓片刻。三次奏称正使病倒,不能进见;即谕以正使回寓赏医调治,令副使进见。四次奏称副使俱病,俟正使痊愈后,一同进见。中国为天下共主,岂有如此侮慢倨傲,甘心忍受之理。是以降旨逐其使臣回国,不治重罪。②

这一章,最后引证了一个事实,自18世纪末到19世纪初,英国向中国输入的鸦片成倍地增长。它似乎在"外交"上遭到了挫折,可在鸦片贸易上却获得了巨大的成功。

第五十九章 诡异的"海王星号":西方的"治外法权"

"海王星号"是英国东印度公司来华的一艘商船的名字。1807年2月24日,这艘商船上的一群水手在广州与中国人发生了冲突,结果一名中国人死于某位英国水手的棍棒之下,由此引发了一场外交危机。这一危机,除了令广利洋行,即十三行"八大家"排序第二的卢家大受折损外,更重要的,是西方的"治外法权"最早的楔入。

在英国伦敦皇家亚洲学会的讲演大厅里,曾经挂有一幅《审讯"海王星号"水手

---

① 〔法〕阿兰·佩雷菲特著:《停滞的帝国——两个世界的撞击》,王国卿、毛凤支、谷炘等译,生活·读书·新知三联书店1993年版,第537页。
② 〔法〕阿兰·佩雷菲特著:《停滞的帝国——两个世界的撞击》,王国卿、毛凤支、谷炘等译,生活·读书·新知三联书店1993年版,第576页。

图》。这幅图讲述的是一段十三行的历史，或者说，是其间一个重大的历史事件。图上展示的画面，在中国是前所未有的。这是有西方人第一次被允许正式出席中国公堂的画面，也是有西方水手第一次被提上中国公堂接受审讯的记录。

乾隆五十五年（1790）前后，卢观恒开设广利洋行。广利行的行址在广州源昌街，西面是经官行，南面是粤海关货仓，东面隔一街巷与怡和行相邻。据历史学者曾昭璇、曾新、曾宪珊考证："普安街，清代卢观恒的广利行，长133米，宽3米"，而伍秉鉴的"怡和行，长198米，宽4米"。广利行是十三行最大的行馆之一，其时生意如日中天，在十三行行列中排在潘家后面，排第二。

让广利行大受折损的，并不是生意上的失着，也非天灾，而是那位外国水手。

原来，外国水手在十三行的地面上酗酒斗殴、滋事惹祸也不是一两天的事了。更何况欧洲打仗，敌对国双方水手相见，便如寇仇，大打出手。朝廷也懒得理，你们的事，你们自己解决。可这回不同了，死的是大清的臣民。

这是嘉庆十二年（1807）正月，英国东印度公司"海王星号"水手在广州度假，酒喝多了，与中国老百姓发生冲突。他们冲进街道，烧毁关卡木栅，打伤阻止他们的中国人，以致让一位叫廖亚登的年轻人负了重伤，到医院后不久便不治身亡。

这条船的保商，正是卢观恒。

结果认定叫希恩的水手嫌疑最大，7月1日，南海知县照会在澳门的葡萄牙理事官："谕行商卢观恒亲自前往澳门，着令该大班将夷犯即日交出，解省审办。"

只要人不死，上下打点，也就可以"摆平"了，可人一死，钱也摆不平了。

为了把伤人的元凶找出来，广州官府在十三行的英国商馆大厅逐个传讯当日参与斗殴的英国水手。

中方当然很重视，代表官方的有：海关监督、广州知府、澳门同知、南海与番禺县的知事；行商则有潘启官、卢茂官（观恒）、伍浩官与昆水官。

英方则有：皇家海军战舰"狮子号"舰长、三名英国公司大班，以及翻译斯当东。

英方船长罗尔斯提出，为了表示对法官的敬意，要派一队穿红制服的英国海军守卫在两旁。行商觉得这有挑衅的意味，婉言拒绝了。

但审了几天，没一位水手承认参与斗殴。

马士的《编年史》上，还详细记录了几位水手的回答，那位叫希恩的水手，不承认带有棍棒，但带有一个烟斗，于是，便被抓住了。①

因为是卢观恒保船上的水手出的事，卢观恒的银子的用处也就有限，他已经先行被关到了牢房里，少不了受到皮肉之苦。他只好出招，让行里发告示，悬赏2万美元捉拿凶手，最后这才对簿公堂。

审完后，希恩被关在商馆内，第二天，"海王星号"被允许恢复上货，另外51名水手可以上船。

---

① 参见〔美〕马士著《东印度公司对华贸易编年史（1635—1834年）》第三卷，中国海关史研究中心组译，区宗华译，中山大学出版社1991年版，第42页。

直到将近半个月之后，才有了判决：罚希恩 12.42 两银子，相当于 4 英镑。

当时，英方紧张万分，因为中国的惯例是一命抵一命，才不管你是不是外国人呢。结果，如此不了了之，英国人大大地松了一口气。当然，判的是意外误伤。

然而，对于卢观恒而言，却没那么简单，他不仅要负担保责任，自己还得坐牢。官方唯行商是问，每个部门他都得去求情、打点……这回，各个部门都有足够的借口敲诈他了。洋人的不法，每每成为官府勒索的借口，而且，你如今算是十三行中的老二了，岂能不多"出点血"？更何况这次事件涉及一条人命，他们更是狮子大开口了。

最后事情是怎么摆平的，那位希恩为何羁押了近半个月才一罚了之，这半个月中经过了多少求告、讨价还价都不得而知。后人只知道，卢观恒本想学嘉庆九年（1804）叶仁官的法子，交一大笔钱，全身而退，而经过这番曲折，退出的"赎金"显然是交不出了，只能硬着头皮撑下去，也没撑过几年，嘉庆十七年（1812），他终于倒下了——死了，总不要交纳退出的"赎金"了吧！

都说这件事耗尽了他的财富。

夹在官府与洋人之间，行商永远是如履薄冰。

"海王星号"事件，人们首先关注的，是外国人第一次进入中国的法庭，有人认为，这是西方的"治外法权"最早的尝试，但也是暗箱操作的范例，所以，表面的条理与背后的运作，同样扑朔迷离，连中国人也未必看得明白，外国人更是坠入云里雾里了。

从当时的国际法来看，居住在所有基督教国家的任何一个外国人，都同样受所在国法律的制约，这是当时西方所公认的。难道，只因为中国是非基督教国家，就制约不了在本国土地上为非作歹的外国人么？而这一所谓的"治外法权"，显然是建立在不平等的基础上。

在此案发生的 20 多年之前，也就是 1784 年，英国"休斯夫人号"因鸣放礼炮，导致两名中国人伤重致死。那时清廷还坚持"以命抵命"，不管是有意杀人还是过失杀人，最后逼得英国人把肇事炮手交出，实行了绞刑。

前后 20 来年，鸦片大规模的进入，使对两个案件的处理发生了重大转变。

"海王星号"事件是群殴致死，与放礼炮过失杀人显然不一样，但结果则令人扼腕。

我们回顾一下该事件，先看看英国人是怎么记述的；而后，再从美国人的角度——当时美英矛盾并未平复——看是如何不同的；最后，再看看结果究竟说明了什么。

在马士的《编年史》中，英国人是这么记录的，不妨照录如下：

> 1807 年 2 月 24 日，广州发生了一件本地中国人与"海王星号"前来度假的人之间的严重纷争，因为其结果，据说有一名中国人丧命。……"海王星号"保商茂官立刻进行干预，并认为他有理由希望："最近的事件不会发生任何坏的后果，因为已答应送礼物给这位海关官吏，并负担他的医药费，他已答应息事宁人。"
>
> 码头上，整天聚集大群愤怒的中国人。……两天来（27 日和 28 日）都在争执此事——当局要求交出那个打死人的罪犯；委员会则说这是混斗，双方互斗的人数众多，无法指出哪一位比其他人的罪更大。……海关监督发布命令，一份下令公司

各船全部停止装运，另一份下令禁止水手前来广州。翌日（3月1日），南海县下令要保商和英国头目将凶手交出来审讯。2日晚上："茂官的账房来访剌佛，告知他的东家被南海县扣押，除非等到欧洲人已交来受审，不准保释。"

············

茂官再次被软禁起来，但显然经受着很多精神上与金钱上的压迫，在这样的重压之下，他于3月16日悬赏，无论何人具有充分证据足以确定真凶者，即奖赏20000元。……在以后的几天中，和军民府及代表海关监督的官吏会谈过几次，其中有两位为了此事到公司商馆来，商谈结果，于3月28日命令船长布坎南，将2月24日在广州度假期的52名船上水手带来，以便中国法官在公司商馆进行审讯。这些水手于29日晚到达广州。……4月8日，在旧商馆对52名水手举行第一次审判。审判官共7位，他们坐在大厅首席的桌子后面，在中国人的上位，即官员的左边坐着四位行商，前面也没有桌子；在中国人的下位，坐了舰长罗尔斯、剌佛、帕特尔、布拉姆斯顿和斯当东爵士，前面也没有桌子。有两名穿红制服的海军，持着有刺刀的长枪守卫，维持秩序。这52名水手准每批5人一起，受广州府审问，他一定觉得非常后悔，无法使用中国通常的逼供办法。52名水手的誓证都是同一性质的——他们完全否认曾经殴打过任何中国人。

············

翌日，只有三位官员到来，两位知县和两位法官缺席，而以军民府主持。他向11名水手面询，昨天经船长布坎南指明，他的水手中，他们是时常最爱吵闹的几个。他们受到异常缜密的盘问，但只有希恩的证言需要录出：

问：你打过几个中国人？
答：我没有打过一个人。
问：你的棍棒在什么地方？
答：我只有一个烟斗。
问：有没有中国人打你？
答：有，有一个人，用石头打中我。
问：当时你是在什么地方？
答：就我所能记忆的，是在商馆外面约3码或4码的地方。
问：你有没有看见西泽打了一个中国人？
答：不，我没有看见有人打过一个中国人。
问：当时一定是你打过死者的吧？
答：不，这不是我。
问：西泽说是你打的？
答：不是，我没有打过中国人；他不能这样说，我诅咒他。

于是舰长罗尔斯出来干预，声明西泽没有说过这样的话；该官员答称，他只不过设法要从见证人逼出真相。

"对于这种行为罗尔斯舰长说，假如他们期望会得到真实回答的话，他们一定要讲真话，他表示对运用这种不名誉和不正当的方法来获取所希望的证据，是非常憎恨的。"

希恩受到进一步的查问，但他的整个审讯和上述的相同。……翌日（10 日），三位老资格行商带来海关监督的口讯，"提出，我们要答应在'海王星号'的水手中，指出或找出某个人，承认在 2 月 24 日曾经殴打过几个中国人，并在那天还有其他行动，在这个情况下，就下令将他扣留在商馆内，行商以本人的名义保证，官员就按照他们商定对他的刑罚向北京刑部禀呈，罪犯按中国法律，只能受到一些同类的刑罚。"

这个提议，……组成特选委员会的英国人则坚持反对意见，认为是不合理的，因此，他们表示拒绝。……4 月 13 日，……举行第三次审讯，由广州府主持，……希恩被认为是最凶暴的，2 月 24 日亦曾殴打过中国人，在审讯过程中，他承认在殴斗期间是在商馆外面，他手持烟斗，在混斗中亦曾受伤；官员们根据上项理由，认为他是暴徒中最应受责的，因此将他监禁在主任大班的房间里，等候他们的上级的决定。

立即将希恩监禁在商馆内，4 月 15 日，准"海王星号"恢复装货；同一天，其余的 51 名水手返回船上；但直至 4 月 28 日，广州府才转来遵照总督和巡抚的批示，由按察使发下的一道命令，说"外国人希恩打伤本地人一名，应予依法处理，并斟酌与此种情况有关规章，判决罚款抵罪"。

将这种结果转奏皇上，当时，亦只在当时，委员会才感到他们可以自由地打发船队出发，并确实相信他们不会被迫交出一个没有被证明犯有任何罪行的人惨受死刑。在相当的时间内，收到上谕，令希恩罚款赎罪，付银 12.42 两（约 4 镑）。

中国当局对此事态度的突然转变，是难以解释的。……为什么这种要求如此突然降低，差不多是将一个严重的刑事案变成玩笑？

首先，我们必须假定中国官场存在着息事宁人的风气，即使是帝国里最高级的官员，通常是投机取巧的人，惯于选择阻力最少的方式行事。在当前的事件中，南海县采取了通常程序；但他的行动，使他牵涉到保商背景后面的特选委员会，并发觉他们准备冒价值 5000000 两的财产和他们自己的自由的危险，而不愿根据仍未证实哪一个水手有罪，最严重也不过是棍斗的可笑理由，将一个粗野的水手交付中国法庭。当将这种态度向上级报告后，总督和巡抚可能察觉到这样一宗普通治安案件，会发展成为严重的外交问题，同时海关监督则恐怕他所管辖下的大规模贸易将受到严重的阻力。于是这些大人物就呼唤几个司法走卒并命令将聚殴杀人——此罪的刑罚是处绞刑——减为意外杀害，可以用一笔小的罚金赎罪。……我们可以从委员会记载的一段材料来评判："舰长罗尔斯经常给予有力的忠告与帮助，因而使中国人看来，我们的决心更有力量，因为它是从直接服役于不列颠陛下的一位官员的相同意见而来的,我们认为这是此次交涉成功的最重要因素。"①

如此啰唆,暗中潜藏的是什么?明眼人自然明白。
而《皇家亚洲学会学报》1922年10月则是如此报道的:

附图是按照中国一个画家的图画描绘的,它现在悬挂于伦敦皇家亚洲学会的演讲大厅里,这次审讯之所以值得注意,因为这是欧洲人第一次被允许正式出席中国审讯公堂。

1807年2月24日,据说在一次英国水手与中国市民之间的凶暴乱殴中,有一名中国人被杀死;当局对那天在广州度假期的"海王星号"水手共52人举行了三次审讯,以便发现凶手并判处罪行。这几次的审讯,是在英国东印度公司的商馆的大厅举行,为此,大厅特悬挂红黄间条棉布帷幕。此图是4月9日的第一次审讯,由七位中国官员主持——记录上是这样说的,但在记录上能被明确指认的只有六人。而图上只画有六人。其中有五位坐在桌子后面,桌上置有审判用的瓷瓶,第六位,是海关监督的代表,没有这样的桌子,因为他没有司法权的职能。各位官员如下——

在当中的桌子:——
坐在中间的是广州府。
在其左边(看画者的右边,为中国人的大位)为他的前任广州府。
在其右边为军民府,管辖澳门司法的官员。
在其左边的另一张桌子后面,是番禺县,广州城东半部及东区的行政长官,在其辖区内为黄埔和外国船只航运。
在其右边的另一张桌子后面,是南海县,即广州城西半部及西区的行政长官,在其辖区内,有欧洲人的商馆。此次混斗,即在该区内。
海关监督的代表位于看画者的左边,位于军民府与南海县(行政长官)之间。
坐在当中桌子的三人,他们的帽子上都镶有透明蓝顶子,表示三品;他们胸前补子的绣绘看不清楚,但两位广州府的品级,必然是绣蓝孔雀,而军民府的则为一只豹;如果为暗蓝顶子,则表示为四品,文官图徽为野鹅,武官为虎。旁边三位全是水晶顶子,表示为五品,其补子(文官)为白雉鸡。这几位是审判官。
在看画者的右方(实际上在左方,即大位)的长座位上是四位行商,他们按资格次序:——
潘启官,从1788年以来就担任行商,而从1794年起,即担任商人行会,公行,即广州公所的会长;于该年年底退出业务。
茂官,行商中的最老者;曾于该季度安排退休,但因此案,耗尽他的钱财,因此,他没有足够的款项支付退休的权利。

---

① 〔美〕马士著:《东印度公司对华贸易编年史(1635—1834年)》第三卷,中国海关史研究中心组译,区宗华译,中山大学出版社1991年版,第38-44页。

沛官（亦称浩官）。

昆水官。

这四位都戴红珊瑚顶子，表示二品，其补子为金色雉鸡。这是表明他们的品级比审判官高；但审判官的职位是经考试并正式任命的，而行商的品衔是用钱，用很多钱买得来的。那位站立在昆水官旁边的穿红色长袍的青年，他的帽子上亦是红顶；但它是用丝线结的，所以没有意义。

在看画者左方长座位上的是英国代表：——

舰长罗尔斯，皇家海军战舰"狮子号"（马戛尔尼勋爵1792年—1793年的座舰）舰长，他在一件他不能过于随意处理的事情上，表现得非常机智，而他遇事坚定，引起中国人的重视。

剌佛，特选委员会的主席。

帕特尔，特选委员会第二位成员。

布拉姆斯顿，特选委员会第三位成员。

托马斯·斯当东爵士，从男爵，书记兼翻译。1793年乾隆皇帝接见马戛尔尼勋爵时，他是随员中的小侍从。

五十二名水手，每次传呼五人，如图上所表示，两名海军庄严地站在法庭上；舰长罗尔斯曾经提议派出更多一些的红制服的海军守卫，表示向法官致敬，但中国行商有礼地暗示说，这样的敬意会产生恐惧多于赞赏。①

这样一篇报道显示的是什么？又意味着什么？

我们且往下看。

一位居住在广州的美国人，在1807年的3月4日、3月6日、4月18日以及8月20日，连续写了4封书信记载这起事件的进展。

他在3月4日的信中写道："英国东印度公司惹了大麻烦。这家公司设在广州的处所面前发生的一场不幸的争斗中，他们的'海王星号'轮船上的某位船员杀死了一个中国人。"

他在3月6日的信中写道："我们无时无刻不在担心英国人与中国人的冲突加剧，因为一个中国人意外地死于一位英国水手的棒击之下。"之后，卢观恒曾派人去停泊在珠江上的英国商船，悬赏2万美元给任何能够提供杀人者信息的人。"不过，这个伟大的尝试对英国海员没有产生一点影响。"英国人最终还是同意了广东当局的审讯要求。根据其4月18日书信中的记载，在3月25日前后，在"狮子号"战舰——马戛尔尼访华时所乘战舰——水兵们的保护下，"海王星号"的52名水手抵达了广州处所。广州的官员本想将这些水手带入城中审讯，但遭到了英国人的坚决反对。在英国人的坚持下，审讯在其处所里进行。

---

① 转引自〔美〕马士著《东印度公司对华贸易编年史（1635—1834年）》第三卷，中国海关史研究中心组译，区宗华译，中山大学出版社1991年版，第47-49页。

4月6日，中国历史上首次有外国人参与的司法审判正式开始。经过第一轮审理，52名水手中，11名嫌疑最大者被挑了出来。主审官们宣布改日再审，以寻找进一步的证据。

他在4月18日的书信中写道：在重审时，主审官们努力劝说一些人认罪，并暗示，认罪者将不会受到惩处。但这种做法没有用。主审官们又暗示，如果"海王星号"的官员们愿意作证，表示他们看见一名水手肩上扛着一根竹棍，在匆忙和混乱中，一名中国人意外地将脑袋撞到了竹棍上，那么，这件事情可能就交代过去了。这项如此荒谬的、可鄙的、只是权宜之计的提议理所当然地遭到了蔑视。主审官们的下一个提议是，英国人应该劝水手中的某个人说，死者想偷他口袋里的东西，并从后面撞上了他，可能因此而被竹棍刺死。但是，这些权宜之计都被英国人拒绝，于是，主审官们不得不继续审讯。最终，除了两名嫌疑最大的水手——朱利叶斯·恺撒和爱德华·西恩（即希恩）之外，其他水手都被释放。

如何处置西恩？据其4月18日的书信，谈判过程十分漫长。最后，主审官决定将案情呈报北京定夺。在皇帝的旨意到来之前，西恩交由英国东印度公司广州分公司的大班看管。最后判定为："同意犯人通过支付罚金以抵销绞首的惩罚，判处犯人支付罚金白银12两（约4英镑），支付死者丧葬费，然后将犯人赶回英国，让他在自己的国家接受管制。"

美国人在8月20日的书信的结尾处写道："为了让对这件可笑的审判有兴趣的各方保持沉默，行商所支付的必要的贿赂似乎不少于5万英镑。"

美国人的述说，与马士书中的表述稍做对比，颇有意思，读者可以自己感受。

"海王星号"事件在清王朝与西方司法意义上的摩擦算是了结了，然而，它所造成的历史后患则才开始。

把"休斯夫人号"的炮手绞死，实行清王朝"以命抵命"的简单原则或许并不公平；然而，"海王星号"事件中，明明是把人打死了，最后却仅以4英镑"罚款"把事件了结，让凶手轻松地摆脱了法律的惩处，这就走向了另一个极端——所以，英国人在30多年后的鸦片战争中，也就堂而皇之地推出其建立在华"治外法权"的法律程序。

事实上，在几年后的"黄亚胜事件"中，英国人就更变本加厉了。

到了鸦片战争前夕，即1839年7月，义律更擅自宣布建立英国在华法庭。

在"海王星号"事件中，清朝的官府对英国凶手所采取的态度，则从20多年前自身的不讲理，迅速变成接受对方的不讲理，从过度的惩罚变成无视国人的生死，反而怕得罪外国人。不过，有一个逻辑则是不变的——都得嫁祸到行商头上，惩罚视作官府与外商"中介"的行商"管理不力""渎职失职"，从而让行商无辜遭到厄运。

在"八大家"排行第二的卢家，当时应比排第三的伍家更富有，却最终早早没落了。卢家没落之后，还试图在本族的祠堂中谋求一个木主的名位，却终不可得。

这正是行商的悲剧。

朝廷官府在涉外案件上处理的巨大反差说明了什么？是一个封建帝王的喜怒无常，大清律令的失语，还是这个大清国在迅速地颓败、腐朽，在外国人面前最终露出了自己的无能、软弱？是两大法系的依据不同，所以惩处也不同？或者，归咎于文化的冲突？也许，这些还不能解释一切。"海王星号"事件就这么深嵌在历史的夹缝当中。

第六十章　铩羽而归的沙俄"希望号"

美国的"中国皇后号""大土耳其号"满载而归，广州外贸红红火火，令一个北方大国按捺不住了。

1803年8月7日，经过近20天的等待，俄国喀琅施塔得港终于迎来风平浪静的好天气，船长克鲁森什坦恩率领"希望号"与"涅瓦号"启碇开航，开始了俄国历史上的首次环球航行。

在西方，16世纪初期，航海探险家麦哲伦为葡萄牙等西欧国家征服全球开辟了新的航线；此前一个多世纪，中国明朝为追逐朝贡贸易而开展"金钱外交"，郑和率船队七下西洋，之后中国国门逐渐关闭。

在葡萄牙之后，荷兰、英国、法国、瑞典等国都在17—18世纪叩开了中国的大门。

无论之于东方还是西方，俄国的远航都是姗姗来迟。19世纪初期，中西方已经发生了很大的变化，沐浴在"康乾之治"余威下的清政府妄自做着"天朝上国"的美梦，而西方列强对全球市场的掠夺正如火如荼。已经迟到过一次的俄国人这次不愿置身事外，"希望号"与"涅瓦号"的首航昭示着俄国谋求财富的勃勃野心，中国广州是其船队停靠的最重要的一站。

这是蓄谋已久的首航。

一、俄国的商业传统

历史上的俄国濒临大西洋、太平洋和北冰洋，但直至19世纪初，俄国的远洋技术并未发展起来，这大概与其拥有众多的陆地相接壤的"邻居"有关。对外贸易的渴望并非始自俄国资本主义的兴起阶段，追溯至约1000年前，生活在西伯利亚高原上的古老民族便在"瓦良格到希腊之路"上展开了与北欧和拜占庭（即东罗马帝国。都城为今土耳其伊斯坦布尔）的商业往来。此后的数个世纪里，基辅罗斯各公国"与其南方的诸文明中心——拜占庭、亚美尼亚、格鲁吉亚和穆斯林世界进行着繁荣的贸易"[1]。拜占庭帝国的解体导致商路发生了转移，15世纪的莫斯科逐渐成为对外贸易的中心，中国商品最初通过中亚人的中转源源不断地输入莫斯科、大不里士和诺夫哥罗德，贸易的繁荣使中俄商人16世纪开始直接交易。据说，1557年伊凡四世出征的战袍就是用中国黄缎缝制的。[2]

---

[1] 〔美〕斯塔夫里阿诺斯著：《全球通史》，吴象婴、梁赤民译，上海社会科学院出版社1999年版，第419页。
[2] 参见〔苏〕波克罗夫斯基著《俄国历史概要》，贝璋衡译，商务印书馆1994年版；徐景学著《俄国史话》，中国经济出版社1989年版；宿丰林著《早期中俄关系史研究》，黑龙江人民出版社1999年版。

二、建立北地贸易市场

对于多数中国人来说，对俄国古代史的了解是从彼得大帝开始的，他曾与中国的康熙皇帝一同被马克思褒奖为18世纪的两个伟大帝王，其历史地位的评价之高可见一斑。但与康熙皇帝不同的是，彼得一世不只是一个顺乎潮流的君主，更是一位站在时代前列的人，他的远见卓识将俄国由欧洲的穷乡僻壤变成世界强国。[①] 他在内政外交上实施了大量的西方化和现代化的政策，许多措施或远或近地对中俄外交史产生直接或间接的影响，比如重商主义政策、拓展海权、伴随西面作战而来的东面罢兵等。尤其要提及的是他采用法国柯尔贝尔制定的重商主义政策，笃信政府应该控制国家经济命脉，自由贸易、私商投机必须得以控制或杜绝。在中俄《尼布楚条约》签订前，俄国曾经三次派遣使华团，这些使华团全都"兼携方物贸易"，虽获利颇丰，但次数有限，而私人商队的规模和数量逐年扩大，高额利润的流失使沙皇政府非常眼热，官派商队的组织工作势在必行。于是，1689年签订的中俄《尼布楚条约》除了初步划定中俄两国北部边界外，第五条还规定了双方的通商事宜。双方商人凭政府颁发的路条进行贸易，开始了中俄间的正式贸易往来。到1697年，俄国输华商品总价值超过24万卢布，对华贸易额已相当于俄国商队在整个中亚地区的贸易额。[②] 在越发重视对华贸易的基础上，1698年，俄国政府又发布了《关于对华贸易的一般规定》，其目的在于由沙皇政府垄断中俄贸易的所有财富，因此，由国家每两年派一支商队前往北京来替代私商交易，尽管这并不现实。很显然，1719年，俄国商务委员给赴华的伊兹马伊洛夫使团提到"俄国人在任何时候均可自由携带差役、资财、货物进入中国沿海和内河各口岸，不得阻止，而且人数也不受任何限制"的训令便不足为奇了。

与俄国的迫不及待相反的是清政府的不紧不慢，甚至是逐渐冷淡的姿态。雍正五年（1727），中俄签订了《恰克图条约》，规定俄国来华经商人数不得超过200人，每三年来北京一次，免除关税；同时，在两国边界处的尼布楚、楚鲁海图和恰克图设互市。两年后，清政府在恰克图新城派理藩院司员驻守，建立中俄互市。乾隆二十年（1755），清政府宣布停止俄方前往北京贸易的特权，规定中俄贸易统一于恰克图办理。最初的几十年里，恰克图的贸易并不景气，这与俄国政府的国家垄断商队有着极大关系，直至1762年，叶卡捷琳娜二世允许私商经营贸易，恰克图的贸易才得以逐渐繁荣。恰克图互市对于俄国对华贸易来说是唯一合法的场地，并为其带来巨额利润，所以是至关重要的。然而，北地通商根本无法满足沙俄的胃口，尤其是到了18世纪后期，欧洲和北美的皮货经海路源源不断地输入广州，使过去的恰克图市场惯常以"彼以皮来，我以茶往"的交易方式与数量受到极大的挑战，加之清地方政府以中俄间的纠纷和矛盾而频繁罢市，沙皇俄国迫切地寻求对华全境贸易，至少也应有权利与广州开展正常贸易。

---

① 参见张建华著《红色风暴的起源：彼得大帝和他的帝国》，中国城市出版社2002年版。
② 参见孟宪章《中苏贸易史资料》，中国对外经济贸易出版社1991年版，第52页。

三、试探与观察

沙俄政府渴望与中国建立更广泛的商贸关系，绝不仅是想想而已。自 17 世纪后半叶，沙俄三次往中国派遣使华团，都是以与中国商讨"双方互相来往并自由贸易，并通过贸易各自得到盈余和利益"为主要目的的。此时，沙俄对中国的了解可能大多是依靠彼得·戈杜诺夫所编写的《中国及远方印度通报》。这是一本问答体著作，被询问者多是曾与俄国商人交易过的中亚人，它间接为沙俄提供了中国的一些情况，但并不具体，沙俄需要通过派遣使团深入中国腹地直观地观察中国。与其他所有外邦觐见清朝皇帝一样，包括跪拜之礼在内的所有中国国礼都不可避免，使团并没有实现沙皇的期望，仅仅了解到"中国都城有很多外国人：法兰西人、波兰人、西班牙人、意大利人。他们各自信仰自己的宗教，他们的教堂用石头建成，式样各不相同"[1]。彼得大帝亲政后三年即向中国派遣了一支人数庞大的使团，这是 17 世纪沙俄政府派往中国的最后一支使团。与首次率团出使的巴伊科夫不同，此次率团的米列斯库身为外交官，通晓拉丁文，具有文化素养，他身负着"请求允许两国商人自由往来于双方国境"和"尽力探明一条可通往中国的较近路线，特别是水路（经由大海或江河）"的重任。他对中国的了解成就了《中国漫记》一书，其中对广东的描述十分吸引人：这里人口众多，规模庞大，物产丰富，四季温暖，建筑精美，河网密布，可直接驶入大船；广州城商人众多，云集了大量的货物，商人简直富不可言……沙俄上至贵族，下至普通商人对此充满向往。[2]

四、锁定广州

1719 年，俄国商务委员会给赴华的伊兹马伊洛夫使团发出训令。6 年后，再次对拉古津斯基使团重申："……有必要查明……荷兰人、英国人、法国人和葡萄牙人将何种货物运进中国沿海口岸，又将何种货物从中国运往本国；尚须查明广州城市情况，因为广州和中国其他所有城市相比是最便于通商的，对俄罗斯尤为方便，因为可随时经水路来往于北京和广州。因此急需查明此条水路的运费如何。"拉古津斯基向其国内回复："据我所知，迄今为止，除葡萄牙人外，别的欧洲商人都禁止前去北京；而准予在其沿海口岸经商的也只限于那些早已同他们订有通商条约的国家的商民；至于是否准许俄罗斯人到其沿海口岸去，对此，我不仅要通过别人去打听，而且如果中国人不加禁止，我也可派专人去实地看看，并将其所见所闻详细地记载下来。"[3] 回复中声称曾向清廷提出请求，需要知道广州与外国商船的贸易情况，俄国至少应与其他欧洲国家来华频率一致。清廷不以为然，俄罗斯并不像其他欧洲国家那样遥远，且与中国在恰克图建立互市，自然不能再增加广州贸易了。

---

[1] 苏联科学院远东所等编：《十七世纪俄中关系》第一卷第二册，商务印书馆 1978 年版，第 275 页。
[2] 参见〔罗〕尼古拉·斯帕塔鲁·米列斯库著《中国漫记》，蒋本良、柳凤运译，中国工人出版社 2000 年版。
[3] 〔俄〕尼古拉·班蒂什－卡缅斯基编：《俄中两国外交文献汇编》，中国人民大学俄语教研室译，商务印书馆 1982 年版，第 479 页。

令俄国人沮丧的是，其国内的远洋航海技术确实不够先进，清廷的拒绝令其顿感无力，短期内他们只能想方设法增加从恰克图至广州贸易间的商品转运来尽力弥补。与此同时，荷兰、瑞典、英国、法国、美国等大力发展海上事业，通过在东南亚、南亚诸岛建立殖民据点而获得了向广州"伸手"的便利。中国，这个"顽固的内向型"国家终于被打开了一扇窗，在一个多世纪里为这些新兴的资本主义国家发展近代工业创造了财富源泉。不仅如此，18世纪后期，自从英国人将毛皮在广州卖出高价后，法国人和美国人紧随其后大肆搜集毛皮输入中国。无疑，广州口岸的毛皮交易必然影响北方小城恰克图的毛皮市场，俄国人通过领域扩张掠夺的或者从美洲输入的毛皮由于运费高昂，在价格上无法与英、美等国抗衡，市场日益萎缩。如果说18世纪早期俄国人渴望广州市场主要还是基于资本的原始扩张的话，那么到18世纪中后期，俄国人的生活压力迫使其必须探索新的海上通道才能在世界市场中拥有一席之地。

时机已到。彼得大帝时期，俄国便频繁地向南部与北部扩张，至18世纪末期，俄国已在阿拉斯加及北美洲太平洋沿岸设立了一系列殖民堡垒和贸易站，俄国商人从这些地区获取毛皮和海狗。格里戈里·伊凡诺维奇·舍列霍夫便是其中一员，他以远见卓识与进取心被誉为"俄罗斯的哥伦布"。商人们希望能对北太平洋丰富的海狸、海狗、海獭等毛皮资源享受独占权，纷纷创办贸易公司。这种竞争的结果，不仅导致阿留申群岛等岛屿的毛皮资源的巨大浪费，而且不利于俄国对殖民地进行统一管理，更无法应对欧洲国家对该地区的渗透。舍列霍夫瞅准时机，在美洲海岸和岛屿积极实施殖民计划，除了经营公司，还修建了防御工事以及兴办俄国学校。① 舍列霍夫的殖民活动得到了莫斯科的关注与肯定。1795年舍列霍夫逝世，但他在阿拉斯加沿岸的殖民事业并未终止，为了向政府争取远东及美洲地区的渔猎专营垄断权，舍列霍夫的遗孀致函商务委员会大臣索伊莫诺夫，宣布在舍列霍夫和果里科夫创办的美洲商业公司的基础上成立新的俄罗斯美洲公司（简称"俄美公司"），请求给予公司优惠条件，包括与中国广州、澳门以及巴达维亚、菲律宾等地的贸易权。在沙皇保罗一世的庇护下，俄美公司成为一个类似英国东印度公司那样的半官方的拥有商业、军事和占领特权的垄断组织，包揽了美洲、远东商业拓展和殖民事务。

另一位必须提到的关键人物是伊·弗·克鲁森什坦恩，事实上，"希望号"与"涅瓦号"的环球航行方案便来自克鲁森什坦恩。他是俄国新生代的海军人才，1793年被派往英国学习航海技术，并在不列颠舰队服役达6年之久。期间，他参加过英、法两国间的大海战，也曾经跟随英国商船去过非洲、美洲、西印度群岛、东印度，还有广州和澳门，不仅有着丰富的航海经验，而且对到过的国家在地理、人文、经济等方面有着直观的观察与研究。更独特的经历在于，他曾从马六甲搭乘便船潜入广州，在广州住了整整一年，考察过南中国海的航行条件及广州毛皮市场的贸易情况，对当年粤海关的各种规章制度熟悉于心。克鲁森什坦恩是一位有心人，回到俄国后，他便向俄海军部呈递了组织环球航行的方案，包括两个目的：一方面，希望以此改善俄国舰队的现状，为俄国舰

---

① 参见〔俄〕尤·弗·里相斯基著《涅瓦号环球旅行记》，徐景学译，黑龙江人民出版社1983年版。

队提供富有经验、训练有素的水手队伍；另一方面，涉及俄属美洲殖民地的贸易问题，提议建立俄国船只通往北美殖民地的正常航班。根据尼·符·杜米特拉什科介绍，最初，克鲁森什坦恩的这个方案并未得到商务委员会批准。不过，后来，当亚历山大一世时期著名的国务活动家尼古拉·彼得诺维奇·鲁缅采夫关于经海陆运送赴日使团以及向北美殖民地运输货物的方案提出时，另一位重要的国务活动家、海军上将尼古拉·谢苗诺维奇·莫尔德维诺夫注意到了克鲁森什坦恩的建议，这个建议同鲁缅采夫的设想和俄美公司的利益刚好吻合，他便支持这一创举。①

1802年8月7日，亚历山大一世核准了俄美公司所提请的关于派遣俄国环球考察船只，并尝试建立贸易关系的呈请。克鲁森什坦恩被任命为探险队队长，海军大尉里相斯基为助手。②

1803年2月，鲁缅采夫奏请亚历山大一世向北京派代表就广州开放对俄贸易一事开展谈判："据臣在工作中所了解的俄美公司贸易情况，结合俄对华贸易总的情况，臣以为，无论该公司怎样加强其活动，也难抵恰克图毛皮商品价格的冲击。若俄国人自己不去开辟通往广州之路，英国人和美国人从诺特加巽他岛和沙洛塔群岛搞到毛皮直接去广州，总能（以后也将）在毛皮贸易中取得优势……鉴于广州贸易能带来巨大的利润，臣有责任向陛下建议，可否以向北美洲派出船只为借口向北京派员请求中国港口在必要的情况下给予友好帮助，并提出像所有欧洲人那样在广州进行互易。看来，中国不会拒绝俄国这个大邻国的互易请求，尤其是暗示了中国政府，大量毛皮输入广州，中国人会得到巨大的利益。"③

1803年3月，鲁缅采夫再次向沙皇提交报告，陈述对华、对日贸易于俄属美洲发展的重要性，建议派船环球旅行，向日本派使团以建立贸易联系，向中国派出使团促动在广州贸易一事。亚历山大一世批示"照此办理"。俄美公司缺乏能够承担环球航行任务的船只，因此，里相斯基奉命前往英国购买环球航行的船舶。里相斯基在伦敦购置了"希望号"和"涅瓦号"两艘船，花了17000英镑，后由于对船进行改造而多花了5000英镑。"希望号"已下水3年多，而"涅瓦号"下水仅仅15个月；"希望号"的排水量为450吨，"涅瓦号"的排水量为350吨。船员多为自愿并对探险充满向往的俄国水手，"希望号"上还有身份为自然科学家、天文学家的外国人，另外还有艺术院的画家随行。克鲁森什坦恩亲自指挥"希望号"；助手里相斯基也具有丰富的航行和海战经验，直接指挥"涅瓦号"；身负与日本港口长崎或者北海道建立正常商业贸易往来使命的俄国驻日公使尼·彼·列扎诺夫以及上述学者和艺术家皆随船"希望号"。两艘船舶，"希望号"因为承担外交公干，花费由俄国政府支出；"涅瓦号"的花费则由俄美公司和鲁缅采夫承担。④

---

① 参见〔俄〕尤·弗·里相斯基著《涅瓦号环球旅行记》，徐景学译，黑龙江人民出版社1983年版。
② 参见柳若梅《1771年俄罗斯人首航澳门考》，载《海洋史研究》2008年第12期。
③ 〔俄〕尤·弗·里相斯基著：《涅瓦号环球旅行记》，徐景学译，黑龙江人民出版社1983年版。
④ 参见〔俄〕尤·弗·里相斯基著《涅瓦号环球旅行记》，徐景学译，黑龙江人民出版社1983年版。

五、广州之行

　　大西洋上的旅行基本是顺利的,虽然发生了克鲁森什坦恩与列扎诺夫关于领导权的争执。航行途中两艘船只分分合合,多次失去联系,但是"希望号"与"涅瓦号"还是依照原定计划绕过南美洲,抵达夏威夷,之后便分开行动了。"希望号"在堪察加卸货后,护送列扎诺夫大使前往日本,随后重返堪察加,转载毛皮,运送到广州出售;"涅瓦号"则前往科迪亚克岛,装载毛皮运往广州。最后,两船在广州碰面后重返俄国。

　　作为环球科考的任务来说,此次首航成绩斐然。天文学、水文学、动植物学等学者分别绘制了沿途地图和天文点,收集了大量颇具价值的动植物、人文标本,并精确完成了对海流和海水的观测以及系统的天文观测任务。然而,两艘船的日本与中国之行却是风波迭起,最后铩羽而归。

　　"希望号"出使日本失败后便携带少量毛皮存货,于 1805 年(嘉庆十年)11 月 21 日到达澳门,12 月 3 日"涅瓦号"满载皮货与其会合,打算一起进入广州黄埔港。这中间十多天的等待时间,为避免缴纳船钞、货税和规银,"希望号"以载货量为由向澳门同知衙门报称为"巡船",打算等到"涅瓦号"到来后,货物作价足以抵销上述税银,则立即自称为"货船",要求进入虎门水道。12 月 8 日,"涅瓦号"到黄埔后,面临粤海关官员是否准许卸货和放行的问题。克鲁森什坦恩私自到广州面见老朋友、英国散商比尔,托其介绍保商。比尔拿着经纪费,竭力奔走。"资格最老的商人怕和我们打交道,他们并非不晓得俄国与中国毗邻,并有某种商业来往。他们是深知本国政府脾性的,预料俄国人初次来广,势必引起麻烦,不能不望而生畏。比尔虽多方设法到老牌行商中为我们物色可信的商人,惟事与愿违,迄无成效。他们谁都不愿承办创新之事。最后,他只好放弃原来的打算,借助自己私人的信用,才说动新行商骆官敢来承保我们这两条船。"①

　　最终,新晋行商西成行黎颜裕愿意冒险,同意与俄美公司商务代表谢梅林进行贸易谈判。黎颜裕用 7000 枚西班牙银币向粤海关延丰行贿后,被同意"路臣国"的船卸货移送至西成行仓库,并拆解皮件,分类点验。如前所述,在广州皮货市场繁荣的前提下,俄船运送而来的货物无法卖得高价,几经周旋,只得以中等价格与西成行完成交易。俄方用皮货交易赚的银子又购置了瓷器、茶叶、丝绸、南京棉布等。

　　正值俄船装货之际,两广总督那彦成指示"应俟朱批到日,方准放行",并以"营弁临船弹压",俄船骚乱。唯今之计,克鲁森什坦恩只得求助于英国东印度公司驻广州大班德拉蒙德。后者为此事专门成立了"特选委员会"。两人本来写了一封措辞严厉的信函要行商呈递给总督,但没有行商敢接这个委托,包括公行首领行商潘启官和卢茂官。俄方威胁行商,如果不帮助呈递信件,则将寻机自行呈递官府,行商无奈应允。后广利行卢茂官指出,该信言语欠恭顺,碍难代禀。几经修改妥协。俄方呈递信件内容如下:"本国地处极北,若遇此时风吼,遂致阻滞一年,叩求早赐红牌,放关开行。如开行之后

---

① 〔俄〕尤·弗·里相斯基著《涅瓦号环球旅行记》,徐景学译,黑龙江人民出版社 1983 年版。

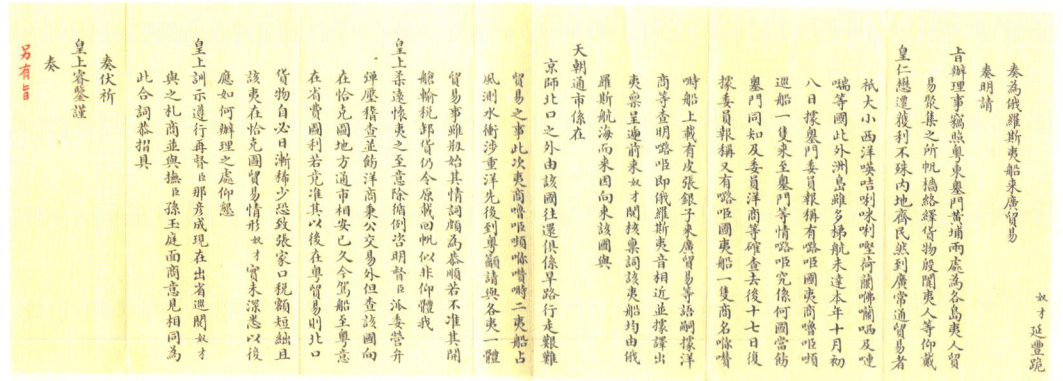

粤海关延丰关于有俄罗斯商船要求进港贸易的奏折

奉到大皇帝谕旨,交英吉利国留粤大班代寄回国,钦遵办理。"①

海关监督阿克当阿接信后数日未曾表态,俄商只得再次寻求德拉蒙德,后者邀集众商商议对策。总商潘启官不得已率众商叩求海关监督。两广总督吴熊光、广东巡抚孙玉庭和海关监督阿克当阿商议后,认为"该商等远赴重洋贸易,货物业经起卸,海洋风信靡常,若俟奉到谕旨方准开放,设致船只阻隔经年,既非体恤远夷之道,并恐该国阻其贸易,心生疑畏,亦多未便。臣孙玉庭、阿克当阿再四筹商,不敢拘泥等待,拟准其开船回国……此后准其贸易与否应俟奉到谕旨,钦遵办理"。

两天后,海关监督发放出港执照,正式准予放行。

谁知受到朝廷的严惩。在这次风波里,延丰被革职查办,海关监督阿克当阿、巡抚孙玉庭、两广总督吴熊光均被"交部议处"。北京的态度显示了其反对沙俄接触广州的强硬立场,直至鸦片战争爆发也未有放松。俄美公司联合英国东印度公司,利用行商的两难境地,频频对其施压,行商艰难辗转可见一斑。俄船"希望号"与"涅瓦号"的到来在黄埔港上掀起的这阵风波直抵北京,可叹的是,清廷大员、海疆大臣均无从知晓"路臣国"系何方神圣,任由英俄牵着鼻子走,留下了又一桩外交笑话。

粤海关监督不知"路臣究系何国",自是情有可原,因为那是粤语音转译的国名,因此军机处对延丰所称译出的"夷禀"表示怀疑:广东省向无俄罗斯通事之人,凭何译出其"夷禀"?延丰在嘉庆十一年(1806)正月四日军机处的传询中实话实说:"我因其国名向未经见,不知道究系何国,当经询问洋商,据洋商等查禀,转据英吉利国之人审听该商言语,知系路臣国即俄罗斯,从前并未到过……惟念俄罗斯向在恰克图贸易,因何来至澳门,复令洋商转饬英吉利国之人译出该商船夷禀。"

---

① 蔡鸿生:《俄美公司与广州口岸——"俄罗斯夷船来广贸易"考略》,载《中外关系史论》第二辑,1986年。

六、明禁暗通

此次俄船来粤贸易事件成为"清朝官员后来筹办'夷务'时一再援引的案例"。1814年10月,又有一艘俄国商船来到澳门,"载有槟榔五千石,欲进广拨换茶叶等货",澳葡判事官眉额才报请准其"驶进黄埔贸易",登州同知彭兆麟、两广总督蒋攸铦、署澳门同知官德、香山知县马德滋一干人等均以"嘉庆十年"的圣谕为瞻,生怕失误。

广东官员对此案圣谕的遵守直到咸丰三年(1853)也未稍有变通,尽管此时大清国在欧美各国的强大压力下已经开放数个口岸并部分失去关税自主权和领事裁判权。1853年6月18日,后来签订《中俄天津条约》的俄方代表普提雅廷从香港前往广州,两广总督对其盛气凌人的公函答复曰:鉴于中俄两国在北方进行旱路贸易,他无权将俄国商船放行进中国港口,更谈何军用船只。

"希望号"与"涅瓦号"仓皇返行,意味着北方沙俄一时退却。但是,俄国对海上贸易权的争夺变本加厉,明的不行,就来暗的,广托外国船只来华贸易。

第六十一章　17世纪90年代,行商的分化与重组

从康熙开海,重立十三行的1685年起,到乾隆晚年(17世纪90年代),十三行行商的对外贸易可以说历经100年了。这100年间,进进出出十三行的行商,不下100人,也有人统计,整个清代十三行,曾当过行商的不下400人。其中不少人花了几万银两进去,受"行商"身份的拖累,以致因商欠而下了大狱,流放新疆,甚至死于重刑。他们进入十三行,充当行商,一般手头上也就只有四五万两,再多也不过一二十万两。这些行商由于资本规模不大,而参与国际贸易所需的周转资金数额却不少,一旦陷进泥潭,只会愈陷愈深,债务愈来愈大,以致资不抵债,清朝政府又死要面子,不允许拖欠夷银,动辄得究,这一来,入行便已被榨取好几万两银子,再苦心经营也捉襟见肘,最后的结果,不是自杀便是坐牢,到特定时期,就似多米诺骨牌一样接二连三倒闭。反过来,夷商欠了行商的银子,清政府却从不干涉,不闻不问,行商也就自认倒霉。虽说偶有行商能到国外,甚至向外国总统投诉,可打起官司,不是什么人都拖得起的。随着"嫩实兹号"开始大规模向中国倾销鸦片,银元向国外倒流,行商的日子更不好过了。

所以,17世纪90年代行商的大分化、大倒闭,也预示了19世纪中国国运的逆转。

据不完全统计,自1788年起到1798年这10年间,就有约10家有名的行商停业——也就是破产。它们大部分是由地方官员宣布破产,有的奏报了中央,有的没有奏报,也有的是"自行消失"。

1788年,宣布破产的林时懋的泰来行,其充当行商还不足5年。

而动静最大、惊动朝廷的,则是1790年破产的丰泰行,行商吴昭平,宜官,充当行商也不足5年。《粤海关志》卷二五第9页记载:"乾隆五十六年奉圣谕,行商吴昭平,揭买夷商货价,久未清还,应照发遣伊犁。"而在马士的《编年史》中,则有"行商 Eequa 宜官,于1790年破产,欠 Parsee(巴斯——作者注)商人棉花货款25万元以上;被

官府逮捕，1791年颁发谕示，令其他行商负责于五年内分六次返清，第一次还款，在一月间开始。"① 接着，更有："（1791年）9月28日，从行商处获悉，上谕将Eequa宜官充军伊犁，即1780年流放颜时瑛及张天球的地方。"

紧接着，1791年，则是Chetais行的消失，它是在同一年充当行商的，也就是说，不足一年便呜呼哀哉了，以致连中文名一时也无法考证出来。

随之于1792年破产的则是老牌的源泉行，它"一口通商"前便已进入十三行行商系列，经营超过了30年，其实力本不可低估，作为陈姓行商，在早中期的十三行，可谓要风得风要雨得雨，可这个90年代，他也捱不过去了，陈姓从此在十三行消失。

源泉行之后，则轮到了隆和行，于1793年破产，并被奏报中央。隆和行的行商为丙官，名叫杨岑龚。据考证，他也是"一口通商"前后参与十三行贸易，不过长期是作为行外商人与夷商做生意的，30多年，资本积累不可小觑，他与宜官吴昭平、林时懋都是5年前承充行商的，没料到也躲不过这个劫数。为考证此人，我们会有专章，毕竟是八大家"潘卢伍叶谭左徐杨"殿后的大家！

之后，还有一家行商人间蒸发，他是1792年充当行商的，不到两年，即1794年就破产了，姓甚名谁，同样难以考据。

后边，则是一度颇负盛名的而益行，石鲸官石中和，于1795年破产。这一回动静闹得更大了，毕竟他家在1778年成为行商前，因为盐商的背景，自是财大气粗，很为东印度公司看好，谁知也在劫难逃。

石鲸官，也被英国人称为一世、二世，如同称潘启官一样，破产之际，是石鲸官二世，即石中和，为石梦鲸的次子，亦名岸官。石梦鲸较早把而益行登记在石中和的名下，他是1787年去世的，进入十三行有近10年了。而在进入十三行之前，也就是"一口通商"前后，作为行外商人，早已与英国东印度公司有着已成规模的贸易了。在石梦鲸去世后一年，他的舅舅也去世了，把其40万两银子的遗产留给了而益行，因此，石中和继任十三行行商之际，其运作的资金当是相当丰裕的，而其经营的主打商品茶叶则一直向好。英国东印度公司的广州特别委员会由于与石梦鲸、石中和两代人有长期——达30年以上的良好合作，自然把大笔生意交给了而益行。从1784年到1794年，东印度公司的贸易额基本上有25%给了而益行，少的时候在20%上下，多则近30%。而当时的首富潘启官所占的份额也同样在25%左右，有时还不如石中和。

1793年，马戛尔尼勋爵率祝寿船队来到中国，在广州分别见的两位大行商便是潘启官二世（潘致祥）与石鲸官二世（石中和）。根据相关文献，潘启官二世地位高于石鲸官，"却只有一个不透明的白顶珠"，而石中和则有水晶顶珠——其代表的官位却比潘启官高。他甚至还对使团的人说，自己口袋里还有一颗蓝顶珠。"潘启官比较审慎，而石鲸官则较爱炫耀"，两位大行商行的风格显然大相径庭。"不透明的白顶珠"为车碟顶子，六品；水晶顶珠则是五品；至于蓝顶珠，则是四品或三品。显然，与外国使团见面，他

---

① 转引自〔美〕马士著《东印度公司对华贸易编年史（1635—1834年）》第三卷，中国海关史研究中心组译，区宗华译，中山大学出版社1991年版，第499页。

们都得显示其"官阶"。①

广府人、闽南人一般都不好露富,行事低调,潘家来自泉州自是如此。显然,石家不属于这两个族群的人,是徽商还是客家商人,尚无考证,但他们行事高调、好摆谱,把场面做大,却是共同的。所以,广府人有句俗话"执输行头,惨过败家",就是说明明输了,却偏偏好出风头,这比倾家荡产还惨。石家落籍南海,之前原籍尚未查到。

果然,石中和在马戛尔尼使团来广州时炫耀了一回,立马便败落了。

马戛尔尼于 1794 年 3 月中旬离开中国,英国东印度公司特别委员会便依惯例回到澳门守候下一轮的交易季节。这时,他们交代石中和将 34 箱银元交付给广利行的卢茂官,余下的 60 箱仍由而益行保管。然而问题就暴露出来了,他交给卢茂官的少了 12000 元,所保管的 60 箱银元也只能归还 5 箱,也就是说,他挪用了 55 箱,累计 287000 元。他之所以这么做,是因为而益行已资不抵债,即将破产了。

当然,东印度公司并不愿意合作多年的这位大行商破产,所以冒险力挺而益行,以维护而益行的信用,通过绒布、茶叶的生意勉强支撑资金的流转,谁知,时任海关监督的舒玺将资金断裂的消息传开了,茶商不仅不交茶,还要收回已交付的部分。

这一来,也就启动了行商共同担责的机制,舒玺指定五大行商——商首蔡文官、潘启官、钊官、茂官与沛官,共同料理而益行债务:一是缴清关税,二是还清夷债。石中和从行伙(叶仁官)及亲友手上拿出了 20 万两银子,偿还了关税,石中和称其房地契值60 万,可偿的总债务达 598000 余两,而这由众行商在 6 年内摊派偿还——五大行商也就岌岌可危了。

石中和的结局甚是悲惨,其亲人设法贿官,好判流放伊犁,留下一命。可是,事情没那么好办,每有逼债便又开庭,几经审讯,清偿不了,唯有重刑。据英方纪录,他在1796 年 2 月 27 日,终因受不起大刑而一命呜呼了。

> 石鲸官因在狱中受酷刑死去;他受鞭打三次,最后一次打在脸上,过于厉害而发高烧,结果牙齿全部脱落。高烧两天,就结束了他生不如死的生命。②

据有关资料统计,石中和于 1793 年与东印度公司做毛织品生意,亏本负债 62.5 万两,另还欠散商的债务累计为 124.4 万两,而他家中存留的为了应付官员勒索买的钟表、千里镜就值 22 万多两,及至 1795 年,欠公司债款 31 万多两、散商 75 万多两,田地、房产变抵后,仍欠 59.8 万两。这一商欠案无法瞒过朝廷,乾隆皇帝雷霆震怒,下令今后每年商欠数额"不得过十万余两",以免"拖欠过多。或该国王闻知,以内地行商拖欠夷人账目,多至数十万两,或竟具表上闻,实属不成事体。"③ 显然,他怕的是有伤大清

---

① 〔法〕佩雷菲特著、王国卿等译:《停滞的帝国》,三联书店 1993 年版,第 507 页。
② 转引自〔美〕马士著《东印度公司对华贸易编年史(1635—1834 年)》第三卷,中国海关史研究中心组译,区宗华译,中山大学出版社 1991 年版,第 584 页。
③ 梁廷枏《粤海关志》,卷二五《行商》。

体面，却又无能为力，只能下个硬性规定。只是他不知，舒玺到任仅6个月，便收得17万两银子。

然而，圣旨下达不久，更大一桩商欠又发生了。

这回，不仅仅是欠款同样巨大，而且是欠债人的身份重大，他便是时任行商的首领，也就是首席行商万和行的蔡世文，即文官，因不堪重债，于1796年突然自杀了，这也是乾隆当上"太上皇"的第一年。

早在"一口通商"前，蔡家便在十三行经营，充当行商已达40年，当是"洞庭湖上的老麻雀"，见过风浪的。在1779年那一轮危机中，曾欠下巨款，终因机敏，幸免于难，未曾破产。作为老行商，蔡世文于1792年即乾隆五十七年，由于潘家力辞行首，他不得已出任了首席行商，这已勉为其难了，没两年，1794年至1795年，又遇到了而益行的破产案，作为行首，他不得不分摊石中和的欠款，而他此时已捉襟见肘，难以为继了。及至1796年，他欠下英国东印度公司、散商及内地商贾的债务数十万两，内中欠英国东印度公司的就有26.7万两。由于石中和案，英国公司力挺却终受挫，他担心自己同样再也得不到英公司的帮助，无法渡过这一轮危机，由此忧郁成疾，最终选择了自杀。之后变抵田地房产，仍欠债达50万，其中外债近29万两。无疑，他是看明白了，英国东印度公司不会慷慨支撑行商以挺过危机的，因为他们无论是力挺还是撒手，均以自身的利益来盘算的。

马士的《编年史》上也透露了这一原因，称蔡世文"有一段时期陷于非常烦乱的状态"，便得到卢茂官帮助，"他能完成他的业务希望很大，特别是他的欧洲债主人数不多，也不吵闹……愿意允许他在什么时候清理他们的债权都可以"。但是，由于用茶叶付债而不出售毛织品，"取得现款缴付皇上税捐，猜想大概由于他陷于这种虽然不能说是不诚实，但不免鲁莽的行为而烦恼，而这个困难，他怕今后将难以获得公司的帮助，因此被迫自杀"。[①] 他死后，由后人还债，还不起，后人也就纷纷逃亡了，余下行商不得不分摊其债务。从他的死不难看到，行商对外商，尤其是东印度公司的依赖程度有多大。

一个排名第二的大行商破产且死于刑罚，一个更是行商的商总自杀，这在十三行引发的地震可想而知。之后，在蔡世文死后成为排名第二的源顺行祚官同样因为商欠而破产了，他欠东印度公司银子6万余两，欠巴斯商人棉花价值12万余两，加上其他货款，一度请东印度公司借两三千元以度过困厄，却被拒绝。

我们不难发现，这个年代破产的行商中，一半多仅仅在进入行商系列不足五年就破产，有的就是当年破产。显然，"入行"的"花费"已不菲，尤其是给官员的贿款，而他们入行的资格——5万至20万银元不等，一下子便去掉了相当一大块，这就使得他们快速破产。所以，有人认为，"入行"本身就是官方的一个陷阱，在巨额的回报许诺下，你没有足够的资金与经营的智慧，那只能是一个钓饵，最终让你赔得精光，血本无归。

例如杨家，本在行外经营了几十年，外国文献中一直有记载，按理实力不小，可到

[①] 转引自〔美〕马士著《东印度公司对华贸易编年史（1635—1834年）》第三卷，中国海关史研究中心组译，区宗华译，中山大学出版社1991年版，第585-586页。

了17世纪90年代，因为成了行商，也就从此消失，把家业卖给了行外的谭家。

就算在十三行充当行商三四十年乃至更长的，同样难逃厄运，如老牌的陈姓的源泉行、蔡姓的万和行，还有经营上十年的源顺行、而益行等。他们都是因为商欠，欠了外国公司、散商的巨额资金而破产。

其间，中国银元由流入向流出逆转，广州的货币市场银根紧缺也是重要原因，它导致行商的现金周转出现困难。而此时，银元开始充足的外商放债便厉害了起来，散商不仅向行商放债，还把手上由私商及大班委托的有息存款用来放债，因为英国的利息很低，只有几个百分点，转手之间，百分之几的利率便升到18%，最高可近40%，仅1801年，某私商行号以18%的年利率放债就赚了近5000元，还抱怨说比上一年度低得多。在格林堡的《鸦片战争前中英通商史》中就称，转手放高利贷，成了其散商一项"惬意的生意"。

这也成了17世纪90年代行商破产的一个极其重要原因。

商欠问题，始终是十三行的困厄，但清代前中期尚未凸显，为何到了17世纪90年代便出大问题？这与银元的逆转关系是分不开的。1809—1810年，再次出现商欠危机，万成行等行商纷纷破产，其中1810年就有达成、会隆、福隆几家在同一年内破产，尽管东印度公司改变政策，不再似对源顺行那样连两三千元也不借，而试图通过殷实的行商（如伍家）转借达数万银元，以维持小行商或财力下降的行商继续营运的能力。

这已经是金融的流转了。

据印度经济学家估计，在1757至1780年间，从孟加拉流入英国的财富总额达3800万镑，以金银或出口货形式流出孟加拉的财富近6亿卢比，这相当于1900年的30亿卢比。1757年，正是英军打下孟加拉的时间，这些财富亦投入到了对华贸易当中，获取更大的利润，而中国银元因鸦片流入而发生外流则是在世纪之交，此刻，英国公司也就掌握了世界金融的主动权，改变了一度大量银元流入中国的趋势。

在笔者的关于十三行与影子银行的文章发表之后的几年，西方也开始出现相关的研究论文，认为正是中国的资本，支撑了当年西方的大帆船时代，尤其是工业革命，这不仅因"三大件"（丝绸、茶叶、陶瓷）给他们获得巨大的利润，还因为中国金融的"影子银行"发挥了重大作用。否则，叶家的蜡像不会早早出现在英国的名人馆，行商的头像更不会成为铸造银元的模版——这都发生在商欠凸显之前。

十三行行商在长期与外商打交道的过程中，不可能不了解、不熟悉西方资本的运作，尤其是金融业的发展，他们同样也在转换自身的商业模式，以融入到整个世界贸易与国际金融之中，于是，在17世纪90年代行商的大分化中，也出现了行商的大重组，推出了自己的大金融家及具有近代商品意识的大商人。

先从马士的《编年史》记录的1792年说起，他是这么记录当年变化的：

> 行商的数目减为6个，以文官为公行的首领，潘启官、周官和石鲸官是袭用其父亲的名字，其余两人为祚官和平官（作者按：即丙官）。上述6人中，平官在1791年陷入困境，而周官于1792年10月底无法履行茶叶的交货合约（8400箱），

他的毛织品份额八分之一分给其他行商。

在这些已减少名额的行商中，有资格充当保商的为4人。9月，海关监督发给6位商人的行商执照，行商数目增加到12人，其中两人已陷入困境，新行商为茂官、仁官、赤泰（Chitai）、沛官、鹏官和德官。新行商中，茂官多年已与委员会订立过相当巨额的合约，他是文官的亲信，被认为是可以接受的。

仁官两三年来已签订过相当巨额的合约，但由于他仍受制于潘启官，故延至1793年才接受他。Chitai于1791年曾被委员会排斥，现在仍反对他。

其他三位，委员会所知甚少或完全不知，所以拒绝他们当保商，但声明准备和他们做现款交易，他们向沛官提出签订1793年贸易季度的合约。①

耐人寻味的是，恰巧就在新增加的6位行商中有3位迅速上升为后来闻名遐迩的十三行四大行商中的"三大"，而另一位"大"是老行商潘启官——十三行中几乎是延续百年的不朽传奇。

这3位便是卢茂官、伍沛官与叶仁官，即"潘卢伍叶"中的卢、伍、叶。

卢茂官是行首蔡世文的合作者，后来蔡世文自杀，也是他一手打理蔡家的商欠，在进入行商时已有相当的积累。

叶家则在对外贸易中沉浮了好几代人，早在康雍年间已经崭露头角，在十三行中几进几出，所以英国东印度公司与他曾签订过巨额合同。不过，叶家志不在裕国通商，仍意在仕途。

而对伍沛官，当时英国人应是看走了眼，不让他当保商，怎知他家在短短的半个世纪中，一跃成了世界首富，其金融网络遍及欧、美、亚。

伍家起步是托庇于潘家，著名的伍浩官（伍秉鉴）的父亲伍国莹，起先只是潘家同文行中的一位小小账房——潘启官开始也是在一家陈氏洋行中当账房起步的。如同闽人的习俗，宁为鸡首，不为牛后，有点身家，便要自立。当然不易，几经曲折，才去当了盐商。

直到乾隆四十九年（1784），在行商的大破产、大重组中，伍家才得以正式进入十三行。可当时市道不好，先是直线上升，后又迅速跌落，又差点"执笠"，几起几落，却也成就了伍家的传奇。正如古谚云："不起不跌，不成豪杰矣。"直到伍浩官正式出任行商，伍家才开始飞黄腾达，尤其在对刚刚立国的美国的生意往来中，声誉鹊起。

欧美甚至把伍沛官与他们的英雄拿破化、威灵顿相提并论，因为"都出生于1769年"。不过，把商业英雄与战争英雄等量齐观，当然是西式思维。在中国，商人是永远排不上位的。

有几部族谱把从商者列入名册呢？

而在民间传诵的"八大家"垫后的丙官，即杨岑龚，则于当年破产；谭家退出行商

---

① 转引自〔美〕马士著《东印度公司对华贸易编年史（1635—1834年）》第三卷，中国海关史研究中心组译，区宗华译，中山大学出版社1991年版，第514页。

后，一直在行外惨淡经营；梁家得在10年后才出现；而徐家的身份为买办而非行商。这样，后四家谭、左（梁）、徐、杨也就齐了。

原先的6位行商，除了潘家外，文官自杀，周官破产，丙官走人，鲸官死于酷刑，祚官也只维持6年，德官只维持了2年，于1794年停业，Chetai则当年就"玩完"了。

海关自然是因为行商人数减少到只剩6位，这才良莠不分，又拉上6位垫上，达到12位，与13位只差1位。

这是1792年的重组，而在10年前，即1782年也重组过，1782年进入十三行的，除了潘家，全都成了匆匆过客。这便是前边提到的丙官杨岑龚、文官蔡世文、鲸官石中和、源泉行陈家、源顺行祚官、丰泰行吴昭平之父。①

两次重组，除了潘家坚如磐石般地留下来外，第一次几乎全军覆没，第二次则有一半成了"大家"，雄踞于十三行乃至国际金融运作上。

显然，十三行的规则已发生了变化，金融本身的演进起到了作用，而且是重大作用。

这里不再重复潘家的金融运作及作为众多外国商船大股东的史实了。这里仅以伍家为例。

在18世纪10年代英法战争期间，英国东印度公司周转困难，要向小行商提供贷款成了问题，这时，便让伍家（时为伍敦元）担任公司的"金融家"，由公司作保给小行商贷款，年率为10%～12%，其中，1811年为50万两，1813年为55万两，1814年为24.7万两，1816年为55.6万两，1819年为40万两，总计225.6万两，大约为该公司其他年份提供的贷款的一半。无疑，伍家的资本，也通过这种代贷有了不少增值，其商业资本也演变成为金融资本。后人有谴责伍家的代贷，但是，随着当今民间金融的开放，我们当有新的认识。

卢家则一直经营到鸦片战争中十三行最后结束。

而属意仕途的叶家，则不惜花巨款全身而退，12年后，即1804年离开了十三行，这回叶家已不再回到十三行了。我们当另写。

潘家作为十三行第一家，或许后来资产略少于伍家，也一直经营到十三行结束。

可以说，1792年的重组，正是基于国际金融的历史变化，这才有传诵至今的"四大家"脱颖而出。正是他们顺应国际市场的历史进步，尤其是金融业的演变，才保证了其商业王国的稳固与发展。其中，伍家的金融业更是延续到了十三行之后很长的时间，也是伍家，代为偿还了鸦片战争中英国人追逼的300万商欠中的100万。这其中的是是非非，就让后人评说吧。

但重组并非那么简单。

直到现在，有些部门一度把"一口通商"的"圣谕"用大大的金字，展示在大门入口的巨大屏风上，实在令人叹息，笔者提出意见后才取了下来，但在其内部，仍然将此奉为圭臬。

毫无疑义，从"四口通商"退缩、逆转为"一口通商"，绝非历史的进步，广州是

---

① 〔美〕史密斯编著：《中国皇后号》，广州出版社2007年版，第174页。

不值得庆贺并以此为荣耀的。

我们对历史有太多的误解。

由于三大口岸的丧失，外贸要进口的商品类型本来就少，且只能用银元流通，这一来，要改变这一状况，则要寻求高利润的商品，于是鸦片贸易便逐渐增多，最后成泛滥之势。

如前所述，恰恰在1757年同年，英军占领了孟加拉，那是全世界当时最大的鸦片生产基地，占领了鸦片基地的英国人，千方百计往中国贩卖鸦片。

所以说，中国的"一口通商"，埋下了之后鸦片战争不战而败的伏笔。

自此，外商称之为"广州时代"开始了，他们也不敢似洪仁辉那么鲁莽地要求打开更多的口岸，从长江口上到渤海湾，因为洪仁辉适得其反，他一逞勇的结果是：从长江口赶到了珠江口，只余一个口岸了。大清帝国的"安全线"，往南移了几千里。

而这唯一的口岸又如何呢？

洪仁辉北上告状，似乎是告倒了贪官李永标，但自己也被押送到澳门"圈养"，作为个人，是两败俱伤；而对世界贸易大局，则伤害甚巨。双方的贸易更难达到平衡，而广州的贪官，因天高皇帝远，更加有恃无恐，更加放肆。

历史不会有如果键，若没有1757年的逆转，继续"四口通商"，会有之后几十年的冲突、倒退、战争吗？

能回答上述问题的，是历史。

可以说，乾隆一朝，中国的国运便开始从巅峰下跌了：开始，只是不再上升；而后，则是停滞，处于平台期；末了，便是断崖式的下降。"一口通商"后，似乎并不曾下跌，但已经守不住上升的势头了。

对于十三行而言，清中期主要的行商颜氏家族由盛转衰，最后退出，甚至遭到清算，可以说是最严重的征兆。之后，便是大量的商欠，大批行商破产。

而更重要的标志是，17世纪70年代始，由于对白莲教用兵，皇亲国戚贪欲无度，国库空虚，乾隆不得不违背先祖的遗训，开始卖官鬻爵，明码实价，各个品级顶子的售价一一列出，因为十三行行商不少商家家底殷实，因而几乎是带强迫性地让他们买下一个个顶子。由于行商有进有出，买下顶子的肯定不止十几家，朝廷净赚几百万两银子。而且，不买还不行，所以这一回，行商又一次成了"官商"。

不久，英国军舰加入贩卖鸦片的行列，如第一艘运鸦片的军舰"嫩实兹号"，一次可运鸦片4000箱，而且通过不同的走私通道，全部进入中国。从此，让中国人逐步背上了"东亚病夫"的可悲包袱。

行商破产、政府卖官、战舰运毒……18世纪七八十年代，乾隆年代开始从平台上跌落，无法挽救了。

其实，乾隆的"十全武功"，便是破坏国运的证据，烧钱杀人，逆转贸易，从此回不了头。

这同样是"一口通商"的后果，都发生在1757年后二三十年间，由于鸦片大规模进入中国，清政府的银元顺差也就掉了一个头，成为逆差。

鸦片，当时正是高消费的"商品"。

行商买了顶子，就升官了吗？就有了保障么？他们仍是民商，一介布衣吗？顶子给他们带了什么好处？

其实，这不得已买的顶子，一文不值，别生出官威来。

唯有在"海王星号"事件中，中外组织法庭，让洋人参加审判以示公正时，才把行商叫上，让他们人模狗样地带上顶子，表示中国这方的重视。

不过，他们形同摆设。

还有，马戛尔尼祝寿船队的人，从北京南下来到广州，让行商在他们的花园中接待，摆摆阔，表现帝国的面子，才偶尔带上顶子。不过，也有的不敢戴，或戴上级别比较高的顶子，惹人妒忌，引来不必要的麻烦。

以至于行商不得不向使团的人解释，顶子"不能给他们带来任何权利"，完全是空的、无用的。

而且官府说要摘下这些顶子，说摘就摘了，潘家、伍家两大巨富，就有过这种被摘的"待遇"。"宁为一只狗，不做行商首"就出于这个原因。

更何况，面对一个小小的县令，他们一样得低头哈腰，再有钱也未必直得起腰，不是见官高三级，而是见官矮三级——这便是行商天然的地位，照样被敲诈勒索。

从一开始，学者就在争论行商是不是"官商"，买下顶子是不是为其官商正了名，然而，实际上，顶子反而更证明他们"官"不了，只能乖乖去当顺民、小民及布衣。

他们与康熙年间的官商——总督商人、藩王商人、将军商人之类无法相比，无论权势还是"级别"。

这反而证明他们只能是民商，永远转不了正而成为与顶子相符身份的官，当然，更不可能有什么官威、官气、官的权势。他们敢戴上顶子，在非特许的时刻，在七品芝麻官前出现乃至显摆么？

他们唯一的优势，只是谙熟行规——市场规律，去做真正的对外贸易，之外，无一人敢越雷池半步。

可以说，"顶子"戴上，反而终止了他们是"官商"还是"民商"的争论。

到后来，在十三行经营最久的行商叶氏仁官，宁可花巨资，平安退出了行商的行列。作为百年行商——叶家，是在康熙开海后的丁卯年从福建过来进入十三行的，他们也来了个了结。纵然是有蓝顶子的谭家，同样经历百年，顶子虽可以承袭三代，但也悄然退出了。

大清王朝在康雍年间拾级而上，到乾隆中后期，就已经反转，走下坡路了，且一次又一次地滑坡。不妨梳理一下自大清1757年的"一口通商"开始，西方发生了什么：

英国发生工业革命，出现珍妮纺纱机、瓦特蒸汽机；法国大革命，出台《拿破仑法典》；美国独立战争，有了联邦宪法。

可我们这边却是限关、商欠、政府卖官、外国战舰运毒。

鸦片战争已经不远。

卷十二　山雨欲来

第六十二章　中国的十三行商船

越人造大舟，溺人三千。

两千多年前的历史记录，当激起我们多么宏阔的想像?!

中国自古以来就是一个海洋大国，两千多年前，中国人不仅渡海到达日本，甚至有人考证，中国人还抵达了美洲大陆。

而郑和下西洋，也同样有人考证，到过美洲大陆——也就是说，新大陆的发现者，最早的便是中国人。

辽阔的太平洋，从来是炎黄子孙扬帆驰骋的地方。

不说越王的大舟，只说明朝郑和的宝船，这是有确凿的史料证实的，每条船，大的，可容纳上千之众，而一支船队，则达到了两万多人，浩浩荡荡，下南洋，出印度洋，甚至有可能越过了好望角。偌大的一个印度洋，纵横驰骋，劈波斩浪，留下的是怎样的历史刻痕?!

占星术、指南针、隔水舱、大风帆……无一不是中国人的创造！

大航海时代，西方认为葡萄牙人为东方的发现者，而西班牙人则是西方的发现者。

但这并不是站在世界的角度上。

正如法国当代学者所说，"在18世纪，大家实际上是目击了一场信息的反向流动，主要是欧洲向中国学习。"①"发现和认识中国，对于18世纪欧洲哲学的发展起到了决定性的作用，而正是这种哲学为法国大革命作了思想准备。"②

所以史家们认为，从大航海时代肇端，首先，中国是世界的机会，如果没有丰富的商品，尤其是茶叶、丝绸、陶瓷的交易，令商人们挣得盆满钵满，有足够的资本，支撑起了作为"暴发户"的资产阶级，那么，无论是光荣革命还是工业革命都无以发生。同样，美国的独立战争，如果没有与中国通商，那么英国殖民者的经济封锁就难以打破……正是十三行巨大的财富，成为世界的"影子银行"，在东方与西方的全球金融网络中，发挥了无可替代的甚至是决定性的作用。

据不完全统计，十三行期间，世界上有超过5000艘商船出入于珠江口——那是怎样

---

① 〔法〕詹嘉玲：《18世纪中国和法国的科学领域的接触》，载《清史研究》1996年第2期，第56-60页。
② 〔法〕谢和耐，转引自张芝联主编：《中英通使二百周年学术讨论会论文集》，中国社会科学出版社1996年版，第122页。

令人激赏的画面!

同样,也有上万艘的中国商船远航到南洋,甚至进入印度洋、大西洋。

世界就在十三行面世的这300年间,进入了史无前例的高速发展的时代。正是中国给了世界这样一个机会。同今天一样,中国成为世界贸易出口的第一大国。

当然,世界也给了中国机会。

或许刚开始,中国人还能抓住这个机会,康熙开海了,雍正开洋了,乾隆最终取消了朝贡贸易遗留下的恶税"加一征税",中国梯度开放的格局终于形成,如果再往前推进,盛唐、富宋的辉煌当再度出现。

但是,康熙晚年的禁洋令,以及乾隆在开放22年之后,来了一个逆转,实施了限关,关闭了江浙闽的三大海关,只余广州"一口通商",最终失去了这样可贵的机会,落了个落后挨打的下场。

其实,隐患也可以从船开始。

康熙承袭明代后期的闭关锁国政策,对船的大小作了严格的限制,不得超过两桅、25名水手、500石——这么小的船,只能在近海行驶,一旦出远海,就难以经受风浪。尽管这样,仍有上万艘船不惧风浪下南洋。但是,这对于中国在世界海贸格局中的地位与作用,又该有多大的负面影响?

我们甚至可以说,如果清朝能造出郑和时代下西洋的巨大的宝船,对外贸易的双赢是显而易见的,那么,后来的鸦片输入及最后发生的鸦片战争有没有被制止于无形之中的可能?

船,曾是我们的骄傲。

船,却也成了我们的遗憾。

正是清王朝的鼠目寸光,腐败贪渎,从一开始,在船上便输了一着。

其实康熙年间也造过大船,有诗为证:

> 大龙始自宋末梁太保,舟长十丈有奇,龙首尾刻画,奋迅如生。上建五丈樯,有台阁二重,樯为五轮阁一重,下平台为一重。各仿杂剧五十馀种,童子八十馀人,为菩萨、天仙、将军、文人、女妓、介胄、巾帼之属,所执刀槊、麈盖、旗旆、书策、佩帨等。一切格斗、招挑、奔奏、偃仰、喜跃、悲奋,有声有色,有情有理,无不尽态极妍。诸童子不得自由,有运机于锦幔之中,询可异也。三十年一举,辄费金钱百万。士女云集,箫管鼎沸,翠袖朱帘,花船象板,莫可名喻也。康熙乙未,大龙复作,距壬戌之岁已三十有四年,其盛比昔有加云,亦太和雍熙之一徵也。予亲见其事,制为长篇,以贻海内好事者。

> 西流五月海门骄,潦水撼天光摇摇。
> 蛟鼍徙宅神龙戏,神龙腾赛出狂潮。
> 小龙寻常不足数,大洲五月大龙舞。
> 少年生长未得逢,鼓舵直溯珠江浦。

大龙巧妙不可言，偃师之后蒙古前。
　　幻似龙宫白日海市开，骑犀破浪龙王来。
　　许珊瑚十丈烛水底，蜃楼百尺何奇哉。
　　动似周天三百六十自旋转，翼跛分野不能乱。
　　乾坤鼓荡少人知，大造无言物星换。
　　壮似楼船习战昆明池，日月掩映芙蓉旗。
　　狼牙利刃纷相向，鲸吹波浪鸣鼓鼙。
　　高似帝王金殿开天门，万方玉帛朝至尊。
　　九夷九宾齐向化，前朝后市何阗喧。
　　我叹大龙真无比，珠江万顷无馀地。
　　百钱争买素馨船，五两纷过海幢寺，
　　繁华谁道秦淮饶，粤海游人暮复朝。
　　三千人胜隋宫女，廿四桥输明月箫。
　　黄龙青雀争相挟，岸上骅骝又蹀躞。
　　竹肉时时送竹枝，桃笙夜夜邀桃叶。
　　况复官民共乐游，帝历难逢六十秋。
　　中丞海陆开新宴，将军箫鼓叠中流。
　　皇风浩荡无中外，铜鼓蛮笳合相配。
　　暹罗贡舶高丽船，鬼帽花衫来小队。
　　大龙大龙，吾将为汝远邀湘沅国殇山鬼云中君，桂旗香草共缤纷。
　　又将为汝近邀慈元殿上航海三君子，零丁洋外悲歌起。
　　楚些犹招死白鹇，元朝已付东流水。
　　崖门沉玉几多人，抱冤鲛室将谁伸。
　　何如太保忠名露衣带，乡人至今畏其神。
　　大龙游戏将旬日，波涛翻易青天色。
　　忠魂想慰已多时，乐事从来不可极。
　　多恐大龙飞上天，濡毫请赋龙池篇。①

　　大龙，即广东珠江三角洲所制的巨型龙船。《广东新语》卷十八有："番禺大洲，有宣和龙舟遗制，是曰'大洲龙船'，洲有神曰梁太保公，盖以将作大匠从宋幼帝航海而南者也。"

　　仅舟长十丈有奇就令人感慨。

　　看到这首诗，不难想见当日广东造船业之规模。

　　17世纪的最后一二年，法国商船"安菲特立特号"、英国商船"麦士里菲尔德号"

---

① 录自《瘿晕山房诗集》卷二《大龙篇》。

泊岸澳门，再度成功开启了中西贸易的大门，海上贸易自此兴盛，广州十三行自此风生水起。之后的一个多世纪里，欧美帆船频频造访广州，它们不仅带走了江西景德镇的瓷器、福建的茶叶与江浙的丝绸，同时也成为散播中国文明的使者，带走上百种华夏古国几千年的古老典籍。闭关锁国的清政府以陈腐的朝贡贸易体制来应对世界大航海时代的机遇和挑战，获取了西方的珍奇异宝，却拒绝了西方的变革精神。中国发展每况愈下，西方世界却蒸蒸日上，百年来的时间颠覆了稳固千年之久的中西发展态势，不能不令后人嗟叹和反思。

无论主动或被动，广州乃至北京，都被卷入了世界大航海时代风起云涌的商贸竞争，中国认识了世界，世界也认识了中国。葡萄牙"安特拉特"舰队，瑞典"哥德堡号"，法国"安菲特立特号"，英国"麦士里菲尔德号"，美国"中国皇后号"……如今的广州人还能对数百年前的西方帆船如数家珍，因为，它们是广州繁荣的见证，也是近代中国没落的见证，它们被当作西方掠夺者的殖民工具，却成为中西交往的当之无愧的先驱。

让我们来到广州十三行的历史画卷前，珠江水面上的艘艘帆船静静地排列在夕阳下，似乎在凝望着远处那熙熙攘攘的西关街巷，看尽几百年间的繁盛与凋零，感受着绵延不息的珠江水，这里吸引过八方来朝，有过中西互市。这看似小小的岭南一隅，旱天惊雷拽不动清王朝迈向没落的步伐，雨打芭蕉却润泽着西方近代工业之路，历史究竟为我们呈现着什么样尴尬与心酸？

人都道行商汲汲营营，却不知，为抗击英国侵略者，他们曾想方设法把一艘美国商船改造为战舰。民族与正义亦是这个群体的标签。

人都笑清政府闭关锁国，自绝于航海大时代，却不知，以臭名昭著的英船"嫩实兹号"与"窝拉疑号"为代表的大量夷船，宛若无数条暗流，干着见不得光的勾当，罪恶累累。

帆船上下，洋人海员卸货装货；商馆内外，行商们费尽心机。这里面，有着一个又一个的故事，或欣喜跳跃，或惊险曲折，或屈辱悲愤，各种滋味，如何一一道来？

让我们静静地倾听"帆船的诉说"吧！

中国的商船与战舰呢？

黄埔古港，如今风平浪静，只见一线渔船停泊在大榕树下，渔民们怡然自得，在那里下棋、打牌。附近的古村俨然，有名的"左垣家塾"及梁氏大祠堂依旧不减当日的风光。人们每每历数在十三行八大家"潘卢伍叶谭左徐杨"排行老六的荣耀，除梁经国为十三行行商外，梁家后人不少成为爱国志士、著名学者，一直延续到了今天。如果没有梁嘉彬的名著《广东十三行考》，国内对十三行的研究只怕还在黑暗中摸索，对比起外国的研究，当惭愧得无地自容。

每每徜徉在古港、古树与古宅之间，看沿岸榕树葳蕤，江中碧波荡漾，亦每每纳罕，就这么一个小港湾，在十三行时代的中后期，何以有越5000艘外商的多桅巨舶在此停泊，把数以千万计的银元运来，购买丝绸、茶叶与陶瓷？来来去去，周转往复，这是何等浩大的气象？

诚然，泥沙的冲积，让当日开阔的江面已经狭窄了一半多了，本可停泊数千吨远洋轮的港湾也变浅了，沧海桑田，也只在历史瞬间。

倒是那 5000 艘洋舶，大多有名，在人家的编年史、航海志上，一一可以查出各自的名号。最出名的，莫过于如英国的"麦士里菲尔德号"，法国的"凯撒号"，美国的"中国皇后号"，瑞典的"哥德堡号"……每一艘船都有自己的历史，而上述这几艘，更开创了所在国的新的历史，可谓声名显赫！

只是，每到这个时候，人们总会问，就对等而言，中国的船呢？

或许，十三行时代的中国商船，自有神勇与辉煌！

可不，著名学者屈大均在其被称为"广东大百科全书"的《广东新语》中，就引用了他自己写的一首脍炙人口的七言诗：

> 洋船争出是官商，十字门开向二洋。
> 五丝八丝广缎好，银钱堆满十三行。

这里说的是"洋船"，还有"官商"。这"洋船"非夷船也。

他写这首诗的时候，是康熙"开海"时，即 1685 年前后，那时，行商亦被称为"洋商"，那么，这里的"洋船"可否指做洋货生意的中国船呢？诚然，在康熙五十六年（1717）颁发的"南洋禁航令"，不允许中国商船下南洋之前，中国商船下南洋的规模当是声势浩大的。"商民尤为踊跃，每一洋船回，各带二三千石（暹罗米）不等。"显然，这里的洋船便是指出海的中国商船。

早年"开海"为的是国计民生，从而有利于中国的对外贸易，可康熙到了晚年，似乎也逃不脱"老人治国"的规律，老眼昏花，偏信偏听，独断专横，自以为是，于是，在康熙五十六年（1717），却又来了个"南洋禁航令"。

原来，海禁重开后，深受海禁之苦的沿海人民纷纷出国谋生，每年造船出海贸易者多至千余，不少人居留南洋。清政府因担心汉人出洋日多会危及统治，并认为南洋各国历来是"海贼之渊薮"，"数千人聚集海上，不可不加意防范"[①]。加上地方官员谎报每年造船数千出洋，返回者寥寥，木材、粮食都让夷人搞走了，于是，在开海后，在康熙五十六年（1717），清廷再颁"南洋禁航令"，规定内地商船不准到南洋吕宋（今菲律宾）和噶喇吧（今印度尼西亚雅加达）等处贸易，南洋华侨必须回国，澳门夷船不得载华人出洋。同时加强海路限令，严令沿海炮台拦截前往船只，水师各营巡查，禁止民人私出外境。福建巡抚的密陈更称是行商秘密把船卖给"番鬼佬"，又把国内的大米去接济外域，如此发展下去，势必在将来成为中国最大的隐患，特报请圣祖康熙帝，虑洋船盗劫，请禁艘舶出洋，以省盗案。圣祖果然批允，从此沿海百弊丛生。这号人坐井观天，偏以为有经国远猷，就这么报上去了。可叹当时九卿议者，没一个身历海疆，没一个熟悉情况的。而当地及士子了解情况的，又没办法直陈朝庭，什么话也说不上，南海之禁，就是这么起的。

---

① 《清圣祖实录》卷 270，第 16 页。

禁航令颁布后，东南沿海民生凋敝。福建士绅蓝鼎元道："闽粤人稠地狭，田园不足耕，望洋谋生十居五六。……南洋未禁之先，闽广家给人足。游手无赖，亦为欲富所驱，尽入番岛，鲜有在家饥寒，窃劫为非之患。既禁之后，百货不通，民生日蹙。……沿海居民，富者贫，穷者困。"①

康熙皇帝当然是拣好话听，还自以为做了调查研究，可那种闭关锁国的定向思维，只能接受防"海贼"而不能接收任"海商"驰骋南洋的思路，悲剧就这么发生了。

试想一下，每年上千艘中国商船出驶南洋，哪怕只能是"双桅船"，仅有五百担的排水量，那也是有多大的贸易规模呀。

康熙死后，雍正证实，所谓"每年造船数千返回者寥寥"，造成木材外流纯属谎言，这才有雍正五年（1727）的再度"开洋"。"禁洋"实施了不到10年。

然而，对中国商船"双桅"的限制，则从来不曾考虑过撤销。

雍正在决定解除禁海令上也是经过一番挣扎的。毕竟老祖宗留下来的指令是禁海，这违反祖宗的做法，自然是需要经过一番思想斗争及要经受各方压力的。而在雍正解除禁海令上，也有不少官员发挥了积极的作用，其中之一便是高其倬。他在雍正四年（1726）的上疏中，指出开海是顺应时代要求，且也是社会的需求。

雍正五年（1727）终于有了上谕，雍正皇帝终于发现，"南洋禁航令"是地方官员忽悠皇帝的结果，且暹罗大米亦源源不断供应沿海地区，以解粮荒，于是宣布"开洋"。

在康熙年间，在金融业、航运业上，十三行已是瞒着官府经营着大生意了。哪怕"禁洋"，十三行的两桅商船出不去，还有他们挂有外国商号的帆船。这一事件发生在"一口通商"之前50多年，早期的十三行商人尽管为闭关锁国政策所掣肘，但不并妨碍他们走向世界参与国际间贸易，甚至出资经营他国商船，建立以广州为中心的国际关系网络，成为角逐于海上贸易的隐形投资者。

根据资料披露，18世纪的广州商人已经经营了广州与欧洲间货运的帆船贸易。至1763年，广州帆船所承担的广州对外贸易货运量已占总量的30%，约与英国的货运量相当，剩下的40%由各国来广州的货船分担。瑞典对广州帆船的情况有详细记载，这些中国帆船贸易商还常常与行商有一定的联系。事实上，在18世纪60年代，这些帆船出资人中本身就有许多行商。他们经海关监督的批准与外国人进行贸易。行商潘启官（Poankeequa）、颜瑛舍（时英）（Yngshaw）、陈捷官（Chetqua）以及其他商人积极参与为贸易活动出资。

可以说，他们曾拥有过整个世界。

可他们的船呢？

潘启官甚至面对来自西洋的多桅巨舶哀叹过：中国要到什么时候才能拥有这么巨大的海船？

莫非他一点也不知道，郑和下西洋的"宝船"，比他惊叹的这些西洋巨舶，不知要大多少倍！

---

① 蓝鼎元：《鹿州全集》，厦门大学出版社1995年版。

据《明史》记载:"宝船六十三号,大者长四十四丈四尺,阔一十八丈,中者长三十七丈,阔一十五丈。"依今日尺寸,则为长 136 米多,宽 56 米,装备有 16 至 20 桅,排水量超过 8000 吨,当是世界上第一艘万吨巨轮,轮不到西方发达国家居首。

每次编队出洋,都有 260 多艘,大型宝船就超过 69 艘。27000 人的巨大船队,可谓空前绝后,仅医生就配备了 180 人。船上更有当时世界上最先进的大型装备。

再往前追溯,宋代的中国海船被称为"客舟"。

史载"客舟长十余丈,深三丈,阔二丈五尺,可载二千斛粟,以整木巨枋制成。甲板宽平,底坐如刀……每船二桅,大桅高十丈,……"曾夸南汉国"笼海有法",支持王安石变法的宋神宗,造了一艘"万斛神舟",更为巨大。

外商称中国海船"舟如巨室……中积一年粮,养豕、酿酒其中。"船上的舱室超过 100 间,顺风时可扬起 10 面巨帆。

往前,自广州始发的唐代通海夷道,更是万帆竞发。

唐咸亨二年(671),跨海访日的唐代将军郭务悰所率的舰队有 47 艘大型海船,随访人数达 2000 人。

之前,隋炀帝的"龙船",也已是"高四十五尺,阔五十尺,长二百尺"。

而早在汉代,中国已有了帆船。而且"楼船"已蔚为大观,高达十余丈。且不道西汉汉武帝自徐闻、合浦派出了第一支船队,驶往了南洋,直至印度洋。一如屈大均在《广东新语》中所说的,早在先秦,史有"越人造大舟,溺人三千"的记录。

远在春秋战国时期,《吕氏春秋》中就已有:

> 如秦者,立而至,有车也;适粤者,坐而至,有舟也。

一个"立",一个"坐";一个"车",一个"舟",便有着文化上的重大差异。

"番禺始为舟"的光荣历史,自与十三行的对外贸易的繁荣,有着很深的渊源。

为何从先秦之"舟",到两汉的"楼船",从隋唐的"龙船",到宋代的"神舟",再到明朝的"宝船",可到了清代十三行,却找不到它们的踪影了呢?

却分明有数千的中国商船在南洋上乘风破浪行驶!

它们寂寂无名,是因为历史使之"隐形"了么?

我们仅仅知道清代早中期的谭家船队,乾隆年间的颜家船队,乾隆、嘉庆年间的伍家船队,规模之大,远超于我们的想象。

清代十三行几乎每一个时期,都有各家的船队在南中国海上扬帆!

一道"两桅,五百石"的魔咒,终于使活跃在南洋的数千中国商船成了史书上的"幽灵船",得不到正名与彰显。

时至今日,我们只能在外国人的纸草画中,多少寻觅到它们的踪影——而且,大多是两桅的帆船,载重量并不大,无法与西洋巨舶相比。

但十三行富可敌国的奇迹,却是少不了船的功劳。

这些双桅船,要么给画上了大大的一对眼睛,被称为"大眼鸡船",倒是挺醒目的,

谭家船王故宅（2024年3月14日 卢荫和 摄）

这自然是沿袭古人"番禺始为舟"留下的传统。下海，势必要历险，海中的怪物、恶兽不少，所以，古人身上都有鳞状的纹身，那么，船上也得有一对大大的眼睛，用来吓退海中的凶猛怪兽。时至今日，我们在广东沿海还偶尔能见到画上大眼睛的渔船，恍惚间，就似海上的一条美丽的大鱼，出没在风涛中，让人遐想。

还有另一种，把船头油得红红的，被叫作"红头船"，它们大多来自粤东，尤其是潮汕地区。红头并不是装饰，也不是防御的象征，而是当年清政府的规定："江南用青油漆饰，白色勾字；浙江用白油漆饰，绿色勾字；福建用绿油漆饰，红色勾字；广东用红油漆饰，青色勾字。"于是，沿海则分青头船、白头船、绿头船与红头船了。连船的颜色也得钦定。不过，到了珠江三角洲，这一规定就不是很灵了，传统的"大眼鸡船"还是压过了皇帝的钦定红头船。

也有在红头船上画上大眼睛的。

这便是我们今天所能找到十三行时期的中国商船的"留影"。

就这样，我们寻找十三行行商自己的商船，也算有了答案。

也许，每一艘船也都有过自己的名字，但在皇权显赫之际，这些名字也就只能在暗地里传递，最终也就湮没了。

惟余下它们的共名：大眼鸡船或红头船。

当我们历数外国商船5000艘各自的名字之际，我们该怎么为中国商船这唯一的共名叹息呢？

当然，十三行行商在海外，如婆罗洲、爪哇等地造的大船，更不可能留下自己的名字。

扬扬手，此去云淡风清。

天上浮云似白衣，斯须变幻如苍狗。

黄埔古港，曾笼罩在怎样的"苍狗"之中？为何不见了昔日的帆影？

第六十三章　行商入祀：不能见容于世

时下，续族谱、修祠堂已成风气。

中国人是重历史的，为写历史，尤其是秉笔直书写历史，史官都不怕被皇帝砍头，可见，历史高于一切，这才有了民族英雄文天祥《正气歌》中对"董狐笔"的讴歌："时穷节乃见，一一垂丹青。在齐太史简，在晋董狐笔。"

笔者在另一部关于族谱的书中概括出如下几段话：

> 古人有云，一个宗族，务必：立家庙以荐烝尝，设家塾以课子弟，贾义田以赡贫乏，修族谱以诲疏谕。
>
> 这修族谱，是四大任务当中压轴的一项，可是关系重大，它与祖祠、家塾、义田，都同一个宗族的命运紧紧地联系在一起，一刻也不可轻慢。
>
> 学术界早早创立了谱牒学，到今天，已经有了相当多的成果。
>
> 对于南方所有的移民族群，如闽人、潮人、广府人等，族谱遍及所有的乡村、各姓氏祠堂，南方较北方为盛，这已是定论；大姓固重传承，小姓更把这看作性命攸关。当"安土重迁"的古老观念无法恪守之际，一部族谱代代相传，则成了各个姓氏、家族安身立命的无形的居所——精神的归宿，须臾不可相离。
>
> 如果说族谱乃是一个宗族的宪章，那么，一座祠堂又是家族的什么？祠堂又叫祖祠，是祭祀祖先的地方，是一个宗姓的圣地，慎终追远与光宗耀祖，自是不可分剖的。前者是要记住先祖的恩泽，后者则是教后人建功立业，不负先人嘱托。
>
> 族谱，综文献、溯源流、知根本、辨主支、明世系、秩昭穆、述宗风、敦亲情、扬先德、志现状——这些，均于祠堂里得到弘扬。一个宗族，每到重大时刻，势必于祖祠内共商大计，其凝聚力显而易见。
>
> 族谱，更能振觝靡、匡淋漓、历人心、禅世道、隆郡望、景名贤、振家声、启后昆、轨正史、开新纪——同样，这一切，均能在祠堂里实现。一个宗族，不仅要恪守过去，更要开创未来，凭此，一部族谱，便是一个无声的号召；一座祖祠，更是先人登高一呼的所在。
>
> 无论族谱本身历尽多少沧桑，也无论祠堂、宗庙的形制有过怎样的演变，更无论中国历史上，先秦两汉如何讲"以孝治国"，遍寻孝子以作治国之才，而到了宋明之际则成了"忠孝不能两全"，尤其是"先尽忠，后尽孝"，一部族谱，也始终是后人心中的圣地。
>
> 其实，"不卖祖宗言"，说到底，就是不可抛却祖宗的牌位，通过族谱来传授祖上那无形的"祖宗言"：包括道德训诫、先人功业、文化传承，种种。
>
> 不少族谱都有如下之序义：
>
> ——沧桑之变，迁縻无定，人生之聚散无常，吾人不免有因乱而播迁者，地殊

事异。他日或出谱牒相印证,庶几离者犹可合,而散者犹可聚……

洗练的一段话,道出大迁徙之余怎样的悲怆之情,离乱之慨。显然,在这里,族谱成为维系一个家族的有力纽带。①

十三行行商,当然每一家都有较为详尽的族谱,潘、伍、叶家的族谱尤为大部,虽说因为历次运动,族谱变得残缺不全,但有心人已在努力弥补。

只是关于卢家,我们一直没找到较为完整的族谱,不及潘、伍、叶家厚厚的一部,这又是何故?卢家后人没有解释。其实,要解释并不难。那是卢氏家族人心中的极痛。

我们有经后人考证,并找到证据的珠玑巷36姓97家南下珠江三角洲的移民史,这是广府族群得以确认自己乃汉族血统的历史依据。卢姓在36姓之列,卢氏家族定居的潮连岛更与率36姓南下的罗贵家族落籍的良溪仅咫尺之遥。有人试图把珠玑巷传说当作神话,把大迁徙之说视为"空穴来风",但所有的族谱、宗祠的指向,都证明这是真实的历史。

位于广东省南雄市的"珠玑古巷"碑

---

① 谭元亨编著:《客家文化史》,华南理工大学出版社2009年版,第157-158页。

南雄珠玑古巷

古祠堂是宗姓圣地、精神殿堂。

无论祠堂、宗庙的历史如何演变，也无论中国历史由"先孝后忠"到"忠孝不能两全"，一座祠堂、宗庙，在后人的心中，永远是神圣不可亵渎的。因此，祠堂的建筑也就上升到非常崇高的地位，更何况族中的先贤祠。

凭此，我们可以看到，入谱、上宗祠，尤其是入先贤祠的木主，又是何等重要。

但卢观恒去世后，其牌位要进宗祠，却并不容易，更何况要入的是乡贤祠。而卢家的故事，就聚焦在入祀乡贤祠的事件上。这一事件，几乎掩盖了他在十三行中的全部辉煌。这正是中国传统的顽固性，哪怕在"山高皇帝远"的岭南，同样也躲不过去。

卢氏大宗祠

卢氏宗祠敦本堂

其时,威望日炽的卢观恒已经离开了人世,但阻碍一个逝者入祀的力量仍然强大,于是,对逝者的评价也成了活人间的斗争,但这回不是死人拖住了活人,而是活人拖住了死人。

听起来,已经有几分荒诞了。且看如下事实。

如前所述,乾隆五十二年(1787),英国东印度公司与卢观恒签署了大额的棉花与茶叶交易合同,加上他与时任十三行行首的万和行蔡世文(文官)私交甚笃,卢观恒很快获得海关签发的行商执照,于乾隆五十五年(1790)前后开设广利行,入主"官商",人称"茂官"。同时获海关签发行商执照的有6家,其中包括如日东升的伍、叶两家。成为行商后,广利行的生意更为红火。与最大的贸易伙伴英国东印度公司大班商定份额时,广利行每每得到"大头"。

及至嘉庆年间,卢观恒与怡和行的伍秉鉴一起,共同担任十三行的首席行商。而让英国货运公司大为紧张的是,他们是自己最大的竞争对手,他们往往以早、快的方式进货。

十三行的陶瓷业,在乾隆年间为盛。及至嘉庆、道光年间,由于欧洲掌握了制瓷技术,且有所革新,十三行陶瓷的订单也就日趋减少。作为陶瓷业大亨的谭氏家族,还有一度名列榜首的卢家,也就走向了末途。况且,道光年间,鸦片走私日趋猖獗,已动摇了整个中国的经济贸易。

盛极一时的卢家的衰微,内中的原因,则不是三言两语可以说尽的。为什么会败?败在哪里?

卢家在第二代卢文锦手中就已经败了,后来更败了个干干净净。难道还有比"海王星号"事件更"蝎虎"(方言,"厉害"的意思)的吗?

也有人说,主要是卢文锦食古不化,祖上留下偌大一笔资产,他不动心思去经营,仍一心想当土地主,认为把钱换成土地才靠得住,所以把相当一笔资金拿回去买地了。

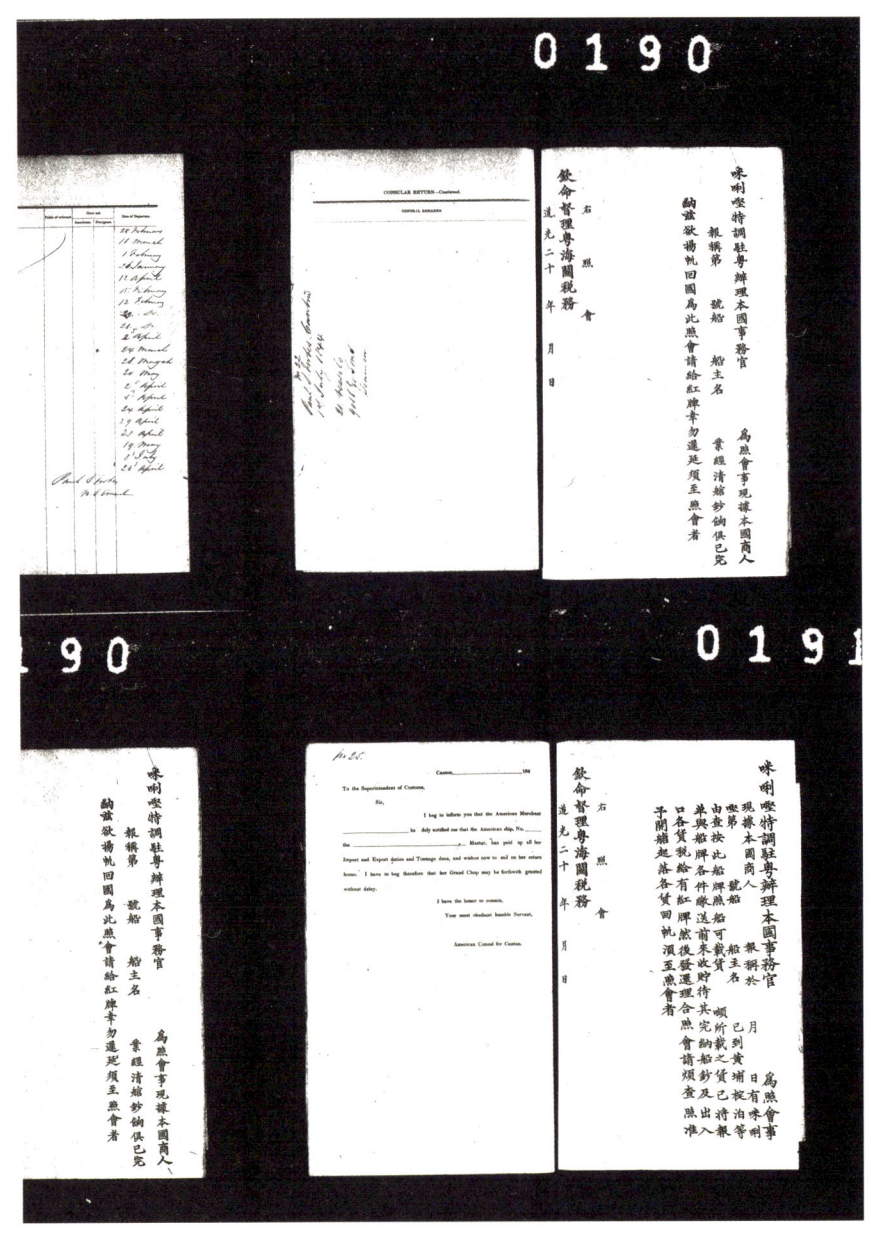

海关执照

这边流转不开,濒临破产,结果又只能把土地变卖去抵债,几番折腾,偌大的资产也就所剩无几了。其实,当年写十三行的那部小说《蜃楼志》,其主人公也是如此,把购地当作最后的归宿,以圆其土地主的旧梦——在那个年代,这几乎已成一种思维定式,不是一般人能跳得出来的。

然而,早在明代,珠江三角洲的风气已经有所改变,洗脚上田,从事海上贸易不说,

行商卢文锦画像

弃仕从商、弃官从商亦不鲜见,当然,亦官亦贾,人们也都习惯了,十三行行商才一度有"虎豹龙凤"的美誉,为时人所推崇。只是,沉重的历史思维定式,不是一两百年可以摆脱得了的,经商者每每战战兢兢,如履薄冰,认为钱如流水,只有土地才实在,这于他们亦为一种更稳固的定见。

同样,也是这位卢文锦,还有一大"义举",更引发了整个广东的一场严重的"道德危机"。这便是他要让已故的父亲卢观恒入祀乡贤祠,把其"木主"供在位上,享受人间香火,享世世代代的拜祭。其父亲如果天上有灵,应倍觉欣慰。

这一举措,自是卢文锦提出且一度办到了,其初衷,还是来自卢观恒本人,据说这是他生前的遗愿——有遗言在。

因此,我们还得从卢观恒说起。

乾隆二十二年(1757),朝廷撤销闽(漳州)、浙(宁波)、江(云台山)三处口岸,只余广州"一口通商"。一时间,"中华帝国与西方列国的全部贸易都聚汇于广州,中国各地物产都运来此地"。由于每年5月至10月为贸易期,其时,广州华洋商人云集,繁华无比。因朝廷有规定"番船贸易完日,外国人员一并遣返,不得在广州居留",故10月一过,外商倘有未卖完的货物,离开前便要在广州十三行附近觅地寄存,待来年再卖。

卢观恒于乾隆十一年(1746)生于广东新会棠下乡石头村,原籍是广东新会潮连乡,该地今日已划归广东省江门市蓬江区了。他的出生之地与广府人的开基祖罗贵属地相去不远,卢家祖上应当也是追随罗贵来到新会的。说起罗贵,广府人都知道他,并称他为"贵祖",正是这位民间的历史人物,在宋代末年,于粤北南雄珠玑巷,率36姓97户人家,历千难万险,来到新会蓢底,即今日的良溪,在此扎根落户,开荒种地修水利,并繁衍了下去,成为珠江三角洲上的"哥伦布"。所以,如今珠江三角洲数千万人都认自己是在罗贵率领下来到这里的先人的后代,每年清明,到良溪祭祖的人数以万计。

广东新会潮连岛古渡

18世纪珠三角最长的码头——广东新会潮连码头

罗贵画像

卢观恒作为这一族群的后人，起先并没有什么出色之处。他幼年丧父，与母亲相依为命，落魄到40岁尚未娶妻。那个时代的人，十多岁就结婚生子，"不孝有三，无后为大"，40岁还未娶妻，与母亲一起过，孤儿寡母，说不尽的凄凉："少时甚寒微。"[①]

日子实在过不下去了，在同乡的怂恿下，他想到广州来碰碰运气。可是，他种田出身，身无长物，又能干得了什么呢？

只身到了广州，两腹空空，挨了不少时日，总算找到了一份不用本事的活，那便是替人守住歇业的空店铺。反正，饿不死就行。

守了几年，没丢东西，还把店铺打理得清清爽爽，落下不错的口碑。农民的孩子嘛，讲个诚实，没什么花花肠子，勤快一点便行。

终于，有十三行的外商请他了。

十三行经商是有季节性的，清政府不让外商长住广州，所以，外商一到时间就得撤离，随季候风回国，商品卖不完的只能留下来，租借店铺储存，找人看守，待来年再来出售。卢观恒守的就是这些货物。走时，外商还留下价目，如果有人出得起，就委托他卖出去。

有时，行商压价，外商又不愿贱卖，积存的货物就多了。毕竟，市场上的价格有起有落。日子久了，卢观恒也看出一些门道来，不再干守，而是设法推销出去。好几回，货都在外商重来前销售一空。由于结账时卢观恒分文不少，自是取得外商夸赞，他也从中获得了部分销售的报酬。与此同时，他经营起空店铺的租借业务，从中获得更大赢利。

正好有外商运货到广州发售，受到广州行商压价，外商不肯贱卖，租借卢观恒所看

[①]〔清〕谭镳、黎昀、林骏：《新会乡土志》，粤东编译公司，清光绪三十四年（1908），第209页。

守的空铺储存货物，并定各货价目，委托卢代为出售。卢观恒尽心竭力，竟把货物全部销清。

外商次年来到，见存货已销清，价款分毫不差，甚是高兴。于是，不少外商都委托他。就这样，卢观恒身无分文，却做起了动辄十多万元的大生意。从此，外商和他长期合作。

由于得到外商信任，陆续有洋货到广州，托其代售，于是卢观恒积聚了一定的资本，生意越做越大。

乾隆五十七年（1792），卢观恒正式承充行商，行名"广利"。卢观恒字熙茂，外商都称之为Mowqua（茂官）。由于卢观恒杰出的管理才能，广利行迅速发展起来。

据马士的《编年史》载，1787年（乾隆五十二年），卢观恒出资13万两白银，与英国两家公司订立出口茶叶合约。① 又据英国东印度公司特选委员会称，1786—1788年，卢观恒与英国东印度公司有大量的棉花交易，以后一直是与英国公司进行该项贸易的主要商人。此外，卢观恒还从港脚商人那里购入许多棉花，以致在广州找不到足够的货栈贮存。

为规范进出口管理，自嘉庆元年（1796）起，粤海关监督与最大的贸易伙伴英国东印度公司大班商定，把每一种商品的交易额分成20～30等份（其中毛织品22份），定出每份交易额须交纳的现金（1806年为每份3000～4000元），由各行商承揽。除总商可得2份或3份贸易额外，一般行商多为1份或半份。而卢观恒却占有毛织品2份和武夷茶1000箱、工夫茶1.2万箱、贡熙茶1000箱的份额；1800年占有毛织品3份和武夷茶1300箱、其他茶叶共2.4万小箱的份额；1808年占有毛织品4份和武夷茶600大箱、其他茶叶1.8万小箱的份额，是拥有进出口份额最多的行商之一。

又据荷兰公司的档案载："1790年左右（前后），（中国）对外贸易就集中垄断在几家大的行号手中，其中潘启官和石琼官占了所有进出口货物的三分之二，茂官（卢观恒）和沛官占了九分之二，剩余的行商占了九分之一。"② 这说明当时广利行已是一个大行商，其贸易额仅在同文行、而益行之后，而与怡和行平分秋色。

广利行在十三行中的排名，嘉庆元年（1796）位居同文行、怡和行之后，排第三位，嘉庆二年（1797）则超越怡和行晋升为第二名，仅次于潘启官的同文行。直到鸦片战争爆发前的道光十七年（1837），广利行仍居于第二位。

十三行行商大多是全国首屈一指的大富翁。据说潘启官的家产超过1亿法郎，伍秉鉴则拥有2600万两白银的总资产。卢观恒有多少资产，他从不肯向外界透露，但单是分给4个儿子的家产每人就有100万两银圆。而当时世界上除各国王室外，百万富翁也没几个，因而他也是国际级的大富豪。

西方商人也多次提到卢观恒的富有。Chen Kuo-Tung说："茂官据说也很富有，但他

---

① 参见〔美〕马士著《东印度公司对华贸易编年史（1635—1834年）》第三卷，中国海关史研究中心组译，区宗华译，中山大学出版社1991年版，第464页。
② 陈永弟、黄伟文、谭建光主编：《粤商发展报告》，广东人民出版社2008年版，第422页。

不肯提供他财产情况的信息。"1806年夏,英国公司特选委员会报告:卢观恒要求买下公司所有的印度棉花和东南亚檀香木。1812—1813年又报告说:"茂官(广利行)和沛官成为英公司最大的交易对手","他们独占了棉花的买卖"。这说明卢观恒资金雄厚,广利行也成为当时垄断全国对外贸易的行商之一。

嘉庆五年(1800),卢观恒被任命与潘有度同为总商。嘉庆十三年(1808),十三行首领潘有度用10万元买得退休后,卢观恒与伍秉鉴同管公行事务,成为十三行的老大。

作为行商首领,卢观恒恪守中国传统的义利观,很是重视妥善处理好与各行商及外商的关系。

俗话说"商场无父子",又说"同行如敌国"。卢观恒却很注重同行友情。万和行蔡世文(文官)与卢过从甚密,卢充任行商也是文官作保。嘉庆元年(1796)蔡世文自杀身亡,其行务由其兄弟思官主持,英国公司委员会想撤销与文官所签茶叶合约,卢出面调停,使合约得以保留。次年,文官的儿子和亲属逃匿,海关监督迫令卢偿还文官所欠50万两白银以及履行文官遗下合约,卢观恒二话没说,独力承担。

卢观恒还每每向同行伸出援助之手。嘉庆元年(1796),而益行行商石中和破产,其债务达60万两,卢观恒代其偿还了39217两。同泰行的麦觐廷因经营困难,嘉庆七年(1802)欠下朝廷税款1万两,卢观恒代其缴交;嘉庆九年(1804),卢向英国公司委员会提供抵押品,以保住同泰行进口羽纱份额和出口茶叶订单;嘉庆十年(1805),同泰行又欠税款14.5万两,卢与沛官作保,向英国公司委员会借得14.4万两交税,避免了同泰行的破产。万源行李协发在嘉庆十三年(1808)缴交充任行商的各项费用(20万两)后资金拮据,卢为其提供了一笔无息贷款帮他渡过难关。嘉庆十四年(1809),万成行沐士方成为行商后,也陷入资金困难,卢答应帮其偿还欠款,并作保取得英国公司的茶叶合约,使其摆脱了困境。嘉庆十五年(1810),会隆行郑崇谦和达成行倪秉发先后破产,遗下商欠106万两和50多万两,卢观恒又承担了36934两。①

卢观恒颇讲义气,从而博得众行商的拥戴。他辞世后,众行商拥立他的儿子卢继光为行商首领。

对于外商,卢观恒也努力保持友好合作关系。1793年,英国商船"特里顿号"装载从广利行购入的一批生丝,上船后发现部分生丝较为粗糙,交回重验。经检验后证实部分生丝质量有问题,时值春节假期,卢仍安排人手绞练了七八日,使"特里顿号"能依时起航。

1795年,英国公司运来一批印度麻布,由于在中国市场上没有销路,积压在船舱里达数月之久。卢观恒见状,悉数买下,然后转销马尼拉,帮了该公司的大忙。由于卢观恒重合同、守信用,注重商业信誉,被外商认为是"可尊敬的(中国)商人"②。卢观恒逝世,英国公司委员会认为是该委员会的一个重大损失。

---

① 参见梁嘉彬著《广东十三行考》第三章第十二节"广利行",广东人民出版社1999年版。
② 〔美〕马士著:《东印度公司对华贸易编年史(1635—1834年)》第一、二卷,中国海关史研究中心组译,区宗华译,中山大学出版社1991年版,第724页

乾隆末年，随着广州中西贸易和澳门本地贸易的发展，十三行行商一般不再承买澳门额船（1725年，两广总督奏准居澳葡人设立二十五号额船）的货物，而由居澳中国商人直接与葡商贸易。嘉庆十七年（1812），卢观恒向粤海关监督德庆禀报："窃查澳门各船进口货物，向系各客自行赴澳买运，在澳门口报输，给单来省。……是大西洋船原与别项夷船不同，所有进出口货物，自应归保商办理，以昭慎重。"把澳门的对外贸易重新收归十三行管理。

为了发展俄中贸易，1805年，俄美公司"希望号""涅瓦号"装载各式皮件到广州试销，回航时被清兵扣留，理由是俄国属陆地通商之国，不准在沿海口岸贸易。船长鲁臣顿、尔赞时向英国大班多林文求助，多林文写了一封抗议书要求行商卢观恒向海关监督禀报，卢认为外交抗议会把事情弄僵，便代拟了一份态度温和的禀文，但俄国船长又拒绝签字，最后，三方当场草拟一份信函，由卢观恒递交海关监督阿克当阿。过了几天，卢又亲自叩见海关监督请求发给俄国商船红牌。两天后，俄国两商船获准离境回国，避免了中俄两国因贸易摩擦而导致的外交对抗。

卢观恒不仅仅对同行、外商重然诺、讲交情，对乡梓更是一往情深。他造福故里，有口皆碑。

造堤，对珠三角人民来说是厥功甚伟的大事。卢观恒生前捐资修建棠下三围大堤，在建成后，绅士罗天池联合百余个村的村民特制"美济苏堤"匾赠之，把卢氏与修筑杭州西湖苏堤的苏东坡相比，以彰其功德。光绪十二年（1886），卢氏家庙落成，所收到的楹联中，有"人心怀旧德，三围犹未报涓埃"之句。新会举人、梁启超的同学、曾参与"公车上书"的谭镳在其1908年主修的《新会乡土志》里写道："卢富而好施，能为社会尽力……卢之人格即不祀乡贤，斯亦难能而可贵者也"，"卢父子三人，以慈善名家，地方公益，赖以修举，至今百年，犹食其赐，为社会伦理不可多得之人物，亟宜表章"。①

卢观恒在世时，在家乡除捐修基围、濠窦、堤闸、道路外，还捐书院、办义学、创义仓、助饷赈灾、修建祠堂。他捐田700亩，为卢氏宗族义学、义仓经费；又捐500亩，为新会全县义学、义仓经费。其事迹除新会的《新会乡土志》《潮连乡志》外，嘉庆年间的《清代外交史料》，道光、宣统年间的《南海县志》，民国的《广东十三行考》及外国的《东印度公司对华贸易编年史（1635—1834年）》等史籍均有记载。

当然，有人说，他如此耗费巨资，是有"野心"的，这"野心"，便是死后入祀乡贤祠。

他也许有这个"野心"。然而，这回他却大大地错了。

哪怕你富可敌国，可在这"士农工商"定位不移的封建王朝，"商"只能排于末位。

于是，卢文锦要让父亲入祀乡贤祠，便掀起了轩然大波。

回顾历史，明清时期，凡有品学德行的人，死后由大吏提请祀于其乡，入乡贤祠。乡贤祠设于学宫内，每年春秋二祭由地方官主持，祭祀行礼。因此，能成为乡贤是一种

---

① 〔清〕谭镳、黎昀、林骏：《新会乡土志》，粤东编译公司清光绪三十四年（1908年），第209页。

极高的荣誉。卢文锦以其父卢观恒办义学、置义田，有功桑梓为由，要求将其父入祀乡贤祠，并"义利并行"，说动了广东各级地方官吏。于是，新会知县吉安、邑绅何朝彦等附和其说，又由进士谭大经牵头，罗致一批新会士绅签名，要求将卢观恒入祀乡贤祠。巡抚董教增、藩司赵宜喜信之，详请咨部。遂如愿以偿。

1815 年 5 月 10 日奉旨入祀，卢文锦在明伦堂大宴宾客，设饮唱戏，极为奢豪。

此事引起一些士绅强烈不满：卢观恒非仕人，既未曾读书，又曾同堂兄争田产，拔兄发辫，用 300 金买其案，这样的人怎么能入乡贤祠呢？

越华书院诸生香山黄培芳、东莞邓淳和番禺陈昙看到广州城内每天都张贴有告发此事的举报信，于是三人商议分途抄录，录成一卷，总督考核时，交收卷委员。委员起初不肯接，掌教陈昌齐劝他收下，说这是公论，应使总督知晓。陈昙等三人认为只要向上告发，肯定成功，只是自己生员身份不适合上呈。于是，由举人刘华东介入此事。

刘华东，字子旭、三山，号三柳居士。原籍福建，因其父来粤从事盐运，寄籍番禺。嘉庆六年（1801）中举，但仍留家中勤读苦学。这个人常常接触下层，了解民情，喜欢与贩夫走卒、市井贫民为伍。生性豪侠，喜见义勇为。他作诗写文章不受羁绊，起伏跌宕，时人称之为"文怪"。

他得知此事后，觉得读书人在这时大大受辱，末流入祠，圣人被置于何处?! 愤然曰："此何地，而令牙侩厕其间，吾辈所读何书，岂容缄默！"即上书总督蒋攸铦。蒋认为公事不当私谒，还其书，令具牒。①

刘华东便与新会举人唐寅亮等把原来上总督书写成《草茅坐论》刊印，严厉指斥卢观恒："不学诗，不学礼，身不行道，皆弃于孔子者也。有贱丈夫焉，闲居为不善，无所不至，为富不仁，跖之徒也……百亩之田而夺之食，乐岁终身苦，是以君子弗为也，是禽兽也，贤者亦乐此乎？紾兄之臂，摩顶放踵，拔一毛可畏焉，人见其濯濯也，是豺狼也，而谓贤者为之乎，其横逆由是，是不待教而诛者也。"② 这一书生议论，正合了社会上不少人的心理，一时间，《草茅坐论》远近传诵，虽妇孺无不知，士绅奔走络绎，争来拜见刘华东，共有 200 余人。刘华东于是率众持烛帛浩浩荡荡往郡学乡贤祠，焚香拜祭先贤陈白沙，宣读祭文。众人伏地痛哭，惊天动地。

此事发生后，卢文锦企图毁灭其父殴兄罪证，但由于新会县吏抱案牍先逃，卢文锦只得作罢。刘华东得录卢观恒拔兄发案牍，又集郡学士绅签名，签名者日众，于是刘华东将联名信上书大府，同时还把各地收集的举报信和《草茅坐论》寄给其老师孙御史，御史派殷某往江西越控。

巡抚董教增欲平息此事，督粮道廷杰、广州知府杨健、潮州府万云、韶州府金兰原等虽先后为承审官，但皆秉承董意，多方诘难刘华东，但刘华东不为所动；卢文锦又以重金引诱，他更嗤之以鼻。恰好雷州府李棠派人上京告发总督蒋攸铦，并将此事禀告朝廷。嘉庆皇帝特派钦差大学士章煦、侍郎熙昌调查此事。

---

① 参见〔清〕刘华东《乡贤案始末》，现存于广东省立中山图书馆。
② 〔清〕刘华东：《乡贤案始末》，现存于广东省立中山图书馆。

适总督蒋攸铦巡边，不在省城。于是，钦差、巡抚、藩司等会审于藩署，众绅商青衣候质。由于章煦与藩司赵宜喜乃姻亲关系，有意偏袒。章决意严惩告发者刘华东，摘《草茅坐论》中"朝中有人上下其手"句责问刘华东："朝政清明，何人敢为鬼蜮？"欲以诽谤罪来加害刘华东。刘华东稍迟，旁边陈昙上前答道："某辈草堂，岂识朝仪？所识者抚院之私朝耳。"章煦问："人何指？"陈昙说："人则众论者皆指方伯，则正章之姻也。"章煦只好撤堂，屡讯陈昙，昙皆侃侃无所屈。刘华东多得陈昙帮助，另外浙江钱塘举人张杓也帮刘华东对簿公堂，不为势屈。此案自事始迄案结共10个月，刘华东被羁守南海署5个月，对簿公堂十数次，艰险备尝，旁观者股栗，而他却毫不气馁，从容力辩。章煦只得上奏朝廷，请求回避，皇上下令改由总督蒋攸铦同熙昌审理完结上报朝廷。1816年2月，朝廷降下圣旨：将卢观恒滥祀乡贤祠的"木主"撤出，革去刘华东举人头衔，摘去卢文锦顶戴，结保之巡抚、藩司等各级官员、士绅分别降级罚俸。①

最后的结果，自然是两败俱伤。

而今，是卢观恒有遗愿入祀乡贤祠，还是卢文锦自作主张，已成悬案。但此事引发的一场重大的道德危机，又预示了十三行行商日后的命运——包括道光年间的民谚为何会从"虎豹龙凤"变成"虎豹龙凤狗"，与此也是不无关系的。刘华东站在传统势力一边，自以为真理在握，正义在胸，方那么不屈不挠：小小奸商居然想僭越至乡贤之位，是可忍，孰不可忍，哪怕你捐了官衔，还到处捐钱买个好名声，可商人到底还是商人，岂可混到士之高位？一句话，"出身不好"，想洗干净都不行！

这一事件，对卢文锦无疑是一打击，虽说他与伍家联姻，与伍秉鉴侄女结为伉俪，风光一时，但少不更事，资金又被冻结在地产上，生意也就差多了。

卢文锦英年早逝后，由其四弟卢文翰执掌广利行行务，其商名卢继光，西方人称"茂官第三"，以示与卢文锦"茂官第二"之别。卢继光承商时期，广利行商务进一步衰落，到鸦片战争结束后，广利行已欠债354692两银圆。卢继光之后回老家新会县乡居。

到其后代卢薛昌，即卢观恒长子卢文举之子，因为广利行已衰败，他没有参与家族生意中。当家族生意结束后，卢薛昌没有像他的大部分家人一样回到老家，而是选择留在广州经营午时茶店小生意。

近日，有人发现，当年卢家出售广利洋行的契约，总共才卖2900多两银子。

其兴何速，其亡何忽！

八大行商中，卢、谭、梁、徐四家是从珠玑巷南下的，梁嘉彬在《广东十三行考》中为粤人在十三行中数量少而叫屈，倒大可不必，从整体上看，粤人的比例还是占多数的，即便有的原籍福建，可他们来到广东也已好多代了。

卢观恒的老家新会有"潮连外海"之说，那里是中国第一大侨乡，卢家后人有否在海外发展，答案是肯定的。只是也有记载，卢家衰败之后，其子孙曾在街头卖过凉茶。

不过，也有颇为显赫的。在卢家的后辈子孙中，就有孙中山先生的原配夫人卢慕贞。

---

① 参见黄景昕《清代广州行商卢观恒入祀乡贤案》，见陈泽泓主编，陈锦鸿副主编，广州市地方志办公室编《广州话旧——〈羊城今古〉精选（1987—2000）》（下），广州出版社2002年版，第939－942页。

卢氏后人称，卢慕贞是卢家的后裔，嫁给孙中山以后，生下儿子孙科，称得上母慈子孝。她甚至还为了孙中山的革命事业，主动提出离婚。卢慕贞一生中为国、为民，甘愿牺牲自己的所有幸福，去成全孙中山的事业。

卢慕贞出生于累世积善的书香门第，其父卢耀显，应是卢观恒的曾孙，也曾漂洋过海至美国檀香山，经商获富，无愧于十三行行商后裔的名号。卢慕贞自小勤快，素以孝敬长辈而闻名乡里，尤擅女红。在与孙中山结婚后的数年中，尽管孙中山回乡次数并不多，但每次回家，卢慕贞总是为他缝制一套新衣服和鞋袜。婆婆杨太夫人身上的穿戴也多出自卢慕贞之手。

卢慕贞为人虔诚，热心帮助贫困人民。她于1952年9月7日逝世，安葬于澳门旧西洋坟场，后于1973年被迁葬于澳门氹仔孝思永远墓园。2005年，应广东省中山市政府的要求，再被迁葬于中山市。

卢家的一副对联表达出卢家后辈始终不忘自己的始祖来自珠玑巷的情感：

根繁珠玑叶茂枝蕃连四海
乔迁南粤祖功宗德泽千秋

无论怎么说，卢观恒哪怕是一颗流星，也曾在中国历史的夜空划出过一线弧光！

今人续谱，应加上卢观恒一章，他当之无愧；卢氏宗祠中的先贤牌位更不应少了他。

第六十四章　儒商花园、家国情怀与士人

无论在历史上处于一个怎样尴尬的地位，也无论他们在当时是怎么大起大落、战战兢兢地从事着大清国仅有的对外商务，十三行行商毕竟在中国近代商业史上写下了艰难却闪光的一页，留下了一份珍贵的历史遗产，以致今日，仍是学者们研究的一大课题。同时，他们不仅仅在商业上，也在文化上，乃至建筑艺术上留下了丰富而又厚重的历史遗产。他们不仅仅是商人，更是名副其实的儒商，不同于世界上一般意义上的商人，所以，他们的建树亦不可以偏概全。在浑浊的泥沙中，他们是一块蒙有污土的璞玉，须小心剥落掉上面很可能是丑陋不堪的附着物，方可显露其本色来。认识这样一个历史群体不是那么容易的事。他们绝非颐指气使、横行无忌的官商，也并非粗俗不堪、见钱眼开的奸商，他们风流儒雅、见多识广、知书识礼，关键时刻，亦可舍身家性命。

当年来到广州的马戛尔尼一行觉得广州与中原的景观、传统习俗大相径庭。他们的这一感觉大致是对的。可与之前1000年的白居易的诗相比对，其实，此时广州的开放程度，却远不如1000年前了。不过，感觉只是感觉，对于整个中国来说，广州与中原，景观也罢，风俗也罢，还总有共性，这园林也是一样。明清时期的私家园林，江南为一绝，岭南也不逊色，士大夫或儒商们的风雅总还是相差无几。在繁忙的公务、商务之余，几分闲暇，几分诗情，也总会在清幽中寻回，在心灵间飘悬，凝结为一句句立体的诗行（建筑），散发成透迤几十里的华章，建构成大地上一道道旖旎的风光——平生可慰矣。

不过，说不同，也确实有不同，岭南的享乐主义毕竟胜出江南一筹。也许老天爷太恩宠他们了，这里的气候，绝无"风刀霜剑严相逼"，广州几百年间才罕有一场飘雪，连打霜的机会都极少。于是乎，所有的植物都一个劲地拔节、疯长，哪怕大火烧了个遍，三五天又是一片绿荫。动物们更是活跃，华南虎都闯进过禁闭森严的广州城，当年的野象更到处出没。南汉国时，还有一支足可让北方骑兵胆战心惊的象骑，几千头大象席卷而来，那气势，所向披靡！土地上的人也是如此，尤其是宋代大兴水利，土地丰饶，劳作也没过去辛苦，于是"叹世界"一词便流传开了。"叹"不是叹息，而是指的享受，不过，解释为"叹息"也未尝不可，如浮士德的喟叹"你太美了！"所以，求长生不老者比比皆是，各式神庙大大小小，更是无处不在，人们逢庙必拜，遇神必求，以求得清静、安逸、长寿，好好"叹世界"。行商们钱也积攒得够了，千金散尽还复来，何须操许多心？他们绝不是守财奴，中国的价值观也让他们成不了葛朗台之类的守财奴，有钱赶紧花，买个享受，也买个心安理得——捐赠，于他们是问心无愧，吞金吐银的交易如同一门熟练的技巧……也正是在这种心境、这种环境下，岭南园林脱颖而出。

广州行商昆水官家的庭院（约1841年）

广州行商昆水官家的花园（约1841年）

下面还是从潘家庭院中颇有名气的"南墅"说起。

当时的著名诗人张维屏曾经说过：

张维屏画像

南墅在漱珠桥之南，有亭台水木之胜。

容谷丈理洋务数十年，暇日喜观史，尤喜哦诗。①

他讲的正是潘有度，执掌同文行时间最长的"潘启官二世"。

波士顿商人帕洛特·迪顿在日记中提到，潘有度的南墅要比伍浩官（怡和行伍秉鉴）的宅院典雅得多，其中国风格更为传统与纯粹，几乎没有夹带西洋杂物，其收藏也以图书、古董为主。

除了南墅外，潘家的庭院可历数的有：六松园、南雪巢、橘石山房、义松堂，包括南墅等，为潘有度所兴；万松山房、风月琴樽舫为潘正兴所兴；晚春阁、黎斋、船屋山庄、茶根园为潘正衡所建；潘正亨则建有海天闲话阁。此外，还有潘定桂的三十六草堂，潘飞声的花语楼，潘正炜的清华池馆、秋江池馆、望琼仙馆、听帆楼以及孙辈的养志园，等等。这是一个何等阔大、壮观的园林群落！

潘启官宅厅内景

而至今仍留有部分遗址，在历史上颇有名气的，当属海山仙馆。

海山仙馆为潘仕成所建。潘仕成［1804—1873（？）］是靠行商起家的，其父亲潘正

---

① 转引自杨宏烈编著《广州泛十三行商埠文化遗址开发研究》，华南理工大学出版社2006年版，第68页。

威与潘有度是族亲，他后来走上了仕途，报捐了郎中，在刑部供职。他辞官后，则倾全力建此海山仙馆。他去世后，园馆为官府所籍没，因面积太大，被分割拍卖。其兴盛期只有40余年。海山仙馆遗址在今天的广州市荔湾区荔湾湖公园西南部至珠江东岸一带，占地40多公顷。

《广州城坊志》卷五记载海山仙馆：

> 宏观巨构，独擅台榭水石之胜者，咸推潘氏园。园有一山，冈坡峻坦，松桧蓊蔚。石径一道，可以拾级而登。闻此山本一高阜耳，当创建斯园时，相度地势，担土取石，壅而崇之。朝烟暮雨之余，俨然苍岩翠岫矣。一大池，广约百亩许，其水直通珠江，隆冬不涸，微沙沙弥，足以泛舟。面池一堂极宽敞，左右廊庑回缭，栏盾周匝，雕镂藻饰，无不工致。距室数武，一台峙立水中，为管弦歌舞之处。每于台中作乐，则音出水面，清响可听。由堂而西，接以小桥，为凉榭，轩窗四开，一望空碧。三伏时，藕花香发，清风徐来，顿忘燠暑。园多果木，而荔枝树尤繁。其楹联曰：荷花世界，荔子光阴。盖纪实也。东有白塔，高五级，悉用白石堆砌而成。西北一带，高楼层阁，曲房密室，复有十余处，亦皆花承树荫，高卑合宜。然潘园之胜，为其真山真水，不徒以有楼阁华整、花木繁缛称也。①

读下来，其气势、规模都不同寻常；而艺术、工匠之精湛，非一般园林可比。
"海山仙馆"几个字，正渗透了商家乃至岭南人的观念与理念。不妨看看以"海山仙馆"四字嵌成的门联：

> 海上神山
> 仙人旧馆

语意浑成、对仗工巧且不说，其之寓意，天上始有、人间罕见也不提，却整个透出主人的追求，要过上神仙般的享乐日子，"旧"者，正是说明历来如此。
不妨再读读其他门联：

> 横批　人间仙岛
> 对联　仙山琼阁
> 　　　世外桃源

用了两个"仙"字，却不在意。
还有：

---

① 转引自杨宏烈编著《广州泛十三行商埠文化遗址开发研究》，华南理工大学出版社2006年版，第74页。

> 荷花深处，扁舟抵绿水楼台；
> 荔子荫中，曲径走红尘马车。

脱俗、超逸，却不失高贵。寥寥两行，道尽了园中让人流连忘返的风光。

潘家自然与文人交厚。在晋商、徽商的传统中，徽商与文人的交往有过不少佳话。其实，粤商在这一点上也丝毫不逊色，谁说广东人只知道赚钱？这是一种历史的偏见。十三行行商作为粤商中的佼佼者，与文人墨客的交往同样佳话频频。

且看海山仙馆中的对联，几乎字字珠玑、联联出色。撰联者，都为当时的名人，不少人的诗名流传至今。

以下这联是黄爵滋所撰。他授翰林院编修，以力倡禁鸦片及抗英而闻名于世。他巧妙地将"海山仙馆"嵌入联中：

> 海色拥旌幢，但招南极仙来，箫管催传江上月；
> 山光回锦绣，恰对越华馆在，莺花并作汉家春。

翁祖庚也是清代才子，其所撰联透出海山仙馆当日雅集的讯息：

> 珊馆回凌霄，问主人近况如何，刚逢官韵写成，丛书刊定；
> 珠江重泛月，偕词客清游苍止，最好荷花香处，荔子红时。

还有著名诗人何绍基，是为太史，人道他的字帖价值连城。他也有一联：

> 无奈荔枝何，前度来迟今太早；
> 又从苏舫去，主人常醉客长醺。

除了对联外，何绍基更有多首七律，写尽了海山仙馆的诗情画意，令人遐想不已：

> 主客携樽共一痴，明窗读画且谈碑。
> 镌成书苑千家石，笼得人才几辈诗。
> 能使古贤依我活，感怀时事更谁推。
> 肯教白日堂堂过，跌宕还思幼好奇。

> 看山欲遍岭南头，送尽人间烂漫秋。
> 花气化云成宝界，海光如镜照飞楼。
> 千林暮色生凉思，一发中原感客游。
> 风浪无声天浩荡，可能容易着闲鸥。

桂子香余菊正开,朋簪回首廿年怀。
木奴坐看千头熟,楂客谁期万里来。
云水空明入图画,海天清宴好楼台。
面纹未觉观河皱,一笑何曾岁月摧!

修梧密竹带残荷,燕子帘栊翡翠窝。
妙有江南烟水意,却添湾上荔支多。
萧斋旧制多藏画,吴舫新裁称踏莎。
万绿茫茫最深处,引人幽思到岩阿。

诗人唯恐诗不达意,特补充了三条附记,以进一步与读者体味园中的精神:

一曰:文海楼下壁间,嵌所摹古帖《碧纱笼处留过客》诗。《海山仙馆丛书》,采录精奥。增修贡院号舍及修学使署,皆独肩其劳。于夷务出力尤多。
二曰:余劝德舆出山,以事羁身未决。
三曰:园景淡雅,略似随园、邢园。不徒以华妙胜,小艇亦仿吴门蒲鞋头样。①

这几首诗与附注,如换一个角度,则可以读出更多经济、文化、教育、出版等相关信息。湖光山色,天下一绝;文人雅聚,诗兴往来;嘉朋满座,笑语不断……当然,还有修贡院、出丛书、理夷务,种种,皆入诗中,忙中有闲,俗中有雅,却是难得。

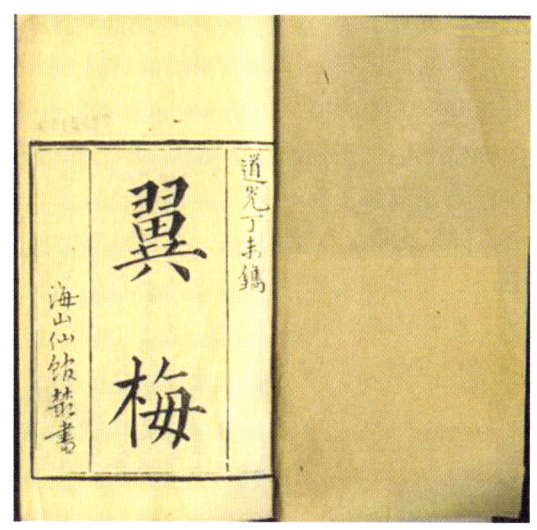

海山仙馆丛书《翼梅》书影

---

① 以上诗文见罗雨林主编,广州市荔湾区政协文史委员会编《荔湾文史》第4辑《荔湾风采》,广东人民出版社1996年版,第107—109页。

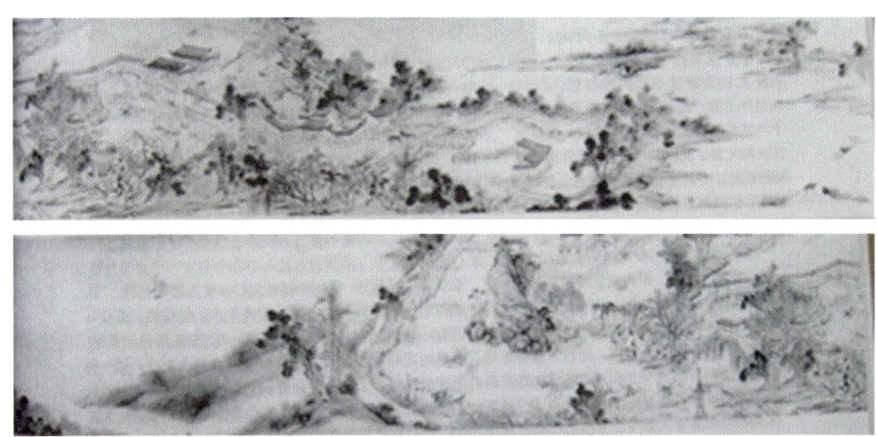

海山仙馆全景图

今日看海山仙馆的全景图,谁人不为之兴叹!曲折、连绵起伏的楼阁,明净的长廊,忽而幽深忽而开阔的水面,层层如屏风展开的山石,高低不一、形态各异的廊桥,还有如绿烟般的垂柳、五光十色的花树……一个人,只怕是几天也游不完。太宏阔,也太精致了!且不道一座座中西合璧式的楼台亭阁,光是那琉璃瓦上流淌的阳光,都令人心醉——的确是人间仙境,海上神山矣。

用不着再描绘什么了,前面的诗文都已经写得令人如临其境。至于内中的古玩、藏书,包括被誉为"广东四大历史名琴"之一的"天蠁琴"(亦称作"天蠡琴"),乃唐代四川雷氏名师所造、大诗人韦应物使用的遗物,都是主人煞费心机用巨款搜寻而来的。

然而,半个世纪不到,它也与十三行的命运一样,倏忽走到了尽头。到过这岭南近代第一名园者,日后想再度造访已不可求了。最悲惨的莫过于,官府整体拍卖不成,竟要拆零,把好好的海山仙馆化整为零卖掉,从此,它也就不复存在了。

亭台坍塌,楼阁只余断壁残垣,连烟波浩渺的湖,也成死水一潭,荷花桂子亦不再矣。当年南汉国,把一个广州建成兴王府,离宫千座,庭院无数,也只半个世纪,全灰飞烟灭;而一个海山仙馆,又怎比得了一个南汉国呢?不到40年,往日的繁华已无处可寻,曾经的清幽也找不到了,商人的建树到头来一如镜中花、水中月,转眼即逝,什么也留不住。只留下若干文人墨客的诗,把这无奈的喟叹印在纸上。潘家的后人、清末民初的著名诗人潘飞声写有《台城路·海山仙馆》一诗:

> 花阴梦破衫痕碧,残荷冷摇苍翠。曲曲回廊,闲闲野鹭,不管游人停舣。风窗半启。占几叠湖山,几分烟水。垂柳萧疏,宵来渐渐有秋意。
>
> 年来游侣散尽,便诗筒酒盏,随分抛弃。雪阁吹箫,虹桥问月,风景依稀重记。荒凉若此!又玉笛声中,落红铺地。隔岸归鸦,冷烟飞不起。①

---

① 陈永正主编:《岭南文学史》,广东高等教育出版社1993年版,第863-864页。

潘飞声（1858—1934）

以"归鸦""冷烟"收尾，道尽人间凄凉。

南海李仕良（辅廷）写有一首《过海山仙馆遗址》，云"席草吊荒凉，徘徊秋水渡"，何等惆怅：

> 我步西城西，野花纷簇路。
> 遗址认山庄，旧是探幽处。
> 主人方豪雄，百万讵回顾。
> 买得天一隅，结构亭台护。
> 流霭降雪堂，金碧纷无数。
> 佳气郁葱哉，森然簇嘉树。
> 插架汉唐书，嵌壁宋元字。
> 沉沉油幕垂，曲曲朱栏互。
> 时有坠钗横，罗绮姬妾妒。
> 此乐信神仙，高拥烟云住。
> 祸福忽相乘，转瞬不如故。
> 高明鬼瞰来，翻复人情负。
> 此地亦偿官，冷落凭谁诉？
> 树影尚离披，泉声仍潺诉。

孰是孔翠亭？孰是瘗鹤墓？
可怜坯道中，故物文塔具。
吁嗟复吁嗟，消息畴能悟？
席草吊荒凉，徘徊秋水渡。
客日盍归来，夕阳天欲暮。
孤影陡惊人，稻田起飞鹭。①

这毕竟是曾在廊壁上嵌有数以千计的诗文、字画、石刻的偌大的岭南园林——集今日仍留存的岭南"四大名园"到一起，恐怕也比不上它的一角。这毕竟是把南中国文苑精华集于一体的文化大观园，中西合璧的艺术奇葩，说消失就消失，别说一个人、一个家族承受不了，就是一个时代也承受不了。

有好事者把"海"拆为"三每"，把"馆"拆为"食官"，把"山仙"重组为"人出"，再拼成六个字："每人出，三官食"，道出海山仙馆被拆零出卖的结局。史料载："同治年以后，嗟务敝，主人籍没，园馆入官，议价六千余金，期年无人承受，乃为之估票开投，每票一张收洋银三元，共票二千余，凑银七千元，归官抵饷，官督开票，抽获头票者以园馆归之。"

官府里没人会珍惜这一建筑艺术的瑰宝，他们唯一的目的，是要把它变为官饷！一座园林就此弃绝尘世！

晚清大诗人黄遵宪，这位思想家兼外交家、史学家，为这座园林的不善而终作了一首《游潘园感赋》，是以凭吊：

黄遵宪像

---

① 罗雨林主编，广州市荔湾区政协文史委员会编《荔湾文史》第4辑《荔湾风采》，广东人民出版社1996年版，第112页。

神山左股割蓬莱，惘惘游仙梦一回。
海水已干田亦卖，主人久易我才来。
楼梁燕子巢林去，对镜荷花向壁开。
弹指须臾千载后，几人起灭好楼台。①

他与陈宝箴力办的"湖南新政"，后成其一大罪行，陈宝箴被"赐死"，他也差点成了"戊戌六君子"之外的第七子，被贬官归家。见到潘园残壁，自是触景生情。偌大一个园林，也如"新政"一般，"几人起灭"矣。没几年，他也郁郁而逝，留下一本《人境庐诗草》。

黄遵宪故居"人境庐"

而作为园林的主人，潘仕成在生前亦为家园"未一二年，则园舍已犁为平地，所余唯颓垣败瓦"而写下一副"挽联"：

池馆偶陶情，看此时碧水栏边，那个可人，胜似莲花颜色；
乡园重涉趣，悔昔日红尘骑外，几番过客，虚抛荔子光阴。②

一切都是过客，不仅仅是人！
一切都会过去。

---

① 罗雨林主编，广州市荔湾区政协文史委员会编《荔湾文史》第4辑《荔湾风采》，广东人民出版社1996年版，第112页。
② 罗雨林主编，广州市荔湾区政协文史委员会编《荔湾文史》第4辑《荔湾风采》，广东人民出版社1996年版，第111页。

第六十五章 一"叶"知秋：全身而退

"大抵南朝皆旷达，可怜东晋最风流。"

这是唐代大诗人杜牧的名句，却每每让人想起十三行中风流儒雅、亦儒亦商、能诗能文的行商们。潘家如此，有海山仙馆为证；伍家如此，伍家花园美轮美奂，刻书无数；谭家出入市廛之中，却留下不少诗文；梁家更是文人辈出……自然，叶家也不例外，一部《粤诗选》中，更有叶廷勋的诗名。

十三行行商买个"红顶子"、得个官衔，不过是一种自我保护，从骨子里，他们大多是不愿意为官的。早在明代，珠江三角洲弃仕经商、洗脚上田已蔚然成风，经商成了首选，甚至不大瞧得起当官的，只是还少不了要与官府打交道。

而琴棋书画却是行商们的最爱，是他们生活中不可或缺的一部分。一如杜牧的诗，旷达与风流，正是他们对生活的追求。

诗中的旷达，可以冲掉社会交往，尤其是与官府打交道的局促，回归自身的本色，无须低头颔首看人脸色。诗中的风流，更是本性的自然外露，也是对僵化礼仪的一种抗辩，寄情山水，咏物伤怀，自由表述。所以，十三行行商的诗才有那么多，才写得那么出色。

尤其是叶廷勋（即叶上林、叶仁官），对澳门西洋人的生活写得相当生动。诗题为《澳门杂咏》，上联写的是赛马，下联写的是赏花：

叶廷勋像

> 关闸平明骏骑跨，诸夷逐队走平沙。
> 肩舆尽属红毛派，倭帽斜簪四季花。①

这是叶廷勋《于役澳门纪事十五首》中的一首。

"逐队走平沙"是一种旷达，背景是大海，平沙在蹄下，怎不心旷神怡。"斜簪四季花"自是风流，光赏花是不够的，还要把自己也打扮成花儿一样！

无疑，叶廷勋对澳门这十三行"外港"的生活，不仅是理解，而且是欣赏，甚至是艳羡。试想，回到广州，谁还能跨马走平沙、簪花过街巷呢？

再看《于役澳门纪事十五首》中的另一首：

> 洋蜡高烧鼓吹奇，管弦声彻夜阑时。
> 番僧不守如来戒，笑拥蛮姬酒一卮。②

好个"洋蜡高烧，管弦声彻"，彻底狂欢，整个身心得以放松。这是文人性情，当然，这更是商人性情。

引用这两首诗，也许，能解读者对叶家在烈火烹油、鲜花着锦的鼎盛之际，突然会全身而退，不仅不在乎买来的头上的"红顶子"，同样也不在乎坐拥的千百万身家，从此在十三行中消失得不留一丝痕迹的困惑。

潘家退出后，还得再度复出，可叶家却一去不返。

许多行商多才多艺，甚至把经商也当成一门艺术，把世界贸易玩得风生水起。可在自己的祖国，却仍处于那么尴尬的地位！

退出，真是万全之策么？

叶氏家族在十三行也是巨富，但最出名的则在于当其事业达到顶峰之际能全身而退，被视为榜样。

可惜，关于叶家，现有的中文资料不多，大多是范岱克从外文资料中找出来的。范岱克曾在澳门大学做十三行研究，被聘为中山大学教授，他是美国人，范岱克是他的中文名字。下面的内容是根据章远荣翻译范岱克《广东叶氏商人，1720—1804》的译文简写的。

1720—1804年，叶氏家族有五位商人在广州商界非常活跃，他们是：叶静园（Cudgin，据区宗华译，下同。未找到对应的中文名）、叶隆官、叶义官、叶朝官、叶仁官。他们的经营范围与其他商人相似，包括茶叶、布料和丝绸，也有的主要经营瓷器。叶隆官、叶义官、叶朝官更倾向于尽可能利用手头上的资本和资源做生意，并不愿意向外国人借贷大量的银钱。他们采用的更多的是以提供廉价货物来吸引老主顾的办法，并不太愿意用请客吃饭，或提供住处的办法来拉拢他们。这说明他们非常节俭，尽量降低成本

---

① 〔清〕叶廷勋：《于役澳门纪事十五首》，见《梅花书屋诗钞》卷四。
② 〔清〕叶廷勋：《于役澳门纪事十五首》，见《梅花书屋诗钞》卷四。

的意识很强。同时，他们在国内或者在东南亚似乎并没有设立自己的代理商。家族中的另外两人——叶静园和叶仁官是这个阶段中国商人中少有的典型例子，他们赚取大笔财富后，功成身退，从商界中消失，即便是与他们生活在同时期的人也认为此举非同寻常。

18世纪20年代，广东贸易行业充满危机。也许这是促使叶静园下决心退出商界的原因之一。

1726年的秋天，按当时的做法，奥斯坦德东印度公司的商船抵达澳门之后，其官员就会率先到广州，与广州的官员以及商人洽谈贸易条款，商船随后才驶抵广州。在达成贸易条款前，商船必须停泊在澳门，这一点至关重要，因为这样才更有利于外国商人在谈判中达到自己的目的。

这一年，到达广州的奥斯坦德东印度公司的官员听到了令他们非常沮丧的消息：总督要求那一年所有到岸的银子必须交付10%的关税。这与上一年的做法完全不同。虽然有足够的理由对银两收税，但在其他港口没有这种规定，因此，外国商人非常不愿意执行这一政策。奥斯坦德东印度公司的大班罗伯特请求叶静园和其他商人安排他们拜谒总督，以商谈这项新规定并且呈上他们的请求。①

在等待拜谒总督期间，罗伯特暗地里约见了商人陈寿官和康官，与他们商讨万一与总督协商失败可以采取的其他办法。罗伯特向他们提出是否可以考虑去厦门交易，如果愿意的话，他说可以派一些商船驶往厦门。陈寿官多年来一直都有去厦门交易的想法，因此，一拍即合。

谁料，总督立即得到了他们共谋的风声。他马上传话警告陈寿官和康官，说如果他们胆敢把生意转到另一个港口去做，一旦被他抓住，他就会用竹鞭抽打他们，即使他们死了也会继续惩罚他们的家人。他的威胁立刻见效，制止了这桩欲迁往厦门进行的交易。罗伯特别无选择，只好回过头等候与总督商讨协议。

8月18日，罗伯特和他手下的官员在叶静园、陈寿官、康官、寇卢、汀官以及葵官的陪同下，前往总督府拜谒总督。大概有3000人在总督府站岗，由一个主要官员负责主持仪式。在一番互相介绍和寒暄后，罗伯特提出了他自己的要求并声明除非接受他提出的条件，否则他不会命令他的商船驶入广州。在会见时，罗伯特怀疑外语通事虽然把他所讲的事情全部翻译成汉语，但却没有将总督他们说的所有的事情告诉他自己。而且这些外语通事也没有按要求代表奥斯坦德东印度公司，站在公司的立场上提出要求。因此，他转向商人求助，请他们担任通事。罗伯特的理由是商人"会讲英语"（当然是"洋泾浜"英语），他可以与他们直接对话，这样会方便很多。他请求商人们承诺，保证对总督解释清楚他们的要求，商人们答应了。

8月22日，叶静园与另外几个商人一起与奥斯坦德东印度公司的官员会面，向他们传达总督的回话。总督并没有接受他们关于予以所有到岸银子免税的请求，相

---

① 参见〔美〕范岱克《广东叶氏商人，1720—1804》，章远荣译，见谭元亨主编《十三行新论》，中国评论学术出版社2009年版，第92～130页。

反地,他宣布对贸易额征百分之十的税并且指定由叶静园负责统计总量。这一规定对奥斯坦德东印度公司或中国商人都是不利的,但经过深入协商后,他们终于达成了临时协议。于是,罗伯特命令商船驶入上游的广州。同时,叶静园和陈寿官说服了罗伯特,让他相信他们能够做好总督的工作,因此双方就能够接受的价格达成一致。能与这两个商人缔约,罗伯特感到很高兴,他认为叶静园是广州最有能力的商人,并且在他看来,叶静园是唯一能够影响总督的人。

尽管在这一年里被迫交纳重税,1726年对叶静园来说仍然是非常不错的一年。他签下了奥斯坦德东印度公司三艘商船的百分之八十五的生意。奥斯坦德东印度公司的账簿上标明他的总贸易值高达100万两银子。这么大的贸易量是非常让人吃惊的,由于东印度公司很少把商船上超过20%到50%的货物量交给行商,所以超过50%就已经是罕见的了。除了奥斯坦德东印度公司外,叶静园肯定还与其他公司做生意。因此,说叶静园是当时广州最富有的商人之一是不会令人感到惊奇的。

1726年的贸易季节后,叶静园抽出时间与总督一起去了一趟北京。1727年6月,英国人在他们的记录里提到叶静园在这一年里不在广州,且不做生意。总督的任期只有一到三年,他们通常是在贸易季节开始或结束时到职或离任。最为常见的做法是在贸易淡季(2—7月)期间离任,这时在广州只有几艘或者完全没有外国商船。与此同时,下一任总督走马上任。[①]

叶静园很幸运,能够在身家百万时功成身退,由家人接手生意,同时还拥有一个新的官衔并且身体健康。在这一点上,他作为一个商人是值得仿效的,因为他懂得如何充分利用人脉关系和规则,为他的家族、他自己以及国家谋取最大的利益。

叶氏商人的经历是广州小商人经商行为的典型范例。他们的贸易活动持续了大约84年,见证了广州这个港口城市的巨大变迁。在此期间,来华的外国人数量增加了10倍,从最初的几百人增加到几千人。每一年抵埠的商船也由五六艘增加到50多艘。不断增多的外商和外国商船带来了激烈的竞争,也给户部和总督们以巨大的压力,他们必须不断扩大生意的范围。对商人来说,他们处在急剧的动荡之中,随时会出现新的、出乎预料的机会;与此同时,又有可能面临麻烦和负担。

对一些商人来说,包括叶隆官、叶义官和叶朝官,他们的生意做得越久,风险越大,就越有可能以破产告终。在18世纪30年代,叶隆官扩大了生意,但始终没有做到之前叶静园的规模。资料显示,到18世纪40年代中期,他与英国东印度公司、荷兰东印度公司、丹麦亚洲公司和瑞典东印度公司只有少量的贸易,甚至几乎完全停止了与它们的生意往来。这说明当时他的生意已经衰微。叶义官和叶朝官为了降低生意中的风险,尽量避免借贷高利率的资金,并且抵制把生意做大成为行业中的"大佬"的诱惑。

范岱克在《广东叶氏行商,1720–1804》一文中写道:

[①] 〔美〕范岱克:《广东叶氏商人,1720–1804》,章远荣译,见谭元亨主编《十三行新论》,中国评论学术出版社2009年版,第96页。

瑞典人1768年的记载里，在谈到广州的船运贸易时提到叶义官（Consentia Giqua）这个名字（按：很可能是Huiqua）。瑞典人列出了一份包括28艘商船的清单，叶义官以丰晋行（Fongzun Hang, Fengjin Hang）老板的名义榜上有名，该行拥有3艘船。除了这3艘船外，叶义官还有另外一艘船，而这艘船似乎属于广源行。所有这4艘叶氏商船每年定期开往交趾支那、柬埔寨、暹罗等地，全部由广州最有名望的船运商——颜享舍（Hongsia, Yan Xiangshe）资助；但在瑞典人的记录里，蔡文官（Monqua, Cai Wenguan）和Zey Anqua（蔡氏家族的成员）也是叶氏商船的资助人。

1768年，叶义官在广州与瑞典大班签订了船舶抵押借款合同，以便资助广源行Quonschyn号商船，该船将前往柬埔寨（但另一记载却说是交趾支那）。同年3月，瑞典人的记录上记载着叶义官向他们借贷370两银子，利息是百分之四十。

当时典型的做法是由几个外商共同集资发放贷款。因此，这次是瑞典东印度公司的几个官员放的贷款。在其他情况下，也可能是别的放贷人，比如葡萄牙人、美国人或其他在广州或澳门的外国人。叶义官的总贷款数是518两银子，还贷期通常是货船到达广州一至两个月后。这样船主就有足够的时间把货卖出去以便还贷。货船一般是9月份抵穗，因此，通常是11月左右还贷。①

此外，他们还想方设法如期偿还债务，但有时事与愿违。最后，端和行和广源行宣告破产并从商界消失。

具有讽刺意味的是，在叶义官和叶朝官破产后，一些以广源行的渠道经营的小瓷器商店却继续经营了许多年。也许这表明这些小商行老板比叶义官和叶朝官更为大胆，他们的经营理念不仅是简单地做小本生意。而叶义官和叶朝官成为行商后，就再也不能按小瓷器店老板的策略经营。虽然他们采用的策略似乎在短期内可以尽可能地降低生意上的风险，但长期来看，会陷入困境之中。

考虑到商界的盛衰，而业内又缺乏长期的资本积累的安全保障，很难想象有长盛不衰的策略。商人们从来就不能确定别人何时把欠的债归还他们，何时地方官员会来找他们捐款，何时北京方面会传来旨意要求他们捐助。因此，叶仁官退出后，他的儿子们仍被要求捐款，且持续了多年，为此深受折磨。由于种种不利因素耗费了经营成本，叶义官和叶朝官这时已经有了适合自己的经营方法。他们尽可能安全地经营自己的生意。但他们都没有赚到盆满钵满然后退出商界，也许是他们并没有退出的打算。遗憾的是，最后他们却因为经营不善出现资金困难而停业，因此他们在商界多年的打拼也就显得无足轻重。

叶义官很可能早就知道他的生意会破产。由于他和叶朝官做生意比较保守，当生意出现下滑时，他们没有其他办法扭转其趋势。以高利率借钱或者冒险大量进口外国货来

---

① 〔美〕范岱克：《广东叶氏商人，1720—1804》，章远荣译，见谭元亨主编《十三行新论》，中国评论学术出版社2009年版，第113页。

扩大市场占有率的做法不符合他们的性格。采取较为积极进取的手段或许有助于他们走出困境（当时他们的交易量太小，赢利不多，无法偿还债务），但根据他们办事的行为准则，他们是不可能这么做的。

叶义官不会像有些大商家那样，以搞阴谋诡计、拉帮结派、损害他人的手段来扩大生意。荷兰人在他们的记录里提到，叶义官的商行倒闭之前一直缺乏足够的现钱，为此，他一定感到非常沮丧。他向来不愿意乞求别人与他签订贸易合同，也不愿意采取高压手段强求外国人与他的商行做生意。他通常的做法是给他们优惠的交易条件，或者不时为他们提供贷款以赢得他们的好感（比如丹麦亚洲公司）；同时，他也很看重他的责任和义务。这样做却使他处于一种两难的境地：既要坚持自己的信仰，又要筹集到足够的现金来偿还债务。

叶朝官的情况与叶义官差不多，他们的经营策略非常相似。遗憾的是，他们生不逢时，正处于贸易的低潮时期。虽然没有为后代留下物质财富，但他们恪守了自己的经营理念和尊严，因此得以声名远扬。

与叶义官和叶朝官相比，叶隆官稍显激进，但较之叶静园和叶仁官，仍属保守。叶隆官、叶静园和叶仁官三人均成功地占有一定的市场份额，但仅叶静园和叶仁官成功地将经营所得积攒成财富。虽然他们两人退出商界的时间相隔70年，但他们退出时采用的策略相似。他们都曾有过辉煌的岁月，在那些年里，他们大大地扩大了自己在市场上的占有率；他们非常幸运，在短暂的时间里获利丰厚，并且得以携带所获财富及时退出商界。虽然叶仁官在初涉生意场时似乎与叶义官和叶朝官一样，在经营手法上相当保守，但看到身边其他商人接二连三地倒闭，他很快意识到扩大自己的市场占有率的重要性。而叶静园还采用另外一种策略：当官，以便获得北京同僚的支持。

叶静园和叶仁官决定退出商界后仍然继续做了几年的生意。也许这是为了找到最佳的退出方法以及为退出做好准备的必要阶段。显然，他们解决了所有可能会妨碍他们退出的因素。就我们所知，他们退出后一直没有被官方重新招回商界。遗憾的是其他商人由于不知道他们退出的具体做法而无法效仿他们。在同时代的商人中，叶静园和叶仁官确实出类拔萃。

我们不清楚叶静园去世后他的遗产是怎么处理的，但可以肯定的是，与叶仁官的儿子一样，政府官员肯定会定期"请求"他的继承人捐款，很难想象他们会不受其扰。现在，在美国皮博迪·艾塞克斯博物馆里尚有一尊与叶静园真人一样大的塑像，至今保存完好。而叶静园的财富和遗产中的其他物品已经全部灰飞烟灭。因此，也许叶义官的话是对的：真正重要的是经营的手法而不是经营的结果。

乾隆六十年（1795），而益行行商石中和拖欠外货价银，除变卖家产抵还外，还欠59.8万两。粤海关监督要求行商出面清理。与石中和兄长合作过的叶仁官就被逼拿出了5万两。

从范岱克对叶氏家族一辈辈的罗列，我们多少还是看得出其由小到大，再由盛到消失的变化。

18世纪二三十年代，叶家崭露头角。到五六十年代，叶家已是"六小行商"之一了。此时,"六小行商"还包括不久前刚当上十三行行首的蔡家。

而当时称为"四大行商"的,显然还不是潘、卢、伍、叶家。潘家是50年代才开始发迹的,伍家则更晚了,此时还在潘家当账房呢,而叶家则不定期被列为"六小"。所以,后来的"四大行商",绝不是"一口通商"时期的"四大行商"。

而到了19世纪,嘉庆九年(1804)刚过完年,叶家已全身而退,在十三行中彻底消失了。

那么,这"四大行商"是否在嘉庆五年(1800)前后便销声匿迹了呢?

到了道光年间,民谚中的"八大家"——潘、卢、伍、叶、谭、左(梁)、徐、扬,其时叶家已离开十三行十多年了,而道光年间的一场大火令谭家也退出了。

到了道光二十年(1840)鸦片战争时期,这"八大家"中尚能见到的只有潘、卢、伍、梁四家了,从当时的呈文中看,其他还有易、吴、罗等,大概十来家。

商场也是舞台,你方唱罢我登台。没有永远的主角。但不是每个在台上的角色都明白这个道理。

而叶家的故事,其不同之处恰巧就在这里:退一步,海阔天高,退一步,旷达风流!

嘉庆三年(1798),已经有了"三品"名分的叶廷勋(即叶仁官),奉命上澳门。

这一年,英国与法国的和谈破裂,战争在即。中国人不会明白当时的欧洲发生了什么。之前,即1789年,巴黎人民攻占了巴士底狱,1793年把路易十六送上了断头台,法国大革命方兴未艾。几乎就在前后几年,1787年,美国通过了《人权法案》,法国制宪议会也通过了《人权宣言》……英、法两国谈判,实际上是在英、奥、普(鲁士)第一次结成"反法联盟"之后,战争的火药味已经很浓了,连中国也感觉得到。

而三品官叶廷勋则是送去广东官府的"通牒":"谕饬洋商、通事,转谕该国大班,迅速驱逐,开船回国,毋任逗留滋弊。"

本来,外国公司的人员在十三行业务了结之后,依惯例每年都得迁往澳门以等下一季度的交易。但处于交战状态,不少战舰开到了珠江口,英国、西班牙、法国的舰只形成对峙。中国为保持中立,增兵500名到虎门炮台。最后,法国、西班牙的战舰才撤离。

到了1802年,英国大班多林文等更向英国国会提出咨文,要求攻占澳门。英国的军舰威逼日甚。

澳门的葡萄牙理事官委黎多向香山县告急。香山知县许乃来于三月初十日抵省城(广州),"谒见中堂,即将英吉利大班在澳欲令该船夷兵上岸居住,西洋夷人畏其借故占据澳门,甚为恐惧,求速令大班进省,催令兵船开行情由,据实察知。中堂一一允准。即于次日传洋商潘振承和卢观恒等,谕令即日赴澳,带同大班进省。洋商回称:大班定于初九日自澳起身,十一二日准可到省,英吉利并无谋占澳门之意,商人情愿出具甘结等语"。英国国家档案局所藏是年广东十三行洋商致英国大班的信函,都是四月以后的。叶廷勋当时去澳门的时候,是戴着三品官的顶戴花翎过去的,身兼"御史"身份。

欧洲方面,法国与英国签订了《亚眠和约》,反法联盟一度瓦解,战事甫熄。

然而，澳门危机消解，惠州这边却出事了。出事的，是叶廷勋的刎颈之交伊秉绶。

伊秉绶像

嘉庆七年（1802）七月，惠州博罗发生了重罪犯人越狱的案件，并由此案引发了广东官场的陋规案。收受规礼银，早在雍正、乾隆年间便已是官场中彼此心照不宣的潜规则，皇上一再设法革除，却无奈牵涉面太广，阻力太大，最终不了了之。亲政不久的嘉庆，在太上皇去世后对和珅下手，旨在表现自己的零容忍，势必先对下面的陋规一试牛刀。广东这一暴露，他岂能不龙颜大怒，"殊堪感叹，更深凛畏"，于是下旨：

>……所有博罗县绞犯越狱一案，知县刘嘉颖私禀臬司……姑着照所拟革职发往伊犁效力赎罪。典史李清……亦着革职发往军台效力赎罪。惠州府知府伊秉绶，系亲临上司，任行该县匿报，不行揭参，着革职。惠潮嘉道胡克家……着交部严加议处。藩司常职，交刑部审讯治罪。升任山东藩司吴俊……著即革职，令祖之望委员管押来京，交刑审讯问罪；吉庆、瑚图礼于所属匿报重案及收受陋规，漫无觉察，直同木偶，均著交部严加议处。①

从知县到知府，一直到两广总督以下相关广东官员，可以说是无一幸免。如果执行

---

① 《仁宗嘉庆实录》卷一〇一，第 351－352 页。

下去，整个广东的政权机构都要解体，衙门要空了，让内阁的吏部都不知怎么好。

好在一个月之后，嘉庆皇帝也自知失态，于八月三十日再下旨：

> ……姑念海疆重地，一时未便全易生手，吉庆从宽免其革任，瑚图礼着从宽改为革职留任。至惠潮嘉道胡克家于所属越狱之案，未经揭报，咎止失察，亦着从宽改为革职留任。①

被宽免的官员只到道台一级，而惠州府知府伊秉绶却未能幸免。

没想到，祸不单行，这期间，博罗县境又发现有匪盗勾结聚众一事，伊秉绶赶紧请求两广总督吉庆发兵清剿。谁知吉庆早就对伊秉绶心存芥蒂，如此火烧眉毛的事，他竟把请求压了一两个月，一直拖到九月中旬，才上奏酌调官兵剿捕，从而贻误了军机。

好在伊秉绶以革职之身，率领惠州军民冒死守卫惠城，直到十月下旬，匪首陈烂屐四终被擒获，凌迟正法。

危难之中，伊秉绶舍命守城，本应予以嘉奖，但剿匪成功之后，吉庆不但不奖，反而重罚，参劾伊赴新疆伊犁军台效力——形同流放。

陋规案已惹了众怒，伊秉绶案更是把这把怒火点得更旺了——这种蛮不讲理的做法，自会有人上陈朝廷，这就为吉庆日后倒台埋下了伏笔。

诗人张维屏记下了伊秉绶的遭遇："嘉庆壬戌，墨卿先生（伊秉绶号墨卿）以事罢官，大吏委官看守，在按察司狱厅。旁人为之忧厄，先生洒然若无事者。"

就在伊秉绶被羁押期间，叶廷勋全力投入营救当中。志书上载，叶廷勋"倾数千金相助"。

到了年底，伊秉绶终于恢复了自由。

而此时的两广总督吉庆，由于作恶太多，被人告了，嘉庆皇帝严斥其在广东"措置失当"，罢职调查。

外国大班惊悉："12月14日，委员会惊讶地听到总督吉巡抚在寓所自杀的消息，他自杀的办法是，突然从巡抚的腰带上攫夺一只鼻烟壶并硬吞入喉咙。"②

由于大班不明就里，以为打败有可能袭扰广州、令外商惶恐不安的盗匪的是这位吉庆，竟还认为他是"清廉正直和性格仁慈的官员"。

当然，被皇上下旨"谪戍军台"，要完全解脱绝非易事。前前后后，有多少人为伊秉绶奔走说情，这里就不一一细说了。

不到两年，伊秉绶被保举为扬州知府。

伊秉绶在广东，与翁方纲、阮元被合称为岭南"三大名士"。他在惠州、扬州任知府、太守期间，以廉吏善政，在老百姓中颇有口碑。他在惠州为知府时，惠州一度成为

---

① 《仁宗嘉庆实录》卷一〇一，第359页。
② 〔美〕马士著：《东印度公司对华贸易编年史（1635—1834年）》第一、二卷，中国海关史研究中心组译，区宗华译，中山大学出版社1991年版，第702页。

客家文化中心，宋湘、徐旭曾等客家名流均聚集于他极力扶持的丰湖书院，被誉为"客家宣言"的《丰湖书院》时为徐旭曾所写的，是第一篇记叙客家历史潮流的重要文献。伊秉绶在惠州期间，问民疾苦，兴利除弊，百废皆兴，讼牒所至必亲审理。有富豪欺辱寡妇弱子，即拘豪询责，民众称快。他致力于发展地方文化，造就人才，奖掖后学，重修白鹤峰"东坡故居"，于西湖建无碍山房、招鹤亭供人游赏，创建丰湖书院，请嘉应才子宋湘主持学宫教学。伊秉绶重修苏氏故居时，于墨池中得东坡"德有邻堂"端砚（今藏于福建省宁化县博物馆）。

史料中记载：

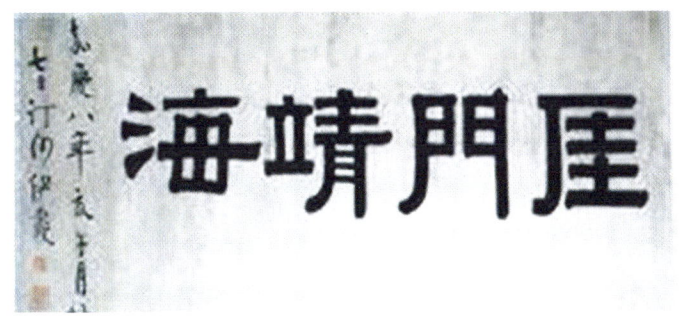

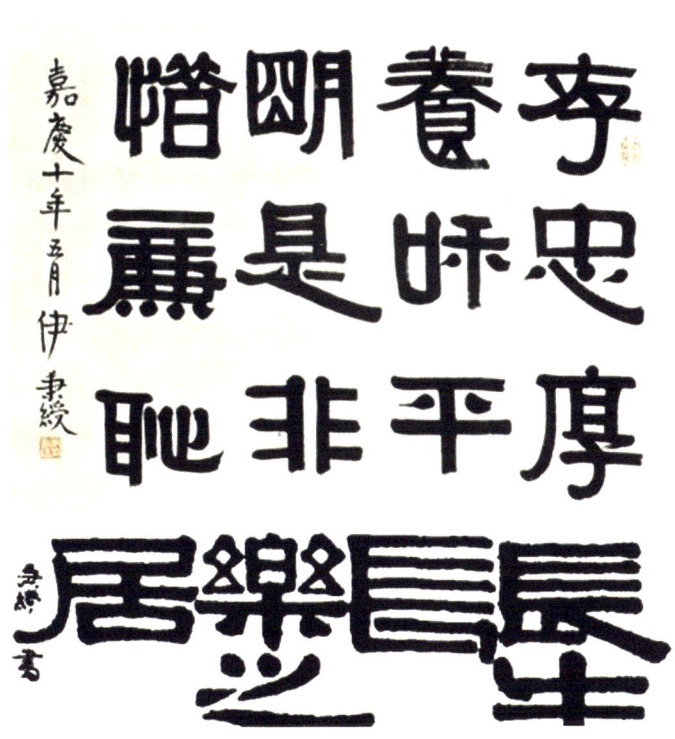

伊秉绶的字

嘉庆元年，匪徒陈亚本、陈烂屐四相继于郡境行动抢掠，百姓不得安宁，伊秉绶向提督孙全谋请兵往捕，不应；于是率民环呼，又不应；乃领衔役70余人夜捣匪巢，擒获亚本，余匪逃入羊矢坑。嘉庆七年，惠州大旱，陈烂屐四串通勾结不法役吏趁机抢掠，又适博罗绞犯越狱，总督吉庆仓皇失措，提督拥兵不前，秉绶每每愤懑请兵益力，触怒吉庆，遂以"失察教匪"被罢官入狱，遣军台。惠州士民见秉绶无辜谪戍，哭诉于途，恳请奏留，士绅叶廷勋等又为其竭力奔走，吉庆见士民势众不可侮，只得许秉绶随营办事，免戍军台。未几，吉庆以在粤"措置失当"，被嘉庆帝罢职调察，自杀身亡。令新督倭什布巡视惠州，士民数千为秉绶鸣冤，倭什布将情呈报朝廷，奉嘉庆皇帝命，秉绶免罪平反。①

在伊秉绶出事前一年的嘉庆六年（1801），华北大水灾，十三行行商自是要捐出巨款。时任粤海关监督佶山奏了潘致祥一本，趁机报复，勒索达15万两银子，也就是这一年，海关新加征294种货物关税，更是竭泽而渔，一时间，十多家行商就剩下八家了。

后来外国大班的日志里记载："在广州的外国贸易中，海关监督的人格成为头等重要的事情。几年前，在位者曾经是贪婪和暴虐的，充满了粗鲁无知的蛮横……"②

以上事件，当然，还有其他的不如意，导致叶廷勋萌生退意。范岱克的文章中是这么写他的退出的：

叶仁官离开广州后，记录里仍然有几个关于他的简短记载。在英国东印度公司1808年2月份的记录里，有一条记载说叶仁官将150000西班牙币存入该公司广州的金库，但并没有说明其理由何在。也许他是按要求偿还某个破产商人所欠的账款，又或许他在做某个生意。考虑到叶仁官相当富有，且没有继续经商的愿望，偿还欠款的说法似乎更合乎逻辑。1814年，叶仁官的几个儿子均被迫每人为国库进贡20000两银子以填补预算方面的亏空。因此，尽管叶仁官退出了商界，官方仍然没有忘记这个退隐之人以及他的金钱。③

末一句"官方仍然没有忘记这个退隐之人以及他的金钱"，可谓意味深长。

也许，不会有人完全揭示出他退出十三行的根本原因，我们也只能在这里尽可能地加以展示。

从马士的《编年史》中关于1800年前后行商们的资产及贷款记录我们发现，在若干行商中，"潘卢伍叶"的排列多年不变，且每年都有好几十万两银子的流转。不过，到了1804年，只见"潘、卢、伍"，"叶"彻底消失了，退得很是彻底。

---

① 《宁化县志》（民国版）卷十四《人物》，第208页。
②
③〔美〕范岱克：《广东叶氏商人，1720—1804》，章远荣译，见谭元亨主编《十三行新论》，中国评论学术出版社2009年版，第118页。

退，也是一种艺术。也许，只有与这个世界做最后的告别，才算是真正的退出。

广州有被誉为"天南第一峰"的白云山，如今，仍林木葳蕤、云涛翻涌，是广州市的"市肺"。想当年，那里应更是林深路狭，山石嵯峨，不少达官贵人都视那里为龙脉所在、风水宝地。而叶家最成功，也是最后一位行商的叶廷勋的墓地，就选址在那里。只是，墓志上没有用他从商时的名字"叶上林"，而是用的"叶廷勋"。

碑文上有说明：叶廷勋，清乾嘉年间南海人，字光常，号花溪。叶廷勋去世的时间是嘉庆十四年（1809）九月六日。碑文记载和现在历史学家考证的叶廷勋去世的日期是契合的。不可能同一家族有另一个人同一日去世，而一个是商人，一个是官员或文人。

这一碑文，是闻名遐迩的清官伊秉绶所作。同叶廷勋一样，伊秉绶也有多重身份，除了官员，另一重身份是书法家、诗人，甚至是流传至今的伊面的发明家——由于废寝忘食地忙公务，他把面条炸熟烘干，平时赶时间用餐，用开水一冲即可，这便是那时的"即食面"。为纪念他的这一发明，这一特别方便的面被命名为"伊面"。

叶家与伊秉绶的交往是终生的。

能与这样的著名清官交厚，也可见叶廷勋的人品。后边，我们还会讲到两人的生死之交。先看看伊秉绶为叶廷勋亲自撰写的碑文：

> 资政大夫叶公，以学行显荣。初，公祖母苦节获旌，父掌车艰于养。公少励学，作而曰："学在克家。"遂弃章句，诺重商旅，信孚远人，积赀既丰，值国家有急，历输台湾、廓尔喀军粮，永定河、南河石工，计累巨万。天子褒之，加至盐运使司衔，锡封二品，荣及三世。迨训子成才，母寿益高，则辍业孝养，日夕依依，暇仍励学，诗含清风，顺德黎二樵（黎简），钦州冯鱼山（冯敏昌）咸折节与交。曾校王文简公《古诗选》，大兴翁鸿胪方纲一见称善，出所校本与合刻，艺林珍之。著《梅花书屋诗集》若干卷。顾体羸病，以嘉庆十四年九月六日卒，年五十有七，远迩惜焉。公讳廷勋，字光常，号花溪，配颜氏，封太夫人。先意承志，善养其姑，前公三年卒。子三人：梦麟，候选郎中；梦龙，户部员外郎；梦鲲，光禄寺署正。孙九人，诸详李太仆宗瀚所作墓志铭。秉绶辱公知爱十余年，今重来登坟，惟公孝于家，勤于国，信于友，生平任恤解推，不可枚举。籍本福清明宰相叶文忠公之裔，由同安再迁南海。传曰：公侯之子孙，必复其始。谨表叶氏光大所由，实缘公内行克修，垂荟后昆，刻石白云新阡，以告来者。资政大夫、前扬州府知府、署两淮盐运使、刑部员外郎、戊午（1798）科湖南主考官、愚侄宁化伊秉绶顿首拜撰并书。朝议大夫、廉州府知府、署广东粮储道、姻愚弟、龙溪李威顿首拜题额。嘉庆十六年辛未岁十月丙午朔，距既葬二十有一月立石，李药州摹勒上石。

如果碑文中没有"诺重商旅，信孚远人"八个字，足以证明叶廷勋是商人，而且是从事与"远人"即外商做贸易的十三行商人，我们恐怕很难证实他这曾有过的身份。而伊秉绶特意加上这么一笔，也不简单。

颜氏太夫人就是颜亮洲之后，可见行商之间联姻密切。叶梦麟、叶梦龙、叶梦鲲均为这位太夫人所生。

在中国文化传统中，商人历来被人看不起，哪怕你腰缠万贯也没用。君不见如汗牛充栋的一部部方志、族谱，诸如官宦、烈妇、贞女乃至怪异之类，都可以专列一章，但是没有商贾的份。我们从马士的《编年史》中可以找到潘、卢、伍、叶、谭、梁各家的交易记载；但是，在这些家族的谱牒中，可以有官宦、烈妇之类，就是没有商人的痕印，也就是说，连自家人也看不起经商的族人。所以，在国内这类典籍中寻找商贾的记录，可谓难上加难。虽说司马迁在《史记·货殖列传》中给他们留了一席之地，可打那之后，却很少有谁把他们写入正史。这是历史的偏见，也是中国近古史停滞不前的重要原因之一。

而能有伊秉绶这样的名家题写碑文，应是叶家的大幸。

碑文中，还有"训子成才，母寿益高，则辍业孝养，日夕依依，暇仍励学，诗含清风"之句，颇为恭敬，指的是其子"梦麟，候选郎中；梦龙，户部员外郎；梦鲲，光禄寺署正"，不负父望。

至于秉绶说到自己"辱公知爱十余年"，则自有分说。

而"孝于家，勤于国，信于友"九个字的评价，则是很高了，也很是中肯，一般人谁做得到这九个字呢？人格的高尚，全在这九个字当中了。

碑文中没有提叶廷勋在十三行中的名号——叶仁官。或许，这一商名已不值一提了。叶廷勋一死，更彻底地退出了十三行，退出了商界。

碑文中称叶家"籍本福清明宰相叶文忠公之裔"，这也许是叶家与十三行其他各大家的不同之处。虽然各家祖上也有当过诸如翰林之类的，但大多出身贫寒，很少有祖上荫庇，而叶家，祖上却赫然有一宰相。

这叶文忠公好生了得，是明代著名的忠臣叶向高，"独相十三载"。当他中了进士后，明万历年间，调任皇长子侍班，因为直言国事，开罪了当政的内阁首辅沈一贯，从而被任吏部、礼部。直到沈一贯失宠后，他才升任礼部尚书兼东阁大学士，又任首辅，独掌内阁达8年之久，加上之后泰昌、天启年间5年，共13年。在任期间，党争日烈，他认为"今日门户各党，各有君子，各有小人"，所以，务必"去其小人，用其君子"，不以党派划线用人。任上，为刷新朝纲，他起用贤臣，结怨于"阉党"，被诬为"东林党魁"，最后不得不请辞，终年69岁。及至崇祯初年，朝廷罢黜"阉党"，魏忠贤畏罪自杀，叶向高被追赠为太师，谥"文忠"，并建御祭碑亭。所以，叶家称得上忠义之后。

及至清朝，叶家亦有人在朝廷做官。关于这一点，叶官谦的《叶氏族谱》中记载，乾隆年间，叶家有"少詹工于文，所撰着予尽观览，于是得邱太恭人寿文……"这里说的是，时任詹事府少詹事的叶观国，因其"工于文"，深得皇上依赖，命令入直尚书房。由于叶廷勋与其素有交往，又是同族人，故叶观国专门为叶廷勋的母亲邱太恭人81岁大寿写了贺寿文。不过，这已是18世纪末，叶家在十三行中沉浮有七八年的时间了。

应当说，范岱克对叶家于英文记录中的考证还是准确的：早在1720年，即18世纪初，叶家已活跃于十三行的贸易当中。最早出现的叶静园正是叶家在十三行康雍年间经营得最为成功的一代。他是比利时商人1723—1726年间的主要贸易伙伴。

而雍正四年（1726），则发生了时任海关监督杨文乾要"加一征收"的事件——按外商的理解，这便是10%的靠岸税。没开始做生意就要上交10%的银子，外商说什么也不干，索性把商船停在外洋不进来了。

杨文乾却让十三行行商先行为所保的外轮付这个"加一征收"。行商当然也不干。于是，他把当时的商总谭康官抓了起来。

谭康官被抓后，正是由叶静园负责统计"加一征收"的总量。迫于无奈，叶静园只好与外商反复协调，最终达成临时协议，外国的商船才驶入广州，一场危机终于得以化解，谭康官也被保释了。

尽管这时叶静园已富可敌国，可这番折腾使其元气大伤，再目睹谭康官后来几次入狱，他便萌生了退意，这也是叶家人第一次尝试退出。

关于叶静园退出，范岱克是这么写的：

> 从英大班的记载里，我们得知叶静园返回广州时还拥有几个夷馆。他把其中一家租借给了奥斯坦德东印度公司，而且在1727年时他为法国东印度公司（CFI）也提供了一所夷馆。1728年，英国东印度公司也与他接触打算租赁他的夷馆，这表明他把大量的资金投入到不动产里。他对这些夷馆的所有权显示了他的富裕程度以及他在商人群体中的地位。然而，我们并不清楚他退出商界后是怎么处置这些夷馆的，叶隆官和叶义官似乎并没有把夷馆租借给外国商人，因此，也许叶静园离开广州之前就已经将夷馆出售。
>
> Cheong提到说叶静园1732年退休后回到泉州，因此他在1733年做的生意很可能是为了完成在上一年签订的合同的所为。令人惊奇的是他成功地安排了自己的退出，同时也安排好了所有在广州与生意有关的人员，比如，引水员、买办、通事以及商人，而这些人通常都是终身雇佣的。在1720年代时，这种做法属常规，但在1720年代末期有所变化。有时候通事或买办可以重新委派到其他职位，比如让他们经商，但是一般来说，他们如果不是丧失了工作能力，是可以在自己的职位上干一辈子的。在整个广东贸易时代，人们不会选择自动辞职，所有的任命（不管是他们想要或不想要的）都必须交纳入场费。
>
> …………
>
> 由于外国商人习惯于与相同的人年复一年的打交道，因此，用人的连贯性也有助于建立他们的信任感。随着交往的增多就会建立起长期的友谊，从而互相之间就更为信赖。而这些因素也会吸引更多的投资者和商人来华，从而为清朝政府创造出平稳的财政收入。这也符合北京大臣们的期望：加强对外国商人的控制；保证源源不断地把税款进贡给北京。同时，这也是不允许商人随意退出商界（退休）的理由。出于这个原因，商人很少能够成功地隐退，因此，许多人，包括华人和外国人，都认为商人不过是为政府挣钱的奴隶，一旦不需要他们，他们也就无足轻重了。这种状况让其他精明能干的人不愿意经商，因为一旦经商便没有退路。即便能像叶静园那样幸运，可以安排自己的退路，也不能保证在下一任官员上任时或者商人职位

有空缺时不被重新召回。

考虑到上述因素，我们认为叶静园之所以能够成功的退出商界，很可能与他的这些做法有关：1726年按总督的要求交纳10%的银税；在同一年贸易淡季时与总督一同前往北京。从皇上那里买官衔（谁也不知道他在北京还进贡了什么）也许是他的策略之一。与朝廷保持良好的关系很可能是确保未来派往广东的官员能够尊重他的退出的最好办法。①

这段文字似乎有些冗长，而且出于范岱克的理解，未必切中肯綮，但不妨当作参照。而他之后的两代人就没有那么好运。

到了叶义官去世的乾隆三十年（1765），他已欠下了一大笔债务。而在这之前，叶、蔡、张、颜等"六小行商"正在设法与"四大行商"的垄断对抗，争取自己的份额。

关于之后的叶朝官，范岱克提供的资料是：

到18世纪70年代末期时，一个又一个行商陷入了金融危机，最后，行商整体陷入困境之中。不幸的是，叶朝官也受到了不利的影响。

1772年1月，据说与叶义官的丰晋行有生意往来的商人倪宏文（Wayqua, Ni Hongwen）开始拖欠款项。他欠了英国人11000两银子，而且毫无疑问还欠了其他人的钱。尚不清楚叶朝官是否也受到倪宏文的问题的拖累，但不久之后，我们看到他也陷入麻烦之中。

1773年，叶朝官也开始逾期支付英国东印度公司的款项。这一年，他无法在英国大班去澳门之前清偿债务，不得不签下合约延期支付款项。英国人并没有要求他支付欠款的利息，这是他们表示友好的做法，但即便有这样的优惠和时间上的宽限，秋天大班们返回广州时，叶朝官还是无法结清债务。

1773年，叶朝官继续获得丹麦人大量的贸易定单，这大大地有助于他在1774年筹集资金偿还英国东印度公司的债款。这时，他又从英国人那里接到一个新的定单，并且与丹麦亚洲公司签订了更多的合同。尽管如此，他还是没有机会扭转生意上的颓势。

根据Ch'en的说法，叶朝官于1775年7月3日去世。也许他弄错了时间，因为在12天后，丹麦大班把广州所有的行商排列出来，叶朝官名列第15位。这表明当时广源行的情况仍然不明确。而该商行关闭的确切日期也不清楚，似乎是在1775年底或者是1776年初。②

---

① 〔美〕范岱克：《广东叶氏商人，1720—1804》，章远荣译，见谭元亨主编《十三行新论》，中国评论学术出版社2009年版，第97-99页。

② 〔美〕范岱克：《广东叶氏商人，1720—1804》，章远荣译，见谭元亨主编《十三行新论》，中国评论学术出版社2009年版，第113页。

叶朝官的商行倒闭了，而这时，叶廷勋才刚刚涉足十三行的业务。父辈们的遭遇，使他不得不打起十二分的精神。尤其是来自官场的压迫，比当日叶静园所遭遇到的，更变本加厉。

此前，叶廷勋曾经是潘有度同文行（潘有度退出商界后，又被朝廷召回十三行，同文行改为"同孚行"）里管账的。章文钦教授在《广东十三行与早期中西关系》中说，他与石中和是合伙人，在石中和破产后，"罄家赔累，始得免于难……来家讨债者不下数百人……而内库实空，终无善策……得洋人赠遗白金三千元，公尽付之讨债者。明年大起，另开义成洋行……"这段历史是叶廷勋的孙子叶应铨口述的。

这时，叶廷勋想到父亲与当朝一位叶家族人的"一面之缘"。

原来，他的父亲叶柏圃早年从广州回福建采购茶叶时，在闽门与正准备入京觐见的叶观国在旅店里邂逅，因为是同姓，所以说话特别投机，后来竟发现，叶柏圃虽然是广东南海商人，可几代前即原籍属福建诏安，再往深处说，与叶观国居然是同一个乡的，而且还是同一宗族，都可以归到叶向高一脉。于是，两人以族兄弟相称，观国为兄，柏圃为弟。这是乾隆二十五年（1760）前后，也就是"一口通商"之初，"六小行商"中有叶家之际。

叶观国入京觐见后，可谓步步高升，擢翰林院侍读学士，又迁詹事府少詹事，深得乾隆皇帝的器重。

但叶柏圃的生意则起起伏伏，心力交瘁。直到交付给儿子叶廷勋接手后，才有起色。族谱中称"廷勋方轩然鸿起，析薪之任一望肩荷之有余"。自家商行已没有了，他只能寄人篱下，借用而益行的名义在做，而益行是石鲸官的。叶廷勋后来才成立了自己的商行——义成行。在 18 世纪 80 年代中期，他主要是与英国东印度公司和丹麦亚洲公司做生意。

在马士的《编年史》中，记录了1792年英国东印度公司欠叶仁官（叶廷勋）近13万两银子；又记录海关新批准了 6 位行商，并发给了行商执照，其中有（卢）茂官、（伍）沛官及（叶）仁官等。[①] 而这一年叶廷勋的生意额为近 260 万两。

叶廷勋的迅速崛起，得益于什么？

原来，在这两年前，即乾隆五十五年（1790），当时已 37 岁的行外商人叶廷勋，觉得老是打着而益行的名义经商，已不足以发挥自己的才干，应当自立门户了！这也是闽商的传统，哪怕仅有几两银，也得自己当老板。

这时，他经反复考虑，决定让自己 15 岁的儿子叶梦龙到北京去。去北京干什么？北京不是有父亲的族兄，也就是自己的伯伯叶观国么？让叶梦龙去认这位已平步青云的伯公，何乐而不为？

别看这叶梦龙才 15 岁，却才华横溢，已是少詹事的叶观国是个重才之人，焉得不喜欢？

---

① 参见〔美〕马士著《东印度公司对华贸易编年史（1635—1834 年）》第一、二卷，中国海关史研究中心组译，区宗华译，中山大学出版社 1991 年版，第 509–514 页。

说起这叶梦龙,也非寻常人物。如今,凡是岭南名人辞典、广东名人辞典里,都少不了他;反而是其父叶廷勋,却未必有其名。

叶梦龙(1775—1832),叶廷勋之子,广东南海人,字仲山,号云谷。尝服官农部,被称为"叶农部",官至户部郎中。擅绘事,富收藏,精鉴别,金石书画收藏颇丰,剧迹不少。父廷勋喜收藏书画,梦龙大有父风,其风满楼、友石斋、倚山楼之藏品,著录于《风满楼书画录》,并汇刻于《贞隐园法帖》及《友石斋集古帖》中。①

日后叶梦龙也成了京官,官至户部郎中。当然,他在文化上的名望不让官声。

经商的父亲入不了词条,当官的儿子则逢典必入,这自然也是中国商人之哀!

叶梦龙此番第一次进京,首先是为自己的仕途铺垫,同时也是为父亲铺路的。其时,叶观国已经是古稀之年,这个宗亲关系不接上,以后只怕就再也接不上了。更何况叶廷勋家已在上几代迁居广东南海,与原籍福建诏安的关系并不为众人所知。接上了这个关系,意义可不小。而叶梦龙出口成章,诗才敏捷,应为叶观国所欣赏。

果然,第二年,叶廷勋的母亲邱太恭人81岁大寿时,叶观国就以族兄的身份,从京城发来了情真意切的祝寿文。

这一来,广州城中的总督、巡抚、海关监督也就都知道了。原来,叶家在京城有显亲!

十三行在明代的兴起,促进中国由粮本位向银本位的进步,但是,纵然它前后维持了300年,却无法撼动官本位,西方的"以商立国"在这里是被视为歪门邪道、异端邪说的。

到第二年,叶廷勋终于如愿以偿,被批准成为十三行行商,不再是行外商人,他终于入"行"了。

这样,自乾隆五十七年(1792)开始,仅仅10年间,他的商业资本就有了长足的发展。一如范岱克所云:

> 1804年,叶仁官终于退出了商界,是为数不多的几个在事业辉煌时退出的行商之一。Ch'en在对商人的研究中发现叶仁官是1760年以来唯一一个成功隐退的行商。毫无疑问,叶仁官一定给了官方大笔钱财才得以实现他自己的愿望,但我们并不了解具体的情况。他的成功却鼓励了其他商人,比如潘启官Ⅱ,他们纷纷效仿他的做法。但与叶仁官不同的是,皇上再次把潘启官召回商界。②

进是为了退——积攒了巨富,为的是全身而退,连当日派儿子上京攀上京官,说到底,也是为了退!有谁能道得明这其中的奥秘呢?

毫无疑问,嘉庆九年(1804)叶廷勋退出后,"四大行商"只余三家了。而卢观恒

---

① 参见朱万章《广东传世书迹知见录》,天津人民美术出版社2003年版。
② 〔美〕范岱克:《广东叶氏商人,1720—1804》,章远荣译,见谭元亨主编《十三行新论》,中国评论学术出版社2009年版,第118页。

死于嘉庆十七年（1812），四大行商更只余二家。所以，从乾隆五十七年（1792），卢茂官、伍沛官与叶仁官被批准为行商起，"四大行商"之名，也就存在了10年左右的光景，正可谓商海沉浮。

不过，在东印度公司的记录中，1808年，还有"财库从潘启官的账户差额收入210925元，从浩官（沛官）收入50000元，从仁官收入150000元，以上共计410925元＝295866两"。也就是说，叶家的金融资本仍在流转之中。否则，嘉庆十九年（1814），又怎么会有叶廷勋的儿子们仍被迫每人为国库进贡2万两银子以填补预算亏空呢？甚至道光十二年（1832），海关仍要求叶廷勋的一个儿子充当行商。这事当然没成，因为叶家的资产已经大大缩水，当不起了。

时至今日，十三行行商的金融运作，我们还不曾深入研究。我们只能从其早期，即康熙年间，黎启官已是外国商船的大股东，到十三行结束前后，伍家在欧美，尤其是美国太平洋铁路上有大笔投资的近200年间，得知他们的金融资本已在全球形成了自己的网络，但这个网络究竟有多大，有多广，则不得而知。而这些，当然得瞒着官府。

叶家何时开始在十三行经商，也待考证。马士的《编年史》中称其最早的经商者叶静园出现在1720年间，他推测在这之前叶家早已涉足对外贸易。

而"王商"洪顺官则是在马士的《编年史》中最早出现的洋商。这位"王商"在1699年之后仍相当活跃。有人猜测1697年广东有位名叫振德的商人，有可能为叶家一脉，但尚无确证。其时的商人大多有"王商"的背景。

叶廷勋有三首诗，题为《过城西报资寺平南王墓》：

> 古寺苍凉石碣存，一家遗骨瘗西园。
> 平南功业今何在，野草繁花翳墓门。
>
> 荒冢累累向夕阳，古槐交荫路羊肠。
> 自从玉碗埋尘土，无复衣冠拜尚王。
>
> 寒食年年听杜鹃，春山啼断陇头烟。
> 纸钱麦饭无人到，惟有农夫负耒前。①

他何以如此感慨？叶家是否本就是从"王商"演变而来的呢？不得而知。"平南功业今何在""无复衣冠拜尚王"是抱不平，是遗憾，还是什么？"纸钱麦饭无人到"是感叹世态炎凉么？内中深意，也许只有他自己知道。在清廷森严的"文字狱"下，他这么写，难道毫无顾忌么？

据考证，叶家是福建诏安的无疑，至于说是婺源的，其实也是从福建过去的一脉。而叶家到广东南海，到叶廷勋时也应有不下五六代了，他们与岭南文化早已融为一体，

---

① 黄佛颐编纂，仇江、郑力民、迟以武点注：《广州城坊志》，广东人民出版社1994年版。

说闽商在十三行中所占比重大,这话不假,但几代人下来,已然成岭南人了。他们的生活习惯、好恶、思维方式、举手投足,与广东人无异。而叶廷勋笔下的诗文,当然更渗透了南国的生活气息,读起来倍感亲切。不妨照录他的十首《珠江竹枝词》:

大观桥下水潺潺,大观桥上路弯弯。
侬家自爱桥西住,夜夜桥东带月还。

一围杨柳绿阴浓,红尾旗翻认押冬。
映日玻璃光照水,楼头刚报自鸣钟。

古寺长安日出迟,铺陈百货欲居奇。
珍奇不少传家宝,流落民间价不知。

不夜元宵彻鼓锣,蓬莱基尾踏春过。
宜男俗尚青青菜,采送床头结子多。

艳说名花是美人,素馨名字唤来频。
花田旧址无花种,花月花魂认化身。

槟榔银盒送香闺,小婢青丝覆额齐。
为问隔邻诸姊妹,天孙曾否渡河西?

佳节中秋兴不孤,浪游俦侣逐群呼。
人传今夕山歌会,试问黄沙去也无。

东邻西舍月当楼,多少良宵狎冶游。
银甲冰弦挑拨处,风流人解爱扬州。

阿姨家近绣衣坊,嫁得闽商惯趁洋。
闻道昨宵巴塞转,满船都载海南香。
(原注:巴塞岛即安南分割之地,本港洋船多趁此处)

西园春市剧繁华,春到园林处处花。
花事一随春色去,朱门休问旧人家。①

---

① 黄佛颐编纂,仇江、郑力民、迟以武点注:《广州城坊志》,广东人民出版社1994年版。

仔细玩味，这岭南风情跃然纸上。而"映日玻璃""自鸣钟"等舶来品亦已入诗，"嫁得闽商惯趁洋"也反映了人们价值观的变化，不再以嫁商人为悲哀了，更乐于"趁洋"了。"珍奇不少传家宝，流落民间价不知"分明是指海外众多珍奇物品。

十首竹枝词活泼、欢欣，不乏旷达，自是反映了一代儒商的开阔视野、阳光心态。

再看他的另外四首《竹枝词》：

金碧交辉映水窗，月台邀月枕珠江。
夜阑欸乃渔家曲，不是潮腔是广腔。

新填地坐两三湾，湾内人间十八间。
记取月明闲泛棹，琵琶声里认双鬟。

六角亭栽夹竹桃，红莲花让白莲高。
夕阳风起江波急，人倚栏干听怒涛。

鹅潭对面海天空，箫鼓楼船夜月中。
不是珠娘生活好，销魂偏在素馨风。①

这是珠江景，特别是白鹅潭的美丽景观。

从诗中可见，诗人分明对素馨花情有独钟。"销魂偏在素馨风。"春分时节，这雪白的小花，开遍了城西，古人早就有"妙香真色自天然，羞御铅华学女妍"来赞它了，称其"香清而体白、郁郁盈盈，可掬可佩，贯四时而不凋，供一赏而有余"。显然，这也正是叶廷勋那么钟爱素馨的理由，在不同的诗中，一次又一次地提到它。

诗如人，叶廷勋欣赏素馨的洁白与清香，自有其人生理想的寄托。

他的墓，在幽深的白云山深处，自是儿子们对他所为的深知。

而他的儿子们，也如潘、梁等家，不复为商，各自在文化领域颇有建树，在历史上留下不俗的一笔。其中，最出名的是前边提到的叶梦龙，其号云谷。书载：叶梦龙和岭南书法家吴荣光两者还有姻亲关系，道光八年（1828），吴荣光的四女尚憙（即小荷）嫁给云谷之子叶应祺，如此一来，两家的关系更加密切，他们还时常通过书信谈论书画，交换各自的藏品相互题跋、鉴赏。其中有两通书信很特别：其一是《祝枝山手卷跋》，其二是《王守仁手卷跋》。这些跋是吴荣光手抄一份给叶梦龙看的。祝枝山与王守仁是大家，看对方的见解如何，不仅是一种鉴赏与评论的交流，也是学识上的互勉。

而叶廷勋的孙子叶应铨还很喜欢古琴，可见叶廷勋后代的历史并非默默无闻，而是余音袅袅，这表现在琴上。"琴、棋、书、画"当中的"琴"，是我国历史上最古老的弹拨乐器之一，现称古琴或七弦琴。古琴的制作历史悠久，诸多名琴皆有文字可考，且具

---

① 黄佛颐编纂，仇江、郑力民、迟以武点注：《广州城坊志》，广东人民出版社1994年版。

有美妙的琴名与神奇的传说。其中最著名的是齐桓公的"号钟"、楚庄王的"绕梁"、司马相如的"绿绮"和蔡邕的"焦尾"。这四张琴被人们誉为"四大名琴"。现在，这名扬四海的"四大名琴"已成为历史，但它们对后世的影响并没有消失。

有一"天蠁"古琴相传为唐代成都斫琴名家雷氏所制。这张古琴琴体的龙池上有玉筋篆"天蠁"二字，下有"万几永宝"印文，铭文如下：式如玉，式如金，恰我情，绘我心，东樵铭。这张古琴相传为唐代大诗人韦应物所有。此琴流落过程一直未见披露，仅知在嘉庆年间一位姓石的秀才以千金购归岭南。叶应铨《六如琐记》中有这样的记载："天蠁琴闻本是昭烈帝（南明）内府之物，明末流落民间，道光间先君子曾用五百金典来，偶因不戒失手，琴腰中微断，幸其声音无恙，不过略为久亮耳。后典者赎回，复闻入潘德畲家，筑天蠁琴馆藏之。今潘氏籍没，此琴又不知如何矣。"

孙子对古琴的哀婉之情，与祖父是相通的。这也是对一种文化没落的叹息，纵然祖上久涉外洋贸易，可内心深处，还是华夏文化的守护人。叶应铨同祖父一样，也写有《珠江竹枝词》：

> 酒船花舫画难描，灯色辉煌各夺标。
> 珠海繁华天不夜，春秋冬夏亦元宵。

在这样一个个家族身上，我们可以聆听到来自西洋的骀荡长风，更能品味到东方的诗韵琴音。

不必与东晋或南北朝相比。那是几百年的乱世，乱世中的人格一如昙花，闪亮登场便瞬间消逝，唯有哀婉不已。

而十三行时期却是从盛世走向没落，不一样的旷达，不一样的风流，当然，心有不甘，志未泯灭。

正是在这样的历史方位上，我们才可以理解这十三行中后期百年间的人事更迭，云卷云舒，花开花落。

一叶知秋，大树凋零。退出，也如一叶飘落，落地无声。叶家的退出是在嘉庆九年（1804），此时，十三行的确已秋风萧瑟矣！

鸦片汹涌而来……

第六十六章　文澜书院与行商家族"由商入仕"

广州文澜书院位于今天的广州市荔湾区下九路文澜巷一带，创设于清代嘉庆年间（1810年），20世纪20年代最终消亡于社会乱治之时，前后约百年。前半个世纪，文澜书院不负众望，坚守本意，是广州西关文化兴盛的参与者与见证者，它的创设也是十三行行商们结合公众利益与个人利益的双赢举措，为行商们进一步赢得了在商言商、遇绅而绅的身份认同。后世学者为文澜书院著文立传，多以再现文澜书院创设缘由和所需人力、物力条件为研究之重。本章在此基础之上，拟从书院创设背景入手，讨论文澜书院对于行商在实现个人利益与公众利益之双赢的基础上实现身份认同和家族"由商入仕"发展战略的意义。

一、文澜书院——广州十三行行商参与地方公共事务的选择

文澜书院产生的直接原因在于广州西关官濠(西濠)的年久失修。关于广州西濠沿革,阮元《广东通志》中专门有记载。① 西濠原位于广州西南部,本与东濠涌、南濠涌一般,各自奔江海。因广州地势东北高、西南低,西关偏又河道网布,临近珠江,是以长久以来,西濠时通时塞,与民不便。自宋始,经略使陈岘曾设濠通江。及至元明两代,随着广州城的迁延拓展,西濠水利翻修事业时废时举。明清易朝之后数十年间,西濠雨季则泥沙堵塞造成水不通而漫岸,旱季河道干涸不通舟楫,不便民生。加之河涌边居民常常填埋河岸改建民房,导致水灾频发,瘟疫丛生。尽管如此,伴水而居处,西濠周边毕竟繁华起来,当时十三行商馆与屋舍大多建筑在西关。清乾嘉年间,潘、卢、伍、叶四大行商家族都择居于此。首富潘家的海山仙馆位于颜庆桥附近;伍怡和家族后来居上,置宅于十八甫;叶大观家族世居在十六甫与泮塘;以经营茶叶外销致富的卢广利家族住在十七甫。除此之外,清中后期,广东许多科举名人也诞生于此。同治十年(1871)辛未状元梁耀枢居住于十一甫,同治十三年(1874)甲戌科榜眼谭宗浚居住于西关丛桂里,居住于西关多宝坊的李文田在咸丰九年(1859)26岁时便考中探花,其他诞生于此的举人、进士不胜枚举。如此效应,令不少富商巨贾引此地为"风水宝地",纷纷搬迁至此。西关繁华日盛,对西濠的疏浚与维护工作终于提上日程。

嘉庆十五年(1810),广州六脉渠、玉带河一带已被率先疏浚,为民所赞。西关绅民闻讯,纷纷绕濠商议,提请解决办法。西关士绅何太清、颜平章、庄清槐、高仕钊、龚在德、潘如彦、钟启韶、张衍基、萧钺扬、张如芝牵头报求官府疏浚西濠,经时任广东布政使曾燠批准并动工,得以"东南起濠口,西南尽柳波涌,断者续之,涸者浚之,弇者廓之,室之据其中者移之,桥之卑而舟航难达者高之,濠之广以丈之尺为率,桥之高以水平为准。民不知劳,吏不相扰,数月之内,波澄堤固,委输演漾,顿其旧观"②。

至此并未完结。据曾燠所述,西关绅民担心日久西濠仍陷淤塞,必须"置有公所,设立经费,岁时聚集,轮值管理,随时挑挖"③。十三行行商潘能敬堂、卢广利、伍怡和、刘东升、叶大观堂、潘丽泉、梁天宝、谢东裕、李万源、麦同泰、黎西成共立契约,主动捐送位于太平门外下九甫绣衣坊后界洪恩里,共计洋商公产房屋12间。此屋舍原为乾隆五十年(1785)间义丰行行商蔡昭复私产,因其拖欠外商账,官府查封并派员估算后以时价11820两白银变抵欠账,下令洋行承买,此屋遂成商会公产。以此建立永久清濠公所,并附以其他屋舍出租经费用以维持疏浚所需。更扩建屋舍,创设了达百年之久的文澜书院,以振西关文风。

---

① 参见〔清〕阮元主修,梁中民点校《广东通志》卷十四《建置略一》,广东人民出版社2011年版。
② 〔清〕阮元主修,梁中民点校:《广东通志》卷十四《建置略一》,广东人民出版社2011年版。
③ 〔清〕吕鉴煌辑录:《文澜众绅录》,光绪十七年(1891)刊本。

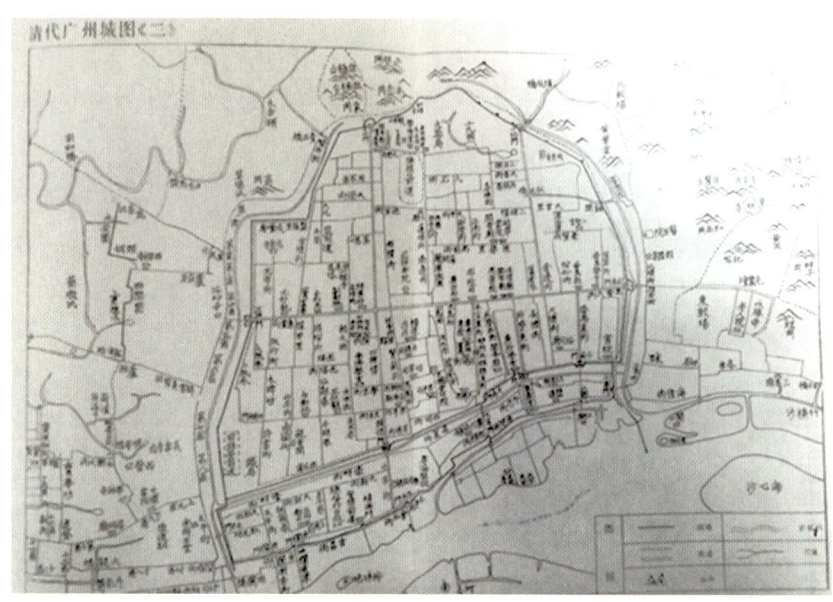

清代广州城图（局部）（清光绪年间），文澜书院故址位于西南部

（图片来源：广州市越秀区地名委员会办公室编《广州市越秀区地名录》，越秀区地名委员会，1990年）

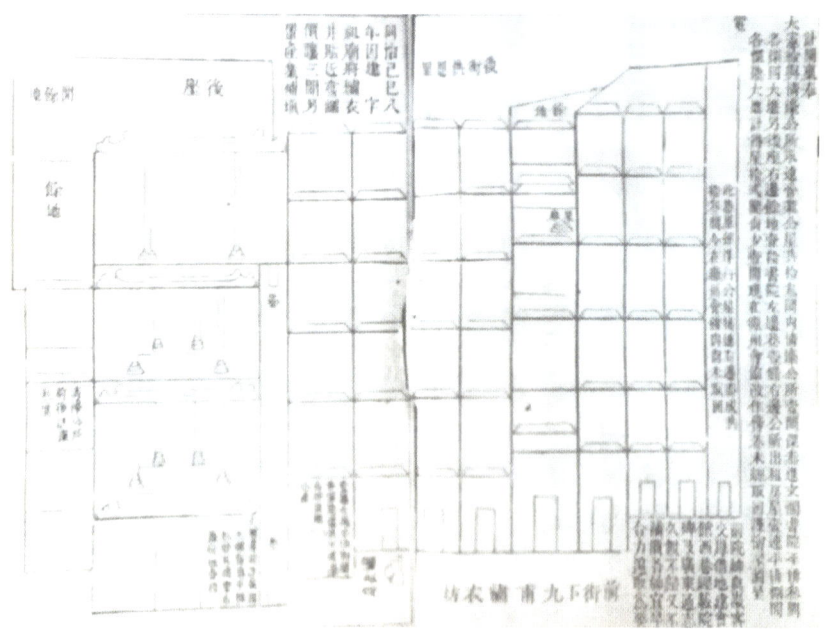

永久清濠公所与文澜书院格局

［图片来源：〔清〕吕鉴煌辑录《文澜众绅录》，光绪十七年（1891）刊本］

从事件始末中很难发现十三行商人是如何具体介入此项地方公共事务中的。比如说，清濠前的舆情调研与地势勘察，行商与地方士绅应是共同参与了，但西关士绅向广东布政使曾燠报求疏浚西濠的行为中，行商是直接参与还是背后助推？行商是否为疏浚西濠捐输钱物？如果捐输钱物了，是由地方政府劝捐还是行商主动捐输？创设永久清濠公所与文澜书院的提议是何时酝酿的，尤其就后者而言是早有预想择机而设还是恰逢时机顺势而为的？这些问题的提出和解决有助于还原行商参与清理西濠与创设文澜书院的前情后事，更有助于从侧面反映清代中期广州十三行行商拥有的社会地位与威势。

在更多的史料得以挖掘之前，我们可以做一些合乎逻辑的推理。

首先，据吕鉴煌辑录的《文澜众绅录》①中所载，疏浚西濠的工程由西关士绅何太清等具文呈请，这里面没有提到过西关豪商。工程结束后，时任两广总督蒋攸铦晓谕西关众士绅，需协同完成善后事宜，这里面也没有提到洋商巨贾。只在关于设立永久清濠公所与文澜书院之时，对行商主动捐输公产行为流露赞同。这说明，地方公共事务中涉及与官府公文往来事宜，只有士绅被赋予权力，商人的地位虽自明清大有提高，但在影射到身份、地位与荣誉的情况下，商人仍然无法介入官绅议政的核心。

其次，身处"由商入仕"的转型期，行商家族必然察觉到，参与疏浚西濠工程是一个难得的契机，不但得以兼顾公私利益以期双赢，还通过创设文澜书院进一步经营官、绅、商人际网络。广东布政使曾燠于嘉庆十五年（1810）到任广东，遍访民情，获悉广州城内水利之患，于是，对广州城内六脉渠、玉带河一带先行开展疏浚工作，随即西濠工程也加入其中，可以说，这是清中期广东地方官府对广州城内水利事务的一次全面主持，工程量不可谓不大。地方官府很难单独完成这些公共事务。一是清政府相关例则拘束使然。清政府有例则，涉及主干河流的水利工程由河务管理官员负责，朝廷拨付经费，而地方上的支流疏浚和维修工程则由州县官员自行招募人力与筹集经费，相应地，是否有必要修缮以及如何修缮也均由地方主管官员处置。② 二是清政府官吏贪墨行为的普遍与办事效率的低下早已为时人所诟病，在许多公共事务，比如办学、赈灾、济困等民间事务中更多的是仰仗地方士绅，因为他们更负责，更有效率。三是那个时代，城镇中的士绅、乡村中的乡绅在地方事务管理上掌握着比过去大得多的话语权，他们以非正式或私人性质参与地方政治的行为是得到政府和公众普遍认可的。③ 所以，此次疏浚西濠的前情后事、方方面面都有地方士绅的推动和襄助的身影。但这绝不意味着地方士绅单独持有工程的主导权。有理由相信，行商家族独具的长远眼光促使其必然积极参与地方公共事务，并寻求机会实现利益最大化。

广州十三行行商的角色比较特殊。在商言商，其显性角色是商人，在清朝的商业行

---

① 吕鉴煌本人即为广州西关士绅，居住于旧宝华坊。吕鉴煌，字嘉树，号海珊，广东鹤山籍，清同治元年（1862）恩科举人，署甘肃通渭县，补靖远知县，曾任左宗棠湘军营随员蓝翎同治衔。因同治五年（1866）旧本"颠倒错乱，殊失前人慎重"，遂重辑此刊本。

② 参见瞿同祖著《清代地方政府》，范忠信、晏锋译，法律出版社2003年版，第261、283页。

③ 参见瞿同祖著《清代地方政府》，范忠信、晏锋译，法律出版社2003年版，第11页。关于清代士绅的社会地位与角色，已有许多著述做出类似结论。

政管理制度中，他们与内地牙行商人是同一性质的。清政府规定，士绅不得从事经纪行业，十三行行商恰好归于此，换句话讲，行商的职业不允许其位列士绅。不过，行商可以绕过法律。他们被当成士绅，是公开的秘密。① 这是因为，一方面，十三行行商既是民商，也是官商，是清政府特许经营外贸的"红顶行商"，大多知名行商都会捐纳三品或四品顶戴，虽然获益有限，不具实权，但毕竟具有了接近官绅的显性身份。另一方面，更为重要的是，广州十三行经过百年发展，其行商不独兢兢业业恪守商人职责，还非常重视家族成员由商入仕的转型培养，这里面原因很复杂，但是摆脱贱民身份与自欺欺人的顶戴荣誉，以科举士人身份真正融入地方士绅圈，参与地方政治是非常重要的理由。疏浚西濠是地方官府比较重视的水利工程，且事涉自身与公共利益，造福乡梓，名利双收，行商不可能放弃这样一个能够自然介入"惟一能合法地代表当地社群与官吏共商地方事务参与政治过程的集团"②的机会，也不会忽略投身公益慈善事业所带来的社会影响力，所以，与从前被官府劝捐和摊派不同，行商参与疏浚西濠工程是主动与自愿的。

最后，随着明清商品经济的发展，商人有着更大的活跃度，地位得以明显提高，尤其是清中叶后的地方公共事务里，常常是绅商一体，共同参与。除了钱财之外，商人家族往往通过捐官或者直接培养子弟参加科举考试进而出仕，不仅如此，大凡巨商或世商均有着良好的文化素养与谈吐，乐于结交士绅，附庸风雅，并与之缔结婚姻。他们通过投入慈善公益活动或者兴办文化事业，积极寻求参与甚至主导公共事务，积攒口碑与威势，进行政治投资，由此经营着政、绅、商之间复杂的关系网络。所以，振兴文运的感慨与追求在行商家族历来就有，笼络科场士子以达到进一步融入士绅圈、主导地方事务的目的也不是一次疏浚西濠事件才突发奇想的。文澜书院的出现既是时势需要，也是行商的长远打算，恰逢西濠疏浚工程，行商应是处处主动，书写神来之笔，上助朝廷解决政务，下而惠及西关居民，前与西关士绅成功合作，后将赢得士子追捧且造福后世。

二、清代书院制度与广东书院文化发展下的文澜书院

清初，为压制舆论，清政府采取抑制书院的政策，雍正后逐渐放宽了限制，官办与民间书院先后兴起。文澜书院的产生固然是在疏浚西濠的前提下，由地方政府、士绅与豪商共同促成的，但自清中叶开始，书院发展的兴盛景象也极大地推动了地方绅商建书院"以振文风"的热情。

有学者对清代书院的发展情况进行了统计。③ 在地区分布上，清代19个省级区域中，广东省以新建和重建531间书院高居榜首，呈现了教育与文化迅猛发展的态势；观察以时间为坐标的发展轨迹，经历乾隆朝的繁荣后，嘉庆朝的发展有急转直下之感，这个阶段恰恰是清王朝由盛转衰的转折点，虽然在历史的惯性下，书院的发展仍未停止，但与前代对比显然缓慢了许多。然而，整个大环境的变化似乎并未影响到广东地区兴建书院

---

① 参见张仲礼著《中国绅士的收入》，费成康、王寅通译，上海社会科学院出版社2001年版，第163页。
② 瞿同祖著：《清代地方政府》，范忠信、晏锋译，法律出版社2003年版，第283页。
③ 参见邓洪波著《中国书院史》，东方出版中心2004年版，第405－415页。

的热忱。根据刘伯骥先生在《广东书院制度沿革》[①] 中的介绍，笔者对广东省自宋代至清末的书院沿革历史与发展情况进行了统计。从嘉庆以前（包括嘉庆皇帝在位的25年，以下同）的广东书院建成数量上看，康、雍两朝平均每年建成书院一间多，而到乾嘉年间，平均每年建成书院便近两间了，这说明清中期后书院文化确实走向了兴盛，也是雍正、乾隆年间两次降谕奖崇的结果。单列广州府（包括番禺与南海）的嘉庆以前的情况：康熙年间七间，其中六间官办；雍正年间无；乾隆年间三间，其中一间官办；嘉庆年间七间，其中四间官办。19世纪以前，除雍正年间没有建书院外，其他年份均是好些年才建成一间书院；而自嘉庆五年（1800）后，书院建成密度便很大了，且此后私立书院逐渐增多。文澜书院便是在广东书院文风兴盛期应运而生的。值得一提的是，文澜书院问世后15年，两广总督阮元便创建了清代著名书院——学海堂。学海堂最初选址并不在今天我们熟悉的广州越秀山上，而恰恰是创办于文澜书院内，其办学宗旨和方向与文澜书院完全不同，而办学手段却有借鉴之处。

文澜书院石碑

---

① 参见刘伯骥著《广东书院制度沿革》，商务印书馆1939年版，第79页。

文澜书院勒石

广东文史专家黄泳添先生曾根据光绪三十三年（1907）广州城区图为底本绘制了当时广州城区（以今广州市越秀区为主）书院坐落图①，虽时过境迁，但清晚期的书院发展格局还是比较清晰地呈现出来：以清代广州府衙为圆心、在半径为1千米（约3.2平方千米）的范围，形成了一个层次鲜明的文化圈，它大概相当于今天广州城区东到德政路、南到大南路、北到越华路、西到解放路一带，涵盖了清代上百所合族祠书院。笔者对比了康、雍、乾、嘉四朝广州府14间书院，仅或只有文澜书院位于广州西南的西关处，在其附近竟再无法找到第二间，此种情形至清末也没有得到明显改善。② 可见，在广东书院文风兴盛之际，西关地区绅商聚集之地兴建书院是应时应景的，且长期占据了特殊地位。

---

① 参见广州市越秀区地方志办公室编《广州越秀古书院概观》，中山大学出版社2002年版。
② 数据来自刘伯骥著《广东书院制度沿革》，商务印书馆1939年版。但先生认为宗祠社学并非真正的书院，故而未将其罗列其中。

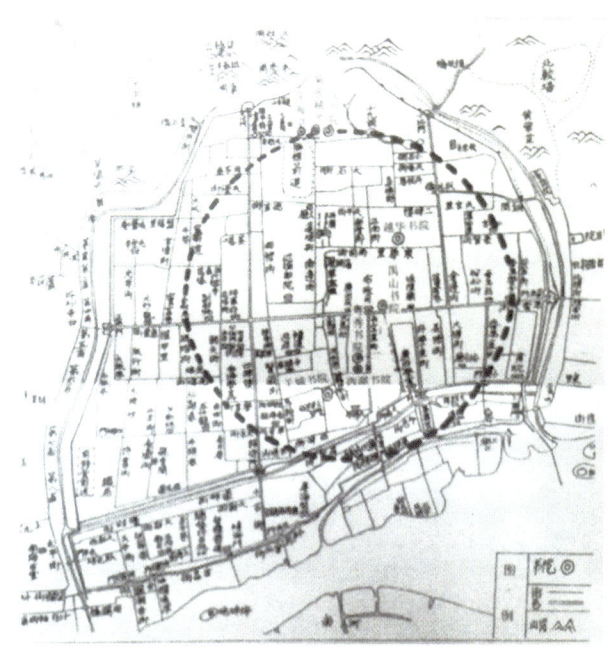

18 世纪广州书院分布图
(虚线圆圈内即 18 世纪广州府中心城区，也是书院文化发展的核心区域)

文澜书院的独树一帜，不仅在于其位置，更在于其性质。与十三行行商捐建的不同，广东盐商所捐建的书院多为省办书院，山长多为翰林进士出身的大绅，专课八股文，例如粤秀书院、越华书院、应元书院等，此类官办和私立书院或为开课考试为主的应试场所，或为讲求理学或博习经史辞章的讲学之所。而文澜书院并不开课授学，其功能是协助官府疏浚西濠，主业却是汇聚绅商、举办文会等公益活动，后来更成为绅商社交集议之会所。大约因其为非主流书院，所以关于书院具体的情况并不容易知晓，无论是中国书院发展史，还是广东地区的书院概观研究，文澜书院都被其他著名书院的光芒所遮掩，长期游离于人们的视野之外。

三、行商家族"由商入仕"——文澜书院不负所望

永久清濠公所与文澜书院所在屋舍原本倾颓，一直未得用。值此疏浚西濠之机，十三行行商捐出屋舍，以修濠后所余工钱进行翻修，之后将众多屋舍出租，所得租金作为清濠永久经费，并于嘉庆十五年（1810）最终成就书院，正所谓"一举众善备，种福无涯矣"。[①] 之后的百年里，文澜书院以其特别的管理规程催生并发展了广州西关地区的官、绅、商网络。

首先，由于书院基地为行商捐送，卢、潘、伍、叶四大家族被推举为递年轮值，属

---

① 参见梁嘉彬著《广东十三行考》，广东人民出版社 1999 年版，第 391－393 页。

于常驻，除每年入冬后应约集西关众士绅商讨并处理西濠的违建违占行为之外，还需要配合经由公推程序产生的当地士绅对书院行使日常管理责任。这些士绅必须是居住在西关的官员或者是有"功名"傍身的人。① 最初约定为 8 位，发展到"文风日盛"，需要增加至 12～14 位才能维持书院的正常运转。书院制度将行商置于左右书院发展的位置，建立了行商与地方士绅间的常态而广泛的联系，使行商堂而皇之地介入地方文教事业的管理和发展之中，而不同于过去行商与地方士绅的联系主要是建立在有机缘的、小众的或者单向输出的基础之上。文澜书院士绅名单中辑录了行商家族及其后人中的大量精英人物，表明行商家族"由商入仕"的转型获得了极大的成功。即使至咸丰七年（1857）十三行被付之一炬，行商家族的影响力也未必受到实质性的削弱，这正归功于 19 世纪早期开始的行商家族从业转型，以及对地方士绅圈持之以恒的渗透。

其次，入院门槛高，反而使士子争相进入并以此为荣。书院规程首款明确了入院条件："凡寄居西关须税业三十年后进庠中式始得入院送报，到院时必须通知当年值事及各老前辈查确并无欺饰及身家清白者方可列入。"② 即，具有西关籍贯，拥有一定财力且获取功名者才够资格进入书院，缺乏功名的一般富户也无法进入书院，表明了其倾斜于西关士绅的初衷，但行商家族的发展格局并未受到限制。当然，这种要求并非绝对，许家并非世居西关，但以其经营商业于西关，亦作西关籍论。③ 行商家族中一些通过捐纳而获取功名的人不受条件限制。另外，伍家捐地捐款给文澜书院，院例规定他们永远可以以非科甲出身的一人加入文澜书院，并参与祭祀和分胙；后来行商潘家同例。④

最后，书院每年有春、秋二祭的大叙会和若干次小叙会，参加者上至知名士绅，下至刚考中秀才者。西关人都认为能参加文澜书院的活动是一件光宗耀祖的事，如终身未能"青一衿"，则被认为是毕生一大憾事。⑤ 文会征文被送往西关地区外正身榜名的老师审阅，以示公正，比如，历任广东粤秀、越华和羊城书院的山长，清代画家谢兰山便曾担任文章的评阅老师。予以征文获奖者物质鼓励，更以送贺仪的名义重奖科举功名者以及入仕者。状元获奖励三十大元，榜眼、探花均获奖励二十大元，授翰林或主事、中书、知县者各奖八大元或四大元，举人、副拔贡、恩贡、新进生员均获赠大元。文会活动中，对第一名至第一百名优秀者均奖励数量不等的钱物，由此可见文澜书院文会盛况。对文澜书院成员组成进行统计发现，嘉庆至光绪年间，书院产生甲班（进士）29 人，其中行商家族就占 7 人；举人 172 人、副贡 24 人、拔贡 11 人、优贡 4 人，其余岁考、科考、官立学校毕业生数不胜数，西关士林几乎被纳入其中。如果以张仲礼先生对中国绅士社会地位的分析，获取贡生功名以上者即为上层绅士，那么，文澜书院成员以上层绅士为主流。从清末民初文澜书院的社会活动来看，其成员的组成层次对广东地方政治产生了

---

① 参见黄汉纲《文澜书院恶绅受惩记》，载《羊城今古》1994 年第 3 期。
② 〔清〕吕鉴煌辑录：《文澜众绅录》，光绪十七年（1891）刊本。
③ 参见陈曙风《广州西关文澜书院的绅商活动》，载《荔湾文史》第二辑。
④ 参见龚志鎏《广州西关士绅和文澜书院》，载《广州文史资料》第十二辑。
⑤ 参见邓文正、谢仰虞《广州西关的文澜书院》，载《荔湾文史》第二辑。

实质性的影响。

文澜书院行商家族成员获甲班（进士）名录

姓名	功名、授职	家族
梁同新	道光十五年（1835）进士，钦点翰林，官至顺天府尹	行商梁家，梁经国四子
梁肇煌	咸丰年间进士，授翰林编修，官至江宁布政使，曾代左宗棠行代理两江总督	梁同新之子
易学清	同治七年（1868）进士，官至户部主事，清末藏书家	行商易家
梁肇晋	同治十三年（1874）进士，礼部主事	梁同新之子，梁肇煌之弟
潘宝镠	光绪二年（1876）进士，钦点翰林	行商潘家，潘正炜之孙
潘宝琳	光绪十五年（1889）进士，钦点翰林	潘正炜之孙，潘宝镠之弟
伍铨萃	光绪十八年（1892）进士，散馆授编修，官至郧阳知府	行商伍家

（资料来源：参见刘禄山《话说西关文澜书院》，载《羊城今古》1999 年第 1 期）

行商襄助官府由来已久，不少行商的顶戴花翎便是通过捐输钱财而获取的。从前，他们通过"邀封翎顶"的方式换取一定程度的体面和便利，19 世纪初，随着对"由商入仕"家族发展战略持之以恒的推动，行商家族出仕者逐渐甚众，且不乏京官，在广东地方士绅圈内日渐崭露头角。发展中的文澜书院造就了一个盘根错节的利益关系网，虽至清末，书院文风日渐颓废，但其影响力和参院者的号召力还为晚清政府或者民国广东政府所倚重。刘禄山在《话说西关文澜书院》中提到，在书院中活动的士绅通过文会之谊，上通翰林院士，借之弹劾来粤官员，所以外省来粤的官员往往会事先拜访书院的主事者，以求庇护。[①] 书院的主事者通过选举产生，往往为当地豪绅，所以这无疑为地方势力与官府间加深利益牵扯提供平台，也许这正是行商所企盼的局面。

清中叶广州文澜书院的创设是行商家族发展"由商入仕"战略的成功范本。头戴"红顶商人"的大帽辛苦经营了一个世纪后，行商发出了"宁为一条狗，不为行商首"的悲鸣，这是血与泪的倾诉。事实上，文澜书院创设的前几年，行商们已不堪重负，纷纷谋求退出十三行。也许，在行商看来，退出十三行并不意味着退出历史舞台，出科入仕正是他们为家族后人选择的另一条道路。不仅如此，文澜书院的创设还以小见大地印证了这样一种现象，即在明清商品经济发展的背景下，长期位列"四民之末"的商人地位获得了显著提高，商人晋升士大夫的途径越发多样与顺畅，他们通过捐纳官位、笼络士子、提升自身儒学修养、缔结士商婚姻等方法，成功地渗透地方管理，这些变化逐渐促使整个社会价值系统发生微妙的变化。[②]

---

① 参见刘禄山《话说西关文澜书院》，载《羊城今古》1999 年第 1 期。
② 参见余英时著《士与中国文化》，上海人民出版社 1987 年版，第 536 页。

第六十七章　十三行制度生成的岭南文化基因

　　中国的海洋贸易以其开放灵活、兼容并蓄、开拓进取的精神，演绎着其顽强拼搏的"冒险"行为和先进的商业意识两大主要特征；同时，它也是岭南文化的主要特征。作为岭南商业典型的十三行，无论是十三行行商本身的思想文化意识还是他们所处的地域，都显示出极强的海洋文化特征。事实上，地域与文化密切联系，不同地域以其本身所具有的独特性而对处于其内的事物产生影响。正如钱穆所说："各地文化精神之不同，究其根源，最先还是由于自然环境有区别，进而影响其生活方式，再由生活方式影响到文化精神，它和政治、经济、文化、历史、地理等等诸多因素密切相关，具有掌控力和制约力。"① 梁启超就地域对文化的影响也有论述，他认为："凡天然之景物过于伟大者，使人生恐怖之念，想象力过敏，而理性因以减缩，其妨碍人心之发达，阻文明之进步者实多。苟天然景物得其中和，则人类不被天然所压服，而自信力乃生，非直不怖之，反爱其美，而为种种之试验，思制天然力以为人利用。"② 可见，我们这里所涉及的岭南文化不是也不可能仅仅是地理空间上的划分，应该说它是一种文化特征的标志。所以，十三行制度下的行商在岭南文化的打磨熏染中探索着其独特的生存之道，在岭南文化中留下了不可磨灭的印记。

　　十三行制度的是是非非不是能一语道尽的，但岭南文化是其一个无可回避的因素。

　　我们先来简略谈谈对该制度产生影响的岭南文化。

　　广东岭南文化的发展与海洋文化发展同步，有数千年的历史。其海洋文化发展经历了自然生态时期、海上丝绸之路时期和东西学互渐时期，中山大学黄伟宗教授认为亦可称为"海上明月""海上敦煌""海洋文明"三个时期，可视为岭南文化之特色。

　　广东先民是居住在中国南部沿海一带的海上民族，海是他们生存的依赖，也是他们发展的希望。这种依海而生的生活方式为造就悠久的海洋文化提供了天然的地理条件，他们待人接物的方式、风格及思考问题的方式都带有明显的海洋文化的色彩。这一自然生态时期也被称为"海上明月"，是海洋文化的萌生期。从汉代到清代的历代海上丝绸之路古港构成了一部较为完整的广东海上丝绸之路史，见证了中国从海上与海外各国通商和文化交流的历史，是海洋文化的重要体现和标志。从福建、广东出发，中国人以丝绸、瓷器等作为媒介，开始了与海外国家的交流。这条最远至埃及的海航线与横跨欧亚的贸易线共称为"丝绸之路"。这一时期的海上丝绸之路亦被称为"海上敦煌"。海洋文化的发展促进了东西方文化交流，从16世纪到19世纪的"东西学互渐"文化热潮，使西方海洋文化由中国澳门传入内地，中国文化由广东传到西方国家，成为历史上中西文化大交流时期。这一时期的海上丝绸之路亦被称为"海洋文明"。广东也因此出现了很多全国领先的文化。由此，广东岭南文化明显地表现出开拓创新的冒险精神、开放灵活

---

① 钱穆著：《中国文化史导论》，商务印书馆1994年版，第2页。
② 梁启超：《地理与文明之关系》，见梁启超《饮冰室合集》，中华书局1988年版，第106页。

的商业意识、兼容并蓄的文化气魄。

首先，岭南文化表现出开拓创新的冒险精神。广东地势背山面海，背负五岭，三面环海，南海岛屿星罗棋布。而交通不便，耕地有限，促使广东人只能积极向外谋求发展。广东古谚"出门无船路不通"，说明船运曾几乎是广东运输贸易的唯一形式。然而海上行船，风云多变，风险高且不易把握，要生存下去，必须要比中原内陆人群有更多的冒险精神，以应对更难以预测的危险。这种特殊的地理环境构成了岭南文化中开拓创新精神形成的地理原因。

政府管制构成了岭南文化中开拓创新精神形成的政治原因。自元明以降，政府奉行禁海策略，虽略有反复，但构成了海洋贸易政策的主流。禁海迁界，涉及人口稠密、工商业发达地区，造成了几十万难民流离失所，"谋生无策，丐食无门，卖身无所，展转待毙，惨不堪言"[1]。与禁海政策同步，禁海当地的渔民"谋生无路，间有冒险求获，觅食刀锯之下者"这种"求生存，图发展"的反抗活动不断出现，其他还有以海盗或"三藩"私养的"王商"的形式表现出来，以致官方也承认"禁愈严，则寇愈盛"。

相对恶劣的地理环境和严厉高压的政府管制，都促使广东地区形成了开拓创新的冒险精神，成为岭南文化的特色之一。

其次，岭南文化表现出开放灵活的商业意识。智者乐水，仁者乐山；智者动，仁者静。开拓创新的海洋文化精神也赋予了岭南文化开放灵活的商业意识。

以十三行行商主动出击获得商机为例。18世纪中期，中国丝绸出口遭到欧洲国家贸易保护政策的限制。十三行行商便采取灵活多变的经营方式突破西方国家的限制。乾隆四年（1739），顺泰行商人马佐良根据海外新潮流、新时尚，仿照欧洲流行式样，设计制造出新产品，打开了销路，展示出中国商人及工匠对西方艺术的捕捉能力和非凡的创造力。英国东印度公司商人评价说："秀官（马佐良）的丝织品太好了。他花费了很多心血，按照欧洲的式样织造丝绸。"[2] 中国丝绸以无与伦比的品质和高超的工艺，在欧洲市场大受欢迎。18世纪七八十年代，由于中英贸易中存在着长期巨额的贸易逆差，英方对每次贸易都携带大量白银的行为感到颇为不便，在降低风险的要求下，率先实行了银行职能，在广州签发伦敦银行汇票。行商首领潘振承敏锐地抓住了这个变化，认为要拓展新事业必须接受新事物。潘振承成为最早接受汇票的十三行行商，这在当时流行用白银作为贸易手段的市场中是不可想象的。事实上，直到40年后，美国商人才开始在广州发行汇票。这种灵活多变的经商方式，也为潘振承的商业帝国的发展打下了坚实基础。

"水德含和，变通在我。"[3] 在长期与海洋的"对话"、斗争中，人们学会了灵活多变的处理方式，以积极的心态接受不同事物，形成了海洋文化中开放灵活的商业意识，这也是岭南文化的特色之一。

最后，岭南文化更表现出兼容并蓄的文化气魄。海纳百川，厚德载物。岭南文化中

---

[1] 〔明〕陈鸿、陈邦贤：《清初莆变小乘》，载《清史资料》第一辑，中华书局1980年版，第81页。
[2] 李国荣主编，覃波、李炳编著：《帝国商行：广州十三行》，九州出版社2007年版，第67页。
[3] 〔北魏〕郦道元：《水经注·巨马水》。

同样存在着宽容博大、兼容并蓄的文化理念。

　　岭南地区临近大海，是中华大地上海岸线最长的地域。这里的居民一方面可以享有海洋赋予他们丰富的资源，另一方面也形成了一种与生俱来的"海洋性格"。大海不择溪流才形成其浩瀚之势，展现出其容量之巨大。而海洋赋予岭南人的也正是这种兼容并蓄、包容万物的人生哲学。正如李权时在其主编的《岭南文化》中所说："它处于与不同文化相互对流和沟通的状态，不存在严重冲突和对抗的局面……表现了开阔的胸襟、博大的气魄。"[①] 清代以来，中西文明在广东得到了磨合与交融的机会。岭南人表现出对外来事物非凡的包容力，吸取西方文化的精华，并主动摒弃封建文化的糟粕。这正是岭南人典型的心理状态和文化情绪。

　　十三行行商在对外贸易的频繁交流中，不仅深谙国际贸易规律，还加强了自身文化素养。十三行历史上唯一经营长达百年的潘氏家族，在广州的对外贸易事务中发挥着重要作用，这与其兼容并蓄的文化气度有着密切关系。其家族第一位行商潘振承通晓多种外语，他在与外商的交易文件中常使用葡萄牙文和西班牙文。其子潘有度对世界知识和海事活动有着浓厚的兴趣，经常与他的外国客人谈论欧洲时事，1819年被吸收为美国麻省农学会会员，他的好学精神正是他以开阔的胸襟接纳外国文化的表现。

　　广东海洋文化在积极吸纳外来文化的同时，不断扩大对本土文化的宣传，在对外贸易交流中表现出其博大宽容之理念。

　　在岭南文化熏染下的十三行国际贸易，自与内地贸易有显著的不同。

　　清代十三行行商与明代从事贡舶、市舶贸易的牙行商人以及晚清逐步形成的买办商人同属牙商，在明清时期的广东对外贸易中起着重要的作用。随着广东对外贸易的发展，明嘉靖、万历年间形成三十六行行商，代表官府主持对外贸易事务，充当外商与国内批发商买卖的中介，从中收取佣金（即"牙钱"），到明末成为倚仗朝廷与中外商人交易的具有半官方性质的中间商，这便是清代十三行行商的先驱。后来，粤海关为了适应对外贸易的发展，将其业务分成对外贸易业务和国内贸易业务，其中"洋货行"专营对外贸易，也就是广州十三行。

　　清代广州十三行作为政府对外贸易管理体制上的一种共同组织，其行商是在政府特别批准下合法地直接参与世界市场活动的商人，因此他们垄断了广州对西方各国的全部贸易。他们的经营方式是以外贸批发商的身份代外商购销货物，是国内长途贩运批发商及外商交易的居间者，在商品所有权转移过程中起代理商的作用。

　　在对外贸易职能中，十三行行商本身作为从事外贸事务的商人，除代清政府处理政务之外，还要代外商缴纳关税、代办一切交涉事务和监督外商在广州的活动。如，外商来华贸易，并不直接向粤海关纳税，而是一律由行商代收代缴。外商从外洋贩来货物及出海贸易货物，分为行税报单，皆投洋货行，候出海时由洋商自赴关部纳税，即"粤东洋商承保税饷"。由于十三行行商的这种特殊身份，随着开海贸易和对外交往的日趋密切，官商十三行的作用发生了明显的变化，主要表现在贸易资金的周转、商品价格的规

[①] 李权时主编：《岭南文化》，广东人民出版社1993年版，第24～25页。

定等方面。如在贸易份额分配方面，原来是行商对进出口方面买多少、卖多少自己有分拨之权；但发展到后来，为了保证他们的份额，行商反而不惜在商品交易上屈从于外国商人。"随着时间的推移，这个独立的、负责监督外国商人的行商，却逐渐和外商沆瀣一气，甚至下降到外国商人代理人的附庸地位。"①

清代十三行行商为中国对外贸易的发展起到了促进作用，也为繁荣国际市场做出了贡献。在岭南文化的熏染下，十三行行商在十三行制度的局限下诠释着岭南文化，同时也在岭南文化中留下了不可磨灭的印迹。因此，十三行制度体现出岭南文化特质。

岭南文化在岭南人的商业意识和商贸不断发展的过程中显示了其自身的文化特性，并以此影响和引导着十三行行商不断奋斗拼搏，勇于创新，对外来文化兼容并蓄，为岭南文化特质谱写了一曲不朽篇章。十三行制度也相应地迎合了岭南文化之特性，具体规定了十三行行商、外商、散商等的权利，并要求坚持价格公平公道，不排斥外商，俨然体现了泱泱大国之气度。虽然十三行行商深受清廷和洋人的压迫，他们依然顶着十三行的连坐制度，勇往直前，体现了十三行行商受到岭南文化影响之深刻。

当然，十三行制度的发展与岭南地理因素的影响是分不开的。

广州十三行所处的地理位置赋予了其发展对外贸易的有利条件。但对外贸易的发展并不是一帆风顺的，十三行制度随着贸易的发展而相应地得到不断补充，更加深了十三行行商责任的制度化。

地理因素的特殊性也赋予了十三行行商特殊的使命，在十三行制度下，十三行行商拥有了全面管理外商和经营外贸的特权。

然而，十三行制度免不了要受到国际贸易对象的挑战。

岭南商贸的发展，导致十三行所进行的海洋贸易体现出其易受国际市场影响之特点。与英国东印度公司相比，其受到更深刻的社会、经济因素和国际环境因素的影响，因而无论是经营方式还是经营目的，二者都有着明显的不同。从社会、经济方面来看，十三行行商所进行的海洋贸易受到中国农业经济特点制约，小生产者是为了谋生而进行物物交换，而不是为了牟利。建立在这种国内小农经济基础之上的海上对外贸易，大多也是采取分散经营的方式，而这种分散经营不利于资本的集中，进而妨碍了资本的原始积累；另外，中国商人分散经营又彼此竞争，弱化了同国外商人竞争的能力，妨碍了中国海上贸易的进一步发展。

以明清海商为例，其经营方式主要有以下几种：海商投资者自己经营或交由他人代理经营；商人与船主兼有双重身份或是雇用的关系；商人只完成长途贩运部分，以托付经营来交易；众商共船出海，合资租船、造船、买船；由于国内的海禁政策，那些造船、买船者常在海外直接卖船获利；商人采取赊销结合的方法，即先赊进商品，外销后再归还赊欠。海商的经营方式灵活多变，在与外商交易中，他们逐渐对西方商人形成竞争之势。而当时的清廷实行严厉的海禁政策，大大妨碍了中国海商与外国海商的竞争。

从国际环境来看，由于15世纪末16世纪初的航海大发现和价格革命，商人们发了

---

① 汪敬虞：《十九世纪西方资本主义对中国的经济侵略》，人民出版社1983年版，第33页。

财，从此，西欧经济结构发生了巨大变化，在重商主义思想的影响下，英国的商业发展极为迅速。商业就是想方设法牟利。国家统治者和商业资产阶级纷纷要求建立商业垄断公司，便于从事海外贸易，进而夺取海上航路和垄断权，占据对本国有利的据点和地区。所以，英国东印度公司从一开始就是以牟利为目的而形成的商业团体，其海上贸易充满了掠夺与扩张的意味。而此时，清廷实行的是重农抑商政策。为了获得巨额利润，商人们可谓是想尽一切办法，冒着大风险。海上行为的冒险意识总是与侥幸心理同在的，这是从事海洋经济活动的人们共同的精神状态。无论是明朝海禁时期、清朝海禁时期，还是开禁后，出海贸易的商人都很多。

十三行制度正符合了广州行商们实现市场垄断、对市场有效占有的企图。但西方商人对此甚为不满，一心想要推翻公行，打破垄断，以获取选取交易对象更大的自由。由此，十三行制度在维护行商垄断利益的同时，受到了西方商人最严峻的挑战。

十三行制度无疑体现了岭南文化兼容并蓄的国际视野。

在十三行制度下，行商垄断了对外贸易，在行商与外洋大班之间的经济往来活动日益密切之时，行商们被赋予了更多接触外界的机会。在与外商交易的过程中，他们深谙国际贸易规律，形成先进的经济贸易思想的同时，与外商之间的友好交往也更好地促进了中西文化的交流。

首先，十三行制度维护了贸易公平原则。十三行行商在广泛的对外贸易中已经形成了先进的贸易理念，并在十三行制度下坚守公平的贸易原则。

其次，十三行制度赋予了行商以开放包容的心态来面对西方文化，也给予了行商对西方文化去其糟粕、取其精华的机遇。在十三行时期，广州行商和工艺匠师们将使用价值与艺术价值相结合而创制"广彩瓷"，将西方消费者的审美情趣与中国的传统工艺相结合，促进了行商和外商瓷器交易的飞速发展，并彼此从中获利。

最后，十三行制度在促进岭南商贸发展的同时，也导致了其自身的悲剧。十三行始终处于清政府的严密控制之下，在十三行制度及其补充的一系列抑商与防"夷"体制之内，清廷只规定了行商的商贸与防范职责，而没有任何扶植行商的政策；同时，十三行制度有保障海关税收、对欠债行商进行制裁和保护外商利益的内容，却没有保护行商财产和促进商业资本积累的措施。事实上，十三行制度对清廷、对外商而言有利可图，却置行商的利益于不顾，行商在孤立无助、资金短缺的状况下，既要保证海关税收的缴纳，又要面对瞬息万变的市场，同时还要承担洋货滞销所蒙受的损失，他们所面临的压力之大、困难之多，导致其一步步成为封建体制下的历史悲剧。

总之，岭南文化以其开拓进取、开放灵活、兼容并蓄的精神深深影响和引导着十三行行商以其顽强拼搏的"冒险"行为和先进的商业意识在历史长河中写下光辉的一页。在岭南文化的熏染中，十三行行商立足于广东丰富的物产，以积极的心态迎接世界市场，开拓创新、奋勇拼搏是他们对岭南文化的最好诠释。但是岭南文化之下的十三行制度在促进对外贸易发展的同时，由于其传统封建性，从根本上束缚了十三行的发展，从而使得行商成为十三行制度下的历史悲剧。

清代广州十三行是岭南商业文化的一个典型，岭南文化的诸特征无一不对十三行经贸活动的商业精神或文化理念产生影响。岭南的地理特征和人文精神都在印证着其与海洋历史本能的联系。而岭南人在历史中潜移默化地印证着岭南文化对其所带来的影响的同时，也以其能动的、积极的文化特质诠释着、影响着岭南文化的发展与传承。

岭南文化明显表现出的开拓创新的冒险精神、开放灵活的商业意识、兼容并蓄的文化气魄赋予了十三行行商先进的文化理念、开阔的国际视野和开放包容的积极心态，使他们在传统封建制度所孕育的十三行制度的畸形发展历程中，开拓进取，积极创新。

第六十八章 十三行行数及"八大家"考

一

为了深化对十三行的研究，某个部门从国外购买了几卷当年的影印胶卷，可惜打开之后发现，内中资料是从鸦片战争前夕开始的，众所周知，十三行正是毁于这场战争之中，也就是说，十三行历史的内容，这批胶卷参考价值极为有限。

当然，我们还可以找到当年外国商船申请的执照文本，行商们给海关的报告——至少，这些原始资料是极为真实与可靠的，对于历史考证不无裨益。

行商报告后边的署名，当然是这一年度有资格充当行商者。

很有意思的是，在十三行毁灭前夕，行商刚巧是十三家。

兴于十三，亡于十三，这是怎样一个劫数？

这里，不妨把这十三家记录下来：

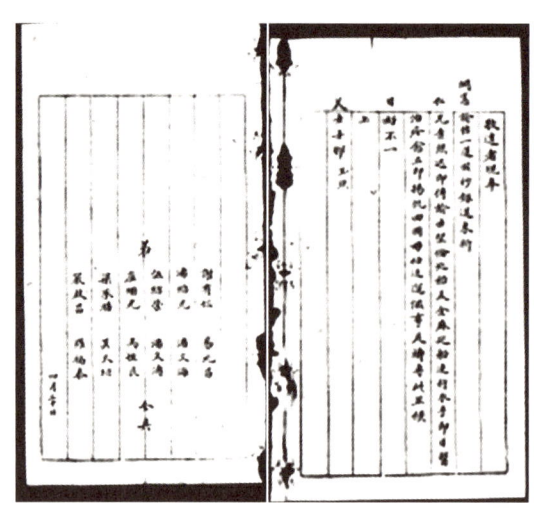

十三行影印胶卷

不难发现,"四大家"中的叶家不见了,而"八大家"中,除了叶家、谭家、徐家、杨家也没有了。

我们无法考证1557—1857年这三百年间所有活跃于十三行的家族,但是,清代自康熙开海之后,一直到第二次鸦片战争这100多年间,大多数家族还是耳熟能详的。当然,这期间的官商,即康雍年间的督商、抚商、军商、王商以及皇太子商人,几乎都不曾留下名字,能找到的仅有王商洪顺官、官商葵官几位了。

我们可从各类十三行资料中寻找出行商的踪迹。

最为准确的,莫过于中文方面的资料,如上面提到的胶卷中的中文报告署名,这是不会有任何争议的;还有在各种奏折、御批中出现的行商名字,同样确凿无疑。可惜的是,由于"士农工商"商为末的传统,我们很难在方志上考证出多少商人的名字、业绩什么的,顶多在艺文志中发现一两位清代的商人行迹,远不及司马迁笔下的商人能有专门的列传,尽管清代商人的业绩比那时辉煌得多。

外文资料应该比中文的要翔实得多,也客观一些,从中找到的行商当然不少。能与中文对应的外文名字,不少还考证不出来,甚至会出现张冠李戴的问题。例如,康雍年间的启官,在覃波、李炳的《帝国商行—广州十三行》(九洲出版社2007年版)中便被当成了潘启官,殊不知潘家直到乾隆年间才出现在十三行,应在几十年之后了。康雍年间的启官,应是黎第一代黎启官才是。又如某部编年史的Pinqua一直被译为"平官",直到写这本书时,经反复考证,才发现这应是"丙观",即杨丙观之误。也只有这时,"八大家"殿后的杨家才"现身",在1757年前后,杨家已活跃在十三行,直到1792年,才被批准成为行商,但进入18世纪,便又销声匿迹了。又如陈腾观,其实就是陈芳观,"芳"字在闽南语中发音更近"腾"字。Tan在闽语中与"陈"的发音相近,跟"邓"音差不多,外国人写十三行,是以粤语发音为准,所以,大多数Ton或Tan应是"谭",若全译成"陈",那一直流传下来的民谚"潘卢伍叶,谭左徐杨"的"谭"就没了影踪，而民谚不可能是短期内形成的，具有更大的可靠性。

随手记下的行商姓氏，不少并不为人所熟悉，如易姓、颜姓、邱姓、蔡姓、张姓、石姓、吴姓、倪姓、刘姓、麦姓、李姓、关姓、罗姓、马姓、王姓、黄姓、容姓、谢姓、邓姓、林姓、严姓、骆姓、洪姓等，加上熟知的十几家，有30多家。行名，则更数不清了。可见，100多年间，有多少姓氏——行商在十三行进进出出，沉浮兴衰、生老病死，仅考据这些，便生出多少感慨，云舒云卷，花开花落，新陈代谢，世事无常，只怕比一部"三国"更复杂，更惊险，只是——这仅仅是商战。也不知日后，能否有人真正写出这样一部记述成败得失、生死兴衰的历史演义！

二

曾在中国对外贸易历史上雄踞300多年的广州十三行，给历史留下了太多的谜团。

这从它开始的日子是何时，又为何而得名，迄今都争论不休，难以定论。

而随着近年中外关于十三行史料的披露，不少旧的谜底揭开了，可是，更多的谜团又产生了，知道的愈多，也就愈了解自己的无知。十三行似乎就这样不断呈示出自己愈加神秘的面目。好比一个圆，内里是已知的，圆圈之外则为无知。当知道的多了，圆内面积大了，可圆圈的边缘也同样大了，也就是说，接触到的无知的范围也就更大了。

早在18世纪初，十三行行商便在外国商船上有股份，后来，这股份儿近占有了大部分商船，唯有这样，后期的行商才拥有那么巨大的财富，有的甚至成了世界首富。

而这些资金，更进入了西方的工业化进程，如大工业、大交通业等等。也就是说，十三行本身成了西方工业革命的"影子银行"，在全世界大规模流动的银元——也就是今天的热钱，当时是通过怎样的机制发挥作用的？

过去的研究认为，只能是大额的"行用"令行商发了财。现在看来，"行用"在十三行行商资本中占的比例再大，也不是让他们成为世界首富的原因。只有实业，加上金融的运作，方可能让资本的积累成几何级数递增——一句话，我们对那样一个大航海时代，对当时的中外海上贸易，尤其是对其间能"手把红旗旗不湿"的弄潮儿行商，究竟有多少了解？

这便是我们写这本书的初衷。

我们试图从嘉道年间群雄并起的行商入手，去破解这样一个十三行的历史之谜。

其实，每一个行商都有自己的一部历史，同样，也都构成一个历史之谜。

从他们的起步、发迹、兴盛到衰落；

从他们的交往、冒险、成功到败绩；

从他们的沉稳、机敏、智慧到失算；

……

千金散去，铅华落尽，一个商业王国自有它的起承转合、恩怨情仇，乃至刀光火剑、腥风血雨。

十三行，演绎的就是这么一部悲情与辉煌的历史。

写不完、道不尽的十三行！

三

十三行，通常也应是十三家。

也许，它设立之初就是十三家。后来，有出有进。少则只余 4 家，多则有 20 多家，到鸦片战争爆发，十三行毁于一旦，那时，恰巧又是十三家。

这是怎样一个劫数？从十三始，至十三终。

那么，在十三行充当行商的，前前后后，一共有多少家？

在十三行后人、大学者梁嘉彬的名著《广东十三行考》中，所列的行商及行号也就 20 多家。但不少今天人们耳熟能详的行商，却未能列入。这也难怪，这是十三行第一部开创性的著作，必留下很多的空白让后人来填补，谁也不能第一次就能写出十全十美、没有任何疏漏的作品来。

一般人认为，十三行行商主要由粤、闽、皖三省的商人组成，其中的闽商最多——对此，梁嘉彬并不认可。他认为粤商居多，毕竟在广东这个地面上，即便是潘、伍两家，入粤也有好几代了，应算在粤商之列，而粤商，还有徽商，在明清之间乃中国商业之楚翘，是十三行中的主干。

由于客家人历来重文轻商，大家都认为，十三行中不可能有客家人。可是一一寻找下来，却发现有骆姓的、黄姓的客家人，他们在十三行中一样如鱼得水，挣得盆满钵满。现在深圳龙岗的坑梓镇，有"坑梓黄"之称。黄家在十三行做白胡椒生意，一连五六代人，建造了五六个巨大的客家围屋，体量之大，令人咋舌。而其发迹的传说，则始于黄家老人病榻上想吃的白胡椒……

那么，前后进入十三行充当行商的到底有多少人呢？

据不完全统计，有名字的行商，仅康熙年间至鸦片战争前夕，就有 200 家。十三行中出名的常有"四大家""八大家"，还有"四大家六小家"，这都是见诸文字的。

"四大家"如是指后期，则是潘、卢、伍、叶——这已进入 19 世纪了。前三家一直到十三行终了，叶家则在 19 世纪已退出了。

"四大家六小家"则是出现在"一口通商"前后，即 1750—1760 年间。但当时的"四大家"却非后期的"四大家"，因为此时卢家、伍家还没有出现，它们是 1792 年才被允许充当行商的，叶家此时亦在行外。潘家算是发达起来了，但另三家则谭家、陈家、邹家，"六小家"，则包括后来当过"行首"但又被迫自杀的蔡文官。

那么，早期的"四大家"则应加上黎安官。他被写在梁嘉彬书中行商的第一位，后被籍没流放。

末了，便是我们这里要探究的"八大家"了。

"八大家"的民谣，出现在乾、嘉、道年间，直到 20 世纪末，还出现在北京出版社 1998 年《中国近世谣谚》当中，这一条，是转引自五知《堪隐斋随笔》的，该随笔载在 1943 年 2 月 16 日上海出版的《古今》半月刊第 17 期上。也就是说，它流传于整个 19 世纪，直到 20 世纪中叶。

谁都知道，一个民谣的形成与流播，是有着其历史背景，包括思想背景的，而且须有相当稳定、可靠的历史事实为依据，经过长期的沉淀才得以形成，并在其后的岁月里被反复淘砺，最后得以认可的。

因此，选择"八大家"切入，无疑是有典型意义与研究价值的。

其实，"八大家"也是八大谜。

四

广州是自古以来海上丝绸之路的始发港。2000多年大海的蕴育，让广州人与内地拉开了观念上的距离。据历史记载，早在魏晋六朝年间，广州已经不再重现什么"几世同堂"，早早就父子分家，自立门户了。商品意识带来了人的独立自主的观念，一句"马死落地行"的俗语，充分揭示了广府人自立、自主、自强的人生取向。因此，重农轻商的中土观念在这里得不到延伸，以致当年的广州巡抚杨文乾给雍正的奏折中称"粤人惟利是视"，即只看到"利"而看不到别的。其实，这恰巧是历史的进步，人不再为"义"的人身依附而束缚，而走向建立在物的依附上的人的独立性，从封建的人身依附走向近代的人的平等、自由。

因此，广府人才用"龙凤虎豹"这样的赞美之词来比喻行商，对于中国人来说，这四个比喻无疑是最高级的了，没有比这更能表达他们的推崇与歌颂了。

同样，"江淮河汉"讲的是行商经商的范围，泛指整个世界。

那种羡艳之情，溢于言表。

的确，这八位"大家"，也无负于人们的期望与赞颂。

每一家，在十三行，都有如八仙过海，各显神通。

每一家，都有每一家的造化，每一家的故事，同样，也留下一个个历史之谜。

第一家潘家，三代人，创造了十三行家族百年不衰的不朽传奇，如果不是鸦片战争，就有可能打破"富不过三代"的商家宿命。事实上，鸦片战争之后，潘家后人中仍有众多出色的表现。我们今天仍很难想象，潘家何以能在瑞典东印度公司中包下30艘商船，下南洋，过好望角，梯航万里，抵达北欧的——以致今天，瑞典还留有潘振祥抵达斯德哥尔摩时的油画。而潘振祥，应是鸦片战争之前近70年，中国第一位"开眼看世界"的人。没有全球的视野，没有过人的商业头脑，他如何能成为十三行的龙头老大？

第二家卢家，起步于珠江三角洲的红树林间，凭着为外商守仓库的信誉一跃为十三行的大商家，却还是摆脱不了中国传统，想以商人的身份入祀族家祠堂，结果引发轩然大波，惊动了皇上，来了个"各打五十大板"。这一事件，究竟说明了什么？是不是一旦成为商人也就被打入另册——这亘古不变的"正统"挂念，不是直到今天还束缚着中国人的头脑么？其实，暴与辱，毁与誉，在百姓的祠堂中不就能见分晓么？

第三家伍家，可是世界首富，更不止三代，当然，直到今天，为人所诟病的，未必都是事实，只要换一个角度、换一种眼光，也许，非亦为是，是亦为非。一部历史有谁完完全全说得个明白呢？十三行消失之后，伍家的资本不还在美国、英国继续增值么？这朝廷知道么？官府知道么？如若是官商，他能这么做么？伍家的发迹，比潘家更迅疾、更凶猛，谁不为之震撼与惊叹。事实上，三代之后，伍家仍一直在经营，直到今天。

第四家叶家，在十三行中是几进几出的，18世纪初已是巨富，早年叶家作为行商，更成了英国蜡像馆中的名人。可又为什么1792年重新进入十三行？仅仅10年之后，又全身而退，从而不留任何痕迹——羚羊挂角，无迹可寻，高手矣。叶家的故事，在十三行中是另一类奇迹，今天未必有人能完全解读出来。

第五家谭家，在康熙年间当是够风光的。雍正年间，则来了个大起大落，不仅三次入狱，而且被免掉前朝已担任的商总职务。在面对横逆、凌辱与威逼之际，他是怎样的"顽固不化"？以致后来外国学者都感叹，认为他的商业理念太超前了；而清朝政府根本就没有做好这样的思想准备。从朝贡贸易向市场贸易转换，就发生在他身上。他不惜以身家性命，也要取消打着朝贡贸易烙印的"加一征收"，即靠岸税，经多年的抗争，他终于成功了，乾隆登基，终于宣布要"怀柔远人"，取消了这"加一征收"。可经这几番折腾，原先偌大的家业，也银子化了水，差点破产。

第六家梁家，在黄启臣的《天宝行》一书中，说梁家经常浮动在十三行排名的五六位之间，而梁在民谚中的排名就是第六，不过用的是"左"姓。其实，经官就是"左垣公"，如今黄埔古港，梁家还留有"左垣家塾"的古屋。中后期的十三行行商名中，经官倒是出现得频繁。感谢他的后人，最早为十三行立传，否则在重农抑商的中国，这一部商史也就会被淹没掉了。

第七家徐家，让徐家彰显的不是十三行时期的行商，而是临近十三行尾声才出道的徐润。换句话说，他是衔接十三行与洋务运动的枢纽式的人物，让我们得知十三行并不曾烟消云散，而还在绵延下去——一直到又是100年之后的广交会。其间，有洋务运动、戊戌变法、辛亥革命……历史就是以这种曲折的方式延续下去的。没有十三行，也就没有洋务运动，没有洋务运动，也就没有"百日维新"了……

第八家杨家，一个在十三行中名列"八大家"之一的望族，想当年在海洋贸易中也当如"龙凤虎豹"一样威名远扬。然而，如果没有民谚，"八大家"中还有一个"杨"姓，恐怕今天人们都很难知道十三行中还有过这样一个"大家"吧？

这让我想起第一部描写十三行的长篇小说《蜃楼志》。它成书于嘉庆前期，作者已无可考证了。虽然它是记录这段历史不可多得的作品，可一直被禁毁，导致默默无闻。一直到20世纪20年代，文学史家郑振铎才在法国巴黎国家图书馆中无意中发现了它，以致感叹地与当时流行的《官场现形记》相比较，说："《官场现形记》诸书在世上流行甚广，此书则绝少有人提起，名作之显晦，真是也有幸与不幸之分的！"

杨家的命运，也许正与这本书一样，其之显晦，也是幸与不幸矣。

但愿这本书所发掘的杨家的史料，能为今后让这一"大家"彰显于世，不再是寥寥几句。并且也希望有杨家的后人站出来，提供族谱及有关史料。

五

十三行中后期，有"八大家"之说，指的是潘、卢、伍、叶、谭、左、徐、杨。

"八"在中文中被当做吉祥的字眼，所以，历史上称"八大家"的为数不少，最耳熟能详的莫过于唐宋"八大家"了，这是文学界所公认的。

所以，十三行出个"八大家"，也是顺理成章。

十三行的"官名"是外洋行，这是很明白的，而外洋行的俗名或民间的称呼，则是十三行，如同中介行被称为九八行，海南行被称为三十六行一样，这是当时称雄东南的闽南商人元、明以来习惯的称呼，约定俗成，一直承袭了下来，甚至与表面的数字没多大关系了，用不着去死磕，非列出十三个行名不可。

只是，300年的十三行，尤其是清代的十三行，则可从不同的典籍文献中看到诸如"四大家""八大家"，以及"四大家六小家"等等之说，这反映了十三行中各个行商的此兴彼衰、此起彼落。有的相当稳定，如潘家，百年间始终居首位，直到最后30年才被伍家超过；有的开始被列入"六小家"即六小行商中，后来也进入"八大家"的行列，如梁家。

由于历史的变迁，存留下的典籍与文献不完整，目前出现在研究者列出的行商名单也就100位左右，仅占全部的四分之一至三分之一。有些在研究者的名单中颇有名气，如出任过行首的蔡文官，曾列入过六小行商之中，而石鲸官、颜时瑛等则连小行商中也未见其名。至于康雍年间，乃至乾隆年间，著名的如黎安官等更不曾有过排名，虽说清代早期行商中生意就做得很大的，包括有官方背景的洪顺官等人，梁嘉彬当年找到的史料毕竟有限，列举的只有20多家。而陈国栋认为，从1760年成立"公行"始至1843年行商制度废止前84年间，共有47家洋行先后营业。乍一看，资料应较全面，言下之意似没有什么遗漏。实际却不尽然。

虽然这84年作为十三行的中后期，能保存下来的资料要多得多，甚至要完整得多，但是，从近年来在大英图书馆的查考还是发现有相当多的遗漏。至于1760年之前的资料更是缺失甚巨，要一一考证殊为不易。

因此，要完整呈示后期行商的全貌，尚待更多的资料出现并加以严格的考证。

甚至于人名，错讹也很多。

而资料中清朝的"官话"，英国人称为"Mandarin"（现在称为"普通话"），还在形成当中，尤其是顺治、康熙乃至雍正年间的官话，与今天的普通话差别较大。直到今天，持英语的国度，不少学者仍认为"Cantonese"，即粤语，才是真正的中国话。而Cantonese与Mandarin的发音相去甚远，仅以音译为准，错讹就更大了。例如"八大家"殿后的杨家，即杨岑龚（这已在中文与英文相对的文本中核对过并可以确认了的），在行商中被称为丙官，可最近的译本中，则仍为"平官""鹏官"，当然，"丙""平""鹏"在汉语中发音还是较接近的。

瑞典的学者一再向我们，也包括使馆人员乔宗淮等确认，当年的译音，依据的仅仅是Cantonese，即粤语白话，若以今天的普通话为标准，则大谬特谬也。

然而，当年的行商中包括相当一部分的闽商，他们虽然来广州后也大多能说粤语，可是语言不是一下子"纯正"得了的。所以，在福佬或潮人较多的东南亚，中英对照的汉语发音，又出现了很多畸误。最明显的是，闽语的"陈"，发音近于"邓"，英译每每写成Tan，于是，所有Tan、Tam等，也就全译成了"陈"，把其中的谭姓也当成了陈姓，加上研究者中不乏闽人，这就一误再误，全混淆了。好在当年有相应的文牍，尤其是互文的文件，到今天还可以纠正过来。否则"八大家"中的"谭左徐杨"，也就统统成了子虚乌有，因为谭没有了，把"左"当作姓更没有，徐是夷行买办，而杨丙官同样也找不到了，那民间流传的民谣又是怎么来的呢？一两百年了，恐怕也没有人说得清了。做学问的人每每比较固执，尤其是外国学者，认定了就认定了，要改过来，没那么简单。

这才多久呀？

如仅以陈国栋的1760—1843年算，至今也就160～200年，历史就可以糊涂至此、混淆至此么？

而在中国，商不入传这一顽固的传统，给考证更造成了很大的阻碍。"士农工商"商为末位，家族是不屑于把从商者写进谱牒的，节妇、烈女可以入，商贾则不行，顶多在其间留下一点蛛丝马迹，颇费考量。

由于行商进进出出十三行十分频繁，你方唱罢我登台，那么，务必设下几个时间限。是谁进入十三行的时间最早，这是上限；是谁进入十三行的时间最迟，这是下限。"八大家"共存或"八大家"影响尚在，让民间认为他们正在辉煌或余威不减，是在什么年代？

这一来，就需要对每一家加以考证。

无论如何，当时这"八大家"应是富甲一方，得到民间公认的，他们在十三行内的时间必定不会太短，否则，也"凑"不起来。

形成"八大家"，并成为老百姓口耳相传的民谚，究竟是在什么时候？

众所周知，民谚的形成，务必有相当长时间的历史积淀，在民间形成共识得到公认，这才流传开来。那么，这"八大家"何时成为老百姓的口头禅得到认可呢？

我们不妨从第一位的潘家说起。根据历史学家黄启臣、陈国栋与潘家后人潘刚儿合著的《潘同文（孚）行》一书中考证，潘启官入粤时约为30岁，而他生于1714年，创立同文行则在1743年。潘家在十三行历经三代，一度成为十三行首富，直到第二次鸦片战争才结业。尽管后期潘家的财富被伍家超过，但其影响不曾因此减弱，所以，在"四大家"中，他家仍居首位。毕竟是百年旺族，从1743年到1857年，期间有100多年。

第二位为卢家，在马士的《编年史》中，1787年卢茂官已经出现了，但这一年的记录中有"他不是一名行商"。可见，在成为行商之前，不少从事对外贸易的中国商人，已活跃在十三行，有的甚至二三十年。如"八大家"排在末位的杨家，在"一口通商"前已依附潘家或独立做外洋生意了。卢家也一样，直到1792年正式获得行商执照前，他家与外商经营茶叶、丝绸多年了。1807年，发生了英船"海王星号"事件，卢家元气大伤，1812年，卢茂官去世，仅50来岁。其儿子卢文锦试图将父亲入祀，遭乡绅反对，之后几经折腾，其广利行勉强坚持到第一次鸦片战争。

第三位伍家，在十三行后期跃居首富。伍家的怡和行于1782年创建，之前为盐商。而且，一度要他进入行商之列，却被拒绝。在马士的《编年史》中是这么记载的：

> 浩官拒绝承充行商，被迫担任盐商："前面提到的潘启官的账房浩官，坚决拒绝应允，并逃避不见；为了惩戒强迫他担任盐商，这样会使他很快就破产。他现在深

自悔恨，没有接受海关监督提供的行商执照。"

但到了 1786 年，浩官的名字出现在"中国债权人"名下，及至 1787 年，他被海关勒令分摊"沃伦·黑斯廷斯号"商船被盗的棉花损失的份额，与潘启官、杨丙官等各分摊共 2500 银元，各行商 500 银元，也就是说他此时的身份，已是名正言顺的行商了。

到嘉庆十二年（1807），伍家已是十三行中的第二，超过了卢家，而至嘉庆十八年（1813），伍家则一跃成为十三行的首富，伍秉鉴居总商之首。

所以，他排名第三，当是 1807 年之前。这意味着，之所以"八大家"中他排第三，同样是 1807 年之前。

第四位叶家，当是十三行中历史最早也最长的。早在 1697 年左右，广东便有一个叫叶振德的商人，其时康熙开海才十来年。而后，叶家在十三行进进出出有 100 多年之久，叶隆官、叶义官、叶朝官、叶仁官等等相继出现。及至 1792 年，与卢家一起再进入十三行，叶家的名字再度出现在行商的名录当中。显然，叶家在海外名声很大，叶家曾在 1720 年前退出过十多年，所以，雍正年间不见他们的名字。而 1792 年再度加入后，至 1804 年叶家又在十三行奇迹般地全身而退，从此不再出现。

第五位谭家，与叶家大致相近。美国学者范岱克在近著中认为，谭家应是清代的早期行商之一，也就是出现在康乾年间，之后就不再出现了。

但随着族谱的找到，在谭康官消失后 40 年左右，谭世经，即德官，再度出现在十三行，而且是与卢家、杨家等同一批获得行商执照的，杨家在与美国的贸易中濒临破产，也把债务分摊给谭家。其实，早在 1784 年也有记录，时任商总的蔡家因赔偿问题，海关"监督将此情况密告皇帝，建议将其所欠荷兰东印度公司的 30500 两债务平摊给谭家、文官、丙官（即杨家）和钊官"。

谭世经作为行商，也戴上了蓝宝石顶子，授奉直大夫。谭家祠堂于 2012 年失窃的大香炉上，有"嘉庆二年"的字样，可见当时在十三行中以青花瓷为主打商品，与老家的不少传说相符。《谭氏家谱》记载他出生于乾隆二年（1731），去世于嘉庆三年（1798），这香炉烧制则是在他去世的前一年。承袭他的蓝宝石顶戴的曜石公，仍一直充任行商。不久前，有人在大英图书馆亦发现嘉庆年间谭姓行商，正与此相符。

而后世袭了三代，即曜石公，紫庭公。紫庭的生卒年是嘉庆十四年（1809）到光绪元年（1875）。谭家一分为四之日，是紫庭公去世的前一年，应该是在他主持下分家的。

第六位梁家即左垣公，天宝行创立于 1808 年，这已是在叶家退出之后 4 年了。如同卢家、伍家一样，在不曾拿到行商执照前，梁家就已经在十三行与外商做生意。而当资产积累到一定程度，方有资格成为行商。

这里应留意 1808 年这个年份。因为这一年，"左"才成为行商，而发迹起来，有大影响当在这之后，所以，"八大家"一称，不会是在这之前形成的，而这是嘉庆年间。也就是说，梁家是十三行后期才出现的。天宝行一直维持到了 1857 年，也就是十三行的终结之日。

第七位徐家。十三行时期，徐廷亭、徐钰亭是在夷馆里当买办，也充当过洋商（其实，行商之名是后来才被叫的），可惜史料甚少，倒是他们的侄子徐润去了上海，在上海风生水起。徐润就是在伯父徐钰亭安排下进入宝顺洋行当学徒，后来便在英商宝顺洋行当上买办。第二次鸦片战争之后，十三行不复存在，而清廷被迫开放北部沿海口岸以及长江沿岸口岸，宝顺洋行随即在烟台、天津、镇江、芜湖、九江、汉口等地设立分行。这时，徐润已成为统领各分行的总买办。他预见到发展长江的航运业将大有前途，于是购置江轮、船坞，组成一支实力雄厚的航运力量，将发展进出口贸易和航运业作为洋行的主要业务。他还将贸易活动扩展到日本的长崎、横滨、神户等埠。这个时期宝顺洋行上海总行和各分行每年的进出口总值达到白银数千万两，盛极一时。徐润作为洋行的总买办，经手巨额进出口生意，可以按上海洋商总会规定提取3%的佣金，由此，他不仅积累了相当可观的财富，更有了进出口贸易的宝贵经验。1870年之后，徐润看到上海百业振兴，万商咸集，地价日见攀升，商机在即，在经营茶业的同时，他开始放手去搏投资房地产业。房地产业需要大量资本，头脑机敏的徐润将已有房地产作抵押，用钱庄和银行贷的资金购置新产，再将新产作抵押借贷，通过层层抵押的办法积累巨额资金，解决了投资房地产业问题。从此一发不可收，成了洋务运动中"第一买办"、房地产大亨。显然，他继承了十三行经商的传统。

第八位杨家，早在1760年便参与了潘家的生意，范岱克的《广州—澳门日志》中，杨岑龚已频繁出现了，于1782年获得行商执照，却在1794年破产并消失，但其间生意做得不小，尤其是与美国"大土耳其号"的生意。由于译文有误，对照相关中文文献，在马士的《编年史》中被译为"平官""鹏官"的杨丙官，于1760—1794年这30多年间，出现不下有二三十次。这在专门论述杨家的文章中已细细梳理过，这里就不重复了。

30多年于十三行的经营，殊非容易。所以，杨家虽然于1794年消失，仍名声在外。

我们不难从"八大家"的兴衰中可以得知，形成"八大家"的民谚，当在梁家进入十三行的1808年之后，那时，叶家、杨家虽已退出但名声还在，而潘家、卢家、伍家、谭家还在。

由此我们可以确定，"八大家"的民间共识，应形成于嘉庆年间，即1810—1820年之间。当时，这"八大家"被视为十三行中拥有财富最多且名声在外的，而且绝对不是昙花一现的，比其他行商要稳定、厚实得多。

六

"八大家"在十三行中的代表性、典型意义，已毋庸置疑。不仅仅因为他们的富，更由于他们各自不同的遭际以及最后的命运。在中国GDP尚占全球三分之一之际，如果没有十三行这个"影子银行"，世界的工业革命缺乏有力的资金支撑，能发展得那么迅猛么？

一部十三行史，要写的事情实在是太多了，国外，人家仅仅就其间的一段，就写出了洋洋几百万字的博士论文，而身为中国人的自己，又做了什么？

潘有度当年有诗曰：

百尺樯帆夜欸关,重洋历尽负迁艰。
孩童不识风光险,笑指天南万老山。

如今,我们当是"重洋历尽"矣,只是何日能"笑指天南",写出一部真正的十三行史呢?

中编结语 "走出去":广州十三行参与大航海时代的国际贸易、金融的研究

作为海上丝绸之路的重要阶段,明清300年的十三行令中国完成了从封建的朝贡贸易向市场或市舶贸易的根本转变。这是以康熙"开海"、雍正"开洋",一直到乾隆登基之际取消了具有"朝贡"性质的"加一征收"即靠岸税为标志的。当年广州十三行"走出去",参与大航海时代的国际贸易、全球金融的力度比今天还强,只是,我们在史料上看到的,大多是人家怎样"走进来"的,似乎开放就是放人家进来,其实,开放更重要的是"走出去",可惜,尽管我们反复强调有数以万计的中国商船出洋,但历史记录太少了。

广州十三行是世界大航海时代的产物,于16世纪的国际性海洋贸易应运而生,并推动了18世纪的海洋商业扩张,更是海上丝绸之路的重要阶段。说"走出去",应该说,中国的丝绸早在古希腊罗马时期就已声名远播,丝绸不仅从陆上丝绸之路,同样也从海上丝绸之路传到了欧洲,不排除当时已有中国商人历尽艰辛到过欧洲。唐宋海上丝绸之路更是兴盛,外国商舶来后,一度享受"国宴"的礼遇,无不满载而归,关于这点历史记载不少。然而,自元朝起,反复禁海,造成"走出去"的困境,直到清朝康熙"开海",重立十三行,中国行商才一步步"走出去",下南洋,远赴欧美,先是三大商品出去了,中国茶叶、丝绸、瓷器风靡一时;而后,就是人,即商人,足迹遍及三大洋;再进一步,则是金融了,中国行商大规模参与大航海时代全球贸易、金融网络建构,比今天的比重还大。行商更集实业、金融于一身。可惜,乾隆二十二年(1757)后,由于开放不彻底,乾隆又受封疆大吏的忽悠,关了江海关、浙海关与闽海关,只余广州"一口通商",实行了限关,导致了历史的曲折,但并没有改变十三行行商"走出去"参与全球金融运作,成为世界的"影子银行"的进程。因此,研究当时经验与教训,对今天推进"一带一路"倡议不无借鉴意义。

十三行行商在明清之交便已有从事实业的,如"八大家"中的谭家,史载其"身隐市廛,性耽风雅,虽日与百工交处,而其品格岸然"。而更为众所周知的则是伍家,在十三行后期,斥巨资投入北美太平洋铁路……在当时写十三行的长篇小说《蜃楼志》中就有"裕国通商古货源,东南泉府列藩垣"[①]的诗句。

在康熙开海期间,十三行行商与海商驾数以千计艘"大眼鸡船"下南洋,主导了海上丝绸之路的对外贸易。

尽管元、明开始禁海,但民间的造船业仍是在曲折中苟延残喘……而随着康熙"开

---

① 〔清〕庾岭劳人:《蜃楼志》,吉林文史出版社2006年版。

海",造船业也就开始了复兴,虽然在国内受到限制,只能造两桅船,可是,一旦到了海外,这个限制恐怕也就无人在乎了。于是,商人们发现暹罗、吕宋岛、婆罗洲、苏禄等地原始森林密布,加以气候的优势,那里的树木更是高耸入云,木材比比皆是,材质令人叹绝——南洋归来,无人不称,暹罗"从海口到国城,溪长2400里","夹岸大树茂林",最适合做能经大风大浪的商船。而在广南,更有身高八丈、通体无节的桄木及盐舵木。在婆罗洲的坤甸,出产坤甸木,其质地坚硬如铁,还有吕宋"树木约4200种,高约50丈,便于建船、屋"……这些文字出自魏源的《海国图志》、陈伦炯的《海国见闻录》等,这能不让行商趋之若鹜么?

就这样,海商们纷纷外出,带上能工巧匠,到暹罗等地去造船,造大船。而造船的技术,也得到迅速的提高。当年,有一位叫谷慈拉夫的金发碧眼的外国人,亲眼见到一些来自中国的船只,上面带的都是各式工匠——全为造船业的技术工人,往南洋疾驰,他写道:"在赴暹罗的航程上,他们先是沿越南海岸一带砍伐木材,而后,则在到达曼谷时再另外添置、购买若干,再用这些木料建造帆船,仅两个月,一条船就完成了,所有的帆、绳索、铁锚以及其他物件,全部一件一件亲手造好了。"自然,造船需要的诸如油、麻、钉之类,大多可就地取材,没有的则事先有所准备。

在南洋,没了"两桅、五百石"的限制,船造得也大,载重量达到7000到10000石之间,桅也有三至五杆的。中国造船业本就很发达,祖辈上留下来的造船技术,在这里得到了充分的发挥,但这里却已是轻车熟路了,在当时更是在世界上领先了好几个世纪。康熙"开海"期间,也顺从民意,取消了只允许造两桅船的限制。

新加坡开埠,为了让狮城成为一个自由贸易港,吸引来自全世界的商船,当时任行政长官的佛莱士,就把招徕中国商船当作开埠的头等大事。一位英国人写道:"第一艘帆船抵达时,每每在圣诞节之前一点点,此刻,人们都在焦急地等候,马来亚的舟楫面朝东方期待着这艘帆船的出现,整个华人社区满是喧嚣……"

引录这么些,只是证明,十三行时代,航行在南洋的中国商船,是何等的威风凛凛,何等的让举世瞩目!

开海30年后,在康熙五十六年(1717),却又来了个"南洋禁航令"。禁了洋,每年数以千计的中国商船下不了南洋,这对于十三行行商是一个沉重的打击,他们本来就不安于当"坐商",干等荷、英、法等国来广州做生意,资本自会流动、溢出,寻找出路。从开海到禁洋,期间已有30多年,不妨比较一下,当今我们改革开放同样是30多年,一下子便由贫穷落后跻身为世界第二大经济体,不难想象,康熙开海40多年,中国东南沿海的财富已积累了多少,又吸收了当时的"世界货币"银元多少?人不能出去了,但资本还是可以通过不同方式寻找出路,这一来,在康熙禁洋期间,十三行行商便设法隐性入股外商大型商船,弥补不能下南洋的损失,尝试进一步"走出去"。

他们决不满足于年均二三十余只西洋商船的造访,放弃经营南洋贸易。过去,他们就在一些主要的贸易点,如巴达维亚、马尼拉等地同西洋商人交易。

一、外商的多桅船

正是这一期间，有一则典型事例可以佐证，马士在《编年史》中讲到当时的第一大行商黎启官（不是潘启官，潘启官是约半个世纪之后的行商，不少相关作品都搞错了）与外商的关系时特别提到，1703年有一艘商船在南洋被劫损失惨重，投资者正是黎启官。"他拿出从前'舰队号'大班的期票"说，在"柔佛被劫"的帆船是属于他的商号的，而他可以"写具证明，他可将各事解决得使船长汉密尔顿满意"；他的"损失约11000两，假如这件事被官员知道，他们就会抓住这个可乘之机，以便在本季度的船上勒索笔款子"。①

显然，禁洋期间，决不止黎启官这么做，当时的陈家、叶家同样也会这么做；否则，这时英国的蜡像馆就不会出现叶家行商的蜡像。范岱克称："现在，在皮博迪艾塞克斯博物馆里尚有一尊与Cudgin真人一样大的塑像，至今保存完好。而Cudgin的财富和遗产中的其他物品已经全部灰飞烟灭。"Cudgin则是早年叶家的行商。"叶氏商人的经历是广州'小商人'经商行为的典型范例。他们的贸易活动持续了大约84年，见证了广州这个港口城市的巨大变迁。在此阶段，来华的外国人的数量增加了10倍，从最初的几百人增加到几千人。每一年抵埠的商船也由五六艘增加到50多艘。不断增多的外商和外国商船带来了激烈的竞争。"②

而这个时候，是十三行行商从官商向民商转化的时期，这种隐性资本的外向投资，则是官商所不能。可见康熙年间，在金融业、航运业上，十三行已是瞒着官府经营着大生意了。黎启官这一事件发生在"一口通商"之前50多年，早期的十三行商人尽管为闭关锁国政策所掣肘，但并不妨碍他们走向世界参与国际间贸易，甚至出资经营他国商船，建立以广州为中心的国际关系网络，成为角逐于海上贸易的隐形投资者。

在雍正开洋至乾隆取消"加一征收"的梯度开放中，十三行行商更是成规模地投资外商数以十计的商船，逐渐参与全球金融运作；而发生在雍正十年（1732）广州外贸诸多"混乱"正是与当时大航海时代相接轨的，十三行行商主张开放、公平的竞争，反对官商勾结，避免价格垄断、操纵行市……以致被后来的研究者视行商"开放建议远远超出了他所处的朝代"，可以说，这一期间的"混乱"，奠定了行商日后进一步"走出去"的思想基础，解决了他们"思想先行"的问题。因此，抓住之前被忽略的清代前期即康熙年间至乾隆初期开放、十三行行商"走出去"的历史，对研究海上丝绸之路的正能量无疑是一大突破。

"八大家"之首的潘家的后裔潘刚儿在《与全球化经济接轨的中国杰出商人潘振承》一文中称："潘振承清醒地明白社会经济与全球经济发展的大趋势，意识到西方的崛起和

---

① 转引自〔美〕马士著《东印度公司对华贸易编年史（1635—1834年）》第三卷，中国海关史研究中心组译，区宗华译，中山大学出版社1991年版，第136页。

② 〔美〕范岱克：《广东叶氏商人，1720—1804》，章远荣译，见谭元亨主编《十三行新论》，中国评论学术出版社2009年版，第92~130页。

天朝贸易体制的落后,他把同文行商业经营模式朝向适应市场经济的转变。潘振承客观分析了中国传统的家族经营商业与西方各国东印度公司股份制经营的差距,组织以已为核心同行的合作团队,以扩大出口和销售能力,又冒着被认为与外商"勾结"的危险,敢为人先,冲破禁闭牢笼,毅然参与跨国经营。美国教授穆素洁(Sushetma Mazumdar)指出潘振承曾投资到瑞典东印度公司。潘振承还参与国际三角贸易,美国学者巴素(Dilip Basu)提到,18世纪中叶,瑞典企业大亨极为珍视对中国贸易,将瑞典的金属、柏油、木材运到西班牙卡迪斯(Cadiz,西班牙西南部之一海港)销售,以换取广州购物所必须支付的西班牙银元。潘振承曾投入资本参与一位瑞典大亨撒革廉(Nikias Sahlgren)在卡迪斯贸易。正是这种思想开放,开展国际合作,跨国投资,使他能在世界商业舞台中大展身手。"①

潘家正是在取消"加一征收"之后发展起来的。

美国学者范岱克在《澳门—广州日志》中则有记录:"随着荷兰东印度公司的商船接二连三抵达中国,1731年,丹麦商船也抵埠,而1732年瑞典商船也到岸,由此出现了许多新的贸易机会。与其他外国公司相比,丹麦公司和瑞典公司拥有更大的商船,就载重量来说,他们的一艘商船就相当于英国人或法国人的两艘商船,但却仅为荷兰商船一半的容量。由于这些公司的商船每一年定期抵埠,因此,一些行商想方设法尽可能与他们建立稳定的关系,以便有固定的贸易额。"②

当时不下20位来自澳门和广州的商人经营东南亚的帆船贸易,为其提供资金及服务。这些中国帆船贸易商还常常与行商有一定的联系。事实上,在18世纪60年代,这些帆船出资人中本身就有许多行商。

二、塞勒姆现在留存的瓷器

乾隆二十二年(1557),开放发生了逆转。乾隆关闭了其他三个海关,即江海关、浙海关与闽海关,只留下广州"一口通商"。但"一口通商",反而倒逼十三行行商进一步规避制度的管控,寻求资本的出路,开始投资国外的工业,包括铁路等重要设施,成功地建立了他们信用,成为世界的"影子银行"的主角。

范岱克在《澳门—广州日志》的序言中说:"比如,在(1760年)8月底和9月初,我们看到来自巴达维亚的Swebing号商船以及来自交趾支那的Ecktay和Samkongbing号均以到埠。从其他记录上我们得知颜享舍是这3艘船的定期资助者。由于这些进口货物会极大的影响其他贸易的赢利状况,所以行商每年都密切关注其动向。所有这些事例揭示了船运贸易与其他对外贸易密切而又复杂的关系,行商在这两种贸易中都有生意,本年度的日志有助于我们更好地了解其生意的复杂性。

---

① 潘刚儿:《与全球化经济接轨的中国杰出商人潘振承》,载谭元亨主编《十三行新论》,中国评论学术出版社2008年版。

② 范岱克:《澳门-广州日志》,章远荣译,载谭元亨主编《十三行新论》,中国评论学术出版社2009年版,第260-269页。

年度日志里关于锡的话题揭示了东南亚市场与中国市场的密切关系。荷兰人在锡的贸易中与来自巴邻旁（巨港）和交趾支那的锡竞争。就锡、胡椒粉以及其他商品而言，整个区域（从东南亚到华南）就像一个大型联合体，一个地方供给价格的变化会直接影响到另一个地方的需求，使价格上下波动。因此，在分析广州的商贸时除了上述提到的因素外，还有市场外部的影响也需要考虑。"

正文还有："1月19日，得知今天瑞典人的两艘船运走了760件丝绸织物，以及25大捆生丝。傍晚时，他们来与我们告别，准备晚间登船启程。陈捷官说潘文岩一直通过澳门与马尼拉做生意，很可能随意找人制作了一些丝绸织物，现在又把这些东西卖给瑞典人，以补偿他们长期逗留在这里的亏损。"①

在范岱克《广东叶氏商人1720—1804》一文里则有提到，在瑞典人"1768年的记载里，在谈到广州的船运贸易时提到叶义官（Consentia Giqua）这个名字。瑞典人列出了一份包括28艘商船的清单，叶义官以丰晋行（Fongzun Hang, Fengjin Hang）老板的名义榜上有名，该行拥有3艘船。除了这3艘船外，叶义官还有另外一艘船，而这艘船似乎属于广源行。所有这四艘叶氏商船每年定期开往交趾支那、柬埔寨、暹罗等地，全部由广州最有名望的船运商——颜享舍（Hongsia, Yan Xiangshe）资助，但在瑞典人的记录里，蔡文官（Monqua, Cai Wenguan）和Zey Anqua（蔡氏家族的成员）也是叶氏商船的资助人"②。

1768年，叶义官（很可能是Huiqua）在广州与瑞典大班签订了船舶抵押借款合同，以便资助广源行Quonschyn号商船，该船将前往柬埔寨。同年3月，瑞典人的记录上记载着叶义官向他们借贷370两银子，利息是40%。

当时典型的做法是由几个外商共同集资发放贷款。因此，这次是瑞典东印度公司的几个官员放的贷款。在其他情况下，也可能是别的放贷人，比如葡萄牙人、美国人或其他在广州或澳门的外国人。叶义官的总贷款数是518两银子，还贷期通常是货船到达广州一至二个月后。这样船主就有足够的时间把货卖出去以便还贷。货船一般是9月份抵穗，因此，通常是11月左右还贷。

瑞典斯德哥尔摩大学历史系海洋研究中心的丽莎·赫尔曼在《广州贸易的社会关系——瑞典东印度公司的信息流动、信用、空间与性别》一文中强调的：

> 当贸易变得越错综复杂，这（指信用）也变得越困难，但也越重要。（当时在广州贸易）远非原始的实物贸易，资金和货物必须分开交付，（其过程）历时几个月或者好几年——没有信用（支撑），一切将不可能（进行）。③

---

① 范岱克：《澳门-广州日志》，章远荣译，载谭元亨主编《十三行新论》，中国评论学术出版社2009年版。
② 范岱克：《澳门-广州日志》，章远荣译，载谭元亨主编《十三行新论》，中国评论学术出版社2009年版。
③ ［瑞典］丽莎·赫尔曼：《广州贸易的社会关系——瑞典东印度公司的信息流动、信用、空间与性别》，蔡香玉译，载赵春晨、冷东主编《广州十三行与清代中外关系》，北京世界图书出版公司2011年版，第201页。

中编结语
"走出去": 广州十三行参与大航海时代的国际贸易、金融的研究

法国拉罗谢尔城奥比尼—贝尔浓博物馆,今藏有一幅用通草纸绘制的以中国茶叶箱为主题的外销水彩画,作画时间在19世纪20—30年,茶叶箱上标有"同孚名茶"四个显眼的大字,突出了商品外部形象。

范岱克研究指出,1768年,潘振承拥有以广州为基地,用于近海运输货物的3艘帆船,它们驶向目的地是东南亚地区港口Cancau和帕西克。瑞士籍的航海家Charles de Constant称他为"前水路运输家"。①

资本寻找出路与信用的建立是密不可分的,以上的引用也证明没有信用支撑,资本流转将不可能发生,而上述一切,均发生在"一口通商"之后10年左右。

200多年后的今天,瑞典哥德堡历史博物馆展示有潘振承大幅水彩画像,潘振承成了两国人民世代长久友谊的使者。当年,潘振承将自己的画像送给瑞典东印度公司的董事尼科拉斯·萨文格瑞。2006年7月,瑞典仿古船"哥德堡号"满载着传统友谊沿着丝绸之路古航道远航访穗,其宣传画栏展有潘振承的画像,旁边写着"瑞典东印度公司的大班经常求助于通议大夫潘启官,他同茶叶商关系密切"。瑞典人没有忘记潘振承。英国东印度公司职员也曾在1771年记载:"他在最重要的事务上都与大班有密切的联系。"潘振承去世时又有"多年来曾给大班以极多的帮助与麻烦"的评语。显示他既执行政府对外商管理的指令,又以弹性的中庸的手法处理问题。1772年,一艘从巴达维亚出发的荷兰商船"Rynsburgh号"在南中国海搁浅,在潘振承的帮助下,荷兰人成功组织了一支救援队伍去抢救出部分货物。这次运作需得到中国官方的批准以及通事提供必要的帮助。

18世纪60年代英国东印度公司伦敦董事部汇票在广州被使用时,潘振承目睹这种金融汇划以票据来办理信贷的手段的优点,可简化结算方法,节省运作流程,效率高,使资金顺畅流转、安全兑现。于是,乾隆三十七年(1772),他将之引用到同文行的国际贸易金融运作上,成为中国人使用汇票的第一人。这一事件发生的时间是1772年3月3日,基本可以对应于行商于1760—1770年间经营或出资瑞典30多艘商船的时间段。

山西票号一般以道光年间日升昌号为代表,他们到广州立票号,已是道光晚年的事,然而,在他们出现的半个世纪前,十三行行商便与外国的金融机构有了密切的联系,并建立了强大的信用,潘家的方式比票号更为先进。"一口通商"不到20年,中英双方已用上了汇票,至于后来伍家在欧美金融网络上大显身手,这是山西票号难以望其项背的。

行商们良好的商业信誉为他们"玩转世界"奠定了坚实的基础,他们善于利用现代的商业手段周旋于南洋、欧美大陆,为自己赚取巨额利润。

康熙的禁洋,倒逼行商入股外国商船,而"一口通商"则推动了金融进一步"走出去",市场自有其自身的规律。

美国的穆素洁教授曾在题为《全球扩张时代中国海上贸易的新网络(1750—

---

① 参见〔美〕范岱克(Paul A. Van Dyke).《从荷兰和瑞典档案看18世纪50年代至70年代的广州帆船贸易》,丁峻译,载《广东社会科学》2002年第4期,第94~97页。

1850）》①的讲稿中，颇为宏观地展示了十三行中期至后期的对外贸易。论文认为，与一般论断相比，甚至在19世纪五六十年代之前，商业的利益更容易横跨国界与海洋。而1757年即"一口通商"实施之际的广州对外贸易，比在1700年时增长了5倍。

穆素洁认为，19世纪末，南北美洲开始卷入这一贸易。美国许多财富是由该贸易带来的，包括耶鲁大学创办人伊莱休·耶鲁（Elihu Yale）的财富，就是在马德拉斯以外进行贸易积攒的。由于鸦片贸易的发展，金融市场发生变动，来自中国的大量硬币在西印度增殖，这里的"西印度"是指美洲大陆及岛屿。18世纪末，正值美国独立战争爆发，英国殖民者对新独立的美国实施了经济制裁，而为了打破英帝国的封锁，美国先后派出"中国皇后号""大土耳其号""联坚号""哥伦比亚号""试验号"等来到广州，从1784年的1艘到1789年便已升到15艘——这也印证了穆素洁的论断。也就是这个时候，伍家迅速上升，并与叶、卢等家在1792年被批准成为行商，这也证明他已拥有了相当的资产。正如穆素洁在讲稿中指出的：

> 1750年代，作为国际贸易的转折点，伍氏决不是与欧洲人和美国人有长距离贸易联系的唯一中国商人。其他一些商人也拥有如此的商业网络……据估计，从1784年到望厦条约签订期间，约有15亿美元到18亿美元的银币输入中国。到了19世纪头数十年，中国商人迅速成为国际商人。如同他们的印度和美国伙伴一样，中国商人以输出中国的茶叶、棉、丝、糖和银等商品，而同国际商人连结一起，同时，能够利用他们的关系在亚洲以外周围地区调动他们的资金。②

不过，其认为19世纪初数十年，中国商人才迅速成为国际商人则未免值得商榷，因为早在100多年前，如前所引述的黎安官就在经营英国的商船，而后潘启官更对英、瑞典等国有了大量的投资，双方很早便遇到期货交易体系中资产货币互换的问题。

参照当时的历史背景，我们不难看出，十三行的商品与投资对于独立之后困难重重的美国是多大的支持，不仅为它克服了立国之初的经济危机，也为其后经济文化的发展、财富的积累，发挥了重大的作用。

从康熙"开海"、雍正"开洋"，一直到乾隆登基之际取消了具有"朝贡"性质的"加一征收"，乃至于"一口通商"，"走出去"怎样一步步成为海上丝绸之路的主旋律，当年的经验教训对今日又有怎样的启示？

黄启臣教授指出：18世纪80年代至19世纪30年代，行商首富怡和行的伍秉鉴思想更加开放，除了同英国东印度公司、伦敦大银行家巴林兄弟公司（Baring Brothers & Co.）做生意外，自乾隆四十九年（1784）开始大量"投资于美国的保险业"和铁路建筑业，

---

① 穆素洁：《全球扩张时代中国海上贸易的新网络（1750-1850）》，载《广东社会科学》2001年第6期，第82~83页。下同。
② 穆素洁：《全球扩张时代中国海上贸易的新网络（1750-1850）》，载《广东社会科学》2001年第6期，第82~83页。下同。

中编结语
"走出去":广州十三行参与大航海时代的国际贸易、金融的研究

史称:

> 名(伍)崇曜者,富益盛。适旗昌洋行之西人乏资,即以巨万畀之,得利数倍。西人将计所盈与之,伍既巨富,不欲多得,乃曰:姑留汝所。西人乃为置上海及檀香山铁路,而岁计其入以相畀。

美国的太平洋铁路,伍家投资,仅年息便达 20 多万,那他整个的投资有多少,则不难想象,当在 200 万以上。

伍家是十三行最后一位,也是最大的富豪,伍秉鉴的经商魄力不仅在当时的中国,而且在整个世界,也都是数一数二的。他清醒地看到清政府在面对世界的近代化进程所采取的驼鸟政策与抗拒态度,因此,没有理由把资本砸死在一个奄奄一息的王朝身上。所以,他业已把资金投向了当时正在林肯总统领导下朝气蓬勃的美国。

尽管已是耄耋之年,出自于对美商的信任,他决定与旗昌洋行签订合同,在美国做实业投资,条件是美方要把每年的利息支付给他的后裔。鸦片战争期间,他通过旗昌洋行的股东约翰·默里·福布斯(John Murray Forbes)和罗伯特·福布斯(Robert Forbes)投资美国的密歇根中央铁路、柏林敦和密苏里河铁路。默里·福布斯进一步将伍的基金使用于建立美国股票投资公司,以及阿尔巴尼和波士顿矿业公司的投资。

在他去世两年后的 1845 年,公司的主要合伙人之一约翰·默里·福布斯撤出中国,回到美国兴建中西部横贯铁路。

随着工业革命的推进,被视为工业革命"第七大奇迹"、一线通两个大洋的美国太平洋铁路开工了。

史料显示,伍秉鉴于 1843 年逝世后,由其子伍崇曜(1810—1863 年)继承家业。伍崇曜与旗昌洋行合伙继续做大规模的投资。他从其父通过巴林洋行(Baring Brothers)在美国铁路和其他项目的投资中收到定期的效益。1858—1879 年间,伍氏家族似乎收到了 125 万多美元的红利。当旗昌洋行于 1891 年宣布破产,约翰·默里·福布斯成为伍氏家族的受托人时,记录显示旗昌洋行拥有属于伍氏家族的 100 万多美元受托基金。在 1878—1891 年间,该家族的代表每年从此项基金得息 39000~45000 美元。

穆素洁论文称:

> 从现存的伍秉鉴的信件中,可以看到与他保持通信的有在广州与他会见过,或有商业往来的美国商人,如约翰·库欣(John Cushing)、约翰·格林(John Green)以及拉尔夫·贝内特·福布斯(Ralph Bennet Forbes)的三个儿子,即托马斯、罗伯特和约翰(他们三人同伍氏都是旗昌洋行中的合作伙伴)。还有纽约商人洛(A. A. Low)和小约瑟夫·库利奇(Joseph Coolidge Jr.)等。伍秉鉴正是通过这些人以及欧洲、印度的商人着手建造他在各国的贸易网络。

伍秉鉴似乎最重要的是通过金融市场投机而大赚其钱。他从美国人那里取得现金,

为美国和印度商人提供信用贷款，收取利息，之后又在美国投资而得益。这是他抓住美国在中国和印度洋的贸易扩张，以及新加坡港市于1819年的建立而出现的机遇而采取的举措。他投入的资金是相当巨大的。

正是由十三行完成了中国从封建的朝贡贸易向市场或市舶贸易的根本转变。这是以乾隆登基之际立即取消了具有"朝贡"性质的"加一征收"即靠岸税为标志。广州十三行"走出去"，参与大航海时代的国际贸易、全球金融的力度比今天还强，令人吃惊。

2000多年的海上丝绸之路，给南中国带来颇具历史底蕴的市场优势，加上改革开放一度赋予的政策优势，令南方经济文化优势得以进一步强化。所以，作为海上丝绸之路重要阶段的十三行"走出去"与当日的"广州制度"的关系，不无借鉴意义，颇值得更深入研究。

当时的中国乃世界首富，而中国的资本与财富，在16—18世纪为西方的近代化即工业化提供了动力，所以，十三行行商不仅已投资产业，并已向企业家转型，否则，无以以如此迅猛的速度积攒起巨大的财富。他们显性身份是行商，而隐性的身份则是"走出去"的世界的金融家，通过"钱生钱"，超常规地积累起一再增殖的资本。

从实业到经商，从商品贸易到金融体系，十三行行商的"走出去"，展开了一卷波澜壮阔的海上丝绸之路的历史画面。由于大量外文资料还不曾引进，我们对此的了解很有限，有待日后得以丰富。以史为鉴，可知兴废。当今全球复杂的金融局面应是前所未有，怎么破解，预防金融改革不会出现失误，有待进一步研究。

总之，"一带一路"倡议特别是21世纪海上丝绸之路战略的实施，为沿海各省展现出了前所未有的开阔视野和增量空间，提供了新的经济增长契机。机不可失，时不再来。可以预期，随着沿线国家的兴起，国际市场需求会持续扩大，这将为沿海各省带来广阔而纵深的市场。沿海各省可在这较长一段时期内，以更为稳健从容的心态实施"走出去"的创新驱动和产业转型升级战略。

下编

鸦片战争时期

（清道光十九年至咸丰九年，1839—1859）

小 引

近代中英之间的战争，中国把它叫作"鸦片战争"，而英国则称之为"贸易战争"。无论后者的理由多么冠冕堂皇，仍无法掩盖其战争的侵略性质，正如罂粟花妖艳的花瓣无法掩饰其果实作为毒品的罪恶。

尽管清朝政府三令五申，要严禁鸦片，但是，马戛尔尼1793年来中国为乾隆祝寿时发现，中国政府早已不能有效地进行统治，英国人在严厉的禁烟令背后，看到这个政府的无能、无奈与无所适从。纵然鸦片不可能从正常的海关渠道进入中国，可还有更多的途径，如通过走私船，可令鸦片遍布各个港湾，进入中国人的日常生活，直到让这个腐败的大帝国病入膏肓。在银根紧缺之际，孟加拉鸦片基地的获得使总督"灵机一动"，企图用鸦片来"解决"贸易逆差问题，而英军战船"嫩实兹号"又先后成功将4000箱鸦片倾销到南洋，这更让他们对中国市场虎视眈眈。

从马士的《东印度公司对华贸易编年史》的目录（节选）中，我们可以看到在1782年之后，鸦片是怎么成为贸易史上的"主打"商品的。

第三十七章　鸦片的买卖投机，1782年
第五十五章　禁止鸦片："天佑号"事件，1799年
第六十章　海盗、鸦片：往安南的使命，1804年①
第六十三章　行佣：皇家战船，1807年附录十九　海关监督禁止鸦片进口法令的译文
第六十五章　清剿海盗，1809年　附录二十一　行商转交来的禁止鸦片进口及金银出口的两个法令的译文
第七十二章　查究鸦片，1816年
第七十五章　鸦片与白银外流，1818年
第七十六章　澳门与黄埔的鸦片，1819年
第七十七章　平静的一年，1820年　附录二十三　关于鸦片贸易的谕令②
第七十八章　"急庇仑号"和"土巴资号"事件，1821年　附录二十六　重新禁止鸦片贸易

---

① 〔美〕马士著：《东印度公司对华贸易编年史》第一、二卷，中国海关史研究中心组译，区宗华译，中山大学出版社1991年版，目录第Ⅱ～Ⅳ页。
② 〔美〕马士著：《东印度公司对华贸易编年史》第三卷，中国海关史研究中心组译，区宗华译，中山大学出版社1991年版，目录第Ⅰ～Ⅱ页。

第八十一章　东海岸的鸦片贸易，1824年
第八十九章　澳门的障碍：伶仃的鸦片，1831年[①]

1841年虎门之战

由于英国东印度公司1833年便被撤销了，因此，章节目录只到1831年。从目录便可以看到，连英国人也不得不承认，鸦片日趋成为其贸易的重要商品，大多数年份的贸易额中鸦片都占很高的比重。

仅从目录就能知道，澳门、黄埔、伶仃洋等地方已先后成为鸦片走私的重要基地。而走私获得的高额利润更让走私者不惜铤而走险。相对之下，清政府雷声大雨点小，对鸦片走私可谓束手无策。当年的珠江入海口，经常上演着颇具讽刺意味的画面：冬天，正值贸易淡季，无商船来做生意，可鸦片交易却兴旺得很：收贮鸦片的，有伶仃洋面的趸船；批发鸦片的，有广州城外的"窑口"；运销鸦片的，更有疾驰的"快蟹"——这

---

①〔美〕马士著：《东印度公司对华贸易编年史》第四、五卷，中国海关史研究中心组译，区宗华译，中山大学出版社1991年版，目录第Ⅰ～Ⅱ页。

已是"一条龙"服务了,且各项交易井然有序。海关严禁,自有"快蟹"私送;欲封舱,则有"窑口"可包销;水师缉私,巡艇却为鸦片护航。真可谓"道高一尺,魔高一丈"。那些年,走私的"技艺"比缉私船要厉害得多。

伶仃岛风景,鸦片船和一艘中国走私船,约1830年

  1821年,道光皇帝刚刚登基,便接到了鸦片走私的加急奏疏。这边刚即位,那边便无法无天,道光皇帝岂能不雷霆震怒?!其父嘉庆皇帝,一辈子都致力于禁烟,后来,几乎年年都发禁烟令。虽说至道光即位仍屡禁不绝,可先帝的遗愿是不可违背的。

  道光皇帝禁烟的第一把火便烧向了国内的吸食者和贩卖者,其出手之狠,不亚于雍正皇帝对祖秉圭与陈寿官。一个十六人的贩毒集团终于落网,一个个受了杖刑,徒三年,为首的叶恒澎等三位,还枷号示众一个月,发边充军。

  但两广总督阮元对此并不满意,一再要追究十三行的责任,因为十三行是负责对外贸易的,鸦片走私至少是十三行的疏忽,连已退休了的伍秉鉴也脱不了干系。于是,阮元报请道光皇帝批准,摘了伍秉鉴的三品顶戴。

  这一来,几艘暗中走私的商船,便被勒令驶离了黄埔港。

  终于,位于珠江口的伶仃洋——中国人应很熟悉了,民族英雄文天祥的名诗《过零丁洋》中的"零丁洋"便是指这个伶仃洋——成了鸦片贩子马地臣等人的落脚地。其实,伶仃洋岛同是大清帝国的领土,可官兵们只管守住虎门炮台一线,根本不管那里,这也给鸦片贩子们可乘之机。这里离澳门仅三十公里,选作鸦片趸船的停靠地再理想不过了。臭名昭著的鸦片船"梅洛普号"竟在那里一停就是三年,成了马地臣在海上的鸦片仓库。随后,不少毒品络绎而至,马地臣甚至把那里当成了海上货栈,收起了租金:凡一箱鸦片,收七元租金,随存随起。于是,一个鸦片货栈基地,便在伶仃洋建立起来了。

黄埔锚地

鸦片趸船，约 1839 年

第二年，到伶仃岛的鸦片走私船来了 5 艘。第三年，增加到 10 艘。
而后，伶仃岛更成了海上闻名的鸦片贸易基地，其走私量占了全国的 90%。

到 1831 年，根据东印度公司最后的统计，有大约 25 艘鸦片趸船设在那里；珠江口则有一至两百只"扒龙""快蟹"日夜不停地从那里运鸦片到岸上，包括广州城。

后来，鸦片走私的贸易额竟差点达到进口总值的一半以上。

虽然这都是在十三行贸易范围之外发生的，行商对此无法加以控制，但是，这无形中也给十三行的行商造成了极大的伤害——不单影响到他们主持的外贸业，更有几乎难以洗清的嫌疑，所造成的名誉损失，他们几百年也未必说得清楚。

卷十三　公司与公行同归于尽

第六十九章　焚衣自咎：1822年匦地大火

在时间潮水的无情冲刷下，十三行几经起落，至今只留下人们对一个遥远时代的想象，以及一个只存在于荔湾角落里快要被遗忘的偏僻地名。

中国古建筑以木结构著称，因为古人认为，木者，有生气也，人居其中，故能为其生气所惠。所以，历代建筑，包括宏伟的宫殿，能保留下来的不多，每每一把大火，便被烧个一干二净。迄今仍可见的，恐怕屈指可数。

同样，大火也一次接一次地把十三行这个中外商贸重地化为灰烬，行商们不得不一次又一次地重建。

大火，甚至被写入诗人的作品中。远在乾隆年间，1743 年，十三行就有过一场大火，顺德诗人罗天尺曾为此写下"长歌"，题为《冬夜珠江舟中观火烧洋货十三行因成长歌》：

> 广州城郭天下雄，岛夷鳞次居其中。
> 香珠银钱堆满市，火布羽缎哆哪绒。
> 碧眼蕃官占楼住，红毛鬼子经年寓。
> 濠畔街连西角楼，洋货如山纷杂处。
> 我来珠海驾孤舟，看月夜出琵琶洲。
> 素馨船散花香歇，下弦海月纤如钩。
> 探幽觅句一篙冷，万丈虹光忽横亘。
> 赤乌飞集雁翅城，蜃楼遥从电光隐。
> 高如炎官出巡火伞张，旱魃余威不可当。
> 雄如乌林赤壁夜鏖战，万道金光射波面。
> 上疑尧天卿云五色拥三台，离火朱鸟相喧豗。
> 下疑仲父富国新煮海，千年霸气今犹在。
> 笑我穷酸一腐儒，百宝灰烬怀区区。
> 东方三劫曾知否？楚人一炬胡为乎。
> 旧观刘向陈封事，火灾纪之凡十四。
> 又观汉史鸢焚巢，黑祥亦列五行态。
> 只今太和致祥戾气消，反风灭火多大燎。

况云火灾之御惟珠玉,江名珠江宝光烛。
扑之不灭岂无因,回禄尔是趋炎人。
太息江皋理舟楫,破突炊烟冷如雪。①

——《澳门纪略》上卷

开篇写尽当年十三行极盛的商贸业,可刹那间火从天降,"百宝灰烬",令他想起佛教讲的水、火、风三劫,还有历史上项羽火烧秦咸阳宫等旧事。

不过,这次火劫未能使十三行从此趴下,很快,商行陆续兴建起来,繁华如初,且较之前更旺。

本来,清廷一直很重视预防火灾,就在罗天尺写的这次大火之前仅一年,即乾隆七年(1742),乾隆已降旨:"地方偶遇火灾,若平日救火器具完备,临时又实力抢护,原可早为扑灭,不致延烧多家……朕御极以来……今看各省情形,似有视为具文之意,且器具日久弊坏,亦应随时修整,方有济于实用。"②

皇帝开了金口,但灾害未必听从。乾隆八年十月二十二日(1743年12月7日)夜,广州西关太平门外有一处民房失火,风卷火,火卷风,一时间烈焰冲天,扑向十三行,时任两广总督的策楞,率部前往扑救,却为时已晚。

十三行的行栈被烧了,周边店铺共130家全化为灰烬,好在不曾有人员伤亡。③

灾后,广东巡抚王安国上奏,大火当晚,他便往南海神庙拜祭,祈求大火尽快被扑灭。④

这次大火,自然是十三行建立300年来多次大火中最大的一次,当然,还有更邪乎的。

但正如民谚所称:

火烧十三行,
愈烧愈排场。

民间说的"排场",说的就是洋味。且不道其间反讽的意味,我们比较不同时期的外国人留下的商馆画便可知,的确,愈往后,商馆就愈富丽堂皇、大气和洋气。而且,建筑更是不同,它不是在原来的建筑的基础上改建的,而是重建的。有学者按纪年把十三行商馆的彩色画卷一一排列出来,对比一下,也可以看出其中的变化。自然,这是题外话了。

---

① 陈永正编注:《中国古代海上之路诗选》,广东旅游出版社2001年版,第276-277页。
② 中国第一历史档案馆编:《乾隆朝上谕档》第一册,中国档案出版社1991年版,第774页。
③ 两广总督策楞奏折《英船开行广州,民房失火洋商行货被烧》,见中国第一历史档案馆编《乾隆朝上谕档》第二册,中国档案出版社1991年版,第880页。
④ 王安国奏折《省城洋行失火,当夜前往拜祭南海神庙》,见中国第一历史档案馆编《乾隆朝上谕档》,中国档案出版社1991年版,第170-171页。

在这次大火之前,十三行的商馆大都由十三行行商所建,建好后再租借给外商居用,所以,外立面风格大抵为中国式样的,里边则不好说了。而乾隆十三年(1748)之后,由于被烧得太彻底了,西方的商人也就介入了商馆的重建,并且在建筑的某些部位采用了西方风格,说是中西合璧,未免过誉;说非驴非马,也不尽然,算是过渡吧。其建筑型制,应是由那时的英商所带来的,其风格则为18世纪中叶流行的帕拉第奥风格。[1]

然而,大火并未因此终止。

进入19世纪,在西方殖民者与封建帝国的双重挤压下,十三行的败亡之象已经一步一步地显示出来,海山仙馆就是在十三行败亡之后,被官府籍没而颓零的。毕竟作为物象的建筑多少还能维持一些日子,可连它也扛不住,更何况十三行呢?其亡也速,几场匝地的有形无形的大火,便可叫它消失得一干二净。

在谭世经顺德老家龙江里海,上百年来有这么一句童谣,讲的正是谭家祖上十三行中的毅兰堂之最后结局:

火烧十三行,
里海毅兰堂,
一夜冇清光。

这毅兰堂,是谭世经继先祖的披云堂延续下来的。披云堂跨了乾嘉两朝,而毅兰堂却只堪堪挨过嘉庆朝。其时,十三行中,在商称"行",如同文行、丽泉行、怡和行等;在家族则称"堂",如(叶)大观堂,(潘)能敬堂,(谭)披云堂、毅兰堂等。谭家与潘家、伍家,直至20世纪中叶还有交往。

嘉庆年间,洋鬼子每每寻衅,不仅杀人,军舰也直闯入广州,而官府的征收、饷项更是年重一年,加上匪盗为患,十三行商人都已是人人自危了。俗话说"临急抱佛脚",粤人"好淫祠",逢庙必烧香,遇神先叩拜。那位毅兰堂的先祖,就找了一位颇有道行的算命先生算上一卦,问毅兰堂的未来。算命先生是以算得准、每每都能应验而出的名,没人不信。他占了一卦,而后说,毅兰堂别的不怕,就怕鱼上了梁,到了楼上。只要防了这一条,该是无忧。毅兰堂的先祖一想,这毅兰堂虽说濒临珠江,可地势并不低,历年发大水,连一层都没淹进来,这鱼怎么上得了二楼呢?除非有千年不遇的大洪水,那也不是一家之灾了。谁知,没过多少日子,一个厨子竟在堂里上上下下地追一只猫,竟把这猫追到了楼上。本来,若只是猫上楼也没事,可这只猫逃上楼时,嘴里竟叼了一条鱼。先祖一见,脸色立时变得苍白,称:"完了,完了,毅兰堂合该败了。"这正应验了算命先生那句话,鱼上梁了。当时正是道光二年(1822)。果然,八月十八日晚上,一场大火几乎遍及整个十三行,无论是行商的商馆,还是外商的夷馆,能逃过一劫的没有几家。这正如童谣中所唱:"一夜冇清光。"

---

[1] 中共广州市委宣传部、广州市文化局编:《海上丝绸之路:广州文化遗产 地上史迹卷》,文物出版社2008年版,第155页。

毅兰堂逃不过这一劫，十三行也一样！金山银山，敌不过水火无情；心算人算，又怎比得上天地无算！

《顺德龙江乡志》亦记载：

> 道光二年壬午八月十八晚，省城太平门外失火，至二十日乃熄，延烧铺户一万余家，乡中在省城买卖者被灾甚众。①

哪怕不知道乾隆八年十三行大火的人，也不会不知道道光二年的这场大火。两次火灾相距约80年。其间，十三行也发生过多次火灾，但都没道光二年这次厉害。

道光二年八月十八日（1822年11月1日）夜二更时分，据记载，西关第八甫潘仁昕饼店失火。②火趁风头，愈烧愈大，深夜烧到了打铜街，第二天一早便烧到了十三行；下午烧至杉木栏街；晚上风大了，火更大；一直烧到第三天的中午，直至风息后，大火才熄灭。

其间，广州大大小小的官员全力以赴，参与灭火，所有的救火工具全上；外国商馆早备下的救火机，也全出动了。只是没水，灭火不成，水车反被火烧掉了。起火的那间饼店与十三行相连接的地方，有一条猪巷，猪巷屋顶上堆放是木柴被引燃。火借风势，蔓延到了十三行商馆。

大火整整烧了两天，商馆、货栈全化作了灰烬……

时任两广总督阮元，唯有"焚衣自咎"。

历史上关于这次浩劫，似乎少了诗情，未见有人留下华章，多的是惊恐、惶惑。

钱泳《履园丛话》中称："太平门外火灾，焚烧一万五千余户，洋行十一家，以及各洋夷馆与夷人货物，约计值银四千余万两。"③

汪鼎《雨韭庵笔记》则称："火之大者，烧粤省十三行七昼夜，洋银镕入水沟，长至一二里，火熄结成一条，牢不可破。"④

天宝行梁经国《家传》中亦记载："……道光壬午（二年）一次，乙未（十五年）城外失火，逼近行栈，人力难施，府君惟向天默祷，反风扑灭，幸获安全，人以为报……"可见也有几家幸运一点的，不过，货栈、房屋亦均被焚毁。也就是说，未伤筋

两广总督阮元（1764—1849）

---

① 《顺德龙江乡志》，台湾成文出版社1967年版，第54页。
② 《寄谕两广总督阮元著抚恤广东省城西门外失火灾民并遵前旨详议救火章程》，见中国第一历史档案馆编《清宫粤港澳商贸档案全集》（第七册），广东人民出版社2006年版，第416—418页。
③ 〔清〕钱泳撰：《履园丛话》卷十四·祥异，中华书局1979年版。
④ 〔清〕汪鼎撰：《雨韭庵笔记》，咸丰八年刻本。

1822年十三行大火

骨的行商，虽未完全覆灭，但损失也不少。

据说火势正猛之际，整个天空如放焰火一般，是由银圆及众多含有稀有金属的材料燃烧引起的，场面颇为壮观，尤其是珠宝焚烧时，更是五光十色，闪烁不已……这比半个多世纪前罗天尺所见的场面更为惨烈、更为惊心动魄。

黄芝撰、黄培芳参订的《粤小记》对这次大火也有记录：

> 道光壬午九月十八日，会城西关火，三昼夜始熄，毁民舍万七千六百余间，西至西宁堡，南至佛山渡口鬼驿尾，东至回澜桥，北至第八甫，男女民夷焚死百余。总制阮公为之泣下，焚其衣冠以自责。吾粤自有火灾以来，莫此为甚。①

论这次大火造成的损失，自是十三行最大。其时洋行共有十一家，大火烧掉了其中六家，还包括英国东印度公司夷馆在内的十余座商馆、所有行商的栈房。钱泳的《履园丛话》中称，共计有价值四千余万两白银的货物被烧毁。

顺德人在西关地面有数以百计的店铺，其中以谭家为盛。毕竟，自谭世经再度当上行商，乡里来经营者众，少说也有几十上百家店铺。一度在18、19世纪之交显赫过。在十三行行商中排位第五，并获奉直大夫称号的谭家，此番损失惨重，这才有乡间的民谚"一夜冇清光"。

一如阮元的奏报，这场大火"延烧二千四百二十三所，夷人寓馆及洋行亦同时焚毁，居民搬避倾跌踩毙二十二人"。②

---

① 《寄谕两广总督阮元著抚恤广东省城西门外失火灾民并遵前旨详议救火章程》，见中国第一历史档案馆编《清宫粤港澳商贸档案全集》（第七册），广东人民出版社2006年版，第416-418页。

② 《寄谕两广总督阮元著抚恤广东省城西门外失火灾民并遵前旨详议救火章程》，见中国第一历史档案馆编《清宫粤港澳商贸档案全集》（第七册），广东人民出版社2006年版，第416-418页。

嘉庆、道光年间,十三行经营的陶瓷业已失去了康乾年间的辉煌,最后退出了海贸市场,也从十三行中失去了地位。有人认为十三行无陶瓷贸易,道光之后确是如此,但并非一开始即如此。道光初年的那场大火,当是陶瓷出口的一个转折点。

陶瓷几乎全面退出海外市场,鸦片却乘机渗入,这二者几乎同时发生,却很少有人去思考其中的关联。

瓷器并不是不受欧洲人的青睐,如前所述,中国瓷器不仅大受欢迎,而且对洛可可时代的到来有着极大的推动作用,也就是说,瓷器改变了欧洲人的审美观念,激发了其人文理想。正因如此,随着西方工业革命的发生,欧洲人在向中国学习制瓷之际,进一步创新、改进了制瓷的技术,并且以自造的瓷器与中国争夺市场。最后,竟将中国瓷器"逐"出了欧洲。

需说明的是,早期的鸦片输入是少量的,用于制药,一段时期内是合法的。所以,1822年前,最初一般是一年1000箱左右,后来由2000箱上升到4000箱,也就是说,半个世纪才上升了约3000箱。但在1822年,则一下子升到近6000箱;1823年,7000箱;1824年,9000箱;1825年,12400多箱;到1830年,已达21000多箱;到鸦片战争前夕的1839年,更达到35500箱——也就是说,仅10多年就增加了近5倍。

本来,西方国家不再购入中国瓷器,少了相对数量的出超,也就不存在大量向中国倾销鸦片以解决进出口贸易的不平衡问题了,那么,为什么反而在这个时候,开始向中国大量倾销鸦片呢?

吸食鸦片者

只有一个解释,就是马戛尔尼当日来中国得出的结论:中国只是一个市场,而非一个国家。自然,对这句话可有多种解释。一种是认为中国并不具备近代国家的形态,连外交使馆也不允许设立的清政府,无法建立正常的外交关系,于是英国决定通过非常手段将中国当作市场去开发。另一种解释则是,中国只是一个未开发的殖民地,英国视中国如美洲一般，野心勃勃地要加以割地吞并……不难看出，以上两种解释实际上只是殊途同归罢了。

仅用经济学理论解释所谓的贸易不平衡，是不足以应对这个世界的。在某些人眼中，无论是瓷器还是鸦片，都仅仅是商品而已。但对历史来说，却远非如此。

第七十章　大火后清廷行商的"试办"新规

大火给了十三行行商几乎是最后的打击。

不妨引录一下大火之前行商破产的又一次"多米诺骨牌"效应。当时，连潘家同文行也力辞"商总"一职，并且宣布退出洋务，可见十三行处于怎样的境地。

据《广东十三行考》称：

> 嘉庆十四、十五两年（1809～1810）之间，洋行屡有倒歇。万成行行商沐士方（Lyqua）于十三年六月揭买港脚英商（按即英属殖民地商人）呵罗吔之等棉花、沙藤、鱼翅、点铜等货，该价番银三十五万一千零三十八圆，折实九八市银二十四万七千六百九十二两四钱一分三厘；嗣因市价平减，价银亏折；沐士方又将货价用缺，以致无力偿还。十四年冬月为港脚商等禀控，经总督百龄、巡抚衡龄、海关监督常显查照交结外国诓骗财物发边充军律例，并照前总督李侍尧条奏《防范夷船规条》内奏准内地行店向夷人借贷勾结照交结外国诓骗财物问拟一项，暨历次办理行商颜时瑛（Yngshaw）、张天球（Kewshaw）、吴昭平（Eequa）、石中和（Shy Kinqua）等拖欠饷项及夷账案内，将各该商照交结外国诓骗财物例发边充军，改发伊犁等处当差，未完夷欠，著落各行商分年代还事例，奏准将沐士方除查抄广东及原籍浙江宁波府慈溪县两处家产外，并照例革去职衔，发边远充军，从重改发伊犁。十五年，会隆行商人郑崇谦（Gnewqua）因欠饷银八万九千余两，又拖欠英公司番银四十五万余两，港脚、花旗、蓝旗等商番银五十二万九千余两，为数较多，未能如以前辗转加利挪借偿还，遂有英公司大班剌佛（按：即东印度公司总经理Roberts）向郑崇谦商允情愿代出资本，邀曾在夷馆受雇之民人吴士琼代管行务，仍以会隆行名收货售卖，将行内应得用银每年除扣给吴士琼工银三百圆，并每月给郑崇谦火食银二百五十圆外，余银陆续扣还旧欠，俟旧欠扣清，仍将会隆行交还郑崇谦管业，吴士琼到行另刻"盛记"字号图章，以为收货发货记号。又达成行商人倪秉发（Ponqua），原名倪科联，与郑崇谦同隶南海籍，因不善经理，截至嘉庆十五年四月止，共欠饷银八万八千余两，又拖欠英公司夷人银十八万余两，港脚、花旗等商银二十三万余两，经百龄等访知，即檄饬南海县知县（按：十三行在广州西关，属南海县治）拘拿郑、吴、倪等到案，并传洋商卢观恒（Mowqua）、伍敦元（Howqua）等会同通详革审后，即照颜时瑛、张天球、吴昭平、石中和、沐士方各商拖欠事例，将郑、吴、倪一体处置办理。同年，福隆行郑兆祥（Inqua）因亏饷畏罪潜逃，准由该行司事关祥之子关成发接充行务。按嘉庆十三年，同文行商人潘致祥继义成行商人叶上林

（Yanqua）之后退办行务，卢广利、伍怡和两行起而代潘同文行居领导众商地位。①

呼啦啦一下子倒了这么多家，这一时间竟成了十三行洋行破产的高峰时期。

然而，潘家退出洋务四五年后，两广总督蒋攸铦便借口他"假退真未退"，逼迫他再度出山。

史料上是这么说的：

> 是年（按：1814年），潘致祥重操洋行事务。当时，除英美战争导致来华贸易的外国商船锐减之外，洋商者共有十人，有实力的只有三四家，其余则不善经营，经常拖欠洋人货钱，被外商挟制。两广总督蒋攸铦决定起用潘致祥重操洋行事务。为达到迫使潘致祥重操洋务的目的，经调查，潘致祥虽退出洋务，但仍有三所夷馆，共值5万余两白银，潘致祥将房屋交给丽泉行潘长耀出租，租金每年1.2万余两，租息由潘致祥收取。按当时规定，退出洋务是不能与外商有任何交涉的。蒋攸铦要求潘致祥重出，同总商伍敦元等重振洋务，如果全心全意，使行务有起色，其数年所收夷馆租息，可从宽免其追缴。终于，潘致祥复出担任行商，并改行名为"同孚行"。②

行商日子日见艰难。

1815年，有7家洋行向英大班求助现金，以作纳饷之需，得英大班8.5万两的援助。总商伍秉鉴要求英大班报告7家洋行历年积欠的具体数目，遭到拒绝。后来，这7家洋行向总商伍秉鉴自行宣布其积欠外债的数目：福隆行，积欠6年，共33.8万两；西成行，积欠6年，共29.5万两；丽泉行，积欠4年，共22.8万两；东裕行，积欠3年，共9.1万两；同泰行，积欠3年，共8.8万两；万源行，欠1年，共1.1万两；天宝行，欠6962两。在以后的多年中，怡和行伍秉鉴多次放款接济欠债行商，同时英国的公司亦放债给行商，取利一分，使欠债行商能够交纳"行用"和其他欠饷。③

欠外国的债，是朝廷所痛恨的，所以，凡欠外国的债还不了的，不掉脑袋也得脱一身皮。

上面写到的西成行，没过几年，其行商黎光远（顺德人）就被拘捕入狱，财产由海关查封，用以清还所欠关税。

而丽泉行商人潘长耀也去世了，可未完饷项及拖欠外商债务达30万两，其家产被查抄，而且令各行行商代他偿还。

凡"榜上有名"者，日后悉数倒闭，其行商入狱、被流放……在十三行名榜上，除了潘、伍两三家外，别说"富不过三代"，有的连两代也不到，就遭败灭。

---

① 梁嘉彬著：《广东十三行考》，广东人民出版社1999年版，第166－167页。
② 李国荣、林伟森著：《清代广州十三行纪略》，广东人民出版社2006年版，第86页。
③ 李国荣、林伟森著：《清代广州十三行纪略》，广东人民出版社2006年版，第86页。

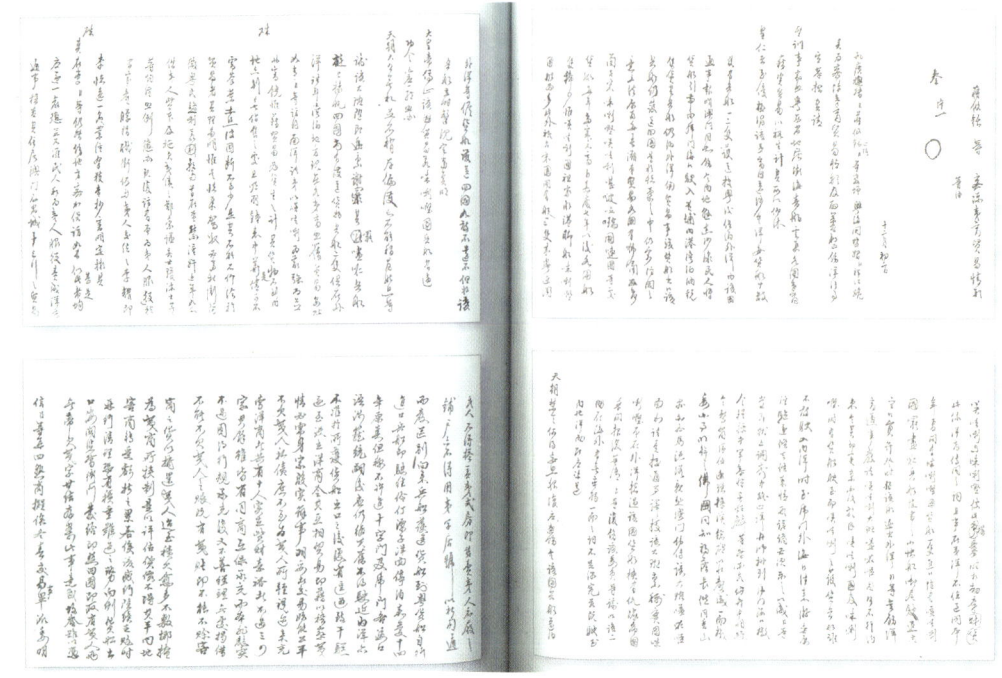

两广总督蒋攸铦关于整顿广州十三行并下令潘长耀重操洋务的奏折
（嘉庆十九年十二月初二）

及至嘉庆二十三年（1818），皇帝60大寿，粤海关又借此勒令行商缴纳巨款，并同时催还欠饷。行商万般无奈，只得饮鸩止渴，再向英大班借贷。这是行商自身的状况。

嘉庆皇帝像

而英国人则越发频繁地滋事、杀人,乃至舰闯广州。如下记录的是英船掳人至死一案:

> 嘉庆五年正月二十四日据番禺县禀称:"嘉庆五年正月二十四日据卑县民人许彩廷禀称,切(窃)蚁撑驾埠船,与人载物度活,本月十七日,由乡赶省,四更时候,船至四沙海面,经过红毛嗱哈喈(Earl of Alergauenny,为英国东印度公司船,开枪者则为英国朴维顿兵船上人员)船,遇着顶风,不能急过。该夷人疑是贼船,并无吆喝,即放鸟枪,铅子打伤工伴蒋亚有。蚁即叫喊,夷人将船带回嗱哈喈船,有搭船刘亚实心忙过船,身跌下水,即寻不见。十八早,夷人将蒋亚有装去医调,蚁即奔投四沙黄埔口可凭。十八晚,夷人又将蒋亚有交蚁,并有夷字一张,著蚁持往红毛嗱哈喈船取药调治未痊。尚有搭船之刘亚实身跌下海,找寻无踪,生死未卜,叩乞验究等情。连铅子,夷字,呈缴。并据刘亚实之兄刘亚俭等禀同由,各到县。据此,经将蒋亚有伤痕验明,弹子,夷字贮库。讯据各供,刘亚实,系被夷人拉扯过船,挣跌入水,并搬去船上红薯二箩,等情,填录各单,附卷。除饬令蒋亚有将伤痕医调务痊,并选差行属打捞刘亚实务获外,理合禀请察核,俯赐饬令洋商并该船大班查明下手放枪,并拉跌刘亚实下水夷犯,连红薯,饬发下县,俾得审讯,具文通报,实为公便"等因,到本关部。据此,合就谕饬。谕到该商等遵照立即传谕大班,飞速查明下手放枪并拉跌刘亚实下水夷犯,连红薯,一并押赴番禺县收审。事关命案,毋得刻迟疏纵,大干未便。速速。特谕。①

更有杀人案件:

嘉庆十五年(1810),民人黄亚胜因欲诓骗外人银两,被外人委哒(Willam)戳伤身死,总督、巡抚、海关监督俱勒令英公司大班剌佛交出凶手,并不给红牌,使货船不能及时回国。剌佛等称委哒系姓,非名。且到底是美利坚人抑或是英国人,亦无从查出。黄亚胜本系有罪之人,凶手亦断不致罹死罪。后波郎来,所供亦如此。嘉庆十六年(1811)复由行商十家具结:"现剌佛回国确查有姓委哒之凶夷,得有回信,即当据实禀明,不敢徇庇。"②

这个案子也就这么不了了之了。而随着鸦片走私的屡禁不止,国内的银圆大量流向国外。以至户部左侍郎苏楞额奏称:"近年以来,夷商贿赂洋行商人,藉护回夷兵盘费为名,每年将内地银两偷运出洋至百数十万之多,该夷商已将内地足色银两走私运出洋,复将低潮洋钱运进,任意欺蒙商贾,以至内地银两渐形短绌,请旨敕禁。"朝廷要求两广总督蒋攸铦、粤海关监督祥绍查明。经查核,蒋攸铦奏报:中外贸易是以货易货为主,但由于出口货价大于进口货价,故中外商人议定,出口和进口不敷部分,尾数皆用洋钱,每元以七钱二分结算,所以,只有兑换洋钱之事,实无偷运纹银出洋之事。当时洋钱已

---

① 许地山著:《达衷集——鸦片战争前中英交涉史料》,商务印书馆1931年版,第185-188页。
② 《清代外交史料嘉庆朝》(第三册),第33页。

在浙江、江苏等沿海城区流通,在广东,洋钱市价是每元洋钱换七百二三十文,浙江、江苏则换八百数十文,故不少江浙商人贸易未能赚钱,兑换洋钱即能赚到钱。蒋攸铦当即命人取洋钱试炼,比较足色,均在九成上下。查洋商贸易出入账册,确实出口货价大于进口货价,每年外船带来洋钱二三百万元或四五百万元不等。①

蒋攸铦是敷衍还是另有实情?不得而知,但白银外流,却是不争的事实。

嘉庆二十四年(1819)九月,澳门总督欧布基致函英商大班,提出英商在中国出售鸦片,可借澳门为基地,要与英商同分利益。欧布基在信函中说,由于中国增加了税金,须通过鸦片贸易来弥补损失,而鸦片贸易的利益要相互瓜分。澳门总督欧布基具体提出,葡萄牙政府允许英国船只每年运送5000箱鸦片到澳门,为此,英公司每年须给澳门葡萄牙当局交纳白银10万两,对澳葡当局的这一鸦片贸易计划,英国没有接纳。因为英国为独揽鸦片贸易的利益,已决定将鸦片船停泊在黄埔或伶仃洋。后来伶仃洋成为鸦片趸船的驻足地。

道光皇帝像

道光元年(1821)十一月,英国护货兵打死中国内地人后潜逃回国。缘起是兵船上的洋人上岸取水并上山牧羊,践踏薯苗,村民知道后向洋人索赔,引起互相争殴,致双方互伤数人。次日,英兵带枪报复,打死黄奕明、池大河两人。当时两广总督阮元马上命令洋商、通事要求英大班交出凶手法办,英大班没有理会,驶船逃离。后其又通知英

---

① 李国荣、林伟森著:《清代广州十三行纪略》,广东人民出版社2006年版,第85页。

国政府，要求将凶手带回法办，但英政府一直未予理会。①

但对于中国而言，在道光二年（1822）大火之前，最严重的莫过于嘉庆十三年（1808）八至九月发生的英舰攻陷澳门直抵广州黄埔的事件。史载：

驻守印度的英军总司令命海军上将德鲁雷派出9艘战舰停泊在澳门外洋面，声言要进驻澳门，而且狂妄宣称，这一行动只要得到葡萄牙方面的许可，就无须顾虑来自中国政府的阻挠。八月初二，德鲁雷发动了澳门登陆战，攻入澳门，澳门葡萄牙理事官抵敌不住，向香山县丞告急。两广总督吴熊光急派行商要求英舰撤走，并下令封闭英国货船，停止贸易。九月初一，三艘英舰直抵广州黄埔；九月二十三，德鲁雷带领英兵换装分乘30艘小船直冲广州，并居住在十三行夷馆，英军还狂言求见总督吴熊光。嘉庆皇帝降旨，命吴熊光派出2600人增防黄埔、澳门，到十一月英舰才撤出澳门、黄埔。嘉庆皇帝对吴熊光处理此事不力极为不满，降旨以吴熊光办理迟误、软弱失体，撤职发配伊犁充军。②

正可谓"山雨欲来风满楼"，行商的破产、鸦片的流入、殖民者的虎视眈眈，最终以一场铺天匝地的大火向中国人做出了警示。朝廷的昏庸、官吏的懦弱、百姓的麻木更将这些事件进一步推向了高潮！

十三行大火在历史上有名的并不止这一次，在这之前有过，之后更有过，最终烧得十三行再也无法起死回生。

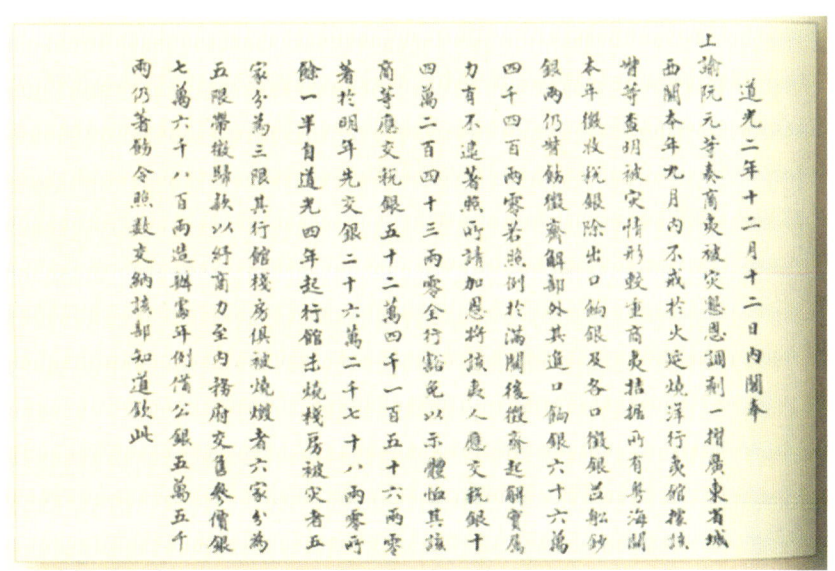

道光帝关于西关十三行大火烧毁夷馆减免洋商税收的上谕
（道光二年十二月十二军机处上谕档）

---

① 李国荣、林伟森著：《清代广州十三行纪略》，广东人民出版社2006年版，第90页。
② 李国荣、林伟森著：《清代广州十三行纪略》，广东人民出版社2006年版，第78页。

大火之后，道光皇帝依照旧例，对外商应交的"十四万二百四十三两零全行豁免，以示体恤"，也就是说，外商的税收因这次大火全免了，[①] 但是，对行商，清政府则不会用"怀柔远人"的政策予以豁免，只是宽限了期限，"其该商等应交税银五十二万四千一百五十六两零，著于明年先交银二十六万二千七十八两零。所余一半，自道光四年起，行馆未烧栈房被灾者五家，分为三限；其行馆栈房俱被烧毁者六家，分为五限，带征归款，以纾商力。至内务府交售参价七万六千八百两，造办处年例银被公银五万五千两，仍著饬令照数交纳"[②]。

行商一两未免，自是叫苦不迭。况且，依过去公行之规，尚须赔偿外商存放在他们栈房中的被焚货物造成的损失。于是，行商面临双重压力：一重来自官府，得照旧交纳重税；另一重来自外商，赔偿代为存放货物被焚的损失。

清廷甚至抚恤灾民，却把十三行行商排除在外，明确规定："除财力雄厚的富商不愿领受抚恤外。"[③]

道光六年（1826），也就是火灾四年之后，丽泉行、西成行、同泰行、福隆行先后倒闭，这样一来，十三行就只余下潘家（同孚行）、卢家（广利行）、伍家（怡和行）、梁家（天宝行）、李家（万源行）、谢家（东裕、东兴行）等七家（还有一家待考）。

壬午大火，由于清政府的"怀柔政策"，外商被免了税，还得到了行商在货物上的赔偿，这对于他们来说并没有多大损失，因此，长期以来，他们才一再称"广州"再好不过了，而且"公司、行商及零售商手里的存货，预期价格大涨"[④]，他们还能从中获益。

于是，1823 年，来广州的英国和美国的商船达 80 艘，吨位 6 万。1824 年，两国的商船上升到 88 艘，吨位为 6.34 万。1825 年，为 103 艘，吨位为 7 万。1826 年，则为 112 艘，吨位为 8.57 万。[⑤]

也就是说，外商来广州的船只并不曾因大灾而减少，反而有很明显的增长趋势，几年间，便增长了近一半，而这仅是对英、美两国的统计，不包括其他国家。诚然，英、美两国是当年十三行外贸中的主要对象。

[①] 《寄谕两广总督阮元著抚恤广东省城西门外失火灾民并遵前旨详议救火章程》，见中国第一历史档案馆编《清宫粤港澳商贸档案全集》（第七册），广东人民出版社 2006 年版，第 4170–4171 页。

[②] 《寄谕两广总督阮元著抚恤广东省城西门外失火灾民并遵前旨详议救火章程》，见中国第一历史档案馆编《清宫粤港澳商贸档案全集》（第七册），广东人民出版社 2006 年版，第 4170–4171 页。

[③] 《寄谕两广总督阮元著抚恤广东省城西门外失火灾民并遵前旨详议救火章程》，见中国第一历史档案馆编《清宫粤港澳商贸档案全集（第七册）》，广东人民出版社 2006 年版，第 4170–4171 页。

[④] 〔美〕马士著：《东印度公司对华贸易编年史》第四、五卷，区宗华译，中山大学出版社 1991 年版，第 56 页。

[⑤] 〔美〕马士著：《东印度公司对华贸易编年史》第四、五卷，区宗华译，中山大学出版社 1991 年版，第 56 页。

1822年十三行遭大火，后重建，这是19世纪30年代的十三行商馆景象
（油画，兰官画于约1835年。美国皮博迪·艾塞克斯博物馆供图）

而在大火当年，西成行便濒临倒闭。之后，其他几家也跟着倒闭——这与清廷不予抚恤的政策是分不开的。而行商数目骤减，承接外商的生意自然受到了影响，这样，又拖了两三年，外商也给海关施加了压力，海关感到不好办了。据马士的书中记载：

在本季度（1828）的记录上，我们第一次见有七位行商的行号名单，他们现在组成公行的人数已经减少，如下：

浩官——怡和（Ewo）
茂官——广利（Kwonglee）
章官——东生（Tungshang）
潘启官——同孚（Tungfoo）
发官——万源（Manyune）
鳌官——东裕（Tungyu）
经官——天宝（Tienpow）①

而且，同年8月间，浩官（伍秉鉴）再次请求豁免他担保任何船只的责任，但后来提出担保第一艘船。如果他完全停止担保船只的工作，恐怕会和海关的官员发生冲突。其时，甚至发生更严重的走私事件。10月21日，有几副红玉髓念珠由散商船"萨拉号"（Sarah）售给海关艇上的人员，为另一海关人员缉获；11月10日，散商船"威廉要塞

---

① 〔美〕马士著：《东印度公司对华贸易编年史》第四、五卷，区宗华译，中山大学出版社1991年版，第178页。

号"（Fort William）的一名职员"购了一件官服，并将其带上该船的驳艇，被关吏缉获，理由是运出这种服装是非法的"。①

于是，外商因行商数减少而走私猖獗，向海关提出"委员会可以赞成委派新的行商，但唯一的条件是能被现任行商成员所接受；上谕规定，凡新行商必须为现存的公行核准并联保"②。

这意味着，行商数量的减少已惊动了清廷最高层，于是，连外商也知道有"上谕"，要增加新行商了。而海关则强调保商制度，这也意味着新行商的增加。但到了1829年，东生行也不行了。

东印度公司的委员会趁机向海关提出，不能任由东生行倒闭，必须偿还债务，增加新行商，无须负责其他家的债务等。他们甚至还提出："对外贸易不需任何一家行商去担保外国船只，因为关税以现款缴付，担保的理由已不存在……"自然，海关不会答应，总督更不会。马士在书中引述了总督的答复："总督完全专注于两个问题，他说他已用各种办法去另派新行商；已经派了一个，他有理由希望可以再得到七个或八个，他没有提及对行商吸血似的勒索并使他们一个跟着一个破产的情况；但他很傲慢地指出一事，即无论任何时候有一个破产，必予以严惩，不仅财产没收，而且判处充军，相反，对外国债务者则无相当责任去惩罚或甚至强制……"③英方则答复："……必须承认，走向完成行商原来人数的工作，已有了一些进展……"

果然，海关监督宣布，"只要那些现仍存在的行号的新行商，缴付给他的规费20000元"；第二位行商于同年2月底指派，而第三位在同年3月底指派，"只是一个有小量资本的人"。其中还提到，规费亦有30000元。④

梳理一下相关陈述，我们大抵可得到如下结论。

其一，壬午大火后，行商数量减少，无法适应大火之后仍日益增加的外商船只及吨位，以至散商走私猖獗了起来，连官服都敢"出口"。

其二，由于行商不够，英国委员会提出要取消包商制度，总督承诺，会适当增加新行商。

其三，进入行商的门槛放低了，不需要7万到10万的规费，上述有2万、3万的，还有1万、4万不等的——这是英方得到的消息。

我们回到清廷、海关这方。

道光九年（1829），行商已减至7家，难以应付对外贸易的日益增长，粤海关监督延

---

① 〔美〕马士著：《东印度公司对华贸易编年史》第四、五卷，区宗华译，岭南文库编辑委员会、广东中华民族文化促进会合编，广东人民出版社2016年版，第167页。
② 〔美〕马士著：《东印度公司对华贸易编年史》第四、五卷，区宗华译，中山大学出版社1991年版，第179–180页。
③ 〔美〕马士著：《东印度公司对华贸易编年史》第四、五卷，区宗华译，岭南文库编辑委员会、广东中华民族文化促进会合编，广东人民出版社2016年版，第190页。
④ 〔美〕马士著：《东印度公司对华贸易编年史》第四、五卷，区宗华译，岭南文库编辑委员会、广东中华民族文化促进会合编，广东人民出版社2016年版，第221页。

隆认为："数年以来，夷船日多，行户日少，照料难周，易滋弊窦……"为此上奏要求："嗣后如有身家殷实，呈请充商者，该监督察访得实，准其暂行试办一二年，果能贸易公平，夷商信服，交纳饷项不致亏短，即照旧例，一二商取保著充。"①

"暂行试办"一语第一次出现了。

此时，降低入行的标准，既是权宜之计，恐怕也是穷途末路的孤注一掷。曾经，要加入行商的行列，须有多大的身家？如今，却降低门槛。幸耶？不幸耶？

仅以杨岑龚——这十三行八大家垫底的一家为例，早在1750年前后，他就在十三行的贸易中相当活跃，分担了好几位行商的业务，可他几十年间仍只是"行外商人"，只能在潘家等处分一杯羹，当不了行商。而这几十年的经营经验，使他已然成为成熟的商人。他出现的频率相当高，几乎是直线上升，但直到1782年，他才获得充任行商的执照。可他的隆和行入行后，惨淡经营，才勉强维持了10年，后终因"能力不足或违法情事被地方官勒索歇业"，于是，他只好把资产卖给谭家。②

毫无疑问，杨岑龚能拿到执照，不仅须有厚实的资本做保证，而且须交纳一笔巨资，否则是不够资格的。与此同时，也得相应买一个"顶子"，当时，乾隆刚开始卖官，价格可不菲，可参见上一卷相关章节。

但到道光年间，顶子已不值钱了，入行的执照费用的标准也大大降低。此时，新入行的德源行、茂生行两家新行商显然没有再买顶子——也许，祖上已有顶子，是可以袭三代的。不过，总的说来，作为"天子南库"，十三行的"贡献"只怕已十分有限了。

平心而论，商人买顶子，是因为在传统的士、农、工、商中，商为末位。但是否有了顶子，商人就不再"下贱"了呢？十三行行商，哪怕富可敌国，却永远是见官低三级，哪怕买到了最高的红顶子也是如此，行商自是心知肚明。

当然，有个顶子，在对外活动中也权可起个"对等"的作用。我们在有关卢家的一章中外国人的油画里，则可以看到行商在法庭上，无一例外都戴上了各色顶子，以示庄重，同时也是告诉外国人，我们是作为政府官员出场的，是有职位、有权势的，这也算是狐假虎威吧。

说到底，这也是"官本位"的一种体现，古今中外，概莫能外。而且，这样做，朝廷还能有大额收入，何乐而不为？自乾隆中期始，卖官鬻爵渐成风气，自是得到皇帝应允，需要解决财政拮据的问题。但顶子卖多了，就不值钱了。几十年下来，顶子卖不了多少钱，就只有贱卖行商执照了，结果也没能卖得了几天。

两广总督李鸿宾在道光十年（1830）十二月处理一桩新行商与英商的纠纷案，回复有关方面时亦提到：……外洋贸易重大，自应多设洋行商，故经准新充六家试办，为补旧洋行商业多倒闭之原数，惟令六家之两行经见不堪试办，毋许再行贸易。故尚存之洋行止有十家，且其中有一二家仅够办贸易事，少令人心知足。缘此外国远商仍觉洋商太

---

① 《清宣宗实录》卷一五五，道光九年四月戊辰，第894页。
② 《广州十三行文献研究暨博物馆建设》论文集，广州大学十三行研究中心2013年，第374-375页。

少，尚需多设殷实可信家几许，可致贸易纳饷无贻误，乃与公私裨益，常存两全……①

也就是说，在道光十年，已经允许了六家新行商进入了。这六家经查证为：

顺泰行 马佐良
兴泰行 严启昌
中和行 潘文涛
仁和行 潘文海
德源行 谭翰勋
茂生行 林应奎

加上原有六家，也就十家了。

前文的七家中东生行已停业，章官自杀。这一"试办"政策延续了多年。

《粤海关志》中有更为清晰的记载：

> 迨至道光九年，各洋行陆续闭歇，仅存怡和等七行，不敷经理。前监督延隆以招商不前，恐责令保结之总商意存推诿，又经议立变通章程，亦奉旨钦遵在案。自是以后，缺商随时招补，至今已复十三行旧观。照料无虞不足，而新充之仁和行商潘文海，试办已历七年，屡催未据出结咨部。又，孚泰行易元昌、东昌行商罗福泰暨新充尚未列册达部之安昌行容有光，试办或届二年，或逾一年不等。臣等现已勒限一月，饬令赶紧遵照新例，出具一二商切实保结咨部，以专责成。如逾期无商保结，即行咨销其名，仍查明试办有无经手未完，分别严追究办。②

其中提到的潘文海，是前文所说的新增的六个行商之一。此时，这六位行商，除他之外，尚余潘文涛、马佐良，其他三家在"试办"中先后出局了。而易元昌、罗福泰、容有光为新晋，但不久，罗福泰、容有光也先后出局，其间进入行商行列的还有同顺行的吴天垣等。一直到1843年，十三行终结于《南京条约》签订后。

道光十七年（1837），邓廷桢、监督文祥会同奏言。二人旋即奏请废弃这种试办制，恢复过去的全体行商联保旧例。规定：嗣后十三行洋商遇有歇业或缘事黜退者，方准随时招补，此外不得无故添一商，亦不必限年试办，徒致有名无实。其承商之时，仍请复归联保旧例，责令通关总散各商，共同慎选殷实公正之人，联名保结，专案咨部著充，毋许略存推诿之私，以绝其垄断之念。并指出，"延隆前因各行闭歇将半，是以权宜变通，听殷户自请充商，察访得实，即准其试办。其作何限制，并未议及，小民趋利乘便，

---

① 转引自邢思琳《广州十三行"德行"史料之新发现》，《广州社会主义学院学报》2018年第1期，第100页，节录自《道光外交史料》（第三册）。

② 梁廷枏著，袁钟仁点校：《粤海关志》，广东人民出版社2002年版，第500-501页。

设逐渐增多，伊于胡底？且商众则流品多杂，稽查难周"。①

上谕允了"请复承商旧制"一折："兹据该督等查明，现在招补缺商，已复旧额，足敷办公，自应仍复旧例，以示限制。"②

查新行商中最早出局的是谭家德源行与林家茂生行两家。无疑，按新增行商的规矩，是"殷户自请""察访得实，即准其试办"的。所以，德源行、茂生行在入十三行之际应是"殷户"，有相当的财力。谭家殷实，自是不假，早在乾嘉年间，便在十三行中排行第五，在潘、卢、伍、叶之后。但在壬午大火中，谭家是十三行中损失最惨的。乾嘉年间，行商谭世经③的"德×行"，同先祖一样，在十三行中亦有进出。他逝世于嘉庆二年（1797），享年六十岁，家中堂号在他生前已由披云堂改为毅兰堂，壬午大火，毅兰堂"一夜冇清光"。

但到同治年间，谭家毅兰堂"一分为四"，可见毅兰堂也不完全"冇清光"。"百足之虫，死而不僵"，家底还是有的，所以大火之后七八年，其后人以"德源行"之名争取到了"试办"资格，再度回到了十三行。而这次"回归"是最后一次了。由于合股人刘元与英商发生纠纷，总督李鸿宾下令让时任总商的伍元华查核其资产。最终的调查结果未见记载。但道光十三年（1833），德源行与茂生行一同出局，十三行名录中已无其名。而这离1843年十三行最终"结业"仅仅十年。

第七十一章　历史躲不开的剑与火

自从壬午大火之后，十三行及其附近的火灾几乎就没有断过，1822年一次，1826年一次，1827年又一次……直到鸦片战争爆发，烧得更严重、更彻底，从此让十三行万劫不复——一个尽管尴尬却仍不失显赫的商人群体，就这么从历史上被剑与火抹杀干净了。

西方对"鸦片战争"的名称至今仍耿耿于怀，他们始终认为是他们打开了中国的大门，他们是在争取自由贸易的权利。问题是他们是用什么来打开另一个国家的大门的？鸦片！炮舰！武力！

当年，英国议会仅以271票对262票的微弱优势通过了战争议案，以应对林则徐销烟的"过分举动"，以至格莱斯顿在战争议案表决中义愤地宣布：

在人类历史中，我从未见过如此不正义并故意要使国家蒙受永久耻辱的战争。④

但战争仍照打不误！而在表决中起到重要作用的，竟是当年乾隆皇帝"恩宠"过的那个孩子——小斯当东。当然，表决已是40多年之后的事，小孩已成了大人。而且，

---

① 梁廷枏著，袁钟仁点校：《粤海关志》，广东人民出版社2002年版，第500—501页。
② 梁廷枏著，袁钟仁点校：《粤海关志》，广东人民出版社2002年版，第500—501页。
③ 史料中，谭世经为"德官"，族谱中为"观德"，待考。
④ 转引自〔法〕佩雷菲特著《停滞的帝国》，生活·读书·新知三联书店1993年版，第593页。

"他对自己在导致战争的决定中所起的作用感到满意",后人如此评述说。①

鸦片逆转了整个中西贸易。鸦片后边,便是炮舰,是武力的炫耀!

中国政府对鸦片的警惕早就有了。前边已讲过,雍正年间已明文禁止鸦片贸易,及至壬午大火的前一年,清政府又再一次下令禁烟,并封锁了黄埔与澳门,惩办了一批不法商贩与囤户。道光六年(1826),还制定了《查禁官银出洋及私货入口章程》七条。内中有一条,明确委派十三行行商们对夷商有无夹带鸦片严加监督,如有失职,自逃不了干系。

> 贩卖鸦片,罪有明条,久经设法查拿,并严定章程,凡夷船进泊黄埔,即令夷商写立并无夹带鸦片字据,交洋行保商加结,复由伍受昌(按即 Howqua)、卢文锦(按即 Mowqua)、刘东(生)(按即 Chunqua)、潘绍光(按即 Puankhequa)四商轮查无异,方准禀请开舱。如有夹带鸦片,即将该夷船禀请驱逐出口,开舱时并派役在于各夷船前后左右稽查起货,又饬役押送到省,办理已属周密;第恐日久玩生,现饬各洋商,于夷商回国时,谆切传谕,以后贩货来粤,切勿携带鸦片及违禁货物,倘敢不遵,即将该船场驱逐出口,永远不准来粤贸易,俾知畏惧。仍严饬巡洋舟师及地方文武,派拨巡船,于夷船来粤湾泊洋面之时,严密巡查,倘有民船拢近,立即拿解究办,以防代运鸦片及违禁货物;至夷船进口,仍饬沿途守口员弁逐一严查,倘带有鸦片等物,即飞禀查办;如稍隐匿,从重惩处,庶可层层稽查,以绝其源。②

无疑,十三行商人于公于私对禁烟是不遗余力的。毕竟,鸦片走私,早已不断地打击了正常的贸易往来,对社会造成了巨大的危害,也令行商的正当生意受损。也正是由于鸦片的不断渗入,十三行行商一个个走向破产。对此,上谕写得很明白:

> 李鸿宾奏英吉利商船延不进口,及晓谕防备各缘由等语。所奏甚是。各国夷船来粤贸易,惟英吉利大班等因洋行连年闭歇,拖欠夷银,迭次呈控,并胪列条款,具禀查办。该督业经咨提商人讯追,并将所禀各款,饬司妥议,谕令洋商转谕恪遵。该夷船仍然观望,停泊澳门外洋,延不进口;辄敢摭拾前陈各条,哓哓渎辨,语言不逊,该国货船每言在粤海关约纳税银六七十万两,在该夷以为奇货可居,殊不知自天朝视之,实属无关毫末。且该夷船私带鸦片烟泥入口,偷买内地官银了谬:以外夷之腐秽,巧获重赏;使内地之精华,潜归远耗。得少失多,为害不可胜言!必应实力严查。此次该夷等业经该督将来禀严行批饬,如果渐知悔悟,相率进口,即可相安无事,倘仍以所求未遂,故作刁难,著即不准开舱,严行驱逐。即有一二年少此一国货税,于国帑所损无几;而夷烟不入,官银不出,所全实多。……着该督

---

① 转引自〔法〕佩雷菲特著《停滞的帝国》,生活·读书·新知三联书店 1993 年版,第 593 页。
② 转引自梁嘉彬著《广东十三行考》,广东人民出版社 1999 年版,第 185—186 页。

等妥议具奏。①

然而，就在道光七年（1827），输入的鸦片竟突破了 1 万箱，达到 11154 箱。② 尽管清廷严令禁止鸦片贸易，但正如马戛尔尼当年来中国后得出的结论：中国已不是一个国家，中央政权管不了那么大的地方。因此，中国只是一个市场，可以由他们来开发的市场。所以，清廷的禁烟每每流于形式，最后也落实不了。而这个市场只能由他们来"开发"。

于是，十三行行商接连破产，坐牢的坐牢，遭流放的遭流放，到道光九年（1829），原先拥有几十家行商的十三行，只余下七家了，而有能力偿付债务的，只有伍家、潘家，还有谢东裕三家行商。而来华贸易的商船却愈来愈多，走私、漏税也愈演愈烈。英国的不法商人却在中国行商日趋破产的状况下发迹了。而赖以发迹的不是别的什么，正是鸦片。

最典型的，莫过于后来被林则徐驱逐的鸦片走私贩子威廉·渣甸，还有一个便是马地臣。

鸦片走私贩子威廉·渣甸

这个丧尽天良的英国奸商渣甸，本是英国东印度公司的医生。当医生的应以救死扶伤为天职，可这家伙却胡作非为，连东印度公司也容不了他，于 1827 年将他解雇了。因合约未到期，该公司给了他两箱鸦片作为补偿。

于是，这家伙便带上鸦片到了广州。因为这时在中国走私鸦片的利润非常之大，他

---

① 转引自梁嘉彬著《广东十三行考》，广东人民出版社 1999 年版，第 186 页。
② 姚薇元著：《鸦片战争史实考》，新知识出版社 1955 年版，第 18 页。

狠狠地赚了一笔。

紧接着,他把赚到的钱作为定金,再向英国东印度公司赊销鸦片,一下子,如滚雪球一样,从几箱到几十箱,又从几十箱到几百箱,甚至上千箱。这位医生不再行医,而是要置人于死地了。

仅五年后,即1832年,他就与马地臣合伙开了一家洋行,洋行的名字就叫渣甸。有了洋行,谙熟鸦片走私业务的他,也就变得更加疯狂了。

所以,1839年,林则徐在广州禁烟时,这两个鸦片走私贩子便首先受到了惩治。

林则徐

罪恶的鸦片战争打响后,这个渣甸洋行的总部,也就移到了被英国占领的香港,广州这边则成了分公司,名称也改为"怡和洋行"——这与十三行的怡和洋行(伍家)却没关系。

而英国东印度公司则在渣甸洋行成立后的第二年(1833),因其对华贸易的专利到期而被撤销了。在这之前,东印度公司一直垄断着英国对中国的贸易。但随着英国工业革命的发生,市场逐渐扩大,东印度公司的垄断地位也就难以维持,特权也逐步被取消。

这样一来,本来与十三行行商打交道的英国商人,由原来统一被东印度公司组织做贸易的商人变成了散商。英国政府为维护他们的利益,专门派出官员与中国政府交涉,但中国政府恪守官员不得与外商直接接触的原则,因此这一交涉也就成了政府之间的问题,从而为英国发动鸦片战争提供了借口。

而1833年,由于东印度公司对华贸易的专利被撤销,十三行的外贸业也随之发生变化,据有关资料,东印度公司并无直接的鸦片交易记录,而十三行行商在这之前,由于只对东印度公司实行监管,因此鸦片本身也进入不了正式的贸易渠道。换句话说,十三行行商在1833年前,一直是禁止鸦片贸易的身体力行者。但1833年后,事情就复杂化

第二次大火前的十三行商馆（油画，画家不详。美国皮博迪·艾塞克斯博物馆供图）

了，不仅英国的鸦片贩子在无东印度公司控制的情况下迅速发迹，个别唯利是图的商人也试图充作行商，成为十三行的一员，涉嫌鸦片走私。所以，对十三行而言，1833年也是一个节点，纵然大部分行商在反抗英国的鸦片战争中有着不俗的表现，但不明就里的后来人，仍把污水泼向了整个十三行行商，将他们与个别害群之马混为一谈。

第七十二章　寿终正寝的东印度公司与十三行的制度"比拼"

道光十三年（1833），东印度公司对华贸易特权因期满而被撤销。对于十三行经贸圈来说，这是一件影响极大的事情。基本上，在十三行经营史上，东印度公司都是作为外商对华经济的垄断者的姿态出现的。他们包揽很大一部分的外国对华商品的业务，并作为西方到华经贸的最核心利益的中转站。从某种程度上说，它就是西方的"公行"，是与十三行"公行"相对立的组织，两者的存在与消失，其实有着一种历史逻辑关系，犹如天平两端的双方，"对等"地存在，使各自都有了"平衡"的可能。但现在东印度公司被撤销了，商贸架构的一足跛损，不难想象，随之而来的便会是西方自由商人的冒起及其对中国行商制度不满情绪的严重加剧。本来，外商们就一直抗议公行的设立，公行的几番撤销其实都有西方商人的"功劳"。而在东印度公司正式退出对华贸易的历史舞台后，西方商人的叫嚣、抗击更为激烈。因为他们明白，东印度公司撤离后，十三行的垄断也便成为"单向式的"，垄断"对等"的失衡将极大地损害他们的在华贸易，使他们没有任何庇护与支撑。于是，外国自由商人们"在打破了东印度公司的壁垒之后，又向中国的行商制度发起挑战"①，想借此动荡转型的机会一举把中外两个贸易垄断机构予以毁灭，从而重新开创十三行时期的商业局面。因此，东印度公司合约期满这件事情，其实也给了公行一个沉重的打击，让外商们有了共同抵制公行的理由。对于十三行行商来说，废除公行无疑是好事，几度兴废也可以看出他们的意愿。伍秉鉴甚至写信给罗伯特·福布斯（Robert Forbes）说："据说行商制度将被废除，我衷心地希望如此。我愉快地期待我将成为一名自由人的时代。"②而另外，东印度公司撤离后，西方自由商人的涌入也大大破坏了十三行的商贸纪律。由于此时散商们是作为一个个经济个体进入中国的，没有对之形成约束的机构，于是，他们的在华活动便更为随意且毫无忌惮，违法犯罪之事屡见不鲜，为了经济利益而打破行业规条的情况更是常有之事。更严重的是，他们在货物中夹带鸦片的活动在东印度公司撤离后更为猖獗，鸦片输入量也大幅增加。虽然据史料记载，十三行行商们并没有参与鸦片输入事宜，但在这个时候，十三行经济圈的规律性已经遭到了严重损坏，行业规条犹如虚设，商业清透大不如前了。1842年，清政府与英政府签订《南京条约》，这同时也标志着广州十三行独揽对外贸易的时代走到了终点。及后1856年发生的大火，更是在一夜之间把这商行帝国从流光溢彩烧至满目疮痍，令人扼腕。

公行的去留，在外人看来只是行业制度的适应或调和问题，但实际上，这已经关涉到当时整个社会的经济政治环境。它可以折射出清政府在那个特定年代处理对外事务的态度以及对内规划国内经济发展的思想及所运用的手段。当然，这种境况最直接的表现就是行商们的生存困境。从公行设撤的折腾上，我们看到了行商们对利益与自由的权衡矛盾，也看到了十三行作为朝廷对外商贸工具的悲剧性存在。

伍家等十三行商人一听说英国东印度公司要解散，首先报告给海关监督文祥，文祥不相信，置之不理。他们只好去报告两广总督卢坤，卢坤却很重视，立即上奏道光皇帝，说洋商伍受昌（伍元华）、卢文锦、潘绍光禀称：

> 向来各国夷船来粤贸易，皆系各备资本，自行买卖，惟英吉利国向设有公班衙（按：company 一词的音译）发船来粤贸易，名为公司船，设立大、二、三班等，在粤管理贸易事务。该国来粤夷商、水梢均由大班管束，是以事有专责，日久相安。兹该大班等忽称，本国设立公班衙定有年期，计至道光十三年以后即以期满散局，嗣后无公司船来粤贸易。将来本国有船来粤，亦系散商，与港脚船（按：印度巴斯人的商船）无异。又有，查该国专以贸易为务，公司既散，则事不相统摄，该夷梢等素性不驯，若无管束之人，万一有违犯功令之人，虽斥责究办，究于公事无裨。应请谕饬大班马治平及早寄信回国，转知该国王，倘若将来公班散局，能否设立大班，至粤管理该国及港脚各夷商来粤贸易：船只既多，人数不少，倘有违犯天朝功

---

① 转引自李国荣主编《帝国商行：广州十三行》，九州出版社2007年版，第264页。
② 穆素洁：《全球扩张时代中国海上贸易的新网络（1750—1850）》，载《广东社会科学》2001年第6期，第83页。

令,究竟责问人,转盼该公司即届散局之期,务令该国预为筹协等语。①

粤海关监督文祥固执己见,批驳:"该夷来粤贸易,自雍正十二年其该国设立公班衙及公司大班名目,已见于乾隆十五年该夷禀牍,距今八十年之久,中间并未闻公班衙散局之说,是否该夷商贸易居奇,故为耸听,殊难凭信!"②

道光皇帝朱批:"如果公司散局,仍应另派晓事大班来粤总理贸易。"③

卢坤、文祥接到指示后,"即饬洋商令该夷商(按:即英国东印度公司大班马治平)寄信回国,另派晓事大班来管理贸易事宜,以符旧制"。

自然,人家对此不会理睬,也不理解。

行商的提前预警,无疑有深远的思虑。其时,他们本已如履薄冰,连"试办"制度也很快终止了,虽然他们未曾完全料到,离十三行的终结已没多少年了。正是这种迫在眉睫的危机感,让他们在预先得到消息之际,火速通报了海关与清朝政府。

但官员有官员的思维,他们首先考虑的是,对方不再以一个公司的统一身份出现,该怎么与行商——这一作为官方与外商的中介——对接,所以,他们才主张,让英国派出相应的官员来做代表,拒绝与散商打交道。

行商担心的是自身的命运——果不其然,六七年后的《南京条约》中专门有一款,是废除在广州实行的行商制度;而官员担心的则是陈旧的官府制度能否贯彻下去。

当然,我们不可以简单地称十三行是清朝封建制度的组成部分、对外贸易的"怪胎",或者世界大航海时代的产物、中国当年对外开放的"窗口"。历史不可以这么简单地被书写,不可能要么导向是或非,要么评判善与恶。当年的海上贸易虽然发生在世界范围内,但由于东西方传统与文化的差异,尤其是各自习惯的思维方式,其导向就统一不起来。

东印度公司开始时的股份制等是在商贸中形成的,而它走向垄断后,尤其是它不再代表宗主国在其殖民地中行使殖民政府统治的权力后,其垄断为自由商人所摧毁,是历史的必然,代表的是西方自由经济的走向。

被视为"对等"的十三行,其演进的轨迹则完全不同,既非"垄断",更非"自由",受清廷控制的强弱力度在不断变化中。外商开始看到的是他们所称许的"广州制度",不仅让他们挣得盆满钵满,而且,清政府为了保全自己"天朝上国的面子",在"商欠"上完全偏袒外商一方,让全行商们"连坐",共同赔偿外商的损失,甚至不惜抄行商的家,对他们处以流放,乃至重刑。

那么,为何到了1833年东印度公司结业后,对如此之"好"的广州制度,英国却不遗余力地加以摧毁,甚至写进双方政府的条约之中呢?时也?势也?大清王朝已经在走下坡路,贸易形势的逆转早已发生了,鸦片贸易大行其道……仅仅因为这些么?

---

① 〔清〕梁廷枏著,袁钟仁点校:《粤海关志》,广东人民出版社2002年版,第518页。
② 〔清〕梁廷枏著,袁钟仁点校:《粤海关志》,广东人民出版社2002年版,第518页。
③ 〔清〕梁廷枏著,袁钟仁点校:《粤海关志》,广东人民出版社2002年版,第518页。

长久以来，人们都把公行与东印度公司做比较，尤其是英国人。在东印度公司解散，其贸易垄断权终结之际，英国人就以平等对待为借口，要公行也相应解散。中方不答应，没过多久，英国便通过鸦片战争把公行给摧毁了，也把十三行摧毁了。

那么，二者有可比性么？无疑，它们同样都是国家授予专权，不允许外人参与其贸易。东印度公司是不允许其他公司及商人参与该公司对亚洲包括对中国贸易的垄断的，而十三行的公行，同样不允许公行之外的商人参加与对西方贸易之垄断。

此外，东印度公司是股份公司，而公行的行商亦务必交纳一笔保证金给公行，与"参股"相似。但是，东印度公司的入股者，除了商人外，各个阶层的人们都可参与，上至牧师、匠人之类，下至工人，甚至女仆。而且，人人都可以分红。但公行的保证金是为了防止有哪一家破产，好共同代他偿还债务。所以，二者的股份制成分不同，功能更不同。

由费正清、刘广京编的《剑桥中国晚清史（上卷）》中，有对公行的专门评述，小标题为"贪污腐化和公所基金"，很明白地指出基金与股份的不同。

> 行商为了保护他们自己，于1775年建立一种秘密基金（即后来东印度公司所称的"公所基金"，公所即行会，具体称公行），公所的每个成员要把他贸易利润的十分之一交作基金，在必要时用来应付官吏的勒索，到1780年公所基金始公开并正式规定向外国进口货征收百分之三的规礼，这是一笔附加税，名义上是要保证行商能偿还外商的欠款。
>
> 公所基金的设立，开始了广州贸易的最后一个重要阶段（1780—1833）。公所基金本身是保护行商的一种方法。它之所以成为定规，是因为可以用它来对付散商早期在垄断范围外投资的增加。但是公所基金的运用，却是1796年以后席卷中国的社会混乱的标志。在乾隆时代的最后几年，出现了传统王朝衰败的最初迹象：几袋珍珠就可买一高级爵位；军队虚报名额；地方税款被侵吞。①

东印度公司还有比公行更多的特权。英国在东印度公司成立之际，其联合股金320万英镑，作为贷款提供给了国家，从国家盐税、纸税中获利；它还可以在殖民地建海事要塞，使用雇佣军，对异教王公宣战或签和约；在伦敦乃至海外，它还拥有铸币权……

但公行绝对沾不得政治的边，哪怕有顶戴的行商，都是见官低三级，国家只允许，或者说限定行商、防范、管理外商，而且让行商自生自灭，国家只管从中抽取利润，而绝对不会加以扶持，甚至为了"面子"，不拖欠外商，反把行商打下"十八层地狱"，而不去保护自己的商业与行商，并特地制定制裁有商欠的行商的法律。公行无论对官府、对外商，都只有被管制的份儿，被官府敲诈更是家常便饭。所以，十三行行商的历史命运，不是外人所容易理解的。

马士自然是站在他的立场来看问题，他这么写道：

---

① 费正清、刘广京编：《剑桥中国晚清史》（上卷），中国社会科学出版社1985年版，第156-157页。

在一七二〇年广州的商人们组织了一个行会或公行,以便按照他们自己的利益调节价格。"中国人正在成立的这种组合是要对他们售给欧洲人的货物,自行规定价格,以便不论是不是卖主,都能从上述货物上得到他们的一部分实际利润",据称这是一个商人的组织;但是,从我们所有关于官吏们在对外贸易上实施的积极控制的证据看来,纵使它不是一个官方机构,无疑它也是有官方支持的。大班曾经提出抗议,并且拒绝进行贸易,直到总督允许废除这种垄断为止。结果它是被废除了,但不久又恢复原状。①

1760年公行的正式奉准成立,使东印度公司被迫承认失败,而胜利的果实则落入广州官吏和商人们的手中。大半就是由于这项措施的出台,才激起了该公司在1760年派遣特别代表之事,这位特别代表提出他的下述几点要求请予补救:

(一) 废除一九五〇两银子的规费。

(二) 免除进口货所付百分之六的附加税和在一切缴纳上对于粤海关部的百分之二的报效。

(三) "请准许他们自己缴纳税款,用不着通过所谓承保的商人,这些保商被他们控以私用公款的罪名。"

(四) 与粤海关监督直接会晤,和向总督直接申诉。

对于这种抗议的答复并不如愿。

公行的行商们自然是惨受敲诈,一七七一年已经发现其中有很多家破产,此外还拖欠了应付给官方的款项;于是公行被解散。据说这是为了外商们的利益而作的;"潘喜官(Puanhegua)损失了十万两银子,但这笔款项由东印度公司偿还给他。"②

对于财务信用,中国人是极其注意的,为了挽回信用,总是多方设法;因此皇帝立刻颁了一道上谕,责令他们立即偿还债款,并禁止将来再有这种债务的拖欠。对外商这种恩施的直接结果便是一个先是"十二"后是"十三行商人"或"洋商"团体的特许成立,这个团体通常仍是用公行这旧名称来称呼。他们单独负责对外贸易的管理,保证对政府法令的服从,并作为政府与外商间联络的唯一中间人。他们也负责管理"公所"(公行)基金,这项基金是由对外贸易上直接征收百分之三的金额取得的,用作清偿拖欠、罚款、亏折等任何方面的债务。

…………

广州商人行会就这样圆满地建立起来了,它既有一个组织,又有相沿六十年不变的种种特权。它还赋有一些纯粹政府的权力,一方面作为政府的代理人并得到政府的充分支持,另一方面又作为官吏们想要从中大捞一笔财富的输导线。粤海关监督必须在他作为正式陈报的征收以外找到一笔巨款,如果拘泥于固定税则就会使他

---

① 〔美〕马士著:《中华帝国对外关系史》(第一卷),张汇文等译,上海书店出版社2006年版,第71页。
② 〔美〕马士著:《中华帝国对外关系史》(第一卷),张汇文等译,上海书店出版社2006年版,第73–74页。

作官的主要目的成泡影；因此，公行就被他用作榨取对外贸易的工具，并从中勒索一笔自罗马帝国鼎盛时代以来无与伦比的私人收入。总督也必须装满他那只张大了口的钱袋，因为他负有维持法律和秩序的最后责任；他随着粤海关监督之后，也分润一部分赃款；同时从一世纪的经验中，已经察觉，要使外商按部就班地遵守官吏制定的法律和他们的命令，最便当的方法就是通过公行。这对于总督是这样，对于广州的每一个官吏也是这样，公行成为所有争执的不可缺少的缓冲物了。①

马士没有说东印度公司怎样，因为在他看来是无须解释的。但东印度公司的垄断正在国家的强力支撑下成为对外拓殖的有力工具，既可以做对外贸易，更可以进行殖民扩张。而推行真正的股份制，更能筹集巨款，并获得银行贷款。而且，还能借汇兑票据等方式，广开财源，转移资本，这显然有违自由市场经济原则。

而东印度公司本身在垄断中成了暴发户：

> 到1783年，东印度公司在贸易上的势力已是如此强大，以致它的监理委员会认为，即使海关监督也不能建立一个价格联盟来与它相抗衡。当然，这种情况丝毫不能削弱海关监督勒索行商钱财的权力，因为一种新的英-中垄断制度已经建立起来。这时东印度公司已把大量资金提供给某个商人，以致它简直经受不住使他遭到破产的风险，否则它就会失去获得它的"副保"的一切希望（"副保"，即该商人已抵押给东印度公司以后几年的茶叶贸易）。从此，该公司的预付款办法把它的命运紧紧地和这些商人联系起来，使得海关监督不再能——或者说不再需要——出卖专卖权。相反，他把经纪人作为英商的代理人使用，因为他知道东印度公司会间接地替他们交纳罚款和关税。②

从1720年到1856年，十三行公行几次设立，又几番撤销。在这不寻常的频繁变换中，十三行商人该有着如何深刻的思考与挣扎？有什么力量会致使商人们抛却行业垄断这个看似百年难得的机遇，而不惜耗尽家财只为消除这个"垄断机缘"？也许，正是因为不堪朝廷的苛捐重税、野蛮无理，他们选择了逃离；也许，又是因为难受连坐的突如其来、不可预测，他们选择了放弃。面对行业垄断带来的高利润诱惑和公行建立后的商贸规整，他们一次又一次地试图涉足这一似乎成为"禁地"的公行制度。但事实证明，他们并不能逾越时代的潜规则，被圈足于"公行"的他们只能成为清朝廷的工具——经济贸易的工具、对外事务的工具。这可能是十三行行商的悲哀，但也可能就是在那个历史语境下他们的必然命运。从本质而言，行商是民商而非官商，这有潘启官（潘振承）、伍浩官（伍秉鉴）拥有的非官方所知、所控制的海轮股份和海外巨大的投资额为证，而十三行最终的毁灭，亦证明了其后的启蒙思想家——郑观应所断言的：官非但不能护商，

---

① 〔美〕马士著：《中华帝国对外关系史》（第一卷），张汇文等译，上海书店出版社2006年版，第74—75页。
② 费正清、刘广京编：《剑桥中国晚清史》（上卷），中国社会科学出版社1985年版，第158页。

而只能病商。

不管怎样,这都不是用武力加以摧毁的理由。

第七十三章 鸦片加炮舰

道光十四年(1834)所发生的一系列事件,可谓鸦片战争的前奏。我们不妨照引有关的历史记录:

7月15日,英国驻华贸易首席监督律劳卑抵达澳门。

律劳卑是受英国外相巴尔墨斯的派遣担任此职的。随同人员还有第二监督达卫、第三监督鲁滨荪。当时中英两国为贸易问题已矛盾日深,但英国还未完成发动对华战争的准备,故英外相在律劳卑来华前叮嘱他,要避免与中国政府发生冲突,非不得已,绝不能以军舰闯入虎门水道,并指定律劳卑的职权是管辖广东贸易区域。

律劳卑一行到达澳门,当天就起程到广州,住进十三行英国夷馆。两广总督卢坤即派行商伍敦元、卢文蔚前往英夷馆转告律劳卑,与中国官员来往必须遵守大清律例。但是律劳卑不顾中国官员的告诫,以自己是英国驻华贸易首席监督,身份地位与过去的大班不同,要直接与总督对等来往。

7月26日,律劳卑直接派书记官阿士铁尔带文书到广州城门,向守城官员投递文书,中国官员拒绝接纳。行商伍敦元当即赶到城门,指出洋人不通过行商直接投递文书是违反大清律例的,要求代递文书,阿士铁尔没有答应。伍敦元又要求与阿士铁尔一同将文书送与总督府,阿士铁尔还是不答应,非要自己亲自送。僵持不下,阿士铁尔只得悻悻而去。

7月27日,十三行行商为避免事态扩大,集体要求律劳卑改变态度,而且文书封面要用"禀请"字样,但遭律劳卑拒绝。行商与律劳卑之间协商了两天毫无结果。

7月30日,两广总督卢坤通知行商:律劳卑必须立即离开广州,若行商不奉命行事,有损国威,惟行商问罪。

8月10日,行商召集公行会议,要求英国商人一起协商解决办法。律劳卑知道后,通知英国商人全部集中在英国夷馆内,禁止参加公行会议。在协商不达的情况下,行商为免遭牵连,将总督卢坤的决定通知律劳卑,要求他立即离开广州,并作出公决,从8月16日起与英商停止一切贸易。当日,卢坤派兵威迫夷馆,断绝英商交通伙食。

8月28日,行商通知律劳卑,中国官员可与律劳卑举行会议,但会议座位要由中国政府安排。律劳卑则坚持要坐首席位置,结果协调又告失败。

9月2日,行商与英商共同议出调停办法:(一)总督接受英国人禀请后,即恢复通商;(二)律劳卑在4~5天时间内离开广州返澳门;(三)律劳卑离开时不张贴通告,要允许律劳卑再来广州;(四)律劳卑再来广州时须遵守大清律例,且只能短暂停留。行商与洋商的协调建议遭到巡抚及一班官员反对,从而协调又告失败。

十三行史稿
——海上丝绸之路的一部断代史

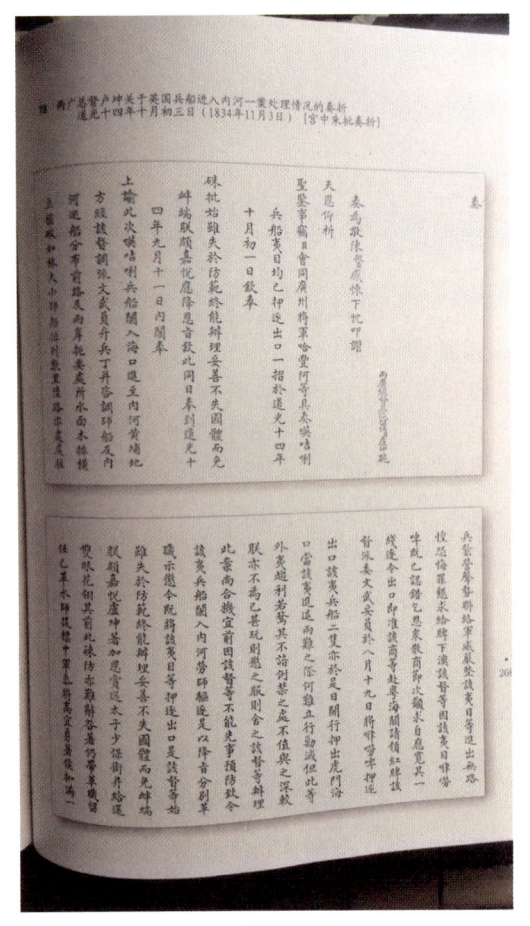
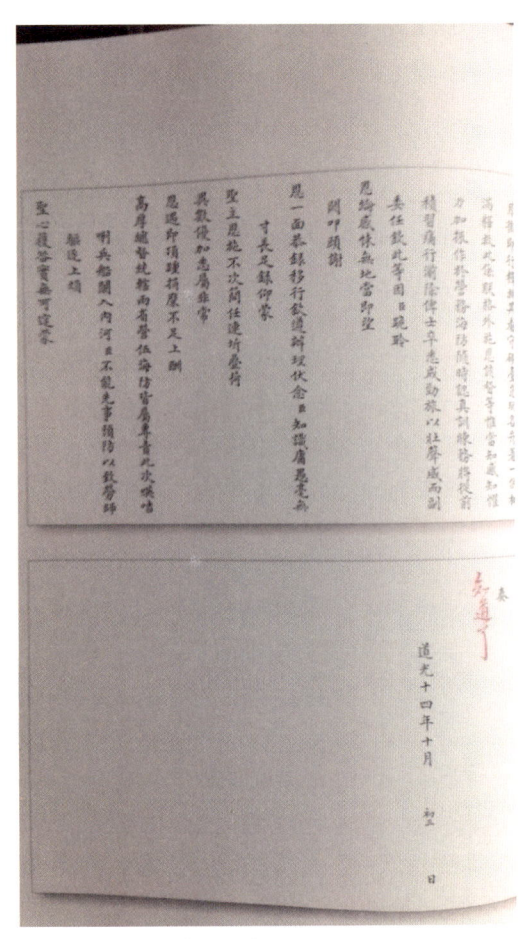

两广总督卢坤关于英国兵船进入内河一案处理情况的奏折

9月5日，律劳卑密传盘踞在虎门外洋的两艘军舰进入虎门水道，与中国发生炮战，军舰直抵黄埔，并派出陆战队登陆，直逼广州城，准备以武力与中国对抗。道光皇帝知道后，以办事不力，革去了水师提督李增阶、水师提标中营参将高宜勇的官职；两广总督卢坤革去了太子少保衔，摘去双眼花翎，先行革职，暂留两广总督之任，戴罪督办。情危之下，卢坤慌忙调派水陆军据守设防，阻止英军继续逼近广州，增兵十三行，团团围困英国夷馆，并贴出公告，谴责律劳卑无视大清法律，炮击中国城池以及军舰闯入内河之罪。

面对中国政府的强硬态度，加上英国政府尚未做好对华发动战争的准备，律劳卑不得不暂时屈让，并提出三项条件：（一）泊碇在黄埔的英国军舰一律退到伶仃岛；（二）中国炮台对退却中的军舰不得有无礼举动；（三）律劳卑一行返往澳门时，中国官员要发给牌照。两广总督答应了律劳卑的要求。对于这次事件，后来道光皇帝下旨："外夷不谙例禁之处，不值与之深较，朕亦不为已甚。玩则惩之，服则舍之。该督等输此案，不失国体，而免衅端，朕颇嘉悦，卢坤著加恩赏还太子少保衔,并给还双眼花翎。其前此疏防,亦难辞咎,著仍革职留任。"

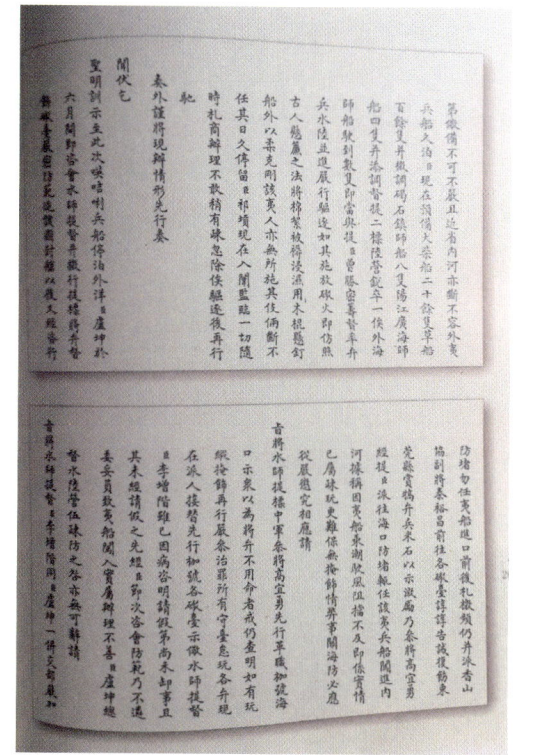
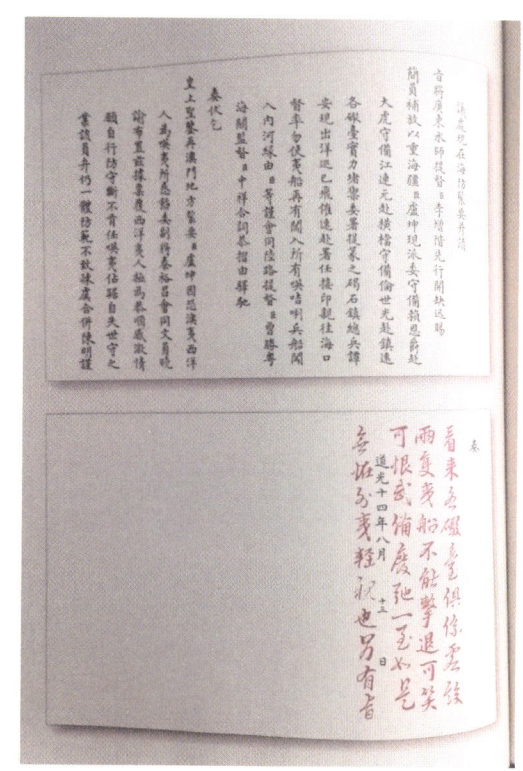

关于英兵闯入内洋停泊等有关情形的奏折(局部,道光十四年八月十三日)

对此次事件,英国人怀恨在心。律劳卑在临退出广州时,对着十三行夷馆的英国商人发誓:"将来必有用武力雪此奇耻大辱,使中国知道尊敬英国官吏。"又寄信给英国外相巴尔墨斯敦:"两广总督凌辱英国国威,必须加以惩罚,此际强压中国,使其承认本官职,即所以尊重英皇使命,亦使中国开放各港口之前提。"美国人也深知英国的态度,美国驻澳门的领事急忙报告美国政府,告知中英迟早会开战,应尽早未雨绸缪,做好计策,防止将来在华利益落入英国人的手上。10月11日,律劳卑病死澳门,英国驻华贸易首席监督由达卫继任。①

从上述事件中,我们亦可以看到十三行行商的尴尬地位和可怜处境,以及他们尽可能进行了的抗争。只是,他们的作用已远远没有过去那样凸显与有效了。他们自身难保多时,所余的日子也已经不多了。从如下的历史实录,亦可以看出他们离被彻底"清算"已不远了。

道光十五年(1835),史载:

---

① 李国荣、林伟森编:《清代广州十三行纪略》,广东人民出版社2006年版,第103—105页。

一月九日,达卫放假归国,英国驻华贸易首席监督一职由鲁滨苏接任。达卫原是英国东印度公司理事,长期在中国从事贸易,精通中国事务。英国商人认为达卫对中国政府态度宽和,而集体上书英国女皇,认为任用从事中国贸易的人作为英国代表,易受清政府轻视,应授权具有相当武职官衔且有声望的全权大臣直抵北京,与中国政府谈判,不怕武装冲突,要打破中国对外以天朝大国自居的姿态。

三月,道光皇帝颁旨,要求两广总督卢坤查办洋商欠饷及历年积欠夷商的债务。当时洋商欠粤海关税达260万两之巨,卢坤根据道光皇帝的圣旨,立即令广州府追缴,限令欠饷洋商3个月内交回,逾期查办。在朝廷严厉追逼下,天宝行梁承禧先后交还24万两,但仍欠巨款,被查抄变卖家产后还欠海关银饷31万两;另外,万源行李应桂欠海关银饷20万两,茂生行林应奎欠2359两,因两行早已被革退洋商一职,无力缴还欠饷,由其他洋商分摊交还。卢坤在回复道光皇帝时说:"洋商等历年代赔饷欠夷账情形,臣等前已详晰陈奏。其因人受累,又值洋货滞销,固属实情。……近来洋商殷实者不过一二家,其余资本仅敷转输,向来完纳饷银,多属挪新掩旧。"

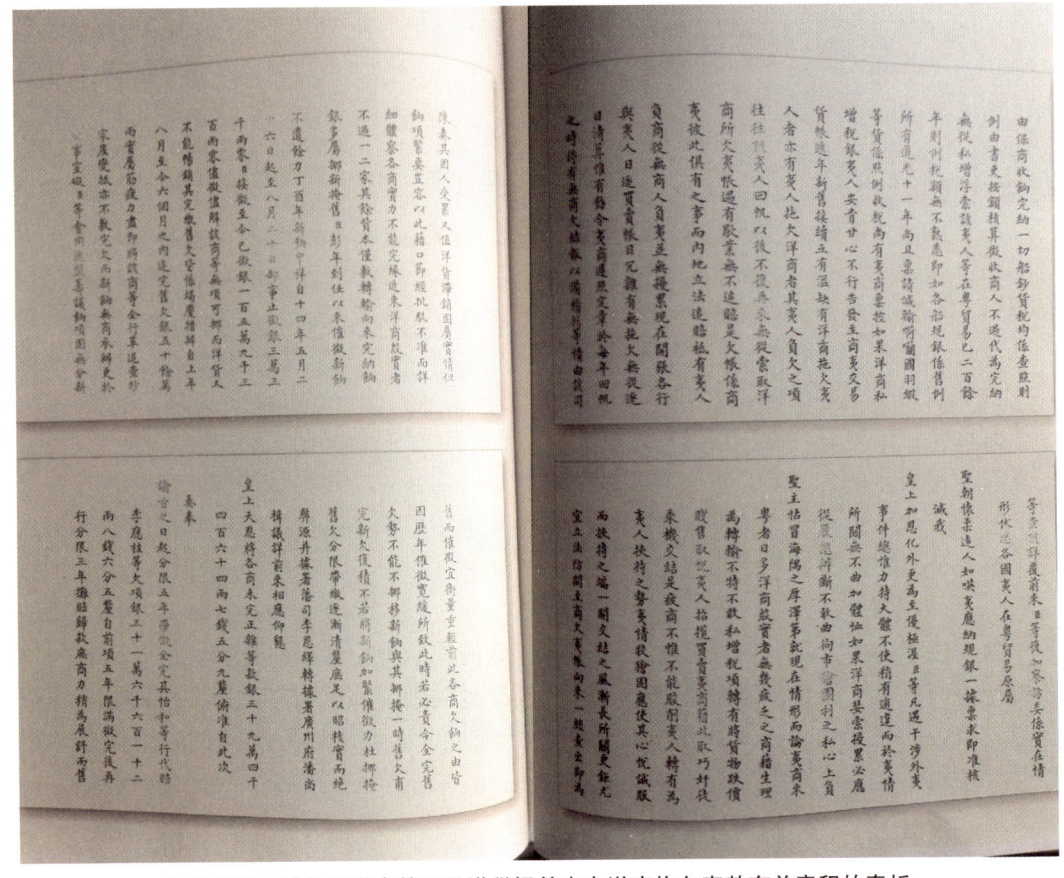

两广总督卢坤关于洋商并无私增税银并查办洋商拖欠夷款有关章程的奏折
(局部,道光十四年十二月二十七日)

两广总督卢坤关于查办洋商历年欠饷情况的奏折
道光十五年三月初八日（1835年4月5日）[宫中朱批奏折]

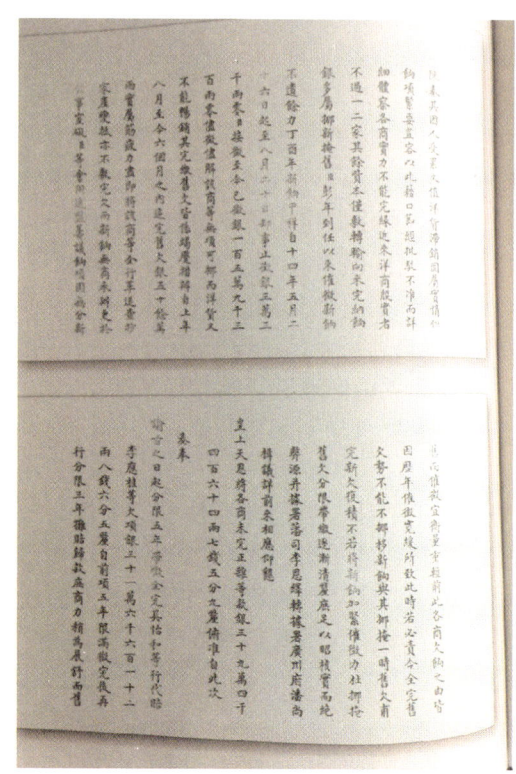

两广总督卢坤关于查办洋商历年欠饷情况的奏折（道光十五年三月初八日）

是年，两广总督卢坤颁布《防范章程八条》：（一）外洋护货兵船不准驶入内洋；（二）洋人偷运枪炮及私带番妇至省，责成行商一体稽查；（三）洋船引水买办，由澳门同知给发牌照，不准私雇；（四）夷商雇用民人，应明定限制，严防勾串作奸舞弊；（五）洋人在内河应用无篷小船，禁止闲游；（六）洋人具禀事件，一律由行商转禀；（七）行商承保洋人商船，应认派兼用，以杜私弊；（八）洋人私卖税货，责成水师查拿，严禁偷漏。

为加强海防，两广总督卢坤、水师提督关天培出面向十三行商会筹集5.2万余两白银，添铸大炮40门。①

彼方已磨刀霍霍，这边备战却步履维艰。英国人看准了，鸦片加炮舰，足以将一个有数千年文明的古国打个落花流水。马戛尔尼当年与其说是来"祝寿"，不如说是来侦察，从此英国再没把中国放在眼里。

纵然如此，贪贿者、昏聩者仍一个个自以为聪明。道光十六年（1836），在鸦片输入日愈增长，白银大量外流，银价有增无减的情况下，时任太常寺少卿的许乃济于这年四月二十七日向道光帝上《鸦片例禁愈严流弊愈大，吁请变通办理折》，提出了弛禁论的主张。他认为：严禁鸦片，会引起许多流弊，而且越禁越多，不如"仍用旧例，准令夷商将鸦片照药材纳税，入关交行后，只准以货易货，不得用银购买"，以防止白银外流，并主张文武员弁、士子、兵丁等"不得沾染恶习"，而"其民间贩卖吸食者，一概勿论"。因为在他看来，吸食鸦片"不尽促人寿命"，而且"今海内生齿日众，断无减耗户口之虞"。同时，他在附片中还提出了除听任民间吸食外，应让"内地得随处种植"的建议，理由是"内地之种日多，夷人之利日减，迨至无利可牟，外洋之来者不禁而绝"。他的这一套主张，事实上是纵容烟毒泛滥，任由其损害中国人民的身心健康，以鸦片无害，禁烟无用，"闭关不可，徒法不行"的论据，鼓吹鸦片贸易合法化。②

许乃济的这种弛禁主张，实际上代表了中外鸦片贩子和从鸦片贸易中得到好处的各级官吏的利益，因而赢得外国侵略者的喝彩，称赞这篇奏折"立论既佳，文字也极清楚"，而将它译成英文，到处传播。当这篇奏折传到广东后，英国驻华商务监督义律就报告英国外务大臣巴麦尊说："许乃济弛禁论的直接影响将要刺激印度的鸦片种植。"一般烟贩们更是兴高采烈，更加肆无忌惮地进行鸦片走私活动。

许乃济担心的只是银圆流失，却不顾鸦片对国民的伤害——这也是帝国官吏思维的一种，实教人扼腕。

北京城中为是否禁烟争论不休。英国却抓住了这个机会，把大量鸦片运进中国，到这一年年底，输入的鸦片竟然达到了3万箱。道光皇帝得知后雷霆震怒，下令革去许乃济的官职，传令邓廷桢、祁𡏄、文祥等人将偷运鸦片的外商逐出广州。然而，皇帝发火也无济于事，鸦片走私照旧禁不了，照旧猖獗不已。

---

① 李国荣、林伟森编：《清代广州十三行纪略》，广东人民出版社2006年版，第106—107页。
② 中国史学会主编：《中国近代史资料丛刊：鸦片战争》（第一册），神州国光社1954年版，第471—474页。

道光十八年（1838），鸿胪寺卿黄爵滋向道光皇帝奏言：由于广东鸦片盛行，大量银圆流出国外。走私的鸦片主要来自英国，而英国国内却是严禁鸦片的，甚至炮击偷运鸦片的船只，然而对外，英国却以鸦片诱他国，以耗其财，弱其人。"今则蔓延中国，横被海内，槁人形骸，蛊人心志，衰人身家，实生民以来，未有之大患！其祸烈于洪水猛兽，积重难返，非雷厉风行，不足振聋发聩。请仿《周官》用重典治以死罪。"①

可以说，鸦片走私，已闹得天怒人怨。一时间，禁烟呼声高涨，整个中国都沸腾了起来。民间更流传有一首警世诗：

英国驻华商务监督义律

> 请君莫畏大炮子，
> 百炮才闻（有）几人死？
> 请君莫畏火箭烧，
> 彻底才烧二三里。
> 我所畏者鸦片烟，
> 杀人不计亿万千！
> …………②

然而，正如马克思所指出的那样："中国人民在道义上抵制的直接后果，是英国人腐蚀中国当局、海关职员和一般官员。浸透了天朝的整个官僚体系和破坏了宗法制度支柱的舞弊营私行为，同鸦片烟箱一起从停泊在黄埔的英国趸船上偷偷地运进了天朝。"③

中国历史上的一位伟人终于拍案而起。

林则徐（1785～1850），字少穆，福建侯官人，他在湖广总督的任上厉行禁烟，1838年在湖南等地缴烟枪3500多杆，烟土烟膏1.2万余两。1839年，他在广东更收缴烟枪7万多杆，烟土烟膏64.8万余两。这一对比，使他更感沿海受烟毒之害的严重性。

他三次上奏道光皇帝：

> 若犹泄泄视之，是数十年后，中原几无可以御敌之兵，且无可充饷之银。④

他终于说动了道光皇帝，被任命为兵部尚书兼钦差大臣，督办禁烟事项。

---

① 李国荣、林伟森编：《清代十三行纪略》，广东人民出版社2006年版，第108页。
② 陈澧：《炮子谣二首》，转引自陈永正著《岭南文学史》，广东高等教育出版社1993年版，第576页。
③ 《马克思恩格斯选集》（第二卷），广东人民出版社1976年版，第26页。
④ 《林则徐集·奏稿》，第601页。

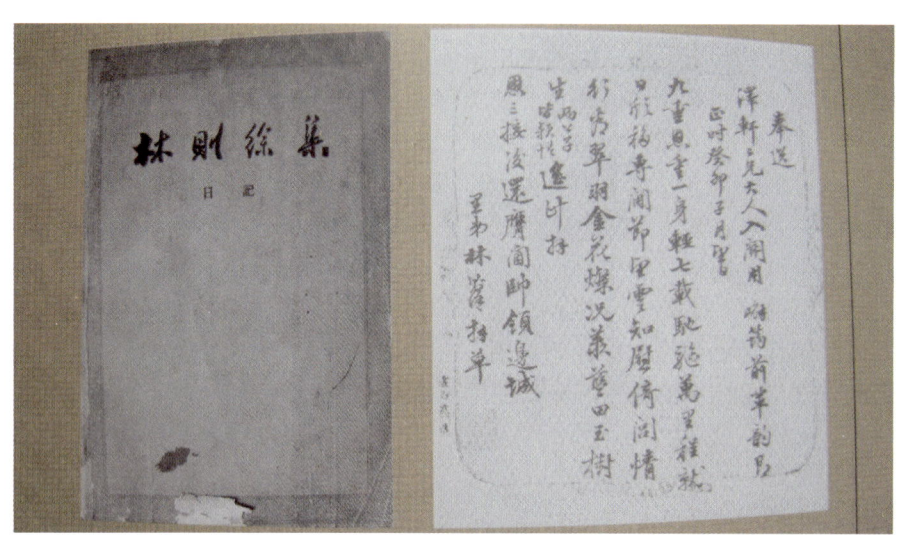

林则徐日记书影

道光十九年（1839）正月下旬，已被任命为钦差大臣的林则徐到达广州。到广州前，提倡经世之学、与魏源等一批中国启蒙思想家齐名的龚自珍，作为他的朋友，亲自写了一篇送行的文章，文中说，在广州禁烟，外国人可能会动武，该有所准备。林则徐坚定地做出了回答，称"如履如临，曷能已已"。他清醒地意识到自己所面临的凶险情形。

他一到广州，便与两广总督邓廷桢一道，"合力同心除中国大患之源"。他明确宣布："鸦片一日未绝，本大臣一日不回，誓与此事相始终，断无中止之理。"①

四月，林则徐奉命"亲赴虎门、澳门等处"，写下一首七律诗，因同行之人有两广总督邓廷桢，故诗题为《和邓嶰筠前辈（廷桢）〈虎门即事〉原韵》：

五岭峰回东复东，
烟深海国百蛮通。
灵旗一洗招摇焰，
画舰双恬舶𦩷风。
弭节总凭心似水，
联樯都负气如虹。
牙璋不动琛航肃，
始信神谟协化工。②

此诗可当为此行之宣言。

---

① 《筹办夷务始末〈掌故零拾〉》卷三，第 270 – 272 页。
② 陈永正编：《中国古代海上丝绸之路诗选》，广东旅游出版社 2001 年版，第 375 页。

林则徐作为钦差大臣来到广州时，伍秉鉴早在官场中得知一切，所以早早让儿子伍绍荣去严正警告外国商人，林大人这回可是要动真格的了，切切不可往枪口上撞。

可是，那些夹带鸦片的外商并不把伍秉鉴的警告当一回事，以他们应付中国官场的经验，以为这位林大人也会像其他官吏一样虚张声势，只是吓唬一下，很快就会回京复命。这些外商多年来与中国鸦片贩子在利益上的默契加上与广州地方大员的"亲密关系"，强化了他们这一经验判断，既不返航，也不销毁鸦片，而是迅速把装有鸦片的趸船开到大屿山南部隐藏了起来，心想：躲过风头，照旧万事大吉。

这么大的动作，岂能瞒得过林则徐，他因此起了疑心，准是有人通风报信，而这人，只会是十三行的。

他连夜起草了告示。第二天，告示便贴在了他的辕门外，而且是两份，一份是《收呈示稿》，宣告钦差大臣此行的目的是查办海口事件。另一份《关防示稿》则申明：钦差及随身办事人员一律在公馆内用餐，无须地方供应，买东西一律照市价付钱，不准赊欠。钦差出门坐轿，不许地方官员派人伺候，如果发现借伺候钦差的名义扰累百姓，即予以严办。

这两份告示显示了林则徐的决心，自然也是朝廷的决心，绝不允许鸦片贩子们有任何侥幸心理。

可伍家怎么制止得了他们呢？尤其是那位宝顺洋行的颠地，这回，可是天网恢恢了。

十三行的宝顺洋行里，英国商人颠地的心里也是十五个吊桶打水——七上八下。他是英国头号鸦片贩子，在中国臭名远扬。1936年清朝大臣许球曾上奏道光帝要求查拿颠地，后来邓廷桢、骆秉章奏折中也都控他实为奸夷之"渠魁"。前几次，他通过贿赂广州地方官员逃脱了制裁。可这一回，他还能故伎重施么？

林则徐深知，"知己知彼，百战不殆"。在来广州前，他已派人详尽调查了鸦片走私的现状，到广州的第二天，即召集邓廷桢、怡良、关天培、豫堃这些地方要员商议禁烟事宜，安排人手认真追查外国鸦片贩子的活动踪迹。

终于，林则徐制定了"双管齐下"的策略，既要查封烟馆，禁止买卖鸦片，严惩不法商人，从源头上截断鸦片的流通；更要严禁吸食鸦片，设立戒烟所，强制戒烟。那么，要彻底堵住鸦片的源头，就必须拿外国烟商是问。

众所周知，自明代以来，官员是不可与外商打交道的。所以，林则徐也不可以与那些腿也不能打弯的番鬼（他一直这么认为）交涉。这个职责，由十三行行商承担，这早已有了明确的规定。

虽然林则徐对十三行已存有戒心，但还得照规矩办事。不信任他们，却还得用他们，这也让他处于两难之中。

于是，3月18日，伍秉鉴的儿子伍绍荣和其他行商接到林则徐的传唤。林则徐来了个先发制人，未等行商们做任何辩白，就谴责他们"混行出结，皆谓来船并无夹带，岂非梦呓？若谓所带鸦片，甲卸在伶仃洋之趸船，而该商所保其无夹带者，系指进口之船而言，实则掩耳盗铃，预存推卸地步，其居心更不可问"。同时，严令他们传谕外商缴烟具结，"限三日内，取结禀复"，并密派兵丁在商馆周围"暗设防维"，以监视外国鸦片贩子。

应该说，林则徐的这种处置还是有所考量的，并没有加罪于十三行，直接认定十三行有勾结外商走私鸦片之嫌，而是指责他们对鸦片走私未尽到督察与阻止的责任，再"上纲上线"，也只是"渎职"罢了。

事实上，从历史记载看，伍家的怡和行向来做的是正当贸易，茶叶贸易是伍家最主要的业务。然而，一些被伍家担保的外国商人为了牟取暴利，往往在正当贸易的货物内夹带鸦片，在伶仃洋外与中国的不法商贩进行鸦片交易。这其中就包括头号鸦片贩子英国人颠地，也包括伍秉鉴的干儿子、美国旗昌洋行老板约翰·福布斯。

按照当时的"保商制度"，外商走私鸦片一旦查实，为其担保的行商连同整个十三行都负连带责任。1817年，一艘由怡和行担保的美国商船私运鸦片被官府查获，伍秉鉴被迫交出罚银16万两，其他行商被罚5000两，罚金相当于鸦片价值的50倍。不可不谓重罚！

所以，尽管走私鸦片能获取暴利，十三行行商们却都避之不及。《东印度公司对华贸易编年史》也清楚地记载，"没有一位广州行商是与鸦片有关，他们无论用什么方式，都不愿意做这件事"。美国商人亨特在他的著作《广州番鬼录》中也这样写道："没有一个行商愿意去干这种买卖。"

受了林则徐的一顿训斥，伍绍荣立即赶到洋行向外商宣布了林则徐要求各国商人呈缴烟土的谕令，要求来华外商写下"嗣后来船，永不敢夹带鸦片，如有带来，一经查出，货尽没官，人即正法"①的保证。

伍秉鉴深知，事情闹大了便不可收拾，只有倾尽全力化解这次危机才是万全之策。只是，大英帝国对鸦片走私的态度，已注定了这次危机只会走向战争。

所以，伍家和洋商的交涉难以顺利进行，双方都不肯做出让步。而官府的限期已到，伍秉鉴不得不承诺以自己的财产来赔偿外商的损失，希望换来外商与政府的合作。即使如此，也只有那些夹带鸦片较少的外商表示愿意交出鸦片，而颠地则怙恶不悛，顽固地拒绝合作。

之前的"律劳卑事件"使清朝官员相信，只要大胆地封锁商馆，这些外国人就是瓮中之鳖，即使不打，就是饿也能把他们饿死。然而，他们却没意识到，这也会使英国人进一步确认，不通过战争就无法使清朝的贸易制度发生改变。

---

① 《筹办夷务始末〈掌故零拾〉》卷三，第242-244页。

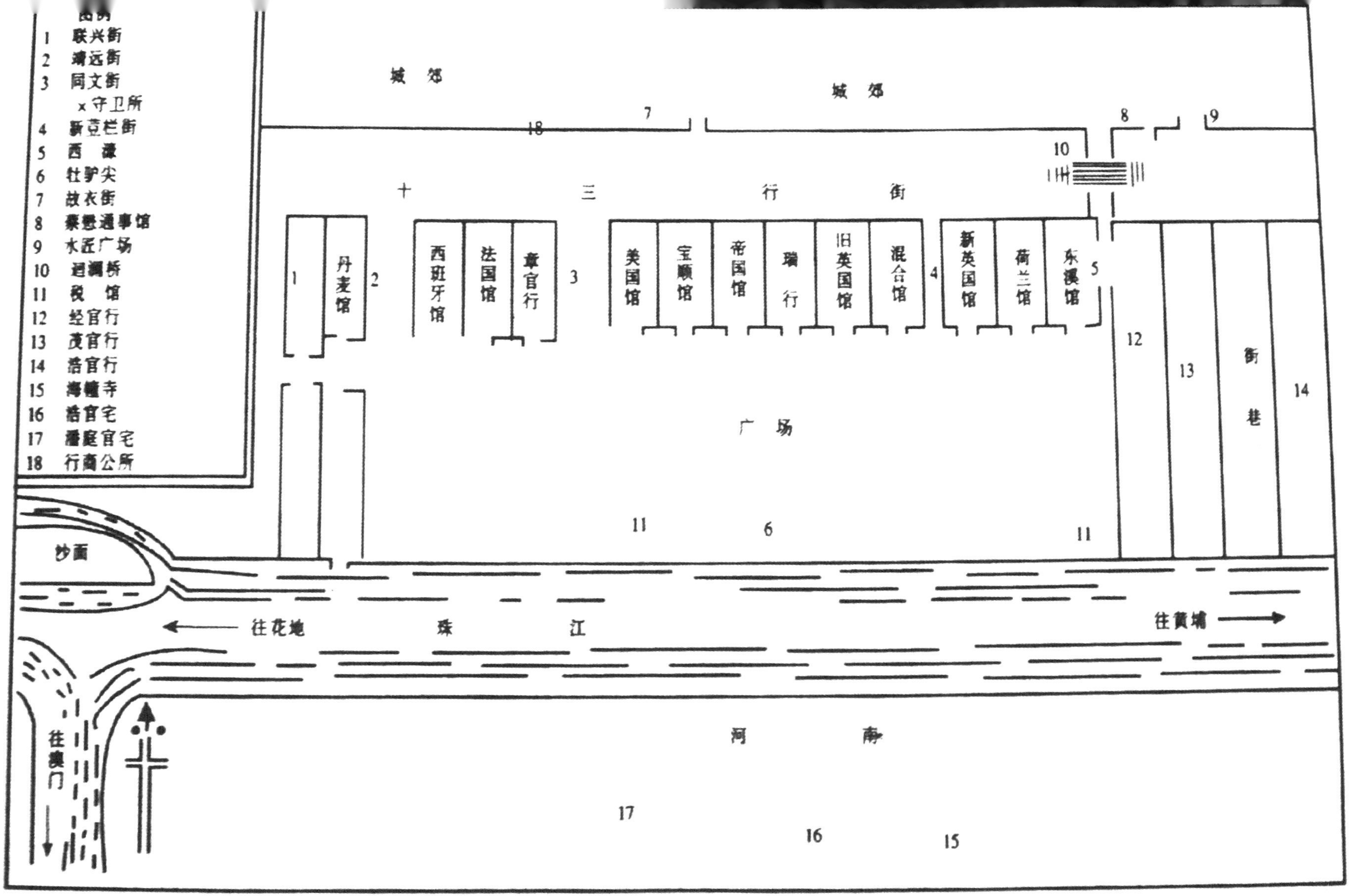

亨特《广州番鬼录》中的夷馆地图

图例
1 靖兴街
2 靖远街
3 同文街
4 ×守卫所
5 新豆栏街
6 西濠
7 杜护尖
8 故衣街
9 秦懋通事馆
10 大兰广场
11 道调桥
12 民馆
13 经官行
14 虞官行
15 诰官行
16 潭馆寺
17 诰官宅
18 行商公所

1 丹麦馆
2 西班牙馆
3 法国馆
4 章官行
5 美国馆
6 宝顺馆
7 帝国馆
8 瑞行
9 旧美国馆
10 混合馆
11 新英国馆
12 荷兰馆
13 东溪馆

城　恳
城　恳

十三　行　街

广　场

珠　江

河　南

往黄埔 →
← 往花地
往黄门
沙面

伍秉鉴自然嗅到了战火的气息。只是，他更明白没有清政府的贸易政策，十三行就无以为继。同样，失去外商的支持，他家族的商业帝国顷刻之间就会轰然倒地。因此，他和十三行唯一正确的选择是化解矛盾，化解战争于无形之中。

三天后，伍绍荣竭尽全力，终于将外商上缴的1037箱鸦片交给林则徐，以为就此就能结案。但是，事先做过深入调查的林则徐却不会那么轻易罢休。他已从广州知府，南海、番禺知县送来的呈告中，得知"咪唎坚（美利坚）国夷人，多愿缴烟，被港脚夷人颠地阻挠，因颠地所带烟土最多，意图免缴"。于是，林则徐立即发表声明"本大臣奉命来此查办鸦片，法在必行"，颠地"诚为首恶，断难姑容"。随即下令传讯颠地，"听候审办"。①当天下午，颠地接到传讯谕令。可他竟然提出要林则徐以颁发亲笔"护照"担保他能24小时内回来作为条件。

这回，轮到伍秉鉴撞到枪口上了。当然，他也心存侥幸，希望这1037箱鸦片——这可不是小数目——能让林大人给一个面子，息事宁人，不再激化矛盾。可了解内情的林则徐偏不为这个数字所动，他要的是彻底解决！所以，他认定伍家不仅仅是敷衍，而且是与颠地串通好了，好蒙混过关。

看来，不下重典，不足以告诫众人。

3月23日，林则徐派人锁拿伍绍荣等到钦差行辕审讯，伍家再次表白，愿以家资报效。但是，林则徐断然拒绝说："本大臣不要钱，要你脑袋！"并下令将伍绍荣革去职衔，逮捕入狱。②

同一天，林则徐将伍秉鉴和另一行商茂官潘正炜的顶戴摘去，将他们套上锁链，押往宝顺洋馆，催促颠地进城接受传讯，扬言如果颠地拒绝前往，就将伍秉鉴和潘正炜处死。可颠地才不管这两位生意上的老朋友的生死，依然抗拒到底。

林则徐自然不会处死伍秉鉴，但是，经过这番折腾，伍秉鉴面子全无。他花巨资捐来的三品顶戴非但没有给他带来权势，甚至还不能保护自己的财产和尊严。而他以身家性命担保的英商，在生死关头竟可以毫不留情地抛弃他。

林则徐释放伍绍荣后，限令他督促外商缴出全部鸦片，三日内取结禀复。伍家再一次与颠地协商，劝其交出鸦片，平息争端。

也正是在这个时候，形势又一次发生逆转。众所周知，大英帝国早就企图对中国发动一场战争了，早在半个世纪前马戛尔尼来中国之际，他们便得出一个结论：中国已不是一个国家，只是一个待打开的市场。对中国的殖民主义政策也由此得以确定。所以，当颠地死撑之际，大英帝国的代表来了，不是为了调停，而是巴不得火上加油。这位代表，便是英国驻华商务监督义律。

3月24日，义律从澳门赶到广州，他不仅出主意让颠地逃跑，还唆使英国鸦片商贩们都不缴烟，使事态不断扩大直到挑起战争。本来，外商以为，这回禁烟，当又是"雷声大，雨点小"，花点钱买通，就什么事也没有了。可没料到，这回林则徐却不一样，不

---

① 《筹办夷务始末〈掌故零拾〉》卷三，第240-242页。
② 《筹办夷务始末〈掌故零拾〉》卷三，第240-242页。

仅下令缴没趸船上的全部鸦片，还指名捉拿罪恶贯盈的英国鸦片走私商人——后改为驱逐出境，永远不准再到中国。这一来，200多名英商在一个来月间，被迫交出20283箱鸦片，美商也交出1540箱。可英国商务监督义律一到，便从中作梗，称要先交给他，然后方可转交中国政府，从而将鸦片纠纷变成了两国政府之间的问题，表明英国政府正是非法走私鸦片的靠山。

行文至此，笔者想说的是，迄今为止，关于鸦片战争的历史专著，从陈舜臣的《鸦片战争》，到今天一再重版的茅海建的《天朝的崩溃：鸦片战争再研究》，有几十本之多。写十三行，当然绕不过鸦片战争，不能不专门辟出几章来讲它。诚然，以往写鸦片战争的著作中，大都多多少少提到了十三行，哪怕只有几句。反过来，写十三行，毕竟与写鸦片战争全史不一样，我们只能提到涉及十三行的相关内容。

义律于1839年3月24日乘"拉尼"号快艇自澳门来到十三行。27日一早，便在商馆中宣布，他以英国政府的名义，要求本国商人将全部鸦片如数交出，由他转交中国政府，缴出的鸦片所值的银圆，将由他本人与英国政府负责。

义律甚至信誓旦旦地说，每一个交出鸦片的商人，都能从他手中领取可在国库中兑现的十二个月的期票。这是一笔何等巨大的款项！一下子，鸦片商们欢呼了起来，他们认为是英国政府决定保护他们，因为这等于由政府买下他们全部的鸦片，不用再担心被中国政府没收，其商业利益由此得到了保障。

于是，他们答应交出手中的鸦片以兑换期票，甚至连还在海路上或发往福建等地的鸦片也一并报上了。

其间，与这次交涉还沾不上关系的美国商人也把自己的鸦片交给了义律，以便在英国国库的账户上记下一笔。商人以利为上，这有利可图的事焉能不上？

于是，这一天，鸦片商手中的鸦片——以价值为衡量，变成了英国政府的巨额财产。

大鸦片贩子马地臣对义律的做法心领神会，一回到澳门，便立即给在伦敦的"铁头老鼠"渣甸写信，兴奋地表示：

"这是一个宽大的、有政治家风度的措施，特别是当中国人已经陷入他们直接对英王负责的圈套中的时候。"①

马地臣的侄子亚历山大不久后在议院作证时，便自负地宣称："我们手中的鸦片本就是准备卖出去的，英国政府肯出钱，跟其他人出钱买，有什么两样呢？"②

那些得到国库期票的商人，对义律感激涕零，日后在国会上踊跃作证，这对实现义律的意图发挥了重大作用。是义律用鸦片"绑架"了英国政府？还是义律秉承了国家意志？但无可否认且无法改变的是，这样一场卑鄙的战争，正是因此得名为鸦片战争！

让人感叹的是，《南京条约》签毕，璞鼎查居然发表了一番"通情达理"的讲话：

要禁止在英国原地种植鸦片或禁止这害人的贸易，是不合乎英国宪法的，这是做不到的。即使英国用专制的权力禁止鸦片种植，对中国也毫无益处。中国人不把吸烟的习

---

① 转引自麦天枢、王先明著《昨天：中英鸦片战争纪实》，中央编译出版社1996年版，第150页。
② 福建省历史学会福州分会编印：《鸦片战争及林则徐外文资料选译》，第89-90页。

惯彻底戒除，就只能使鸦片贸易从英国手中转到别国手中。假如你们的人民是具有道德的，他们就绝不会染此恶习；假如你们的官吏是廉洁守法的，鸦片便不会到你们国中来，几乎全印度的鸦片全销于中国；假如中国人不能戒除吸食鸦片的恶习，假使中国政府的力量不能禁止鸦片，那中国人总要设法得到鸦片，而不管英国的法律如何……

璞鼎查的话虽有诋毁、讽刺中国人的成分，但也道出了几分真谛。他的强盗逻辑，以及想把战争的责任倒扣在中国百姓头上的卑劣企图昭然若揭。

第七十四章 "以茶制夷"

一

"以官治商，以商制夷"，是清朝政府制定的国策，其形成过程，可以追溯到周朝。那时，官员是不可以进入市场的，如被发现，不仅要罢官，而且要受到严重的惩罚——这是我们早已熟知的历史，"士农工商"，商为末位的定位几千年未有改变。这里暂不论"以官治商"的历史，只重点讲"以商制夷"的历史。

具体到十三行，则是以十三行行商"制夷"的历史。清政府用以制约外商的规矩则是"包商制度"，即行商对所包的外国商船负一切责任，不仅仅是商品的交易，还有外商行为的规范等。

道光十五年（1835），相关章程由两广总督卢坤和粤海关监督彭年拟呈，摘要如下。

> 洋人护货兵船不准驶入内洋。
> 洋人不得偷运枪炮及私带洋妇进入广州，洋船引水、买办，应由澳门同知发牌照，不准私雇。
> 洋船雇用民人，应名定限制，洋人禁止在内河驶用船只闲游。
> 洋人不得呈帖，如有陈述，应一律由行商转呈。
> 洋商承保洋船，认派兼用，每船设立派保一人，各行换次轮流派专司查察，以杜私弊。
> 洋船私卖税货，责成水师查拿。

而十三行当年第一大贸易，便是茶叶贸易。十三行行商几乎没有一个不从事对外贸易的，主打商品便是茶叶。如前所述，茶叶对欧洲，尤其是英国的经贸、生活方式产生了重大影响。根据查阅的历史记录，康熙"开海"时第一批进入十三行行商行列的，便是福建的茶商，以叶家为例，叶家是康熙发诏招募行商的第二年，便从福建来到了十三行。那时，充斥十三行的还是有官方背景的总督商人、将军商人，乃至后被废黜的皇太子胤礽所私营的"皇太子商人"——东印度公司称其为"怪物"。由于市场规律，各类有官方背景的商人在十三行逐渐退场，民商开始走上历史舞台。从最早的叶氏行商到后来作为首富的伍家，无一不是以经销福建的武夷山茶发迹的。

而在中国的历史上，对外贸易则早有"以茶制夷"的观念与传统，甚至可以说这一观念已是根深蒂固了。

乾隆时期，有一位颇负盛名的史学家赵翼，便讲到了茶叶的"外溢"效应。

> 中国随地产茶，无足异也。而西北游牧诸部，则恃以为命。其所食膻酪甚肥腻，非此无以清荣卫也。自前明已设茶马御史，以茶易马，外番多款塞。我朝尤以是为抚驭之资，喀尔喀及蒙古、回部无不仰给焉。
>
> 大西洋距中国十万里，其番舶来，所需中国之物，亦惟茶是急，满船载归，则其用且极于西海以外矣。俄罗斯则又以中国之大黄为上药，病者非此不治。旧尝通贡使，许其市易，其入口处曰恰克图。后有数事渝约，上命绝其互市，禁大黄，勿出口，俄罗斯遂惧而不敢生事。今又许其贸易焉。天若生此二物为我朝控驭外夷之具也。①

古代中国的中原王朝称少数民族为"夷"，明清以降再扩展到"大西洋的商人"，称之为"外夷"，"夷"的外延拓展了，但其内涵则一以贯之。

有明一代，"以茶制夷"的思想可谓始终如一。明太祖朱元璋称：

> 国家榷茶，本资易马，以备国用。今惟易经缨杂物，使番夷坐收其利，而马入中国者少，岂所以制夷狄哉？②

他的意思很清楚，国家垄断茶叶，目的是用茶换战马。私茶出境，拿我们有用之物，换些个无用的东西，让别人收其利，自己吃亏，这怎么能够体现"以制夷狄"呢？为此，他出了茶叶的金牌制度，最终形成了"茶贵马贱"的贸易格局，把利益和控制权牢牢掌控在自己手中。这里强调的"制夷"仅就以茶换马而言，如何制订茶叶政策，从而造成茶叶高价，马匹低贱的贸易格局，成功实现了"以茶制夷"的目的。

因此，在明清二朝，茶叶就顺理成章地成为制控外夷的工具——具有重大商业意义的工具。十三行时期能够进入十三行行商行列的，特别是清朝，主要是茶商。而这些茶商，在拓展业务时，便把丝绸、陶瓷也纳入贸易范畴，与茶叶成为三大主打产品。当然，茶叶一直是占比最大的，也最赚钱最多的商品，"所需中国之物，亦惟茶叶是急"，赵翼对外商的判断丝毫不爽，武夷山茶蜚声海外，直至后期被英国人盗株，种到了印度等地，虽质量不如武夷山茶，但仍分流了部分的市场份额。另外，江浙的湖丝、广东桑园围的粤丝，在十三行贸易中也声誉鹊起，所以后来才有了"海上丝绸之路"一说。还有瓷器，十三行时期的早、中期，景德镇的瓷器让外商及欧洲人惊叹不已，后期的广瓷，更因其色彩的灿烂与丰盈，在全球引发热潮，纹章瓷的订制，由此兴起。

---

① ［清］赵翼撰：《檐曝杂记》，中华书局1982年版，第20－21页。
② 《明太祖实录》卷二五一，洪武三十年三月。

此时，不仅仅是"以茶制夷"了，而是以这三大主打商品"制夷"了。而驾驭这三大商品者，便是行商。因此，"以茶制夷"也就演变为"以商制夷"。由以物制约，发展为以人制约。从而形成了"以官治商，以商制夷"的国策。

对历史而言，由物及人，很难说具有进步意义，这也就为行商们的悲剧结局埋下了隐患。不讲清这一点，就难以深刻体会十三行行商在鸦片战争时期所处的尴尬的境况乃至悲惨的命运，他们不惜毁家纾难，不仅不被理解，还会遭到诋毁，甚至无端的打击。

关于鸦片战争的众多历史著作，几乎没有人提及，林则徐曾令十三行行商——尤其是茶商拿出准备交易的茶叶去换取鸦片，再通过将其销毁以震慑鸦片贩子及吸食鸦片的国人。

1839年，林则徐风尘仆仆，走了60天，到达了广东，而后传讯十三行行商，让他们传话给外商，颁布《谕洋商责令夷人呈缴烟土稿》及《谕各国夷人呈缴烟土稿》，这显然是依照"以官治商，以商制夷"的国策而实施的。

之后林则徐又采取了一系列措施，却收效甚微：伍家仅动员外商上缴了1037箱鸦片，后来又收缴了几千箱，但大鸦片贩子颠地早就逃跑了。林则徐要求外商具结保证书，却仅美国人表示了服从，而义律却坚决拒绝。

3月23日，林则徐派士兵锁拿了伍绍荣，并把他与茂官的顶戴摘去，押去宝顺洋行示众——作为总商，没能做到"制夷"，自然是大大的失职，理当追责，这是按规矩办的。但后来引起误会，把他们也当作了鸦片贩子。

3月24日，义律从澳门赶到广州，拒绝具结保证书，并玩起了阴谋。

林则徐发出最后通牒，直到4月2日，虽说收烟声势很大，却仍旧收不到几箱鸦片。林则徐见效果不佳，反复思量，决定延续"以茶制夷"的传统，他把伍绍荣与茂官放了，让他们履行承诺，以自己的财产——显然包括最大部分之茶叶赔偿英商，从而达到此行禁烟之目的。

最终，林则徐向朝廷建议，以茶叶换鸦片。建议中称，每收一箱鸦片，可获得茶叶5斤作补偿。

> 念各夷人鸦片起空，无资置货，酌量加恩赏给茶叶，凡夷人名下缴出鸦片一箱者，酌赏茶叶五斤，以奖其恭顺畏法之心，而坚其改悔自新之念。如蒙恩准，所需茶叶十余万斤，应由臣等捐办，不敢开销。至夷人呈缴鸦片如此之多，事属创见，自应派委文武大员，将原箱解京验明，再行烧毁，以征实在。①

果然，第二天就收到了鸦片1150箱。及至4月19日，就收缴到11700箱。到5月2日，增加了近一倍，达到20283箱。

"以茶制夷"大获成功，其实在前一年即1838年，江南道御史周项就上书过道光皇帝，认为清朝百姓不是每个人都吸食鸦片，但茶叶、大黄却是外夷必需之物，故请求清

---

① 中国第一历史档案馆编：《鸦片战争档案史料（Ⅰ）》，天津古籍出版社1992年版，第511页。

廷酌定茶叶和大黄的价值，只准纹银交易，而不准以鸦片或其他洋货抵交。

> 查外夷于内地茶叶大黄，数月不食，则有瞽目塞肠之患，甚至于不能聊生，视鸦片之可借药力解除，其为害之轻重悬殊也。内地人民不尽皆食鸦片，而茶叶大黄为外夷尽人必需之物，其取用之多寡又悬殊也。乃外夷以无用害人之物，尚能遥执中国之利权，岂中国以有用益人之物，而不能转移外洋之银币，未尝揣度情势，辄借口于积重难返，使中国失所以制用生财之道。①

此方案，实施起来可谓困难重重，但这时却不得不为之。

到5月初，义律虽一再阻挠鸦片的缴出，但林则徐收缴的鸦片数目仍超过了全部鸦片的一半，达到了21306箱，比义律承诺的还多一千多箱。朝廷兴奋不已，批准了林则徐这一"赏茶"方案。不过是在一个月之后。

林则徐的上书，白纸黑字，再真实不过了。但是，坊间的传闻却不一样，梁廷枏在《夷氛纪闻》里的记载有很大差异，说缴纳1箱鸦片给予50斤茶叶，茶叶翻了10倍，成了50斤茶叶换一箱鸦片，野史中更说成是一箱茶叶换一箱鸦片。据《清代名人轶事辑览》一书中说：

> 向闻林文忠公烧西商鸦片烟土而不给价，故致启衅。近闻人言，彼时实以茶一箱，易烟一箱。而茶为胥吏所办，中多杂以砂石。既至欧洲，又以不能售，寄回。商人耗本无算，遂致激成衅端。②

但不管怎样，收缴了二万多箱鸦片，给虎门销烟打足了底气。朝廷还下令重赏了参与禁烟的官员。

林则徐兴奋之余，写下了一首七律：

> 蛮洋烟雨暗伶仃，忽捧雕盘颗颗星。
> 十八娘来齐一笑，承恩真及荔枝情。

然而，义律却拒绝了"赏茶"1640箱，继续实施他的阴谋。

林则徐不曾得知的是，早在1757年（即乾隆二十二年，清政府下令限关）年，印度已开始沦为英国的殖民地，英国人在之后的十数年间使得孟加拉的鸦片基地日趋兴盛。此时，英国人为了扭转对华贸易的白银逆差，开始动了将鸦片销往中国以平衡贸易逆差的心思，甚至用上了军舰开始运送鸦片。

而早在1793年，由马戛尔尼勋爵所率领的为乾隆祝寿的船队，归程中从北京经运河

---

① 中国第一历史档案馆编：《鸦片战争档案史料》，天津古籍出版社1992年版，第258页。
② 李春光纂：《清代名人轶事辑览》，中国社会科学出版社2004年版。

到长江,又从鄱阳湖逆赣江而上,过梅关古道,下北江到广州作了实地考察,基本上对中国外强中干的真实状况了如指掌,使团成员一致认为只需几条军舰可以打败中国,从而动了侵略的念头。

之后爆发的鸦片战争,可谓蓄谋已久。

林则徐一直认为,英国政府自身,是与鸦片走私无关的,绝对不会为不道德的鸦片与中国打仗——这不仅体现在中国人的记载中,而且在美国、法国等众多有关鸦片战争的研究著作当中,也是同一看法。

确实,在马戛尔尼率其祝寿团队来中国——那已是距林则徐禁烟近50年前,英国内政大臣亨利·登达斯有过对马戛尔尼的提醒:

> 你必须小心他们可能会向你要求一项约定,即如同欧洲法律已经禁止的一样,将鸦片贸易排除于中国领土之外。如果这个议题被提出来讨论,则必须以最谨慎的态度处理。毫无疑问在我们印度生产的鸦片实际上销往中国的不在少数,但如果必须提出确凿的正式命令,或是拟以商业协议的条文,要求我们不能把这些药运往中国,你必须接受受,而不要因为护卫我们的自由而冒失去实际利益的风险。在这这种情况下,我们孟加拉国鸦片的贩售需要在一个开放的市场找寻机会,或者在东海海域中以分散迂回的管道寻求销售。

但是,即便那时,作为马戛尔尼的副使托马斯·斯当东(小斯当东的父亲)就有王室的指令,若马戛尔尼中途身亡,他务必促使中方开放宁波、天津、舟山的直接贸易,要求清政府在广州与舟山附近割让小岛作为贸易的锚地,并且要求在首都北京获得建一座商业仓库的权利,因为俄国人已有此举,不难看出,这已经开始蓄谋约50年后《南京条约》的种种不平等条款。

马戛尔尼的副使托马斯·斯当东(小斯当东的父亲)

更为露骨的是，乔治三世给乾隆的一封所谓私人信件——这便是乾隆回复"天朝物产丰隆，毋须外求"一言的前因。这位乔治三世在信中大摆自己的威风，称自己为"大不列颠、法兰西、爱尔兰之王"，"信仰之守护者"，尤其是"海上霸主"，可谓气势汹汹，不可一世。

信中要求乾隆：

> 未能仅满足于提升我朝子民在各方面的繁盛昌隆……我们掌握各种机会装备我们的船只，送出一些最有智能、饱学的人民，以探寻遥远、未知的区域。如此做并非为了征服，并非为了扩张如我朝所愿已足够宽广的疆土，不是为了获取财富，甚至不是为了帮助我朝子民的商业活动，而是以增进对我们所居世界的知识为名，遍寻天下各种物产传递艺术与舒适的生活到那些至今鲜为人知的区域。因而我们送出装载对人类最有益之牲畜与蔬菜的船只，给那些匮乏已久的岛屿或地方。

明眼人，一眼就可以看出他的弦外之音，他所作的暗示，他的野心，不惜自吹英国的"繁荣昌盛"，并且透露出其舰坚炮利的军事力量和称霸世界的野心——事实上他们也这么做了。

这已是武力威胁了。

不知林则徐是否看到过这近半个世纪前的信件，因为是给皇上的，加上时间久远，也可能不曾看到，所以，他才认为，英国不致于因其国内已视为非法的鸦片贸易而对中国开战。

在日本经济大学任教的中国教授周牧之，早在《贸易大国的光荣与挫折——贸易摩擦下的冷思考》一文中就曾尖锐地指出：

> 英国之所以能够如此准确地把握中国在政治、经济和地理上的弱点进行有效的攻击，是因为早在1793年马戛尔尼使节团来华时就测量了从广东到渤海的海域，经由大运河回程时又清楚地把握了大运河作为经济动脉的重要性。马戛尔尼使节团之后，英国更是不惜余力地搜集关于中国的政治、经济、地理情报，绘制了详细的中国海域图，整理了攻略据点的信息。在开战之前，英国人甚至已经制订了一整套有关战后赔款金额和政治要求的计划。

今人读来，仍为之吃惊，这是蓄谋已久的战争，是将近半个世纪前已谋划好的战争付诸实行！

二

至今，我们仍能在不少中国人自己写的专著中读到关于鸦片战争的论述，认为鸦片战争是由于林则徐在虎门销烟而引起的。没多少人对这想当然的说法加以质疑。但，事实果真如此么？

林则徐虎门销烟，认为给英商"赏茶"交换就相安无事了，根本就没有意识到战争即将爆发的隐患。本来，"赏茶"就意味着禁烟不禁商，不存在让英国人找借口发动战争的问题——他并不了解义律背后的阴谋操作：把禁烟升格为国家对抗。

甚至在英国国会开会决定派军舰到中国广东沿海"炫耀武力"之前的一个月，即1839年9月4日，英国先前来到的水师帆船，就已在珠江口打响了第一枪：朝一支前来阻止他们取得淡水的中国小船艇队开火。

史料中关于9月4日即阴历（七月二十七日）记有：

> 英国驻华商务总监督义律带领5艘船在在香港九龙海面开炮袭击清军水师船。义律率领一支由5艘船组成的队伍到达香港九龙，向大鹏营参将赖恩爵禀请，为英国船队购买食物和淡水，"夷人出其不意，将五船炮火一齐点放…该将赖恩爵见其来势凶猛，亟挥令各船及炮台弁兵，施放大炮对敌，击翻双桅夷船一支，在旋涡中滚转，夷人纷纷落水，各船始退。少顷，该夷来船更倍于前，复有大船拦截鲤鱼门，炮弹蜂集，我兵用网纱等物设法闪避，一面奋力对击。瞭见该夷兵船驶来帮助，该将弁等忿激之下，奋不顾身，连放大炮，轰毙夷人多名，一时看不清楚，但见夷人急放三板，下海捞救。时有兵丁陈瑞龙一名，手举鸟枪，毙一夷人，被回炮打伤阵亡。迫至戌刻，夷船始遁回尖沙咀。计是日接仗五时之久，我兵伤毙者二名，其受伤重者二名，轻者四名……据新安县知县梁星源等禀报，查夷人捞起尸首就近掩埋者，已有十七具。又渔舟叠见夷尸，随潮漂淌，捞获夷帽数顶。"八月初五日（9月12日），水师守备黄琮带领水兵在氹仔洋面发现一小艇泊靠在"丹时哪号"趸船旁，偷贩鸦片，当即上前捉拿，该船有数名水手跳下小艇逃跑，船上的人正想向水师开炮时，黄琮等人向趸船投掷火斗、火罐，趸船着火焚毁。九月初五日（10月11日），道光谕批："我兵先后奋勇，大挫其锋。该夷等自必畏慑投诚，吁求免死。惟当此得势之后，断不可稍形畏葸，示以柔弱。……以轰击英夷船只，赏广东参将赖恩爵花翎，巴图鲁名号，以副将用。守备黄琮以都司用。"

此番交战双方可谓势均力敌，不分胜负。多数史学家认为这是鸦片战争的第一场战事，显然是英军挑起的。

一个月之后，即10月1日，在温莎堡举行的内阁会议上，接到义律要求对中国开战的紧急密报已一个多月的内阁大臣巴麦尊，改变了拒绝派遣军舰前往中国的主张，并提出了自己的方案，摊开了多张早早绘下的中国沿海航海图，说明只要指挥得当，一艘战列舰、两艘巡防舰和2艘汽船所组成的小型英国舰队，就足以封锁中国最重要的口岸，以及江河的出海口，从而阻断中国的内河漕运，用很短的时间迫使清朝政府屈服。

虽然内阁会议上不乏激烈的反对：在中国打这样一场战争既不正义也不文明，但超过半数的大臣却愿意接受巴麦尊这一"敌对措施"，并且提出应由中国赔款。就这样，前往广州的英国舰队，如义律所愿出发了。

当然抵达珠江口的舰队，其规模要大得多。

懿律率领由南非等处调遣的舰队驶到。此前，英国远征军海军司令伯麦已从印度赶到。英国此次投入对华行动的有海军战舰 16 艘、武装轮船 4 艘、运输船 27 艘，陆军 3 个团，海陆军总兵力 6000—7000 人。

英军在从英国本土出发前，已根据政府训令，制定了极为详细又留有后路的作战方案：

> （1）到达广东海面后，立即封锁珠江口，扣留一切中国船只，由于广州距北京太远，所以不在那里进行任何陆上军事行动；（2）封锁珠江口之后，立即北上，封锁钱塘江口、长江口和黄河口，占领最适于建司令部的舟山群岛以便长期占领岛屿；（3）前往北直隶湾（即渤海湾），递送《巴麦尊子爵致中国皇帝钦命宰相书》（后简称《巴麦尊致中国宰相书》），以武力为后盾，与清政府进行谈判，逼使其接受英国政府提出的道歉、赔款、割地、通商等要求；（4）如果清政府拒绝谈判，或者谈判决裂，海军司令就应根据他所指挥的兵力，进一步采取最有效的敌对活动，"一直等到中国全权代表签下足称满意的协定，并由皇帝诏准该协定的时候为止"。训令还给全权代表"保留广阔的自行决断的余地。"

其实，林则徐以茶叶换鸦片的策略如果成功的话，一场战争完全可以避免，而且，林则徐本人也没预料到战争的来临。

而英国内阁大臣巴麦尊，本来就有完全充足的理由，去严控、打压英国的鸦片贩子——英国朝野一致认为这是一桩肮脏的买卖，巴麦尊对此并无异议，但他却似乎忽略掉了，尤其是从印度大规模向中国输入鸦片的事实。而且他无视反对者尖锐地指责：正义不在英国这方，上帝在英国对中国采取如此邪恶的手段之后，将会怎样来审判我们。

在 1940 年的上半年，英国国会更收到大量要求终止鸦片贸易与反对向中国开战的请愿书。请愿的有英格兰、苏格兰各地的宗教团体及不少公众组织。

而义律盗用国家名义，要鸦片贩子把所有的鸦片转到他手上，从而交给中国销毁，获取赔偿。义律还自说自话，代表政府给他们签发票据，保证英国政府会依据予以付款——这些票据后来更成为了流通的货币，名为"鸦片票据"进入交易。

义律当时收到的鸦片高达 20283 箱，总值上千万银元，合当时 200 万英镑，让英国人都为之震惊，真可谓罪恶深重！

当时的《广州记录报》主编觉得这太荒诞了！报导以调侃的口气表示："有人举起满满斟上的酒杯，干杯，祝贺年轻漂亮的英国国王龙体康泰，理由是，当下的女王陛下，已经成为了英国历史上拥有最多鸦片者。"

如此不得人心的强盗行为，却最终作为国家行为被认可并执行。

三

马戛尔尼的祝寿团队于 1793 年在中国的经历中，每每有一个小细节和一位小孩常被叙述者忽略。在当时这也许不重要，但到了鸦片战争前夕，这个细节与这位小孩能起到的作用,却不容小觑。

这便是乾隆最终接见使团时的一个细节,以及叫小斯当东的那位小孩。谒见时,乾隆问和珅,有没有英国人会说中国话,在大家面面相觑之时,一位十岁左右的英国小孩应声走上皇帝宝座的台阶,称"我会"。这便是使团副使斯当东的儿子,人们叫他小斯当东。

乾隆与小斯当东

这个孩子一路多病,显得羸弱,脸色发白,可他正是在这8个多月的海上旅途中,与会讲中文的神父,以及一位中国人李先生学会了讲汉语,虽然掌握的词汇不多,但足以应对日常生活所需。这让乾隆很是好奇,从自己的腰上拿出了一只小小的绣得很讲究的荷包送给了小斯当东。小斯当东当即用中文表示,感谢皇上送我的礼物。被中国皇帝接见并赠送了礼物的小斯当东,一下子名声大噪,成为了神童——一个让皇帝都喜爱、欣赏的英国小孩。①

之后,小斯当东中文日见长进,不久,被派往广州,而且与后来的十三行行商伍浩官结交为朋友。他在与中国人打交道时可谓左右逢源,长大后,就凭此当上了国会议员。伍浩官曾对涉足中国事务多年的小斯当东寄予厚望,企盼他在中英事务中起到润滑剂的作用。然而,在被乾隆接见40多年后,他让伍浩官第一次失望了。

1838年,巴麦尊欲在国会推动享有治外法权的《中国法庭法案》。为此,他找到了时任国会下议院议员的"中国通"小斯当东,希望能得到他的支持,但小斯当东却表示了反对,法案最终没有通过。伍浩官对小斯当东提出的反对理由不能认同,因为法案中

---

① 参见马戛尔尼《一七九三乾隆英使觐见记》,刘半农原译,林延清解读,天津人民出版社2006版,127页。

要求英国管好在广州的英国人，如果外国人与中国人产生矛盾，伍浩官与其他行商们便会夹在当中受夹板气，而来广州的外国人中尤以英国人不受约束，又怎么平定得纠纷？

纵然这样，伍浩官仍视小斯当东为朋友，毕竟是已故皇帝封赏过的人。然而，他万万没想到，预想中会反对向中国开战的小斯当东，竟会拿出冠冕堂皇的理由，在国会上作了一个极富煽动性的演说，不是反对开战，而是力挺开战。这显然是关键性的，因为反对者与支持者的人数相差极少。

小斯当东从道义上发表了强烈反对鸦片的意见，要永久废除鸦片贸易。他发表正式演说之前，坊间普遍认为他是英国唯一可以预见到所有事态发展的人，作为"中国通"，且曾在中国商馆多年，他的一言一行的份量可想而知。人们认为，他是有机会阻止战争的。

这个机会，便是国会上的演说。但是，出人意料的是他的演说表示的居然是：开战！

首先，他力辩，自己永远是反对鸦片买卖的，比任何下议院议员都更着急根除鸦片，但是，他话锋一转，称：是林则徐以严刑苛法对待从事鸦片贸易的外国人，把用在中国人头上那套加在外国人头上，并可能危及生命，这是"骇人听闻的不义行为"——仅此一条，"英国就有充分理由回应以武力"！

他认为，且深信是东印度公司抑制了腐败的广州政府——这分明是时间与因果的错位。因此，此时正是挺身而出捍卫英国威望的时刻。如果不这样，连英国在印度的统治基础也会被动摇，所以，与中国打交道了那么久，英国第一次有必要以强势的行动维护其在中国的名望。

同时，他指出，只有通过战争，才可能促成两个政府签订条约，在禁烟上达成合作——这是唯一的希望所系。他这一推论，不仅让人觉得奇怪，而且意外：只有向中国开战，才是终结鸦片贸易的捷径。

事实上，正是这场战争，一时间，让鸦片贸易在中国获得了合法地位，鸦片输入成几何级数增长。同时，中国国内鸦片种植也合法化了，以便与输入抗衡，最后的结果便是让中国人成为了"东亚病夫"，中国国力断崖式下降，从占世界GDP的30%左右下降到了一位数。

显然，小斯当东"转向"的几大理由，为英国、女皇的尊严而战，惟有开战，才终结得了鸦片贸易，都是极为荒诞的、站不住脚的。很难说，他为开战主张争取到了多少张票。

当然，这场战争本就是蓄谋已久的，只等最后获得合法性就将予以实施。

仅以小斯当东（此时，他已50多岁了）而言，这是一次无耻的背叛，背叛他曾口口声声致力于让中国文明在英国得到更多尊重的承诺，也背叛了他在中国期间结交的众多中国朋友、行商，特别是伍浩官。

遗憾的是，在众多的鸦片战争研究著作中，小斯当东这个演说，很少被提及，甚至相关的文艺作品，仍视他为中国的朋友，行商的至交。

也许，我们不必太看重这样一位跳梁小丑！

还是再引用格莱斯顿在同一发言中的又一句话：

我不知道，也没有见到过一场比这更不公义、更处心积虑让本国蒙受永久耻辱的战争。

四

"永久耻辱的战争"，便是180年来世界公认的鸦片战争。只是，是谁率先用上这个名称的？

林则徐从一开始，便向世界各国宣示"禁烟不禁商"的政策，英方不是不了解的，但是英方故意加以混淆，恶意抹黑林则徐，尤其是封锁商馆一事。

林则徐之所以把伍秉鉴押跪于英商馆前，当然是震慑鸦片贩子，况且，从国策"以官治商、以商制夷"出发，务必问责十三行的商总，认为他失职了，没有阻止鸦片的走私，但是，他并没有认为伍家参与了鸦片走私，更不曾认为伍秉鉴是鸦片贩子。所以，示众了一次之后，第二天便把伍秉鉴放了，让他继续去警示英商。

如果不是义律耍阴谋，以国家名义收买鸦片，其战争的借口就更站不住脚了。一时间，义律似乎成了"功臣"，但第一次鸦片战争后，1941年7月底，他便被免了职，灰溜溜地打道回府，而支持他的巴麦尊内阁，则倒了台，无法庇护他了。

林则徐认为英国政府不会为鸦片开战，是一种历史的天真。同样天真的还有伍秉鉴，他与那位收了乾隆礼物的小斯当东没少打交道，他满以为小斯当东这位"中国通"作为议员，在议会表决时会为中国说话，没想到，小斯当东的议会演说，反而给中国背后狠狠插了一刀。他为鸦片辩护，认为必须为英国的尊严而战，为女皇而战，谴责林则徐对商人的"骇人听闻的不义行为"，务必"回应以武力"，而且只有通过战争，方能终止鸦片贸易。亏他想得出来。可是，正因为他的演说，争取到了关键的几张赞成发动战争的投票。

长期以来，包括某些历史学者，多以为英国一方用的是"贸易战争"一词，以掩饰其鸦片走私的恶行；而"鸦片战争"一词则是中国用的。于是，甚至有人开始使用"贸易战争"一词指代这场不义的战争，认为这才客观、公道，是国际上通用的正确提法。这无疑改变了这场战争的性质，为侵略者背了书。这显然大错特错！到底是谁，率先用上"鸦片战争"这个词的。

查阅所有的史籍，我们不难发现，率先使用这个词的，并不是中国人，恰恰相反，就是英国人自己，在英文的语境中，率先出现了这么一个准确的、尖锐的历史名词。

在1839年冬至1840年春，战争的阴云已经密布之际，为了把鸦片走私与战争分开，尽可能摆脱为鸦片而战的罪名，英国政府一再试图洗白，然而，在英国民众的心目中，鸦片走私与战争之间的关联，是无法切断的，民情沸腾，再狡辩也无济于事。毕竟，获益者只有鸦片贩子。

于是，1840年3月，英国报刊上的评论，已经开始把这场即将开打的战争称之为"鸦片战争"，这么做一方面表达了对这场战争的不耻；另一方面也是希望通过舆论在最后时刻制止这场战争。然而，内阁却宁可背负恶名，还是通过了开打的决定。

《博采众议评论》预言,这场战争会"成为英国名声上最黑的污点,凸显在历史中。"《旁观者》杂志称:无论大臣们怎样把这场战争粉饰为一场合乎公义的战争,"他们尽管开打吧——绞尽脑汁去掩饰——这场战争只会以'鸦片战争'之名在历史上传播下去。"

可见,在战争爆发前,英国民众及媒体已为它定了性!

当然,在国会上,为反对这场战争,以格莱斯顿为代表的一方,更在大量的演说中,使用上了"为保护一桩可耻的贸易,而发动的战争"。他们已深刻地认识到这场战争的肮脏、无耻!

于是,近200来年,这个恶名一直沿用了下来。

所以,在西方的文献著作中,包括不少思想家、史学家、伦理家,都沿袭了这个名字,反而所谓"贸易战争"很少有人使用。反观某些自以为开明的中国学者,竟会认为"贸易战争"才是这场战争所应该用的名称,这实在令人费解。

不过,在中国的文献著作里,自战争爆发以来,也不曾用过这个名字。无论是道光皇帝,林则徐及涉及此事的所有官员,在他们的有关文件中,用的都是"边衅"这个词。包括民间,当时的著名诗人谭莹、张维屏、郑棠等,在他们的诗文、书信中,用的也是"边衅"二字。在鸦片战争后的整个19世纪,期间不少深受启蒙思想影响的先进人物,如魏源、郑观应等,在提及这场战争时,也都用的是"边衅"。

这当然与中国古文的语境相关。也表明中国人对这场战争的认识,多少缺乏世界及历史视野,只陷于激愤、仇恨之中,不曾深刻认识其间的意义。也许,与传统的惯性思维相关,皇帝说了"边衅",就不可乱说!

直到辛亥革命,推翻了千年帝制,我们中国的史学家的笔下才出现"鸦片战争"这四个字,及至孙中山建立南方政府,民族主义得以强化,为唤醒民众,铭记国耻,在其宣传品、文件及各类文章中,"鸦片战争"才成为流行语及历史名词,对这场战争的认识在广度与深度上也得以大大拓展。

其实,中国人接受"鸦片战争"这样一个历史名词,内中有太多的无以言说的内容,试想一下,自从鸦片战争以来,不少人都接触了更多的西方的文化、典籍,也翻译了不少作品,他们不可能不知道"鸦片战争"之名,可他们并没有借用过来。对这样一场战声的定性,从内心而言,他们莫非还认可当年的"边衅"一说?这显然不可能,毕竟中国是最大的受害者。

莫非太重的屈辱,会造成太大的麻木?沉默、忍辱负重——这从一个民族的集体心理上能解释过去吗?毕竟,从1840年开始,到1919年前后,历经80多个年头,真是唯有"五四"运动才真正觉醒,接受了"鸦片战争"之名?但这80年,我们始终查不到哪位中国人用上了这个名词。

反而某些"开明人士",迄今仍主张用"贸易战争"这个词,这令中外学者颇为不解。中国人面对屈辱竟生出了"斯德哥尔摩"症候,反而站到了施害者一边,几近不可思议。

面对英国人的冥顽不化,林则徐对伍秉鉴及十三行所能起到的作用不再抱什么希望,决定不再依旧例通过他们与外商交涉，而是效仿卢坤，直接封锁商馆，断绝粮、水等的供应。

在外国商馆中，有不少商人与鸦片贸易无关。如果闹出人命必然会引发战争，出于人道，出于对国际惯例的了解，也出于对自身利益的考虑，伍秉鉴让儿子偷偷给这些外国人送去食品和饮用水。义律尚未料到事态会发生如此急剧的变化，且还没有做好战争准备，知道对抗下去会自食恶果，因此不得不将鸦片悉数交出。

1839年6月3日，林则徐主持了震惊世界的虎门销烟。经多方调查试验，林则徐最终采用"开池化烟"法，即结合盐卤与石灰来浸化鸦片。生石灰与卤水会将鸦片"戳化成渣，送出大海，涓滴不留"。于是，他在虎门修造化烟池，池前开出涵洞通向大海，浸化成渣的鸦片就这么被冲入海中。6月13日，更发出告示，允许外国人到现场参观。虎门销烟历时共21天，销毁的鸦片一共有19179箱、2119袋。除包装外，其重量为2376254斤。①

虎门销烟纪念碑

虎门销烟纪念馆

---

① 转引自麦天枢、王先明著《昨天：中英鸦片战争纪实》，中央编译出版社1996年版，第432页。

虎门销烟的消息迅速传到了英伦三岛，企望以鸦片暴富的商人大惊失色。而当时的道光皇帝则对林则徐、关天培等人的奏折，朱批了八个大字："可称大快人心一事！"

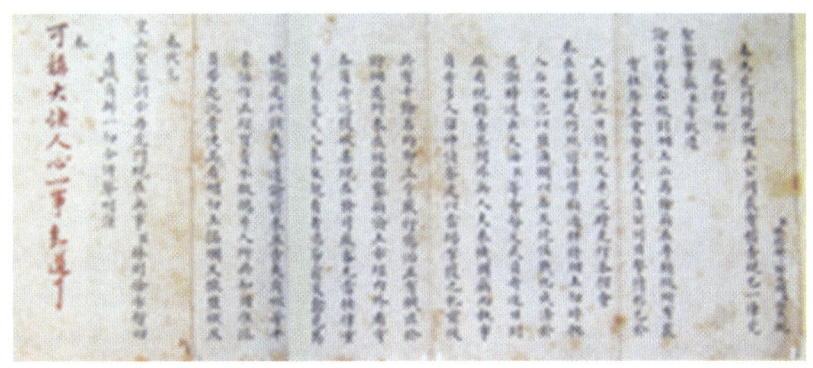

道光皇帝朱批：可称大快人心一事

林则徐严令外商："嗣后来船，永不敢夹带鸦片，如有带来，一经查出，货尽没官，人即正法，情甘服罪。"① 令他们具结保证。这一禁烟不禁商的政策，是符合近代的通商贸易法则的。在其后 6 个月内，仍有 45 艘美国商船与其他国家的 17 艘商船，在承诺未带鸦片的情况下，相继具结入口。而义律则耍阴谋，不准一艘英船入口，从而断绝了中英贸易，把禁烟说成了禁商。

但仍有守法的英国商船不顾义律的禁令，按照林则徐的规定请求进入珠江口。义律公然率军舰加以拦截，且与水师提督关天培所率领的中国水师船打了起来。

也就是在这个时候，颠地和义律写给英国外交大臣巴麦尊的密函正在发往大英帝国的路上。

于是，一场酝酿已久、以鸦片命名的最卑鄙的战争一触即发。就在虎门销烟的日子里，英国便为战争议案而动员了。巴麦尊大叫，要"给中国一顿痛打，然后我们再解释"。曾同马戛尔尼船队到过中国的斯当东则称："我肯定，如果我们想获得某种结果，谈判的同时还要使用武力炫耀。"

马可黎宣称：

关天培（1781—1841）

被困在广州的英国商人，属于一个不习惯于接受失败、屈服或耻辱的国家；属于一个必将强迫虐待其子民交付数量令人震惊的赔款的国家；属于能使阿尔及利亚的贝依在其受辱的领事

---

① 《林则徐集·公牍》，第 56－60 页。

面前赔礼道歉的国家；属于为普拉西原野军牢的受害者报了仇的国家；属于自从伟大护国公发誓要使英国人享有从前罗马公民所享有的同样声誉以来一直没有衰败过的国家。他们知道，他们虽然被敌人包围，被汪洋大海和大陆隔绝而孤立无援，但谁也不能损害他们的一根毫毛而逍遥法外。①

反战的威廉·格莱斯顿（左）、主战的巴麦尊勋爵（右）

至于国家是为何受辱——从事可耻的鸦片走私贸易，其子民为何被封锁——从事鸦片走私的不法勾当，他统统避而不谈，却以所谓的国家荣誉受损为由，促使与会议员投上赞成票。

虽然如此，也还有强大的反对声音。格莱斯顿谴责了政府与多数派的论据，如前所述，他认为在人类历史中，从未见过如此不正义并故意要使国家蒙受永久耻辱的战争，为此，他严正地指出：

> 高傲地飘扬在广州城头的英国国旗只是为保护一桩可耻的交易而升起的。②

尽管如此，战争议案仍以微弱多数获得了通过，这把英国永远钉在了为鸦片而战的耻辱柱上。

于是，战争紧锣密鼓地准备起来了。

6月，义律重金雇用一艘武装商船。与此同时，英船借英国女王生日之际举行军事演习，进行武装挑衅，打伤中国水师船员。7月7日，英国水手在尖沙咀无端启衅，打死中国居民林维喜。义律拒不交凶，且早已派人驰报印度总督，吁请派兵船前来保护英国侨民。印度总督即派"窝拉疑（Volage）号"前往，舰上有大炮28门。8月31日，"窝

---

① 费正清编：《剑桥中国晚清史》（上卷），中国社会科学出版社1985年版，第212页。
② 转引自〔法〕佩雷菲特著《停滞的帝国——两个世界的撞击》，生活·读书·新知三联书店1993年版，第593页。

拉疑号"抵达香港海面。这下子,义律认为,他已经有了武装挑衅的实力,可以发起进攻了。而他派出的奸细,也早已活动在宝安周遭的军事设施近侧,以获取情报。战争一触即发。一如恩格斯在《波斯与中国》中的预言:

>……中国的南方人在反对外国人的斗争中所表现的那种狂热态度本身,显然表明他们已觉悟到古老的中国遇到极大的危险;过不了多少年,我们就会看到世界上最古老的帝国作垂死挣扎,同时我们也会看到整个亚洲新纪元的曙光。①

英军进攻广州,1841年2月27日

在英国远征军封锁珠江口,鸦片战争爆发之际,据一位美国商人的记录,伍秉鉴当时"被吓得瘫倒在地"。他争取和平协调解决冲突问题的努力彻底失败了。伍秉鉴别无选择,他唯有毁家纾难,希望中国能赢得胜利。

多年与外商打交道的伍秉鉴清楚地知道,英国发动这场战争的原因之一,是不满清政府借十三行垄断贸易,要直接与中国通商。这场战争也是对清政府朝贡贸易制度的挑战。

伍家,还有其他行商,都为这场战争付出了巨额的代价。

当鸦片战争正式爆发,英国军舰到达珠江口虎门外时,他们面对坚固的横档屿防御工程,竟无计可施。而该工程正是两年前伍家等行商自愿捐资10万两白银建的。长期作为清政府"天子南库"的十三行,在鸦片战争中理所当然地继续为国家源源不断地"输血"。

道光十九年七月二十七日(1839年9月4日),义律同刚刚前来准备参战的"窝拉疑号"舰长士密,以单桅快船"路易莎号"为主舰,率武装双桅桨船"珍珠号""得忌喇士号"等共五艘快船,向宝安的九龙进发。五艘快船火力强大,可谓来势汹汹。

日上中天,这支船队开到了九龙船台临近的海面,恰逢由大鹏营参将赖恩爵所率的三艘师船于九龙山的口岸查禁。两支船队对峙之际,义律在翻译及两名英国士兵的陪同

---

① 〔德〕马克思、恩格斯:《马克思恩格斯全集》(第二卷),人民出版社1972年版,第21-22页。

横档炮台

下,上了师船递交呈文。他们蛮不讲理,要求中方给英国船队供应食物,否则便枪炮相见。

赖恩爵严词拒绝:你们无端启衅,打死中国居民林维喜,至今仍未交出元凶。在这种情况下,我们凭什么要给你们供应食物。

义律理屈词穷,对不交元凶一事避而不谈,却提出沿海居民不得在水井下毒的要求。赖恩爵义正词严,重新强调道:在不具结、不交凶的情况下,接济食物一事无从谈起。

义律气急败坏地回到了"路易莎号"上,与士密商量。旋即,五艘船舰进入临战状态。下午二时,他们下达了战书,称如果英国人在半小时内得不到食物供应,他们就要击沉停泊地九龙港里面的中国水师的战船。

这一最后通牒,却是在水师预料之中的。有来有往,赖恩爵仍派出弁兵前往答复,可义律他们已迫不及待了,未等到答复,便已下令五条船舰同时开炮轰击水师战船,记名外委兵丁欧仕乾当场被击中,气绝身亡。

然而,这边在林则徐的告谕下,早已严密布防,随时可应对侵略者的寻衅。将士们同仇敌忾,在赖恩爵的指挥下,各只师船和九龙炮台开始反击了。

师船的大炮迅速移到对面英舰一方的船舷上,九龙炮台的大炮也对准了侵略者。一声令下,船炮与台炮,集中打击义律与士密乘坐的"路易莎号"的主帆。片刻间,19枚炮弹令打中的主帆折损,船在漩涡中滴溜溜地直转,吓得半死的英国士兵慌不择路,大都掉进了海里。义律仓皇率船逃之夭夭。

有一名待在"路易莎号"的叫亚当·艾姆斯的英国士兵,惊恐万状,给朋友写信道:

> 中国水师的舢板兵船扯起了它们的木板网,在相距不及用枪的一半射距内向我们开火;我们的火炮被葡萄弹和圆形弹打得很厉害……感谢上帝!舢板的火力没有把我们完全压倒,不然的话,就没有人活着讲这个故事了。他们的19发炮弹打中了我们的主桅!

维多利亚炮台

……这是我有生以来第一次淌流人血,我希望这将是最后一次。①

此信,当为此役初战的一个证明。

然而,义律并不甘于失败,逃回去后,又调来拥有 28 门大炮的主力舰"窝拉疑号"和武装商船"威廉姆堡号",让它们一道投入了海战。

一时间,九龙海面炮声隆隆,水柱冲天,呼声不绝,战况十分激烈。

"窝拉疑号"28 门大炮对准了师船连发,无论是射程还是爆炸力都相当大,且将师船拦截在鲤鱼门,一时间炮火纷飞。水师兵船为了抵挡敌军的炮弹,架起了钢纱等屏障,并且设法闪避过去。虽然动力、火力不及敌军,可将士们同心协力,不畏强暴,反抗十分激烈。

赖恩爵一看准时机,便连声下令:"放炮!"一批又一批的英兵成了落水鬼。

这场战斗持续了 4 个多小时,从下午 2 时打到下午 6 时许。我方武器疏于改进,相形之下很是陈旧落后,不少士兵用的还是鸟枪,一名叫陈瑞龙的士兵用鸟枪击毙了一名英军,自己却被回炮打伤而阵亡。

到最后,英军终于招架不住了,狼狈逃窜,可惜我方船速不够,只好任其回到了尖沙咀。

在九龙洋面,"第一枪"就这么打出了中国军民的志气来。林则徐等人为此呈上的奏折,记录了这次不寻常的海战:

> 据大鹏营参将赖恩爵禀称,该将带领师船三只,在九龙山口岸查禁接济,防护炮台,该处距尖沙咀约二十余里。七月二十七日午刻,义律忽带大小夷船五只赴彼,先遣一只拢上师船递禀,求买食。该将正遣弁兵传谕开导间,夷人出其不意,将五

---

① 转引自汪开国、刘中国著《大鹏所城:深港六百年》,海天出版社 1997 年版,第 216 页。

船炮火一齐点放。……该将赖恩爵见其来势凶猛,亟挥令各船及炮台弁兵施放大炮对敌,击翻双桅夷船一只……①

在另一份奏折中,他还转达了新安县知县梁星源等的禀告,称:

查夷人捞起尸首就近掩埋者,已有十七具,又渔舟叠见夷尸,随潮漂流,捞获夷帽数顶,并查知假扮兵船之船主得忌剌士(后译为道格拉斯,受雇于义律的"冈不里奇号"船)手腕被炮打断。此外,夷人受伤者,尤不胜计。自此次对仗以后,巡洋舟师,均恨奸夷先来寻衅,巡缉愈严……②

大鹏水师之所以能以少胜多,以弱敌强,关键在于士气,在于民气。此战,我方伤6人,亡2人,亦付出了重大的牺牲。可这毕竟打出了国威,打出了民气!

大鹏所城

主将赖恩爵的家就在大鹏所城里。赖姓,众所周知,是客家一大姓,遍及粤闽赣。赖恩爵的父亲赖云台,在这之前也曾任职海防,并且作为提标左营守备。正是他在阮元总督的委任下,为珠江口的炮台建设立下了丰功。阮元奏请建的大黄窖、大虎山二炮台,就是他一手操办的,先是商捐银两,再破土动工,于这场大战前20年正月兴工,4月竣工。与此同时,众多炮台也得以加固与兴建。由此可见,鸦片战争前夕,宝安地区的海防已相当完备。

---

① 转引自汪开国、刘中国著《大鹏所城:深港六百年》,海天出版社1997年版,第211页、第215-216页。林则徐《会奏九龙洋面轰击夷船情形折》。
② 转引自汪开国、刘中国著《大鹏所城:深港六百年》,海天出版社1997年版,第211页、第215-216页。林则徐《会奏九龙洋面轰击夷船情形折》。

当年，首先对中国沿海，尤其是珠江口进行赤裸裸的"军舰外交"实质武力侵略的是"窝拉疑号"，不过，后来气势汹汹结伴而来的，还有很多战舰，如"复仇女神号"等，这里就不列数了。虽然有一些小胜，但最终的败局则是无可避免的。

当年，清军用失蜡法改造后的"红衣大炮"，一路披靡，轰下了北京城，亦炮打了广州城，为其拿下整个大清版图立下了赫赫战功。然而，从1644年清军入关到1840年第一次鸦片战争爆发，几乎200年过去了，西方的洋枪大炮升级了好几代，威力比当年强大了很多，而"红衣大炮"却在清帝国夺取了政权后没有多少改进，及至200年后，才发现当年为自己打下了江山的大炮，已不知落后于外国人多少了。

这里仅以清军从1840年2月27日乌涌之战爆发至3月18日英军重返十三行夷馆的20天的抗争为例。

平心而论，无论是林则徐，还是十三行行商，都较早地为战争做了准备，在琶洲沿线，有被外国大班称为"浩官炮台"的防御建筑，为伍秉鉴所捐，开战前已颇有名气了，它们甚至被英军列为明确攻击之目标。当然，包括虎门炮台、二沙岛炮台等众多炮台，均不乏伍家的捐资，行商购置并改造为战舰的美船"甘米力治号"上也有34个炮位……累计起来，炮位当有400～500个，其中不乏后来向欧美购置的新炮，其技术也已赶了上来。

然而，在这20天内，英军把清军大小炮台、十余座军营统统击毁，数十艘的各种战舰也被击沉，"甘米力治号"船上的炸药库被击中，爆炸声从乌涌传至广州城，全城如同经历地震。仅这些天英军就缴获了大小火炮400个。

显然，不少大炮因太落后而无还手之力，加上清军一击即溃，甚至没抵抗就逃之夭夭。而英军出马的却仅仅是几艘轻型战舰。

鸦片战争把貌似强大的清王朝的屈辱软弱、腐败无能的真面目揭露了出来——其实，几十年前开始大量流入中国的鸦片，不仅摧毁了当时GDP仍占世界近1/3的帝国财政，而且也让不少中国官民沦为"东亚病夫"和"大烟鬼"。

鸦片战争中，九龙海战与三元里抗英斗争，都显示出南方人民气贯长虹的民族斗志。

九龙海战之后两年，英国侵略者看透了清廷的腐败无能，而广州的统帅靖逆将军奕山则已同入侵者订约言和。在九龙没占到便宜的英军，到了广州城边便大肆劫掠奸淫。谁知，道光二十一年四月初十（1841年5月30日），侵占了四方炮台的英军，突然发现四面八方涌来了成千上万的反抗者。

老诗人张维屏以诗歌的形式记录了这一了不起的抗争：

三元里前声若雷，千众万众同时来；
因义生愤愤生勇，乡民合力强徒摧。
家室田园须保卫，不待鼓声群作气；
妇女齐心亦健儿，犁锄在手皆兵器。
乡分远近旗斑斓，什队百队沿溪山；
众夷相见忽变色，黑旗死仗难生还。

夷兵所恃惟枪炮，人心合处天心到；
晴空骤雨忽倾盆，凶夷无所行其暴。
岂特火器无所施，夷足不惯行滑泥；
下者田塍苦踯躅，高者冈阜愁颠挤。
中有夷首貌尤丑，象皮作甲裹身厚；
一戈已掾长狄喉，十日犹悬郅支首。
纷然欲逭无双翅，殄厥渠魁真易事；
不解何由巨网开，枯鱼竟得攸然逝。
魏绛和戎且解忧，风人慷慨赋同仇；
如何全盛金瓯日，却夷金缯岁币谋。①

张维屏（1780—1859）

末处说的是，当时英军陷入重围，覆灭在即。谁知，义律向清政府求救，奕山急命广州知府余保纯争驰三元里，欺骗、恫吓百姓，为英军解了围，故有"枯鱼竟得攸然逝"一句。

---

① 《张南山全集》（二），广东高等教育出版社1993年版，第448页。

三元里抗英纪念碑

当时有民谣，谓"百姓怕官，官怕洋鬼子，洋鬼子怕百姓"，内中蕴含了当时深刻的政治现实。英军被围时，已有死伤，加上雷电交加，火枪失灵，他们唯有束手待毙。然而，大好的抗英形势却断送在仍在抗拒近代历史进步的、昏聩无能的清王朝手中。

第七十五章　行商参加抗击外来侵略

仅仅一百多年，中国这一方，已经不知道在珠江水道上曾有"浩官炮台"的存在。岁月的烟尘，掩没了太多的历史陈迹，况且已历经道光、咸丰、同治、光绪及宣统五朝，之后则是民国、共和国，百年烽烟，百年国耻与屈辱，已经让后人疲于寻找昔日的荣光，何况一座早已湮没掉的炮台，所以，在中国自己的文献中，早就找不到这座令侵略军心有戚戚的炮台了。

"浩官"是行商伍浩官的大名，他在外商中享有极其崇高的商业名望，所以，不少与伍家相关的地方，诸如怡和街——那是伍家怡和商行所在之地，在外文中则称之为Howgna Slreet——浩官大街，海幢寺一侧不远的伍家花园，也被叫作Howgua Garden。那么，这座浩官炮台，英文名Howgua's Fort或者Howgna's Folly，纵然已在中国一方的历史记录中丢失，可在英军的战事文献中，仍被屡屡提起。

于是，我们只能凭借外文来寻回这座失去的炮台。无疑，浩官名气太大了，以他的名字命名的炮台，也就更容易引起侵略军的关注。他们心有戚戚，正是觉得这么一座以浩官命名的炮台，有着不同寻常的意义，一个富可敌国的行商捐献的炮台，理应不同一般，打下它，是他们足可以炫耀的战功。所以，在英文的战争记录中，他们才不惜一次又一次地提起，不厌其烦地加以介绍，这也给我们寻找这座失踪的炮台提供了更多的线索。

其实，对于中国人而言，拥有巨资且有火热的爱国心的伍家，捐建的炮台远不止这一座，著名的虎门炮台、二沙岛炮台等，都少不了伍家怡和商行的资金支持。相比之下，浩官炮台从体量、留存时间上，都几乎不值一提。所以，还应"感谢"英国人留下的文献记载，他们为的是炫功，我们为的却是历史。

学者们为确定浩官炮台的位置，寻找、考证花了不少工夫，有的说，它就是现今广州塔附近的定功炮台，有的认为是洲头咀公园旁的永靖炮台，二者相距较远。近年，亦有考证认为它应在现今琶洲岛的西侧，也就是磨碟沙公园附近。总之，均在珠江穿过广州的航道上。

在外销画中，专门有一幅是"浩官炮台"，收在孔繁特所编著的《外销画中的外商》一书中，现收藏于美国马丁·格里高里的画廊。据推测，该画绘于19世纪20年代，从画面上看，浩官炮台位于一座岛屿的一角，并且可以看出它是一座方形的军事设施，炮眼设置较多。画中的水面甚宽，比今天的珠江至少要宽了好几倍，可见，200年间，河道从南、北两侧向内收缩了不少。乍一看，你会想起那句名诗"白玉盘上一青螺"，水很清，树很绿，炮台在其间也相当显眼，而其后方的河岸山岗林林总总，横亘不知有多少里，占据了相当大的画面。广州城东本就是台地地形，丘陵、山岗连绵成片，在琶洲一带未城市化之前，便是如画中这般景象。

我们之所以用这么多笔墨来谈浩官炮台，并不是为伍家说什好话，而意欲说明，行商们早已为广州的军事防御，未雨绸缪，修建了很多炮台等军事设施。社会上称许行商们"急公好义"当非妄言。

除炮台外，行商对于赈灾、护堤等公益事业，也是非常热心的，这有上面的摊派，更有他们的自觉自愿。梁嘉彬的《广东十三行考》就用了整整一节，收录了行商投身公益事业的不少例子。而在南、番、顺，尤其是桑园围，都有不少碑志，记载下了行商为救灾、修堤等捐赠巨额的善行。这本是中国的传统文化与习俗，这里就不赘述了。

我们还是回到这一章的主要内容上。伍家，主要讲的是伍浩官，即伍秉鉴，他在鸦片战争前后的的相关事迹，他如何践行了自己对国家的承诺。

伍家是十三行行商的后起之秀，在十三行中财富的排名，从寂寂无名，很快上升到第三名，超过了数10位财富相当可观的行商，故有"潘户伍叶"的排名。到最后，他更成为十三行行商的首富，超过了潘家。

伍家的飞升，当然与武夷山茶叶的高质、高产相关，他家比叶家迟来十三行差不多一个世纪，作为包商，伍家与美国商人打交道最多，而美商也是后来居上，其贸易量直逼英国。对伍家而言，这是一个机遇，我们不难看到，美国独立战争之后，对华贸易迅速飚升。而浩官撕掉美商的欠款单一时传为佳话，更提高了他在外商中的名望。

所以，浩官很早就开始向美国人购置军舰。他花了14400两白银，买了一艘美国船。在中国第一历史档案馆编的史料中，有关于这艘船的的记述：

> 拆而视之，木甚坚硬，用牛皮裹包五层，加以铜皮铁皮，又各包五六层，其厚

约有尺余，方到木质，是以炮子虽巨，难于击碎。①

梁嘉彬也有过考据：

> 据《东华录》道先二十二年十月条内有洋商伍敦元购买米利坚船一只，潘绍光购买吕宋船一只之语，当与《中华见闻录》（The Chinese Repository）1843 年 2 月号所载琦善受皇命创设海军，公行为政府购置约百八十吨 Ramiro（"拉米罗号"）船一艘及约三百十七吨之 Lintin（"零丁号"）船一艘之事同为一事，可以无疑。②

这里的"伶仃号"（即"零丁号"）是属于美国旗昌洋行的船只，应是伍敦元（即伍浩官）给其所购的美国船起的名字。"拉米罗号"则是潘家所购置的。

伍家与旗昌洋行的关系，诸说褒贬不一。这里简单追述一下。旗昌洋行是美国独立战争之后才建立的，美国打败了英国殖民者，急于建立自己的对外贸易，旗昌行应运而生。之后，美国与英国在对华政策上有显著的不同，经常站在中国一方对付英国殖民者。可以很明确地说，1833 年英国东印度公司解散前，东印度公司为维护自身的声望，不曾涉足鸦片交易，旗昌洋行也一直如此。直到鸦片战争爆发前，旗昌洋行亦不曾卷入鸦片交易，这与东印度公司解散后的所谓自由商人便完全不同。在美国人的研究专著中，伍家人挑选合作的外商是有底线的，不仅自己坚决不碰鸦片交易，而且要求与他合作的外商伙伴也不能碰。浩官甚至大骂旗昌洋行老板的一位涉足鸦片贸易的亲戚是"一个坏蛋"。鸦片战争后，中国败北，让鸦片贸易乃至生产合法化，出于商人唯利是图的本性，旗昌洋行才卷入了鸦片交易，这已是另一回事了。

正因为这样，购置与英国人对抗的武器，伍家只会找美国人，因为他们了解这半个多世纪的美英之不和。

关于"伶仃号"虽有不同的说法。但可惜的是，这只"伶仃号"出师未捷身先死，开战前在内河遇上了大洪水，不幸翻侧，沉没江底。亨特在《广州番鬼录》中写道：

> "伶仃号"还是被派往黄埔。这时中英第一次条约已经破裂，又再进行防御准备，当局没有灰心，另买外国船只——这次是在省城附近设防。他们看中了"伶仃号"。把它卖给他们，由一大队小艇把它拖到上游。船头的两边又各画上一只眼睛，船上的短桅全部拆去，在敲锣和鞭炮的杂乱声中，将它停泊在城对面的海珠炮台下游。
>
> ……于是该船也正式改成一艘中国战船，照例挂上无敌的标志，画有龙吞月、"阴阳"、八卦和象征雷电图形的三角旗。
>
> 所有这些毁灭性装备的指挥官，他的帽子上插有孔雀羽毛，头上张着一把大丝

---

① 中国第一历史档案馆编：《鸦片战争档案史料（第 6 册）》，天津古籍出版社 1992 年版，第 106 页。
② 梁嘉彬著：《广东十三行考》，广东人民出版社 2009 年版，第 240 页。

罗伞，舒服地坐在一张竹椅上，吸着烟筒。

其他的令人生畏的战斗准备是，及时配备一些被虫蛀了的枪、火绳枪、长矛和盾牌。它很快就可以准备和任何英国小护航舰对抗，无论是"摩底士底号"，还是"阿勒琴号"，甚至"前锋号"。但有一天晚上突然发大水。汹涌的潮水冲击船锚，使它从右边滑到左边，撞在炮台附近的岩石上，船身滑脱，沉入深深的水底！于是中国人把它的桅杆拆下，留下一条高出舱面约7英尺高的残余木杆，并在上面挂了一盏小灯笼。从那时起它就成了指引来往河面小艇的"灯塔"！这是"记录在案"的广州的第一座灯塔。28年后，当我最后看到这枝桅杆的残部时，船身周围已淤积成一道大的泥堤，而在其上的是一个小纸灯笼里射出廉价蜡烛的微光，标明这是"伶仃号"的长眠之地。①

而早在1809年，由于南海海盗猖獗，行商便为官府向外商购买了一艘108吨双桅帆船"伊丽莎白号"，还租赁了350吨外国散商的"水星号"，以增强中国水师的战斗力。

鸦片战争中，因为行商与外国舰只打了很久的交道，更捐献了多艘西方的近代战舰，以强化中国水师的水战能力。

道光皇帝则不厌其烦地下旨：

> 该省洋商（即行商）如有深悉造船之法，及力能设法购买夷船者，并著文丰留心访索，加以激劝……并著晓谕该绅商等，多方构造，务须木料坚固，堪备捍卫之用为要。②

为了国家的兴亡，百姓的安危，行商们像潘、伍两家一样，都竭尽全力，不惜倾家荡产，同仇敌忾，抗御外侮。

曾经的首富潘仕成曾自行监造仿西式战舰一艘，亲自找工匠，加倍上工料，船底船身一律用铁铜包裹起来，按序布列炮眼，力图打造得更坚固。海关监督分年分期陆续偿还了工价，"捐铸炮位如法安放，业经靖逆将军奕山拨归水师旗营，作为战舰，合并陈明。"奕山接收后，经过训练，上奏称："驾驶演放，炮手已臻成熟，轰击甚为得力。"可见当时清军颇为乐观。奕山另奏明，潘仕成仿美国兵舰造了样船，并拟参照英国人中等的兵器再继续造下去，并决定将每年分例修战船暂时停下来，节约经费用造大船。

道光闻奏后大喜，下旨：

> 以后制造船只，即着该员一手经理，断不许令官吏涉手，乃致草率偷减，所需

---

① ［美］亨特著：《广州"番鬼"录》，冯铁树译，广东人民出版社1993年版，第111–112页。
② 兴河著：《天朝师夷录：中国近代对世界军事技术的引进（1840–1860）》，解放军出版社2014年版，第173页。

工价，准其官为给发，并不必限以时日，俾得从容监制，务尽所长。①

显然，道光皇帝是高度信任行商的，并且很赞赏行商在为引进西方战舰上所作的重大贡献，从而将造船的重大责任单独交给了行商潘仕成。与此同时，他也早已察觉官吏的贪污腐败势必会偷工减料造出"豆腐渣"军舰，因此，不敢把造船重任交到官吏手上。后来，道光还一再强调："毋庸泥守旧制，总以精良适用为贵。"

除了潘仕成，另一位行商潘世荣还专门雇用外国工匠，制造了当时海战已具先进水平的第一艘火轮船。为此，奕山在奏折中称：

> 有绅士潘世荣雇觅夷匠制造小船一只，放入内河，不甚灵便。缘该船必须机关灵巧，始能适用，内地工匠往往不谙其法。闻澳门尚有夷匠颇能制造，而夷人每造一火轮舟，工价自数万元至十余万元不等，将来或雇觅夷匠，仿式制造，或购买夷人造成之船。

这种自学自造与引进兼顾的思路，无疑是对的。但引进即购买，又谈何容易。海关监督文丰一再下令给行商，让他们想方设法争取购置前来参与贸易的坚固船只，却只是想当然。因为，"黄埔夷船俱系载货来粤，仍须载货回国，未肯出售"，所以，"愿售者尚属寥寥"。文丰不得不下令："饬令众商等随时留心访察，嗣后如有坚固夷船出售者，自当劝令广为购买。"

为邀功，广东的官员不惜扣留两艘停靠在黄埔港的外国船只，强买强卖。行商不得不为此支付了45000两白银。但军事官员视看后却直摇头，觉得这两只船又小又浅，根本不适用，只是白费银子罢了。

的确，正如黄恩爵所言："穷中国工力物力，不能复加于此"，就算可用，"而以当夷船，恐亦难言制胜"。

道光皇帝开始还下旨要求绘图呈进，后来又听说火轮船并不合用，便称"著即无庸雇觅巨匠制造，亦无庸购置。"

引进的西方武器，远不止战舰，尤其是鸦片战争开始，强敌犯境，行商纷纷出资出力，与官兵协同抗战。购买、仿造各种先进武器，大炮、洋枪、水雷，全都在备选之中。可以说，在中国的热武器之近代化中，行商起了带头作用。光说火炮，林则徐前后购买了200余门西方的火炮，其中最大的达9000余斤，排列在虎门两岸。林则徐还亲自到靖远炮台，专门视察从澳门购置的葡萄牙式青铜大炮。这些铜铸大炮，都能够发射68磅的炮弹。② 清朝军队用火蜡法改造的"红衣大炮"，虽比明朝袁崇焕缴获的葡萄牙"红夷大炮"要先进得多，但比起欧洲200年间火炮制造技术的突飞猛进，实在是小巫见大巫。

除开火炮，十三行行商潘仕成还带头提倡制造水雷。在其所著的《攻船水雷图说》

---

① ［清］魏源撰：《海国图志》，岳麓书社2021年版，第1997页。
② 参见齐思和等编著《鸦片战争》，上海神州国光社1954年版。

中称：

> 会米利坚夷兵官壬雷斯抵粤，自言能造水雷，遣善泅水者，潜至敌人船下；或顺流放去，泊于船底，藉水激火，迅发如雷，虽极坚厚之舟，罔不破碎，事成索酬数万。时值闽浙用兵，猝欲得其法以破敌，不惜重资，如数予约。乃禀商靖逆将军，暨督抚大宪，给札开局。凡九阅月而水雷成。①

关于壬雷斯此人，陈大谊于《从鸦片战争到 1861 年的中国军事工业》一文作过考证，记录为"捐资延法兰西（美利坚）夷官雷壬士于家"；梁廷枏《夷氛纪闻》中亦有"延佛兰西人雷士壬"；奕山的奏折称"雇觅米利坚国夷官壬雷斯"。译音同但用字不一样，当为同一人，取"壬雷斯"用。

很早睁眼看世界的行商，当然知道美国的独立战争，了解英美两国的"世仇"，我们不难看到，设法抗击英国入侵军队时，行商便会想到找美国人帮忙。而美国人历来有使用水雷抗御敌国战舰的传统，独立战争就曾用过水雷打击过颇为强大的英国水上舰艇，并造成英舰的损失。因此，壬雷斯得知清军难以抗击强大的英国舰队，必然想到用水雷出手相助。

梁廷枏同样在《夷氛纪闻》中讲到：

> 仕成因延法兰西（美利坚）人雷任士造洋炮水雷以进，粤人怨英夷甚，见仕成，或饮诸夷，不能辩何国也，则閧（哄）于其门，从容解譬而后已。②

这类水雷的制法，是利用水的压力引爆大量的火药。魏源在《海国图志》中说：

> 雷器装备妥协后，令极善没水之兵，潜送至敌人船底，将引绳搭系水中锚索，务使水雷恰在船底之中，勿得差错。即将护盖木塞拔出，速即登岸远避。为时约五六分久，水灌鼓涨，机板扛揭板而起，揭板起尽，弹条击落，火帽迸裂发火，迫入火塔，直透药管内，烘药燃，火热横溢，药仓如迅雷轰然起矣。

潘仕成护国心切，几经改造试验，终于造成了水雷，在珠江中试演，看上去颇成功。"于是，祈贡将绘制的《水雷图说》一册，以及 20 具水雷一起交由曾经学习制造水雷和配置火药的李光铃、潘仕豪、李光业三人，带同各匠役，进京呈送。"

问题是，这种水雷在实战中的有效作用能发挥到何种程度？所以，道光皇帝在其上谕中指出：设伏之器必使敌不觉，才能攻其不备。此项水雷既无此善水之人送之船底，袭击虽利，亦未见为适用。

---

① ［清］魏源撰：《海国图志》，岳麓书社 1998 年版，第 2130 页。
② ［清］魏源撰：《海国图志》，岳麓书社 1998 年版，第 2130 页。

不久，第二次鸦片战争发生。张敬修、王者华等人，再度秘密制造多个水雷。"费尽心力，乘黑夜偷入敌船底，及药线发，声闻十里，不知者疑为霹雳，截然怒号，乃敌船仅略一摇动，纵横不过数丈，无损毫末，连放三次均无益。"①

显然，行商自制的水雷，在实战中的基本上没有发挥什么作用。而火炮、火枪、炮台之类，也几乎没一样有用。这当然是清政府败绩的原因之一。但更重要的原因则是清政府的腐败、无能，其中最典型的就是治军的无能，哪怕炮台再高级，火枪、火药、水雷再有威力，也无法阻止清军的懦弱、畏战、望风而逃。

整个清朝，从乾隆中期起便开始走下坡路，行商也深受其累。包括林则徐通过伍家从广州的美国旗昌洋行购买的那艘武装商船"甘米力治号"（意译为"剑桥号"），船上有28门6磅炮及4门12磅炮，加上原有的6门大口径短炮，是一艘颇有实力的武装商船。被旗昌洋行买下时已几经转手，当时的炮位已经卸下了，大清水师接手后，加了两只"大眼鸡"标志，挂起中式军旗，配备了新的大炮，而后更名为"截杀"号。

纵然如此，现存文献中有一幅插画，刊于1843年伦敦出版的《环球航行》中，名为《在攻打广州炮台战役中剑桥号（即截杀号）被炸毁》，令人不难想象它的命运。

当然，清政府再努力，也只能屡尝败绩，因为它的武装太落后了，大刀长矛的冷兵器，怎敌得过欧洲不断升级创新的现代武器呢。自中国明朝以降，欧洲战事不断，各国之间的战争打了又打，为争夺海上霸权，葡萄牙、西班牙、荷兰、英国等就没消停过，英法有百年战争，到清朝"开海"之后，英法还有七年战争，战事延伸到了海上。战争一多，对武器的更新改造要求就更紧迫。

可怜的大清政府，连16世纪末马尔戛尼来祝寿时所带的先进武器，也只是觉得好玩，视为玩具，根本没意识到可用来卫护国土，而这已是第一次鸦片战争爆发前半个世纪，在这半个世纪中，西方的武器又有了长足的发展。

除了武器，行商们包括潘家、伍家、谭家、梁家等，都亲自组织民团，直接与登陆的侵略军战斗。

只是如民谚所称"官怕洋鬼子，洋鬼子怕百姓，百姓怕官"。百姓组织的反抗，打得侵略者落花流水，最后却被官府严加禁止，让侵略者得以逃跑。

---

① ［清］华廷杰著：《触藩始末》，见中国史学会主编《第二次鸦片战争（一）》，上海人民出版社1978年版，第169页。

张维屏

正如著名诗人张维屏所写：不解何由巨网开，枯鱼竟得悠然逝。错失胜局常令时人扼腕长叹。

十三行行商，在购置武器、组织民众抗击侵略者时，可谓殚心竭力，却最终无奈听命于官府，终致败退。末了，还得让他们拿出巨资，作为赎城费。

民谚《怨气歌》中充分表达了这种无奈：

一声炮响，义律埋城，三元里顶住，四方炮台打烂，伍子垣顶上，六百万讲和，七七礼拜，八千斤米烧，久久打下，十足输晒。

"输晒"，输的是国家，倒霉的是老百性，民谚中说的"伍子垣顶上"，无论如何不会是贬义，顶多为中性。

当年，伍秉鉴被押解跪在英商馆前，是被追责，第二天就放了。林则徐与他的交谊不错，找西医治病，也是让伍家代办的。当时并没有人觉得或认为伍家与鸦片贩子有联系，只是当下却有人乱加推测，胡作判断，甚至连整个行商都被牵累。无论如何，他以及行商们的努力避免了侵略军入城烧杀掳抢——想想后来的圆明园吧。

第七十六章　时人对行商的评价

嘉道年间有民谚称"潘卢伍叶，谭左徐杨；龙凤虎豹，江淮河汉"，这是当时人对十三行八大家的评价。龙凤虎豹，是指人中豪杰，因为这四种神兽，代表了中国人对勇敢、善良、敏捷、美好的向往。江淮河汉，则指的是长江、淮河、黄河、汉江，喻指的是一个人胸怀宽广、心怀天下。

这一民谚充分反映时人认为八大家，家家都是人中豪杰，急公近义，胸怀天下，彪炳史册。

这也是对"士农工商，商为末位"的传统思想的一个颠覆。早早洗脚上田，弃士从商的广东人，不再轻视商贾，而是认同他们对国家、对百姓所作出的重大贡献，甚至推荐他们身负要职，如美国一样，以商立国，国务即商务，意识到商业在国计民生中的重要意义。所以，十三行中后期，著名的诗人、学者谭莹这么评价伍家：

> 庭榜玉诏，帝称忠义之家；
> 臣本布衣，身系兴亡之局。

二十个字，饶有深义。"忠义之家"，是古代最高的评价，不仅仅是忠君，还要忠于国家。"臣本布衣"，说明身为行商，其实也不过是一个百姓——这与我论证十三行行商是民商而非官商是一意的，他们并不代表或成为官方，而是与老百姓一样，身贱不忘忧国。

可以说，这是十三行后期，整个南方，无论文化人，还是老百姓对十三行行商的评价。这是合乎时代潮流的，却与官本位的封建王朝格格不入。

南方的商品意识，比以农耕文明为主的中原早早成熟。早在西汉典籍中便有"广信女贾"的记载，公元前106年至公元200年左右的岭南，为广信刺史所部。到两晋南北朝佛教传入，尤其是阿拉伯商人来到广州，广州更成为世界商业大都会。唐宋更不用说。元明时期，福建商人渐次入粤，到明中叶，"准贩东西洋"时，广州更是兴旺，到十三行时更是达到了顶点。所以，广东人的商品意识、市场观念，一直走到全国的前面。

但十三行商人并非纯粹的商人，只以赢利为目的，有利盼鸡啼，无利不起早。他们一直以天下为已任，从《蜃楼志》（据考据，此书写成于嘉道年间）卷前题诗中，就有"裕国通商"四个字，意同当代的"无商不富"：经商的目的更多为的是国家富裕。十三行发展的300年间，行商无论是起起落落，他们一直是社会上受尊重的人群。

直到十三行毁于炮火之中，国家不宁之时，才开始有不同的声音。那便是在"龙凤虎豹"后加了个"狗"字，"江淮河汉"后添了个"沟"字，这两个后加的字，显然是贬义。出现的时间极可能是鸦片战争之后，盗贼四起，鸦片风行，以致种种流言蜚语都加在了行商头上，甚至不惜颠倒黑白，如污蔑伍家为林则徐请西药而害死了林则徐。

尤其是国道中落，百姓生活从富裕走向一穷二白，仇富心理便油然而生，对十三行行商的评价也就由正面转向负面，这是一种社会心理的历史性变化。到梁嘉彬著《广东十三行考》（1937年）时，社会正是比较昌明、民主的时候，社会评价也由负转正。后来十三行又湮没无闻，甚至所谓"假洋鬼子""汉奸"等罪名都加上来了，导致其后人都不敢承认自己家与十三行的关系。一直到20世纪后期，中国实行改革开放，十三行才断断续续被重新提起，先是毁誉参半，而后才有了公正而正面的评价，直到今天如我这般的同道学人都能下笔撰写十三行史了。历史又来了个轮回。

较早出现的以大清商埠为背景的长篇，多以妻妾成群，争风吃醋为热点，甚至指责雍正年间的"澳门听证",行商告了外国商,竟被指责为不知"行商自律",这些作品沿袭早些年对行商的污名化,一味猎奇、制造噱头,并不了解真正的十三行。之后,随着学者们研究的深入,人们才进一步了解十三行在与世界接轨、通晓市场规律,以及融入世界金融网络(诸如期票之类)等方面所具备的超前意义,直到21世纪身处金融改革中的国人才重新回望和认识十三行。

因此,确定当时文化人对十三行行商的评价以正视听,就非常有必要了。否则,人云亦云,让历史的误会延续下去则三人成虎了。

当年,最为出名并与十三行行商关系密切的,莫过于谭莹,而他称十三行行商"身系兴亡之局",也绝非妄言。他这么讲,而且在阮元、林则徐对伍秉鉴问责之际,还能这么讲,则非比寻常。况且,阮元对他有知遇之恩,林则徐对他的诗倍加赞赏,这就不能不认真探究一番了。

陈寅恪有过"了解之同情"之语,不妨用在谭莹身上。他姓谭,十三行八大家中就有谭家,互相有什么关联?

笔者在对"天下第一菜"即"谭家菜"的调研与考察中得知,"谭家菜"与十三行之"百鱼宴",谭莹祖父学贤与行商德官(谭世经)敬贤则是堂兄弟,后几代都使用相同的辈分配字,据传是用一首五言或七言诗延续下来的,这就很清楚了,两家是相当近的亲族。

说阮元对谭莹有知遇之恩不假。谭莹是广州丛桂坊人,当时的省城广州划分为两个管理区,东为"番禺捕属",西为"南海捕属","捕属"可简单理解为"治安区",因为广州没有专门的治安部门。丛桂坊在广州西关,为"南海捕属",后人一直误以为他是"南海人",是不了解这种管理机制。谭莹出生于1800年,其号"玉生",直至民国,仍广为人所知。他的孙子谭瑑青创立"谭家菜",广交皇亲贵族、文化名人,彼此间传的仍是"玉笙之哲嗣",可见百年间,谭莹名气之大。年少时,谭莹便好写诗词,12岁有《鸡冠花赋》《看桃花诗》,省城耆宿惊呼"后来之秀"。弱冠应试,恰值两广总督阮元上粤秀山寺,看到他的题壁诗文,颇为欣赏。第二天,阮元对南海县令称:"汝治下有谭姓文童,诗文甚佳,能高列否?"阮元本也是大学者,他一发话,县令便问此考生姓名,阮元道:"我以名告汝,是夺令长权,为人关说也,汝自行扪索可耳。"县令心领神会,调阅所有谭姓文童试卷,选出最优者,果然正是谭莹,从而以县考榜首入学。

及至道光登基,阮元在粤秀山创办"学海堂",授经史课,兼及诗赋。学海堂是岭南最高学府,学子纷纷跻身其中,谭莹自不例外,阮元对他青睐有加,对他的《蒲涧修禊序》与《岭南荔枝词》格外称许。谭莹文声日高,"凡海内名流游粤者,无不慕与缔交矣"。院考每每名列前茅,学官们赞不绝口,夸他"律赋胜粤六朝,非时年所及",又道"粤东固多隽才,此乎合推第一",更有"骚心选手,独出冠时"。虽然谭莹声誉鹊起,但乡试却不顺利,历廿年,至道光二十四年(1844)才中举,又因策问触及时讳,名置榜末。后赴京参加会试,更名落孙山。之后,他绝意科场,一心从事教学,在粤中、粤北、粤东、粤西,乃至海南岛等书院监院,其间出任恩师创办的学海堂学长,谭莹从教几十年,学问日长,成为岭南的著名学者。直至晚清,才被朝廷授内阁中书衔,此时名声早高于官望。

无论如何,作为谭氏族人,他对十三行中的德官应早有所闻。德官当年在龙溪与潘、伍等家比邻,因此,他对十三行的了解,也就不同于其他学者,他深知行商们的一切,包括胸怀、思想、见识、抱负,甚至还与之打成一片。

尤其是与行商合作,从事刻书业,谭莹更是身体力行。自乾嘉年开始,刻书已蔚然成风,一百年间,行商一直厕身其间,其中当以伍崇曜所辑的《粤雅堂丛书》最为有名。谭莹为这部丛书尽心竭力,毕竟,伍家"多财善贾",且很重视古代文化,凭借其巨大的经济实力,找人校刻古书不惜工本。时人称"刻书必须不惜重费,延聘通人,甄择秘籍,详校精雕,其书终古不废,则刻书之人终古不泯,如歙之鲍、吴之黄、南海之伍、金山之钱,可决其五百年中必不泯灭。"这是晚清重臣,亦是藏书大家张之洞的话,几大刻书家鲍、黄、伍、钱并列,可见《粤雅堂丛书》在当时的影响之大。

这套丛书,是谭莹与伍崇曜携手30年,掘深钩沉,披肝沥胆,从年轻起,到年过半百才编纂出来的,保护了古代不少珍贵的典籍。该书共3编,30集,每编各10集,收书208种,计1289卷。伍氏在自序中称:"粤雅堂者,旧辑《岭南遗书》《粤东十三家集》《楚庭耆旧遗诗》之地,而因以署焉者也。"

只可惜第二次鸦片战争时,粤雅堂毁于炮火之中。但编书并未终止,之前有20集128种,又从咸丰十年(1860)始刊刻第3编,断断续续,至光绪元年(1875)第3编80种总算完成,而谭莹在完成之前三年(1872)便溘然而逝。据说第3编尚刊有《孝经音义》《东观奏记》《疑龙经》等,但通行本却不见。整套丛书,把广东重要著述"悉数纳入",可见其用心良苦。迄今不少学者仍在使用《粤雅堂丛书》中保存下来的唐宋经典。

谭莹的诗赋很多,颇负盛名,留存的亦不少,这里,我们仅选用与本书相关,尤其是关于鸦片战争的诗文。可以说,两次鸦片战争激发了他的爱国热情,谭莹与此相关的诗作,有9题29首,如《缴阿芙蓉诗》《书事四首》《战舰行》《闻警三首》《辛丑二月书感六首》等,国家兴亡,民族盛衰,匹夫有责,谭莹的悲愤可想而知。

这里选入《后战舰行》以作代表:

> 大角沙角两台破,莲花山中张酒坐。
> 雕旗银甲列华筵,文犀翠羽通蛮货。
> 国家承平二百年,重臣往往工筹边。
> 失计胡为至割地,愚患或者能回天。
> 天语煌煌屑主抚,岭外重趼都护府。
> 弩窗矛穴顿成灰,火舰风船急于雨。
> 登陴老将独横戈,滚滚涛声鬼哭多。
> 食吾未足遑言信,战守綦难第议和。
> 犬牙相错华夷界,楼橹萍漂总摧败。
> 回帆此地已难言,铸炮伊谁偏自坏。

> 军门一死作鬼雄，长驱直与牂牁通。
> 更无铁锁横江黑，剩有金幡照海红。
> 虎门重镇原无惧，碎身果足酬恩遇。
> 横挑边衅究何人，局外旁观论召募。

诗中对关天培抗英的壮举，予以热烈的颂扬；对于清政府官员的失计议和、割地投降，予以有力的揭露与无情抨击；对老百姓所蒙受的灾难，义愤难平。

"广州原极繁华地，忍见哀鸿遍水涯"，久居丛桂坊的谭莹，不得不沿江逃往南海梧村等地，身后，不时响起枪炮声，这种感受怎能承受？他恨侵略者，更怀念海上将才的抵抗。在《庆清朝·题〈草檄图〉，为徐铁孙司马作》中，他壮怀激烈地写道：

> 才子从戎，书生杀贼，谁令孤愤难平！临安积习，至今犹讳言兵。孰挽射潮铁弩？东南氛祲尚冥冥。军书急，愿挥神笔，便斩长鲸。
> 开辟未曾见此，但锦帆飚闪，风鹤频惊。游魂海外，中原偏任纵横。防海将材不少，威名同忆李长庚。还图卷，频看短剑，学请长缨。

时人对其诗词评价有："初以华赡胜，晚年感慨时多，为激壮凄切之音"，特别是其骈体，"万卷罗胸，七襄在手。吾粤二百年来论骈体，必推玉生，无异词者。"

谭莹晚年屡见天灾人祸，尤其是外侮，对时势、世道，不乏清醒的认识，尤其是对鸦片的危害——风光三百年的十三行，就毁于英夷的鸦片侵略，怎能不义愤填膺。早在鸦片战争开始前两年，他就写有《禁阿芙蓉论》（19838），对鸦片在中国的倾销深感痛心疾首。

> 阿芙蓉，贩自澳夷，赍从市舶。……始由闽粤，遂暨朔南。病入膏肓，悦犹刍拳。始潮有信，与鬼为邻，以息相吹，干卿何事！高卧鲜当关之报，长日如年加餐。无远道之书，众人皆醉。断竹续竹，似烟非烟，半死半生，无拳无勇。夫谁逐臭，夫岂别有肺肠？斋独小眠，业已匪伊朝夕。自王公以迄士庶，即圊圂以逮僧尼，宫尽合欢，田真续命，遂致管犹孤竹，问十室以皆知，锅亦销金，合九州而共铸。夫毡银不鹮，香药谁需，纵南库之不贫，匪彤门之敢说。卒使钱非子母，业有去而无还；图判华夷，渐彼丰而此啬。此亦有心所同慨，当局之隐忧者也。议者不察，猥言弛禁。

他的义愤，对尚年轻的儿子谭宗浚有极深的影响，宗浚自幼对鸦片流播恨之入骨，他在六千余言的《览海赋》中，拍案而起痛斥道：

> 惟彼蛮烟，实为耽毒，比断肠花而尤物堪怜，类钩吻草而中人最酷。系沿海之莠民，甘蹈邪而纵欲，其癖嗜也同于踏榆，其昏神也类于酿麴。芙蓉帐暖，茉莉毡

香，断竹续竹，联床对床，非仙客而解餐霞之诀，非胡儿而工吐火之方。日度迷楼而短短，春酣醉窟以茫茫。等渴羌之昏瞆，侪饿隶之羸尫。累积乎黑亭之狱，沉眠乎黄姿之乡。嗟贩运之岛夷，实婪财而昧义，纵毒草之流行，竭比闾之生计。致民困而商疲，渐银荒而钱匮。

谭宗浚少年得志，咸丰十一年（1861），才16岁便中了举人。谭莹叫他不要急于赴京参加会试，潜心攻读10年，终于一举中了榜眼。之后，又进了翰林院，先后外放江南、四川。他是一位美食家，给儿子谭篆青不少启发。谭家菜正是以粤菜为底色，融合淮扬菜、川菜，最后形成名扬京华的"天下第一菜"，因其父关系，谭家菜是也被誉为"榜眼菜"与"翰林菜"，自晚清、民国至今日，百年间声名远播、一位难求。因周恩来的特别关照，称不可失传，从而移席到北京饭店，成为国宴上的名菜。

谭宗浚

谭家两父子的拳拳爱国之情，天地可鉴。回过头来，我们再读读谭莹的一篇关于鸦片的诗，题为《缴阿芙蓉诗》，写了林则徐虎门销烟前后的经过，可谓气冲牛斗。

战舰嵯峨，独樯填波。海风腥黑，阿芙蓉多。狼机守护，锦帆当路。海日空明，阿芙蓉驻。互市督臣之所司，拒关臣之所知，大臣奉天子命，怀柔震叠靡不宜。汝英吉利，汝胡不逃？将军天下，雕旗银刀。汝英吉利，汝胡不死？幕府地遥，丛矛注矢。汝英吉利，汝胡不归？盖舳襜舻，岸合长围。汝英吉利，汝胡不返？水榭霞廊，厨空未饭。大臣之心，中外所钦；大臣之谕，颛愚可悟。大臣曰兵，雾阁星营；大臣曰属吏，绣鞍玉辔；大臣曰商，铁轴牙樯。不缴，汝不能飞，不缴，汝不能出。杀人者抵，杀亿万人者，议遵何律？羁縻勿绝，敢沿其说。纤悉不留，亦复何求。

鼓角哀，蛮酋来。高冠兮长剑，面色作死灰。釜鱼笼鸟吁可咍，燃犀相逼知多少？万八千箱排日了。羽檄催，关市开，郁林石压空船回。惊闻大臣又传令，罂粟香浓还未净，蠢尔西洋早倾听：巨浸茫茫独澳门，市舶先朝舶蠔镜。

从康熙开海的15世纪末到十三行终结的17世纪中期，笔者寻索了若干文化人或身兼诗人的官员对十三行的评价，无一不是正面的、积极的，一言以蔽之便是"裕国通商"。今天，我们对十三行的评价亦是向上的、进步的、正能量的十三行的三大主打商品，无一不是祥和的、精美的、温馨的，是和平而非战争的产品，输出的绝不是杀戮的兵器。如果没有中国的十三行，世界经济也不会在一两百年间迅速地得到发展。

我们且看潘刚儿编的《海上丝绸之路与十三行行商诗选》上时人所作与十三行相关的诗文。

乐钧（1766—1814），临川人，嘉庆六年（1801）举人，著有《青芝山馆诗集》。在其《岭南乐府》中有《十三行》云：

粤东十三家洋行，家家金珠论斗量。
楼阑粉白旗竿长，楼窗悬镜望重洋。
荷兰吕宋英吉利，其人深目而高鼻。
织皮卉服竞珍异，海上每岁占风至。
天子神圣海内足，不贵远物远人服。
万国梯航奉职贡，八荒舞蹈称臣仆。
此非外藩非内附，互市常来澳门住。
鱼目换将南海珠，木蠹苗蝗复谁悟。
昔时勾致由贪民，大舶满载波斯银。
岂知番人更狡诈，洋货日贵洋行贫。
圈鹿阑牛岂足载，海市蜃楼多变态。
南山白物见无时，荡尽私囊欠官债。

清初诗人，首位粤海关监督成克大，在《望洋台》中写道：

长风万里来，天际帆影乱。
……
四海无扬波，重译来浩瀚。
百货走如鹜，有无相易换。
澳贾罔市利，此地立垄断。

其欣悦之情、自信之心，与高度的期盼，都跃然纸上。

著有《静观唐诗集》，康熙时期的左副都御使劳之辨，曾作有《同满汉榷部巡历濠

镜澳　四首》

其三

　　纶音来北阙，货贝自西洋。刀剑非常制，衣冠亦采章。
　　玻璃浮竹叶，钿盒贮槟榔。不识沧桑换，相呼只大唐。

其四

　　孤屿何雄持，兹门实壮哉。珠江初置榷，烽火旧遗台。
　　玉帛通千岛，梯航走八垓。新悬平准法，互市仗长才。

康熙开海禁的"纶音"催生了堪与大唐盛世媲美的繁华。

清初顺德著名诗人陈恭尹，抗清志士，对开海持理性态度，有《铙歌》十八首。

其七

　　粤海关开海舶过，渔人生计只渔蓑。
　　从今不用愁饥馁，鱼货承恩减已多。

《送吴制军至三水，因纪昔游，作百韵赠别》节录

　　南滨驰苛禁，万舻衔舻舳。贵贱通有无，梯航极倭竺。
　　珍奇溢都市，技巧眩心目。南溟潮汐地，岛屿浮如鹜。

清初粤北著名诗人廖燕，弃科举，不仕清，以布衣终，在《二十七松堂集》中收七言律诗《九日登镇海楼》一首，诗云：

　　千年霸业余残照，万里洋航卷逆流。

著名学者屈大均终生不仕清，曾作《广州竹枝词》七首，现选第五首如下。

　　十字钱多是大官，官兵枉向澳门盘。
　　东西洋货先呈样，白黑番奴拥白丹。

屈氏另有《廉州杂咏》十四首，现选第十首如下。

　　白龙池最大，百里尽珠胎。赤子兵频弄，红夷舶恐来。
　　边墙殊未筑，海界已先开。此地成云朔，劳君鼓角哀。

康熙二十三年（1684）正月，杜臻以钦差身份往广东宣布开豁迁海之禁，途经澳门有感其贸易昌盛遂作《香山澳》一诗

香山之南路险巇，层峦叠嶂号熊黑。
濠镜直临大海岸，蟠根一茎如仙芝。
西洋道士识风水，梯航万里居于斯。
火烧水运经营惨，雕墙峻宇开通衢。
堂高百尺尤突兀，丹青神像俨须眉。
金碧荧煌五彩合，珠帘绣柱围蛟螭。
风琴自鸣天籁发，歌声呜呜弹朱丝。
白头老人发垂耳，娇童彩袖拂冰肌。
红花满座延上客，青鸟衔桃杯玻璃。
扶杖穿屐迎道左，稽首厥角语喔咿。
自言慕义来中夏，天朝雨露真无私。
世世沐浴圣人化，坚守臣节誓不移。
我闻此言甚欣喜，揽辔停骖重慰之。
如今宇内歌清晏，男耕女织相熙熙。
薄海内外无远迩，同仁一视恩膏施。
还归寄语西洋国，百千万祀作藩篱。

由诗观之，海贸的盛况，不难想象。

稍晚点的王时宪，在其《广州竹枝》中直接提及十三行。

珠江南口出南洋，洋里常多白底艎。
远在澳门装货到，最繁华是十三行。

这应该是康熙"沿明文习，立十三行"之初的写照。

潘宪勋作《澳门曲》三首，现录其一。

其一

川后天昊海禁开，花钱无数自洋来。
澳里唐人三十万，一时翘首望双台。

清中后期学者李兆洛曾作《十三行》。

别开邸第馆诸夷，一十三家各斗靡。
窗槛玲珑巢翡翠，轩屏眩转吠琉璃。
铺排景物观殊壮，变易华风事岂宜。
好语吾民守耕凿，只今圣主贱珍奇。

汪后来，清康熙四十一年（1702）武举，有《鹿冈诗集》四卷，其中《澳门即事同

察景原六首》中之其三云：

南环一派浪声喧，锁钥惟凭十字门。
借得西洋千里镜，直看帆影到天根。

该诗所写是汪氏在澳门的南环借洋人的望远镜进行瞭望的场景，诗中所表达的宽阔的胸怀，辽远的视野，令人激赏。

曾到广州越华书院掌教的名士杭世骏作《五仙门》。

雁翅城回百雉尊，骑羊今识五仙门。
门迎江海分头势，岸缩蛟龙刷尾痕。
贡道开帆双虎合，洋关交市百夷屯。
苍茫指点扶胥口，秋鬓萧萧落日昏。

曾任官广东的张九钺于乾隆三十五年（1770）作《番行篇》。

广州舶市十三行，雁翅排城蜂缀房。
珠海珠江前浩淼，锦帆锦缆日翱翔。
蜃衔珊树移瑶岛，鲛织冰绡画白洋。
别起危楼濠镜仿，别营奥室贾胡藏。
危楼奥市多殊式，瑰卉奇葩非一色。
鞨鞳丹穿箔对圆，琉璃绿嵌窗斜勒。
莎罗彩纛天中衮，碧玉栏杆云外直。
迎来舶主不知名，译得舌人是何国。
何国虹髯雕貑儿，金衣借问欲骄谁。
平价能谙吴越语，留宾也识汉唐仪。
银钱铸肖番王面，玻镜装分花女姿。
绕槛纵牛和露犬，委阶琐袱与驼尼。
驼尼琐袱焉足数，笃耨奇南随意取。
莲花钟测日东西，百宝表悬针子午。
乱掷玢中苏合膏，倒倾黄紫蒲萄乳。
水乐教成小凤凰，风琴弹出红鹦鹉。
别有姣徒连臂跃，吉贝缠身胯缚窄。
怀中短剑大西洋，袖里机枪法兰锡。
墨水龙奴荷铳嬉，红毛鬼子蟠刀拭。
红毛鬼子黄浦到，纳料开舱争走告。
蜈蚣锐艇桨横飞，婆兰巨梱山笼罩。
相呼相唤各不闻，或喜或嗔讵能料！
舶商色喜洋商快，合乐张筵瓶碗赛。
何船火齐木难多，何地驼鸡佛鹿怪。
散入民廛旅贾招，居中驵侩公行大。
公行阳奉私饱囊，内外操赢智相若。

湖丝粤缎采离披，瓯若铙瓷光错落。
顷刻珠玑走大官，待时深玩筹奇作。
此时公子拥花游，此际娇姬倚舫讴。
愿学鸳鸯绣羽蜕，愿为娇鸟挂金钩。
那得秦珰都压鬓，生憎火浣不缠头。
永清台上鼓打急，山动波翻雷雨立。
镇海将军洗炮归，征蛮都尉收旗入。
辕门犒劳立斯须，澳门回船查引给。
回船只顺北风去，洒泪休辞渊室寓。
但述天朝榷税轻，但夸中国农桑富。
沉香官是吴刺史，却略吏同孔节度。
鲸鲵无窟飓无氛，圣德柔怀万万春。
明年好换新房样，更有遐方来问津。

清人沈峻有《初到粤中作》。
仙人何处更骑羊，陆贾城边晓日黄。
控驭直通瓯骆界，繁华都占十三行。
歌船未必娱词客，遗老犹能说尚王。
最爱江头卖花路，珠兰末莉满筠筐。

乾隆年间，历任按察使、布政司的庄兆奎，有《青园诗钞》，其《岭南杂昧四首》其二中有：
罗浮传说是仙峰，试问谁与肯曳筇。
挛客柔丝牢似索，杀人野草利于锋。
十三行引番夷集，百万鳞为蛋户供。
鲛室泪枯珠已尽，莫教晓雁扰乖龙。

陈官有《石缘诗钞》，其《望濠镜澳》的诗句有：
濠镜艨艟朝百粤，海门风雨涌三巴。
货通胡妇珠为市，白满莲茎屋作花。
盛世不须重建策，越裳歌颂遍中华。

这是怎样一种繁华景象，与彼时的乾隆盛世相呼应，一派大国气象。
朱树轩在《羊城竹枝词》其二中专写十三行对外贸易的场景。
番舶来时集贾胡，紫髯碧眼语喑呜。
十三行畔搬洋货，如看波斯进宝图。

历任广东学政、小有名气的李调元，在《南海竹枝词》中十三：
奇珍大半出西洋，番舶归时亦置装。
新出牛郎云光缎，花边钱满十三行。

这般兴叹，可见十三行当日之繁华矣。

叶詹岩在《广州杂咏》中专门写十三行。

十三行外水西头，粉壁犀帘鬼子楼。

风荡彩旗飘五色，辨他日本与琉球。

李本撰作有《广州竹枝词》。

洋船数里见帆樯，高矗云天带夕阳。

南去澳门春水阔，到来都上十三行。

著有《亥白诗草》的举人张问安也有《竹枝词》六首，现选其一和其六两首。

其一

渔门东去渺风烟，黄浦秋深又隔年。

倒挂梅花齐上市，羊城八月到洋船。

其六

名茶细细选头纲，好趁红花满载装。

饱啖大餐齐脱帽，烟波回道十三行。

好一幅风情画，好一面西洋镜。这已是乾嘉年间十三行的景象了。

众多诗作对十三行的富足夸赞有加，但鲜花着锦的背后却充满隐忧，似已预示着十三行后期衰颓倾覆的命运。关于十三行的诗文还很多，潘刚儿编的《海上丝绸之路与十三行行商诗选》（未刊稿）有上、下两集，这里就不再一一选列了。

花无百日红，十三行从后期的危机四伏，到最后毁之战乱，却已是历史使然，或者可以说，它已完成了历史使命，誉也，毁也，不是三言两语能说尽的。但它毕竟是海上丝路上中国的华彩乐段。

（说明：这一章所引的诗文出自潘刚儿的《十三行诗文选》（未刊稿）。）

第七十七章 "东方远征军"：南方得不到，上北方要

英军已知南方有所准备，于是，也仿效马戛尔尼的做法：南方得不到，那就上北方要。这已是他们稳操胜券的法宝。

英政府派好望角海军提督懿律，即义律的堂兄，统率"东方远征军"向中国进发，并委任他与义律为全权代表，同中国交涉。

道光二十年五月（1840年6月），即九龙败绩后8个多月，英军舰队兵临广东海面，宣布封锁广州，禁止所有船只进入广州内河。

林则徐移师虎门，广泛动员，准备打仗。

两广总督邓廷桢

英国政府得知情报,训令懿律与义律两兄弟不要在广东拖延,应挥师北上,两兄弟即行贯彻。

六月初,英军在厦门海面与闽浙总督邓廷桢统辖下的水师一战,又趁福建以北防务松懈,向浙江沿海进攻,先期到达舟山海面,伺机登陆,强占了定海县城。

1840年,这支"东方远征军"拥有兵舰16艘、武装汽船4艘、运输船28艘,士兵4000余人。在森严壁垒、众志成城的广东沿海,他们自然是占不到便宜的,但一到江浙,他们便又气势汹汹起来。

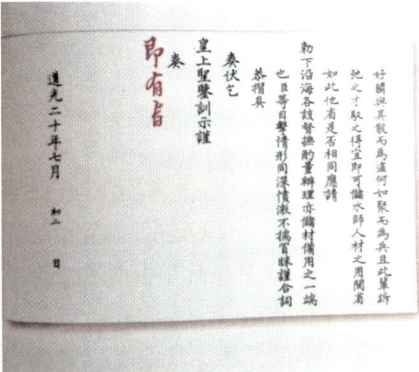

邓廷桢等关于海防的奏折

7月6日，定海被占；9月28日，林则徐、邓廷桢被撤职查办。投降派以他们把战火引到了北方进谗言，欲置之死地而后快。而英军一路北上，到了天津白河口。

正因为直隶总督琦善的"礼遇"，英军信口诬陷林、邓二人，并提出了让清政府割让岛屿，承担战争赔款等要求。昏愦的道光皇帝把罪名全加到林则徐头上，谕旨："上年林则徐等查禁烟土，未能仰仗大公至正之意，以致受人欺蒙，措置失当。兹所求昭雪之冤，大皇帝早有所闻，必当逐细查明，重治其罪。现已派钦差大臣驰至广东，秉公查办，定能代伸冤抑。该统帅懿律等，着即返棹南还，听候处理可也。"①

于是，林则徐背上了"误国病民""办理不善"的罪名，被交付刑部严加论处，被革职后暂留广州，听候查办。

不可思议的是，英军不仅在白河口如出入无人之境，到了山海关这样的要塞，竟发现"该处只有弓箭，并未见有炮位"。

琦善忙告之皇帝，称："该夷所恃者大炮，其畏者亦惟火炮。山海关一带，本无存炮，现饬委员等，在于报部废弃炮位内，检得数尊，尚系前明之物，业已蒸洗备用。"

居然以前朝废炮滥竽充数！不过，用意却是劝皇帝不要抵抗，因北方已全无防御能力。为此，他们极力要出卖广东，称只要你们回到广东去，一切都可以商谈。英军心领神会，折回了定海。到定海后，要挟了一阵，留下少数兵力，又移师广东。

这边主帅被免，投降派琦善接任两广总督，竟不做任何备战措施，只是旷日持久地谈判。懿律患病归国，义律则不耐烦了，决意再用武力。

1841年1月7日，英军突袭珠江口上的两大战备炮台——虎门炮台与大角炮台，三江协副将陈连升率士兵奋勇抵御，可援兵却到不了，最终弹尽粮绝，陈连升父子壮烈捐躯，炮台失守，300余名官兵阵亡。

因惧英军再犯虎门，广州不保，琦善终于松了口，竟答应了英军"暂居"香港岛之要求。这便是日后香港岛被割让的肇始。

1月24日，伯麦下令占领香港岛。1月29日，义律与伯麦乘"复仇女神号"战舰，绕港岛一周，宣示其主治之权。

---

① 茅海建著：《天朝的崩溃：鸦片战争再研究》，生活·读书·新知三联书店2005年版，第174页。

"复仇女神号"在穿鼻洋

赖恩爵闻讯,拍案而起,说服了广东巡抚怡良,把此事上奏朝廷。而后,又奉旨查办了琦善:"奉旨查前署臣琦善时擅许英夷给予香港……现据大鹏协副将赖恩爵禀称:该夷前求香港与之寄居,意不重香港,而重在裙带路与红香炉。名则借求香港,实则欲占全岛……"①

因琦善引起的民愤太大,道光皇帝只好下旨:"着即革职,押解来京,严行讯问,所有琦善家产,即行查抄入官。"②

然而,一切都太迟了。大清帝国的军队,早已在忽战忽和中失去了士气,投降派占了上风,侵略军更在闽、浙、苏连连发动进攻,再度占领定海,旋即到了长江口,打下吴淞、宝山,占据上海。

侵略军一进长江,便越过了江阴炮台。不久,镇江失陷,英军兵舰泊在了南京下关。

琦善被革职锁拿后,奕山被委任为靖逆将军。但腐败的清朝政府仍全线溃败,只是令人诧异的是,英军并没有打进广州城。倒不是因为广州城固若金汤。1841年5月,当清政府妥协撤防,英军长驱直入、兵临城下时,奕山统领的清军部队早就无力亦无心抵抗,竟想出了一个办法——令行商前往调停。广州城外,身负重任的伍绍荣与英军首领义律展开了谈判。最终,双方签订《广州和约》。依协议,清军退出广州城外60里,并于一个星期内交出赔款600万元,英军相应退至虎门炮台以外。

---

① 转引自汪开国、刘中国著《大鹏所城:深港六百年》,海天出版社1997年版,第232—233页。
② 转引自汪开国、刘中国著《大鹏所城:深港六百年》,海天出版社1997年版,第234页。

虎门炮台十三行行商捐赠的大炮

以600万元巨额赔款,换来广州城的苟且偷安,实在是令人悲哀。

这600万元赔款中,有200万元是十三行商人支付的。当时最有钱的伍氏家族出了110万元,对一个行商来说,这并非小数。伍秉鉴却不无幽默地自我安慰道:世上风水轮流转,算这笔巨款花在了转换风水上好了——80万保佑商行生意兴隆,30万保佑儿子孝顺。[1]

赔款赎城,行商们的牺牲被守城将军奕山用来邀功领赏。他在向朝廷报告时隐瞒了乞降讲和的真相,只奏"外洋事务已经安定",道光皇帝欣喜不已,称赞奕山办事得力。

然而,这次赎城并没有给伍秉鉴们带来什么荣誉。从战争甫始,跟洋人做生意打交道的行商就被国人冠上了"汉奸"的称号。不管他们捐献多少银两,也洗不清这个冤名。而不战而降的赎城之举,当然不符合誓死抵抗的爱国者的意愿。这个耻辱,毫无疑义地被记在直接参与和谈的伍家和其他行商头上。

广州虽因付了赎金而免遭蹂躏,可侵略者仍大举北上,占领吴淞口、上海,攻陷镇江,直逼南京。

中国历史上最臭名昭著的卖国条约《南京条约》于1842年在南京城签订。其内容包括:(一)五口通商,即开放广州、福州、厦门、宁波、上海五处为通商口岸;(二)赔款2100万银圆;(三)割让香港岛;(四)协定关税;(五)废除公行制度,允许英商在华自由贸易;(六)外国人有权保护他们雇佣的人;(七)外国人在中国犯罪不受中国法律的制裁;(八)外国军舰可进入每一通商口岸;(九)外国人可携家眷到通商口岸居住;(十)英国获得"最惠国待遇"。

《南京条约》规定,中国赔偿英国2100万银圆,相当于1470万两白银。可大清帝国国库存银却不到700万两。于是,道光皇帝又盯上了十三行行商,向其追索白银300万

---

[1] 〔美〕亨特著:《广州番鬼录 旧中国杂记》,冯树铁、沈正邦译,广东人民出版社2009年版,第54页。

两。最后,伍家出了 100 万两,行商公所出了 134 万两,其他行商出了 66 万两。这成了行商为拯救"国难"而做的最后一次捐输。

《南京条约》将在广州实行了 100 多年的公行制度废除了。从此,广州十三行独揽外国贸易的制度宣告结束。十三行的历史也就走到了尽头。

十三行商人,素来反对鸦片走私;在战争发生之际,十三行商人更是义无反顾地投入到抗击侵略者的行动之中。

鸦片战争爆发之际,十三行商人纷纷捐资,以改善广东水师的装备,增强其作战能力。当时,广州捐资抗英军饷达 200 万元,而仅潘正炜就率先捐了 26 万元,并独资购买吕宋(菲律宾)战船一艘,又与伍崇耀、潘仕成各自捐资购买战舰一艘。伍家买的是美国船,潘世荣更是雇"夷匠"仿制最先进的火轮船(蒸汽轮船)。

他们还引进西方先进技术,制造大炮、水雷,潘仕成还奉旨撰写《攻船水雷图说》。该书内有插图 30 幅,后来被编入魏源的《海国图志》一书。可见,十三行商人在实践"师夷之长技以制夷"方面,比洋务运动还早了二三十年。

道光皇帝在谕旨中亦提到:

> 广东曾捐造大船一只,颇能驾驶出洋……其该省洋商内,如有深悉造船之法,及力能设法购买夷船者,并著文丰留心访察,加以激劝。[①]

[①] 转引自潘刚儿、黄启臣、陈国栋编著《广州十三行之一:潘同文(孚)行》,华南理工大学出版社 2006 年版,第 251 页。

《南京条约》

清战船

另一谕旨：

> 潘仕成所捐船只坚实得力，以后一切制造事宜都由他办理，决不允许官吏插手。

当年，英军在定海、镇江等地纷纷破城，独广州不得入，这是由于珠江防卫严密之故。中方有战舰、炮台、水雷，还有大链锁江等，与十三行商人的捐资密切相关。

1847年，英国人凭借《南京条约》，企图进一步租借广州河南地界洲头咀一带为商馆区，并得到了官府的同意，传令业主议定租价。潘正炜、伍崇耀等十三行商人发出了《告谕英商大略》公函，与"河南合堡绅耆"一道，致信英国领事，以广州民情激愤，不可妄动为由，劝说英国不要强占河南地段为商馆区。

此次抵抗，声势浩大，共48乡3000余人一同去找英国领事说理，加上十三行商人"各守和约，相安无事"的警告，英方终觉民情可畏，不得不把丈量土地、插旗立界的英人撤回，放弃了强占的野心。

不妨一读十三行行商的《告谕英商大略》（道光二十七年三月二十六日）：

> 昨奉大宪批示，各省口岸，应听英人租赁房屋，或买地建造，系条约所有等谕。我辈自宜仰体大皇帝及大宪存恤远人之苦心，勿与较论。但中国之地，无一非百姓用本买置之业，虽官亦不能夺以与人，即令给回价值，其间亦有愿不愿之别。今乃指定其处，即要其处，倘有不愿，挟以兵威，在英人强悍，固无论矣。大皇帝子惠元元，恐必无此霸逆之事。细思条约之意，原为准其民间和商赁买，非强其所不愿也。英人虽横行，必有晓事者，岂全不知理取强取之顺逆乎？英人入粤，贸易百余年，悉有地主之谊，不得不明白告谕，俾心思利害，而超避之，勿以诈力欺人，庶

几各安生业,主客皆受其益幸甚。……①

义正词严,理直气壮,此告谕体现了行商们身上所充盈的民族气节!

紧接着,1849年又有英军入城——原来,两年前英人未敢强占洲头咀,固然是怯于民情沸腾,背后却与两广总督耆英订有密约,达成两年后方可进城的协议。签约后,耆英便千方百计调离了广东。英公使以驾军舰上江苏、天津为由,威胁接任耆英的徐广缙、徐广缙上奏道:他对阻止英人入城已"智尽能索""控制无方"。

最后,道光皇帝只好表示:可"暂令(英人)入城瞻仰"一次。

只是,这一上谕下达之际,广州已民情汹汹,包括十三行商人在内,整个广州城已被动员起来了。商人、绅士出资60万两,上十万的团练已经组织好了,团练册中就有十三行行商的名字。"其时,壮勇夜出,四城灯烛照耀,殆同白日,持械声闻十里,河南亦火点如乱星,首尾几十旬。诸夷为之结舌,入城之声乃息。"

面对此情此景,徐广缙不敢执行"暂令入城瞻仰"的上谕,只好上奏:"婉阻之未必遽开边衅,轻许之必至启兵端",而且"人心浇漓,内外交讧"。旋即复照会英使,以绅民不从为由,"万难勉从",拒绝了英人入城。几天后,英公使只能登报说明:"不准英人入城。"

广州人民反对英人入城的抗争,并不是排外、守旧与封闭的表现,而是在捍卫国家与民族的尊严。

伍秉鉴

---

① 转引自潘刚儿、黄启臣、陈国栋编著《广州十三行之一:潘同文(孚)行》,华南理工大学出版社2006年版,第252-253页。

十三行也是鸦片战争的主要受害者，十三行之首的伍家更蒙受了巨大损失。据伍秉鉴自己估算，在战争中，伍家损失了不下 200 万两白银。但这个数字，对这位号称拥有 2600 万两白银的世界首富来说，并不至于伤筋动骨。而深谋远虑的伍秉鉴早把生意拓展到了海外，进可攻，退可守。

1842 年 12 月 23 日，他写信给马萨诸塞州的美国友人 J. P. Cushing，说若不是年纪太大，经不起漂洋过海的折腾，他实在想移居美国，通篇充满怆然难禁之情。陈国栋在书中写道："看来鼎鼎大名的伍浩官不但对洋行的工作失望了，对整个中国的社会制度也失望了。"①

1843 年 9 月，风烛残年的一代世界首富伍秉鉴，在内忧外患的情况下，在毁誉参半的声音中，于庞大宏伟的伍氏花园里溘然长逝，享年 74 岁。

岭南名士谭莹所撰的墓碑文说："庭榜玉诏，帝称忠义之家；臣本布衣，身系兴亡之局。"以一介布衣之身，欲担国家兴亡之责，虽为世界首富而不能也，这不仅是伍秉鉴的悲剧，也是整个十三行的悲剧。

后来的招商局和洋务运动中，当然少不了十三行人及其后人的踪影，但作为一个整体，其功过是非，该如何评说，100 多年来也难有定论。至于他们留下的历史遗训，只能令人扼腕长叹！

---

① 陈国栋著：《东亚海域一千年：历史上的海洋中国与对外贸易》，山东画报出版社 2006 年版，第 290 页。

卷十四　历史的沉疴

第七十八章　太平洋铁路：行商资金与劳工血汗

伍秉鉴是十三行最后一位、也是最大的富豪。他的经商魄力不仅在当时中国，而且在整个世界也都是数一数二的。他清醒地看到清政府在面对世界的近代化进程所采取的鸵鸟政策与抗拒态度，因此，没有把资本死砸在一个奄奄一息的王朝身上，而把资金投向了当时正处在林肯总统领导下的朝气蓬勃的美国。

早在1840年鸦片战争前，他便做了一番筹划。出自对美商的信任，他决定与旗昌洋行签订合同，在美国做实业投资，条件是美方要把每年的利息支付给他的后裔。鸦片战争期间，他通过旗昌洋行的股东约翰·默里·福布斯和罗伯特·福布斯投资美国的密歇根中央铁路、柏林敦和密苏里河铁路。约翰·福布斯进一步将伍秉鉴的基金用于建立美国股票投资公司，并投资阿尔巴尼和波士顿矿业公司。

在伍秉鉴去世两年后的1845年，公司的主要合伙人之一约翰·福布斯撤出中国，回美国兴建中西部横贯铁路。

随着工业革命的推进，被视为工业革命以来世界七大工业奇迹之一、一线通两洋的美国太平洋铁路开工了。

1863年美国内战期间，林肯总统为了打通东西部，决定建设一条连接太平洋和大西洋的铁路。这条铁路从西部加利福尼亚州的一个小镇起头，4位杂货商、布商和五金店老板共同接下了这个工程，锹起了第一把土。要实现这个梦想，火车首先要翻越内华达山脉7000英尺（约2100米）的崇山峻岭，穿过50座桥梁和10多条隧道，难度在当时可想而知。

铁轨等材料从美国东部花了4个月才从海上运到，但艰苦的劳动让起初几百名淘金者半路上就溜走了，承包商在面临破产前，招募了大批刚刚来到旧金山的中国移民。勤奋、能吃苦的数千名中国劳工完成了历史性的创举。他们面对雪崩的危险，在隧道、山岭里默默施工了5年，用生命和血汗打通了所有隧道。

同时，美国东部数千名退役军人也开始了大铁路东段的建设，在政府承诺提供土地的诱惑下，他们穿过草原和沙漠，不断向西部突进。两条铁路轨道在犹他州迅速接近，这时，中国人创造了一天铺设10英里（约16千米）铁轨的纪录，并率先到达了终点。

1869年5月10日，两支大军礼仪性地放下了最后一条铁轨，一列火车呼啸着驶过。这条用2000条性命换来的大铁路，最终改变了美国商业和财富的分布，并打开了2000英里铁路周边土地的空间和价值，拉近了美洲大陆的距离：从纽约到旧金山的旅途一下子由6个月缩短成7天。林肯虽没有看到铁路的建成,但他的梦想最终实现了。

在工程完成后,负责铁路西段的总工程师朱达由衷地说,这条美国铁路亏欠中国工人很多,那些值得尊敬的中国人,将被永远牢记在美国人的心中。

华工修建连接太平洋和大西洋的铁路

根据史料记载,华工承担着19世纪60年代中央太平洋铁路最艰难的攻坚任务,他们不仅工资待遇超低,而且作业风险很高,牺牲巨大。美国前任驻华公使和前任加利福尼亚州州长弗雷德里克·H.娄在国会的证词中明确说:"中国人每人每月工资31元,食宿由中国人自理。而雇佣白种工人每人每月要45元,另供食宿。算起来用一个白种工人每天要用2元,而使用一个中国工人只需要这个数目的一半。"在塞拉岭开凿隧道的过程中,冬季经常发生雪崩,工地住宿账篷至少四次在雪崩时被冲落峡谷,死亡华工数以千计。美国史学家在叙述华工的高死亡率时写道:"1865年末到1866年初冬,气温达到历史最低点。早在10月就下起鹅毛大雪,接着的5个月,暴风雪几乎连续不断。地面冰冻如石,路轨和建设铁路全被埋没,上面覆盖冰雪深达4.572米。工程进度十分缓慢。在10.19米的地下挖掘隧道,3000多名工人接连数月生活在那里,活像鼹鼠,从工作区要通过距积雪地面很深的漆黑一团的地道才能达到生活区。这种奇异可怕的生活经常遇到危险。随着山脊上的积雪越来越厚,雪崩愈益频繁。雪崩前除了短暂的雷鸣般的隆隆声,没有任何征兆。霎时间,整群工人、整个营房,有时甚至是整个营地呼地一下全被卷走,摔入几英里外的冰雪峡谷,几个月后,工人的尸体才被发现。有时人们发现整批的工人被冻死,他们的双手依然紧紧握着镐头或铲子。"1866年冬天到1867年年初,由于降雪过多,约1.3万名以华人苦力为主的工作队成员被困在内华达山东侧斜面的杜拉基溪畔的账篷中,而千辛万苦运到工地现场的粮食,常因雪崩而随账篷一起被埋在雪地里,这种情况造成大量人员伤亡。1866年12月,在内华达山西侧工作的华工全部遭到雪难,但内华达山顶的隧道工程仍继续进行。"雪崩频繁发生,在工程中丧生的华工越来越多,华工在密不通风的积雪中挖洞找烟囱,靠着微弱照明的灯笼,再挖一个抽取空气的洞。在这种情况下,华工们还是在大雪中挖出了一条横向的隧道。"克罗克的主要副手詹姆斯·

斯特罗布里奇在国会作证时说道:"雪崩毁坏了华工的账篷。在雪崩中,我们牺牲了大量的工人(指华工);有许多工人的尸体,直到第二年积雪融化以后才被发现。"对于华工来说,没有不可克服的困难,美国有句俗语"Not a Chinaman's chance",意思是连让"中国佬"来干也是没有指望的,你来干就更没希望了。

华工修建太平洋铁路

华工缴纳人头税的证书

为了纪念横贯北美大陆东西的铁路历史性的对接,加利福尼亚州一位名叫大卫·休斯的富商捐赠了一枚黄金轨钉。这枚轨钉比一般的轨钉要大一倍,直径大约有6英寸(约15厘米)长,钉身是用18K金铸成的。1869年5月10日,中央太平洋铁路董事长、加利福尼亚州州长利兰·斯坦福准备敲下这个黄金轨钉的第一槌。可这个时候,斯坦福却找来找去也找不到衔接两条铁路的枕木,突然之间,人群中有数个中国工人站了起来,肩上扛起了百年桂树之木,徐徐步至铁轨,然后肃然地把此木安放在两轨之底——通过他们之手,美国东西部得以连接。

一个多世纪过去了,无论是美国的太平洋铁路,还是加拿大的太平洋铁路,其主管部门均对当年付出巨大牺牲的中国劳工表示了歉意,尤其对当年的非人道行为表示深深的忏悔……①

只是,人们仍忽略了一点:这一条铁路的投资有相当一部分来自中国,来自伍氏家族,是伍秉鉴生前早已投入了的。

华工在雪地上工作的情景

伍秉鉴于1843年逝世后,其家业由其子伍崇耀(伍绍荣)(1810—1863)继承。伍崇耀与旗昌洋行继续合伙做大规模的投资。他从其父通过巴林洋行(Baring Brothers)在美国铁路和其他项目的投资中,收到了定期的效益。1858—1879年间,伍氏家族似乎收到了125万多美元的红利。当旗昌洋行于1891年宣布破产,约翰·福布斯成为伍氏家族的受托人时,记录显示旗昌洋行拥有属于伍氏家族的100多万美元受托基金。在1878—

---

① 以上综合新华网等关于"美国纪念太平洋铁路建成150周年,华工贡献得到肯定"等报道,2019年5月11日。

在美国修铁路的华工

1891年间，该家族的代表每年从此项基金得息39000～45000美元。

我们回过头来，了解下当年伍秉鉴的跨国贸易网络：从现存的伍秉鉴的信件中，可以看到与他保持通信的有在广州与他见过面或有商业往来的美国商人，如约翰·库欣（John Cushing）、约翰·格林（John Green），以及拉尔夫·贝内特·福布斯（Ralph Bennet Forbes）的三个儿子，即托马斯、罗伯特和约翰（他们三人同伍氏都是旗昌洋行的合作伙伴）。此外，还有纽约商人洛（A. A. Low）和小约瑟夫·库利奇（Joseph Coolidge Jr）等。伍秉鉴正是通过这些人以及欧洲、印度的其他商人着手建造他在各国的贸易网络的。①

19世纪初，伍秉鉴就通过曾在广州营商的印度帕史商人默万-吉·马尼克吉·塔巴克（Merwan-jee Maneckjee Taback）等，在印度建立其商业网络。其他印度商人如孟买的莫霍马达利·阿利·罗盖（Mohomadally Ally Rogay）、以澳门为基地的达达布霍伊·拉斯托姆吉（Dadabhoy Rustomjee）等，也都与伍氏有商务关系。伍氏在孟买的代理商詹姆塞特吉·吉吉博伊（Jamsetjee Jeejeebhoy）经营有方，到了19世纪30年代初，已在印度建立了独立的贸易网络。1842年4月24日的一份账单显示，詹姆塞特吉受伍秉鉴之托，购买珍珠，送到旗昌洋行，所需的款项可用孟加拉政府的7000卢比支付。如果不够，再请旗昌洋行代垫。詹姆塞特吉还受托在印度和英国经销中国的丝货和肉桂，并要求把在伦敦经销丝货所得的款项归入加尔各答的东印度公司的账目中。由此可知伍氏与各国商人，乃至与孟加拉政府间的复杂关系。

伍秉鉴还与美国和欧洲直接贸易。我们从他给美国商人的通信中可以窥见一些信息。鸦片战争期间的1841年11月21日，他给已经从广州回到波士顿的库欣（Cushing）写信说："四月和五月，我把价值约一百万美元的茶叶用船运到纽约和伦敦，我认为有希望取得好的结果。"两天后在写给罗伯特·福布斯（Robert Forbes）的信中，则说他正将三四

---

① 穆素洁：《全球扩张时代中国海上贸易的新网络（1750—1850）》，载《广东社会科学》2001年第6期，第81-82页。

百吨的茶叶装船运往荷兰。信中还提到,以前贩运的商货已经取得约50%的利润等。①

我们还可从一些信件中,看到伍秉鉴对其国际上的商业伙伴的关照和慷慨。他在1840年6月1日写给库欣的信中说:我现在写这封信,主要是为了说明,我已经把茶装上了"阿克巴(Akbar)号",总额约五万美元,茶将随船前往新加坡,如果茶不能够在新加坡以40%的利润销售,它将随英国船只被运往伦敦的福布斯公司。同时,在得到8%的年利率后,我将把该次商业投机所得的全部利润给J. P. 斯特奇斯(Sturgis)先生,倘使赔本,我将独自承担。我希望斯特奇斯先生今年将创造大约四万或五万美元。并且,我放弃他欠我的在老账目上约三万美元的利息。

伍秉鉴最重要的盈利方式是通过金融市场而大赚其钱。他从美国人那里取得现金,为美国和印度商人提供信用贷款,收取利息,之后又在美国投资而得益。这是他抓住美国在中国和印度洋的贸易扩张,以及新加坡港于1819年开埠而出现的机遇而采取的举措。他投入的资金是相当巨大的。信件中就提及他通过口头协约借贷31020美元给库利奇(Coolidge),又给予洛(A. A. Low)一笔25000美元的信用贷款。他在1840年6月28日给约翰·福布斯的信中说,"我在美国和欧洲拥有大量基金,这些基金你必须尽可能谨慎管理,保证其安全,并让它产生利润;在英国商业确定以后,把我的所有基金以孟加拉的硬币或账单的形式,送回中国我的朋友旗昌洋行(Russell and Company)那里"。②伍秉鉴在1834年估约拥有2600万两银币(折约5600万美元)的财富,被认为拥有当时世界上最大的商业资本。

第七十九章 "亚罗号"事件:站不住脚的战争借口

第二次鸦片战争爆发,其导火索竟然是一条小小的划艇——"亚罗号",今天看来真是匪夷所思,然而,其背后牵涉的政治、军事、外交乃至文化诸方面的因素,迄今仍争论不休,而十三行则是这一事件中的一个注脚。

"亚罗号"事件事出偶然,实则必然,我们要从第一次鸦片战争结束后的国际、国内局势谈起。

19世纪50年代左右,资本主义世界新的工业高潮到来。1848年美国加利福尼亚金矿和1851年澳大利亚金矿先后被发现,极大地刺激了欧美资本主义的进一步发展。关于前者,马克思曾把它和同年发生于法国的"二月革命"相比,认为它是当时世界上发生的两大历史性事件之一,并预言它所带来的成果将会比美洲大陆的发现所带来的要大得多。③随着19世纪初期机器人工业完全取代了工场手工业,英国工业生产总值突飞猛进,

---

① 穆素洁:《全球扩张时代中国海上贸易的新网络(1750—1850)》,载《广东社会科学》2001年第6期,第81-82页。
② 穆素洁:《全球扩张时代中国海上贸易的新网络(1750—1850)》,载《广东社会科学》2001年第6期,第81-82页。
③ 〔德〕马克思、恩格斯:《马克思恩格斯选集》(第二卷),人民出版社1972年版,第52页。

1850年英国连同其殖民地的贸易额占世界贸易总额的36%以上。法国自1848年革命后，工业生产总值和进出口贸易额迅速上升，资本主义经济有了显著的发展，仅次于英国。美国是一个后起的资本主义国家，在金矿被发现后，整个国家经济处于大繁荣发展阶段，经济活跃程度标志之一的财政收入，在1844年只有2900万美元，到了1854年已经超过了7300万美元。仍处于封建农奴制度下的俄国，在世界资本主义经济复苏与繁荣的影响下，国内的资本主义也获得了一定的发展。

这一切的发展都导致一个结果，那就是各国工业的发展需要有广阔的新市场与之相适应，而现实并不能令这些国家满意。在第一次鸦片战争结束后的最初几年里，英国对华商品输出获得显著的增长。很快，1846年后，英国对华输出便呈大幅度下降趋势，这一情况令英国资产阶级大失所望。马克思在1858年指出，"中国市场的特点是：自从它根据1842年的条约开放以来，中国的茶叶和蚕丝向大不列颠的出口额不断增长，而英国工业品对中国的进口额，整个说来却没有变化"。这体现了英国对中国商品市场的错判与误估。中国自给自足的自然经济即使在西方的炮火之下也还是难以被瓦解，而英国资产阶级置中国市场需求于不顾，对华商品倾销带有很大的盲目性；此外，鸦片贸易额的不断增长，不仅严重削弱了中国人的消费能力，并且鸦片贸易与合法贸易也难以兼容。

国际关系上，1856年3月，英、法、俄三国结束了为期三年多的克里米亚战争，英、法两国作为战胜国与俄国在巴黎签订了《巴黎和约》，并腾出手来积极谋求远东利益；美国作为新兴资本主义国家一直在推波助澜，以实现与老牌资本主义国家共同瓜分中国利益的目的。

国内方面，在中国大门已被强迫打开的前提下，1853—1856年的太平天国运动便不同于历史上的农民运动。太平军前期迅猛的蔓延态势一度使西方列强钻营时机向其示好，直到1854年列强认为已经无法从中捞取油水才作罢。清廷调集全国精锐兵力全力"剿匪"，对发生在广东沿海地区的列强的频频试探与"修约"意图表现冷淡。列强屡屡受挫，十分恼怒，以"修约"为目的的大战一触即发。

所谓"修约"，是指以英、法、美为主的侵略国家要求修改第一次鸦片战争后签订的系列条约，增加新的条款，以满足进一步获取在华利益的需求。"修约"从一开始就充分暴露了列强的强盗行径。①

中美《望厦条约》和中法《黄埔条约》分别于1844年7月、10月签订，前者第三十四款明文规定，"和约一经议定，两国各宜遵守，不得轻有更改；至各口情形不一，所有贸易及海面各款恐不无稍有变通之处，应俟十二年后，两国派员公平酌办"；后者在第三十五款中也强调，"日后大佛兰西皇上若有应行更易章程条款之处，当就互换章程年月，核计满十二年之数，方可与中国再行筹议"。中美商定须到1856年才能就各口岸具体情形进行讨论。中法亦商定1856年后才能开启新筹议，至于中英《南京条约》，则并无任何类似的修约条款，而英国方面却罔顾国际法，援引"最惠国条款"，要求"一体均沾"。1854年，《南京条约》签订届满十二年，英国驻华公使包令伙同法国驻华公使布

---

① 王铁崖编：《中外旧约章汇编》（第一册），第50-57页。

尔布隆、美国驻华公使麦莲，正式向清政府提出"修约"要求。历史上，这一"修约"要求被称为广州投文。

1854年4月，英、法、美三国公使携带着远远超过原有条款界定的新约内容正式致函两广总督叶名琛，申请"修约"，至同年11月三国公使离开大沽口南下止，此为时长逾半年的第一次"修约"交涉。① 此次对华交涉的新任英国驻华公使包令是一位对华强硬派，他的对华态度部分源于1849年履任广州领事时的一次经历。这一年广州城内正如火如荼地进行着反入城斗争，两广总督徐广缙寸步不让，在民间积极组织团练并同时采取停止对外贸易、分化洋人、鼓励英方的策略，令包令的前任文翰公使"大为窘迫"。受这次事件影响较大的有两个人。一个是叶名琛，他刚被擢升为广东巡抚便辅佐上司"顺民阻夷"并获得胜利，事后更是得到朝廷封爵。叶名琛自觉已有制胜的外交心得："办理夷务，本非共有辙迹可按，因时因地，神而明之，存乎其人。先守一定不易之见，常求随在可侍之图，庶先声可夺，而后患自弭矣。"② 叶名琛颇得咸丰帝赏识，1853年授两广总督，正式走上前台全权处理外交事务。另一个便是包令，据说包令有语言天赋，声称懂得100多种语言，曾经当选议员。那场反入城斗争令他对中国人极为反感，从此之后，包令主张对华采取强硬手段。两人互为对手，态度强硬，随后局势的恶化与之不无关系。

包令致叶名琛的长篇照会除了要求"修约"外，还以大量篇幅罗列了十年来中英间未解决的"积案"，要求进行"清理"，其中入城被置于首位；照会提出双方会晤地点"应在省垣贵署，他即不能议矣"，威胁倘不获会晤，他将"自行前往京师"③。对以上照会内容，叶名琛有着自己的理解，他首先对会晤地点表示坚决不允，必须另选城外地点。对于陈年积案，他懂得以牙还牙威胁包令"总是，既敦和好，原期大众相安，其事自当易办；若一味勉强，其事恐亦不能行也"④。至于"修约"，叶名琛置之不理。这当然不是叶名琛的遗漏，事实上，叶名琛的情报网一直在工作。早在一年多以前，叶名琛便得知英国打算"修约"，并认识到英、法、美三国有"趁火打劫"的嫌疑，但他的认识仅限于此。他既不知道"修约"的具体要求，更不知道"修约"的目的。他认为这是列强的又一次"饶舌"，只需"相机开导，设法羁縻"即可应付。⑤

叶名琛傲慢与超然的表态在包令的意料之内，也是包令采取下一步行动的前提。他曾说：我仅仅希望（从叶名琛处得到）一个否定的回答。接到这样的回答，我将立即安排北上。⑥ 包令还在观望中国国内战争形势，同时也希望北上进一步试探清政府的态度与

---

① 亲历道咸两朝的广东士绅梁廷枏在《夷氛闻记》中称叶名琛为"千载奇人"，评价其外交策略为"不战不和不守，不降不死不走"。不过，认真查阅叶名琛的从政履历与处理的内务便可以发现他其实是一位聪明能干、有魄力的官吏。然而，在晚清复杂艰难的时局下，也许任何一位能吏也无法左右列强对中国的一步步蚕食。
② 徐广缙、叶名琛奏折，见《咸丰夷务》（一），第103页。
③ 〔日〕佐佐木正哉编：《鸦片战争后的中英抗争》（资料篇），第185-187页。
④ 〔日〕佐佐木正哉编：《鸦片战争后的中英抗争》（资料篇），第189页；《咸丰夷务》（一），第369页。
⑤ 《咸丰夷务》（一），第369页。
⑥ 参见茅家琦著《太平天国对外关系史》。

底细。于是，包令与美国驻华公使麦莲于1854年6月上旬到达上海。

广州投文后，则为上海交涉。5月间麦莲已经以呈递国书为名多次要求面见当时的两江总督怡良，① 并获得同意，所以上海"修约"便由麦莲率先出马。在面见怡良之前，他特地邀约吴健彰来美国驻沪领事馆。麦莲采用了劝诱与恫吓相结合的谈判方式，在中国早期的封建买办官吏面前树立了一个通情达理且深明大义的"夷人"形象。麦莲更表示中国的太平天国运动所造成的内乱给美国对华贸易造成了极大的损失，但美国仍然愿意协助清政府"会同缴办"太平军，进而开通长江贸易。他进而骗说南京、镇江的太平军均愿与之通商，不过美国拒绝了。事实是，麦莲在天京（今南京）之行后就已经对与太平天国通商获利绝望，认识到只有继续支持清政府在中国的统治才能维持英、美等国的在华利益。最后威胁清政府，如不同意，美国不会束手坐视并会设法保全在华商务。吴健彰心领神会，在上报怡良时美化麦莲的意图。及至6月下旬，麦莲在吴健彰等的陪同下在昆山与怡良面谈。麦莲继续沿用以上说辞并正式提出"修约"要求，且利诱说"修约"后中国每年可多获取500万两财政收入。怡良不敢专擅，并且也没有必要替叶名琛拿主意，于是，他把皮球重新踢回广州。得知这一情况后，咸丰帝谕令叶名琛"坚守成约，断不容以十二年变通之说，妄有觊觎"②。包令与麦莲并不信任怡良与吉尔杭阿（江苏巡抚）的建议，直到吉尔杭阿保证"叶钦差已接奉上谕，饬令承办外国公使们的建议"③ 后才相继返回广东。

对英、法、美三国来说，返粤之行是毫无收获的。8月下旬他们继续向广州投递照会，但叶名琛给出了毫不让步的答复，一个是不允在广州城内商谈修订条约，一个是表明自己并无专擅之权，一切还得听从北京的旨意。包令等非常失望，在香港即与其他两国公使做出放弃与叶名琛会谈，直接上北京的决定。

而后是白河谈判。包令等对上北京解决问题的信心要远远高于直接与叶名琛商谈。包令等认为中国内战的压力使得朝廷会对外国更加友善，更易于放宽限制；他还认为在武力的威胁下，清政府是极容易屈服的，1848年青浦教案中两江总督李星沅在英国领事阿礼国"战舰咆哮"政策下的软弱退让令他印象深刻。英领事以军舰扣压1400只中国粮船，最终逼耆英将10名水手枷首示众。他们正确地判断了中国国内的形势，却错判了清政府官员的态度，还低估了中国封建王朝竭力维护礼仪上邦的执着。晚清政府的封建官吏惯于敷衍或者给予似是而非的回答，包令等对此常常别无他法，只能选择暂信。比如，与英、美两国友好的江苏巡抚吉尔杭阿为劝包令返回广州，最终保证"叶钦差已接奉上谕，饬令承办外国公使们的建议"④，包令回到广州后，叶名琛表示同意商定"修约"，不过如果稍有更易旧约，则须请旨，自己不能专擅。还有一例，1854年10月3日，吉尔

---

① 《咸丰夷务》（一），第263 - 265页。
② 《筹办夷务始末》（咸丰朝）卷八，中华书局1979年版，第28页。
③ 〔美〕马士著：《中华帝国对外关系史》，张文汇等译，上海书店出版社2006年版，第745页。
④ 〔美〕马士著：《中华帝国对外关系史》，张文汇等译，上海书店出版社2006年版，第745页。

杭阿对三国公使表态：毫无疑问，皇上会派一个人到这里（上海）或到广州来和你们会商①。而同年10月4日，吉尔杭阿再次上疏咸丰帝，力陈如果不满足英、美两国的需求，半年内英、美两国则会"伺衅而动"，希望"钦派重臣会同两广督臣妥为查办"，咸丰帝阅后大怒，认为吉尔杭阿过分迁就英、美两国，威胁朝廷。吉尔杭阿的奏请当然不予所准，但三国公使已经信服吉尔杭阿的表态，认为朝廷会重视他们的请求，派遣重臣与他们谈判。

咸丰帝在位11年，几乎伴随着整个太平天国运动的兴起与发展。在其生命的最后几年里，英、法、美国等列强卷土重来，挑战天朝体制，最后竟然直接攻入北京，洗劫圆明园。咸丰帝不具备他的祖先们恰逢盛世的机遇，更不具备祖先们开疆拓土与治国安邦的才智。在这样一个复杂动荡的形势下，年轻的咸丰帝与所有的封建帝王一样镇压削平如太平天国运动、小刀会或者捻军起义之类的内乱。他敌视西方列强，不仅因为他们挑战天朝体制，还因为他们私底下与天京方面"勾搭"。所以，他时常警告一些封疆大吏必须警惕外强们的险恶用心与邪恶策略，这也是他拒绝向外强"借师助剿"的重要原因。在"修约"问题上，咸丰帝正确地提出只能在第一次条约的框架内进行枝节上的修改，坚决反对列强的大修意图。但是，他常常低估了列强们"修约"的决心与坚持，这与朝廷大臣的主观奏报有关系，根源更在于中国封建制度培养的溶于血液的以自我为中心、故步自封的帝王性格。所以，在列强的步步紧逼下，他只能指示全权代表叶名琛"不可激生事端"，应当"坚守定约"，不可"一味迁就"。这种观点是咸丰帝主持天朝外交工作的核心思想。②白河谈判，包令与麦莲是有备而来的。10月份的最后一天，长芦盐政崇纶作为专使到达大沽正式展开谈判。英美两国交出了各自的变通条约清折，许多条款最终在第二次鸦片战争后签订的《北京条约》《天津条约》等条约中得以实现，但在此次续约中，清政府采取的策略是"查照原立条约"满足部分"情理可原者"③。英、美、法三国对此回复非常不满，便报告本国政府，随后南下返粤。至此，英、法、美三国第一次酝酿的"修约"失败。

英、美两国政府驳回了包令等提出的派遣英、法、美三国联合海军以武力威胁中国"修约"的要求，原因主要是英、法两国此时正深陷于克里米亚战争中，兵力缺乏，无暇他顾。咸丰帝却误认为西方列强汲汲营营，稍微得到利益便能俯首帖耳。然而，不到一年，第二次"修约"交涉便又开始了。

1856年正好是中美《望厦条约》签订届满十二年，美国政府决定再次向清政府提出"修约"要求，所以此次"修约"以美国为首，只不过在中美"修约"交涉无果时，英国便已经发动了第二次鸦片战争。

英、法、美三国的第二次"修约"交涉以伯驾为首。第一次"修约"失败后不久，麦莲便辞职回国，1855年9月伯驾被任命为美国驻华委员，接替麦莲在中国的工作。伯

---

① 〔美〕马士著：《中华帝国对外关系史》，张文汇等译，上海书店出版社2006年版，第745页。
② 《咸丰夷务》（一），第253、262页。
③ 《咸丰夷务》（一），第340页。

驾是美国传教士、医生兼外交官，他数次在美国历任驻华委员离华期间担任代办，非常熟悉对华事务。赴华前，伯驾接受了美国政府的指示，分别与英国外交大臣克拉兰敦和法国外长瓦尔斯基会晤，三国在对华问题上协商并取得一致。随后，伯驾满怀信心地启程来华，于1855年12月31日到达香港。

跟前一次"修约"交涉一样，叶名琛在接到伯驾的照会后，便推诿拒见了。事实上，在叶名琛署理清朝对外事务的任期内，任何国外使节的照会请求他都没有同意。所以，伯驾不感到意外，但如此温吞的冷遇令他感到异常窝火，他决定绕过广州找老朋友吉尔杭阿来周旋中美"修约"的事务。吉尔杭阿是江苏的买办型官吏，但此时他已奉命帮办江南大营军务，率军赴镇江，进攻太平军。吉尔杭阿劝解伯驾，五口通商事务该找谁解决还得找谁，其他官员不得僭越。无奈之下，伯驾准备再找叶名琛尝试一次，于是，1856年3月上旬提交了第二次照会，叶名琛依然拒见。伯驾意图通过怡良上奏咸丰帝，于是辗转通过上海海关司税李泰国向上海道蓝蔚文施压。接到怡良的奏报后，咸丰帝仍然坚持"五口通商条约虽有十二年再行更定之议，不过恐日久弊生，或有窒碍之处，不妨小有变通，其大段章程，原未能更改"①，且强调五口通商事宜均由广东方面负责，其他省份官员不得越俎代庖；广东方面则指示条约细节方面可酌情办理，过分要求则不予应允，尤其要防止外夷北上，还告诫叶名琛不得拒而不见，错失先机。

1856年5—6月，三国公使（代办）先后照会叶名琛，再次提请清政府方面应准备"修约"事宜，叶名琛接到咸丰帝指示，以第一次"修约"中麦莲的失败之行劝阻伯驾北上，并表示条约不得修改，除非皇帝有新的恩旨。

交涉失败后，恰逢美国驻华海军司令奄师大郎准将（Commodore James Armstrong，又译为阿姆斯壮或亚门司龙）告知将率军舰于8月中旬左右从日本驶回上海，于是，伯驾于7月初动身前往上海与之会合。伯驾抵沪后获悉半年以来清军节节败退而太平军却风头正盛，他认为这是一个干涉清政府内政的极好机会，便去信包令，建议三国公使前往北京，还可陈兵于白河口以示威胁。然而，实际情况是，除了伯驾能调动美方两艘战舰外，包令与顾随（法国驻法代办）均未被赋予调动该国远东战舰的权限。照包令看来，一次不够场面的武力炫耀可能会适得其反，且英国方面认为应置身中国内战之外，于是他们静观其变。

伯驾只得留在上海继续活动，最终搭上怡良。作为封疆大吏，怡良自有过人之处，1854年曾成功地把"皮球"踢回广东，这次也不例外。怡良敏锐地发现伯驾单独北上"修约"一事有异常，进而提出即使"修约"，分两地办理也是不应该的，且该事务本属广东方面所管。伯驾既得到答复，又因10月下旬白河即将封冻，于是返回澳门。不过，此时第二次鸦片战争已经爆发，接下来伯驾所寻求的是如何从战争中获得最大利益。

两次"修约"交涉失败是第二次鸦片战争爆发的直接原因，而"亚罗号"事件是导火线，是站不住脚的战争借口。

1854年，中国人苏亚成制造了一艘式样上中西合璧的划艇——"亚罗号"，这种式

---

① 《咸丰夷务》（二），第452页。

样被外国人称之为"lorcha（绿壳）"。"亚罗号"后来被卖给一个在香港定居的中国人方亚明，为行走方便，方亚明为"亚罗号"领取了香港殖民政府的执照，使之能够悬挂英国国旗并受英国政府保护。正是据此，巴夏礼认为"亚罗号"为英国船只，与其他在香港制造的船只没有区别。但船上水手全是中国人，挂名船长是一位名叫托马斯·肯尼迪的爱尔兰人。所以，"亚罗号"便成为一条在中国制造、为中国人所有、在中国水域行走，却受到英国保护的船只。第一次鸦片战争后的清政府面临着对主权逐渐失控的局面，如果"亚罗号"当时悬挂着英国国旗，那么这次事件很可能不会发生，因为广东官员必会根据实际处境做出更为合适的外交决定。而问题却在于，根据英国相关条例，如果进入他国口岸，则应下旗抛锚，船长登岸。这么一来，行走于中国水域的"亚罗号"表面上同中国船只没有任何区别。

问题出在"亚罗号"的水手上。助理领水员梁明太、梁建富原先为海盗，在被雇佣前半个月曾经劫了两条中国货船。船主是一位名叫黄连开的绅士，发生劫案时，他正在船上，目睹了整个凶劫现场，侥幸逃脱一个月后居然再次碰见梁明太，他随即向广州水师报信。水师千总梁国定按照程序带兵登上了"亚罗号"，此时的"亚罗号"既没有悬挂英国国旗，也没有外国人，于是，梁国定便把"亚罗号"当作一条普通的中国船只来处理，带走了嫌疑人。对此，马克思曾指出：中国水师登船抓人时，他们认为它是一只中国船，而这是正确的。①

从事件始末看，英方认为的中国官兵扯掉英国国旗的事件其实是子虚乌有。若干证据证明，当时的"亚罗号"船上根本没有悬挂英国国旗，也无船长在场，更不必说这艘船只的殖民政府执照在9月28日便已过期，英方咄咄逼人的态度完全不合情理。

包令听信巴夏礼的一面之词，认为中方辱旗事件属实。对此，叶名琛照会英方：

> ……查此划艇本系中国人苏亚成所造，并非外国船只，贵国旗号系属波碌行买得，前已审明该犯吴亚成供认确凿。当兵勇到艇拿人之际，原不知系外国船只，该艇系泊海珠炮台左右，本系中国人苏亚成之船。即如贵国划艇湾泊下碇，向将旗号手下，俟开行时再行扯上，此贵国一定之章程也。到艇拿人之际，其无旗号，已属明证，从何扯落？巴领事官屡次来伸，总以扯旗欲雪此辱为名，其实并无违和约之处……②

叶名琛陈述了事件始末并以英方船例和中英和约为依据，所以，伦敦方面实际上已经认同了中方的解释，并清楚事件的实质情况，但依然放纵包令的歪曲与蛮横。因为伦敦方面在"亚罗号"事件上发现了战争借口，而叶名琛还天真地表示"此小事，不足较，其也畀之"，并将船上水手送回。英方不收，也不看叶名琛的照会，且威胁"……须梁国定亲往伊船，由彼讯明定案……以明日午刻为限，如逾期不允所请，即进兵攻

---

① 〔德〕马克思、恩格斯：《马克思恩格斯选集》（第二卷），人民出版社1972年版，第13页。
② 《筹办夷务始末》（咸丰朝）卷十七，中华书局1979年版，第611-619页。

城"。叶名琛对英方的威胁不以为意，始终认为"亚罗号"事件属于内政，英国干涉本属无理，居然还想为此入城，简直不可理喻。其置之不理的态度却被包令误以为强硬对抗。包令说：虽然我们不断地向广州的这位总督大人施加压力，但到目前为止，他仍不为所动。对待这样不可雕琢的愚顽之辈，可真没有办法。

英方已经没有耐心与叶名琛打太极，两次不愉快的北上经历使包令的对华态度越发强硬。他说，"以单纯行动，而没有一支堂皇的兵力助其声威，欲求从中国人方面取得任何重要进步，是毫无希望的……"1856年10月23日，英国驻印度区舰队司令西马縻各厘（Seymour）率领三艘船舰封锁珠江，炮击广州城。对此，叶名琛声称"必无事，日暮自走耳"，还下令清军不得还击。在英军进行武力威胁的同时，包令与叶名琛就英军入城、入城谈判等问题进行若干次照会，叶名琛皆断然回绝，并奏报北京。10月23日，英军舰队越过虎门，攻占猎德、鱼珠炮台，战争正式开始。24日，广州河南凤凰岗炮台被轰毁。25日，海珠炮台等沿江炮台均被攻占。27日，英军开始炮击广州城，并于29日一度攻入广州外城。

最终于29日，英军百余人打开城墙缺口，攻陷总督府。直至此时，叶名琛依然不慌不忙，一是他认为英军规模有限，战争不会长久；二是他使出了常用的"撒手锏"，即断绝所有通商并将责任推到英国头上——在晚清外交史上，这是初期的"以夷制夷"策略。

事情的发展态势与叶名琛的估计有一些吻合，英军兵力严重不足，且遭到广州城内军民的持续抵抗，这里面当然有地方绅商的积极参与，洋人的"老朋友"——十三行行商对此一直没有置身事外。在城内形成拉锯格局之时，行商伍崇耀与巴夏礼商定，中英谈判会所定于城外一地址，布政使汪国霖表示支持。叶名琛得悉后，做出了相反的判断，他认为广州城内军民正同仇敌忾，团练逾2万，"西关团勇也有数千，扬旗列队过十三行洋楼外"，英军已经抵挡不住广州军民的武力对抗。叶名琛根据历史经验与不可信的情报，还得出结论：为了商业利益，英国必然不敢与清政府决裂。为此，叶名琛一直镇定自若，对上谎报军情。事实证明，叶名琛的判断如果放在19世纪的前30年，也许是正确的；但时过境迁，国际形势发生巨变，国家主权以不可遏制之势被削弱，他的结论被第二次鸦片战争证明是错误的。

很快，广州沦陷，叶名琛也成了战俘，先被押往香港，再被运到印度，不久便死在牢里。时人讥讽他"不战不和不守，不死不降不走。二十四史翻完，千载奇人未有"[①]。

11月初，为了便于防守十三行地区，阻止中国军民袭击外国商馆，英军竟然丧心病狂地拆毁了十三行地区周围大片的民房，留下一片开阔地以作为天然屏障，不让任何人出现在其视野中，而且派兵扼守住西边的新豆栏街。

爱国的民众用合并游击战术，处处令英军受到困扰。停在珠江的英舰经常受到火筏的攻击，只得用沙船筑成防卫圈。爱国民众还用上了火药瓶与水雷。11月12日，英军用于防卫的沙船被炸毁。11月13日，两颗水雷在一艘英舰旁爆炸。11月15日，中国水师

[①] 陈永正著：《岭南文学史》，广东高等教育出版社1993年版，第555页。

船趁着大雾炮击了两艘英军炮舰……

12月14日深夜,又一场大火在十三行旁边烧起。先起火的地方,是已被拆毁的店铺、民房的残址,那里有不少被拆下来的木建材,无疑是最好的引火材料。对侵略者恨之入骨的民众,已不在乎自己的住所能否重建,索性点上一把火,烧向侵略者。火势迅速蔓延到十三行地区——此时已是英国侵略军的据点。整个十三行笼罩在烟雾之中,在大火中迅速化作灰烬。

十三行的毁灭(英国画)

英军失去了这一据点,只好撤回珠江江面的军舰上。半个月后,他们被迫撤离了广州,以待后援到后再卷土重来。

但广州最后仍难逃一劫——1857年1月12日,英军从西濠登陆,放火烧掉了中方的十三行商馆区东西沿江一带的商行与数千间民房,作为对约一个月前广州民众烧毁十三行外国商馆的报复。

"亚罗号"事件的发展已非清廷所能控制,叶名琛欲以禁止通商相威胁,殊不知,风风雨雨绵延三百年的十三行商馆最终毁灭于此次事件中。

第八十章　不堪忍受的屈辱与苦难

有人说,十三行消失了,五口通商了,这是加速了现代化的进程。实在是大谬特谬。试想,十三行存在时,中国的经济在世界排名靠前,十三行消失后,一落千丈。还有,我们的外贸,十三行在时,基本都是出超;而十三行消失后,大量白银外流,国已不国。再有,十三行之后,鸦片竟成了合法的进口商品,愈加肆无忌惮地残害整个中华民族,败坏整个民族的体质,这也可算是加快现代化进程吗?

历史是一面很好的镜子。只有站在更广阔的历史背景上，我们才可能重新认识十三行的价值、十三行所不应招致的命运、十三行有可能继续发挥的作用。

凭此，我们可以说，十三行正是这场不义之战的牺牲品，是内外的合力摧毁了十三行。在外，帝国主义列强掏空了中国的财力，进而剥夺了以十三行为代表的新兴商人阶层兴起、发展的机会，阻碍了中国资本主义的正常发展；在内，封建势力与列强相互勾结，利用形成的力量延缓、阻滞了中国封建社会经济的最后解体，从而使十三行不能见容于社会。

十三行商人早已在欧美投资，甚至已经融入国际资本运作，他们周遭业已产生启蒙主义思潮，在商人有可能作为新兴资产阶级成规模地出现之际，十三行突然招致如此巨大的劫难！我们当怎样去思考这一段历史？

神话消失了，但神话所代表的族群精神比神话更为久远与顽强！这便是十三行的遗产！

而今，关于十三行的首富伍家，尚未见有研究专著出现。诚然，关于伍家的史料比比皆是，只要有史识，就不难写出一部既大气又有历史深度的皇皇巨著出来。但是，我们对这一家的认识，时至今日，似乎还很难写出历史的本来面目。近来对其最公正的评价，也只是附翼于西方资本——对这样的评价，我们当如何解读？

伍家"附翼西方资本"并不符合历史事实。众多的史实证实，反而是西方附翼伍家及其他十三行行商资本。且不说伍家在美国太平洋铁路的投资，也不说他一手扶持、入股的外国公司，下面仅提一下外国人对这位十三行首富的豪爽、大方、慷慨的描述：

> 他（伍秉鉴）接受一艘美国船的直接委托，他的慷慨，仿佛这只船是由他的一位老朋友经营的一样。例如有一艘由C船长指挥的船驶入黄埔，船上载有大量水银，当时这种货物价钱跌得很厉害，货物卸上岸并存放在浩官（按：即伍秉鉴）行里，他提出按市价收购。几个月过去了，当预示交易季节的西南季候风结束时，各商馆开始为他们的船只搜购回程货物，每天都有新茶到达。水银仍然无人问津，若以当时的价格售出，所得款额可购的茶叶数量，与船的容积差距甚大。同时，接获消息称，纽约茶价上涨，显示可获大利。因此，C船长决定将水银售出，尽快将可购得的茶叶装运，结算售价，即商业用语"结账"（按时登记）。然后立即开始收购。在这个过程中，浩官对他的委托人说："老友，你将得到满载的货物回程，我来供货给你，你可以在下一次付款给我——你不必烦恼。"一切都安排妥当，船开始装货了，装到一半时，浩官又来找船长，并通知他说，由于北方各省商人突然急需大量水银，大大提高了它的价值。所以他按照目前的价格清算这批货物，还在他的账户上将先前所购的注销。由于承托人方面的这一慷慨行为，C船长得以满载货物而归，而且不用欠货款，并使他这次航行的收获差额，差不多达到3万元。这件事是几年之后，C船长在广州亲口对我讲述的。

> 一位曾在广州居住多年的美国先生，拥有一笔可观的财产，遭受严重损失。重整旗鼓的希望诱使他继续开业，此事得到浩官的大力帮助。他们两人像该地通常所

说的"老友"。经过相当一段时间,在 W 先生支配下的款项数额颇大,这位行商没有对它进行查询,直到第二年或第三年年底,他的账目和浩官的进行核对,浩官得到有利差额共计 7.2 万元。而这笔钱,他只收取一张期票,并将其锁在保险箱里。由于我懂得中文,所以在这种事件中我常常从旁协助,这并不是持票人怀疑发票人方面有什么不法行为,只不过是为了他自己称心而把它们译成中文。可以这样说,当时广州的中国人,没有一个是能够读或写英文的。我见到这些期票仅仅写着认可的金额、日期和开票人的姓名。日子一天天过去,W 先生时常表现出返回美国的想法,总希望他的事业会发生好转,以便他能够注销他的票据。然而,它是用一种极为出人意料的方法注销的。

有一天,W 先生去拜访他这位中国老友,老友说:"你离家这么久了,为什么不回去?"W 先生回答说他不能回去——他无法注销他的票据,只是此事阻碍他。浩官询问是否只是这张债券使他滞留广州,假如他没有一点收入,用什么来维持在美国的生活。回答是没有其他债务,而他并不是没有财源的——只是欠了这份债券!浩官立刻把账房叫来,并命令他把库房内装期票的那个封袋拿来。把 W 先生的期票拿出,他说:"你是我的第一号'老友',你是一个最诚实的人,只不过不走运。"他接着把期票撕碎,将纸片扔进废纸篓,并说:"好了!一切取消,你可以走了,请吧。"那就是说,"我们的账现已结清,你高兴什么时候走,就什么时候走吧"。①

在这一段文字后,亨特更提到鸦片战争中,伍家出的 110 万、潘家出的 26 万,其他行商出的 64 万"赎城费"。也提到伍家与旗昌洋行、巴林公司等不仅是生意上的关系。

当时的仕人,如谭莹等,认为伍秉鉴"身系兴亡之局",绝非夸饰之辞。行商的人品,在那个年代始终在闪光,如潘致祥愤然称"宁为一只狗,不为行商首",敢于顶撞炙手可热的新任粤海关监督佶山;又如谭康官等不惧外商威逼"告洋状",迫使东印度公司严罚英国奸商。

平心而论,伍家在十三行行商中,当是有高瞻远瞩的眼光的,诚然,潘家等也同样具有世界视野,他们堪称国际级的巨商,但是,潘、谭、梁等家,却最终"归儒"而弃商。独伍家异乎常人,找到了继续经商"开放"之路,至少仍在商场活跃。这在当时,不独是眼光,更是一种胆略——敢于冒险的胆略。

在中西文化接触乃至冲突中,十三行行商们无疑从自己的实践中,找到了周旋其间的方法,但这不被自以为天朝上国的清廷所接受。然而,一旦战事发生,腐败的军队连遭败绩之时,清廷又想到了他们。当然,一方面是想到他们有钱,想逼他们来付给外国的赔款;但另一方面,亦想到他们谙熟洋务,在与外国谈判之际,多少可以减少一些损失,少丢一些面子。

《南京条约》签订时便是如此。清廷派出了耆英、伊里布赶到江苏,与英方联系。

---

① 〔美〕亨特著:《广州番鬼录 旧中国杂记》,冯树铁、沈正邦译,广东人民出版社 2009 年版,第 52-53 页。

其时英舰已直逼长江口,无论朝廷还是地方上的官员,乃至将军,均已经对战争失去了信心。耆英本就是主和派,派他去无非是讨好英方。而伊里布则善于实行"抚"的政策,并已博得英人的好感——在这之前,英军到达浙江海面时,当时在浙江的钦差大臣伊里布根本就没有做打仗的部署,不仅向英国人求和,还应英国人的要求,向定海居民发出告示:"务须各安耕读,自保身家,如果夷人并不向尔等扰害,尔等亦不复行查拿也。"完全的卑躬屈膝,一副洋奴相。此举遂使英军移师广东。

耆英

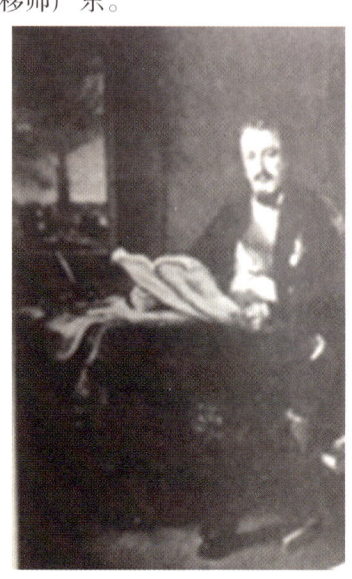

璞鼎查

当耆英、伊里布赶到时,英军并不理睬,直到英军越过江阴炮台,攻陷镇江,开进南京的下关时,才同意和谈。而这时,耆英和伊里布才想到十三行行商善于与洋人打交道。

于是,他们立即上奏道光皇帝,请从伍家"择其明干能事者一二人,随同襄办"。①

所谓"明干",当是指通晓夷务,了解对方的心理;所谓"能事",便是善于斡旋,可起到缓冲、调节的作用,不至于遭到凌辱,能少赔则少赔。这一奏折,是否还包含别的用意,很难说。让十三行商人当挡箭牌,谈输了,赔大了,也有了"替罪羊",与他们无关——这一想法也不可排除。

伍秉鉴年事已高,行走不便,濒死之人岂可再受辱,而派儿子去,似乎太嫩了一点。当然,儿子也早已涉足洋务,自己也没少言传身教,但总归一个不放心,谈判虽处下风,但也别让洋鬼子唬了!于是,同时又让同顺行的吴天显陪同。

赶到半路,又传来道光皇帝的圣旨:广东洋行商人,江苏地方无可差遣之处,不用

---

① 李国荣主编:《清朝洋商秘档》,九州出版社2012年版,第306页。

前往。①

不过，道光皇帝的圣旨也没用了。因为此刻，丧权辱国的《南京条约》已经签下来了。耆英、伊里布和两江总督牛鉴，生怕英国人生气，等不及伍家的人到来，就急急忙忙全部接受了璞鼎查提出的和约条款，不敢提出任何异议。

消息传来，伍家只能跌足长叹。

自然，《南京条约》这一可耻的城下之盟，成了中国近代史，不，是整个中国历史上加在中华民族头上的不平等条约之祸首。这回赔的是2100万两银圆！而当时清政府的库银仅有700万两。少不了又让十三行行商们给贴上。这回，伍家又出了上百万两！中国的财富就这么汹涌地流到了西方列强手中，使他们暴富，迅速地实现工业化、现代化。而中国的财富急剧萎缩，反过来向西方举债，任人宰割，而西方又凭此扼住了中国发展的咽喉。

伍家虽然在一次次的赔款中被盘剥了几百万两银子，但由于其积极投入国际资本的运作之中，也就不曾被连根拔起。

岁月迢递，十三行消失了，沙面的租界出现了，说是用那600万两赎城费建起来的。外商来到广州，却找不着北。他们说：我们"每个人都已习惯通过行商进行贸易，开放以后，商人们随时准备欠债不还，一切都无章可循，它不像旧的公行制度那样令人喜欢，在我们的交易中再也没有同样的安全感"②。

其实，无论是十三行行商还是外商，当年在反对"公行"制度上当是站在一条战线上的。而现在，公行没了，十三行也没了，他们为何反而惶惶不安了呢？

历史就是这么奇怪。笔者曾用"十三行反十三行"来概括这一历史现象。也就是说，作为民商或私商的十三行行商，起来反对作为"公行"的十三行，所以，无论是潘、叶，还是其他行商，都宁愿花巨资，辞去公行首领的职位，这不独独是怕负责任，还怕两头受气。

而鸦片战争，摧毁的不仅仅是作为"公行"的十三行，还是谙熟国际自由贸易行规、有雄厚私人资本、具有某种民族行业性质和民商性质的十三行。在所剩无几的行商中，有的如伍家，仍守住了国际自由商人的身份，把资金投向正蓬勃向上的美国；有的如吴健彰以及徐家的后人徐润等，成了洋务运动的弄潮儿。但是，他们中的绝大部分人都不再涉足商界——太深刻的历史创伤，让他们只能另找生路了。

作为民商的十三行的毁灭，是沉重的历史悲剧，是中国自由商人被扼杀在襁褓中的大悲剧。

第八十一章 十三行命运与民俗演变

明清两朝，雄踞南中国300年的十三行，竟然在战争中遭到覆灭，旧时的辉煌与最

---

① 李国荣主编：《清朝洋商秘档》，九州出版社2012年版，第306页。
② 李国荣主编：《清朝洋商秘档》，九州出版社2012年版，第314页。

后的黯淡，形成鲜明的对照。十三行怎会有这样可怕的命运？史籍固然可以考证，可在民间流行俗谚中我们也能窥见十三行当年的辉煌。道光初年，十三行几经起落，仍赫赫有名者，是民谚中的"潘卢伍叶，谭左徐杨，虎豹龙凤，江淮河汉"①。

潘，代表的是同文行、同孚行，"潘启官"的名号自潘振承始，历潘致祥、潘正炜几代，几乎与十三行同时归于寂灭。其后裔潘刚儿与黄启臣、陈国栋一同著有《广州十三行之一：潘同文（孚）行》一书，考证得非常清楚。卢，即广利行的卢观恒、卢文蔚父子。伍，即怡和行的伍秉钧、伍秉鉴、伍崇耀等，其富可敌国，名列世界大富豪之列。叶，即义成行的叶上林。"潘卢伍叶"，历乾隆、嘉庆、道光三朝，均可以在文献中见到。谭即谭世经，也是历乾隆、嘉庆、道光三朝，这从外文资料中可查到不少，从笔者家族留存的瓷器中，也可以看到"乾隆""嘉庆"的年号，由此可以得到印证。"左"者，民间误以为"左"是姓氏，实则为左垣公梁家，也就是天宝行。而关于天宝行梁经国，史学家黄启臣则著有一书②，追述当年天宝行的历史，以及梁家后人弃商从文的经历，这里就不赘述了。至于徐家，则是后来赫赫有名的徐润的伯父们，徐润是在十三行之后到上海发迹的，靠的正是在十三行干过的伯父们，可见徐家原来在十三行的名望。杨，如今能查出乾隆五十二年（1788）行商名单上有"杨岑龚"的名字。在范岱克的《广州—澳门日志1762》中，也出现了3次，均是向外商签约出售瓷器，马士的《东印度公司编年史》里也出现过多次，应是著名的陶瓷商人，史料待考。八大家，也算找到了。

谣谚中的"虎豹龙凤，江淮河汉"无疑是对这八家的正面评价。一是称他们是人中豪杰，可与虎豹龙凤相比。广东人称有能力、有作为的人士为"猛人"，所以，虎豹龙凤，当然"猛"哉。将做生意的类比为虎豹龙凤，也只有广东人了。

二是说他们的事业通达江淮河汉，搞活了经济，让国家、百姓都受益。同时，亦认为他们见多识广，天下均在眼下。众所周知，十三行行商当年在欧洲，可是了不起的贵宾，备受推崇。甚至可以说，"江淮河汉"这四个字，也显示出他们的胸怀。

就此导入我们对民俗事象的文化思考。

在广东商业文化发展史上，清代可以说是一个避不开的重要时期。不少史评家认为，清代是粤地商业发展的一个黄金时代，也是最辉煌灿烂的时期。在这个时期，粤商们经历了极为残酷的"禁海"与"迁界"，沿海几千里被彻底清空，鸡犬不留，饿殍遍路，"迁界"之外，别说商业，就连农业、渔业也都被取消。在清立国至收复台湾的40年间，沿海百姓遭到的荼毒，可谓十分深重。其实，所划的五十里"迁界"又何止五十里，远离海岸线的珠江三角洲腹地，如顺德、南海等县，也同样备受"迁界"之苦——农田遍蒿莱，饥民走他乡，千里无鸡鸣。

至台湾郑氏投降，沿海无战事，康熙终于宣布"开海"，却仍经历了相当长一段混乱时期。"皇商""王商"（藩王），乃至"总督商人""巡抚商人""将军商人"一个个

---

① 张守常辑：《中国近世谣谚》，北京出版社1998年版，第296-297页。
② 黄启臣、梁承邺编著：《广东十三行之一：梁经国天宝行史迹》，广东高等教育出版社2003年版。

粉墨登场,"你方唱罢我登台",乱纷纷闹不停,利益集团争斗不已,把十三行搞得乌烟瘴气,令真正的商人无所适从……

好在市场那只"看不见的手"终于发力,让那些倚仗权势的"王商"之流陆续退出了舞台。这批"冠名"商人走马灯似的出现,似乎呈现出一种无序状态,可从宏观上看,却也是难以避免的一个阶段,也就是说,是走向有序的一个阶段。

而十三行行商,正是这样一步步从官商过渡到民商的。

康熙晚年颁布的"南洋禁航令"与十三行"公行"创立发生在同一时段。创立"公行"在于"加强管理"以达到垄断的目的,这就不可避免地受到外国的东印度公司等的一致抵制,因此不到一年便无疾而终。但"南洋禁航令"却执行下来了,直到雍正五年取消,持续了相当长的一段时间。"南洋禁航令"针对的是行商乃至所有海商下南洋的权利,是对自身的约束,与外商没有关系。而这种"不公",即便在"禁洋令"取消后,仍在中外商人中长期地存在着。朝廷的偏袒,对行商心理造成的创伤是无法平复的。

尽管雍正取消了"禁洋令",实施了开洋的政策,但是,百分之十的靠岸税即"加一征收"承袭的仍是贡舶贸易的恶习,而且每每将其转嫁到行商的头上,其沉重的压迫,不可能不引起行商的反对。由此发生了"抗税"者三次入狱的惨烈故事。直到乾隆登基,这一恶税才被撤销。

从开海到开洋,再到"加一征收"的撤销,中国对外贸易的梯度、全方位的开放业已形成,在这一历史节点,中国当时与大航海时代的世界是接轨的。

可是,乾隆二十二年(1757),却发生了"限关"即"一口通商"的逆转,为八十多年的后中英鸦片战争埋下了隐患。从表面看,广州十三行享受了"一口通商"的优厚待遇,成为中华对外贸易的第一个站点。但从长远来说,从开海到禁洋,又从开洋和撤销"加一征收"到最后的限关,几度的历史反复,这恐怕不是一个普通的粤商所能把握得住的。外贸政策的反复,也就意味着相关人命运的反复无常,这让他们感到世事莫测:唯有托庇于冥冥之中的神秘力量,方得心安。这加强了粤商的"迷信"心理。就算与西方现代文化频繁接触,也没有改变广东商人的"迷信"心理,相反,随着经营规模的日益扩大,他们更讲究这些"意头""风水",大至新铺开张、年终"尾牙"、商铺供神,小至吃饭饮酒、说话行为皆有所讲究,不能随意而为。在现存的一些粤商文化研究成果中,不少研究者都看到了粤商"重迷信"这一特点,如欧人的《粤商人格特征论》、刘正刚的《话说粤商》、郭盛晖的《广东人的商业特征及其地理学分析》等,但大多只是作为一种现象陈述而一笔带过,并没有做深入的探讨分析。

实际上,信仰禁忌作为民俗事象的一个重要表现内容,受地缘文化、社会历史、伦理态度、心理调适等方面因素的影响,其所蕴含的,应该是该地域人们对生命的态度与审视,是该地民风、民情的一个标志性反映。正如恩格斯所说:"一切宗教都不过是支配着人们日常生活的外部力量在人们头脑中的幻想的反映。在这种反映中,人间力量采取了超人间的力量的形式。"① 也就是说,宗教信俗其实皆源于现实社会动态变迁本身。它

---

① 〔德〕马克思、恩格斯:《马克思恩格斯选集》(第三卷),人民出版社1972年版,第354页。

们只是通过"超人间"意象的拔高，对现实社会进行力量划分。而由于信俗选择本身是一件比较主观的事情，因此它能够更为明显地反映出当时人们心理的变化。

因此，笔者希望能够通过对清代粤商执着于信仰禁忌这种集体行为的研究，从一个比较少被关注的侧面重新了解该历史现场人们所处的社会环境及心态变化。而由于所有地域民俗事象都是在该地文化轨迹中形成自己的独特面貌的，所有的"习惯"都带有地域文化性格的痕迹，因此在对清代粤商的信仰禁忌的研究中，我们亦能以点带面，从侧面探究岭南的文化图景。

所有的文化事象皆有其核心意义层，这种核心意义的建构与选择包含人的自我认知与自我审视的过程。从清代粤地信俗这一例子出发，在特殊中了解普遍，也能对人类的信俗习惯进行哲理化考察，探析人在信俗行为中是如何通过各种行为实践建立起自身的存在认同感，并以此印证审视自我，建构自我在世界的价值意义，把自我力量进行对象化转换的。

那么，不妨就此对清代粤商的文化性格说上几句。

清代广东商贸发展出现了前所未有的繁荣景象，海上丝绸之路的开辟写下了中华对外贸易的重要篇章。

明清时期，与内地相比，岭南人商业意识日趋增强。明代便有亦官亦商者，如嘉靖时南海人霍韬在吏部任职时，便在佛山经营炭铁和盐生意而发家致富。弃儒经商的现象在清代更为盛行，有应试不第而经商者，亦有不应试而去经商的。至于官位不高的，也宁愿不当这芝麻官儿而去经商。当然，洗脚上田，弃农经商，更是珠江三角洲不少自耕农的选择，"始变农之贾"，南番顺比比皆是。以上转变之中，又以弃儒经商、弃农经商为主，这无疑是社会意识产生重大变化的体现。民商也渐渐多于官商，这就为中国在岭南区域内产生第一代资本家打下了坚实的基础。

而广州商帮的主要活动范围不仅在国内，更在海外。早在乾隆四十年（1775），新会商人卢继恪便在南洋各港口往返，有商船数十艘。嘉庆年间，广州—澳门—马尼拉—墨西哥等海上航线开通后，广东商帮更是跨过了太平洋到达美洲。光绪年间，到达太平洋彼岸的广东商人达4万人之多。据史载，南海商人简照南，"置巨舶往来日本、暹罗、安南，远及欧、美等大埠"，光绪三十一年（1905）回香港，集资创办南洋烟草公司。自明清始，"五大洲无不有粤人足迹"。

史称，在清代前期，海商承担并完成了对外贸易的重任，事实上他们承担的也是外交加外贸的双重职能，这无疑对促进中国的对外贸易起到重大作用。道光十三年（1833），英国议会曾在调查后得出结论："绝大多数在广州进行贸易的作证人都一致声称，广州的生意几乎比世界一切其他地方都更方便好做。"①

德国学者李希霍芬早在19世纪六七十年代，就对中国各省人的文化性格一一加以描绘，如今看起来仍不乏精辟与独到之处，特摘引几段：

---

① 〔英〕格林堡著：《鸦片战争前中英通商史》，康成译，商务印书馆1961年版，第66页。

> 宁波人在勤奋、奋斗努力，对大事业的热心和大企业家精神方面较为优秀。
> 尤其是商业中的宁波人，完全可以和犹太人媲美。广东商人作为大商人，要求和欧洲一样的价格，而宁波商人则更看重小的、零碎的利润。
>
> 湖南人没有商业精神，而军事精神十分突出。……
> 湖南不仅中国最优秀的军人大都出于此，而且是政治家的摇篮。
>
> 江西人则缺乏军事精神，取而代之的是对计算的兴趣和追求利益的念头发达。江西人和山西人、广东人一样善于算计，但仅限于做小商人，开杂货店。金融业属于山西人，大商业属于广东人，江西人在做小买卖方面才能卓越。他们没有湖南人的那样刚健，也缺乏可以博人好感的浙江人的柔软……
>
> 山东人……比起商业来，他们更专心于农耕、工业和陆上交通业。
>
> 在所有中国人中，对中国特有的尺度、数、度量观念以及基于这种观念的金融业倾向最发达的要数山西、陕西两地的人，作为最古老文化的保持者，他们获得了对邻人或周围国家居民的精神上的优越感……
>
> 正如四川的山水是中国各省中最美的一样，其居民除了局部以外，以其生活方式的精醇和性格的和蔼，都是卓越的。与一般的中国人相比，其穿着较为清洁，保持秩序和礼仪的人较多。①

请注意，这是一百多年前一位外国人写的。而在这一百年里，湖南出了军事政治领袖，山东的交通业及宁波人在上海商业中举足轻重的地位等，亦一一印证了他的这些观点。那么，关于广东人，他又是如何写的呢？

> 在广东，居住和杂居着语言、相貌、肤色、社会地位千差万别的不同种族。广州市及其附近的开化种族，在所有的智能、企业精神、美术情趣方面优于其他所有的中国人。广东人几乎掌握着中国所有的工业，其工业制品数百年前就传到了欧洲……②

显然，他是用西方文化的目光来看待广东人的，也就是以海洋商业文明的尺度来衡量广东人或广府人，乃至宁波人等。在这篇文章中，他甚至不惜往西方人脸上贴金，竟称广东人有可能是他们祖先航海来到东方而留下的后裔，这显然没有根据。广东人经营

---

① 转引自沙莲香主编《中国民族性》（一），中国人民大学出版社1989年版，第299页。
② 转引自沙莲香主编《中国民族性》（一），中国人民大学出版社1989年版，第301页。

商业的才干，广东人的智能、美术情趣等，首先是几千年岭南文化熏陶的结果；明清时期以来，由于中西文化碰撞与交流，或受到了西方的影响。

从上面的人格类型比较来看，湖南人、四川人、山东人等，显然是内陆文化类型的，至于对山西票号——他所称的"金融业"怎么看待，当另做分析。不过，山西票号却在后来的几十年间完全衰落下去了。

可以说，岭南人海洋文化的特征是最为鲜明的。李希霍芬最后不得不称：

> 广东人对经营大商业和大交通业有卓越的才能，他们生长在自古形成的氛围中，受其熏陶，形成了一个典型的人种。广东人活跃在其他各省，尤其是沿海诸省的大城市中。他们受过良好的礼节和学校教育……①

今日，珠江三角洲大商业、大企业及大交通业均已形成，而这些在一百多年前都被李希霍芬说中了——不，本来，在一百年前就理应如此，只是我们的历史走了不应走的弯路。

所谓一方水土养一方人，粤商的文化性格往往是与岭南文化的特性联系在一起的，独特的地域文化使粤商呈现出与中原地区商人不同的特点。欧人把粤商性格归纳为讲求实际、敢想敢干、灵活善变、迷信、淡泊政治的特征②和全民皆商的重商精神、敢为天下先的开拓创新精神、重利不务虚的务实精神、"借鸡生蛋"的灵活变通精神。③ 在《话说粤商》一书中，刘正刚从重商传统、富甲天下、走出国门、开风气之先、标新立异、儒商形象、公益与利益双重探索、国事商事、商道是非任人评说这几个方面讨论了粤商的性格形象特点。④ 魏安雄则将广东人的商业精神概括为"灵活变通"，其中，广府"头脑灵活"，潮汕"善于经营"，客家"商文并重"，新客商"开拓进取"。⑤ 吴水金认为，粤商精神应该包括商人的商业伦理和商业道德，分为三个层面：一是粤商的从商宗旨和原因；二是在经商中的敬业精神和观念；三是商人的商业伦理。通过研究，他指出，明清时期的中国商人一直受传统"义利观"的制约，无法和西方商人一样具有一种对利润无限制追求的冲动。⑥ 凌飞认为，粤商在襟山带海的地理环境和岭南文化的孕育下形成了坚韧强悍、敢于冒险、勇于任事、大胆革新、追求自由的精神特质。⑦

笔者在近30万言的《客商》一书中，对客商的文化性格亦做了深入的探讨。这里所说的"客商"，正是粤商的组成部分。十三行行商中，除了闽商外，当地的粤商主要由广府商人与客家商人组成。当然，一般人称"粤商"者多指广府商人即珠江三角洲的商

---

① 转引自沙莲香主编《中国民族性》（一），中国人民大学出版社1989年版，第301页。
② 欧人：《粤商人格特征论》，载《重庆大学学报（社会科学版）》，2003年第5期。
③ 欧人：《岭南文化与广东商人的商业精神》，载《商业经济文荟》，2000年第3期。
④ 刘正刚著：《话说粤商》（图文商谚本），中华工商联合出版社2008年版。
⑤ 魏安雄著：《灵活变通——广东人的商业精神》，广东人民出版社2005年版。
⑥ 吴水金：《论明清粤商的商人精神》，载《华南理工大学学报（社会科学版）》，2001年第3期。
⑦ 凌飞：《粤浙商人的企业家精神》，载《决策咨询》2004年第5期。

人,但客家商人来到十三行,受到广府商人的濡染是毋庸置疑的,所以,客商本身的文化性格也部分代表了粤商的文化性格。

关于粤商,早年在南洋便已有了这么一句民间谚语,为其做了定位,这便是:

> 客人开埠,广人旺埠,潮人占埠。

这仿佛成了一种"历史性的分工":客商注定是开创者,这份事业是广人、潮人所承担不了的;而广商则左右逢源,善于把商埠搞得风生水起;末了,潮商方可牢牢站稳脚跟,成为生意场上的强人。

这几百年形成的民谚,无疑是有其道理的。当年,张弼士等成了客商最早的代表人物;后来,霍英东、郑裕彤等广商则把香港经营得风生水起;而一度占据香港首富地位的,却是潮商李嘉诚——这绝不是历史的巧合。

开埠者,自是最能吃苦,最富于开创精神,同时也最恪守诚信之道的人。当然,开埠者做出的牺牲、花费的心血、遭到的打击,恐怕也是最大的,没有坚忍不拔的"硬颈"精神、一往无前的锐气,也同样是办不到的,而这,正是客商的品质。近20多年来,家用电器的几大巨头TCL、康佳等,其创办者几乎都是客家人。在创业阶段,面对刚刚走出"文革"、百废待举的局面,要赶上国际先进科学技术,显然需要过人的见识和非凡的意志。

广府商人商业头脑灵活,独立自主精神强,也能"顶硬上";潮汕商人敢作敢为,"爱拼才会赢"。他们各自在商界叱咤风云,从而与客商一起,争得了"粤商"几百年长盛不衰、生猛鲜活的美誉。也许,正是各有所长,相互补充,共进退,同荣辱,他们才在中国南方、南洋成为引以为傲的一块名牌。历史毕竟是青睐勤奋而有作为者的。

提到清代粤商,不能不言及十三行行商。近年来,学界对十三行的研究越发热闹起来,这使十三行的研究工作也越来越走向深入。研究十三行的权威著作当然首推梁嘉彬先生的《广东十三行考》[1],他在十三行名称考源、商行研究、行商处境研究等方面都做出了重要的贡献。后来出版的如《广州十三行之一:潘同文(孚)行》[2]《广东十三行之一:梁经国天宝行史迹》[3] 等,则从个别商行的事迹入手,对十三行事迹进行详细专门的记载探讨。而现有的关于十三行的大多数研究著作,则选择从大范围着眼,对整个十三行文化圈进行梳理及研究。

笔者在近年的研究成果《国门十三行——从开放到限关的逆转》一书中,更着重分析了十三行行商的"超前"意识:

> 雍乾初期十三行所进行的中外经济活动是一个十分值得研究,而且是非常重要

---

[1] 梁嘉彬著:《广东十三行考》,广东人民出版社1999年版。
[2] 潘刚儿、黄启臣、陈国栋编著:《广州十三行之一:潘同文(孚)行》,华南理工大学出版社2006年版。
[3] 黄启臣、梁承邺编著:《广东十三行之一:梁经国天宝行史迹》,广东高等教育出版社2003年版。

的历史时刻,这甚至可以作为解读整个十三行演变的一把钥匙。从最近新发现的史料中可以看到,十三行行商在清朝康熙雍正及乾隆早期的时候,就已经在中西经济文化交往中发挥着积极的作用,有鉴于此,以十三行行商为研究对象,介绍并分析雍乾初期行商与外洋大班之间的经济往来活动,进而探讨为何那一时期行商会形成先进开放的经济贸易思想,为什么这些思想使得行商遭到惨痛的经历以及为何中国没有进一步开放贸易,反而导致清廷从"开海禁"／"四口通商"逆转成"一口通商"这种保守的对外政策出台,由开放走向限关锁国,形成这一不合事物发展逻辑、前后矛盾的历史逆转。①

正由于我们未能较准确地"重现"当年中西关系的历史,方才出现种种误区,只简单地认为西方早已比我们先进,对行商真正的历史作用也缺乏全面的认识。

早年的行商是可以出洋至南洋与西欧的,而且可以有相对公开的商船直航至南洋,不少商船的投资者正是行商。所以,后来的行商潘致祥曾感叹,祖先尚能出洋到达瑞典,自己却不能;甚至发出惊叹,中国怎么造不出大船?——殊不知早年中国的大船比他所见的欧洲大船大得多。雍正年间,广州外贸的诸多"规矩"正是与当时大航海时代相接轨的,主张开放、公平的竞争,反对官商勾结,避免价格垄断、操纵行市……如果不是由于种种原因从开放逆转为限关,也就不至于有自18世纪下半叶逐渐拉开的中西方的距离。

这样,我们也就不难读懂几经历史沉淀的广东民间传说了。

在世界的任何一种信俗体系中,信众们都相信其信仰客体本身具有神秘的制裁力量,能够在分析世间事务之后做出公平的裁决。一方面,可以说这种期盼是一种乐观的信仰心态,因为基于这样的判断,他们会相信"善恶到头终有报";但另一方面,这样的考虑似乎亦有着过度理想化的倾向,如果要把制裁的希望交托于还不知其存在与否的神祇,那不能不说这种"交托"太过乐观而天真了。对于迷信的清代粤商而言,他们虽然重视各种祭祀,每天烧香供奉,到了生菜会、观音诞、关帝诞等民俗节日会特别到各种庙宇祈福求神,但是出于商人那种利益化、实用主义化的商业头脑,他们似乎更倾向于把发展的主导权握于自己手中。在商海追逐中,信俗的遵从对他们而言更多的是一种锦上添花,而不是雪中送炭,更不是唯一决定的主导力量。这与很多笃于信俗的民系实际上有着较大的差别。

清代黄芝所撰《粤小记》卷一中记载:

> 乾隆丙午,广郡南门火,延及外城左右街,经日始熄。有民负母出避而忘其二子,一四岁,一周岁,火息后忆及之,意死于火。往收余烬,遍搜不得。闻败墙后有嬉笑声,乃二子在灶下,以泥作戏。抑又有异者,当未火先一日,有老父负一梯,长二丈余,市于城门侧,取价极昂。日暮,老父求寄此梯,市人多不欲。有怜其老

---

① 参见谭元亨著《国门十三行——从开放到限关的逆转》,华南理工大学出版社2011年版。

许之,置神庙中。是夜火起瓮城中,十余家不能避,仓黄之际,忆及此梯,登之入城,得免于难。而老父竟不来取,疑其为神,遂祀之。梯至今犹在。①

这则民间传说中包含的训诫意义,已不言自明。

中国南方海上的信仰,主要是妈祖信仰。毕竟,粤商首先姓"海",是海商,他们面对的是浩瀚无垠、生死未卜的大海,所以,海神总是第一位的。著名历史学家汤因比在其著作《历史研究》一书中,就这么说过:

妈祖像

和人类的宏愿及苦难距离较近而更值得敬佩的却是一些人类母亲和神灵相结合而生的半神人。例如古代希腊的赫拉克里斯、阿斯克列皮奥斯、奥弗斯。这些半神人具有人的血肉,企图用各种方法努力减轻人类的负担;并且当妒嫉的诸神给予人们以惩罚时,他们就与他们所服务的人们共同分担不幸的遭遇。②

他突出强调了"人类母亲和神灵相结合"这一点。妈祖神,本名就叫林默娘,她在海上救苦救难时就充分体现出人类母亲那种哀悯苍生的人道精神,尤其是慈悲为怀的宽阔的母性胸襟,从而与她"所服务的人们共同分担不幸的遭遇"。无独有偶,在俄罗斯的神话谱系中,也有一位"踏浪女人",她的职能,就如林默娘一样,是在海上拯救落难的渔民与水手。显然,面对不期而至的海难,海商总是把得救的希望寄托在这样的神

---

① 吴琦等撰,林子雄点校:《清代广东笔记五种》,广东人民出版社2006年版,第401页。
② 〔英〕汤因比著:《历史研究》(中册),曹未风等译,上海人民出版社1962年版,第382页。

祇身上，因为人是不可能控制得了大海的，只有神才可以。所以，才会有不同的行善救难的神灵。妈祖是人们心中由愿望而催生的神灵，她与海上的风浪、人的命运是分不开的。她的善行、义举、智慧、胆识等，本就体现出人向上、向善的一面。

除妈祖外，粤商还视木龙为一舟司命。清黄芝撰《粤小记》卷四中记载：

> 木龙者，艨艟桅下蛇也。长短不一。说者谓舵师为一舟司命，不知木龙亦一舟司命也。凡制舟必请木龙，至则行客祭之，木龙乃盘旋桅下，不饮啄，不噬人，若遁去，则有沉溺之患，故行客敬之。忆珠江有大艚船，方解缆，哗言木龙遁去，遍搜不得。诸客彷徨，或疑潜入邻舟，告彼主人启舱俯视，果有二木龙相戏。焚楮祝祷，一木龙蠕蠕而起，复入艚船中盘于桅下，遂扬帆去。青龙、木龙皆蛇耳，以其灵也，故龙之。①

清颜松年撰《越台杂记》中记载：

> 闽、广洋舶，专贩货于海外诸岛。大者容百万斛，长辄十余丈，广数丈，不施桨橹，往来全仗风力，桅二杆，大径数抱。舵绘画五彩，头嵌两目，取象于鱼。每舶必有一木龙主之。夫木龙者，似蛇非蛇，屈信隐见不测，大或合围，小若簪管。舶装竣，则其自来。所异者饵以鸡卵，翌日黄吸尽而壳无损，只中空焉。相传静吉动凶，未易窥其形迹，舶或不利，则露形遁去。戊戌四，有金祥顺舶泊珠江候客，夜闻呻吟声，众皆警惕。越早有蛇蟠花渡，头大径尺，性甚驯，识者知为木龙，以谷围收养，冀索酬。值舶商认得己物，赎二十金，羿归延巫修醮，祓以香汤，蜿蜒缩小，冪羃归舱，予适造访亲见之。后挂帆出洋，至万里石塘，遭风覆没，同舟百余人，生还者八。一说海船遭溺，虽大洋，定有一二遇救，谓之留报云。②

这两则关于木龙的民间传说出自不同学者笔下，颇有异曲同工之妙。

当然，出海祀神万万少不得。清黄芝撰《粤小记》卷四中记载：

> 潮州许翁少其綦贫，无所仰藉。有闽商十余人载货往琉球，邀翁作伴。方出海，忽风涛澎湃，货舟簸荡，势将沉溺。众泣祷曰："某等若死于此，愿神覆之，否则请神佑之。"祝甫毕，舟忽飞起十余丈，水激折为两，其一已不知所之。翁与二三商侣乘此半舟，任其驶流，不知几百里，阻一大岛而止，众登岸，问途丐食归。初翁之妻素祀神，传闻海舟溺死十余人，固疑翁，朝夕泣祷，夜梦神言："汝夫虽有厄，可

---

① 〔清〕黄芝撰：《粤小记》，见吴琦等撰，林子雄点校：《清代广东笔记五种》，广东人民出版社2006年版，第438页。

② 〔清〕颜松年撰：《越台杂记》，吴琦等撰，林子雄点校：《清代广东笔记五种》，广东人民出版社2006年版，第469页。

生还,明日至矣。"果如神言。翁既归,家益困,乃进身榷署中,由此致裕。既经历险阻,益知人困苦,尤怜丐者,路遇之辄倾囊以予;方食时,丐到门必给之,或不继,则持己食以予。故翁一出,群丐环绕,嗷嗷诉苦,翁均济之,虽佳客在前,不以为耻,当时人皆笑其迂。乾隆丙午岁大饥,斗粟一金,乃市粟数十石以济。有愿留者,使之耕种,以给其食。性极孝,父母怒则常跪,俟释乃起。遇忌日必丰以祭,天性然也。嘉庆间卒于广,年七十余。①

这则民间传说强调的是出海祀神之重要。

一则定风珠的传说,似乎更关乎十三行的命运。

当年十三行所在的珠江岸边,有一个专门卖肉的赵姓"猪肉佬"。他用来剁肉的案板又厚又重,到底用了多少个年头,连他自己也说不清了,反正从他记事起便有这个案板,而每日卖肉所得的钱,则仅够维持一家人的生计。没想到有一天,"财"从天降,一位"番鬼佬"来到这位赵姓的"猪肉佬"案前,提出要花钱买他的案板。"猪肉佬"当时想,这不就是一大块厚点的木头案板吗?卖了,换块新的也无妨。于是,便开了海口,要价50两银子。那时节,与"番鬼佬"打交道,都是用银圆。"番鬼佬"满口应承,立即回去把银子取来。他这么爽快,"猪肉佬"便多了个心眼,称:"刚才不过是戏言而已,你真要买,当不是这个价。"

"多少?加倍,一百吗?"

"不行。"

"那就两百。"

这么一口气加到500两银子,"番鬼佬"连眼都不眨一眨。

"猪肉佬"这下子更疑惑了,心想,这案板连一两银子都不值,可这位"番鬼佬"居然不惜重金以购之,只怕这案板是不世之宝,只是外人不识货罢了。为此,他还是拒绝了:再高价也不卖。

"番鬼佬"也只好走了,他们得趁季候风,乘商舶回国。

"猪肉佬"自此视这个案板为无价之宝,不敢再轻易扛到街上去剁肉了,而是把它洗得干干净净,把上边的油腻物也刮去了一层,将它收藏在家中,还时刻提防着,怕被人偷走。

约莫一年之后,那个"番鬼佬"又来到了十三行,再专门找到这个"猪肉佬",一看台案换了,一惊,问:是否已有人高价买走?"猪肉佬"告诉他,这个案板已珍藏在家中一年了,就等他来。"番鬼佬"一看,便说这案板已不值钱了。"猪肉佬"百思不得其解,要问个详细,"番鬼佬"说,案板中有一老蜈蚣,久饮猪血,已养出了一颗定风珠。这定风珠在海上可是无价之宝,能避风息浪,可现在这蜈蚣已一年无血可饮,早死了,定风珠也化了,案板自然没了价值,他也就不要了。"猪肉佬"唯有跌足长叹。

---

① 〔清〕黄芝撰:《粤小记》,见吴琦等撰,林子雄点校:《清代广东笔记五种》,广东人民出版社2006年版,第440–441页。

这个传说是真是假不重要。很多东西，此时有价，彼时无价，时过境迁，价值也会发生变化。一如古董，无知者不懂，乱加"保护"，甚至粉刷一新，结果反成破坏，使之一钱不值了。

作为十三行的后人，我们所担心的，正是如"猪肉佬"一般对历史的乱加"保护"，甚至将其"粉刷"一新，从而令十三行彻底失真。

其实，十三行真正的价值，恐怕是在身后，而非在当时。

下编结语　穿透历史的创伤与警示

《帝国商行》这套纪录片的开场白中，将中国历史上的三大商团做过一个让人深思的比较：晋商以经营票号博得历史的青睐，千载皆以"智""勇"之词刻写其商业文化；徽商操办盐业，掌握这一个被所有人认为是"肥缺"的行业，赚取金钱之外，也名扬天下；而广州十三行行商，在历史的夹缝中艰难地生存着，在中华历史的转折期坚持着作为一个中国人在商界的执着与良知，却"被历史严重忽视乃至扭曲"[①]，在岁月的沉淀中无声地忍受着鄙视与丑化。究竟何至于此？同为商团，十三行商人被记录下来的不是他们对外经贸的智慧，不是在国难中表现出的民族大义，不是与洋人及清廷往来中展现的大气，而是用"功利""奸诈""老到"等贬损色彩的词语描绘的历史画像。当我们把关注的目光重新投向十三行商业群体时，会发现一个奇怪的现象：十三行的后人大都选择了弃商之途，或从文，或从政，已不与商业发生任何联系了。一个曾经极盛的商业团体，其后人却不约而同地走出商圈，这是极不寻常的"巧合"，这其中，当有着某种文化的潜因，值得我们深思与探讨。

十三行商人是一个遭遇乱世、处境尴尬的商业群体。在中华历史上，似乎从未有一个商业群体像他们那样要去应付如此多的世界性变化。当然，这些变化可能是机遇，但也可能是灾难的伏笔。"一口通商"、对洋商贸、鸦片倾销……这一切前人不曾想到的商业问题，却一次性地被广州十三行行商遇上了。

与其说这是命运在中华商贸史上开的一个小小的玩笑，还不如说这是历史在默默地酝酿着一场注定的革命。

要研究十三行后人弃商的因由，首先必须了解十三行行商"前人"们在当时的处境，即其所处的"历史现场"。屈大均在《广州竹枝词 其四》中曾经有"洋船争出是官商，十字门开向二洋。五丝八丝广缎好，银钱堆满十三行"之句，这是关于十三行最早的文献记录。十三行，作为清廷对外商贸"惟一得到官方承认的外贸代理商"[②]，按理他们应该抓住了一个千载机遇，既受清廷保护又能垄断对外商贸，两边获利成为天之骄子。但现实是否如此？答案是否定的。笔者在《海国商道——来自十三行后裔的历史报告》中曾这样概括十三行商人的生存状况："而十三行行商，所谓身兼二任，一被称之为'官商'，须官府批准，才担当得了，自然少不了官的背景；一被称为'洋商'，因为须同洋人打交道，全权经营洋货的贸易，而且还得为外商作担保。这两重身份，似乎二头

[①] 李国荣主编：《帝国商行：广州十三行》，九州出版社2007年版，第3页。
[②] 刘正刚著：《话说粤商》（图文商谚本），中华工商联合出版社2008年版，第19页。

兼利，却又二头受挤。"①

这确实说到了十三行商人的尴尬处境。"兼两头之利"，实现了他们的商业帝国梦，在中国对外贸易史册上成为开篇功臣；而"受两头之挤"，这似乎才是他们当时境况的重点，也是行商悲剧的导因。

以下，笔者欲从两方面回顾当时十三行商人的"历史现场"，分析其所得之"利"与所受之"挤"。

首先是他们与清廷之间的微妙关系。

1757 年，乾隆颁下"一口通商"的上谕，结束了从 1684 年开始的四大海关对洋通商的局面，把对外贸易集中于广东。这个政策的变动让中国的对外格局发生了重要变化。这道上谕是这样的："口岸定于广东，洋船不得再赴浙省"；"如此办理，则来浙番船永远禁绝，不特浙省海防得以肃清，且与粤民生计并赣、韶等关均有裨益"。

这里，清政府说得很明白，"一口通商"的原因有二：一为海防，二为广东及周边地区之经济。广东沿海多有礁滩，水道蜿蜒，不比浙江可以长驱直入。"一口通商"一方面可以减少清政府对外商觊觎中国商贸乃至版图所带来的烦忧；另一方面，朝廷对十三行如此特别照顾，更重要的原因是广东的收入与天子之间有着不可言说的关系。

广州在历史上被誉为"金山珠海，天子南库"，这个评价并不是凭空而来的。在很长的一段时间里，广州的确是清朝皇帝们的一个私人"小金库"。由于广州临近海岸，外贸通畅繁盛，而且这里的商人有着比较正式的行规纪律，组织性强，对洋贸易成为天下之先，于是，天子后妃、皇宫大臣们对舶来品的需求任务便完全落到了广东督抚、粤海关官员等人身上。对这些官员而言，任务的完成又转嫁到对十三行行商们的高压政策上。所以，当时的十三行商人不仅要应对对洋贸易，而且要承接朝廷贡品的采购任务，稀释着西洋进入中土后在朝廷权贵中掀起的洋货热潮。据史料记载，乾隆曾下谕粤海关采买贡品"皆可不必惜费"。1751 年，粤海关监督唐英花费 3700 万两为万寿节采办的一批洋货，不但不得皇上赞许，更被批示"采办贡物，理宜拣选头等品物恭进。嗣后务必采买京内少有西洋稀奇物件"。这份圣谕言语之间甚有不满之意，可见当时朝廷对广东进贡物品的要求之严，及粤官员所承受的压力之重。而这种压力，也"理所当然"地转到十三行商人们的肩上了。所以"在乾隆年间，十三行每年进口洋货上千件，其中有一半左右由广东官员作为贡品送入皇宫"②。

当然，除了以贡品形式满足朝廷的物资性需求外，十三行的商贸也与皇帝在金钱上有所挂钩。粤海关每年都要向内务府造办处上缴巨额金银，而这笔钱连内务府主管财政的广储司也不能插手，必须由皇帝直接监控。由此可见，粤海关的收入已经成为皇帝的私人储备，而皇帝对这里商贸的关注也必然更多。作为粤海关重要收入来源的十三行其实在这段历史中已经不仅仅作为单纯行商的角色立于经贸舞台上，它更是朝廷对洋关系的重要中介。在那个特殊的时代，与西方国家的关系可以说占据着当时政治生活的很大

---

① 谭元亨著：《海国商道——来自十三行后裔的历史报告》，人民出版社 2014 年版，第 147 页。
② 李国荣主编：《帝国商行：广州十三行》，九州出版社 2007 年版，第 38 页。

一部分，而十三行商人是洋人进入中国所面对的第一个群体，也是接触最为频繁的一个团体，所以那时的十三行商人已经不只是中外经贸往来的中介，而是代表着清政府展现给世界的第一个面貌。

所以十三行商人所承受的压力是空前的、特殊的，他们那种被迫周旋于官商之间、中外之间的尴尬处境，实际上也是中华历史上从未有过的一个崭新局面的衍生物。当时的清政府为了得到丰厚的财政收入并和洋人打好关系，对十三行商人们采取"以官制商，以商制夷"的政策，其要求是近乎苛刻的。行商们不但要经营好自己的生意，而且要调解好外商与官商之间的关系，当二者发生冲突的时候，二者都必须兼顾。同时，为了应付官府的敲诈勒索，行商们有时候不得不向政府或洋商们借贷，又设立行佣基金，这个基金实质上就是用于应对官府欺压的。而且，当时清廷规定，行商是不能自由辞退的。可以说，他们连最基本的人身自由也被剥夺了，即使深受压迫，也只能代代延续地隐忍下去。当然，这里所说的自由并不是指行走活动的自主权，而是人对自己生存所依赖的职业行当的最基本的选择权利。政府这样做，一方面可以保证粤地对外贸易的畅通，但更重要的是便于他们习惯性地敲诈。而最令人寒心的是，十三行从1745年开始就实行了保商连坐制度。"连坐"，这个充满了血腥气味的历史名词竟然在一个商行里出现，且作为十三行的最基本的管理制度之一。也就是说，他们必须实行行与行互保的制度，万一某一商行出现欠债、欠税、破产或发生政治纠纷，其他商行就必须共同承担责任。在这种制度之下，当时行商们都如履薄冰。特别是一些大商行，出了事故经常要作为领头出面弥补解决。例如，道光四年（1824），当时名震四海的天宝行就为麦同泰行（ponequa's hong）的破产案所拖累，损失惨重，"几乎把经官拖倒"①。这样一来，十三行商人们也就不是一个个独立个体，不仅要为自己的经济行为负责，还必须受他人活动的牵连，他们所受的压力可想而知。无怪乎潘启官（潘振承）之孙潘正亨曾不无自嘲地讲出"宁为一只狗，不为洋商首"之言。在外人看来，这句话是不可思议的，富甲天下的十三行行商之首怎么会不及一只狗呢？但时人只见表面的风光，对这些行商们的辛酸又能知道多少呢？这句看似玩笑之语，事实上却饱含着这个商行帝国的百年沧桑与无奈，这大概也是十三行商人们在经历风雨劫难后的一句嘲讽吧！所以，后来十三行商人们都不许子孙继续经商，其实也就是因为那一片浓厚的历史阴霾在时间裂缝中仍然继续笼罩着这些曾经富甲天下的家族。

其次，是他们与外商之间的关系。

在乾隆颁发"一口通商"的圣谕之后，十三行成为中华对外通商的独家贸易点。对于长期处在闭关锁国高压政策下的清朝经济体系而言，这个对外贸易点的开设无疑是一次"战战兢兢的冒险"，而同时，十三行行商所处的特殊的经济地位使其成为"第一个吃螃蟹的人"，成就了一个一时暴利的商行集团，其富有程度可能是我们所难以想象的。当时在粤商中曾流行"洋货东西至，帆乘万里风""百货通洋舶，诸夷接海天"的谚语，

---

① 〔美〕马士著：《东印度公司对华贸易编年史》（第四、五卷），中国海关史研究中心组译，区宗华译，中山大学出版社1991年版，第199页。

老广东亦有诗曰"广州城郭天下雄，岛夷鳞次居其中。香珠银钱堆满市，火布羽缎哆哪绒。碧眼蕃官占楼住，红毛鬼子经年寓。濠畔街连西角楼，洋货如山纷杂处"。"鳞次""香珠银钱""堆满市""火布羽缎"等无不是极尽奢华之语，所反映的正是在中外商贸文明的交汇中这个弹丸之地所表现出来的非凡容纳性以及由此带来的"富甲天下"之景。乐钧也有诗言"粤东十三家洋行，家家金珠论斗量。楼阑粉白旗竿长，楼窗悬镜望重洋"。像这样的记载数不胜数，那种商业都会的繁盛景象在诗词传诵之间如在眼前。在1822年的大火中，有人形容"洋银熔入水沟，长至一二里，水熄结成条，牢不可破"，但其实这时候的十三行已经走向衰落了，由此可以想象其极盛之时的富庶程度又当何如！

但是，正如所有的事物都有两面性，十三行的"独市"，其实也让这里的行商们在收益丰裕之外又饱受来自洋人的压力。一方面，对清代商人而言，对洋贸易是一个全新的尝试，也是一次危险的旅程。他们所要面对的问题都是没有"前车"可以借鉴的，所要面对的客人都是与自己的民族迥异的来自大洋彼岸的异邦客。而由于中西文化的高度差异性，他们的商贸交往经常会出现各种各样的问题。同时，清廷的闭关政策也让国家长期积弱，政府官员对洋人深为忌惮，很多时候裁决的天平都会向他们倾斜。另一方面，清朝一向把对洋经贸看作一种政治活动，不是单纯的经济往来，而是"招徕远人，宣扬圣德"之举。"清帝在中外纠纷中，往往喜欢扮演一种'朕统万方，天下一统'的裁判角色，为体现出怀柔政策，甚至多偏向于外方"①，这在事实上让十三行行商们在对洋经贸中与洋人并不对等的位置上，地位的不平等使贸易往来有着更大的风险。事实上，后来这也确实让十三行商人们屡屡吃"哑巴亏"。

> 1780年，泰和洋行颜时瑛、裕源洋行张天球等4家欠外债高达380万元。他们原本借的实数仅为107万元，经过利滚利的折腾，竟然翻出3倍多。……此次，乾隆帝惟恐拖欠银两被外人耻笑，有损天朝尊严，他指示刑部审办治罪，罚令颜、张二人变卖家产，充军伊犁，全部债款照原本加一倍偿还，债务由其他行商分10年还清，外商由此得到了一笔意外的收获。②

而在后期，洋人为了扭转对华贸易逆差，采取了大量走私鸦片的举措。在鸦片输入的过程中，十三行商人始终坚守自己的行商信念，"为富"未必"不仁"，即使能得到高额利润也一直拒绝贩卖鸦片，据美国人马士所著的《东印度公司对华贸易编年史》记载："没有一位广州行商是与鸦片有关，他们无论用什么方式，都不愿意做这件事。"③美商亨特在《广州番鬼录》中也说"没有一个行商愿意去干这种买卖"。④ 这一义举在当时确是一种"异举"，况且其时的十三行行商们大多负债累累，这种坚持无疑是以家族

---

① 李国荣主编：《帝国商行：广州十三行》，九州出版社2007年版，第226页。
② 李国荣主编：《帝国商行：广州十三行》，九州出版社2007年版，第226-227页。
③ 李国荣主编：《帝国商行：广州十三行》，九州出版社2007年版，第272页。
④ 李国荣主编：《帝国商行：广州十三行》，九州出版社2007年版，第272页。

生意的兴亡为赌注押的一场关于良心的赌局。也由于这个决定,他们愈加受到洋人们的各种威逼利诱,处境更为不堪。不可否认,这也是后来十三行商业帝国陨灭的一个重要潜因。

再来追溯家族记忆。

在论及十三行后人为何"巧合"地一致弃商从文时,民间一直传言有"十三行遗嘱"留于现世,这份代代相传的遗嘱就是警醒后人不再从商的关键之物,也是他们"不约而同"的行为选择的牵引物。

那么,传说中充满神秘色彩的"十三行遗嘱"究竟是一纸严正书函警示着后人,还是只是一种心理上的暗示?是先辈们血痕犹鲜的遗言,还是先人们在经历创伤记忆后指出的另一条生路呢?笔者认为是后者。

记忆,是意识的沉淀。瑞士心理学家荣格在他伟大的原型理论中曾经给我们深入而独特地分析了相关意识的形成过程,提出了颇具中心意义的"情结"(complex)概念。而对"情结"的心理剖解,又是以其"集体无意识"理论为基点的。在荣格的理论体系中,"集体无意识"是一种由先辈乃至人类原始时期遗留下来的记忆影像,是根植在人作为一个物种起源之初的意识,是人先天就具有的一种认知和判断。它是人类经验在不断往返重复中建构在非个人意识领域的集体沉淀物。正如他自己所言:"集体无意识的内容从来就没有出现在意识之中,因此也就从未为个人所获得过,它们的存在完全得自于遗传。"① 也就是说,这应该是祖先记忆的一种遗留与延滞。而"由于它在所有人身上都是相同的,因此它组成了一种超个性的心理基础,并且普遍地存在于我们每一个人身上"②。而由此衍生的对"情结"概念的叙述,荣格并不像弗洛伊德那样局限在对性本能的解释中,他的"情结"是一种从祖辈遗留下来的对待事物的态度,是由创伤记忆或美好记忆在心灵中映射出的抗拒或依恋意识。"从临床的意义上来分析,情结多属于心灵分裂的产物:创伤性的经验,情感困扰或道德冲突等。"这种意识在延续与发展中不一定与具体的事物影像相关联,有时只表现为一种心理状态、一种无意识的习惯性认知。

笔者认为,十三行后人们弃商从文的"不约而同",绝对不是巧合,而是一种家族创伤记忆的遗留,是由先辈创伤记忆带来的"情结"触动。虽然这不同于荣格那个全人类意义上的具有某种神秘超验性质的"集体无意识",但以"集体无意识"及"情结"理论作分析,却又能使这个问题得到诠释。

如前面所分析的,十三行商人们周旋在清廷与洋人之间,直接受到封建帝制与资本主义的双重压迫,"既无政治地位,又无经济优势,资金极难筹措。商人危机感既源自政治压力,也来自经济压力"③。这群外表风光的红顶商人们,实际上面临着无尽的内忧外患。清廷对他们日益苛刻,既要他们保持天朝风范,"招徕远人",不可以"锱铢必较",

---

① 申荷永著:《荣格与分析心理学》,广东高等教育出版社2004年版,第65页。
② 〔瑞士〕荣格:《心理学与文学》,冯川、苏克译,生活·读书·新知三联书店1987年版,第52页。
③ 潘刚儿、黄启臣、陈国栋编著:《广州十三行之一:潘同文(孚)行》,华南理工大学出版社2006年版,第25页。

同时又对他们极尽剥削之能事，以"广东之富闻名于天下"为由，无限量地索取金钱物资。为了筹集鸦片战争赔款，道光帝甚至决定在广东采取"勒绅富捐输"措施，致使十三行行商们损失惨重：

> 1843年春天，钦差大臣、广东官府传集怡和行行商伍绍荣等，要求追索300万元，限全体行商6个月内全数交清。这次赔款，怡和行被勒缴100万元，行商公所认缴134万元，其他行商摊派66万元。①

据记载，在鸦片战争赔款中，广东承担量竟达70%之多，这实在是一个惊人的数字。像这样的事例，在十三行经贸历史上可以说是屡见不鲜，朝廷委派的所有"不可能的任务"他们都必须无条件地完成，同时在与洋人打交道中，"若有闪失，就理所当然地成为替罪羊"。一不小心，失去的可能就不仅仅是金钱、生意，还有自己乃至家人的项上人头。在如此重压与不公平的营商环境下，无怪乎到了19世纪，广东人都不愿意再去碰这门差事，甚至认为，只有亡命之徒才肯做洋商。这种说法并非夸张之词。史料记载，十三行繁盛富庶之时，曾有"潘卢伍叶，谭左徐杨。虎豹龙凤，江淮河汉"的歌谣传唱于广州城，"虎豹龙凤，江淮河汉"，是何其大气之言？将十三行这些代表商人比喻为百兽之王与神兽之主，其风光景象可想而知。后来，这首赞歌却变成了"潘卢伍叶邹，谭左徐杨邱。虎豹龙凤狗，江淮河汉沟"，这又是怎样的一种尴尬与不堪？

十三行商人们经历了从"富甲天下"到"宁为一只狗，不为洋商首"的心理落差，这似乎是命运向这个群体开的一个冷酷的玩笑。如此血淋淋的祖辈记忆，在百年以后，十三行的后人们不一定记得清楚他们所踏的每一步血印，做过的每一件事情，但作为一种创伤记忆后的阴影"情结"，作为一种不自觉的否定性意识，却颇有意味地投射在后辈们的心灵中，让他们共同选择了弃商从文，不再涉足商道。传说中的"十三行遗嘱"，其实只是一个象征体，一个心灵警示碑，上面铭刻的不是遗训式的教导警告，而是对创伤的认知和体悟，是不愿重蹈历史覆辙的祖辈心语。"记忆，特别是创伤记忆，它历来就是自我重复的固置形式，只要你没有能力穿透它，它就会在未来的想象中而且是最美好、最富有吸引力的想象中悄悄地复活自身。"② 这句话正道出了创伤记忆在十三行后人身上默默地反复作用的形式。的确，记忆是一种不可触摸的东西，但又是在固置后不断往回重复的东西。创伤的痛苦往往是在平静美好的生活中潜意识般地告诉你不可以再去做某种事，不可以再掉进创伤发生之时的泥潭中。

家族性的创伤记忆正如集体无意识理论中的"原型"在人诞生之初就投射在人的意识之中一般，十三行行商们的创伤记忆也在每个家族的延续中作为一种集体无意识传达到每一个子孙的认知中。虽然十三行行商的后人们从来没有经历过那一段风雨飘摇的日子，从没有过在历史夹缝中强求生存的艰苦体验，有很多甚至不知道自己原来就是那曾

---

① 李国荣主编：《帝国商行：广州十三行》，九州出版社2007年版，第291页。
② 张志扬著：《创伤记忆：中国现代哲学的门槛》，上海三联书店1999年版，第5页。

经"富甲天下"的十三行行商的后人,但他们却不约而同地恪守着弃商从文的选择。

凭此,让我们进入"后十三行"时代。

终编

后十三行时期

(清咸丰十年至21世纪,1860—21世纪)

文章新岁月，
涕泪旧山河。

——潘飞声诗

小 引

所谓的"后十三行"时期，也就是第二次鸦片战争之后。如果从十三行的视角出发，中国近代史的演变可以做种种描述，如：

十三行—洋务运动—民族工商业的兴起；

行商—买办—民族资本家。

也有其他描述，如：

十三行夷馆—沙面—租界；

十三行—官督商办—广交会—改革开放。

…………

然而，任何一种描述都无法穷尽中国在现代化进程中的艰难曲折。

例如，当年的买办在十三行中地位卑微，处于通事翻译之下，甚至不如仆役的头目，就其"买办"的本意而言，无非是承担采买的任务，无法与行商相比。可随着保商制度的废除，公行被撤销，买办成为外商代理，进而成为洋行总管、账房乃至机要秘书，其地位也就步步攀升了。有当年的行商演变为买办的，如同顺行的吴健彰，也有原十三行买办及其后人成为洋务运动中的大买办的，如徐廷亭及其侄儿徐润。

随着买办地位的不断提升，其构成也向多样化转变。他们的个人实力和整体实力都在增长，甚至在一定程度上起到抵制外来资本的作用。买办发展到一定程度之后，就会从这一阶层转向民族资产阶级。一旦买办与外资企业产生矛盾，就会脱离其"东家"，从而走向民族资本行列来反对其原来的"东家"。中国新兴的民族资产阶级由此出现了。

于是，买办资本转化为民营资本。所以，也有人认为，正是他们推动了洋务运动，催生了民族资本。

所以，买办还有另外一重身份——独立经营者，一些买办脱离洋行独立经营，使买办资本成为民族资本。没有买办这一中介代理人，当时的西方侵略者不可能获得那么广阔的中国市场，可以说，买办客观上促进了中国对外贸易的发展。而资本主义国家的入侵使得中国自给自足的封建自然经济逐步解体，中国的农业、轻工业甚至重工业得到一定的发展，这客观上有利于中国的近代化。因此，在这一方面，买办及买办资产阶级起了一定的积极作用。事实上，不少买办资本投资民族工业、银行业，如怡和洋行、天津汇丰银行、法国东方汇里银行等。

买办资产阶级是洋商一手扶植的，但买办独立经营的另一重身份使二者间产生一定的矛盾。矛盾一旦激化，部分买办资产阶级将成为革命力量的一部分，用于反对外国的侵略。事实上，不少买办较早已具有资本主义的思想。另外，多维社会性质不仅使买办便于充当中外商人之间交往的媒介，而且有利于担任官洋之间的角色。买办在近代中国社会的出现和存在，并不以某些外国资本主义侵略势力的意志为转移，而是中国实行对外开放，走向世界市场，走向近代化的一个必然结果。

不可由此把帮助洋行进行对外贸易的买办看作民族罪人。实行对外开放，发展对外贸易，进入世界市场，既是历史的进步，又为不可抗拒的历史潮流所推动。客观上，买办在沟通中国与世界、洋商与华商、沿海通商口岸与内地城市的经济交流以及随之而来的文化交融方面具有一定的促进作用。

1860年之后，随着通商口岸市场经济对晚清经济的潜在影响，不仅传统的盐商无法完全导入市场意识，就连通商口岸催生出来的新兴企业家阶层——买办，事实上也渐渐被官僚阶层吸附在一起。中国的一批新兴商人企业家从通商口岸的外贸交易中积累了一定数量的资金，他们先是西方商行的雇员，并且完全按照市场的原则自负盈亏，这让他们同时又积累了市场经营的经验。因此，对新兴的晚清近代工业化而言，这些人具有不可多得的价值。像郑观应、唐廷枢、徐润这样的人，理所当然地被李鸿章、张之洞等人吸纳到官商结合的经济体制之中。

汉学家费维恺在考察了这些历史现象之后，曾经感叹，在中国，既没有一个主动地关心促进社会经济近代化的政府和官僚阶层，也没有彻底改革生产和销售习惯、真正尊重市场精神的企业家阶层。两个阶层的人都只是为了一点不可持续发展的短期利益钩心斗角，貌合神离，国家经济的发生和发展因此陈旧又缓慢，甚至出现倒退的趋势。但是总体来看，买办在中国的对外经济发展中的积极作用是不容忽视的。然而，产生这样的效果，在很大程度上，可以说与广东文化自身的开放性、兼容性的特点分不开。

然而，这仅仅是中国民族资本发展的一条路径，而19世纪末诞生的堪为民族工商业旗舰的"四大公司"（先施、永安、大新、新新）则完全是靠海外侨资支撑起来的，"四大公司"的创始人，清一色是香山县（今分属中山市、珠海市）籍的澳洲华侨。而香山县又一度被视为"买办之乡"，著名的四大买办——唐廷枢、徐润、郑观应、吴健彰，都同为中山人，但两股力量彼此一点关系也没有，因为"四大公司"的创始人全都是白手起家。如果非要说二者之间有关系，买办郑观应早早意识到洋务运动的官督商办是行不通的，官非但不能护商，而只能病商——这当是思想上的联系了。十三行行商也有一部分后来下了南洋创业，进一步接受现代工商业的经营观念，重返国内发展。而十三行的后人，更多的不是成为买办、商人，而是成为外交家、学者、诗人，如著名的外交家梁诚、诗人潘飞声、学者梁嘉彬等。

在这里，重读郑观应当年的遗训，还不算过时。

郑观应（1842—1922），本名官应，字正翔。出生于广东省香山县（今中山市）。17岁即弃学从商，进沪宝顺洋行，开始了自己的买办生涯。后从事教育工作，著有《救时揭要》《易言》《盛世危言》等书。

在《救时揭要》中，他表现出强烈的爱国主义思想，痛斥殖民主义者拐卖华工"猪仔"的罪恶行径,要求"设领事官"以保障华人进行贸易与所获的利益。

他剖析造船业"官造"而非"民造"的流弊,指出"富民之道"在于"改官造为商造"。只知造船,只是得"泰西之长技",而不知该由民造、商造,便是"不知操泰西立法之大旨本源"①。换句话来说,民商,才是"大旨本源",只有走民族资本主义的道路,方可以"致强""致富"。否则,便是本末倒置,中国还是在老路上愈来愈穷,愈来愈弱。

他的观点与洋务派力主"官办"的观点是相对立的。

郑观应还在《易言》中以大量的篇幅谈了他对中国发展民族资本主义的构想,西方之所以敢侵略中国,正是由于资本主义经济发达;中国要富强起来,也得走西方资本主义富强之路。而洋务派"但学西人之制器,而不学西人之理财",是实现不了富国强兵的梦想的。

在《盛世危言》中,郑观应进一步认为,为发展民族资本主义,务必摆正"兵战"与"商战"的关系。也就是说,他在反对西方列强经济侵略的认识上高人一等。他在此书的"商战"篇中指出,重兵战,而忽视发展民族工商业,正是近代以来历次与西方交战而中国每每败北的重要原因,也是洋务运动的一个致命的弱点。他力主商务须成为整个社会政治、军事、工业、农业、教育等领域的根本物质基础,以增强中国的国力。他说,无形的商战与有形的兵战之间,应该"裕无形之战以固其本"②,把商战视为"固本",而兵战仅为"治标"而已。"我之商务一日不兴,则彼之贪谋亦一日不辍。纵令猛将如云,舟师林立,而彼族谈笑而来,鼓舞而去,称心餍欲,孰得而谁何之哉?吾故得以一言断之曰:'习兵战不如习商战。'"③"士无商则格致之学不宏,农无商则种植之类不广,工无商则制造之物不能销,是商贾具生财之大道,而握四民之纲领也。商之义大矣哉。"④

郑观应在关于"兵战"与"商战"的关系上还指出:"能富而后可以致强,能强而后可以保富",富国方可强兵,从而痛斥洋务派"筹饷则聚敛横征,不思惠工商以兴大利;练兵则购船售炮,不知广学业以启聪明",实在是"遗其精义而袭其皮毛"。

最后,他还严正指出:"官不能护商,而反能病商。"

在郑观应的著作中,关于建立议院制、设立学校的理论也很多,这里就不一一阐述了。他提出了一系列的理论创议,让同时代的人及后人受益匪浅。著名教育家蔡元培称其"以西制为质,而集古籍及近世利病发挥之。时之言变法者,条目略具矣"⑤。郑观应的重商思想,代表了中国民族工商业要求发展、争取独立的呼声,同时,也进一步阐发了广府文化中的重商传统,并为其注入新的内涵,使近代广东的商业精神更为突出。它

---

① 郑观应:《救时揭要·论中国轮船进止大略》,《郑观应集》(上册),上海人民出版社1982年版,第55页。
② 郑观应:《盛世危言·商战下》,《郑观应集》(上册),上海人民出版社1982年版,第595页。
③ 郑观应:《盛世危言·商战上》,《郑观应集》(上册),上海人民出版社1982年版,第586页。
④ 郑观应:《盛世危言·商务二》,《郑观应集》(上册),上海人民出版社1982年版,第607页。
⑤ 高平叔编:《蔡元培年谱》,中华书局1980年版,第8页。

对康有为、梁启超的维新变法起到了积极作用是毋庸置疑的,对孙中山及其后的毛泽东也产生过影响。

从广州十三行显赫一时的行商(当时叫洋商)到"五口通商"时上海的"广东洋商"或"广东买办",十三行行商们无疑实现了一次艰难的历史转型,而非什么"华丽转身"。

著名的汉学家费正清,以他的视角较为中肯地指出,吴健彰是条约口岸型的中国商人官僚最初的典范,他通过操纵中外交往和对外贸易使他的地位"节节高升"。费正清清醒地看到并指出了吴健彰身上的"广东取向",还将其称为"上海的广东化"。正是吴健彰开启了由行商向买办的转换,也为后来到达上海的徐家、谭家等铺平了道路,提供了某种可以称之为"大气候"的条件。

卷十五　十三行的前世今生

第八十二章　余绪：道台与买办

笔者在20年前的《千年国门——广州，3000年不衰的古港》一书中，写过这么一段话：

> 在广州，人们是这么说的，十三行一夜消失，却成就了上海的南京路。广东商人一下子全到了上海，在上海开埠最早的正是十三行的人。
>
> 其实，南京路正式定名于1845年，即十三行大火之后三年，这里面并没有多少必然的联系。只是，南京路上商馆大都为广东人所开，却也是不争的事实。说"一夜之间"，此消彼起，当然是高度的概括，也反映了，在19世纪中叶，由于西方列强的入侵，五口通商，广州是如何与上海易位的。而久为海洋文明熏陶的广东商人，又如何看准了上海潜在的发展的可能性，作出了新的，也是历史性的选择。当然，他们早在十三行被烧之前，便已开始作了"战略转移"，这在前边业已提及了。
>
> 不管怎样，"十三行"是一度作为广州的一个"风水宝地"，在中国的外贸史上写有其辉煌的一页，中国曾从这里走向世界，世界也从这里认识中国。在南中国海的"双城记"中，担任了一个（无以）替代的重要角色。
>
> 假如把外滩、南京路作为"十三行"一个支脉的延伸，那么，我们甚至可以说，后来勃兴的香港，尤其是一直到今天更兴旺发达的转口贸易，不正是放大了的"十三行"么？香港，从整体上取代了广州的十三行，并把它扩大了百倍、千倍、万倍！香港今日外经的功能、规模，更是十三行所无法比拟的。①

这里，仅以一位曾在上海当过道台的知名人物吴健彰为例。

早在道光二十三年（1843）实行五口通商时，上海这昔日的小渔村便迅速成为外贸重港。广州虽说仍是重头戏，可上海地位的上升却已毋庸置疑。吴健彰正是看准了这一机会，决计去上海博上一把。到了上海后，除经营丝茶贸易外，亦勾结贩卖烟土的潮州帮，并投资美商旗昌洋行，成为其七大股东之一。清代江苏巡抚吉尔杭阿称：吴"在粤东与夷商贸易，即以然诺不欺为外夷所信服"②。他不但活跃于商界，也活跃于官场。他

---

① 谭元亨等著：《千年国门——广州，3000年不衰的古港》，广东旅游出版社2001年版，第163－164页。
② 章文钦著：《广东十三行与早期中西关系》，广东经济出版社2009年版，第98页。

利用官吏品级可捐纳制度，不断输钱捐官，至 1847 年已由最初的监生、五品衔变成候补道。

道光二十八年（1848），他参与处理"青浦教案"，即漕运水手痛打英国教士麦都思引发的事件。吴健彰以"媚夷"终得官位，一度代上海道。到咸丰元年（1851）实授上海道台，同样以"私番"出名，成为江南官场中难得的"夷务"人才。

咸丰皇帝

咸丰三年（1853），与太平天国运动相呼应，"小刀会起义"在上海爆发，起义首领是刘丽川。刘丽川初到上海时，当过旗昌洋行买办，从事丝茶交易，吴健彰请他办理过关税。起义军占领了县城，吴健彰也被抓了起来。幸而刘丽川还念同乡故交之情，没有杀他。吴健彰指天发誓，不与义军为敌，刘丽川也就宽大为怀，放他一马，默许他潜逃。几天后，在美国副领事金能亨的一手策划下，美国、英国各有一人入城，吴健彰乔装成商人，越过义军的警戒线，在城墙上放绳下来，逃逸。

后来他背信弃义，出卖了中国海关与外国居留地的主权，使租界制度在上海确立，从而换取了西方列强出兵助剿起义军，与太平天国及小刀会为敌。很快他又因办漕运得罪了浙江巡抚黄宗汉，未等起义军被镇压，他已因赃私狼藉、通夷养贼等罪名，被咸丰皇帝降旨革职拿问，被判流放新疆赎罪，却被留在江南大营协助镇压太平军。咸丰九年（1859），他结束了在江南亦官亦商的生涯，返回原籍广东香山，后寄居澳门，度过了余生。

在梁嘉彬的《广东十三行考》中，有专门的"同顺行"一节，考出吴健彰，按粤人俗，被呼"卖鸡爽"，吴氏或本"鸡栏"中人。① 吴健彰早年以卖鸡为业，道光十二年

---

① 梁嘉彬著：《广东十三行考》，广东人民出版社 1999 年版，第 336—337 页。

吴健彰像

(1832)开设同顺行承充行商;道光十四年(1834),他仍居11位行商之末;道光十八年(1838),升至第九位。而到鸦片战争爆发,该行财力已名列前茅。及至道光二十四至二十五年(1844~1845),一位到过广州的美国人参观后称,其同顺行已成了仅次于伍家商行的大茶行。而这时,吴健彰已踌躇满志地到上海当官了。

至于其他十三行商人,在官、商二道上,倒是没他这么出名,最大的两家——潘家、伍家,都已式微,后人亦各奔东西,或奔仕途,或兼画师,不再涉及商务。而吴健彰这种后期跻身于十三行并充当行商的"暴发户",颇有不顾一切进行原始积累的意味。毕竟时势不同了,"买办"的意味更浓,他也成了十三行商人中的一个异数。关于吴健彰的文章不少,褒贬不一,但广东民间对他的评价,却是颇为辛辣的。

《澳门掌故》中有一个民间传说,讲的是清代有一位富商,以洋务发迹,捐了个上海道台,由于搜刮过分,把权臣也得罪了,被参上一本,将他充军。可这家伙狡猾得很,请其幕僚做了番设计,贿赂了能说得上话的官员。该官员进宫,说这位上海道台罪大恶极,只可以遣戍红黑海飞沙关,与"鬼卒"为伍,以示惩戒。结果真的把他充军到了如此恐怖的地方。其实,这个"恐怖之地"是澳门关闸,因为那里海水的颜色一边为红,一边为黑,其地又多风沙,所以被叫作红黑海飞沙关。由于澳门在明朝即被葡萄牙强占,驻有葡兵,人们都称之为"鬼卒"。凭此,可见这位上海道台狡猾至极。[①]

毫无疑问,这说的正是吴健彰。曾为香山富商,清代办洋务起家,当上上海道台的,除他外并无别人。

---

① 布衣著:《澳门掌故》,香港广角镜出版社1979年版,第22页。

这则民间传说，反映了老百姓对这位买办的基本态度，首先是憎恶、鄙夷，而后亦不无调侃，当中包含的历史文化信息，则可以做多层剖析，包括对殖民者或侵略者的愤恨以及与"鬼卒"为伍的买办的轻蔑。

这与对潘氏家族等其他十三行商人的评价截然不同。章文钦的文章《从封建官商到买办官僚——吴健彰析论》对此不乏中肯的论述，有兴趣者不妨找来一读。这也是十三行商人后来的一个去向，未必典型，况且吴健彰亦在上海迅速为后起的买办绅商杨坊，买办官僚吴煦、薛焕所取代。

只是把十三行商人简单划入封建官商的行列，也未必准确。虽然十三行商人的身份有尴尬之处，但除了吴健彰外，十三行的后人中还有一个人在洋务运动中是不可避而不谈的，这便是徐润。

徐润，1838年生于广东香山县北岭村（今属珠海市），又名以璋，字润立，号雨之，别号愚斋。他8岁开蒙，14岁离开家乡，受过较好的传统启蒙教育。1852年在上海开丝茶庄的叔父徐荣村回乡过年，春节过后把侄子徐润带到上海。起初叔父送徐润到姑苏西园继续求学，走科举功名之路。因为广东话与姑苏话相去甚远，徐润无法完成学业，连生活都难自理，只得回到上海。他的伯父徐钰亭、徐廷亭兄弟，都曾在十三行中当过买办、行商。十三行后期，他们也随大流去了新开埠的上海。

宝顺洋行是19世纪中叶在华最主要的英资洋行之一。今天，广州越秀区西濠口，即原十三行东头还有一条宝顺大街。第一次鸦片战争以后，宝顺洋行的总部从广州转到香港。1843年，上海开埠，宝顺洋行发现上海邻近生丝产地杭州、嘉兴、湖州和茶叶产地浙江、安徽，便及时到上海设行，成为最早到上海设行的洋行之一。徐润在伯父徐钰亭的安排下进入宝顺洋行当学徒，后来便在英商宝顺洋行当买办。第二次鸦片战争之后，十三行不复存在，而清廷被迫开放北部沿海口岸以及长江沿岸口岸，宝顺洋行随即在烟台、天津、镇江、芜湖、九江、汉口等地设立分行。这时，徐润已成为统领各分行的总买办。他预见到长江的航运业将大有前途，于是购置江轮、船坞，组成一支实力雄厚的航运队伍，将发展进出口贸易和航运业作为洋行的主要业务。他还将贸易活动扩展到日本的长崎、横滨、神户等埠。这个时期，宝顺洋行上海总行和各分行每年的进出口总值达到白银数千万两，盛极一时。徐润作为洋行的总买办，经手巨额进出口贸易款，按上海洋商总会规定，可以提取3%的佣金，由此，他不仅积累了相当可观的财富，更有了进出口贸易的宝贵经验。

1866年伦敦爆发金融危机，金融危机迅速波及上海，洋行纷纷破产，宝顺洋行也难逃一劫。1868年，徐润离开了宝顺洋行，自立门户。他在洋行时所学习和积累的进出口贸易经验，与各口岸建立的商务关系，所掌握的广阔的市场、货源以及积累的资本，都为他后来的辉煌打下了坚实的基础。

还在宝顺洋行上堂帮账时，徐润已自己经营茶叶了。他与别人合作开过一家"绍祥"商号，从内地收购茶叶、生丝等，转卖给上海各洋行，从而一举两得，既为宝顺洋行提供了相应的货源，自己也赚了差价。有了一笔身家后，他便打算自己开茶栈，把生意拓展到浙江、江西、湖北、湖南。他是在1868年脱离宝顺洋行、在上海开设宝源祥茶

徐润

栈的。他选用了一批得心应手的同行负责管理,形成了一个茶业网络。因此,他可以清楚地了解各茶区的收成,掌握多种供货渠道,而且针对英、美、俄各国消费者的不同取向,络绎不绝地向各国洋行提供合适的出口货源,而且随行就市,调整茶价,争取高额利润。他和唐廷枢等人还一起创办了上海茶业公所,对上海及其周围广大地区的茶叶贸易进行控制。他这些分号的生意从此蒸蒸日上。

众所周知,茶叶一直是十三行的三大出口产品之一。1868年至1888年,又是近代中国茶叶输出最兴旺的20年。1886年,茶叶输出量达268万担,创茶叶出口的历史最高纪录。当时上海的茶叶出口量占全国茶叶出口总量的70%,而宝源祥茶栈又是上海最大的经营出口茶叶的茶栈。徐润因此被誉为"近代中国的茶王"。

可对他发达的商业头脑而言,这都是"湿湿碎"(粤语,"小意思"之意)。他牢记在宝顺洋行工作期间洋行大班韦伯给他的启发。

上海刚刚开埠,并且迅速取代广州而成为重要的贸易口岸。商机比比皆是,有目光的商人都瞄准了盈利最大的房地产业。对一个新兴的港埠来说,没有什么比扩张更重要的了。韦伯预测,随着城市的发展,上海周边的地方很快就会成为城市的一部分,投资房地产行业必有巨大的回报。

于是,1870年之后,徐润看到上海百业振兴,万商咸集,地价日见攀升,商机在即。在经营茶业的同时,他开始放手去投资房地产业。房地产业需要大量资本,头脑机敏的徐润将已有的房地产做抵押,从钱庄和银行贷得资金,购置新产,再将新产做抵押借贷,通过层层抵押的办法积累巨额资金,解决了投资房地产业的问题。他深谙上海租界的拓展趋向,就在日后的交通要区以低价买进土地,待经营至半开发状态便以高价售出,然后再从其他地方购置更多的土地。至1884年,徐润在房地产上投入的资本已有

200多万两银子，从而拥有地产3000多亩，他先后和华商、外商合创了上海地丰公司、宝源祥房产公司、业广房产公司、广益房产公司、先农房产公司等。

1883年，徐润在上海购置了大量空地，其中有2900多亩土地尚未投入建设，320多亩土地已建成房屋；其中洋房51所，有222间的房屋，当房3所，楼平房街房1890多间。徐润在这些房地产上投入了223万余两银子，每年收回的租金达12万余两，成为上海滩名不虚传的"地产大王"。

几年间，徐润让人刮目相看。他的盘子愈来愈大，他从西方得到启示，想通过招投合办的形式组建上海最大的房地产公司。他的算盘是："每股本银十两，集400万两之大公司。"野心不可谓不大。不过，他前期"先收股本200万两"，一步步来。一位在上海的英国朋友顾林立即找到他，说自己可以把在伦敦的房产作价200万两，向银行抵押期限20年，帮助他实现这一宏伟计划。可惜，这一"中外合资"的计划，终因顾林回到英国、得了精神病而告吹。

徐润宏愿不改，决心单干，他向与公司有业务关系的22家钱庄借款105万余两银子，加上股票、洋行房产等抵押贷款近115万两银子，终筹得220多万两银子。

谁知天有不测风云，中法战争爆发，法国舰队封锁港口，遂引发了上海金融危机，商号、钱庄接连破产倒闭，讨债人络绎不绝。他不得不把手中的房产以贱价脱手。本投入成本300多万两的，只能以200多万两抛出。上海青云里、靖远街、元芳路等黄金地段的房产，原先一直被看好，这时只能忍痛以低价售出。在珊家园、怡和码头、盆汤弄、吴淞路等处近3000亩地，也只好以低价107万两售出。这回，他几乎连本都赔光了。

后受唐廷枢所邀，他去了唐山。可他仍关注房地产业。1887年，借办唐山矿务之机，他变卖家产，筹资在北方投资房地产业。在就近的塘沽车站、天津、滦州，他陆续购置地产将近2000亩，以低价进，一旦有利，便"得利沽去"，只在天津租界炒卖地产，便获利二三十万两银子。至于塘沽车站两边购地建房500多间，光出租收息，获利便很可观。到1890年，他又与唐廷枢等人合资，在广州置地，建码头，成立广州城南地基公司，准备建大型商场。

总局设在上海的轮船招商局是洋务运动中最大的经济实体。开办这样一个招商局，成败在于资金筹集，只是直到1873年，招商局资金尚不足20万两银。李鸿章不得已将招商局由官办改为官督商办，委任唐廷枢为总办，徐润为会办。之后，招商局开始进行新一轮的招股，拟定首期招股100万两银，徐润本人首先附股24万，又广招亲友入股。这在商界和社会上引起连锁反应，入股者踊跃，100万两很快到位。旋即，招商局决定再招100万两。徐润又认股24万两，另外招来亲友继续入股。这样，由徐润经手招集的股金占招商局全部资本的一半以上，招商局资本充实，运作自如。徐润接手经营之后，先是集资扩股，接着又收购了当时东亚最大的商业船队——美商旗昌轮船公司。这一举措，使中国官轮由4艘激增到26艘，吨位突破400万吨。这个数字占了当时进出口中外轮船总吨位的36.7%。而其所属的21个码头栈房，遍及长江及沿海口岸，航线更远达东南亚，从而奠定了中国近代航运业的坚实基础。

1872年，轮船招商局开局前购进的大英轮船公司"伊敦号"轮船模复原图

轮船招商局是当今香港、台湾等地招商局的前身，它的曲折发展反映了中国民族经济走向近代化、现代化的艰难历程。在其创业阶段中，徐润所起的作用是无以替代的。

招商局的上海第三码头

作为上海轮船招商局的主要领导人，徐润与唐廷枢成立了中国人最早的保险公司。1875年12月，在上海成立了保险招商局；第二年，又在上海成立仁和水险公司；1878年，再成立济和船栈保险公司。由于经验不足，章程也不完善，自然经历了不少波折，更在外国保险公司的恶性竞争中处于劣势。1875年以前，招商局的船货只能向外商设在中国的保险公司投保，不仅保险业的利润被外商赚去，外商还恃此联手排挤打击招商局。徐润于1875年仿照外国保险公司的做法，集股50万两，开办了中国第一家保险公

司——仁和水险公司。水险公司不仅为招商局的轮船和货物做担保,而且还承保外商的轮船和货物,其生意兴隆,获利丰厚。1878年,徐润又集股50万两,成立了济和水火险公司,扩大了承保能力和覆盖面。1886年,徐润又将这两家保险公司合并为仁济和保险有限公司。他借鉴西方先进的经营模式,创办自己的保险公司,以推动民族经济的发展。"仁和""济和"这两家保险公司,被视为中国保险事业之滥觞。

1887年秋,徐润首次出关塞勘矿,这时他已年届五十。在这以后将近20年的漫长岁月里,他奔波于各个矿区,北出长城,南至广东,东赴台湾基隆;或翻山越岭踏勘,或深入矿井验看,为寻找和开发中国的矿产资源,筚路蓝缕,其间在关外的热河建平(今辽宁省建平县)金矿,一住就是3年。

开平煤矿是中国最早使用机器开采的大型煤矿,徐润投资了15万两银子,占总商股150万两的1/10。他任开平矿务局会办,支持矿务局从英国订购机器设备,聘用一批英国工程师,应用近代技术采掘煤炭。开平煤矿的建成,使开平煤炭迅速占领天津地区市场,将进口煤炭从天津市场挤了出去,并逐渐扩大到国内其他口岸,为北洋舰队以及地方工业提供了必需的燃料。此外,为了将煤炭运输到天津,矿务局专门修筑了一条铁路。1881年6月9日,唐山—胥各庄铁路动工兴建,当年11月竣工。这是中国第一条标准轨道铁路,也称"马车铁路",1882年始用机车曳引。1886年,从胥各庄到芦台庄附近阎庄延展成功,唐芦铁路贯通。1887年,又延至天津,津沽铁路贯通。同时,还发展了焦炭、水泥等一批附属企业。

除开平煤矿外,徐润还投资过平泉铜矿、宜昌鹤峰州铜矿、孤山子银矿、三山银矿、天华银矿、潭州银矿、建平金矿、金州煤矿、贵池煤矿等十余处矿产,为中国近代采矿业做出了贡献。

容闳是徐润的同乡,还是他在宝顺洋行的同事。1871年曾国藩请容闳和徐润"办理挑选幼童出洋肄业",拟选120名中国幼童,分四年赴美留学,每年30人。从1872到1875年,容闳、徐润所选定的四批幼童,分期分批先到上海考试、预习,然后由徐润等人担保送到美国留学。这些幼童,擅长学习外语和接受西方技术,绝大部分选自沿海开放口岸,其中香山县籍共40人,占了1/3。这说明香山县在近代西风东渐中,确实领风气之先。1881年,清廷中止留学计划,将留美的学生全部召回。被迫回国的学生一度受到冷落,后由徐润出资并担保,留学生陆续被分派到政府部门和电报、铁路、轮船、矿务等近代企业服务。其中,知名人物有铁路工程师詹天佑、矿冶专家吴仰曾、民国政府首任总理唐绍仪、北洋大学校长蔡绍基、清华学校首任校长唐国安、民初外交部部长梁如浩等,他们在推动中国走向近代化的过程中,做出了自己的贡献。

在徐润创办的"新式企业"中,还有中国第一家机器印刷厂。

他在《徐愚斋自叙年谱》中记述:"查石印书籍,始于英商点石斋,用机器将原书摄影上石,字迹清晰,与原书无毫发爽,缩小放大,悉如人意。心窃慕之,乃集股创办同文书局,建厂购机,搜罗书籍,以为样本。"他从英国引进12台轮转印刷机,雇工500余人,创办了上海同文书局。《资治通鉴》、二十四史、《全唐诗文》《康熙字典》等字迹清晰的古代善本,都是同文书局的印品。以至清朝皇室也传旨徐润,令他为宫中赶印 100 部《古今图书集成》。这部书由清廷出资 50 万两白银，1891 年开始影印，底本为清雍正年铜活字印本，历时 3 年完成，共印 100 部，每部 5020 册，全部采用上等桃花纸，纸张洁白细致，外表装帧也极为豪华。其中 50 部被押解送到京城作为馈赠外国友人的礼品。在当时传为佳话。

李鸿章赞其"掺罗海外奇书，彰阐中西新学"。当时的《申报》曾赞其为"书城之奇观，文林之盛事"。同文书局苦心经营了十多年，1898 年终因"压本愈重"而停办。然而，也正是在这种大起大落中，徐润成为中国近代史上著名的大买办、大商人。十三行的血脉，令他在日后中国国力衰微之际仍支撑起一方天地。

晚年，徐润斥巨资在上海静安寺附近建了一座私人别墅，其架构是江南私家园林式的，起名为"愚斋"——这是他的别号。而"愚斋"所在的街道，后来也被命名为愚园路。

晚年的徐润组织编修《北岭徐氏族谱》，撰写《徐愚斋自叙年谱》，派人回故乡北岭村修建村道、祠堂，捐资办义学。1911 年 3 月 9 日，徐润在上海逝世，终年 73 岁，其灵柩从上海运回香山北岭村（今属珠海市）安葬。

轮船招商局（上海外滩九号楼）旧照

十三行的商业资本还有另一个走向。

一直以来，很多人认为十三行与耕读传家、重农轻商的客家人无关，然而，笔者在调研中却发现，行商中就有骆姓、黄姓的客家人。

笔者在《客商概论》序《历史投影与未来构想》中写道：

> 长期以来，我一直纳闷，以"耕山"著称，稻作文化兴盛的客家人为何在远离

滨海的山区——梅州,却出了一个海外有300万华人华侨的侨乡,可与珠江三角洲上的五邑媲美。在主编《客商》一书之际,黄启臣教授专门为这部书写了"明清梅州客商"一章,其中提到,早在明朝嘉靖年间,程乡(今梅州)就有商人林朝曦等人,与饶平的张琏结盟,自号"飞龙主人",先后在粤闽交界经商,万历年初,林、张二人更到三佛齐(马来半岛)贸易,列肆为番人舰长。

而这仅仅是个案。

这回,却在光绪《漳州府志》中读到:"中丞阮鄂帅兵讨倭,倭走南澳,乱民从倭者,集梅岭,从万家。众议往屠之……中丞曰:其在浙、直为贼,还梅岭则民也。奈何比歼之。"不由得大吃一惊,"集梅岭,从万家",是何等规模。

这终于消释了我心中的疑团。因为凭此,已不难解释梅州今日为何会成为著名侨乡的历史原因了。

原来,我还认为十三行行商只是广、潮(闽)人,后来又听说有骆姓的客家人,但始终将信将疑,现在看来,应该不存疑义了。

需说明的是,过去一般视"倭"为日本人或在东洋行凶的海盗——当然是中国人,如我们解决了"亦盗亦商"的认识,便能明白,为何中丞认为他们"还梅岭则民也",不可以"贼""盗"讨之。而这里所说的"梅岭",则是指粤东至粤北一道,并非梅关古道那一段。

可见,"集梅岭,从万家",当是重返那里的客家商人,这与嘉靖、万历年间,客商活动于粤闽交界处,后来更至三佛齐做海上贸易,甚至当上了番人的舰长——这与后来十三行行商当外轮的大股东已经太接近了。①

而在另一篇文章中,笔者认为深圳或当年的惠州、宝安是客家属地的入海口,尤其是东江客家,正是从这里走向海洋、走向世界的。这有太多的典型,从最早的叶亚来,到后来自澳洲回来的坪山曾生——抗日战争中威名赫赫的东江纵队司令,后来还成为广东省副省长。此外,若把目光投向与深圳龙岗相邻的东莞凤岗,那里的排屋与碉楼,分明是客家人到达滨海之后,由围屋、围堡所演变过来的,受到广府人碉楼的影响。

但最引起笔者关注的是刘丽川对龙岗"坑梓黄"的调查。她调研发现:"在坑梓60平方公里的土地上,黄氏宗族从乾隆年间的'新乔世居'算起,至宣统、民国的'颐田世居',大大小小的围堡就建造了30多座,还有不同时期(包括现今)修建的分布在各村落为数不少的'散屋',组成了一个大黄氏宗族群落。"②

为此,笔者也到过龙岗坑梓多次,了解到一个故事。一位黄姓的老人家,忽然想吃白胡椒,传话给在十三行经商的儿子,儿子却误会了,立即把十三行的白胡椒全部买了下来。没想到,第二年海外的白胡椒断货,他囤积的白胡椒卖了一个好价钱,黄家就这样发家了。原本,一般人认为广州十三行不会有"重义轻利"的客家人,可这个故事却

---

① 闫恩虎著:《客商概论》,文汇出版社2009年版,第5—6页。
② 刘丽川著:《深圳客家研究》,海天出版社2013年版,第120页。

证明客家人同样进入过十三行。

几十座大大小小的围堡，同样体现了十三行资本的积累。尤其是兴建那些巨大的围堡得有足够的经济实力。

而庾岭劳人的《蜃楼志》，是我国古代唯一一部关于广州十三行的长篇小说。崇文重教、善于文史者，在广东当数客家人最出色。"庾岭"者，大庾岭也，打宋元之后，尤其是明清年间，生活在那里的绝大多数是客家人，因此，为十三行留下这一历史文化记录的"庾岭劳人"，最有可能是客家人了。小说中主人公苏万魁在海关贪官污吏的压榨下，最后的选择是回老家，重返耕读传家的传统，这也是客家人的本色。

第八十三章　不仅仅是家族的失忆

曾经在中国海洋贸易史上，甚至在中国商业史上显赫一时的十三行商人，留下了无数可圈可点，乃至可歌可泣的业绩，可他们却与几乎同时代同样辉煌的晋商、徽商一同归于寂灭。后人提到粤商，每每只是从张弼士、陈宜禧等侨商算起，而这一批粤商，大都是鸦片战争之后才出生的。尽管十三行商人成了一部被视为最长的外国博士论文中的主要研究对象——这篇论文长达 400 万字，题为《中国与西方：18 世纪广州的对外贸易（1719—1833 年）》，作者为法国高等试验学院路易·德尔米尼——但在整个 20 世纪的中国，却鲜有人关注这个论题。令人扼腕的是，十三行商人的后裔，包括首富之家的后裔，都根本不知道自己的祖先曾是十三行行商。如华南理工大学教授潘刚儿，都快年过半百了，才在一个偶然的机会下看到若干资料涉及自己的家族，往上追溯，方才发现祖上是有名的潘启官。笔者本人的父亲生前一字都没提到自己是十三行的后人。他一直从事地质、规划与建筑设计方面的工作，专业也与商业无关，且一辈子都不曾流露出任何商业意识。而笔者本人，在年过半百前，对祖上为十三行商人一事一无所知，一直从事文学创作（也没写过与商业事务及商人有关的文章）与大学教书、科研工作。

我们面对的是家族的失忆，是族谱上的失忆——商人并不光彩，族人修谱未必会记载下来；是方志的失忆——它可以记录下众多的贞女与贞节牌坊，却不会给商贾留下一页的位置。

在司马迁那个时代，在他写下皇皇巨著《史记》时，却没少了《货殖列传》，可见那时的人对商人尚没有歧视。《周书》曰："农不出则乏其食，工不出则乏其事，商不出则三宝绝，虞不出则财匮少。"及至唐宋盛世，对商人也同样不曾有太多的贬抑。

这种失忆，不是对一个历史事件或者对某一个历史群体的失忆，而是从根子上，即在观念上的彻底的失忆。当历史上某一事物在思想观念上被彻底消除了，这才是真正的、最后的失忆。

笔者与潘刚儿都是在"文革"后才得知自己的家世，才得知原来离我们那么远的十三行商人，甚至人云亦云地加以鄙视过的十三行商人，到头来却是自己的先人。

一切历史都是思想史，当思想也失忆之际，历史也就不存在了。不过，思想只会因被扼杀才会失忆，刀兵、烈火对思想历来是无济于事的。所以，应是这漫长的后十三行的岁月，由于历史风云的变幻，几经颠簸，几经折磨，自唐宋以来一直处于上升状态的商品经济，也就在清代对十三行的夹击中被扭曲与钳制了，商贾的声音变得非常微弱。

直到十三行消失之后的几十年，才有著名学者、中国近代启蒙思想家严复说：

> 盖言禹之功，不过能平水土，俾民奠居而已；言稷之功，不过教民稼穑，免其阻饥而已。实业之事，将以转生货为熟货，以民力为财源，被之以工巧，塞一国之漏卮，使人人得温饱也。言其功效，比隆禹稷，岂过也哉！①

在当时已属惊世骇俗之言；今天，可能在许多人听来仍觉逆耳：怎么，把兴实业的商贾，比作禹、稷等圣人，太过分了吧？

但人的历史视野是越来越开阔的。沉滞的封建社会，也许只能有王朝更迭的记载。随着历史视野的扩大，人们看到，更多人被卷进了历史，并创造了历史。当一代伟人孙中山在19世纪末与20世纪初崛起之际，著名革命家、壮烈蹈海的陈天华就已说过："泰西革命之所以成功者，在有中等社会主持其事；中国革命之所［以］不成功者，在无中等社会主持其事。"② 这段话，则已在呼吁中国的实业家、大商人争取自己的独立地位，以身系革命成败的气概迈向时代的前列。

然而，真要这样，又谈何容易?！连十三行的后人，也早已退避三舍。

潘刚儿曾与笔者说起，谭家在十三行的一个支脉在上海还与潘家有交集。毕竟，两家在龙溪新约一直住到20世纪中叶，其后人自然有来往，也就不足为奇。可他说的是书画界、足球界的名人谭敬与著名诗人潘飞声，后者是前者的老师。

几个世纪的缘分，在若干名人录中，我们可以读到：

谭敬（1911—1991），字和庵（龢盦），广东开平人。1936年毕业于上海复旦大学商科。1939年毕业于美国纽约大学研究院国际贸易系。回国后，任华业信托公司、华业工程有限公司董事长，东南信托银行常务董事等职。1948年赴香港，任香港华商总会理事。1950年经中央文化部郑振铎副部长去信动员，他从香港回上海。1956年任公私合营上海房产公司董事。1981年，加入中国国民党革命委员会，任民革第六、第七届中央监察委员，民革上海市第七届委员。

谭敬出生于十三行豪富家庭，偏好文物书画，精于文物鉴定，富于收藏。早于20世纪三四十年代在上海与张大千、郑振铎等交好。其所藏宋、元及明初书画较为珍贵的有：宋代赵遹《泸南平夷图》，南宋赵子固《水仙图》，元代赵孟頫《双松平原图》《赵氏一门合札》、赵原《晴川送客图》、倪瓒《虞山林壑图》、柯九思《上京宫词》，明代夏昶《竹泉春雨图》、解缙《自书杂诗》和杨一清《自书诗》等。美国有关书刊将谭敬列为中国现代收藏家、鉴赏家之一。谭敬在港时亦曾被聘为香港文物协会顾问。

谭敬曾是早年上海一支著名足球队的董事，改革开放之后，他重振东华足球队的雄

---

① 严复：《实业教育》，载《严复集》（一），中华书局1986年版，第208页。
② 陈天华：《中国革命史论》，见《陈天华集》，湖南人民出版社1982年版，第215页。

威,曾亲自率队到香港比赛,1991年他在上海去世,享年80岁。

以上只是官方对谭敬的介绍。我们不如从头说起。那是鸦片战争后,十三行终结,上海开辟了租界,人口增加,建筑需求同样剧增。上海在外贸方面取代广州的地位,西方新型建筑材料借机大量倾销,为建造新型建筑提供了条件,近代上海建筑业迅猛发展。19世纪60年代,上海较早的一批外商洋行在经营贸易的同时兼营房地产业,如英商番汉公司、汇利洋行、汇广公司、德罗洋行、法商法华公司等。国内早期的民族资本家如谭同兴、叶澄衷、周莲堂等人在办实业中发了财,也投资房地产业。上海早期的房地产业与建筑业结合,"建筑房地产"成了当年的热门行业。

谭同兴正是谭敬的祖上。他在上海汉口路小花园附近开设谭同兴营造厂,经营数十年,成为上海滩的富翁。谭同兴营造厂早期主要是谭敬的父亲——谭干臣在经营。谭干臣在家里排行老三,所以也有人称其为"谭老三",他出国留过洋,喝过洋墨水,说一口流利的英伦腔英语。

凭借十三行广大深厚的社会人脉,谭同兴营造厂承包了外国洋行在外滩一带的建筑工程。大家今天在外滩看到的许多美轮美奂的建筑就是这个家族当年建起来的。

谭家系沪上著名的地产商,据说全盛时代曾拥资1000余万元。19世纪后半期,谭干臣先后开设巨丰、巨亨、巨久等钱庄,因巨丰钱庄受辛家花园倒闭牵累,亏折过巨,无法维持,被迫收歇。受此巨创,谭干臣尝有言,不再涉足钱庄业。但民国初年,上海钱庄业步入兴盛期,其时谭干臣已去世,其后人谭步韶经不住日新月异的钱庄业的诱惑,由谭同兴号(即谭干臣原来所设字号,专营地产)经租部职员傅裕斋出面,集资设立同泰钱庄。同泰钱庄开办后营业一度相当顺利,年获厚利,但最终还是歇了业。

谭敬出生于十三行世代富商家庭,耳濡目染,不自觉地培养了出色的经商能力,对商场上的资本运作可谓驾轻就熟。1939年他留学回国后,长期从事金融和房地产业,生意做得风生水起,成为上海滩商界的"过江龙"。直至1949年,他离开上海去了香港,其商业传奇才告一段落。

而在1939年至1949年短短10年间,谭敬从一位商界奇才一下子蜕变为上海滩的收藏大家,令人啧啧叹奇。他与庞莱臣、吴湖帆、张珩等老资格的收藏名家比肩,收藏了许多历史名作。当然,个中原因:一是由于战争不断,社会动荡,收藏家为了生计开始不断出货;二是谭敬生意顺遂,经济实力显而易见;三是他获得了近代收藏巨眼张珩先生的鼎力帮助,且因受了张珩的影响,他的收藏也偏重于宋元字画。

谭敬的父亲谭干臣,早年留学英国,与民国著名外交家王宠惠是同学。1912年1月,王宠惠任南京临时政府首任外交部总长的时候,谭干臣在外交部任主事,英年早逝。谭敬的母亲唐佩书,出生于富商家庭。唐佩书的哥哥就是著名的大茶商唐季珊,他包销世界三大红茶之一的祁门红茶,也是上海联华电影公司的大股东,娶了电影名伶阮玲玉。母亲唐佩书对儿子谭敬的教育很重视,聘请岭南词人、"近代岭南六大家"之一的潘飞声(1858~1934)为其家庭教师,教习谭敬学诗文。潘飞声本就是十三行潘家的后人,潘家与谭家的渊源已有几百年。

1950年,谭敬接受上海市文管会的邀请从香港返沪。此时,潘达于捐献青铜大鼎给

谭敬（左）

国家，引起轰动，谭敬受此鼓舞，也将自己所藏的"陈子禾子釜"和"陈纯釜"捐给了上海博物馆，中央人民政府文化部为其颁发奖状予以表彰。谭敬还将所藏的北宋司马光《资治通鉴》稿卷孤本捐献给国家，现由故宫博物院收藏。

谭敬在当时已被人称为"上海虫界第一人"，名声响极一时。但这是新中国成立之后的事了。后来，谭敬便因在家里聚众斗蟋蟀而被捕。公安人员从他家里抄出了几百个蟋蟀罐，很多都是明代宣德年间之物，据说还有一个是宋朝宰相贾似道的罐子。作为十三行陶瓷商人的后人，又是收藏家、鉴赏家，留有这些不足为奇。可他为此被判了15年徒刑，先是被关在提篮桥监狱，后被送到安徽，以赌博之罪被送往白茅岭改造。他的大女儿因组织发起化装舞会，也被送到白茅岭改造。

直到1977年，谭敬获释回上海。改革开放后他获得平反。赌博之罪不再成立。而在20世纪60年代谭敬的小女儿谭端言去了香港，之后又去了台湾，嫁给杜月笙的儿子杜维善。杜维善以收藏丝绸之路古钱币闻名于世。

得知他获得平反，杜维善第一个从海外来看他，并把他接到香港。他身无分文，但在港的很多老朋友都来看他，杯盏交错之际，他百感交集。回上海之前，他交给谭端言、杜维善夫妇厚厚一叠请柬，说是要宴请一下在港的老朋友，感谢他们没有忘记他，而且指定要在香港当时最好的酒店——半岛酒家请客。他的女儿、女婿数数那叠请柬，居然有300封！坐了这么久的牢，记忆力依旧异乎常人，令人感慨。

谭敬还有一门嗜好，那便是足球。东华足球队创建于1931年，是中国历史最悠久的足球队之一，是中国足球史上的著名劲旅，至今仍屹立于上海足坛。

东华足球队最初由上海各大学的精锐人员所组成，嗣后又发展成集技术人员、医师、金融界职员、工商界职员以及为数较多的大学生爱国知识青年于一体的足球队，为纯业余体育团体。其活动经费由上海工商界人士中热心者成立董事会提供，除比赛时的各项开支外，队员不取任何报酬。东华足球队球技精湛，踢法文明，动作细腻，敢于和当时洋人操控的劲旅（如犹太、西捕、西商等队）叫板，更不惧敌伪的威胁利诱，道德作风高尚，战绩显赫，深受国内广大球迷的爱戴和赞扬。

东华足球队的第二位后台老板就是谭敬，在谭敬出面主持之前，曾由黎宝骏先生维持。谭敬当时已是上海滩名气很大的小开，其本人虽有华业地产公司和华业信托公司经理的名头，但是他的主要精力还是放在自己的业余爱好上，除了玩古代书画和古代瓷器外，就是踢足球、打网球。

谭敬1943年成为东华足球队的董事，当时谢筱初续任会长，丁雪农为董事长，董事除了谭敬外还有吴益之、朱启新、吴中一、陆菊荪等人。实际上谭敬出力最多，他还担任了甲队的领队。在后来的两年里，上海足联会取代了西联会，共举办过两届足球比赛。这时东华足球队又恢复了当年的雄风，荣获了甲组联赛和市长杯双料冠军。在以东华足球队为主体的中华队出征时，又重新夺取了上海国际杯冠军。该年度的比赛（包括友谊赛、邀请赛、慈善义赛、埠际比赛等）共计48场，东华足球队竟创下了不败的纪录，被誉为"沪上常胜军"。

谭敬任东华足球队董事时期，在东华足球队打得最漂亮的几场球中，有几场是与洋人组成的西联队和意大利海军组成的侨联队对阵。他们一向以实力雄厚、球风剽悍著称，但与东华足球队的七次交锋中，竟然全都败北，爆了个大冷门。抗战胜利之后，足委会接管了足联会。从1946年至1949年，上海共举办了四届足球联赛和足球杯赛，东华足球队参与了前三届，最终形成了"东华"和"青白"两支足球队称雄争标的局面，这就是上海老人们所说的"三年东青大战"的故事。

平反后的谭敬并没有忘记东华足球队，经过努力，他组织了东华足球老年队，并带队赴香港比赛，又风光了一阵，被上海市民传为佳话。谭敬一生，可谓风光无限，却又起伏跌宕，毁誉参半。如果潘刚儿不说起，他的这一段历史势必也会被人遗忘。

回过头，我们还来说说潘家。

第八十四章　十三行后人的文化修养

十三行行商的后人到何处去了？这是不少记者采访我时一再追问的。

潘刚儿的回答是，潘家、伍家、梁家，还有谭家，其后人几乎全是知识分子，在欧美及国内大学工作，且卓有成就。这是因为前辈不再把钱花在商业上，而放在子女读书上，潘家的后人如今大都在欧美高校任教，商业资本成了知识资本。这自然是一种转换。

这里，笔者当回答前一章的问题：为何不能把十三行商人简单划入封建官商的行列。这里，我们先找来同孚行潘有度的诗文，叫《西洋杂咏》，计20首，细细品味一下。

《西洋杂咏》二十首

忠信论交第一关，万缗千镒尽奢悭。聊知然诺如山重，大古纯风羡百蛮。

客来亲手酌葡萄，响彻琉璃兴倍豪。寒夜偎炉倾冷酒，不知门外雪花高。
缱绻闺闱只一妻，犹如举案与眉齐。婚姻自主无媒妁，同忏天堂佛国西。
生死全交事罕闻，堪夸诚恳质于文。素衣减食悲三月，易箦遗囊赠一分。
金藤一丈绕银壶，炉热熏烟锦上铺。更有管城分黑白，无人知是淡巴姑。
头缠白布是摩卢，黑肉文身唤鬼奴。供役驶船无别事，倾囊都为买三苏。
拌将性命赌输赢，两怒由来大祸成。对面一声枪并发，深仇消释太轻生。
养尊和尚亦称王，妇女填门谒上方。斋戒有期名彼是，只供鱼蟹厌羔羊。
恫鳏胞与最怜贫，抚恤周流四序均。岁给洋钱过百万，途无踝丐忍饥人。
戎王匹马阅齐民，摘帽同呼千载春。简略仪文无跪拜，逢人拉手道双亲。
一枪一剑渡重关，万里浮航久不还。积有盈余归娶妇，问年五十须丝斑。
万顷琉璃玉宇宽，镜澄千里幻中看。朦胧夜半炊烟起，可是人家住广寒。
起居饮食定时辰，人事天工善保身。见说红轮有迟速，一阳来复影初均。
弟恭兄友最深情，出入相偎握手行。海外尚饶天性乐，可邻难弟与难兄。
红灯白烛漫珠江，万颗摩尼护海幢。日暮层楼走千步，呢喃称语影双双。

外国人画笔下的海幢寺，所有的佛像和中国人都是斜眼睛

十字门中十字开，花王庙里证西来。祈风日日钟声急，千里梯航瞬息回。
百尺樯帆夜欵关，重洋历尽懋迁艰。孩童不识风波险，笑指天南老万山。
数历三年无闰月，阳回三日是新年。头施白粉家家醉，乱掷杯盘乐舞筵。
术传星学管中窥，风定银河月满池。忽吐光芒生两孔，圭形三尺最称奇。

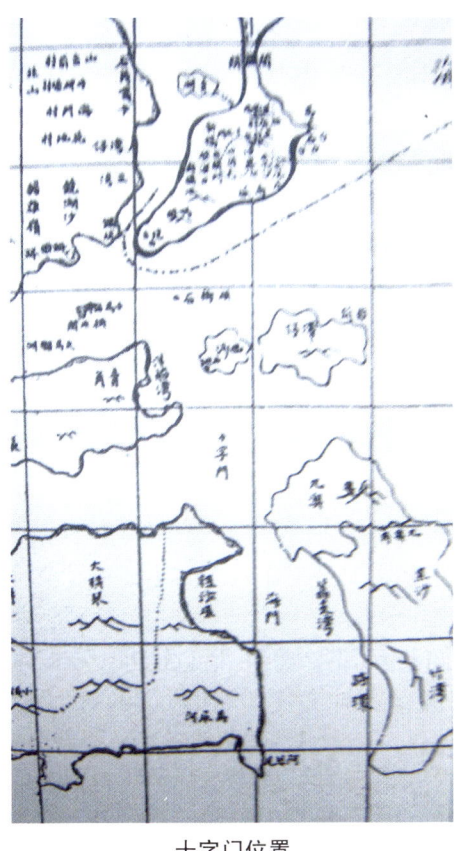

十字门位置

廿年角胜日论兵，望断遐方结好盟。海水不扬依化日，玉门春到自输平。①

此组诗收入潘有度的《义松堂遗稿》中。

从开篇我们就可以看到，他把西方现代的商业的契约精神与中国古代讲诚信的"太古纯风"相媲美。与此同时，他不仅对西方先进的科学技术很推崇，颇有"开眼看世界"的意味，而且对人家的先进制度、商业体制都很有感触，包括"婚姻自主无媒妁"这与中国传统相悖的现象，也都取欣赏的态度。在这组诗中，我们固可读出他作为儒商的品格，也可以得知他对于西方文化并没多少排斥。余英时在《中国近世宗教伦理与商人精神》一书中曾提到，韦伯"对和外国人做生意的中国行商的信誉卓著大惑不解，以为或是行商垄断对外贸地位稳固之所致。并且进一步推论，如果行商的诚实是真的，那一定也是受外国文化影响……"这自然有失偏颇，其实，完全可做双重解读，外国文化

---

① 转引自潘刚儿、黄启臣、陈国栋编著《广州十三行之一：潘同文（孚）行》，华南理工大学出版社2006年版，第173－175页。

的影响固有,"太古纯风"也有,"忠信论交第一关""聊知然诺如山重"是两方的重叠。

这里就不多分析了。

固然可以从这些诗中读到不少历史文化信息,但就诗本身的功力而言,也许算不了什么,也难为他在繁忙的商务中还能写出诗来。这里之所以引用这些诗,则是想引出一位真正的大诗人,且也是潘家的后人,如读者留意,我们已在前边见识过他的诗文了。

他便是潘飞声,一部近代文学史少不了他的诗、词与文章,可见他在近代文学中的影响与地位。他也是十三行后人知识分子中的佼佼者。

潘家后人中诗人不少,如潘有为(1743～1821),字卓臣,号应麒,又号毅堂,广州十三行首领潘振承次子,番禺人。师从翁方纲,为其入室弟子,乾隆壬辰科中正榜进士,官内阁中书,因校《四库全书》获得叙议,忤权贵和珅,不得升调,退居林下。擅诗书画,尤精鉴藏法帖、钱币、书画。著有《南雪巢诗钞》二卷、《看篆楼古铜印谱》、《汲古斋印谱》和《古泉目录》等。

潘有度(1755～1820),字宪臣,号应尚,又号容谷,潘振承四子。番禺人。即用郎中,钦加盐运使,敕封翰林院庶吉士。经营同文(孚)洋行,任广州十三行行商第三任首领。善诗,著有《义松堂遗稿》。

潘有原(1760～1797),字志臣,一字瀹泉,潘振承五子,潘正衡之父。广东番禺人,官候选布政司理问,加同运司衔。曾组常荫堂诗社,有《常荫堂遗诗》。

潘正威(1769～1838),字献珍,又字琼侯,号梅亭,潘有量次子,潘仕成父。番禺河南人。著有《怡怡堂诗草》。

潘正亨(1779～1837),字伯临,号荷衢,又号耕烟散人,潘有度长子。广东番禺河南龙溪人。县贡生,捐刑部员外郎。善书工诗,喜收藏,嘉道年间广东书法名家。著有《万松山房诗钞》五卷。

潘正琛(1786～1847),字谷香,潘有科子。番禺龙溪人。嘉庆二十三年(1818)戊寅科举人,官揭阳教谕,转刑部安徽司员外郎。著有《北游草》。

潘正绵(1786～1826),字韵石,潘有量子,潘有为嗣子。番禺河南龙溪人。嘉庆十八年(1813)癸酉科举人,官候选郎中。著有《暹圃诗传》。

潘正衡(1787～1830),字仲平,又字钧石,潘有原子。番禺人。诸生,候选盐运司运同。诗人、陶瓷、书画鉴藏家。建黎斋,专为贮藏黎二樵(黎简)书画之用。著有《黎斋诗草》二卷。

潘正炜(1791～1850),字榆庭,号季彤、听帆楼主人,潘有度四子。番禺河南龙溪人。广州十三行重要行商。附贡生,捐资为郎中,清道光二十七年(1847),英军欲入广州,潘正炜与同邑许祥光、南海伍崇耀联合居民以抗拒之。恩赐花翎道衔,喜收藏古书、古画,建听帆楼以贮之。著有《听帆楼诗钞》《听帆楼书画记》《听帆楼古铜印谱》,并集刻《听帆楼法帖》六卷。

潘仕光,字以扬,一字元曜。番禺人,官候选布政司经历。著有《六松园诗草》。

潘仕成(1800～1873),一字德畚、德舆、彦辅、海珊,号四农。潘正威次子。番禺人。清道光十二年(1832)壬辰科顺天乡试副贡,捐款赈饥,获钦赐举人,报捐郎中,供职刑部。道光二十六年（1846）授分巡甘肃平庆泾道，改调广西桂平梧郁道，又奏留粤东帮办洋务，捐制火炮、水雷等兵器，以劳绩加布政使衔。道光二十七年（1847）特旨补授两广盐运使，改授浙江盐运使。因粤东盐务繁杂，未赴任，创筑荔香园于西门外泮塘，取名海山仙馆，搜集故书雅记，延请谭莹校定之，世称善本。晚年因蕯务（盐务）亏累，以致破产。不久卒。曾编刻"海山仙馆丛书"一百一十八卷共五十八种、《佩文韵府》一百四十卷、《拾遗》二十卷、《兰亭集帖》四卷、《海山仙馆古帖》十卷、《尺牍遗芬》二卷。选刻《经验良方》十卷。著有《海山仙馆丛稿》。

潘仕征（1809～1852），字聘三，号莘农。潘正绵长子。番禺河南龙溪人。官候补盐知事。著有《培春堂吟草》。

潘恕（1810～1865），字子羽，号鸿轩，又号梦莲。潘正衡子。番禺河南龙溪人。附贡生。入从兄潘仕成幕。著有《十国春秋摘要》十卷、《双桐圃集》、《双桐圃文钞》、《双桐圃诗钞》四卷、《灯影诗余》一卷、《梅花集古诗》一卷、《南汉杂事诗》一卷、《十国春秋摘要》十卷、《灯影词》等。

潘仕扬（1811～1857），字淑亭。潘正亨子。官候选盐提举。工书法，善鉴藏。著有《三长物室诗钞》。

潘定桂（1810～1840），字子骏，一字骏坡。番禺河南龙溪人。1838年在龙溪建三十六村草堂，著有《三十六村草堂诗钞》及《蝶巢文钞》一卷。

潘宝璜（1853～1792），又名宝鋆，字廷献，号椒堂，同治十二年（1873）举人，光绪二年（1876）进士，任功臣馆纂修，光绪五年（1879）任广西副考官，后任羊城禺书院、粤秀书院山长，名士多出其下。著有《望琼仙馆诗钞》。

潘飞声（1858～1934），字兰史、公欢、赞思，号剑士、独立山人。祖籍福建，先祖潘振承于乾隆年间迁居广东经商，落籍番禺。潘飞声有经世之志，荐举经济特科不赴，受聘于德国柏林大学讲汉学。回国后曾受聘于香港、上海报刊，任主笔。移居上海后，加入南社，为"南社四剑"之一。潘飞声为广东近代文化名人，《广东近代文学史》详记其传。其诗文笔雄丽，书法甚精，著作尤丰。

以上这些，均是潘刚儿在编选《十三行诗选》之际提供的。他们都是十三行潘家的一脉。

再回到潘飞声，这位大诗人出生于十三行被战火彻底焚毁的第二年，自小便在潘家吟诗作对的环境中成长。家学渊源，加上天资聪颖，他诗词的功力亦不同一般。早年师从叶衍兰学诗词，很小便以才气出名，被当时的大学者陈澧等人誉为"桐圃凤雏"。

潘飞声，号剑士，别署说剑词人。说起"剑"，却是颇有来历的。辛亥革命前夕，革命文学社团在江南成立了名为"南社"的组织，潘飞声经柳亚子介绍入了南社，与当时的文化名流交往甚多。他为人很正直又仪表堂堂、器宇轩昂，被誉有"落落英雄"之概，与当时南社的钝剑高天梅、君剑傅屯艮、剑华俞锷，合称为"南社四剑"，他更以"说剑堂"为其诗文名集。一个"剑"字，便可知他当年之锐气——十三行后人，不仅从文、入仕，而且是革命的弄潮儿。他们虽不再从商，却依然紧跟历史前进的步伐，潘飞声便是一例。

作为名门望族潘氏之后，他亦经常出入香港，因此视野辽阔。1887年，他在德国柏林大学东方文学院讲授汉学。在那里，他广交朋友，结识了不少国际友人、学者，大大拓展了自己的眼界。他还把自己的感受写进了《西海纪行卷》《柏林游记》《天外归槎录》《游萨克逊山水记》等一系列著作中。

三年后，他回到了中国，仍住回广州河南的潘家故宅。他曾经尝试考经济特科举人，却未能如愿，从此绝意于仕途，一心一意投入到创作之中。他的这一选择，在十三行后人中颇有代表性，较早的后人，远离商务，奔的却还是仕途，而后，对仕途也淡漠了，一心一意做学问、搞科研，直到近一两代，大抵都是如此。

潘飞声早年在香港期间，为香港中华报馆所聘，出任《华字日报》《实报》主笔，抨击殖民统治下的时政，由此文名大振。曾倡立戒烟会、不缠足会等团体组织，以矫世变俗为己任。

他欣然为"戒鸦片烟会"成立作序：

> 不嗅蒙汗而醉人魂，不茹鸠砒而毒人胃，不吸苦寒硝朴而削人肌，不邁水火刀兵而破人产，……鸦片之毒，虽决太平洋之水能洗乎？
>
> 突厥、真腊天方诸国，狎而玩之，沉而湎之，士气不振，国脉遂残。日本独能禁绝，犹足屹立于五洲之上。①

此序文辞犀利，沉雄悲壮！革命浪潮，令他笔下豪气万丈：

> 长剑铮铮夜有声，
> 愁闻电檄促东征。
> …………
> 罪言敢恃匡时策，
> 孤愤填胸吐不平。②

对于祖上积极参与抗击英国鸦片战争的历史，他念念不忘，仍企望有朝一日再筑长城，抗击外侮。见其诗《过虎门》：

> 挂帆狂啸渡沧溟，虎气腾腾剑底生。
> 万里水浮天地影，一门山裂海涛声。
> 未来风雨旌旗动，欲上鱼龙鼓角惊。
> 扼守最难形胜险，问谁鞭石作长城。③

---

① 潘刚儿编：《十三行诗选》，未刊稿。
② 潘刚儿编：《十三行诗选》，未刊稿。
③ 潘刚儿编：《十三行诗选》，未刊稿。

潘飞声赴德任教之际，亦雄心万丈，他的诗文曾为其好友邱菽园所称道："潘兰史海外诗豪情壮气，压倒一时豪杰，虽山川奇境有以助之，故擒词无懦，然非蕴蓄于胸中者厚，安能腕下走其风雷，舌底翻其藻采哉？"不妨一读他在1887年秋所作的《七洋洲放歌》：

平生志欲凌沧洲，方壶荒渺殊难求。
长风浩浩倏万里，吹我忽上晨凫舟。
昨从海门策两虎，拔剑未斫横山头。
波臣空际一鼓掌，风樯冲发不可收。
云飞山岳莽摇动，潮卷大地皆沉浮。
七洲濛澒走宇外，两日不见山一陬。
挂帆直可拂日月，击楫或恐惊蛟虬。

他那首游博子墩（今译波茨坦）的词《满江红》，上百年间，可谓脍炙人口：

如此江山，问天外、何年开辟？凭吊古、飞桥百里，粉楼千尺。邻国终输瓯脱地，名王不射单于镝。看离宫、百二冷斜阳，苍苍碧。

葡萄酒，氍毹席。挠饮器，悬光璧。话银槎通使，大秦陈迹。左纛可能除帝制？辎车那许遮安息！待甚时、朝汉筑高台，来吹笛。①

其怀古之感慨，充溢其间。

晚年的潘飞声，寓居于上海横槟桥畔，家境日见困窘，只能以卖文为生。日本侵略军咄咄逼人的气焰已处处可闻，可他仍"诗情酒胆，豪兴无匹，海上诸名流遗老，每举诗社，必邀之与俱"。

当年，他与大诗人黄遵宪唱和，有《双双燕·和黄公度韵》：

罗浮睡了，看上界沉沉，万峰未醒。唤起霜娥，照得山河尽冷。白遍梅田千井，见玉女、青青两鬓。恰当天上呼船，倒卧飞云绝顶。

仙洞有人赋隐。羡胡蝶双栖，翠屏安稳。烟扃拟叩，还隔花深松暝。谁揭瑶台明镜，应画我、高寒瘦影。指他东海风轮，未隔蓬莱尘境。②

人称此诗空灵蕴藉，颇有仙气。

著名的爱国诗人丘逢甲生前与潘飞声相交甚厚，在他的《岭云海日楼诗钞》中，可以看到他不时题诗寄赠，赞许潘飞声无论人品还是诗品，俱为上乘。

---

① 陈永正著：《岭南文学史》，广东高等教育出版社1993年版，第862页。
② 陈永正著：《岭南文学史》，广东高等教育出版社1993年版，第864页。

丘逢甲

丘逢甲的《说剑堂集题词为独立山人作》一诗称：

> 山人亦自号老剑，海山苍茫起光焰。
> 手收剑气入诗卷，万朵芙蓉剑花艳。
> 九霄太乙窥铸词，山人说剑当说诗。
> 诗中亦有东来法，七万里外称西师。
> 柏林城小诗坛大，西方美人坛下拜。
> 偶将剑诀传处女，花雨漫天动光怪。
> 归来香海修诗楼，山人说剑楼上头。
> 直开前古不到境，笔力横绝东西球。①

潘飞声又号"独立山人"。两人的交往，一直到丘辞世方终止，留下了不少文坛佳话、奇绝章句。

丘逢甲为潘飞声写下了数十首七绝与七律，诗中每每有类"乾坤何地许扬眉，海上逢君泪满衣"的句子，可见二人的深情厚谊。

不妨选录几首：

题兰史独立图

举国睡中呼不起，先生高处画能传。

---

① 丘铸昌著：《丘逢甲交往录》，华中师范大学出版社 2004 年版，第 48 页。

黄人尚昧合群理，诗界差存自主权。
胸中千秋哀古月，眼穷九点哭齐烟。
与君同此苍茫况，隔海相望更悯然。①

诗人自注："予亦有《独立图》。"
从中可知，诗人对民族独立，可谓中心如焚，夜不能寝。
又如《寿兰史五十》（五律一首）：

五十尚如此，百年将奈何？
文章新岁月，涕泪旧山河。
暂作支离叟，难求安乐窝。
南飞孤鹤在，聊取祝东坡。②

而潘飞声在《说剑堂集》中，也有十几首与丘逢甲交往的诗，如下面一首，记述了两人初次相见的情景：

义师旧帅仰须眉，一笑相看短后衣。
握手莫谈天下事，关心频问箧中诗。
好呼莺燕深杯动，欲斩鲸鲵故剑知。
海角闭门风雪冷，忍寒樽酒与君期。③

丘逢甲逝世之后十多年，潘飞声仍不断翻阅故人的诗集，并且赋诗怀念：

其一
北定王师不可期，剑南难忘示儿时。
东台未捷英雄死，孤负胸中十万诗。

其二
当年驰骋共骚坛，每解龙泉对酒看。
老去风尘重拭眼，始知沧海霸才难。
新诗句句写晴川，胡骑纵横镇远边。
却怪爱才严仆射，千秋翻附草堂传。④

---

① 丘铸昌著：《丘逢甲交往录》，华中师范大学出版社2004年版，第48页。
② 丘铸昌著：《丘逢甲交往录》，华中师范大学出版社2004年版，第50页。
③ 丘铸昌著：《丘逢甲交往录》，华中师范大学出版社2004年版，第51页。
④ 丘铸昌著：《丘逢甲交往录》，华中师范大学出版社2004年版，第52页。

他对丘逢甲的评价,更体现在下边二诗上:

其一
正宗奇气久寥寥,江上珠光烛九霄。
仲闿长戈挥鲁日,伯瑶健笔搅韩潮。
京华冠盖偏无侣,故国柴桑倘见招。
我自空山吟落木,白云天际望迢遥。

其二
卢后王前位置难,南丘北李竞诗坛。
三家雄直凌江左,七子风流例建安。
正则骚愁天可问,杜陵胡骑梦都寒。
江河万古何能废,各掣鲸鱼洗剑看。①

丘铸昌在《丘逢甲交往录》中谈及丘逢甲与潘飞声的关系,文末专门有一段,当照录为要:

> 1900年澳门《知新报》第115册刊载逢甲与飞声的赠答诗各一首。逢甲的赠诗题为《寄老剑》,诗云:"五岭苍茫霸气开,一书迢递海上来。秋风试马刘王埒,落日呼鹰赵尉台。各抱古愁观世界,自携新史数人才。何时同纵登高目,笑指沧溟水一杯。"而飞声的答诗题为《次韵蛰翁寄怀》,诗云:"几时怀抱为君开,昨见哦诗入梦来。沧海无波能识路,故园虽近畏登台。天胡此醉何堪问,士到于今莫论才。容有闲身相慰藉,黄花初放且深怀。"因逢甲此诗未录入《岭云海日楼诗钞》中,近年出版的《丘逢甲集》也未收入此诗,故在此特别录出。②

潘飞声如此看重与丘逢甲的交往,当是对丘的人格崇敬之故。当初,潘飞声在丘菽园处见丘逢甲来信之际,便说:"吾见此人,真欲下拜矣。"③ 可见二人意气相投,情真谊深。论年龄,潘飞声比丘逢甲还长七岁,可他对这位爱国志士的敬重却比山还高。二人更有"丘剑胆,潘琴心"一说,合在一起,真是"剑胆琴心"矣。

作为十三行的后人,潘飞声对国家积贫积弱、处处挨打感同身受,甚至比他人的感受更为强烈,这已经成了家族遗传,郁积于心胸之间,自成一股浩然正气,如此方可与同是爱国志士的丘逢甲肝胆相照,诗文皆见剑胆琴心。

也正是这股浩然之气,使他们的诗文彪炳千秋。

方志中有云:"二百年来,粤东巨室,称潘、卢、伍、叶。伍氏喜刻书,叶氏喜刻

---

① 丘铸昌著:《丘逢甲交往录》,华中师范大学出版社2004年版,第53页。
② 丘铸昌著:《丘逢甲交往录》,华中师范大学出版社2004年版,第53~54页。
③ 丘铸昌著:《丘逢甲交往录》,华中师范大学出版社2004年版,第47页。

帖，潘氏独以著作传……"这里讲的正是十三行中的几位"大哥大"。当年，亦儒亦贾、士商合一，是十三行商人的文化时尚。待十三行瓦解，商已不复，但文未废，所以，他们的著述、刻印，仍一直在后人中传承。另外几姓且不赘述，还是以潘家为代表。

作为潘启官三世，也是十三行潘家最后一位传人——潘正炜，除开办家学，与文化名人交往外，本人亦是一位收藏家。他博雅好古，且在家居处建了一座"听帆楼"，这是一栋有亭台楼阁、古色古香的收藏馆。其时，与叶家的风满楼、孔氏的岳雪楼等并名，且形成一时的风气，"激流扬波，此风益炽"（冼玉清语）。这也使潘正炜成为名重一时的书画鉴赏家。

听帆楼先后印制了《听帆楼古铜印谱》《听帆楼书画记》《听帆楼书画续记》《听帆楼法帖》，书画大多为传世之作，内中古代名家不少，包括钟繇、王羲之、怀素、宋高宗、包拯、林逋、苏轼、米芾、赵孟頫、唐寅等我们耳熟能详的大家。

而潘氏大院亦为典型的广州大宅古建筑，除听帆楼外，还有清华池馆等。大诗人张维屏《潘季彤新构小轩，为赋一诗》云：

> 江村成小筑，放眼浩云烟。
> 屋有百年树，台临千里川。
> 潮来闻荡桨，雨过看耕田。
> 此地童时热，回头已卅年。①

潘正炜自己也有一首《春游次张南山太守韵》：

> 小筑清华傍茂林，笙簧隔水奏佳音。
> 敢夸墨妙供幽赏，赖有松涛惬素心。
> 文字留题钗股折，水天同话酒杯深。
> 古风今雨情何限，不尽高谈意可寻。②

凭此诗，也可见潘正炜诗文的造诣。

潘正炜的子女，除长子师亮早殁，七子师清不详外，二子师诚，诰授朝议大夫（1848年左右）；三子师愈，为光禄寺署；四子师徵，国学生，翰林院待诏敕封授登仕佐郎，画家；五子师琦，六子师威，亦都是候选县丞生。

内中，仅师徵有传略可考，其墓志为：

> 潘师徵，字廷献，号谏卿。正炜四子。性孝友、勤俭。其干荫本丰，及丁艰析产，时以腴田广厦让予诸昆季，自守故园，聊敝风雨而已，仅占数千金。余则任诸

---

① 《张南山全集》（一），广东高等教育出版社1994年版，第462页。
② 《张南山全集》（三），广东高等教育出版社1994年版，第578页。

兄弟取携。既躬自刻苦，犹能以三千金代兄偿债，以千金捐助军饷。

这是十三行潘家的主线，至于其他支脉，如潘鸿轩、潘仕成、潘飞声，前文亦已有提及，此处便不重复了。就潘师徵这一代而言，在经商已成为明日黄花之际，走仕途尚是首选，从上边可以看出。传统"学而优则仕"的观念毕竟根深蒂固，但到这一代已发生了松动，所以，潘师徵也就以其好成了画家，到后几代，走仕途者，亦日见减少。中国当时社会黑暗，官场腐败，几乎所有人都能亲自体验。更何况在广东，当年已有弃仕从商的新的传统。

十三行的后人如他们的先人一样，早早接受了西方文化中的先进因素——实业救国、教育救国、科技救国的意识，他们较其他人要容易形成一些。所以，他们后来几乎不涉足官场，而致力于科教，这也同样是十三行商人的一种传承。也许，做学问有更多的自主权，而不用受制于权力或金钱，使人在浊世中更能守住自己的独立人格。在这个意义上，他们与十三行先人一样，仍旧走在历史的前列！

而十三行时代，河南——这指的是珠江河的南岸——曾是一片以烧制扬名世界的广彩瓷的窑场，谭家在这里有着令人艳羡的产业……可如今已不再了。

沧海桑田，就在这几百年间。

白云苍狗，更是瞬间。

我们能寻找到的历史记忆，已经很少能用物质的具象充实了。

谭家后人唯一能找到的，是父辈，也可能还有祖辈曾经就读过南武中学。谭文德20世纪30年代在那里念书，不少十三行后人因就近居住而上过这所中学，而后，有的上了中山大学。不过，很快，广州便被日寇的飞机狂轰滥炸……

而伍家、谭家、罗家也终于离开了这里。

潘家还在，但已离潘家祠堂一两里路往下，住在拥挤的小阁楼里。不知是恋旧还是什么，这十三行首户始终没有走远。

万千感慨，可想起谭家十三行的始祖，当日出入河南窑场的谭湘曾写下的七律《百花坟》：

　　风流艳骨可人怜，朝化香魂暮化烟。
　　十载一生春梦晓，百花三月奈何天。
　　杜鹃有恨宁啼血，蛱蝶多情未了缘。
　　莫怨夜来俦侣寡，粤城西望素馨田。[1]

粤城西望，如今十三行早已灰飞烟灭，只余下行商及后人的悼亡诗矣。十三行商人再怎么与洋人打交道，却始终改不了儒商的风度，每每还吟诗作对，感叹世事的变幻与无情。

---

[1] 谭耀华主编：《谭氏志》（中册），香港谭氏宗亲会1962年版，第303页。

第八十五章　不堪涕泪说山河

潘启官家，当可代表十三行几位首富之家。而十三行自始至终，有进有出，有兴有衰的，累计起来，不下百家，而中富、小富者，中间破产的，亦同样不下百家。因此，我们再选取其中若干具有代表性的人家，延续着十三行后人的记录。

1780年的劫难后，颜家重新走上仕途。根据《颜氏家谱》记载，颜亮洲后人走科举之路获取功名者有六十多人，家族中贡生、监生、国学生、太学生、邑庠生众多，多人被封为各级官员，多人有诗书存世。颜亮洲的12个儿子全部学有所成，个个佳登仕榜。长子时瑞知府授中宪大夫，次子时瑛州同，三子时球同知授中宪大夫，四子时珣屯田守备，五子时璁军民守御，六子时琳、七子时瑶均为州同，八子时［睿］、九子时理、十子时琛、十一子时珊、十二子时珩均为太学生。颜亮洲孙辈颜惇格中乾隆五十五年进士，任刑部主事；颜斯绅中乾隆五十四年（1789）举人，任开平县学训导；颜斯总嘉庆十五年（1810）中举人；颜斯缉为拔贡，任阳春县学教谕。曾孙辈颜叙适中嘉庆二十四年（1819）举人，任昌化县学训导；颜葆廉中道光二十四年（1844）举人。颜家人走科举之路的传统一直延续到晚清科举结束，颜家最后一个贡生为颜亮洲第六代孙颜耀庭（兆辉）（1872—1952）。

到了20世纪，颜家几乎都从医了。颜祖侠告诉笔者：我们这一支为颜时瑛后人。颜时瑛的五个儿子，家庭变故使他们更奋发有为：长子斯绵候选布政司经历，例授儒林郎；次子斯织邑庠生；三子斯绣国学生；四子斯淬未取功名；五子斯翻国学生，例授儒林郎。

颜亮洲（贡生）→次子：颜时瑛（州同）→第五子：颜斯翻（国学生）→长子：颜叙棨（被清政府授予军功议叙六品职衔，并例授儒林郎）→长子：颜际锦（医生）→长子：颜耀庭（晚清贡生，军医处长，蔡李佛拳嫡传人）→长子已夭折；次子：颜云莆（医生）；三子：颜家铨（自幼学医，晚年将医术传授给儿子颜祖侠、颜祖亮）；颜云龙（医生）（其后人多人从医）；长女：颜卓生（医生）；小女儿：颜少明（医生）。从颜时瑛曾孙颜际锦医生开始，到现为止颜家从医的已有五代人，从医者多达二十多人。颜祖侠为广州中医药大学骨伤科医院副主任医师（已退休）；颜祖荣为香港注册中医师，曾任香港中医骨伤科学会会长、北京中医药大学客座教授；颜祖亮为主治医生（已退休），擅长骨伤科。目前，颜时瑛后人分布于中国（内地、香港）、美国、英国等地，多以儒雅职业为业。

进入19世纪，在十三行行商破产高潮中，却有一家，于嘉庆十三年（1808），因"身家殷实"之故，为清廷批准进入十三行——这，就是梁经官的天宝行。这一年，连首富的潘家也暂告歇业，不当商总了，十三行中仅余10家商行，如不加上天宝行，则是9家了。

梁经官之所以能进入十三行，是因为天宝行取得的英国东印度公司的贸易份额在不断增加，承保东印度公司的商船也日益增加，加上梁经官对西方的契约精神颇有认识，以"实在诚信"为经营之道，被东印度公司列入可借款帮助的"六位小行商"之列，商

梁经国

务有了长足的发展。

只是，天宝行好景不长，道光年间由于英商的鸦片走私日见猖獗，尤其是道光十三年（1833），东印度公司结束对华垄断，对鸦片走私更失去了监控，十三行商人再度走向衰落，天宝行亦面临破产——1839年被清廷予以严重警告，欠饷银达20万两之多！

随着鸦片战争爆发，天宝行也走完了最后的路，消失在炮火之下的广州。

梁经官，即梁经国本人，则于1837年过世。他"严于教子，宾礼塾师使磨砺灌溉，自是黄埔梁氏乃屡有掇科登仕者矣"。① 他的四个儿子，即十三行后人的第一代，二子纶枢"少读书，深自刻苦，年二十补县学生"；三子纶焕，监生；四子同新"姿识英特"，中了举，还成了进士。其孙子一代，六位为监生、一位为举人、三位为进士。再下一代，也是六位监生、四位举人……到更后的几代，更有不少出国留学者，成为近现代中国的著名科学工作者与学者，无负于"书香之家"的美称。

《广东十三行考》的著作者梁嘉彬先生，便是梁家的后人。他曾经赋诗一首，追记天宝行后人弃商入仕继而弃官为士（这不是仕途的仕，而是学者了）的演变，该诗颇有意味：

    高祖京兆尹，未余一粒粟。
    曾祖布政使，护理两江督。

---

① 转引自黄启臣、梁承邺编著《广东十三行之一：梁经国天宝行史迹》，广东高等教育出版社2003年版，第17页。

身后亦萧条，只剩两破屋。
四世三卿位，粤中一名族。
水清濯我缨，水浊不濯足。
家贫莫须忧，境苦莫须哭。①

名门望族之后，家贫境苦，却不易节，仍孜孜求学。梁家近现代后人中，有嘉怡毕业于香港圣保罗英文书院；方仲毕业于清华大学；嘉彬毕业于清华大学后，留学日本东京帝国大学，获文学博士学位……到今天，在大学任教或在科研部门任职的，更不在少数。

这里，我们不妨略去"弃商入仕"即去当官的几代人，重点讲讲天宝行后人从仕至士的演变。

可以说，辛亥革命使曾经四代为官的梁氏家族又发生了一次根本性的演变，走上了弃官为士，从事教育与科研的道路。

驻美公使梁诚

梁家人早几代，即便是入仕，也还是颇有政声的。梁经官的孙子梁肇煌，一直追随清代"中兴名臣"左宗棠。左曾奏疏朝廷，请求以督篆盐印由梁肇煌护理事务，获准，且让梁肇煌兼理两淮盐务。左又荐他为两江总督，更称其"堪备督抚之选"。及至光绪十年（1884），中法战争爆发，梁肇煌利用自己在商界的名望，发动广东绅商踊跃捐输，

---

① 《黄启臣文集》（二），中国评论学术出版社2007年版，第417页。

支持清廷抗法。正是由于得到官民的支持，军队奋勇出镇南关，横截法军后路，打得法军大败，抗法战场捷报频传。但由于清政府打了胜仗反与法国签下屈辱的卖国条款，令中国军队撤兵，丧权辱国。左宗棠气愤成疾，病殁于福州。梁肇煌也屡受投降派中伤，积劳成疾，后返回番禺养病，不治而终，年60岁。

梁肇煌的儿子梁庆桂则成了梁家由仕途转入治学的关键人物。

梁庆桂曾参与康有为、梁启超发起的"公车上书"，入了"保国会"。光绪三十年（1904），因美国合兴公司（American China Development Company）不遵守与中国原订的承建筑粤汉铁路合同，私自以铁路股份的三分之二卖给比利时公司，梁庆桂之子梁广照得知此事后，奋起具奏，力争废约，收回路权。于光绪三十年十月，以法部主事身份上谕军机大臣，条陈粤汉铁路一事，主张收回粤汉铁路权自修铁路。引起全国废约保路运动。此举首功实为梁广照发端。其间，梁庆桂与一批粤绅联名，通过张之洞发电给盛宣怀，表达"三省民情不服"之意，最后通过"赎路"的方式，收回了粤汉铁路权。粤商更争得了广东段"商办"的权利，与"官办"针锋相对，岑春煊恼羞成怒，密令拘捕梁庆桂，梁只好逃往香港……及至"新政"年间，梁庆桂被举荐入京，并被派遣赴美筹办华侨兴学事宜。与此同时，他还倡导了蓬勃兴起的广东地方自治运动，当选为广东地方自治研究社社长。其在北美办学成功，更为广大华侨所称颂。梁广照曾在刑部十余年，积极进取，敢直言，决狱平，尤其对推动广东禁赌功不可没。辛亥革命后，梁广照弃官从教，先后在唐山、香港、广州教书，著述甚丰，凡三十余卷，数百万字。梁庆桂诗也写得好，不妨录他的《七十旅寓感怀》十首：

平生万事总输人，荏苒光阴七十春。
樵鹿功名燕市梦，磨驴襟袂洛京尘。
卞和璞玉曾三献，原宪华冠只一贫。
自顾虞翻屯骨相，青袍端是误儒身。

羁旅年年认故吾，头衔合署老潜夫。
景元雅会留汾社，务观诗心问镜湖。
花鸟四时开府宅，云林尺幅来家图。
万松山上天然画，何日烟波作钓徒。

秣陵天远好扬舲，为咏循陔几度经。
述德惟惭机有赋，学诗回忆鲤趋庭。
主恩尚靳三持节，宦迹重来一聚萍。
身在江湖心魏阙，那堪夜雨十年灯。

小丑潢池敢弄兵，乘舆巡狩赋西征。
麻鞋间道趋行在，纶綍明时出上京。

晚度洛桥寒积雪，春融秦岭霁初晴。
携将太华峰头月，伴我南归万里程。

静掩衡门绿草肥，风潮何事忽翻飞。
为陈民瘼偏疑抗，始信人间善嫁非。
朝政清明终得直，天恩高厚洞知微。
电车坪石通行轨，隐隐初心愿总违。

身随日月转西东，阅尽狂涛骇浪中。
万里乘槎同博望，数洲列校愧文翁。
殊方久客诸蛮语，瀛海归帆恋旧丛。
知己天涯未寥落，瑶华时复付邮筒。

春明裘马自委蛇，点点繁霜上鬓丝。
讲学曾陪文士席，才猷深愧相臣知。
谈经未夺淮阴帜，去国惟吟正则词。
自把郿泉一杯酒，思量都是负恩时。

逐队词坛太瘦生，间翻史传识民情。
谈空稷下言多诞，才数深源论未平。
傲态只供吾一笑，浮名敢与世相争。
庐陵人物分明在，毁誉何曾足重轻。

河山风景已全非，定落闲庭旧板扉。
抗志欲衔东海石，食贫惟采首阳薇。
时闻铁马鸣朝铎，犹向金门望夕晖，
毕竟横流增百感。王尼老去更何归。

种松岁月几翻新，数遍龙鳞倍怆神。
只向沧桑添阅历，独支门户自艰辛。
干戈环海皤双鬓，书剑穷途老一身。
笑弄孙曾作佳话，余年我是太平民。①

这当是梁庆桂对自己一生的总结。
他儿子梁广照也留下不少诗文，凭《黄金台》一首，亦可见其心迹：

---

① 梁庆桂：《式洪室诗文遗稿》（诗·古今传诗一百二十首），台湾文海出版社印行1931年版。

荒台寂寂莽烟萝，此日登临感慨多。
易水衣冠思壮士，故陵风雨动悲歌。
千金市骏人长往，十载屠龙剑未磨。
凭睇中原无限恨，不堪涕泪说山河。①

完完全全走上治学之路的，当是梁广照的下一代，即梁方仲、梁嘉彬等兄弟了。

梁方仲（1908—1970），原名嘉官，方仲、方翁、畏人是他用过的笔名。他是梁广照的次子，天宝行梁经国的第六代孙。他的一生献给了科学研究与高校教育，成为我国现代社会经济史研究的奠基人之一，被视为研究"明代赋役制度的世界权威"。

他就读于清华大学，先后获经济学学士、硕士学位。28岁便晋升为副研究员，34岁为研究员，先后赴日、美考察、研究，并为哈佛大学经济系聘为研究人员。晚年一直在中山大学任教。他留下不少足以传世的研究名著，如《中国历代户口、田地、田赋统计》《明代粮长制度》《一条鞭法》等在国内外影响极大，被视为经典。《中国历代户口、田地、田赋统计》一书，是在他身后才出版的。日本著名史学家佐竹靖彦指出，这是一部世界仅有的大型历史统计书，他说：

> 最近，出版了梁方仲先生编的一部大的遗著（指《中国历代户口、田地、田赋统计》）。我们能够看到长达两千年的各时期中央统计记录。除了中国以外，世界上没有哪个国家能给我们提供这种材料。②

关于梁家后人，我们当把重点放在方仲的兄弟梁嘉彬（1910—1995）上面。梁嘉彬，字文仲，是梁广照的三子。如前所述，《广东十三行考》是他留下的不朽之作，国内十三行研究正是发端于此书。这部书，堪称国内十三行研究的"奠基之作"，具有相当的历史作用与学术分量。梁嘉彬除了十三行研究之外，在澳门、琉球的研究上，亦有相当突出的成果。

梁嘉彬少时在广州读的是私塾，塾师讲的乃是"四书""五经"。十来岁，与兄长方仲几乎同时到京、津读新式小学与中学。1928年，考进了清华大学史学系，1932年毕业，1934年赴日本留学，随后考上了东京帝国大学大学院（大学院相当于我国的研究生院）。"卢沟桥事变"后，他毅然与兄长方仲回国，直到1971年，东京大学才按旧部制补授他文学博士学位。1945年抗日战争胜利后，他赴台湾从事史学研究与教育工作，先后在台多所大学担任教授，并为美国夏威夷大学聘为史学客座教授。

梁嘉彬一辈子都没有入仕当官的念头，而是潜心做学问。

他首先致力研究的正是广东十三行。不到20岁，就写成《广东十三行行名考》的论文，实在出人意料。要知道，广东十三行，不仅在中国外贸史上，更在大航海时代的世

---

① 《现代诗钞初集》梁广照目，仁记印书馆，民国年间版。
② 转引自《清华大学学报（哲学社会科学版）》2011年第2期，第152页。

界贸易史上也占有一席之地。作为研究选题始终为后来的经济学家、世界史学家所青睐。十三行，有太多的历史之谜，更载有太沉重的历史文化分量，太复杂、太丰富、太诡秘，而一个19岁的毛头小伙子，竟然拉开它那厚重的帷幕。不久，此文在《清华周刊》第37卷第五期上得以发表。一时间，"师友之间，咸称道之"。不说石破天惊，也是众人瞩目。

梁嘉彬清华本科毕业时，史学大家朱希祖正担任中山大学文史研究所主任，听闻这位年轻人在清华大学毕业后回广东，便迫不及待地把他聘请为文史研究所编辑员。那个时代，爱才、惜才蔚然成风，何况这位年轻人不仅好学，而且见解独到，更是难得的人才。

于是，在朱希祖的悉心关照下，这位年轻人心无旁骛，专心致志，去进行十三行的历史研究。一年后，论文扩充为三编，一是"序编"，二为"本编"，三为"尾编"，共10余万字，加上严格的注释，便成皇皇巨著。

这本大作，就是当今十三行研究的开山之作——《广东十三行考》。朱希祖欣然命笔，为此书作序。1937年，该书由南京国立编译馆出版，商务印书馆发行。而广东籍的一位大学者，就这样卓然而立了。如今，了解十三行的人已不在少数，十三行研究不仅仅是象牙塔里或书斋里的学问了。

在2000多年的海上丝绸之路历史上，十三行从明嘉靖年间（1557）到清代第二次鸦片战争（1857），刚好经历了300年。而这300年的波诡云谲，300年的辉煌灿烂、300年的曲折艰难、300年的生死荣辱，又怎能写得尽？

在当时，要写出这样一部作品，一如吴晗在《评梁嘉彬著〈广东十三行考〉》一文中说的，有三大难以逾越的关口："第一是史料的搜集，所有各种文字中关于这问题的记载，尤其是中文材料，都应一一加以研究和批评。第二是实地的采访，除文字的记载以外，还应从行商的后人和父老的传说中采访遗事，与文字的记载互相印证比较。第三是历史的研究，除横的方面就十三行本身作研究外，因这制度和中国历代市舶制度有关，更须向上追溯，作一纵的探讨。"①

而在《广东十三行考》之前，英国人亨利·利迪尔的《广东之行商》，日本人田中萃一郎的《广东外国贸易独占制度》《十三行》、根岸佶的《广东十三洋行》、松本忠雄的《广东之行商及夷馆》等，都不能解决上述三大难题，更不可能深入到家谱、传说、帝皇与官吏等上面，缺失太多。

正是在这个意义上，《广东十三行考》是一部里程碑式的作品，将近100年了，还鲜有作品能超越它。无论是五卷本的《东印度公司对华贸易编年史》，还是号称有300多万字的《中国与西方：18世纪广州的对外贸易（1719—1833年）》博士论文，无疑均与十三行相关，但它们写的不完全是十三行历史。前者，东印度公司晚十三行半个世纪方成立，又早十三行20多年便结束了，其间仅有一百多年涉及十三行，而且主要是英国东印度公司与十三行的往来，其他国家如葡萄牙、西班牙、荷兰，以及法国、美国与十三行

---

① 梁嘉彬著：《广东十三行考》，广东人民出版社1999版，第408页。

的往来基本不曾涉及。后者，更只局限于18世纪。前边的16世纪、17世纪，后边的19世纪，就不曾有多少涉及了，虽然这一博士论文尚未完全译出，但标题已清晰地划出了时间的上下限。所以，它们都不可能用来取代或被称之为十三行史。

外国人的这些著作，更不可能揭示当时的中华帝国对十三行的管理，包括成立十三行的初衷，以及十三行的起落与兴衰。当然，还包括从皇帝到封疆大吏，各自对十三行的真实态度、与十三行的利害关系；国家的对外贸易政策、制度；当时的经济状态、金融资本，尤其是那个大航海时代，这个海上丝绸之路史的华彩乐章；等等。历史本就应是全息摄影，各个侧面、各个维度，都应当反映出来。

更何况这些著作都出自《广东十三行考》之后，尚未构成一部完整的十三行的历史研究著作。对十三行历史的研究仍需要我们后人发奋努力。

正如史学家蔡鸿生在1999年版的《广东十三行考》的序言中所说的：

> 本世纪的30年代，尽管国运危机四伏，文运却相当辉煌，可说是中国现代学术的一个花季。在中西会通的潮流激荡下，文史之学的名篇巨著成批涌现，令人叹为观止。陈寅恪的《四声三问》、陈垣的《元秘史译音用字考》、胡适的《醒世姻缘传考证》、钱穆的《先秦诸子系年》以及向达的《唐代长安与西域文明》等，都是在这个时期问世的。当年风华正茂的梁嘉彬先生，身逢其盛，奋励潜研，为文化、为社会、也为自己的先人，呈现了三十来万字的《广东十三行考》，堪称30年代学术上的"岭南佳果"。这部才气横溢的少作，经过数十年的风风雨雨，如今已成为蜚声学界的传世之作了。①

《广东十三行考》对十三行研究的贡献毋庸置疑，仅举梁嘉彬对十三行起源的考证为例。其侄梁承邺在该书的"跋"中，详细追述了他考证十三行起源的过程。

> 至于十三行的起源，本书原谓起于嘉靖三十五年（1556）海道副使汪柏立"客纲""客纪"于广州，以广、泉、徽等商主之。万历以后，广东有所谓"三十六行"者出，代市舶提举盘验纳税，是为"十三行"之权舆（《本篇》第一章第一节）。彭泽益先生的论文《清代广东洋行制度的起源》（《历史研究》1957年第一期），据李士桢《抚粤政略》卷六所载康熙二十五年（1686）的《分别住行货税文告》，认为到了康熙二十五年才设立洋货行即十三行，创立清代广东洋行制度。汪杼庵（宗衍）先生的论文《十三行与屈大均广州竹枝词》（《历史研究》1957年第六期），以屈大均《广州竹枝词》第四首："洋船争出是官商，十字门开向二洋。五丝八丝广缎好，银钱堆满十三行。"证以第一首："边人带得岭南来，今岁梅花春始开。白头老人不识雪，惊看白满越王台。"（《翁山诗外》卷一六）而据同治《番禺县志》卷二〇《前事略》康熙二十二年（1683）冬广州大雪的记载，谓这首诗作于康熙二十

---

① 梁嘉彬著：《广东十三行考》，广东人民出版社1999版，第1页。

三年（1684），其时已有广州十三行。

以上见解，皆与本书不同，遂激发嘉彬先生进一步探索。后来寻到葡人方面的记载称，1555年（嘉靖三十四年），"中葡间的商业，却一步一步地走上繁荣的路径，在一个月内，由广州卖出的胡椒达40000斤，商人所觅卖的为上日本去转售的货品达100000葡金。商业的利源，是被原籍属于广州、徽州（安徽）、泉州（福建）三处的十三家商号垄断着"（裴化行著、萧濬华译《天主教十六世纪在华传教志》，商务印书馆1936年版，页九四）。又寻到西班牙传教士的有关记载称，1556年葡人入市之初，有十三商馆（行）与之贸易，其中广人五行，泉人五行，徽人三行，共十三行等语。遂在为一百科全书撰写的《十三行》词条中写道："当葡萄牙人入居澳门之前，已有海道副使汪柏立'客纲''客纪'准备与葡人交易，以广人及徽、泉等商为之的纪录，盖因输出货大宗货为茶、丝、绢布、磁器、漆器之故，不得不以徽州、泉州及广州商人分别经纪其事，当时中国对外贸易已有集中于广州为输出入总口之势。近查萧濬华译《天主教十六世纪在华传教志》……可以看出当时已有十三家商号（行）在广州垄断贸易，葡人在1557年（嘉靖三十六年）入居澳门之前，已经和广州当局及商号有广泛的接触了。这些商号便是后来为世所熟悉的'广州（广东）十三行'。"（台北"中国文化大学"中华学术院主编《中华百科全书》第一册，1981年版，页三八至三九）又在另一论著中写道："广东十三行开设之始，额定广商五家，闽商五家，徽商三家。……"从而使对十三行起源问题的探索大大前进了一步。①

关于"十三行"名的起源，今日已有更多的考证、更多的说法了。笔者的《十三行渊源新考》把各种说法，如地名说、行数说等均一一加以列举，指出在广州十三行前，早在月港已有十三行之名，是专指对西洋贸易的洋行，与是否十三行商馆并不相关，当为闽南族群对洋行的俗称，如同梨园、杏坛之名。梁嘉彬从葡人的考证中如进一步往前推，则当与笔者的结论一致了。

由于梁嘉彬治学严谨，因此《广东十三行考》一出版，便在国内外引起了巨大的反响，被一致认为是当时水平空前的十三行研究的巨著。

而今对十三行的研究范围更有了不少拓展，中外资料之多，也比当日强。梁嘉彬的研究，到他临终也未曾停止。他过世后，中山大学研究经济史的黄启臣教授于1998年专门去拜访他的遗孀。黄启臣教授在他的书房里，看到了一个记载着广东十三行资料的卷宗，厚厚一摞，上十万言。梁师母称，他这是准备再增订《广东十三行考》时用的。而增订本已出版，显然，他仍感到不足，有必要再深入研究下去。生命不息，增订不止。

梁嘉彬的研究，更从十三行延伸到了澳门。毕竟，澳门是十三行的外港，与十三行血脉相连，息息相关，更是外商于十三行交易后允许过冬的租借地……梁嘉彬对此深有体会，并表示：

---

① 梁嘉彬著：《广东十三行考》，广东人民出版社1999版，第435－437页。

国人研究中西交通史，每以葡借澳门以前之交通史为界；研究中国外交史，每以鸦片战争而后之外交史为基：其介乎两者间之澳门问题与十三行问题，则几若无人过问焉，余不敏，窃欲著为专篇以补此阙漏。兹先作十三行考。①

　　自20世纪30年代，他发出《葡人在华最初殖民地Lampaeaao考》一文之后，便一发不可收了。他有力地宣称：中国"对澳门的主权绝不放弃"，仅仅是给了葡方"土地租借权"与"市政管理权"而已，并且疾呼早日收回澳门。

　　他还潜心研究了琉球问题，著有《朝鲜日本琉球台湾菲律宾先史丛考》，并在琉球的文献中论证了钓鱼岛亦是中国的领土。

　　再说说谭家。谭家上一辈最后一次谈及祖上的事，是荔湾区方志办采访胡文中先生时所提起的。胡文中同是顺德人，也是十三行研究的专家。

　　1822年十三行大火焚毁之后，毅兰堂"一夜冇清光"。谭家这一支结束了在十三行的历史。其所经营的景德镇瓷器的生意也做不成了，只好回到顺德老家。老人们说，尽管十三行那里的全没了，可顺德里海多少还有个家底——胡文中还拍到了当年作为大户人家留下的宅基的照片，红砂岩筑的墙基。一说买了不少牛，用来踩瓷泥，照旧在家乡烧瓷器；另一说则是改做土砖生意。即便是这样，也没维持多久，顺德土匪是出了名的，很快，连牛也被土匪抢光了，谭家算是彻底倾家荡产了。

　　后来，谭家人漂洋过海，到了马来西亚东海岸彭亨州关丹。经过几代人的努力，终于有了橡胶园，又开了锡矿，添了运输用的汽车。一直到第二次世界大战爆发，笔者的曾祖父谭颂之逃到了新加坡。在新加坡遭日本侵略军围困的日子里，据说城中连老鼠都被吃光了，笔者的曾祖父也就饿死在那里了。

　　从历史资料和族谱的记录来看，谭家袭的奉直大夫一直延续到光绪年间。而从披云堂、毅兰堂到一分为四家，四家各奔前程，则是在同治十三年（1874）。这样，我们大致可以判断，谭家下南洋当是在1880年前后；在关丹经营橡胶林、锡矿，则在这个时间之后。其时，谭家作为十三行之后，其财富仍在累积。

　　除了笔者一家到了关丹外，四家中的另一家也到了南洋。中国改革开放之后，另一家的后人谭敏方，则回到顺德龙江里海寻根，他们在印度尼西亚、澳大利亚及马来西亚都生活过，但主要在马来西亚生活。

　　下南洋是当时十三行行商后人的选择之一。而谭家与潘家、罗家等十三行后期的行商，一直有后人居住在河南的龙溪新约，几家人不曾断过来往。而笔者的父亲谭文德，更是毕业于南武中学，南武中学就在龙溪新约附近。笔者的父亲生于1917年，读中学时，已是20世纪30年代了。

　　谭家老家的大宅毁于1978年水乡大兴柴油机船之际，当时不少大宅的梁、柱均被拆去造船了，殊为可惜。

　　笔者的祖父谭肇桐，一直往来于顺德与关丹之间，这里附上当时的马来西亚联邦政

---

① 梁嘉彬著：《广东十三行考》，广东人民出版社1999版，第3页。

府发给的外侨居住证,其护照号为23016,地址为彭亨州关丹埠,10.5英里路碑处,身份为商人。而笔者的曾祖父谭颂之是1863年出生的,在太平洋战争中去世。相传一家人除了他得以逃生外,其余均殁于新加坡被围期间。根据年龄,他应是谭家的第二十二世了。但可惜谭氏族谱订正于同治年间。而里海的谭氏族谱一直至今,有待进一步查证。

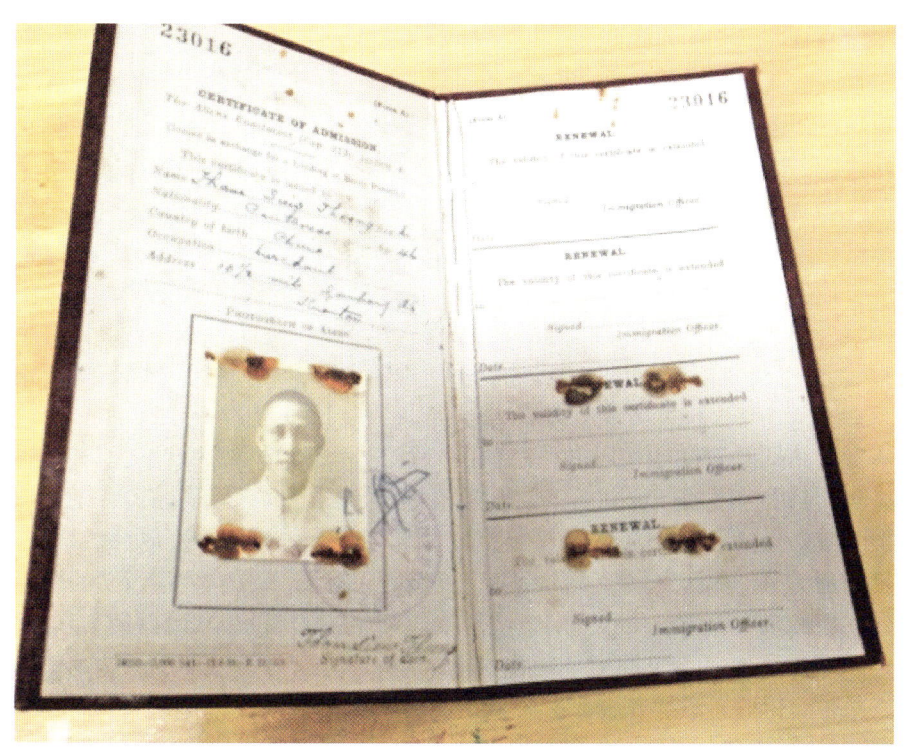

谭肇桐往来于顺德与关丹之间的护照

追述这些只是想说明,十三行后人在19世纪八九十年代下南洋时,是携带有相当数量的资金的,所以,关丹的谭家才能经营面积颇大的橡胶园,并经营锡矿。

辛亥革命年间,据父辈们追述,谭家亦曾捐了一大笔资金出来。笔者在查阅南洋辛亥捐款时也曾查到,南洋捐款最大的一笔资金来自谭家,可与父辈的追述互证。

笔者的祖父在抗战之后,回到顺德龙江办了两所小学,并主持修复老家的堤围,被视为当地的"猛人"。然而,他经过了第一次土地改革,却在第二次极"左"思想主持下的土改中突然被抓走,罪名是学校的"账目不清",1951年年初病死于关押中。

曾祖父谭颂之和他的儿子谭肇桐,以及他的上一辈几代人均在马来西亚生活过,并最终定居于关丹。

下南洋,既是十三行后人的一种选择,也是一种发展,这不仅是十三行的延续,也是海上丝绸之路的题中应有之义。

谭家本可以在关丹有更大的发展,为当地经济建设做出更多的贡献,以十三行行商后人的经济实力与经商上百年的历史底气，当大有作为。

时不我与，这一切，都戛然中止于第二次世界大战。

笔者的父亲谭文德在父亲去世后把继母及同父异母的弟弟带到了广州，后来又带到了湖南湘潭。那时，父亲带着自己一家子——三兄弟一妹妹，再加上继母与异母弟，经济压力相当大。然而，后来才知道，对他而言，政治压力才是最大的，因为他一直被指责收留了"流亡地主"。外表羸弱，几乎说得上是胆小如鼠的父亲，在家族、亲情上，却如此"胆大包天"，这在那个年代几乎是难以理解的。

父亲一辈子沉默寡言，关于祖上是十三行行商一事，更是只字未提。他何止隐瞒这远上好几代的事呢？连笔者有一位同父异母的姐姐谭利贞，他都一直没告诉过笔者，直到临终。笔者后来委托红十字会查找，最后的答复仍是找不到。

谭文德在中山大学读了机械系，一年后因病辍学（说是中山大学老校区树木繁茂，蚊子太多，传染了疟疾），病愈后转入厦门大学物理系，不久即爆发"七七"事变，他又回到广东，进了广东国民大学土木工程系。广州沦陷后便逃到了香港，在一个建筑师事务所当实习生，同时完成了本科学业，获得工学学士学位。香港沦陷前夕，他已回到广东，承接五华、兴宁、大埔等地的建筑施工项目，到处奔走。

据笔者的姑姑说，谭文德那时才华横溢、风流倜傥，追求他的女子大都是名门之后，最后，有名的四大公司的一位创始人的女儿蔡妙姬追到了他，后来二人有了一位叫利贞的女儿。

抗战胜利前夕，骤然发生婚变。父亲流浪到粤北山区，去当中学教员。抗战胜利后，他到了我外祖父郭宝慈任校长的辉南中学任教。郭宝慈当年是中华民国第一届国会议员，所以我母亲当年是在北京出生的，自然，他又一次被名门之后追求了。这也就是我母亲郭秀珊，一位无论诗文还是书法都十分出色的大家闺秀。母亲那时参加一个文学社，叫"海社"。"文革"后，老阿姨们常在广州聚会，她们大都曾因抗战辗转到英德读书。许多年前，我还读到她们编的一本回忆录，是铅印的，里面还写到，父亲是怎么把母亲驮在单车后边，下长坡时竟敢双手脱把，把所有人都吓坏了！那就是年轻时的父亲么？这与儿子眼中那个木讷、寡言、畏首畏尾、胆小怕事的父亲实在相距太远了。

笔者的外祖父郭宝慈是辛亥元勋、广东高等教育创始人之一，他毕业于日本东京大学，1909年，出任广东农业教员讲习所第一任所长，这一年被视为华南农业大学的建校元年。1911年，是他率共进会光复南（雄州）韶（州）连（州），被全民直选为第一届国会议员，担任了众议院的实业委员与财政委员，参与二次革命，南下成为非常国会成员，再急流勇退，继续为广东的高等农业教育殚精竭虑，他的人生不仅体现了中国传统儒家知识分子"达则兼济天下，穷则独善其身"的价值追求，也体现了作为客家人耕读传家、矢志兴教的世界观与人生观。

几番风雨，几度春秋。

谭文德去世后，从他的悼词中我们终于看到了他档案中可以公开的若干部分，其中最多的，是历次运动中他因为自己的"纯技术观点浓厚"而反复做的检讨与反省。

谨选其悼词结尾来看：

谭文德，原湘潭锰矿高级工程师，中国致公党党员，2003年3月17日病故，享年86岁。

谭工1917年生于广州，是著名的十三行的后人，是归侨子弟。早年就读于中山大学工学院机械系、厦门大学物理系及广东国民大学工学院，获工学学士学位，专攻海港工程。因抗战，流亡于香港、韶关、英德，历任监工员、技佐、帮工程师及中学教员。1946年始任珠江水利工程局副工程师，并担任联合国华南救国总署黄埔港工程处主任，主持战后重建黄埔港。解放后，为珠江水利厅留用，任一级技术员、工程师。1954年，响应国家支持156项重点工程，上汉口华中钢铁公司报到并分配到湘潭锰矿。

作为锰矿的老开荒牛，从参加工作到他逝世共主持桥梁、水闸、桥闸、船闸、渡口、工程近300座，有的工程为国家节省数十万元（合今天上千万元），并获得先进工作者称号，发表论文十数篇，在防洪、灌溉诸方面卓有建树，临终前，仍就长江防洪问题写有数十页建言，并着手《岩土力学》的专著写作。①

谭文德（右三）

看到他所填的履历后，方知他的私塾、小学及初中，都是在河南即今日广州海珠区的南武中学读的。当时那一带，不就是十三行行商聚居处吗？也就是说，谭家在火烧十三行之后，河南一带的旧宅并没有废弃？

笔者带着疑问，找了尚健在的姑姑。她这才告之：半个多世纪前，谭家与潘家、伍家等来往还是很密切的，常听祖父说起去这些家里人祝寿、贺喜什么的，一起住一个地

---

① 该悼词现由笔者收藏。

南武中学

方一两百年,焉有不往来之理?当是世交了。所以,你父亲在那里念私塾、读小学、上中学,一点儿也不足为怪。

然而,谭文德从未提起过这些事。

进入 21 世纪,这已是十三行消失的一个半世纪之后,来自当年北欧贸易国——瑞典,竟重新仿造了一条 250 年前到过广州的商船——"哥德堡号",并重访广州。

2006 年的 7 月 18 日,这艘新"哥德堡号",历经 300 多天,3700 公里的航程,与阔别 261 年的广州重逢了。

瑞典国王卡尔十六世古斯塔与西尔维娅王后踏上了广州土地上的红地毯。

当年的瑞典,无不倾心于中国的青花瓷。为迎接万里之遥而来的尊贵的客人,广州方面特地举办了一个海上丝绸之路展览,除了历史图片与照片外,还有众多的历史文物。

自然,青花瓷是少不了的。

举办方早早来到了顺德龙江里海,找到了谭家的后人。

就在祖居楼上,还有上百年烧印有"乾隆嘉庆"年间的青花瓷,以及玉石等。来人从中挑选了十多件,有各种瓷器、碟、碗、壶、盘……好拿去展出。谭家人也心无芥蒂,欣然应允。

来人还拍下了祠堂里的青花瓷香炉,当然,这可拿不动,太大太重了,上面,也清晰地烧印有"嘉庆二年""谭世经"的字样。很可惜,这幅彩色照片在报纸上登出来后,香炉竟被文物盗贼偷走了。乡下民风淳厚,谁想到会有人打香炉的主意呢?

展览馆里,这些青花瓷引来了远方客人的啧啧赞叹。

只是，展品归还后，也不知所终了。

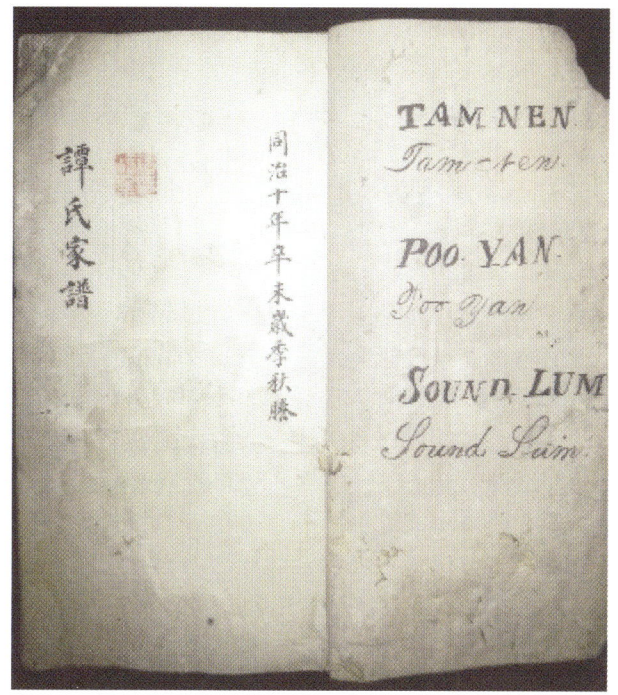

《谭氏家谱》

如今，重访里海南坑谭家故里，祖屋也不复存在了。唯有行商豪宅的红砂岩墙基还裸露在外，已历经三四百年的风风雨雨了。据考古专家说，广东在清初，便已禁采红砂岩做宅院了。因此，这一遗址当在明末清初之际。当然，只有大户人家才用得起。

物换星移，已是多少年代了，明、清、民国、共和国。

谭家的辈分，已有人又轮到"泰"字辈了。谭家的辈分排字相传是一首类五绝的诗，20个字排下来的。也就是说，自谭康泰之后，又来了个轮回。

在香港谭耀宗议员主编的谭氏族谱中，里海当年"泰"字辈为两人，为谭康泰、谭康举。可在里海谭氏族谱中，这一辈为四人，还有两位是谭康盛、谭康明共四兄弟。真是唏嘘不已。

在十三行行商的家乡，关于十三行行商的传说，恐怕数龙江里海为多，不仅有谭家的，还有梁家的及其他家的。毕竟，十三行在省城广州，粤籍人占了大多数，他们在自己的土地上，根深叶茂，积几千年的历史底气，能不把十三行做得风生水起么？

十三行中，不少家族都保留有比较完整的谱牒。虽然经历不少劫难，但这些家族仍守护住这份精神遗产，殊为不易。正如雍正帝在《圣谕广训》中所写："立家庙以荐烝尝，设家塾以课子弟，置义田以赡贫乏，修族谱以联疏远。"如今，我们尚可找到伍家祠、潘家祠道、颜家巷——这均在广州白鹅潭南北，族谱就更多了。就算远离原籍，也能在族谱中找到文字上、精神上的故乡。守护十三行行商的文化与精神的疆土，断断不能离开族谱。

可惜的是，一般来说，女子是不能入族谱的，而较早接受启蒙思想的十三行行商，却不曾受此谱后观念的影响。笔者欣喜地得到颜家整理出的相关材料——在十三行中，颜家比潘、伍、卢家都早成为行商，而颜家族谱，已有女子入谱牒的先例，为研究者留下非常珍贵的史料。颜家与安海、龙溪等福建乡亲的联姻，解释了当年相互扶持、同舟共济的历史，至诚的亲情、乡情，几个家族的联姻甚至延续至今。颜志端、颜祖侠在《十三行闽籍行商家族联姻初探》一文中说：

> 从清康雍乾时代到道光年间一百多年来，涌现了一批较有影响的闽籍行商：如泰和行颜亮洲、同文行潘振承、怡和行伍秉鉴、义成行叶上林等。……他们既是从闽入粤的福建同乡，又是十三行海商贸易的盟友，更是儿女亲家。从清乾隆到光绪年间，十三行的颜、潘、伍、叶四家闽籍行商保持着历代联姻的传统，他们在广府地区繁衍生息，开枝散叶，形成了一个纵横交错的姻亲关系网。
>
> 他们当中杰出的代表有：来自福建晋江安海的颜亮洲、伍秉鉴；来自福建同安的潘振承、叶上林。这四家闽籍行商先后在十三行创立各自的商行，颜亮洲在雍正年间（大约1734年）创立了泰和行，潘振承大约在1744年创立同文行，伍秉鉴之兄伍秉钧1792年创立怡和行，叶上林1796年创立义成行。颜亮洲是十三行早期行商首领；潘振承及儿子潘有度，伍秉鉴与儿子伍崇耀分别担任多年十三行商总；叶上林是十三行四大富商（潘、伍、叶、卢）之一。这群闽籍行商都是十三行不同时代举足轻重的代表性人物。①

据不完全统计，从清朝乾隆时代起到光绪年间，颜、潘、伍、叶四家相互联姻足有一百多年，缔结婚姻多达几十宗。潘有度、叶上林（即叶廷勋）均为颜家女婿，且他们祖孙几代人都娶颜家女为正室夫人，潘正亨、潘正炜、潘光赢、叶梦麟、叶梦龙等为颜家外孙，潘飞声是颜家的曾外孙。

近年来，颜、潘、伍、叶四家后人有幸相聚一堂，大家通过核对家谱、家族资料，确认了各家之间的姻亲关系。其中，《颜氏家谱》记录最为详细。现存的在1874年由颜叙[吾]续修，冯成修进士参与修订的《颜氏家谱》专门设立了一篇迁粤女派，详细记录了颜家女儿的姓名、出生、婚嫁等事项，帮助揭开了尘封二百多年的历史。

（一）颜家与潘家的联姻纪录

颜家后人与潘家后人通过核对《颜氏家谱》与《潘家族谱》，得出颜潘联姻纪录如下：

1. 颜家女儿嫁入潘家

颜端嫁潘有度，颜端为潘有度配室，去世后与潘有度合葬。潘有度与颜端生二子，

---

① 未刊稿，由颜志端、颜祖侠提供。

长子正亨，四子正炜（按：潘有度是潘振承四子；颜端是颜亮洲孙女）。

颜金鳌嫁潘师琦，颜金鳌为潘师琦配室，无子女（按：潘师琦是潘振承曾孙，潘有度孙，潘正炜五子。颜金鳌是颜亮洲玄孙女）。

颜熙嫁潘恕，颜熙为潘恕配室，去世后与潘恕合葬。潘恕与颜熙生一子，名为光瀛。光瀛为广东文化名人潘飞声之父（按：潘恕是潘振承曾孙，颜熙是颜亮洲曾孙女）。

此外，《颜氏家谱》有下列记录：颜蝶（颜亮洲曾孙女）嫁潘鳌；颜金娟（颜亮洲玄孙女）嫁潘仕忠；颜杏（颜亮洲玄孙女）嫁潘泽霖；颜飞霞（颜亮洲第六代孙女）嫁潘旗龄。经潘家后人确认：潘鳌、潘仕忠、潘泽霖、潘旗龄为潘振承弟弟潘振联后人。

另外，潘正炜的配室颜夫人及第五夫人颜氏均为颜家女，但《颜氏家谱》无两位夫人的出嫁记录。据估计，潘正炜配室及第五夫人是颜亮洲旁系另一支颜氏家族之女儿。（据说潘正炜因配室颜夫人去世再续娶颜家女作填房。）

2. 潘家女儿嫁入颜家

根据《颜氏家谱》的记录，以下七位潘家女儿先后嫁入颜家：潘氏嫁颜时［旬］（颜亮洲四子）；潘联嫁颜叙清（颜亮洲曾孙）；潘氏嫁颜廷锋（颜亮洲曾孙）；潘氏嫁颜绍麟（颜亮洲玄孙）；潘嫒嫁陈际升（颜亮洲玄孙）；潘氏嫁颜斯智（颜亮洲堂弟颜亮起孙）；潘氏嫁颜叙西（颜亮洲堂弟颜亮起曾孙）。由于潘家无女儿出嫁记录，因而无法确认上述潘氏女所嫁的颜家人中哪些是出自潘振承家族。

（二）颜家与伍家的联姻纪录

颜家后人与伍家后人通过核对《颜氏家谱》和《安海伍氏入粤族谱》，得出颜伍联姻的记录如下：

1. 颜家女儿嫁入伍家

（1）颜金带嫁伍延焜。

颜金带是伍延焜配室，生一子名德惠（按：伍延焜是伍秉鉴曾孙，伍元芝孙子，颜金带是颜亮洲玄孙女）。

（2）颜梦菊嫁伍光祖。

颜梦菊是伍光祖配室，无子女（按：伍光祖是伍家入粤第二房后人，颜梦菊是颜亮洲玄孙女）。

《安海伍氏入粤族谱》记载：老长房伍铨，配室为颜氏；大房伍承纶，配室为颜氏。但《颜氏家谱》无上述两位颜夫人的出嫁记录，估计两位颜夫人是颜亮洲旁系另一支颜氏家族之女儿。

2. 伍家女儿嫁入颜家

（1）伍涧嫁颜斯综。

伍涧为颜斯综配室，生一子名叙奎（按：颜斯综是颜亮洲孙子，伍涧是伍氏家族后人）。

（2）伍耳嫁颜叙适。

伍耳为颜叙适配室，生二子：迪光、际秋（按：颜叙适是颜亮洲曾孙，伍耳是伍氏家族后人）。

此外，《颜氏家谱》还提到，伍菩提嫁颜上达（颜亮洲玄孙）；伍氏嫁颜际南（颜亮洲堂兄颜亮起玄孙）。上述两位伍氏女是否伍秉鉴家族后人仍待查。

另，颜家入粤始祖澄吉公之妻伍夫人，也来自福建晋江安平（现安海），由于年代久远，《安海伍氏入粤族谱》未能查到伍夫人的出嫁记录。因颜、伍为同乡，初步估计伍夫人是安海伍氏之女。

（三）颜家与叶家的联姻记录

根据《颜氏家谱》和叶廷勋（叶上林在家谱中用名为叶廷勋）后人提供的资料及《叶氏家谱》（叶官谦纂修，民国十三年），颜叶联姻的纪录如下：

1. 颜家女儿嫁入叶家

（1）颜［冬］嫁叶廷勋。

颜［冬］为叶廷勋配室，去世后与叶廷勋合葬。叶廷勋与颜［冬］生二子：梦麟、梦龙（按：颜［冬］是颜亮洲堂兄颜亮起次子颜时明之女）。

（2）颜皆嫁叶光寅（按：颜皆是颜亮洲孙女）。

（3）颜金兴嫁叶官萤。

颜金兴为叶官萤配室（按：叶官萤为叶廷勋曾孙，叶梦龙孙，颜金兴是颜亮洲玄孙女）。

（4）颜佑嫁叶姓（按：颜佑是颜亮洲玄孙女）。

上述颜家女婿叶光寅及颜佑的叶姓丈夫是不是叶廷勋家族后人仍待查。

2. 叶家女儿嫁入颜家

根据《颜氏家谱》，以下十位叶氏女先后嫁入颜家：叶氏嫁颜斯绾（颜亮洲孙）；叶氏嫁颜斯绌（颜亮洲孙）；叶氏嫁颜叙耕（颜亮洲曾孙）；叶氏嫁颜叙述（颜亮洲曾孙）；叶氏嫁颜叙添（颜亮洲曾孙）；叶氏嫁颜镇镛（颜亮洲玄孙）；叶氏嫁颜际源（颜亮洲玄孙）；叶氏嫁颜斯楫（颜亮洲堂兄颜亮宪孙）；叶氏嫁颜斯礼（颜亮洲堂兄颜亮起孙）；继配叶氏嫁颜斯礼。由于叶家未提供嫁女记录，上述叶氏女是否全部为叶廷勋家族后人仍待查。

当然，在十三行行商中，颜家与广东的行商，如谭家、梁家的联姻同样不少。

（四）颜家与谭家的联姻记录

颜家后人与谭家后人通过核对《颜氏家谱》与《谭氏家谱》，得出颜谭联姻纪录如下：

1. 颜家女儿嫁入谭家

根据《颜氏家谱》，颜香（颜亮洲曾孙女）嫁谭德祥；颜好（颜亮洲曾孙女）嫁谭可；颜玉（颜亮洲曾孙女）嫁谭姓（无具体名字）；颜礼（颜亮洲第六代孙女）嫁谭朝。上述颜家女婿谭德祥、谭可、谭朝是否为十三行谭家后人仍待查。

《谭氏家谱》记载：谭桂年配室为省城颜氏。颜、谭后人估计谭桂年配室是颜亮洲曾孙女颜玉。因省城颜氏是指颜亮洲家族，而上述嫁入谭家的颜氏女中只有颜玉，没有写丈夫的姓名。

2. 谭家女儿嫁入颜家

根据《颜氏家谱》,以下两位谭氏女先后嫁入颜家:谭氏嫁颜亮弼(颜亮洲堂弟);谭氏嫁颜斯秩(颜亮洲堂侄孙)。上述谭氏女是否为十三行谭家后人仍待查。

(五)颜家与梁家的联姻记录

根据《颜氏家谱》,《鲁儒人寿序》一文中有进士出身的翰林院编修梁肇煌(天宝行梁经国的孙子)的名字。颜、梁对应姻亲关系仍待查。

从《谭氏家谱》上看,谭桂年是谭世经的孙子,谭世经生于乾隆丁巳年即1737年,谭桂年约生于1770年,也正是颜家在十三行兴旺期间,谭家不久又一次进入十三行,与叶家一样。

仍如颜志端、颜祖侠在《十三行闽籍行商家族联姻初探》一文所说:

> 从特定性来看。当时清朝封建社会缔结婚姻讲究的是门当户对。闽籍行商家族联姻讲究的是在当时历史条件下各家的社会地位、文化背景、家族财富。虽然在当时的清朝社会商人的社会地位较低,但十三行的行商毕竟是清政府任命的官商,有别于一般商人。当时十三行虽仍有其他闽籍行商,但颜、潘、伍、叶四家是十三行不同时期的行商领袖,既德高望重又富甲一方,互为亲家并非偶然。而颜、潘、伍、叶各家均推崇儒家文化,鼓励子弟走科举之路,读书出仕,以科举成功为荣。颜、潘、伍、叶家均出过进士、举人;贡生、监生、国学生、太学生、邑庠生众多。经过多年的发展,几代人的努力,知识的积累,文化的沉淀,使颜、潘、伍、叶各家先后成为清代广东地区的书香世家,家族社会地位也逐步提高。从家族财富来看,当时四大富商家族(潘、伍、叶、卢)潘、伍、叶三家都榜上有名。颜家在十三行早期曾在行商排名中名列前茅,1780年商欠事件跌入低谷,后又东山再起,颜家子弟多人成功走上科举路。综观当时各家联姻记录,在特定历史条件下的门当户对的婚姻配对,使各家学有所成、事业成功的子弟都获得美满姻缘。

总之,十三行颜、潘、伍、叶四家闽籍行商的联姻,包括与谭、梁等粤籍行商的联姻,在这段历史上留下颇有意义的插曲,为后人的深入研究提供了很是鲜活的历史文化资料。

十三行后人：伍凌立、潘刚儿、梁承邺、颜祖侠、叶德民、谭元亨、颜志端（从左至右）

十三行八大家之五家后人：徐其蓓、伍凌立、谭元亨、梁承邺、潘刚儿（从左至右）

第八十六章 400年后的广交会：十三行的"今生"

与十三行几乎同时代的启蒙学者龚自珍有云："欲知大道，必先为史。"诚哉斯言。我们已修了十三行的史，可这似乎还不够，因为历史每每会重演一次。在这一次的重演里，第一次是悲剧，第二次则是喜剧。

恰巧在十三行灰飞烟灭整整100年之后，广交会就出现在十三行原址的近侧，相距不过百米而已。

看来，要修十三行之史，则不能不延续到它的"今生"——广交会。有若干理由如下。

第一，十三行的诞生，与明代嘉靖年间一年两季于广州举行的互市贸易相关。

第二，从1557年明代广州的"广交会"算起，到1957年真正的广交会创办，前后相距400年，都是中国外贸史上值得纪念的年份。

第三，"57"，不仅可以追溯到1557年十三行年的诞生，还可以与1757年广州"一口通商"、1857年第二次鸦片战争期间十三行最后终结的两个"57"联系起来。因此，1957年，不仅是"广交会"400年的历史纪念，更是十三行终结之后100年的凤凰涅槃。

第四，颇为巧合的是，1557年的"广交会"，是在珠江中的"海珠石"周遭举行的，而1957年的广交会，则在海珠广场的西侧举办了第一届，这个位置，正是当年的海珠石的近侧——当年的海珠石已与北岸连接在一起，就在今天的海珠广场西侧，几乎是重叠的，历史每每就是这么无意中交结在一起。

第五，1957年"恢复"广交会时，交易排名前面几位的，仍是当年十三行的主打商品茶叶、丝绸与瓷器，可谓"一脉相承"。

第六，1557年前后，明朝一直处于开海、禁海的反复当中，十三行的诞生，正是开海的产物。而400年后，1957年的广交会，当然也是中华人民共和国展示出的开放姿态。其时，西方资本主义国家列强政府对中国采取封锁、禁运政策及贸易歧视政策，但挡不住各国的工商界人士与中国往来。"广交会"正是为打破西方封锁、禁止政策而重新杀出的一条血路。

…………

历史的情势，仅仅是表面上的相似，背后的角力却惊心动魄得多。试想，中华人民共和国成立之初便遭遇了朝鲜战争。内战结束后已千疮百孔、满目疮痍的中国，马上又面临一场世界性的现代战争，该有多艰难！在这个背景下，华南股份有限公司、华南建设股份有限公司（简称"华企""华建"，统称"两企"）的创立，注定不会风平浪静。

在帝国主义封锁之际，尤其是朝鲜战争爆发之后，不少医疗物资借助港商之力从西方商人处采购来，源源不断地运往前线，拯救了不少志愿军战士的生命。而这与在广州建立的"华企""华建"两大合资企业是分不开的。"华企"早期从事进出口业务，在国家面临困难、抗美援朝时期，给国家军队提供了急需的战略物资，这在一定程度上，打破了美英对中国实施的禁运政策。当时"华企"通过与香港工商界爱国人士友好合作，从香港抢运了大量物资回内地，为抗美援朝、支援祖国建设做出了贡献。"华企"1951年抢运交通器材，仅轮胎一项就进口5000套；1952年抢运西药和供志愿军用的手表。在"华企"上下员工的共同努力之下，仅一年之内，"华企"就进口了30万支油剂盘尼西林和60万支肺针，这不仅有力地支援了前线，而且帮助政府打击了趁药物短缺而囤积居奇的国内奸商。1952年，"华企"更是为国家抢运了数目相当可观的五金、橡胶、西药、科学仪器等物资。

"华企"注册资本中之70%是侨胞以外汇投入，资金全部到位，获得享受15年的经营权利，还获得种种特殊优待，如它可以跨国（地区）跨行业，多元化经营，可以自营进出口贸易，以进引出，以出养进，外汇自行平衡。它以较低的外汇成本，为国家创汇，为企业获得高收益，由于它体制上比国企较易于与市场经济接轨，补足国企的空白，在经营上可以自由聘请市场经济的老行专，熟悉市场，取得较好的经营效果，5年之内，"华企"从零开始，蔚然成长起来，成为一家有跨国经营能力的国际化、现代化的大型跨国公司。它也是一家民营公助的公私合股混合经济成分集团企业，特别注意团结私商，尤其是在联合港澳两地工商界爱国力量方面做了大量团结工作，使双方取得了互信。"华企"的所作所为，从今天看来，也都符合当今改革开放的"三个有利于"标准。

可惜，"华企"终在极左路线下被视为"黑企"而被扼杀。

不过，广交会终在1957年4月于广州诞生了。100年前的1857年，十三行最后被英军炮火毁灭。

当然，广交会前三四十年，一直为计划经济所"统"，从事业务的只能是政府官员。其"官商"的身份，当比十三行行商更为严谨。不过，也有类似之处，从第一届到第十四届，即从1957年至1963年，广交会领导委员会的第一副主任，是邓文钊和郭棣活。邓文钊当年是"红色资本家"，郭棣活则是中国四大百货公司之一永安公司的上层，他们原来都是民族资本家，而"公私合营"后，身份则变得模糊了。二人先后都当过广东省副省长。

没变的还有：早期的广交会，其主打产品也仍是当年十三行的传统产品，即茶叶、丝绸与陶瓷；为了支援亚非拉的民族解放运动，价格压得很低……

到了"文革"时期，广交会更是把政治任务摆在第一位。直到1973年，中美、中日的关系得到改善或建立外交关系，广交会才发生了一些变化。

首先是价格。在第33届春交会上，90%以上的商品调高了价格，总体水平上升了40%，扭转了过去只讲政治，不顾经济的做法。当时，内定6万元的花梨木九龙闹钟家具一套，实际卖出价是26.5万元；仿旧楠木石狮子1对，内定3万元，卖出则是5万元——可见，广交会自身对价格不甚了了，心中无数。

关于这次提价，外电是这么评述的：

> 中国正运用供求关系的概念，以世界市场能负担的最高价格出售他们的产品。

我们也圆转地说:"我们正在利用资本主义市场的规律做好我们的价格工作。"①

改革开放后,广交会变化更大了。不妨引录如下数字:

第95届,国内生产企业参展数超过外贸企业;第96届,国内生产企业参展数更突破50%的比重。更引人注目的,第98届,即2005年,民营企业的参展数首次超过了国有企业,民商多于"国商"了。②

1957年,首届广交会

以上这些变与不变的比较,有心人当会读出更丰富的经济学、社会学等方面的内容来。我们再做一个比较。

广交会在创办之初,是中国会展的"独子",如同十三行在"一口通商"之际是明清二朝的"独子"一样。改革开放后,广交会从"独子"变成了"长子",上海、昆明、南宁等地的交易会正在迅速成长,但广交会的"长子"地位是变不了的。时至今日,广交会仍稳稳占据着"中国第一展"的地位!

这一历史说明,从"一口通商"到全面开放,广州并没有"逊位"。时至今日,广东的对外贸易总量仍居全国第一,占全国外贸总量的1/3。仅广交会,自2005年春交会(第97届)起,每届成交额超过300亿美元,年出口成交量占我国一般贸易业总额的1/4。而中国经济30年的腾飞,与对外贸易的增长密切相关,中国迅速成为一个经济大国——虽然在占世界GDP的比重上,还不如200年前。

历史,每每有很多惊人的相似之处。十三行之所以成为"一口通商"之首选,自然与广州这个世界著名的海洋贸易大港分不开。乾隆年间,多口通商转为"一口通商",

---

① 中国对外贸易中心编著:《百届辉煌——中国出口商品交易会100届纪念》,南方日报出版社2006年版,第147页。

② 以上数字皆出自中国对外贸易中心编著《百届辉煌——中国出口商品交易会100届纪念》,南方日报出版社2006年版。

当然有政治上的因素，有具体事件的触发——如洪任辉事件，之所以未回到绝对的"禁海"局面，也同样有诸多原因，不单纯是为了满足王朝对奢侈品的需求。

中华人民共和国成立之后的"广交会"，也曾被视为"一口通商"。徜徉于琶洲的广交会新馆，其绵延几公里的展区在世界上也属罕见，如同当年珠江畔的十三行商馆，也曾令世界上的商人们惊叹。这样的规模、这样的气势，哪怕早个一二十年都不敢想象。

今日广交会新展馆：琶洲

1957年的40年后，也就是1997年，中国收回了在鸦片战争中被迫先后割让和租借的香港岛、九龙、新界，对香港恢复行使主权一雪一个多世纪的耻辱。

2010年，中国成为世界贸易出口第一大国。2013年，中国对外贸易总额达到了4.16万亿美元，超过了美国的3.91万亿美元，稳居世界第一大对外贸易国——而在十三行时期，中国就曾是美国难以望其项背的第一大贸易国。与中国有贸易来往的国家（地区）更达到了200多个，已远超过十三行时期。在1957年"恢复"广交会时，外贸产品交易额排名前面两位的，仍旧是当年十三行的主要商品——茶叶与丝绸。但半个多世纪后的今天，中国成了家用电器产品的第一大出口国。我们的高科技产品已一跃成为主要出口商品。

"乘风破浪会有时，直挂云帆济沧海。"今日广交会的新展馆，正如起伏的波浪，预示着我们的进出口贸易奔腾不息，奔向大海，奔向未来！

第八十七章　十三行的文化资本与广州的城市格局

笔者曾给自己定下一个目标：写一个真正的广州，写一个真正的十三行。所以，笔者一直力求展示出广州2000多年的古城文化魅力，甚至借用屈大均在《广东新语》中运用的形式，楔入石语（海珠石）、寺语（海幢寺）、浦语（沉香浦）等，包括最后的人语（广州人与广州话），从而描绘出一个商业都会所带来的人文主义的光彩。

十三行在广州留下的历史印记、文化资本，实在是太深、太丰厚了。

著名的社会学家布尔迪厄这么说过："文化资本的积累是处于具体状态之中的，即采取了我们称之为文化、教育、修养的形式，它预先假定了一种具体化、实体化的过程。"[1] 他更进一步强调："衡量文化资本的最为精确的途径，就是将获取收益所需的时间的长度作为其衡量的标准……"[2]

可以说，十三行的历史影响，是在晚近的四五百年间。如果依当今时代的划分，则要上推到了明代中期，即1520年前后，于中国沿海发生的冷兵器向热兵器转换的时期。而明代十三行，恰好就是那时产生的——正对应这个时期，西方开始了文艺复兴后的海洋贸易。

十三行这几百年的文化资本，对整个广州城的历史影响实在是太深远了——不仅使广州实现了商业都会的现代转型，还对广州城市格局进行了历史性改造，甚至对广州人的思维方式、生活方式、价值取向、审美观念等，都产生了一定的影响。

十三行存在的最根本的意义，是实现由贡舶贸易向市舶贸易的转变，也就是说，从国家垄断的朝贡制度转变为民间平等互惠的自由贸易。从朝贡到互利，标志着真正的市场经济的兴起，这也是人类历史的一大进步。常言市场经济是法制经济，市场经济的到来进一步传播了平等、自由、民主等观念。但是，对于当时的中国而言，这一转变却不那么简单，尤其是集中体现在十三行上，更是严酷、复杂，可谓波诡云谲，惊心动魄。

首先，十三行延续的是千年羊城的商脉。的确，我们走进广州城，首先感受到的便是扑面而来的商业文化气息，"南国商都"名不虚传。当然，这不仅是因为十三行。早在唐宋时期，广州的海贸便已名扬天下，但十三行使这一外贸景象有了升华，是中国商业文明的一次华丽转身，是世界大航海时代的华彩乐章，更促使传统商业向现代商业转型。十三行的商业资本、金融资本，尤其是文化资本，无一不带上现代色彩。当然，十三行也带来了现代商业市场的游戏规则，也就是自由贸易的原则。我们从近年来的研究成果中不难发现，在十三行早期，即雍正年间，以谭康官、陈芳官为代表的中国行商，力求公平与公开，与东印度公司开展贸易，反对官商勾结，更反对外商通过营私舞弊、

---

[1] 包亚明主编：《文化资本与社会炼金术——布尔迪厄访谈录》，包亚明译，上海人民出版社1997年版，第194页。

[2] 包亚明主编：《文化资本与社会炼金术——布尔迪厄访谈录》，包亚明译，上海人民出版社1997年版，第198页。

行贿回扣等手段扰乱正常的贸易秩序，从而推动了清中期梯度开放的格局。从废除"南洋禁航令"（雍正）到取消"加一征收"（乾隆），清政府不断对外商实行优惠政策。要知道，"加一征收"（即百分之十的"靠岸税"），是宋代乃至更早以前便已执行了的政策，沿袭了好几个朝代，乾隆的这一举措，可谓前所未有的，显示了清朝当时对外开放的胆魄。当然，22 年后又发生了逆转，但留下广州"一口通商"，所以，广州外贸仍能继续发展。

新中国创办广交会发展到改革开放，令整个广东成为中国改革开放的前沿阵地，成为计划经济向社会主义市场经济转型的最早试验区——这一商业文化的资本，无疑也就成为广州的城市文化资本，使广州的城市建设突飞猛进、日新月异。"千年羊城，南国商都"的城市品牌就是这么来的。

毫无疑义，今日的西关文化也受十三行的影响。如果没有十三行，广州的商业区便不会转移到西关——当时还是在西城门之外，而唐宋之际，遍布的蕃坊，都还在光塔周遭，即今人民路以东、中山路以南的地方，十三行把西方的文化、习俗，亦相应带到了西关。西关大屋的私密性、实用性，西关小姐的优雅、摩登，包括十三行流行的大餐、西餐等，也有西方文化的影子。众所周知，诸如种牛痘、第一家西医院等，都与十三行相关。

当初白鹅潭畔万国旗帜飘扬，来自欧美众多国家的多桅商船停泊于此；花地、海幢寺等被划定为外国大班的消闲之地；行商花园，尤其是海上仙馆里正上演着中外贸易的协商、谈判……广州这些昔日的场景，现代人已无缘亲睹，但仍可通过其他途径加深其印象。一如大文豪茨威格在谈巴黎是一座"永远焕发青春的城市"时所云："一种伟大的写实文学是怎样以它经久不衰的力量长存于民间。因为在我亲睹巴黎的一切以前，这一切早已通过诗人们、小说家们、历史学家们、风俗画家们的描绘艺术事先在我的心目中变得十分熟悉，只不过在实际接触中显得更加形象生动罢了。"①

笔者之所以想竭力写出一个存在十三行的广州，就是想起到这样一种"重新认出来"的效果，这是在一切艺术享受中最富于魅力与最引人入胜的。笔者不仅写了海幢寺，也写了琶洲的海鳌寺——不知今日还能否找到它的遗址？过去的广州，以"海"字开头的寺院还有很多，海幢寺不远处还有一个海辐寺，而最为闻名的则是海云寺（当年屈大均就是在那儿削发为僧的）。明清易代，"十年王谢半为僧"，为此，还出了一个海云学派，独领南学风骚，可惜，今日的海云寺遗址只余几处墙基与断碑了，不知几时可以修复。倒是屈大均关于十三行的名诗，当代不少人还背得出来："五丝八丝广缎好，银钱堆满十三行。"

可以说，存在数百年的十三行，不仅对广州城市的建设，而且对广州人的文化风貌，都有着极为深远的影响，历久不衰，至今仍处处可见、可感、可触，它所形成的文化资本，至今仍在延续乃至增值。而广州，当可借此作为它的城市文化资本，在城市建设中

---

① 茨威格著：《昨日的世界：一个欧洲人的回忆》，舒昌善等译，生活·读书·新知三联书店 2010 年版，第 141-142 页。

投入进去,当受益无穷——这不是文学家的浪漫想象,而应是切实可行的。

而更重要的是,十三行延续的还有颇为壮观的文脉。

近年,相关部门一直在叹息,广州的景点只有星星,没有月亮,散乱无章。一个陈家祠,年旅游量也就百万人上下,而最火的长隆野生动物园,却是人造的当代景观,代表不了广州的特色。一句话,广州缺乏城市文化资本——这似乎又与他人讥评广州为"文化沙漠"互为印证。

果真如此么?其实,十三行的文化资源,如果充分地发掘出来,其资本是够丰厚的了。整个广州,从东到西,无不是十三行的历史文化遗存。比如黄埔港,它本就是十三行的外港(当然,也有人认为澳门才是十三行的外港,但相距广州太远了),而且,那里还停泊过十三行行商们捐献的铁壳军舰"截杀号",该军舰曾抗击过英国侵略军。再过来,还有长洲岛近侧的法国人岛、丹麦人岛,上边有当年来华大班及官员的墓地。而后,便是闻名遐迩的黄埔村——美国的"中国皇后号"等的停泊之地。而沿珠江进入广州,莲花塔、琶洲塔、赤岗塔,则被视为外轮进城的引航标志,是广州这艘大船的三大"桅杆"。临近白鹅潭,南边则是海幢寺,近侧便是潘、伍、谭、罗等行商的住宅及花园等。

而当今的广州文化公园,就在十三行外国商馆所在地,如能恢复旧貌,建一个十三行博物馆(按:该节写于广州十三行博物馆建成之前),当有极为丰富的历史文化内容可以展览。[①] 当年声言拍卖的烂尾楼新中国大厦,恰好正在原十三行的新中国街上。如今的十三行路上,仍有不少原十三行的遗址,如果将批发市场迁走,可有效地恢复十三行同文街等历史景观。这里,应是高档的丝绸、茶叶、陶瓷等外贸商品的展销中心,自古如此。

再加上"后十三行"时期的沙面西式建筑群以及近侧的海关、钟楼、怀远驿等,还有芳村对岸的花地——那也是当年十三行允许外商消闲参观的地方,整个十三行的历史景观就相当可观了。问题在于,如何解决行政上的条块分割,如何将所有的景观有机地加以整合,形成流畅的旅游线路,把这一文化资本用足,从而让广州的城市建设与此相协调起来。

尤其是十三行当年的文化产业,当然,不少行商本就是出色的文化人,其后人中更出现了一批文化大师,有文学家、诗人以及著名学者等。2016年以来,胡德平等更专门论及十三行与《红楼梦》的关系。这不仅仅是"月亮",而是金光灿灿的"银河"了。

以上只是做了简单的梳理,还有很多与十三行相关的景观尚未提及,只能点到为止。

广州作为商业城市,两千多年来可谓定位不移,不可以与北京、南京这样的帝都相攀比,也不可以与建市仅两百多年的新城市上海简单相比。广州的历史含量、文化资本,毕竟要丰富多彩得多,绝非"文化沙漠",不过,它的文化确实有点"另类"。

除了十三行文化外,辛亥革命的历史景观在广州也同样丰富,黄埔军校、东征、北伐誓师处,大元帅府、天字码头等,一样应有机整合。可以说,广州的历史文化景观,

---

① 目前已在文化公园内辟出一层300~400平方米为展馆。

不仅有星星，更有月亮，甚至有太阳。文化是多元的，广州更是一个多元文化并存的城市。

商业市场似乎是无序的，但其背后有一只"看不见的手"，无序其实就变得有序了。同样，广州的多元文化似乎也是无序的，虽然不可沿袭背后有"看不见的手"的市场理论，但几种或者几十种不同的文化却通过相当微妙而紧密的方式互相联系在一起——能说十三行文化与作为旧民主主义革命的辛亥革命没关系吗？能说辛亥革命与中山路上作为红色文化代表的农讲所没联系吗？……城市的这种无序与有序，不会仅在一个问题上表现出来，文化无所不在，是黏合所有无序的黏合剂。我们可以用科学的方法，乃至实证的方式，通过分析、综合将其分解或组合成众多的相互关联的若干问题，如同我们破解DNA的组图一样，从无序走向有序。这样，广州的城市建设，便有足够的文化资本来支撑。

于是，一个古典而又现代的广州城便可以脱颖而出。

第八十八章　广州：从十三行到城市博物馆的呼唤[①]

一、城市之根

广东建设文化强省，其中最主要的一项文化建设，当属博物馆，尤其是历史类的博物馆。强调这一条，并不是因为有偏见认为广东是"文化沙漠"，而是因为广东如果不彰显自身的历史文化，势必制约日后的发展。触发笔者产生这一想法的是，在某套关于广东文化的经典书籍的编纂中，该书库的编辑乃至编辑部的负责人在审读有关作品时，仍持的是中原中心论，对作品中涉及广东文化底蕴的内容（虽然已十分翔实），还表示怀疑。这也难怪，他们不是广东人，已形成了一定之见，难以改变。

其实，广州作为古港，有3000年不废的历史；而作为古城，也有2000多年的历史。北京、上海，当是望尘莫及的。元建都至今，也就大约800年吧；上海开埠，亦不到200年。当然，论西安、洛阳，一个十三朝古都，"古墓成苍岭，幽宫像紫台"；一个九朝古都，"若问古今兴废事，请君只看洛阳城"，与广州相比，自会厚重得多，但广州有自己独特的魅力，没人会叫它"废都"，也绝少有落花的哀怨。珠江文化，当是华夏文明中不可缺少的一部分，所以，海上丝绸之路的两端——亚历山大古港与广州古港，堪称3000年不废也！

当今热议的广州十三行博物馆，当是广州海上丝绸之路的华彩乐章，广州不可多得的国际名片、历史名片。只是，有多少人的认识真正到位了呢？广州应有足够的博物馆，应有重量级的博物馆，如此才能承托起这一古城真正的历史分量！而在整个广东，也同样应有相当数量的博物馆、各种专题的博物馆，如此才能真正展示出这片古老土地上深厚的历史文化！

[①] 本章写于十三行博物馆建成之前。

如果我们去佛罗伦萨这一文艺复兴运动的发祥地走走，参观那大大小小、令人目不暇接的各种博物馆；如果我们去华盛顿的国家广场走走，进入那宏大的，甚至称得上是辉煌的博物馆去看看；如果我们去巴黎，走进罗浮宫；如果我们去伦敦，走进大英博物馆……那我们该对广州说什么呢？是的，我们太对不起这座历史文化名城了！

尽管广州犹如火中的凤凰，几经涅槃——南越国被平定时，一场大火把古番禺烧了个精光；南汉国也一样，数以千计的宫殿、花园、离宫给毁于一旦……可它却以顽强而奇异的生命力，每每在灰烬中获得再生，比火焚前更要堂皇，就如同植物一样有旺盛的再生能力！可是，我们面对这样一部生命的历史，又做了些什么呢？

在这个意义上，博物馆当是一座城市的根！如同榕树的气根一样，它们不仅为今日的城市吸收历史的养分，更为明日的城市发展提供新鲜的氧气。一座没有博物馆的城市，就如同没有根的浮萍；一座博物馆不足的城市，当是在风雨中站立不稳的芦苇。而一座古城，当是根深叶茂的大树！

广东，也包括广州以及众多的历史文化名城，该把博物馆建设提到议事日程上来了。广东本身已经拥有了这样的经济实力，一个经济强省不努力建设文化强省，不把投入放在博物馆建设上，只能是个跛足巨人。

广州，当带一个头，成为一个博物馆之城，不仅要有大的历史主题的博物馆，也应有各色各样不同主题的、大大小小的博物馆，这当是广州之根，广州的魂灵！

二、人类的记忆与良知

关于博物馆的话题，一说起来就难以打住。的确，一个博物馆，不仅仅是文物收藏、陈列展览、科学研究以及宣传教育的公共设施——这已是人们的共识了，更是一座城市、一个地区，以及一个民族或族群（如广东的广府、客家、潮汕三大民系也应有各自相应的文化聚焦）历史演进的更为宏大的主题的一部分，它是根，是魂，是精神的故园，是整个城市或民族生命的一部分。因此，对于它而言，主题设计（馆藏内容）、建筑形式，以及功能要求，都有着特定的、不同一般的标准。

博物馆当是什么？这可以有很多不同的回答，但是，归根结底，它不仅是保存、展示与研究历史与文物的媒介，更代表了一个社会、一个民族的最高理想与追求。试想众多的国家博物馆、历史博物馆、科学博物馆及艺术博物馆，它们不就是在一一昭示着这样的理想与追求吗？仅举一例，华盛顿的国家广场周遭有几十座博物馆，如国家美术馆、国家航空航天博物馆、国家自然历史博物馆等，它们不是分别从各个侧面揭示其成就吗？再稍远点的、与华盛顿大街相邻的是美国大屠杀纪念馆，这么一座阴森、凄美的建筑，它昭示给人类的，不就是要根除法西斯主义、追求和平、追求人性吗？它有见证大厅、铭记大厅，其义自明。它搜集的奥斯威辛集中营的实物、图片与资料，与其大厅的设计融为一体，让人在恐怖而又美丽的空间中体验历史、领悟自由……反法西斯战争已经胜利70多年了，人们可知道，广州也有一个类似于奥斯威辛集中营的南石头难民收容所？上十万粤港难民就是在这个地方人间蒸发的，其"蒸发剂"便是沙门氏菌等。如果说，日军七三一部队在东北实验室杀害的是上万人，那么，这里死亡的难民人数至少是它的

10倍。这已不是"试验",而是大屠杀了。美国历史学家哈里斯经过8年研究,认为中国人死于日本细菌战的至少有20万人,其时他尚不知道这个南石头难民收容所。20年前,笔者曾在《十月》上发表长篇纪实《来自东方奥斯威辛的追诉》,笔者是这么写的:"人类需要记忆,需要保留自己的记忆,所以,在人类生活的土地上,才需要有那么多的纪念馆——从恐龙化石,一直到今天的航天航空器的纪念馆。人类的记忆,是区别于动物的特征之一,更是人性的表现。而将这些记忆文字化,具象化,也就更说明人类在挣脱兽性,走向完全的人。当然,人类也需要另一类记忆,这说是他们自己兽行与暴行的记忆,战争与残杀的记忆,让自身从中得到警示,为之清醒与觉悟。不要以此为耻,就去抹杀它、忘却它。一旦被抹杀,忘却,就可能重演同类的罪行。记忆,就是同兽行斗争的一种方式。所以,才需要有像奥斯威辛、七三一等类的罪行展览馆。人类为此付出的血的代价,已经是太大了,因此,无论如何,不可以再失去记忆了。"

文中,笔者呼吁建一个这样的纪念馆,并且对这个纪念馆前的石碑做了设计,那是一个放大了的沙门氏菌,黑色的,与累累的白骨形成反差——当然,须是艺术化了的。后来,还专门为此与人合写过一个提案。没有得到回复。却有几个日本老兵,来到了南石头旧地,在已立起的小小的纪念碑前磕头谢罪。10年后,这几个老兵还会在吗?还能来吗?而南石头难民收容所侥幸活下来的老人,如今也找不到几位了。唯一活着的,就是建立这样一个纪念馆的愿望!二战中的大屠杀不曾发生在华盛顿,华盛顿却可以建这么一个纪念馆,而发生过大屠杀的广州,为什么自己不能建呢?也许,我们真的要被迫忘却了这段记忆。

其实,这对广州而言,并非耻辱,更没什么不吉利的,它只能证明我们对人性的呼吁、对和平的呼吁、对文明的召唤。这,当是博物馆最根本的意义!也是广州的正义之象征、广州的形象之所在!

三、历史与艺术的魅力

一座成功的博物馆,可以成为一个国家与民族的骄傲,老百姓当如数家珍地对其加以介绍、推崇;同样,一座著名的博物馆,亦可以成为其所在城市的标识,人们一说起这个城市,便会讲起有这个博物馆,甚至会先说起这个博物馆,才会讲它在什么城市。说到底,博物馆的建设,可谓一项千秋大业,不可有丝毫勉强凑合、随意应付的心理。无论以怎样的机制运作这么一个宏大的文化工程,都应当有远见卓识、广阔的视野与深厚的知识,不可囿于短见与局部。

的确,博物馆的设计,在我们这个蔚蓝色的星球上,一直是最富有创意、最富有艺术魅力,同时也是最拥有历史文化底蕴的专门的建筑设计。因此,博物馆对于设计的要求当是最严苛且最见水平的。正因为这样,这一设计才非常富有挑战性,让众多建筑师"八仙过海,各显神通",使尽浑身解数。在设计中,建筑师们可以充分发挥其创造力,驰骋他们丰富的想象力,这在做楼盘、写字楼,乃至其他大型建筑的设计过程中是无法感受与领悟的。出众的才华与渊博的知识,在这一设计中是分不开的,这也是建筑师们显示其深厚的历史文化底蕴的一个难得的机会,匆匆忙忙的"补课"是办不到的,这得有长期的积累以及感悟才行。一位建筑大师，理所当然也应是一位文化艺术的大师，甚至是一位历史学家。建筑学中强调的"文脉"，说到底，也就是所在地的历史文化渊源，一般建筑尚要考虑到"文脉"，那么，博物馆建筑在这一点上，就更是要百倍关注了。

众所周知，博物馆的功能性要求是相当复杂的，一方面是馆藏内容的作用与意义，另一方面就是建筑自身的科学含量与审美维度。但首要的，是设计的独创性。这一独创性，当包含如下要旨：凝重，富于历史感；灵动，极具艺术性。

我们先讲它的凝重感。对于参观者来说，他们在博物馆中希望得到的，不仅仅是历史知识、文化传统以及思想启迪，这是一般层面意义的，更重要的是一种震撼感——这是所有人内心潜在的渴望，融合了种种理性乃至非理性的因素。前面所提到的美国大屠杀纪念馆当是如此。占地近80万平方米的河南博物院，位于有着5000年悠久历史的中原文化的腹地，它所展示的历史内容亦当如此，它当成为纪念我们这个古老民族从鸿蒙初开到今日辉煌的文明成就的一座圣殿，一个民族精神升起的地平线。还有我们熟知的罗浮宫、奥赛博物馆等，其对我们心灵的震撼，无以诉诸言说。自然科学博物馆，诸如海洋博物馆、航天博物馆之类的，对激发我们的想象力、展开我们理想的双翅，同样是妙不可言的。

再说它的艺术性。博物馆讲究灵动的艺术性。乍一听，似乎与其凝重、庄重乃至沉重感反差太大了点。可是，对馆藏内容的设计如果太呆板、太程式化，不能引人入胜，就须引入艺术化的构思。而观众不仅对馆藏内容发生兴趣，对博物馆的建筑形式也有潜在的要求。例如上海博物馆，它如同一个大鼎，不仅含有历史的凝重感，也同样具有艺术性，对建筑的主题给予充分的揭示。又如西班牙北海岸毕尔巴鄂城的古根海姆博物馆，其后现代建筑的奇特造型，吸引了全世界的旅游者，使该市业已萧条的旅游业一下子兴旺了起来，经久不衰。这当是20世纪90年代来博物馆设计中较为成功的一个范例。

历史的震撼、艺术的魅力，两者结合起来，方可以支撑起一个城市的博物馆。

四、文化物标

像博物馆这样的专门建筑，并不是一开始便作为一种清晰的设计体系而存在的。有的建筑，当初绝非想到要被当作博物馆，像秦代规模巨大的兵马俑坑，当年只是用来显示死去的帝王之显赫威权，万万没料到两千多年后会被当作展品；而罗浮宫当年只是中世纪的要塞，所在的位置是公元1200年巴黎防御最薄弱的环节。但随着历史的演进，博物馆不仅自成一个设计体系，而且还作为一门学问，有了相应的要求、规则与标准。

如今，博物馆的设计已有了功能上的全面的标准，更有了审美上颇高的要求。专家们认为，一个博物馆设计成功与否，摆在第一位的是，其建筑质量主要取决于审美维度。也就是说，首要的是它的观瞻性。尤其是像广州这类具有悠久的历史文化传统的名城，博物馆当成为其最显著的标志物、最吸引人眼球的人文景观。

大家都知道，成功的文化物标，特别是博物馆一类，每每能大大提高一个城市乃至一个区域的文化层次与知名度，甚至会成为一个地方的代名词。作为大地的博览，金字塔、斯芬克斯塑像、埃菲尔铁塔、罗浮宫、凡尔赛宫等，都是如此。只要在设计上能高瞻远瞩，今天的文化性建筑，也可以在短期内成为闻名遐迩的文化物标。巴西新首都——巴西利亚，之所以建城27年即被列为联合国教科文组织批准的世界文化遗产，其道理也就在这里。笔者认为，无论是广州、肇庆、梅州，或者是广东省内各国家历史文化名城，只要精心操作，也同样可以在博物馆建设上有所作为。广东的各民族、各个民系，对开发南方、对华夏文明所做出的历史贡献，是人所共知的。因此，无论是怎样的博物馆，其历史文化、自然科学的底蕴都是无法贬抑的。而文物征集、收藏与欣赏，对参观者起到的精神振奋、心灵陶冶的作用，更不能低估。

从长远来看，除文化物标的意义外，博物馆的功能也应该"与时俱进"，充分运用现代科学技术的成果，使之对观众产生强烈的感染力，没有这一感染力，就无以加深观众对馆藏内容的认识。

另一个功能，则是科学研究，不少人忽略了这一方面。一个博物馆的影响，与人们研究其内容的论文、专著可以说是成正比的。毕竟，随着科学技术的进步，对文物的探究只会愈来愈多，愈来愈深入。历史不是死的，而是活生生的，或隐或显，自有其不同的气候影响。如何不断拓展馆藏内容，正是科学研究的需要。事实上，博物馆从来就是文化与研究的中心，研究始终是它的活力之所在，正因为如此，它才不是静止的、固化的，而是处于发展、演进之中。在海上丝绸之路史上存在300年的十三行不正是如此吗？当今的研究仍处于浮浅、华而不实的状态，要办一个有历史深度与广度，同时具有当代容量，乃至相应能量的十三行博物馆可谓任重道远。现在，因我的参事建言而初步建立的仅几百平方米的博物馆，仅仅是个开始。

博物馆的建设，是历史之情势使然，也是人们思想意识上升到一定程度的产物。缺乏文化意识，不善于反思历史，只顾眼前，失去理想，是不会产生这一构建的。只有拥有高强的功能与艺术综合能力，博物馆方可在实用与审美上实现"双赢"。

我们期盼在建设广东文化强省的过程中，博物馆的建设有更出色的表现。十三行博物馆在呼唤！

第八十九章　百年十三行研究学术简史

一

20世纪二三十年代，是中国学术研究的一个"井喷"阶段，南方的学人尤为出类拔萃。梁启超的《中国近三百年学术史》不说，罗香林集客家研究大成的《客家研究导论》、梁嘉彬的《广东十三行考》，乃至钟敬文的民俗学、梁宗岱的诗学，也都出现在这个时间段内。

梁嘉彬作为十三行行商的后人，感慨十三行在国内"几若无人过问焉"，年仅27岁就出版了中国十三行研究的开山之作《广东十三行考》，洋洋30余万字，一下子盖过了国内外已有的相关研究。它不仅是集大成之作，更具有开拓性，以至国外专家认为其作品含有"几乎全新成果"。故《广东十三行考》遂成为十三行研究的经典。在这部巨著之前，法国、日本、英国、德国固然有过与十三行相关的论文与著作，如法国高第的论文《广州之行商》、日本根岸吉著的《广东十三洋行》、武藤长藏的《广东十三行图说》、松本忠雄的《广东之行商及夷馆》等，但均涉及不广、视野局限、资料欠缺。

其间，颇有影响的，莫过于曾在中国海关任职过税务司的美国人马士（H. B. Morse）所著的《东印度公司对华贸易编年史（1635～1834）》。该书100多万字，资料翔实，数据丰富，时间跨度亦可观。毫无疑问，这段时期，东印度公司主要与广州十三行打交道，他也自认"事实上是广州与伦敦之间的贸易"，虽然还涉及与厦门等地的贸易。当然，它不是专门的十三行研究著作，但也提供了相当丰富的与十三行贸易相关的历史资料，难能可贵。梁嘉彬的考证，少不了用到它提供的资料。但因为它并非十三行的研究专著，所以，十三行的前期，约1557至1699年间的史料阙如（虽然《东印度公司对华贸易编年史》以1635年为始，但真正有记录的则是从英国商船"麦士里菲尔德号"1699年抵达广州开始）；而十三行后期，即1834—1857年同样付之阙如，因为英国东印度公司于1833年便宣布解散了。前后时间加在一起有150多年，是十三行所延续的时间的一半。而且，全书是以英国东印度公司的视角来写的，对法、荷等国涉猎不多，留下了不少缺憾。尤其是对中国国内真实的内情了解不多，包括清廷、封疆大吏，乃至具体行商，包括行商的家谱、商贸的来龙去脉等，都不可能有深入的了解。但不管怎样，它对十三行研究的贡献，仍功不可没。

梁嘉彬作为十三行行商的后人，有着对先祖历史的深切关注以及占有史料的优势，所以专著一出便不同凡响，当时著名的史学家朱希祖亦为其作序。全书对十三行的起源、沿革进行了详细、认真的考证，仅以考证的34个商行的行名、人名以及行商业绩为例，迄今增加的亦不多，才60余个。也就是说，他考证的商行占一半多。时代久远，这一考证殊为不易。而梁嘉彬关于十三行行商的研究，涉猎面之广，前所未有，上至朝廷、官员，下至海关及百姓；内与同行行商的关系，外与外商的协调与抗争，还有在鸦片战争中的作为；等等。其对经济的研究、历史的思考、制度的批判，均有过人之处。正如吴晗所云，该书揭示了"从'锁国政策'到'五口通商'，这两个最大的转变契机上，广东十三行是一个重要的枢纽"。十三行的历史贡献，已因梁嘉彬的著作得到了相当的肯定。

之后至1949年前，还有不少学者参与了十三行的研究，有专题研究十三行的，也有从海贸史讲到十三行的，甚至包括中外艺术相互影响的研究，多少也涉及十三行。许地山校录的《达衷集——鸦片战争前中英交涉史料》亦为后人的十三行研究提供了相当宝贵的资料。但总的来说，成果颇少，关注不多，自然无法与梁的著作相比。

1950年之后，国内包括广东、广州的学者，对十三行的研究，差不多处于沉寂乃至空白的状态，偶尔有之，也是探讨十三行发生的时间、十三行的建筑形制等。由于对鸦片战争的认识局限，十三行几乎成了负面的、被鞭挞的对象；买办制度被视为外国资本主义侵略的产物，其前身十三行就更不堪了。独有梁家，梁嘉彬的胞兄梁方仲还在小心翼翼地进行十三行研究，在《文史资料》上发了一篇《关于广州十三行》的文章，以及若干短小的札记。香港的中华书局，则于《广东文物业谈》中发表了汪宗衍的《广东十三行之起源及其商业的蜕变》。

但在当时的鸦片战争研究中,涉及十三行的著作则不少。道光十五年(1835)梁廷枏著的《粤海关志》中就有"行商"卷,字数不多,而中华书局1959年出版的,由邵循正点校的梁廷枏的《夷氛闻记》更写有十三行。翻译著作如英国格林堡著的《鸦片战争前中英通商史》、爱尼斯·安德逊著的《英使访华录》、日本佐佐木正哉的《鸦片战争前中英交涉文书》、英国斯当东著的《英使谒见乾隆实录》等,因与十三行关系颇密切,为十三行研究提供了相关的背景研究。其时,台北的成文出版社于1968年出版了台北故宫博物院文献处编的《清代外交史料》,也不可避免地涉及十三行。

梁嘉彬自1945年到台湾之后,仍继续他的十三行研究。1958年在台北中华文化出版事业社出版的《中泰文化论集》中发表了他的论文《论明清广东国家贸易与近代中泰之关系》,研究了十三行行商经手暹罗贡使事务及办理暹罗纳税事务的演变。1981年,他又为《中华百科全书》撰写了"十三行"词条。此次,较30年代的专著他进一步确认:"当葡萄牙人入居澳门之前,已有海道副使汪柏立'客纲''客记'准备与葡人交易,以广人及徽、泉等商为之的记录,盖因输出货大宗货为茶、丝、绢布、瓷器、漆器之故,不得不以徽州、泉州及广州商人分别经纪其事,当时中国对外贸易已有集中于广州为输出入总口之势。"他查阅了由萧濬华译的《天主教十六世纪在华传教志》后,确认:"可以看出当时已有十三家商号(行)在广州垄断贸易,广人五行,泉人五行,徽人三行,共十三行。葡人在1557年(嘉靖三十六年)入居澳门之前,已经和广州当局及商号有广泛的接触了,这些商号便是后来为后世所熟悉的'广州十三行。'"最终确认广州十三行诞生于明代。

后来,梁嘉彬对来访者称,20余年来,《广东十三行考》又补充了20万字,改正多次。还表示,他还有未出版的原稿及在台湾发表的论文稿件,均涉及广东十三行之源起、沿革及行商事迹、制度名称变迁等事之考证……全部约有30万字。他表示,愿在国内得以出版。可惜,迄今他的心愿仍未实现,否则,便能知道他在十三行研究上有多大的拓展。这当是一部更为宏大、拥有更充分资料的鸿篇巨制。

在国内尚处于低潮的十三行研究,在国外却有长足的发展。虽然未必能与梁著相提并论,但在规模上令人惊叹。这便是1964年由法国高等实验研究学院推出的五大卷洋洋400万字的博士论文《中国与西方:18世纪广州的对外贸易(1719—1833年)》,作者为路易·德尔米尼(Louis Dermigny)。

该博士论文出版后,国内广州、北京均有收藏,笔者曾尝试向曾拥有该论文的暨南大学历史系借用,但由于当时院系调整,该论文已不知去向了。从篇幅而言,无任何相关专著可与之相比,其拥有的文献档案资料之丰富也是如此。毕竟,在西方,当时的信息流通要发达得多,其论述更有雄辩、独到之处。"广州的对外贸易",也便是十三行的对外贸易,论文中关于外交、外贸,乃至走私,以及各国在广州的商贸,都有到位的论证。承担该论文翻译的法语教授耿昇,曾以《17—18世纪在广州的法国商人、外交官与十三行行商》一文,大致选介了其中的重要内容。可惜,耿昇接受翻译任务之后不久,便溘然长逝,使得这一巨著的问世变得更为遥远。

由于论题限制，该著仅论及18世纪的100年，与十三行的300年相比，时间未免太短。不过，在18世纪，十三行经历了康熙禁洋、雍正开洋、乾隆登基、废除"加一征收"，后来又来了一个"一口通商"——所以，这100年，乃十三行最重要也是最兴盛的、最波澜壮阔的100年，当有不少可圈可点的地方。

只是，这篇博士论文由于卷帙浩繁，难以卒读，加上内容较为庞杂，连注释都达110页3400余条，所以，欲超过梁嘉彬的著作，特别是补充了30万字之后的新著，恐难办到。该论文迟迟未能译出，除了耿昇过世的原因外，论文本身也为翻译带来难处。

随着改革开放的推进，思想得到进一步解放，十三行研究也就不再成为禁区了。与海外的研究对比，内地仍处于滞后的状态，不是几天就可以改变的。因此，推动十三行研究，连最早的研究动力，仍得借助于外来文献的译介。直到1991年，才由中山大学出版社出版了马士所著的《东印度公司对华贸易编年史》，而该译著的出版，仍几经曲折，译序中云：本译本完成于十年浩劫前期，译者当时处境艰难，孤立无援……这是区宗华序中所记，而中国海关史研究中心主任陈诗启亦称，"该中心'早于成立开始，就把它的翻译列入研究规划'"，知"区宗华教授已于'文革'中译校全书"之后，"多方斡旋，终于达成出版协议"。①

但其出版后，仍未产生较大影响。倒是两年后，由生活·读书·新知三联书店于1993年出版的法国佩雷菲特所著的《停滞的帝国——两个世界的撞击》一书，引起了广泛且持久的关注，而该著的第71章"南下广州"，第73章"广州1793年12月19日—23日"，第74章"会合"，第75章"与外界联系的修士和奸商"，第76章"后卫战"等，均涉及十三行。其中有一章的小标题有"广州，一座半开放的城市""一堂出色的外贸课"，更让研究者兴趣勃发。由于该书在当时的中国思想界、学术界有不俗的反响，广东的学者也就对这些涉及十三行的内容产生了更大的兴致，从而推动了国内对十三行的研究。与此同时，广东人民出版社几乎同时出版了美国威廉·亨特的《广州"番鬼"录 1825—1844：缔约前"番鬼"在广州的情形》，该书颇为生动、详实地描绘了与十三行相关的人和事。

与十三行相关的古代典籍，如《粤海关志》等，也开始陆续编辑、点校了。

而此时，台湾学者陈国栋的研究成果率先问世。1990年，他的《中国行商的破产（1760—1843）》由台北"中央"研究院出版，他所列出的行商数目，由早年梁嘉彬考证的34个，增加到了47个，即多了13个，占了约1/3。他依靠的历史资料，除东印度公司的记录外，还有美国新英格兰地区的档案、康奈尔大学的文献，研究内容也从行商个人研究上升到家族研究。他集中研究了潘启官家族以及福隆行、而益行两个商行的破产，探讨了清中叶行商相继破产的原因。

其间，海外的相关论文对行商个案的研究也引人注目。自外而内，由于外来典籍的影响，国内，特别是广东，终于开启了又一轮十三行研究的热潮。

---

① 〔美〕马士著：《东印度公司对华贸易编年史》（第一、二卷），中国海关史研究中心组译，区宗华译，中山大学出版社1991年版，目录第1—2页。

笔者1992—1995年完成并陆续发表其中章节，最后于2001年由广东旅游出版社出版的长篇历史报告《千年国门——广州，3000年不衰的古港》（谭元亨等著），专门辟了三章，写了十三行。其中，第五章为"十三行"，第六章为"十八世纪英国使团的广州之旅"，第十二章为"南方的人文精神"。第五章"十三行"，小标题为"大海的风""牙商与大亨""十三行与一口通商""历史的尽头与起点"，对十三行的历史沿革进行了必要的探究，也涉及了谭氏家族。而"使团"一节，受《停滞的帝国——两个世界的撞击》一书的影响，以新视角追述马戛尔尼的中国广州之行，及至"南方的人文精神"一节，以清代庚岭劳人所著的、以十三行洋商为主角的古典小说《蜃楼志》一书作为"中国谴责小说"的第一部，称许其如何率先举起了"南方人文精神的旗帜"，并指出，《蜃楼志》在古代作品中是"仅有一部描写早期行商与海关官吏的书，所以，对认识中国近现代史序幕拉开之前的社会状况，有着显而易见、不可多得的重要价值"，"开了晚清《二十年目睹之怪现状》等谴责小说的先河"。①

这三章，当是那时对十三行研究较有分量的文章，也是国内改革开放以来对十三行最早的正面论述，奠定了日后学者研究十三行的基础。

这一时间段内，单篇论文、个案研究也陆续出现，其中较有影响力的是章文钦的《清代前期广州中西贸易中的商欠问题》，该著研究了行商欠外债对十三行的影响及其实质。还有邓开颂的《论清代前中期广东对外贸易的若干特殊政策》（《中国社会经济史研究》1988年第3期），黄启臣的《清代前期海外贸易的发展》（《历史研究》1986年4期），以及对引发"一口通商"的洪任辉事件的研究，等等，不一而足。

随着21世纪的到来，十三行的研究开始一波接一波地呈现出兴盛的势头，尤其是关于十三行的经济学、历史学的专著，有了不少新的突破，而数量上更是喜人，超过了20部。

作为行商家族的研究专著，黄启臣、梁承邺著的《广东十三行之一：梁经国天宝行史迹》一书，于2003年由广东高等教育出版社出版。梁承邺本身是梁家后人，梁经国的天宝行创立于1807年（一说1808年），迅速跻身于后期"八大家"之六，如书中称排行在五六之间，仅次于潘、卢、伍、叶"四大家"，并坚持到1843年公行解散。全书不仅对天宝行的创立、30多年行商经营做了认真的梳理与研究，还对其后人在科技、外交、学术上的贡献——这自然得益于梁嘉彬的考证——都有着充分的、全面的展示，成为梁家200年的一部家族史，一部中国近古至现代的家族文化史，从而超出了之前部分行商历史考证的分量。

紧接着，由黄启臣、陈国栋与潘刚儿合著的《广州十三行之一：潘同文（孚）行》一书，于2006年由华南理工大学出版社出版，这部以十三行第一家族潘家三代人在百年对外贸易史上出色的表现为主线，揭示出其创业之艰难、备受官府重重压迫之困苦、拓展对外经营的努力与奋斗，以及在经商中恪守诚信的品质、斥资支持抗击外侮的民族气节。对这样一个百年家族进行全方位、多层面的展现，让读者看到了波诡云谲的海上丝

---

① 谭元亨等著：《千年国门——广州，3000年不衰的古港》，广东旅游出版社2001年版，第420页。

路的历史沧桑，尤其是十三行运作的模式与制度，包括经济、金融上的演绎。全书资料尤为丰富，为后人的深化研究提供了更坚实的基础。这两部行商家族的专著，当是21世纪发出的研究先声。

此间，还应提到的是美国学者保尔·A．范岱克，他于2005年出版了《广州贸易：中国沿海的生活与事业（1700～1845）》的专著，该书为英文版，出版者是香港大学出版社，2007年该书再版，2018年由江滢河、黄超译为中文，由社会科学文献出版社出版。作为研究著作，它的深度是过去的十三行相关著作所没有的，全书集中研究了广州体制的优势以及无可置疑的缺陷，其前言为"中国向世界打开大门"，也表明了作者的基本学术态度。可惜，在2018年之前，能读到该著的中国研究者太少了。

其间，介绍性与资料性的编著出现得更多，较早的有广州荔湾区志办编的《广州十三行沧桑》（广东省地图出版社2002年版）、李国荣、林伟森编的《清代十三行纪略》（广东人民出版社2006年版）以及中央台拍摄的四集专题片《帝国商行》与同时出版的同名解说词（2007）等。

2006年，"哥德堡号"重访广州，引发了出书热潮，不仅如《哥德堡号重圆中国梦》（黄淼章、郭德焱）等多部关于哥德堡与中瑞贸易的书籍、画册问世，而且也带动了《中国皇后号》（史密斯著，《广州日报》国际新闻部、法律室译，广州出版社2007版）等的出版。郭德焱的《清代广州的巴斯商人》（中华书局2005年版）、王尔敏的《五口通商变局》（广西师范大学出版社2006年版）、吴义雄著的《条约口岸体制的酝酿——19世纪30年代中英关系研究》（中华书局2009年版）等，也先后在这几年间出版。后边提到的著作，则不属于介绍与资料性的编著，而是专题研究了。

为纪念"哥德堡号"远航中国260年，中国第一历史档案馆与广州荔湾区地方志编纂委员会办公室、广州黄埔区人民政府分别合作出版了《清宫广州十三行档案精选》《明清皇宫黄埔秘档图鉴》（上、下册），为日后的十三行研究提供了珍贵的第一手资料，包括帝王的上谕、封疆大吏及海关的奏折、十三行的外贸情状，以及贡品、债务纠纷、外商活动，乃至火灾等，还有沿海与广州古城的图片与地图。

而把这一研究推向高潮的，是2008年起笔者连续向广东省参事室、国务院参事室提交的四份关于十三行研究的建言。

根据相关领导人及直属部门的批复，广州市文科重点研究基地十三行研究中心在笔者、杨宏烈等几位专家的一手组建下成立，并应时任广州大学校长约请，把该中心放在了广州大学，笔者担任研究中心第一任主任。

旋即，由笔者主编的《十三行新论》（香港：中国评论学术出版社2009年版）出版，之所以为"新论"，是因为该书提出了众多全新的观点，如以公行制度几度兴废看十三行的商业工具性质、十三行行商的民商本质——过去一直认为其是"官商"、对未发掘的行商的介绍……也译介了范岱克的《广州—澳门日志（1763）》《广东叶氏商人，1720—1840》，并首次涉猎了十三行的民俗文化以及海山仙馆研究。

之后，笔者继续推出了专著《国门十三行——从开放到限关的逆转》《十三行习俗与商业禁忌研究》（以上均由华南理工大学出版社出版）。过去的十三行研究，一般集中于"一口通商"之后的80年，甚至认为十三行是"一口通商"的产物。但这两本专著往前追溯到"一口通商"之前的70多年，率先研究了自康熙开海后清朝对外开放的几度反复，即康熙晚年禁洋——恢复月港时期不允许中国商人出洋的规定，雍正登基5年后的开洋，以及乾隆登基取消"加一征收"政策，扩大开放，到22年后又倒退为"一口通商"的限关。所以，对这70多年的关注及深入研究，无疑是对十三行历史的全新的阐释，也把开放视为此间的第一主题。

之后，笔者的《广州十三行——明清300年艰难曲折的外贸之路》（广东经济出版社2015版），揭示了十三行300年间历史转折的八大节点：从明中叶的广州交易会，到第二次鸦片战争中十三行行商的最后抵抗，展示了一部波澜壮阔的开放与反开放的斗争历史。这种叙述方式及研究思路，更突出了十三行300年的历史发展的主线。笔者六卷本的《十三行世家》也同时完成。

《十三行新论》问世的同时，时任十三行研究中心学术委员会主任的章文钦，得到了广州市社科联的支持，在广东经济出版社出版了《广东十三行与早期中西关系》的专集，汇集了多年一系列的专题研究，集腋成裘，其包括中国近代买办的起源，潘家、吴家以及伍家的行商专论，十三行与澳门，商欠问题，十三行街名起源，贸易管理体制……章文钦付出了辛勤的劳动，史学家蔡鸿生在序中慰勉道："为了深化广东十三行史的研究，应当超越单一性的认识……在立体化和动态化的格局中求新知。"[①]

杨宏烈的《广州泛十三行商埠文化遗址开发研究》亦由华南理工大学出版社出版。该书在人文历史地理上，对十三行遗址及分布、名胜古迹、文物遗存及其保护性规则建设进行积极的探索，得到了多方肯定。

得益于领导同志多次对笔者关于十三行建言的批复，法国那部长达400万字的论文《中国与西方：18世纪广州的对外贸易（1719—1833年）》的翻译经费终于有了着落，广东人民出版社与耿昇教授签约，以完成其浩大的译介工作。但愿耿昇教授去世后，后继有人，能继续完成这一重大的文化工程。

致力于行商家族研究的范岱克，在对蔡氏、邱氏、叶氏、颜氏、陈氏等众多行商做专题研究之后，也陆续出版了多部英文专著，如《广州与澳门商人》（上、下两卷），上卷的副标题为《18世纪营商政策与策略》，下卷的副标题则为《21世纪商业的成功与失败》，先后于2011年、2016年在香港大学出版。与此同时，行商后裔也纷纷投入对家族历史的追溯中，潘、伍、叶、谭、梁、颜家后人等都已经写出几十万言的文章，并整理出多部族谱。

其间，广州大学图书馆与十三行研究中心联合建设了"十三行与广州人文历史资料中心"，并于2010年5月成立，十三行研究中心还与广州荔湾区档案馆共建"清代十三行档案文献信息资源中心"。双方还开始共同编写《十三行大事记》。

十三行研究中心建立后，2009年11月与市、区相关部门联合召开了国内的"广州十三行研究回顾与展望"学术研讨会，来自北京、香港、澳门等地60余位专家参与。

---

① 章文钦著：《广东十三行与早期中西关系》，广东经济出版社2009年版，第2页。

2011年，十三行研究中心亦承办了"广州十三行与清代中外关系"国际学术研讨会，美、英、法、瑞典、荷兰及加拿大等国及港澳台与内地近百名学者参与，这是在十三行研究中心主持下，首次召开以十三行研究为主体的国际研讨会。之后，研究中心的学者等，也均赴美、英、葡、瑞典、荷兰等多国进行考察与调研。大量论文陆续问世。

同样，笔者2011年的建言得到批复后，广州十三行博物馆也终于在2015年建立了起来，虽然规模不大，难以承载十三行300年这一巨大的历史容量，但终归是一个开端，有望今后进一步扩大与发展。行商、商船博物馆、十三行外港黄埔古村相关博物馆也在酝酿之中。

可以预期，十三行研究的内容将会大大扩充，作为相对独立的学科，其跨越经济学、历史学、海洋学乃至人类学、文化学、艺术学、民俗学等众多学科的构架亦会进一步拓展，学科建设前景更加宏伟。

谨以此对十三行学术研究的百年历史做一简单回顾，难免挂一漏万，还望诸位原谅。

终卷结语　重返中国史学的传统

笔者在早年的历史哲学专著《中国文化史观》中，曾提出过文化激活论，这一论述，被著名世界史研究泰斗、时任武汉大学副校长的吴于廑在该书的序中概括为：

> 世界由古至今，其历史演变过程，正是由原始的、闭塞的、各个分散的人群集体的历史，发展为彼此密切联系形成的一部全局的世界史。中国史作为世界史的一部分也是如此。我很欣赏作者提出的文化相互"激活"等一系列新的观点。春秋战国，中原各国文化相互交融、激活，才有思想史上的伟大一章。魏晋南北朝，则已超出中原文化，而形成南北文化的大交汇。正如作者指出的，盛唐文化实质上是整个亚洲文化的大交融，是对中国文化一次强有力的激活。那么，到了近代，自然是整个世界文化的大交融及新的激活了。这一来，中国史就更不是独立于世界之外的国别史。①

其实，青年时代形成的思想，每每影响一个人的一生，无论是学术研究，还是文学创作。当年，笔者以作家身份考进武汉大学，却基本不上文学的课，总是抢着去听史学、哲学、法学乃至心理学、脑科学的课，颇有点"不务正业"。就这样，吴老的世界史便在笔者心中扎下了根。后来的学术路径，几乎与此分不开。

而这部《十三行史稿》，正是吴老概括的"到了近代，自然是整个世界文化的大交融及新的激活了。这一来，中国史就更不是独立于世界之外的国别史"。十三行史更是如此。中国由自然经济向市场经济演进，步入近代，当以明清十三行为标志，如同屯门之役的热兵器标志着军事史上冷兵器的时代结束。

到了这部史稿，笔者一再强调两种历史逻辑。一种是全球的、开放的、互惠与交融的，代表了历史演进的逻辑；另一种则是坐井观天或妄自尊大，从而导致闭守、孤立与静止，这是帝王的经验或惯性的逻辑。但我们不难发现，在清朝帝王身上，这两种逻辑在十三行的背景下，却不断有交叉。康熙率先开海，晚年却禁了洋；雍正打破祖制开了洋，却对"加一征收"的恶税造成对外贸易的阻碍不予过问，骨子里恐怕还是朝贡贸易那一套；到了乾隆则更让人扼腕，他一登基便废除了"加一征收"政策，可这却已走到了梯度开放的极处，尚有可容忍的界限，所以，才22年，便来了个限关——"一口通商"，显然，他骨子里的东西，与康熙、雍正并无二致。

因为笔者专门写了篇建立十三行博物馆的参事建言，在这一建言的推动下，终于建

---

① 谭元亨著：《中国文化史观》，广东高等教育出版社1991年版，第5页。

起了相应的博物馆。开馆时，自然请笔者去看看。然而，一进馆，第一眼竟是镀金的大字，把"一口通商"的乾隆御批全文刊上，形成中国传统式的大门内的巨大屏风，这让笔者不由得倒抽了一口冷气。

当然，"一口通商"的圣旨最大的得益者是广州，是十三行，历史也是这么记录的。外国商船去不了江海关、浙海关、闽海关，只能进粤海关了，所以，不出几年，外舶数量大增，白银滚滚而来。站在地方的立场上，这当然要大讲特讲。当年，促成乾隆做出"一口通商"决策的原两广总督、时任闽浙总督的杨应琚，就是这么考虑的，虽然他后来下场很惨。

但当场，笔者便指出把"一口通商"的圣旨抬得如此高，实是匪夷所思。笔者竭力说服在场的官员、馆员与参与者——尽管布展方案是由北京的权威历史部门做出的。

本书已用很大的篇幅表述了笔者的观点，这里只需要简单重复几句。这个"一口通商"的圣谕，决定了中国百年后的不战而败——指的是鸦片战争的失败。开始"一口通商"的1757年，英国军队打下了被充当鸦片基地的孟加拉，而且，正式成了印度这片殖民地的宗主国。之前，是由东印度公司多少代表英国政府对印度实施不完全的"管理"，之后，殖民政府得以建立，大英帝国的殖民主义走向了"全球化"，进而成了"日不落"帝国。

而清廷否定了"四口通商"后，贸易开放的形态被逆转，之后，鸦片走私更逆转了白银的入超——尽管马戛尔尼到了中国，本来的目的是与中国签订条约以确保茶叶贸易的稳定。当时英国外相明确给他的训令是："已为帝国法律禁止的鸦片贸易，在中国境内排除的问题……其中规定我们不得将这种毒品运入中国的条款，你必须让步……"①

可见，英方为了确保茶叶贸易的稳定已做出了停止向中国走私鸦片的决定，当然，也表明他们不会放弃鸦片贸易带来的利益，想另辟蹊径。但是，习惯了朝贡贸易思维的清廷，却不能接受市场的条约或契约方式，而且，竟因"三跪九拜"耗费了机会与时间。自此，鸦片的大量倾销，终于改变了他们对华贸易的巨大赤字。②

最后，十三行博物馆负责人终于接受了笔者的劝诫，把挂在入馆口巨大的屏风上的"一口通商"的圣旨取了下来，馆内关于"一口通商"的介绍，也不再置于醒目的位置。至于是否所有人都能认识到它与"不战而败"的关系，就非笔者所能了。

十三行经济史这300年，波谲云诡、大起大落，无疑为中国走进现代做了艰难的铺垫，十三行的历史价值就在这里，而它的当代容量、对后世深远的影响，到今日恐还难以穷尽。所以，十三行不仅仅是一部经济史，更是一部文化史，而且，还应当是一部思想史，应有哲理的思考与提升，它是一座丰富的历史文化、思想及社会科学的宝藏，它永远指向未来，昭示未来。

上述交互的、成螺旋式的上升或下降（如三位帝王的开放与限关决策的周而复始）

---

① 〔美〕马士著：《东印度公司对华贸易编年史》（第一、二卷），中国海关史研究中心组译，区宗华译，中山大学出版社1991年版，目录第555页。

② 周牧之：《贸易大国光荣与挫折：中美贸易摩擦下的冷思考》，原载上海《书屋》杂志2011年第6期。

的这一段奇诡的历史,似乎又让我们重新回到中国传统的循环史观上。

而笔者在全书的开篇中,更引用了心学的集大成者王阳明的一段循环论的名言。他认为,中国历史当又会重回(循环)到"夜气清明"的羲皇世界。也就是两千年如同一个夜昼,明后当有一个重新开始的新世界。

明清的实用理性史观,最终落到了"心"的循环。

知止—有定—能静—能安—能虑—能得。

而"得"谓得其所止,也就回到了"知止",再一轮循环。

中国近现代史的著名学者张磊先生,在吴于廑之后,对《中国文化史观》的评述,是这么说的:

> 不宜把传统的中国史观简陋地归结为循环史观或者气数史观,因为,这只是囿于形式的扫描。其实,仅就循环史观而言,既有以自然为参照的朴素循环论,复有以伦理为圆心的循环论和蕴涵生死轮回的循环论……①

而后,则是"心学"的实用理性史观。

读毕这一部十三行史,作者的史观又是什么?赋历史予人性,视历史为人的科学,把人及生活的场景尤其是时空上的一切盘根错节紧密地联结在一起,使之无以分割,抓住真正推动历史前进的人的力量。

叩问历史,方知人性。

我不敢说自己创立了一种新的范式,但从《中国文化史观》到今天的这部《十三行史稿》,我揭示的却是两条不同却相互纠缠的历史逻辑,以及各自的走向。历史使然?人性使然?在循环中上升,抑或坠落?也许,这部作品,任何范式也套不上,它只是它自己。体系与范式已不再。

我努力的方向是,如何重返中国史学的传统;或者说,中国文化的传统,文史哲不分家,如同司马迁的《史记》,"究天人之际,通古今之变",洋洋洒洒,文笔如行云流水,让人不忍释手。当然,经济史少不了数字,十三行史更是如此。这一来,文史哲数不分家,却是古代西方传统了。这让我想到诺贝尔奖获得者罗素,他既是哲学家,又是数学家,他曾经就"历史是科学,还是艺术"做过一个著名的讲演。在这个讲演中,他提到,著名的英国历史学家、哲学家卡莱尔谈到他的《法国革命史》一书时说,他的书本身就有几分是法国大革命。这是真的,因而也就使这本书具有某种永久的价值,尽管它作为历史记录是不完全的。当你读它时,你懂得为什么人们做了那些事情,而这是一部历史应该为读者所做的最重要的事情之一。

罗素还说:"有一次我读到狄奥多拉我不得不认为,如果当权的人都有充分的历史感,他们就会找到种方法,来避免一场所有的人都看到的正在临近的、没有人期望它发生的大祸,因为历史不仅仅是关于这个国家或那个国家,甚至也不是关于这个大陆或那

---

① 谭元亨著:《中国文化史观》,广东高等教育出版社1991年版,第2页。

个大陆的一种叙述。它的主题是人类,即那个奇怪的进化的产物,人类是通过巧妙地控制其他一切生命形式,而且甚至冒着自身的巨大危险,通过巧妙地控制无生命的自然界而兴起的。但是人类尽管聪明,还没有学会把人类大家庭看作一个整体。虽然人类已经抛弃了丛林生活,却仍然让自己受弱肉强食原则的支配。人类很少能认识到自身的共同任务、人类过去的成就,及其将来可能达到的更大的成就。"①

为此,他感叹道,人类并不是把自己的同胞看作为共同目的而奋斗的合作者。

我想说,到今天,似乎仍是如此。

我引用罗素这些话,与他强调历史是一门艺术是一致的。

二十年前,笔者在评论一位老作家的《深港澳三部曲》时,其中一篇用的标题是:

文学,历史的未尽之言。

这是文学观,也是历史观,反过来:

历史,文学批评的广角镜。

——这却是三十年前我写评论所用过的标题。

两个标题,是互为抵触还是互为补充,抑或是一致的?

在这部《十三行史稿》出版之际,我的长篇小说《十三行世家》(古代卷)也已问世了。全书的序,引用了老子的格言:

天地之间,其犹橐籥乎?虚而不屈,动而愈出。

呜呼!

历史的风车就这么吹过来又吹过去,永远地循环往复,永不止息。一个家族的命运,同样也是几百年一个轮回。

颇有循环论意味。

---

① 〔英〕罗素:《历史作为一门艺术》,引自张文杰等编译《现代西方历史哲学译文集》,上海译文出版社1984年版,第138~147页。

广州通商大事记[①]

一、前史

先秦

早在先秦,史有"越人造大舟,溺人三千"的记录。

先秦时期,南越人的祖先就已在南海附近的岛屿活动。史载"越人善舟"和1989年发现的珠海高栏宝镜湾的石刻岩画,证明他们是开发南海海上交通的先行者。

公元前五六世纪,有的文献记载,甚至称在公元前十多个世纪,中国的丝绸便已到达了欧洲。

春秋战国时期,公元前3世纪,印度孔雀王朝月护王的一位大臣在《政论》一书中记载了公元前4世纪中国丝织品运到印度,又由印度商人运往欧洲的曲折经历。

春秋战国时期,《吕氏春秋》中就已有"如秦者,立而至,有车也;适越者,坐而至,有舟也"的记载。

二、南海航路时期

秦汉

秦始皇嬴政三十三年(前214),秦平南越,统一岭南。设南海、桂林、象郡。南海郡治番禺,郡尉任嚣筑番禺城。

汉高祖刘邦三年(前204),赵佗建立南越国。

1983年,在广州市越秀山象岗,惊动中国也震动世界的南越王墓被发现。就在这古墓里,找到了一个海洋大国的众多物证——诸多来自海外的物品。如主棺室出土的银盒、金花泡以及别的室内出土的原支大象牙等。仅以银盒为例:它通高12.1厘米,腹径有14.8厘米,盖与身吻合得相当紧,整体呈扁球形,盖面隆起一个圆周,且有两圈凹线弦纹,外周为向外交错的蒜形凸纹,表面有薄薄的鎏金。上有铭文"名曰百册一""一斤四两右游一私官容三斗大半",显然是后来刻上去的。重量为572.6克。

这一银盒,与汉代中国及之前的银器在风格、形态上都不一样,却与西亚波斯帝国的金银器相类同。它的造型与纹饰与伊朗薛西斯王时期(公元前5世纪)的银器几近一致。这批舶来品,是广州目前发现年代最早的海外"来客"。

南越国建立在公元前2世纪前后,而这些银器的相关工艺,出现在公元前4世纪的

---

① 参见王培楠主编《广东海上丝绸之路史》,广东经济出版社2016年版。

两河流域，而后流行于北非、南亚等地。可见，在公元前 2 世纪之前，中国与南亚的海上交通业已建立了起来。

元鼎六年（前 111），汉武帝平南越后，将原南越故地分为七个郡，分别为南海、郁林、苍梧、合浦、交趾、九真与日南。因"初开粤地宜广布恩信"，在今广东肇庆市封开县和广西梧州市——即贺、漓两江入西江处，设立了管辖岭南各郡的"交趾刺史部"，并给此地命名为"广信"——取"广布恩信"之义。

广信的位置十分重要：上接灵渠连湘江，入长江即与中原沟通，沿漓江而下，正是从广信进入珠江的主干之一——西江，也就进入广府腹地，正好把陆海丝绸之路连接起来，与今日"一带一路"相一致。

元鼎六年至后元二年（前 111—前 87），汉武帝派译长招"应募者"，从徐闻、合浦、日南港起航，出海入南海，开辟了到马来西亚半岛、印度，最后到已程不国（今斯里兰卡）的海上贸易航线。此是广东（也是中国）海上丝绸之路的最早起点之一。

《汉书·地理志》卷二八下中就有：

> 自日南障塞，徐闻、合浦船行可五月，有都元国；又船行可四月，有邑卢没国；又船行可二十余日，有谌离国；步行可十余日，有夫甘都卢国。自夫甘都卢国船行可二月余，有黄支国，民俗略与珠崖相类。其州广大，户口多，多异物，自武帝以来皆献见。有译长，属黄门，与应募者俱入海市明珠、璧流离，奇石异物，赍黄金杂缯而往。所至国皆禀食为耦，蛮夷贾船，转送致之。亦利交易，剽杀人。又苦逢风波溺死，不者数年来还。大珠至围二寸以下。平帝元始中，王莽辅政，欲耀威德，厚遗黄支王，令遣使献生犀牛。自黄支船行可八月，到皮宗。船行可二月，到日南、象林界云。黄支之南，有已程不国。汉之译使自此还矣。

司马迁的《史记·货殖列传》中有："番禺亦其一都会也，珠玑、犀、玳瑁、果、布之凑。"

汉昭帝始元二年（前 85），黄支国献犀牛。

汉代扬雄，当过黄门郎，自是了解海路上的繁盛，他在《交州箴》中更有"牵来其犀，航海三万，盛不可不忧，隆不可不惧"的记载。

建武十八年（42），马援由海路镇压九真农民起义。

永元九年（97），掸国人进献。

永建六年（131），叶调王遣使贡献。

延熹二年（159），天竺国首次经"海上丝绸之路"与中国交往。

延熹九年（166），大秦国（罗马）王安敦（Marcus Aurelius Antoninus）遣使自日南（今越南平治天省及广南至岘港省沿海一带）来广东献象牙、犀牛和玳瑁等。此是罗马首次经"海上丝绸之路"与中国直接交往。此后，天竺、罗马皆由南海丝绸之路来广东以至江苏扬州等地献方物，首次经"海上丝绸之路"与中国直接交往。

建安十六年（211），交州刺史步骘到岭南。

建安二十二年（217），将交州州治迁于番禺。

三国两晋南北朝

黄武五年（226），孙权分交州置广州，命吕岱为首任广州刺史。作为州一级行政建置，广州正式正名，并成为岭南地区的政治中心。同年，大秦商人秦论来到交趾，并由交趾抵达孙吴都城建业（南京），孙权亲自接见秦论。

黄龙二年（230），卫温和诸葛直航海探寻到达夷州（今台湾地区）。

黄龙三年（231），朱应和康泰出使南海诸国，南宣国化，是我国史书所载中国首次派专使出使南海诸国。

太康二年（281），广州成为大秦遣使来中国的登陆港口，广州正式成为海上丝绸之路的起点之一。

晋代墓砖，上有铭文："永嘉世，天下荒，余广州，皆平康。"

永嘉二年（308），求那拔陀罗随商舶泛海至广州。

隆安年间（397—401），昙摩耶舍到达广州，入住白沙寺（今光孝寺），并建大殿5间。

隆安四年（400），法显随商人大船东北行取广州，从此耶婆提直航广州的航线被开辟。

永初元年（420），昙无竭率徒25人于南天竺随商舶泛海到达广州。

永初年间（420—422），求那罗跋三藏来广州光孝寺。

元嘉七年（430），诃曼陀国（今印尼苏门答腊岛）国王向宋文帝上表文，广州成为外国商船来中国贸易的主要港口。

天监年间（502—519），王僧孺、萧励任职广州，进入广州的外国商船有较大幅度的增加，广州成为海上丝路上重要的起航港。

东晋南朝时期，大量佛教高僧从天竺及南洋一带进入中国传教。

天监元年（502），知药三藏法师自天竺航海来到广州王园寺。

梁大通元年（527），菩提达摩在广州"舍筏登陆"，于是，在今日广州的下九路，便立有他登岸的纪念碑，旁边更有"西来初地"的寺庙。并从此开始了中国的禅学历程，六祖慧能则成了中国禅宗的一代宗师。

相传达摩东渡，还有一首诗偈：

> 路行跨水复逢羊，
> 独自栖栖暗渡江。
> 日下可怜双象马，
> 二株嫩桂久昌昌。

这里的"逢羊"，讲的是到达"羊城"——这正是广州的别名。可见广州在海外是久负盛名的了。重洋之外，连广州的别名，乃至传说，也都一清二楚。

《梁书》记载，番禺"外国贾人，以通货易。旧时州郡以半价就市，又买而即卖，其利数倍，历政以为常"。

永定年间（557—559），拘那罗陀经狼牙修、扶南来广州。

三、前十三行时期

隋唐五代

开皇九年（589），隋文帝下安边诏，宣扬皇化，革除弊政；告诫广州当局，不得侵渔；"外国使人欲来京邑，所有船舶沿溯江河，任其载运，有司不得搜检"。

开皇十四年（594），隋朝在广州建南海神庙，祀南海神祝融。

大业元年（605），隋朝遣大将军刘方为骧州道行军总管，经略林邑，于其地置比景、海阴、林邑3郡，领12县，户4135。

大业三年至四年（607—608），隋炀帝先后派羽骑尉朱宽、武贲郎将陈棱、朝请大夫张镇周从义安郡（今广东潮州）经略流求（今台湾），密切了大陆与台湾的关系。

同年，隋炀帝派屯田主事常骏、虞部主事王君政出使赤土国，大大加强了隋朝与南海诸国的友好关系。

大业六年（610），设四方馆于京师建国门外，以侍四方使者；东方曰东夷使者，南方曰南蛮使者，西方曰西戎使者，北方曰北狄使者，各一人，掌方国及互市事。祭祀南海于广州，以广州都督刺史任祭祀官。

大业年间（605—616），"南荒诸国朝贡者十余国"。可考者有赤土、林邑、真腊、婆利、丹丹、盘盘。

唐贞观元年（627），分天下为十道，即十个行政监察区，十道州、府均兼有涉外任务；岭南道"远夷则控百越及林邑、扶南之贡献焉"。

唐太宗看重与各国的经济贸易，对外"就申睦好"，对内则"静乱息民"。他称："自古皆贵中华贱夷狄，朕独爱如一。"颇有大国之君的气度，他更进一步表示："盖德泽合，则四夷可使如一家……"史载"海外诸国，日以通商"。

贞观二年（628），伊斯兰教由"海上丝绸之路"传入中国。

贞观九年（635），基督教聂斯脱利派（Nestorians）教士阿罗本（Olopen）等人来到唐朝，向各地传播景教。高宗时，景教"法流十道"，"寺满百城"；开元初，景教活跃在长安与广州之间，与广州市舶使周庆立"广造奇器异巧以进"。

唐高宗年间，约650年后，设置外贸事务，则有市舶使。市者，互市交易，乃市圩管理；舶者，当是专指航运了。所以，又名为监舶使，押蕃舶使。后一名称更明确，是监管"蕃舶"即外国商船的。

显庆六年（661）二月十六日，颁布《定夷舶市物例敕》，大约在此时设置市舶使，"籍名物，纳舶脚，禁珍异"，总管东南海路邦交贸易；其机构称"市舶使院"。初置时，建制尚简单。市舶使院附属有"海阳馆"，则是以皇帝名义接待外宾的驿馆。立市舶使，"籍名物，纳舶脚，禁珍异"。所谓"舶脚"，当是指按商船容量征收的进口货物税，故有"除舶脚、收市、进奉外，任其来往通流，自为交易，不得重加率税"。进奉，其意自明；收市，即"官市物"，沿南朝之例，从进口货物中以低价征买专卖商品，利用专卖价格获高额的财政收入。

上元二年（675）之前，以桂管佐僚杨志本充任岭南市舶珠玉使，职掌"握水衡之钱，权御府之产"。

咸亨（670—674）以后，由海路西行求法的佛教徒大增，并逐渐占据主导地位，其中大部分为中国僧人，少数为高丽、新罗和日本僧人。

咸亨二年（671）十一月，齐州僧义净师徒在广州搭乘波斯舶泛海西行求法，经室利佛逝、末罗瑜、羯荼等国，抵达东印度耽摩梨底国，后往中印度，瞻礼圣迹，历30余国；永昌元年（689）二月回到广州，住制止寺。其年十一月，又南航室利佛逝，译写佛经，抄补梵本。长寿三年（694）夏，返回广州。义净游历印度、南海诸国25年，是继东晋法显、唐初玄奘之后又一位杰出的求法高僧和译经师。他共译佛经56部230卷，撰《大唐西域求法高僧传》二卷、《南海寄归内法传》四卷，是研究7世纪下半叶印度与南洋历史以及中外关系史的珍贵史料。

光宅元年（684），商胡不堪官吏侵渔，大闹广州都督府，杀死都督路元睿及左右10余人，扬长而去，官府追之不及。

开元二年（714），岭南豪族、邵州首领周庆立以右威卫中郎将出任市舶使。

开元四年（716）五月甲辰，有胡人上言："海南多珠翠奇宝，可往营致，因言市舶之利；又欲往师子国求灵药及善医之妪，寅之宫掖。"玄宗准备派监察御史杨范臣偕胡人前往求之，因范臣谏而中止。同年十一月，张九龄奏准主持开凿五岭交通要道大庾岭路，促进南北交通与海上丝绸之路的贸易，把陆海丝绸之路连接起来。

开元十年（722），内府局丞韦某充任广州市舶使，"赊赆纳贡，宝贝委积，上甚嘉之"。

开元十一年（723），新罗僧慧超从广州泛海往天竺，巡礼五天竺，后经中亚于开元十五年（727）十一月上旬到达安西。著有《往五天竺国传》三卷，记录8世纪上半叶印度及南海诸国社会历史，具有重要价值。

开元二十年（732），广州设置蕃坊与蕃市。

广州城中，"广人与夷人杂处"，"与海中蕃夷、四方商贾杂居"。后人有云："自唐设结好使于广州，自是商人立户，迄宋不绝，诡服殊音、多流寓海滨湾泊之处，筑石联城，以长子孙……"阿拉伯人更称当时的广州是"阿拉伯商人的荟萃之地"。

除了杂处、杂居外，进而谈婚论嫁，没有人认为这有什么问题。《新唐书·卢钧传》中就有："蕃僚与华人错居，相婚嫁，多占田，营第舍，吏或桡之，则相挺为乱。"

大唐皇朝赋予外侨以民族自治的权力，规定其犯法，"同类自相犯者，须同本国之制，依其俗法断之，异类相犯者，若高丽之与百济相犯之类，皆以国家法律，论定刑名"。

开元二十二年（734），分天下为15道，各置采访处置使。又于边境置十节度经略使，"式遏四夷"；岭南五府经略使"绥靖夷僚"。

开元二十九年（741）十二月，师子国僧不空在广州搭乘昆仑舶，携国书至师子国，得到国王殊礼相待。广求《密藏》及诸经论，又游历天竺。天宝五年（746），回到长安，翻译佛经，弘扬密法，成为中国密宗宗师。

天宝初年，广州外国侨民在城西形成密集的居住区，官府设置蕃坊，委任番客大首领（即"蕃长""蕃酋"）以自治；番坊中阿拉伯人、波斯人占多数，因而，番长一般由穆斯林担任。

天宝七年（748），律宗高僧鉴真从扬州乘海舶第五次东渡日本，海上遇飓风飘至海南，辗转至广州，见珠江中"有婆罗门、波斯、昆仑等舶，不知其数，并载香药、珍宝，积载如山；其舶深六、七丈。师子国、大石国、骨唐国、白蛮、乌蛮等，往来居［住］，种类极多"。

天宝十年（751），玄宗封南海神为广利王，"祝号祭式，与次俱升"；"常以立夏气至，命广州刺史行事祠下"。

开元至天宝间（714—756），与唐朝有官方关系的国家和地区有70余个；广州"每岁有昆仑舶以珍物与中国交市"。

肃宗乾元元年（758）十月，广州的大食人、波斯人联合发起暴动，一举攻入广州城内，抢劫仓库的商品，火烧豪宅大院，"劫仓库，焚庐舍"，一番掠劫之后，又冲出城去，上了早已备好的大船，"浮海而去"。

广德元年（763）十二月，宦官市舶使吕太一乘岭南军队北上勤王、兵力空虚之机，矫诏募兵，逐岭南节度使张休，"纵下大掠广州"，盘踞广州达3年之久。

大历四年（769），京兆尹李勉出任广州刺史兼岭南节度使，为官清廉，不干预市舶事务，又平定冯崇道、朱济时叛乱，地方一时靖安；广州贸易复兴。

大历八年（773）九月，循州刺史哥舒晃发兵攻广州，杀岭南节度使吕崇贲；江西观察使路嗣恭受命进讨，商舶之徒，多因晃事被诛。

兴元元年（784），岭南节度使杜佑督造战船，共有楼船、艨艟、斗舰、走舸、游艇、海鹘6种，技术、性能、设备皆达到先进水平。

贞元年间（785—805），宰相贾耽在《皇华四达记》中具体描绘了多条国际航路，其中便专门写有"广州通海夷道"。这一条夷道，揽括了东南亚、南亚以及波斯湾、阿拉伯半岛各国，直至东非今日之坦桑尼亚，共90多个国家，航期89天，这是当时世界上最长的远洋航线。故谓"四夷之与中国通者甚众"。毫无疑义，以"广州通海夷道"为主导的远洋航线，包揽了唐朝几乎全部的远洋交通，成为东西方经济文化交流的最大的动脉。

贾耽《皇华四达记》："广州东南海行二百里，至屯门山，乃帆风西行二日，至九州石。又南二日行，至象石。又西南三日行，至占不劳山，山在环王国东二百里海中。又南二日行至陵山。又一日行，至门毒国。又一日行，至古笪国。又半日行，至奔陀浪洲。又两日行，到军突弄山。又五日行，至海峡，蕃人谓之质，南北百里，北岸则罗越国，南岸则佛逝国。佛逝国东北行四五日，到呵陵国，南中洲之最大者。又西出峡三日，至葛葛僧祇国。在佛逝西北隅之别岛，国人多钞暴，乘舶者畏惮之。其北岸则个罗国，个罗西则哥谷罗国。又从葛葛僧祇四五日行，至胜邓洲。又西南五日行，至婆露国。又六日行，至婆国伽蓝洲。又北四日行，至狮子国，其北海岸距南天竺大峰百里。又西四日行，经没来国，南天竺之最南境。又西北经十余小国，至婆罗门西境。又西北二日行，至拔〔风日〕国。又十日行，经天竺西境小国五，至提〔风日〕国。其国有弥兰大河，一曰新头河，自北渤昆国来，西流至提〔风日〕国北入于海。又自提〔风日〕国二十日行，经小国二十余，至提罗卢和国，一曰罗和异国。国人于海中立华表，夜则置炬其上，使舶人夜行不迷。又西一日行，至乌剌国，乃大食国之弗利剌河，南入于海。小舟沂流二日，至末罗国，大食重镇也。又西北陆行千里，至茂门王所缚达城。自婆罗门南境，从没来国至乌剌国，皆缘海东岸行。至西岸之西，皆大食国。其西最南谓之三兰国。自三兰国正北二十日行，经小国十余，至殁国。又十日行，经小国六七，至萨伊瞿和竭国，当海西岸。又西六七日行，经小国六七，至殁巽国。又西北十日行，经小国十余，至拔离哥磨难国。又一日行，至乌剌国，与东岸路合。"

贞元八年（792），因外商多不来广州而往安南贸易，岭南藩帅李复请求往安南派遣市舶中使，以收其利；中书侍郎平章事陆贽上言辩其不可，其事乃寝。

柳宗元在《岭南节度飨军堂记》中称："唐制，岭南为五府，府部州以十数，其大小之戎，号令之用，则听命于节度使焉；其外大海多蛮夷，由流求、诃陵、西抵大夏、康居，环水而国以百数，则统于押蕃舶使焉。内外幅员万里，以执秩拱稽，时听教命；外之羁属数万里，以译言贽宝，岁帅贡职。合二使之重，以治于广州。"

贞元十四年（798），岭南节度使王虔休兼广州市舶使。《进岭南王馆市舶使院图表》："革划前蔽"整饬海阳旧馆，"诸蕃君长，远慕望风，宝舶荐臻，倍于恒数"。

元和八年（813），岭南节度使马总兼领押蕃舶使。同年，以福建管内官员为广州结好使。

元和十二年（817），国子祭酒孔戣拜御史大夫岭南节度等使，罢"下碇之税"及"阅货之燕"；海商死于吾地而有财产者，妻子来请，悉予之。

大和八年（834）八月二十三日敕文：当司应州郡死商，及波斯、蕃客资财货物等，谨具条流如后：

> 一、死商及外界人身死，应有资财货物等，检勘从前敕旨。内有父母、嫡妻、男、亲侄男、在室女，并合给付；如有在室姊妹，三分内给一分。
> 如无上亲族，所有钱物等，并合官收。
> 一、波斯及诸蕃人资财货物等，伏请依诸商客例，如有父母、嫡妻、男女、亲女、亲兄弟相随，并请给还。如无上件至亲，所有钱物等并请官收，更不牒本贯追勘亲族。

同年，文宗发布疾愈德音，告诫岭南、福建、淮南三镇帅臣，对海外客商宜"常加存问，除舶脚、收市、进奉外，任其往来，自为交易，不得重加率税"。严禁向外商索取货物，对"海商死于吾地而有财产者"，还要等待其妻儿等家属前来认领。

大中四年（850），广州都监李敬实兼市舶使，"蕃商大至，宝货盈衢，贡献，不怠，颇尽臣节；秩满朝觐，献奉之礼，光绝前后"。

咸通七年（866）春，日本高岳亲王（真如法亲王）获准前往天竺求法，南下广州；正月二十七日，率从僧贤真、宗睿等起航往天竺，至罗越国，不幸亡故。

咸通九年（868），静海节度使高骈发动民工，疏凿交、广水道，使两地"舟济安行，储饷毕给"。

乾符六年（879）正月，黄巢率农民军攻占广州，求为岭南节度使；朝议不许，左仆射于琮云："南海有市舶之利，岁贡珠玑；如令妖贼所有，国藏渐当废竭。"此次战乱给广州贸易造成巨大破坏，外国商民罹难者据称多达 12 万人。"据熟悉中国情形的人说，不计罹难的中国人在内，仅寄居城中经商的伊斯兰教徒、基督教徒、拜火教徒，就总共有十二万人被杀害了。""死亡人数之所以能知道得这样确凿，那是因为中国人按他们的人（头）课税的缘故。"一位于 9 世纪到广州的阿拉伯商人苏莱曼曾记述过："有人头税，根据表面的财富，每个男性必须交纳一定数量的税收，在中国的阿拉伯人或其他外国人，要按其动产交纳税收。"

马斯欧迪的《金草原》则做了如下描述：

> 谋反者（指黄巢）急忙进犯广州，连连发起猛攻，此市人口系由伊斯兰教徒、基督教徒、犹太人、波斯拜火教徒以及中国人组成。……占领省城，杀戮大批居民。伊斯兰教徒、基督教徒、犹太人以及波斯拜火教徒，在逃避刀兵中死于水火般的劫难者，计有 20 万之众。

为此，"从尸罗夫港（今伊朗巴斯港）到中国的船运也中断了"。外国商人唯有改在箇罗（今马来半岛吉打）与中国商人贸易。

唐末五代初，清海、静海节度使刘隐掌握了包括外贸管理和市舶之利等地方实权，为讨好朱温，进海外奇宝名药，品类甚多。

后梁太祖开平元年（907）五月，"进奇宝名药，品类甚多"；十月，"又进龙脑腰带，珍珠枕、玳瑁、香药"等；十一月，"进龙形通犀腰带、金托里裹含陵玳瑁百余副，香药珍巧甚多"。

开平四年（910）七月，"贡犀、玉、献舶上蔷薇水"。

乾化元年（911）十二月，"贡犀象奇珍及金银等，其估数千万"。

乾化元年（911），刘隐之弟刘䶮继承其官位，以岭南二使（清海、静海节度使）兼任广州市舶使；大力发展南海对外贸易，外贸日盛，"犀象、珠玉、翠玳、果布之富，甲于天下"。

在南汉国的王宫里，海商均可以当座上宾，"许群僚士庶、四海蕃商俱入内庭，各得瞻礼"。在南汉国内，中国人与外侨均可以通婚，连后主也纳了一位波斯女子入宫。

南汉高祖派大将梁克贞率舰队远征占城，"胁以兵威，载宝以还"，使"海外皆慑服"。

宋元

宋建隆五年（964），命内侍监李托至乳源云门寺迎僧人文偃真身入宫，"许群僚士庶，四海蕃商，俱入内廷，各得观瞻"。

后来，宋神宗在评价南汉国时，认为其"笼海商得法"，"内足自富，外足抗中国"。

建隆七年（965），后主尊南海神为昭明帝，庙为聪正宫，其衣饰以龙凤。

刘䶮把广州改名为"兴王府"，兴王府的江北片是连在一起的，北部子城，是宫殿园林区，南汉国皇宫所在；南部是商业区，西部是城外商业游览区，供外国侨民所居住。南汉宫殿，史载"凡数百，不可悉数"，大半在北部子城内；而到了中宗时，更"作离宫千余间，以便游猎"，一下子便把亚历山大港比下去了。如今，尚有数十座宫殿可以考证出来，这里就不一一列数了。仅引用一下古史的记载，看其奢华的程度：金铸宫顶，珍珠铺水渠……玉堂珠殿，"饰以金碧翠羽"；昭阳殿，"以金为仰阳，银为地面，桅楹榱桷亦皆饰之以银，殿下设水渠，浸以珍珠，又瑳水晶琥珀为日月，列于东西二楼之上"；南薰殿，"柱皆通透刻缕，础石各置炉燃香，故有气无形"。乃至后主时，"所居宫殿以珠、玳瑁饰之，……宫城左右离宫数十，游幸常至月余或旬日，以豪民为课户，供宴犒之费"。

至于园林，更数不胜数，人称将自然景观通过人工改造，从而形成大型的园林，广东此为一最。如南宫药洲，为今日西湖路至海珠广场一带，面积之大，可见一端，其利用天然河段，开500余丈，潴水成湖，湖中奇石兀立，千姿百态……花、石、湖、洲、桥并胜。

开宝四年（971），后主刘晟为了娱乐，居然"益得志、遣巨舰指挥使暨彦赟以兵和掠商人金帛，作离宫游猎"，自毁国纲，加上苛政酷刑，人心丧尽。二月，南汉主的几位宠臣纵火焚毁府库、宫殿。南汉主素服出降，潘美承制释之，宋军进入广州。六月，初置市舶司于广州，知州潘美、尹崇珂同兼市舶使，通判谢处砒兼市舶判官。

开宝五年（972）八月，知广州潘美、尹崇珂并兼岭南转运使，原转运使王明为副使，太子中允许九言为判官。

太平兴国二年（977）三月，禁买广南、占城、三佛齐、大食国、交州、泉州、两浙及诸番国所出香药、犀牙。同年，设置榷易局，出官库香药宝货，增价出售，许商人用金帛购买。

太平兴国七年（982）闰十二月，广南、漳泉等州船舶上继续禁榷香药等物。京师及其他地方，除玳瑁、牙犀、镔铁、鳖皮、珊瑚、玛瑙、乳香外，其他30多种药物不再禁榷。

太平兴国八年（983）十二月，自京师至广州传置卒每月增钱百文。

雍熙四年（987）五月，内侍八人，赍敕书、金帛分四纲往海南诸番国勾招进奉，博买香药、犀牙、珍珠、龙脑。每纲赍空名诏书三道。

淳化二年（991），始行十分抽二税制。除禁榷货外，其他货择良者只市其半，粗恶者不再官市。

至道元年（995）三月，内外文武官僚不得遣亲信出海贩鬻。六月，广州等地官员不得收买蕃商杂货及违禁物品。

咸平五年（1002）七月，改善交通条件，省自京至广南驿递军士及使臣6100余人。

咸平六年（1003）五月，知广州凌策献《外诸蕃地理图》。

景德元年（1004），蒲加心以"大食国蕃客"的身份到达广州。

景德四年（1007）三月，诏杭、明、广州市舶司运送犀象、珠玉到京，入内藏库；内藏库拣香者纳香药库。

大中祥符元年（1008），知广州马亮"敦谕"大食陀婆离、蒲含沙贡方物泰山下。

大中祥符二年（1009）十一月，广州番商大集，遣内侍赵信抚犒设。知州马亮等奉命订立《蕃商犯罪决罚条》。

大中祥符五年（1012）八月，遣使修葺广州南海神庙。

大中祥符七年（1014）七月，外国贡物至广州者，犀象、珠贝、拣香、异宝可运送京师；其余重物，存留广州，估价闻奏。私物一律收税。赐予所得，贸市杂物，可以免税。

天圣元年（1023）十一月以后，大食国使应取海路经广州至京师。

天圣六年（1028）七月以前，广州番舶稀少，仁宗下令广州地方官员派人安抚外商，希望他们多来广州贸易。

本州与转运司受命招诱安南。

景祐三年（1036）四月，广州海南蕃商不得多市田宅，与华人杂处。

皇祐四年（1052）五至七月间，侬智高部围攻广州达五十七日。七月，自京师至广州增置马送铺，令内侍一人提举。

皇祐中，海舶岁入象犀、珠玉、香药之类53万余。皇祐年间，广州城外坊郭户"蕃汉数万家"。

嘉祐年间（1056～1063），经略魏炎建海山楼在镇南门外，下即市舶亭。

熙宁二年（1069），神宗下诏要搞好海上贸易，不要光图眼前利益。并要求那些主持外贸的官员注意改进工作，进一步搞好海上贸易。同年，开始实行均输法，市舶上供物品改由发运司有偿调拨。

熙宁五年（1072），广州知州程师孟兴建广州西城，并命其东南为"航海"，三个南门，一个叫"朝宗"，其义自明，另两个叫"善利""阜财"，由此看得出他对外贸的重视，并视外贸为积聚财富的重要渠道。这次建西城，已是北宋第二次扩城了。这与前边提到的宋神宗有很大的关系，可见皇帝很在意"笼海"。八月"筑广州西城及修完旧城毕"，用钱20万贯，耗工158万。西城周围长13里余，高2丈4尺，共9门，环城都修筑了水濠，水均流入珠江，通过第二次扩建，广州也就有了东城、子城、西城三城，有城门16座，城墙逶迤连绵20里。城中，又同唐代一样，"蕃汉杂居"，各色人种触目皆是，中外奇珍异宝琳琅满目，中外商品的交易天天不绝。

熙宁九年（1076），市易法以设立市易务的形式推广到广州。当年七月以前，曾经有过将广州市舶司归入市易务的动议。同年，广州市舶司亏岁课20万缗。开放铜钱之禁，持续10余年。

程师孟请罢杭、明州市舶，远洋船舶皆隶广州市舶司。

熙宁十年（1077），广州市舶司收购乳香占全国乳香收购量的98%。熙宁中，大食国使辛押陀罗进钱银助修广州城，不许。

元丰三年（1080），朝廷以广州为试点，制定《广州市舶条》，此"市舶条"是中国最早的市舶管理条例。并以广东转运副使孙回提举广州市舶司，知广州不再兼领，同时向全国推广。

崇宁初，浙、闽、广三路各置提举市舶官，"三方唯广最盛"。

崇宁三年（1104），蕃商欲往他郡者，由市舶司给券放行，不得夹杂禁物、奸人。海舶欲至福建、两浙贩易者，广南舶司给防船兵仗。

大观元年（1107）三月，诏广南、福建、两浙复置市舶提举官。

大观以后，犀牙、紫矿之类皆变作细色，旧日一纲，分为32纲，多费官钱300余贯。

大观、政和年间（1107—1117），广州、泉南请建蕃学。

政和二年（1112）三月，曾鼎旦任广州蕃学教授。

政和四年（1114），朝廷进一步制定了"蕃商五世遗产法"，由此可见番商在广州人数之多，居住时间之长。当时，蕃人在广州是可以置产业、通婚姻的，官府不禁，百姓不奇，而且可以改为汉姓，甚至三代之内有为官的，还可以宋宗室通姓，这都在法律允许的范围之内。

政和七年（1117）七月，广东之民多用白巾，习夷风，有伤风化，令州县禁止。

宋代大兴水利，珠江三角洲则是最为受惠的地方。著名者，莫过于南顺（南海与顺德，其时顺德尚未立县）的桑园围。据《南海县志》称，桑园围是在1121—1125年间兴建的，当时宋朝的官府发动了西樵、九江、沙头、龙江、龙山数以万计的人进行全面修筑，"延袤数千丈"，也就是上十公里，后来更是"上自丰滘，下至狐里，以迄村竹，东绕龙江，上至三水，周数十里"，可见规模之大，执政者有何等气魄！正因为有大规模的水利工程，珠江三角洲农业生产量成倍增长，尤其是桑蚕业获得了长足发展，商品经济走在了全国的前列。

宣和七年（1125）三月，降给空名度牒，广南、福建路各五百道，两浙路三百道。

建炎元年（1127）十月，许商人赴行在纳钱，执据往闽广等市舶司取得舶货。

建炎四年（1130）二月，广州市舶库逐日收支宝货，钱物浩瀚。六月，诸路市舶司钱物，不许诸司擅自移用。

绍兴元年（1131），广南市舶司抽买到香品答成套，召人算请。阿拉伯商人向广州进口大象牙290株，大犀角35株，所售之价，每5万贯交易轻货输行在。

绍兴二十六年（1156），外商蒲晋、蒲延秀因经常支持广东的海外贸易，对繁荣市舶做出了贡献，被分别授予忠训郎和承信郎的官职，以资鼓励。

绍兴二十七年（1157）前后，广州"深贮充溢"。

乾道（1165～1173）初，福建、广南市舶贸易繁盛，"物货浩瀚"。

乾道七年（1171），广南运送粗色香药物货，每纲20000斤，加耗600斤，依旧支破水脚钱1662贯有余。

淳熙二年（1175），福建、广南市舶司粗细物货，并以50000斤为一全纲。

淳熙九年（1182），广、泉、明、秀州漏泄铜钱，坐其守臣。

淳熙十二年（1185），分拨榷货务乳香于诸路出卖，每纲10000贯，输送左藏南库。

嘉泰三年（1203）七月，颁布《庆元条法事类》。

开禧三年（1207），停止博买乳香。

嘉定十二年（1219），只许用绢帛、锦绮、瓷器等交易舶货，以防金银漏泄。

德祐元年（1275）五月，罢市舶分司，令通判任舶事。

元至元十六年（1279）十二月，广东招讨司达鲁花赤杨庭璧从广州起程出使俱蓝国。

至元十七年（1280），广州海港贼霍公明等，杀招讨马应麟，官军捕斩之。

至元十九年（1282），发淮、浙、福建、湖广军5000，海船百艘，战船250，命唆都为将，从广州出发征讨占城，广州建市舶亭。

至元二十年（1283）六月，定市舶抽分例，舶货精者取十之一，粗者十五之一。

至元二十一年（1284）以前，广东尚无市舶司。合剌普华（哈喇布哈）任广东转运盐使兼领诸蕃市舶。至元二十一年，始行官本官船法。

至元二十二年（1285），禁"商贾航海者"；正月，立市舶都转运司；六月，减商税，罢牙行，省市舶司入转运司；八月，罢禁海商。

至元二十三年（1286），再禁海商。八月，建立广州市舶司，以市舶司隶泉府司。后改广东转运市舶提举司为船课市舶提举司，隶广东宣慰司。印度半岛、苏门答腊岛、马来半岛的一些国家纷纷来广东进行贸易，与元朝建立友好关系。十一月，改广东转运市舶提举司为盐课市舶提举司，隶广东宣慰司。

至元二十四年（1287），始立行泉府司，专掌海运。

至元二十五年（1288）四月，从行泉府司沙不丁、乌马儿之请，正式设置市舶提举司。八月，禁止广州官民于乡村籴米，前往海外占城等国出卖。

至元二十六年（1289）正月，沙不丁上市舶司岁输珠400斤、金3400两。二月，自泉州至杭州立海站十五，站置船五艘、水军二百，专运番夷贡物及商贩奇货，且防御海道。闰十月，江西宣慰使胡颐孙援沙不丁例，请至元钞千锭为行泉府司，岁输珍异物为息。

至元二十八年（1291）八月，罢江西等处行泉府司、广州人匠提举司；罢泉州至杭州海中水站15所等。

至元二十九年（1292）正月，禁商贾私以金银航海。六月，以征爪哇，暂禁两浙、广东、福建商贾航海者，俟舟师已发后，从其便。九月，广东道宣慰司遣人以返国主所上金册诣京师。

至元三十年（1293）四月，颁行市舶法则。九月，立海北海南博易提举司，税依市舶司例。

至元三十一年（1294）十一月，罢海北海南市舶提举司。

元贞元年（1295）闰四月，禁止行省、行泉府司借抽分市舶物货之机，藏匿珍细。

元贞二年（1296），舶商不得携带金银出海贸易，出使海外者不得为商。

元成宗大德三年（1299）六月，申禁海商以人马兵仗往诸番贸易。

大德七年（1303），再"禁商下海"；二月，禁以金银丝线等物下番。

大德十一年（1307）十二月，收售宝货，暂且停罢。

至大元年（1308），复立泉府院，整治市舶司事；行泉院专以守宝货为任，禁人私献宝货。

至大二年（1309），罢行泉府院，以市舶提举司隶行省；禁止海舶兴贩金、银、铜钱、绵丝、布帛下海。

皇庆年间（1312—1313）以前，广东豪民濒海筑堰，停商舶以牟利。

元仁宗延祐元年（1314）以前，富民往诸蕃商贩，率获厚利，商者益众，中国物轻，着货反重。是年七月，广东、泉州、庆元复立市舶提举司，杭州依旧设立市舶库，知专市舶公事，直隶行省，颁行市舶法则。"仍禁人下蕃，官自发船贸易"，开下番市舶之禁。

延祐七年（1320）四月，罢市舶司，禁贾人下番。五月，遣使榷广东番货。

至治二年（1322）三月，复置市舶提举司于泉州、庆元、广东三路，禁子女、金银、丝绵下番。

至治三年（1323），听海商贸易，归征其税。

天历二年（1329）前后，任格任南行台御史，盛暑乘传诣广州，按问省臣盗海舶罪。廷议以广东海舶病民，命任格罢之，收舶货入官。

元统二年（1334）十一月，中书省官员奏请发两艘船下番，为皇后营利。

至正七年至八年（1347—1348），中世纪四大旅游家之一，摩洛哥人伊本·白图泰来游广州，称广州为世界大城之一，市场之优美，为其他世界大城所不能及。其造船业发达，可造1000人的远洋船舶，并可远航至印度半岛及波斯湾等地。

明前期

洪武元年（1368），《大明律》二月修成，颁行天下。规定：凡将牛、马、军需、铁货、铜钱、缎匹、绸绢、丝绵私出外境，货直属单位及下海者，杖一百；将人口、军器出境下海者，处绞刑。

洪武二年（1369），刚登基一年的明朝皇帝朱元璋，为宣耀明朝新政，命使臣刘叔勉出使西洋琐里，"以即位诏谕其国"。

改元朝的广东道为广东等处行中书省，治所广州。广东省自此得名。

洪武三年（1370）八月，命御史张敬之、福建行省都事沈秩出使渤泥国。在广州设置市舶司，与外国进行贡舶贸易，划定香山南部的浪白澳为外国商船停泊和贸易的港口。

洪武四年（1371）四月，朱元璋为了防止逃亡海上的张士诚、方国珍余部势力卷土重来，不准"片板下海"，下令禁止濒海民人出海贸易。罢三市舶司，禁止私人通商海外，对外贸易以朝贡的形式出现，叫"朝贡贸易"。

洪武十四年（1381），又重申禁止濒海居民不得私人通海外贸易。此后，洪武二十三年、洪武二十七年、洪武三十年，都有类似的禁令颁布。但是，私人海外贸易是不可能完全被禁止的。

洪武二十六年（1393），香山（今中山）三灶岛便发生居民吴进添所谓"通蕃"事件。而明朝另一种贸易形式——以走私为主的私人海外贸易，也就在这个时期形成了。

洪武三十一年（1398），朱元璋见一禁再禁不灵，又再下旨："严禁广东通番。"不准造双桅以上的大船前往国外做买卖，更不准造大船卖与外国人。甚至沿海采捕鱼虾，广东商人贩卖米谷，也都一律"不准"。

当海洋贸易只定位为"贡舶"后，民间私人出海贸易，在中方可说是被压下去了，可外方却不好办。于是，一种"朝贡—勘合"体制政策出现了，这无疑是一种有限的松动。本来，市舶司的职责，在明代只剩下维持明朝以中央大国的居高临下的姿态接受"万邦来朝"的"朝贡"，而后，作为回报，明朝的礼部则给外国的贡使以相当的"回赐"。而"松动"之处，则是允许随贡舶而来的外商，可在市舶司所在地，即"怀远驿"、海山楼下，或者在京师会同馆，进行一种变相的贸易——这便被叫作"朝贡—勘合"体制。

为此，外国贡舶来华，除开朝贡外，还应持有明朝礼部所颁发的被称为"勘合"的通行证，才可以捎带进行变相的贸易，而这，则被称为"勘合贸易"。

《大明会典》上很明白地记有：

> 凡勘合号簿，洪武十六年始给暹罗国，以后渐及诸国。每国勘合二百道号簿四扇。这里所说的"渐及诸国"是指：日本、占城、爪哇、满刺加、真腊、苏禄、柯支、渤泥、锡兰山、古里、苏门答刺、古麻刺等。这种勘合贸易除了由市舶司机构安排在市舶司港口（宁波、泉州、广州）小范围进行之外，主要安排在京师会同馆（接待各国贡使的宾馆）进行。
>
> 各处夷人朝贡领赏之后，许于会同馆开市三日或五日，惟朝鲜、琉球不拘期限。俱有客司出给告示，于馆门首张挂，禁戢收买史书及玄黄、紫皂、大花、西番莲缎匹，并一应违禁器物。各铺行人等将物入馆，两平交易，染作布绢等项立限交还。如赊买及故意拖延，骗勒夷人久候不得起程者，问罪，仍于馆前枷另一个月。若各夷故违，潜入人家交易者，私货入官，未给赏者量为递减。通行守边官员，不许曾经违犯夷人起送赴京。凡会同馆内外四邻军民人等代替夷人收买违禁货物者，问罪，枷号一个月，发边卫充军。

永乐元年（1403），重新恢复广州、泉州、宁波三市舶司的设置。但私人海外贸易仍然是被禁止的。

永乐三年（1405）六月，明成祖朱棣一改其曾宣布海禁之初衷，派遣太监郑和率士卒 27800 多人，乘 62 艘大船，带着金币、丝绸等礼品从苏州刘家港出发，经福建五虎门出海，经福州、泉州、厦门到广东南澳岛、大星尖（今惠东县东南小星山岛对面突出之海角）、独猪山（今海南岛万宁县东南之大洲岛），到七洲洋（南海七洲列岛），出访占城、爪哇、苏门答腊、锡兰山、古里（今印度尼西亚喀拉拉邦北岸的卡利库特，Calicut)、旧港（今巨港）等国家和地区，永乐五年七月回国，向惠帝复命。史称郑和第一次下西洋。同年，明政府设置浙江、福建和广东三个市舶司，管理对外通商。

永乐五年（1407）九月，郑和复受命"首从广东往占城"、暹罗、满剌加、渤泥、苏门答腊、锡兰山、柯钦、小葛兰（今印度南部西岸的奎隆）、古里、加异勒（今印度南部东岸的卡异尔镇）等国家和地区。郑和此次出使，带去大量丝绸、香炉、花瓶、烛台、灯盏、香盒、金莲花、香油、蜡烛、金一千钱、银五千钱等贵重物品，向当地佛寺布施。永乐七年（1409）夏，回国。是为郑和从广东出发的第二次下西洋。

永乐七年（1409）九月、十年（1412）十一月、十五年（1417）十二月、十九年（1421）正月，宣德六年（1431）六月，郑和又先后五次出使西洋，均经广东沿海岸港口之航线。郑和总计下西洋七次，历时28年，到达亚洲、非洲39个国家和地区，最远处到达南纬8°55′的麻林地（今坦桑尼亚的基尔瓦·基西瓦尼）。这是明初由郑和开辟的中国海上丝绸之路的最远航线。

正统年间（1436～1449），英宗朱祁钰命刑部申明：禁止"濒海居民私通外夷，贸易番货"。在此期间，明政府实施"朝贡贸易"的外贸政策，"凡外夷贡者，我朝皆设市舶司领之……许带方物，官设牙行与民贸易"。

明景泰元年（1450），广州设立了"怀远驿"。

《明史·食货志》：

> 永乐初，西洋剌泥国回回哈只、马哈没奇等来朝，附载胡椒与民互市，有司请征其税，帝曰："商税者，国家抑逐末之民，岂以为利？今夷人慕义远来，乃侵其利，所得几何，而亏辱大体多矣。"不听。三年，以诸番贡使益多，乃置驿于福建、浙江、广东三市舶司以馆之。福建曰来远。浙江曰安远。广东曰怀远。

广州十八甫设置了怀远驿，建有120间房屋，归属于市舶司，供外来蕃商居住。

弘治六年（1493），两广总督都御史向朝廷上奏疏，报告广东沿海地方多私通蕃舶，络绎不绝。

四、十三行时期

明中后期

弘治十一年（1498），葡萄牙人达·伽马绕过好望角，到达印度，从而发现了欧洲通往东方的新航线，同时葡萄牙殖民主义势力也开始向东方扩张。

正德四年（1509），暹罗船舶遭风暴漂流入广东海域，镇巡官按规定"以十抽三"，准其贸易。后广东一直保持"不拘年份，至即抽货"的惯例，准予外国商船至广东贸易。

正德十二年（1517），葡萄牙安特拉特的舰队冒充明王朝的藩属国满剌加，前来朝贡，要与中国建立正式的贸易关系。

正德十六年（1521），葡萄牙人在屯门被逐。

嘉靖元年（1522），因"争贡之役"，明廷"遂革福建、浙江二市舶司，惟存广东市舶司"贸易。于是，广东成为中国海上丝绸之路唯一合法的进出口港口。暹罗、占城、爪哇等东南亚诸国与中国贸易，"俱在广州，设市舶司领之"。

嘉靖二十年（1541），葡萄牙先后在宁波惨败，之后被驱逐，在漳州也无法站稳脚跟，最后仍回到了广东，在距澳门不远的浪白澳做贸易。

嘉靖三十二年（1553），葡萄牙人东来，借口船遇风暴，被水浸湿货物，欲借澳门晾晒货物。经广东海道副使允准，上岸晾晒货物，搭茅房居住。此为葡萄牙人进入澳门之始。因为葡萄牙人属非朝贡国，现在居然得以入居澳门做贸易，故明朝的朝贡贸易制度在广东已名存实亡。

嘉靖三十四年至四十五年（1555—1566），葡萄牙人以租居的澳门为中转港开辟广州—澳门—果阿—里斯本远洋航线，进行国际贸易。此航线从广州出发，经澳门出海，经印度洋到印度的果阿，然后航达葡萄牙的里斯本，全程长达11890海里。

嘉靖三十六年（1557）左右，"准贩东西洋"货物的"广州交易会"于广州海珠石每年举行两次，一次从一月开始，另一次从六月开始，每次持续时间为2个月，但因为经常延长，"两次长期的集市要花差不多半年时间"。1557年，澳门—广州二元中心确立。

法国人裴化行称：1555年，中葡间"商业的利益，是被原籍为广州、徽州、泉州三处的十三家商号垄断着"，这里徽州即指安徽，泉州可泛指福建。梁嘉彬"又寻到西班牙传教士的有关记载称，1556年葡人入市之初，有十三商馆（行）与之贸易，其中广人五行，泉人五行，徽人三行，共十三行等语"。所以，后来的《粤海关志》才有："国朝（指清朝）设关之初……令牙行主之，沿明之习，命曰十三行。"

隆庆元年（1567），明廷鉴于倭乱基本平定，同意福建巡抚涂泽民的提议，在福建漳州月港部分开放海禁，准许私人出海贸易。这一政策的改变，大大有利于广东海上丝绸之路的畅通。

隆庆三年（1569），卡内罗来澳门传教时，在澳门开设拉法医院（俗称白马行医院）。此是中国建立的第一所西医院。

万历三年（1575），开辟了广州—澳门—马尼拉—拉丁美洲航线。此航线的终点是墨西哥的阿卡普尔科（Aeapuleo）港和秘鲁的利马（Lima）港。这条航线，西方人称为"太平洋上的丝绸之路"。因为航行此航线多是西班牙制造的"大帆船"（Great ship），故又称"大帆船贸易之路"。

两位西班牙传教士从马尼拉来到广州，以"使节"的名义，要求通商。

万历七年（1579）七月二十二日，意大利人耶稣会士罗明坚（Michel Ruggieri）抵达澳门，1580—1582年，他随葡萄牙商人入广州参加定期市贸易（交易会），借此机会学讲中国话并与广东官员打交道。1582年5月，承总督陈瑞邀请到肇庆居住15天，31日返澳门。

万历十一年（1583），从广州经澳门出口到马尼拉的商品货物总值为22万西元（Pesos），其中丝货量值为19万西元，占86.3%。

万历十六年（1588）九月初，罗明坚、利玛窦（Matheo Ricci）乘船离开澳门，十日到达肇庆传教，九月十五日得两广总督批准，在崇禧塔附近无偿拨出地皮一块建造教堂和寓所，作为传教场所。并在教堂中内供奉圣母玛利亚画像，又在墙上挂一幅世界地图，周围陈列三棱镜、自鸣钟、日晷、洋装书、天鹅绒等欧洲器物，吸引不少肇庆民众参观。岭西按察司副使王泮亲笔提"仙花寺"三个大字的匾牌于教堂门前。

万历二十一年（1593），利玛窦在韶州（今韶关）和南雄将《四书》译为拉丁文寄回意大利出版。

万历二十八年（1600），广州经澳门出口的一艘葡萄牙商船运经果阿到欧洲的生丝达到1000担，各种绸缎1000～20001匹，还有大批丝线；运往长崎的白丝500～600担，各种丝线400～500担，各种绸缎1700～2000匹。

明万历二十九年（1601），荷兰商船也第一次驶来广州。

万历三十三年（1605），利玛窦将《乾坤体义》译为中文出版，向中国介绍地图和地理知识，说明"日球大于地球，地球大于月球"的科学知识。在利氏的影响下，李之藻著《浑盖通宪图说》一书，具体介绍"地圆""地动"理论，冲破中国传统的"天圆地方说"。

崇祯二年（1629），崇祯皇帝命礼部尚书徐光启为监督、李之藻为副监，组织耶稣会士邓玉涵、汤若望、南怀仁、熊三拔、蒋友仁、罗雅谷等在北京宣武门的"自善书院"成立"西局"，修改历书，于1633年完成，名为《崇祯历书》，又名《西洋新历法书》，共137卷，是一部天文学的百科全书。

崇祯晚期即1637—1638年，葡萄牙耶稣会士奥伐罗·塞默多，汉名曾德昭，在其著的《大中国志》中称：广州是"中国最开放和最自由的交易地点"，每年两度的年集，"中国大部分最好的商品都由此运往各地"。

天启六年（1626），金尼阁在韶州、南京传教期间，在中国学者王徵、吕维祺、韩云等人的帮助下著《西儒耳目资》，完成了汉字的拉丁拼音。他用5个元音（自鸣字母）和20个辅音（同鸣字母）互相结合配上5个声调记号，拼出汉字的读音，方便西方人学习中国语言文字。

万历十年至崇祯十三年（1582～1640），从墨西哥经菲律宾马尼拉再经澳门运入广东购买中国丝绸等货的白银达到2025万西元，占当时运入中国白银2924万西元的69.3%。

明崇祯八年（1635），英国东印度公司被葡萄牙人雇用的商船"伦敦号"装载货物，首次抵达中国，并在澳门停留了三个月。

崇祯十年（1637）八月，英国葛廷联会（一译科腾商团）威代尔引领整个舰队，强行驶入珠江，进犯广州。当英舰驶到虎门附近的亚娘鞋时，与中国军队发生冲突。英方派出三位代表到广州谈判通商事宜，不许。

清前中期

顺治四年（1647），清立国仅三年，便在广东实施海禁，不允许中国海商出海贸易，只允许外国"贡使"（大都有海商相随）"悉从正道，直达京师"。

顺治十二年（1655），清政府第一次向沿海各省颁布禁海令。

顺治十三年（1656），清政府第二次颁布禁海令。明确禁止浙、闽、粤及江南、山东、天津等地"商民船只私自出海"贸易，禁海范围扩大到几乎整个中国的海岸线。在广东，凡是"无号票引及私制二桅以上大船"出海贸易，均被禁止。

顺治十七年（1660），清政府下达迁海令，将山东、江苏、浙江、福建、广东沿海人民尽迁内地，距离海岸由二三十里直至二三百里不等，设界防守，片板不许下水，粒货不许越疆，广大沿海地区变成人为的"无人区"。

顺治十八年（1661），奄奄一息的顺治皇帝，又签署了"迁界令"，进一步推动了"禁海令"的执行。

康熙元年（1662），又颁布禁海令和迁海令。

康熙三年（1664）三月，朝廷又以"时以迁民窃出鱼盐，恐其仍通海舶"，再度下令，往内续迁30里，加上之前的50里，一共为80里，以至本非濒海的县份也被划在了里面，如广东的顺德、番禺、南海、海阳。

康熙四年（1665），再次颁布禁海令和迁海令。

康熙五年（1666）旨，荷兰国既准八年一贡，其二年贸易，永著停止。

法国组织东印度公司开展对华贸易，所派出的商船在中途遇到暴风雨沉没了。

康熙七年（1668）九月，病危的广东巡抚王来任在遗疏中请求朝廷"复界"，康熙八年（1669），闽、粤、浙、苏各省地方官纷纷上书要求废除迁海、禁海政策，实行开海贸易。清廷宣布广东等部分地区展界。

康熙九年（1670），澳葡当局派耶稣会士刘迪峨（Jecoques Le Favre）和使臣玛纳·撒尔达聂哈（Manuel de Saldanha）到达北京，向清政府请求对澳门免予迁界。

康熙十七年（1678），经德国传教士汤若望（Adam Schall Von Bell）从中多方斡旋，清政府终于批准澳门为"化外教门"的特殊地区，准予免迁，并开放澳门到广州的陆路贸易，澳门港市有所恢复。同年，清政府第五次颁布禁海令，规定如有"擅造两桅以上大船，将违禁货物出洋贩往番国"，以及"造成大船，图利卖与番国，或持大船赁与出洋之人，分取番人货物者"，皆交刑部治罪，企图用行政命令的方式禁绝沿海商民进行海外贸易。

康熙二十二年（1683），清朝统一台湾，为废除海禁创造了条件。英国东印度公司的商船"卡罗莱娜号"（Carolina）曾到大屿山贸易，在该地停泊达两月之久。这可能是英国人首次到达香港地区。

康熙二十三年（1684），清廷正式停止海禁，开海贸易。"沿明之习"，重立"十三行"便提到了议事日程上。

康熙二十四年（1685），广东巡抚发布了《分别住行货税》的文告。明确地把国内商业税收和海关税收分开，内地各省商人"如来广东省本地兴贩，一切落地货物分为住税，……赴税课司纳税；其外洋贩来货物，及出海贸易货物，分为行税……赴（海）关部纳税"。把经营国内商业的商人和从事国外贸易的商人严格划分开来，分别"设立金丝行、洋货行两项货店"。

清廷宣布广东的广州、江苏的松江、浙江的宁波、福建的厦门为对外贸易港口，设立粤海关、江海关、浙海关和闽海关4个海关，代替市舶司负责管理对外贸易和征收关税等事务。此为中国历史上正式建立海关之始。是年，粤海关首任监督设立。粤海关监督全称"钦命督理广东沿海等处贸易税务户部分司"，充任者多为内务府满员，是皇帝的直接代表，由皇帝简派。

康熙二十五年（1686），广东十三行设立。是年，为了加强对海外贸易的管理，保证关税的征收，广东巡抚李士桢会同两广总督和粤海关商定以广东巡抚的名义，用法令的形式发布文告，将从事国内沿海贸易的商人和从事对外进出口贸易商人的活动范围及性质分开，明确规定洋货行是专门经营对外进出口贸易的机构。于是，经营对外贸易成为一种专门行业。

康熙三十八年（1699），法国第一艘商船"安菲特立特号"初航来到广州。粤海关对法船应缴的关税给以豁免，以示优待，而且允许法国人在广州设立夷（商）馆。

康熙三十九年（1700），英商在定海设立商馆失败。此后，英国及其他欧洲国家将贸易重点逐渐转移到广州口岸。英国"麦士里菲尔德号"首航来到了广州。英国东印度公司在广州设立了商馆，成为"十三夷行"中的一员。

康熙四十三年（1704），皇太子失宠，"皇商"铩羽而去，退出十三行。

康熙四十六年（1707），清朝取消了顺治皇帝制定的不许民间私造双桅以及多桅海船的禁令。

康熙五十五年（1716），英国商人根据东印度公司的指令，在广州十三行租下了"夷馆"，正式开设了英国的商馆。

康熙五十六年（1717），颁发"南洋禁航令"，称："朕临御多年，每以汉人为难治"，"海外有吕宋、噶剌吧等处常留汉人，自明代以来有之，此即海贼之薮也"。

"南洋禁航令"明确宣布：

> 凡商船照旧东洋贸易外，其他，南洋吕宋、噶喇吧等处不准商船前往贸易，于南澳等地方截住。令广东、福建沿海一带水师各营巡查，违禁者严拿治罪。其外国夹板船照旧准来贸易，令地方文武官严加防范。

并规定出海贸易人员，三年之内准其回籍，三年不归，不准再回原籍。

康熙五十九年十一月二十六日（1720年12月25日），最著名的各位行商在祖坛前杀鸡啜血，举行隆重的仪典，共约盟誓，缔结公行行规十三条。这十三条是：

（1）华夷商民，同属食毛践土，应一体仰戴皇仁，誓图报称。
（2）为使公私利益界划清楚起见，爰立行规，共相遵守。
（3）华夷商民一视同仁，倘夷商得买贱卖贵，则行商必致亏折，且恐发生鱼目混珠之弊，故各行商应与夷商聚一堂，共同议价，其有单独行为者应受处罚。

（4）他处或他省商人来省与夷商交易时，本行应与之协订货价，俾卖价公道，有自行订定货价或暗中购入货物者罚。

（5）货价既经协议妥贴之后，货物应力求道地，有以劣货欺瞒夷商者应受处罚。

（6）为防止私贩起见，凡落货夷船时均须填册；有故意规避或手续不清者应受罚。

（7）手工业品如扇、漆器、刺绣、图画之类，得由普通家任意经营贩卖之。

（8）瓷器有待特别鉴定者（指古瓷），任何人得自行贩卖，但卖者无论赢亏，均须以卖价百分之三十纳交本行。

（9）绿茶净量应从实呈报，违者处罚。

（10）自夷船卸货及缔订货合同时，均须先期交款，以后并须余款交清，违者处罚。

（11）夷船欲专择某商交易时，该商得承受此船货物之一半，但其他一半归本行同仁摊分之；有独揽全船货物者处罚。

（12）行商对于公行负责最重及担任经费最大者，许其在外洋贸易占一全股，次者占半股，其余则占一股之四分之一。

（13）头等行，即占一全股者，凡五，二等者五，三等六；新入公行者，应纳银1000两作为公共开支经费，并列入三等行内。

雍正元年（1723），开始停止简派海关监督，将关务交给巡抚，由地方官监管。从此，粤海关管辖权一直在中央和地方官员之间更换。

雍正二年（1724），清朝规定到广东的西方商船一律到广州的黄埔港停泊，除商人外，水手等不得登岸。十月上谕，"海禁宁严毋宽，余无善策"。

雍正四年（1726）五月十一日，雍正题匾"神昭海表"四字。广东巡抚杨文乾为增加收入，决定按贸易总额再增加10%的附加税，名为"缴送"，此即"加一征收"政策。

雍正五年（1727），荷兰在广州设立商馆。

雍正宣布"开洋"。"应请复开洋禁，以惠商民。并令出洋之船，酌量带米回闽。实为便益。应如所请，令该督详立规条，严加防范，从之。"

雍正皇帝更严令广东将"缴官公费需索商人陋规银一万余两情由查出革除"，并将"规礼"额定为1950两——这比过去的3250两与2962两大大下降了。

雍正六年（1728），法国在广州正式设立商馆。广州、宁波分别设立了洋商总。

雍正九年（1731），丹麦在广州设立商馆。

雍正十年（1732），瑞典在广州设立商馆。"腓特烈国王号"初航至广州。海关监督祖秉圭"官渔商利，把持行市"，雍正大怒，上谕广东总督鄂弥达将祖秉圭捉拿归案。

从1716年（康熙年间）一开始，瓷器贸易便有记载。1728年，瓷器仍是仅次于茶叶的第二大商品；1732年，仅以"温德姆号"为例，丝织品购款为2898两银子，瓷器为2725两，茶叶为2330两，三者几乎平分秋色。后来亦各有起落，但到了乾隆末期，瓷器几乎已经完全退出了十三行的对外贸易了，因为欧洲已经逐步掌握了烧瓷的技术。

雍正十三年（1735），考虑到黄埔为广州外港，广州为省会之地，何得容他族逼近，清政府令外国船舶改泊澳门。该规定因遭到居澳葡人坚决抵制而未能实行。

乾隆元年（1736），乾隆帝下令，明确允许外国来粤商船可以停泊于黄埔，张廷玉、李绂等名臣上书，要求取消"加一征收"政策。

乾隆立即要求粤海关取消对西方商船的"加一征收"关税。

> 乃近来夷人所带之炮，听其安放船中，而于额税之外，将所携置货现银，别征加一之税，名曰"缴送"，亦与旧例不符。朕思从前洋船到广，既有起炮之例，此时仍当遵行，何得改易？至于加增"缴送"税银，尤非朕加惠远人之意。著该督查照旧例按数裁减，并将朕旨宣谕各夷人知之。所为"缴送"，即此"百分十"之税是也。

时任两广总督的杨永斌，特向乾隆呈报：皇上特旨裁减，仰见圣主怀柔德意无远，弗〔法〕国夷商仰休恩波，无不欢欣踊跃，叩首焚香，实出中心之感戴。

乾隆年间，平均每年到达中国的西洋船只大大超过了雍正年间。乾隆元年至六年（1736—1741），西方国家来广州船只共 76 艘，其中英船 29 艘，法船 16 艘，荷兰 15 艘，瑞典 9 艘，丹麦 7 艘。而乾隆十五年至二十一年（1750—1756）共 154 艘，年平均 22 艘，船只数量翻了一倍多。

乾隆二年（1737），根据水师提督苏明良和两广总督鄂弥达的建议，乾隆皇帝下旨免除西方商船进港后启动大炮交中方收贮的规定。

"哥德堡号"当年曾三次到过广州。第一次是 1739 年即乾隆四年，1 月至第二年的 6 月；第二次是 1741 年即乾隆六年，2 月至第二年的 7 月；第三次是 1743 年即乾隆八年，3 月至第二年 9 月，这次是灾难之旅，所以是最后一次。

乾隆五年（1740），荷兰殖民者推行排华政策，下令逮捕所谓失业和无证居留的华侨，7 月，更下令监禁所谓可疑华侨；10 月 19 日，又借口搜查华侨是否藏有武器，实施种族灭绝的大屠杀，被杀害华侨一万人以上，烧毁房屋 600 余间。由于杀人太多，鲜血把溪水都染红了，因此，历史上便把这称为"红溪惨案"。华侨不得不拿起武器，进行自卫，转战中爪哇，且与当地人民联合反抗，一直坚持到 1743 年。

乾隆七年（1742），清王朝为是否再度禁止海洋贸易展开了争议。

以广州将军策楞为一方，坚决认为一定要禁止南洋商贩所进行的贸易，否则后患无穷，大伤朝廷脸面。另一方以御史李清芳为首，提出："暂停各国买卖，南洋各道不宜尽禁，照旧听其贸易。"

乾隆皇帝没有偏信偏听，下旨："将禁止商贩于沿海贸易，商民生计有无关碍，一并交与闽、浙、东、广督抚逐一详查议奏。"

乾隆八年（1743），清政府规定外国商船来闽、粤等省贸易，如带米 1 万石以上，免船货税 5/10，带米 5000 石以上，免船货税 3/10。

两广总督庆复认为再度禁止海洋贸易"于商民衣食生计实有大碍"。朝议一番，便又再得出结论：还是得继续"开海贸易"。

乾隆十一年（1746），由于海上霸权的易手，西班牙一度吞并葡萄牙60年，而英国、荷兰更先后称雄于东南亚，葡萄牙国王竟然颁布了不许英、荷、法等国商人入住澳门，且在澳门贸易的禁令。

乾隆十五年（1750），复设海关监督，与总督共同管理海关。

乾隆十九年（1754），清朝政府下了令，今后，凡外船的船税、贡银、行商与通事的手续费，出口货税，朝廷搜罗的奇珍异品（即采办官用品物）之类的业务，统一由十三行的行商来负责。这一规定，正式确立了十三行的保商制度。

乾隆二十一年（1756），英国与其他国家为一方，爆发了著名的"七年战争"。英、法两国之间的战争主要发生在海上、北美、西印度群岛与印度。1761年，英国消灭了法国在印度的势力。1763年，双方签订的《巴黎和约》确保了英国在战争中获得的殖民地，从此以后，英国继葡萄牙、西班牙、荷兰之后，成为海上霸主。

一口通商时期

乾隆二十二年（1757），英国在印度发动了殖民战争——普拉西战役。十来年后，英国进一步占领了孟加拉，当时的孟加拉是鸦片的产地，英国人发现鸦片可以卖得大价钱，本小利大，奇货可居，能扭转对华贸易所造成的银圆逆差的被动局面。英属的印度殖民政府，更给予了英国东印度公司独占鸦片的专卖权。

十一月，清廷宣布封闭闽、浙、江三个海关，仅保留粤海关对外通商，指定外国商船只能在广州口岸进行贸易，并对丝绸、茶叶等传统产品的出口量严格加以限制。虽然在吕宋的西班牙商船继续被允许前往厦门贸易，但习惯上人们把这一年视为清代多口贸易时期的结束和广州"一口通商"之始。

乾隆二十四年（1758），英国东印度公司汉语翻译洪任辉（James Flint）不顾清朝禁令，乘船从浙江定海直驶天津大沽口，状告粤海关。乾隆皇帝认为，此案涉及外夷，有关国体，必须彻底追查，捍卫天朝典章。遂派人前往广州，会同两广总督共同审理。结果，将粤海关监督李永标革职流放，并进一步认可广州"一口通商"体制。

十三行商人顺德人黎光华，去世时欠下了进口税饷五万余两，不能完纳，洪任辉（James Flint）一告，乾隆皇帝则下令查抄变卖黎光华在广州与福建的家产，予以抵债，不足的数额由其他行商与地方上"按股匀还"，令各行商叫苦不迭。

是年年底，两广总督李侍尧提出《防范外夷规条》，经乾隆批准成为清朝全面管理外商来广州贸易的正式章程。该规条对外商在广州留住的时间、地点，与中国商人关系以及对外雇员的限制、对外国商船的防范监视等均做出严格规定。该条例的出台，使清廷控制外商制度法律化，同时也进一步强化了广州一口贸易的地位。

清政府向外商颁布了九条禁令：

（一）外洋战舰不得驶进虎门水道；（二）妇女不得带进夷馆，一切凶械火器亦不得携带来省；（三）公行不得欠外商债务；（四）外人不得雇用汉人婢仆；（五）

外人不得乘轿；（六）外人不得乘船游河；（七）外人不得直接向大府申诉，有需申诉者，亦必经行商转递；（八）在公行所有夷馆内寓居的外人，须受行商管束，购买货物须经行商之手，此后外人不得随时自由出入，以免与汉奸结交；（九）交易季节过后，外商不得在省过冬，即在通商贸易期间内，如货物购齐及已卖清，便须随同原船回国，否则，即使有因洋货一时难于变卖，未能收清原本，不得已留住粤东者，亦须前往澳门居住。

乾隆二十四年（1759），针对丝绸价格不断上涨的情况，清政府下令禁止丝绸出口，规定私贩绸缎、绵绢出洋者按照贩运丝斤例治罪。

乾隆二十五年（1760），当时已成气候的潘启官联合其他8家洋行商人，向清政府呈请重新组织"公行"。

乾隆二十七年（1762），正式宣布松弛丝绸出口的禁令，规定到东洋办铜商船，每船可配买土丝5000斤、二蚕湖丝3000斤。但仍禁止出口头蚕湖丝及绸绫缎匹。从此，丝绸出口一直按此规定执行。

乾隆三十四年（1769）八月十三日，法国政府宣布收回法国东印度公司的垄断贸易权，将贸易向全体法国人开放。经6年的清理、交流，该公司处理完了在广州贸易的最后事务，正式宣布结业。前法国东印度公司主任蒂英莱秉乘"雅姆号"离开广州回国。

乾隆三十五年（1770），公行又一次被撤销。"因各洋商潘振承等复行具禀，公办夷船，众志分歧，渐至推诿，于公无补。经前督臣李侍尧会同前监督臣德魁示禁，裁撤公行名目，众商皆分行各办。"

乾隆三十七年（1772），行商潘振承把西方使用的外商金融汇划结算的方法引入到同文行的经营运作之中，使资金迅速流转，安全兑现。

乾隆四十年（1775），公行又一次复兴。行商建立一种秘密基金（即后来英国东印度公司所称的"公所基金"，公所即行会，具体称公行），公所的每个成员都要把他贸易利润的十分之一交作基金，在必要时用来应付官吏的勒索。

粤海关重申保商制度不可更改与侵害，布告命令：

> 凡欧洲人的船只到埠时，通事必须将各项输入货品售给保商的组织，而保商即承保该船。他们必须从保商处购入回航货物：如去年的散装商船离埠时几乎是空船，不向保商而向小商店购货，而这种小商人不将他托交的税饷缴付，致令税收受损失。
>
> 现在勒令通事和行商必须向大班指明，如果他们的买卖不经保商，则禁止将任何物品带上岸，亦不准将船停泊黄埔，将被驱逐离境。
>
> 假如有任何船只在季度末期离开而没有向保商购妥全部舱货者，政府决定将行商及通事惩处。

乾隆四十二年（1777），英国东印度公司管理会一状告到了海关，称这一年有应收款74542两未到账，涉及6位十三行行商，其中丰进行行商倪宏文欠银11762两无法偿还，粤海关代还了 11216 两。乾隆皇帝又御笔一批，将倪宏文抄家革职，流放伊犁。这也是清宫档案又一个"第一"——第一个由皇帝亲自批准抄家革职流放的十三行商人。

乾隆四十六年（1781），英国东印度公司更取得了继续垄断对华贸易的特权。

乾隆四十七年（1782），英国瓦特发明了联动式蒸汽机，给英国的工业革命加速。

英国"嫩实兹号"第一次用军舰向中国倾销鸦片 4000 箱。一箱鸦片从印度运往中国，可以获得 6 倍多的利润，从一箱 25 印币长到 1500 印币。1775—1797 年，中国平均每年进口鸦片 1814 箱；1798—1799 年，平均每年为 4113 箱；1800 年，更达到 4570 箱。

1721—1800 年，中国白银流入 1.73 亿银圆，而在鸦片大规模倾销的 1808—1856 年，中国白银的流出大约为 3.68 亿银圆，是过去 80 年的两倍多。

乾隆四十八年（1783）冬，罗伯特·摩里斯（Robert Morris）和丹涅尔·巴驾（Danid Paker）等纽约商人，合资购置木制帆船，定名为"中国皇后号"（The Empress of China），装载大量花旗参，准备首航广州。

乾隆四十八年（1783）九月三日，英美签订了《巴黎条约》，英国正式承认美国独立。可英国立即又以美国已独立为由，宣布取消美国在英帝国范围内所享有的一切贸易优惠，禁止美国船只进入英国的主要海外市场。

乾隆四十九年（1784），行商在重重盘剥下，已经萎缩到只剩下四家。四月，海关颁布了招商事宜。力图恢复到 13 家。而后陆续进入十三行的，则有后来称之为八大家中的卢、伍、叶、梁、杨等五家。除了叶家是几进几出外，其余四家均为后起之秀。

二月二十二日，美国"中国皇后号"从纽约起航，绕过南非的好望角，跨越印度洋，八月二十三日到达澳门，再溯珠江而上，二十八日到达广州黄埔港，航程 1.3 万多英里。同年十二月二十八日，"中国皇后号"从广州黄埔港返航，次年五月十一日安抵纽约。"中国皇后号"是第一艘到达中国进行贸易的美国商船，也是中美直接贸易的开始。

1784—1790 年，来华贸易的美国船只达 28 艘。据估计，1790 年全美进口货物中，有 1/7 出自中国。在这之后约 40 年，美国开往广州与十三行交易的船只就达到了 1140 艘，平均每年有近 30 艘，仅次于英国，为解决美国建国初期的困厄起到了重大的作用。

乾隆五十一年（1786），美国驻广州第一任领事山茂召（Samuel Shaw）到达广州上任。

乾隆五十三年（1788）至嘉庆元年（1796），海关则任万和行蔡世文为总商，称之为"文官"。

乾隆五十四年（1789），美国船只"哥伦比亚号"和"华盛顿女士号"从波士顿港出发，沿南美洲最南端的合恩角，取道太平洋直达广州，开辟了美国至广州的太平洋航线。回程时横越印度洋，绕行好望角，于 1790 年 8 月回到波士顿。这是美国船只首次环球航行所开辟的航线，成为参与"北皮南运"贸易的美国船只所采用的典型路线。

乾隆五十七年（1792），粤海关改由监督专管，但督抚仍然负有稽查粤海关的行政责任。至此，粤海关官制最后确立。

西藏发生叛乱，朝廷出兵，于是向行商蔡世文、潘致祥、石中和、陈钧华、杨岑龚、任国钊、许永清、卢观恒、叶上林等人募捐30万两，另要盐商捐30万两，一共是60万两，充当朝廷的军饷。

乾隆五十八年（1793），英国使臣马戛尔尼（Macartney）访华，要求扩大中英贸易的口岸至天津、江浙等地，遭到乾隆皇帝的拒绝。使团向清政府提出了七项具体要求：

（一）开放宁波、舟山、天津、广州为贸易口岸；（二）允许英国商人仿照俄国在北京设一行栈，以收贮发卖货物；（三）允许英商在舟山附近一岛屿存货及居住；（四）允许选择广州城附近一地方作英商居留地，并允许澳门英商自由出入广东；（五）允许英国商船出入广州与澳门水道，并能减免货物课税；（六）允许广东及其他贸易港公布税率，不得随意乱收杂费；（七）允许英国教士到中国传教。

乾隆六十年（1795），粤海关监督舒玺亦奏报皇上：英王乔治进乾隆物品多件，由行商蔡世文代进。可没到一年，这位显赫一时的"总商"便吞鸦片自杀了。

嘉庆元年（1796），嘉庆帝下令禁止鸦片进口。

粤海关监督与最大的贸易伙伴英国东印度公司大班商定，把每一种商品的交易额分成20~30等份（其中毛织品22份），定出每份交易额须交纳的现金（1806年为每份3000~4000元），由各行商承揽。除总商可得两份或三份贸易额外，一般行商多为一份或半份。

嘉庆六年（1801），由于欧洲市场上的中国瓷器已经达到了一定数量，而且英、法、德、荷等国纷纷模仿中国著名瓷产品而发展起本国制瓷工业，对中国瓷器的进口不断减少，英国东印度公司最终停止对中国瓷器的进口。

嘉庆八年（1803），俄国"希望号"与"涅瓦号"首航中国广州，铩羽而归。

嘉庆十四年（1809），清王朝又规定公行必须保证他们所承保的每艘外国货船到达黄埔时没有装载鸦片。于是，鸦片贸易开始从黄埔向澳门转移。

英国公司以每年交纳海关10万两为条件，使澳葡当局允许英国船只每年运鸦片5000箱进入澳门。从此，澳门成为西方殖民国家向中国倾销鸦片的转运站，大量鸦片由澳门输入内地。

嘉庆十五年（1810），十三行行商创设了文澜书院，以振西关文风。……达百年之久。

嘉庆二十一年（1816），英国再度派出一个使团，由同一个勋爵即阿美士德所率领，他们曾偷偷到了宝安的区域，返回英国后，即向政府递交了一份报告，称：从各方面来看，无论出口入口，香港水陆环绕的地形，都是世界上无与伦比的良港。

嘉庆二十四年（1819），詹姆士·马地臣从广州向新南威尔士的杰克逊港（Port Jackson）开出了第一艘满载茶叶的商船"哈斯丁侯爵号（Austin）"。广州到大洋洲的航线由此开通。

道光元年（1821），清政府颁布《查禁鸦片烟条例》，再次下令查禁鸦片烟，并下令封锁黄埔和澳门，惩办一批勾结外国烟贩的行商和澳门的囤户，增加了广州附近地区鸦片走私的困难。于是，外国鸦片贩子退出澳门和黄埔，将鸦片贸易移往珠江口外的伶仃洋，并逐渐向闽粤交界的南澳海面和香港一带转移，南澳和香港洋面成为重要的鸦片走私基地。

道光二年（1822），十三行大火。11月1日晚上9时半，十三行附近一家饼店起火，火势迅速蔓延，几乎遍及整个十三行——这也如同一场大洪水，几乎无一家幸免，无论是行商的商馆，还是外商的夷馆。正如童谣中所唱："一夜有清光。"

道光二年（1822）壬午八月十八日晚，省城太平门外失火至二十日乃熄，延烧铺户一万余家，乡中在省城买卖者被灾甚众。

钱泳《履园丛话》中称："太平门外火灾，焚烧一万五千余户，洋行十一家，以及各洋夷馆与夷人货物，约计值银四千余万两。"汪鼎《雨韭盦笔记》则称："烧粤省十三行七昼夜，洋银镕入水沟，长至一二里，火熄结成一条，牢不可破。"

道光四年（1824），总督阮元奏请免除各国专运洋米来粤船只船钞，得到批准，黄埔、澳门年增输入大米10余万石。

道光六年（1826），制定《查禁官银出洋及私货入口章程》七条。内中有一条，明确委派十三行行商们对夷商有无夹带鸦片严加监督，如有失职，自逃不了干系。

道光八年（1828），贸易平衡转而对中国不利，白银开始大量外流，数量不断增加。有人估计，1827～1849年白银的出口可能占到以前125年中流入中国的西班牙银圆总量的半数，与货币供应大增的18世纪正好形成鲜明对比。

道光十三年（1833），英国东印度公司因其对华贸易的专利到期而被撤销。

道光十六年（1836），英国议会决议来粤贸易的商船寄碇于香港。

道光十九年（1839），林则徐在广州禁烟。6月3日，林则徐主持了震惊世界的虎门销烟。虎门销烟历时共21天，销毁的鸦片一共有19179箱、2119袋。除包装外，其重量为2376254斤。

义律重金雇用一艘武装商船。8月31日，"窝拉疑号"抵达香港海面。10月1日至3日，英国国会以微弱多数通过了侵华的军事预算案。

道光二十年（1840），鸦片战争爆发。

道光二十二年（1842），中英《南京条约》在南京城下签订。广州十三行独揽外国贸易的制度宣告结束。

道光二十三年（1843）春天，钦差大臣、广东官府传集怡和行行商伍绍荣等，要求追索300万元，限全体行商6个月内全数交清。这次赔款，怡和行被勒缴100万元，行商公所认缴134万元，其他行商摊派66万元。在鸦片战争赔款中，广东承担量竟然达70%之多。

英国要求港英当局停止将鸦片船赶出香港水域的一切措施。是年，大英轮船公司在香港设立分公司。

道光二十五年（1845）8月13日，大英轮船公司第一艘轮船"玛利伍德夫人号"远航抵港。从此，每月都有快班船从南安普顿（Southampton）到达香港，并逐步深入广州。

1840—1860年输入中国的鸦片估计消费数量达91900多箱，较战前的1800～1839年40年内（估计消费数量为515000多箱）几乎增长了一倍左右。

道光二十七年（1847），加利福尼亚发现金矿，"苦力贸易"兴起，广东华工大批移民美国。

澳门的葡萄牙总督亚马勒因作恶多端，被老百姓处死。粤督徐广缙，一方面认为亚马勒"妄作横行，固有取死之道"，另一方面仍认为，"事关外夷"，非同小可，竟然捕杀了惩罚亚马勒的全部老百姓。

英国德庇时率士兵900人，乘三艘武装汽船攻陷了虎门要塞，钉塞了827门大炮炮口，突入珠江内河，在十三行附近停泊，登陆占领安澜桥一带，要求租借行商住宅区附近的洲头咀建货仓，立租界。耆英答应让英人两年后即1849年入城，即清廷于1849年4月6日后，须开放广州城。

耆英还默许即时可占领洲头咀，英军更派出测量队，北起漱珠桥，经伍家祠南上下龙田，西起洲头咀行丈量，插旗划界。

这对于当时一直住在那里的潘、伍、谭、罗等行商来说，无疑是一种挑衅。潘正炜拍案而起，迅速联合河南（今海珠区）四十八乡百姓，部署策划，是年5月20日渡江，于英商馆前示威，更得到壮勇十余万人声援。英领事当了缩头乌龟，不敢露面。几经交涉，英方感到，民情可畏，不得不中止测量。英公使在《复河南潘族父老书》中更做出了让步，放弃河南租地要求，之后10年，英军亦未敢贸然进城。

道光二十九年（1849），清廷承诺于4月6日，对英人开放广州城。潘家联合许祥光等团练，并负责筹办团练经费，严阵以待。已率兵船闯入珠江，试图进广州城的香港总督文翰，最终没敢轻举妄动。徐广缙只能顺乎民意，不得不拒绝了英人入城的要求。

咸丰元年（1851），澳大利亚发现金矿，淘金浪潮高涨，又极大地刺激了"苦力贸易"的发展。

咸丰六年（1856），以"亚罗号"事件为借口，英军发动战争。10月23日，英军舰队越过虎门，攻占猎德、鱼岗炮台，战争正式开始。24日，广州河南凤凰岗炮台被轰毁。至25日，海珠炮台等沿江炮台均被攻占。27日，英军开始炮击广州城，并于29日一度攻入广州外城。第二次鸦片战争就此爆发。

咸丰七年（1857）1月12日，英军从西濠登陆，放火烧掉了中方的十三行商馆区东西沿江一带的商行与数千民房，作为对约1个月前广州民众烧毁十三行外国商馆的报复。

十三行最终从广州的地面上被抹去了。

五、后十三行时期

晚清

咸丰十年（1860），汕头开埠，潮汕地区的经济交通运输进入全面发展时期。

咸丰十一年（1861），两广总督劳崇光与英国领事哈里·珀克斯签订《沙面租约协定》。

同治二年（1863），怡和、宝顺洋行在广州开设保险。原十三行伍氏家族参与投资。美国内战期间，林肯总统为了打通东西部，决定建造一条连接太平洋和大西洋的铁路。十三行伍氏家族参与投资。

同治三年（1864），英国驻广州领事馆利用赔款成立"广州花园基金"，负责沙面的绿化管理。

同治六年（1867），香港和旧金山开辟定期航班，客货兼运。1870年以后，太古、怡和、旗昌三家合办马尼拉到香港的定期航班。

同治七年（1868），从这一年开始，外国教会在沙基一带开设学校上十所，知名的有真光书院、培英书院、培道女子中学、格致书院等。

同治八年（1869），苏伊士运河通航，东西海上交通航线大大缩短，国际商业交通发生巨大的变化。英国和其他国家开辟来港航线，香港进一步确立了其贸易中转港的地位。

同治九年（1870），外国洋行、银行纷纷迁入沙面。英国有怡和、宝顺等洋行7家；美国有旗昌、琼记2家；德国、法国亦有一两家。

同治年间，即19世纪60年代，较早来到上海的一批外商洋行在经营贸易的同时兼营房地产业，如英商番汉公司、汇利洋行、汇广公司、德罗洋行、法商法华公司等。由十三行行商演变为民族资本家的徐润、谭同兴及叶澄衷、周莲堂等人在办实业中发了财，也投资房地产业。上海城市早期的房地产业与建筑业结合，"建筑房地产"成了当年的热门行业。

光绪六年（1880），闻名西欧的意大利邮轮公司开辟至香港的航线。

光绪七年（1881），太古洋行在沙面开设广州分行。

加拿大昌兴轮船公司的轮船开始航行于香港、日本和温哥华之间。同年，太古、怡和协议开辟中澳航线，定期航行于福州、香港、马尼拉和澳洲各港口。

光绪十一年（1885），北德意志路易公司成立，在香港设立特别船督机构。翌年该公司的轮船开始航行于德国、英国、西班牙、意大利、新加坡、中国香港、日本等地。

光绪十四年（1888），沙面酒店、维多利亚酒店开业。

光绪十六年（1890），沙面法国驻广州领事馆竣工。

光绪二十年（1894），美国美孚火油公司在沙面开办分公司。

光绪三十年（1904），康有为访问瑞典，著《瑞典游记》。同年侨商张煜亮和张耀亮兄弟开始兴筑潮汕铁路，这是中国商办铁路之始，也是华侨筹资修筑的第一条铁路。

光绪三十二年（1906），亚细亚火油公司在广州沙面开办分公司。

民国

1913年，法国实业银行在沙面开办广州支行。

1919年7月至1920年2月，广东军政府外交部部长伍廷芳经与粤海关总税务司安格联交涉，分6次共得到"关余"300余万两。但后因军政府总裁之间的矛盾表面化，北京外交使团以南方政府分裂为借口，停拨"关余"。

1923年12月1日，孙中山令外交部部长伍朝枢向北京外交使团要求截留粤海关"关余"。12月3日，北京外交使团致电广州政府，以强硬态度反对截留"关余"，并出动军舰到黄埔港进行恫吓。12月24日，孙中山发表关于海关问题宣言，抗议列强干涉中国内政。12月30日，粤海关税务司拒绝孙中山截留"关余"的要求。

1924年4月1日，列强被迫同意将粤海关"关余"拨付给广东革命政府。10月17日，孙中山任命罗桂芳为粤海关监督，令其接收粤海关，但被列强武力阻止。

1925年6月23日，省港大罢工爆发，发生"沙基惨案"。

1926年1月19日，潮海关监督奉广东国民政府令，将该关50里内常关各口归洋关代管处，一律收回自办，并顶住了外国驻汕领团及潮海关税务司的强硬压力。2月22日，粤海关英人税务司贝尔借口省港罢工工人纠察队扣留未经查验之货艇，下令封闭粤海关。经省港罢工委员会斗争后，于当月26日启关验货。7月15日，广东国民政府与港英当局代表开始就解决省港罢工及抵制英货问题进行谈判。10月4日，广东国民政府宣布恢复港澳交通，停止罢工。同日，又通过《征收出产运销物品暂行内地税条例》，在海关、各常关口卡或其附近征收之。10月10日，广东国民政府取消对香港的经济封锁，翌日起外征暂行内地税，并设内地税局于粤海关附近。各列强被迫接受这一事实，以作为结束省港大罢工的条件。此举在全国首开先例，初步打破了不平等的旧关税制度。

1930年6月，唐家湾经国民政府核准开辟为无税港，定名为中山港。7月23日，粤海关正式宣布中山港为无税口岸。

1931年，国民政府裁撤厘金和常关后，出口货多经由广州、九龙等处输出，拱北海关出口业务大受影响。6月10日，广东国民政府财政部宣布自动收回粤海关。自是日起，粤海关税收悉数解交国民政府。9月24日，广东人民因日本发动九一八事变，开展轰轰烈烈的抗日抵货运动。是年，为广东近代蚕丝业发展史的转折点，自上年出口近6.9万包的高峰后，很快便直落而下，其惨状"竟破数十年未有之成例"。全省丝厂难维持开工者约180家，1933年降为68家，1934年降至21家。至此生产和外贸形势逆转。

1934年，沙面租界外国驻广州领事馆达13个。

1935年，海关总税务司在九龙成立"华南缉私舰队总部"，统一部署华南地区的海上缉私工作。

1935年，广东省政府正式成立"各界开辟黄埔商埠促进会"，海关总税务司署也筹设独立的"黄埔海关"。但黄埔筑港计划后因日本军队入侵而被迫中断。是年，广东省政府会议通过并施行统制外贸办法。

1939年2月4日，日军宣布封锁珠江，并限制广州汇兑。6月，粤东重镇汕头失陷，该埠的进出口贸易显著下降。

1940年，日本独霸华南航道，英轮大受打击。另因中山、澳门交通阻塞，影响港澳交通。4月20日，日本宣布局部开放珠江，准许省港、省澳间航行，随后已关闭年余的粤海关亦开关恢复征税，但完全被日本籍税务司所控制。5月，日军占据拱北海关各支关，该关停止征税。自广州、江门、中山等地被占后，澳门"即变成沦陷区与后方交换物资之最大中心区"。

1941年12月8日，太平洋战争，日军占领沙面。

1945年8月15日，日本宣布无条件投降，抗日战争胜利结束。8月18日，签订《中法交收广州湾租借地专约》。9月，国民政府接收广州湾后，改称湛江市。

1946年9月26日，珠江水利局成立黄埔开埠督办公署，统理筹划有关事宜。11月4日，《中美友好通商航海条约》签订。此后，美国扩大在广东的"工商业务"。

中华人民共和国时期

1949年10月14日，广州解放。

1957年4月，首届广交会于广州成功举办，往后每年春秋各举办一次。

1997年，中国中央政府对香港恢复行使主权，一雪一个多世纪的耻辱。

1999年，中国中央政府对澳门恢复行使主权，一雪几百年的耻辱。

2010年，中国成为世界贸易出口第一大国。

2013年，中国对外贸易总额达到了4.16万亿美元，超过美国的3.91万亿美元，稳居世界第一大对外贸易国。与中国有贸易来往的国家（地区）更是达到了200多个，已远超过十三行时期。

"一带一路"倡议开始实施。广东成为"海上丝绸之路"的重点区域，海上丝绸之路揭开新的伟大篇章。

参考文献

典籍

班固. 汉书 [M]. 长春：吉林人民出版社，1998.

仇巨川. 羊城古钞 [M]. 广州：广东人民出版社，1993.

范端昂. 粤中见闻 [M]. 汤志岳，点校，注释. 广州：广东高等教育出版社，1988.

费正清. 剑桥中国晚清史 [M]. 北京：中国社会科学出版社，2007.

屈大均. 广东新语 [M]. 北京：中华书局，1985.

诗经 [M]. 陈节，注释. 广州：花城出版社，2002.

司马迁. 史记 [M]. 北京：中华书局，1982.

王之春. 国朝柔远记 [M].

魏源. 海国图志 [M].

魏徵. 隋书 [M]. 长春：吉林人民出版社，1998.

吴绮，等. 清代广东笔记五种 [M]. 林子雄，点校. 广州：广东人民出版社，2006.

夏琳. 闽海纪要 [M].

徐珂. 清稗类钞 [M].

朱熹. 四书集注 [M]. 陈戍国，标点. 长沙：岳麓书社，2004.

论著

Cordier, Henri, Les Marchands Henists de Canton, *Toung Pao*, Serie Ⅱ, Vol. Ⅲ, 1902（亨利·科地亚. 广州的行商. 通报. 1902.）

安妮·怀特. 广州行商 [Z]. 宾夕法尼亚：宾夕法尼亚大学，1967.

巴素. 亚洲商人和西方贸易，加尔各答和广州的比较研究，1800－1840 [D]. 加利福尼亚：加利福尼亚大学，1975.

陈国栋. 十三行行商的破产 [Z]. 台北：1990.

福琼. 前往茶叶国度中国的旅程. 伦敦：1852.

格兰特. 丽泉行的失败 [Z]. 美国海王星，1988.

格兰特. 美国法庭上的行商诉讼案 [Z]. 波士顿：1988.

格里高利. 中国贸易，与远东有关的早期绘画展览图录. 伦敦：1985.

郭德炎. 广州、香港和澳门的巴斯商人研究 [J]. 澳门：文化杂志，2003.

韩书瑞，罗友枝. 十八世纪中国社会 [M]. 陈仲丹，译. 南京：江苏人民出版社，2008.

洪三泰，谭元亨，戴胜德. 开海：海上丝绸之路 2000 年 [M]. 广州：广东旅游出版社，2001.

洪三泰，谭元亨，戴胜德．千年国门：广州，3000年不衰的古港［M］．广州：广东旅游出版社，2001．

黄启臣，梁承邺．广东十三行之一：梁经国天宝行史迹［M］．广州：广东高等教育出版社，2003．

黄启臣．广东商帮［M］．合肥：黄山书社，2007．

考迪埃．广州行商通报［J］．1902（3）．

李国荣，林伟森．清代广州十三行纪略［M］．广州：广东人民出版社，2006．

梁嘉彬．广东十三行考［M］．广州：广东人民出版社，1999．

梁廷枏．粤海关志［M］．袁钟仁，点校．广州：广东人民出版社，2002．

林满红．银线：19世纪的世界与中国［M］．南京：江苏人民出版社，2011．

刘正刚．话说粤商［M］．北京：中华工商联合出版社，2007．

马士．东印度公司对华贸易编年史［M］．中国海关史研究中心，组译．区宗华，译．广州：中山大学出版社，1991．

马士．广州公行［Z］．伦敦：1909．

梅辉立（William Frederick Mayers）：中国与日本的通商口岸，The Treaty parts of China and Japan［Z］．

潘刚儿，黄启臣，陈国栋．广州十三行之一：潘同文（孚）行［M］．广州：华南理工大学出版社，2006．

苏萨．港脚贸易和中国铝［J］．文化杂志：国际版．2004（11）：136－153．

覃波，李炳．帝国商行：广州十三行［M］．李国荣，主编．北京：九州出版社，2007．

覃波．清宫广州十三行档案的珍贵价值［J］．历史档案，2003（4）．

谭元亨．国门十三行：从开放到限关的逆转［M］．广州：华南理工大学出版社，2011．

谭元亨．海上丝绸之路星座：广州十三行［M］．广州：广东经济出版社，2015．

谭元亨．十三行新论［M］．香港：中国评论学术出版社，2009．

歇尔博格．瑞典东印度公司（1731～1813）：茶叶、瓷器与丝绸［Z］．马尔默：1974．

叶显恩．世界商业扩张时代的广州贸易（1750－1840年）［J］．广东社会科学，2005（2）．

伊格里斯．广州的中国保商和他们债务［Z］．伦敦，1838．

约克．瓷器和荷兰对华贸易．海牙：1982．

张荣洋．官员和十三行商人［Z］．伦敦：1979．

张荣洋．广州十三行行商［Z］．哥本哈根：1997．

中国第一历史档案馆，广州市荔湾区人民政府．清宫广州十三行档案精选［G］．广州：广东经济出版社，2002．

中荔．十三行［M］．广州：广东人民出版社，2004．

朱小丹．中瑞海上贸易的门户［M］．广州：广州出版社，2002．

航行

埃克伯格. 1770-1771年前往东印度的航行. 斯德哥尔摩：1970.
包乐史. 广州、长崎与巴达维亚，以及美国人的到来 [Z]. 哈佛大学，剑桥：2008.
贝尔切. Suiphur号船的环球航行 [Z]. 伦敦：1843.
贝纳德. 1840-1843年，Nemesis号的航行 [Z]. 伦敦：1844.
伯卡斯特. 前往中国的航行 [Z]. 伦敦：1851.
伯耶. 丹麦Doronningen号船前往中国的航行记 [Z]. 哥本哈根：1745.
布雷林. 往返东印度、南美和欧洲的航行，1755～1757 [Z]. 斯德哥尔摩：1973.
布鲁金. 17、18世纪荷兰－亚洲的船运业 [Z]. 海牙：1987.
程存洁. 250年前普鲁士商船首航广州 [N]. 广州日报, 2003-08-07 (8).
范岱克. 中国贸易再研究：基于18世纪50到70年代的荷兰和瑞典档案的考察 [Z] // 王赓武. 转折时期的海洋中国, 1750-1850. 2004：151-167.
福士德. 前往中国和东印度的航行 [Z]. 伦敦：1771.
格拉曼. 丹麦亚洲公司, 1732-1833 [Z]. 斯堪的纳维亚经济史评论, 1960.
格拉曼. 荷兰－亚洲贸易, 1620-1740 [Z]. 海牙：1958.
格林堡. 鸦片战争前的中英通商史 [Z]. 剑桥：剑桥大学：1951.
郭士力. 1831～1833年在中国沿海的三次航行 [Z]. 伦敦：1834.
汉玛. 瑞典东印度公司的船只和舰队 [Z]. 哥德堡：1931.
黄启臣. 黄启臣文集：三：明清经济及中外关系 [M]. 香港：香港天马图书有限公司, 2003. 贾玛拉斯. 中国－葡萄牙关系史 [Z]. 里斯本：1996.
克里门森. 中国和丹麦, 1600-1950 [Z]. 哥本哈根：1980.
克里斯曼. 美国人和中国贸易, 1784～1844 [Z]. 华盛顿：1984.
孔配特. 中国贸易, 1600-1860 [Z]. 布林顿：1986.
昆西. 美国首任驻广州领事山茂召船长的航行记 [Z]. 波士顿：1847；1970.
拉齐. 丹麦亚洲公司的辉煌时期, 1772-1792 [Z]. 哥本哈根：1948.
理查德. 美国对华贸易, 1784-1814年 [Z]. 美国海王星, (54), 1994.
马德罗尔. 法国船只首航中国记 [Z]. 巴黎：1901.
马士. 中华帝国对外关系史 [M]. 张汇文, 姚会廙, 杨志信, 等译. 上海：上海书店出版社, 2000.
莫雷尔船长. 前往南半球、太平洋、中国海等海域的四次航行记, 1822-1831年 [Z]. 纽约：1832.
穆素洁. 全球扩张时代中国海上贸易的新网络 (1750-1850) [J]. 广东社会科学, 2001 (6).
沙勒. 1804年往返于中国和美国西北海岸线的航行日记 [Z]. 费城：1808；加利福尼亚：1935.
万宁. 法国人在亚洲的贸易, 1719-1748 [Z]. 1996.
姚汉森. 对华贸易的黄金时代 [Z]. 香港：1992.
约翰·美尔斯. 1788～1789年从中国到美国西北海岸的航行记 [Z]. 伦敦：1790；阿姆

斯特丹：1967.

张荣洋. 顺官的时代，1720－1759［Z］. 伦敦：1991.

章文钦. 广东十三行与早期中西关系［M］. 广州：广东经济出版社，2009.

中国和丹麦，从1674年开始的关系史［Z］. 哥本哈根：2001.

回忆

德米尼. 查尔斯·康士坦回忆录和对华贸易［Z］. 巴黎：1964.

福士. 对中国和中国贸易的评论［Z］. 波士顿：1844.

福士. 个人回忆录［Z］. 伦敦：1974.

亨特. 广州"番鬼"录［M］. 冯树铁，译. 广州：广东人民出版社. 1993.

亨特. 旧中国杂记［M］. 沈正邦，译. 广州：广东人民出版社. 1992. 谭元亨，海国商道：来自十三行后裔的历史报告［M］. 北京：人民出版社，2014.

伊里斯. 赴华大使出使记［Z］. 费城：1840.

中国来信：1833－1840年罗伯特·本涅特·福士的广州－波士顿通信［Z］.

东印度公司

Paul Hallberg and Christian Koninckx. A Passage to China, Colin Campbell's Diary of the First Swedish East India Company Expedition to Canton, 1732－33 ［Z］. Royal Society of Arts and Sciences, Goteborg.

德米尼. 18世纪广州商务. 巴黎：1964.

法林顿. 贸易地点：东印度公司和亚洲，1600－1834［Z］. 伦敦：2002.

范岱克. 广州贸易：中国沿海的生活和产业，1700－1845［Z］. 香港：2005.

格兰特. 波士顿的商人、律师和中国贸易. 波士顿：1979.

格林堡. 鸦片战争前中英通商史［M］. 康成，译. 北京：商务印书馆，1961.

豪德里尔. 18世纪法国印度公司［Z］. 巴黎：2005.

赫尔斯滕. 瑞典东印度公司研究［Z］.［出版地不详］：1860.

加斯特拉. 荷兰东印度公司：扩张与衰落［Z］. 祖特芬：2003.

可兰. 最后的法国印度公司［Z］. 巴黎：1942.

克宁克斯. 瑞典东印度公司第一、二次特许权时期，1731～1766［Z］. 比利时×市：1980.

勒·皮琼. 中国贸易和帝国：怡和洋行和英国在香港统治的开始，1827－1843［Z］. 牛津：牛津大学，2006.

罗伯特·马丁. 关于中国的政治、商业和社会的报告. 2卷本，伦敦：1847.

奈斯特. 瑞典东印度公司［Z］. 哥德堡：1883.

泰凡尼. 广州中国人，或美国游客在中央帝国［Z］. 波士顿：1849.

卫斯韩. 广州体制的形成时期，1740－1771［Z］. 台北：1966. 歇尔博格. 瑞典东印度公司（1731～1813）茶叶、瓷器与丝绸［Z］. 马尔默：1974.

宗教、文化与民俗

曾昭璇. 岭南史地与民俗 [M]. 广州：广东人民出版社，1994.

丁长福，李福泰，何若瑶. 宣统番禺县续志：人物二 [M]. 广州：广东人民出版社，2003.

冯天瑜，何晓明，周积明. 中华文化史 [M]. 上海：上海人民出版社，2005.

弗洛伊德. 图腾与禁忌 [M]. 赵立玮，译. 上海：上海人民出版社，2005.

龚伯洪. 广府文化源流 [M]. 广州：广东高等教育出版社，1999.

管林. 广东历史人物辞典 [M]. 广州：广东高等教育出版社，2001. 广州市海珠区志编辑室. 海上明珠集 [M]. 广州：广州海珠区人民政府，编印. 1990.

郭盛晖. 广东人的商业特征及其地理学分析 [J]. 中山大学学报论丛，2005（2）.

何惠群. 岭南即事 [M]. 光绪二十七年（1901）刊本.

何启光. 广东民俗研究初探 [J]. 广东社会科学，1988（3）.

黑格尔. 精神现象学：下卷 [M]. 贺麟，王玖兴，译. 北京：商务印书馆，1997.

姜又春. 传统商镇的行业信仰、禁忌与语言：一项都市民俗志的调查研究 [J]. 社会科学论坛（学术研究卷），2008（12）.

蒋建国. 广州消费文化与社会变迁（1800～1911）[M]. 广州：广东人民出版社，2006.

李华. 明清以来北京工商会馆碑刻选编 [G]. 北京：文物出版社，1980.

李权时. 岭南文化 [M]. 广州：广东人民出版社，1993.

梁启超. 饮冰室合集 [M]. 北京：中华书局，1988.

凌飞. 粤浙商人的企业家精神 [J]. 决策咨询，2004（5）.

刘志文. 广东民俗大观 [M]. 广州：广东旅游出版社，2007.

刘志文. 广州民俗 [M]. 广州：广东省地图出版社，2000.

陆震. 中国传统社会心态 [M]. 杭州：浙江人民出版社. 1996.

罗国雄. 海上明珠沧桑录 [M]. 澳门：澳门出版社，2003.

欧人，葛山. 商人地图：中国商人的地域性格与文化精神 [M]. 郑州：郑州大学出版社，2005.

欧人. 岭南文化与广东商人的商业精神 [J]. 商业经济文荟，2000（3）.

欧人. 粤商人性格特征 [J]. 重庆大学学报（社会科学版），2003（5）.

潘福燊. 番禺龙溪潘氏族谱 [Z]. 民国九年（1920）.

钱穆. 中国文化史导论 [M]. 北京：商务印书馆，1994.

秦家懿，孔汉思. 中国宗教与基督教 [M]. 吴华，译. 上海：生活·读书·新知三联书店，1990.

任骋. 中国民间禁忌 [M]. 北京：中国社会科学出版社，2004.

司徒尚纪. 中国南海海洋文化 [M]. 广州：中山大学出版社，2009.

斯塔夫里阿诺斯·全球通史 [M]. 上海：上海社会科学出版社，1988.

苏州博物馆，江苏师范学院历史系，南京大学明清史研究室. 明清苏州工商业碑刻集

[G]．南京：江苏人民出版社，1981．

孙尚扬．意义的追寻与提供：宗教的核心功能［A］．哲学门：第1册，武汉：湖北教育出版社，2001．

谭元亨，宋韵琪，唐嘉鹭．十三行习俗与商业禁忌研究［M］．广州：华南理工大学出版社，2013．

谭元亨．广府寻根：中国最大的一个移民族群探奥［M］．广州：广东高等教育出版社，2003．

唐君毅．中国文化之精神价值［M］．桂林：广西师范大学出版社，2005．

唐君毅．中西哲学思想之比较研究集［M］．台北：正中书局，1943．

陶立璠．中国民俗大系：广东民俗［M］．兰州：甘肃人民出版社，2004．

梯利．伦理学导论［M］．何意，译．桂林：广西师范大学出版社，2002．

涂尔干．宗教生活的基本形式［M］．渠东，汲喆，译．上海：上海人民出版社，1999．

王继英．民间信仰文化探踪［M］．北京：民族出版社，2007．

王静，许小牙．掮客·行商·钱庄：中国民间商贸习俗［M］．成都：四川人民出版社，2003．

王文源．财源广进：传统行业旺财习俗［M］．北京：中国工人出版社，2008．

魏安雄．灵活变通：广东人的商业精神［M］．广州：广东人民出版社，2005．

乌丙安．中国民俗学［M］．沈阳：辽宁大学出版社，1985．

吾淳．中国社会的宗教传统：巫术与伦理的对立和共存［M］．上海：上海三联书店，2009．

吴水金．论明清粤商的商人精神［J］．华南理工大学学报（社会科学版），2001（9）．

冼玉清．冼玉清文集［M］．广州：中山大学出版社，1995．

萧亭．从岭南民俗文化的历史背景说到广东民性民风的特征［J］．岭南文史，2000（1）．

徐德明．民间禁忌［M］．广州：广东教育出版社，2003．

徐仁诚．千家诗［M］．北京：经济日报出版社，1995．

徐晓望．妈祖信仰史研究［M］．福州：海风出版社，2007．

雅克·勒戈夫，皮埃尔·诺拉．史学研究的新问题 新方法 新对象：法国新史学发展趋势［M］．郝名玮，译．社会科学文献出版社，1988．

阎江．传说、祠庙与信仰的互动［J］．长江大学学报（社会科学版），2007（4）．

叶春生，施爱东．广东民俗大典［M］．广州：广东高等教育出版社，2005．

叶春生．广东民俗的嬗变与认同：黄大仙信仰的岭南阶段及其发展［J］．岭南文史，1999（2）．

叶春生．广府民俗［M］．广州：广东人民出版社，2000．

叶春生．岭南风俗录［M］．广州：广东旅游出版社，1988．

叶春生．岭南民间文化［M］．广州：广东高等教育出版社，2000．

叶春生．岭南民俗事典［M］．广州：南方日报出版社，2001．

叶春生．岭南杂俎［M］．广州：广东高等教育出版社，1989．

庚岭劳人. 蜃楼志 [M]. 嘉庆九年（1804）刊本.
张杓. 磨甋斋文存 [M]. 光绪二十七年（1901）刊本.
赵春晨, 郭华清, 伍玉西. 宗教与近代广东社会 [M]. 北京: 宗教文化出版社, 2008.
政协广东省委员会文史资料研究委员会. 广州风情录 [M]. 广州: 广东人民出版社, 1987.
中国第一历史档案馆, 澳门基金会, 暨南大学古籍研究所. 明清时期澳门问题档案文献汇编: 第一册 [G]. 北京: 人民出版社, 1999.
周积明, 宋德金. 中国社会史论 [M]. 武汉: 湖北教育出版社, 2005.
周正庆. 清代广东民俗岁时用糖探究 [J]. 广东社会科学, 2005（5）.

帝制与朝贡制度

陈尚胜. 试论清朝前期封贡体系的基本特征 [J]. 清史研究, 2010（2）.
戴逸. 简明清史 [M]. 北京: 人民出版社, 2004. 杜哥德·唐宁. 番鬼在中国, 1836～1837 [M]. 伦敦: 1972.
顿恩斯. 黄金驻地, 美国在广州的商业群体以及美国对华政策的形成, 1784-1844 [Z]. 伯梯莱汉: 1997.
法罗克. 走私, 殖民主义, 印度商人和鸦片的政治. 新德里: 1998.
郭成康, 等. 康乾盛世历史报告 [M]. 北京: 中国言实出版社, 2002.
郭廷以. 近代中国史 [M]. 北京: 商务印书馆, 1941.
黄启臣. 澳门是最重要的中西文化交流桥梁 [M]. 香港: 香港天马图书有限公司, 2010.
李景屏. 乾隆六十年: 1795年 [M]. 北京: 华艺出版社, 2009.
李景屏. 乾隆王朝真相 [M]. 北京: 农村读物出版社, 2003.
李云泉. 朝贡制度的理论渊源与时代特征 [J]. 中国边疆史地研究, 2006（3）.
李治亭. 清康乾盛世 [M]. 南京: 江苏教育出版社, 2005.
李治亭. 清康乾盛世 [M]. 郑州: 河南人民出版社, 1998.
林涛. 正说清朝三百年 [M]. 北京: 中国国际广播出版社, 2005.
马克思, 恩格斯. 马克思恩格斯选集: 第一卷 [M]. 北京: 人民出版社, 1973.
孟德斯鸠. 论法的精神 [M]. 孙立坚, 孙还强, 樊瑞庆, 译. 西安: 陕西人民出版社, 2005.
佩雷菲特. 停滞的帝国: 两个世界的撞击 [M]. 王国卿, 毛凤支, 谷炘, 等, 译. 北京: 生活·读书·新知三联书店, 1993.
皮埃尔·阿考斯, 皮埃尔·朗契尼克. 病夫治国 [M]. 何逸之, 译. 北京: 新华出版社, 1981.
吴伯娅. 康雍乾三帝与西学东渐 [M]. 北京: 宗教文化出版社, 2002.
张宏杰. 乾隆皇帝的十张面孔 [M]. 北京: 人民文学出版社, 2009.

后 记

卅年辛苦不寻常，字字看来皆是血。

从开笔的1994年，到今日的2024年，居然已30个年头了，写这部十三行史，有太多的酸咸苦辣，苦不堪言，但不管怎样，今天能以基本完全的面目问世，总算是一大庆幸。

我是1989年回到广州的，之前，父亲对谭家的历史语焉不详，涉及十三行的，每每问及，欲语又止。直到回广州，与八姑谭文英聊起，自己童年时陪大姑妈谭文懿到广州河南（即海珠区）南华西街收房租，不解何以在龙溪新约、跃龙里进出，八姑才长叹一声："那里是几百年谭家在那的房产，那里应还有谭家船王故宅，你父亲谭文德便是附近的南武中学毕业的，那已是抗战前夕。"

而那片街区，便是十三行行商居住区，潘家大院、伍家花园都很有名。谭氏作为十三行"八大家"之一，自乾隆年间开始就一直居住在那里，家族传说的"百鱼宴"正是发生在那里。

同潘刚儿一样，我也是在获得一册《广东十三行考》之后，方对自己家族历史有了了解。于是，数年间，无论正反方面的史料都设法找来，反复琢磨，当然更少不了族谱。好在顺德老家的谭氏家谱乃至甘竹谭氏族谱都在，还有谭耀宗在香港编的《谭氏志》。虽然商不入志，还不如烈女、贞女之类，但多少可以做参考比较，寻出康官、德观来。当然，还有当年瓷器上的落款，也少不了家乡的民谚、童谣。而《龙江乡志》中，更有十三行大火烧了数以百计的龙江人的商铺的记载。

渐渐地，一个偌大的家族，便在心中浮现了出来。

于是在1994年，本人所著的《千年国门——广州，3000年不废的古港》一书中，专门写了十三行一章，为其正名。

然而，那时改革开放虽已十多年了，但人们对十三行的认识，毁誉不一，甚至是负面大于正面。诸如"汉奸买办""封建财主"之类的恶名仍在，研究十三行的禁区、雷区仍在，举步维艰。

我的十三行史也就是从那时开始动笔的。

那些年间，我出国的机会也多，英国、法国、瑞典、丹麦、荷兰以及美国都没少去，尤其是在美国波士顿一个街区，几乎每一栋小楼，家家都有展示当年的中国彩瓷及其他物品；在瑞典斯德哥尔摩的诺贝尔奖颁奖大厅，人们一进去即惊呼"中国丝绸"，那是上十米高的丝绸窗帘……就这样，边查找，边积累，功夫不负苦心人，不到10年，百万字的十三行史初稿便得以完成。

2004年，我成为广东省政府参事，撰写参事建言乃职责所在，几经踌躇，于2008年提交了《擦亮十三行的文化品牌》。我所主编的《十三行新论》，由中国评论学术出版社出版，该出版社是汪道涵担纲的在香港创办的中国评论通讯社。我把对十三行史重新认识的不少有新观点的章节，分别作为单篇论文发表在上面。而同时能正式出版、获得资助的一些十三行研究的书中，仍是坚持其对行商的特征评价：买办性、封建性、反动性和寄生性，甚至用上"汉奸""卖国""洋奴"恶名。

其实，这种历史的反复，已有过多次了。

十三行期间，可以以谭莹的评价为代表：

> 庭榜玉诏，帝称忠义之家。
> 臣本布衣，身系兴亡之局。

曾经，"士农工商"排序时，"商"乃是末位，商不入志，族谱中更找不到。但受世界潮流影响，"商"的地位迅速被提升，在珠三角甚至形成了"弃仕从商"的风潮。从官本位向商本位的演变，无疑是一种历史的进步，从奴隶社会、封建社会的"人的依附性"，向近代社会的"建立在物的依附性上人的独立性"的转化，所以，才有人们对十三行行商"龙凤虎豹，江淮河汉"的赞誉。

鸦片战争让十三行毁于战火之中。民谚中，却在"龙凤虎豹"后，加了个"狗"，"江淮河汉"后，添了个"沟"，行商最终成了"狗"，而世界贸易的广阔天地，竟只是"沟"，甚至有人把战败的责任强加到行商头上，认为他们出卖了老百姓利益。

直到辛亥革命发生，民族主义高涨，对十三行正名的呼声日高，这才催生了梁嘉彬著的《广东十三行考》。当时著名学者吴晗更认为，从"锁国政策"到"五口通商"，在这两个最大的转变契机上，广东十三行是一个重要枢纽，其进步意义是无可否定的。而国外研究的结果更是如此。

但在后来阶级斗争观念占据主导地位之际，十三行再度被妖魔化。于是，在中国改革开放之前，涉猎这一方面的研究几乎空白，要么一骂了之。甚至在改革开放前期，十三行仍一度得不到客观的评价，被视为禁区。打开局面后，则毁誉参半，抹黑、否定的评论仍不绝于耳。

2009年，我出任广州市文科重点基地十三行研究中心的第一位主任。其时，百万字的十三行史著已基本完成，我便借这一基础，完成了40集《国门十三行》电视连续剧的剧本，并在2010年写成长篇小说《开洋——国门十三行》，由人民文学出版社出版。后来，电视剧更名为《澳门听证——国门十三行》。在剧中，以其中一名主人公陈芳观之口说出："十三行时期，中国给了世界经济发展的机会，机会本是对等的，可惜，中国并没有抓这个机会。"

这其实是我的感叹。

十三行在中外历史上所起的作用，是进步还是倒退？毋庸置疑的是，评价一个历史事件及人物所能起到的作用不可以单化，但总的作用都是显而易见的。

无疑，十三行的三大主打产品——丝绸、茶叶、陶瓷，到了英、法等地，推动了资本的原始积累，从而有了工业革命的突飞猛进，英、法等国一跃成为世界强国，它们视广州为世界第一大商港，十三行则是海洋贸易的枢纽。

同样，十三行也成了中国与世界大航海时代接轨的地方，成为中国走向市场经济的起点，是中国近代史开端的标志之一，并成为世界金融网络的一环——时至今日，中国的金融业还须回过头来，汲取其间的历史经验。

这已经不用多说了，本书已极力讲清楚这一切。

2017年，《十三行史稿》申请到了国家的社会科学基金资助。

很感谢专家们认真审阅《十三行史稿》初稿，并且做出了积极且高度的评价。五位专家的评价如下：

> 该成果是迄今国内外较为系统地研究十三行的大部头著作，丰富了十三行的研究，在一定程度上弥补了现有研究的不足。

> 该成果就是一部气势宏大、叙述详尽、有热度、有温度的作品。全部成果洋洋百万字，反映了作者长期搜集和整理十三行文献资料并研究和思考十三行历史发展的艰辛历程。这种深入细致的历史研究的毅力和精神是值得所有研究者学习的，这种有热度、有温度的史学情怀更是值得所有研究者效法的。

> 该成果是一多卷本的中外经济关系史专著，也是国内第一部"十三行史"。

> 该成果分"编前""上编""中编""下编""编后"和"大事记"，以宏大的视角，从物质、制度到文化精神，从皇帝、封疆大吏、海关监督到行商，从美、英、法等国到夷商，等等，论述了1557—1857年广州十三行300年的历史变迁。

> 这300年的历史也是海上丝绸之路的重要阶段。该成果史料丰富、考证严谨、图文并茂、内容充实、论证充分、学术性和逻辑性强，是一部史论结合的颇有分量的厚重之作。

该成果以明清对外贸易的重要机构——十三行为研究对象，通过对十三行为代表的对外贸易机构形成、发展和变迁的分析，对海上丝绸之路的形成、发展和演变的历史进行研究，选题具有重要的学术价值，对当代我国"一带一路"倡议、对外经济合作和对外贸易发展具有历史借鉴意义。

该成果作为一部专门的经济史著作，填补了国内外经济史的空白，具有重要的学术价值。该书全面系统地研究了十三行的产生与发展，反映着中国封建社会后期和近代以来的对外关系，以及在世界经济整体中的地位，反映了中国的近代化历史。把对十三行的研究从18世纪上溯到更早的16世纪，更为具体、准确地叙述了这一海上丝绸之路的重要阶段和部分，分析了中国从朝贡贸易到市舶贸易的历史转变。发掘和搜集了大量的中外史料，内容丰富、价值宝贵。在叙述上具有文学的描述和较为恰当的评议，表现了该成果本身的重要特色。

同时专家也提出了若干中肯意见：一是要"对前人成果加以评述"，为此，我专门加了一章；二是要多引用经济学的理论成果。主要是这两条。

2021年出版了《十三行史稿》平装本，如今修订、补充、完善不少篇幅，出版精装本。

写史，无非两条，一是写事，二是写人。

历史事件，尤其是历史节点的出现，应更加关注，否则就不能达到历史与逻辑的一致性。同时，关键的历史人物，是绝对不可忽略的，很难想象因过去男尊女卑而不讲武则天的唐代史，因战败而不讲拿破仑的法国史。

述事，如《剑桥中国史》及类似史著，是以历史发生的重大事件为纬展开的，纪年是经，以史带论，史论结合，这才说得通。十三行发生的"商欠"，如不以事件展开，只写一个个人在不同年间欠下多少夷资，则无法揭示、认识当时的经济、文化背景，恐怕什么意义都没有。

写人，中国传统写法，如《史记》，将帝王将相乃至商贾一一列出，十分精彩；而与十三行时代相关的有《清史稿》，里面不乏人物列传，都是很好的典范。人毕竟是有血有肉的，正因为有了人，历史才同样有血有肉。而历史事件中的人，更是丰富多彩。只举一例，1793年，那个由马戛尔尼勋爵为首的祝寿团队来华，浩浩荡荡，好意还是另有所图？其副使乔治·斯丹东负责搜集中国的情报，他带上刚过10岁的儿子小斯当东，单膝跪拜在乾隆宝座前，这有一幅专门的油画，这似乎没什么了不得。但是小斯当东后来成了中国通，在中国多年，自命为中国人的朋友，40多年后，他声言自己反对贩卖鸦片，却在英国国会讲演中，鼓吹当为女皇、为英国的尊严开战，从而让国会以微弱多数通过了对中国发动战争。这在今天仍鲜为人知，也许有人觉得这是微不足道的小小细节，可以忽略。

如果写这么一部历史，缺少了"商欠"这一重大事件，或者不写小斯当东这个人，那么，历史还能是历史，完整的历史么？

重大事件与关键人物，都不可或缺。

末了，还应感谢为这本书的出版做出贡献的所有人，包括我的好几位学生。当然，应当特别感激的是，著名学者周牧之为此书写序。他留学日本东京经济大学，博士毕业后留校任教，现为该校教授。众所周知，日本对十三行的研究已经上百年了，与英、美并驾齐驱，成果斐然。作为中国人，周牧之很早就关注十三行，发表过相关论文。他在国内经济界，尤其是城市经济研究方面颇负盛名，出版过上十种研究专著。他的代序中，特地提到日本对外来商舶不同的态度，发人深思。他的父亲周健明，同样是著名作家，是我在湖南省文联的领导，我在湘期间，他没少为我遮风挡雨，至今我仍感铭在心。他的祖父周立波，更是中国著名的大作家，少年时代我便早早读过他的几部名作。可以说，我们是神交、世交了！周牧之的序，视野开阔，不乏创见，为这部书添了不少光彩。

30年的风风雨雨，说得上是一部史书之史了！

2024年3月10日